Karl-Heinz Schimpf
Heinbernd Oppenberg

Prüfungswissen Spedition und Logistikdienstleistungen

Zwischen- und Abschlussprüfung

2. Auflage

Bestellnummer 01490

■ Bildungsverlag EINS

Die in diesem Produkt gemachten Angaben zu Unternehmen (Namen, Internet- und E-Mail-Adressen, Handelsregistereintragungen, Kontonummern, Steuer-, Telefon- und Faxnummern und alle weiteren Angaben) sind i. d. R. fiktiv, d. h., sie stehen in keinem Zusammenhang mit einem real existierenden Unternehmen in der dargestellten oder einer ähnlichen Form. Dies gilt auch für alle Kunden, Lieferanten und sonstigen Geschäftspartner der Unternehmen wie z. B. Kreditinstitute, Versicherungsunternehmen und andere Dienstleistungsunternehmen. Ausschließlich zum Zwecke der Authentizität werden die Namen real existierender Unternehmen und z. B. im Fall von Kreditinstituten auch deren Bankleitzahlen, IBAN und BIC verwendet.

Die in diesem Werk aufgeführten Internetadressen sind auf dem Stand zum Zeitpunkt der Drucklegung. Die ständige Aktualität der Adressen kann von Seiten des Verlages nicht gewährleistet werden. Darüber hinaus übernimmt der Verlag keine Verantwortung für die Inhalte dieser Seiten.

service@bv-1.de
www.bildungsverlag1.de

Bildungsverlag EINS GmbH
Ettore-Bugatti-Straße 6-14, 51149 Köln

ISBN 978-3-427-**01490**-4

Inhalt

→ Lösungen: Wirtschafts- und Sozialprozesse

→ Lösungen: Kaufmännische Steuerung und Kontrolle Aufgaben zu Geschäftsprozesse dokumentieren und Zahlungsvorgänge bearbeiten

→ Lösungen: Aufgaben zu Geschäftsprozesse erfolgsorientiert steuern

→ Lösungen: Kaufmännisches Rechnen

1 Speditionsrecht

1.1 Rechtsgrundlagen und Begriffe

HGB-Speditionsrecht, Überblick

HGB-Speditionsrecht (§§ 453-466)

Definitionen, Pflichten des Spediteurs	Pflichten des Versenders	Spediteur mit Frachtführereigenschaften	Haftung des Spediteurs (§ 461)
▪ Speditionsvertrag, Aufgaben des Spediteurs (§§ 453-454)	▪ Vergütung (§ 453) ▪ Verpacken, Kennzeichnen (§ 455) ▪ Urkunden beifügen (§ 455)	▪ Selbsteintritt (Frachtführer während der Beförderung, § 458) ▪ Fixkostenspedition (Frachtführer von Haus zu Haus, § 459) ▪ Sammelgut (Frachtführer im Hauptlauf, § 460)	▪ Gefährdungshaftung für Güterschäden ▪ Verschuldenshaftung für Vermögensschäden ▪ Verschuldenshaftung für den Schreibtischspediteur ▪ Verjährung (§ 463) ▪ Pfandrecht (§ 464) ▪ Abweichende Vereinbarungen (§ 466)

Spediteurarten

Spediteur

- **Spediteur ohne Obhut über das Gut Schreibtischspediteur**
  - Organisationstätigkeit des Spediteurs
- **Spediteur mit Obhut über das Gut**
  - Organisations- und Umschlagstätigkeit des Spediteurs
  - und zusätzlich →
- **Spediteur mit Frachtführereigenschaften**
  - Fixkosten-Spediteur (Als Vergütung ist ein bestimmter Betrag vereinbart, der die Beförderung einschließt.)
  - Spediteur im Selbsteintritt (Spediteur führt die Beförderung des Gutes selbst aus)
  - Sammelgutspediteur (Versendung des Gutes zusammen mit Gütern anderer Versender aufgrund eines Frachtvertrages über eine Sammelladung)

Spediteur mit Frachtführereigenschaften

Frachtvertrag ohne Speditionstätigkeit

Obhut:

„Güter, die der Spediteur beim Versender abzuholen, zwischenzulagern, auf die Transportmittel des Frachtführers zu verladen, von diesen zu entladen, dem Empfänger auszurollen hat, ferner Gut, das zum Zweck der Verpackung, Kennzeichnung, des Verwiegens oder Zollbehandlung in den Besitz des Spediteurs gelangt ist." (Koller, Transportrecht, S. 757)

HGB-Speditionsrecht (§§ 453 ff.)

HGB-Frachtrecht (§§ 407 ff.)

ADSp, Inhalte

ADSp
Allgemeine Deutsche Spediteurbedingungen

Geltung (Zf. 2)

Speditionsvertrag (Zf. 3)

Entgelte
- Zahlungspflicht (Zf. 10)
- Aufwendungsersatz (Zf. 17)
- Fälligkeit und Verzug (Zf. 18)
- Pfand- und Zurückbehaltungsrecht (Zf. 20)

Pflichten des Spediteurs
- Interessenwahrung und Sorgfalt (Zf. 1)
- Weisungsgebundenheit (Zf. 9)
- Schnittstellenkontrollen (Zf. 7)
- Quittung (Zf. 8)
- Auskunfts- und Herausgabepflicht (Zf. 14)
- Ablieferung des Gutes (Zf. 13)

Pflichten des Versenders
- Speditionsauftrag (Zf. 3)
- Hinweis auf besondere Güter (Zf. 3)
- Verpackung
- Kennzeichnung (Zf. 6)

Verfügte Lagerung

Rechte und Pflichten des Spediteurs als Lagerhalter (Zf. 15)

Haftung bei Lagerung, Haftungshöchstgrenzen (Zf. 24)

Haftung des Spediteurs
- Haftungsprinzip und Haftungsausschlüsse (Zf. 22)
- Haftungshöchstgrenzen (Zf. 23)
- Haftung bei Vorsatz und grober Fahrlässigkeit (Zf. 27)

Versicherung
- Transportversicherung (Zf. 21)
- Speditionsversicherung (Zf. 29)

Einzelvertrag, ADSp, HGB

Einzelvertragliche Regelung im Speditionsvertrag ⇨ **ADSp** Allgemeine Deutsche Spediteurbedingungen ⇨

HGB-Speditionsrecht

HGB-Frachtrecht (§§ 459-460 HGB)
Fixkostenspediteur, Sammelgut, Selbsteintritt)

HGB-Frachtrecht/-Speditionsrecht
(zwingende Vorschriften, durch ADSp nicht abänderbar)

Geltung der ADSp

Geltung der ADSp (Zf. 2)

Geltung der ADSp für Verkehrsverträge (Zf. 2.1)

Die ADSp gelten für Verkehrsverträge, die ein Spediteur als Auftragnehmer abschließt. Das sind Speditionsgeschäfte, Frachtgeschäfte, Lagergeschäfte und sonstige zum Speditionsgewerbe gehörende Geschäfte. Sie gelten auch für speditionsübliche logistische Leistungen, wenn ein Zusammenhang mit der Beförderung oder Lagerung von Gütern besteht.

Geltung der ADSp für bestimmte Auftraggeber (Zf. 2.2)

Die ADSp gelten (automatisch) für Verträge mit Auftraggebern (natürliche oder juristische Personen), die Kaufleute, Gewerbetreibende oder Selbstständige sind und diese Verträge im Rahmen ihrer betrieblichen Tätigkeit abschließen. Die ADSp gilt nicht für Verkehrsverträge mit Verbrauchern (§ 414 HGB). Sie kann aber auch mit Verbrauchern ausdrücklich vereinbart werden.

Geltungsausschlüsse der ADSp (Zf. 2.3)

Die ADSp gelten nicht für Geschäfte, die **ausschließlich**
- Verpackungsarbeiten,
- Beförderung von Umzugsgut oder dessen Lagerung,
- Kran- oder Montagearbeiten sowie Schwer- oder Großraumtransporte mit Ausnahme der Umschlagstätigkeit des Spediteurs,
- Beförderung und Lagerung von abzuschleppenden oder zu bergenden Gütern

zum Gegenstand haben.

1.2 Abschluss von Speditionsverträgen

Speditionsauftrag, Funktionen und Inhalte

Speditionsauftrag

Funktionen

- Auftrag des Versenders an den Spediteur
- Beweispapier über den Abschluss und den Inhalt des Speditionsvertrages
- Übernahme- und Abliefer-quittung
- Begleitpapier
- Abrechnungsgrundlage

Inhalte (ADSp Zf. 3.4)

- Adressen
- Zeichen, Nummern
- Anzahl, Art und Inhalt der Packstücke
- Eigenschaften des Gutes im Sinne von Ziffer 3.3 →
  - Gefährliche Güter
  - Lebende Tiere und Pflanzen
  - Leicht verderbliche Güter
  - Besonders wertvolle und diebstahlsgefährdete Güter
- und alle sonstigen erkennbar für die ordnungsgemäße Ausführung des Auftrags erheblichen Umstände

1.3 Inhalt von Speditionsverträgen

Kennzeichnungspflichten

Kennzeichnungspflichten des Absenders (ADSp Zf.6.1)

Art und Zusammengehörigkeit

Packstücke sind deutlich und haltbar zu kennzeichnen.

Mehrere zu einer Sendung gehörende Packstücke müssen als zusammengehörig gekennzeichnet werden.

Inhalte der Kennzeichnung

Packstücke sind mit den für ihre auftragsgemäße Behandlung erforderlichen Kennzeichen zu versehen, wie

- Adressen,
- Zeichen, Nummern,
- Symbolen für Handhabung und Eigenschaften

Alte Kennzeichen

Alte Kennzeichen müssen entfernt oder unkenntlich gemacht sein

Kennzeichnung mit Barcodelabel (NVE)

NVE

Die NVE (Nummer der Versandeinheit) nach dem EAN 128-Konzept

00340123451234567895

- Prüfziffer
- 9-stellige Nummer, vom Versender zu vergeben. Keine Wiederholung innerhalb 12 Monaten
- Internationale Lokationsnummer (ILN) des Versenders
- Undefinierte Versandeinheit = 3
- Datenbezeichner = 00

Zahl	**34012345123456789**																	
Ziffer	3	4	0	1	2	3	4	5	1	2	3	4	5	6	7	8	9	
Gewichtung	3	1	3	1	3	1	3	1	3	1	3	1	3	1	3	1	3	
Hilfszahl	9	4	0	1	6	3	12	5	3	2	9	4	15	6	21	8	27	135
Prüfziffer																		5

a) Die Ziffern der NVE (ohne Prüfziffer) werden nebeneinander geschrieben.

b) Darunter werden von rechts nach links (wichtig) abwechselnd die Multiplikatoren 3 und 1 geschrieben (beginnend mit 3).

c) Die Ziffern aus a) mit b) werden multipliziert, die Hilfszahlen sind die einzelnen Produkte.

d) Die Hilfszahlen (Ergebnisse von c) werden addiert. Man erhält die Produktsumme.

e) Die Differenz (Aufrundung) dieser Summe auf den nächsten vollen „Zehner" ergibt die Prüfziffer. Ist die Differenz Null, ist auch die Prüfziffer Null.

(vgl. http://www.gs1-germany.de/fileadmin/gs1/basis_informationen/die_pruefziffer_fuer_gtin_gln_und_nve.pdf (Zugriff am 12.11.2013)

Sendungsverfolgung (tracking & tracing)

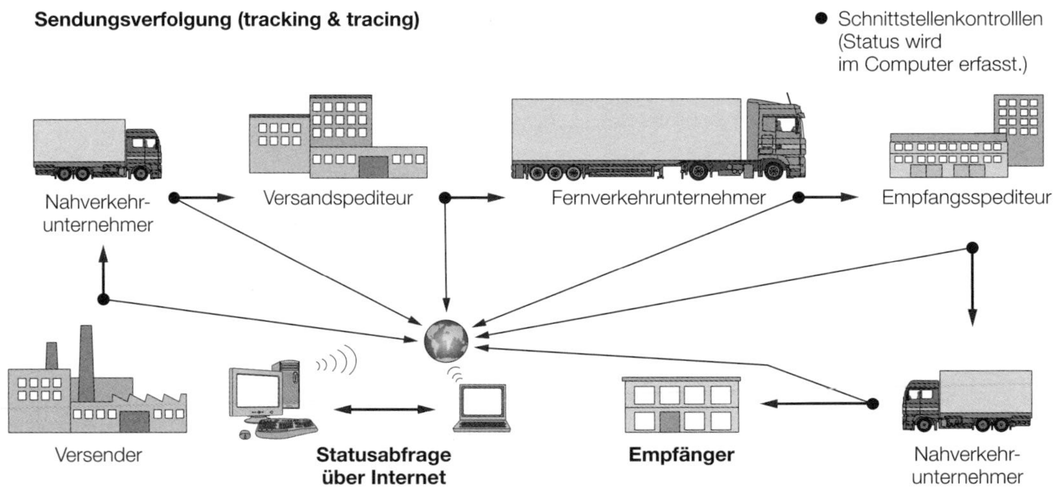

RFID
Radio Frequency Identification

www.rfid-journal.de

www.rfid-support-center.de

	Bauformen und Einsatzgebiete der RFID-Systeme			
	125kHz - 135 kHz	**13,56 MHz**	**860 MHz -960 MHz**	**2,45 GHz**
Pulkfähigkeit	Technisch möglich, selten realisiert	Möglich	Möglich	Möglich
Bauformen	Disc, Glasröhrchen, Stick, Nagelform, Coin, Karte	Label, Coin, Karte, Disc	Label, Kunststoff-Gehäuse	Label, Kunststoff-Gehäuse
Einsatzgebiete	Abfallentsorgung, Textilindustrie	Produktetiketten, Textilindustrie, Mehrwegsysteme	Wechselbrückendisposition, Mauterfassung, Lagerplatzidentifikation, Mehrweggebindelogistik, Textilindustrie	Wechselbrückendisposition, Mauterfassung, Lagerplatzidentifikation, Mehrweggebindelogistik, Textilindustrie

RFID
RADIO FREQUENCY IDENTIFICATION

Methode, um Daten auf einem RFID-Etikett berührungslos und ohne Sichtkontakt lesen und speichern zu können. Das RFID-Etikett kann an Objekten angebracht werden, welche dann anhand der darauf gespeicherten Daten automatisch und schnell identifiziert werden können. Eine große Anzahl von Etiketten kann gleichzeitig[1] (Bulk-Erfassung statt Einzelscans) gelesen werden.

Anwendungsmöglichkeiten

- Wareneingangs- bzw. Warenausgangskontrolle
- Sendungsverfolgung
- Paletten- und Behältermanagement
- Inventurmanagement / Temperatur- und MHD-Kontrolle

RFID-Etikett

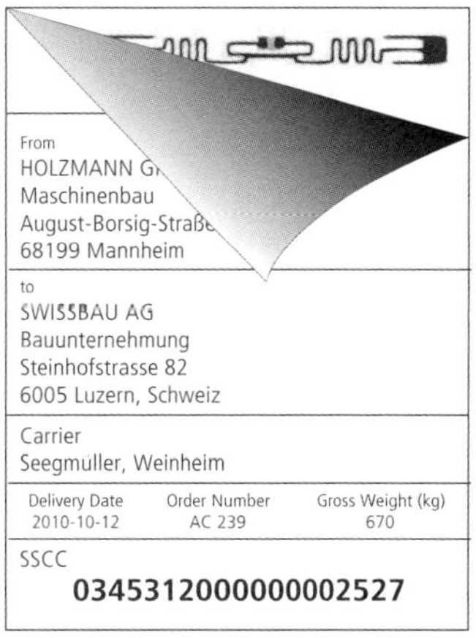

1 Zeitersparnis z. B. bei LKW-Entladung von 23 Minuten auf 3 Minuten/LKW (http://elogistics.de/de/news/themen/key/news98922/jsp)

Vgl. rfid ready Verlag: http://www.rfid-ready.de/rfid-versus-barcode.html (23.12.2012)

RFID-Technologie

Vorteile der RFID-Technologie gegenüber dem Barcode	Vorteile der Barcode-Technologie gegenüber RFID
▪ kontaktlose Identifikation ▪ Identifizierung mehr als zwanzigmal schneller als mit Barcode ▪ Gleichzeitige Erfassung vieler Packstücke durch Pulkerfassung ▪ Resistent gegen Umwelteinflüsse, Auslesen eines RFID-Tags auch bei größter Verschmutzung	▪ Verbreitete Technologie ▪ Einheitliche Standards ▪ Sehr geringe Investitionskosten
Nachteile der RFID-Technologie gegenüber dem Barcode	**Nachteile der Barcode-Technologie gegenüber RFID**
▪ momentan noch hohe Kosten für RFID-Etiketten (ca. 15-20 Cent) ▪ hohe Einführungskosten ▪ Datenschutzbedenken der Bevölkerung	▪ Starke Beeinflussung durch Schmutz, Nässe und Abnutzung ▪ Geringe Speicherkapzität ▪ Sichtverbindung notwendig ▪ Unbefugte Manipulation oder kopieren möglich ▪ Statische Informationen

Schnittstellenkontrollen nach ADSp

Schnittstellenkontrolle des Spediteurs (Zf. 7 ADSp)

Schnittstellen

- Schnittstelle ist jeder Übergang der Packstücke von einer Rechtsperson auf eine andere sowie
- die Ablieferung am Ende jeder Beförderungsstrecke

Kontrollpflichten

Packstücke sind zu überprüfen auf

- Vollzähligkeit (zählen)
- Identität (Zeichen und Nummern prüfen)
- äußerlich erkennbare Schäden
- Unversehrtheit von Plomben und Verschlüssen (Untersuchung der Packstücke)

Unregelmäßigkeiten sind (z.B. in den Begleitpapieren) zu dokumentieren.

Schnittstellenkontrollen (Unternehmer und Selbsteintritt)

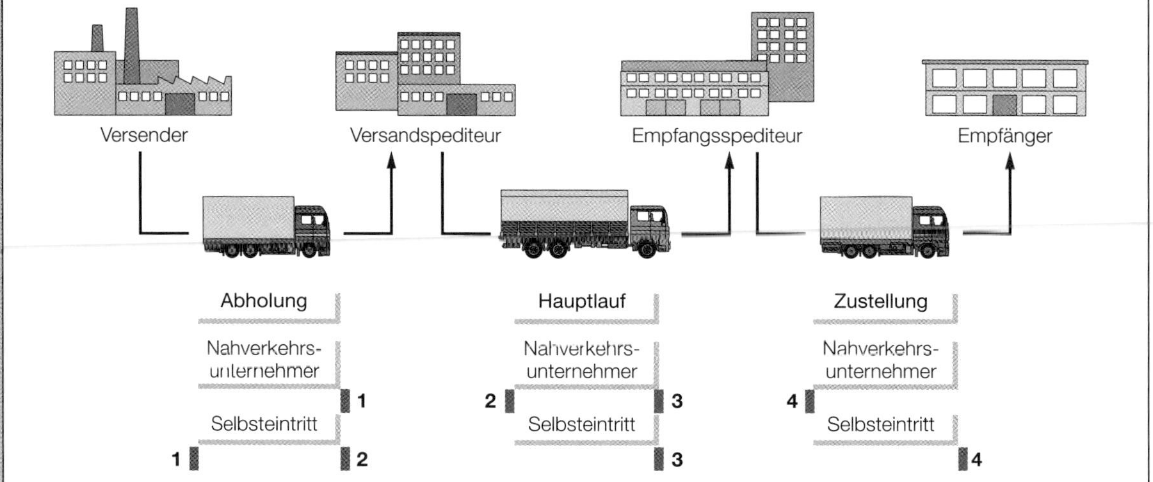

Ablauf der Versendung der Güter

Spediteurpflichten im Ablauf der Versendung

Weisungsgebundenheit

- Weisungen des Auftraggebers sind für den Spediteur bindend (Zf. 9 ADSp).
- Nachträgliche Verfügungen des Versenders sind bindend.

Quittung, Abliefernachweis

- Der Spediteur erteilt dem Versender eine Empfangsbestätigung.
- Er quittiert nur Anzahl, Art und äußere Unversehrtheit der Packstücke, nicht Gewicht, Inhalt oder Wert des Gutes.
- Der Spediteur hat vom Empfänger eine Ablieferquittung zu verlangen (Zf. 8 ADSp).

Herausgabe- und Auskunftspflicht

- Der Spediteur muss über die Abwicklung des Speditionsvertrages Auskunft geben.
- Der Spediteur muss das Gut und einkassierte Beträge herausgeben (Zf. 14 ADSp).

Fristen

Ohne Vereinbarung werden Verlade- und Lieferfristen nicht gewährleistet.

(Zf. 10 ADSp)

Ablieferung

Die Ablieferung erfolgt an jede im Geschäft oder Haushalt des Empfängers anwesende Person, es sei denn, es bestehen begründete Zweifel an deren Empfangsberechtigung (Zf. 13 ADSp).

Entgeltanspruch des Spediteurs

Entgelte, Frankaturen, Rechnungen

Entgelte und Aufwendungen

- Der Versender ist verpflichtet, die Vergütung zu bezahlen (§ 453 HGB).
- Die Zahlungspflicht kann durch die Frankatur „Unfrei" auf den Empfänger überwiesen werden.
- Die Zahlungspflicht des Versenders bleibt auch bei Unfrei-Sendungen bestehen (Zf. 10 ADSp).

Vergütungsanspruch

- Zusätzlich Anspruch auf Ersatz der erforderlichen Auslagen (Zf. 17 ADSp).
- Die Vergütung ist fällig, wenn das Gut dem Frachtführer übergeben wurde (§ 56 HGB).

Rechnungen

- Rechnungen des Spediteurs sind sofort fällig.
- Nicht-Rechtzeitig-Zahlung (Zahlungsverzug) tritt nach den Regeln des BGB ein.
- Verzugszinsen nach BGB-Regeln

(Basiszinssatz der EZB zzgl. 8 % bzw. 5 % mit Privatleuten)

1.4 Haftung des Spediteurs

Haftung nach ADSp: Haftungsprinzip

Haftung des Spediteurs Haftungsprinzip

- **Güterschäden**
  - **Güterschäden in Obhut des Spediteurs**
    - **Gefährdungshaftung** (Verschuldensunabhängige Haftung)
  - **Güterschäden ohne Obhut des Spediteurs**
    - **Verschuldenshaftung** (Haftung nur bei Schuld des Spediteurs)
- **Andere als Güterschäden**
  - Reine Vermögensschäden
  - * (Güterfolgeschäden sind ausgeschlossen)
  - **Verschuldenshaftung** (Haftung nur bei Schuld des Spediteurs)

* Haftet der Spediteur ohne Obhut wie ein Frachtführer (Fixkostenspedition, Sammelgut im Hauptlauf), gilt für durch den Frachtführer verursachte reine Vermögensschäden das Haftungsprinzip nach Frachtführervorschriften. Bei Lieferfristüberschreitung und Nachnahmefehlern z.B. das Gefährdungsprinzip.

Haftungshöchstgrenzen

Haftungshöchstgrenzen

Schadenart	Güterschäden	Andere als Güterschäden
Schäden aus Organisationstätigkeit, Umschlag und Umschlagslagerung	▪ Güterschaden (kein Güterfolgeschaden) ▪ maximal 5,00 € je kg des Bruttogewichtes der Sendung (Ziffer 23.1.1) ▪ maximal der Wert des Gutes nach §§ 429, 430 HGB ▪ maximal 1 Mio. € je Schadensfall, mindestens jedoch 2 SZR je kg brutto ▪ maximal 2 Mio. € je Schadensereignis, mindestens jedoch 2 SZR je kg brutto	▪ entstandener reiner Vermögensschaden ▪ maximal der dreifache Betrag des Schadenersatzes bei Verlust der Sendung ▪ maximal 100 000 € ▪ maximal 2 Mio. € je Schadensereignis, mindestens jedoch 2 SZR je kg brutto
Schaden während des Transports mit einem Beförderungsmittel	▪ Haftung bis zu dem gesetzlich für das Beförderungsmittel festgelegten Höchstbetrag z. B. nach HGB – Güterschaden – maximal 8,33 SZR je kg brutto – maximal der Wert des Gutes nach §§ 429, 430 HGB ▪ maximal 1 Mio. € je Schadensfall, mindestens jedoch 2 SZR je kg brutto ▪ maximal 2 Mio. € je Schadensereignis, mindestens jedoch 2 SZR je kg brutto	a) Lieferfristüberschreitung mit Ursache im Transportvorgang – Haftung nach Frachtführerrecht (§ 431 HGB - maximal dreifache Fracht) b) sonstige andere als Güterschäden – Schaden – maximal der dreifache Betrag des Schadenersatzes bei Verlust der Sendung – maximal 100 000 € a) und b) maximal 2 Mio. € je Schadensereignis, mindestens jedoch 2 SZR je kg brutto

Haftungsausschlüsse HGB/ADSp

Haftungsausschlüsse HGB/ADSp

HGB-Haftungsausschlüsse §§ 426-427 HGB	ADSp-Haftungsausschlüsse Zf. 22.4 HGB
▮ unabwendbare Ereignisse	▮ höhere Gewalt ▮ schwerer Diebstahl und Raub ▮ Witterungseinflüsse ▮ Schadhaftwerden von Geräten und Leitungen
▮ Verpackungsfehler ▮ Verladefehler ▮ Kennzeichnungsfehler	▮ Verpackungsfehler ▮ Kennzeichnungsfehler ▮ Einwirkung anderer Güter
▮ Beschaffenheitsfehler	▮ natürliche Veränderung des Gutes
▮ offene Fahrzeuge	▮ Lagerung im Freien

Qualifiziertes Verschulden

Qualifiziertes Verschulden

Vorsatz

Vorsatz bezeichnet das Wissen und Wollen des rechtswidrigen Erfolges.

- Absicht: Der Schädiger will den Schaden herbeiführen und handelt entsprechend.
- Direkter Vorsatz: Der Schädiger weiß, dass durch sein Handeln ein Schaden eintritt.
- Bedingter Vorsatz: Der Schädiger hält den Schaden durch sein Handeln (oder Unterlassen) für möglich und nimmt ihn billigend in Kauf.

Bewusste Leichtfertigkeit

Der Schaden wird vom Schädiger „leichtfertig und in dem Bewusstsein, dass ein Schaden mit Wahrscheinlichkeit eintreten wird", herbeigeführt.

Grobes Organisationsverschulden

Die Organisation des Unternehmens und die eingeführten Kontrollen sind vorsätzlich oder grob fahrlässig so fehlerhaft, dass der Schaden darin seine Ursache hat.

Verursacht durch den Spediteur oder seine leitenden Angestellten

Verursacht durch Frachtführer, Spediteur oder deren Leute und beauftragte Dritte

Folgen

Haftung für den vollen entstandenen Schaden unter Wegfall der Haftungsbegrenzungen nach HGB und ADSp

1.5 Speditionsversicherung

Spediteur-Haftungsversicherung

DTV-Verkehrshaftungsversicherung für Spediteure

Versicherte Verträge

Versichert sind

- Verkehrsverträge (Fracht-, Lager- und Speditionsverträge) des Spediteurs,
- die in der Betriebsbeschreibung angegeben sind
- und die auf der Basis der ADSp abgeschlossen wurden.

Vorsorgeversicherung

Zusätzlich sind nicht in der Betriebsbeschreibung enthaltene, neu aufgenommene Tätigkeiten bis zu einem bestimmten Maximalbetrag versichert, wenn sie innerhalb eines Monats der Versicherung gemeldet werden.

Räumliche Geltung

Die Versicherung ist häufig räumlich beschränkt

a) bei Speditionsverträgen weltweit,
b) bei Lagerverträgen nur innerhalb Deutschlands,
c) bei Frachtverträgen innerhalb Westeuropas.

Haftungsumfang	Die Versicherung leistet Schadenersatz ▪ im Umfang der ADSp oder ▪ der gesetzlichen Vorschriften (HGB), nach CMR, CIM, WA, Haager Regeln, FBL-Bedingungen
Zusätzliche Haftungshöchstgrenzen	Die Versicherung vereinbart Haftungshöchstgrenzen ▪ je Schadensfall (üblich bei Güterschäden 1 Mio. €, bei reinen Vermögensschäden 250 000 €, bei Inventurdifferenzen 50 000 €), ▪ je Schadensereignis (üblich 2 bis 5 Mio. €), ▪ im Jahr (Jahresmaximum) (üblich 4 bis 6 Mio. €), ▪ für „qualifiziertes Verschulden" (üblich 100 000 €/Schadensfall, 300 000 €/Jahr).
Selbstbeteiligung des Spediteurs	Die Versicherung zieht dem Spediteur bei jedem Schadensfall eine Selbstbeteiligung ab (üblich sind 15 % des Schadensbetrages, mindestens 150 €, höchstens 2 500 €).

Spediteur-Haftungsversicherung: Haftungsausschlüsse

Haftungsausschlüsse der Spediteur-Haftungsversicherung

Ausschlüsse in den gesetzlichen Vorschriften und in den ADSp

Die Haftungsausschlüsse aus den Vorschriften, nach denen der Spediteur dem Versender gegenüber haftet (HGB, ADSp, CMR, WAK etc.) gelten weiter.

↓

Keine Haftung des Spediteurs

Zusätzliche Ausschlüsse in der Haftungsversicherung

Die Versicherung schließt gegenüber dem Spediteur weitere Tatbestände von der Haftung aus:

- Naturkatastrophen, Krieg, Bürgerkrieg, Streik, Aussperrung, Beschlagnahme oder sonstige Eingriffe von hoher Hand;
- Umzugsgut, Kunstgegenstände, Antiquitäten, Edelmetalle, Geld, Dokumente etc.;
- lebende Tiere und Pflanzen;
- Schäden, die üblicherweise Gegenstand einer Betriebs-, Produkt-, Umwelt-, Gewässerschaden-, Kraftfahrzeug-, Privathaftpflicht-, Kreditversicherung sind oder aufgrund entsprechender üblicher Versicherungsbedingungen hätten gedeckt werden können;
- aufgrund vertraglicher, im Verkehrsgewerbe nicht üblicher Vereinbarungen, wie Vertragsstrafen, Lieferfristgarantien usw. sowie aus Vereinbarungen, soweit sie über die Haftungshöhe von 8,33 SZR je kg des Rohgewichts der Sendung oder die für Verkehrsverträge geltende gesetzliche Haftung hinausgehen;
- Strafen und Schäden mit strafähnlichem Charakter;
- aus Carnet-TIR-Verfahren;
- aus Vorsatz des Spediteurs oder seiner leitenden Angestellten.

Versicherungsvertrag
Haftungsversicherung

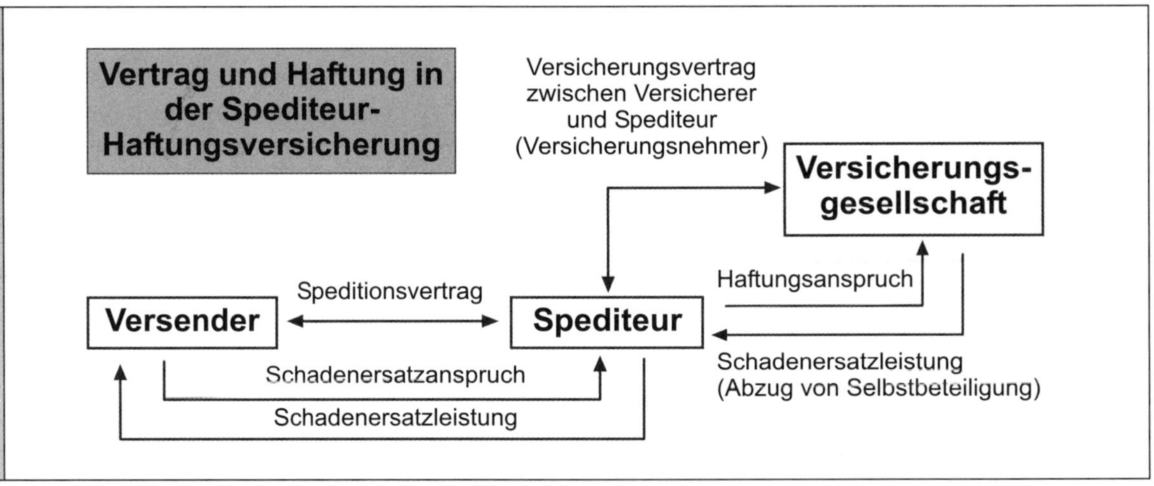

Spediteur-Transportversicherung
(Spediteur-Güterversicherung)
Versicherungsbedingungen vgl. www.tis-gdv.de/tis/inhalt.html

Spediteur-Transport-Versicherung

Die Versicherung wird auf der Grundlage der „DTV- Güterversicherungsversicherungsbedingungen 2000/2011" und der „Allgemeinen Deutschen Seeversicherungsbedingungen (ADS)" als Transportversicherung in der Form „Volle Deckung von Haus zu Haus" abgeschlossen.

Gegenstand der Versicherung

Versichert sind
- die Güter, die mit einem
- Verkehrsvertrag des Spediteurs versendet werden,
- gegen die Gefahren des Transports und der Zwischenlagerung,
- weltweit von Haus zu Haus.

Güterarten

Die Güter werden von den Versicherungen häufig in Güterklassen eingeteilt:

A Allgemeine Handelsgüter (ohne Rückfrage versicherbar)
B Besondere Handelsgüter (bis zu einer Wertgrenze versicherbar)
C Besonders gefährdete Handelsgüter (nur nach Rückfrage bei der Versicherung versicherbar)
D Nicht versicherbare Handelsgüter

Versicherungsumfang

- Die Güter sind bis zum Güterwert (Versicherungswert) gegen die versicherten Gefahren abgesichert.
- Auf Wunsch wird der „imaginäre Gewinn" (10 % des Versicherungswertes) abgedeckt.
- Versichert sind ebenfalls die Transportkosten.
- Beiträge zur großen Haverei werden ersetzt.

Haftungshöchstgrenzen

Der entstandene Schaden wird bis zum versicherten Güterwert ersetzt.

Üblich sind weitere Höchstgrenzen

a) je Fahrzeug bzw. feuertechnisch getrenntem Lager
b) für „besondere Handelsgüter" (B)
c) für Güterfolge- und reine Vermögensschäden

Einschlussklauseln

In den DTV-Güterversicherungsbedingungen 2000 und den ADS ausgeschlossene Schäden werden durch die Wiedereinschlussklauseln (die automatisch enthalten sind) aufgehoben.

- Klausel für die Mitversicherung von Lagerrisiken
- Klausel für die Mitversicherung von politischen Risiken, Kriegsklauseln, Streik- und Aufruhrklauseln
- Vermögenschadenklausel, Güterfolgeschadenklausel
- DTV-Maschinenklausel (Schadenersatz bei beschädigten Maschinen beschränkt auf Reparatur und Reparaturnebenkosten)

Regressverzicht

Die Versicherung verzichtet üblicherweise auf Regressansprüche gegen den Spediteur als Versicherungsnehmer.

Spediteur-Transportversicherung

Haftungsausschlüsse und nicht versicherte Gefahren

Spediteur-Güterversicherung

Ausgeschlossene Gefahren

Ausgeschlossen sind Gefahren aus

- Krieg, Bürgerkrieg, kriegsähnliche Ereignissen;
- Streik, Aussperrung, Arbeitsunruhen, terroristischen oder politischen Gewalthandlungen, Aufruhr und sonstigen bürgerlichen Unruhen;
- Beschlagnahme, Entziehung oder sonstigen Eingriffen von hoher Hand;
- Kernenergie oder sonstiger ionisierender Strahlung;

Nicht ersatzpflichtige Schäden

Der Versicherer leistet keinen Ersatz für Schäden, verursacht durch

- eine Verzögerung der Reise;
- inneren Verderb oder die natürliche Beschaffenheit der Güter;
- handelsübliche Mengen-, Maß- und Gewichtsdifferenzen oder -verluste;
- normale Luftfeuchtigkeit oder Temperaturschwankungen;
- nicht beanspruchungsgerechte Verpackung oder unsachgemäße Verladeweise;
- mittelbare Schäden aller Art, sofern nichts anderes vereinbart ist.

Der Versicherer ist von der Verpflichtung zur Leistung frei, wenn der Versicherungsnehmer den Versicherungsfall vorsätzlich oder grob fahrlässig herbeiführt.

DTV-Güterversicherungsbedingungen 2000/2011

(DTV-Güter 2000/2011)

Spediteur-Transportversicherung: Vertragsverhältnisse

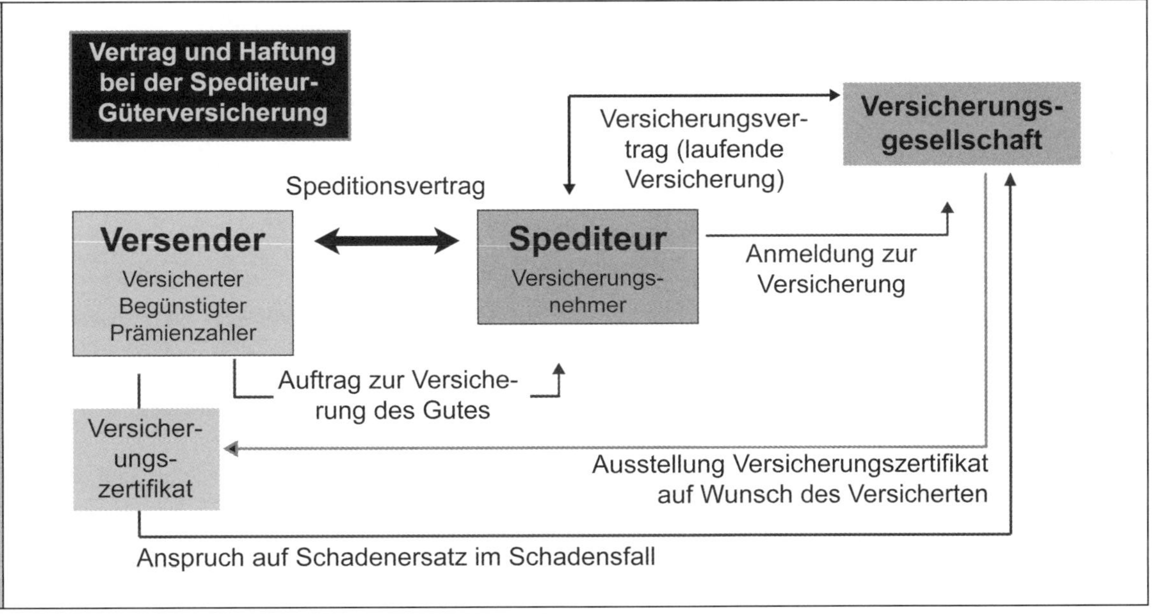

1.6 Aufgaben zum Speditionsrecht

1.6.1 Grundlagen

01 Erläutern Sie die Begriffe
a) Selbsteintritt,
b) Fixkostenspediteur,
c) Sammelgutspediteur.

02 Welche Folgen für die Rechte und Pflichten des Spediteurs aus dem Speditionsvertrag hat das Vorliegen von Selbsteintritt, Fixkostenspedition oder Sammelgutspedition?

03 Welche Regelungen zum Speditionsvertrag sind
a) nur im HGB,
b) im HGB und in der ADSp,
c) nur in der ADSp enthalten?

04 Sie sind Mitarbeiter/-in der Spedition Transsped GmbH in Kaiserslautern und in der Abteilung „National-Kraftverkehr-Sammelgut-Ausgang" beschäftigt. Sie werden von der Elektromotorenfabrik EMOT GmbH in Pirmasens um Abgabe eines Angebotes für eine Sendung im innerdeutschen Spediteursammelgutverkehr aufgefordert. Nach Abgabe Ihres Angebotes erhalten Sie von der EMOT GmbH den Auftrag.

Welche gesetzliche Grundlage regelt das Vertragsverhältnis zwischen der Elektromotorenfabrik EMOT GmbH und der Spedition Transsped GmbH?

[1]	Übereinkommen über den Beförderungsvertrag im internationalen Straßengüterverkehr CMR)	☐
[2]	Straßenverkehrsgesetz (StVG)	☐
[3]	Handelsgesetzbuch (HGB)	☐
[4]	Güterkraftverkehrsgesetz (GüKG)	☐
[5]	Fahrpersonalgesetz (FPersG)	☑[1] ☐

05 Der Speditionsvertrag ist sowohl im Handelsgesetzbuch (HGB) als auch in den Allgemeinen Deutschen Spediteurbedingungen geregelt. Beschreiben Sie, welche Regelungen für den jeweiligen Speditionsvertrag Vorrang haben.

06 Welche HGB-Regelungen können durch einzelvertragliche Absprachen und welche Regelungen können durch Allgemeine Geschäftsbedingungen abgeändert werden? Welche Grenzen werden für die Änderungen in Allgemeinen Geschäftsbedingungen gesetzt (vgl. § 466 HGB)?

07 Die ADSp gilt für Speditions-, Fracht- und Lagergeschäfte des Spediteurs. Beschreiben Sie die Pflichten, die ein Spediteur bei diesen Geschäften jeweils übernimmt. Nennen Sie Beispiele für „sonstige, zum Speditionsgewerbe gehörende Geschäfte".

08 Definieren Sie den Begriff „Verbraucher".

09 Für welche Geschäfte des Spediteurs ist die Geltung der ADSp ausgeschlossen?

10 Die Spedition LogSped in Frankfurt/Main unterhält eine komplette Speditionsanlage in Autobahnnähe. Sie hat ein Umschlagslager, eigene Fahrzeuge im Nah- und Fernverkehr. Es werden alle üblichen Speditions- und Lagertätigkeiten einschließlich eines bundesweiten Sammelgutverkehrs angeboten. LogSped schließt folgende Verträge ab:

(1) Die Fa. MAG in Rüsselsheim beauftragt LogSped mit der Versendung von 23 t Ersatzteilen von Rüsselsheim nach München. LogSped erteilt dem Lkw-Unternehmer Franz Meyer in Frankfurt/Main einen Transportauftrag.

Meyer holt die Sendung bei der MAG ab und stellt sie direkt dem Empfänger zu. Die Frachtpapiere erhält Meyer vom Spediteur. LogSped stellt die Transportkosten mit einem Gewinnaufschlag (in einem Betrag) der Fa. MAG in Rechnung.

(2) Die Fa. KERA GmbH liefert bei LogSped 42 t keramisch e Bauteile an. Diese Teile werden von LogSped auf 2 Lkw eines Frachtführers verladen, den LogSped mit dem Transport der Sendungen beauftragt hat. Die KERA GmbH bezahlt sowohl die Frachtkosten, die Umschlagskosten und ein Speditionsentgelt.

(3) 15 t dieser keramischen Bauteile werden von LogSped mit einem eigenen Fahrzeug zu einem Empfänger in Stuttgart befördert.

(4) Der Lebensmittelgroßhändler Gustav Schmitt aus Darmstadt erteilt LogSped den Auftrag, 2 Paletten Konserven mit zusammen 870 kg nach Hamburg zu versenden. LogSped lässt die Sendung durch einen Nahverkehrsunternehmer abholen. Er versendet die 2 Paletten zusammen mit anderen Sendungen über einen Fernverkehrsunternehmer zu einem Empfangsspediteur in Hamburg, der die Sendungen am nächsten Tag im Nahverkehr ausrollt.

(5) Eine Sendung mit besonders eiligen elektronischen Bauteilen wird von LogSped durch eine Sonderfahrt mit einem Lkw-Unternehmer zum Empfänger in Düsseldorf versendet. LogSped vereinbart für diese Versendung ein Entgelt von insgesamt 340 €.

In diesen Geschäften nimmt LogSped unterschiedliche Positionen ein.

a) Welche Art von Speditionsgeschäft schließt LogSped in den Fällen (1) bis (5) jeweils ab?
b) Welche Rechtsgrundlagen (HGB Speditions- oder Frachtrecht, ADSp) gelten in den einzelnen Fällen für welche Tätigkeiten des Spediteurs?
c) In welchen Fällen ist LogSped Obhutspediteur?

11 Die Fa. LogSped schließt folgende Geschäfte ab, ohne die ADSp gesondert zu vereinbaren. Entscheiden Sie, ob für diese Geschäfte die ADSp gilt. Begründen Sie Ihre Entscheidungen.

(1) Die HSK Maschinenfabrik in Hanau erteilt den Auftrag, 4 Paletten Maschinen im Sammelgut nach Flensburg zu versenden.

(2) Der Steuerberater Fiege versendet 2 Kisten mit Akten über die LogSped an einen Kollegen in Mannheim.

(3) Die Spedition KraftTrans erteilt LogSped den Auftrag, Güter von einem Binnenschiff mit der Krananlage von LogSped auf von KraftTrans gestellte Lkw umzuladen.

(4) LogSped übernimmt den Transport von 24 Paletten im Fernverkehr nach Hannover.

(5) Franz Müller beauftragt die Fa. LogSped, 5 Kisten antiquarischer Bücher von Frankfurt nach Berlin zu transportieren. Herr Müller hat diese Bücher in Frankfurt für seinen privaten Gebrauch erworben.

[1] Das Zeichen ☑ bedeutet, dass die Aufgabe einer früheren Prüfungsaufgabe nachgebildet wurde.

1.6.2 Abschluss von Speditionsverträgen

12 Viele Handels- und Industrieunternehmen schließen über den Versand ihrer Güter mit Speditionsfirmen einen Speditionsvertrag nach dem HGB (ADSp-Geltung ist ausgeschlossen) ab. Beschreiben Sie für diese Verträge

a) die Vertragsbeteiligten (nach HGB),

b) die Pflichten der Auftraggeber und

c) die Pflichten des Spediteurs. Gehen Sie dabei auf Haupt- und Nebenpflichten der Beteiligten ein.

13 Erläutern Sie die verschiedenen Formen des Speditionsvertragsabschlusses (schriftlich, mündlich, kombiniert) in der Praxis.

14 Bei der Abholung einer Stückgut-Sendung (kein Gefahrgut im Sinne der ADR-Bestimmung) besteht der Versender darauf, dass Ihr Fahrer eine zusätzlich zum Versand bereitstehende, aber nicht angemeldete Gefahrgut-Sendung mit zu Ihrem Lager nimmt. Ihr Fahrer weigert sich, die Sendung zu übernehmen. Verhält sich Ihr Fahrer richtig?

[1] Nein, da keine Unterschiede zwischen den Gütern getroffen werden. ☐

[2] Nein, da eine erneute Anfahrt zur Übernahme der Sendung erforderlich wird. ☐

[3] Ja, gefährliches Gut ist schriftlich zur Abholung anzumelden, um alle entsprechenden Vorsichtsmaßnahmen treffen zu können. ☐

[4] Nein, da es sich um Termingut handelt. ☐

[5] Ja, da noch einige Sendungen auszurollen sind. ☑ ☐

15 Nennen Sie die Beteiligten am Speditionsvertrag und deren vertragsrechtliche Position nach dem HGB bei folgenden Verträgen:

a) Die Fa. ABK GmbH in Köln beauftragt den Spediteur Transsped mit der Versendung von 3 Paletten Maschinenteilen nach Berlin.

b) Die P. Müller Stahlhandels-KG in Neunkirchen/Saar beauftragt den Spediteur Kayser in Saarbrücken, den Versand von 18 t Stahlprofile von der Fa. Klöckner, Saarlouis zu seinem Kunden, der Fa. Kogel, Fahrzeugbau in Erlangen zu organisieren.

c) Die Fa. Friedberg in Berlin beauftragt den Spediteur Berlsped, Berlin, mit der Organisation der Abholung von 12,7 t Reinigungsmitteln beim Hersteller, der Rheinchem AG in Düsseldorf.

16 In welcher der folgenden Situationen ist ein Speditionsvertrag mit dem Kunden abgeschlossen worden?

[1] Ein Kunde fragt bei uns telefonisch an und wir erteilen ihm schriftlich Auskunft. ☐

[2] Ein Kunde erteilt uns einen schriftlichen Auftrag und wir besorgen den Transport. ☐

[3] Wir unterbreiten einem Kunden ein ausführliches Angebot. ☐

[4] Aufgrund eines Werberundschreibens erhalten wir den Auftrag eines Kunden, mit dem wir bisher keine Geschäftsbeziehung hatten. ☐

[5] Wir erfragen bei unserem Kunden wichtige Informationen zur Kalkulation unseres Angebotes und übermitteln umgehend unser Angebot. ☑ ☐

17 Bei der Abwicklung von Speditionsverträgen werden häufig Speditionsauftragssätze vom Versender verwendet. Die Formulare werden normalerweise vom Spediteur zur Verfügung gestellt und sind nach einem BSL-Muster gestaltet.

a) Welche Funktionen hat der Speditionsauftragssatz?

b) Nennen Sie 6 Eintragungen in den Speditionsauftragssatz (gemäß Ziff. 3.4 ADSp).

18 Nach Ziff. 3.3 / 3.5 ADSp muss der Versender dem Spediteur bei Auftragserteilung bei der Versendung von bestimmten, besonderen Gütern eine Mitteilung zukommen lassen.

a) Bei welchen Gütern hat der Versender diese Pflicht?

b) Was ist der Sinn dieser Mitteilungspflicht bei Vertragsabschluss?

19 Der Versender muss den Spediteur nach ADSp schriftlich darüber informieren, wenn es sich bei dem Gut um besonders wertvolle oder diebstahlsgefährdete Güter handelt.

Geben Sie Beispiele für

a) Kostbarkeiten

b) sonstige wertvolle Güter

c) diebstahlsgefährdete Güter

20 Der Versender hat die Pflicht, das Gut zu kennzeichnen.

a) Erläutern Sie die Kennzeichnungspflichten des Versenders.

b) Warum schreibt die ADSp diese Kennzeichnungspflicht vor? Müssen alle Sendungen gekennzeichnet werden?

1.6.3 Inhalt von Speditionsverträgen

21 Der Spediteur Berger erhält von einem Kunden den Auftrag, 14 Karton Maschinenteile im Sammelgut nach Berlin zu versenden.

Nennen Sie die Angaben, die der Speditionsauftrag nach den ADSp enthalten muss.

22 Nach den ADSp und dem HGB ist der Versender verpflichtet, das Gut zu verpacken. Die Verpackung hat eine Schutzfunktion. Welchen Schutz muss sie bieten?

23 Viele Speditionen verwenden zur Kennzeichnung der Packstücke ein Barcodelabel mit einer NVE (Nummer der Versandeinheit).

a) Welche Informationen enthält die NVE?

b) Welche Kennzeichnungspflichten werden mit den Barcodelabel erfüllt?

c) Warum werden Barcodelabel anstatt herkömmlicher Etiketten verwendet?

24 Die Ziff. 6.2.1 bis 6.2.5 ADSp enthalten besondere Vorschriften über die Verpackung. Geben Sie zu jeder Vorschrift eine Begründung an.

25 Die NVE enthält als letzte Ziffer eine „Prüfziffer“.

a) Wozu dient diese Prüfziffer?

b) Ermitteln Sie die Prüfziffer für folgende NVEs:

- 003 4078512 000 208 345 - X
- 003 4048324 090 117 710 - X
- 003 4022978 012 598 118 - X

26 Ein Auftrag besteht aus 6 Paletten (mit je 48 Kartons) Maschinenteile. Die Sendung wiegt 1890 kg. Aus wie vielen Packstücken besteht die Sendung? Begründen Sie Ihre Ansicht.

27 Die Spedition Bernd Burgmann ist Empfangsspediteur für eine Düsseldorfer Spedition. Sie soll eine Unfrei-Sendung ausliefern. Mit dem Versandspediteur besteht ein Speditionsvertrag nach ADSp.

a) Begründen Sie, wer bei dieser Sendung das Entgelt zu zahlen hat.

b) Nennen Sie zwei Pflichten, die die Spedition Bernd Burgmann bei der Ablieferung des Gutes hat. ☑

28 Das Einzelhandelsunternehmen Küchen Karbach in München hat bei dem Küchengerätehersteller Diemel in Stadthagen bei Hannover Küchengeräte gekauft. Im Kaufvertrag haben sich beide Vertragspartner auf die Lieferungsbedingung „ab Werk" geeinigt. Aus diesem Grund beauftragt Küchen Karbach den Sammelgutspediteur Harry W. Heinrich in Hannover die 6 Paletten Küchengeräte nach München zu bringen. Harry W. Heinrich macht den Vorlauf mit eigenen Nahverkehrsfahrzeugen und beauftragt für den Hauptlauf nach München den Frachtführer Karl Nieter, der die Sammelladung zu dem Empfangsspediteur Militzer nach München bringt. Militzer fährt im Selbsteintritt die 6 Paletten zu dem Einzelhandelsunternehmen Küchen Karbach.

a) Stellen Sie den Ablauf des Transports vereinfacht in einer Übersicht/Grafik dar.

b) Zeichnen Sie die Schnittstellen nach ADSp in die Grafik ein (vergeben Sie dazu Ziffern 1-???). Begründen Sie Ihre Entscheidung für jede Schnittstelle.

c) Nennen Sie die Pflichten der Spediteure nach ADSp an den Schnittstellen.

29 Ermitteln Sie das Gurtmaß für Packstücke mit den Maßen (1) 14 · 12 · 8 cm und (2) 40 · 40 · 68 cm.

30 Ein Spediteur fordert für den Betrag einer Rechnung Verzugszinsen. Welche Voraussetzungen müssen nach den ADSp erfüllt sein, um ihm einen Rechtsanspruch auf Verzugszinsen zu geben?

[1] Zugang der Rechnung und Ablauf einer Frist von zehn Tagen ☐

[2] Drei erfolglose Mahnungen und Vereinbarung der Verzugszinsen mit dem Kunden ☐

[3] Erfolglose Mahnung und Fälligkeit der Forderung ☐

[4] Fälligkeit der Forderung und Eintritt des Zahlungsverzugs (30 Tage nach Zugang der Rechnung oder Mahnung) ☐

[5] Vereinbarung der Verzugszinsen mit dem Kunden und Hinweis auf Verzugszinsen bei Auftragsannahme ☑ ☐

31 Die Speditionsrechnung an die Firma Compudata steht nach zwei Monaten auf der Offenen-Posten-Liste.

a) Erläutern Sie die Rechtslage gemäß ADSp bezüglich dieser Forderung.

b) Beschreiben Sie stichwortartig ein praxisgerechtes Vorgehen! ☑

32 Die ADSp enthält genaue Vorschriften über die Frage der Lieferfristen für die Tätigkeit des Spediteurs. Erläutern Sie die Vorschriften der ADSp über die Vereinbarung von Fristen mit dem Spediteur. Beschreiben Sie auch, welche Folgen es hat, wenn ein Spediteur Lieferfristen **garantiert**.

33 Was wird laut ADSp in einer vom Spediteur erteilten Empfangsbescheinigung verbindlich bestätigt?

34 Der Fahrer einer Spedition soll 4 Kartons an ein Handelsunternehmen abliefern. Da bereits Büroschluss ist, liefert er die Sendung an die anwesende Putzfrau ab. War diese Ablieferung korrekt? Begründen Sie Ihre Ansicht.

35 Ein Spediteur übernimmt beim Kunden eine Gitterbox-Palette, die laut Speditionsauftrag eine bestimmte Anzahl von Arbeitshandschuhen aus Leder enthalten soll. Der Kunde hat die Gitterboxpalette oben mit einer Pappe abgedeckt und die Palette verzurrt. Bei Ablieferung beim Empfänger stellt dieser an der noch ordnungsgemäß verschnürten Palette ein geringeres Gewicht fest, als im Speditionsauftrag angegeben war. Aufgrund der Gewichtsdifferenz verlangt der Empfänger später Schadenersatz wegen angeblicher Fehlmengen. Begründen Sie, ob der Spediteur haften muss.

36 Der Spediteur übernimmt eine Sendung mit der Weisung, diese an die Fa. Müller in Hamburg auszuliefern. Am Morgen nach der Übernahme des Gutes ruft der Auftraggeber beim Spediteur an und erteilt die Weisung, die Sendung an die Fa. ECOTEC in Nürnberg zu versenden. Beurteilen Sie,

a) ob diese Weisung zulässig ist,

b) mit welchen Argumenten der Spediteur die Durchführung der Weisung ablehnen kann und

c) wer die zusätzlichen Kosten (einschließlich der zweiten Versendung von Hamburg nach Nürnberg) tragen muss.

1.6.4 Haftung des Spediteurs

37 Ein Spediteur übernimmt von einem Kunden eine Sendung im Sammelgut. Die Sendung wird mit eigenen Fahrzeugen beim Versender abgeholt, im Lager umgeschlagen und von einem Subunternehmer zum Empfangsspediteur befördert. Wie haftet der Versandspediteur im Schadensfall, wenn

a) ein Güterschaden im Speditionslager entsteht,

b) ein Güterschaden bei der Abholung entsteht,

c) das Gut versehentlich im Speditionslager liegen bleibt und die Auslieferung erheblich verzögert wird?

d) Muss der Versandspediteur für einen Güterschaden während des Fernverkehrstransportes eintreten? Wenn ja, wie hoch wäre dann der Schadenersatz für den Versender?

38 Die Schulze KG in Opladen beauftragt den Versandspediteur Bergmann in Köln mit der Besorgung eines Transports nach München. Die Sendung wird auf Europaletten übergeben und wiegt 920 kg. Sie hat einen Warenwert von 16 750,00 €. Die Sendung geht während der Zwischenlagerung in Obhut von Bergmann gänzlich verloren.

Die Schulze KG macht daraufhin Schadenersatzansprüche in Höhe des Warenwerts geltend.

Außerdem fordert er Ersatz für einen aus diesem Schaden entstandenen zusätzlichen Vermögensschaden von 10 000,00 €. Es gelten die ADSp in neuester Fassung. Wie viel € Schadenersatz muss Bergmann leisten? ☑

39 Sie sind Mitarbeiter/-in der Transsped GmbH in Oldenburg und in der Abteilung „Sammelgut-Ausgang" beschäftigt. Sie erhalten von der Firma Maschinenfabrik Fehrenbach in Wilhelmshaven den Auftrag, eine Sendung (zwei Paletten Maschinenteile mit 860 kg Gesamtgewicht) im Spediteursammelgutverkehr nach Berlin zu versenden.

Bei Auslieferung der Sendung an den Empfänger in Berlin wird die Beschädigung einer Palette Maschinenteile (Totalschaden) festgestellt. Der Spediteur hat beim Umschlag den Schaden verursacht und wird zur Haftung herangezogen. Mit welchem €-Betrag haben Sie gemäß ADSp Ihrem Kunden gegenüber zu haften? (Der Warenwert der Gesamt-Sendung beträgt 3 410,00 €.) ☑

1.6.5 Speditionsversicherung

40 Nach der ADSp ist der Spediteur verpflichtet, eine Spediteurhaftpflichtversicherung abzuschließen und die Güter auf Wunsch des Kunden bei einer Spediteur-Güterversicherung anzumelden.

a) Unterscheiden Sie die Haftungs- und die Spediteurgüterversicherung, indem Sie jeweils
   - aa) den Gegenstand der Versicherung beschreiben,
   - ab) die Vertragsbeziehungen für die Versicherungsverträge darstellen und dabei die Vertragsbeteiligten allgemein und deren Bezeichnung im Versicherungsvertrag benennen,
   - ac) denjenigen nennen, der die Versicherungsprämie zahlt.

b) Für die Spediteur-Güterversicherung werden die Güter von der Versicherung häufig in die Güterklassen A, B, C und D unterteilt. Beschreiben Sie, warum und nach welchen Kriterien die Versicherungen Güter in diese Klassen einteilen.

41 Die Spedition Bachmann & Co in Frankfurt/Main betreibt bisher innerdeutsche Sammelgutverkehre im Rahmen einer Kooperation mit anderen mittelständischen Speditionen. Ein Stammkunde fragt bei der Spedition Bachmann an, ob sie regelmäßig Wagenladungsverkehre nach Skandinavien im Selbsteintritt durchführen kann. Die Kapazitäten sind bei der Spedition vorhanden, das Geschäft ist von den Konditionen her interessant. Der Kunde wünscht aber eine sofortige Entscheidung über die Auftragsannahme.

Der Geschäftsführer hat nun Bedenken wegen dem Versicherungsschutz durch die Haftungsversicherung, da diese Geschäfte nicht in der Betriebsbeschreibung aufgeführt sind. Allerdings enthält der Versicherungsvertrag auch die „Vorsorgeversicherung".

Erläutern Sie die Möglichkeiten, den Versicherungsschutz auch bei kurzfristiger Entscheidung für die Auftragsannahme abzusichern. Beschreiben Sie die Schritte, die von der Fa. Bachmann unternommen werden müssen.

2 Sammelgut

2.1 Beteiligte und Verträge

Sammelgut, Rechtsgrundlagen

Spediteur-Sammelgutverkehre

Rechtsgrundlagen

§ 460 HGB

(1) Der Spediteur ist befugt, die Versendung des Gutes zusammen mit dem Gut eines anderen Versenders aufgrund eines für seine Rechnung über eine Sammelladung geschlossenen zu bewirken.

(2) Macht der Spediteur von dieser Befugnis Gebrauch, so hat er hinsichtlich der Beförderung in Sammelladung die Rechte und Pflichten eines Frachtführers oder Verfrachters.

Definition

Spediteursammelgut ist die

- Zusammenfassung einzelner, kleinerer Sendungen
- der gleichen Relation (Zielgebiet) durch den Spediteur und
- die Versendung als Ladungsgüter in eigenem Namen des Spediteurs.

(Relation ist das Gebiet, in dem ein Empfangsspediteur Sendungen für den Versandspediteur an die Endempfänger verteilt.)

Verträge und Vertragsbeteiligte

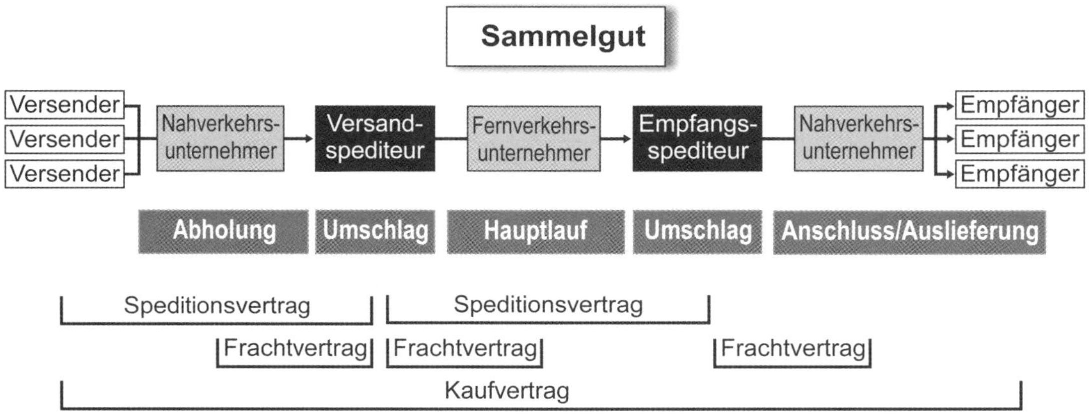

Ablaufschema Direktrelationenverkehr

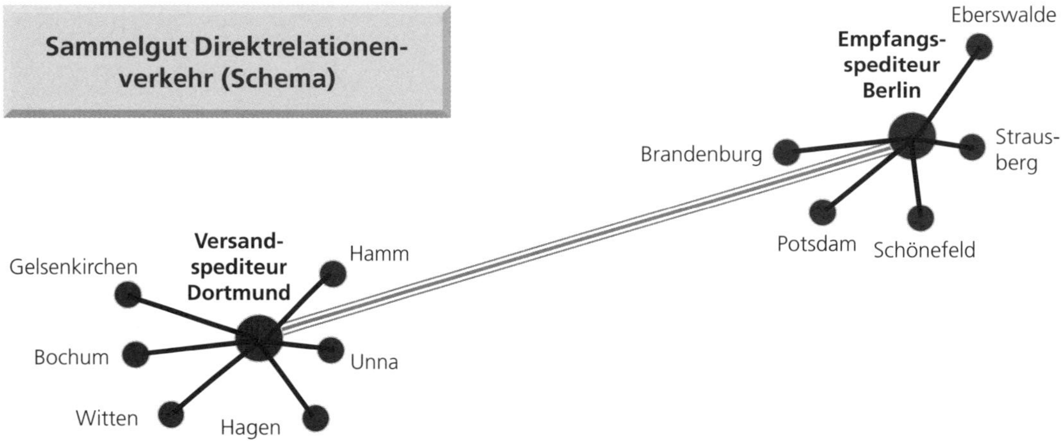

Hub-and-Spoke-System

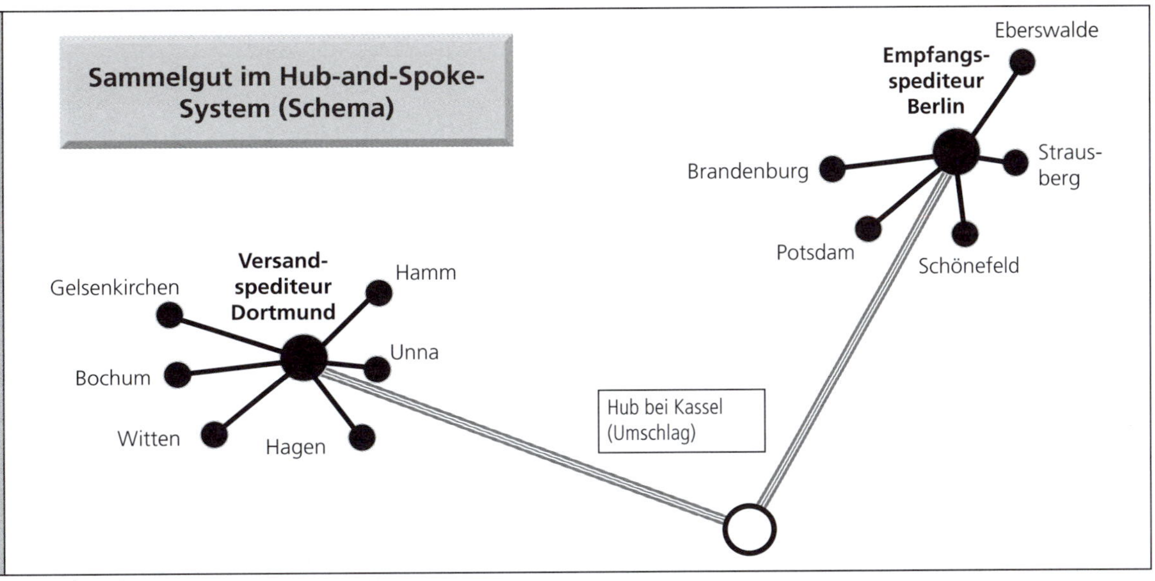

Vergleich Hub-and-Spoke-System mit Direktrelationen-verkehren

Direktrelationenverkehr	Hub and Spoke
Funktionsweise	
Mehrere Depots (Versandspediteure) sammeln kleinere Sendungen in ihren Gebieten und versenden sie im Sammelgut direkt an ihre Empfangspartner (Empfangsspediteure), die die Sendungen ausliefern. Jeder Empfangsspediteur ist zugleich Versandspediteur für sein Gebiet.	Mehrere Depots (Versandspediteure) sammeln kleinere Sendungen in ihren Gebieten und versenden sie im Sammelgut an ein oder mehrere zentrale Umschlagslager (Hub). Die Sendungen aller Depots werden im Hub umgeschlagen, nach Relationen sortiert und an die Depots zurückverteilt. Die Depots verteilen die Sendungen an die Empfänger.
Bedingungen	
a) Das Sendungsaufkommen (nach Mengen) reicht aus, tägliche Wagenladungen zu allen Depots im Netz zu senden. Das erfordert eine Mindestgröße der Einzugsgebiete jedes Depots. Verbindungen = n (n-1) 39 Depots = 39 (39-1) = 1 482 Verbindungen b) Die Zahl der Sammelgutspediteure im Netz ist so klein, dass die Zahl der täglichen Transporte überschaubar ist.	a) Das Sendungsaufkommen muss nur für ausgelastete Sammeltransporte für den Hub absichern. Bei kleinen Sendungsgrößen (insbesondere Pakete) sind die Transportmengen für Direktrelationenverkehre zu klein. b) Alle Sendungen gehen zum Hub, die Zahl der beteiligten Depots kann sehr groß sein. Die Zahl der Verbindungen zum Hub (eine Verbindung ist die Hin- und Rückfahrt des Lkw) ist nicht größer als die Zahl der Depots (Verbindungen = n, 39 Depots = 39 Verbindungen; 85 Depots = 85 Verbindungen).
Probleme	
a) Die Transportmengen müssen täglich auf allen Relationen gesichert sein oder die Auslastung der Fahrzeuge sinkt und die Transportkosten je Sendung steigen. b) Die relative Größe der Relationengebiete setzt Grenzen für die frühe Auslieferzeit der Sendungen.	a) Der Umschlag im Depot kostet Zeit; die späteste Anlieferzeit der Versender liegt tendenziell früher als in Direktverkehrssystemen. b) Die Gesamttransportstrecke der Sendungen steigt tendenziell an, z.B. HUB Dortmund – Niederaula – Berlin 647 km DIREKT Dortmund – Berlin 493 km HUB Nürnberg – Niederaula – Mainz 389 km DIREKT Nürnberg – Mainz 258 km Transportstreckensteigerung führt aber im Vergleich nur dann zu höheren Kosten, wenn beide Alternativen mit ausgelasteten Lkw berechnet werden. c) Der zusätzliche Umschlag kostet Geld. d) Die Schadenshäufigkeit steigt mit dem zusätzlichen Umschlag.

2.2 Papiere und Abrechnung

Papiere im Sammelgutverkehr

Papiere im Sammelgutverkehr

	Papier	Inhalt	Funktionen
Speditionsvertrag mit dem Versender	Speditionsauftragsformular *Lieferscheine etc. können als Speditionsauftrag verwendet werden.*	Ziff. 3.4 ADSp ▪ Adressen, Zeichen, Nummern ▪ Anzahl, Art und Inhalt der Packstücke ▪ Eigenschaften des Gutes und ▪ alle sonstigen für die ordnungsgemäße Ausführung des Auftrags erheblichen Umstände	a) Beweis für den Vertragsabschluss b) Dokumentation der Vertragsinhalte c) Übernahme- und Ablieferquittung d) Begleitpapier e) Abrechnungsgrundlage
Abholung: **Frachtvertrag (FV) mit dem Nahverkehrsunternehmer**	Abholschein	▪ Abholadresse ▪ Informationen über das Gut	Beförderungsauftrag nach §§ 408-409 HGB ▪ Beweis über Inhalt und Abschluss des Frachtvertrages
Hauptlauf: **FV mit dem Fernverkehrsunternehmer**	Frachtbrief	▪ Adressen ▪ Absender ▪ Frachtführer ▪ Empfänger ▪ Angaben zum Gut ▪ Anzahl, Inhalt – Sammelgut – Gewicht	Beförderungsauftrag nach §§ 408-409 HGB a) Beweis für den Vertragsabschluss b) Dokumentation der Vertragsinhalte c) Übernahme- und Ablieferquittung d) Begleitpapier e) Abrechnungsgrundlage
Speditionsvertrag mit dem Empfangsspediteur	**Bordero**	Ziff. 3.4 ADSp ▪ Adressen, Zeichen, Nummern ▪ Anzahl, Art und Inhalt der Packstücke ▪ Frankaturen ▪ Inkasso-Beträge (Unfrei-Entgelte oder Nachnahmebeträge)	a) Übergabe der Sendungsdaten b) Weisungen an den Empfangsspediteur c) Inkassoanweisung d) Rückrechnung
Auslieferung: **FV mit dem Nahverkehrsunternehmer**	**Rollkarte**	▪ Zustelladresse ▪ Informationen über das Gut (Gewicht, Anzahl) ▪ Inkassoanweisung	Beförderungsauftrag nach §§ 408-409 HGB ▪ Beweis über Inhalt und Abschluss des Frachtvertrages ▪ Ablieferquittung ▪ Abrechnungsgrundlage

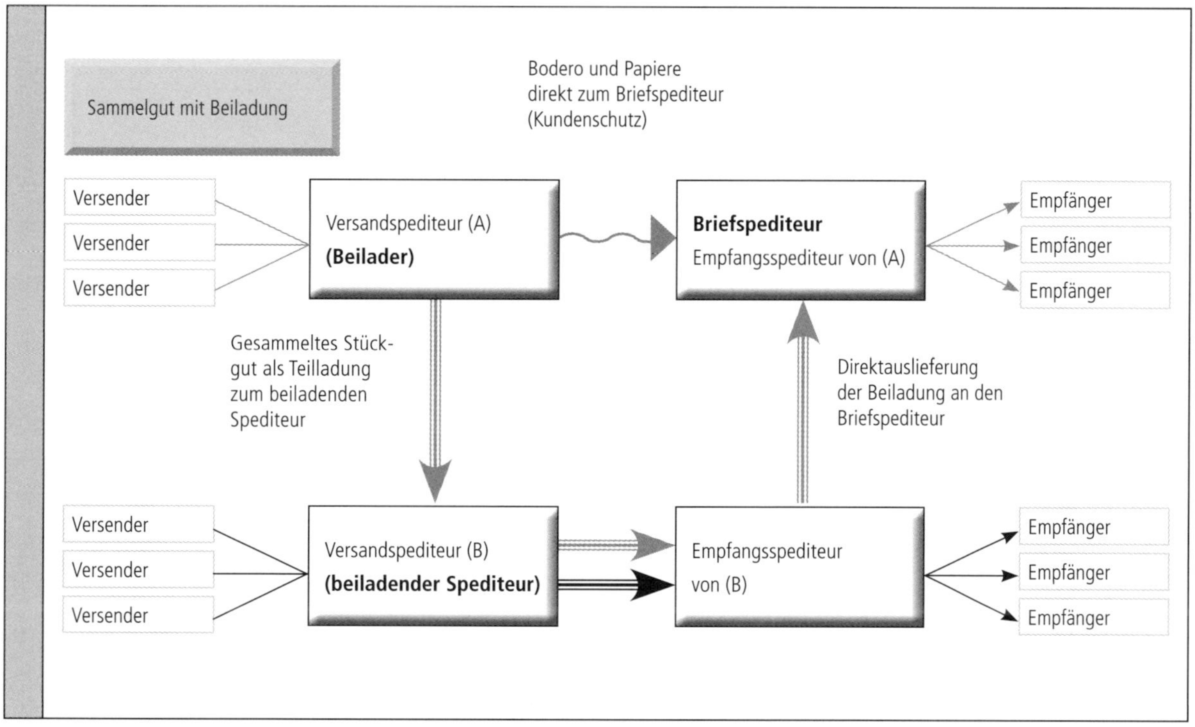

Sammelgutkalkulation: Aufwands- und Ertragsrechnung

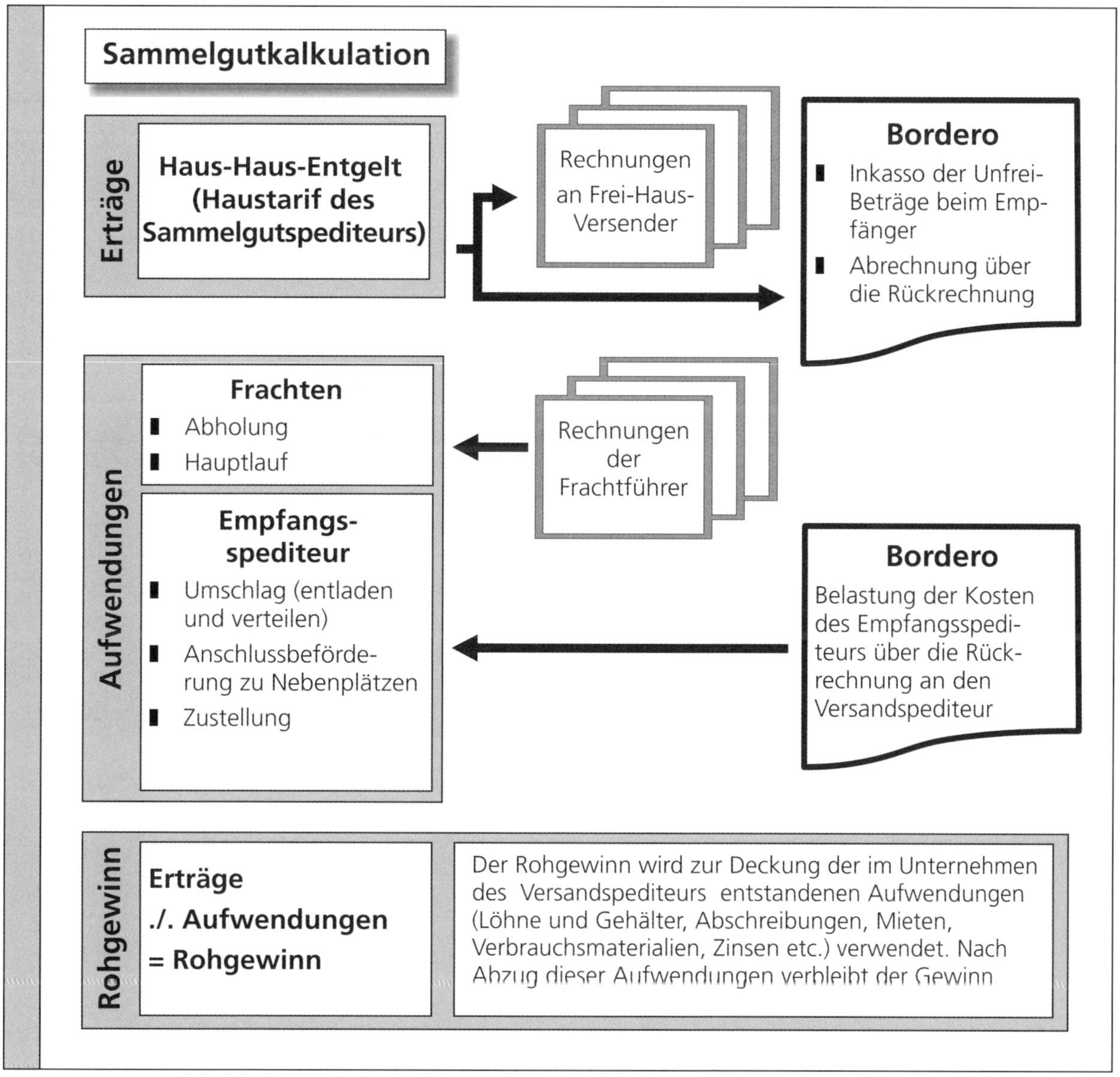

Tarifformen

Möglicher Tarifaufbau Sammelguttarife

Gewicht-Entfernung-Matrix

Der Spediteur stellt einen Tarif auf, der die Entgelte von Haus zu Haus in Abhängigkeit von

- der Entfernung und
- dem Gewicht

der Sendung ausweist.

Zonentarife

Die Haus-Haus-Entgelte werden nach Zonen aufgeteilt. Zonen werden normalerweise nach Postleitzahlenbereichen der Empfangsorte gebildet. Die Haus-Haus-Entgelte sind abhängig von

- der Zone des Empfangsortes
- dem Gewicht der Sendung.

Flatraten

Es wird ein einheitliches, gewichtsabhängiges Entgelt erhoben. Diese Tarifform wird hauptsächlich bei Kleinsendungen (Pakete) oder standardisierten Packstückformen (Europaletten) verwendet.

Tarifbeispiele

GEWICHT-ENTFERNUNGS-MATRIX

Entfernung in km	Gewicht in kg				
	1–50	51–100	101–200	201–300	301–400
	€	€	€	€	€
1–100	31,50	53,40	75,60	109,60	140,50
101–200	34,10	59,00	86,90	128,30	166,60
201–300	34,70	60,10	88,60	131,40	171,00
301–400	34,80	60,50	89,40	133,10	173,20
401–500	35,00	61,00	90,50	134,60	175,40
501–600	35,70	61,90	92,20	137,50	179,60
601–700	36,30	63,80	95,90	143,70	188,50
701–800	36,90	64,70	97,80	146,90	192,60
801–1 000	37,50	66,50	101,50	153,20	201,70

ZONENTARIF

ab Düsseldorf		ZONE 1	ZONE 2	ZONE 3	ZONE 4
Postleitzahlenbereiche		40–43 47 50-53	44–46 48–49 54–59 30–37 26–28 60–69	20–22 29 38–39 90–91 96–98 06–07 70–77	23–25 10–19 01–04 08–09 92–95 80–89
Gewicht (kg)		€	€	€	€
0	100	37,50	46,00	56,40	69,10
101	200	110,40	135,30	165,80	203,20
201	300	145,70	178,60	218,90	268,30
301	400	163,20	200,00	245,10	300,40
401	500	163,20	200,00	245,10	300,40
501	600	148,90	182,50	223,70	274,20
…	…				

Tarifbeispiele

Pakete (www.dhl.de/de/paket/privatkunden/national/paket.html)

FLATRATE

Sendungen innerhalb Deutschlands*		
Gewicht	Filialpreis	Onlinepreis
	€	€
bis 10 kg[1]	6,90	5,90
bis 20 kg	11,90[2]	10,90[2]
bis 31,5 kg	13,90[2]	12,90[2]

* Alle Preise sind Endpreise und nach UStG umsatzsteuerfrei, soweit zu den einzelnen Preisangaben nicht Abweichendes angegeben ist.

[1] max. Gurtmaß (= L + 2xB + 2xH) für DHL Pakete bis 10 kg: 300 cm.

[2] Preis inkl. gesetzlicher Umsatzsteuer.

Sammelguttarif

Beispiel aus Voth/Hesse, Leistungsprozesse Spedition und Logistik. Informationshandbuch, 9. A.

Haustarif der INTERSPED GmbH

Bedingungen

Leistungsbereich

Mit dem Haus-Haus-Entgelt sind

a) die Beförderung des Gutes von der Übernahme des Gutes beim Haus des Versenders bis zur Übergabe des Gutes an den Empfänger abgegolten.

b) die büromäßige Bearbeitung durch den Versand- und Empfangsspediteur, soweit sie den normalen Umfang nicht überschreiten, abgegolten.

Nebengebühren

Zusätzliche Leistungen und Auslagen werden zusätzlich zum Haus-Haus-Entgelt berechnet.

Frankaturen

Der Tarif sieht die Frankaturen „frei" und „unfrei" vor.

Entgelte

Entgeltberechnung

Der Berechnung des Haus-Haus-Entgelts werden zugrunde gelegt:

a) Die verkehrsübliche Entfernung vom Haus des Versenders bis zum Haus des Empfängers in Kilometer und

b) das Gewicht der Sendung in Kilogramm.

Sperrigkeitsregel

a) Sendungen sind sperrig, wenn ihr Gewicht unter 200 kg je Kubikmeter liegt. Das frachtpflichtige Gewicht berechnet sich $m^2 \cdot 200$, aufgerundet auf ganze kg.

b) Es werden mindestens 200 kg pro stapelbare Flachpalette (400 kg für nicht stapelbare Flachpaletten, 250 kg für Gitterbox) mit Euromaßen berechnet.

c) Mindestgewicht je Lademeter = 1 000 kg

Mautgebühren

Für Sendungen werden Mautgebühren nach einer Sammelgut-Mauttabelle zusätzlich zum Haus-Haus-Entgelt berechnet.

Abrechnung mit dem Versender nach dem Sammelguttarif

Beispiel einer Abrechnung

Ein Sammelgutspediteur in Dortmund erhält den Auftrag, 3 Kartons Computerteile mit den Maßen 82 cm · 155 cm · 20 cm und einem Gewicht von zusammen 82 kg zu versenden. Der Versender sitzt in Lünen, die Sendung soll in Freising (Bayern) ausgeliefert werden. Der Empfangsspediteur ist in München. Das Gut legt von Lünen – Dortmund – München – Freising insgesamt 663 km zurück. Berechnet wird dabei nur die direkte Strecke (596 km).

a) Berechnung des frachtpflichtigen Gewichts:

$8{,}2\ \text{dm} \cdot 15{,}5\ \text{dm} \cdot 2{,}0\ \text{dm} \cdot 3 = 762{,}6\ \text{dm}^3 = 0{,}7626\ \text{m}^2$

$0{,}7626\ \text{m}^2 \cdot 200\ \text{kg} = 152{,}52\ \text{kg} = 153\ \text{kg}$

Frachtpflichtiges Gewicht = Maximum von 153 kg und 77 kg = 153 kg. Die Sendung ist sperrig.

b) Die direkte Entfernung zwischen Versand- und Bestimmungsort beträgt 596 km.

c) Das Haus-Haus-Entgelt aus der Tabelle ist 92,20 €.

d) Hinzugerechnet werden die Nebengebühren nach der Nebengebührenliste des Tarifs, wenn sie zutreffen (z. B. Avisgebühr 5,10 €, Abliefernachweis 6,10 €, Gebühr für Aufmessen, wenn die Maße nicht angegeben sind 2,60 € etc.).

Rückrechnung

Bordero-Abrechnung

Belastung von Inkassobeträgen durch den Versandspediteur

Auf dem Bordero werden vom Versandspediteur dem Empfangsspediteur die Beträge belastet, die der Empfangsspediteur von den Empfängern einziehen soll,

- die Entgelte bei Unfrei-Sendungen (einschließlich aller Nebengebühren)
- die einzukassierenden Nachnahmebeträge.

Rückrechnung von Bearbeitungs- und Weiterleitungskosten durch den Empfangsspediteur

Der Empfangsspediteur stellt die Kosten für alle von ihm erbrachten Leistungen dem Versandspediteur, der sein Auftraggeber ist, in Rechnung.

- Entladen der Verkehrs-Lkw und Verteilen der Sendungen in das Umschlagslager (auf die Nahverkehrs-Relationenplätze)
- Verteilkosten für die Auslieferung der Sendungen an die Empfänger (Nachlauf)
- Nebengebühren, die dem Empfangsspediteur zustehen (Avisgebühr, Abliefernachweis, Nachnahmegebühr)

		Vom Empfänger zu erheben		Rückrechnung		
Pos.	**Frankatur**	**Steuerpflichtig ❶**	**Nicht steuerpfl. ❸**	**Verteil-kosten ❺**	**Sonstiges ❻**	
01	frei Haus			32,50 €	6,10 €	ABLNW
02	frei Haus		❹ 950,00 €	18,50 €	24,10 €	NN, AVIS
03	unfrei	❷ 321,50 €		22,00 €		
04	frei Haus			15,10 €		
05	frei Haus		1 150,00 €	11,00 €	28,10 €	NN, AVIS
06	unfrei	124,80 €		31,50 €	11,20 €	AVIS, ABLN
07	frei Haus			17,30 €		
Summe		446,30 €	2 100,00 €	147,90 €	69,50 €	
+ Umsatzsteuer		84,80 €		69,50 €	↲	
Zwischensumme		531,10 €		148,35 €	Entladen u. Verteilen ❼	
Nicht steuerpfl.		2 100,00 €		365,75 €	Zwischensumme	
Summe gesamt		2 631,10 €		69,49 €	Umsatzsteuer	
				435,24 €	Summe gesamt	

Gesamtgewicht Bordero: 4 215 kg, E&V = 3,45 €

Erläuterungen

a) Vom Empfänger zu erheben: Steuerpflichtig: (1) Hier sind die Unfrei-Beträge aufgeführt, die der Empfänger an den Empfangsspediteur bezahlen muss. (2)

b) Vom Empfänger zu erheben: Nicht steuerpflichtig: (3) Hier sind die Nachnahmebeträge (4) aufgeführt.

c) Verteilkosten: (5) Die Kosten, die der Empfangsspediteur an den Versandspediteur für die Auslieferung der Sendungen rechnet.

d) Sonstiges: (6) Hier werden die Nebengebühren berechnet, die auf den Empfangsspediteur fallen, weil es sich um Tätigkeiten handelt, die der Empfangsspediteur überwiegend erledigt. Beispiele: Avisierung, Abliefernachweis, Nachnahme.

e) Entladen und Verteilen: (7) Eine Gebühr für die Entladung des Fernverkehrsfahrzeuges und das Verteilen auf die Plätze im Umschlagslager.

2.3 Aufgaben zum Sammelgut

2.3.1 Verträge und Beteiligte

01 Erläutern Sie die Vorteile der Versendung von Gütern im Spediteursammelgutverkehr für den Versender und für den Spediteur im Vergleich zum Einzelversand des Gutes.

02 Nennen Sie die Verträge, die im Sammelgutverkehr abgeschlossen werden, die an den Verträgen beteiligten Unternehmen, deren vertragsrechtliche Bezeichnung und die jeweils geltenden Rechtsgrundlagen.

03 Stellen Sie fest, in welchem Fall Sammelgutverkehr vorliegt.

[1] Wenn ein Logistikunternehmen für einen Versender und einen Empfänger „Just-in-Time"-Geschäfte organisiert. ☐

[2] Wenn mehrere Spediteure einen Kooperationsvertrag geschlossen haben. ☐

[3] Wenn die Versendung der Güter eines Versenders mit mehreren Fahrzeugen durchgeführt werden. ☐

[4] Wenn die Güter mehrerer Versender von einem Spediteur auf der ganzen Strecke oder auf einem Teil der Strecke bei der Versendung zusammengefasst werden. ☐

[5] Wenn die Güter eines Versenders von mehreren Spediteuren auf der ganzen Strecke oder auf einem Teil der Strecke zusammen organisiert werden. ☐ ☑

04 Im Sammelgutverkehr treten manche Speditionen als „Beilader" auf. Es gibt in diesen Fällen häufig auch „Briefspediteure".

a) Erläutern Sie, wieso es beim Ablauf von Sammelguttransporten Beilader gibt.

b) Legen Sie dar, welche Verträge vom Beilader geschlossen werden.

c) Erläutern Sie, wer „Briefspediteur" ist.

05 Bringen Sie die folgenden Arbeitsschritte, die bei der Abfertigung von Sammelgutsendungen zu beachten sind, in die richtige Reihenfolge.

[1] Abholung der Sendungen beim Versender, Empfangskontrolle durch den Fahrer und Anlieferung an das Sammelgutlager ☐

[2] Auftragserteilung durch den Versender ☐

[3] Ausstellung des Frachtbriefes für den Hauptlauf ☐

[4] Bearbeitung der Rückrechnung vom Empfangsspediteur ☐

[5] Versand des Borderos oder Übermittlung der entsprechenden Daten an den Empfangsspediteur ☐ ☑

06 Die Spedition Schmidt in Essen betreibt regelmäßig Sammelgutverkehre mit jeweils drei Abfahrten wöchentlich nach Frankfurt, Berlin und München. Sie erhält das Angebot, an einem „Hub-and-Spoke-System" (Nabe-Speiche-System) teilzunehmen. Der „Hub" liegt in Kassel. Beschreiben Sie (im Vergleich mit Sammelgutverkehren) im Direktrelationenverkehr

a) das „Hub-and-Spoke-System".
b) zwei Vorteile dieses Systems für die Teilnehmer.
c) zwei Nachteile dieses Systems für die Teilnehmer. ☑

2.3.2 Papiere und Abrechnung

SITUATION ZU DEN AUFGABEN 7 - 10

Die Spedition Intersped GmbH in 40233 Düsseldorf betreibt Sammelgutverkehre im Verbund mit mehreren mittelständischen Speditionsunternehmen im Direktrelationenverkehr. In der Relation München arbeitet sie mit der Spedition Seegmüller zusammen, die die Postleitzahlengebiete 80 bis 86 (Großraum München) bedient. Zugleich ist Intersped auch Empfangsspediteur für Seegmüller.

Für die Abrechnung der Nachläufe (Rückrechnung) sind folgende Konditionen vereinbart:

Konditionen Intersped	
Basispreis je Sendung	12,00 €
zusätzlich für Sendungen	
im PLZ-Bereich 40, 41 und 42	0,10 €
im PLZ-Bereich 470-474, 477-479 und 45	0,20 €
im PLZ-Bereich 475-476, und 46	0,50 €
(je angefangene 10 kg)	
Konditionen Seegmüller	
Basispreis je Sendung	12,00 €
zusätzlich für Sendungen	
im PLZ-Bereich 80 und 81	0,10 €
im PLZ-Bereich 820-822 und 85	0,20 €
im PLZ-Bereich 823-829, 83, 84 und 86	0,50 €
(je angefangene 10 kg)	

Für Entladen und Verteilen rechnen beide Spediteure 3,45 € je angefangene 100 kg zurück. Ebenfalls werden die Nachnahmegebühr, die Avisgebühr, die Gebühr für den Abliefernachweis, Lagergeld für Nachlagerungen und für die Rechnungserstellung an Unfrei-Empfänger, die nicht zur sofortigen Zahlung bereit sind, zurückgerechnet.

07 Die Intersped unterhält im Rahmen ihres Sammelgutverkehrs ein Sendungsverfolgungssystem. Dazu versieht sie alle Packstücke mit einem „Barcodelabel", das an den Schnittstellen gescannt wird.

a) Nennen Sie fünf Angaben, die ein Barcodelabel enthalten kann.
b) Erklären Sie, was man unter „Scannung" versteht und welche Vorteile das Scannen von Sendungen bringt.
c) Erläutern Sie die Begriffe „tracking" und „tracing".
d) Beschreiben Sie, wer Zugriff auf das Sendungsverfolgungssystem haben müsste, wie dieser Zugriff erfolgen kann und welchem Zweck das Sendungsverfolgungssystem dient. ☑

08 Ein Intersped führt eine Sammelgutversendung zu Seegmüller in München durch.

Berechnen Sie auf der Grundlage des beiliegenden Borderos

a) die Unfrei-Entgelte der Sendungen 05 und 08.
b) die Summe der Belastung des Versandspediteurs an den Empfangsspediteur.
c) die Summe der Rückrechnung.

Geben Sie bei allen Berechnungen den Rechenweg an.

09 Erstellen Sie Rechnungen für die Frei-Haus-Sendungen (1, 2, 3, 4, 6, 7) des Borderos auf der folgenden Seite.

10 In der Rechnungsabteilung von Intersped sind noch folgende Sendungen abzurechnen:

a) 2 EFP Maschinenteile, SF=0, 710 kg, 382 km, Abliefernachweis und Avisierung erwünscht, -8,5 % Marge
b) 2 Kartons elektronische Bauteile mit je 30 · 48 · 68 cm und zusammen 94 kg, 714 km, Nachnahme 650 €, Abliefernachweis
c) 2 GIBO Haarspray (Dosen), 420 kg, 610 km, Gefahrgut, Abliefernachweis, Avisierung erwünscht
d) 2 Karton Textilien, 160 · 20 · 40 cm und 120 · 35 · 40 cm, 45 kg, 378 km, Aufmessen, Abliefernachweis, Avisierung erwünscht

Entfernungsmatrix		Düsseldorf 40223	Düsseldorf 40468	Erkrath 40699	Mönchengladb. 41061	Grevenbroich 41515	Velbert 42549	Solingen 42659	Duisburg 47138	Krefeld 47809	München 80424	München 80426	München 80796	Grünwald 82031	Fürstenfeldbr. 82256	Tegernsee 83684	Ismaning 85737	Augsburg 86143	München 85757
40223	Düsseldorf	0	10	16	40	23	41	32	39	26	612	612	609	638	603	665	600	556	599
40468	Düsseldorf		0	13	39	31	24	42	31	13	622	622	619	648	613	675	610	566	610
40699	Erkrath			0	57	40	35	25	36	35	605	605	602	632	596	659	593	549	593
41061	Mönchengladb.				0	27	61	72	64	30	634	634	624	639	614	693	632	567	631
41515	Grevenbroich					0	65	55	64	30	632	632	608	623	598	685	620	551	619
42549	Velbert						0	31	34	36	627	627	624	653	618	680	615	571	615
42659	Solingen							0	55	54	605	605	602	632	596	659	594	549	593
47138	Duisburg								0	40	636	636	633	662	627	689	624	580	623
47809	Krefeld									0	634	634	631	660	625	687	622	578	622
80424	München										0	4	6	13	28	53	20	71	36
80426	München											0	6	13	28	53	20	71	36
80796	München												0	17	32	58	17	67	33
82031	Grünwald													0	36	48	39	84	62
82256	Fürstenfelbr.														0	80	40	56	51
83684	Tegernsee															0	66	136	90
85737	Ismaning																0	76	25
86143	Augsburg																	0	87
85757	München																		0

Sammelgut-Haustarif der Spedition Intersped

Gewicht in kg	Entfernung in km								
	1 - 100	101 - 200	201 - 300	301 - 400	401 - 500	501 - 600	601 - 700	701 - 800	801 - 1000
1 - 50	29,70	32,10	32,70	32,80	33,00	33,60	34,20	34,70	35,30
51 - 100	50,30	55,60	56,60	57,00	57,40	58,30	60,10	60,90	62,60
101 - 200	71,20	81,80	83,40	84,20	85,20	86,80	90,30	92,10	95,60
201 - 300	103,20	120,80	123,70	125,30	126,70	129,50	135,30	138,30	144,30
301 - 400	132,30	156,90	161,00	163,10	165,20	169,10	177,50	181,40	189,90
401 - 500	158,10	189,90	194,90	197,40	200,20	205,70	216,00	221,20	231,80
501 - 600	184,20	222,80	229,30	232,40	235,60	242,10	255,00	261,50	274,20
601 - 700	215,60	261,20	268,60	272,60	276,20	283,90	299,20	306,70	322,00
701 - 800	246,80	299,40	308,30	312,70	316,90	325,80	343,50	352,00	369,70
801 - 900	257,00	316,40	326,30	331,60	336,30	346,20	366,20	376,10	396,10
901 - 1000	285,70	352,40	363,50	369,10	374,60	385,70	407,90	418,80	441,10
1001 - 1250	311,50	390,50	403,80	410,30	417,00	430,10	456,40	469,40	495,80
1251 - 1500	337,80	428,20	443,50	451,20	458,80	474,00	504,10	519,30	549,60
1501 - 2000	347,50	445,10	461,40	469,40	477,50	493,90	526,30	542,60	575,30
2001 - 2500	348,30	464,50	483,80	493,30	503,20	522,50	561,10	580,70	619,30
2501 - 3000	349,00	481,90	504,00	515,20	526,20	548,40	592,70	614,80	658,90

Nebengebühren im Sammelguttarif

1.	Für in Ziffer 3.3 der Bedingungen unter anderem aufgeführte zusätzliche Leistungen werden zusätzlich zum Haus-Haus-Entgelt berechnet:		€
a)	Gebühr für Versendernachnahmen	2 %, mindestens	15,30
b)	Avisgebühren	pro Sendung	5,10
c)	Zustellung an einem vorgeschriebenen Tag (Fixtag) nach Ablauf der Regellaufzeit		15,30
d)	Wiegen von Gütern sowie Aufmessen von Sperrgütern nach Zeit und Aufwand	pro Sendung mindestens	2,60
e)	Lagergeld für Güter normalen Umfangs pro Tag und 100 kg		1,00
		mindestens	2,10
f)	Rechnungserstellung für Unfrei-Empfänger, die nicht zur sofortigen Zahlung bereit sind, sowie für Dritte		6,10
g)	Nachträgliche Verfügungen des Versenders (z. B. Änderungen der Frankatur) und Anweisungen des Empfängers	pro Sendung mindestens	5,10
h)	Beschaffung eines Ablieferungsnachweises	mindestens	6,10
i)	Palettentauschgebühr für		
	- genormte* Flachpaletten (EFP)	je Palette	2,60
	- genormte* Gitterboxpaletten (GIBO)	je Palette	10,20
	* Die Normen für Abmessungen und Güte richten sich nach DIN.		
j)	Stand- und Wartezeiten von mehr als einer halben Stunde	je halbe Stunde	17,90
2.	Die bei der Versendung gefährlicher Güter erforderlichen zusätzlichen Leistungen werden mit einem angemessenen Betrag, mindestens aber in folgender Höhe abgerechnet:		
	pro Sendung		
	bis 300 kg	mindestens	10,20
	301 kg bis 1 000 kg	mindestens	15,30
	über 1 000 kg	mindestens	20,50
3.	Sonstige Leistungen oder Zuschläge nach Ziffer 3.3 und 3.5 der Bedingungen für den Spediteursammelgutverkehr werden, soweit sie nicht in diesem oder einem anderen Tarif aufgeführt sind, mit einem angemessenen Betrag, mindestens aber in Höhe der Auslagen, abgerechnet.		

	Vom Empfänger zu erheben		Rückrechnung	
Pos.	**Steuerpflichtig**	**Nicht steuerpfl.**	**Verteilkosten**	**Sonstiges**
01				
02				
03				
04				
05		2 750,00		
06				
07				
08		550,00		
Summe				
+ Umsatzsteuer				
Zwischensumme				Entladen u. Verteilen
Nicht steuerpfl.				Zwischensumme
Summe gesamt				Umsatzsteuer
				Summe gesamt

Alle Beträge in €									Vom Empfänger zu erheben		Rückrechnung		
Pos.	**Versender**	**Empfänger**	**Anzahl**	**Art**	**SF**	**Inhalt**	**Gewicht**	**Frankatur**	**Steuerpflichtig**	**Nicht steuerpfl.**	**Verteilkosten**	**Sonstiges**	
01	Bauer, 40468 Düsseldorf	Meier, 80426 München	4	EFP	0	Maschinenteile	1 250,0	frei					-20 % Marge vom HHE
02	Schmidt, 41061 Mönchengladbach	Kaufholt, 83684 Tegernsee	4	Kart.		Haushaltswaren	387,0	frei					Abliefernachweis, je 100 · 90 · 80 cm
03	NEWTEX, 41515 Grevenbroich	Friedrich, 82256 Fürstenfeldbruck	2	EFP	1	Textilien	510,0	frei					Abliefernachweis, Avis, 4 Tage Nachlagerung
04	Schuster Metall, 42659 Solingen	WEGA AG, 80424 München	1	GIBO		Metallwaren	217,0	frei					Abliefernachweis
05	Klepping, 42549 Velbert	Neidl, 85737 Ismaning	2	EFP	1	Papier	890,0	unfrei		2 750,00			-11 % Marge vom HHE
06	MABAU, 40699 Erkrath	Nierdahl, 80796 München	1	Kart.		Motorenteile	70,0	frei					80 · 50 · 90 cm, Aufmessen
07	Rheinchemie, 47138 Duisburg	BKU, 82031 Grünwald	3	EFP	1	Chemikalien	1 150,0	frei					Abliefernachweis, Avis, Gefahrgut
08	Koslowski, 47809 Krefeld	Ludwig, 86143 Augsburg	2	EFP	0	Wein	620,0	unfrei		550,00			Abliefernachweis, Avis
		Summe					5 094,0						
							+ Umsatzsteuer						
							Zwischensumme					Entladen u. Verteilen	
							Nicht steuerpfl.					Zwischensumme	
							Summe gesamt					Umsatzsteuer	
												Summe gesamt	

3 Frachtgeschäfte: Güterkraftverkehr

3.1 Grundlagen (GüKG, Zulassungen, Lenk- und Ruhezeiten)

Güterkraftverkehr

Arten

- gewerblicher Güterkraftverkehr
- Werkverkehr

Arten des Güterkraftverkehrs

Gewerblicher Güterkraftverkehr

- geschäftsmäßige oder entgeltliche
- Beförderung von Gütern
- mit Kraftfahrzeugen (einschließlich Anhänger) mit einem zulässigen Gesamtgewicht von mehr als 3,5 Tonnen

Ausnahmen

Das GüKG gilt nicht für Freistellungsverkehre (§ 2 GüKG), z. B. Gütertransport für gemeinnützige Zwecke, Beförderung durch öffentliche Stellen, Transport beschädigter Fahrzeuge etc.

Werkverkehr

Güterkraftverkehr für eigene Zwecke eines Unternehmens

Voraussetzungen:

1. Die beförderten Güter müssen Eigentum des Unternehmens oder von ihm verkauft, gekauft, vermietet, gemietet, hergestellt, erzeugt, gewonnen, bearbeitet oder instand gesetzt worden sein.
2. Die Beförderung muss der Anlieferung der Güter zum Unternehmen, ihrem Versand vom Unternehmen, ihrer Verbringung innerhalb oder zum Eigengebrauch außerhalb des Unternehmens dienen.
3. Die für die Beförderung verwendeten Kraftfahrzeuge müssen vom eigenen Personal des Unternehmens geführt werden. (...)
4. Die Beförderung darf nur eine Hilfstätigkeit im Rahmen der gesamten Tätigkeit des Unternehmens darstellen.

(§ 1 Abs. 2 GüKG)

Erlaubnis

Voraussetzungen

Verkehrsleiter

Berufszugangsverordnung für den Güterkraftverkehr (GBZugV)

Verordnung (EG) Nr. 1071/2009 zur Festlegung gemeinsamer Regeln für die Zulassung zum Beruf des Kraftverkehrsunternehmers

Erlaubnis für den gewerblichen Güterkraftverkehr (§ 3 GüKG)

- Der gewerbliche Güterkraftverkehr in Deutschland ist erlaubnispflichtig.
- Die Erlaubnis wird einem Unternehmen erteilt.
- Erlaubnisse sind nicht kontingentiert.
- Die Erlaubnis gilt zunächst für 10 Jahre, bei Wiedererteilung zeitlich unbeschränkt.
- Die Landesregierungen bestimmen die Erlaubnisbehörde[1].

1 In NRW, in Bayern, Baden-Württemberg, die Verkehrsämter der Kreise und kreisfreien Städte, in Hessen die Bezirksregierungen, in Hamburg das Amt für Verkehr usw.

Voraussetzungen für die Erteilung einer Erlaubnis

Der Unternehmer (das Unternehmen) muss

a) eine tatsächliche und dauerhafte **Niederlassung** in der EU haben,
b) **zuverlässig** sein,
c) eine angemessene **finanzielle Leistungsfähigkeit** besitzen und
d) die geforderte **fachliche Eignung** besitzen.

Das Unternehmen muss einen **Verkehrsleiter** benennen.

Verkehrsleiter

Der Verkehrsleiter

- ist eine **natürliche Person.**
- **leitet** die Verkehrstätigkeiten des Unternehmens **tatsächlich und dauerhaft.**
- steht in einer **echten Beziehung zum Unternehmen** (Unternehmer, Geschäftsführer, Angestellter, Anteilseigner etc.).
- hat seinen ständigen Aufenthalt in der EU.
- ist **zuverlässig** und **fachlich geeignet.**

Externe Verkehrsleiter sind zulässig. Sie dürfen max. 4 Unternehmen mit zusammen 50 Fahrzeugen betreuen.

Voraussetzungen für die Erlaubniserteilung

Persönliche Zuverlässigkeit

keine erheblichen Vorstrafen

keine schweren Verstöße gegen

- das GüKG
- Lenk- und Ruhezeiten
- Verkehrs- und Betriebssicherheit
- abgabenrechtliche Pflichten
- Versicherungspflicht
- Umweltschutzvorschriften
- Handels- und Insolvenzrecht

Finanzielle Leistungsfähigkeit

a) keine Zahlungsunfähigkeit
b) Eigenkapital und Reserven mindestens 9 000 € für das erste Kraftfahrzeug, 5 000 € für jedes weitere Kraftfahrzeug
c) keine erheblichen Rückstände an Steuern oder an Beiträgen zur Sozialversicherung

Fachliche Eignung

Fachlich geeignet ist, wer über die Kenntnisse verfügt, die zur ordnungsgemäßen Führung eines Güterkraftverkehrsunternehmens erforderlich sind.

Die fachliche Eignung wird durch eine Prüfung vor der zuständigen Industrie- und Handelskammer nachgewiesen.

Güterschadenhaftpflichtversicherung nach § 7a GüKG

- Der Lkw-Unternehmer muss eine Güterschadenshaftpflichtversicherung nachweisen.
- Mindestversicherungssumme von 600 000 € je Schadensereignis

Übergangsregelung fachliche Eignung

Anerkennung der fachlichen Eignung aufgrund einer

- mindestens zehnjährigen leitenden Tätigkeit in einem Güterkraftverkehrsunternehmen in einem Zeitraum von zehn Jahren vor dem 4. Dezember 2009
- Berufsausbildung zum Kaufmann für Spedition und Logistikdienstleistung oder Kaufmann im Eisenbahn- und Straßenverkehr, die vor dem 4. Dezember 2011 begonnen wurde

Grenzüberschreitender Güterkraftverkehr

Zulassungen im grenzüberschreitenden Güterkraftverkehr

EU-Lizenz	Bilaterale Genehmigung Drittstaatengenehmigung	CEMT Genehmigung
Geltung: ▮ grenzüberschreitender Güterkraftverkehr zwischen den Staaten der EU und zwischen der EU und der EFTA ▮ innerdeutscher Güterkraftverkehr durch deutsche Unternehmer	**Geltung:** ▮ grenzüberschreitender Güterkraftverkehr zwischen Staaten, die einen bilateralen Vertrag geschlossen haben ▮ Transport- und Transitgenehmigungen ▮ Genehmigung ausländischer Unternehmer heißt Drittstaatengenehmigung	**Geltung:** ▮ grenzüberschreitender Verkehr[2] zwischen den Mitgliedsstaaten der CEMT[3] (Europäische Verkehrsministerkonferenz)
▮ Kabotageverkehre[1] zulässig ▮ Dreiländerverkehr zulässig	▮ keine Kabotageverkehre ▮ Dreiländerverkehr nur mit Transit durch das Heimatland	▮ keine Kabotageverkehre ▮ Dreiländerverkehr zulässig
Anzahl: ▮ keine Kontingentierung Geltungsdauer ▮ 10 Jahre, Wiedererteilung für 10 Jahre	Anzahl: ▮ kontingentiert Geltungsdauer: ▮ Einzelfahrt- oder Zeitgenehmigungen	Anzahl: ▮ kontingentiert Geltungsdauer: ▮ 1 Jahr
Ausgabe: ▮ Verkehrsbehörde, die für die Ausgabe der Erlaubnis zuständig ist Voraussetzungen: ▮ Berufszugangsverordnung (wie Erlaubnis)	Ausgabe: ▮ BAG Berlin (Osteuropa) ▮ Regierung der Oberpfalz, Regensburg (Balkanstaaten und Türkei) Voraussetzungen: ▮ EU-Lizenz/Erlaubnis	Ausgabe: ▮ BAG (Bundesamt für den Güterverkehr) Voraussetzungen: ▮ EU-Lizenz/Erlaubnis ▮ Auslastung[4] der Genehmigung

1 Die Güterkraftverkehrsunternehmer sind berechtigt, im Anschluss an eine grenzüberschreitende Beförderung aus einem anderen Mitgliedstaat oder einem Drittland in den Aufnahmemitgliedstaat nach Auslieferung der Güter bis zu drei Kabotagebeförderungen mit demselben Fahrzeug (...) durchzuführen. Bei Kabotagebeförderungen erfolgt die letzte Entladung, bevor der Aufnahmemitgliedsstaat verlassen wird, innerhalb von sieben Tagen nach der letzten Entladung der in den Aufnahmemitgliedsstaat eingeführten Lieferung [Verordnung (EG) Nr. 1072/2009].

2 „Der Unternehmer hat dafür zu sorgen, dass höchstens drei aufeinanderfolgende Beförderungen ohne Befahren des Gebietes des Staates, in dem das Unternehmen seinen Sitz hat, durchgeführt werden." (§ 7a GüKGrKabotageV)

3 Albanien (AL), Armenien (ARM), Aserbaidschan (AZ), Belgien (B), Bosnien und Herzegowina (BIH), Bulgarien (BG), Dänemark (DK), Deutschland (D), Estland (EST), Finnland (FIN), Frankreich (F), Georgien (GE), Griechenland (GR), Irland (IRL), Italien (I), Kroatien (HR), Lettland (LV), Liechtenstein (FL), Litauen (LT), Luxemburg (L), Makedonien (MK bzw. ERYM, FYROM), Malta (M), Moldawien (MD), Montenegro (MNE), Niederlande (NL), Norwegen (N), Österreich (A), Polen (PL), Portugal (P), Rumänien (RO), Russische Förderation (RUS), Schweden (S), Schweiz (CH), Serbien (SCG), Slowakische Republik (SK), Slowenien (SLO), Spanien (E), Tschechische Republik (CZ), Türkei (TR), Ukraine (UA), Ungarn (H), Vereinigtes Königreich (UK), Weißrussland (Belarus) (BY)

4 „Die CEMT-Genehmigung wird wiedererteilt, wenn der Antragsteller mit dieser Genehmigung insgesamt mindestens 12 Beförderungen durchgeführt hat, bei denen der Be- oder Entladeort in einem Mitgliedstaat liegt, in dem die Gemeinschaftslizenz nicht gilt. Beförderungen zwischen CEMT-Mitgliedstaaten, in denen jeweils die Gemeinschaftslizenz gilt, werden grundsätzlich nicht angerechnet." (Richtlinie für das Verfahren zur Erteilung der CEMT-Genehmigungen, www.verwaltungsvorschriften-im-internet.de)

http://fhh.hamburg.de/stadt/Aktuell/behoerden/bsg/verbraucherschutz/arbeitsschutz/publikationen/ankuendigungen/publi_20m30.html

Lenk- und Ruhezeiten

VERORDNUNG (EWG) Nr. 3820/85 DES RATES über die Harmonisierung bestimmter Sozialvorschriften im Straßenverkehr vom 20. Dezember 1985

Lenkzeit	Täglich	9 Stunden	(2-mal wöchentlich 10 Stunden)
	Wöchentlich	56 Stunden	maximal
	Doppelwoche	90 Stunden	z. B. 45 + 45 Stunden 50 + 40 Stunden, max. 56 + 34 Stunden
Unterbrechung der Lenkzeit	Nach einer Lenkzeit von	4,5 Stunden	mindestens 45 Minuten Lenkzeitunterbrechung (aufteilbar in Unterbrechungen von zuerst 15 Minuten und am Ende 30 Minuten Dauer)
Tagesruhezeit	Jeweils innerhalb eines Zeitraumes von 24 Stunden (nicht pro Kalendertag)	11 Stunden (zusammenhängend)	Verkürzungen auf 9 Stunden sind 3-mal wöchentlich zulässig
	oder (wegen Wartezeiten beim Be- und Entladen oder an der Grenze, sofern echte Ruhezeit vorliegt)	12 Stunden (aufgeteilt)	Aufteilung in 2 Abschnitte ist zulässig. Der erste Abschnitt muss 3 Stunden, der zweite Abschnitt 9 Stunden betragen. (Bei Mehrfahrerbetrieb ist eine Tagesruhezeit von mindestens 9 Stunden innerhalb eines 30-Stunden-Zeitraums zu nehmen)
Wöchentliche Ruhezeit		45 Stunden	Zusammenhängende Stunden nach spätestens 6 Tagen. Verkürzungsmöglichkeit auf 24 Stunden mit Ausgleich bis zum Ende der 3. Folgewoche. Es darf nur jede 2. Wochenruhezeit verkürzt werden.
Wochenarbeitszeit	Arbeitszeitgesetz	48 Stunden	Sonderregelung nach § 21a ArbZG für „Beschäftigte im Straßentransport". Die wöchentliche Arbeitszeit kann auf 60 Stunden verlängert werden, wenn innerhalb von 4 Kalendermonaten oder 16 Wochen im Durchschnitt 48 Stunden nicht überschritten werden.

Nicht von der Verordnung erfasst werden u. a.

- Fahrzeuge unter 3,5 t zul. GG, einschl. Anhänger. In Deutschland werden allerdings durch nationales Recht mit der Fahrpersonalverordnung (FPersV) bereits Fahrzeuge ab 2,8 t erfasst. Als Nachweis bei fehlendem EG-Kontrollgerät ist ein handschriftlicher Arbeitszeitnachweis (Tageskontrollblatt) vorgeschrieben.
- Fahrzeuge zur Personenbeförderung mit maximal 9 Fahrgastplätzen, einschließlich Fahrer.
- Fahrzeuge u. a. der Armee, Polizei, Zivilschutz, Rettungsdienste, Schausteller
- nicht-gewerblicher (und somit privater) Güterverkehr bis 7,5 t zGM (VO EG 561/2006 Art. 3, h)

Kontrolle der Lenk- und Ruhezeiten

Mechanischer Tachograf

Mechanische Tachografen erstellen Aufzeichnungen über die gefahrenen Geschwindigkeiten, der Wegstrecke (zurückgelegte Kilometer) sowie die Lenk- und Ruhezeiten auf Tachoscheiben (runde Papierscheiben, Schaublätter).

Digitaler Tachograf

Digitale Tachografen speichern in einem versiegelten Speichermodul 365 Tage und auf einer personengebundenen Fahrerkarte (Chipkarte) 28 Tage die Lenk-, Arbeits-, Bereitschaft- und Ruhezeiten sowie deren Unterbrechungen, zurückgelegte Entfernungen und die gefahrenen Geschwindigkeiten.

Der digitale Tachograf ist für alle neuen Lkw (mit einem zulässigen Gesamtgewicht über 3,5 t) vorgeschrieben.

Kontrolle der Lenk- und Ruhezeiten

Zur Kontrolle durch den Fahrer mitzuführende Unterlagen

- Tachoscheiben aus mechanischen Tachografen des laufenden Tages sowie der vorausgegangenen 28 Tage
- Bescheinigung über freie Tage
- Fahrerkarte

Aufbewahrungspflichten des Lkw-Unternehmers

- Tachoscheiben aus analogen (herkömmlichen) Kontrollgeräten ein Jahr aufbewahren
- Spätestens alle 28 Tage die Daten von der Fahrerkarte kopieren und zwei Jahre im Betrieb sicher aufbewahren
- Alle 3 Monate die Daten aus dem Massenspeicher des digitalen Kontrollgerätes kopieren und zwei Jahre im Betrieb sicher aufbewahren

Bundesamt für den Güterfernverkehr

Güterkraftverkehrsgesetz (GüKG)

Aufgaben

Kontrollpflichten (§ 11)

Grundpflichten der Unternehmer

Einhaltung der Erlaubnispflicht (§ 3), Mitführung des Beförderungspapiers (§ 7) und Güterschaden-Haftpflichtversicherung (§ 7a)

Sonstige Überwachungspflichten

a) Lenk- und Ruhezeiten, maximale Lkw-Abmessungen und Gewichte, Gefahrgutvorschriften
b) Containersicherheit, Kraftfahrzeug- und Umsatzsteuer, Lebensmittelrecht, Abfallbeförderung, Abgas- und Lärmemissionen, Kriegswaffenkontrollgesetz
c) Überwachung der Vorschriften zum Werkverkehr

Sonstige Pflichten

Sonstige Pflichten der BAG

Das BAG

a) erhebt und verwaltet die Autobahnbenutzungsgebühr (§ 11 Abs. 1),
b) führt Marktbeobachtung und Statistik im Güterverkehr durch (§ 14),
c) wirkt bei Erlaubnis- und EU-Lizenz-Erteilung mit, erteilt CEMT-Genehmigungen (§ 17),
d) führt Dateien über sämtliche Unternehmen des gewerblichen Straßengüterverkehrs (§ 15) und des Werkverkehrs (§ 15a).

Bußgeldbehörde

BAG erhebt Bußgelder bei Verstößen nach § 11 GüKG und ist Ermittlungsbehörde bei anderen Ordnungswidrigkeiten (§§ 19 ff.).

Befugnisse (§ 12)

Straßenkontrollen

- an Straßen, Autohöfen und Tankstellen
- Anhalterecht
- Auskunftsrecht
- Weiterfahrt verbieten

Betriebskontrollen

- Betreten von Räumen
- Einsicht in Papiere
- Auskunftsrecht
- kann Hilfsmittel und Hilfsdienste verlangen

BAG
Bundesamt für den Güterverkehr

Autobahnmaut

Gesetz über die Erhebung von streckenbezogenen Gebühren für die Benutzung von Bundesautobahnen mit schweren Nutzfahrzeugen

Mautpflicht

a) Strecken

Mautpflicht besteht auf den Bundesautobahnen und bestimmten Bundesstraßen (Ausweichstrecken).

b) Fahrzeuge

Lkw mit einem zulässigen Gesamtgewicht ab 12 Tonnen unterliegen der Mautpflicht.

Mautsätze pro Kilometer

	ab	1. 1. 2009
A	bis 3 Achsen	0,141 €
	ab 4 Achsen	0,155 €
B	bis 3 Achsen	0,169 €
	ab 4 Achsen	0,183 €
C	bis 3 Achsen	0,190 €
	ab 4 Achsen	0,204 €
D	bis 3 Achsen	0,274 €
	ab 4 Achsen	0,288 €

Mauthöhe

Die Mauthöhe ist abhängig von

a) der zurückgelegten Strecke (Autobahnkilometer),

b) von der Zahl der Fahrzeugachsen und

c) von der Schadstoffklasse des Fahrzeuges.

A: S 5, EEV Klasse 1

B: S4, S3 mit PMK 2, 3 oder 4

C: S3 ohne PMK, S2 mit PMK 1, 2, 3 oder 4

D: S2 ohne PMK, S1 und Fahrzeuge, die keiner Schadstoffklasse angehören

EEV höchste Schadstoffklassen (Enchanced Environmentally Friendly Vehicle)

S Schadstoffklasse

PMK Partikelminderungsklassen (Partikelfilter)

Mauterhebung

a) **Automatische Mauterfassung**

Mit einem Fahrzeuggerät (On-Board-Unit, OBU) wird die zurückgelegte mautpflichtige Strecke erfasst und von dem Unternehmen TOLL COLLECT berechnet.

b) **Einbuchen über das Internet**

Vor Antritt der Fahrt wird die Strecke über das Internet eingebucht.

c) **Einbuchen über Mautstellenterminals**

Vor der Auffahrt auf eine mautpflichtige Strecke wird die Maut eingebucht.

3.2 Verkehrsgeografie Straßenverkehr

Das Grundnetz der Autobahnen in Deutschland

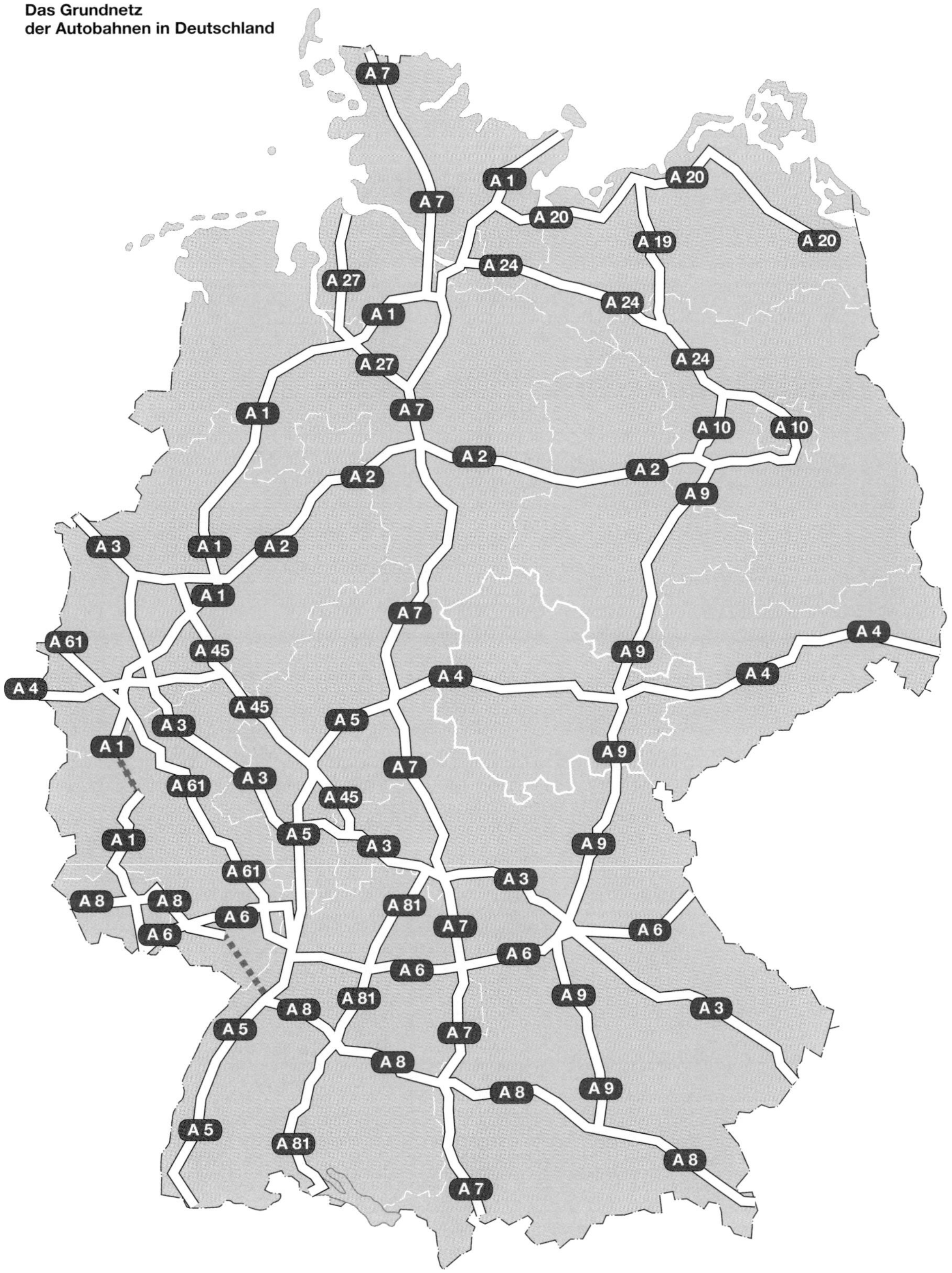

Großstädte Deutschland

Rang	Stadt	2010	Land
1	Berlin	3 460 725	BE
2	Hamburg	1 786 448	HH
3	München	1 353 186	BY
4	Köln	1 007 119	NW
5	Frankfurt am Main	679 664	HE
6	Stuttgart	606 588	BW
7	Düsseldorf	588 735	NW
8	Dortmund	580 444	NW
9	Essen	574 635	NW
10	Bremen	547 340	HB
11	Dresden	523 058	SN
12	Leipzig	522 883	SN
13	Hannover	522 686	NI
14	Nürnberg	505 664	BY
15	Duisburg	489 559	NW
16	Bochum	374 737	NW
17	Wuppertal	349 721	NW
18	Bonn	324 899	NW
19	Bielefeld	323 270	NW
20	Mannheim	313 174	BW
21	Karlsruhe	294 761	BW
22	Münster	279 803	NW
23	Wiesbaden	275 976	HE
24	Augsburg	264 708	BY
25	Aachen	258 664	NW
26	Mönchengladbach	257 993	NW
27	Gelsenkirchen	257 981	NW
28	Braunschweig	248 867	NI
29	Chemnitz	243 248	SN
30	Kiel	239 526	SH
31	Krefeld	235 076	NW
32	Halle (Saale)	232 963	SA
33	Magdeburg	231 525	SA
34	Freiburg im Breisgau	224 191	BW
35	Oberhausen	212 945	NW
36	Lübeck	210 232	SH
37	Erfurt	204 994	TH
38	Rostock	202 735	MV
39	Mainz	199 237	RP
40	Kassel	195 530	HE
41	Hagen	188 529	NW

Rang	Stadt	2010	Land
42	Hamm	181 783	NW
43	Saarbrücken	175 741	SL
44	Mülheim an der Ruhr	167 344	NW
45	Herne	164 762	NW
46	Ludwigshafen am Rhein	164 351	RP
47	Osnabrück	164 119	NI
48	Oldenburg (Oldenburg)	162 173	NI
49	Leverkusen	160 772	NW
50	Solingen	159 927	NW
51	Potsdam	156 906	BB
52	Neuss	151 388	NW
53	Heidelberg	147 312	BW
54	Paderborn	146 283	NW
55	Darmstadt	144 402	HE
56	Regensburg	135 520	BY
57	Würzburg	133 799	BY
58	Ingolstadt	125 088	BY
59	Heilbronn	122 879	BW
60	Ulm	122 801	BW
61	Wolfsburg	121.451	NI
62	Göttingen	121 060	NI
63	Offenbach am Main	120 435	HE
64	Pforzheim	119 781	BW
65	Recklinghausen	118 365	NW
66	Bottrop	116 771	NW
67	Fürth	114 628	BY
68	Bremerhaven	113 366	HB
69	Reutlingen	112 484	BW
70	Remscheid	110 563	NW
71	Koblenz	106 417	RP
72	Bergisch Gladbach	105 723	NW
73	Erlangen	105 629	BY
74	Moers	105 506	NW
75	Trier	105 260	RP
76	Jena	105 129	TH
77	Siegen	103 424	NW
78	Hildesheim	102 794	NI
79	Salzitter	102 394	NI
80	Cottbus	102 091	BB

Großstädte in Deutschland

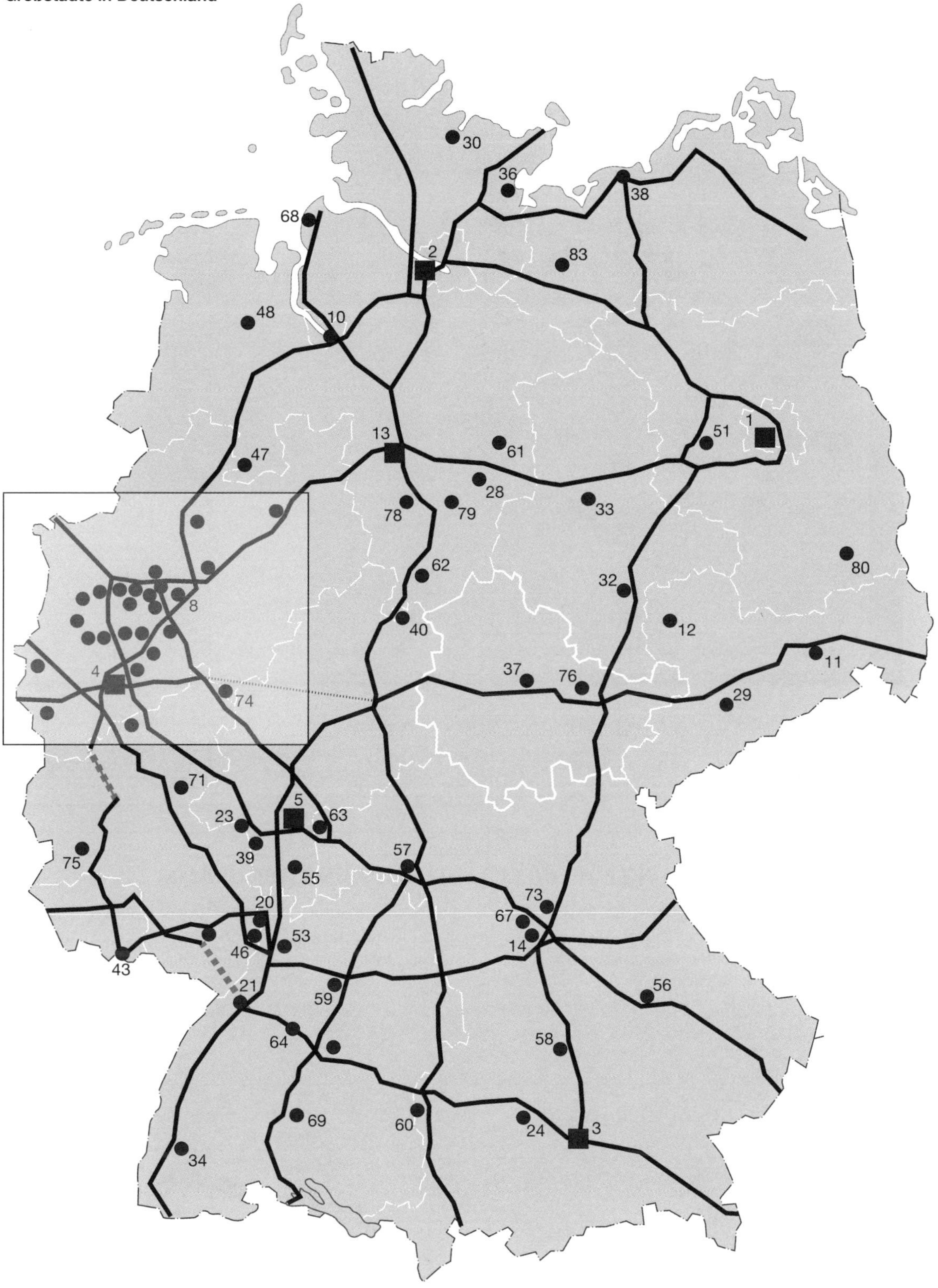

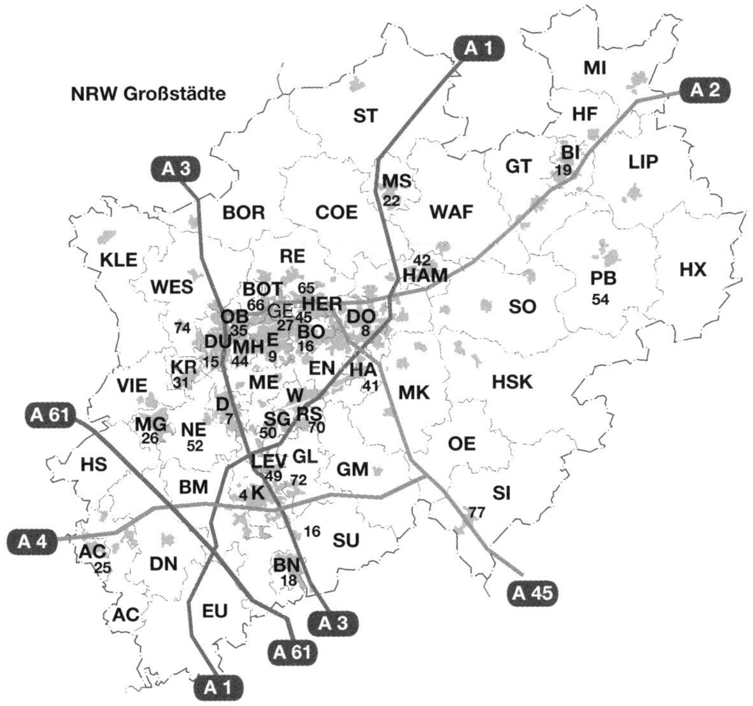

AC	Aachen	GE	Gelsenkirchen	MH	Mülheim
BI	Bielefeld	GL	Bergisch Gladbach	WES	Moers
BN	Bonn	HA	Hagen	NE	Neuss
BO	Bochum	HAM	Hamm	OB	Oberhausen
BOT	Bottrop	HER	Herne	PB	Paderborn
D	Düsseldorf	K	Köln	RE	Recklinghausen
DO	Dortmund	KR	Krefeld	RS	Remscheid
DU	Duisburg	LEV	Leverkusen	SI	Siegen
E	Essen	M	Münster	SG	Solingen
EN	Witten	MG	Mönchengladbach	W	Wuppertal

4	Köln	K
7	Dortmund	DO
8	Essen	E
9	Düsseldorf	D
15	Duisburg	DU
16	Bochum	BO
17	Wuppertal	W
18	Bielefeld	BI
19	Bonn	BN
22	Münster	M
25	Gelsenkirchen	GE
25	Mönchengladbach	MG
27	Aachen	AC
31	Krefeld	KR
35	Oberhausen	OB
41	Hagen	HA
42	Hamm	HAM
44	Herne	HER
45	Mülheim	MH
48	Solingen	SG
49	Leverkusen	LEV
51	Neuss	NE
54	Paderborn	PB
60	Recklinghausen	RE
65	Bottrop	BOT
68	Remscheid	RS
71	Moers	MO
74	Siegen	SI
75	Bergisch Gladbach	GL
82	Witten	EN

ROUTENOPTIMIERUNG MIT EINEM ROUTENPLANUNGSPROGRAMM

Mit map&guide professional 2010 kann für eine Rundreise eine optimale Reihenfolge der Zielorte bestimmt werden. Für die Route von Düsseldorf nach Bottrop, Dortmund, Essen, Wuppertal und zurück nach Düsseldorf findet das Programm die Reihenfolge Düsseldorf - Essen - Bottrop - Dortmund - Wuppertal - Düsseldorf mit einer Gesamtentfernung von 178,8 km.

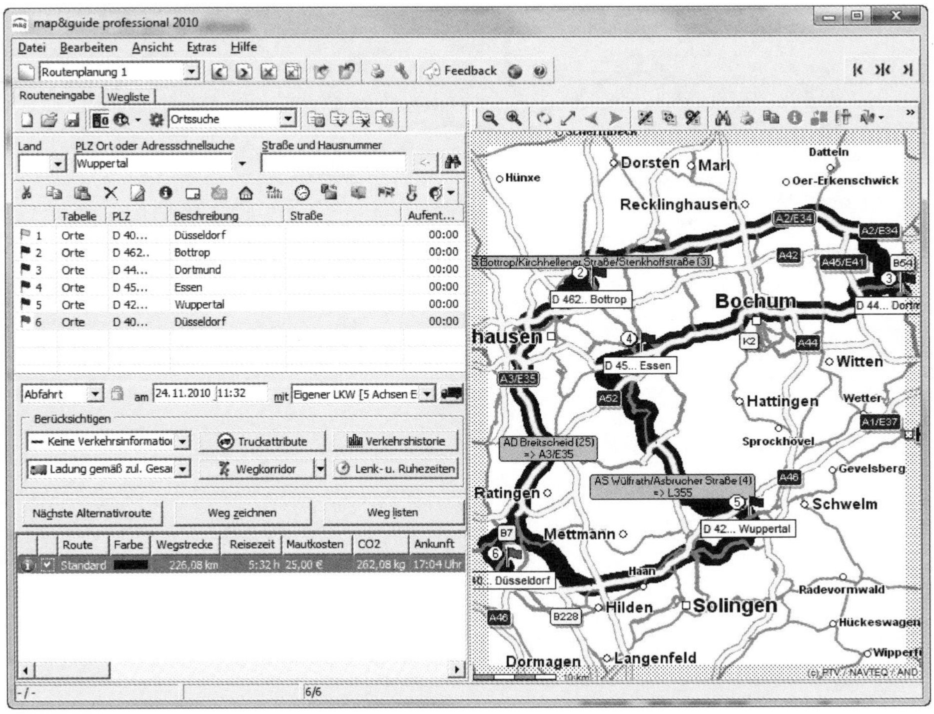

Abbildung: PTV AG, map&guide professional 2010; www.mapandguide.de

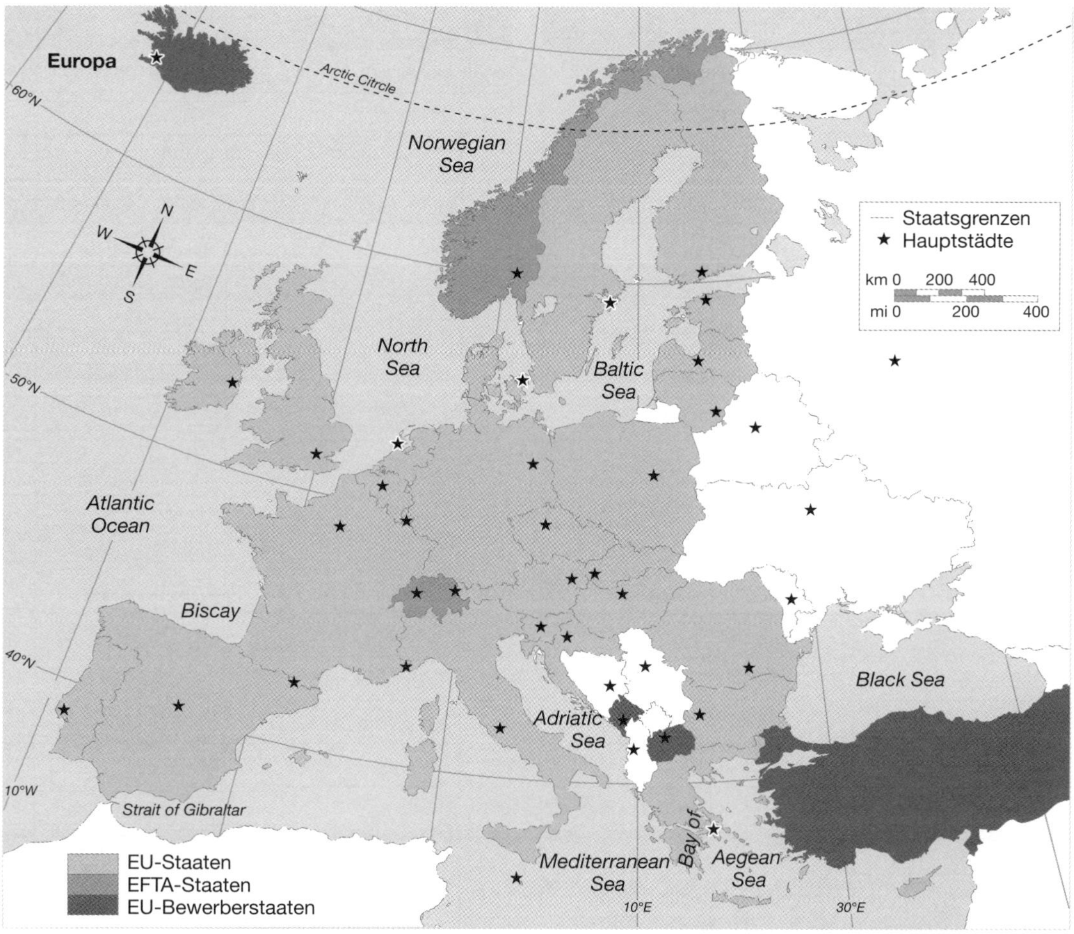

	Staat	Hauptstadt
1	Albanien	Tirana
2	Belgien	Brüssel
3	Bosnien-Herzegowina	Sarajevo
4	Bulgarien	Sofia
5	Dänemark	Kopenhagen
6	Deutschland	Berlin
7	Estland	Tallinn
8	Finnland	Helsinki
9	Frankreich	Paris
10	Griechenland	Athen
11	Großbritannien	London
12	Irland	Dublin
13	Island	Reykjavik
14	Italien	Rom
15	Kasachstan	Astana
16	Kosovo	Priština
17	Kroatien	Zagreb
18	Lettland	Riga
19	Litauen	Vilnius
20	Luxemburg	Luxemburg
21	Malta	Valletta
22	Mazedonien	Skopje
23	Moldawien	Chisinau
24	Montenegro	Podgorica
25	Niederlande	Amsterdam

	Staat	Hauptstadt
26	Norwegen	Oslo
27	Österreich	Wien
28	Polen	Warschau
29	Portugal	Lissabon
30	Rumänien	Bukarest
31	Russland	Moskau
32	Schweden	Stockholm
33	Schweiz	Bern
34	Serbien	Belgrad
35	Slowakei	Bratislava
36	Slowenien	Ljubljana
37	Spanien	Madrid
38	Tschechien	Prag
39	Türkei	Ankara
40	Ukraine	Kiew
41	Ungarn	Budapest
42	Weißrussland	Minsk
43	Zypern	Nikosia
44	Andorra	Andorra la Vella
45	Liechtenstein	Vaduz
46	Monaco	Monaco
47	San Marino	San Marino
48	Vatikanstadt	
	EU-Mitgliedsstaaten	
	EFTA-Mitgliedsstaaten	

Karten und Informationen

zur EU:
http://europa.eu.int/abc/governments/index_de.htm

zur EFTA:
www.efta.int

Großstädte Europa

	Stadt	Einwohner	Staat
1	Tirana	600 339	Albanien
2	Brüssel	141 312	Belgien
3	Sarajewo	297 523	Bosnien
4	Sofia	1 270 450	Bulgarien
5	Nicosia	91 331	Cypern
6	Kopenhagen	501 158	Dänemark
7	Berlin	3 416 255	Deutschland
8	Hamburg	1 770 291	Deutschland
9	München	1 348 650	Deutschland
10	Köln	1 024 300	Deutschland
11	Frankfurt am Main	667 468	Deutschland
12	Stuttgart	597 176	Deutschland
13	Dortmund	586 909	Deutschland
14	Düsseldorf	585 054	Deutschland
15	Essen	582 140	Deutschland
16	Bremen	548 477	Deutschland
17	Hannover	518 154	Deutschland
18	Leipzig	510 648	Deutschland
19	Dresden	507 572	Deutschland
20	Nürnberg	503 762	Deutschland
21	Tallinn	394 024	Estland
22	Helsinki	559 330	Finnland
23	Paris	2 138 551	Frankreich
24	Marseille	808 700	Frankreich
25	Lyon	415 487	Frankreich
26	Athen	729 137	Griechenland
27	Dublin	499 156	Irland
28	Reykjavik	113 022	Island
29	Rom	2 706 428	Italien
30	Mailand	1 303 437	Italien
31	Neapel	975 139	Italien
32	Turin	900 142	Italien
33	Palermo	674 647	Italien
34	Genua	611 476	Italien
35	Priština	550 156	Kosovo
36	Zagreb	780 000	Kroatien
37	Riga	731 672	Lettland
38	Vaduz	5 014	Liechtenstein
39	Vilnius	541 600	Litauen
40	Luxemburg	77 325	Luxemburg
41	Skopje	474 889	Makedonien
42	Valetta	258 867	Malta
43	Chisinau	593 800	Moldawien
44	Monaco	32 000	Monaco
45	Amsterdam	742 011	Niederlande
46	Rotterdam	584 356	Niederlande
47	Oslo	538 411	Norwegen
48	Wien	1 680 447	Österreich
49	Warschau	1 700 536	Polen
50	Łódź	774 004	Polen
51	Krakau	757 430	Polen
52	Wroclav	636 268	Polen
53	Poznan	570 778	Polen
54	Lissabon	517 802	Portugal
55	Bukarest	1 931 838	Rumänien
56	Moskau	10 470 318	Russland
57	St. Petersburg	4 580 620	Russland
58	Nischni Nowgorod	1 296 828	Russland
59	Rostow am Don	1 062 144	Russland
60	Krasnodar	719 418	Russland
61	Wolgograd	1 004 170	Russland
62	Stockholm	766 747	Schweden
63	Bern	122 304	Schweiz
64	Zürich	345 236	Schweiz
65	Belgrad	1 576 124	Serbien
66	Bratislava	428 672	Slowak. Rep.
67	Ljubljana	255 115	Slowenien
68	Madrid	3 123 463	Spanien
69	Barcelona	1 605 602	Spanien
70	Valencia	796 549	Spanien
71	Sevilla	704 154	Spanien
72	Saragossa	647 373	Spanien
73	Málaga	558 287	Spanien
74	Prag	1 181 610	Tschechien
75	Ankara	3 519 177	Türkei
76	Istanbul	6 486 993	Türkei
77	Kiew	2 455 900	Ukraine
78	Charkiw	1 420 100	Ukraine
79	Donezk	1 131 700	Ukraine
80	Dnipropetrowsk	1 062 144	Ukraine
81	Odessa	1 029 049	Ukraine
82	Budapest	1 698 106	Ungarn
83	London	7 421 209	Großbritannien
84	Birmingham	992 100	Großbritannien
85	Glasgow	577 670	Großbritannien
86	Minsk	1 741 371	Weißrussland

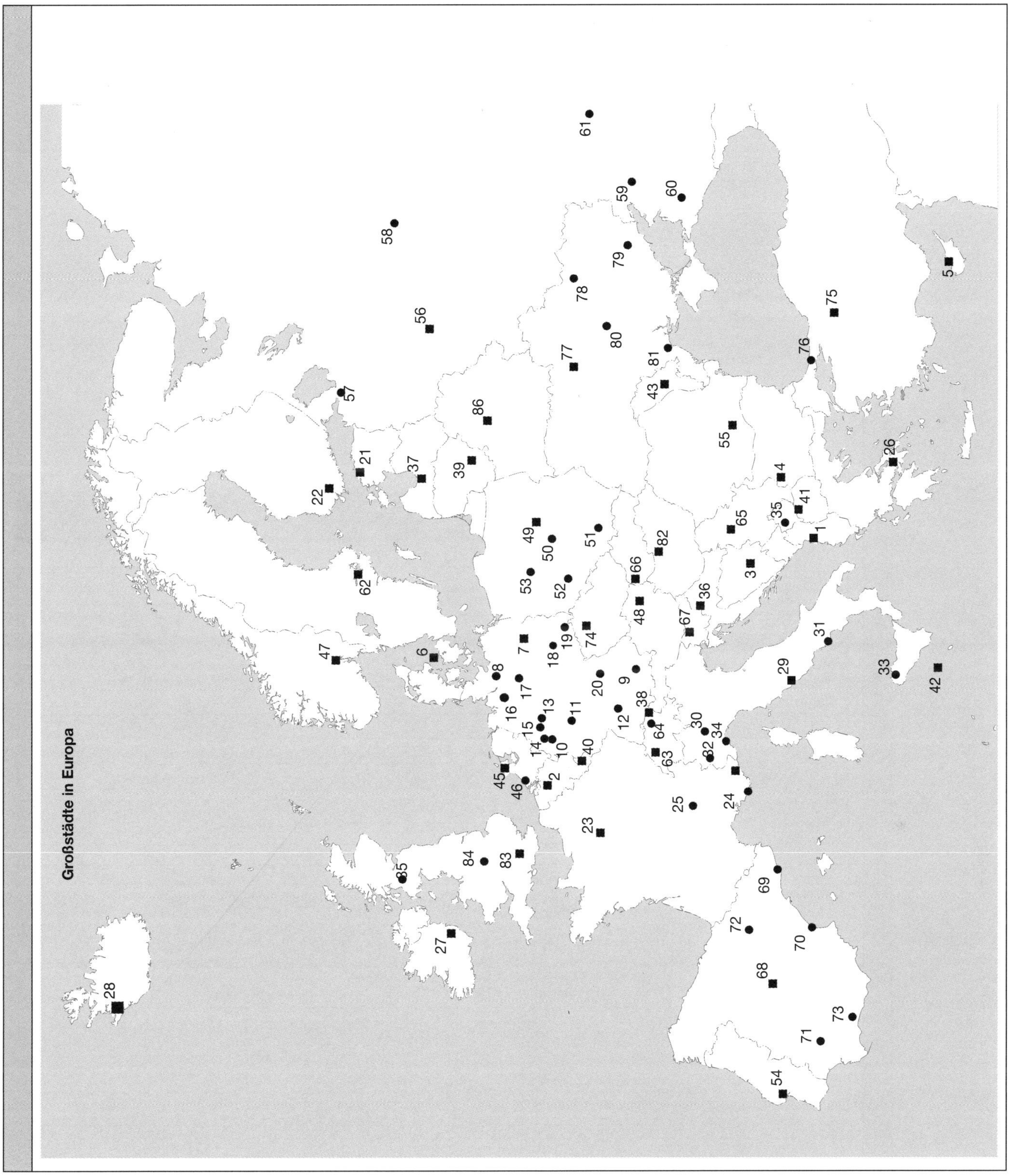
Großstädte in Europa

Alpenübergänge (Pässe und Tunnel)

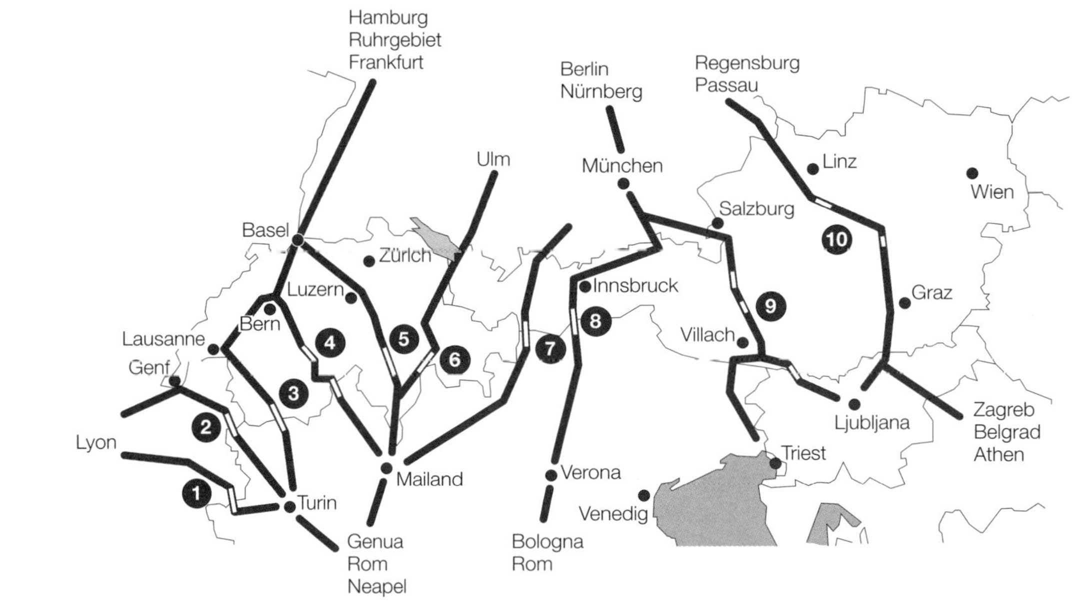

Land		Alpenübergang	Gesamt (Mio. t)* Lkw	Bahn	Strecke
Frankreich	1	Fréjus-Tunnel/Mt. Cenis (Pass) [E70]	11,0	3,4	Lyon - Turin
	2	Mont Blanc [E25]	9,1		Genf - Turin
Schweiz	3	Gr. St. Bernhard [E27]	0,7		Lausanne - Turin
	4	Lötschberg/Simplon	0,9	11,3	Bern - Mailand
	5	Gotthard [E35]	10,6	14,4	Basel - Mailand
	6	San Bernardino [E43]	2,2		Bodensee - Mailand
Österreich	7	Reschenpass	1,1		Bregenz - Bozen
	8	Brenner [E45]	28,2	14,1	München - Verona
	9	Tauernroute [E55]**	12,7	5,9	Salzburg - Udine/Ljubljana
	10	Phyrnroute [E57]**	14,3	4,3	Passau - Maribor

* 2011: www.bfs.admin.ch/bfs/portal/de/index/themen/11/07/04.Document.21303.xls
** 2009: www.bmvit.gv.at/verkehr/gesamtverkehr/statistik/downloads/aqgv_2009/CAFT_09_broschuere.pdf

Alpenübergänge

Vgl. www.bav.admin.ch/verlagerung/01529/index.html

(Alpinfo 2011)

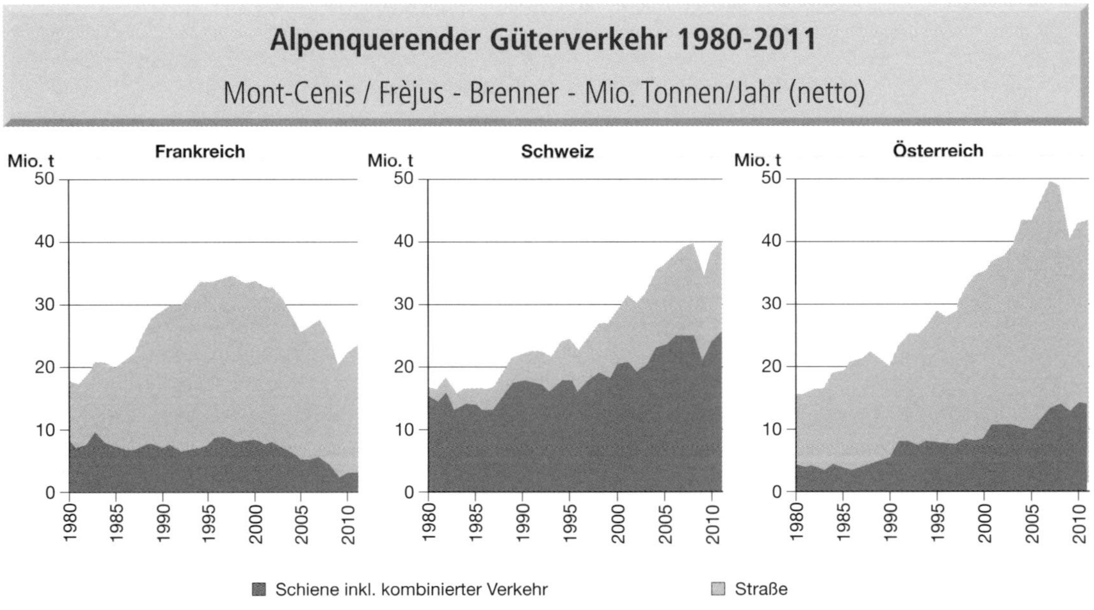

2011*		
Straße	20,3 Mio. t	85,7 %
Schiene	3,4 Mio. t	14,3 %
Total	**23,6 Mio. t**	

2011		
Straße	14,5 Mio. t	36,1 %
Schiene	25,6 Mio. t	63,9 %
Total	**40,1 Mio. t**	

2011		
Straße	29,3 Mio. t	67,5 %
Schiene	14,1 Mio. t	32,5 %
Total	**43,3 Mio. t**	

Europastraßen

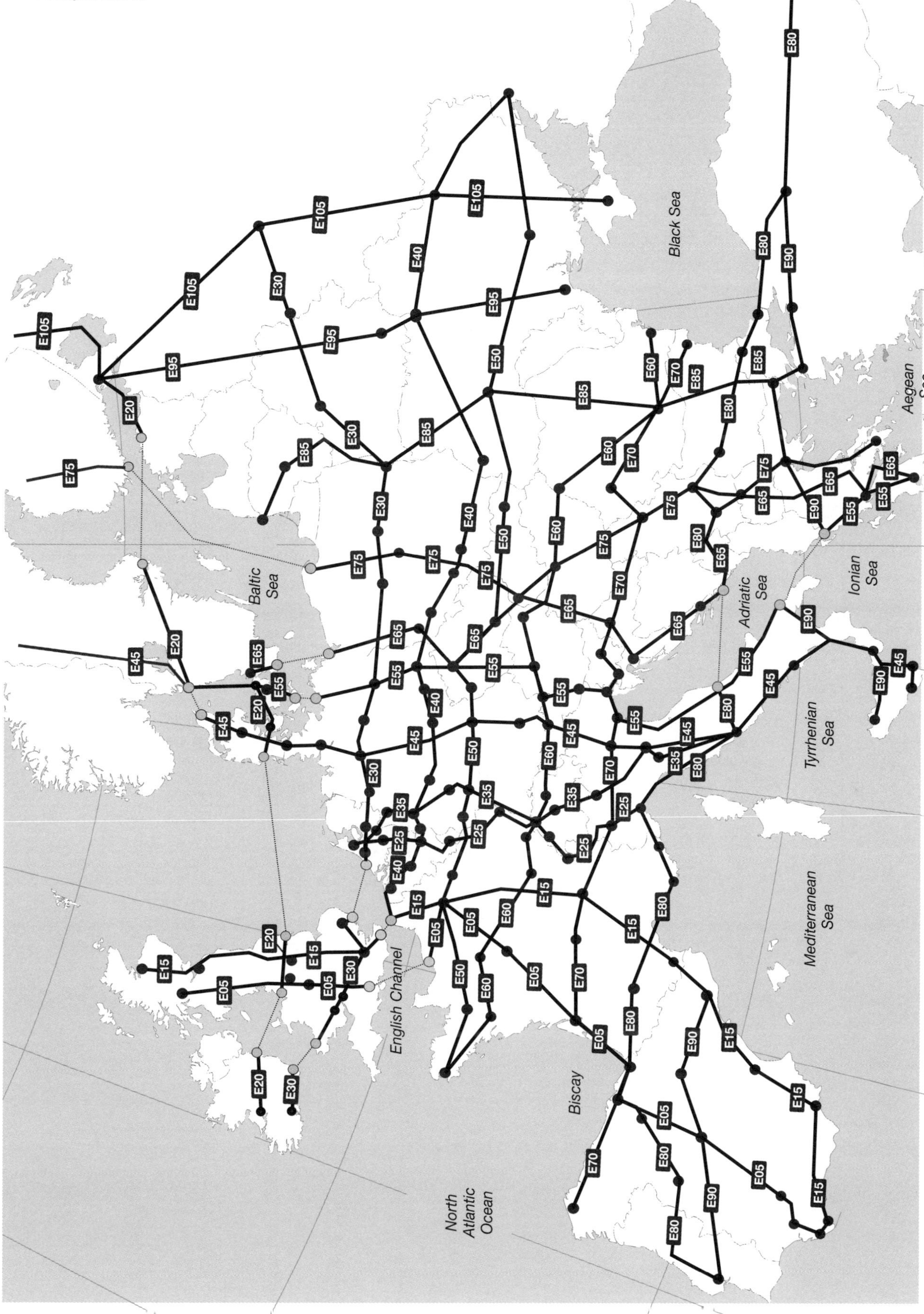

Vgl.: „Liste der Europastraßen" in http://de.wikipedia.org

Fährverbindungen

www.faehre-vff.de
www.lkw-faehren.de

Wichtige Fährverbindungen in Europa

Nord-Europa

Kiel	D
Göteborg	S
Oslo	N
Klaipeda (Memel)	LT
St. Petersburg	RUS
Lübeck/Travemünde	D
Riga	LV
Paldiski	EST
Helsinki	FIN
Trelleborg	S
Puttgarden	D
Rødby	DK
Rostock	D
Trelleborg	S
Gedser	DK
Ventspils	LV
Hanko	FIN
Helsinki	FIN
Tallin	EST
Sassnitz/Mukran	D
Trelleborg	S
Klaipeda	LT
St. Petersburg	RUS
Helsingør	DK
Helsingborg	S
Frederikshavn	DK
Göteborg	S
Oslo	N
Hirtshals	DK
Kristiansand	N
Oslo	N
Stavanger	N
Bergen	N
Hanstholm	DK
Bergen	N
Helsinki	FIN
Stockholm	S
Tallin	EST

Nordwest-Europa

Amsterdam	NL
Newcastle	GB
Rotterdam	Nl
Hull	GB
Hoek van Holland	NL
Harwich	GB
Zeebrügge	B
Rosyth (Edinburgh)	GB
Hull	GB
Dunkerque	F
Dover	GB
Calais	F
Dover	GB
Cherbourg	F
Portsmouth	GB
Rosslare	IRL
St. Malo	F
Portsmouth	GB
Roscoff	F
Plymouth	GB
Cork	IRL
Rosslare	IRL
Belfast	GB
Stranraer	GB
Liverpool	GB
Dublin/Dun Loaghaire	IRL
Holyhead	GB
Liverpool	GB
Rosslare	IRL
Fishguard	GB
Pembroke	GB
ALTERNATIVEN	
Kopenhagen	DK
Malmö (Øresundbrücke)	S
Coquelles (bei Calais)	F
Folkestone (bei Dover)	GB

Mittelmeer

Westliches Mittelmeer	
Algeciras	E
Tanger	MA
Seuta	E
Allicante	E
Oran	DZ
Barcelona	E
Oran	DZ
Algier	DZ
Genua	I
Marseille	F
Oran	DZ
Algier	DZ
Tunis	TN
Genua	I
Tanger	MA
Tunis	TN
Palermo	I
Malta	M

Östliches Mittelmeer	
Venedig	I
Igoumenitsa/Patras	GR
Ancona	I
Split	HR
Igoumenitsa/Patras	GR
Cesme (Izmir)	TR
Bari	I
Bar	SCG
Korfu	GR
Igoumenitsa/Patras	GR
Brindisi	I
Cesme (Izmir)	TR
Igoumenitsa	GR
Patras	GR

3.3 Frachtvertrag

3.3.1 Frachtvertrag nach HGB

Frachtvertrag, Vertragsabschluss, Grundpflichten § 407 HGB

Frachtvertrag

Absender

Grundpflichten:
- Übergabe des Gutes
- Zahlung der vereinbarten Fracht (§ 407 Abs. 2 HGB)

Frachtvertrag

Frachtführer

Grundpflichten:
- Befördern des Gutes
- Ablieferung des Gutes § 407 Abs. 1 HGB

Konsensualvertrag
- kommt durch zwei übereinstimmende Willenserklärungen zustande
- Übergabe des Gutes ist Teil der Vertragserfüllung

Formfreiheit
- die Form des Vertragsabschlusses ist nicht vorgeschrieben
- schriftlich, mündlich oder durch übereinstimmendes Handeln

Absenderpflichten (§§ 410-413) und Haftung des Absenders (§ 414)

Absenderpflichten nach dem HGB

Informationspflicht
- Angaben über Gefahrgut sind rechtzeitig schriftlich mitzuteilen (§ 410 HGB).

Verpackungs- und Kennzeichnungspflicht
- Das Gut ist so zu verpacken, dass es vor Schäden geschützt ist und dem Frachtführer keine Schäden entstehen.
- Das Gut ist zu kennzeichnen, wenn es erforderlich ist (§ 411 HGB).

Papiere und Auskünfte
- Papiere und Auskünfte für eine amtliche Behandlung sind zu erteilen (§ 413 HGB).

Haftung des Absenders

Der Absender haftet gegenüber dem Frachtführer verschuldensunabhängig und unbegrenzt, wenn Verpackungs-, Kennzeichnungs- oder Informationspflichten verletzt werden oder unrichtige Angaben im Frachtbrief gemacht werden (§ 414 HGB).

Betriebs- und beförderungssicher laden, Ladepflicht, Be- und Entladezeit, Standgeld

Be- und Entladung

Ladepflicht
- Der Absender hat das Gut beförderungssicher zu be- und entladen.
- Der Frachtführer hat für die betriebssichere Verladung zu sorgen (§ 412 HGB).

Be- und Entladezeit, Standgeld
- Die Ladezeit wird vereinbart oder es gilt eine „angemessene Ladezeit"*
- Wartet der Frachtführer länger als diese Ladezeit, so hat er Anspruch auf ein angemessenes „Standgeld" (§ 412 HGB).

* In den VBGL Vertragsbedingungen für den Güterkraftverkehrs- und Logistikunternehmer werden im § 5 für die Be- und Entladung einer Komplettladung (40-t-Lkw) je 2 Stunden angesetzt.

Lieferfristen
Frachtzahlung

Sonstige Vertragsinhalte

Lieferfristen (§ 423 HGB)

- Frachtführer müssen innerhalb der vereinbarten Lieferfrist oder
- einer Frist, die einem sorgfältigen Frachtführer unter Berücksichtigung der Umstände vernünftigerweise zuzubilligen ist, abliefern.

Frachtzahlung (§ 420 HGB)

- Fracht und notwendige Aufwendungen sind bei Ablieferung des Gutes fällig.
- Frachtzahler ist der Absender (§ 407 HGB), der die Fracht auf den Empfänger überweisen kann (Frankatur unfrei).

Beispiel: Frachtbrief nach § 408 HGB

FRACHTBRIEF
für den gewerblichen Güterkraftverkehr

1 Absender (Name, Anschrift)
SEIDLITZ GmbH
Tierfuttererzeugung
Engerstr. 45
47800 Krefeld

2 Empfänger (Name, Anschrift)
Futterkrippe
Großhandels-GmbH
Neumärker Str. 18
29410 Salzwedel

3 Frachtführer (Name, Anschrift)
EUROTRANS
Internationale Transporte
Völklinger Str. 21
40221 Düsseldorf

4 Meldeadresse

5 Nachfolgende Frachtführer (Name, Anschrift)

6 Übernahme des Gutes
Versandort: 47800 Krefeld
Beladestelle: Hafenstraße 18, Tor 2

7 Vorbehalte und Bemerkungen der Frachtführer

8 Ablieferung des Gutes
Ort: 29410 Salzwedel
Entladestelle: Neumärker Str. 18

9 Beigefügte Dokumente
Lieferschein

10 Anzahl der Packstücke	11 Zeichen und Nummern	12 Art der Verpackung	13 Bezeichnung des Gutes	14 Bruttogewicht in kg	15 Volumen in m³
26	Adresse	Euro-Flachpaletten	Tierfutter	16 240	

16 Gefahrgut-Klassifikation			Nettomasse kg/l	
UN-Nr.	Gefahrgut-Bezeichnung	Gefahrzettelmuster	Verpackungsgruppe	
				ADR

17 Weisungen des Absenders (Zoll- und sonstige amtliche Behandlung des Gutes)

18 Nachnahme:
19 Frankatur: Frei Haus

20 Besondere Vereinbarungen
Ablieferung des Gutes bis spätestens am 16. Juli 2013 um 16:00 Uhr Vereinbart.

21 Ausgefertigt in Krefeld am 14. Juli 2008 Gut empfangen am 15. 07. 2013, 7:30 Uhr

SEIDLITZ GMBH
Tierfutterherstelung
Engerstr. 45
47800 Krefeld
Franz Meier
22 Unterschrift und Stempel des Absenders

EUROTRANS
Internationale Transporte
Völklinger Str. 21
40221 Düsseldorf
Kowalski
23 Unterschrift und Stempel des Frachtführers

24 Unterschrift und Stempel des Empfängers

	25 Amtl. Kennzeichen	26 Nutzlast in kg
Kfz	D-ET 1023	
Anhänger	D-ET 1064	25 450

HGB-Vorschriften zum Frachtbrief

HGB-Frachtbrief

Inhalte

§ 408 Abs. 1 HGB

1. Ort und Tag der Ausstellung
2. Adresse des Absenders
3. Adresse des Frachtführers
4. Übernahmetag und -stelle, Abliefertag und -stelle
5. Empfängeradresse, Meldeadresse
6. Bezeichnung der Art des Gutes und der Verpackung
7. Anzahl, Zeichen und Nummern
8. das Rohgewicht
9. Fracht und Frankaturvorschrift
10. Nachnahmebetrag
11. Weisungen für die Zoll- und sonstige amtliche Behandlung des Gutes
12. Vereinbarung über Beförderung in offenem Fahrzeug oder auf Deck

Funktionen

- Beweis über den Abschluss des Frachtvertrages
- Beweis über die Inhalte des Frachtvertrages (Instruktionspapier)
- Übernahme- und Abliefer-quittung
- Begleitpapier
- Sperrpapier (wenn eine Sperrfunktion eingetragen wird)

Ausstellung

§ 408 Abs. 1 HGB

Der Absender stellt auf Verlangen des Frachtführers den Frachtbrief aus.

Form

§ 408 Abs. 2 HGB

- drei Originale (für den Absender, den Frachtführer und für den Empfänger)
- Unterschriften (auch gedruckt oder gestempelt)

Besondere Beweiskraft des Frachtbriefes (§ 409 HGB)

- Voraussetzung: von beiden Parteien unterschriebener Frachtbrief
- Es wird vermutet, dass Anzahl, Zeichen und Nummern sowie äußere Beschaffenheit mit dem Frachtbrief übereinstimmen.

Nachträgliche Weisungen

Hindernisse

Sonstige Vertragsinhalte

Nachträgliche Weisungen (§ 418 HGB)

- Der Absender kann bis zur Ankunft des Gutes an der Ablieferstelle nachträgliche Weisungen erteilen.
- Der Unternehmer darf die Weisungen nur ablehnen, wenn Nachteile für seinen Betrieb oder andere Absender zu erwarten sind.
- Der Absender muss für die nachträgliche Weisung sein Frachtbriefexemplar vorlegen, wenn das im Frachtbrief eingetragen ist.

Hindernisse (§ 419 HGB)

- Beförderungshindernis: Beförderung kann nicht vertragsgemäß durchgeführt werden.
- Ablieferungshindernis: Nach Abschluss der Beförderung kann nicht abgeliefert werden.
- Der Frachtführer muss Weisungen vom Verfügungsberechtigten einholen. Bei Beförderungshindernissen muss bei eingetragener Sperrfunktion der Frachtbrief vorgelegt werden.
- Sind Weisungen nicht (oder nicht rechtzeitig) zu erhalten, sind Maßnahmen im Interesse des Verfügungsberechtigten zu ergreifen (Einlagern, Notverkauf).

Ablieferung

Unfrei

Nachnahme

Ablieferung

Empfänger

- → Recht des Empfängers auf Ablieferung des Gutes (§ 421 HGB)
- → Pflicht des Empfängers zur Zahlung der Fracht bei „Unfrei-Sendungen"

Frachtführer

Unfrei-Sendungen

- → Durch die Annahme der Sendung ist der Empfänger zur Zahlung verpflichtet (§ 421 HGB).
- → Bei Verweigerung der Zahlung ist der Absender zur Zahlung verpflichtet (§ 421 Abs. 4 HGB).

Nachnahmesendungen

- → Ist eine Nachnahme vorgeschrieben, muss der Betrag in bar (oder gleichwertigem Zahlungsmittel) einkassiert werden (§ 422 HGB).
- → Das Gut darf nur Zug um Zug gegen Zahlung ausgeliefert werden.

Haftungsprinzip, Schadensarten

Haftung des Frachtführers nach dem HGB

Haftungsprinzip

Gefährdungshaftung (§ 425 HGB)

Verschuldensunabhängige Haftung im Obhutszeitraum (von der Annahme bis zur Ablieferung des Gutes)

Haftung für eigene Leute und für den Transport eingesetzte Dritte (Unterfrachtführer) (§ 428 HGB)

Schadenarten

- Güterschäden (Verlust oder Beschädigung des Gutes, § 425 HGB)
- Lieferfristüberschreitung (Verspätungsschaden)
- kein Ersatz von Güterfolgeschäden (Vermögensschäden, die in Folge eines Güterschadens entstehen, § 429 HGB)

Haftungsausschlüsse

- unabwendbares Ereignis (§ 426 HGB)
- offene Fahrzeuge
- Verschulden des Verfügungsberechtigten
  - Verpackungsfehler
  - Verladefehler
  - Kennzeichnungsfehler
- Beschaffenheitsfehler
- lebende Tiere (§ 427 HGB)

Haftungshöchstgrenzen

Haftungshöchstgrenzen

Güterschäden

1. **Schaden** (§ 425 HGB)
2. Maximal der **Wert** des Gutes am Ort und zur Zeit der Übernahme (abzüglich evtl. enthaltener Beförderungskosten) bzw. die Wertminderung bei Beschädigung (§ 429 HGB) zuzüglich der Schadensfeststellungskosten (§ 430 HGB)
3. Maximal **8,33 Sonderziehungsrechte**[1] je kg brutto des beschädigten oder in Verlust geratenen Gutes

Schadenersatz ist das Minimum der drei Haftungshöchstgrenzen.

Zusätzlich werden die Frachtkosten ersetzt, die der Geschädigte schon bezahlt hat (§ 432 HGB).

Verspätungsschäden

1. Ersetzt wird der **Verspätungsschaden** (§ 425 HGB),
2. maximal die **dreifache Fracht**.

Abweichende Vereinbarungen

Nach § 449 HGB kann von den Haftungshöchstgrenzen durch Einzelvertrag abgeändert werden.

Bei Güterschäden kann durch Allgemeine Geschäftsbedingungen nur in einem Korridor von 2 bis 40 SZR je kg abgewichen werden.

Weitere Haftungsgründe nach HGB

Z. B. Verzug vor Übernahme des Gutes, falsche Auskünfte an den Absender, Neutralisierungsfehler

Sonstige Haftungsgründe		
Vorschrift	**Inhalt**	**Höchstgrenzen**
§ 413 HGB	**Papiere** Schuldhafter Verlust oder Beschädigung bzw. unrichtige Verwendung der dem Frachtführer übergebenen Urkunden	Haftungsbegrenzung auf den Betrag, der bei Verlust der Sendung zu zahlen wäre
§ 418 HGB	**Sperrfunktion** Nichtbeachtung der im Frachtbrief eingetragenen Sperrfunktion durch Annahme unberechtigter Weisungen	Haftung für den gesamten entstandenen Schaden ohne Haftungsbegrenzung
§ 422 HGB	**Nachnahmefehler** Nichteinkassierung des eingetragenen Nachnahmebetrages oder Kassierung eines falschen Betrages	Verschuldensunabhängige Haftung bis zur Höhe des Nachnahmebetrages
§ 433 HGB	**Sonstige Vermögensschäden** Haftung für sonstige Verletzung von Nebenpflichten aus dem Frachtvertrag	Haftungsbegrenzung auf den dreifachen Betrag, der bei Verlust der Sendung zu zahlen wäre

1 Sonderziehungsrechte sind eine künstliche Währung, die vom Internationalen Währungsfond (IWF) geschaffen wurde. Es handelt sich um einen Währungskorb aus USD, EUR, YEN und GPB, dessen Wert täglich bestimmt wird.

Reklamations-, Verlustvermutungs- und Verjährungsfristen

Fristen

Reklamation

- Äußerlich erkennbare Schäden müssen sofort bei Ablieferung,
- Verdeckte Schäden müssen spätestens innerhalb 7 Tagen nach Ablieferung reklamiert werden.
- Reklamationen wegen Lieferfristüberschreitung müssen spätestens 21 Tage nach Ablieferung erfolgen (§ 438 HGB).

Verlustvermutung

- Der Verlust des Gutes wird vermutet, wenn die Ablieferung nicht innerhalb der Lieferfrist und weiteren 20 Tagen erfolgt (§ 424 HGB).

Verjährung

- Die Verjährungsfrist beträgt ein Jahr.
- Bei Vorsatz oder einem dem Vorsatz gleichstehenden Verschulden beträgt die Verjährungsfrist drei Jahre.
- Die Verjährungsfrist beginnt am Tag der Ablieferung oder (bei Verlust) am Ende der Lieferfrist (§ 439 HGB).

Durchbrechung der Haftungsbegrenzung: Vorsatz und bewusste Leichtfertigkeit

Wegfall der Haftungsbegrenzungen und Haftungsbefreiungen (§ 435 HGB)

Der Frachtführer kann sich nicht auf die HGB-Haftungsbegrenzungen und -befreiungen berufen, wenn er selbst, seine Leute oder eingesetzte Dritte

den Schaden vorsätzlich verursacht haben.

- **direkter Vorsatz:** Der Schädiger weiß, dass eine Handlung oder Unterlassung zum Schaden führt, dennoch führt er sie absichtlich durch.
- **bedingter Vorsatz:** Der Schädiger führt eine Handlung oder Unterlassung durch, obwohl er weiß, dass sie zum Schaden führen kann, den er billigend in Kauf nimmt.

„leichtfertig und in dem Bewusstsein, dass ein Schaden mit Wahrscheinlichkeit eintreten werde" gehandelt haben.

- Entspricht der „groben Fahrlässigkeit": Wenn der Frachtführer die im Verkehr erforderliche Sorgfalt in besonders schwerem Maße verletzt, also dann, wenn schon ganz naheliegende Überlegungen nicht angestellt wurden und das nicht beachtet wurde, was im gegebenen Fall jedem einleuchten musste.

3.3.2 Frachtvertrag nach CMR

CMR Geltung und Geltungsausschlüsse

CMR
Übereinkommen über den Beförderungsvertrag im internationalen Straßengüterverkehr

Geltung der CMR

a) entgeltliche Güterbeförderung auf der Straße
b) wenn der Versand- und der Bestimmungsort in zwei verschiedenen Staaten liegen, von denen mindestens ein Staat die CMR gezeichnet hat (Art.1CMR)
c) Sie gilt für den Huckepackverkehr (Beförderung des Gutes und des Fahrzeuges auf einer Teilstrecke mit der Bahn, dem See- oder Binnenschiff oder dem Flugzeug) (Art. 2 CMR).

Geltungsausschlüsse

Die CMR gilt nicht für Beförderung von

a) Post,
b) Leichen und
c) Umzugsgut (Art. 1 CMR).

Vergleich CMR- und HGB-Vorschriften

VERGLEICH CMR-/HGB-FRACHTVERTRAGSVORSCHRIFTEN

Das deutsche Transportrecht im HGB wurde 1998 nach dem Vorbild der CMR (Übereinkommen über den Beförderungsvertrag im internationalen Straßengüterverkehr) neu geschaffen. Die nationalen und internationalen Vorschriften stimmen daher weitgehend überein.

Wichtige Regelungen in der CMR und dem HGB		
CMR	**HGB**	*)
Art. 1 Geltung		☐
Art. 3 Haftung für Leute und Dritte	§ 428 Haftung für Leute und Dritte	☒
Art. 4 Frachtbrief: Ausstellung	§ 408 Frachtbrief	☐
Art. 5 Frachtbrief: Ausfertigungen	§ 408 Frachtbrief	☒
Art. 6 Frachtbrief: Inhalte	§ 408 Frachtbrief	☐
Art. 8 Prüfpflichten	§ 409 Beweiskraft des Frachtbriefs	☒
Art. 9 Beweisfunktion Frachtbrief	§ 409 Beweiskraft des Frachtbriefs	☒
Art. 10 Haftung des Absenders	§ 414 Haftung des Absenders	☒
	§ 412 Be- und Entladen	○
Art. 11 Begleitpapiere	§ 413 Begleitpapiere	☒
Art. 12 Nachträgliche Verfügung	§ 418 Nachträgliche Verfügung	☐
	§ 420 Frachtzahlung	○
Art. 14 Beförderungshindernisse	§ 419 Hindernisse	☒
Art. 15 Ablieferungshindernisse	§ 419 Hindernisse	☒
Art. 16 Kosten, Einlagern, Verkauf	§ 419 Hindernisse	☒
Art. 17 Haftung	§ 425 Haftung	☒
Art. 17 Haftungsausschlüsse	§ 426 Haftungsausschlüsse	☒
Art. 18 Beweislast/Ausschlüsse	§ 427 Haftungsausschlüsse	☒
Art. 19 Lieferfrist	§ 423 Lieferfrist	☒
Art. 20 Verlustvermutung	§ 424 Verlustvermutung	☐
Art. 21 Nachnahmefehler	§ 422 Nachnahme	☒
Art. 22 Gefahrgutinformation	§ 410 Gefahrgutinformation	☒
Art. 23 Schadenersatzhöhe	§ 429 Wertersatz	☒
	§ 430 Schadenfeststellungskosten	○
Art. 23 Höchstbeträge	§ 431 Höchstgrenzen	
Art. 23 Güterschäden	§ 431 Güterschäden	☒
Art. 23 Verspätungsschäden	§ 431 Verspätungsschäden	☐
Art. 24 Lieferwert		■
Art. 26 Lieferinteresse		■
Art. 29 Vorsatz	§ 435 Vorsatz	☒
Art. 30 Reklamationsfrist	§ 438 Schadenanzeige	☒
Art. 32 Verjährung	§ 439 Verjährung	☒

*) Vergleich der Vorschriften CMR/HGB (☒ = im Wesentlichen übereinstimmend, ☐ = nicht übereinstimmend, ○ = in der CMR nicht enthalten, ■ = im HGB nicht enthalten)

CMR Nachträgliche Verfügung

Nachträgliche Verfügung (Art. 12 CMR)

- Der Absender kann über das Gut verfügen, solange es noch nicht dem Empfänger übergeben wurde.
- Für jede Verfügung ist der CMR-Frachtbrief vorzulegen (Sperrpapier). Die Sperrfunktion muss nicht eingetragen werden.
- In den Frachtbrief kann eingetragen werden, dass der Empfänger schon während des Transportes über die Sendung verfügen kann.

§ 418 HGB

Sperrfunktion gilt nur bei Eintragung in den Frachtbrief

Nachträgliche Verfügungen müssen

- möglich sein und
- weder den gewöhnlichen Betrieb des Unternehmens des Frachtführers hemmen
- noch die Absender oder Empfänger anderer Sendungen schädigen.
- Die Weisungen dürfen nicht zu einer Teilung der Sendung führen.

CMR- und HGB-Frachtbrief

CMR-Frachtbrief

☒	Ort und Tag der Ausstellung	
☒	Absenderadresse	
☒	Frachtführeradresse	
☒	Übernahme- und Ablieferstelle	
☐	Empfängeradresse	→ HGB auch Meldeadresse
☒	Bezeichnung der Art des Gutes und der Verpackung	
☒	Anzahl, Zeichen und Nummern der Frachtstücke	
☒	Rohgewicht	
☒	Fracht, Nebengebühren, Zölle und andere Kosten	
☒	Weisungen für die Zoll- und sonstige amtliche Behandlung	
■	Die Angabe, dass die Beförderung trotz einer gegenteiligen Abmachung den Bestimmungen dieses Übereinkommens unterliegt (CMR-Klausel).	→ CMR-Klausel: ▮ CMR zwingend ▮ CMR vertraglich vereinbart
■	Umladeverbot, Lieferfristvereinbarung, beigegebene Urkunden	→ Kann im HGB-Frachtbrief eingetragen werden
☒	Frankaturvorschrift	
☒	Nachnahme	
■	Lieferwert; Lieferinteresse	→ Ermöglicht eine vereinbarte Haftungserhöhung
■	Weisungen über die Versicherung des Gutes	

CMR Mitgliedsstaaten

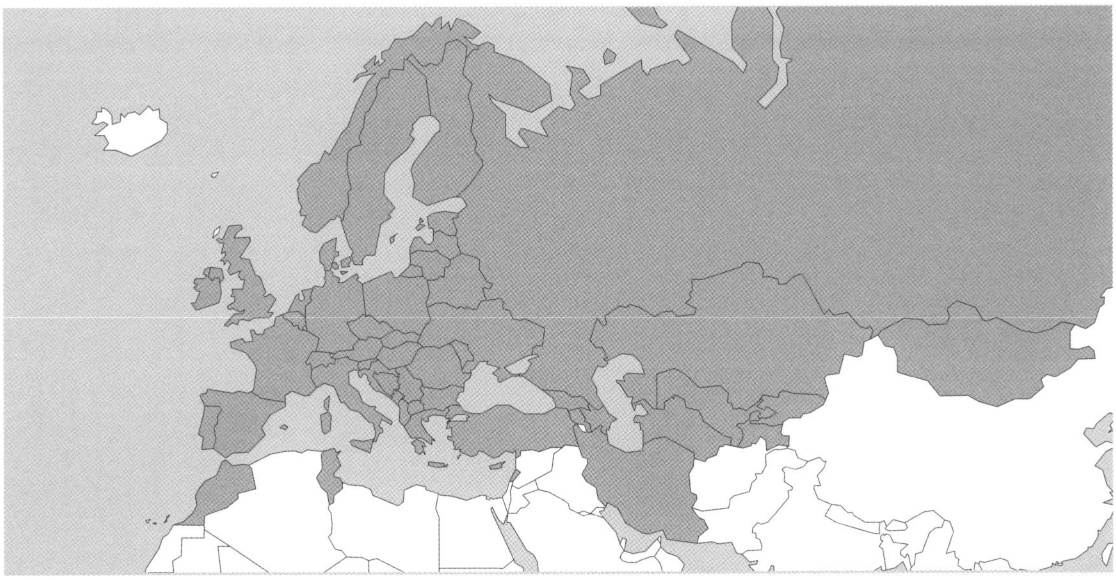

CMR-MITGLIEDSSTAATEN

Albanien, Armenien, Aserbaidschan, Belarus, Belgien, Bosnien und Herzegowina, Bulgarien, Dänemark, Deutschland, Estland, Finnland, Frankreich, Georgien, Griechenland, Iran, Irland, Italien, Kasachstan, Kirgisistan, Kroatien, Lettland, Libanon, Litauen, Luxemburg, Marokko, Mazedonien, Moldau, Mongolei, Niederlande, Norwegen, Österreich, Polen, Portugal, Rumänien, Russische Föderation, Schweden, Schweiz, Serbien, Montenegro, Slowakei, Slowenien, Spanien, Tadschikistan, Tschechische Republik, Tunesien, Türkei, Turkmenistan, Ukraine, Ungarn, Usbekistan, Vereinigtes Königreich, Zypern

CMR-Mitgliedsstaaten
www.transportrecht.org/dokumente/CMRgeltung_110607.pdf

CMR-Haftung

Haftungshöchstgrenzen der CMR

Güterschäden

1. **Schaden** (Art. 17 CMR)
2. maximal **Wert** des Gutes am Ort und zur Zeit der Übernahme (abzüglich evtl. enthaltener Beförderungskosten) bzw. die **Wertminderung** bei Beschädigung (Art. 23 Abs. 1 CMR)
3. maximal **8,33 SZR** (Sonderziehungsrechte) je kg brutto (Art. 23 Abs. 3)

Schadenersatz ist das Minimum der drei Haftungshöchstgrenzen.

Zusätzlich werden die **Frachtkosten** ersetzt, die der Geschädigte schon bezahlt hat (Art. 23 Abs. 4 CMR).

Verspätungsschäden

1. Verspätungsschaden (Art. 17 CMR)
2. maximal wird der Schaden bis zur Höhe der Fracht ersetzt (Art. 23 Abs. 5 CMR)

Haftungserhöhung

1. Hat der Absender einen **Lieferwert** im Frachtbrief angegeben, so wird der Wert des Gutes bei Güterschäden über die 8,33 SZR hinaus bis zum angegebenen Lieferwert ersetzt (Art. 24 CMR).
2. Wurde ein **Lieferinteresse** deklariert, so werden Verspätungsschäden, Güterfolgeschäden oder reine Vermögensschäden bis zu diesem Lieferinteresse ersetzt (Art. 26 CMR).

Ist nur ein Lieferinteresse, aber kein Lieferwert angegeben, werden auch Güterschäden bis zum Lieferinteresse ersetzt.

Weitere Haftungsgründe

Nichtbeachtung von Weisungen
- Verschuldensunabhängige Haftung
- in unbegrenzter Höhe

(Art. 12 Abs. 7 CMR)

Verlust/unrichtige Verwendung von Fracht- oder Zollpapieren
- Verschuldenshaftung
- bis zum Verlustersatz

(Art. 11 Abs. 3 CMR)

Nachnahmefehler
- Verschuldensunabhängige Haftung
- bis zur Höhe der Nachnahme

(Art. 21 CMR)

3.3.3 Kombinierter Verkehr

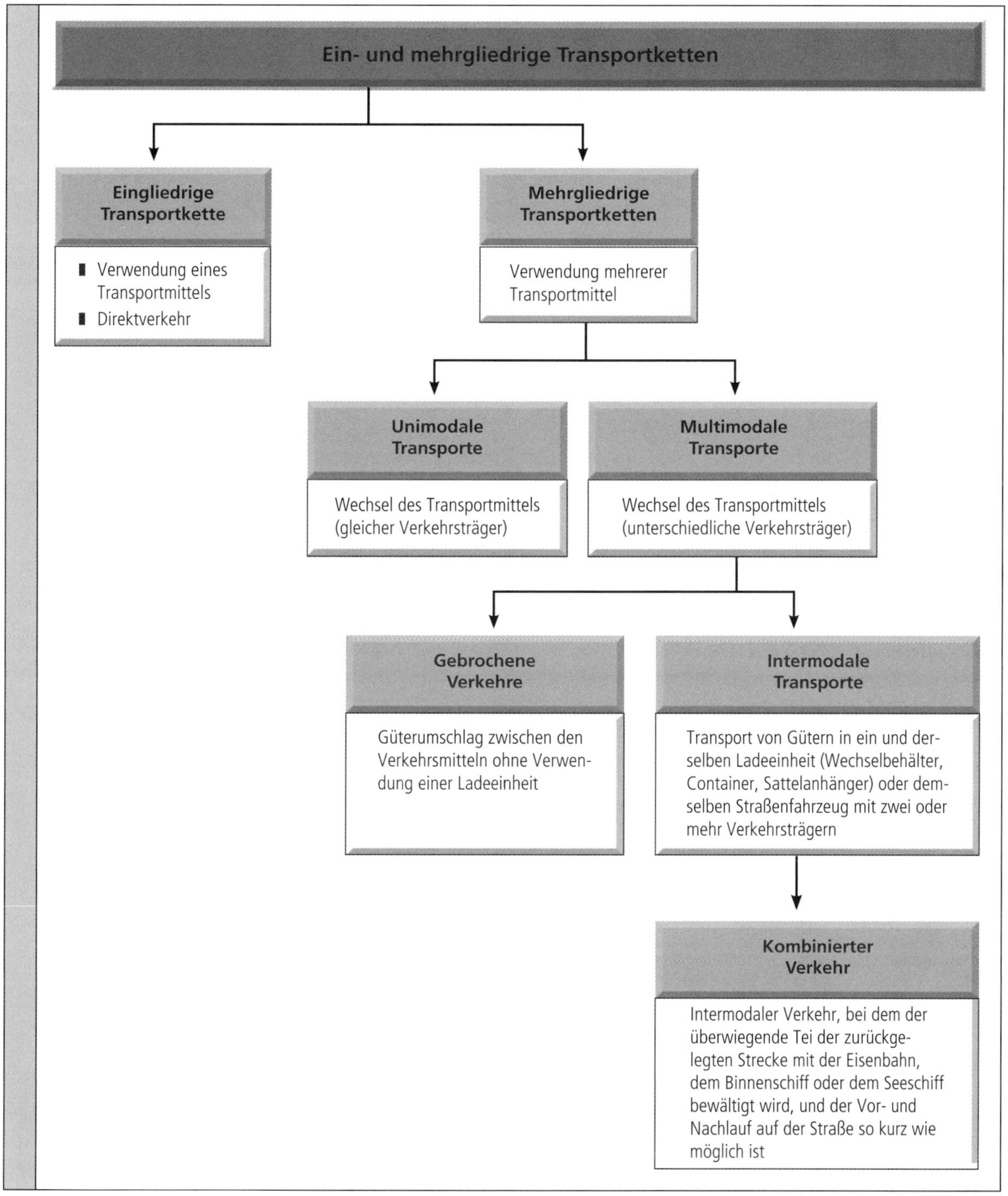

Kombinierter Verkehr
Kombiverkehr
www.uirr.com
www.kombiverkehr.de|Downloads|Unternehmen|
- AGB-national
- AGB-international
www.transportberater.portal-c.info

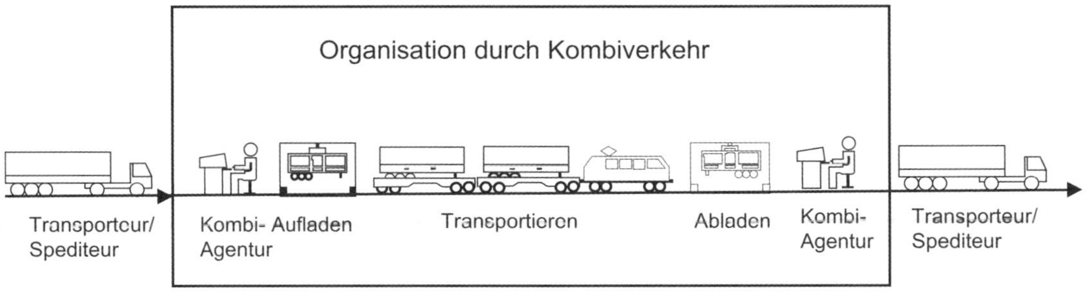

Der kombinierte Verkehr Straße-Eisenbahn wird in Deutschland von dem Unternehmen „Kombiverkehr" getragen. Das Unternehmen betreibt die Entwicklung, Organisation und Vermarktung marktgerechter Beförderungsleistungen im Kombinierten Verkehr Schiene-Straße.

Die „Kombiverkehr Deutsche Gesellschaft für kombinierten Güterverkehr mbH & Co KG" wird in gleichberechtigter Partnerschaft von 230 Speditionen und DB Mobility Logistics AG getragen. Die Kombiverkehr ist Mitglied in der „Interessengemeinschaft der europäischen Operateure für den Kombinierten Verkehr Schiene-Straße (UIRR) mit Sitz in Brüssel. Im Verbund mit den anderen UIRR-Partner-Gesellschaften organisiert Kombiverkehr Container/Wechselbehälter und Sattelauflieger europaweit.

Die Kombiverkehr unterhält mit dem de. NETdirekt+ mehr als 320 wöchentliche Verbindungen im innerdeutschen Kombiverkehr. Das europäisches Ganzzugnetzwerk besteht aus 560 Direkt- und Shuttlezügen pro Woche mit mehr als 830 Kernrelationen von Terminal zu Terminal.

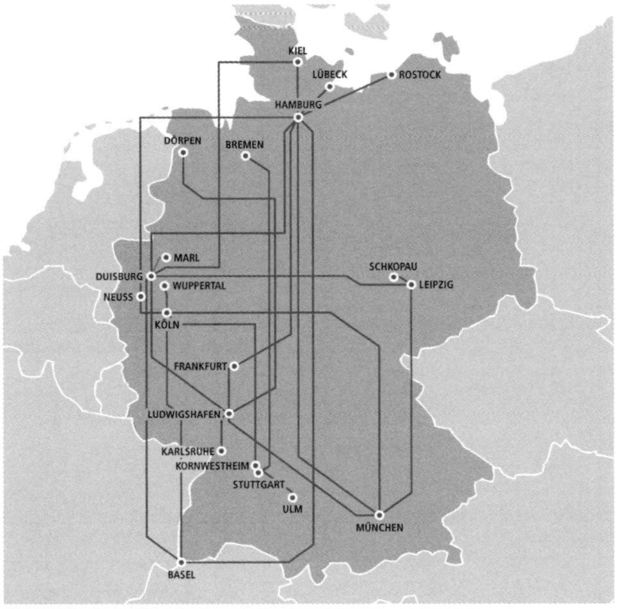

kombi verkehr

Kombiverkehr
Rechtsgrundlagen

Kombiverkehr Rechtsgrundlagen

	Spediteur (Organisation)	Frachtführer (Vorlauf)	Kombiverkehr (Organisation)	Bahn (Transport)
Nationaler Verkehr	HGB Speditionsrecht, ADSp	HGB Frachtrecht	Fixkostenspedition	
			AGB Kombiverkehr national	AGB Kombiverkehr national, HGB Frachtrecht
Internationaler Verkehr	HGB Speditionsrecht, ADSp	HGB Frachtrecht	Fixkostenspedition	
			UIRR-AGB International	UIRR-AGB International CIM (internationales Eisenbahnrecht)

Kombiverkehr, Haftung

Haftung Kombiverkehr

Schadensort	Organisation und Vorlauf Spediteur	Umschlag und Organisation Kombiverkehr	Hauptlauf Bahn
Ersatzpflichtig	Spediteur	Kombiverkehr KG	Kombiverkehr KG (Regress bei Bahn)
Rechtsgrundlage	ADSp/HGB/CMR	AGB Kombiverkehr*	
National			
▮ Güterschäden	▮ Schaden ▮ Wert nach § 429 HGB ▮ Umschlag/Organisation 5 €/kg, Transport 8,33 SZR/kg ▮ 1 Mio. €/Schadensfall, 2 Mio. € je Schadenereignis, mind. 2 SZR/kg	▮ Schaden ▮ Wert nach § 429 HGB ▮ 8,33 SZR/kg ▮ 1 Mio. €/Schadensfall, 2 Mio. € je Schadensereignis, mind. 2 SZR/kg	
▮ reine Vermögensschäden	▮ dreifaches Verlustentgelt, max. 100 000 € ▮ Lieferfristüberschreitung dreifache Fracht	▮ dreifaches Verlustentgelt, max. 100 000 € ▮ Lieferfristüberschreitung dreifache Fracht	
International			
▮ Güterschäden	▮ Schaden ▮ Wert nach Art. 23 CMR ▮ Umschlag/Organisation 5 €/kg, Transport 8,33 SZR/kg ▮ 1 Mio. €/Schadensfall, 2 Mio. €/ Schadensereignis, mind. 2 SZR/kg	▮ 8,33 SZR/kg ▮ max. 300 000 SZR je Ladeeinheit ▮ max. 2 Mio. SZR je Schadensereignis	▮ Transportschaden UIRR-AGB (CIM) 17 SZR/kg
▮ reine Vermögensschäden	▮ dreifaches Verlustentgelt, max. 100 000 € ▮ Lieferfristüberschreitung während Transport: CMR einfache Fracht	▮ Lieferfristüberschreitung und Verlust von Dokumenten oder bei eventueller schuldhafter Verletzung von sonstigen Vertragspflichten (UIRR-AGB) max. zweifache Fracht	

* Der Text der AGBs der Kombiverkehr kann von der Webseite www.kombiverkehr.de | Downloads | Allgemeine Geschäftsbedingungen | AGB-national bzw. AGBinternational heruntergeladen werden. Die CIM findet sich unter „Übereinkommen über den internationalen Eisenbahnverkehr (COTIF), CIM – Einheitliche Rechtsvorschriften für den Vertrag über die internationale Eisenbahnbeförderung von Gütern (Anhang B COTIF)" unter www.transportrecht.org/dokumente/cim99.pdf.

Kombiverkehr, Verladetechniken

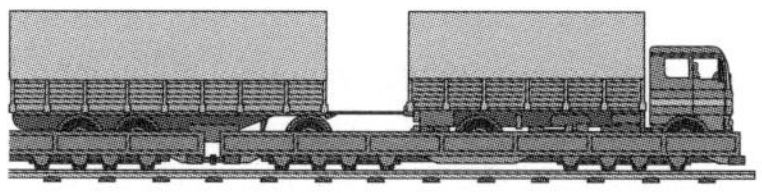

(Nur noch auf einigen internationalen Strecken durch die Schweiz und Österreich)

Kombitechnik A

Last- oder Sattelzüge fahren auf einen Niederflurwagen. Die Fahrer fahren im Liegewagen mit und können am Zielort sofort weiterfahren.

= begleiteter Kombiverkehr

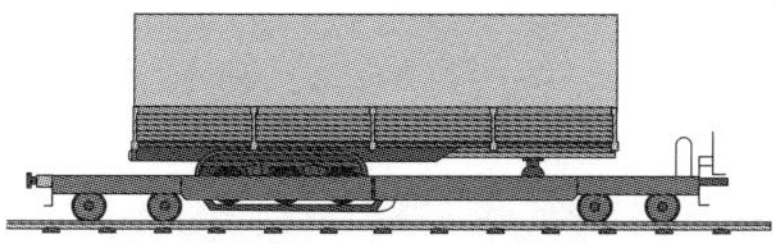

Kombitechnik B

Es werden nur die Sattelanhänger mit Kran-Taschenwagen verladen.

= unbegleiteter Kombiverkehr

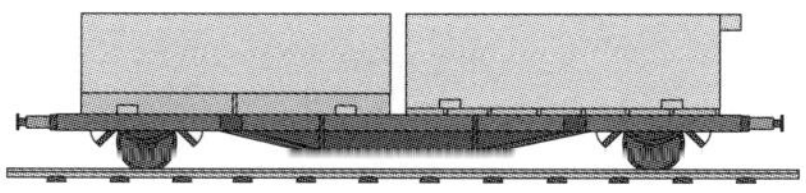

Kombitechnik C

Die Wechselbehälter und Container werden mit Kran oder mobilen Umschlagsgeräten (Reach Stacker, Forklift Truck) auf Tragwagen verladen.

= unbegleiteter Kombiverkehr

Beförderung mit verschiedenartigen Beförderungsmitteln (Multimodaler Verkehr)

Multimodaler Verkehr nach dem HGB

Definition

„Beförderung mit verschiedenartigen Beförderungsmitteln" nach HGB:

- Einheitlicher Frachtvertrag über die Gesamtstrecke
- Unterschiedliche Beförderungsmittel
- Verschiedene Rechtsgrundlagen der Beförderungsmittel

HGB
§§ 452-452d

Definition Haftung nach dem Network-System

Der multimodale Frachtführer [Combined Transport Operator (CTO), Multimodal Transport Operator (MTO)] haftet gegenüber dem Absender für alle Beteiligen in der Transportkette und geht bei bekanntem Schadensort in Regress.

Haftung bei bekanntem Schadensort

- Haftung nach Teilstreckenrecht,
- d. h. nach den Rechtsvorschriften, die auf einen Vertrag über eine Beförderung auf dieser Teilstrecke anzuwenden wären

Haftung bei unbekanntem Schadensort

- Haftung gemäß den Vorschriften des HGB, §§ 425-435
- Güterschaden, max. Wert, max. 8,33 SZR/kg
- Verspätungsschaden, max. dreifache Fracht

Codenummernschild

www.kombiverkehr.de
Wissen/Technik/Ladeeinheiten/Kodifizierung

S34	C32	DB	23
50 · 1634 · 026471			

CODENUMMERNSCHILD

Jede Ladeeinheit wird mit zwei Codenummernschildern an den Seitenwänden gekennzeichnet. Es sind Schilder mit gelber Grundfarbe und schwarzer Schrift aus geprägtem Blech oder selbstklebender Folie.

S34	Wagenbestimmungscode **S**: Sonderkodifizierung für Englandverkehre Profilnummer **34**: Eckhöhe 2,79 m (2,45+0,34)
C32	Wagenbestimmungscode **C**: Sonderkodifizierung für Englandverkehre Profilnummer **32**: Eckhöhe 2,77 m (2,45+0,32)
23	Längencode 23 = 7,45 m
50	Nationalitätsnummer der Huckepackgesellschaft: 50 = DB
1634	Nummer des Straßenverkehrsunternehmers
026471	Zählnummer der Ladeeinheit

Wagenbestimmungscode P = Taschenwagen für kranbare Sattelanhänger

TECHNISCHE ANFORDERUNGEN

Technische Anforderungen an Ladeeinheiten im unbegleiteten kombinierten Verkehr	- vier Beschläge zur Befestigung und Sicherung der Ladeeinheiten auf dem Waggon - vier Greifkanten zum Anheben und Umschlagen der Ladeeinheiten mittels Greifzangen - Sattelanhänger müssen kranbar und mit klappbarem Unterfahrschutz ausgerüstet sein - zwei Kodenummernschilder, an den Seitenwänden im unteren Bereich der vorderen Stirnwand - Profilnummer der Ladeeinheit entspricht dem kleinsten Profil der benutzten Bahnstrecke

KOMBIFAHRPLAN

Verbindung	Datum	Zeit	Laufzeit	Dauer	Tage	Profile
Köln-Eifeltor Ubf	Di, 29.09.09	AS 22:00	A	1 Tag 8 Std	1 2 3 4 - - -	P22 C22 P341 C341
Milano Smistamento	Do, 01.10.09	AB 06:00	C			

Verbindung	Datum	Zeit	Zugnummer	Profile
Köln-Eifeltor Ubf	Di, 29.09.09	AS 06:00	42027	P50 C50 P380 C380
Busto Arsizio (Gallarate)	Mi, 30.09.09	AB 18:00		
Busto Arsizio (Gallarate)	Mi, 30.09.09	AS 19:00	51203	**P22 C22 P341 C341**
Milano Smistamento	Do, 01.10.09	AB 22:00		

AS: Annahmeschluss; AB: Abholbeginn

3.4 Fahrzeugkostenkalkulation

Schema der Fahrzeugkostenkalkulation

FAHRZEUGKALKULATION (BASISDATEN ZUR BERECHNUNG)

A	Technische Angaben
1	Erstzulassung
2	Kaufdatum
3	Aufbau
4	Motorleistung (PS)
5	Anzahl der Reifen
6	Gesamtgewicht in t
7	Nutzlast in Tonnen
8	Anzahl der Achsen
	Wird zur Berechnung nicht benötigt

B	Kalkulationsdaten
9	Jahreslaufleistung/km
10	Jahreseinsatzzeit (Tage)
11	Tageseinsatzzeit (Stunden)
12	Nutzungsdauer/Jahre
13	Reifenlaufleistung
14	Kraftstoffverbrauch (Liter/100 km)
15	Kraftstoffpreis (€/Liter)

C	Kapitalwerte
16	Fahrzeugkaufpreis ohne Reifen
17	Kaufpreis Bereifung
18	Umlaufvermögen
19	Betriebsnotwendiges Vermögen

Grundlage für die Berechnung der Kalkulationswerte

	variable (km-abhängige) Kosten	€/Jahr	ct/km
20	Abschreibung (Abnutzung)		
21	Kraftstoffkosten		
22	Schmierstoffe/Öle		
23	Reifenkosten		
24	Reparaturen/Wartung		
25	Sonstige Betriebskosten		
26	Autobahnmaut		
27	km-abhängige Kosten		

	fixe (zeitabhängige) Kosten	€/Jahr	€/Tag
28	Fahrerlohn		
29	Weihnachtsgeld		
30	Urlaubsgeld		
31	Sozialaufwendungen		
32	Zwischensumme		
33	Personalfaktor		
34	Spesen		
35	Fahrpersonalkosten		
36	Abschreibung (Entwertung)		
37	Verzinsung		
38	Kfz-Steuer		
39	Kfz-Haftpflichtversicherung		
40	Kfz-Kaskoversicherung		
41	Güterschadenhaftpflichtversich.		
42	feste Fahrzeugkosten		
43	Fahrzeugeinsatzkosten		
44	Verwaltungskosten		
45	Kalkulatorischer Unternehmerlohn		
46	Kalkulatorische Wagnisse		
47	Gemeinkosten		
48	fixe (zeitabhängige) Kosten		
49	Gesamtkosten		

Fahrzeugkalkulation (Kalkulationsschema)

Zeile	Inhalt
20-25	Variable (kilometerabhängige) Kosten
	+ Fixkosten (zeitabhängige Kosten)
27-32	(Fahrpersonalkosten
34-40	Feste Fahrzeugkosten
43-45	Gemeinkosten)
48	= Gesamtkosten

Kostenermittlung für einen Transportauftrag

Kosten = (Kilometersatz * gefahrene Kilometer) + (Tagessatz * benötige Tage)

Preis = Kosten + Gewinnzuschlag

Begriffe aus der Fahrzeugkostenkalkulation:
Abschreibung

Abschreibung

Erfassung der im Laufe der Nutzungsdauer an den Gegenständen des Anlagevermögens eingetretenen Wertminderung an den einzelnen Vermögensgegenständen als Aufwand (bzw. in der Kostenrechnung als Kosten)

Abnutzung

Durch den Einsatz des Fahrzeuges wird es abgenutzt und verliert an Wert (variable, kilometerabhängige Kosten).

Entwertung

Wertverlust des Fahrzeuges durch Veraltung (ruhender Verschleiß). Entwertung gehört zu den fixen (zeitabhängigen) Kosten.

Begriffe aus der Fahrzeugkostenkalkulation:
Betriebsnotwendiges Kapital

Betriebsnotwendiges Kapital

Das durch den Betrieb eines Fahrzeuges im Unternehmen gebundene Anlagekapital

- Summe aus dem durchschnittlich gebundenen Anlagevermögen und
- dem Umlaufvermögen

Durchschnittlich gebundenes Anlagevermögen

Der halbe Kaufpreis des Fahrzeuges mit Bereifung (bei linearer Abschreibung)

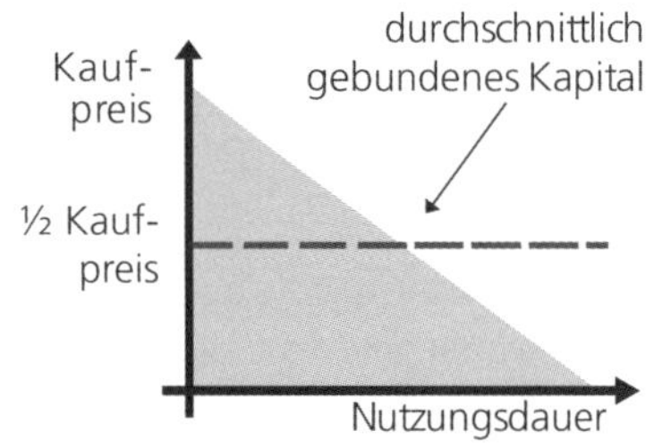

Umlaufvermögen

Die finanziellen Vorleistungen, die der Frachtführer zu erbringen hat, bevor die Zahlung des Auftraggebers für die Transportleistung eintrifft (üblich pauschal 500 € pro Tonne zulässiges Gesamtgewicht)

Kalkulatorische Kapitalverzinsung

- Das betriebsnotwendige Kapital ist Grundlage für die Erfassung der kalkulatorischen Verzinsung (Ziffer 35).
- Es wird ein Durchschnitt aus kurz- und langfristigem Kapitalmarktzins verwendet.

Autobahn-Maut

„Gesetz zur Einführung von streckenbezogenen Gebühren für die Benutzung von Bundesautobahnen mit schweren Nutzfahrzeugen"

Autobahn-Maut

Mautpflichtige Fahrzeuge und Strecken

- Alle Lkw mit einem zulässigen Gesamtgewicht ab zwölf Tonnen sind mautpflichtig.
- Maut wird auf den Bundesautobahnen und einigen Bundesstraßen erhoben.

Einflussfaktoren für die Mauthöhe

- Zulässiges Gesamtgewicht (über 12 t)
- Schadstoffklassen Kategorie A [S5], B [S3] C [S2] und D [sonstige] (je umweltfreundlicher das Fahrzeug, desto niedriger die Maut)
- Anzahl der Achsen

Erhebungsformen der Maut

- Automatische Einbuchung (Einbau einer On-Board-Unit in das Fahrzeug) und Buchung per Satellit (GPS)
- Manuelle Einbuchung am Mautterminal an Tankstellen und Autohöfen
- Manuelle Einbuchung im Internet

Mautsätze pro Kilometer (ab 01.01.2009)				
Achszahl Fahrzeug/Fahrzeugkombination	**Kategorie A**	**Kategorie B**	**Kategorie C**	**Kategorie D**
Bis zu drei Achsen	0,141 €	0,169 €	0,190 €	0,274 €
Vier oder mehr Achsen	0,155 €	0,183 €	0,204 €	0,288 €

3.5 Gefahrgutvorschriften Straße

Gefahrgutvorschriften

www.bmvbs.de/-,1827.929053/Gefahrgut-Recht-Vorschriften-S.htm
www.gefahrgut-wiki.de/startseite

Gefahrgutvorschriften im Straßengüterverkehr

Gefahrgutbeförderungsgesetz

Die Bundesregierung wird ermächtigt, Rechtsverordnungen und allgemeine Verwaltungsvorschriften über die Beförderung gefährlicher Güter zu erlassen (§ 3 GGBefG).

→

Gefahrgutverordnung Straße, Eisenbahn und Binnenschifffahrt

Diese Verordnung regelt die innerstaatliche und grenzüberschreitende einschließlich innergemeinschaftliche (von und nach Mitgliedsstaaten der Europäischen Union) Beförderung gefährlicher Güter auf der Straße mit Fahrzeugen und auf der Schiene mit Eisenbahnen und auf allen schiffbaren Binnengewässern in Deutschland (§ 1 **GGVSEB**).

↓

ADR

Übereinkommen über die internationale Beförderung gefährlicher Güter auf der Straße

Geltung der ADR

Die ADR gilt nach der GGVSE auch für innerdeutsche und grenzüberschreitende Straßentransporte (§ 1 Abs. 3 GGVSEB)

Gefahrgutklassen

Datenbank UN-Nummern:

http://gas.isitech.com/ adr_de.aspx

ADR 3.2.1

Klasse	Bezeichnung	Beispiele	UN
1	Explosive Stoffe und Gegenstände mit Explosivstoff (unterteilt in 6 weitere Unterklassen)	Munition Feuerwerkskörper Airbag-Module	0339 0333 0503
2	Gase (entzündbar, nicht entzündbar, nicht giftig, giftig)	Propangas Stickstoff, tiefgekühlt, flüssig Helium, verdichtet Spraydosen Feuerzeuge	1978 1977 1046 1950 1057
3	Entzündbare flüssige Stoffe (brennbare Flüssigkeiten)	Benzin leichtes Heizöl Terpentin Parfüm	1203 1202 1299 1266
4.1	Entzündbare feste Stoffe	Zündhölzer Kautschuk Schwefel	1331 1345 1350
4.2	Selbstentzündliche Stoffe	Phosphor Kohle/Ruß Baumwolle, nass	2447 1361 1365
4.3	Stoffe, die mit Wasser entzündbare Gase entwickeln	Calciumcarbid Aluminiumpulver Magnesiumpulver	1402 1396 1418
5.1	Entzündend (oxidierend) wirkende Stoffe	Ammoniumnitrat (Dünger) Schwimbad Wasserpflege Wasserstoffperoxid (Bleiche)	1942 2014 3149
5.2	Organische Peroxide	Kunststoffkleber Kunststoffhärter	3108 3106
6.1	Giftige Stoffe	Pestizide Pflanzenschutzmittel Arsen Cyanwasserstoff (Blausäure)	2902 2783 1558 1051
6.2	Ansteckungsgefährliche Stoffe	Krankenhausabfälle Viren (für Labore) Klinische Proben	3291 2814 3373
7	Radioaktive Stoffe	Teile von Röntgengeräten	2911
8	Ätzende Stoffe	Ätznatron Abflussreiniger	1823 1814
9	Verschiedene gefährliche Stoffe und Gegenstände	Asbest Batterien Bitumen, erwärmt	2212 3090 3257

ADR
Gefahrzettelmuster
Placards/Großzettel
Gefahrgutsymbole

ADR 5.2.2.2.2

Kennzeichnung für in erwärmtem Zustand transportierte Materialien

Kennzeichnung für umweltgefährdende Stoffe

Klasse 1	Klasse 2		
Explosive Stoffe und Gegenstände mit Explosivstoff	Gase: entzündbare	Gase: nicht entzündbar, nicht giftig	Gase: giftig

schwarz auf orangefarbenem Grund	schwarz/weiß auf rotem Grund	schwarz/weiß auf grünem Grund	schwarz auf weißem Grund
Klasse 3	**Klasse 4.1**	**Klasse 4.2**	**Klasse 4.3**
Entzündbare flüssige Stoffe	Entzündbare feste Stoffe, selbstzersetzliche Stoffe	Selbstentzündliche Stoffe	Stoffe, die in Berührung mit Wasser entzündbare Gase entwickeln

schwarz oder weiß auf rotem Grund	schwarz auf weißem Grund mit sieben senkrechten roten Streifen	schwarz auf weißem und rotem Grund	schwarz oder weiß auf blauem Grund
Klasse 5.1	**Klasse 5.2**	**Klasse 6.1**	**Klasse 6.2**
Entzündend (oxidierend) wirkende Stoffe	Organische Peroxide	Giftige Stoffe	Ansteckungsgefährliche Stoffe

schwarz auf gelbem Grund	schwarz oder weiß auf rotem und gelbem Grund	schwarz auf weißem Grund	schwarz auf weißem Grund
Klasse 7	**Klasse 8**	**Klasse 9**	
Radioaktive Stoffe	Ätzende Stoffe	Verschiedene gefährliche Stoffe und Gegenstände	

schwarz auf weißem Grund	schwarz auf weißem und schwarzem Grund	sieben senkrechte Streifen schwarz auf weißem Grund	

ADR 2011

Europäisches Übereinkommen über die internationale Beförderung gefährlicher Güter

(5.2.2.2.2 Gefahrzettelmuster)

Gefahrgutkennzeichnung **Fahrzeuge und Container**

ADR 5.3.1/5.3.2

Gefahrgut-Kennzeichnung von Fahrzeugen, Tankfahrzeugen und Containern		
	Orangene Warntafel	**Großzettel/Placards**
Stückgutfahrzeuge		
	Neutrale Warntafel vorn und hinten am Fahrzeug	Keine Ausnahme: Klasse 7 und Klasse 1: an beiden Längsseiten und hinten
Tankfahrzeuge und Fahrzeuge für die Beförderung in loser Schüttung		
Einkammerfahrzeug	Stoffbezogene Warntafel vorn und hinten am Fahrzeug Alternativ: Neutrale Warntafel vorn und hinten am Fahrzeug und stoffbezogene Warntafeln an beiden Seiten	Großzettel hinten und an beiden Seiten des Fahrzeuges
Mehrkammerfahrzeuge	Neutrale Warntafel vorn und hinten am Fahrzeug und stoffbezogene Warntafeln an beiden Seiten jeder Kammer	Großzettel hinten und an beiden Seiten jeder Kammer
Container[1] und Wechselbehälter im kombinierten Verkehr		
Tankcontainer und Container mit Gefahrgut in loser Schüttung	Stoffbezogene Warntafeln an beiden Seiten	Großzettel hinten und an beiden Seiten des Containers
sonstige Container	Keine Warntafeln am Container	
Wechselbehälter im kombinierten Verkehr	Keine Warntafeln am Wechselbehälter	Großzettel auf allen Seiten des Wechselbehälters

1 zusätzlich neutrale orangefarbene Warntafeln am Trägerfahrzeug

Kennzeichnung Fahrzeuge Orangene Warntafeln

Orangene Warntafel mit Nummer zur Kennzeichnung der Gefahr (2 oder 3 Ziffern, gegebenenfalls mit vorangestelltem Buchstaben »X«)

Neutrale orangene Warntafel

Grund: orange; Rand, waagerechte Linie und Ziffern: schwarz; Strichbreite für Rand und Zeichen: 15 mm, Zeichenhöhe von 100 mm

Die Nummer zur Kennzeichnung der Gefahr besteht zwei oder drei Ziffern, die auf folgende Gefahren hinweisen:

2 Entweichen von Gas durch Druck oder durch chemische Reaktion
3 Entzündbarkeit von flüssigen Stoffen (Dämpfen) und Gasen oder selbsterhitzungsfähiger flüssiger Stoff
4 Entzündbarkeit von festen Stoffen oder selbsterhitzungsfähiger fester Stoff
5 Oxidierende (brandfördernde) Wirkung
6 Giftigkeit oder Ansteckungsgefahr
7 Radioaktivität
8 Ätzwirkung
9 Gefahr einer spontanen heftigen Reaktion

Die Verdoppelung einer Ziffer weist auf die Zunahme der entsprechenden Gefahr hin. Wenn die Gefahr eines Stoffes ausreichend durch eine einzige Ziffer angegeben werden kann, wird dieser Ziffer eine Null angefügt. Ein „X" steht für Reaktion mit Wasser.

Kennzeichnung Packstücke

Kennzeichnung von Gut bzw. Verpackung		
Das Gut (bzw. die Verpackung) werden mit der UN-Nummer und den Gefahrzetteln gekennzeichnet.	**Beispiel: Chlorwasserstoffsäure (Salzsäure), Klasse 8**	
	UN-Nummer	**Gefahrzettel**
	UN 1789	

Gefahrgutausrüstung Fahrzeuge

Gefahrgutausrüstung der Fahrzeuge			
Feuerlöschausrüstung	**Sonstige Ausrüstung und persönliche Schutzausrüstung**		
	Für alle Gefahrzettel-Nummern		**Für bestimmte Klassen vorgeschriebene zusätzliche Ausrüstung**
a) 2-kg-Feuerlöscher und zusätzlich b) > 7,5 t zGG: Feuerlöscher mit zusammen 12 kg Pulver (davon ein Feuerlöscher mit 6 kg Pulver) > 3,5 t zGG: Feuerlöscher mit zusammen 8 kg Pulver (davon ein Feuerlöscher mit 6 kg Pulver) < 3,5 t zGG: Feuerlöscher mit zusammen 4 kg Pulver	**Für das Fahrzeug** ▮ ein Unterlegkeil je Fahrzeug ▮ zwei selbststehende Warnzeichen ▮ Augenspülflüssigkeit	**für jedes Mitglied der Fahrzeugbesatzung** ▮ Warnweste ▮ Handlampe ▮ ein Paar Schutzhandschuhe ▮ einen Augenschutz (z. B. Schutzbrille).	▮ für die Gefahrzettel-Nummer 2.3 oder 6.1 für jedes Mitglied der Fahrzeugbesatzung eine Notfallfluchtmaske ▮ eine Schaufel ▮ eine Kanalabdeckung ▮ ein Auffangbehälter aus Kunststoff
ADR 8.1.4.1	**ADR 8.1.5**		

Gefahrgutpapiere
- Beförderungspapier (Frachtbrief)
- Unfallmerkblatt
- ADR-Bescheinigung
- Zulassungsbescheinigung
- Fahrwegbestimmung

Gefahrgutpapiere

Beförderungspapier

Es muss immer ein Beförderungspapier mitgeführt werden, das folgenden Mindestinhalt hat:

1 UN-Nummer (Buchstaben „UN" vorangestellt)

2 Offizielle Benennung des Gutes (Stoffname) laut Anlage A GGVS/ADR

2 Nummern der Gefahrzettelmuster oder Gefahrklasse

3 Verpackungsgruppe

4 Anzahl und Beschreibung der Packstücke

5 Volumen, Brutto- oder Nettomasse

6 Name und Anschrift von Absender und Empfänger

7 Tunnelbeschränkungscode

Unfallmerkblatt

Ab bestimmten Mindestmengen muss ein Unfallmerkblatt nach dem Muster auf den Seiten 87 ff. mitgeführt werden.

Der Frachtführer ist für die Mitführung von Unfallmerkblättern in der Sprache der Fahrzeugführer verantwortlich.

ADR 5.4.3

Kurzform der Gefahrgutangaben im Beförderungspapier ist zulässig.

Beispiele:
- „UN 1098, ALLYALKOHOL, 6.1 (3), I,(C/D)"
- „UN 1306, HOLZSCHUTZMITTEL, FLÜSSIG, 3, II,(D/E)" (ADR 5.4.1)

Fahrwegbestimmung

Für bestimmte, besonders gefährliche Güter muss eine Fahrwegbestimmung bei der zuständigen Behörde (Verkehrsämter) beantragt werden. (§ 7 GGVS)

Zulassungsbescheinigung

Für Tankfahrzeuge und Fahrzeuge zur Beförderung von explosiven Stoffen oder Gegenständen mit Explosivstoff muss jährlich eine technische Untersuchung durchgeführt werden, über die eine Zulassungsbescheinigung ausgestellt wird. (ADR 9.1.3)

ADR-Bescheinigung
über die Schulung der Führer
von Kraftfahrzeugen
zur Beförderung gefährlicher Güter

in Tanks 1) anders als in Tanks 1)

Nr. der Bescheinigung ....

Kennzeichen des die Bescheinigung ausstellenden Staates ....

Gültig für Klasse(n) 1) 2)

in Tanks	anders als in Tanks
1	1
2	2
3	3
4.1, 4.2, 4.3	4.1, 4.2, 4.3
5.1, 5.2	5.1, 5.2
6.1, 6.2	6.1, 6.2
7	7
8	8
9	9

bis zum 3) ....

ADR-Bescheinigung

Gefahrgutfahrer müssen über eine gültige ADR-Bescheinigung verfügen.
- Ausstellung durch die Industrie- und Handelskammer
- Voraussetzung: Teilnahme an einer Gefahrgutschulung nach vorgeschriebenen Lehrinhalten
- Ablegen einer Abschlussprüfung
- Geltung 5 Jahre
- Verlängerung mit Nachschulung
- Basis-ADR-Schein
- Zusatzschulungen für Tankfahrzeuge, Klasse 1 und Klasse 7

(ADR 8.2)

Gefahrgutangaben im Frachtbrief

HGB FRACHTBRIEFAUSZUG

16 **Gefahrgut-Klassifikation**					Nettomasse kg/l	6 243,0 kg	
UN	3351	Benennung	PYRETHROID-PESTIZID, FLÜSSIG, GIFTIG, ENTZÜNDBAR				
Nummer Gefahrzettelmuster			6.1+3	Verpackungsgruppe	I	Tunnelcode	

Gefahrgutvorschriften zum Verhalten während des Transports

Gefahrgutvorschriften

zum Verhalten während des Transports

1. Keine Fahrgäste
2. Vertrautheit mit Feuerlöschgeräten
3. Keine Öffnung von Versandstücken
4. Keine Beleuchtungsgeräte mit offener Flamme
5. Rauchverbot während Ladearbeiten
6. Motor aus bei Ladearbeiten
7. Halten und Parken nur mit angezogener Feststellbremse
8. Vorschriften zu geeigneten Parkplätzen bei bestimmten Gütern

(ADR 8.3)

Begrenzte, freigestellte und geringe Mengen

Befreiung von ADR-Vorschriften für begrenzte und freigestellte Mengen je Versandstück sowie geringe Mengen je Fahrzeug

In begrenzten Mengen verpackte gefährliche Güter (Limited Quantities/LQ) [ADR 3.4]

- Keine Überschreitung der Höchstmengen je Packstück (Innen- und Außenverpackung, Innenverpackung in Trays)
- LQ-Höchstmenge aus dem Verzeichnis der gefährlichen Güter (Spalte 7a) [ADR 3.2.1] entnehmen
- Höchstmengen je Versandstück: für zusammengesetzte Verpackungen: 30 kg Bruttomasse, Trays in Dehn- oder Schrumpffolie: 20 kg Bruttomasse

Befreiungen

- Kennzeichnung mit dem LQ-Label
- Keine weiteren Vorschriften der ADR (kein Beförderungspapier, keine ADR-Bescheinigung, keine Ausrüstung, keine Kennzeichnung des Fahrzeuges etc.)
- Beförderungseinheiten mit einem höchstzulässigen Gesamtgewicht über 12 t, mit denen Versandstücke mit gefährlichen Gütern in begrenzten Mengen befördert werden, müssen vorn und hinten mit einem Großzettel, nach dem Muster des Gefahrzettels LQ gekennzeichnet werden. Diese Verpflichtung besteht nicht, wenn die in begrenzten Mengen verpackten Güter unter 8 t betragen oder das Fahrzeug bereits mit orangefarbenen Tafeln gekennzeichnet ist. (ADR 3.4.13/14)

LQ-Label (weiß/schwarz): In begrenzten Mengen verpackte gefährliche Güter (mit Luftfrachtförderung zusätzlich ein „Y" in der Mitte)

In freigestellten Mengen verpackte gefährliche Güter (excepted Quantities/EQ) [ADR 3.5]

- Keine Überschreitung der Höchstmengen je Packstück (Innen- und Außenverpackung)
- EQ-Ziffer aus dem Verzeichnis der gefährlichen Güter (Spalte 7b) [ADR 3.2.1] entnehmen
- Höchstmengen mit der EQ-Ziffer für freigestellte Mengen aus der EQ-Tabelle [ADR 3.5.1.2] ablesbar
- Die Anzahl der Versandstücke in einem Fahrzeug oder Container darf 1000 nicht überschreiten.

Befreiungen

- Kennzeichnung mit EQ-Label
- Vermerk »GEFÄHRLICHE GÜTER IN FREIGESTELLTEN MENGEN« und die Anzahl der Versandstücke im Beförderungspapier angeben
- Keine weiteren Vorschriften der ADR (kein Beförderungspapier, keine ADR-Bescheinigung, keine Ausrüstung, keine Kennzeichnung des Fahrzeuges etc.) [ADR 3.5.1]

EQ-Label (weiß/rot): In freigestellten Mengen verpackte gefährliche Güter

Begrenzte Mengen je Beförderungseinheit

- Eine Beförderungskategorie (nach Verpackungsgruppen): begrenzte Menge bei Unterschreitung der festgelegten Höchstgrenzen
- Mehrere Beförderungskategorien: 1 000-Punkte-Regel, Multiplikatoren

(ADR 1.1.3.6)

Befreiungen

- keine Fahrzeugkennzeichnung
- keine Unfallmerkblätter
- keine ADR-Bescheinigung
- keine Beachtung der Tunnelbeschränkungscode
- Fahrzeug muss nicht gefahrguttauglich sein

weiterhin erforderlich

- Kennzeichnung und Bezettelung der Packstücke
- Beförderungspapier mit den Gefahrgutangaben
- Feuerlöschausrüstung und Ausrüstung nach St-VZO (tragbares Feuerlöschgerät mit einem Mindestfassungsvermögen von 2 kg Pulver)

Gefahrgutbeauftragte

Gefahrgutbeauftragter nach der Gefahrgutbeauftragten-Verordnung

Bestellung

Alle Unternehmen, die an der Beförderung gefährlicher Güter beteiligt sind, müssen einen Gefahrgutbeauftragten schriftlich bestellen.

Ausnahmen (§ 1 GbV):

- Beförderung von nicht mehr als 50 Tonnen netto gefährlicher Güter in einem Kalenderjahr für eigene Zwecke (also nicht als Spediteur oder Frachtführer)
- lediglich Beförderungen in begrenzten Mengen

Aufgaben

1. Überwachung der Einhaltung der Vorschriften
2. Anzeige von Mängeln, die die Sicherheit beeinträchtigen an den Unternehmer
3. Beratung des Unternehmens über die Gefahrgutbeförderung
4. Erstellung eines Jahresberichtes über die Gefahrgutbeförderung über
   a) Art der gefährlichen Güter, unterteilt nach Klassen
   b) Menge der gefährlichen Güter
   c) Zahl und Art der Unfälle mit gefährlichen Gütern
   d) sonstige wichtige Angaben
5. Überprüfung der folgenden Tätigkeiten:
   - Identifizierung des Gefahrgutes
   - Kauf von Beförderungsmitteln
   - Ver- oder Entladen
   - Schulung der Arbeitnehmer
   - Sofortmaßnahmen bei Unfällen
   - Untersuchungen, Maßnahmen und Berichte über Unfälle
   - Auswahl und Einsatz von Subunternehmern
   - Anweisungen an das Personal
   - Gefahrenaufklärung
   - Überprüfung der mitzuführenden Papiere und Ausrüstungen

Zulassung

- gültiger Schulungsnachweis
- erteilt die IHK (nach Grundlehrgang und Prüfung)
- gilt fünf Jahre
- Wiedererteilung durch Nachschulung

3.6 Aufgaben zum Güterkraftverkehr

3.6.1 Grundlagen

01 Stellen Sie fest, um welche Art von Güterkraftverkehr es sich bei folgenden Beispielen handelt:

- Die Fa. Güterkraftverkehr Maier aus Lünen transportiert 21,5 t Maschinenteile von Dortmund nach Berlin.
- Die Computec GmbH liefert 15 Fotokopiergeräte an ihren Kunden aus.
- Die Dickmüller Zement AG verkauft 18 t Zement, den der Baustoffhändler BauBedarf GmbH abholt und direkt auf eine Baustelle an die Bauunternehmung Niehörster ausliefert.
- Die Maschinenbau AG muss eine Baumaschine zu einer Baustelle bringen. Da sie keinen eigenen Tieflader besitzt, vereinbart sie mit dem Kraftverkehrsunternehmer Müller, dass der seinen Tieflader gegen Entgelt für diese Fahrt zur Verfügung stellt. Der Fahrer ist Angestellter der Maschinenbau AG.
- Ein Unternehmer erhält vom Ordnungsamt den Auftrag, ein beschädigtes Fahrzeug, das unberechtigt in der Innenstadt abgestellt wurde, zu einem Parkplatz am Stadtrand zu befördern.

02 Der Speditionskaufmann Franz Müller hat einen größeren Betrag geerbt und will nun ein Lkw-Unternehmen gründen. Dabei wird ihm mitgeteilt, dass er eine „Güterkraftverkehrserlaubnis" benötigt.

a) Erläutern Sie,
   aa) wer diese Erlaubnis erteilt,
   ab) welche Voraussetzungen für die Erteilung einer Erlaubnis bestehen und
   ac) wie (und mit welchen Unterlagen) er den Nachweis über das Vorliegen dieser Voraussetzungen führen kann.

b) Beschreiben Sie, wozu diese Erlaubnis berechtigt.

c) Wie lange gilt eine Erlaubnis?

03 Ein langjähriger Lkw-Fahrer beantragt eine Erlaubnis, weil er sich als Güterkraftverkehrsunternehmer selbstständig machen will. Er soll seine „fachliche Eignung" nachweisen. Beschreiben Sie, welche Möglichkeiten der Lkw-Fahrer zum Nachweis hat.

04 Für die Ausstellung einer Erlaubnis wird ein „Führungszeugnis" verlangt.

a) Erläutern Sie, was ein „Führungszeugnis" ist, welchen Inhalt es hat und wer es ausstellt.

b) Das Vorliegen welcher Voraussetzung für die Erteilung einer Erlaubnis wird mit dem Führungszeugnis nachgewiesen?

05 Ein deutscher Unternehmer besitzt sowohl eine EU-Lizenz als auch eine CEMT-Genehmigung. Beschreiben Sie für beide Genehmigungen,

a) zu welchen Fahrten der Unternehmer dadurch berechtigt wird,

b) wer diese Zulassung jeweils ausstellt und

c) wie lange diese Zulassungen gelten und welche Voraussetzungen für die Wiedererteilung erfüllt sein müssen.

06 Mit einem in Deutschland zugelassenen Lkw sollen folgende Aufträge ausgeführt werden:

1. Oslo - Madrid
2. Belgrad - Amsterdam
3. Lyon - Berlin
4. Paris - Marseille
5. Budapest - Minsk
6. Dortmund - Moskau

Für die Transporte sind unterschiedliche Genehmigungen/Lizenzen erforderlich. Geben Sie an:

a) die Länder in richtiger Reihenfolge, die der Lkw befährt.

b) die für die genannten Länder benötigten Genehmigungen/Lizenzen.

c) zu den in b) genannten Genehmigungen/Lizenzen – soweit möglich – eine Alternative.

07 Nach wie viel Stunden Fahrzeit muss laut EG-Sozialvorschriften die Lenkzeit spätestens unterbrochen werden?

[1] Nach 3 Stunden ☐
[2] Nach 3,5 Stunden ☐
[3] Nach 4 Stunden ☐
[4] Nach 4,5 Stunden ☐
[5] Nach 5 Stunden ☐

08 Sie sind bei der Spedition TransDonau GmbH in Ulm/Donau. Ein Kunde in Augsburg erteilt Ihnen den Auftrag, eine Ladung Konserven über die BAB 8 und BAB 7 nach Walsrode zu befördern. Das Bruttogewicht der Ladung ist mit 22 780 kg angegeben. Die Entfernung zwischen Augsburg und Walsrode beträgt 655 km.

Dabei ist eine betrieblich ermittelte Durchschnittsgeschwindigkeit für den beladenen Lkw von 69 km/h anzusetzen. Der Fahrer hat zum Arbeitsantritt in Nürnberg seine volle Ruhezeit hinter sich.

Wann muss der Fahrer die Fahrt in Augsburg spätestens antreten, wenn er unter Berücksichtigung der EG-Sozialvorschriften (Lenk- und Ruhezeiten) am Donnerstag, den 24. Mai 20.. um 17:00 Uhr in Walsrode eintreffen soll? Geben Sie den Lösungsweg an.

09 Ein Unternehmer transportiert eine Wagenladung von Mannheim nach Stockholm/Schweden. Die Beladung in Mannheim ist am Dienstag um 7:00 Uhr beendet. Von folgenden Entfernungen* ist auszugehen:

- Mannheim - Hamburg 550 km
- Hamburg - Puttgarden 163 km
- Puttgarden - Rødbyhavn
- Rødbyhavn - Kopenhagen 149 km
- Kopenhagen - Stockholm 659 km

Berechnen Sie (unter Berücksichtigung der Lenk- und Ruhezeitenvorschriften) die frühestmögliche Ankunftzeit des Lkw in Stockholm. Geben Sie den Rechenweg an. Es ist von einer Durchschnittsgeschwindigkeit von 66 km/h auszugehen.

* Puttgarden – Rødbyhavn: Fähre, 45 Minuten Fahrzeit, 30 Minuten Wartezeit, Kopenhagen - Malmö: Oersund-Brücke

10 Der Lkw-Unternehmer Eurotrans aus Düsseldorf hat einen Transportauftrag von Hannover nach St. Peterburg. Folgende Entfernungen für die einzelnen Streckenabschnitte haben Sie festgestellt:

- Hannover bis zur deutschen Grenze: 350 km, davon 330 km Autobahn
- Deutsche Grenze bis zur russischen Grenze: 1 780 km
- Russische Grenze bis St. Peterburg: 400 km

Erstellen Sie einen Dispositionsplan für den kompletten Transport nach St. Peterburg, aus dem ersichtlich wird, an welchem Tag und um wie viel Uhr der Lkw in St. Peterburg eintrifft. Der Fahrer übernimmt auf dem Betriebsgelände des Absenders das beladene Fahrzeug am 19. Mai 20.. um 12:00 Uhr nach Beendigung seiner wöchentlichen Ruhezeit.

Bei der Disposition des Lkw rechnen Sie mit einer Durchschnittsgeschwindigkeit von 60 km/h. Wartezeiten an den Grenzen sind nicht zu berücksichtigen.

Außerdem planen Sie keine Verlängerung der täglichen Lenkzeit und keine Verkürzung der Tagesruhezeit ein.

11 In Deutschland wird der Güterverkehr durch das Bundesamt für den Güterverkehr (BAG) überwacht.

a) Beschreiben Sie die Aufgaben des BAG.

b) Erläutern Sie die Befugnisse, die dem BAG zur Erfüllung seiner Aufgaben eingeräumt werden. ☑

12 Das BAG darf im Rahmen seiner Kontrolltätigkeiten Betriebskontrollen durchführen.

a) Beschreiben Sie, bei wem solche Kontrollen durchgeführt werden können.

b) Erläutern Sie die möglichen Ziele und

c) die Befugnisse des BAG bei Betriebskontrollen.

3.6.2 Verkehrsgeografie Straße

13 Nennen Sie die deutschen Großstädte entlang der

a) A 7
b) A 3
c) A 4
d) A 5.

14 Ermitteln Sie die Autobahnen und die an den Autobahnen liegenden deutschen Großstädte zwischen den Städten

a) Düsseldorf - Regensburg
b) Hamburg - Stuttgart
c) Berlin Würzburg
d) Dresden - Karlsruhe
e) Saarbrücken - Rostock

15 a) Beschreiben Sie das deutsche Autobahnnetz hinsichtlich

aa) der Besonderheiten im Vergleich zu Bundes- und Landstraßen.

ab) des Nummerierungssystems.

b) Nennen Sie zwei Beispiele für Verläufe europäischer Transitrouten innerhalb Deutschlands. Geben Sie dabei je drei deutsche Großstädte in geografischer Reihenfolge an. ☑

16 Die beiliegende Deutschlandkarte enthält Autobahnverbindungen und die Lage von Großstädten.

a) Nennen Sie folgende Städte: 03, 05, 09, 10, 12, 14, 15, 18, 20, 21.

b) Welche Autobahnen werden für eine Fahrt von Köln nach Leipzig befahren? (Kürzester Weg)

c) Nennen Sie 5 Städte (in richtiger Reihenfolge) an der A8.

zu 17

zu 16

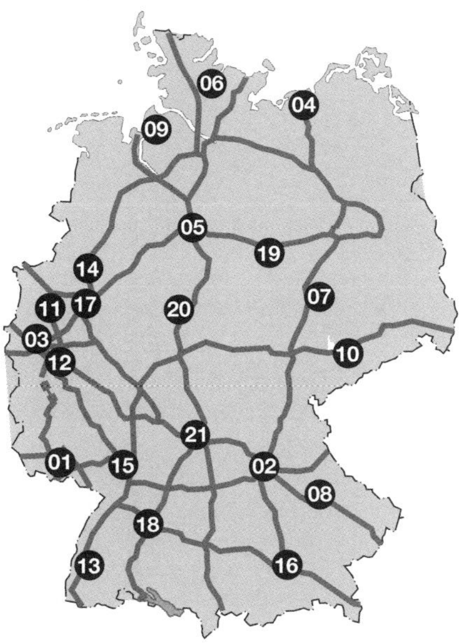

17

a) Nennen Sie die Hauptstädte folgender Staaten: Frankreich, Slowenien, Portugal, Irland, Griechenland, Norwegen, Ukraine, Estland, Serbien, Makedonien.

b) Nennen Sie für Frankreich, Spanien, Italien und Russland je 3 Städte mit mehr als 500 000 Einwohnern.

c) Zeichnen Sie die Städte in die beiliegende Karte ein.

18

Beschreiben Sie den Verlauf der nachfolgend genannten Europastraßen, in dem Sie die Länder und die Großstädte im Verlauf der Straße angeben:

a) E 15 c) E 45 e) E 65
b) E 50 d) E 70 f) E 90

19

Eine Lkw-Ladung soll auf dem geografisch kürzesten Weg von Hannover nach Warschau (Warszawa) transportiert werden. Welcher Ort liegt nicht an der Transportstrecke?

[1] Posen (Poznan)	☐
[2] Frankfurt/Oder	☐
[3] Magdeburg	☐
[4] Berlin	☐
[5] Görlitz ☑	☐

20

Ein Lkw-Unternehmer will folgende Touren durchführen. Beschreiben Sie die Strecken (Europastraßen, Länder) und die benutzten Fähren:

a) Stockholm - Istanbul d) Amsterdam - London
b) Berlin - Edinburgh e) Turin - Dublin
c) Paris - Tanger f) Hamburg - Tunis

21

Bringen Sie die folgenden Städte, die an der Fahrtroute Bremen - Ancona liegen, in die richtige Reihenfolge.

[1] Kassel [5] Innsbruck
[2] München [6] Würzburg
[3] Verona [7] Hannover
[4] Nürnberg [8] Bologna ☑

22

Ein deutscher Lkw-Unternehmer führt Güterkraftverkehre über die Alpen durch.

a) Welche der folgenden Alpentransit-Routen für den Lkw-Verkehr sind auf der nebenstehenden Karte mit den Kennziffern [1] bis [4] abgebildet?

– Frejus-Route - St.-Bernadino-Route
– Pyhrn-Route - Reschen-Pass
– Tauern-Route - St.-Bernhard-Route
– Brenner-Route - Mont-Blanc-Route
– St.-Gotthard-Route

b) Welche der von Ihnen unter a) genannten Routen [1] bis [4] müssen für die folgenden Transporte festgelegt werden, wenn jeweils die kürzeste Strecke gefahren werden soll?

– Mannheim - Genua
– Nürnberg - Zagreb
– Venedig - München
– Augsburg - Mailand ☑

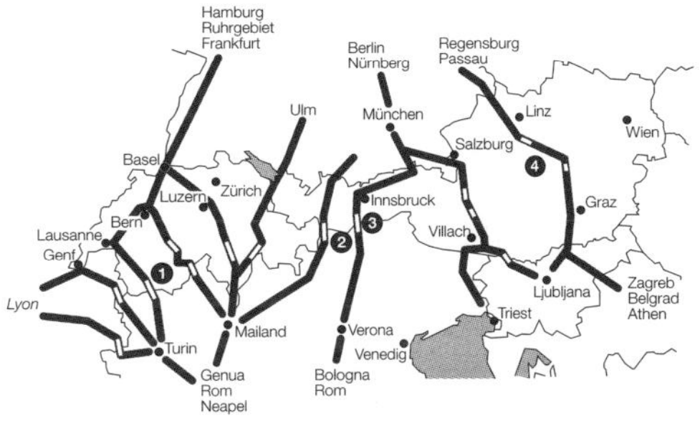

23

Ihre Speditionsunternehmung erhält den Auftrag, eine eilige Sendung von 15 t von Nürnberg nach Rom zu transportieren.

a) Nennen Sie die Länder, durch die der Lkw fährt (kürzeste Strecke).

b) Bringen Sie die folgenden Städte, die der Lkw auf dieser Strecke berührt, in die richtige geografische Reihenfolge:

Bologna, München, Florenz, Ingolstadt, Kufstein, Innsbruck

Die Entfernung von Nürnberg nach Rom beträgt 1 080 km. Der Fahrer fährt am Montag um 6:00 Uhr in Nürnberg ab. Er fährt mit einer Durchschnittsgeschwindigkeit von 60 km/h, hat an den Grenzen keinen Aufenthalt und keine weiteren Behinderungen/Verspätungen. Die vorgeschriebenen Lenk- und Ruhezeiten hält der Fahrer ein. Das eingesetzte Fahrzeug darf auf der gesamten Strecke auch nachts fahren.

c) Berechnen Sie die reine Fahrzeit für diesen Transport.

d) Erstellen Sie den Zeitplan und nennen Sie dem Absender den frühesten Zeitpunkt (Ausnahmeregelungen sind zu beachten), zu dem das Fahrzeug in Rom eintreffen kann (Tag und Uhrzeit). ☑

24

Nennen Sie die Länder der EU, die am Meer liegen, ihre jeweilige Hauptstadt und zusätzlich einen bedeutenden Seehafen in jedem Land, der nicht mit der Hauptstadt identisch ist. ☑

3.6.3 HGB/CMR-Frachtvertrag und kombinierter Verkehr

AUFGABEN ZUM HGB-FRACHTVERTRAG BEISPIEL

Die Firma RheinColor AG in Solingen will mit dem Lkw-Unternehmer Fahrland aus Düsseldorf einen Frachtvertrag über den Transport von 20 t Farbe in Fässern (kein Gefahrgut) von Solingen nach Freiburg im Breisgau abschließen.

Die Sendung soll am 22.08.20.. um 6:00 Uhr bei RheinColor abgeholt und bis 17:00 Uhr mit der Frankaturvorschrift „Frei Haus" ausgeliefert werden. Der Empfänger, die Farbengroßhandlung Schmidt in Freiburg soll einen Teil des Kaufpreises (5 000 €) bei der Übergabe der Sendung zahlen. Fahrland setzt den Fahrer Franz Müller und den Sattelzug D-UV 715/D-FL 459, Nutzlast 23 t, ein. Die Beladung ist um 7:00 Uhr beendet.

25 Kreuzen Sie an, zu welcher Staatengruppe die folgende Länder gehören:

	EU	EFTA	Balkan	Skandinavien	Baltikum	sonstige
Frankreich	☐	☐	☐	☐	☐	☐
Österreich	☐	☐	☐	☐	☐	☐
Rumänien	☐	☐	☐	☐	☐	☐
Kroatien	☐	☐	☐	☐	☐	☐
Estland	☐	☐	☐	☐	☐	☐
Tschechien	☐	☐	☐	☐	☐	☐
Weißrussland	☐	☐	☐	☐	☐	☐
Türkei	☐	☐	☐	☐	☐	☐
Irland	☐	☐	☐	☐	☐	☐
Slowenien	☐	☐	☐	☐	☐	☐
Schweiz	☐	☐	☐	☐	☐	☐
Ungarn	☐	☐	☐	☐	☐	☐
Finnland	☐	☐	☐	☐	☐	☐
Schweden	☐	☐	☐	☐	☐	☐

26
a) Nennen Sie die Namen aus dem HGB für die beiden Vertragsbeteiligten.
b) Wie heißt der Vertrag nach dem Gesetz?
c) – In welcher Form kann der Vertrag abgeschlossen werden?
   – Wie werden solche Verträge in der Praxis abgeschlossen?
   – Welche Form ist empfehlenswert? (Begründen Sie Ihre Ansicht).

27 Wann beginnt und wann endet der Frachtvertrag im Güterfernverkehr nach HGB?

28 Die beiden Vertragsbeteiligten übernehmen nach § 407 HGB bestimmte Grundpflichten. Erläutern Sie diese Pflichten.

29 Die RheinColor AG hat nach dem Gesetz über seine Grundpflichten hinaus weitere Pflichten. Beschreiben Sie, was nach dem HGB unter
a) Informationspflicht,
b) Verpackungspflicht,
c) Kennzeichnungspflicht und
d) Papiererstellungs- und Auskunftspflicht verstanden wird.

30 Wegen mangelhafter Verpackung des Gutes läuft während des Transportes Farbe aus. Es werden Güter anderer Absender und das eingesetzte Fahrzeug beschmutzt.

a) Prüfen Sie, ob die Fahrland nach dem HGB einen gesetzlichen Anspruch auf Ersatz der Reinigungskosten für das Fahrzeug gegenüber dem Absender hat.

[1] Ja, aber nur, wenn Ihre Spedition beweisen kann, dass der Absender schuldhaft die mangelhafte Verpackung des Gutes herbeigeführt hat. ☐

[2] Ja, es besteht eine verschuldensunabhängige Haftung des Absenders bei ungenügender Verpackung des Gutes. ☐

[3] Nein, da Ihre Spedition für die ordnungsgemäße Verpackung des Gutes verantwortlich ist. ☐

[4] Nein, da der Absender nur für Schäden haftet, die aus ungewöhnlichen Transportereignissen entstehen. ☐

[5] Nein, da Ihre Spedition die Pflicht hatte, das Gut beförderungssicher zu laden und zu stauen. ☑ ☐

b) Welche weiteren Schadenersatzansprüche können dem Absender angelastet werden?

c) Bis zu welcher Obergrenze muss der Absender gegebenenfalls haften?

31 Der Fahrer von Fahrland holt die Sendung am Lager von RheinColor ab.

a) Wer hat die Pflicht, das Gut auf den Lkw zu verladen, und muss die mit der Verladung evtl. verbundenen Kosten tragen?

b) Welche Pflicht hat der Absender und welche Pflicht hat der Unternehmer (bzw. der Fahrer) bei der Beladung?

c) Wie ist die Entladepflicht im Gesetz geregelt?

d) Wie muss sich der Fahrer verhalten, wenn der Empfänger von ihm die Entladung des Gutes verlangt?

32 Der Frachtvertrag zwischen RheinColor und Fahrland wurde nach HGB abgeschlossen, ohne zusätzliche Vereinbarungen zu treffen.

a) Wer hat (auf wessen Verlangen) den Frachtbrief auszustellen und

b) wie viele Ausfertigungen sind notwendig?

33 Der Frachtvertrag ist ordnungsgemäß zustande gekommen, das Gut ist geladen und der Transport soll beginnen.

a) Nennen Sie die für diese Versendung geschlossenen Verträge und die jeweiligen Vertragspartner (allgemeine Bezeichnung und die jeweiligen Unternehmungen.

b) Erläutern Sie, wie die Verträge abgeschlossen werden, und nennen Sie die Hauptpflichten, die die Vertragsbeteiligten jeweils übernehmen.

c) Füllen Sie für den Absender einen Frachtbriefvordruck aus; nehmen Sie auch die Eintragungen des Frachtführers vor (Angaben nur aus dem Beispiel).

Zu berücksichtigende weitere Daten:

- RheinColor AG, Farbenwerke, Hanielstr 19, 42653 Solingen (abzuholen am Lager Bergstraße 14)
- Werner Fahrland, Transportunternehmen, Plockstraße 46, 40221 Düsseldorf
- Farbengroßhandlung Alfred Schmidt KG, Lörracher Straße 46, 79115 Freiburg im Breisgau

34 Welche der folgenden Inhalte sind im HGB für den Frachtbrief nicht vorgesehen?

a)	Anschrift des Absenders	☐
b)	Meldeadresse	☐
c)	Rechnungsnummer	☐
d)	Gewicht der Sendung	☐
e)	Frankatur	☐
f)	Höhe des Frachtentgeltes	☐
g)	Empfängeranschrift	☐

35 Der Frachtvertrag wurde mit der Frankatur „Frei Haus" geschlossen.

a) Erläutern Sie die unterschiedlichen Frankaturvorschriften.

b) Beschreiben Sie, wer die Fracht bezahlt, wenn keine Frankaturvorschrift angegeben wird.

c) Wann sind Frachtforderungen fällig?

36 Die RheinColor AG überlegt, ob sie im Zusammenhang mit der Zahlungssicherung dem HGB-Frachtbrief eine „Sperrfunktion" geben soll.

a) Nennen Sie die Voraussetzungen für die Sperrfunktion.

b) Beschreiben Sie, welche Folge diese Sperrfunktion hat und aus welchen Gründen eine solche Sperrfunktion benötigt wird.

37 Der Fahrer übernimmt das Gut und unterschreibt den Frachtbrief. Erläutern Sie die Regelungen des HGB zu dieser Sendung über die

a) Prüfpflicht des Unternehmers bei der Übernahme, wenn ein Frachtbrief ausgestellt wurde, und die

b) Bedeutung der Unterschrift des Fahrers auf dem Frachtbrief.

38 Das HGB gibt der RheinColor AG die Möglichkeit, dem Frachtführer Fahrland eine nachträgliche Weisung zu erteilen. Nennen Sie

a) zwei Beispiele für eine zulässige nachträgliche Weisung des Absenders.

b) die Voraussetzungen, die der Absender erfüllen muss, wenn er eine nachträgliche Verfügung erteilen will.

c) die Gründe, die den Unternehmer zur Ablehnung einer nachträglichen Weisung berechtigen.

39 Bei der Übergabe an den Empfänger soll der Frachtführer Fahrland eine Nachnahme in Höhe von 5 000 € einkassieren.

a) In welcher Form muss das Inkasso vorgenommen werden?

b) Wie muss der Fahrer sich verhalten, wenn der Empfänger die Nachnahme nicht bezahlen möchte?

c) Der Fahrer nimmt einen Scheck an, der ungedeckt ist. Welche Folgen hat dieses Verhalten?

WEITERE AUFGABEN ZUM FRACHTVERTRAG NACH HGB

40 Ein Unternehmer führt einen Transport von Rendsburg nach Berchtesgaden durch. Er benötigt für den Transport insgesamt 3 Tage. Der Empfänger empfindet diese Lieferzeit als zu lange und möchte Schadenersatzforderungen geltend machen.

a) Wie lange sind nach dem HGB die Lieferfristen für einen solchen Transport?

b) Bis zu welcher Höhe kann der Geschädigte Schadenersatz verlangen?

41 Ein Lkw-Unternehmer transportiert eine Sendung von 12,7 t Textilien von Chemnitz nach Stuttgart. Der Empfänger in München ist nicht bereit, die Sendung anzunehmen, da seiner Ansicht nach die Lieferung mit der Bestellung nicht übereinstimmt.

Beschreiben Sie, wie der Lkw-Unternehmer nach den Vorschriften des HGB vorgehen muss. Erläutern Sie dabei alle im HGB geregelten Möglichkeiten.

42 Ein Lkw-Unternehmer hat den Auftrag, eine Wagenladung mit 9 t hochwertigen Druckfolien an einen Empfänger in Berlin auszuliefern. Die Frankatur lautet „Unfrei".

a) Der Empfänger möchte die Ware zwar annehmen, die Frachtkosten aber nicht bezahlen. Wie muss sich der Fahrer verhalten?

b) Der Frachtführer hat einen Scheck vom Empfänger über die Frachtkosten angenommen. Der Scheck wird von der Bank mangels Deckung nicht eingelöst. Welche Möglichkeiten hat der Frachtführer, sein Frachtentgelt einzufordern?

zu 33

1 Absender (Name, Anschrift)	**FRACHTBRIEF** **für den gewerblichen Güterkraftverkehr**
2 Empfänger (Name, Anschrift)	3 Frachtführer (Name, Anschrift)
4 Meldeadresse	5 Nachfolgende Frachtführer (Name, Anschrift)
6 Übernahme des Gutes Versandort Beladestelle	7 Vorbehalte und Bemerkungen der Frachtführer
8 Ablieferung des Gutes Ort Entladestelle	
9 Beigefügte Dokumente	

10 Anzahl der Packstücke	11 Zeichen und Nummern	12 Art der Verpackung	13 Bezeichnung des Gutes	14 Bruttogewicht in kg	15 Volumen in m³

16 **Gefahrgut-Klassifikation**			Nettomasse kg/l	
UN-Nr.	Gefahrgut-Bezeichnung	Gefahrzettelmuster	Verpackungsgruppe	
				ADR

17 Weisungen des Absenders (Zoll- und sonstige amtliche Behandlung des Gutes)

18 Nachnahme		20 Besondere Vereinbarungen
19 Frankatur		

21 Ausgefertigt in	am	Gut empfangen am
22 Unterschrift und Stempel des Absenders	23 Unterschrift und Stempel des Frachtführers	24 Unterschrift und Stempel des Empfängers

	25 Amtl. Kennzeichen	26 Nutzlast in kg
Kfz		
Anhänger		

AUFGABEN ZUR HGB-HAFTUNG

43 Der Frachtführer haftet gemäß § 425 HGB nach dem Gefährdungsprinzip.

a) Erläutern Sie das Gefährdungsprinzip und grenzen Sie das Gefährdungsprinzip vom „Verschuldensprinzip" (z. B. des Lagerhalters gemäß § 475 HGB) ab.

b) Beschreiben Sie den Beginn und das Ende des „Obhutszeitraumes" gemäß § 452 HGB.

44 Erläutern Sie die Begriffe „Güterschaden", „Verspätungsschaden" und „Güterfolgeschaden".

45 Begründen Sie, warum nach dem HGB Güterfolgeschäden durch den Frachtführer nicht ersetzt werden.

46 Für die Tätigkeit des Frachtführers im innerdeutschen Transport gilt das HGB. Im HGB ist die Haftung des Frachtführers geregelt. Erläutern Sie

a) das Haftungsprinzip,
b) den Haftungsausschluss „unabwendbares Ereignis",
c) drei weitere Haftungsausschlüsse nach eigener Wahl,
d) das Haftungsprinzip und die Haftungshöchstgrenzen bei „sonstigen Vermögensschäden".

47 Die Fa. F. C. Müller, Büromaschinenhandel in Dortmund beauftragt den Lkw-Unternehmer Bahnmaier, 8 Kartons (die je einen Computer enthalten) mit einem Gewicht von 922 kg zu einem Kunden in Kassel zu befördern. Bei der Ankunft wurden 4 Kartons als fehlend gemeldet. Der Fahrer von Bahnmaier vermutet, dass die Kartons auf einer Autobahnraststätte gestohlen wurden.

Nach der Rechnung des Absenders hat dieser die 8 Geräte zu einem Preis von 24 800,00 € an den Endempfänger „Frei Haus" verkauft. Die Transportkosten für die gesamte Sendung betragen 240 €. Der Empfänger hat die fehlenden Computer an einen Kunden zum Preis von je 4 250,00 € verkauft.

Berechnen Sie, in welcher Höhe der Unternehmer Schadenersatz leisten muss.

48 Der Absender gibt dem Fahrer bei einem Fernverkehrstransport von Dortmund nach Freiburg Papiere mit, die nachweisen, dass für das Gut bereits Verbrauchssteuern bezahlt wurden. Die Begleitpapiere wurden im Frachtbrief eingetragen. Der Fahrer verliert diese Papiere während einer Pause. Der Empfänger muss nun die Verbrauchssteuern nochmals bezahlen. Wie haftet der Frachtführer in diesem Fall?

49 Die Brinkmann Maschinenbau GmbH erteilt dem Frachtführer TransLog den Auftrag zum Transport von 22,3 t Gütern von Dortmund nach Birmingham. Das Gut soll spätestens am 03.10.20.. abgeliefert werden.

Weisungen des Absenders während des Transportablaufs konnten nicht eingeholt werden. Die Handelsrechnung lautet über 120 000,00 € (Frei Haus). Die Frachtkosten betragen 2 100 €.

Die Sendung trifft beim Empfänger erst am 05.10.20.. ein. Nachforschungen ergaben, dass die Fähre wegen stürmischer See erst 48 Stunden später auslief.

a) Besteht ein Haftungsanspruch gegenüber TransLog? Begründen Sie Ihre Entscheidung.

b) Ermitteln Sie in € die maximale Haftung für den Fall eines Totalverlusts der Sendung (ein Haftungsausschlussgrund liegt nicht vor). 1 SZR = 1,1521 €

c) Welchen Fahrweg sollte der Lkw-Unternehmer wählen? ☑

50 Der Fahrer des Lkw-Unternehmers K. Nieter GmbH liefert eine Sendung ab, für die im Frachtbrief eine Nachnahme vorgeschrieben war. Der Fahrer vergisst, die Nachnahme zu kassieren. Der Empfänger ist nicht bereit, die Nachnahme nachträglich zu bezahlen, da er mit der Lieferung nicht zufrieden war.

a) Muss der Unternehmer den Schaden ersetzen?

b) Welche Haftungshöchstgrenzen gelten in diesem Fall?

51 Der Empfänger einer Sendung Büromaschinen von Hamburg nach Berlin quittiert den Empfang auf dem Frachtbrief, ohne Vorbehalte anzubringen (reine Quittung). Nach vier Tagen öffnet der Empfänger die Verpackung und stellt fest, dass eine Büromaschine schwer beschädigt ist. Beschreiben Sie, wie und wann der Empfänger den Schaden reklamieren muss und welche Aussicht auf Schadenersatz er hat.

52 Ein Absender hat aus einem Schadensfall noch einen Ersatzanspruch gegen den Unternehmer über 22 700,00 €. Die Sendung wurde dem Frachtführer am 12.03.20(0) zum Transport übergeben und am 14.03.20(0) abgeliefert.

a) An welchem Tag ist die Forderung verjährt (vgl. § 438 BGB)?

b) Welche Folge hat es, wenn eine Forderung verjährt ist?

c) Nennen Sie Beispiele für Fälle, in denen die gewöhnliche Verjährungsfrist verlängert wird.

d) Wann beginnt und endet die Verjährungsfrist, wenn der Schaden aus einem Verlust des Gutes besteht?

e) Erläutern Sie den Zusammenhang zwischen der Verlustvermutungsfrist (§ 424 HGB) und der Verjährung.

1 SZR = 1,1521 €
1,3246 USD = 1 €

53 Ein Lkw-Unternehmer erhält von einer Industrieunternehmung den Auftrag, 18 Paletten Computer von Duisburg nach München zu transportieren. Bei der Ablieferung der Sendung stellt der Empfänger fest, dass eine Palette fehlt.

Beschreiben Sie die Abwicklung des Transportes und des Schadenfalls nach den gesetzlichen Vorschriften (Papiere, wichtige Vertragsinhalte, Haftung/Versicherung). ☑

AUFGABEN ZUM CMR-FRACHTVERTRAG

54 Ein Unternehmer übernimmt den Transport einer Wagenladung Textilien von Berlin nach Birmingham (Großbritannien). Der Lkw überquert den Ärmelkanal mit einer Fähre. Während des Fährtransportes bleibt der Lkw ohne Bewachung. Es werden zwei Kartons Bekleidung gestohlen.

a) Muss der Unternehmer für den Schaden aufkommen?

b) Der Unternehmer ist der Ansicht, dass er (wenn er überhaupt schadenersatzpflichtig ist) nach Seerecht (2 SZR/kg) haftet und nicht nach den CMR-Haftungshöchstgrenzen. Nehmen Sie zu dieser Argumentation Stellung.

55 Die Deutsche Post AG beauftragt einen deutschen Lkw-Unternehmer mit dem Transport einer Wagenladung Postpakete nach Amsterdam. Während des Transportes kommt ein Teil der Sendung abhanden. Nach welchen Vorschriften wird der Schadenersatz geregelt?

56 Ein deutscher Lkw-Unternehmer erhält für eine grenzüberschreitende Lkw-Wagenladung einen CMR-Frachtbrief.

a) Nennen Sie 3 Eintragungen im CMR-Frachtbrief, die nicht im HGB-Frachtbrief enthalten sind (ohne CMR-Klausel).

b) Erläutern Sie den Inhalt und die Bedeutung der CMR-Klausel.

57 Der Güterkraftverkehrsunternehmer TransLog befördert eine Lkw-Ladung Maschinenteile für Schmidt & Söhne KG von Koblenz nach Spanien. Der Absender möchte während des Transportes nachträglich über das Gut verfügen.

a) Nennen Sie 3 Beispiele für eine nachträgliche Verfügung.

b) Nennen Sie die möglichen Ablehnungsgründe, die der Frachtführer gegen die Ausführung der nachträglichen Verfügung anführen kann.

c) Welche Voraussetzungen bestehen für die Erteilung der nachträglichen Verfügung durch den Absender?

d) Unter welchen Bedingungen kann auch der Empfänger bereits während des Transportes Weisungen erteilen?

58 Ein deutscher Lkw-Unternehmer erhält den Auftrag, 72 Kartons elektronische Teile, Gesamtgewicht 6624 kg, von Rotterdam nach Berlin zu befördern. Der Fahrer lässt den Lkw auf einer Raststätte ungesichert stehen. Durch dieses Fahrerverschulden werden 40 Kartons gestohlen. Der Gesamtwert der Sendung beträgt 98300 €.

a) Berechnen Sie den Schadenersatz, den der Absender erhält. Geben Sie alle Höchstgrenzen an und beschreiben Sie, wie diese Höchstgrenzen ermittelt werden.

b) Berechnen Sie eine mögliche Deckungslücke für diesen Güterschaden. Erläutern Sie die Möglichkeiten, diese Deckungslücke abzusichern.

c) Der Empfänger (Importeur) benötigt die Teile dringend in seiner laufenden Produktion. Er kann – um Produktionsausfall zu vermeiden – gleichwertige Teile kurzfristig bei einem anderen Lieferanten besorgen. Der Einkaufspreis der Ersatzlieferung liegt allerdings bei 3800 € je Karton.

- Um welche Schadensart handelt es sich?
- Wie hoch ist dieser Schaden?
- Wie ist der Schaden nach CMR abgedeckt?
- Welche Möglichkeit besteht, den vollen Schadenersatz für diesen Schaden nach der CMR zu bekommen?

59 Eine Ladung mit 32 Paletten elektronischer Teile mit 16000 kg wird von München nach Italien per Lkw verschickt. Die gesamte Sendung hat einen Wert von 196700,00 €. Während der Fahrt hat der Fahrer einen selbstverschuldeten Verkehrsunfall. Dabei wird eine Palette elektronischer Teile vollständig zerstört. Der Empfänger möchte den Güterschaden ersetzt haben. Er macht außerdem geltend, dass die Nachlieferung mit einem Expressdienst zusätzliche Frachtkosten von 886,00 € verursacht hat.

a) Berechnen Sie den Schadenersatz.

b) Wie hoch ist die Deckungslücke?

c) Welche Möglichkeit besteht für den Absender, den vollen Schadenersatz zu erhalten?

60 Bei einem Transport von Köln nach Mont-de-Marsan (Frankreich) muss der Empfänger der Sendung, die S.O.D.I.A.M. S.A, den Teilverlust aus einer Sendung mit 28 Kolli Getriebeteilen feststellen. Der Auftraggeber der Sendung, die GETRA Maschinenbau GmbH, schickt daraufhin der Versandspedition LogSped folgende Schadenrechnung:

gamma

GETRA Maschinenbau GmbH
Mertener Straße 17
50997 Köln-Süd

Spedition LogSped GmbH
Mathias-Giesen-Strasse 42
D41540 Dormagen

Schadenrechnung Nr. 173/02
Transportauftrag Nr. 16/2002/1985
Transportdatum: 02-09-13, 6.250 kg Getriebeteile
Empfänger: S.O.D.I.A.M. S.A.,
935 Avenue du Maréchal Juin,
40000 MONT-DE-MARSAN

Unser Kunde hat den Verlust von 1 Kollo Getriebeteile reklamiert. Der Schaden ist während des Transports entstanden. Der Fahrer hat die Übernahme der Sendung quittiert. Der Schaden wurde bei Ablieferung auf dem Frachtbrief dokumentiert.

Wir berechnen Ihnen 1 Kollo, Gewicht 140 kg, 4.120,00 €.

Eine Kopie der Originalrechnung an die S.O.D.I.A.M. S.A. fügen wir bei.

GETRA Maschinenbau GmbH

ppa. *Friedrich Meyer-Arend*

Eine Prüfung des Vorgangs bei der Spedition LogSped brachte folgendes Ergebnis:

- Die Sendung wurde laut CMR-Frachtbrief komplett übernommen.
- Die Sendung wurde im Selbsteintritt von der Fa. LogSped transportiert.
- Eine direkte Ursache des Schadens wurde nach Befragung des Fahrers nicht ermittelt.

a) Wer ist für den Schaden verantwortlich?

b) Nach welcher Rechtsordnung wird gehaftet? Begründen Sie Ihre Entscheidung.

c) Wie viel € beträgt der Schadenersatz?

d) Durch welche Maßnahme hätte die Getra Maschinenbau GmbH den vollen Schadenersatz erhalten?

e) Durch welche Versicherung ist die Spedition LogSped in Bezug auf die Ansprüche des Versenders versichert? ☑

KOMPLEXE BEISPIELAUFGABE

Der Lkw-Unternehmer Fahrland erhält den Auftrag, am Montag, den 25.08.20.. eine Sendung mit 25 Euro-Flachpaletten Bergbaumaschinen mit einem Gewicht von 21,5 t und einem Wert von 345000 USD von Kassel nach Rostov am Don (Russland) zu transportieren. Auftraggeber ist die Schulze Mining Systems, Pottgießer Straße 17-21, 34117 Kassel, bei der die Sendung abgeholt wird. Empfänger ist die Russkij Ugol, Zapadnaya mine, Rostov-on-Don, Bolshaya Sadovaya st., 47, 344007 Russia. Es ist eine Fracht von 2750,00 € vereinbart.

Die Transportentfernung beträgt 2 640 km. Die deutsche Strecke beträgt 380 km, davon 360 km Autobahn. Das Fahrzeug (Sattelzug mit 4 Achsen, Schadstoffklasse S4, D-FL 359 / D-FL 744) ist mit einem Fahrer besetzt und fährt mit einer Durchschnittsgeschwindigkeit von 55 km/h.

61 1. Ermitteln Sie zu diesem Zweck unter Berücksichtigung der gesetzlichen Bestimmungen (Bei der Berechnung sind Grenzaufenthaltszeiten nicht zu berücksichtigen; die Tagesruhezeiten werden weder verkürzt noch aufgeteilt.)

a) die Gesamtlenkzeit in Stunden und Minuten.

b) die Anzahl und die jeweilige Dauer der erforderlichen Tageslenkzeiten.

c) die Anzahl und die jeweilige Dauer der erforderlichen Tagesruhezeiten.

d) Erstellen Sie den Tourenplan und ermitteln Sie die frühestmögliche Ankunftszeit in Rostov am Don. Gehen Sie davon aus, dass das Fahrzeug am Montag um 7:00 Uhr in Kassel abfährt.

2. Nennen Sie die Staaten, die das Fahrzeug auf dem kürzesten Weg durchfährt.

3. Nennen Sie die benutzte Europastraße und 8 Städte entlang dieser Straße.

4. a) Begründen Sie, warum bei diesem Transport für den deutschen Autobahnanteil Maut bezahlt werden muss.

b) Ermitteln Sie die Mauthöhe.

5. Geben Sie für jedes durchfahrene Land die Berechtigung an, die Ihr Fahrer auf dem Weg nach Rostov mitführen muss. Zum Zeitpunkt des Transports sind alle CEMT-Genehmigungen der Fa. Fahrland anderweitig eingesetzt. Geben Sie an, wer diese Berechtigungen in Deutschland ausstellt.

6. Füllen Sie den beiliegenden Frachtbrief aus.

7. Der Frachtführer Fahrland (bzw. dessen Fahrer) ist verpflichtet, bestimmte Angaben im Frachtbrief zu überprüfen. Geben Sie die Merkmale an, die der Frachtführer bei Übernahme der Sendung überprüfen muss.

8. Bei der Ablieferung der Sendung in Rostov stellt der Empfänger fest, dass 5 Paletten mit Bergbaumaschinen beschädigt (Totalbeschädigung) sind.

a) Geben Sie die Rechtsvorschrift an, nach der in diesem Fall der Schadenersatz berechnet wird.

b) Geben Sie das Haftungsprinzip (Haftungsgrundsatz) an, nach dem der Frachtführer hier haftet.

c) Ermitteln Sie den Schadenersatz, den die Schulze Mining Systems erhält.

d) Erläutern Sie Möglichkeiten, die nach der CMR gegeben sind, den vollen Schadenersatz für diesen Güterschaden zu erhalten.

AUFGABEN ZUM KOMBINIERTEN VERKEHR

62 Die Spedition Intersped GmbH in Düsseldorf wird von der D&L Maschinenfabrik in Neuss mit dem Versand von 2 Wechselbehältern mit je 12 t Maschinenteilen, Wert: 250 000,00 € je Wechselbehälter, nach Tarrasa, 28 km nordwestlich von Barcelona, beauftragt. Intersped wickelt den größten Teil der Strecke mit der Bahn von Köln nach Barcelona über die Kombiverkehr KG ab. Intersped und D&L vereinbaren einen Festpreis für den gesamten Transport.

1 SZR = 1,1521 €

a) Nennen Sie die Bezeichung für diese Form des Kombiverkehrs und die Verladetechnik, die in diesem Fall angewandt werden kann.

b) Nennen Sie die technischen Voraussetzungen der Wechselbehälter, um im kombinierten Verkehr eingesetzt werden zu können. Wodurch können Sie sofort erkennen, ob ein Wechselbehälter für den kombinierten Verkehr zugelassen ist?

c) Während des Transports mit der Bahn werden bei einem Rangiervorgang die Maschinenteile in einem Wechselbehälter so stark beschädigt, dass sie komplett unbrauchbar sind. Ermitteln Sie die Schadenersatzleistung gemäß der gesetzlichen Grundlage.

d) Ermitteln Sie den Schadenersatz, wenn der Schaden während des Umschlags auf dem Terminal entstanden wäre (geben Sie alle Haftungshöchstgrenzen an).

e) Erläutern Sie vier Gründe der Intersped, den oben genannten Transport im Kombiverkehr durchzuführen.

63 Die Schwier Elektromaterial GmbH in Essen unterhält ein Montagewerk in Opole (Polen), das 38 km vom Kombiterminal Gliwice entfernt ist. Das Werk muss 2-mal wöchentlich mit je 2 Wechselbrücken (je 18 t Nettogewicht, eine Wechselbrücke wiegt 2 300 kg) mit Materialien beliefert werden.

Schwier überlegt, ob für den Transport auch der Kombinierte Verkehr in frage kommt, da die Kombiverkehr KG zusammen mit dem polnischen Kombiverkehrsunternehmen POLTRAIN einen direkten kombinierten Verkehr ab Duisburg nach Gliwice anbietet.

Die Intersped GmbH in Düsseldorf erhält den Auftrag, die Wirtschaftlichkeit des Kombiverkehrs zu prüfen. Folgende Fragen sind zu klären:

a) Vergleichen Sie die Preise von Kombiverkehr und reinem Lkw-Transport.

b) Vergleichen Sie die Laufzeiten der beiden Transportarten.

c) Geben Sie an, welche Rechtsgrundlagen für folgende Vertragsbeziehungen gelten.

- Schwier GmbH - Spedition Intersped GmbH
- Spedition Intersped GmbH - Kombiverkehr KG
- Kombiverkehr KG - Poltrain
- Kombiverkehr KG - DB Railion

1 SZR = 1,1521 €
1,3246 USD = 1 €

d) Erläutern Sie, wie die Haftung für Güterschäden nach den AGB International der Kombiverkehr KG geregelt ist.

e) Nennen Sie jeweils 2 Vorteile, die für den reinen Lkw-Verkehr bzw. für den kombinierten Verkehr sprechen.

zu 63

DUISBURG - RUHRORT HAFEN UBF DUSS	von Duisburg-Ruhrort Hafen				nach Duisburg-Ruhrort Hafen				Profile			
	Versandtage	Annahmeschluss	Empfangstag	Abladebeginn	Versandtage	Annahmeschluss	Empfangstag	Abladebeginn	Sattelanhänger < 2,50 m Breite	Sattelanhänger < 2,60 m Breite	Wechselbehälter < 2,55 m Breite	Wechselbehälter < 2,60 m Breite
PL-Gliwice Kontenerowa	1 - 3	22:00	C	9:30	1 - 3	15:00	C	4:05	P 75	P 405	C 75	C 405
PL-Gliwice Kontenerowa	4	22:00	E	10:00	5	15:00	D	5:00	P 75	P 405	C 75	C 405
PL-Gliwice Kontenerowa	5	22:00	D	10:00	6	13:00	D	4:05	P 75	P 405	C 75	C 405
PL-Pruszkow (Warszawa)	1 - 3	22:00	C	9:00	1 - 3	17:00	C	4:05	P 75	P 405	C 75	C 405
PL-Pruszkow (Warszawa)	4	22:00	E	10:00	5	17:00	D	5:00	P 75	P 405	C 75	C 405
PL-Pruszkow (Warszawa)	5	22:00	D	10:00	6	13:00	D	4:05	P 75	P 405	C 75	C 405
PL-Wroclaw Glowny	1 - 3	22:00	C	10:00	1 - 3	14:00	C	4:05	P 75	P 405	C 75	C 405
PL-Wroclaw Glowny	4	22:00	E	11:00	5	14:00	D	5:00	P 75	P 405	C 75	C 405
PL-Wroclaw Glowny	5	22:00	D	11:00	6	13:00	D	4:05	P 75	P 405	C 75	C 405

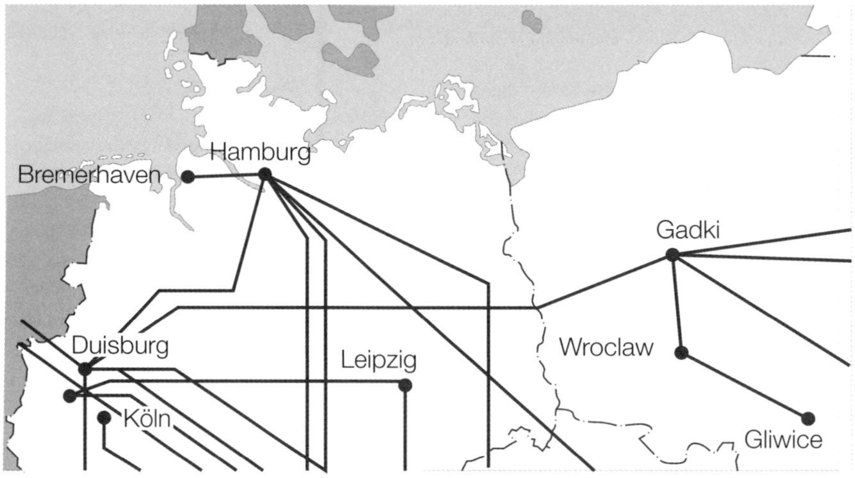

zu 61

1 Absender (Name, Anschrift, Land)

INTERNATIONALER FRACHTBRIEF

Diese Beförderung unterliegt trotz einer gegenteiligen Abmachung den Bestimmungen des Übereinkommens über den Beförderungsvertrag im internationalen Straßengüterverkehr (CMR).

2 Empfänger (Name, Anschrift, Land)

16 Frachtführer (Name, Anschrift, Land)

3 Auslieferungsort des Gutes
Ort
Land

17 Nachfolgende Frachtführer (Name, Anschrift, Land)

4 Ort und Tag der Übernahme des Gutes
Ort
Land
Datum

18 Vorbehalte und Bemerkungen der Frachtführer

5 Beigefügte Dokumente

6 Kennzeichen und Nummern	7 Anzahl der Packstücke	8 Art der Verpackung	9 Bezeichnung des Gutes	10 Statistiknummer	11 Bruttogewicht in kg	12 Umfang in m

13 Anweisungen des Absenders (Zoll- und sonstige amtliche Behandlung)

14 **Gefahrgut-Klassifikation**		Nettomasse kg/l	
UN-Nr.	Offizielle Benennung	Nummer Gefahrzettelmuster	Verpackungsgruppe

15 Frachtzahlungsanweisungen

19 Besondere Vereinbarungen

20 Ausgefertigt in am 20

23 Gut empfangen
am 20

21
Unterschrift und Stempel des Absenders

22
Unterschrift und Stempel des Frachtführers

Unterschrift und Stempel des Empfängers

24	Amtl. Kennzeichen	Nutzlast in kg
Kfz		
Anhänger		

zu 63

RAILRATES FROM DUSS DUISBURG

	20' Containers, swap trailer up to 7,82 m				40' Containers, swap trailer up 13,75 m		
	< 8 t gwt[1]	< 16,5 t gwt	< 22 t gwt	< 32 t gwt	< 8 t gwt	< 16,5 t gwt	< 32 t gwt
Poznan	400	500	560	710	700	740	930
Gliwice	410	510	570	720	720	760	950
Warszawa	410	510	570	720	720	760	950
Slawkow/Katowice	420	520	580	730	730	770	960

1 gwt =gross weight

zu 63

Nebenkosten Kombiverkehr		
Lkw-Vorlauf	Versender – Terminal Duisburg	70,00 € je WB
Kranung	Terminal DUSS Duisburg	40,00 € je WB
Nachlauf in Polen	Terminal Kontenerowi Gliwice	35,00 € je WB
	bis 35 km Entfernung	60,00 € je WB
	ab 35 bis 70 km Entfernung	129,00 € je WB

Lkw Essen - Gliwice	
Einsatztage	3
km	985
Tagessatz	410,00 €
Kilometersatz	0,52 €
Maut deutsche Strecke 610 km	0,12 €
Gemeinkostenzuschlag	20 %
Gewinnzuschlag	10 %

3.6.4 Fahrzeugkostenkalkulation

64 Beantworten Sie folgende Fragen zur Lkw-Kalkulation:

a) Wozu wird das betriebsnotwendige Vermögen in der Kalkulation berechnet?

b) Erläutern Sie, warum zur Berechnung des betriebsnotwendigen Vermögens der halbe Kaufpreis des Fahrzeuges angesetzt wird.

c) Warum wird die Abschreibung in die Kalkulation einbezogen und warum wird sie auf „variable Fahrzeugkosten" und „fixe Fahrzeugkosten" aufgeteilt?

d) Was bedeutet der „Personalfaktor" und für welche Kosten wird er angesetzt?

65 a) Erläutern Sie die Begriffe „fixe" und „variable" Kosten aus der Fahrzeugkostenrechnung.

b) In der Fahrzeugkostenrechnung werden „Allgemeine Verwaltungskosten" berücksichtigt.

Nennen Sie fünf Beispiele für Verwaltungskosten.

c) Aus welchem Grund wird ein Personalkostenfaktor in der Kalkulation berücksichtigt?

d) In einer Fahrzeugkostenrechnung ist als weitere Angabe ein Restwert für das Fahrzeug angegeben, der bei einem Verkauf nach Ablauf der Nutzungsdauer realisiert wird.

Erläutern Sie, inwiefern dieser Restwert in der Kalkulation berücksichtigt werden muss.

66 Für ein Nahverkehrsfahrzeug fallen 36 456,00 € Fixkosten und 8 237,00 € km-abhängige Fahrzeugkosten an. Auf den Lkw entfallen zusätzliche 6 500,00 € Gemeinkosten. Die jährliche Fahrleistung beträgt 45 000 km. Das Fahrzeug wird jährlich an 240 Tagen täglich 8 Stunden eingesetzt.

Berechnen Sie in € (jeweils zwei Stellen nach dem Komma runden)

a) die gesamten fixen Fahrzeugkosten je Einsatztag.

b) den Kilometersatz.

c) die Selbstkosten für einen Transport über insgesamt 187 km, Einsatzzeit 6 Stunden. ☑

67 Bei der Spedition Transsped verursachte ein Lkw, Nutzlast 25 t, im letzten Jahr folgende Kosten:

Kosten	€
Kraftstoffkosten	18 700,00
Kfz-Versicherungen	11 000,00
Schmierstoffkosten	600,00
Kfz-Steuer	1 480,00
Abschreibung gesamt (wird zu je 50 % den variablen und fixen Kosten zugerechnet)	15 000,00
Reparaturen	3 200,00
Fahrerlohn einschließlich Nebenkosten (Personalfaktor 1,2)	48 400,00
Reifenkosten	1 800,00
Übrige feste Fahrzeugkosten	4 100,00
Allgemeine Verwaltungskosten	12 600,00

Berechnen Sie

a) den Kilometersatz der variablen Kosten bei einer Jahresfahrleistung von 130 000 km.

b) die fixen Kosten je Tag, wenn der Lkw an 240 Arbeitstagen eingesetzt wird (auf zwei Stellen nach dem Komma runden).

c) die Kosten je 100 kg, wenn die Nutzlast des Lkw bei 95 Fahrten im Jahr durchschnittlich zu 72 % ausgelastet wurde.

d) den Rechnungsbetrag einschl. USt. für 19 200 kg, wenn 12 % Gewinn kalkuliert wurden. ☑

68 Ein Frachtführer will die Kosten ermitteln, die durch den Einsatz eines Fahrzeuges entstehen.

Beschreiben Sie die Berechnung und Verteilung

a) der Abschreibung.
b) der Reifenkosten.
c) des betriebsnotwendigen Kapitals.
d) der Verzinsung (bei 7%).
e) des Kilometersatzes.

Sie haben einen km-Satz von 24,28 Ct. und einen Tagessatz von 211 EUR berechnet.

f) Ermitteln Sie den 100-kg-Satz bei einem Transport über 378 km und einer Auslastung von 12 t, 15 t, 18 t, wenn die Nutzlast 21 t beträgt. ☑

69 Ein Frachtführer will die Kosten ermitteln, die durch den Einsatz eines Fahrzeuges entstehen. Berechnen Sie auf der Grundlage der nebenstehenden Fahrzeugkostenrechnung

a) in Zeile 20 die Abschreibung/Abnutzung

(Aufteilung der Abschreibung auf Abnutzung und Entwertung 50 : 50).

b) in Zeile 21 die Kraftstoffkosten.

c) in Zeile 23 die Reifenkosten.

Tragen Sie die ermittelten Werte in die Fahrzeugkostenrechnung ein und ermitteln Sie dann

d) in Zeile 26 die Summe der kilometerabhängigen Kosten.

e) den Kilometersatz in Eurocent je km (auf zwei Stellen nach dem Komma runden). ☑

zu 69

Auszug aus der Fahrzeugkostenrechnung für das Fahrzeug mit DU - JW 316

A	Technische Angaben		
1	Erstzulassung		
2	Kaufdatum		
3	Aufbau	Plane	
4	Motorleistung (PS)	240	
5	Anzahl der Reifen	6	
6	Gesamtgewicht in Tonnen	7,49	t
7	Nutzlast in Tonnen	3,50	t
8	Anzahl der Achsen	2	
B	Kalkulationsdaten		
9	Jahreslaufleistung (km)	55 000	km
10	Jahreseinsatzzeit (Tage)	235	Tage
11	Tageseinsatzzeit (Stunden)	8	Std.
12	Nutzungsdauer (Jahre)	8	Jahre
13	Reifenlaufleistung	90 000	km
14	Kraftstoffverbrauch (l/100 km)	19	l/100 km
15	Kraftstoffpreis (ct/Liter)	115,00	ct
C	Kapitalwerte		
16	Fahrzeugkaufpreis ohne Reifen	45 500	€
17	Kaufpreis Bereifung	1 800	€
18	Umlaufvermögen	3 745	€
19	Betriebsnotwendiges Vermögen	27 395	€
D	Kostenrechnung		
	Variable Fahrzeugkosten (Auswertung)		
20	Abschreibung (Abnutzung)	a)	€
21	Kraftstoffkosten	b)	€
22	Schmierstoffe/Öle	212	€
23	Reifenkosten	c)	€
24	Reparaturen/Wartung	6 380	€
25	Sonstige Betriebskosten	0	€
26	km-abhängige Kosten	d)	€

70 Ein Frachtführer will die Kosten ermitteln, die durch den Einsatz eines Fahrzeuges entstehen.

Berechnen Sie auf der Grundlage der auf der folgenden Seite abgedruckten Fahrzeugkostenrechnung in €

a) in Zeile 32 die Kraftstoffkosten.

b) in Zeile 33 die Schmierstoffkosten.

c) in Zeile 34 die Reifenkosten.

d) in Zeile 45 die kalkulatorischen Zinsen.

e) in Zeile 50 die Fahrzeugeinsatzkosten. ☑

71 Der Unternehmer Eurotrans kalkuliert mit einem Kilometersatz von 32,74 ct/km und einem Tagessatz von 346,70 € je Tag. Zusätzlich rechnet er einen Gewinn von 10 % in die Preisermittlung ein.

Ermitteln Sie das Preisangebot für folgende Anfragen:

a) 415 km, 1 Tag, 12 t
b) 872 km, 2 Tage, 21 t
c) 612 km, 1,5 Tage, 20,5 t
d) 1 750 km, 3 Tage, 18,5 t

72 Eurotrans möchte die Preisangebote aus Aufgabe 71 als 100-kg-Sätze angeben, da die Auftraggeber das verlangen. Berechnen Sie die 100-kg-Sätze und gehen Sie dabei von einer Nutzlast von 24,5 t aus.

73 Erstellen Sie eine Tabelle für die 100-kg-Sätze mit einem Tabellenkalkulationsprogramm. Gehen Sie vom Kilometer- und Tagessatz der Aufgabe 71 und einer durchschnittlichen Auslastung von 80 % der Nutzlast aus Aufgabe 72 aus.

Berechnen Sie folgende Bereiche:

100 - 400 km	1 bis 2 Tage
500 - 1 000 km	2 bis 3 Tage
1 100 - 2 000 km	2 bis 4 Tage
2 100 - 3 500 km	3 bis 5 Tage

zu 70

Fahrzeugkostenrechnung			
A	Technische Angaben		
1	Amtl. Kennzeichen	DO-M 751	
2	Fabrikat	DB	
3	Anschaffungsjahr	20..(-3)	
4	Zulässiges Gesamtgewicht in t	7,49	t
5	Nutzlast in t	3,50	t
6	Emissionsklasse 1 Geräuscheklasse	S1	
B	Kalkulationsdaten		
7	Kilometer-Leistung/Jahr	35 000	km
8	Einsatztage/Jahr	240	T
9	Arbeitszeit: Std./Tag	8	Std.
10	Nutzungsjahre	8	J
11	Anzahl der Reifen (Stück)	4	
12	Anzahl der Reifen vorn (Stück)	2	
13	Anzahl der Reifen hinten (Stück)	2	
14	Anzahl der Achsen	2	
15	Reifenlaufleistung vorn (km)	80 000	km
16	Reifenlaufleistung hinten (km)	80 000	km
17	Einzelpreis Reifen vorn	200,00	€
18	Einzelpreis Reifen hinten	200,00	€
19	Kraftstoffverbrauch l je 100 km	18	l
20	Kraftstoffpreis (netto) (€ je Liter)	1,15	€
21	Fahrzeugpreis (netto) mit Reifen	44 000,00	€
22	Reifen	800,00	€
23	Fahrzeugpreis (netto) ohne Reifen	43 400,00	€
24	Restwert	20,0	%
25	Betriebsnotwendiges Vermögen	20 000,00	€
26	Abnutzung (%)	50,0	%
27	Schmiermittel	3,0	%
28	Entwertung	50,0	%
29	Zinssatz für kalkulatorische Zinsen	12,5	%
30	Verwaltungskosten in %	10,0	%
C	Variable Fahrzeugkosten		
31	Abschreibung/Abnutzung	2 750,00	€
32	Kraftstoffkosten	a)	€
33	Schmierstoffkosten	b)	€
34	Reifenkosten	c)	€
35	Reparaturen	4 640,00	€
	Variable Fahrzeugkosten		
D	Fixe Kosten: Auswertung		
	Fahrpersonalkosten		
37	Fahrerlohn brutto; Normalstunden	21 460,00	€
38	Sozialaufwendungen	4 128,18	€
39	Zwischensumme	22 165,18	€
40	Personalfaktor 1,2	26 598,22	€
41	Fahrerspesen	1 200 00	€
42	Sonstige Personalkosten	8 240,90	€
43	Fahrpersonalkosten	36 039,12	€
	Feste Fahrzeugkosten		
44	Abschreibung/Entwertung	2 750,00	€
45	Kalkulatorische Zinsen	d)	€
46	Kfz-Steuer	345,40	€
47	Kfz-Haftpflicht	2 423,30	€
48	Kfz-Kasko	688,20	€
49	Feste Fahrzeugkosten		€
50	Fahrzeug-Einsatzkosten (€/Jahr)	e)	€

3.6.5 Gefahrguttransporte

74 Die Beförderung gefährlicher Güter auf der Straße unterliegt besonderen Bestimmungen.

a) Nennen Sie die betreffende Rechtsgrundlagen für innerdeutsche Gefahrguttransporte.

b) Beschreiben Sie zwei Anforderungen an die Kennzeichnung der eingesetzten Fahrzeuge.

c) Nennen Sie fünf erforderliche Begleitpapiere. ☑

75 Ein Lkw-Unternehmer hat den Auftrag, 14 t hochgiftige Pflanzenschutzmittel von Ludwigshafen nach Aurich/Ostfriesland zu transportieren.

a) Nennen Sie die verschiedenen Rechtsgrundlagen (nicht nur Gefahrgutvorschriften), die für diesen Transport gelten.

b) Welche schriftlichen Unterlagen/Dokumente sind für diesen Transport mitzuführen?

c) Wie ist das Fahrzeug zu kennzeichnen?

d) Welche Gegenstände sind bei diesem Transport speziell mitzuführen?

76 Bestimmen Sie die Gefahrenklasse für folgende Gefahrgüter:

Airbags für Pkw	Bleichmittel (Organisches Peroxid)
Benzin	Signalmunition
Baumwollabfälle, ölhaltig	Stickstoff, gasförmig, gekühlt
Butan	Strychnin

Essigsäure	Teile von Atomkraftwerken
Feueranzünder	Wasserstoffperoxid
Feuerwerkskörper	Asbest
Holzkohle	Zündhölzer
Klinischer Abfall, ansteckend	Zyankali

77 Die Meier OHG Chemische Fabrik, Solingen, erteilt der Spedition Transsped, Neuss, den Auftrag zur Übernahme von 12 Fässern (2 520 kg brutto, Gefahrgut) zur Beförderung per Lkw nach Flensburg.

a) Nennen Sie sechs Informationen, die die Spedition Transsped zur Organisation des Auftrags benötigt.

b) Nennen Sie die Rechtsgrundlagen, die die Spedition Transsped bei der Auftragsabwicklung zu beachten hat, wenn sie den Transportunternehmer Ackermann, Leverkusen, mit der Beförderung der o. a. Güter beauftragt.

c) Nennen Sie insgesamt drei Anforderungen, die der Transportunternehmer Ackermann, der Fahrzeugführer und das Fahrzeug erfüllen müssen. ☑

78 Die Tankwagen einer Güterkraftverkehrsunternehmung sind u. a. mit den folgenden Kennzeichnungen (Bild 1 und 2) ausgestattet.

a) Wie heißen die Kennzeichnungen in Bild 1 und Bild 2?

b) Worüber geben die Ziffern in Bild 1 allgemein gesehen Auskunft?

c) Wo werden die Kennzeichnungen (Bild 1 und Bild 2) am Fahrzeug angebracht?

d) Nach welcher gesetzlichen Grundlage erfolgt die Kennzeichnung?

e) Nennen Sie drei Dokumente, die von Fahrern bei einer innerstaatlichen Straßenbeförderung mitzuführen sind, wenn beladene Fahrzeuge mit den abgebildeten Kennzeichnungen eingesetzt werden. ☑

23
1011

79 Welches der nachfolgenden Papiere ist für diesen Transport ein Begleitpapier im Sinne der ADR?

[1] Zollverschlussanerkenntnis ☐
[2] Fahrzeugschein ☐
[3] EU-Lizenz ☐
[4] Führerschein ☐
[5] Frachtbrief ☑ ☐

80 Ein Sammelgutspediteur erhält von einem Chemikaliengroßhandel 2 Kartons mit NICOTINSULFAT (UN 1658). Jeder Karton enthält 15 Behälter mit je 28 Gramm. Die Sendung ist für das Labor einer pharmazeutischen Fabrik bestimmt (vgl. Anlagen).

a) Entscheiden und begründen Sie, ob die Vorschriften der ADR in vollem Umfang für diese Sendung gelten.

b) Beschreiben Sie, wie diese Sendung gekennzeichnet und dokumentiert werden muss.

81 Ein Speditionsunternehmen mittlerer Größe überlegt, ob ein Mitarbeiter zum Gefahrgutbeauftragten bestellt werden muss.

a) In welchen Fällen muss ein Unternehmen einen Gefahrgutbeauftragten bestellen?

b) Welche Voraussetzungen muss ein Gefahrgutbeauftragter erfüllen?

c) Beschreiben Sie die Aufgaben, die der Gefahrgutbeauftragte im Unternehmen übernehmen muss.

82 Spedition SaarSped (Mühlstraße 22, 66500 Hornbach) erhält folgenden Auftrag:

Empfänger:	SaarTec, Chemiefabrik, Langentalstraße 7, 66482 Zweibrücken
Absender:	SK Kältetechnik GmbH, Am Waldrand 5, 18209 Bad Doberan
Gut:	6 Euro-Flachpaletten Korrosionsschutzmittel ST 893A, je Palette 10 Kanister mit je 37 kg Inhalt
Gefahrguthinweise:	UN 2922

Verwenden Sie für die Beantwortung folgender Fragen auch die Anlagen zu den Gefahrgutvorschriften:

a) Beschreiben Sie die Kennzeichnung und Bezettelung dieser Versandstücke nach beiliegender Anlage 4 und den Bezettelungen auf Seite 64.

b) Beschreiben Sie die Kennzeichnung des Fahrzeuges beim Transport dieses Gutes.

c) Ergänzen Sie folgenden Frachtbriefauszug (in die grauen Felder werden die Überschriften, in die weißen Felder die Dokumentation des Gefahrgutes eingetragen).

d) Füllen Sie den beiliegenden Gefahrgutanhang aus.

e) Nennen Sie je zwei bei diesem Transport mitzuführende Dokumente für das Gefahrgut, den Fahrer und das Fahrzeug (nicht nur auf Gefahrgut bezogene Papiere).

f) Nennen Sie alle Ausrüstungsgegenstände, die bei diesem Transport mitgeführt werden müssen.

Die Spedition organisiert regelmäßig die Versendung verschiedener Gefahrgüter.

g) Beschreiben Sie die Fahrzeugkennzeichnung für unterschiedliche Tankfahrzeuge sowie für Stückgutfahrzeuge.

83 Spedition Intersped erhält die folgenden Aufträge:

(1) 35 Kartons auf 2 Paletten, Gas als Kältemittel (UN 1078), Aluminiumflaschen zu je 110 ml (115 g), 250 Flaschen je Karton

(2) 1 Euro-Flachpalette, Fassadenreinigungsmittel (UN 1790), 20 Plastikkanister mit je 10 Liter/12 kg Inhalt 2 Euro-Flachpaletten, Desinfektionsmittel Chlor (UN 1791), je 10 Eimer mit je 10 Liter/13 kg Inhalt

a) Entscheiden Sie, ob es sich jeweils um eine begrenzte bzw. freigestellte Menge verpackter gefährlicher Güter handelt (begründen Sie Ihre Entscheidung anhand der Anlagen).

b) Wie muss das Gut bzw. der Lkw in beiden Fällen gekennzeichnet sein (wählen Sie ggf. die zugehörende Bezettelung aus den Anlagen und von Seite 61).

Für eine 3. Sendung wurde festgestellt, dass es sich bei dieser Sendung um eine begrenzte Menge handelt.

Nennen Sie die Folgen

c) für die Dokumentationspflicht des Spediteurs

d) für die Qualifikation des Fahrers.

zu 82 c

16 **Gefahrgut-Klassifikation**						

zu 82 d)

Gefahrgutanhang

zugleich Gefahrgutbeförderungspapier für den nationalen und internationalen Straßenverkehr

Sendungs-Nr. :		
Ausstellender Spediteur:	Absender:	Empfänger:
UN-Nr.		
Chemisch/technische Bezeichnung		
Gefahrzettel-Nr.		
Verpackungsgruppe		
Anzahl der Versandstücke		
Beschreibung der Versandstücke		
Gesamtmenge		
Beförderungskategorie		
Faktorenwert (Gefahrgut-Punkte)		
Die Beförderung erfolgt	❑ ohne Überschreitung	der nach Unterabschnitt 1.1.3.6 ADR festgesetzten Freigrenzen
	❑ mit Überschreitung	

ANLAGE 1:
Tabelle der Multiplikatoren [ADR 1.1.3.6.4]

Beförderungskategorie	Multiplikator
1	50
Menge in Fußnote a) zur Beförderungskategorie 1	20
2	3
3	1

ANLAGE 2:
Tabelle freigestellter Mengen (EQ) [ADR 3.5.1.2]

Code	**höchste Nettomenge je Innenverpackung** (für feste Stoffe in Gramm und für flüssige Stoffe und Gase in ml)	**höchste Nettomenge je Außenverpackung** (für feste Stoffe in Gramm und für flüssige Stoffe und Gase in ml oder bei Zusammenpackung die Summe aus Gramm und ml)
E 0	in freigestellten Mengen nicht zugelassen	
E 1	30	1 000
E 2	30	500
E 3	30	300
E 4	1	500
E 5	1	300

ANLAGE 3: Tabelle geringe Mengen je Fahrzeug [ADR 1.1.3.6]

Beförderungskategorie	Stoffe oder Gegenstände Verpackungsgruppe oder Klassifizierungscode/-gruppe oder UN-Nummer	Höchstzulässige Gesamtmenge je Beförderungseinheit (in kg oder Liter)
0	Klasse 1: 1.1 A, 1.1 L, 1.2 L, 1.3 L, 1.4 L, UN-Nummer 0190 Klasse 3: UN-Nummer 3343 Klasse 4.2: Stoffe, die der Verpackungsgruppe I zugeordnet sind Klasse 4.3: UN-Nummern 1183, 1242, 1295, 1340, 1390, 1403, 1928, 2813, 2965, 2968, 2988, 3129, 3130, 3131, 3134, 3148 und 3207 Klasse 6.1: UN-Nummern 1051, 1613, 1614 und 3294 Klasse 6.2: UN-Nummern 2814 und 2900 (Risikogruppen 3 und 4) Klasse 7: UN-Nummern 2912 bis 2919, 2977, 2978, 3321 bis 3333 Klasse 9: UN-Nummern 2315, 3151 und 3152 sowie Geräte, die solche Stoffe oder Gemische enthalten sowie ungereinigte leere Verpackungen, die Stoffe dieser Beförderungskategorie enthalten haben	0
1	Stoffe und Gegenstände, die der Verpackungsgruppe I zugeordnet sind und nicht unter die Beförderungskategorie 0 fallen, sowie Stoffe und Gegenstände der folgenden Klassen: Klasse 1: 1.1 B bis 1.1 J[a)], 1.2 B bis 1.2 J, 1.3 C, 1.3 G, 1.3 H, 1.3 J und 1.5 D[a)] Klasse 2: Gruppen T, TC[a)], TO, TF, TOC[a)] und TFC Klasse 4.1: UN-Nummern 3221 bis 3224 und 3231 bis 3240 Klasse 5.2: UN-Nummern 3101 bis 3104 und 3111 bis 3120	20
2	Stoffe und Gegenstände, die der Verpackungsgruppe II zugeordnet sind und nicht unter die Beförderungskategorie 0, 1 oder 4 fallen, sowie Stoffe und Gegenstände der folgenden Klassen: Klasse 1: 1.4 B bis 1.4 G und 1.6 N Klasse 2: Gruppe F Klasse 4.1: UN-Nummern 3225 bis 3230 Klasse 5.2: UN-Nummern 3105 bis 3110 Klasse 6.1: Stoffe und Gegenstände, die der Verpackungsgruppe III zugeordnet sind Klasse 6.2: UN-Nummern 2814 und 2900 (Risikogruppe 2) Klasse 9: UN-Nummer 3245	333
a) Für die UN-Nummern 0081, 0082, 0084, 0241, 0331, 0332, 0482, 1005 und 1017 beträgt die höchstzulässige Gesamtmenge je Beförderungseinheit 50 kg.		
3	Stoffe und Gegenstände, die der Verpackungsgruppe III zugeordnet sind und nicht unter die Beförderungskategorie 0, 2 oder 4 fallen, sowie Stoffe und Gegenstände der folgenden Klassen: Klasse 2: Gruppen A und O Klasse 3: UN-Nummer 3473 Klasse 3: UN-Nummer 3476 Klasse 8: UN-Nummern 2794, 2795, 2800 und 3028 Klasse 9: UN-Nummern 2990 und 3072	1000
4	Klasse 1: 1.4 S Klasse 4.1: UN-Nummern 1331, 1345, 1944, 1945, 2254 und 2623 Klasse 4.2: UN-Nummern 1361 und 1362 der Verpackungsgruppe III Klasse 7: UN-Nummern 2908 bis 2911 Klasse 9: UN-Nummer 3268 sowie ungereinigte leere Verpackungen, die gefährliche Stoffe mit Ausnahme solcher enthalten haben, die unter die Beförderungskategorie 0 fallen	unbegrenzt

ANLAGE 4: Verzeichnis der gefährlichen Güter

UN-Nummer	Benennung und Beschreibung	Klasse	Klassifizierungscode	Verpackungsgruppe	Gefahrzettel	Sondervorschriften	Begrenzte Mengen	Freigestellte Mengen	Verpackung		
									Anweisungen	Sondervorschriften	Zusammenpackung
	3.1.2	2.2	2.2	2.1.1.3	5.2.2	3.3	3.4.6	3.5.1.2	4.1.4	4.1.4	4.1.10
(1)	(2)	(3a)	(3b)	(4)	(5)	(6)	(7a)	(7b)	(8)	(9a)	(9b)
1078	GAS ALS KÄLTEMITTEL, N.A.G. (Gemisch F 1) (Gemisch F 2) (Gemisch F 3)	2	2A		2.2	274 582	120 ml	E1	P200		MP9
1658	NICOTINSULFAT, LÖSUNG	6.1	T1	III	6.1		5 l	E1	P001 IBC03 LP01 R001		MP19
1790	FLUORWASSERSTOFFSÄURE mit höchstens 60 % Fluorwasserstoff	8	CT1	II	8+6.1		1 l	E2	P001 IBC02		MP15
1791	HYPOCHLORITLÖSUNG	8	C9	III	8	521	5 l	E2	P001 IBC02 LP01 R001	B5	MP19
1792	IODMONOCHLORID	8	C1	II	8		1 l	E2	P001 IBC02		MP15
2922	ÄTZENDER FLÜSSIGER STOFF, GIFTIG, N.A.G.	8	CT1	III	8+6.1	274	5 l	E1	P001 IBC03 R001		MP19

ortsbewegliche Tanks		ADR-Tank		Fahrzeug für die Beförderung in Tanks	Beförderungskategorie (Tunnelbeschränkungscode)	Sondervorschriften für die Beförderung				Nummer zur Kennzeichnung der Gefahr	UN-Nummer	Benennung und Beschreibung
Anweisungen	Sondervorschriften	Tankcodierung	Sondervorschriften			Versandstücke	lose Schüttung	Be- und Entladung, Handhabung	Betrieb			
4.2.4.2	4.2.4.3	4.3	4.3.5.6.8.4	9.1.1.2	1.1.3.6	7.2.4	7.3.3	7.5.11	8.5	5.3.2.3		3.1.2
(10)	(11)	(12)	(13)	(14)	(15)	(16)	(17)	(18)	(19)	(20)	(1)	(2)
T50		PxBN(M)	TA4 TT9	AT	3 (C/E)	V7		CV9 CV10 CV36		20	1078	GAS ALS KÄLTEMITTEL, N.A.G. (Gemisch F 1) (Gemisch F 2) (Gemisch F 3)
T7	TP2	L4BH	TU15 TE19	AT	2 (E)	V12		CV13 CV28	S9	60	1658	NICOTINSULFAT, LÖSUNG
T8	TP2 TP12	L4DH	TU14 TE21	AT	2 (E)			CV13 CV28		86	1790	FLUORWASSERSTOFFSÄURE mit höchstens 60 % Fluorwasserstoff
T4	TP2 TP24	L4BV(+)	TE11	AT	3 (E)					80	1791	HYPOCHLORITLÖSUNG
T7	TP2	L4BN		AT	2 (E)					80	1792	IODMONOCHLORID
T7	TP1 TP28	L4BH		AT	3 (E)			CV13 CV28		86	2922	ÄTZENDER FLÜSSIGER STOFF, GIFTIG, N.A.G.

Unfallmerkblatt [Seite 1]

SCHRIFTLICHE WEISUNGEN

Maßnahmen bei einem Unfall oder Notfall

Bei einem Unfall oder Notfall, der sich während der Beförderung ereignen kann, müssen die Mitglieder der Fahrzeugbesatzung folgende Maßnahmen ergreifen, sofern diese sicher und praktisch durchgeführt werden können:

– Bremssystem betätigen, Motor abstellen und Batterie durch Bedienung des gegebenenfalls vorhandenen Hauptschalters trennen;

– Zündquellen vermeiden, insbesondere nicht rauchen und keine elektrische Ausrüstung einschalten;

– die entsprechenden Einsatzkräfte verständigen und dabei so viele Informationen wie möglich über den Unfall oder Zwischenfall und die betroffenen Stoffe liefern;

– Warnweste anlegen und selbststehende Warnzeichen an geeigneter Stelle aufstellen;

– Beförderungspapiere für die Ankunft der Einsatzkräfte bereithalten;

– nicht in ausgelaufene Stoffe treten oder diese berühren und das Einatmen von Dunst, Rauch, Staub und Dämpfen durch Aufhalten auf der dem Wind zugewandten Seite vermeiden;

– sofern dies gefahrlos möglich ist, Feuerlöscher verwenden, um kleine Brände/Entstehungsbrände an Reifen, Bremsen und im Motorraum zu bekämpfen;

– Brände in Ladeabteilen dürfen nicht von Mitgliedern der Fahrzeugbesatzung bekämpft werden;

– sofern dies gefahrlos möglich ist, Bordausrüstung verwenden, um das Eintreten von Stoffen in Gewässer oder in die Kanalisation zu verhindern und um ausgetretene Stoffe einzudämmen;

– sich aus der unmittelbaren Umgebung des Unfalls oder Notfalls entfernen, andere Personen auffordern sich zu entfernen und die Weisungen der Einsatzkräfte befolgen;

– kontaminierte Kleidung und gebrauchte kontaminierte Schutzausrüstung ausziehen und sicher entsorgen.

Unfallmerkblatt [Seite 2]

Zusätzliche Hinweise für die Mitglieder der Fahrzeugbesatzung über die Gefahreneigenschaften von gefährlichen Gütern nach Klassen und über die in Abhängigkeit von den vorherrschenden Umständen zu ergreifenden Maßnahmen		
Gefahrzettel und Großzettel (Placards)	**Gefahreneigenschaften**	**Zusätzliche Hinweise**
(1)	**(2)**	**(3)**
Explosive Stoffe und Gegenstände mit Explosivstoff  1 1.5 1.6	Kann eine Reihe von Eigenschaften und Auswirkungen wie Massendetonation, Splitterwirkung, starker Brand/Wärmefluss, Bildung von hellem Licht, Lärm oder Rauch haben. Schlagempfindlich und/oder stoßempfindlich und/oder wärmeempfindlich.	Schutz abseits von Fenstern suchen.
Explosive Stoffe und Gegenstände mit Explosivstoff  1.4	Leichte Explosions- und Brandgefahr.	Schutz suchen.
Entzündbare Gase  2.1	Brandgefahr. Explosionsgefahr. Kann unter Druck stehen. Erstickungsgefahr. Kann Verbrennungen und/oder Erfrierungen hervorrufen. Umschließungen können unter Hitzeeinwirkung bersten.	Schutz suchen. Nicht in tief liegenden Bereichen aufhalten.
Nicht entzündbare, nicht giftige Gase 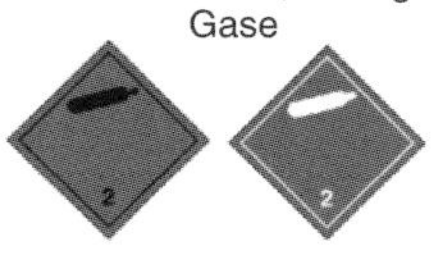 2.2	Erstickungsgefahr. Kann unter Druck stehen. Kann Erfrierungen hervorrufen. Umschließungen können unter Hitzeeinwirkung bersten.	Schutz suchen. Nicht in tief liegenden Bereichen aufhalten.
Giftige Gase  2.3	Vergiftungsgefahr. Kann unter Druck stehen. Kann Verbrennungen und/oder Erfrierungen hervorrufen. Umschließungen können unter Hitzeeinwirkung bersten.	Notfallfluchtmaske verwenden. Schutz suchen. Nicht in tief liegenden Bereichen aufhalten.
Entzündbare flüssige Stoffe  3	Brandgefahr. Explosionsgefahr. Umschließungen können unter Hitzeeinwirkung bersten.	Schutz suchen. Nicht in tief liegenden Bereichen aufhalten. Auslaufende Stoffe am Eintreten in Gewässer oder in die Kanalisation hindern.
Entzündbare feste Stoffe, selbstzersetzliche Stoffe und desensibilisierte explosive feste Stoffe  4.1	Brandgefahr. Entzündbar oder brennbar, kann sich bei Hitze, Funken oder Flammen entzünden. Kann selbstzersetzliche Stoffe enthalten, die unter Einwirkung von Hitze, bei Kontakt mit anderen Stoffen (wie Säuren, Schwermetallverbindungen oder Aminen), bei Reibung oder Stößen zu exothermer Zersetzung neigen. Dies kann zur Bildung gesundheitsgefährdender und entzündbarer Gase oder Dämpfe führen. Umschließungen können unter Hitzeeinwirkung bersten.	Auslaufende Stoffe am Eintreten in Gewässer oder in die Kanalisation hindern.
Selbstentzündliche Stoffe  4.2	Gefahr der Selbstentzündung bei Beschädigung von Versandstücken oder Austritt von Füllgut. Kann heftig mit Wasser reagieren.	
Stoffe, die in Berührung mit Wasser entzündbare Gase entwickeln  4.3	Bei Kontakt mit Wasser Brand- und Explosionsgefahr.	Ausgetretene Stoffe sollten durch Abdecken trocken gehalten werden.

Unfallmerkblatt [Seite 3]

Zusätzliche Hinweise für die Mitglieder der Fahrzeugbesatzung über die Gefahreneigenschaften von gefährlichen Gütern nach Klassen und über die in Abhängigkeit von den vorherrschenden Umständen zu ergreifenden Maßnahmen

Gefahrzettel und Großzettel (Placards)	Gefahreneigenschaften	Zusätzliche Hinweise
(1)	(2)	(3)
Entzündend (oxidierend) wirkende Stoffe  5.1	Zünd- und Explosionsgefahr. Gefahr heftiger Reaktion bei Kontakt mit entzündbaren Stoffen.	Vermischen mit entzündbaren oder brennbaren Stoffen (z. B. Sägespäne) vermeiden.
Organische Peroxide   5.2	Gefahr exothermer Zersetzung bei erhöhten Temperaturen, bei Kontakt mit anderen Stoffen (wie Säuren, Schwermetallverbindungen oder Aminen), Reibung oder Stößen. Dies kann zur Bildung gesundheitsgefährdender und entzündbarer Gase oder Dämpfe führen.	Vermischen mit entzündbaren oder brennbaren Stoffen (z. B. Sägespäne) vermeiden.
Giftige Stoffe  6.1	Vergiftungsgefahr. Gefahr für Gewässer und Kanalisation.	Notfallfluchtmaske verwenden.
Ansteckungsgefährliche Stoffe  6.2	Ansteckungsgefahr. Gefahr für Gewässer und Kanalisation.	
Radioaktive Stoffe   7A 7B   7C 7D	Gefahr der Aufnahme und der äußeren Bestrahlung.	Expositionszeit beschränken.
Spaltbare Stoffe 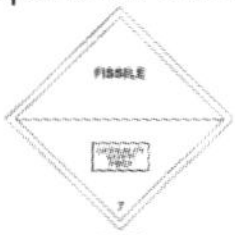 7E	Gefahr nuklearer Kettenreaktion.	
Ätzende Stoffe  8	Verätzungsgefahr. Kann untereinander, mit Wasser und mit anderen Stoffen heftig reagieren. Gefahr für Gewässer und Kanalisation.	Auslaufende Stoffe am Eintreten in Gewässer oder in die Kanalisation hindern.
Verschiedene gefährliche Stoffe und Gegenstände  9	Verbrennungsgefahr. Brandgefahr. Explosionsgefahr. Gefahr für Gewässer und Kanalisation.	Auslaufende Stoffe am Eintreten in Gewässer oder in die Kanalisation hindern.

Bem. 1. Bei gefährlichen Gütern mit mehrfachen Gefahren und bei Zusammenladungen muss jede anwendbare Eintragung beachtet werden.

Bem. 2. Die oben angegebenen zusätzlichen Hinweise können angepasst werden, um die Klassen der zu befördernden gefährlichen Güter und die Beförderungsmittel wiederzugeben.

Unfallmerkblatt [Seite 4]

Ausrüstung für den persönlichen und allgemeinen Schutz für die Durchführung allgemeiner und gefahrenspezifischer Notfallmaßnahmen, die sich gemäß Abschnitt 8.1.5 des ADR an Bord des Fahrzeuges befinden muss

Die folgende Ausrüstung muss sich für alle Gefahrzettel-Nummern an Bord der Beförderungseinheit befinden:

- ein Unterlegkeil je Fahrzeug, dessen Abmessungen der höchstzulässigen Gesamtmasse des Fahrzeuges und dem Durchmesser der Räder angepasst sein müssen;
- zwei selbststehende Warnzeichen;
- Augenspülflüssigkeit[a] und

für jedes Mitglied der Fahrzeugbesatzung

- eine Warnweste (z.B. wie in der Norm EN 471 beschrieben);
- ein tragbares Beleuchtungsgerät;
- ein Paar Schutzhandschuhe und
- eine Augenschutzausrüstung (z.B. Schutzbrille).

Für bestimmte Klassen vorgeschriebene zusätzliche Ausrüstung:

- an Bord von Fahrzeugen für die Gefahrzettel-Nummer 2.3 oder 6.1 muss sich für jedes Mitglied der Fahrzeugbesatzung eine Notfallfluchtmaske[b] befinden;
- eine Schaufel[c];
- eine Kanalabdeckung[c];
- ein Auffangbehälter aus Kunststoff[c].

---

[a] Nicht erforderlich für Gefahrzettel der Muster 1, 1.4, 1.5, 1.6, 2.1, 2.2 und 2.3.
[b] Zum Beispiel eine Notfallfluchtmaske mit einem Gas/Staub-Kombinationsfilter des Typs A1B1E1K1-P1 oder A2B2E2K2-P2, der mit dem in der Norm EN 141 beschriebenen vergleichbar ist.
[c] Nur für Gefahrzettel-Nummern 3, 4.1, 4.3, 8 und 9 vorgeschrieben.

4 Frachtgeschäfte: Luftfracht

4.1 ICAO und IATA

ICAO
www.icao.int
http://de.wikipedia.org/wiki/International_Civil_Aviation_Organization

ICAO

International Civil Aviation Organisation

Mitglieder

Mitglieder sind die Staaten, die sich am internationalen Luftverkehr beteiligen und Mitglied der UNO sind. Ihr gehören 190 Vertragsstaaten an.

Status

Die ICAO ist eine Sonderorganisation der UNO. Sie wurde 1944 durch das Übereinkommen über die internationale Zivilluftfahrt (Chicagoer Abkommen) gegründet und hat ihren Sitz in Montréal (Kanada).

Ziele und Aufgaben

- Die ICAO strebt eine Ordnung der internationalen Zivilluftfahrt auf weltweiter Basis nach einheitlich gültigen Regeln an.
- Regelungen für die technischen Probleme der zivilen Luftfahrt
- Förderung der Entwicklung von Flugzeugen, Flugstrecken, Flughäfen und Luftverkehrseinrichtungen
- Regelung von Überflug- und Landerechten für Fluggesellschaften

Verkehrsrechte (Freiheiten der Luft)
Vgl. dazu:
http://www.icao.int/icao/en/trivia/freedoms_air.htm
http://de.wikipedia.org/wiki/Freiheiten_der_Luft

Verkehrsrechte (Freiheiten der Luft)

1. Freiheit
Recht einer Luftverkehrsgesellschaft (LVG), das Land des Vertragsstaates zu überfliegen

2. Freiheit
Recht einer LVG, an einem Ort des Vertragsstaates für nichtgewerbliche Zwecke, z. B. Auftanken, Reparatur, Besatzungswechsel zwischenzulanden

3. Freiheit
Recht der LVG, zahlende Ladung (Fracht, Post, Fluggäste) im Heimatstaat aufzunehmen und im Vertragsstaat abzusetzen

4. Freiheit
Fluggäste, Fracht und Post dürfen im Partnerland aufgenommen und in das eigene Land befördert werden

5. Freiheit
Das Recht, Fracht/Fluggäste/Post im Partnerstaat aufzunehmen und in ein drittes Land zu transportieren (und umgekehrt)

ICAO

INTERNATIONAL CIVIL AVIATION ORGANIZATION

Alle Transporte werden durch einen deutschen Luftfrachtführer durchgeführt.

Die „Freiheiten der Luft" werden in jüngster Zeit bis zu 9 Freiheiten ausdifferenziert. Die 5. Freiheit wird unterteilt in

- die 5. Freiheit – Transport zwischen fremden Staaten (Start- oder Endpunkt im Heimatstaat)
- die 6. Freiheit – Transport zwischen fremden Staaten (Zwischenlandung im Heimatstaat)
- die 7. Freiheit – Transport zwischen fremden Staaten (ohne Berührung des Heimatstaates)
- die 8. Freiheit – Aufeinanderfolgende Kabotage
- die 9. Freiheit – Unabhängige Kabotage

IATA International Air Transport Association
www.iata.org/index.htm

IATA
International Air Transport Association

Mitglieder

Fluggesellschaften, deren Heimatstaat Mitglied der ICAO und der UNO ist.

a) Ordentliche Mitglieder sind internationale Fluggesellschaften.

b) Assoziierte Mitglieder sind nur national tätige Fluggesellschaften.

Der IATA gehören heute weltweit 285 Fluggesellschaften an, die rund 94 % aller internationalen Flüge durchführen.

Aufgaben der IATA

1. Informations- und Erfahrungsaustausch
2. Einheitliche Beförderungspreise und Transportbedingungen
3. Abstimmung der Flugpläne der einzelnen Fluggesellschaften
4. Einheitliche Beförderungsbedingungen
5. Zulassung von IATA-Frachtagenten und IATA-Reisebüros
6. Vereinheitlichung von Dokumenten und Verfahren (Bordservice, Freigepäckgrenzen etc.)

Organisationen der IATA

IATA Clearing House (ICH)

- Zentrale Verrechnungsstelle, die Forderungen und Verbindlichkeiten der Fluggesellschaften untereinander ausgleicht
- Ausgleichszahlungen monatlich
- Mitgliedschaft im ICH ist freiwillig (nicht alle IATA-Mitglieder sind im ICH)

IATA Verkehrskonferenzen (TC)

1. Tarife und Raten festlegen
2. Flugpläne abstimmen
3. Agenturangelegenheiten entscheiden
4. Beförderungsbedingungen festlegen
5. Wettbewerbsfragen regeln

TC1	TC2	TC3
Nord-, Mittel- und Südamerika mit den benachbarten Inseln Grönland, Karibik und Hawaii	Europa, Afrika, Nahost (IATA-Definitionen)	Asien (außer TC2), Australien, Inseln im Pazifik

IATA Agenturen

Agenturvertrag: Vgl. Fachwissen Heft 16/17, Seite 130 ff.

IATA-Agenturen

Die IATA-Agentur vertritt IATA-Fluggesellschaften beim Abschluss eines Beförderungsvertrages und sorgt für einen reibungslosen Ablauf der Luftfrachtabfertigung.

Voraussetzungen

1. Finanzielle Leistungsfähigkeit
2. Büro für Vermittlung, Verkauf und Abfertigung
3. Räumlichkeiten, um das Gut „ready for carriage" zu stellen
3. Sachkundiges Personal (je 2 Mitarbeiter müssen einen Fracht-Grundlehrgang und einen DGR-Fachlehrgang absolviert haben)
4. Der Firmenname darf nicht dem Namen eines Carriers ähnlich sein
5. Probezeit bis zur Ernennung zum IATA-Agenten ohne Auszahlung der Provision

Vergütung/Entgelt

- Provision von der Luftfracht (5-7,5 %)
- Differenz zwischen dem Nettoentgelt (das die Fluggesellschaft berechnet) und dem Preis für den Kunden
- Gewinne aus Luftfrachtsammelgut (Sperrigkeitsausgleich und Mengenrabattraten)

Aufgaben des IATA-Agenten

1. Ausstellen des Luftfrachtbriefes
2. Versandfertigmachung der Luftfrachtsendung („ready for carriage")
   - AWB (Luftfrachtbrief) ordnungsgemäß
   - Begleitpapiere vollständig
   - luftfrachtgerechte Verpackung
   - Einhaltung der Gefahrgutvorschriften (DGR)
   - Bekleben der Packstücke mit Etiketten des Carriers (belabeln), die Anzahl, Bestimmungsflughafen und Frachtbriefnummern enthalten
3. Frachteninkasso und Auskehrung an den Carrier bis zum 30. des Folgemonats
4. Berechnung der offiziellen IATA-Frachtraten (Tarifierung) im AWB

IATA

4.2 Verkehrsgeografie Luftfracht

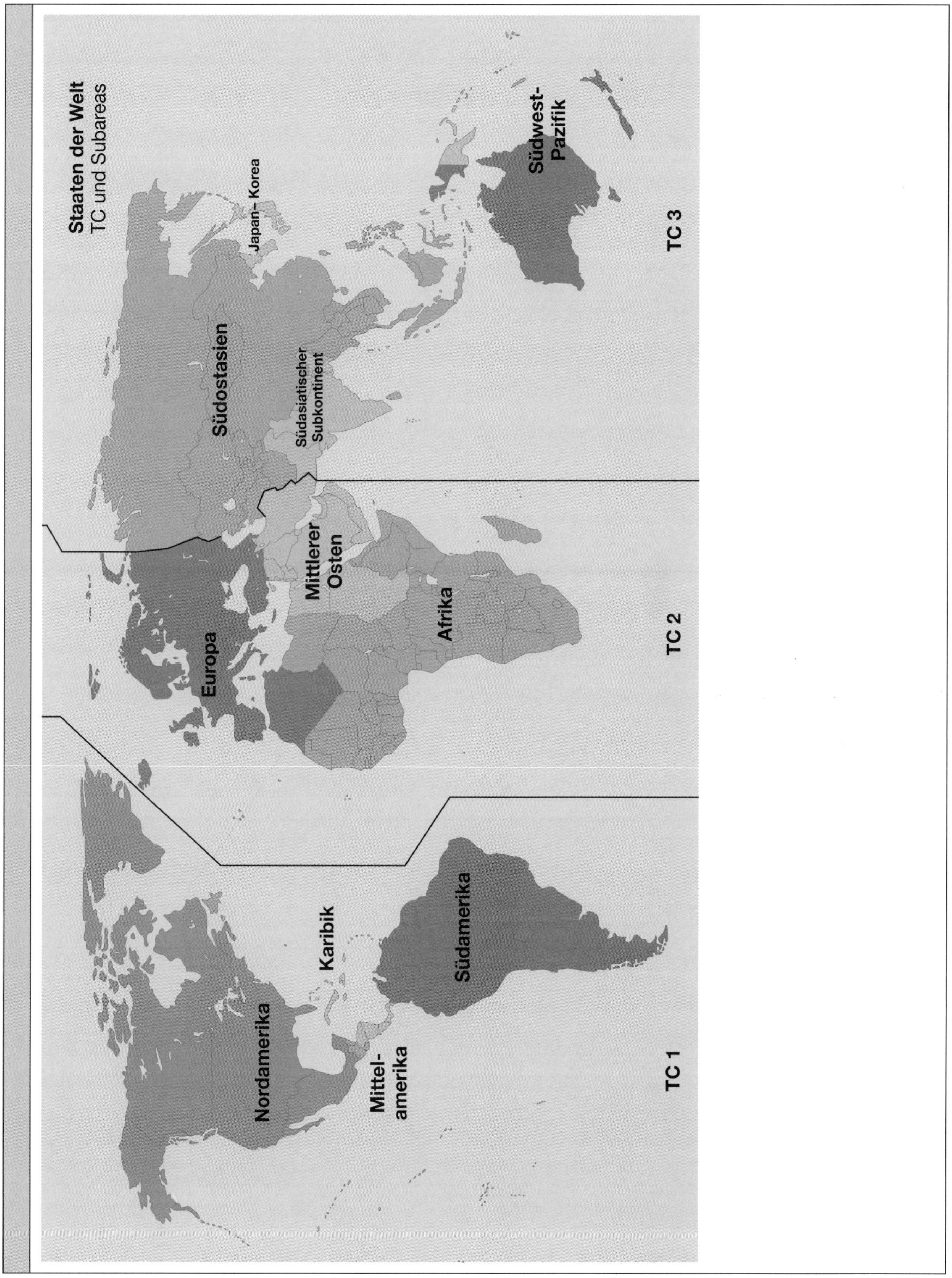

Wichtige Flughäfen der Welt

Nr.	Code	Flughafen	Cargo (t)*	Staat	Bundesland	TC
1	AUH	ABU DHABI	200 198	V. A. Emirate		2-ME
2	ACC	ACCRA	44 536	Ghana		2-AF
3	AMS	AMSTERDAM	1 496 311	Niederlande		2-E
4	ANC	ANCHORAGE	2 584 768	USA	Alaska	1-N
5	ESB	ANKARA	27 692	Türkei		2-E
6	ATL	ATLANTA	787 756	USA	Georgia	1-N
7	AKL	AUCKLAND	190 020	Neuseeland		3-AU
8	BKK	BANGKOK	1 119 433	Thailand		3-AS
9	BCN	BARCELONA	96 814	Spanien		2-E
10	BOM	BOMBAY	428 006	Indien		3-AS
11	BOS	BOSTON	360 857	USA	Massachusetts	1-N
12	BNE	BRISBANE	171 218	Australien	Capital Territory	3-AU
13	BRU	BRÜSSEL	686 821	Belgien		2-E
14	EZE	BUENOS AIRES	177 533	Argentinien		1-SA
15	CAI	CAIRO	250 219	Ägypten		2-ME
16	CCS	CARACAS	66 833	Venezuela		1-SA
17	ORD	CHICAGO	1 903 066	USA	Illinois	1-N
18	CMB	COLOMBO	159 108	Sri Lanka		3-AS
19	DFW	DALLAS	746 436	USA	Texas	1-N
20	DTW	DETROIT	223 495	USA	Michigan	1-N
21	JIB	DJIBOUTI	10 653	Djibouti		2-AF
22	DXB	DUBAI	1 266 195	V. A. Emirate		2-ME
23	DUB	DUBLIN	116 687	Irland		2-E
24	DUS	DÜSSELDORF	55 569	Deutschland	NRW	2-E
25	EBB	ENTEBBE	53 092	Uganda		2-AF
26	FRA	FRANKFURT/MAIN	1 922 484	Deutschland	Hessen	2-E
27	GDL	GUADALAJARA	104 203	Mexico		1-MA
28	CAN	GUANGZHOU (KANTON)	707 015	VR China		3-AS
29	HAM	HAMBURG	83 667	Deutschland	Hamburg	2-E
30	HAN	HANOI	102 457	Vietnam		3-AS
31	HEL	HELSINKI	113 787	Finnland		2-E
32	HKG	HONGKONG	3 372 334	VR China		3-AS
33	HNL	HONOLULU	389 054	USA	Hawaii	1-N
34	IAH	HOUSTON	550 472	USA	Texas	1-N
35	IND	INDIANAPOLIS	1 056 517	USA	Indiana	1-NA
36	IST	ISTANBUL	256 366	Türkei		2-E
37	CGK	JAKARTA	330 013	Indonesien		3-AS
38	JED	JEDDAH	223 456	Saudi-Arabien		2-ME
39	JNB	JOHANNESBURG	265 241	Südafrika		2-AF
40	KIN	KINGSTON	16 099	Jamaika		1-KA
41	FIH	KINSHASA	79 897	Kongo		2-AF
42	CGN	KÖLN	631 594	Deutschland		2-E
43	CPH	KOPENHAGEN	335 731	Dänemark		2-E
44	KUL	KUALA LUMPUR	655 511	Malaysia		3-AS
45	KWI	KUWAIT	164 494	Kuwait		2-ME
46	PER	LIEGE	303 299	Belgien		2-E
47	LIS	LISSABON	99 605	Portugal		2-E
48	LHR	LONDON	1 400 079	Großbritannien		2-E
49	LAX	LOS ANGELES	1 929 613	USA	California	1-N
50	SDF	LOUISVILLE	2 078 290	USA	Kentucky	1-NA
51	LUX	LUXEMBOURG	735 151	Luxemburg		2-E
52	MAD	MADRID	368 418	Spanien		2-E
53	MAG	MANAGUA	22 315	Nicaragua		1-MA
54	MAN	MANCHESTER	151 158	Großbritannien		2-E
55	MNL	MANILA	416 674	Philippinen		3-AS
56	MRS	MARSEILLE	51 232	Frankreich		2-E
57	MEL	MELBOURNE	352 948	Australien	Victoria	3-AU
58	MEM	MEMPHIS	3 579 338	USA	Tennesee	1-N
59	MEX	MEXICO CITY	375 181	Mexico		1-MA
60	MIA	MIAMI	1 790 002	USA	Florida	1-N

Nr.	Code	Flughafen	Cargo (t)*	Staat	Bundesland	TC
61	MXP	MILANO	383 805	Italien		2-E
62	DME	MOSKAU	257 205	Russland		2-E
63	MUC	MÜNCHEN	215 587	Deutschland	Bayern	2-E
64	NBO	NAIROBI	242 467	Kenia		2-AF
65	DEL	NEW DELHI	381 383	Indien		3-AS
66	MSY	NEW ORLEANS	75 880	USA	Louisiana	1-N
67	JFK	NEW YORK	1 664 744	USA	New York	1-N
68	EWR	NEWARK	969 417	Grönland (DK)		1-N
69	OAK	OAKLAND	675 628	USA	California	1-N
70	MCO	ORLANDO	198 992	USA	Florida	1-N
71	KIX	OSAKA	872 088	Japan		3-AS
72	OSL	OSLO	80 041	Norwegen		2-E
73	CDG	PARIS	1 711 290	Frankreich		2-E
74	PEK	PEKING	752 059	VR China		3-AS
75	PHL	PHILADELPHIA	573 974	USA	Pennsylvania	1-N
76	PDX	PORTLAND	262 470	USA	Oregon	1-N
77	UIO	QUITO	131 906	Ecuador		1-SA
78	REC	RECIFE	52 035	Brasilien		1-SA
79	GIG	RIO DE JANEIRO	121 341	Brasilien		1-SA
80	RUH	RIYADH	197 410	Saudi-Arabien		2-ME
81	FCO	ROM	171 787	Italien		2-E
82	SFO	SAN FRANCISCO	589 647	USA	California	1-N
83	SJU	SAN JUAN	244 763	Puerto Rico		1-KA
84	GRU	SAO PAULO	458 557	Brasilien		1-SA
85	SEA	SEATTLE	342 544	USA	Washington	1-N
86	SEL	SEOUL	2 136 693	Korea		3-AS
87	SHA	SHANGHAI	1 813 403	VR China		3-AS
88	SHJ	SHARJAH	248 337	V. A. Emirate		2-ME
89	SIN	SINGAPUR	1 821 829	Singapur		3-AS
90	ARN	STOCKHOLM	93 398	Schweden		2-E
91	SYD	SYDNEY	276 872	Australien	New South Wales	3-AU
92	TPE	TAIPEH	1 705 545	Taiwan		3-AS
93	NRT	TOKYO	2 309 789	Japan		3-AS
94	HND	TOKYO	785 275	Japan		3-AS
95	YYZ	TORONTO	475 000	Kanada	Ontario	1-N
96	YVR	VANCOUVER	224 538	Kanada	British Colombia	1-N
97	WAW	WARSAW	47 802	Polen		2-E
98	IAD	WASHINGTON	300 593	USA	Washington D.C.	1-N
99	VIE	WIEN	172 397	Österreich		2-E
100	ZRH	ZURICH	346 933	Schweiz		2-E

Ranking der 30 größten Airports der Welt 2010

Rank	Code	Airport	Cargo (t) 2010
1	HKG	HONGKONG	4 168 394
2	MEM	MEMPHIS	3 916 937
3	SHA	SHANGHAI	3 227 914
4	INC	SEOUL	2 684 500
5	ANC	ANCHORAGE	2 578 396
6	CDG	PARIS	2 399 067
7	FRA	FRANKFURT	2 275 106
8	DXB	DUBAI	2 270 498
9	NRT	TOKYO	2 167 843
10	SDF	LOUISVILLE	2 166 226
11	SIN	SINGAPUR	1 841 004
12	MIA	MIAMI	1 835 793
13	LAX	LOS ANGELES	1 810 345
14	TPE	TAIPEH	1 767 075
15	LHR	LONDON	1 551 405

Rank	Code	Airport	Cargo (t) 2010
16	PEK	PEKING	1 549 126
17	AMS	AMSTERDAM	1 538 135
18	ORD	CHICAGO	1 424 077
19	JFK	NEW YORK	1 343 114
20	BKK	BANGKOK	1 310 146
21	CAN	GUANGZHOU	1 144 458
22	IND	INDIANAPOLIS	947 279
23	EWR	NEWARK	85 475
24	SZX	SHENZEN	809 363
25	HND	TOKYO	804 995
26	KIX	OSAKA	759 278
27	DOH	DOHA	707 831
28	LUX	LUXEMBOURG	705 371
29	KUL	KUALA LUMPUR	697 015
30	BOM	MUMBAI	671 238

Die 30 größten Airports (geografische Lage)

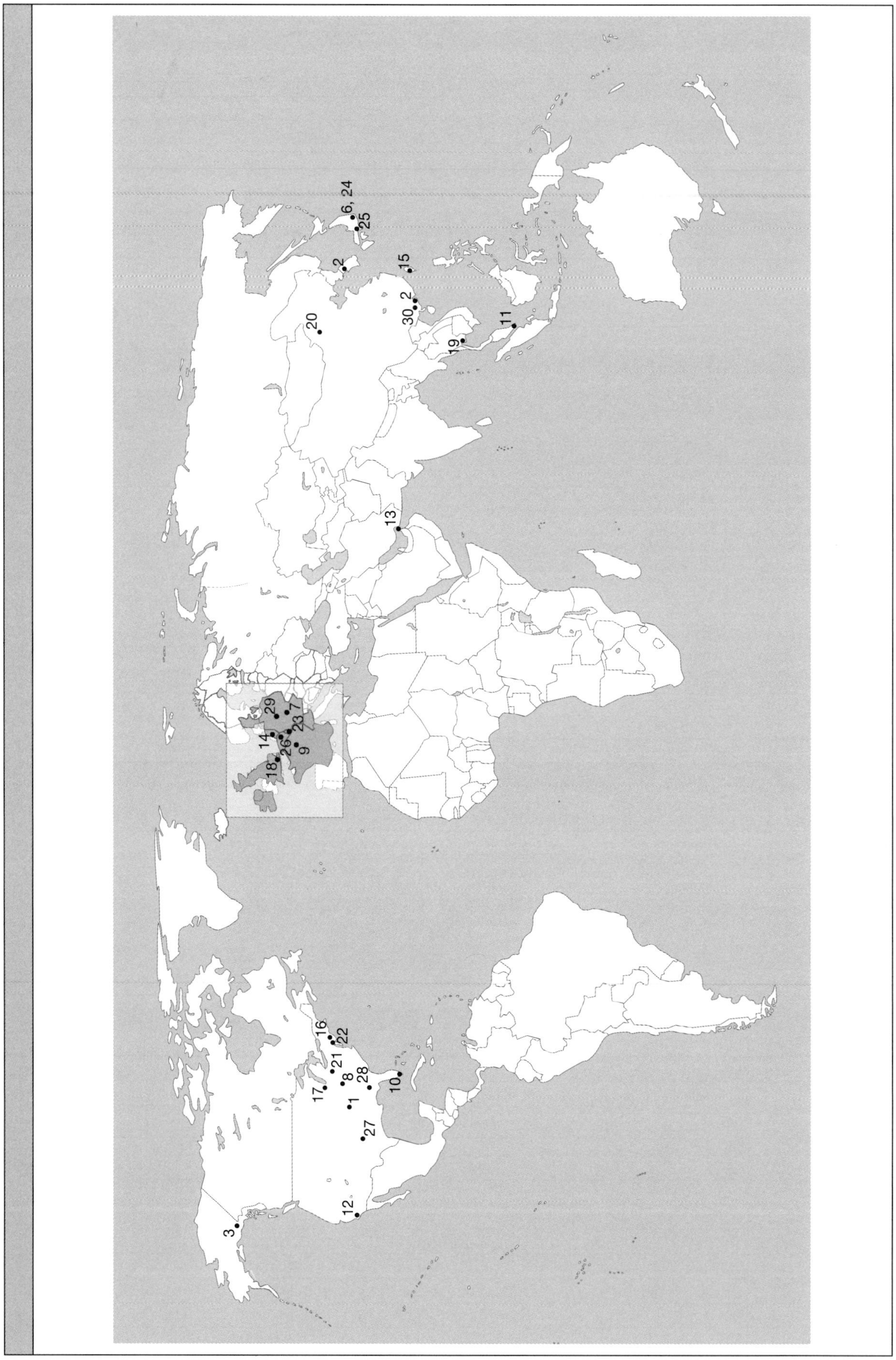

Zeitzonenkarte
Vgl.: Perry-Castañeda Library Map Collection: www.lib.utexas.edu/maps/world_maps/time_zones_ref_2008.pdf (10.10.2010)

Zeitzonen

Zone	dT	Name**	Orte und Gebiete
0	0 h	UTC Universal Coordinated Time	Europa: Andorra, Färöer, Großbritannien, Irland, Island Afrika: Algerien, Elfenbeinküste, Gambia, Ghana, Guinea, Guinea-Bissau, St. Helena, Kanarische Inseln, Liberia, Madeira, Mali, Marokko, Mauretanien, Obervolta, São Tomé und Principe, Senegal, Sierra Leone, Togo, Westsahara
1	+1 h	MEZ Mitteleuropäische Zeit	Europa: Albanien, Belgien, Deutschland, Dänemark, Frankreich, Italien, ehem. Jugoslawien, Liechtenstein, Luxemburg, Malta, Monaco, Niederlande, Norwegen mit Spitzbergen, Österreich, Polen, San Marino, Schweden, Schweiz, Slowakei, Spanien, Tschechien, Ungarn Afrika: Angola, Äquatorialguinea, Benin, Gabun, Kamerun, Kongo, Niger, Nigeria, Tschad, Tunesien, Zaire (Westteil), Zentralafrikanische Republik
2	+2 h	EET Eastern European Time	Europa: Bulgarien, Finnland, Griechenland, Rumänien Asien: Israel, Jordanien, Libanon, Syrien, Türkei, Zypern Afrika: Ägypten, Botswana, Burundi, Lesotho, Libyen, Malawi, Moçambique, Namibia, Ruanda, Sambia, Simbabwe, Sudan, Swasiland, Zaire (Ostteil)
3	+3 h	MSK Moscow Time	Europa: Russland (St. Petersburg, Moskau) Asien: Irak, Iran (+3h30m), Jemen, Kuwait, Saudi-Arabien Afrika: Äthiopien, Djibuti, Kenia, Komoren, Madagaskar, Somalia, Tansania, Uganda
4	+4 h	GST Gulf ST*	Europa: Russland (Gorki) Asien: Afghanistan (+4h30m), Bahrein, Oman, Vereinigte Arabische Emirate Afrika: Mauritius, Seychellen
5	+5 h	PKT Pakistan Time	Asien: Bhutan (+5h30m), Indien (+5h30m), Malediven, Nepal (+5h30m), Pakistan, Russland (Swerdlowsk, Aralsee, Nowaja Semlja), Sri Lanka (+5h30m)
6	+6 h	BDT Bangladesh Time	Asien: Bangladesh, Myanmar (+6h30m), Russland (Omsk)
7	+7 h	THA Thailand ST	Asien: Indonesien (Sumatra, Java, Kalimantan), Kambodscha, Laos, Vietnam, Russland (Nowosibirsk), Thailand
8	+8 h	CCT China Coast Time	Asien: China, Mongolei, Malaysia, Philippinen, Indonesien (Sulawesi, Flores), Russland (Baikalsee), Taiwan Australien: Westaustralien
9	+9 h	JST Japan ST	Asien: Indonesien (Maluku, West-Neuginea), Japan, Nordkorea, Südkorea, Russland (Flussgebiet der Lena) Australien: Nordterritorium, Südaustralien (beide +9h30m)
10	+10 h	EAST East Australian ST	Asien: Papua-Neuginea, Russland (Wladiwostok) Australien und Ozeanien: Australien (Ostteil), Guam, Marianen
11	+11 h	EADT East Australian Daylight Time	Asien: Russland (Magdan, Sachalin, Kurilen) Ozeanien: Karolinen, Nauru (+11h30m), Neue Hebriden, Neukaledonien, Norfolk (+11h30m), Salomoninseln
12	+12 h	NZST New Zealand ST	Asien: Russland (Kamtchatka, Tschuktschenhalbinsel) Ozeanien: Fidschiinseln, Neuseeland, Wallisarchipel
13	-11 h	SST Samoa ST	Ozeanien: Tongainseln Midway, Phönixinseln, Samoa; Tokelau Amerika: Alaska (Westteil)
14	-10 h	HAST Hawaiian ST	Ozeanien: Cookinseln (-10h30m), Hawaii, Polynesien Amerika: Alaska (östl.160° westl. Länge)
15	-9 h		kein Landgebiet
16	-8 h	PST Pacific ST	Amerika: Kanada (Whitehorse), Mexiko (Nordteil Niederkaliforniens), USA (Pazifische Staaten)
17	-7 h	MST Mountain ST	Amerika: Kanada (Edmonton), Mexiko (Westteil), USA (Rocky-Mountain-Staaten)
18	-6 h	CST Central ST	Amerika: El Salvador, Guatemala, Costa Rica, Honduras, Kanada (Winnipeg), Mexiko (Hauptteil), Nicaragua, USA (mittlere Westen)
19	-5 h	EST Eastern ST	Amerika: Bahamas, Dominikanische Republik, Ecuador, Haiti, Jamaika, Kanada (Ottawa), Kolumbien, Kuba, Panama, Peru, USA (Ostküste)
20	-4 h	AST Atlantic ST	Amerika: Bermudas, Bolivien, Brasilien (Westteil), Chile, Falklandinseln, Grönland (Nordwestteil), Kanada (äußerster Nordosten), Paraguay, Puerto Rico, Trinidad und Tobago, Venezuela
21	-3 h	ART Argentina Time	Amerika: Argentinien, Brasilien (Ostteil), Französisch-Guayana, Grönland (Westteil), Guayana (-3h45m), Neufundland (-3h30m), Surinam, Uruguay
22	-2 h	FST Fernando de Noronha ST	Amerika: Grönland (Ostteil), Insel Fernando de Noronha (Brasilien) Afrika: Kapverden
23	-1 h	AZOT Azores Time	Europa: Jan Mayen Afrika: Azoren Amerika: Grönland (äußerster Nordosten)

* ST = Standard Time

** Die Zeitzonenbezeichnungen sind nicht eindeutig normiert. Für viele Zeitzonen gibt es mehrere Bezeichnungen/Abkürzungen.

4.3 Flugzeuge und Lademittel

Flugzeugtypen

Vgl.: http://de.wikipedia.org/wiki/Liste_der_Flugzeugtypencodes

Airbus S.A.S.: www.airbus.com/en/aircraftfamilies

The Boeing Company Chicago: www.boeing.com/product_list.html

(10.10.2010)

Flugzeugtypen

Type:	Code	Length:	Height:	Wingspan:	Cruising Speed:	Average Cargo Capacity:
Airbus A300-600		54,08 m	16,54 m	44,84 m	860 km/h	12 000 kg
Airbus A310-300	313	46,66 m	15,81 m	43,90 m	860 km/h	8 000 kg
Airbus A319-100	319	33,84 m	12,01 m	34,10 m	840 km/h	2 000 kg
Airbus A320-200	320	37,57 m	11,76 m	34,09 m	830 km/h	2 000 kg
Airbus A321-100	321	44,51 m	11,76 m	34,09 m	850 km/h	3 000 kg
Airbus A340-200	342	59,39 m	16,70 m	60,30 m	890 km/h	20 000 kg
Airbus A340-300	343	59,39 m	16,70 m	60,30 m	890 km/h	20 000 kg
Airbus A340-600 F	34F	74,90 m	17,29 m	60,30 m	870 km/h	118 000 kg
Airbus A380-800*	380	72,30 m	24,10 m	78,80 m	920 km/h	66 400 kg
Boeing 737	737	33,40 m	11,15 m	28,88 m	795 km/h	1 500 kg
Boeing 737-300 QC	733	33,40 m	11,15 m	28,88 m	795 km/h	13 000 kg
Boeing 747-200	742	70,60 m	19,30 m	59,64 m	895 km/h	15 000 kg
Boeing 747-200 F	74X	70,60 m	19,30 m	59,64 m	895 km/h	100 000 kg
Boeing 747-200 SF	74L	70,60 m	19,33 m	59,64 m	895 km/h	100 000 kg
Boeing 747-400	744	70,60 m	19,40 m	64,40 m	910 km/h	14 000 kg
Boeing 777-300*	777	73,90 m	18,50 m	60,90 m	896 km/h	23 000 kg
MD-11 F	M1F	61,20 m	17,60 m	51,80 m	945 km/h	93 230 kg
Antonov 124	A124	69,10 m	20,78 m	73,30 m	865 km/h	120 000 kg

* Diese neuen Flugzeuge werden gerade ausgeliefert, Frachtversionen (mit über 100 t Kapazität) sind in Planung,

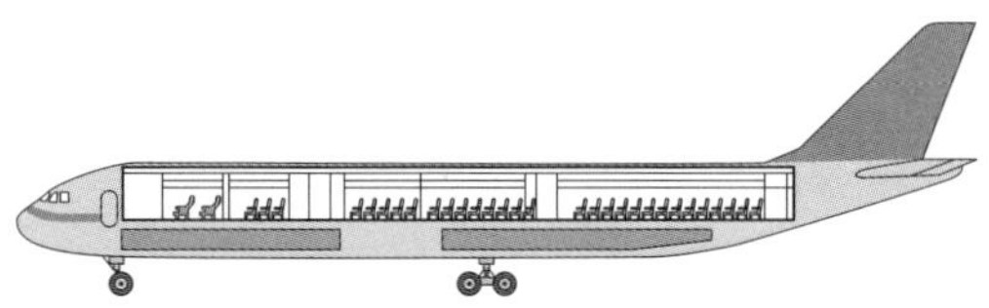

A 340-300 Passagierflugzeug mit Fracht

Lower Deck	
▪ Vorderer Laderaum	18 LD3-Container oder 6 Positionen max. 244 · 318 cm
▪ Tür vorderer Laderaum	169 · 270 cm
▪ Hinterer Laderaum	14 LD3-Container oder 4 Positionen max. 244 · 318 cm
▪ Tür hinterer Laderaum	168 · 270 cm
▪ Laderaum 5	Nur lose Ladung
▪ Tür Bulk-Laderaum	95 · 95 cm
▪ Max. Ladekapazität	3 468 kg, 20 m³
Ladehöhe	
▪ Unterdeck	Max. 163 cm
ø Ladekapazität	24 000 kg

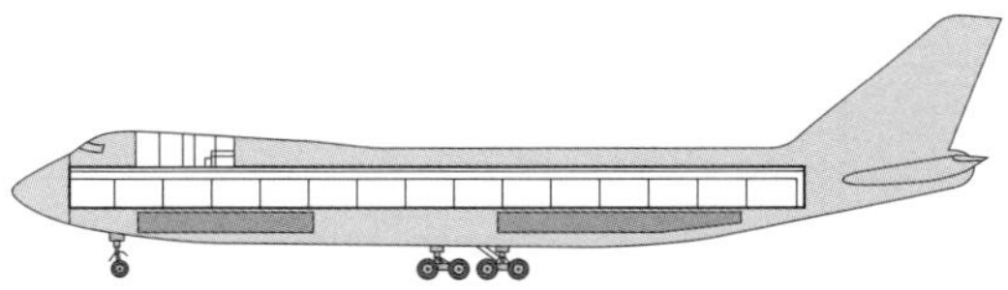

Boeing 747-400 ERF Frachtflugzeug

Main Deck	
▪ 30 Positionen	Max. 244 · 318 cm
▪ Seitliche Cargo-Tür	304 · 330 cm
▪ Nose Door	356 · 249 cm
Lower Deck	
▪ Vorderer Laderaum	5 Positionen max. 244 · 318 cm oder 16 LD3-Container
▪ Tür vorderer Laderaum	167 · 264 cm
▪ Hinterer Laderaum	4 Positionen max. 244 · 318 cm oder 16 LD3-Container
▪ Tür hinterer Laderaum	168 · 264 cm
▪ Laderaum 5	Nur lose Ladung
▪ Tür Bulk-Laderaum	119 · 111 cm
Ladehöhe	
▪ Hauptdeck	seitliche Tür max. 300 cm Nose Door max. 244 cm
▪ Unterdeck	Max. 163 cm
ø Ladekapazität	110 000 kg

Luftfracht-Container (Beispiele)			
IATA-Code	LD-1, AKC	LD-2, DPE	LD-3, AKE (Reefer RKN)
Usable volume:	4.8m³	3.4m³	4.3m³
Max. gross weight capacity:	1 588 kg	1 225 kg/	1 588 kg
External dimensions in cm:	234 · 152 · 162	155 · 152 · 162	200 · 152 · 162
Image	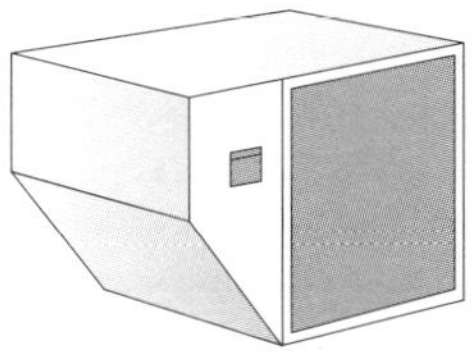	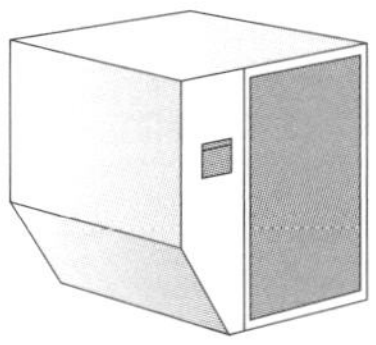	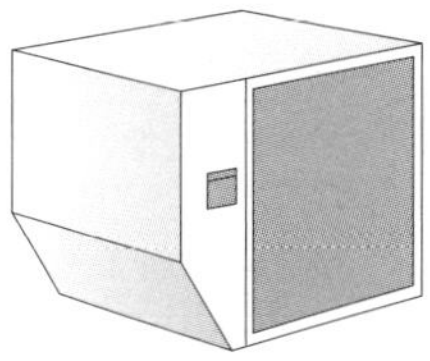
IATA-Code	LD-6, ALF	LD-26, AAF	LD-9, AAP
Usable volume:	8.8m³	13.2m³	9.0m³
Max. gross weight capacity:	3 170 kg	6 033 kg	6 000 kg (MD)/4 625 kg (LD)
External dimensions in cm:	405 · 152 · 162	405 · 224 · 162	316 (10 ft) · 224 · 162
Image	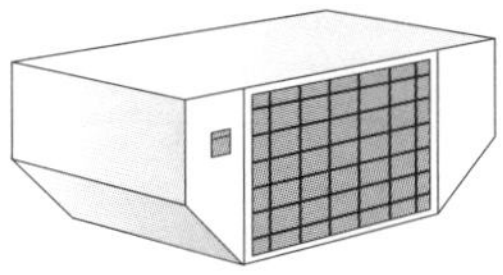	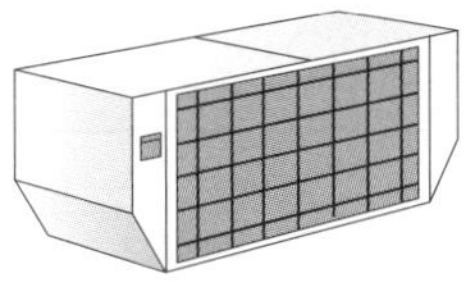	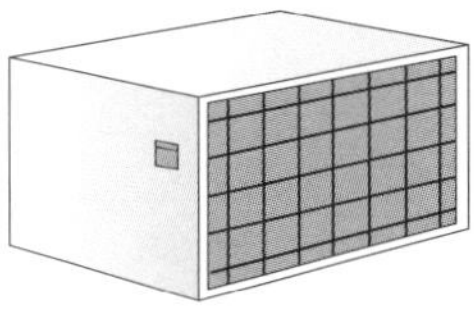
IATA-Code	AMP (10 ft)	AMH (10 ft)	HMJ
Usable volume:	10,5 m³	15 m³	Triple Horse-Container
Max. gross weight capacity:	6 804 kg	6 804 kg	3 000 kg
External dimensions in cm:	318 · 244 · 161	318 · 244 · 244	318 · 244 · 235
Image	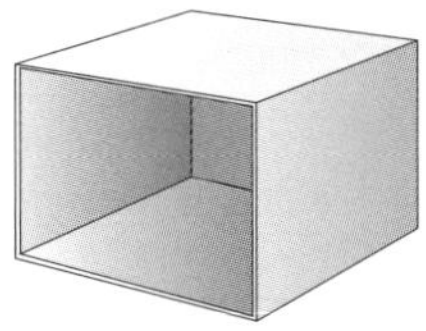	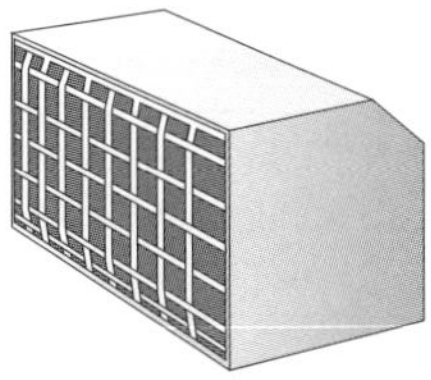	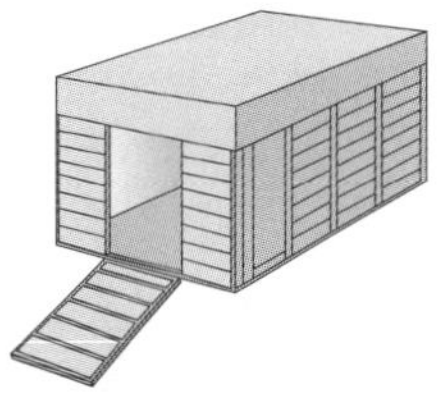
Luftfracht-Paletten			
IATA-Code	P1P, PAG, PAJ	PMC	PGA
Usable volume:	Standard Palette 88"	Standard Palette 96" (10 ft)	20' Flat Pallet with net
External dimensions in cm:	318 · 224	318 · 244 cm	600 · 242
Image		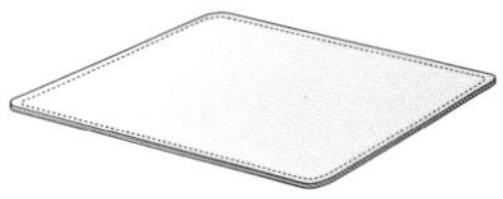	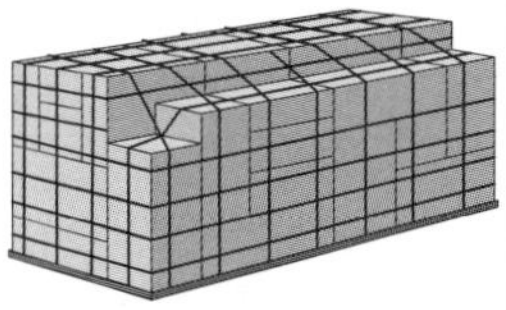
IATA-Code	PZA	PLA	VZA
Usable volume:	16 ft-Palette (bis 11.340 kg)	Half Pallet with net	Car Rack
External dimensions in cm:	498 · 244 · 6	318 · 153	230 · 148 · 154
Image		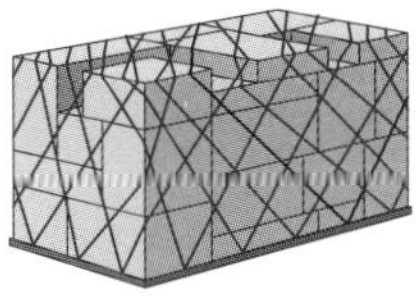	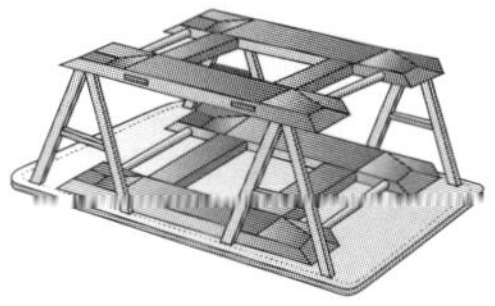

Flugzeug-Container und - Paletten

Vgl.: Lufthansa Cargo AG, Frankfurt/Main:

www.lufthansa-cargo.de | Unternehmen | Flotte und Container | Downloads | Lademittel 2007

4.4 Frachtvertrag in der Luftfracht

4.4.1 Vertragsbeteiligte und Rechtsgrundlagen

Beteiligte
Shipper, Carrier, Agent

Beteiligte am Luftfrachtvertrag

Versender

Absender im Luftfrachtvertrag (Shipper)

Speditionsvertrag

Spediteur

Spediteur des Shippers
Agent des Carriers
(IATA-Agent)

Agent des Shippers (schließt den Frachtvertrag im Namen des Shippers ab)

Agent des Carriers (schließt den Frachtvertrag im Namen des Carriers ab)

Frachtvertrag

IATA
International Air Transport Association

Agenturvertrag

Mitgliedschaft

Luftfrachtführer (z. B. Lufthansa) Carrier

Rechtsgrundlagen
Montrealer Übereinkommen (MÜ)
Warschauer Abkommen (WAK)
Texte der MÜ und WAK:
www.transportrecht.org (Lufttransportrecht)
LH-Cargo Beförderungsbedingungen:
www.lh-cargo.de/download.jsp?file=/publish/download/Befoerderungsbedingungen.pdf
(10.10.2010)

Rechtsgrundlagen im Luftfrachtverkehr

HGB	**MÜ***	**WAK (a. F.)**	**WAK (n. F.)**
Frachtrecht des Handelsgesetzbuches	Montrealer Übereinkommen zur Vereinheitlichung bestimmter Vorschriften im Internationalen Luftverkehr (1999)	Warschauer Abkommen zur Vereinheitlichung der Regeln über den internationalen Luftverkehr (1929)	Warschauer Abkommen ergänzt um das Haager Protokoll (1955)
Geltung im innerdeutschen Flugverkehr	**Geltung im internationalen Flugverkehr**		
	... wenn Ankunfts- und Abflugstaat das MÜ gezeichnet haben	... wenn Ankunfts- und Abflugstaat das WAK gezeichnet haben	... wenn Ankunfts- und Abflugstaat das WAK/HP gezeichnet haben

Beförderungsbedingungen der Fluggesellschaften

Die Fluggesellschaften haben in enger Anlehnung an die IATA-Beförderungsbedingungen (Terms of Contract, Terms of carriage) eigene Allgemeine Geschäftsbedingungen entwickelt (die Lufthansa-Cargo z. B. die ABB Fracht).

* Eine Liste der Staaten, in denen das Übereinkommen gilt, enthält das Dokument www.transportrecht.org/dokumente/Montreal99geltung_23052008.pdf mit Stand vom 23.05.2008. In Deutschland in Kraft getreten am 28.06.2004 (BGBl. II Nr. 30 vom 24.09.2004, Seite 1371)

4.4.2 Air Waybill (AWB)

Air Waybill (AWB)
MÜ Art. 4 bis 10

Luftfrachtbrief
Air Waybill (AWB)

Inhalte

- Adressen (Shipper, Consignee, IATA-Agent)
- Abflug- und Bestimmungshafen, Flugdaten
- Währung, Frankatur (collect, prepaid)
- Wertangabe, Versicherungswert
- Angaben zum Gut
- Fracht, Nebengebühren, Versicherungsprämien
- Unterschriften (Shipper, Carrier oder Agent)

Funktionen

- Vertragsdokumentation
- Empfangsbescheinigung
- Anerkennung der Vertragsbedingungen
- Anweisungen des Absenders
- Versicherungszertifikat (bei Angabe des Versicherungswertes)
- Sperrpapier (3. Original)
- Wertdeklaration für die Haftungserhöhung
- Zollpapier (Zollanmeldung)
- Frachtrechnung

Der AWB ist kein Warenwertpapier.

Haftung für Inhalte

- Der Absender haftet verschuldensunabhängig für die Richtigkeit, Genauigkeit und Vollständigkeit der Inhalte des AWB.
- Der Absender muss in diesem Fall den vollen Schaden ersetzen.
- Der Schadenersatz ist in der Höhe unbegrenzt (vgl. Fremuth/Thume, TranspR, S. 868).

Elektronischer Luftfrachtbrief

Anstelle eines Luftfrachtbriefs kann jede andere Aufzeichnung verwendet werden, welche die Angaben über die auszuführende Beförderung enthält (Art. 4 Abs. 2 MÜ).

AWB
Air Waybill

020/DUS/8231 4566 020-8231 4566

Shipper's Name and Address	Shipper's account Number	Not negotiable **Air Waybill** Issued by Lufthansa Cargo AG, Luftfrachtzentrum Flughafen, Düsseldorf, 40474 Düsseldorf — **Lufthansa Cargo** — Member of International Air Transport Association
WILSON ENGINEERING GMBH SCHORBERGER STR. 72 42699 SOLINGEN		

Consignee's Name and Address	Consignee's account Number	
SPINNAKER INDUSTRIES INTERNATIONAL INC 828 BROAD STREET NEWARK NJ 07102 USA		IT IS AGREED THAT THE GOODS DESCRIBED HEREIN ARE ACCEPTED IN APPARENT GOOD ORDER AND CONDITION (EXCEPT AS NOTED) FOR CARRIAGE SUBJECT TO THE CONDITIONS OF CONTRACT ON THE REVERSE HEREOF. ALL GOODS MAY BE CARRIED BY ANY OTHER MEANS INCLUDING ROAD OR ANY OTHER CARRIER UNLESS SPECIFIC CONTRARA INSTRUCTIONS ARE GIVEN HEREON BY THE SHIPPER AND SHIPPER AGREES THAT THE SHIPMENT MAY BE CARRIED VIA INTERMEDIATE STOPPING PLACES WHICH THE CARRIER DEEMS APPROPRIATE: THE SHIPPER'S ATTENTION IS DRAWN TO THE NOTICE CONCERNING CARRIER'S LIMITATION OF LIABILITY. SHIPPER MAY INCREASE SUCH LIMITATION OF LIABILITY BY DECLARING A HIGHER VALUE FOR CARRIAGE AND PAYING A SUPPLEMENT CHARGE IF REQUIRED

Issuing Carrier's Agent Name and City	Accounting Information
AirTrans Spedition GmbH Krahnenburgstraße 71 40472 Düsseldorf	
Agent's IATA Code / Account No.	
Airport of Departure (Address of first Carrier) and requested Routing Issuing Carrier's Agent Name and City DUS Düsseldorf	

to	By first Carrier/ Routing and Destination	to	by	to	by	Currency	CHGS Code	WT/VAL PPD	WT/VAL Coll	Other PPD	Other COLL	Declared Value for Carriage	Declared Value for Customs
EWR	Lufthansa					€		X		X		NVD	NCV

Airport of Destination	Flight/Date / For Carrier	Use only/ Flight/Date	Amount of Insurance	
NEWARK	LH 408/9		23.500,00	**Insurance –** If Carrier offers insurance and such insurance is requested in accordance with conditions on reverse hereof, indicate amount to be unsured in figures in box marked amount for insurance

Handling Information
Commercial Invoice attached 3-f, SPX/KC, INTERSPED, LBA-Registration No. DE.RAC.0210
10 (ten) cartons

No. of Pieces RCP	Gross Weight	kg lb	Rate Class	Commodity Item No.	Chargeable Weight	Rate / Charge	Total	Nature and Quantity of Goods (incl. Dimensions or Volume)
10	490	K	Q		500	2,47	1.235,00	electromotors DIMS: 10/30x40x50 cm 0,6 cbm
10	490						1.235,00	"V 100,0 k"

Prepaid	Weight Charge	Collect	Other Charges
1.235,00			AWA 10,00 CHA 30,00 MYC 245,00 SCC 73,50
	Valuation Charge		
	Tax		Insurance Premium INC 51,70
40,00	Total other Charges Due Agent		Shipper certifies that the particulars on the face hereof are correct and that insofar as any part of the consignment contains dangerous goods, such part is properly described by name and is in proper condition for carriage by air according to the applicable Dangerous Goods Regulations. AirTrans Spedition GmbH, Krahnenburgstraße 71, 40474 Düsseldorf *Elfers* Signature of Shipper or his Agent
370,20	Total other Charges Due Carrier		
Total prepaid 1.645,20	Total collect		AirTrans Spedition GmbH, Krahnenburgstraße 71, 40474 Düsseldorf 08.07.20(0) *Elfers*
Currency Conversion Rates	cc charges in Dest. Currency		Executed on (Date) at (Place) Signature of Issuing Carrier or its Agent

Nebengebühren (other charges) Abkürzungen

Vollständige Liste im „The Air Cargo Tariff": Rules Section 6 „The Air Waybill"

Als dritter Buchstabe kommt noch A für Agent bzw. C für Carrier

AC	Animal container	FC	Charges collect fee	PU	Pick up	SP	Separate early release
AW	Air Waybill fee	GT	Government tax	RA	Dangerous goods fee	SR	Storage-destination
BL	Blacklist certificate	HR	Human remains	RC	Referral of charge	SS	Signature service
BR	Bank release	IN	Insurance premium	RF	Remit following collection fee	ST	State sales tax
CD	Clearance and handling-destination	LA	Live animals	SC	Security charge	SU	Surface charge
CH	Clearance and handling-origin	MY	Fuel surcharge	SD	Surface charge-destination	TR	Transit
DB	Disbursement fee	NS	Navigation surcharge	SI	Stop in transit	TX	Taxes
DF	Distribution service fee	PK	Packaging	SO	Storage - origin	UH	ULD handling

4.4.3 Vertragsinhalte

Luftfrachtvertrag, Inhalte

Vgl. dazu die LH Cargo Beförderungsbedingungen:

www.lh-cargo.de/download.jsp?file=/publish/download/Befoerderungsbedingungen.pdf

Inhalte des Luftfrachtvertrages

Verbindlichkeit der Beförderungspflicht

a) „Die in Flugplänen (...) angegebenen Zeiten sind ungefähre Zeitangaben ohne Gewähr."
b) „Der Luftfrachtführer kann ohne Ankündigung einen anderen Luftfrachtführer oder ein Ersatzluftfahrzeug einsetzen."
c) „Der Luftfrachtführer kann (...) einen Flug oder das Recht auf Weiterbeförderung streichen, beenden, verändern, verlegen oder einen Flug ohne oder mit nur einem Teil der Güter fortsetzen," wenn
   1. nicht beeinflussbare Situationen vorliegen,
   2. unerwartete Regierungsanordnungen erlassen werden,
   3. beim Frachtführer Mangel an Arbeitskräften, Betriebsstoffen oder Einrichtungen herrscht."

vgl. ABB LH Cargo, Art. 6

Verpackung, Auflieferung der Güter

a) Beförderung, Ein- und Ausfuhr dürfen nicht verboten sein
b) Güter müssen in geeigneter Weise verpackt und gekennzeichnet sein
c) Güter müssen mit den erforderlichen Begleitpapieren versehen sein
d) Güter dürfen nicht das Flugzeug, Personen oder Sachen gefährden oder belästigen

vgl. ABB LH Cargo, Art. 5.3

ABB LH Cargo

Allgemeine Beförderungsbedingungen für Fracht der Lufthansa Cargo Aktiengesellschaft

Nachträgliche Verfügungen

Voraussetzungen

Der Absender kann nachträgliche Verfügungen (NV) erteilen, wenn

1) der Carrier oder andere Absender nicht geschädigt werden,
2) der Absender alle Kosten der NV trägt,
3) der Absender die 3. Ausfertigung des AWB vorlegt.

Inhalte der nachträglichen Verfügung

1) Rückgabe der Sendung
2) Anhalten während einer Zwischenlandung
3) Auslieferung an einen Dritten
4) Rückbeförderung

Erlöschen des Rechts auf NV

Mit Annahme oder einer Verfügung des Empfängers bei Ablieferung der Sendung erlischt das Recht des Absenders.

vgl. ABB LH Cargo, Art. 7

Annahmeverweigerung

Der Luftfrachtführer kann

1. Weisungen des Absenders auf dem Luftfrachtbrief befolgen; sind diese nicht vorhanden, wird der Absender informiert und der Carrier kann
2. Partien zurückschicken, um im Absendeflughafen die Absenderanweisung abzuwarten oder
3. nach mindestens 30-tägiger Lagerung privat oder öffentlich verkaufen,
4. bei leichtverderblichen Gütern, Tieren u. Ä. ist auch Vernichtung, Einlagerung in Kühlhäusern oder sofortiger Verkauf möglich.

vgl. ABB LH Cargo, Art. 8

Haftung nach Montrealer Übereinkommen

Haftung für Luftfrachtgüter nach dem Montrealer Übereinkommen

Haftungsprinzip

Gefährdungshaftung im Obhutszeitraum

Haftung des Frachtführers, „wenn das Ereignis, durch das der Schaden eingetreten ist, während der Luftbeförderung eingetreten ist" (MÜ Art. 18)

Schadensarten

a) Güterschäden (Verlust oder Beschädigung des Gutes) (MÜ Art. 18)
b) Verspätungsschäden (hier aber Verschuldenshaftung mit umgekehrter Beweislast) (MÜ Art. 19)

Geltung

Das Montrealer Übereinkommen gilt zwingend für alle grenzüberschreitenden Lufttransporte zwischen Staaten, die das Abkommen gezeichnet haben.

Haftungshöchstgrenzen
Haftungsausschlüsse

Haftungshöchstgrenzen

Güter- und Verspätungsschäden

Es wird ersetzt:

- der Schaden
- maximal 19 Sonderziehungsrechte je kg brutto der betroffenen Frachtstücke (MÜ Art. 22)*
- maximal der Wert des Gutes
- Ausschluss von Folgeschäden durch die ABB Fracht (ABB LH Cargo § 13)

Der Absender (Shipper) kann ein Lieferinteresse (declared value for carriage) in den Frachtbrief eintragen. Die Haftungshöchstgrenze von 19 SZR wird dann durch den eingetragenen Wert ersetzt. (MÜ Art. 22)

Haftungshöchstgrenzen können durch Vereinbarung zwischen Luftfrachtführer und Absender angehoben werden. (MÜ Art. 25)

Über den AWB kann das Gut durch den Carrier auch versichert werden, wenn ein Versicherungswert angegeben wird (amount of insurance).

Haftungsausschlüsse

a) die Eigenart der Güter oder ein ihnen innewohnender Mangel
b) mangelhafte Verpackung der Güter durch eine andere Person als den Luftfrachtführer oder seine Leute
c) eine Kriegshandlung oder ein bewaffneter Konflikt
d) hoheitliches Handeln in Verbindung mit der Einfuhr, Ausfuhr oder Durchfuhr der Güter (MÜ Art. 18)

Der Luftfrachtführer haftet für das Handeln seiner Leute wie für eigenes Handeln.

Die Leute des Luftfrachtführers können sich auf die gleichen Ausschlüsse und Beschränkungen berufen wie der Luftfrachtführer selbst. (MÜ Art. 30)

*Die Haftungshöchstgrenze gilt zwingend und wird auch bei qualifiziertem Verschulden (Vorsatz, grobe Fahrlässigkeit, bewusste Leichtfertigkeit, grobes Organisationsverschulden) nicht durchbrochen.

4.4.4 Luftfrachtsicherheit

Bekannter Versender/Reglementierter Beauftragter

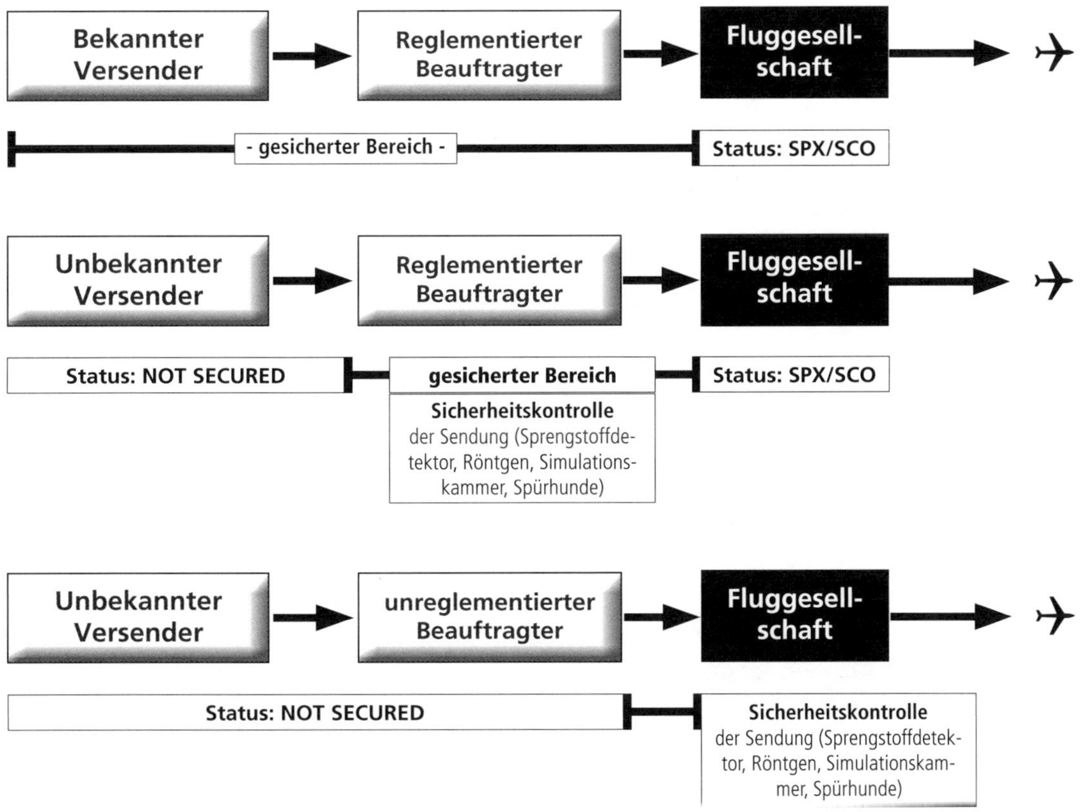

Reglementierter Beauftragter (Regulated Agent/RA)	**Zulassung durch das Luftfahrtbundesamt (LBA)** **Voraussetzungen** ▮ Lagerung der Luftfrachtgüter in gesicherten Betriebsräumen ▮ Sicherheitsbeauftragter mit Schulung und Zuverlässigkeitsüberprüfung ▮ Luftfracht-Sicherheitsprogramm über die Arbeitsabläufe einschließlich Lagerung und Übergabe der Güter am Flughafen	**Aufgaben** Als Reglementierte Beauftragte werden Agenturen, Spediteure oder sonstige Rechtssubjekte bezeichnet, die in geschäftlicher Beziehung mit einem Luftfahrtunternehmen stehen und Sicherheitskontrollen durchführen, die in Bezug auf Fracht, Kurier- und Expresssendungen oder Post vorgeschrieben sind.
Bekannter Versender (Known Consignor/KC)	**Zulassung durch das Luftfahrtbundesamt (LBA)** **Voraussetzungen** ▮ Sicherheitsbeauftragter mit Schulung und Zuverlässigkeitsüberprüfung ▮ Betriebsstätte mit Zugangskontrollen ▮ Schulung des Personals mit Zugriff auf Luftfrachtsendungen	**Status** Ist ein Versender als „Bekannter Versender" anerkannt, so gilt die von ihm an die Fluggesellschaft oder an einen Reglementierten Beauftragten übergebene Sendung als sicher (Status SPX / SCO).

4.4.5 Luftfrachtsammelgut (Consolidation)

Consolidation
Luftfrachtsammelgut
Master-AWB
Cargo-Manifest
House-AWB

Luftfrachtsammelgut

Verschiedene Sendungen werden durch den Luftfrachtspediteur zusammengefasst und als eine Sendung per Luftfracht versendet.

House-AWB (HAWB)

- Es wird ein HAWB ausgestellt, der das Vertragsverhältnis zwischen Luftfrachtspediteur und Versender regelt.
- Der Luftfrachtspediteur ist „vertraglicher Frachtführer" (Contracting Carrier).
- Im HAWB wird der Spediteur als „Carrier" eingetragen.
- Abrechnungsinformationen:
  a) Im HAWB wird die Abrechnung mit dem Versender erfasst (nach dem Luftfrachtsammelladungstarif des Versandspediteurs) oder
  b) es werden keine Abrechnungsinformationen im HAWB erfasst, sondern dem Kunden eine gesonderte Rechnung erstellt (Total = „as agreed").

Master-AWB

- Regelt das Vertragsverhältnis zwischen Luftfrachtspediteur und Carrier
- Enthält als Inhalt „consolidated shipment per attached manifest"
- Enthält Abrechnungsdaten über die gesamte Sammelsendung
- Als Consignee wird der Empfangsspediteur eingetragen.
- Der Versandspediteur ist zugleich der IATA-Agent.

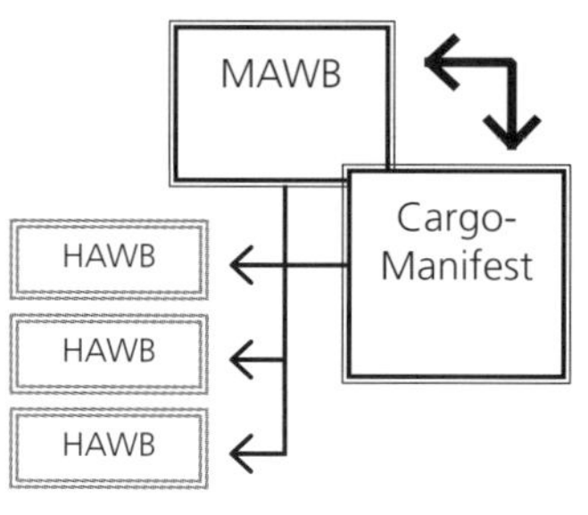

Cargo-Manifest

- Das Cargo-Manifest listet die Einzelsendungen der Sammelladung auf.
- Es wird dem AWB beigefügt und dient als Ladeliste.
- Zusätzlich wird es als Bordero im Spediteursammelgutverkehr und als Auftrag an den Empfangsspediteur verwendet.
- Es enthält die AWB-Nummer des Master-AWB.
- US-Manifest

  Die Daten der HAWB müssen als besonderes Cargo-Manifest an die US-Zollbehörde (Bureau of Customs and Border Protection, CBP) vor Ankunft des Flugzeuges in den USA elektronisch übermittelt werden.

Back-to-back-Luftfrachtbeförderung

Problem

Unfrei-Sendungen („collect")

Viele Fluggesellschaften akzeptieren keine „collect"-Sendungen, obwohl die Versender Güter unfrei versenden wollen.

Lösung (Back-to-back-Versendung)

- Die Versendung wird pro forma als Sammelgutsendung behandelt.
- Der **Master-AWB** wird „prepaid" ausgestellt, Shipper ist der Versandspediteur, Consignee ist der Empfangsspediteur.
- Der **House-AWB** wird „collect" ausgestellt. Der Empfangsspediteur kassiert die Unfrei-Entgelte beim Empfänger.
- Das **Cargo-Manifest** enthält nur die eine Sendung.

Consolidation
Luftfrachtsammelgut
Vertragsverhältnisse

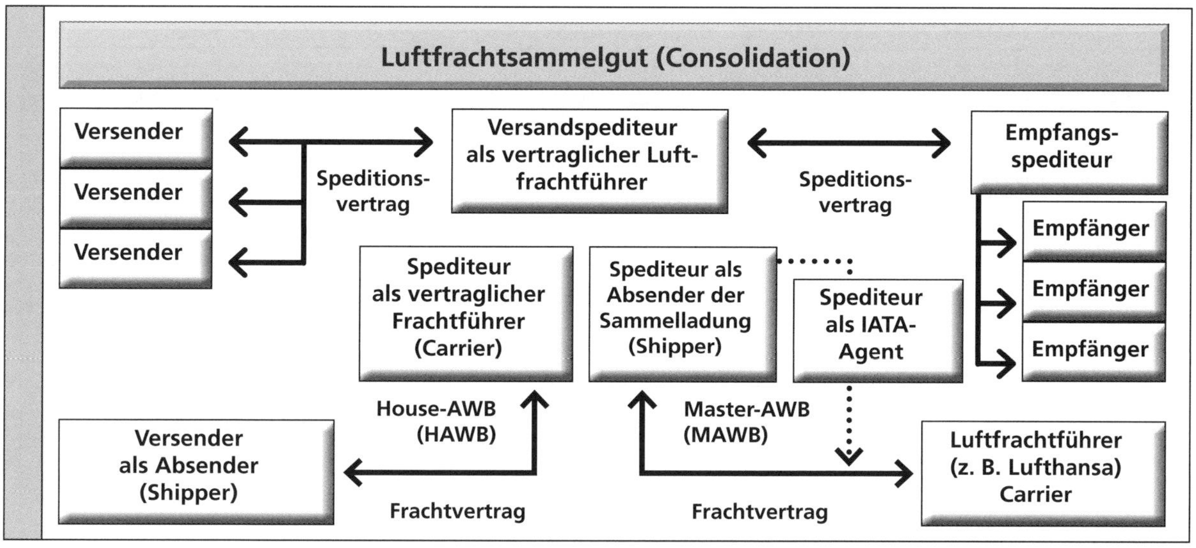

4.4.6 Kombinierter Verkehr: Sea-Air-Verkehre

Sea-Air-Verkehre

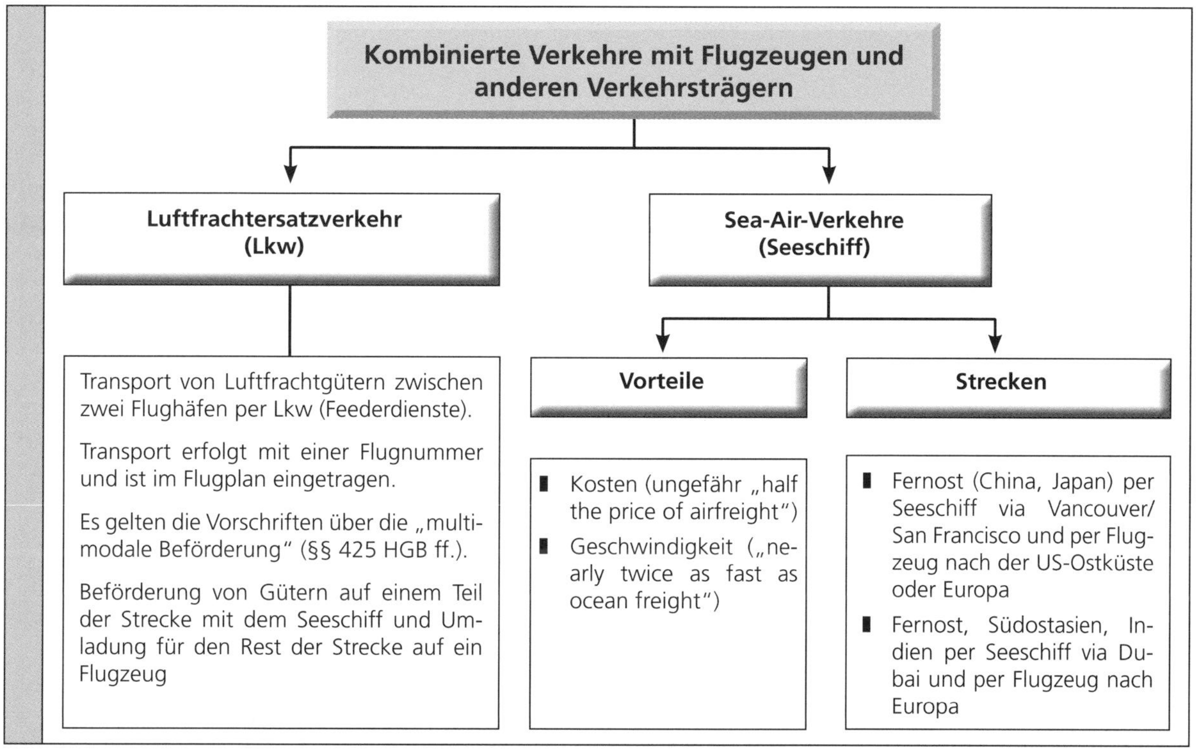

Sea-Air-Verkehr: Beispiel

„Ein Beispiel für den Einsatz der [Sea-Air-Verkehre] unter Berücksichtigung der genannten Entscheidungskriterien ist die Logistik des Otto Versands.

Dieser lässt wegen der Kostenvorteile die von ihm vertriebenen Modeartikel in Südchina herstellen. Von dort werden diese dann über Hongkong in den Westen verschickt, wobei die saisonale Grundausstattung auf die rund 25-tägige Seereise geschickt wird, während Nachorders (meist mögliche Verkaufsrenner) über die mit 17 Tagen wesentlich schnellere Sea-Air-Kette verschickt werden.

Hierbei reist die Fracht zunächst bis nach Dubai per Schiff und wird von dort aus mit dem Flugzeug in den Westen geflogen. Die Produkte, die während der Saison besonders gut laufen, sog. „Repeatorders“, werden aus Zeitgründen ausschließlich per Luftfracht verschickt.“

Prof. Dr. Richard Vahrenkamp: Arbeitspapier zur Logistik „Geschäftsmodelle und Entwicklungsstrategien von Airlines und Airports in der Luftfracht“

www.ibwl.uni-kassel.de/vahrenkamp/working_paper_logistik/Nr66_Luftfracht2007. pdf, S. 32

4.5 Luftfrachtberechnung

Luftfrachtberechnung Schema

Vgl. dazu: TACT „The Air Cargo Tariff"

Grundsätze der Luftfrachtberechung			
1. Feststellung des tatsächlichen Gewichtes	tatsächliches Gewicht =		Summe des Gewichtes aller Packstücke in kg
2. Ermittlung des Volumengewichtes	$\frac{\text{Summe des Volumen in cm}^3\text{ aller Packstücke}}{6\,000}$		= Volumengewicht (kg)
3. Ermittlung des frachtpflichtigen Gewichtes	frachtpflichtiges Gewicht =		max {tatsächliches Gewicht; Volumengewicht}
4. Rundung	Aufrunden des frachtpflichtigen Gewichtes auf die nächsten halben oder ganzen kg (z.B. 42,3 kg ⇨ 42,5 kg; 107,6 kg ⇨ 108,0 kg)		
5. Frachtberechnung			
a) General Cargo Rates (GCR) N, Q45, Q100, Q200 (LH N, LH Q45, LH Q100 ... [2])	1. Gewicht unter Q45	⇨	Alternativrechnung[1] zwischen N und Q45
	2. Gewicht zwischen Q100 und Q200	⇨	Alternativrechnung zwischen Q100 und Q200
	3. Gewicht über Q200	⇨	frachtpfl. Gewicht · Q200
b) Specific Commodity Rates (SCR) 4204.100, 9709.45, 9709.100	1. eine C-Rate (z.B. 4202)	⇨	Alternativrechnung zwischen der C4202-100 und Q200
	2. zwei C-Raten	⇨	Alternativ zwischen beiden C-Raten (z.B. 9709 45 und 9709 100)
			Gewicht über 100 kg ⇨ Alternativrechnung zwischen 9709 100 und Q200
c) Warenklassenraten (Class Rates)	Es wird das frachtpflichtige Gewicht mit der Rate N und dem Warenklassenprozentsatz multipliziert. Bei Reductions (R) wird alternativ zu den GCR gerechnet, die Surcharges (S) sind zwingend anzuwenden.		
d) ULD-Raten /C, 5 /B, 8 /B	Container- und Palettenraten sind mit /B (Pivotweight) und /C (Overpivotweight) gekennzeichnet. Bei einer Ladeeinheit wird für ein Grundgewicht ein bestimmter Betrag (/B) bezahlt. Für jedes kg, das über dem Grundgewicht liegt, wird die Rate /C bezahlt.		
f) Minimum	Bei allen Frachten wird geprüft, ob das Minimum unterschritten ist, dann wird das Minimum berechnet.		

[1] Alternativrechnung: Frachtpflichtiges Gewicht · N vergleichen mit 45 · Q45. 45 kg sind das Mindestgewicht für die Anwendung der Q45-Rate. Der niedrigere Betrag ist die Fracht.

[2] Carrierspezifische Raten können allgemein (LH Q100) oder für ein bestimmtes zeitdefiniertes Angebot z. B. LH40 Q100 für das Angebot dt.flash der LH Cargo AG im TACT angegeben werden.

Berechnungsbeispiele

FRANKFURT				DE	FRA
EURO				EUR	KGS
MONTREAL	QC	CA		M	88,20
				N	4,90
				45	2,81
				100	2,76
				200	2,14
		9709		45	2,10
		9709		100	1,95
		4202		100	2,43
			/C		2,13
		5	/B	2 000	8 022,43
		8	/B	1 000	4 511,22

9709 CHEMICALS, CHEMICAL PRODUCTS, DRUGS, COSMETICS, PHARMACEUTICALS, ESSENTIAL OILS, RESINS, RUBBER INCLUDING PLASTIC ARTICLES, TOILET ARTICLES

4202 ELECTRIC EQUIPMENT, ELECTRIC APPLIANCES EXCLUDING BUSINESS MACHINERY, OFFICE MACHINERY

Beispiele

a) 1. Frachtpflichtiges Gewicht 36,5 kg;
Fracht = min{36,5 · 4,90; 45 · 2,81}
= 126,45 (Q45)

2. Frachtpflichtiges Gewicht 165,5 kg;
Fracht = min{165,5 · 2,76; 200 · 2,14}
= 428,00 (Q200)

3. Frachtpflichtiges Gewicht 275,0 kg
Fracht = 275,0 · 270 = 588,50 (Q200)

b) 1. Frachtpflichtiges Gewicht 135,0 kg C4202;
Fracht = min{135,0 · 2,43; 200 · 2,14}
= 328,05 (C4202)

2. Frachtpflichtiges Gewicht 75,0 kg C9709
Fracht = min{75,0 · 2,10; 100 · 1,95}
= 157,50 (C9709/45)

c) Zeitungen; Warenklassenrate 50 % von N; 65 kg; Fracht = 4,90 · 50 % = 2,45 · 65 = 159,25

d) Container Typ 5; 2.410,0 kg
Fracht = 8 022,43 + 410 · 2,13 = 8 895,73

e) Frachtpflichtiges Gewicht 7,5 kg;
Fracht = min{7,5 · 4,90; 45 · 2,81} = 36,75 (N)
Fracht = max{36,75; 88,20} = 88,20

Aufbau des TACT

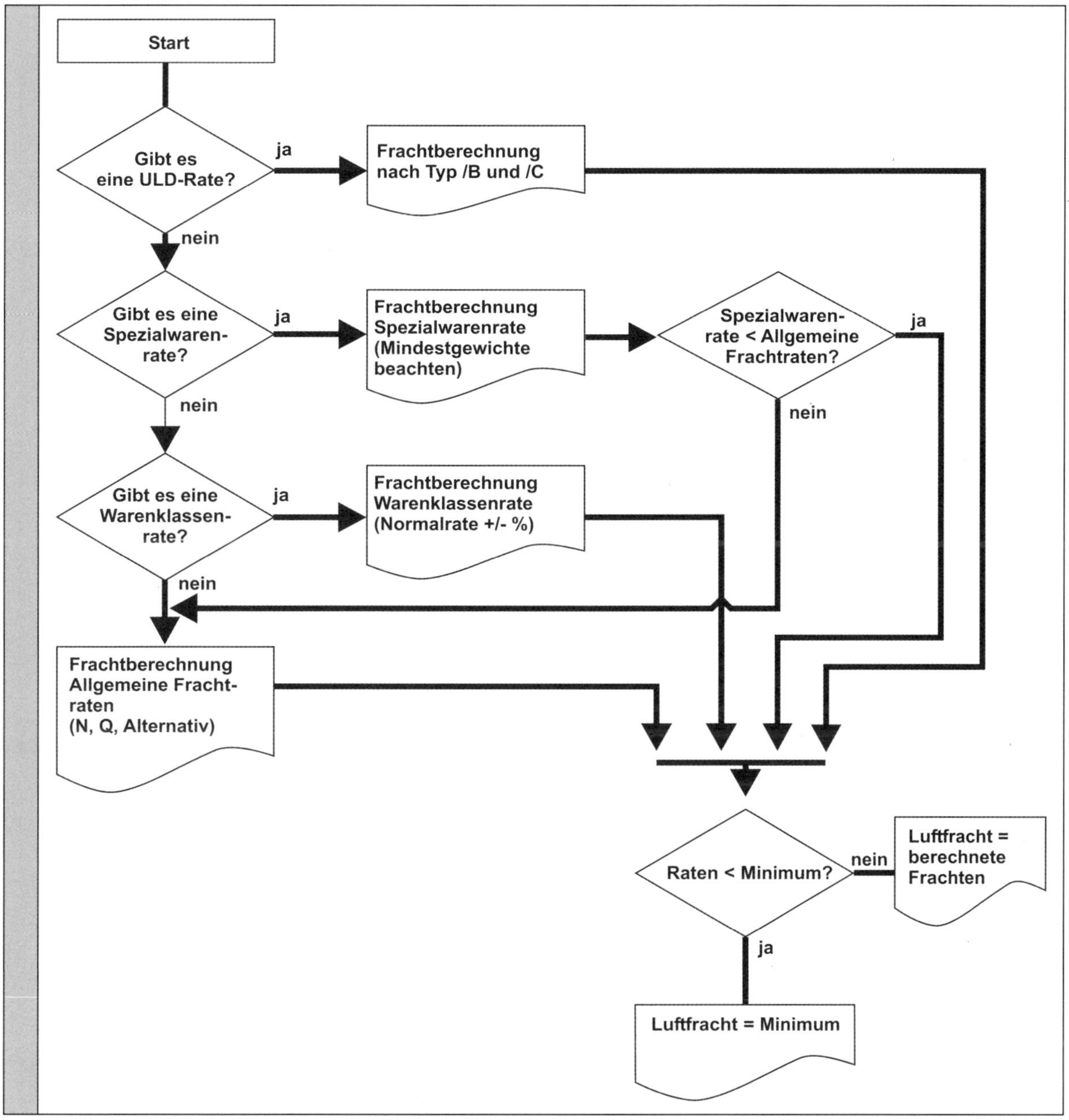

4.6 Gefahrgutvorschriften der IATA

Gefahrgutvorschriften Luftfracht

Gefahrgut Luftfracht

Rechtsgrundlage:
IATA Dangerous Goods Regulations (DGR)

Identifikation von Gefahrgut

Gefahrgutliste

- Alphabetisch nach deutscher Versandbezeichnung geordnet
- enthält UN-Nummer, Gefahrgutklasse
- Gefahrenkennzeichen
- Zuordnung von Höchstmengen, Verpackungsvorschriften und Flugzeugtyp

Numerische Querverweisliste

- geordnet nach UN-Nummern
- richtige Versandbezeichnung in Deutsch und Englisch

Verpackung

- Gefahrgutliste enthält die Nr. der Verpackungsvorschrift (z. B. 307)
- Verpackungsvorschrift zeigt zulässige Verpackungen und Hinweis auf allgemeine Verpackungsanforderungen (z. B. 5.0.2)
- wegen der Pflicht, das Gut „ready for carriage" aufzuliefern, muss der IATA-Agent die Einhaltung der Verpackungsvorschriften prüfen

Markierung und Kennzeichnung

Das Packstück wird mit der

- UN-Nummer,
- der Gefahrgutklasse,
- der richtigen Versandbezeichnung,
- den Gefahren- und
- Abfertigungskennzeichen

markiert.

Dokumentation

- Der Absender erstellt die Versendererklärung (Shipper's Declaration for Dangerous Goods).
- Der IATA-Agent ist für die Eintragung im AWB zuständig.
- Eintrag in den AWB: „Dangerous Goods as per attached Shipper's Declaration"
- Bei Gütern, die nur in Frachtflugzeugen transportiert werden dürfen, muss der Zusatz „Cargo Aircraft only" eingetragen werden.

IATA
Dangerous Goods Regulations (DGR)

Gefahrgutklassen Luftfracht

Die Klassen der Dangerous Goods

KLASSE	UNTER-KLASSE	STOFF	ABK	BEISPIEL
1	1.1 bis 1.6	Explosionsstoffe	REX	Schwarzpulver, Munition Verträglichkeitsgruppen A bis S, im Luftverkehr gebräuchliche Abkürzungen z.B. REX Restricted Explosives für normalerweise verbotene Explosionsstoffe
2	2.1	Entzündbare Gase	RFG	Butangas, Wasserstoff
	2.2	Nicht entzündbare, nicht toxische Gase	RNG/ RCL	Helium, Stickstoff
	2.3	Toxische Gase	(RPG)	Chlorgas, Äthylenoxid
3		Entzündbare Flüssigkeiten	RFL	Benzin, Alkohol
4	4.1	Entzündbare Feststoffe	RFS	Schwefel, Magnesium
	4.2	Selbstentzündliche Stoffe	RSC	Phosphor gelb, Titaniumpulver
	4.3	Stoffe, die bei Kontakt mit Wasser entzündbare Gase bilden	RFW	Carbid, Natrium
5	5.1	Oxidierend wirkende Stoffe	ROX	Düngemittel, Kaliumpermanganat
	5.2	Organische Peroxide	ROP	Acetyl-, Acetonperoxide, Dibenzoylperoxide
6	6.1	Toxische Stoffe	RPB	Arsen, Zyankali
	6.2	Infektiöse Stoffe	RIS	Impfstoffe, Blut mit Aidsviren
7		Radioaktive Stoffe	RRW, RRY	Uran, Plutonium
8		Ätzende Stoffe	RCM	Natronlauge, Schwefelsäure
9		Verschiedene gefährliche Güter	RMD	Trockeneis, Styropor in Kügelchen, Verbrennungsmotoren, Magnetische Stoffe

IATA DGR:
Ablauf der Bearbeitung von Gefahrgutsendungen

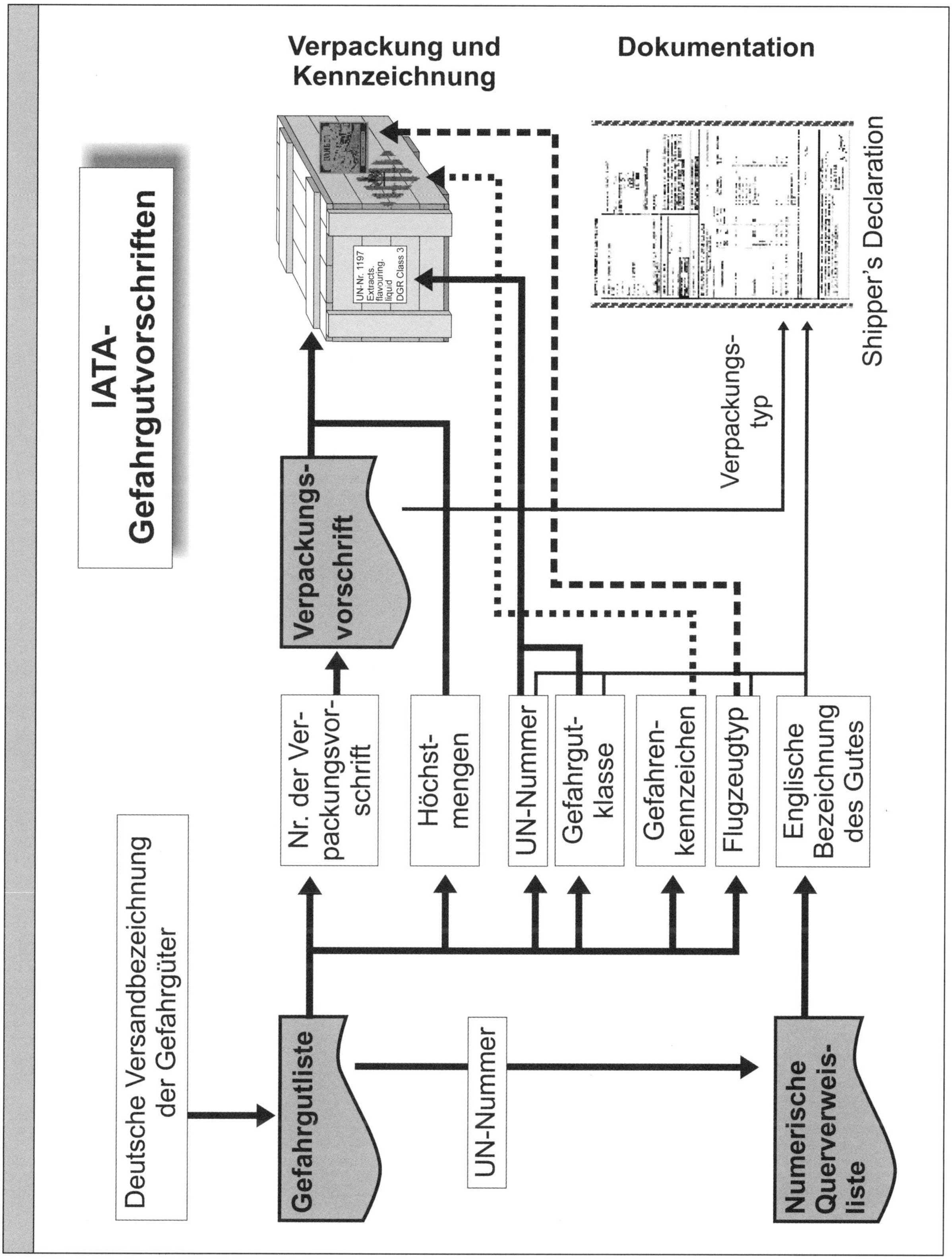

Gefahrgutlabel Luftfracht (zusätzlich zu den Labeln, die auch bei ADR-Gütern verwendet werden: vgl. Seite 65)

DGR-Gefahrzettel		
CARGO AIRCRAFT ONLY (CAO) Nicht in Passagierflugzeuge verladen	CRYOGENIC LIQUID Tiefgekühlte Flüssigkeit	MAGNETIZED MATERIAL Magnetisierendes Material
	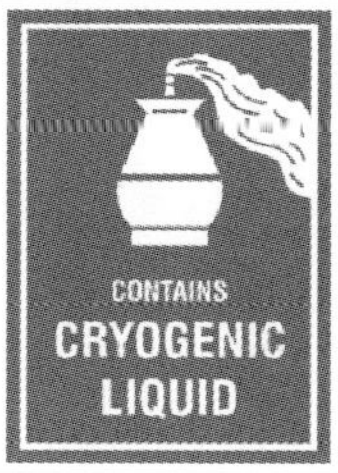	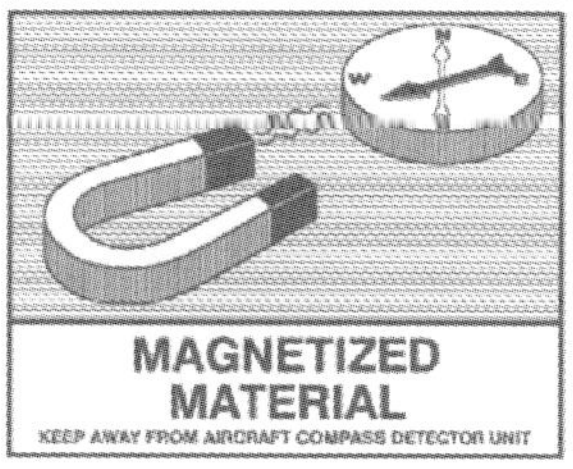

Shipper's declaration for dangerous goods

SHIPPER'S DECLARATION FOR DANGEROUS GOODS

Shipper	Air Waybill No.
WAKIA-Chemie GmbH Industriestraße 88 41460 Neuss	Page 1 of 1 Pages Shipper's Reference Number *(optional)*

Consignee		
JBC INCORPORATED 2-7-4 Hamamuta-Cho Minuta-Ku Tokyo 106 Japan		IATA

Two completed and signed copies of this Declaration must be handed to the operator.

WARNING

Failure to comply in all respects with the applicable Dangerous Goods Regulations may be in breach of the applicable law, subject to legal penalties. This Declaration must not, in any circumstances and/or signed by a consolidator, a forwarder or an IATA cargo agent.

TRANSPORT DETAILS

This Shipment is within the limitations prescribed for: *(delete non-applicable)*		Airport of Departure
~~PASSENGER AND CARGO AIRCRAFT~~	CARGO AIRCRAFT ONLY	Düsseldorf

Airport of Destination:
Tokyo

Shipment type: *(delete non-applicable)*

NON-RADIOACTIVE	~~RADIOACTIVE~~

NATURE AND QUANTITY OF DANGEROUS GOODS

Dangerous Goods Identification							
Proper Shipping Name	Class or Division	UN or ID No.	Packing Group	Subsidiary Risk	Quantity and type of packing	Packing Inst.	Authorization
Extracts, flavouring, liquid	3	UN 1197	II	-	10 cans (3H1 · 33 kg)	307	-

Additional Handling Information

I hereby declare that the contents of this consignment are fully and accurately described above by the proper shipping name, and are classified, packaged, marked and labelled/placarded, and are in all respects in proper condition for transport according to applicable international an national governmental regulations.

Name/Title of Signatory
WAKIA-Chemie GmbH

Place and Date
Neuss, 20(0)-07-08

Signature
(see warning above)

4.7 Aufgaben zum Luftfrachtverkehr

4.7.1 ICAO und IATA

01 Unterscheiden Sie die ICAO und die IATA. Gehen Sie dabei auf die unterschiedliche Mitgliedschaft und die unterschiedlichen Aufgaben der Organisationen ein.

02 Nennen Sie die Freiheiten der Luft, die eine Fluggesellschaft für folgende Flüge von allen beteiligten Staaten erhalten muss:

a) Deutsche Fluggesellschaft, Flug von Frankfurt/Main nach Warschau.

b) Polnische Fluggesellschaft, Flug von Warschau nach Madrid mit Zwischenlandung in Paris, bei der Fracht ausgeladen und zusätzlich Fracht nach Madrid geladen wird.

c) Flug einer britischen Fluggesellschaft von London nach Mexiko City mit Zwischenlandung zum Auftanken in New York.

d) Griechische Fluggesellschaft, Flug von Kairo nach Athen.

e) US-amerikanische Fluggesellschaft, Flug von Frankfurt/Main nach Berlin.

f) Deutsche Fluggesellschaft von Düsseldorf nach Los Angeles mit Zwischenlandung in Boston. In Boston und in Los Angeles wird Fracht entladen.

03 Nennen Sie mögliche Gründe, die einen Staat dazu bewegen, einem anderen Staat nur die erste und zweite, nicht aber die dritte, vierte und fünfte Freiheit der Luft einzuräumen.

04 Nur wenige Länder gewähren anderen Staaten das Kabotagerecht.

a) Erläutern Sie den Begriff „Kabotagerecht".

b) Nennen Sie Gründe, warum das Kabotagerecht nur in seltenen Fällen eingeräumt wird.

c) Welche Begründung gibt es für das Kabotagerecht aller Fluggesellschaften der EU in allen EU-Staaten?

05 Eine Speditionsunternehmung in Frankfurt/Main ist IATA-Agentur. Das Unternehmen wird von einem Kunden mit der Abfertigung einer ausgehenden Sendung am Flughafen Frankfurt beauftragt.

aa) Wofür steht die Abkürzung IATA?

ab) Wer kann Mitglied der IATA sein?

ac) Nennen Sie zwei Aufgaben der IATA.

b) Nennen Sie drei Arbeiten, die unter die Pflicht, Sendungen „ready for carriage" aufzuliefern, fallen. ☑

06 Die IATA führt eine Sitzung der Verkehrskonferenz „Europa" durch.

a) Aus welchen Ländern nehmen die Luftverkehrsunternehmen an der Konferenz teil?

b) Über welche Themen können auf der Konferenz Beschlüsse gefasst werden?

c) Warum werden gemeinsame Sitzungen zwischen der Verkehrskonferenz „Europa" und „Mittlerer Osten" im Gebiet des TC2 durchgeführt?

07 Die Fa. LOGAIR GmbH in Köln möchte in Zukunft Luftfrachtgeschäfte abwickeln. Sie möchte, um diese Aufgabe professionell durchzuführen, IATA-Agent werden.

a) Welche Vorteile bringt es mit sich, IATA-Agent zu sein?

b) Welche Voraussetzungen muss sie erfüllen und

c) wie ist der formale Weg zur Zulassung?

d) Welche besonderen Aufgaben hat die LOGAIR GmbH als IATA-Agent?

e) Wie werden die Tätigkeiten vergütet?

4.7.2 Verkehrsgeografie Luftfracht

08 Die IATA hat die Staaten der Welt in Verkehrskonferenzen eingeteilt (TC1-3). In den einzelnen Konferenzen wurden Unterkonferenzen gebildet.

a) Wie sind die Verkehrskonfenzen TC1, TC2 und TC3 definiert?

b) Welche Staaten befinden sich in der Unterkonferenz „Europa" im TC2?

c) Nennen Sie die Länder, die die IATA zu TC2 „Mittlerer Osten" zählt.

09 Verschiedene Staaten Afrikas gehören nicht zur Unterkonferenz „Afrika" im TC2.

a) Nennen Sie die afrikanischen Staaten, die zur Unterkonferenz „Europa" bzw.

b) zur Unterkonferenz „Mittlerer Osten" gehören.

10 Ordnen Sie durch Ankreuzen die folgenden Städte den IATA-Konferenzgebieten bzw. deren Unterregionen zu.

Konferenzgebiete / Städte	TC1	TC2			TC3
		IATA-Europe	IATA Middle East	IATA Africa	
Paris	❑	❑	❑	❑	❑
Mombasa	❑	❑	❑	❑	❑
Jakarta	❑	❑	❑	❑	❑
Kairo	❑	❑	❑	❑	❑
Sydney	❑	❑	❑	❑	❑
New York	❑	❑	❑	❑	❑
Johannesburg	❑	❑	❑	❑	❑
Recife	❑	❑	❑	❑	❑
Ankara	❑	❑	❑	❑	❑
Dubai	❑	❑	❑	❑	❑

11 Auf der beiliegenden Weltkarte sind 20 Flughäfen durch die Ziffern 1 bis 20 bezeichnet.

a) Ordnen Sie den folgenden fünf Flughäfen die entsprechenden Ziffern aus der Weltkarte zu.

aa) Kairo
ab) Seattle
ac) Dakar
ad) Athen
ae) Singapur

b) Nennen Sie die Flughäfen, die auf der Weltkarte mit den Nummern 4, 18, 20, 9 und 13 bezeichnet sind.

c) Geben Sie zu den zehn in a) und b) genannten Flughäfen die jeweilige Traffic Conference (TC) an (auch die Subarea). ☑

12 Geben Sie für die folgenden Flughäfen die Staaten, die Verkehrskonferenz (TC) sowie die Subarea an und suchen Sie die Städte in einer Weltkarte.

- AUCKLAND
- ATLANTA
- ISTANBUL
- QUITO
- DUBAI
- WARSZAWA
- JOHANNESBURG
- CHICAGO
- MANILA
- DUBLIN
- MANAGUA
- BRUSSEL
- OSAKA
- ACCRA
- KUWAIT
- JAKARTA
- PEKING
- ROM
- ANCHORAGE
- DJIDDA

13 Zwei Frachtflugzeuge führen die folgenden Transporte durch:

1. Transport: Flughafen Tokyo (Narita Airport) nach Flughafen Frankfurt Rhein-Main, Abflug Mittwoch 9:00 Uhr, Flugzeit 10 Stunden

2. Transport: Flughafen Ft. Worth (Dallas TX) nach Flughafen Frankfurt Rhein-Main, Abflug Dienstag 21:00 Uhr, Flugzeit 9 Stunden

Zonenzeiten in Stunden: Flughafen Narita = MEZ +8
Flughafen Ft. Worth = MEZ −7

a) Wofür steht die Abkürzung MEZ?

b) In welchen Staaten liegen die Abgangsflughäfen?

c) An welchen Tagen und um welche Ortszeiten treffen die Luftfrachtsendungen am Zielflughafen beim
ca) 1. Transport
cb) 2. Transport
ein? ☑

15 Folgende Sendungen sollen per Luftfracht befördert werden. Bestimmen Sie, welche Lademittel für die einzelnen Sendungen geeignet sind.

1.	Pkw Daimler Benz	481 · 181 · 144 cm	2 200,0 kg
2.	Sammelgut	2,8 cbm	1 624,5 kg
3.	Anzüge (Hängeversand)		864,0 kg
5.	Lebensmittel	1,6 cbm	1 742,0 kg
6.	Textilmaschine	242 · 182 · 122 cm	2 410,0 kg
7.	Pferde	3 Stück	

16 Ein Sammelgutspediteur möchte 5,2 t Sammelgut nach Hongkong versenden. Das Gut hat die Maße 295 · 205 · 217 cm (zusammengestellt).

17 Bei einer Gefahrgutsendung gilt die Vorschrift „Cargo Aircraft only". Mit welchen Flugzeugtypen kann das Gut befördert werden?

14 Berechnen Sie die fehlenden Werte.

Von	Zeit UTC	Nach	Zeit UTC	Dauer	Abflug Ortszeit	Ankunft Ortszeit
Berlin	+0100	New York	−0500	6:30 Std.		17:10 h
London	+0000	Moskau	+0300	2:30 Std.	8:15 h	
Kairo	+0200	Sydney	+1000		6:20 h	23:10 h
Los Angeles	−0800	Athen	+0200	11:00 Std.		11:35 h
Peking	+0800	St. Petersburg	+0300	7:40 Std.	14:25 h	

zu 11

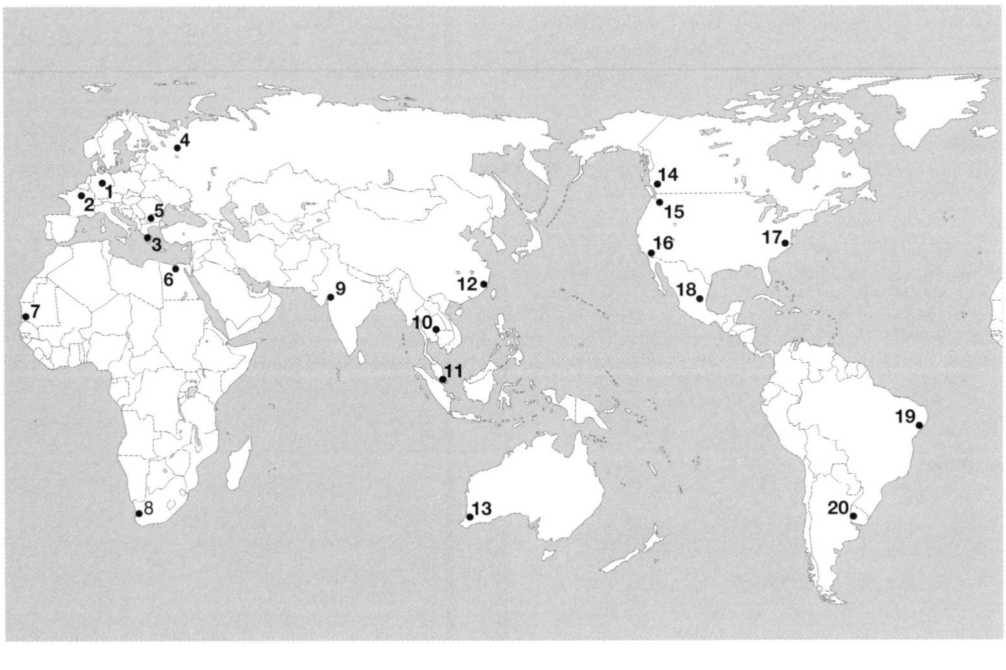

4.7.3 Luftfrachtvertrag

18 Das Industrieunternehmen Wildmann in Göttingen beauftragt den Spediteur Bachmeier in Frankfurt/Main, 5 Kartons Maschinenteile per Luftfracht nach Sydney/Australien zu versenden. Der Spediteur ist IATA-Agent und versendet das Gut mit der australischen Airline Quantas auf einem Direktflug nach Sydney (Zwischenlandung in Bangkok).

Beschreiben Sie

a) in welchen Funktionen der Spediteur Bachmeier beim Abschluss des Luftfrachtvertrages tätig wird.
b) welche Funktion die Fa. Wildmann im Frachtvertrag übernimmt und wie sie bezeichnet wird.
c) welche Bezeichnung für den Empfänger im Luftfrachtvertrag gewählt wird.

19 Bestimmen Sie die Rechtsgrundlage für folgende Frachtverträge im Luftfrachtverkehr:

a)	Frankfurt/Main (Deutschland)	New York (USA)
b)	Paris (Frankreich)	Colombo (Sri Lanka)
c)	Marseille (Frankreich)	Bujumbura (Burundi)
d)	Berlin (Deutschland)	Neu Delhi (Indien)
e)	Memphis (USA)	Colombo (Sri Lanka)
f)	Lyon (Frankreich)	Köln (Deutschland)
g)	Marseille (Frankreich)	Nairobi (Kenia)
h)	New York (USA)	Mombassa (Indien)

	MÜ	WAK	WAK und HP
Deutschland	x	x	x
USA	x	x	
Indien		x	x
Sri Lanka		x	
Burundi			
Frankreich	x	x	x
Kenia		x	

20 Der IATA-Agent AirTrans Spedition GmbH in Düsseldorf hat den beiliegenden Luftfrachtbrief für eine Sendung in die USA erstellt. Beschreiben Sie, welche Funktionen dieser Luftfrachtbrief (AWB) im Ablauf der Versendung hat.

21 Erläutern Sie, welche Inhalte folgende Felder des AWB haben:

a) WT/VAL/Other
b) Declared Value for Carriage
c) Amount of Insurance
d) Handling Information
e) Chargeable Weight
f) Other Charges
g) Insurance premium
h) Total other Charges due Carrier

22 Beantworten Sie die folgenden Fragen zu dem beiliegenden abgedruckten Air Waybill (AWB).

a) Nennen Sie die drei Verträge, die die im AWB genannten Unternehmungen miteinander abgeschlossen haben.
b) Erläutern Sie die Rechtsbeziehung zwischen der AirTrans Spedition und der Lufthansa Cargo.
c) Nennen Sie fünf Funktionen des AWB.
d) Erläutern Sie, wie im vorliegenden Fall die Frachtberechnung nach TACT erfolgte.
e) Nennen Sie drei Leistungen, für die Gebühren erhoben wurden. ☑

23 Die Spedition Gebrüder Rossmann GmbH ist zugelassener IATA-Agent und betreibt ab Frankfurt Luftfracht-Sammelgutverkehre nach verschiedenen Zielstationen in Ostasien. Dabei stellt sie House-AWB's, Master-AWB's und Cargo-Manifeste aus.

a) Beschreiben Sie, für wen diese Papiere bestimmt sind.
b) Erläutern Sie die Funktionen der drei Papiere.
c) Welche Rechtsstellung nimmt die Gebrüder Rossmann GmbH ein, wenn sie einen House-AWB ausstellt?

24 Im Frachtbrief auf der nächsten Seite wurde das Feld „Amount of Insurance" ausgefüllt. Dafür wurde kein Wert in das Feld „Declared Value for Carriage" eingetragen.

a) Nennen Sie Gründe für diese Entscheidung des Spediteurs.
b) Erläutern Sie, in welchen Fällen es sinnvoll ist, die Luftfrachtversicherung der Wertdeklaration vorzuziehen.

1 SZR = 1,1521 €

25 Der nebenstehende Frachtbrief wurde von der AirTrans Spedition GmbH zweimal unterschrieben.

Erläutern Sie die Bedeutung beider Unterschriften und deren rechtliche Hintergründe.

26 Die Fa. Metallbau AG in München hat eine Maschine im Wert von 110 000 € an einen Kunden in Bogota versendet. Nachdem das Gut bei der Lufthansa Cargo in München aufgegeben wurde, erfährt die Metallbau AG von einer möglichen Zahlungsunfähigkeit des Kunden. Sie hat daher den Wunsch, die Auslieferung der Sendung zu stoppen und die Maschine so lange einzulagern, bis ein weiteres Vorgehen beschlossen werden kann.

a) Ist diese Verfügung zulässig?
b) Welche Gründe könnte die Lufthansa Cargo AG anführen, um die Ausführung dieser Verfügung abzulehnen?
c) Welche Voraussetzung muss die Metallbau AG erfüllen, damit sie die Verfügung erteilen kann?

27 Der Empfänger einer Luftfrachtsendung nach Chicago verweigert die Annahme der Sendung und die Zahlung der Fracht. Welche Möglichkeiten hat die Fluggesellschaft in diesem Fall? Beurteilen Sie, in welchen Fällen die einzelnen Möglichkeiten sinnvoll sind.

28 Die Lufthansa verweigert die Annahme einer Sendung, da die Vorschriften über die Verpackung und Auflieferung der Güter nach Art. 6 der ABB Fracht der Lufthansa nicht erfüllt sind.

a) Nennen Sie die einzelnen Vorschriften über die Verpackung und Auflieferung.
b) Nennen Sie zu jeder Vorschrift ein Beispiel.

29 Beurteilen Sie, ob der Carrier in folgenden Fällen seine Pflichten verletzt hat und evtl. schadenersatzpflichtig wird:

a) Eine Sendung, deren Flug nach Flugplan um 13:40 Uhr in Chicago ankommen sollte, verzögert sich um drei Stunden.
b) Der Carrier streicht einen Flug, da es ihm nicht gelungen ist, die Maschine ausreichend auszulasten.
c) Ein Flug muss nach Guadalajara umgeleitet werden, weil in Mexico City das Flughafenpersonal streikt.
d) Die Flüge mit dem Airbus 340-200 nach Quito werden gestrichen, da die Regierung von Ecuador den Flughafen für Flugzeuge dieser Größe für die Dauer von Reparaturarbeiten gesperrt hat.

zu 24

020/DUS/8231 4566 020-8231 4566

Shipper's Name and Address	Shipper's account Number	Not negotiable **Air Waybill** Issued by Lufthansa Cargo AG Luftfrachtzentrum Flughafen Düsseldorf, 40474 Düsseldorf — **Lufthansa Cargo** Member of International Air Transport Association
WILSON ENGINEERING GMBH SCHORBERGER STR. 72 42699 SOLINGEN		

Consignee's Name and Address	Consignee's account Number	
SPINNAKER INDUSTRIES INTERNATIONAL INC 828 BROAD STREET NEWARK NJ 07102 USA		IT IS AGREED THAT THE GOODS DESCRIBED HEREIN ARE ACCEPTED IN APPARENT GOOD ORDER AND CONDITION (EXCEPT AS NOTED) FOR CARRIAGE SUBJECT TO THE CONDITIONS OF CONTRACT ON THE REVERSE HEREOF. ALL GOODS MAY BE CARRIED BY ANY OTHER MEANS INCLUDING ROAD OR ANY OTHER CARRIER UNLESS SPECIFIC CONTRARA INSTRUCTIONS ARE GIVEN HEREON BY THE SHIPPER AND SHIPPER AGREES THAT THE SHIPMENT MAY BE CARRIED VIA INTERMEDIATE STOPPING PLACES WHICH THE CARRIER DEEMS APPROPRIATE. THE SHIPPER'S ATTENTION IS DRAWN OF THE NOTICE CONCERNING CARRIER'S LIMITATION OF LIABILITY. SHIPPER MAY INCREASE SUCH LIMITATION OF LIABILITY BY DECLARING A HIGHER VALUE FOR CARRIAGE AND PAYING A SUPPLEMENT CHARGE IF REQUIRED

Issuing Carrier's Agent Name and City		Accounting Information
AirTrans Spedition GmbH Krahnenburgstraße 71 40472 Düsseldorf		
Agent's IATA Code	Account No.	
Airport of Departure (Address of first Carrier) and requested Routing Issuing Carrier's Agent Name and City DUS Düsseldorf		

to	By first Carrier/ Routing and Destination	to	by	to	by	Currency	CHGS Code	WT/VAL PPD	WT/VAL Coll	Other PPD	Other COLL	Declared Value for Carriage	Declared Value for Customs
EWR	Lufthansa					€		X		X		NVD	NCV

Airport of Destination	Flight/Date / For Carrier	Use only/ Flight/Date	Amount of Insurance	
NEWARK	LH 408/9		23 500,00	**Insurance** – If Carrier offers insurance and such insurance is requested in accordance with conditions on reverse hereof, indicate amount to be unsured in figures in box marked amount for insurance

Handling Information
Commercial Invoice attached 3-f, SPX/KC, INTERSPED, LBA-Registration No. DE.RAC.0210
10 (ten) cartons

No. of Pieces RCP	Gross Weight	kg lb	Rate Class	Commodity Item No.	Chargeable Weight	Rate / Charge	Total	Nature and Quantity of Goods (incl. Dimensions or Volume)
10	490	K	Q		500	2,47	1 235,00	electromotors DIMS: 10/30·40·50 cm 0,6 cbm
10	490						1 235,00	"V 100,0 k"

Prepaid	Weight Charge	Collect	Other Charges
1 235,00			AWA 10,00 CHA 30,00 MYC 245,00 SCC 73,50
	Valuation Charge		
	Tax		Insurance Premium INC 51,70
	Total other Charges Due Agent		Shipper certifies that the particulars on the face hereof are correct and that insofar as any part of the consignment contains dangerous goods, such part is properly described by name and is in proper condition for carriage by air according to the applicable Dangerous Goods Regulations.
40,00			AirTrans Spedition GmbH, Krahnenburgstraße 71, 40474 Düsseldorf
	Total other Charges Due Carrier		*Elfers*
370,20			Signature of Shipper or his Agent
Total prepaid	Total collect		AirTrans Spedition GmbH, Krahnenburgstraße 71, 40474 Düsseldorf 08.07.20(0) *Elfers*
1 645,20			
Currency Conversion Rates	cc charges in Dest. Currency		Executed on (Date) at (Place) Signature of Issuing Carrier or its Agent
For Carriers Use only at Destination	Charges at Destination		Total collect Charges

4.7.4 Luftfrachtberechnung

SZR 1,1521
USD 1,3246
AUD 1,2681
JPY 122,5475

30 Berechnen Sie für die Sendungen 1 bis 10 (auf dieser und der übernächsten Seite) die Luftfracht nach dem IATA-Luftfrachttarif. Bei einer Wertangabe ist eine auftretende Deckungslücke entweder mit LH-Transportversicherung oder Wertdeklaration (kostengünstigere Alternative wählen) abzusichern. Die Berechnung ist in € durchzuführen.

Sendungen ab Frankfurt/Main (FRA)

Sendung 1

1 Karton Maschinenteile nach SYDNEY — 53,8 kg, 98 · 95 · 72 cm

Sendung 2

1 Karton Elektromotoren nach TORONTO — 44,2 kg, 60 · 52 · 63 cm

Sendung 3

3 Kartons Laborgeräte nach BALTIMORE — 210,0 kg, 89 · 75 · 30 cm; 52 · 40 · 25 cm; 140 · 50 · 45 cm

Sendung 4

1 Kiste Pkw-Getriebe, Wert 18 200,00 €, nach NAGOYA — 138,0 kg, 89 · 110 · 135 cm

Sendung 5

2 Kartons Damenbekleidung nach BALTIMORE — 18,7 kg, 62 · 78 · 84 cm; 27,2 kg, 72 · 30 · 84 cm

Sendung 6

1 Container Typ 5 2 113,0 kg,
nach SYDNEY

Sendung 7

1 Kanne Chemische Produkte 58,0 kg, 45 · 30 · 15 cm
nach TORONTO

Sendung 8

2 Kisten Maschinenteile 398,6 kg, 122 · 66 · 95 cm
nach BALTIMORE Wert 9 715,00 € 152 · 65 · 205 cm

Sendung 9

5 Kartons Computerteile je 17,1 kg, je 105 · 78 · 15 cm
nach SYDNEY Wert 21 700,00 €

Sendung 10

8 Kartons Elektroteile 205,0 kg, je 76 · 52 · 42 cm
nach NAGOYA (für Gebäude)

Sendungen ab Tokyo (TYO)

Berechnen Sie für die Sendungen 11 bis 14 die Luftfracht nach dem IATA-Luftfrachttarif. Bei einer Wertangabe ist eine auftretende Deckungslücke entweder mit LH-Transportversicherung oder Wertdeklaration (kostengünstigere Alternative wählen) abzusichern. Die Ergebnisse der Berechnung sind in € umzurechnen.

Sendung 11

2 Kartons Zeitungen 62,0 kg, je 44 · 30 · 40 cm
nach Amsterdam

Sendung 12

1 Kiste Computer 72,3 kg, 52 · 64 · 48 cm
nach Rio de Janeiro Wert 2 023 153,00 JPY

Sendung 13

2 Kartons Maschinenteile 107,3 kg, 43 · 125 · 98 cm
(Landwirtschaftsmaschinen) 64 · 89 · 142 cm
nach Rio de Janeiro

Sendung 14

1 Kiste Druckmaschine 428,0 kg, 210 · 130 · 95 cm
nach Amsterdam Wert 11 078 656,00 JPY

31 Berechnen Sie unter Berücksichtigung der unten stehenden Angaben die Luftfrachten für folgende Sendungen, die auf getrennten AWBs von Düsseldorf nach Mombasa (Kenia) abgefertigt werden:

a) Sendung 1: Maschinenteile - 7 Kisten zu je 53,4 kg; Maße je 35 cm · 75 cm · 85 cm
b) Sendung 2: Zeitungen - 2 Kisten zu je 22,2 kg
c) Sendung 3: Elektronikbauteile - 1 Päckchen zu 4,1 kg - nicht sperrig

DÜSSELDORF		DE	DUS
€	€		KGS
MOMBASA	**KE**	M	76,69
		N	14,28
		45	10,75
		100	8,27
Warenklassenraten		300	3,54
(In Prozent der N-Rate)		500	3,18
ZEITUNGEN 33 %			

32 Die Spedition Müller & Co. KG, Köln, wurde von der Kiessling AG, Neuss, beauftragt, eine Maschine, zerlegt und verpackt in fünf Kisten, mit Luftfracht an die G. Smith Ltd. in Atlanta zu befördern.

Colliliste:

1 Kiste 590 cm · 120 cm · 195 cm	4 500 kg
1 Kiste 540 cm · 120 cm · 280 cm	6 500 kg
1 Kiste 360 cm · 120 cm · 180 cm	3 200 kg
1 Kiste 360 cm · 120 cm · 140 cm	2 800 kg
1 Kiste 360 cm · 120 cm · 100 cm	1 550 kg

Firmensitz der G. Smith Ltd., Atlanta, GA, USA; Frankatur: CFR Bestimmungsflughafen.

Vereinbarte Frachtraten:

- Flatrate 1,35 €
- Exportabfertigung 35,00 €
- Abholrolle 0,18 €/kg

Ermitteln Sie den Rechnungsbetrag in €. ☑

33 Eine Sendung Maschinenteile soll nach Sydney/Australien versendet werden. Sie besteht aus zwei Packstücken

a) 1. Packstück Gewicht: 23,2 kg Maße: 67 · 50 · 15 cm
2. Packstück Gewicht: 11,3 kg Maße: 70 · 70 · 23 cm
Berechnen Sie die Luftfracht (mit Rechenweg).

b) Erläutern Sie die Bedeutung der Tarifpositonen „1024", „8", „/C", „/B" und „M".

34 Die Spedition AirTrans in Düsseldorf erhält den Auftrag, die Versendung von 150 kg (brutto) Fotokopiergeräte von Tokio nach Osnabrück zu organisieren. Nachdem Sie die Luftfrachtraten auf verschiedenen Relationen von Tokio zu Flughäfen in der EU verglichen haben, bieten Sie Ihrem Kunden an, die Sendung per Luftfracht nach Amsterdam und von dort als Lkw-Sammelgut nach Osnabrück zu befördern. Eine Spezialrate auf der Relation Tokio-Amsterdam besteht nicht.

Wie viel Yen (JPY) betragen die Luftfrachtkosten gemäß dem vorher abgebildeten Auszug aus dem TACT?

[1] 15 000 JPY ☐
[2] 276 000 JPY ☐
[3] 301 500 JPY ☐
[4] 394 500 JPY ☐
[5] 519 000 JPY ☑ ☐

35 Erläutern Sie die Raten des TACT:

a) General Cargo Rates
b) Specific Commodity Rates
c) ULD-Raten
d) Warenklassenraten (Class Rates)
e) Minimum-Rate

LUFTFRACHTTARIF DER IATA (TACT = THE AIR CARGO TARIFF)

Zu Aufgabe 30-31

FRANKFURT		DE	FRA
€	€		KGS
NAGOYA	**JP**	M	76,79
		N	16,65
		45	11,99
		100	6,57
		300	5,29
		500	3,87
	4202	100	5,02
	4202	250	4,24

4202 ELECTRIC EQUIPMENT, ELECTRIC APPLIANCES EXCLUDING BUSINESS MACHINERY, OFFICE MACHINERY

SZR 1,1521
USD 1,3246
AUD 1,2681
JPY 122,5475

FRANKFURT			DE	FRA
€		€		KGS
SYDNEY	NS	AU	M	84,36
			N	14,74
			45	11,37
			100	7,32
			300	6,17
			500	5,57
			800	5,07
	1024		100	4,84
	1024		200	4,21
	/C			5,13
5	/B	2 000		9 709,43
8	/B	1 000		4 854,72
BALTIMORE	MD	US	M	79,69
			N	3,24
			45	2,69
			100	2,53
			300	2,43
			500	2,31
TORONTO	ON	CA	M	76,69
			N	3,05
			45	2,51
			100	2,34
			300	2,23
			500	2,12
	9709		45	1,98
	9709		100	1,79

1024 FISH (LIFE, INEDIBLE), CORAL, WEED, FISH FOOD

9709 CHEMICALS, CHEMICAL PRODUCTS, DRUGS, COSMETICS, PHARMACEUTICALS, ESSENTIAL OILS, RESINS, RUBBER INCLUDING PLASTIC ARTICLES, TOILET ARTICLES

TOKYO		JP	TYO
YEN	JPY		KGS
AMSTERDAM	NL	M	15 000
		N	2 880
		45	2 300
		100	2 010
		300	1 730
		500	1 430

RIO JANEIRO	BR		M	10 000
			N	3 660
			45	2 720
			100	2 560
			300	2 040
			500	1 810
		4200	100	2 210
		4426	100	2 210

4200 PARTS OF AGRICULTURE MACHINES, PARTS OF RAILWAY CARS, PARTS OF AUTOMOBILES

4426 AUTOMOBILE RADIOS, DICTATION MACHINES, RECORDING TAPE

Warenklassenraten (Class Rates)
(In Prozent der N-Rate)

NEWSPAPERS	50 %	VALUABLE CARGO	200 %
BOOKS		LIVE ANIMALS	150 %
		HUMAN REMAINS	300 %

Luftfrachtversicherung

von/nach	Zone 1	Zone 2	Zone 3	Zone 4
Zone 1	0,15 %	0,22 %	0,22 %	0,38 %
Zone 2	0,22 %	0,15 %	0,30 %	0,38 %
Zone 3	0,22 %	0,30 %	0,30 %	0,38 %
Zone 4	0,38 %	0,38 %	0,38 %	0,45 %

Zone 1:	Europa, Israel (ohne Osteuropa, Kanarische Inseln und Türkei)
Zone 2:	USA, Kanada (nur Kontinent)
Zone 3:	Australien, Neuseeland, Japan, Hongkong, Singapur, Taiwan und Südkorea
Zone 4:	Mittel- und Südamerika, Afrika, Asien, Osteuropa, Kanarische Inseln, Türkei und die übrigen Länder

4.7.5 Haftung nach Montrealer Übereinkommen

36 Ein Karton Christbaumschmuck aus Kristallglas wird von München nach Sydney/Australien mit der Lufthansa als Luftfrachtgut befördert (kein Sammelgut). Der Karton wiegt 22 kg. Der Warenwert laut Rechnung beträgt 3 700 €. Im Frachtbrief wurden 4 000 € als Warenwert deklariert. Die Sendung gerät beim Carrier in Verlust.

a) Welchen Betrag musste der Shipper für die Wertdeklaration bezahlen?

b) Wie hoch ist der Schadenersatz für diese Sendung?

c) Nennen Sie 3 Haftungsausschlüsse im Luftfrachtverkehr und geben Sie zu jedem Ausschluss ein Beispiel.

37 Eine Kiste mit Maschinenteilen mit einem Gewicht von 768,5 kg wird von Frankfurt/Main nach Memphis/USA per Luftfracht befördert. Bei der Ankunft stellt der Empfänger fest, dass die Kiste schwer beschädigt ist. Der Schaden beträgt 42 400 USD. Der Warenwert der Sendung lag laut der Handelsrechnung über 124 700 USD.

Die Sendung wurde nicht versichert. Wie hoch ist der Schadenersatz?

38 Eine Sendung ist auf einem Flug der Lufthansa von Berlin nach Madrid beschädigt worden. Die Fluggesellschaft haftet nach dem Montrealer Übereinkommen.

a) Wie ist die Beweislast geregelt?

b) Die Fluggesellschaft prüft, ob sie sich auf einen Haftungsausschluss berufen kann. Welche Haftungsausschlüsse könnte die Fluggesellschaft bei dieser Beschädigung anführen?

39 Sie haben als Spediteur eine Sendung per Luftfracht nach Osaka befördern lassen. Ihr Kunde möchte von Ihnen wissen, wie ein deutscher Luftfrachtführer bei der Durchführung dieser Beförderung haftet. Welche Antwort geben Sie ihm?

[1] Da die Beförderung durch die Deutsche Lufthansa erfolgt, haftet der Luftfrachtführer bei diesem Transport nach dem HGB mit maximal 8,33 Sonderziehungsrechten je kg brutto. ☐

[2] Die im Luftfrachtverkehr immer anzuwendenden Beförderungsbedingungen der IATA schreiben eine unbegrenzte Verschuldungshaftung des Luftfrachtführers für Sach- und Vermögensschäden vor. ☐

[3] Durch die Eintragung einer Wertdeklaration im Luftfrachtbrief werden Sach- und Vermögensschäden nach den Bestimmungen des Haager Protokolls von Haus zu Haus mit mindestens 20 USD je kg brutto ersetzt. ☐

[4] Da wir als Spediteur die Beförderung der Sendung besorgen, haftet der Luftfrachtführer nach den ADSp mit maximal 5 € je kg brutto für Sachschäden und bis zum dreifachen Verlustersatz für Vermögensschäden. ☐

[5] Da Japan und Deutschland das Montrealer Übereinkommen unterzeichnet haben, haftet der Luftfrachtführer für Beschädigungen und Verlust des Gutes nach diesen Beförderungsbedingungen mit maximal 19 SZR pro kg. ☑ ☐

4.7.6 Gefahrgut/Kombinierter Verkehr

40 Bei der Versendung von gefährlichen Gütern müssen die Gefahrgutvorschriften der IATA beachtet werden.

a) Wie lautet die englische Bezeichnung für die IATA-Gefahrgutvorschriften?

b) Welche Informationen werden zur Identifikation des Gefahrgutes benötigt?

c) Aus welchen Teilen der IATA-Gefahrgutvorschriften können die benötigten Informationen entnommen werden?

41 Luftfrachtgefahrgut ist zu kennzeichnen und zu markieren.

a) Welche Kennzeichen und Markierungen sind an den Packstücken anzubringen?

b) Wer hat die Aufgabe, diese Kennzeichnung/Markierung vorzunehmen?

c) Welche Funktion hat der IATA-Agent bei der Behandlung von Gefahrgut?

42 Welche schriftlichen Gefahrgutinformationen müssen dem Luftfrachtführer übergeben werden?

43 Wer ist verpflichtet, die Dokumentation auszustellen, und welche Funktion hat dabei der IATA-Agent/Spediteur des Shippers?

44 Wodurch unterscheiden sich die „Shipper's Declaration of Dangerous Goods" von den Unfallmerkblättern nach der GGVS/ADR? Welche Gründe könnte es haben, dass hier so unterschiedliche Deklarationen verwendet werden?

45 Der IATA-Agent Seegmüller GmbH in Frankfurt erhält von einem chemischen Unternehmen in Höchst den Auftrag, 3 Kannen giftige Chemikalien nach Pittsburg/USA zu versenden. Der Versender bringt die Sendung in das Flughafenbüro von Seegmüller. Die Sendung wird mit dem Incoterm FCA Flughafen Frankfurt/Main International Airport versendet.

Nennen Sie acht Aufgaben/Tätigkeiten der Seegmüller GmbH bei der Bearbeitung dieses Auftrags. Bringen Sie diese Aufgaben/Tätigkeiten in eine sachlich richtige Reihenfolge. ☑

46 IATA-Agent AirTrans hat den Auftrag, einen Gefahrguttransport im Luftverkehr abzufertigen.

Nennen Sie

a) die Vorschriften, nach denen er diesen Gefahrguttransport abwickeln muss.

b) fünf Gefahrgutklassen und je ein Beispiel für ein entsprechendes Gefahrgut.

c) zwei Begleitpapiere, die bei Beförderung von Gefahrgütern erforderlich sind.

d) die für die Ausstellung der in c) genannten Begleitpapiere zuständigen Personen. ☑

SEA-AIR-VERKEHRE

47 Einige weltweit tätige Speditionsunternehmen bieten ihren Kunden an, Güter im kombinierten Verkehr mit Seeschiff und Flugzeug zu befördern.

a) Welche Vorteile bietet diese Art der Versendung gegenüber dem reinen Seetransport?

b) Welche Vorteile gibt es gegenüber einem reinen Lufttransport?

48 Sea-Air-Verkehre wurden für bestimmte Arten von Güter entwickelt. Erläutern Sie, bei welcher Art von Gütern diese Transportart infrage kommen kann.

49 Zwischen den Flughäfen werden Güter von den Fluggesellschaften häufig nicht mit Flugzeugen befördert, sondern mit Lkw (Trucking).

a) Nennen Sie Gründe für die Fluggesellschaft, Transporte nicht mit dem Flugzeug, sondern mit dem Lkw zu befördern.

b) Welche Nachteile hat der Shipper bei solchen Transporten in haftungsrechtlicher Hinsicht?

→ Komplexe Beispielaufgabe

Die Intersped GmbH erhält von der Fa. Schulze-Mining in Essen den Auftrag, mehrere Kisten mit Bergbaumaschinen-Ersatzteilen nach Shanghai per Luftfracht zu versenden (Anlage Speditionsauftrag).

SZR 1,1521
CNY 8,1612

50 1. Ermitteln Sie das frachtpflichtige Gewicht der Sendung. Verwenden Sie dazu die abgebildete Tabelle, indem Sie die grau unterlegten Felder ausfüllen.

Maße			tatsächliches Gewicht (kg)	Volumen cm³
L (cm)	B (cm)	H (cm)		
Summe:				
Volumengewicht (kg):				
Frachtpflichtiges Gewicht:				

2. Die Sendung könnte in einen LD 3-Container verladen werden (Tarifcode 8).

2.1 Ermitteln Sie die reine Luftfracht für die Sendung (vgl. Anlage 3 TACT). Prüfen Sie, ob die Containerverladung zu einer günstigeren Luftfracht führt.

2.2 Geben Sie 2 Gründe an, die unabhängig vom Preis für eine Containerverladung sprechen.

3. Sie sollen im Auftrag des Kunden beiliegenden Air Waybill (Anlage 6) erstellen.
   3.1 Füllen Sie den AWB aus. Der Agents's IATA-Code ist 23-4 7445/3012. Nebengebühren sind dem Nebengebührentarif zu entnehmen (Anlage 5).
   3.2 Nennen Sie 4 Funktionen eines AWB.

4. Die Sendungen im Luftfrachtverkehr müssen durch den IATA-Agenten (Intersped) belabelt werden.
   4.1 Nennen Sie 4 Angaben, die sich auf dem Packstücklabel befinden können.
   4.2 Nennen Sie 2 weitere Label, die im Luftverkehr üblich sind.

5. Bei der Auslieferung der Sendung am Empfangsflughafen wird die Beschädigung der Kiste „SME1278/08" festgestellt. Der Inhalt ist nicht mehr brauchbar. Die Airline hatte bei der Übernahme in Düsseldorf eine reine Quittung erteilt. Die Verwendbarkeit der anderen beiden Sendungsteile ist nicht beeinträchtigt.
   5.1 Nennen Sie 2 Rechtsgrundlagen, in denen die Haftungsbedingungen für internationale Luftfrachttransporte geregelt sind.
   5.2 Berechnen Sie den Schadenersatz, den der Carrier leisten muss, wenn für Abgangs- und Bestimmungsland die aktuellste internationale Rechtsgrundlage gilt.

6. Bestimmen Sie mithilfe des Flugplans (Anlage 4)
   6.1 den Staat, in dem der Zielflughafen liegt.
   6.2 die IATA Traffic Area, in dem der Bestimmungsflughafen und der Abgangsflughafen liegt (Abgangsflughafen auch Subarea).
   6.3 Ermitteln Sie die reine Flugzeit.
   6.4 Nennen Sie 2 mögliche Flughäfen für eine Zwischenlandung, wenn der Flug über die Subarea Middle East und Südasien geht.

ANLAGE 1

SPEDITIONSAUFTRAG

Bitte übernehmen Sie die nachfolgend aufgeführte Sendung zur Versendung auf Grundlage der ADSp (neueste Fassung)

☒ Abholung durch Sie

am: jederzeit von Uhr bis Uhr

☐ Anlieferung bei Ihnen per/durch:

INTERSPED GMBH
Internationale Spedition
Merkurstraße 14
40223 Düsseldorf

Versender	Empfänger
Schulze Mining Systems Am Stadthafen 40 45356 Essen	Shanghai Shibang Machinery Co., Ltd. 416th, Jianye Road Pudong New District, Shanghai, China
Abholadresse (sofern abweichend von Versender)	Notifyanschrift / Versandanschrift

Versandart

☐ Land/Road	☐ Bahn/Rail	☒ Luft/Air	☐ Schiff/Sea	Transportversicherung

	Transportversicherung
Destination / Bestimmungsflughafen / Bestimmungshafen	☒ ist **nicht** einzudecken
Shanghai	☐ ist durch INTERSPED einzudecken
Frankatur gemäß Incoterms® 2010	☐ Zu Lasten Versender
DAT Shanghai	☐ Zu Lasten Empfänger
Besondere Vermerke, Weisungen, sonstige Informationen:	

Markierung	Anzahl	Art	Inhalt	Gewicht	Maße
SME 1277	1	Kiste	Ersatzteile für Bergbaumaschinen	290,0	115x100x120 cm
SME 1278	1	Kiste		188,0	130x120x100 cm
SME 1279	1	Kiste		212,0	110x100x120 cm

Auftraggeber	Ansprechpartner	Tel./Fax	E-Mail
Schulze Mining Systems Am Stadthafen 40 45356 Essen	Frank Marwitz	0201 4412-211 0201 4412-999 Fax	f.marwirtz@schulze-mining.de

Ort	Datum	Unterschrift
Essen	22.10.20(0)	Frank Marwitz

ANLAGE 2

schulze mining systems
Maschinenbau

sms

Exporter	Invoice No & Date	Exporter's Ref.
Schulze Mining Systems Am Stadthafen 40 45356 Essen	SMS 12.899/0811 20(0)-10-20	1277-127
	Buyers Order No. & Date SSM-09-4118 20(0)-05-24	

Consignee	Buyer (if other than consignee)	
Shanghai Shibang Machinery Co., Ltd. 416th, Jianye Road Pudong New District Shanghai, China	As CONSIGNEE	
	Country to Origin of Goods GERMANY	Country of Final Destination CHINA

Pre-Carriage by	Place or Receipt by Pre-Carrier	Terms of Delivery and Payment
Truck	Essen	DAT Shanghai
Vessel/Flight No. LH 809/LH 728	Port of Loading Düsseldorf	
Port of Discharge Shanghai Pudong (PVG)	Final Destination Shanghai	

Marks & Nos./ Container No.	No. & Kind of Pkgs	Description of Goods	weight kgs	Rate	Amount CNY
SME1277	1 case	spare parts for mining machines	290,0		373.037,00
SME1278	1 case		188,0		692.783,00
SME1279	1 case		212,0		255.796,80
				TOTAL VALUE CNY	1.321.616,80

Declaration	Signature & Date
We declare that this Invoice shows the actual price of the goods described and that all particulars are true and correct.	22.10.20(0) Schulze Mining Systems *Frank Marwitz*

ANLAGE 3 TACT

DÜSSELDORF			DE	DUS
EURO		EUR		KGS
SHANGHAI		CN	M	76,69
			N	11,77
			45	7,94
			100	4,44
			300	3,70
			500	3,56
			800	3,02
	1024		100	3,84
	/C			3,23
5	/B	2 000		5.309,44
8	/B	1 000		2.654,72

1024 FISH (LIFE, INEDIBLE), CORAL, WEED, FISH FOOD

ANLAGE 4 FLUGPLAN

Flug	ORG	DST	STD	STA	Fluggerät
LH809	DUS	FRA	11:50	12:45	319
LH728	FRA	PVG	17:25	09:55+1	744

ANLAGE 5 NEBENGEBÜHREN

Nebengebühren für Exportsendungen (Auszug)			EURO
1.	Allgemeine Gebühren		
1.1	Air Waybill-Ausstellung	pro AWB	10,00
1.2	Air Waybill-Berichtigung	pro AWB	25,00
2.	Abfertigungsgebühren		
2.1	Handling Charge	pro kg	0,08
	(Annahme, Verwiegen, Messen, Etikettieren, Übergabe an Fluggesellschaft)	Minimum	8,00
	pro Sendung	Maximum	30,00
3.	Dangerous goods		
3.1	DGR Handling Fee		
3.1.1	Alle DGR-Sendungen ausgenommen Radioaktiv-Sendungen	für eine UN-Nummer in Shipper's Declaration	35,00
		für mehr als eine UN-Nummer	70,00
4.	Weitere Gebühren		
	Fuel Surcharge	pro kg	0,65
	Security Surcharge	pro kg	0,15

ANLAGE 6

020/DUS/8231 4566 020-8231 4566

Shipper's Name and Address	Shipper's account Number	Not negotiable **Air Waybill** Issued by Lufthansa Cargo AG Luftfrachtzentrum Flughafen Düsseldorf, 40474 Düsseldorf **Lufthansa Cargo** Member of International Air Transport Association
Consignee's Name and Address	Consignee's account Number	It is agreed that the goods described herein are accepted in apparent good order and condition (except as noted) for carriage SUBJECT TO THE CONDITIONS OF CONTRACT ON THE REVERSE HEREOF. ALL GOODS MAY BE CARRIED BY ANY OTHER MEANS INCLUDING ROAD OR ANY OTHER CARRIER UNLESS SPECIFIC CONTRARA INSTRUCTIONS ARE GIVEN HEREON BY THE SHIPPER AND SHIPPER AGREES THAT THE SHIPMENT MAY BE CARRIED VIA INTERMEDIATE STOPPING PLACES WHICH THE CARRIER DEEMS APPROPRIATE: THE SHIPPER'S ATTENTION IS DRAWN OF THE NOTICE CONCERNING CARRIER'S LIMITATION OF LIABILITY. Shipper may increase such limitation of liability by declaring a higher value for carriage and paying a supplement charge if required
Issuing Carrier's Agent Name and City		Accounting Information
Agent's IATA Code	Account No.	
Airport of Departure (Address of first Carrier) and requested Routing Issuing Carrier's Agent Name and City		

to	By first Carrier/ Routing and Destination	to	by	to	by	Currency	CHGS Code	WT/VAL		Other		Declared Value for Carriage	Declared Value for Customs
								PPD	Coll	PPD	COLL		

Airport of Destination	Flight/Date / For Carrier	Use only/ Flight/Date	Amount of Insurance	**Insurance** – If Carrier offers insurance and such insurance is requested in accordance with conditions on reverse hereof, indicate amount to be unsured in figures in box marked amount for insurance

Handling Information

No. of Pieces RCP	Gross Weight	kg lb	Rate Class / Commodity Item No.	Chargeable Weight	Rate / Charge	Total	Nature and Quantity of Goods (incl. Dimensions or Volume)

Prepaid	Weight Charge	Collect	Other Charges
	Valuation Charge		
	Tax		Insurance Premium
	Total other Charges Due Agent		Shipper certifies that the particulars on the face hereof are correct and that insofar as any part of the consignment contains dangerous goods, such part is properly described by name and is in proper condition for carriage by air according to the applicable Dangerous Goods Regulations.
	Total other Charges Due Carrier		
			Signature of Shipper or his Agent
Total prepaid	Total collect		
Currency Conversion Rates	cc charges in Dest. Currency		Executed on (Date) at (Place) Signature of Issuing Carrier or its Agent
For Carriers Use Only at Destination	Charges at Destination		Total collect Charges

5 Frachtgeschäfte: Seefracht

5.1 Häfen und Fahrtgebiete

Seeschifffahrt
Fahrtgebiete: Amerika

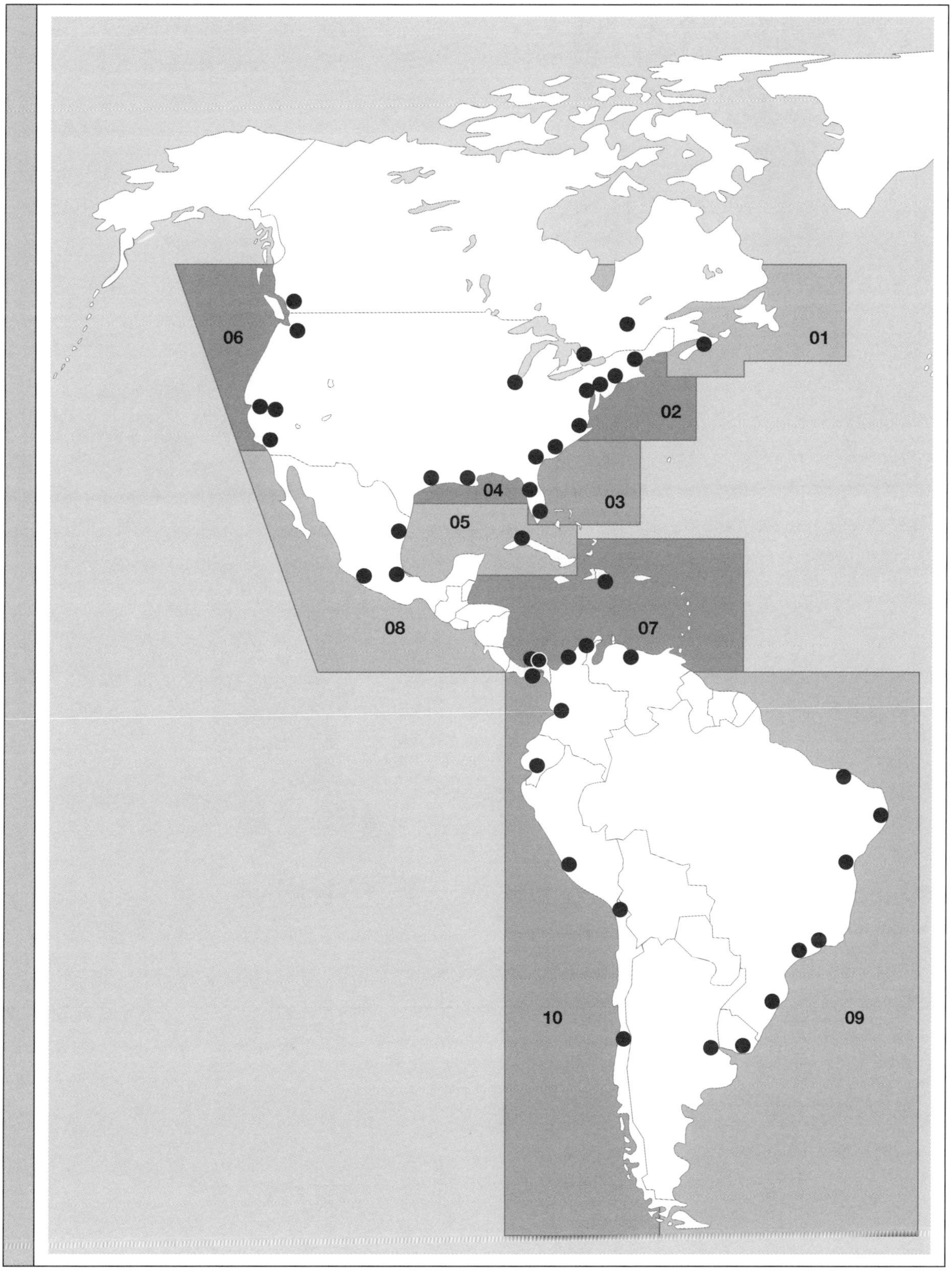

Seeschifffahrt
Fahrtgebiete: Europa, Afrika, Mittlerer Osten

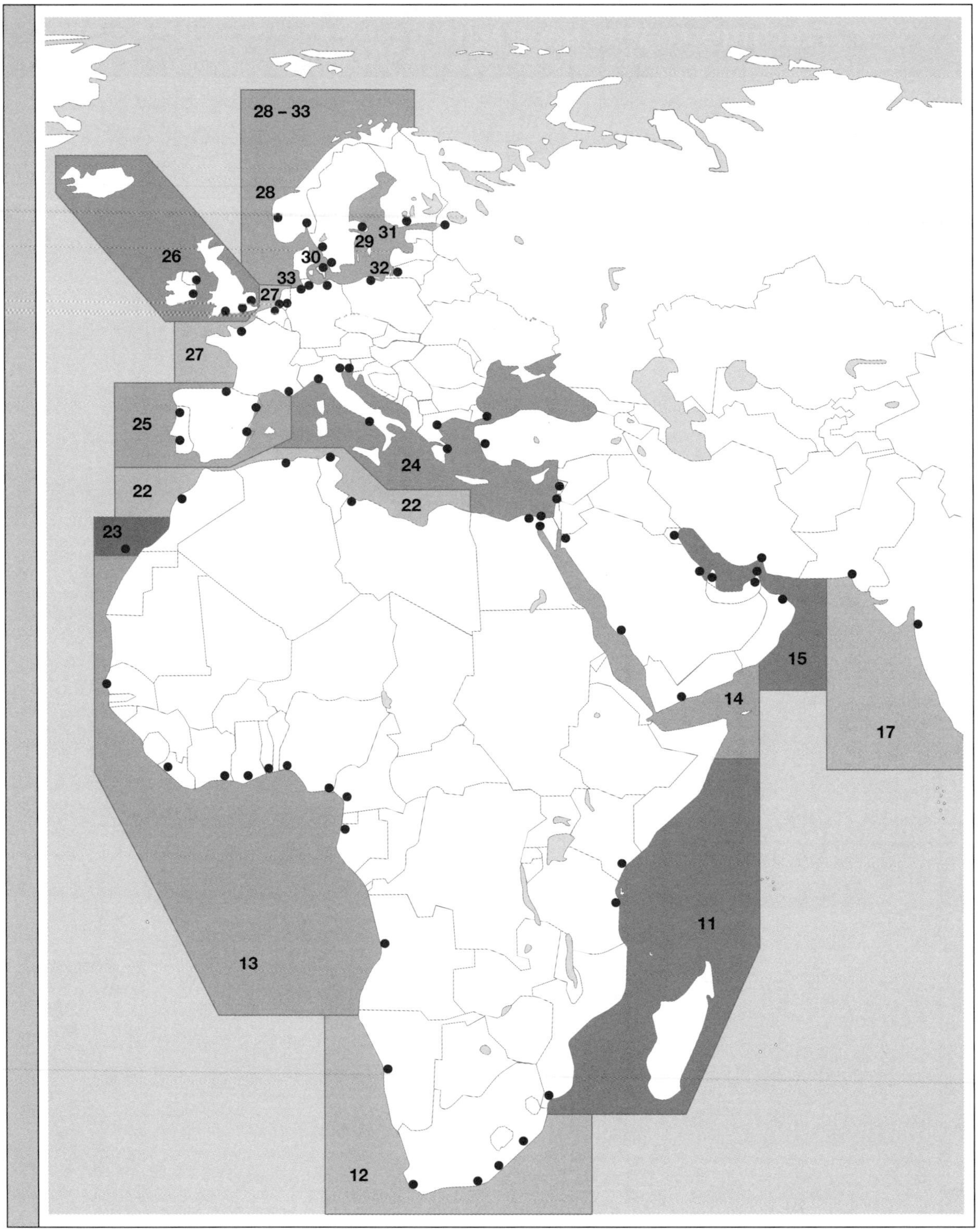

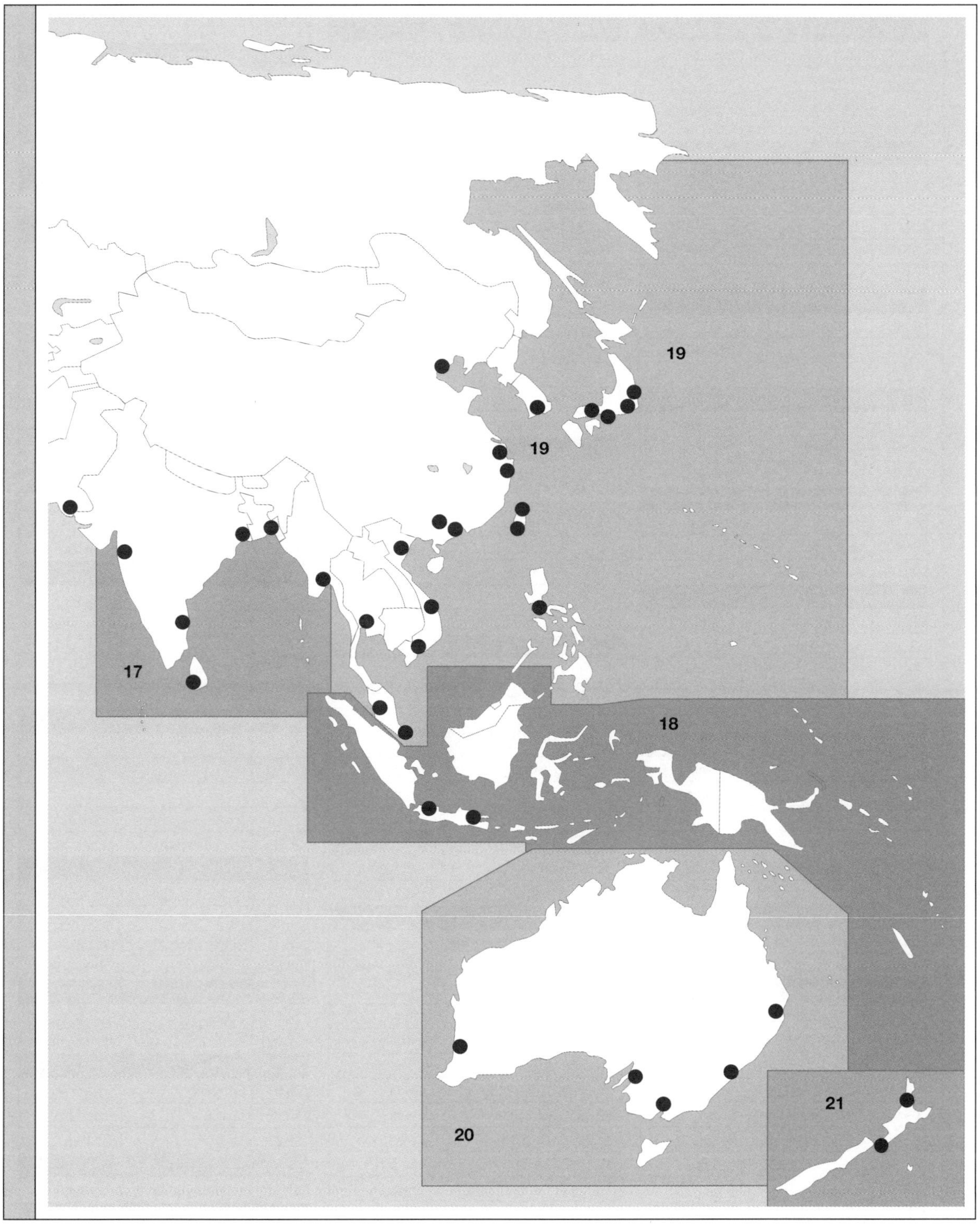

Seeschifffahrt Fahrtgebiete: Asien, Australien, Pazifischer Ozean

Seehäfen nach Fahrtgebieten

Überblick über Häfen, Schiffsrouten und Unternehmen

Vgl. http://ports.com

01 Kanada/USA - Große Seen:		
01.01	Halifax N.S.	Canada
01.02	Montreal	Canada
01.03	Toronto	Canada
01.04	Chicago	USA (IL)
02 Nordamerika – USA - Ostküste:		
02.01	Boston	USA (MA)
02.02	New York	USA (NY)
02.03	Philadelphia	USA (PA)
02.04	Baltimore	USA (MD)
02.05	Norfolk	USA (VA)
03 USA - Südatlantik/Bermuda:		
03.01	Charlestone	USA (SC)
03.02	Savannah	USA (GA)
03.03	Miami	USA (FL)
04 USA - Golfhäfen:		
04.01	Tampa	USA (FL)
04.02	New Orleans	USA (LA)
04.03	Houston	USA (TX)
05 Mexico/Golfhäfen/Kuba:		
05.01	Tampico	Mexiko
05.02	Veracruz	Mexiko
05.03	Havanna/Kuba	Kuba
06 USA/Canada - Westküste:		
06.01	Long Beach/L.A.	USA (CA)
06.02	San Fransisco	USA (CA)
06.03	Oakland	USA (CA)
06.04	Seattle	USA (WA)
06.05	Vancouver	Canada (B.C.)
07 Mittelamerika/Westindien:		
07.01	Colon	Panama
07.02	Manzanilla	Panama
07.03	Cartagena	Kolumbien
07.04	Barranquilla	Kolumbien
07.05	La Guaira (Caracas)	Venezuela
07.06	Santo Domingo	Dom. Rep.
08 Zentralamerika/Pazifik:		
08.01	Balboa/Panama-City)	Panama
08.02	Manzanillo	Mexico
09 Südamerika/Ostküste:		
09.01	Pecém/Fortaleza	Brasilien
09.02	Recife/Suape	Brasilien
09.03	Salvador	Brasilien
09.04	Itaguai (Rio d. J.)	Brasilien
09.05	Santos/São Paulo	Brasilien
09.06	Rio Grande	Brasilien
09.07	Montevideo	Uruguay
09.08	Buenos Aires	Argentinien
10 Südamerika/Westküste:		
10.01	Buenaventura	Kolumbien
10.02	Guayaquill	Equador
10.03	Callao (Lima)	Peru
10.04	Arica	Chile
10.05	Valparaiso	Chile
11 Ostafrika:		
11.01	Mombasa	Kenia
11.02	Dar-Es-Salaam	Tansania
11.03	Maputo	Moçambique
12 Südafrika:		
12.01	Durban	Südafrika
12.02	East London	Südafrika
12.03	Port Elisabeth	Südafrika
12.04	Cape Town	Südafrika
12.05	Walfish Bay	Namibia

13 Westafrika:		
13.01	Luanda	Angola
13.02	Pointe Noire	Kongo
13.03	Libreville	Gabun
13.04	Douala	Kamerun
13.05	Port Harcourt	Nigeria
13.06	Lagos/Apapa	Nigeria
13.07	Lome	Togo
13.08	Accra	Ghana
13.09	Abidjan	Elfenbeinküste
13.10	Monrovia	Liberia
13.11	Dakar	Senegal
14 Rotes Meer:		
14.01	Suez	Ägypten
14.02	Aquaba	Jordanien
14.03	Jeddah	Saudi-Arabien
14.04	Aden	Jemen
15 Pers./Arabischer Golf:		
15.01	Muskat	Oman
15.02	Dubai	V.A. Emirate
15.03	Abu Dhabi	V.A. Emirate
15.04	Bahrain	Bahrain
15.05	Dammam	Saudi-Arabien
15.06	Kuwait	Kuwait
15.07	Bandar Abbas	Iran
17 Indien/Pakistan/Bangladesh:		
17.01	Karachi	Pakistan
17.02	Mumbai (Bombay)	Indien
17.03	Colombo	Sri Lanka
17.04	Chenai (Madras)	Indien
17.05	Kolkata (Calcutta)	Indien
17.06	Chittagong	Bangladesh
17.07	Rangoon	Myanmar
18 Indonesien/Neuguinea/Südsee:		
18.01	Jakarta	Indonesien
18.02	Surabaya	Indonesien
19 Ostasien:		
19.01	Port Klang (Kelang)	Malaysia
19.02	Singapore	Singapore
19.03	Bangkok	Thailand
19.04	Ho Chi Minh City	Vietnam
19.05	Da Nang	Vietnam
19.06	Haiphong	Vietnam
19.07	Guangzhou/Kanton	China
19.08	Hongkong	China
19.09	Ningbo	China
19.10	Shanghai	China
19.11	Qingdao/Tsingtao	China
19.12	Keelung	Taiwan
19.13	Kaohsiung	Taiwan
19.14	Pusan	Süd-Korea
19.15	Kobe	Japan
19.16	Osaka	Japan
19.17	Yokohama	Japan
19.18	Tokio	Japan
19.19	Manila	Philippinen
20 Australien:		
20.01	Brisbane	Australien
20.02	Sydney	Australien
20.03	Melbourne	Australien
20.04	Adelaide	Australien
20.05	Perth/Fremantle	Australien
21 Neuseeland:		
21.01	Auckland	Neuseeland

21.02	Wellington	Neuseeland
22 Nordafrika/Marokko:		
22.01	Casablanca	Marokko
22.02	Algier	Algerien
22.03	Tunis	Tunesien
22.04	Tripolis	Libyen
23 Atlantische Inseln:		
23.01	Las Palmas/Kan.	Spanien
24 Mittelmeer/Levante		
24.01	Alexandria	Ägypten
24.02	Port Said	Ägypten
24.03	Haifa	Israel
24.04	Beirut	Libanon
24.05	Izmir	Türkei
24.06	Istanbul	Türkei
24.07	Saloniki	Griechenland
24.08	Piraeus	Griechenland
24.09	Triest	Italien
24.10	Venedig	Italien
24.11	Neapel	Italien
24.12	Genua	Italien
24.13	Marseille	Frankreich
25 Iberische Halbinsel:		
25.01	Barcelona	Spanien
25.02	Valencia	Spanien
25.03	Lissabon	Portugal
25.04	Porto	Portugal
25.05	Bilbao	Spanien
26 Großbritannien/Irland/Island:		
26.01	Dublin	Irland
26.02	Belfast	Großbritannien
26.03	Felixstowe	Großbritannien
26.04	London/Thamesport	Großbritannien
26.05	Southampton	Großbritannien
27 Belgien/Frankreich/Niederlande:		
27.01	Amsterdam	Niederlande
27.02	Rotterdam	Niederlande
27.03	Antwerpen	Belgien
27.04	Le Havre	Frankreich
28 Norwegen:		
28.01	Oslo	Norwegen
28.02	Bergen	Norwegen
29 Schweden:		
29.01	Göteborg	Schweden
29.02	Malmö	Schweden
29.03	Stockholm	Schweden
30 Dänemark:		
30.01	Kopenhagen	Dänemark
31 Finnland:		
31.01	Helsinki	Finnland
32 Baltische Häfen:		
32.01	Gdynia/Danzig	Polen
32.02	Klaipeda	Litauen
32.03	St. Petersburg	Russland
33 Deutsche Häfen:		
33.01	Emden	Deutschland
33.02	Wilhelmshaven	Deutschland
33.03	Bremen Bremerhaven	Deutschland
33.04	Hamburg	Deutschland
33.05	Rostock	Deutschland

Die größten Seehäfen der Welt

Vgl. dazu die Liste bei: American Association of Port Authorities: www.aapa-ports.org | Port Industrie Information | Statistics (20.01.2013)

WORLD PORT RANKING - 2010								
TOTAL CARGO VOLUME, MILLIONS OF TONS					CONTAINER TRAFFIC (TEUs, 000s)			
RANK	PORT	COUNTRY	MEAS.	TONS	RANK	PORT	COUNTRY	TEUs
1	Shanghai	China	MT	534 371	1	Shanghai	China	29 069
2	Singapore	Singapore	FT	501 566	2	Singapore	Singapore	28 431
3	Rotterdam	Netherlands	MT	429 926	3	Hongkong	China	23 669
4	Guangzhou	China	MT	425 600	4	Shenzhen	China	22 510
5	Ningbo	China	MT	408 150	5	Busan	South Korea	14 194
6	Tianjin	China	MT	400 000	6	Ningbo	China	13 144
7	Qingdao	China	MT	350 120	7	Guangzhou	China	12 487
8	Qinhuangdao	China	MT	276 282	8	Qingdao	China	12 012
9	Hongkong	China	MT	267 815	9	Dubai Ports	United Arab Emirates	11 576
10	Busan	South Korea	RT	262 963	10	Rotterdam	Netherlands	11 146
11	South Louisiana	United States	MT	214 337	11	Tianjin	China	10 080
12	Houston	United States	MT	206 055	12	Kaohsiung	Taiwan	9 121
13	Shenzhen	China	MT	204 860	13	Port Kelang	Malaysia	8 872
14	Dalian	China	MT	200 000	14	Antwerp	Belgium	8 468
15	Port Hedland	Australia	MT	198 997	15	Hamburg	Germany	7 896
16	Nagoya	Japan	FT	185 703	16	Los Angeles	United States	7 832
17	Antwerp	Belgium	MT	178 167	17	Tanjung Pelepas	Malaysia	6 299
18	Port Kelang	Malasyia	FT	168 558	18	Long Beach	United States	6 263
19	Dampier	Australia	MT	165 025	19	Xiamen	China	5 824
20	Chiba	Japan	FT	155 256	20	New York/New Jersey	United States	5 292
21	Ulsan	South Korea	RT	150 993	21	Dalian	China	5 242
22	Inchon	South Korea	RT	149 077	22	Laem Chabang	Thailand	5 068
23	Tubarao	Brazil	MT	132 031	23	Bremen/Bremerhaven	Germany	4 889
24	Dubai Ports	United Arab Emirates	MT	130 518	24	Tanjung Priok	Indonesia	4 715
25	Yokohama	Japan	FT	129 640	25	Tokyo	Japan	4 285
26	Xiamen	China	MT	127 281	26	Nhava Sheva (Mumbai)	India	4 270
27	New York/New Jersey	United States	MT	126 281	27	Valencia	Spain	4 207
28	Kaohsiung	Taiwan	MT	124 950	28	Colombo	Sri Lanka	4 000
29	Hamburg	Germany	MT	121 187	29	Lianyunggang	China	3 870
30	Vancouver	Canada	MT	118 379	30	Ho Chi Minh	Vietnam	3 856
31	Itaqui	Brazil	MT	118 058	31	Jeddah	Saudic Arabia	3 831
32	Yantian	China	MT	116 589	32	Mina Raysut (Salalah)	Oman	3 485
33	Newcastle	Australia	MT	114 576	33	Port Said	Egypt	3 475
34	Kwangyang	South Korea	RT	102 606	34	Felixstowe	United Kingdom	3 400
35	Kitakyushu	Japan	FT	98 844	35	Yingkou	China	3 338
36	Tanjung Pelepas	Malasyia	MT	97 656	36	Yokohama	Japan	3 280
37	Santos	Brazil	MT	96 026	37	Manila	Philippines	3 155
38	Amsterdam	Netherlands	MT	90 644	38	Khor Fakkan	United Arab Emirates	3 023
39	Sepetiba	Brazil	MT	90 475	39	Gioia Tauro	Italy	2 851
40	Hay Point	Australia	MT	87 804	40	Savannah	United States	2 825
41	Marseilles	France	MT	85 997	41	Algeciras - La Linea	Spain	2 810
42	Kobe	Japan	FT	85 532	42	Baiboa	Panama	2 759
43	Osaka	Japan	FT	85 283	43	Santos	Brazil	2 722
44	Richards Bay	South Africa	MT	85 148	44	Shahid Rajase	Iran	2 593
45	Novorossisk	Russia	MT	81 603	45	Kobe	Japan	2 556
46	Primorsk	Russia	MT	77 640	46	Nagoya	Japan	2 549
47	Tokyo	Japan	MT	77 515	47	Ambarli	Turkey	2 540
48	Gladstone	Australia	MT	73 900	48	Durban	South Africa	2 529
49	Bandar Abbas	Iran	MT	72 352	49	Port Metro Vancouver	Canada	2 514
50	Le Havre	France	MT	70 469	50	Zeebrugge	Belgium	2 390
51	Beaumont	United States	MT	69 817	51	Marsaxlokk	Malta	2 371
52	Bremen/Bremerhaven	Germany	MT	68 690	52	Le Havre	France	2 358

Abbreviations: MT = Metric Ton (1 000 kg), HT = Harbor Ton (907 kg), FT = FreightTon, RT = Revenue Ton[1]

NOTE: The cargo rankings based on tonnage should be interpreted with caution since these measures are not directly comparable and cannot be converted to a Single, standardized unit.

[1] Billing unit in shipping industry. One revenue ton equals weight in metric tons or volume in cubic meters, whichever is higher in terms of freight.

Seewasserstraßen

Seeschifffahrtskanäle, Seeschifffahrtswege, Meerengen

Seeschifffahrtskanäle, Seeschifffahrtswege, Meerengen

1	Europa	K	Nord-Ostsee-Kanal	Deutschland	Nordsee/Ostsee
2		ME	Oeresund	Dänemark/Schweden	Nordsee/Ostsee
3		ME	Ärmelkanal	Frankreich/GB	Atlantik/Nordsee
4		ME	Straße von Gibraltar	Spanien/Marrokko	Atlantik/Mittelmeer
5		ME	Dardanellen/Bosporus	Türkei	Mittelmeer/Schwarzes Meer
6	Asien	K	Suezkanal	Ägypten	Mittelmeer/Rotes Meer
7		ME	Bab el Mandeb	Djibouti/Jemen	Rotes Meer/Indischer Ozean
8		ME	Straße von Hormuz	VAR/Iran	Persischer Golf/Indischer Ozean
9		MF	Malakka-Straße	Indonesien/Singapur	Indischer Ozean/Südchinesisches Meer
10		ME	Sundastraße	Indonesien	Javasee/Indischer Ozean
11		ME	Lombokstraße	Indonesien	Javasee/Indischer Ozean
12		ME	Formosastraße	China/Taiwan	Süd-/Ostchinesisches Meer
13		ME	Koreastraße	Korea/Japan	Ostchinesisches Meer/Japanisches Meer
14	Amerika	K	St.-Lorenz-Seeschiffahrtsweg	Kanada	Atlantik/Große Seen
15		K	Panamakanal	Panama	Atlantik/Pazifik
16		ME	Straße von Yukatan	Mexiko/Kuba	Karibisches Meer/Golf von Mexiko
17		ME	Floridastraße	USA/Kuba	Atlantik/Golf von Mexiko
18		ME	Magellanstraße	Argentinien/Chile	Atlantik/Pazifik

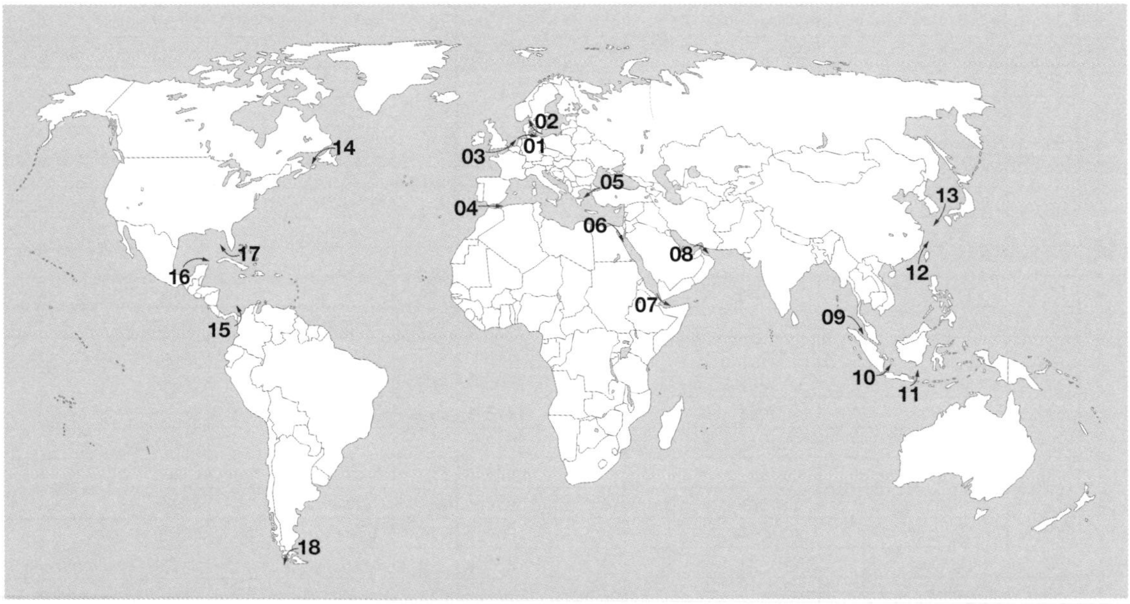

Weitere Containerlinien:

Evergreen Marine Corp. Ltd. (Taiwan): www.evergreen-line.com

Hapag-Lloyd Aktiengesellschaft, Hamburg: www.hapag-lloyd.com/de/products_and_services/interactive_service_finder.html

(10.10.2010)

Beispiele für die Evergreen „Container services"

Europe - French Asia Line (FAL1)		North Asia-U.S.East Coast-Europe pendulum (NUE)	
SOUTHAMPTON	XINGANG	PUSAN	NORFOLK
HAMBURG	SHANGHAI	SHANGHAI	CHARLESTON
ROTTERDAM	XIAMEN	NINGBO	COLON
ZEEBRUGGE	HONGKONG	QINGDAO	LOS ANGELES
LE HAVRE	YANTIAN	COLON	OAKLAND
MARSAXLOKK	SINGAPORE	NEW YORK	TOKYO
YANTIAN	PORT KLANG		PUSAN
DALIAN	SOUTHAMPTON		

EVERGREEN

WORLD-WIDE FULL CONTAINER SERVICES

Round-the-world-service Karten

FAL 1

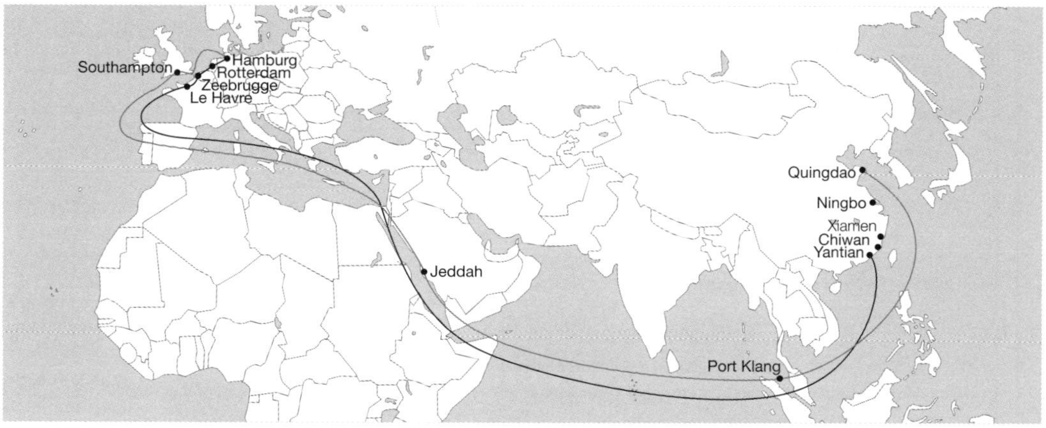

NUE

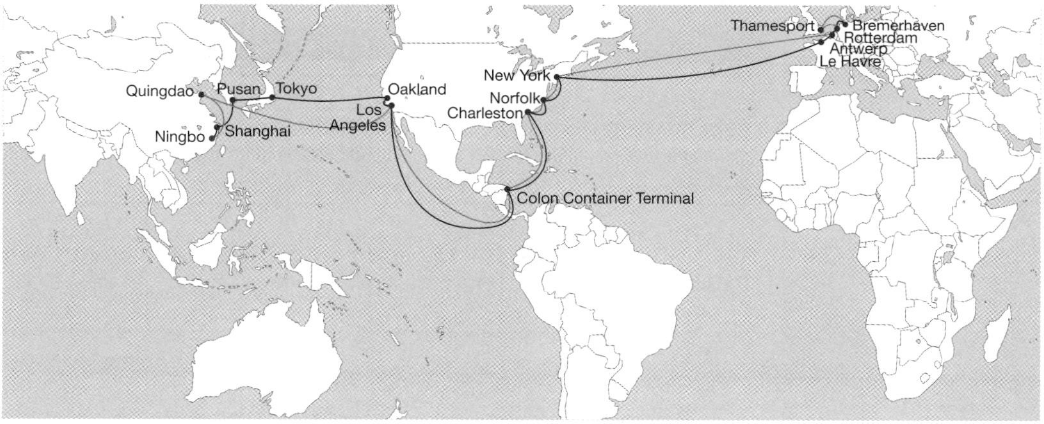

5.2 Schiffe und Container

Schiffsarten, Schiffstypen

Schiffsarten in der Seeschiffahrt

- **Trockenfrachtschiffe**
  - **Stückgutschiffe**: Konventionelle Stückgutschiffe
  - **Spezialschiffe**: Containerschiffe, RoRo-Schiffe, Kühlschiffe
  - **Massengutschiffe**: Massengutschiffe
- **Tankschiffe**
  - **Massengutschiffe**: Mineralöltankschiffe, Gastankschiffe, Chemikalientankschiffe

Anteile der Schiffstypen an der Welthandelsflotte (nach dtw/tdw)

World merchant fleet by ship type

	mill dtw 2012		share of total		mill dtw 2012		share of total
Tankers	547,4		37,61 %	Container ships	196,9		13,53 %
- Oil tankers		496,7		General cargo ships	105,3		7,24 %
- Chemical tankers		6,3		- Single-deck ships		60,6	
- Liquid gas tankers		44,5		- Multi-deck ships		15,7	
Bulk/OBO carriers	605,8		41,62 %	- Reefer ships		5,7	
- Bulk carriers		601,9		- Special ships		17,1	
- OBO carriers		3,9		- RoRo cargo ships		6,1	
				Sum	1455,4		100,00 %

Daten aus: ISL Institut für Seeverkehrswirtschaft und Logistik. ISL Shipping Statistics and Market Review (SSMR), Jan. 2012 (Short Comments), eigene Berechnungen

Beschreibung wichtiger Schiffstypen

	Gebräuchliche Schiffstypen	Beispiele
Konventionelle Stückgutschiffe	Stückgut-Ladebäume, Schiffsgeschirr (um ohne Hafenunterstützung das Laden und Löschen durchzuführen)	„Kent Forest" 15 000 tdw[1], 159 m lang, 21 m breit
Schwergutschiffe	Schwergutschiffe (special purpose carrier) wie konventionelle Stückgutschiffe, aber mit Schwergutladegeschirr (Ladebäume mit einer Tragfähigkeit bis zu 1 000 t)	MS „Virgo J", 7 400 tdw, Schwerlastgeschirr, 119,8 m lang, 20,6 m breit, Schwergutschiff
Containerschiffe	Einteilung nach Generationen: 1. Generation bis 1 000 TEU[5] 2. Generation bis 2 000 TEU 3. Generation bis 3 000 TEU — Panmax[6]-Schiffe 4. Generation über 3 000 TEU 5. Generation über 6 000 TEU — Post-Panmax-Schiffe 6. Generation über 8 000 TEU — Super-Post-Panmax-Schiffe	„Colombo Express" 335 m lang, 42,8 m breit, 8 750 TEU, 104 400 tdw „Emma Maersk" 397 m lang, 56,4 m breit, 14 500 TEU, 156 907 tdw
Massengutschiffe	a) Bulkcarrier[2] (größer als 10 000 tdw) kein Ladegeschirr, achtern liegende Aufbauten, für trockene Fracht (Getreide, Futtermittel, Erze (dry Cargo vessel); auch als Autotransporter (car carrier)	„Linda Oldendorff" 75 100 tdw, 225 m lang, 32 m breit (Getreidefrachter)
	b) Massengutmehrzweckschiffe O/O-Carrier: gleichzeit für Öl und Erz (oil/ore) geeignet; OBO[3]-Carrier: für Öl, Erz und sonstige Trockenmassengutladung (z. B. Kohle) geeignet.	„Pharos", 75 466 tdw, 243 m lang, 32 m breit (OBO-Carrier)
	c) Tankschiffe oil carrier: Öltanker; LPG (liquid-petroleum gas)/LNG (liquid natural gas): Flüssiggastanker[4] (für Raffinerie- oder Naturgas); Produkten- und Chemikalientanker	„Stena Queen", 457 841 tdw, 378 m lang, 68 m breit, Öltanker
Spezialschiffe	a) LASH (Leighter aboard ship): Bargen/Leichter werden über Binnenwasserstraßen zu Seehäfen gebracht, dort in das LASH-Mutterschiff geladen, im Empfangshafen ausgeladen und per Binnenschiffstransport weiterbefördert.	„ATLANTIC FOREST", 237 m lang, 32 m breit, 48 093 tdw. 83 Leichter, Portalkran
	b) RoRo (Roll on, Roll off) für rollfähige Ladung (Fahrzeuge, Baumaschinen, Landwirtschaftsmaschinen); Mehrzweck-RoRo-Schiffe (auch Container und große Stücke)	„TAMESIS" (Vehicles carrier) 39 516 tdw, 240 m lang, 32 m breit

1 tdw: Tragfähigkeit (tons-dead-weight, engl. Tons je 1 016 kg)
2 bulk/in bulk: lose/unverpackt, ganze Ladung
3 Ore (Erz), Bulk (ganze Ladung/Schüttgut), Oil (ÖL)
4 das Gas wird auf -161° Celsius gekühlt und damit auf 1/600 seines Volumens verdichtet
5 TEU = twenty foot equivalent unit (Maßeinheit für Schiffsgröße, 1 TEU ist der Stellplatz für einen 20'-Container)
6 Panmax bezeichnet Schiffe, die anhand ihrer Abmessung gerade noch durch die Schleusen des Panamakanals passen, die jeweils 1 000 ft (305 m) lang, 110 ft (33,5 m) breit und 85 ft (26 m) tief sind.

Containermaße, ISO-Container

Containermaße	Length			Width	Height	
	20'	40'	45'	8'	8'6"	9'6"
Dimensions	6 058 mm	12 192 mm	13 716 mm	2 438 mm	2 591 mm	2 896 mm
Minimum Internal Dimensions	5 867 mm 19'3"	11 998 mm 39'43/8"	13 532 mm 44'43/4"	2 197 mm 7'21/2"	2 350 mm 7'81/2"	2 655 mm 8'81/2"

Anmerkungen zu Containerarten auf der folgenden Seite

1 Mit abnehmbarem Stahldach
2 Mit Planen und Spriegeln am Dach (abnehmbar)
3 Container mit natürlicher (passiver) Belüftung haben Dach- und Bodenlüftungsleisten, zwangsbelüftete (aktive) Container nutzen Ventilatoren sowie Luftführungskanäle und/oder Luftklappen, um den erforderlichen Luftaustausch zu erreichen.
4 Isolierte Container: Die Versorgung des Containers mit Kühlluft durch das bordeigene Kühlsystem. Außerhalb des Schiffes mit „Clip-On-Units", Kühlcontainer: mit eigenem Kühlaggregat, die Integral Units werden auf Schiffen an das bordeigene Stromnetz angeschlossen.
5 Bulk- bzw. Schüttgutcontainer haben im Dach drei Einfüllöffnungen. An der Türseite befinden sich Ausschüttöffnungen oder Entladeklappen angebracht, durch die die Container entleert werden.

Containerarten

CONTAINERARTEN

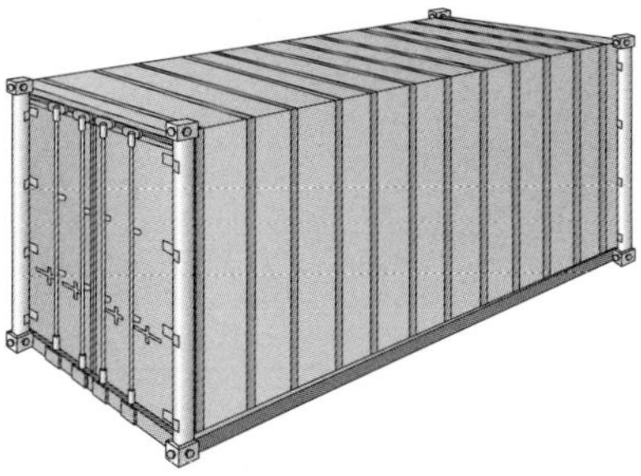	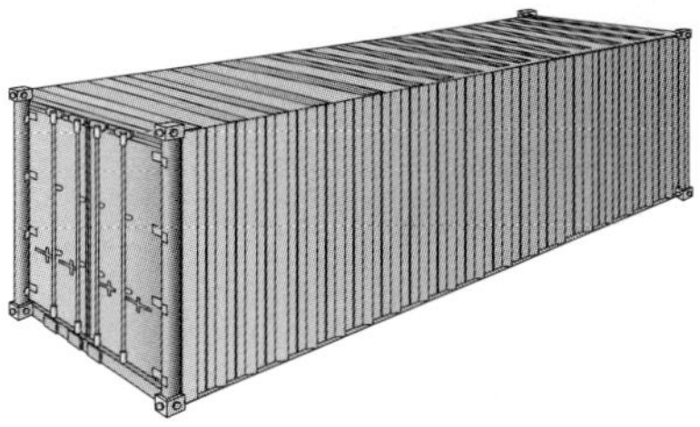
General Purpose Container 20'	General Purpose Container 40'
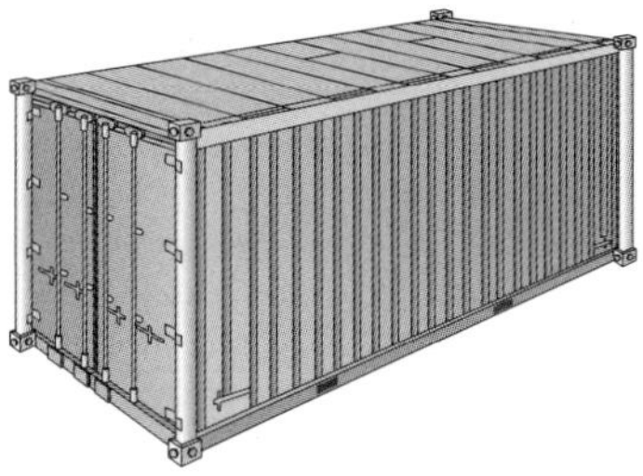	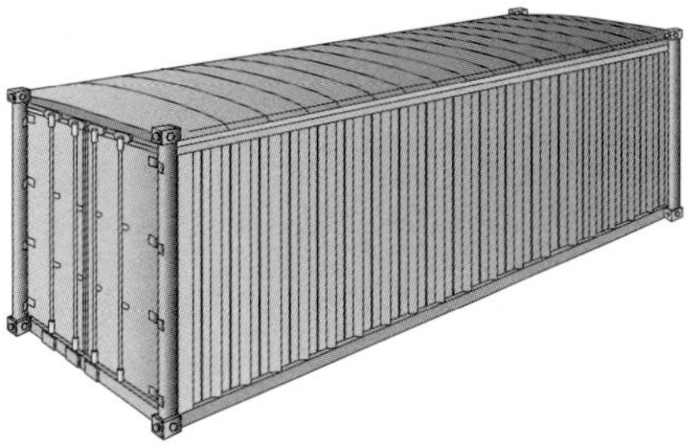
Hardtop Container 20'[1]	Open Top Container 40'[2]
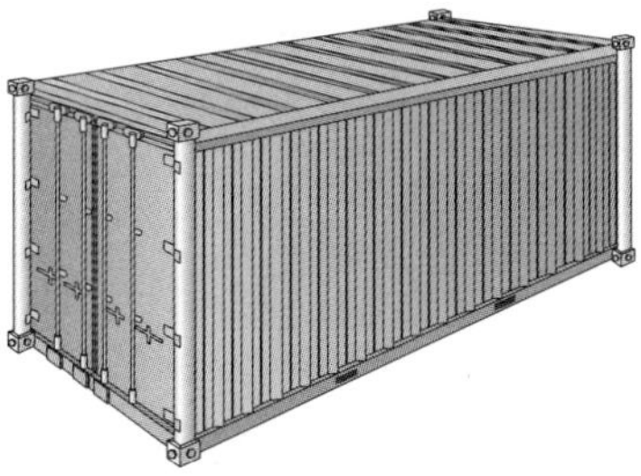	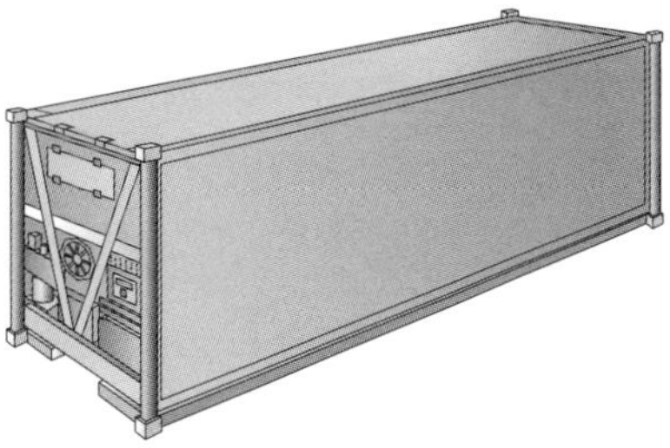
Ventilated Container 20'[3]	Refrigerated Container 40'[4]
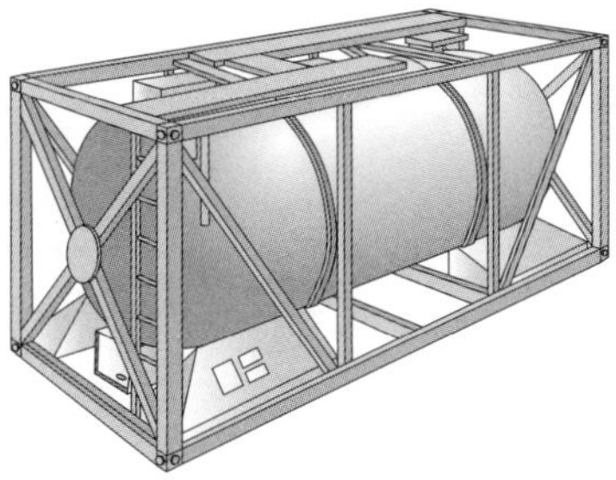	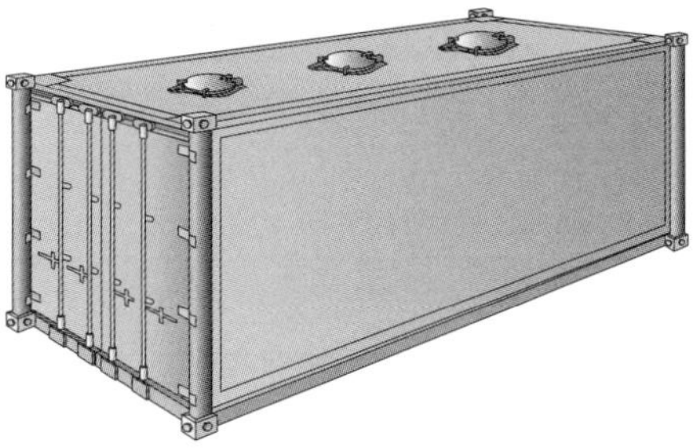
Tank Container 20'	Bulk Container 20'[5]
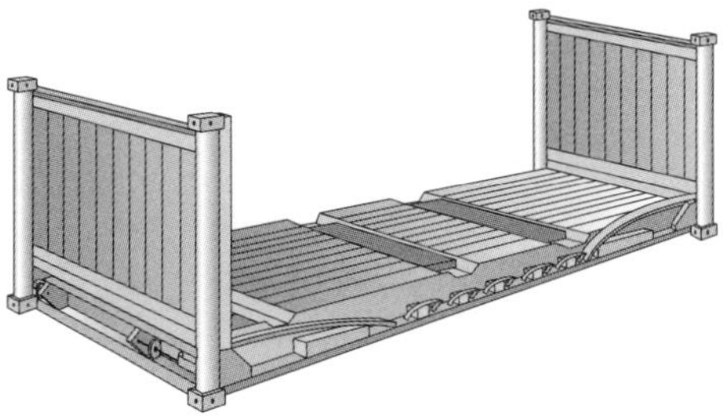	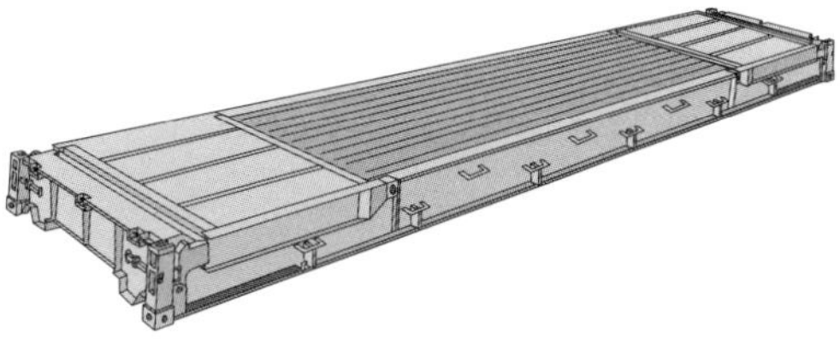
Flat 20'	Platform 40'

Anmerkungen zu den Containerarten finden Sie auf S. 128 unten.

Container-Kennzeichnung

Vgl. dazu: www.containerhandbuch.de.

SUDU 307 007 0

MAX. GROSS	35 000 kg.	77 160 lb.
TARE	4 080 kg.	8 990 lb.
PAYLOAD	30 920 kg.	68 170 lb.
CU.CAP.	70 5 cu.m.	3 488 cu.ft.

Containernummerierung			
SUD	**U**	**307 007**	**0**
Eigentümerschlüssel	Produktgruppenschlüssel	Registriernummer	Prüfziffer
SEA Maersk/Sealand SUD Hamburg-Süd POC P&O Nedlloyd CCL China Container Shipping HJC Hanjin Shipping	U für alle Container J für Ausrüstungen, die am Container angebracht werden können Z für Anhänger und Fahrgestelle	Fortlaufende Containernummer	

Max Gross Weight	Maximales Bruttogewicht
Tare	Tara, Eigengewicht des Containers
Max Payload	maximale Nutzlast des Containers
CU.CAP. = Cubic capacity	Rauminhalt

5.3 Seefrachtvertrag (Abschluss, Inhalte, Arten)

Beteiligte am Seefrachtvertrag

- Befrachter
- Ablader
- Verfrachter
- Schiffsagent

Beteiligte am Seefrachtvertrag

Befrachter	Ablader	Verfrachter	Schiffsagent
Vertragspartner des Verfrachters im Seefrachtvertrag a) der Absender (Hersteller/Händler) der Güter b) der Spediteur als Befrachter schließt den Frachtvertrag in eigenem Namen	Unternehmen, das vom Befrachter beauftragt wird, die Sendung dem Verfrachter zu übergeben (an das Schiff abzuladen)	Übernimmt es, im eigenen Namen die Beförderung von Gütern über See auszuführen. a) Reedereien (Schiffseigner) b) betreibt Seeschifffahrt mit gecharterten Schiffen	Linienagenten werden mit einem Agenturvertrag von einem Reeder oder einer Konferenz mit dem Abschluss von Seefrachtverträgen im Namen des Verfrachters beauftragt.
1. hat die Pflicht, die Güter rechtzeitig und ordnungsgemäß anzuliefern 2. muss die Seefracht bezahlen	1. Anlieferung der Sendung an das Schiff und Haftung für die Richtigkeit von Menge und Maßen 2. Recht auf Konnossemente 3. Recht auf Zustimmung für Decksverladung 4. Kündigungsrecht, Recht auf nachträgliche Verfügungen	1. Beförderung mit einem see- und ladungstüchtigen Schiff 2. Erhaltung der See- und Ladungstüchtigkeit während der Reise 3. Ladungsfürsorge von der Annahme bis zur Auslieferung	**HGB** **Fünftes Buch** **Seehandel**

Abschluss des Seefrachtvertrages

Abschluss des Seefrachtvertrages

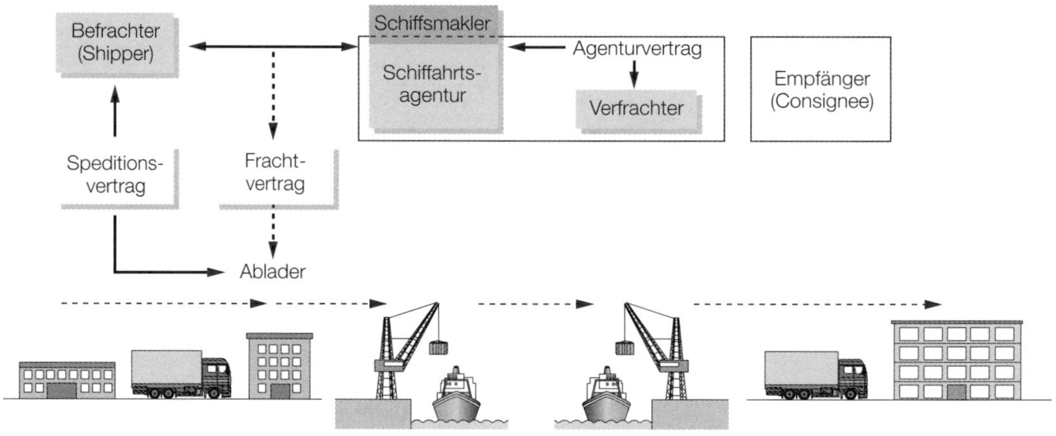

Buchung
- feste Buchung
- konditionelle Buchung

Buchung Seefracht	
Feste Buchung	▮ beim Verfrachter/Agent ▮ fester Vertragsabschluss ▮ Ausstellung einer Buchungsnote (booking note) ▮ Fehlfracht wird fällig, wenn danach nicht angeliefert wird.
Konditionelle Buchung	▮ Absicht des Befrachters, Fracht abzuladen ▮ Befrachter kann ohne Begründung Abstand von seiner Absicht nehmen ▮ Die Agentur kann eine Erklärung darüber verlangen, ob die konditionelle Buchung in eine feste Buchung umgewandelt werden soll, wenn 1. der Laderaum für eine andere, feste Buchung benötigt wird oder 2. mit Ablauf einer vereinbarten Erklärungsfrist (x Tage vor Schiffsabladeschluss) ▮ Ziel: Sicherung des Schiffsraumes und der Seefrachtraten am Tag der Buchung
Annahme ohne Buchung	Mit Zustimmung des Verfrachters können Seefrachtgüter auch ohne vorherige Buchung aufgegeben werden.

Seefrachtvertrag, Vertragsinhalte

Vgl. HGB Fünftes Buch: Seehandel, Vierter Abschnitt: Frachtgeschäft zur Beförderung von Gütern, §§ 556 ff.

Vertragsinhalte Seefrachtvertrag

Laden und Löschen

a) Verladung

Nach § 561 HGB sind vom Befrachter/Ablader „die Güter kostenfrei bis an das Schiff zu liefern, dagegen die Kosten der Einladung in das Schiff vom Verfrachter zu tragen."

b) Löschen

Nach § 593 HGB bezahlt der Verfrachter die Ausladung aus dem Schiff (Löschkosten). Der Empfänger bezahlt die Auslieferung aus dem Kaischuppen.

Decksverladung

Decksverladung ist die Verladung der Güter auf Deck des Schiffes, wobei diese Güter einem größeren Risiko unterliegen.

Decksverladung ist nur zulässig, wenn

a) ausdrückliche oder stillschweigende Zustimmung des Abladers vorliegt;

b) es sich um gefährliche Güter handelt, deren Decksverladung vorgeschrieben ist;

c) das Gut sich nur zur Verladung auf Deck eignet.

Optionsladungen

Das Ziel der Ladung wird bei der Übergabe im Versandhafen nur als „Range" beschrieben, deren Häfen das Seeschiff anzulaufen beabsichtigt (z. B. Hamburg-Antwerpen-Range). Vor Anlaufen des ersten Hafens muss der Löschhafen dann bekannt gegeben werden. Es muss ein Hafen innerhalb der Range sein, den das Schiff bedient.

FCL/LCL

Merchant's Haulage
Carrier's Haulage

Container: Vor- und Nachlauf

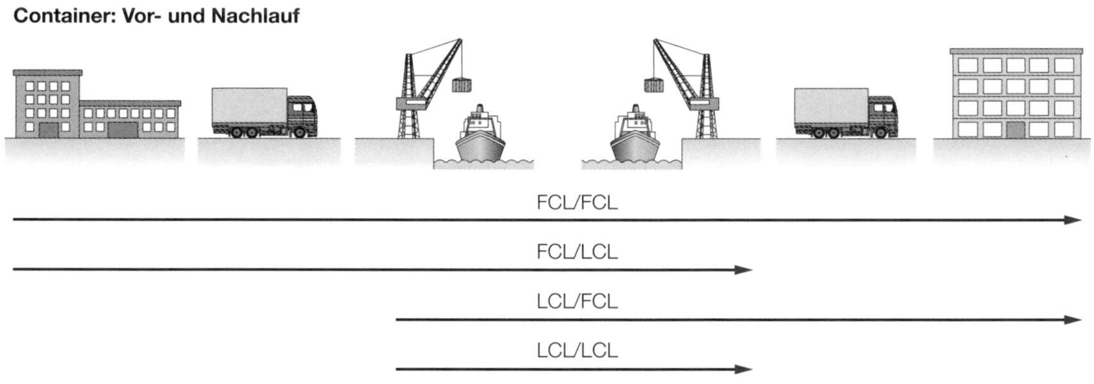

Vorlauf	Seetransport	Nachlauf
Vorlauf im Container (FCL): a) Merchant's Haulage (durch den Absender) b) Carrier's Haulage (durch den Verfrachter/Reeder)	Hauptlauf (Seetransport) im Container	Nachlauf im Container (FCL): a) Merchant's Haulage (durch den Absender) b) Carrier's Haulage (durch den Verfracher/Reeder)

FCL/FCL	Container wird beim Absender geladen, in den Seehäfen umgeschlagen und erst beim Empfänger entladen. Seetransport, Vor- und Nachlauf erfolgen containerisiert.
FCL/LCL	Container wird beim Absender geladen, im Verschiffungshafen umgeschlagen und im Empfangshafen entladen (Container-Freight-Station/CFS). Das Gut wird ohne Container zum Empfänger transportiert.
LCL/FCL	Das Gut wird in den Seehafen verbracht und dort in Container gepackt (Container-Freight-Station/CFS). Der Hauptlauf und der Nachlauf zum Empfänger erfolgten im Container.
LCL/LCL	Das Gut wird in den Seehafen verbracht und dort in Container gepackt (Container-Freight-Station/CFS). Der Hauptlauf erfolgt containerisiert. Das Gut wird ohne Container zum Empfänger transportiert.

5.4 Papiere (Konnossemente, Seefrachtbrief)

Konnossement, Definition

Gesamtverband der Deutschen Versicherungswirtschaft e. V. (GDV), Berlin: www.tis-gdv.de/tis/taz/k/konnossement.htm

„Beim Konnossement handelt es sich um ein vom Verfrachter ausgestelltes Traditionspapier im Seeschifftransport (Seekonnossement), das die Rechtsbeziehung zwischen dem Verlader, dem Verfrachter und dem Empfänger der beförderten Ware regelt. Es kann eine Bestätigung des Verfrachters über die Übernahme der Waren zur Verschiffung (Empfangs-/Übernahme-Konnossement, Received for Shipment B/L) oder eine Bestätigung über die Verbringung der Waren an Bord (Bord-/Verlade-Konnossement, On Board B/L, Shipped on Board B/L) sein. Darüber hinaus beinhaltet es die Verpflichtung des Verfrachters, die Waren zum Bestimmungshafen zu befördern und gegen Rückgabe des Konnossements an den legitimierten Inhaber des Konnossements auszuliefern."

Konnossement, Arten

Konnossementsarten		
Zeitpunkt und Ort der Gutübernahme	Bordkonnossement (Shipped B/L)	Verfrachter bescheinigt die Übernahme der Sendung an Bord des Schiffes.
	Übernahmekonnossement (Received B/L)	Verfrachter bescheinigt nur die Übernahme der Güter im Hafen, nicht deren Verladung an Bord des Schiffes.
Übertragungsmöglichkeiten/Bezeichnung des Empfängers	Namenskonnossement (Rektakonnossement)	Auf den Namen des Empfängers ausgestellt, der die Herausgabe der Güter verlangen kann Übertragung des Herausgabeanspruchs durch Zession auf Dritte Es können nur die Rechte beansprucht werden, die der Befrachter zum Zeitpunkt der Abtretung hatte. Eigentumsübertragung muss zusätzlich zur Abtretung erfolgen.
	Orderkonnossement (Order-B/L)	Handelsfähiges Warenwert-/Traditionspapier Übertragung des Eigentums und aller Rechte am Gut durch Indossament Einredevernichtende Wirkung des Konnossements
Zeitpunkt und Ort der Gutübernahme	Unreines Konnossement (foul-B/L)	Konnossement mit Vorbehalten des Verfrachters Unreines Konnossement wird von Banken nicht anerkannt
	Reines Konnossement (clean B/L)	Konnossement ohne Vorbehalte des Verfrachters über Menge und Zustand des Gutes oder Decksverladung

Sendungsanzahl, Gütermenge	Sammelkonnossement	Einheitliches Konnossement über mehrere Sendungen Durch die Zusammenfassung der Sendungen sind bessere Frachtraten zu erzielen. Im Containerverkehr sind solche Sammelkonnossemente üblich.
	Teilkonnossement	Ausstellung bei der Aufteilung der Sendung auf mehrere Empfänger gegen Einzug der Originalkonnossemente
Art der Transportdurchführung	Durchkonnossement (through B/L)	a) „Einfaches Durchkonnossement" für Güter, die während des Transportes auf mehrere Schiffe umgeladen werden. Der (erste) Verfrachter haftet für den ganzen Transport. b) Bei einem „unechten Durchkonnossement" verspricht der Verfrachter nur die Neuaufgabe der Sendung als Ablader. c) Bei einem „gemeinschaftlichen Durchkonnossement" versprechen beide Verfrachter die Auslieferung nur gegen Konnossement, die Haftung aber nur für ihre Teilstrecke.
	combined Konnossement (COMBINED TRANSPORTS BILL OF LADING)	Seekonnossemente, bei dem der Verfrachter auch die Haftung für Anschlussbeförderungen (oder Vorlauf) mit Bahn/Lkw übernimmt

Konnossement
- Funktionen
- Inhalte

Seefrachtbrief (Seaway Bill, Express B/L)

Konnossemente

Inhalt eines Konnossements (§ 643 HGB)

[3] Verfrachter
[4] Kapitän
[5] Name/Nationalität des Schiffes
[6] Ablader
[7] Empfänger
[8] Abladungshafen
[9] Löschungshafen (oder Ort, an dem Weisung über ihn einzuholen ist)
[10] Art, Maß, Zahl, Gewicht, Merkzeichen, äußere Verfassung und Beschaffenheit
[11] Bestimmungen über die Fracht
[12] Ort und Tag der Ausstellung
[13] Zahl der Ausfertigungen

Funktionen des Konnossements

a) Beweisfunktionen
- Beweisurkunde über Abschluss und Inhalt des Frachtvertrages.
- Übernahmebestätigung des Verfrachters für die angelieferten Güter (Quittung)

b) Frachtvertragsfunktionen
- Beförderungsversprechen des Verfrachters
- Dokumentation des Herausgabeanspruchs über die Sendung
- Sperrfunktion: Auslieferung erfolgt nur gegen Rückgabe eines Original-Konnossements

c) Übertragung des Konnossementes
- Konnossemente sind Warenwertpapiere (Traditionspapiere).
- Order-Konnossemente: Übertragung durch Indossament
- Namenskonnossemente: Übertragung durch Abtretung

Seefrachtbrief (Sea Waybill / Express B/L)

Transportdokument ohne Wertpapiercharakter. Der Seefrachtbrief weist den „An Bord"-Verlader der Ware aus und kann in jenen Fällen verwendet werden, in welchen kein Seekonnossement (Dokument mit Wertpapiercharakter) notwendig ist. Für die Entgegennahme der Ware ist die Vorlage des Seefrachtbriefes durch den darin genannten Empfänger nicht notwendig, was die Abfertigung am Bestimmungshafen beschleunigen kann.

Bill of Lading

Seaway Bill

Carrier: Hapag-Lloyd Aktiengesellschaft, Hamburg

Bill of Lading

Multimodal Transport or Port to Port Shipment

Hapag-Lloyd

Shipper:
Hinrichs & Ullmann GmbH, Spedition
Tollerortweg 42
20457 Hamburg-Steinwerder

as Agent of
Walter & Sohn KG, Gravertkamp 7, 25524 Itzehoe

Carrier's Reference: 200043212
B/L-No.: HL227-89-166
Page:

Export References: REF#18748

Consignee (not negotiable unless consigned to order):
Jayprit International
Exporters & Importers
Gulmohar Cross Road no 9,
Mumbai – 400 055, INDIA

or to his order

Forwarding Agent:

Notify Address (Carrier not responsible for failure to notify; see clause 20 (1) hereof):
Chinubhai Kalidas & Bros.
International Freight Forwarders
Port-A-Cabin, Dronagiri,
Mumbai 400 001, INDIA

Consignee's Reference: REF#AF1874X5

Place of Receipt:

Vessel(s): KYOTO EXPRESS
Voyage-No.: 07E39

Place of Delivery:

Port of Loading: Hamburg

Port of Discharge: Mumbai/India

Container Nos., Seal Nos.; Marks and Nos.	Number and Kind of Packages, Description of Goods	Gross Weight:	Measurement:
HLCU 857 412-4	1 · 20´ STANDARD-CONTAINER, S.T.C. MACHINE TOOLS AKKREDITIV-NR. 1289/G/177 SHIPPED ON BOARD DATE OCT/23/20(0)	12 430 KOS	

Shipper's declared Value [see clause 7(2) and 7(3)]

Total No. of Containers received by the Carrier:	Packages received by the Carrier:
– 1 –	
Movement: FCL/FCL	**Currency:**

Charge	Rate	Basis	Wt/Vol/Val	P/C	Amount

Total Freight Prepaid	Total Freight Collect	Total Freight

Above Particulars as declared by Shipper. Without responsibility or warranty as to correctness by Carrier [see clause 11]

RECEIVED by the Carrier from the Shipper in apparent good order and condition (unless otherwise noted herein) the total number or quantity of Containers or other packages or units indicated in the box opposite entitled "Total No. of Containers/Packages received by the Carrier" for Carriage subject to all the terms and conditions hereof (INCLUDING THE TERMS AND CONDITIONS ON THE REVERSE HEREOF AND THE TERMS AND CONDITIONS OF THE CARRIER'S APPLICABLE TARIFF) from the Place of Receipt or the Port of Loading, whichever is applicable, to the Port of Discharge or the Place of Delivery, whichever is applicable. One original Bill of Lading, duly endorsed, must be surrendered by the Merchant to the Carrier in exchange for the Goods or a delivery order. In accepting this Bill of Lading the Merchant expressly accepts and agrees to all its terms and conditions whether printed, stamped or written, or otherwise incorporated, notwithstanding the non-signing of this Bill of Lading by the Merchant.
IN WITNESS WHEREOF the number of original Bills of Lading stated below all of this tenor and date has been signed, one of which being accomplished the others to stand void.

Place and date of issue: HAMBURG, OCT/23/20(0)

Freight payable at:	Number of original Bs/L:
HAMBURG	3/3

For above named carrier
HAPAG LLOYD (HAMBURG) H. Bowmann

Beispiel (fiktive Daten), Formular von HAPAG-LLOYD, Hamburg

5.5 Haftung im Seegüterverkehr

Rechtsgrundlagen Haftung Seefracht

Rechtsgrundlagen Seefracht-Haftung

Handelsgesetzbuch
Fünftes Buch Seehandel
Vierter Abschnitt Frachtgeschäft zur Beförderung von Gütern

Haager Regeln
Internationales Abkommen zur Vereinheitlichung von Regeln über Konnossemente
1924

Haager-Visby Regeln
Internationales Abkommen zur Vereinheitlichung von Regeln über Konnossemente
1968

Geltung

- Ein handelbares Konnossement wurde ausgestellt.
- Es liegt eine Verschiffung von oder nach einem deutschen Hafen vor.

Haftung Seefracht

HAFTUNG DES VERFRACHTERS BEI KONOSSEMENTSLADUNGEN IN DER SEESCHIFFFAHRT

Grundsatz: Verschuldenshaftung des Verfrachters, aber Entlastungspflicht des Verfrachters für Schäden in der Obhutszeit

HAFTUNGSURSACHEN	HAFTUNGSAUSSCHLÜSSE	FREIZEICHNUNGEN	HAFTUNGSHÖHE
Der Verfrachter haftet für Verlust oder Beschädigung des Gutes im Obhutszeitraum, Er haftet insbesondere für 1. fehlende anfängliche See- und Ladungstüchtigkeit des Schiffes sowie Fehler bei der Erhaltung der See- und Ladungstüchtigkeit 2. mangelhafte Ladungsfürsorge (kommerzielles Verschulden)	Bei folgenden Gründen haftet der Verfrachter nur, wenn er den Schaden zu vertreten hat. 1. Gefahren oder Unfälle der See 2. Krieg, Unruhe, Quarantäne 3. gerichtliche Beschlagnahme 4. Streik, Aussperrung 5. Schuld anderer Vertragsbeteiligter 6. Rettung von Leben oder Eigentum auf See 7. Schwund, natürliche Beschaffenheit des Gutes	In den Konnossementbedingungen werden zusätzliche Haftungsausschlüsse vereinbart. Abweichungen von den zwingenden Haftungsregelungen nach § 504 ff. sind grundsätzlich nur in individualvereinbarungen möglich (§ 512 HGB) In AGB dürfen – die Haftungshöchstgrenzen angehoben werden – der Haftungsausschluss für nautische Verschulden vereinbart werden	Das Gesetz sieht folgende Haftungshöchstgrenzen vor: 1. 666,67 SZR für das Stück oder die Einheit oder 2. 2 SZR je kg des Rohgewichts der verlorenen oder beschädigten Güter. Von 1. oder 2. wird der höhere Betrag genommen. 3. Wert des Gutes, der im Konnossement angegeben wurde

Haverei

Die gemeinschaftliche (große) Haverei

Definition (§ 588 HGB):

Vorsätzliche Beschädigung oder Aufopferung von Schiff, Treibstoff, Ladung oder mehreren dieser Sachen auf Anordnung des Kapitäns zur Errettung aus einer gemeinsamen Gefahr. Die hierdurch entstandenen Schäden und Aufwendungen gehören zur Großen Haverei und werden von den Beteiligten gemeinschaftlich getragen.

Beteiligte sind

- die Eigentümer des Schiffes oder
- die Eigentümer des Treibstoffs oder
- derjenige, der die Gefahr trägt, dass ein zur Ladung gehörendes Frachtstück oder eine Frachtforderung untergeht.

1. Voraussetzungen
– gemeinsame Gefahr
– vorsätzlich zugefügte Schäden und Kosten
– Rettung

2. Fälle der großen Haverei
– über Bord werfen
– leichtern
– absichtliche Strandung
– Abwehr von Seeräubern

3. Verteilung der Havereikosten

- gemeinsam von den Beteiligten (Schiffseigner, Eigentümer des Treibstoffs und Ladungseigentümer)
- Grundlage ist der Wert des Schiffes, des Treibstoffes und der Ladung

4. Abwicklung einer großen Haverei

a) Verklarung:
Beweissicherungsverfahren über das zur Haverei führende Ereignis vor Gericht oder (im Ausland) vor einer deutschen Auslandsvertretung.

b) Dispache:
Dispache ist der Verteilungsplan der großen Haverei. Sie enthält die Ermittlung des Schadens, der haftenden Werte und die Berechnung der Schadensquote.

c) Auslieferung des Gutes findet nach der großen Haverei nur gegen Zahlung des Havereibeitrages statt. Um über das Gut während des Dispache-Verfahrens schon zu verfügen, zeichnet der Empfänger einen Havarie-Verpflichtungsschein (Haverie Bond) und hinterlegt einen Teil des Warenwertes auf einem Treuhandkonto (Haverie-Einschuss).

5. Abrechnung einer großen Haverei

Werte		Schäden		Schadensquote	Beispiel (Anteile)	
Schiff	98 500 000 €	Schiff	1 240 000 €	Quote:	Schiff	1 576 000 €
Treibstoff	6 580 000 €	Treibstoff	0 €		Treibstoff	105 280 €
Ladung	129 150 000 €	Ladung	2 507 680 €	$\frac{3\,747\,680\text{ €}}{234\,230\,000\text{ €}} = 1{,}6\%$	Ladung	2 066 400 €
Summe	234 230 000 €	Summe	3 747 680 €		Summe	3 747 680 €

5.6 Seefrachtberechnung

Seefrachtrechnen
Ratenarten
Zuschläge

Seefrachtberechnung

Maß- und Gewichtsraten

a) Maß- und Gewichtsraten
(M/G)/(W/M): Grundlage für die Berechnung ist die Frachttonne (frt). Eine Frachttonne ist eine Tonne oder ein Kubikmeter, je nachdem, welche Berechnung eine höhere Fracht ergibt.*

b) Gewichtsraten
Frachtraten werden nur nach dem Gewicht berechnet.

c) Maßraten
Frachtraten werden nur nach dem Volumen (1 frt = 1 cbm) berechnet.

* Maß- und Gewichtsraten werden für die einzelnen Packstücke berechnet.

Wertraten

a) Wertraten (ad valorem rates)
Die Seefracht wird als Prozentsatz vom Wert des Gutes berechnet (z. B. 3 % vom FOB-Wert).

b) Seefrachtraten mit Wertstaffel
Es werden zusätzlich zu den Maß- und Gewichtsraten Wertraten nach einer Staffel berechnet.

Sonstige Raten

a) Containerraten/Commodity-Box-Rates (CBR)
Pauschalfrachten für Seecontainer

b) FAK-Raten
Warenartunabhängige Raten

c) Lupsum-Raten
Pauschalpreise für bestimmte Artikel (z. B. ein Pkw)

Zuschläge

BAF	Bunker-Ausgleichsfaktor (bunker adjustment factor): Zu- oder Abschläge bei Treibstoff-Preisschwankungen
CAF	Währungsausgleichsfaktor (currency adjustment factor)
ISPS	Sicherheitszuschlag (ISPS = International Ship and Port Facility Security) wird pro Sendung oder pro Container berechnet.
LLC	Längenzuschlag (long lenght charge): je frt, wenn bestimmte Maximallängen der Frachtstücke überschritten werden
HLC	Schwergewichtszuschlag (heavy lift charge): Zuschlag für Schwerkolli je Gewichtstonne, wenn bestimmte Gewichte je Frachtstück überschritten werden
PSS	Hochsaisonzuschlag (Peak Season Surcharge) für bestimmte Fahrgebiete und Transportzeiten
FAC	Spediteurprovision (Forwarding Agents Commission)

Kalkulationsschema

	Grundfracht
+/–	Zuschläge/Abschläge (LA, HL, BAF in M/G, Congestion)
=	erweiterte Grundfracht
+/–	Zuschläge/Abschlage (Surcharge, BAF in %, CAF, ISPS ...)
=	Seefracht

Beispiele

BEISPIEL 1

Für folgende Sendung ist die Seefracht in € zu berechnen:

- 1 Kiste 2800 kg Maß 1,30 m · 1,50 m · 1,00 m
- 2 Verschläge je 6 530 kg Maß je Verschlag 9,20 m · 1,50 m · 0,70 m

Tarif: 82,50 USD M/G, H/L: Für Packstücke über 3 t : 8,50 USD je 1 000 kg, L/L: 6,20 USD je frt für jeden über 7,00 m Länge hinausgehenden angefangenen Meter, CAF –4 % **von der Grundfracht**, BAF 22,70 M/G

Anz.	Maße (m)			m²	Gewicht	FRT
1	1,30	1,50	1,00	1,950 m³	2,800 t	2,800 FRT
2	9,20	1,50	0,70	19,320 m³	13,060 t	19,320 FRT
						22,120 FRT

USD 1,5560	USD	€
Grundfracht	1 824,90	
BAF	502,12	
Heavy lift	111,01	
long lenght	359,35	
CAF	–73,00	
Gesamtfracht	2 724,39	1 750,89

BEISPIEL 2

Seefrachtberechnung für einen 40'-Container von Bremerhaven nach Shenzhen (China-North)

- Containerrate 1 250 USD
- BAF 890 USD
- CAF 17,7 % **auf die Grundfracht**
- THC Bremerhaven 175 €
- THC Shenzen 965,80 CNY

RATE	1 250,00 USD	USD	1,556
BAF	890,00 USD	CNY	10,6582
CAF	17,70 %		
THC BRV	175,00 €		
THC SZX	965,80 CNY		

	USD	CNY	€
Grundfracht	1 250,00		803,34
BAF	890,00		571,98
CAF	221,25		142,19
THC BRV			175,00
THC SZX		965,80	90,62
Gesamtfracht			1 783,13

5.7 Gefahrgut See

Gefahrgut See

Gefahrgutvorschriften See

- Verordnung über die Beförderung gefährlicher Güter mit Seeschiffen (Gefahrgutverordnung See - GGVSee)
- International Maritime Dangerous Goods (IMDG) Code (durch die GGVSee auch in Deutschland gültig)

Klassifizierung

- Einteilung in 9 Gefahrgutklassen entsprechend den ADR-Vorschriften
- Einteilung erfolgt nach Teil 2 des IMDG-Code

Kennzeichnung

- Packstücke und Behälter müssen mit
  - dem richtigen (technischen) Namen des Gefahrgutes und
  - der UN-Nummer

  gekennzeichnet werden.
- Packstücke und Behälter werden mit Gefahrzetteln gekennzeichnet (entsprechen den ADR-Gefahrzetteln).

Dokumentation

a) Gefahrgutangaben im Beförderungspapier (richtiger technischer Name, Klasse, UN-Nummer, Verpackungsgruppe und Menge des Gefahrgutes)

   - Verantwortliche Erklärung des Absenders über das Gefahrgut

   IMO Erklärung oder IATA SDT

c) Container-Packzertifikat (ist Teil der IMO-Erklärung)

IMO-Erklärung

IMO-Erklärung für gefährliche Güter

IMO Dangerous goods declaration

Dieses Formular entspricht SOLAS 74, Kapitel VII Regel 5; MARPOL 73/78, Anlage III, Regel 4 und dem IMDG-Code, Allgemeine Einleitung, Abschnitt 9

Versender „Shipper" (Hersteller oder Vertreiber) **1**	Buchungsnummer(n) **2**
Empfänger **3**	Beförderer **4**
Container-Packzertifikat/Fahrzeugbeladeerklärung **Erklärung** Es wird erklärt, dass der Container/das Fahrzeug gemäß Nr. 12.3.7 oder 17.7.7 der Allgemeinen Einleitung zum IMDG-Code beladen wurde. AUSFÜLLEN NUR FÜR SENDUNGEN IN CONTAINERN ODER FAHRZEUGEN	Name/Funktion, Unternehmen/Organisation des Unterzeichners **5** Ort und Datum Unterschrift im Auftrag des Packers
Schiffsname und Nummer der Reise — Ladehafen **6**	Frei für Text, Anweisungen und sonstige Angaben **7**
Löschhafen **8**	

Markierung der Versandstücke. Falls zutreffend, Identifikations-Nummer oder amtl. Kennzeichen	Anzahl und Art der Versandstücke, richtiger technischer Name*, IMO-Gefahrgutklasse/Unterklasse, UN-Nr., Verpackungsgruppe **, Flammpunkt (in °C c.c.)**, Kontroll- und Notfalltemperatur, Kennzeichnung der Güter als MARINE POLLUTANT **	Bruttomasse (kg), Netto-menge/-masse	Güter angeliefert als **9** Stückgut Ladungseinheiten (Unit Loads) Bulkverpackung Art der Einheit : (Container, Anhänger, Tank, Fahrzeug usw.) offen geschlossen Zutreffendes ankreuzen (Diese Spalte kann bis auf die Überschrift freigelassen werden; in diesem Fall ist die zutreffende Beschreibung einzusetzen.)

* Marken- oder Handelsnamen allein sind nicht ausreichend. Falls zutreffend: (1) das Wort „Abfall" vor den Namen setzen; (2) „LEER UNGEREINIGT" oder „RÜCKSTÄNDE - ZULETZT ENTHALTEN" hinzufügen; (3) „BEGRENZTE MENGE" hinzufügen.

** Falls nach 9.3 der Allgemeinen Einleitung zum IMDG-Code erforderlich

*** Falls erforderlich

↴ Die IMDG-Code-Seite darf nicht auf diesem Formblatt erscheinen.↴

ZUSÄTZLICHE ANGABEN **10**

Unter bestimmten Bedingungen sind besondere Angaben/Bescheinigungen erforderlich; siehe IMDG-Code, Allgemeine Einleitung, Nr. 9.7.1/9.7.2

Erklärung Hiermit erkläre ich, dass der Inhalt dieser Sendung mit dem (den) richtigen technischen Namen vollständig und genau bezeichnet ist. Die Güter sind nach den geltenden internationalen und nationalen Vorschriften klassifiziert, gepackt, beschriftet und gekennzeichnet/plakatiert und befinden sich in jeder Hinsicht in einem für die Beförderung geeigneten Zustand.	Name/Funktion, Unternehmen/Organisation des Unterzeichners **11** Unterschrift im Auftrag des „Shippers" (Hersteller oder Vertreiber gefährlicher Güter)

5.8 Aufgaben zur Seefracht

5.8.1 Verkehrsgeografie Seefracht

01 Die Evergreen-Linie betreibt die Containerservices Europe - French Asia Line (FAL1) und North Asia-U.S.East Coast-Europe pendulum (NUE). Die Schiffe fahren ostwärts (eastbound) und westwärts (westbound).

a) Suchen Sie die angelaufenen Häfen auf einer Karte und stellen Sie den Staat fest, in dem der Hafen liegt.

b) Beschreiben Sie, welche Fahrtgebiete von diesen Round-the-World-Diensten berührt werden.

c) Nennen Sie die Meere, Meerengen, natürlichen und künstlichen Seekanäle, die diese Schiffe passieren.

02 Das Seeschiff AL ABDALI fährt am 31.07.20.. in Rotterdam ab und soll am 05.09.20.. in TOKYO ankommen. Unterwegs läuft es folgende Häfen an:

ROTTERDAM, THAMESPORT, HAMBURG, ANTWERP, NAPOLI, JEDDAH, DUBAI, ABU DHABI, BAHRAIN, KUWAIT, BOMBAY/MUMBAI, SINGAPORE, HONGKONG, PUSAN, TAIPEH, YOKOHAMA, KOBE, TOKYO.

a) In welchen Staaten liegen diese Häfen?

b) Welche Meerengen / Seewasserstraßen / Seeschifffahrtskanäle passiert dieses Schiff?

c) Welche Fahrtgebiete werden auf dieser Fahrt berührt?

03 Das Seeschiff SOVCOMFLOT SENATOR fährt am 22.07.20.. in Bremen ab und soll am 07.09.20.. in Hongkong ankommen. Es läuft folgende Häfen an:

BREMERHAVEN, ROTTERDAM, LE HAVRE, NEW YORK, SAVANNAH, BALBOA, LONG BEACH, OAKLAND, VANCOUVER, PUSAN, HONGKONG

a) In welchen Staaten liegen diese Häfen?

b) Welche Meerengen / Seewasserstraßen / Seeschifffahrtskanäle passiert dieses Schiff?

c) Welche Fahrtgebiete werden auf dieser Fahrt berührt?

04 Das Seeschiff ROSA DELMAS fährt am 12.08.20.. in Genua ab und soll am 16.09.20.. in Durban ankommen. Unterwegs läuft es folgende Häfen an:

GENOA, MARSEILLE, BARCELONA, DAKAR, DOUALA, LUANDA, CAPE TOWN, DURBAN

a) In welchen Staaten liegen diese Häfen?

b) Welche Meerengen / Seewasserstraßen / Seeschifffahrtskanäle passiert dieses Schiff?

c) Welche Fahrtgebiete werden auf dieser Fahrt berührt?

05 Das Seeschiff MSC INDONESIA fährt am 08.08. in Sydney ab und soll am 20.09. in Felixstowe ankommen. Unterwegs läuft es folgende Häfen an:

SYDNEY, MELBOURNE, ADELAIDE, FREMANTLE, DURBAN, ANTWERP, FELIXSTOWE

a) In welchen Staaten liegen diese Häfen?

b) Welche Meerengen / Seewasserstraßen / Seeschifffahrtskanäle passiert dieses Schiff?

c) Welche Fahrtgebiete werden auf dieser Fahrt berührt?

06 Die Containerreederei BCG, Bremen, bedient mit ihren Schiffen im „Round-the-World-Service" die auf der nachfolgenden Karte aufgeführten Containerhäfen. Ein Containerschiff fährt fahrplanmäßig im Rahmen einer westgehenden Reise die folgenden alphabetisch geordneten Hafenplätze an:

Boston, Dubai, Hongkong, Long Beach, Singapur, Tokyo

a) Ordnen Sie diesen Häfen die jeweils zutreffenden Lage-Kennziffern in der nachfolgenden Karte zu. Tragen Sie die Lage-Kennziffern in die Tabelle ein.

b) Erklären Sie die Abkürzungen

ba) NAOK.

bb) NAWK.

c) Erläutern Sie den Fachbegriff „Round-the-World-Service". ☑

zu 06

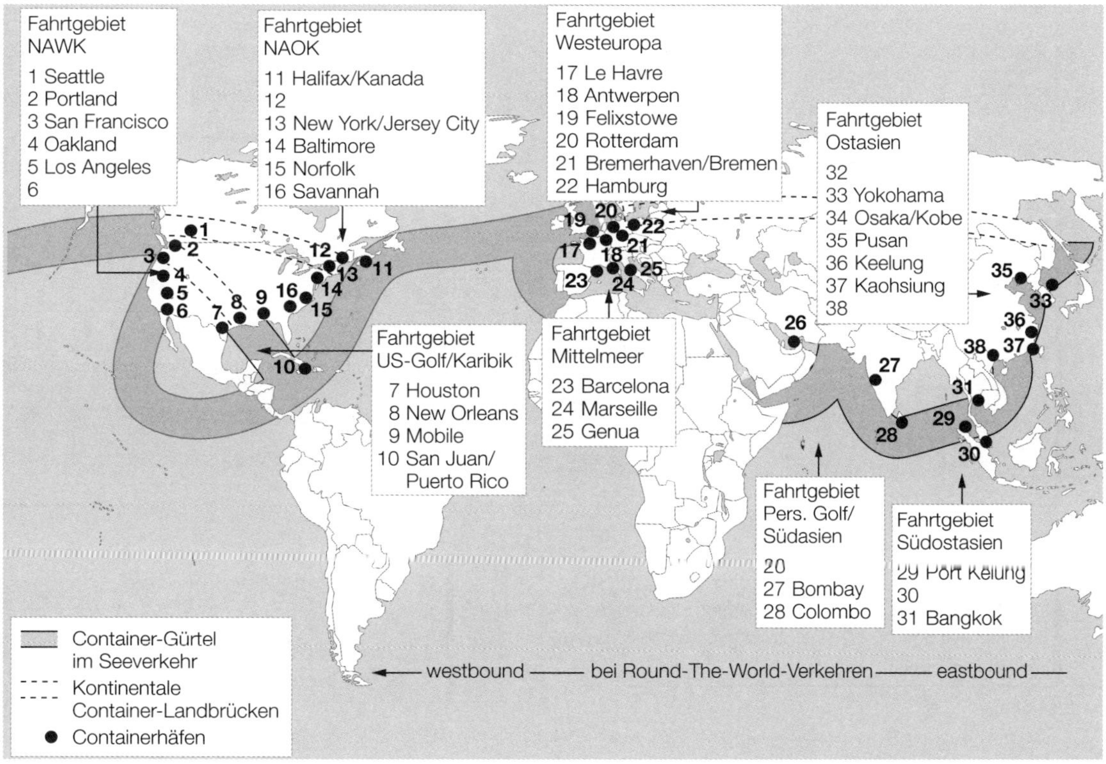

07 Auf der Seereise nach Südamerika fährt das Schiff Cap Blanco der Hamburg-Süd Reederei in Hamburg folgende Seehäfen an:

ROTTERDAM, FELIXSTOWE, HAMBURG, ANTWERP, LE HAVRE, BILBAO, SANTO DOMINGO, CARTAGENA, BUENAVENTURA, GUAYAQUIL, CALLAO, ARICA, VALPARAISO

a) Nennen Sie die Staaten, in denen diese Häfen liegen.

b) Zwischen welchen Häfen passiert das Schiff den Panama-Kanal?

08 Bringen Sie die folgenden Häfen, die ein Containerschiff von Hamburg nach Tokyo auf dem kürzesten Weg anläuft, in die richtige Reihenfolge, indem Sie die Ziffern 1 bis 7 in die Kästchen eintragen.

Rotterdam	
Aden	
Alexandria	
Hongkong	
Singapur	
Karachi	
Bombay ☑	

09 Eine internationale Spedition besorgt Seeverschiffungen von Containern über die folgenden kontinentalen Seehäfen in Europa. Ordnen Sie diese Seehäfen den Kennziffern Nr. 1–10 auf der nebenstehenden Karte zu. ☑

Bilbao	
Gdansk	
Göteborg	
Le Havre	
Marseille	
Neapel	
Rotterdam	
Szczecin	
Triest	
Valencia	

zu 09

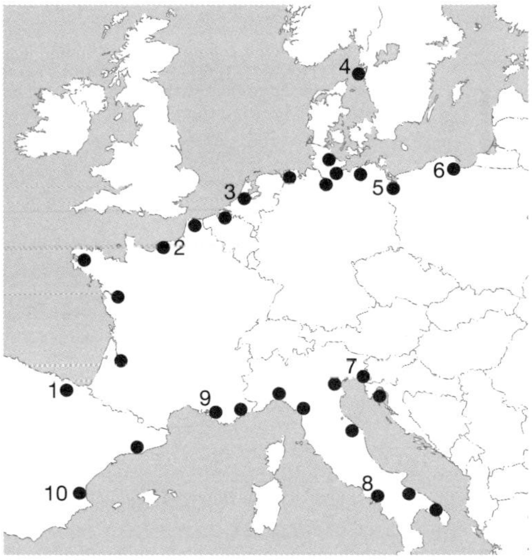

5.8.2 Schiffe und Container

10 Ein erheblicher Teil der Transporte von Stückgütern über See wird heute in Containern verladen. Dabei werden auf stark befahrenen Strecken spezielle Containerschiffe eingesetzt.

a) Beschreiben Sie die Besonderheiten von Containerschiffen (Bauart, Ladetechnik).

b) Gehen Sie auf den Begriff unterschiedlicher Generationen von Containerschiffen ein.

c) Beschreiben Sie die Bedeutung der Abkürzung „TEU".

11 Im konventionellen Liniendienst einer Hamburger Reederei wird auf der Relation Hamburg-Jeddah (Saudi-Arabien) das nachstehende Seeschiff eingesetzt. Das Fahrzeug fuhr früher unter deutscher Flagge und wurde 1994 ausgeflaggt.

a) Welchen Schiffstyp bzw. welche Bauart zeigt die Abbildung?

b) Welche besonderen technischen Eigenschaften weist das Schiff auf?

c) Erläutern Sie, was unter „ausflaggen" zu verstehen ist und aus welchen Gründen dies geschehen kann.

Im Rahmen des Liniendienstes läuft das Schiff u. a. die Häfen La Coruña, Algier und Alexandria an.

d) Nennen Sie die Staaten, in denen diese Häfen liegen. ☑

zu 12

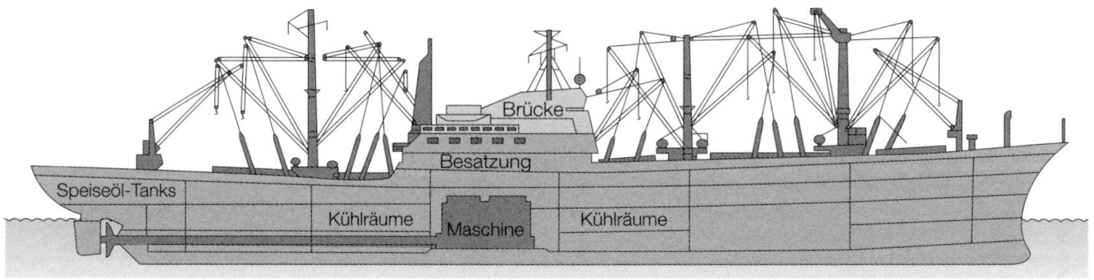

12 Die Internationale Spedition Carl Backhaus in Duisburg erhält den Auftrag, eine Containerladung Hifi-Geräte von Krefeld nach Baltimore/USA zu besorgen. Mit dem Versender wird vereinbart:

- Verschiffungshafen Antwerpen
- Verladung FCL/LCL Baltimore
- Containervorlauf (Leer- und Lastlauf) auf der Basis „Merchant's Haulage"

a) Erläutern Sie die Abkürzungen FCL/LCL.

b) Erläutern Sie die Formulierung „Merchant's Haulage".

Die Spedition Backhaus bucht den Container bei einer Reederei MAERSK.

c) Nennen Sie sechs Angaben, die die Reederei für die Auftragsabwicklung benötigt. ☑

13 Der Hamburger Schiffsliste (DVZ) entnehmen Sie, dass eine Reederei nur FCL/FCL-Container zur Beförderung annimmt. Was ist damit gemeint?

[1]	Die Container-Linie belädt und entlädt die Behälter mit eigenem Personal.	☐
[2]	Die Container-Linie befördert Behälter nur von Hafen zu Hafen.	☐
[3]	Die Container-Linie nimmt nur reedereieigene Behälter zur Beförderung an. Vor- und Nachlauf erfolgt im Container, der Container wird nicht im Hafen be- und entladen.	☐
[4]	Die Container-Linie nimmt nur vom Befrachter beladene und vom Empfänger zu entladende Behälter zur Beförderung an.	☐
[5]	Die Container-Linie lässt ihre Schiffe nur dann fahren, wenn sie vollständig abgeladen sind. ☑	☐

5.8.3 Frachtvertrag, Konnossemente, Seefrachtbrief

14 Sie führen ein Gespräch mit einem Kunden aus der Chemieindustrie. Sie wurden gebeten, für folgenden Überseetransport ein schriftliches Angebot abzugeben. Folgende Angaben haben Sie sich während Ihres Besuches notiert:

- Verladung in einem 20' -Kühlcontainer
- Container kann beim Verlader nicht gestaut werden
- maximale Anzahl von Fässern Chemieprodukte, kein Gefahrgut
- Abmessungen je Fass: Durchmesser 0,60 m, Höhe 0,90 m
- Bruttogewicht je Fass: 235 kg (stapelbar und stehend zu transportieren)
- das Material verträgt eine Temperatur von +5 °C bis +18 °C ☑

zu 14

20' Kühlcontainer
mit eingebautem Aggregat
(Fernostdienst)
6,1 m · 2,4 m · 2,4 m

Dieser Containertyp steht für den Transport von Kühl- und Gefriergut zur Verfügung. Die Temperaturskala liegt zwischen –20° und +20 C.

Die optimale Luftumwälzung erlaubt den Transport von Gütern, die Ventilation benötigen. Zur Sicherung der Ware sind – wie in den Stückgutcontainern – ausreichend Laschpunkte vorhanden.

Für die Stromerzeugung bei Überlandtransporten stehen eigene Generatoren zur Verfügung.

Bauserie OCLU 290...

Innenmaße in mm	Länge	5 430
	Breite	2 235
	Höhe	2 083
Türmaße in mm	Breite	2 235
	Höhe	2 078
Raumgehalt	cbm	25.49
Leergewicht	kg	2 770
Nutzlast	kg	17 550

15 Die Fa. Pieper GmbH, ein Hersteller von Werkzeugmaschinen mit Sitz in Recklinghausen, hat 2 Maschinen mit zusammen 2 400 kg Gewicht an einen Kunden in Rio de Janeiro verkauft. Es wurde „cif Rio de Janeiro" vereinbart. Die Zahlung erfolgt über ein Dokumentenakkreditiv. Die Verschiffung soll über Bremen erfolgen. Der Hersteller organisiert den Transport nach Bremen selbst. In Bremen beauftragt er einen Seehafenspediteur mit den anfallenden Tätigkeiten.

a) Nennen Sie die Beteiligten (allgemeine Bezeichnung) am Seefrachtvertrag.

b) Erläutern Sie die wesentlichen Pflichten, die die Beteiligten beim Abschluss und bei der Erfüllung des Seefrachtvertrages haben.

16 Der Stückfrachtgutvertrag im Seeverkehr

a) Erläutern Sie, was eine Festbuchung und eine konditionelle Buchung bewirken. Geben Sie an, aus welchen Gründen konditionell gebucht wird.

b) Legen Sie dar, wer nach deutschem Seehandelsrecht als Ablader anzusehen ist und in wessen Namen er auftritt. Geben Sie die wichtigsten Rechte an, die er aus dem Frachtvertrag gegenüber dem Verfrachter geltend machen kann.

c) Geben Sie einen Überblick über die Rechtsgrundlagen des Stückgut-Frachtvertrages.

17 Der Verfrachter OOCL und der Ladungsempfänger streiten über die Erstattung eines Ladungsschadens. Dieser Schaden ist dadurch entstanden, dass in schwerer See zwei an Deck gestaute 40-Fuß-Container von Bord gerissen wurden. Die in den reedereieigenen Behältern geladenen Güter gingen verloren. Es gilt deutsches Recht. Das Konnossement wurde auf Grundlage der „Bill of Lading – Terms and Conditions" der Reederei OOCL erstellt. Durften die Container an Deck geladen werden?

[1]	Ja, weil der Reeder bzw. Verfrachter grundsätzlich die Freiheit hat, das Schiff nach seinen eigenen Erfordernissen zu beladen.	☐
[2]	Ja, weil die in Containern gestauten Güter durch den Container selbst hinreichend geschützt sind.	☐
[3]	Ja, weil sich der Verfrachter in den Konnossement-Bedingungen das Recht vorbehält, die Container auch an Deck verladen zu dürfen, ohne den Ablader um seine Einwilligung fragen zu müssen.	☐
[4]	Nein, denn der Verfrachter benötigt für Verladung an Deck grundsätzlich die Einwilligung des Abladers.	☐
[5]	Nein, denn an Deck verladene Güter sind den Witterungseinflüssen besonders stark ausgesetzt. ☑	☐

zu 17

BILL OF LADING CLAUSES

1. The Goods may be stowed by the Carrier in Containers or similar articles of transport used to consolidate Goods.
2. Goods stowed in Containers other than flats or pallets, whether by the Carrier or the Merchant, may be carried on or under deck without notice to the Merchant.

18 Die Günther Roloff KG, eine international tätige Großhandelsgesellschaft, plant den Verkauf einer Offsetdruckmaschine (48 t verladbar in zwei 40-Fuß-Container) in die USA. Roloff steht mit mehreren potenziellen Käufern in Vertragsverhandlungen. Je nachdem, mit welchem Käufer er zu einem Abschluss kommt, geht die Maschine entweder nach Syracuse (USA, N.Y.) über den Hafen New York oder nach Raleigh (USA, NC) über den Hafen Norfolk.

Der genaue Liefertermin ist wegen schwieriger Finanzierungsverhandlungen ebenfalls nicht klar. Allerdings will die Roloff KG einen Seefrachtvertrag abschließen, um tatsächlich schnell liefern zu können und die genaue Seefracht zu kennen. Welche Art von Vertrag muss geschlossen werden? Begründen Sie Ihre Aussage.

zu 23

TRANS-WORLD-REEDEREI
Hamburg/Bremen

Bill of Lading
Nr. BR227-89-166

Shipper INTERPORT GMBH AM HOLZHAFEN 72 28217 BREMEN as Agent of JASCHKE ENGINEERING AG OTTO-DIX-STRASSE 23 28816 STUHR	Voyage-No.: 3974 ECB-No.: TWRJ4-199943212 Shipper´s Reference: 1075/6520 Carrier: **Trans-World-Shipping** **Europe - North America Services**
Consignee: BROWN & CO. LTD. 1371 ANDRE STREET BALTIMORE, MD 21230, UNITED STATES	
Ocean Vessel: Toronto Express Port of Loading: Bremen	Notify address SEALOG INC., INTERNATIONAL FORWARDER, 800 S. CONKLING ST, BALTIMORE, MD 21224
Port of Discharge Baltimore	

Container Nos, Marks and Nos.	Number and kind of packages; description of goods	Gross weight (kg)	Measurement (cbm)
GRLI 343652-4	1 · 20´ STANDARD-CONTAINER, S.T.C. 430 CARTONS Motor vehicle accessoires - 110 CARTONS TACHOMETER, Art. 7440 - 120 CARTONS TANK INDICATOR; Art. 7321 - 200 CARTONS OIL PRESSURE INDICATOR Art. 7843	16 980	
	Shipped on bord TRANS-WORLD-REEDEREI 20(0)-10-23 Kaiser AKKREDITIV-NR. 1289/G/177 FREIGHT PREPAID		

Received by the Carrier in apparent good order and condition the goods or packages specified herein and to be discharged at the above mentioned port of discharge. The weight, measure, marks, numbers, quality, contents and value, being particular furnished by the Shipper, are not checked by the Carrier on loading. The Shipper, Consignee and the Holder of this Bill of Lading hereby expressly accept and agree to all printed, written or stamped provisions, exceptions and conditions of this Bill of Lading, including those on the back hereof.
In witness whereof the Carrier or his Agents has signed Bills of Lading all of this tenor and date, one of which being accomplished, the others to stand void. Shippers are requested to note particularly the exceptions and conditions of this Bill of Lading with reference to the validity of the insurance upon their goods.

Movement:	Total No. of Containers received by the Carrier:	No. of original Bs/L:
FCL/FCL	- 1 -	3/3
Freight payable at: Bremen	Place and date of issue: Bremen; 20(0)-10-23	

Kaiser

Trans-World-Shipping
Bremen

19 Der Verlader einer Sendung nach Baltimore überlegt, ob er von der Reederei ein Bill of Lading (B/L) oder einen Seefrachtbrief (Express Cargo Bill/ECB) fordert. Erläutern Sie die Unterschiede zwischen diesen beiden Papieren.

20 Eine Maschinenfabrik in Saarbrücken exportiert Turbinenteile CFR Savannah/USA. Die Verschiffung soll mit einer Konferenzlinie über einen ARA-Hafen erfolgen. Als Transportpapier wird ein Sea-Waybill erstellt.

a) Nennen Sie die Häfen, die für die Verschiffung infrage kommen.
b) Erläutern Sie die Bedeutung des Sea-Waybill. ☑

21

Konsortium Grand Alliance sorgt für mehr Container in Hamburg

Mindestens 100.000 Normboxen sollen die beiden neuen Nordamerika-Dienste jährlich für den Elbe-Hafen bringen.

Vom August an bietet das Konsortium fünf wöchentliche Dienste an: den Gulf Atlantic Sprint Service, den Gulf/Mexiko-Service, den Pacific Atlantic Express, den Butterfly north (US-Ostküste) und den Butterfly south (US-Südatlantik, Golf). Für diese Dienste setzen die Partner 30 moderne Container-Liner ein. Allein die Hamburger stellen ein Drittel der Tonnage. „Durch das Ansteuern des Elbe-Hafens verfügen Kunden aus Skandinavien, Osteuropa und Deutschland", so Adrion, „jetzt auch über eine direkte Anbindung via Hamburg nach Nordamerika."

Dem Konsortium Grand Alliance gehören neben der Hapag-Lloyd ferner die Reedereien Nippon Yusen Kaisha (NYK, Japan), Orient Overseas Container Line (OOCL, Hongkong), Malaysian International Shipping Corporation (MISC, Malaysia) und die britisch-niederländische P & O Nedlloyd an.

(Die Welt, 23.07.2002)

Ein Versender, der bisher über die Hapag-Lloyd seine Container in die USA verschickt, möchte eine Erläuterung zu den Begriffen „Allianz" und „Konsortium" und möchte wissen, welche Vorteile es für den Versender hat, wenn Hapag-Lloyd nun in diesem Konsortium Mitglied ist.

22 Sie erhalten als Spediteur von einem Auftraggeber, der erstmals einen Auftrag nach Übersee abwickelt, eine Fotokopie des ihm vorliegenden Akkreditivs und werden gebeten, ihm u. a. folgende Anforderungen des Akkreditivs hinsichtlich der Vorlage von Dokumenten zu erläutern: „Voller Satz drei/drei, reine Bordkonnossemente, ausgestellt an Order".

Erläutern Sie

a) die Begriffe
   - „Voller Satz drei/drei"
   - „reines Bordkonnossement"
   - „an Order" und
b) drei Funktionen des Konnossements. ☑

23 Beim Export einer Sendung wird das beiliegende Konnossement (B/L) ausgestellt. Beantworten Sie dazu die folgenden Fragen:

a) Welche der auf dem B/L genannten Unternehmungen
   aa) ist Aussteller des B/L?
   ab) hat die Funktion eines Abladers?
b) Für welchen Streckenabschnitt gilt die Containerisierung?
c) Welches Schiff (Schiffsname) wird für den Transport eingesetzt?
d) Was bedeutet die Formulierung „said to contain"?
e) Welche Kosten hat der Empfänger im Zielland zu übernehmen?
f) Wie viele Originalkonnossemente wurden ausgestellt?
g) In welchem Hafen ist die Ladung zu löschen?
h) Wann erfolgte die Verladung auf das Seeschiff?
i) Bei wem hat der Verfrachter die Ankunft des Schiffes im Bestimmungshafen zu melden? ☑

5.8.4 Haftung

24 Die WAKO Export GmbH in Dresden hat folgende Sendung über den Hafen Hamburg nach Valparaiso/Chile versendet:

Zeichen	Anzahl	Art	Inhalt	Gewicht
WAKO 1-8	8	Kisten	Agrarmaschinen (Mähdrescher)	64 000 kg

Wert	Incoterm
896 000 €	CIF Valparaiso

SZR 1,1521
CNY 8,1612
USD 1,3246
AUD 1,2681
JPY 122,5475

Bei Ankunft in Valpariso wurde festgestellt, dass eine Kiste auf See durch Verschulden der Reederei so schwer beschädigt wurde, dass von einem Totalschaden an einem der acht Mähdrescher auszugehen ist. Die Reederei soll den Schaden gegenüber der Transportversicherung übernehmen.

a) Nach welchem Haftungsprinzip haftet die Reederei?
b) Mit welchem Betrag muss die Reederei haften, wenn die Haftungsregeln des HGB zugrunde gelegt werden?
c) Wem steht die Versicherungsleistung für diesen Schaden nach dem gewählten Incoterm zu?
d) Die Kisten wurden mit Zustimmung der Fa. WAKO auf Deck geladen, da diese Art der Verladung eine niedrigere Fracht zur Folge hatte. Welche Folgen kann das für die Haftung der Reederei haben? ☑

25 Als Importspediteur haben Sie eine Sendung mit 4 Kisten (zu je 25 Kartons) kalifornischen Rotwein, brutto 1 000 kg, netto 900 kg (FOB San Francisco) im Hafen Hamburg abgeholt. Bei Ankunft fehlte eine Kiste. Für den Verlust des Weins macht der Auftraggeber einen Schaden von 2 700 € und für die Verpackung von 300,00 € geltend. Grundlage der Entschädigung sind die Visby-Regeln, die in das HGB eingearbeitet sind. Welche Haftungshöchstgrenzen können nach HGB geltend gemacht werden?

[1]	666,67 SZR für eine Kiste	☐
[2]	666,67 SZR für einen Karton	☐
[3]	666,67 SZR pro kg Rohgewicht	☐
[4]	2 SZR pro kg für das Bruttogewicht der Kiste	☐
[5]	2 SZR pro kg für das Nettogewicht des Kartons	☐
[6]	2 SZR pro Karton ☑	☐

26 Ein Dispacheur ermittelt für eine gemeinschaftliche Haverei (Havarie große) die folgenden Kosten:

Havariekosten

Schäden an verschiedenen Ladungsteilen:	450 000 €
Reparaturen an der Schiffsreling:	55 000 €
Kosten für Schleppschiff bis Nothafen:	155 000 €
Entladung, Sortierung, Reinigung der Ladung:	300 000 €

Der Wert des Schiffes betrug zum Zeitpunkt der Havarie große 10,0 Mio. €, die Ladung hatte laut Handelsrechnungen einen Gesamtwert von 7,2 Mio. €. Der Wert des Treibstoffs wird mit 800 000,00 € angegeben.

a) Erläutern Sie den Begriff „Dispacheur".

b) Nennen Sie die Voraussetzungen, die für den Fall einer Havarie große gegeben sein müssen.

c) Ermitteln Sie für den o. a. Fall

ca) das Beitragskapital in €.

cb) die Beitragsquote in Prozent.

27 Ein deutscher Reeder transportierte im Auftrag eines deutschen Befrachters einen 40-Fuß-Reefer[1]-Container, beladen mit 412 Schweinehälften. Das Konnossement wurde in Hamburg ausgestellt, die Ladung von Rotterdam nach Funchal/Madeira (Portugal) befördert. Im Konnossement wurden sowohl der Container als auch die Anzahl der Schweinehälften angegeben.

Dem Reeder wurde aufgeben, den Container (der vom Befrachter gestellt wurde) mit einer Temperatur von unter 2° Celsius zu befördern. Beim Ausladen wurde festgestellt, dass die Schweinehälften verdorben waren, da die Temperatur nicht eingehalten worden war. Nach einem Sachverständigenurteil war die Ursache für den Schaden eine Fehlfunktion im Kühlaggregat des Containers. Der Container wurde von dem Verfrachter gegen 13:00 Uhr am Verladetag an das bordeigene Stromnetz angeschlossen. Das Schiff lief gegen 18:00 Uhr aus.

Der beladene Container hat ein Bruttogewicht von 17 225 kg. Der Wert der Schweinehälften beträgt insgesamt 40 156 €.

a) Im Konnossement ist eine Rechtswahlklausel enthalten, die auf das deutsche Recht verweist (the contract shall be construed under the law of germany). Sind solche Klauseln gültig? Welches Recht liegt dem Vertrag ohne eine solche Klausel zugrunde?

b) Wie sind die Haftungsregeln (Haftungsprinzip, Schadensarten, Haftungsausschlüsse, Haftungshöchstgrenzen, Versicherungspflicht) in der Seeschifffahrt nach deutschem Seerecht?

c) Beurteilen Sie in diesem Fall die Haftung des Verfrachters.

d) Welcher Schadenersatz wäre nach den Transportversicherungsregeln gegeben, wenn volle Deckung einschließlich 10 % imaginären Gewinns versichert wäre?

e) Wie würde die Höhe des Schadenersatzes bei Schuld des Verfrachters berechnet?

f) Welche Bedeutung hat die Containerklausel (§ 504 HGB) für die Schadenersatzberechnung?

[1] Reefer-Container: Kühlcontainer mit eigenem elektrischen Kühlaggregat

5.8.5 Seefrachtrechnen

28 Die Spedition Sea-Freight GmbH in Hamburg wird von der Maschinenfabrik Karstens & Meyer OHG beauftragt, einen Exportauftrag nach Cape Town/Südafrika abzuwickeln. Die Sendung besteht aus 2 Kolli Maschinen:

1. Kollo: Gewicht 2 500 kg
Maße 240 cm · 120 cm · 80 cm

2. Kollo: Gewicht 3500 kg
Maße 210 cm · 160 cm · 80 cm

Der Reeder hat für diesen Transport die Seefrachtrate von 135,00 US-Dollar M/G angeboten. Berechnen Sie die Seefracht in €. ☑

29 Von Bremen aus sollen 4 CNC-Drehmaschinen, seemäßig in 4 Kisten verpackt, auf einem B/L nach dem Seehafen Sydney/Australien verschifft werden. Jede Kiste hat die Abmessungen 8,00 m x 3,00 m x 2,50 m. Die Gesamtsendung wiegt 42.400 kg. Die Reederei übermittelt folgende Seefrachtquotierung, gültig bei sofortiger Schiffsraumbuchung:

Frachtrate :	USD 284 M/G
Bunkerzuschlag (BAF):	13,1 % auf die Grundfracht
Währungszuschlag (CAF):	6,2 % auf die Grundfracht
Sofortrabatt :	9,5 % auf die reine Grundfracht
Marine Tax:	5 % durch die Behörden des Ziellandes, Berechnungsbasis: Seefracht einschl. aller Zuschläge bzw. Abschläge
Terminal Handling Sydney:	AUD 85,00
Vorlauf:	EUR 4.200,00
Ausfuhrabfertigung:	EUR 120,00
Quotierungszeitraum:	Laufender Monat sowie die zwei weiteren Monate

a) Wie viel mal messend ist die Partie?

b) Wie viel € beträgt die Grundfracht?

c) Wie viel € Rabatt erhält der Befrachter bei sofortiger Buchung?

d) Wie viel € betragen die Gesamtkosten für den Befrachter, wenn die Sendung „DAT Sydney" gestellt wird?

e) Was versteht man unter einem „Quotierungszeitraum"? ☑

30 Ein Spediteur übernimmt im Hafen Hamburg 6 Kisten Maschinen und Maschinenteile. Maße: je Kiste 310 cm x 130 cm x 190 cm, Bruttogewichte Kiste 5 500 kg. Diese Ladung ist mit einem Seeschiff aus Tokyo gekommen. Sie soll zum Empfänger in Regensburg transportiert werden. Dort erfolgt die Verzollung.

Wie hoch ist die Seefracht in € für diese Sendung bei einer Seefracht von 163 US-Dollar W/M (M/G), einem Schwergewichtszuschlag von 18,00 USD je Tonne des Gewichtes? Der Rechenweg ist anzugeben. ☑

31 Folgende Sendung soll von Rotterdam nach Recife/Brasilien verschifft werden:

Anz.	Art	Maße (m)			m²	Gewicht
2	Kiste	2,40	3,10	2,80	41,664 m³	24,000 t
1	Kiste	1,20	1,50	3,20	5,760 m³	8,500 t
1	Palette	2,20	1,20	0,85	2,244 m³	9,850 t
					Wert (USD)	215 300

Eine Reedereiagentur übermittelt einem Exporteur in Bielefeld die folgenden Ratenauskünfte für eine Seeverschiffung DAT Recife/Brasilien:

Hamburg-	120,00 USD M/G
Le Havre-Range:	oder 4 % ad valorem
Heavy Lift ab 20 t:	21,50 USD je t
BAF:	10,50 USD je FRT
CAF:	5 % auf die zu zahlende Gesamtfracht

a) Erläutern Sie
   - aa) Hamburg-Le Havre-Range.
   - ab) BAF.
   - ac) FRT.

b) Erläutern Sie die Klausel DAT Recife/Brasilien.

c) Berechnen Sie die Seefracht.

32 Für folgende Sendung ist die Seefracht in € zu berechnen:

1 Kiste	2 100 kg Maß 1,60 m · 1,40 m · 1,00 m
2 Kisten	je 1 380 kg Maß je Kiste 1,60 m · 1,20 m · 1,00 m
2 Verschläge	je 5 430 kg Maß je Verschlag 9,00 m · 1,50 m · 0,70 m
Tarif:	72,50 USD M/G
H/L:	Für Packstücke über 2 t : 6,50 USD je 1 000 kg
L/L:	7,20 USD je frt für jeden über 8,00 m Länge hinausgehenden angefangenen Meter

BAF 22,70 USD M/G
CAF -4,00 % Grundfracht

Berechnen Sie

a) die gesamten Frachttonnen.
b) die Grundfracht in USD.
c) die H/L in USD.
d) die L/L in USD.
e) die Gesamtfracht in €. ☑

33 Der Exporteur MASCHEX in Saarbrücken beauftragt die Ocean Shipping Forwarder GmbH in Hamburg mit der Verschiffung einer Textilmaschine von Hamburg nach Mumbai (Indien). Die Maschine wird vom Verkäufer in Mumbai selbst abgeholt und vom Versender in Hamburg an den Kaischuppen angeliefert.

Die Sendung besteht aus

- 1 Kiste	375 · 280 · 280 cm	31 225 kg
- 1 Kiste	510 · 280 · 35 cm	5 100 kg
- 1 Kiste	712 · 280 · 150 cm	12 750 kg

Seefrachtrate:	USD 95,00 (M/G)
H/L	über 5 bis 10 t Stückgewicht USD 27,00 p. 1 000 kg bis 20 t Stückgewicht USD 34,00 p. 1 000 kg bis 40 t Stückgewicht USD 48,00 p. 1 000 kg
CAF	25 % auf die Grundfracht inkl. Schwergewichtszuschlag
BAF	15 % auf die Grundfracht ohne Schwergewichtszuschlag
congestion surcharge	zzt. 0 %

a) Schreiben Sie die Abkürzungen H/L, CAF und BAF in englischer Langschrift und geben Sie zu diesen Abkürzungen und zusätzlich zu „congestion surcharge" die deutschen Übersetzungen an und erläutern Sie jeweils, aufgrund welcher besonderer Ereignisse oder Umstände diese Zuschläge erhoben werden.

b) Ermitteln Sie in € die Gesamtseefracht, die MASCHEX zu zahlen hat. ☑

34 Eine Sendung besteht aus vier Kisten:
2 Kisten je 270 cm · 190 cm · 140 cm, je 2 500 kg brutto
2 Kisten je 190 cm · 90 cm · 50 cm, je 500 kg brutto.

Sie wird FOB Hamburg nach Kobe/Japan verschifft. Der Wert der Sendung beträgt ab Werk 73 500,00 €.

Es entstehen folgende Transportkosten:

Lkw-Vorlauf nach Hamburg	492,00 EUR
FOB-Kosten Hamburg	145,00 EUR
Seefracht Hamburg - Shanghai	62,00 USD M/G

Transportversicherung 4,5 ‰ vom CIF-Wert einschl. 10 % imaginärem Gewinn

a) Ermitteln Sie
   - aa) das frachtpflichtige Gewicht/frt.
   - ab) den €-Betrag, den der Spediteur dem Versender in Rechnung stellt.
   - ac) den €-Betrag, den der Spediteur dem Empfänger in Rechnung stellt.

b) Erklären Sie, wann bei der Lieferklausel FOB nach den INCOTERMS® 2010 die Gefahren bzw. Kosten vom Verkäufer auf den Käufer übergehen. ☑

35 Die Spedition INTERTRANS in Frankfurt/Main wickelt für ihre Kunden interkontinentale Seetransporte über die deutschen und niederländisch/belgischen Seehäfen ab. Ein neuer Kunde offeriert Gefahrgutsendungen in Großcontainern nach den USA. Daher müssen Sie sich mit den Gefahrgutvorschriften im Seetransport befassen.

Nennen Sie

a) die Vorschriften, nach denen diese Gefahrguttransporte abgewickelt werden müssen.
b) fünf Gefahrgutklassen und je ein Beispiel für ein entsprechendes Gefahrgut.
c) die Begleitpapiere, die bei Beförderung von Gefahrgütern erforderlich sind.
d) die für die Ausstellung der in c) genannten Begleitpapiere zuständigen Personen. ☑

SZR 1,1521
CNY 8,1612
USD 1,3246
AUD 1,2681
JPY 122,5475

➔ Komplexe Beispielaufgabe

Intersped erhält von der Maschinenfabrik Averbeck in Krefeld den Auftrag, eine Hydraulische Werkzeugpresse nach Qingdao (China) zu versenden.

Der Kunde übermittelt Ihnen den beiliegenden Speditionsauftrag (ANLAGE 4).

36 1. Aufgabe

1.1 Erläutern Sie anhand des in der Anlage abgebildeten Speditionsauftrages, um welche Art des Containerrundlaufes es sich in diesem Fall handelt.

1.2 Beschreiben Sie 5 einzelne Schritte der Abwicklung dieses Auftrages.

2. Aufgabe

Beschreiben Sie, ob in diesem Fall „Carriers Haulage" oder „Merchants Haulage" vorliegt, und erläutern Sie die Begriffe.

3. Aufgabe

Nennen Sie auf Grundlage der beiliegenden Karte (Anlage 2) 6 verschiedene Wasserstraßen, Meerengen bzw. Meere in der geografisch richtigen Reihenfolge, die das Seeschiff auf seiner Reise nach Qingdao durchfährt.

Vgl. zu Aufgabe 7.1 das Kapitel 6 (Export- und Importgeschäfte)

4. Aufgabe

Im Kaufvertrag wurde der Incoterm ,,CIF Quingdao" vereinbart.

4.1 Informieren Sie Ihren Kunden über den Kosten- und Gefahrenübergang bei diesem Incoterm.

4.2 Der Kunde überlegt, ob er zukünftig Waren nach China nicht mit einem alternativen Incoterm verkaufen soll. Erläutern Sie dem Kunden den Kosten- und Gefahrenübergang beim Incoterm FOß Hamburg.

5. Aufgabe

Ihnen liegt der Fahrplan der Reederei vor (Anlage 3). Stellen Sie für Ihren Kunden fest,

5.1 welcher Abfahrtstermin mit dem Terminwunsch des Kunden vereinbar ist.

5.2 wie der Name des Seeschiffes lautet, mit dem die Ware verladen wird.

5.3 wie lange die Seereise voraussichtlich dauert.

6. Aufgabe

Der Vorlauf nach Rotterdam wird mit 260,00 EUR berechnet. Die Seefracht für diesen Container beträgt 1 240,00 USD. Es werden noch folgende Zuschläge berechnet:

+ 17,2 % CAF auf die erweiterte Grundfracht,

+ 620,00 USD BAF je TEU,

+ 15,00 EUR ISPS je Container.

Die Versicherungsprämie beträgt 0,25 % vom Versicherungswert nach CIF. Die THC in Rotterdam beträgt 120,00 EUR.

6.1 Berechnen Sie die Versicherungsprämie.

6.2 Ermitteln Sie den Preis, den Intersped dem Versender in Rechnung stellt, wenn auf die Seefracht 10% Gewinnzuschlag berechnet wird.

6.3 Erklären Sie TEU, CAF, BAF, ISPS und THC.

7. Aufgabe

Während des Seetransportes gerät das Schiff in einen schweren Sturm (Windstärke 12). Das Schiff droht zu sinken. Auf Anweisung des Kapitäns werden ein Teil der an Deck platzierten Container über Bord geworfen, um ein Sinken zu verhindern, was auch gelingt.

Da das Schiff jedoch beschädigt ist, muss es den nächsten Hafen anlaufen.

7.1 Nennen Sie die Art der Haverei, die hier vorliegt.

7.2 Die Reederei lässt eine Dispache erstellen. Beschreiben Sie die Dispache und geben Sie an, wer eine Dispache erstellt.

8. Aufgabe:

Bei dieser Haverei sind folgende **Kosten** angefallen:

Wert der verlorenen Container	6 650 000 €
Schlepperkosten	82 500 €
Aufenthaltskosten des Schiffes im Nothafen	125 000 €
Reparaturkosten des Schiffes	435 000 €

Als **Beitragskapital** wurden folgende Werte angegeben:

Wert der Ware laut Handelsrechnungen	122 000 000 €
Schiffswert (Zeitwert)	62 500 000 €
Wert des Treibstoffes	6 255 000 €

8.1 Berechnen Sie die Beitragsquote.

8.2 Ermitteln Sie den Haverei-Beitrag Ihrer Ladung in USD.

zu 36

ANLAGE 1

Averbeck Maschinenbau
GmbH & Co KG

Exporter	Invoice No & Date	Exporter's Ref.
Averbeck Maschinenbau GmbH & Co KG Hentrichstraße 17 47809 Krefeld	AVB 4317/1008 2010-08-11	4219A-138/10
	Buyers Order No. & Date QHM-08-1222 2010-05-10	

Consignee	Buyer (if other than consignee)	
Qingdao Hainuo Machinery Production Co. Ltd. No.81-JIA Chongqing South Rd. Qingdao 266031, China	As CONSIGNEE	
	Country to Origin of Goods GERMANY	Country of Final Destination CHINA

Place or Receipt by Pre-Carrier	Port of Loading	Terms of Delivery and Payment
Krefeld	Rotterdam	CIF Qingdao
Port of Discharge Quingdao	Final Destination Quingdao	

Marks & Nos./ Container No.	No. & Kind of Pkgs	Description of Goods	weight kgs	Rate	Amount CNY
AVB 4317	1 case	Universal High Speed Hydraulic Presses Model A17	5.980,0		665.071,68
				TOTAL VALUE CNY	665.071,68

Declaration	Signature & Date
We declare that this Invoice shows the actual price of the goods described and that all particulars are true and correct.	Averbeck Maschinenbau Jens Schuster *Jens Schuster*

ANLAGE 2

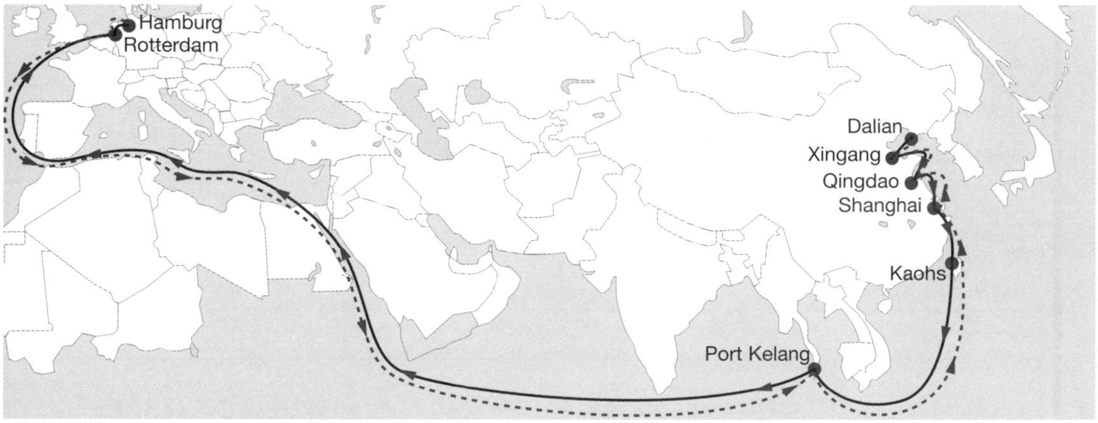

ANLAGE 3

- Interaktiver Fahrplan

Häfen	vessel	Transit time (days)	Service	Departure	Arival
ROTTERDAM - QUINGDAO	HYUNDAY BUSAN	40	NW1	2010-08-09	2010-09-18
	HYUNDAY JAKARTA	40	NW1	2010-08-16	2010-09-25
	NYK OLYMPUS	31	EU4	2010-08-20	2010-09-20
	NYK VENUS	32	NW1	2010-08-26	2010-09-27

ANLAGE 4

SPEDITIONSAUFTRAG

Bitte übernehmen Sie die nachfolgend aufgeführte Sendung zur Versendung auf Grundlage der ADSp (neueste Fassung)

☒ Abholung durch Sie

am: 11.08.2010 von 7:00 Uhr bis 16:00 Uhr

INTERSPED GMBH
Internationale Spedition
Merkurstraße 14
40223 Düsseldorf
Telefax: 0221 56733
Telefon: 0221 56742-0
E-Mail: info@intersped.de

☐ Anlieferung bei Ihnen per/durch:

Versender	Empfänger
Averbeck Maschinenbau GmbH & Co KG Hentrichstraße 17 47809 Krefeld	Qingdao Hainuo Machinery Production Co. Ltd. No.81-JIA Chongqing South Rd. Qingdao 266031, China
Abholadresse (sofern abweichend von Versender)	Notifyanschrift / Versandanschrift

Versandart

☐ Land/Road ☐ Bahn/Rail ☐ Luft/Air ☒ Schiff/Sea

Transportversicherung
☐ ist **nicht** einzudecken
☒ ist durch INTERSPED einzudecken
☒ Zu Lasten Versender
☐ Zu Lasten Empfänger

Destination / Bestimmungsflughafen / Bestimmungshafen
Quingdao

Frankatur gemäß INCOTERMS® 2010
CIF Quingdao

Besondere Vermerke, Weisungen, sonstige Informationen:

1. LCL/FCL
2. An Bord"-B/L 3/3 plus 3 Kopien
3. Es gelten die Preisvereinbarungen vom 17.06.2010
4. Achtung! Verschiffung muss spätestens bis zum 18.08.2010 erfolgen.

Versicherungswert
Rechnungspreis +10% imaginärer Gewinn

Besondere Risiken

Wir arbeiten ausschließlich auf Grundlage der Allgemeinen Deutschen Spediteurbedingungen (ADSp), neuste Fassung. Diese beschränken in Ziffer 23 ADSp die gesetzliche Haftung des Spediteurs nach § 431 HGB für Schäden an Gütern in speditionellem Gewahrsam auf 5,00 €/kg; bei multimodalen Transporten unter Einschluss einer Seebeförderung auf 2 SZR/KG; darüber hinaus je Schadensfall bzw. Schadensereignis auf 1 Mio. bzw. 2 Mio. € oder 2 SZR/kg, je nachdem, welcher Betrag höher ist.

Markierung	Anzahl	Art	Inhalt	Gewicht	Maße
AVB 4317.12.08	1	Kiste	Werkzeugpresse	5980,0	492x214x198 cm

Auftraggeber	Ansprechpartner	Tel./Fax	E-Mail
Averbeck Maschinenbau GmbH & Co KG Hentrichstraße 17 47809 Krefeld	Jens Schuster	0201 4412-211 0201 4412-999 Fax	j.schuster@averbeck.de

Ort	Datum	Unterschrift
Krefeld	06.08.2010	Jens Schuster

6 INCOTERMS® 2010 und Akkreditive

6.1 INCOTERMS® 2010

INCOTERMS® 2010
- Definition
- Geltung
- Zielsetzung

Gültig ab 01.01.2011

Bernstorff, INCOTERMS® 2010 (Köln: 2010)

INCOTERMS® 2010
(International commercial terms)
Herausgegeben von der Internationalen Handelskammer
(ICC International Chamber of Commerce) in Paris

Definition	Geltung	Zielsetzung
Die INCOTERMS® 2010 enthalten einheitliche Regelungen wesentlicher Käufer- und Verkäuferpflichten für die wichtigsten im internationalen Handel gebräuchlichen Lieferverträge.	Die INCOTERMS® 2010 gelten für einen Kaufvertrag, wenn im Vertrag ausdrücklich auf sie Bezug genommen wird. Sie werden weltweit von Gerichten und Behörden anerkannt.	Mit der Einbeziehung in Kaufverträge erreichen die Vertragspartner eine international einheitliche Auslegung bestimmter Pflichten von Käufer und Verkäufer und verringern die Gefahr von Missverständnissen

Gruppe	Code	englisch	deutsch	Ship
E	EXW	Ex Works ... (named place)	Ab Werk ... (benannter Ort)	
F	FCA	Free Carrier ... (named place)	Frei Frachtführer ... (benannter Ort)	
	FAS	Free Alongside Ship ... (named Port of shipment)	Frei Längsseite Seeschiff (benannter Verschiffungshafen)	★
	FOB	Free On Board ... (named Port of shipment)	Frei an Bord ... (benannter Verschiffungshafen)	★
C	CFR	Cost and Freight ... (named port of destination)	Kosten und Fracht ... (benannter Bestimmungshafen)	★
	CIF	Cost, Insurance and Freight ... (named port of destination)	Kosten, Versicherung und Fracht (benannter Bestimmungshafen)	★
	CPT	Carriage Paid To ... (named place of destination)	Frachtfrei ... (benannter Bestimmungsort)	
	CIP	Carriage and Insurance Paid to ... (named place of destination)	Frachtfrei versichert ... (benannter Bestimmungsort)	
D	DAT	Delivered At Terminal ... (at port or place of destination)	Geliefert ab Terminal ... (benannter Bestimmungshafen oder -ort)	
	DAP	Delivered At Place ... (named Place of destination)	Geliefert am Ort ... (benannter Bestimmungsort)	
	DDP	Delivered Duty Paid ... (named place of destination)	Geliefert verzollt ... (benannter Bestimmungsort)	

Bei CFR und CIF trägt der Verkäufer die Entladekosten, wenn sie Teil der Seefracht sind.

	Gefahrenübergang Verkäufer → Käufer	Kostenübergang Verkäufer → Käufer
EXW	Nach der Bereitstellung der Ware im Werk des Verkäufers vor der Verladung auf das abholende Beförderungsmittel	
FCA	Bei Übergabe der Ware an den Frachtführer am benannten Ort	
FAS	Nach der Bereitstellung in dem benannten Verschiffungshafen Längsseite des vom Käufer benannten Schiffes	
FOB	Nach Lieferung an Bord des vom Käufer benannten Schiffes im benannten Verschiffungshafen	
CFR	Nach Lieferung an Bord des vom Käufer benannten Schiffes im benannten Verschiffungshafen	Verkäufer trägt die Frachtkosten bis zum Bestimmungshafen
CIF	Nach Lieferung an Bord des vom Käufer benannten Schiffes im benannten Verschiffungshafen	Verkäufer trägt die Fracht- und Versicherungskosten bis zum Bestimmungshafen
CPT	Bei Übergabe an den **ersten** Frachtführer am (vereinbarten) Lieferort	Verkäufer trägt die Frachtkosten bis zum Bestimmungsort
CIP	Bei Übergabe an den **ersten** Frachtführer am (vereinbarten) Lieferort	Verkäufer trägt die Fracht- und Versicherungskosten bis zum Bestimmungsort

	Gefahrenübergang Verkäufer ➔ Käufer	Kostenübergang Verkäufer ➔ Käufer
DAT	Am Ort der Lieferung am benannten Terminal im benannten Hafen oder am benannten Bestimmungsort (entladen)	
DAP	Auf dem ankommenden Beförderungsmittel unentladen am benannten Bestimmungsort (unverzollt)	
DDP	Auf dem ankommenden Beförderungsmittel unentladen am benannten Bestimmungsort (verzollt)	

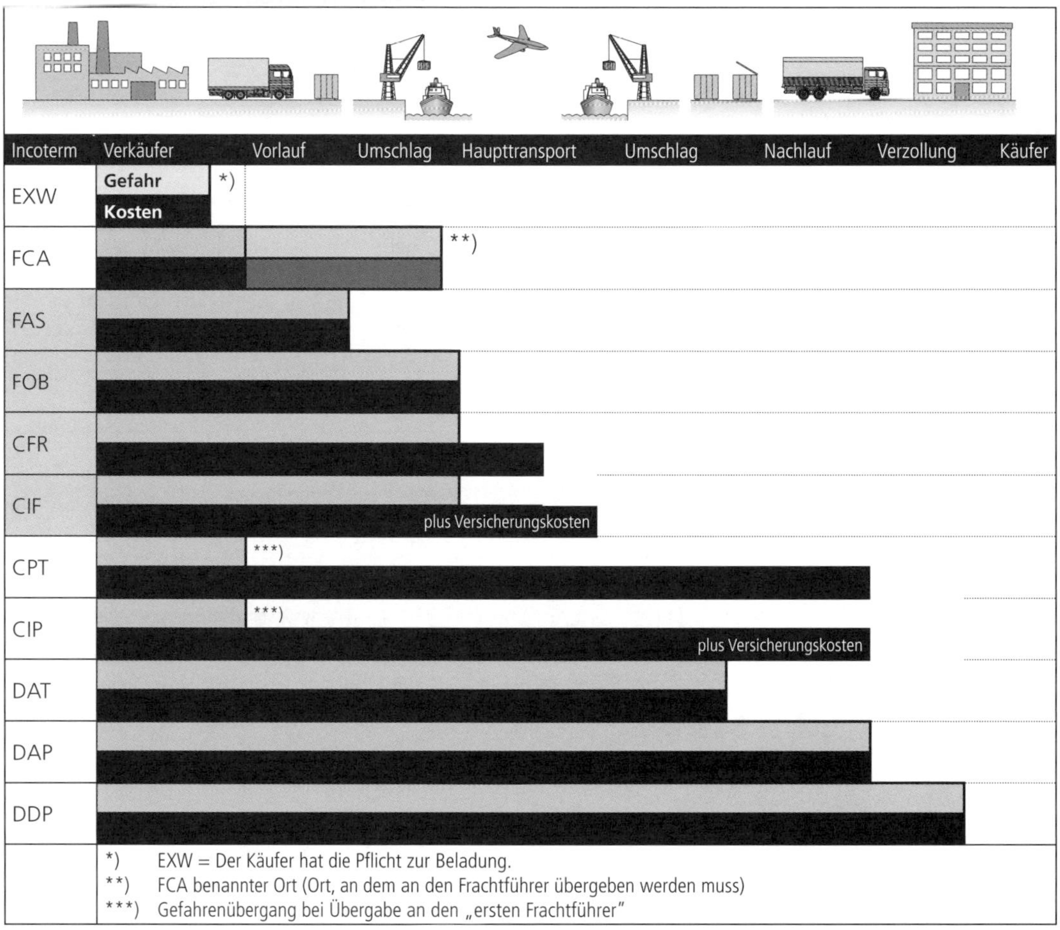

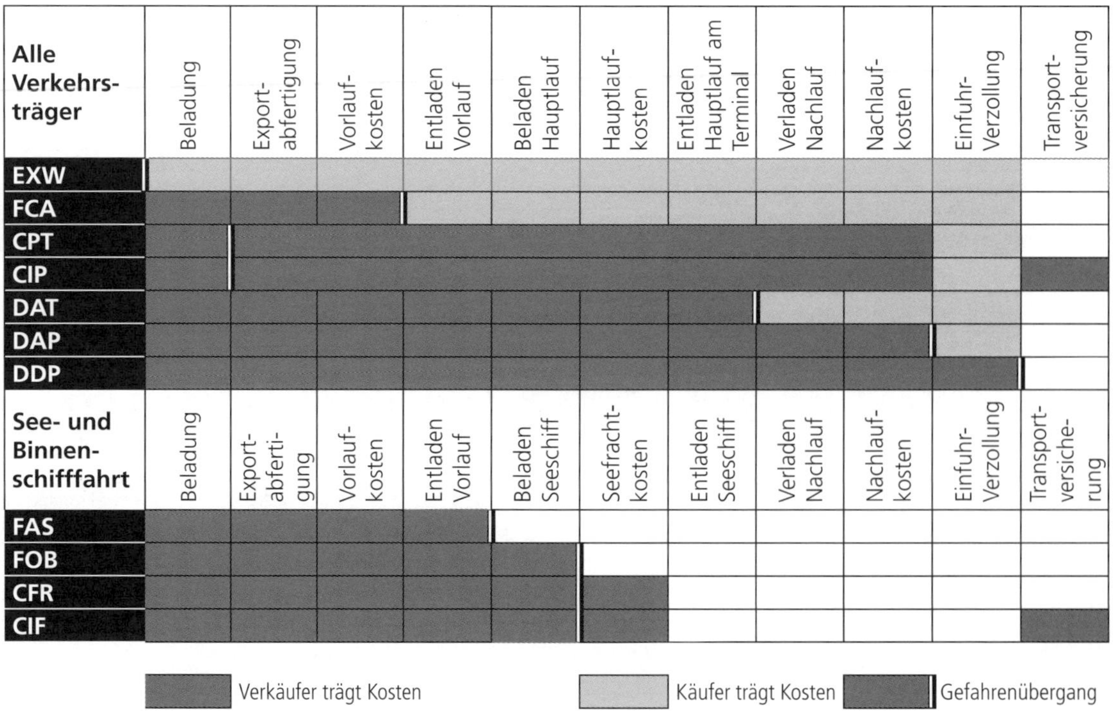

6.2 Dokumentenakkreditiv und Dokumenteninkasso

Zahlungsbedingungen im Außenhandel

www.ixpos.de | Finanzieren und Absichern | Zahlungsabwicklung

Zahlungsbedingungen im Außenhandel

Vorauszahlung, Anzahlung, Zahlung bei Lieferung	Dokumentenakkreditiv	Dokumenteninkasso Dokumente gegen Zahlung Dokumente gegen Akzept	Offene Rechnung
cash before delivery, down payment, cash on delivery, c.o.d.	letter of credit L/C	documents against payment (d/p) documents against acceptance (d/a)	clean payment

Dokumentenakkreditiv (Letter of Credit L/C)

Das Dokumentenakkreditiv ist eine abstrakte vertragliche Verpflichtung einer Bank (eröffnenden Bank, Akkreditivbank), im Auftrag und für Rechnung des Auftraggebers (Importeur) an einen bestimmten Empfänger (Exporteur) innerhalb einer festgelegten Frist bei einem beauftragten Kreditinstitut (avisierende Bank, bestätigende Bank) einen bestimmten Geldbetrag zur Verfügung zu stellen und gegen Vorlage von akkreditivkonformen Dokumenten auszuzahlen.

Akkreditivarten

Bestätigung

Bestätigte Akkreditive

- Auch die avisierende Bank gibt dem Begünstigten ein „abstraktes Schuldversprechen", d. h., sie garantiert die Zahlung in eigenem Namen.

Unbestätigte Akkreditive

- Nur die eröffnende Bank garantiert die Zahlung.

Widerruflichkeit

Unwiderrufliche Akkreditive

- Die Zahlungsverpflichtung der Bank kann während der Laufzeit des Akkreditivs nicht widerrufen werden.

Widerrufliche Akkreditive

- Die Bank kann das Akkreditiv jederzeit widerrufen.[1]

[1] Widerrufliche Dokumentenakkreditive sind unüblich. Gemäß den neuen ERA 600 gilt ein Akkreditiv grundsätzlich als unwiderruflich. Bei widerruflichen Akkreditiven muss der Vermerk „widerruflich" auf dem Akkreditiv stehen.

Zahlungszeitpunkt

Sichtakkreditiv

- Die Zahlung durch die eröffnende Bank erfolgt unverzüglich nach Vorlage der Dokumente (bei Sicht der Dokumente).

Nachsichtakkreditiv

- Die Zahlung erfolgt erst zu einem genau definierten späteren Zeitpunkt nach der Vorlage der Dokumente (nach Sicht).

Üblich sind „bestätigte, unwiderrufliche Sicht-Dokumentenakkreditive"

Dokumente für das Akkreditiv

Dokumente für das Akkreditiv

Warenpapiere

- Handelsrechnung (commercial invoice)
- Konsulatsfaktura (consular invoice)
- Ursprungszeugnis, Präferenzpapier (certificate of origin, Generalized system of preferences certificate of origin)
- Packliste (packing list)

Versicherungsdokumente

- Versicherungszertifikat (certificate of insurance)
- Versicherungspolice (insurance policy)

Im Akkreditiv müssen die Art, die Anzahl und die besonderen Merkmale der Dokumente genau beschrieben sein.

Transportdokumente

- Seekonnossement (bill of lading)
- Multimodales Transportdokument (z. B. „FIATA Multimodal Transport Bill of Lading" (FBL)
- Weitere Transportdokumente (CMR-Frachtbrief, AWB, Internationaler Eisenbahnfrachtbrief, FCR, FCT, wenn sie im Akkreditiv ausdrücklich genannt sind.)

Dokumentenakkreditiv

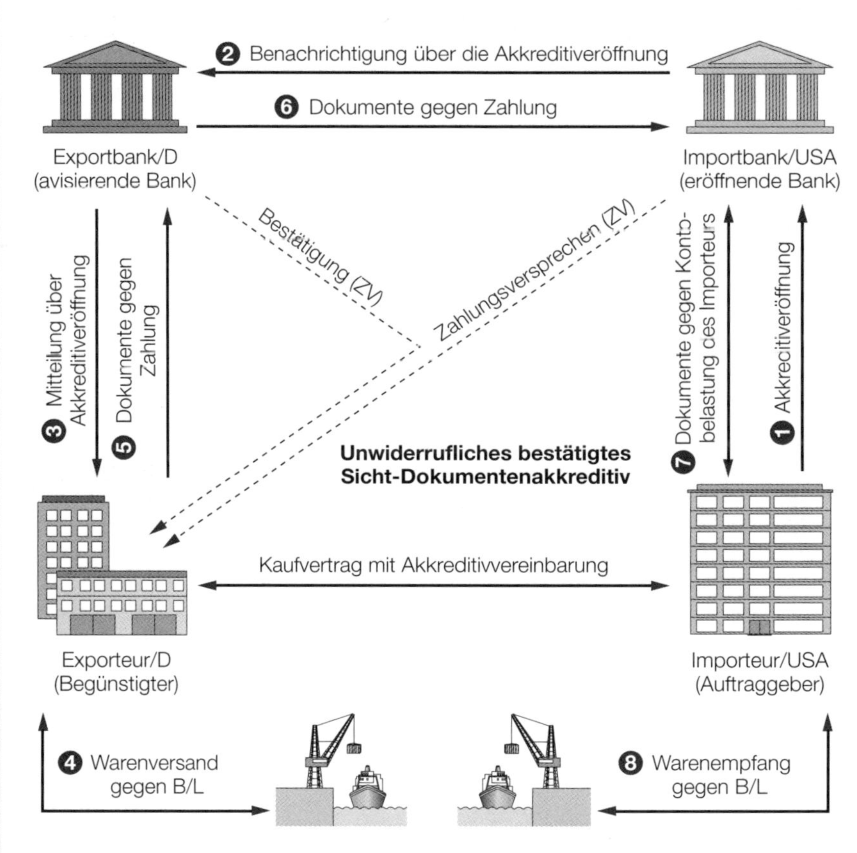

DOKUMENTEN-(L/C)

Der Importeur erteilt seiner Bank (eröffnende Bank, Akkreditivbank) den Auftrag ein unwiderrufliches bestätigtes Dokumentenakkreditiv zu eröffnen. Die eröffnende Bank bedient sich einer avisierenden Bank im Land des Exporteurs, um den Kaufpreis gegen Übergabe der Dokumente (B/L, Versicherungszertifikat, Rechnung) an den Exporteur auszuzahlen.

Beide Banken geben dem Exporteur ein unwiderrufliches Zahlungsversprechen.

Dokumenteninkasso

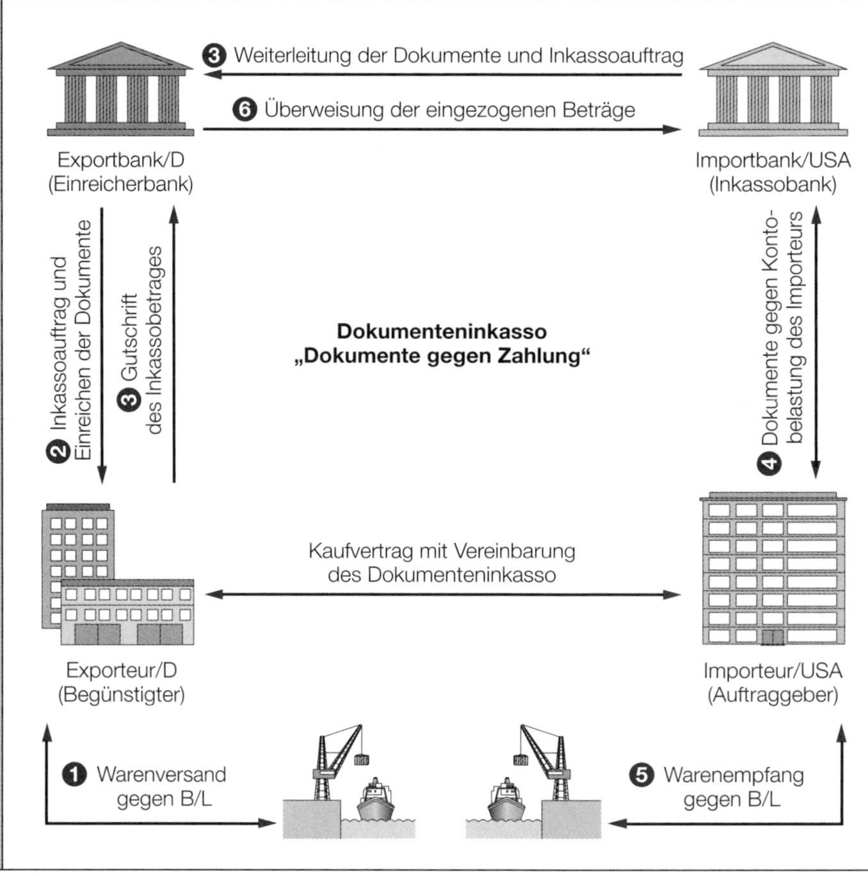

DOKUMENTEN-INKASSO

Der Exporteur (Auftraggeber) übergibt seiner Bank (Einreicherbank) Dokumente mit dem Auftrag, diese dem Käufer (Bezogener) gegen Zahlung des Kaufpreises auszuhändigen. Die Einreicherbank bedient sich dafür einer Bank im Land des Käufers (Inkassobank). Der einkassierte Geldbetrag (bei „Documents against payment" D/P) oder ein entgegengenommenes Wechselakzept (bei „Documents against acceptance" D/A) werden an den Auftraggeber weitergeleitet.

Quelle: Berlin-Partner GmbH, Berlin: Merkblatt Zahlungsabwicklung http://www.businesslocationcenter.de/imperia/md/content/goinginternational/merkblatt_zahlungsabwicklung.pdf

Kosten eines Dokumentenakkreditivs (Beispiel)

Lieferung nach Ägypten gegen unwiderrufliches, von einer Bank in Deutschland bestätigtes Akkreditiv, zahlbar 180 Tage nach Verschiffungsdatum, Laufzeit bis zur Lieferung: sechs Monate, Auftragswert 100 000 € eine Lieferung unterstellt:

1,0 ‰	Avisierungsprovision	100,00 € (max. 250,00 €)
3,0 ‰	pro Quartal Bestätigungsprovision; abhängig von Laufzeit, Länderrisiko und Bank	600,00 €
1,5 ‰	Abwicklungsgebühr	150,00 €
1,5 ‰	Dokumenten Aufnahmeprovision	150,00 €
3,0 ‰	pro Monat D.p.c.; Bestätigung des Zeitraums des Zahlungsziels	1 800,00 €
5,5 % p.a.	Zinsen für den Ankauf der Forderung	2 250,00 €
	Portoauslagen (evtl. Kurier)	60,00 €
	Telex-(SWIFT-Kosten)	30,00 €
	Gesamt (entspricht 5,1% vom Auftragswert)	ca. 5 140,00 €

Dokumenteninkasso Kostenbeispiel

Eigene Berechnungen bzw. Schätzungen nach Konditionenverzeichnissen der Banken im Internet

Kosten eines Dokumenteninkasso (Beispiel)

Lieferung nach Ägypten gegen Dokumenteninkasso, Auftragswert 100 000 €:

1,5 ‰	Inkassoprovision	150,00 €
3,0 ‰	Inkossospesen der ägyptischen Bank	300,00 €
	Portoauslagen (evtl. Kurier)	60,00 €
	Telex-(SWIFT-Kosten)	30,00 €
	Gesamt (entspricht 0,54 % vom Auftragswert)	ca. 540,00 €

6.3 Transportversicherung

Transportversicherung, Deckungsformen

Vgl. dazu die Versicherungsbedingungen:

DTV-Güter 2000/2008

Gesamtverband der Deutschen Versicherungswirtschaft e. V. (GDV): www.tis-gdv.de/tis/bedingungen/avb/ware/ware.html;

Institute Cargo Clauses
Ralph Amissah, University of Oslo, Norway: www.jus.uio.no/lm/private.international.commercial.law/insurance.html

(10.10.2010)

Transportversicherung

DTV-Güterversicherungsbedingungen 2000/2008

Deckungsformen DTV Güterversicherung 2000/2008

a) **eingeschränkte Deckung**

Haftung für genannte Ereignisse:

- Unfall (einschl. Strandung) des die Güter befördernden Transportmittels
- Einsturz Lagergebäude
- Brand, Explosion, Naturkatastrophen
- Überbordwerfen, Überbordspülen oder Überbordgehen durch schweres Wetter
- Aufopferung der Güter (um andere Güter bzw. das Schiff zu retten)
- Entladen, Zwischenlagern und Verladen von Gütern in einem Nothafen
- Totalverlust ganzer Kolli beim Be-, Um-, oder Entladen eines Transportmittels
- Havereibeiträge
- Schadenabwendungs-, Schadenminderungs- und Schadenfeststellungskosten

b) **Volle Deckung („all risk")**

„Ersatz für Verlust und Beschädigung der versicherten Güter als Folge einer versicherten Gefahr" [Ziffer 2.1.(2)] für alle Schadensursachen.

Institute Cargo Clauses Institute of London Underwriters

Deckungsformen Institute Cargo Clauses (ICC)

a) **Klausel C:**

Haftung für Schäden aus

- Feuer/Explosion
- Strandung, Auf-Grund-Laufen, Kentern
- Überschlagen, Entgleisen
- Kollision
- Löschen im Nothafen
- Aufopferung, Seewurf bei Haverei
- Havereibeiträge

b) **Klausel B:**

Die Klausel deckt zusätzlich

- Erdbeben, Vulkanausbruch, Blitzschlag
- Überbordspülen
- Eintritt von See- oder Flusswasser
- Verlust ganzer Kolli beim Laden und Löschen

c) **Klausel A:**

Alle Risiken am versicherten Gut auf der versicherten Reise („all risks")

Es kann (bei DTV Güter 2000/2008 und bei den Institute Cargo Clauses) auch der „imaginäre Gewinn", der Mehrwert, die Fracht, die Zölle etc. versichert werden*.

* So muss z.B. nach den INCOTERMS® 2010 (CIF A3) die Transportversicherung den CIF-Wert zuzüglich 10 % (imaginären Gewinn) decken.

Haftungsausschlüsse in der Transportversicherung

Haftungsausschlüsse in der Transportversicherung

DTV-Güterversicherungsbedingungen 2000/2008	Institute Cargo Clauses Institute of London Underwriters
Krieg, Bürgerkrieg oder kriegsähnliche Ereignisse	Krieg, Bürgerkrieg, sonstige bürgerliche Unruhen
Streik, Aussperrung, bürgerliche Unruhen	Beschlagnahme
Beschlagnahme von hoher Hand	Streik, Aussperrung, terroristische Gewalt
Kernenergie	Kernenergieschäden
Verzögerung der Reise	Verzögerungsschäden
Innerer Verderb oder die natürliche Beschaffenheit der Güter	Innerer Verderb und Beschaffenheitsschäden
Handelsübliche Mengen-, Maß- und Gewichtsdifferenzen	Gewöhnliche Leckage, handelsüblicher Gewichtsverlust und Schwund
Normale Luftfeuchtigkeit, gewöhnliche Temperaturschwankungen	
Nicht beanspruchungsgerechte Verpackung	Unzulänglichkeit oder Unzweckmäßigkeit der Verpackung oder der Stauung
Unsachgemäße Verladeweise	
Mittelbare Schäden aller Art	
Schäden aus der Zahlungsunfähigkeit des Reeders oder Charterers	Schäden aus der Zahlungsunfähigkeit des Reeders oder Charterers
	Schäden aus der Seeuntüchtigkeit des Schiffes, wenn das dem Versicherten bekannt war
Durch den Versicherungsnehmer vorsätzlich oder grob fahrlässig herbeigeführter Versicherungsfall	Willentliches und wissentliches Fehlverhalten des Versicherten
(Ziffer 2.4, 2.5 und 3)	(Ziffer 4 bis 6)

Wiedereinschlussklauseln

Wiedereinschlussklauseln

Versicherung bestimmter, von der Haftung ausgeschlossener Risiken gegen zusätzliche Prämien

- **DTV Vermögenschadensklausel**
- **DTV Güterfolgeschadenklausel**
- **DTV Kriegsklauseln**
- **DTV Streik- und Aufruhrklauseln**
- **DTV Kernenergieklauseln**
- **DTV Maschinenklauseln**

6.4 Internationale Spediteurpapiere

Internationale Spediteurpapiere

Vgl. VHSp (Verein Hamburger Spediteure) www.vhsp.de | FIATA

Internationale Spediteurdokumente Herausgegeben von der FIATA		
FCR	**FCT**	**FBL**
Forwarders Certificate of Receipt	**Forwarders Certificate of Transport**	**Negotiable FIATA Multimodal Transport Bill of Lading**
Internationale Spediteur-Übernahmebescheinigung	**Internationale Spediteur-Transportbescheinigung**	**Spediteur-Durchkonnossement für den multimodalen Verkehr**
Spediteur bescheinigt:	Der Spediteur bescheinigt:	Der Spediteur bescheinigt:
a) Übernahme in äußerlich guter Beschaffenheit b) zum unwiderruflichen Versand c) Nachträgliche Verfügung oder Widerruf nur gegen Rückgabe des FCR	a) die unwiderrufliche Empfangnahme der Güter zum Transport b) die Auslieferung der Güter nur gegen Rückgabe des FCT c) Auslieferungsversprechen	a) Empfangnahme b) Beförderungsversprechen c) Auslieferung an legitimierten Empfänger gegen FBL
Kein Wertpapier Auslieferung an den genannten Empfänger, der das FCR nicht bei der Ablieferung vorlegen muss	Wertpapier Auslieferung der Güter nur gegen Vorlage des rechtsgültig indossierten Originaldokumentes	Wertpapier Auslieferung der Güter nur gegen Vorlage des rechtsgültig indossierten Originaldokumentes
Das FCR ist nur bankfähig, wenn es im Akkreditiv ausdrücklich zugelassen ist.	Das FCT ist nur bankfähig, wenn es im Akkreditiv ausdrücklich zugelassen ist.	Das FBL ist bankfähig und bei Akkreditiven verwendbar
Haftung gemäß ADSp und HGB nur für eigene Fehler	Haftung gemäß ADSp und HGB nur für eigene Fehler	Haftung nach den „Standard Conditions" für die Auslieferung des Gutes am Bestimmungsort und für die von ihm zur Durchführung des gesamten Transportes eingesetzten Transportunternehmen und Drittbeteiligten.
FIATA International Federation of Freight Forwarders Associations (Internationale Förderation der Spediteurorganisationen)		

FBL
HAFTUNG NACH DEN „STANDARD CONDITIONS"

a) Der Spediteur übernimmt eine Grundhaftung in Höhe von SZR 666,67 pro Packstück oder Verpackungseinheit bzw. SZR 2 pro Kilogramm Bruttogewicht (höherer Betrag) für verloren gegangenes oder beschädigtes Gut (Art. 8.3 der FBL-Bedingungen) oder,

b) wenn ein multimodaler Transport keinen See- oder Binnenschifftransport umfasst, in Höhe von SZR 8,33 pro Kilogramm Bruttogewicht (Art. 8.5 der FBL-Bedingungen).

c) Können bei einem multimodalen Transport Verlust oder Beschädigung einer bestimmten Teilstrecke zugeordnet werden, richtet sich der Haftungsumfang des Spediteurs nach dem auf dieser Teilstrecke anzuwendenden nationalen oder internationalen Recht (Art. 8.6 a der FBL-Bedingungen).

Wertpapiere, Definition, Arten

Wertpapiere Wertpapiere sind „Urkunden über Vermögensrechte, deren Ausübung an den Besitz der Urkunden geknüpft ist. Nur gegen Vorlage und Rückgabe des Wertpapiers ist der aus der Urkunde Verpflichtete zur Leistung verpflichtet."[1]		
Orderpapiere werden auf den Versicherten „oder dessen Order" ausgestellt.	**Namenspapiere** werden auf den Namen des Versicherten ausgestellt.	**Inhaberpapiere** Jeder Inhaber hat alle Rechte aus dem Inhaberpapier.
Übertragung durch Indossament	**Übertragung durch Zession (Abtretung)**	**Übertragung durch einfache Übergabe**

1 Gabler Wirtschaftslexikon, 9. Auflage, Stichwort „Wertpapiere"

Wertpapiere, Beispiele

Beispiele für Warenwertpapiere im Transportrecht	
Konnossement (auch Spediteurkonnossement) und Ladeschein	**Versicherungszertifikat**
Konnossement (oder Ladeschein) ist eine vom Verfrachter (bzw. Frachtführer) ausgestellte Urkunde, die a) eine Empfangsbescheinigung über die zur Beförderung angenommenen Güter, b) eine Auslieferungsverpflichtung des Verfrachters gegenüber dem legitimierten Inhaber der Urkunde, c) ein Traditionspapier mit der Möglichkeit, bereits während des Transportes über das Gut zu verfügen (auch zu verkaufen) darstellt.	Das Versicherungszertifikat ist a) eine Urkunde über einen abgeschlossenen Versicherungsvertrag, b) eine Beweisurkunde über den Inhalt des Versicherungsvertrages, c) ein Schuldschein der Versicherungsgesellschaft über den Schadenersatzbetrag, d) eine Legitimationsurkunde, mit der sich der Berechtigte zum Empfang des Schadenersatzbetrages ausweist.

6.5 Aufgaben zu INCOTERMS® 2010, Dokumentenakkreditive, Dokumenteninkasso und Transportversicherung

6.5.1 INCOTERMS® 2010

01 Im internationalen Handelsverkehr werden häufig INCOTERMS® 2010 verwendet.

a) Von wem wurden die INCOTERMS® 2010 herausgegeben?

b) Nennen Sie die Vertragsart, in der INCOTERMS® 2010 vereinbart werden.

c) Nennen Sie die beiden Vertragsinhalte, die die Schwerpunkte aller INCOTERMS® 2010 bilden.

d) Erläutern Sie im Hinblick auf die unter c) genannten Schwerpunkte

da) FCA Duisburg.

db) CIF New York. ☑

02 Ein Auftraggeber hat mit seinem Kunden für ein Überseegeschäft die Lieferklausel „CIF New York" lt. INCOTERMS® 2010 vereinbart.

a) In welcher Vertragsart wurde die Klausel „CIF" vereinbart?

b) Wofür steht „CIF"?

c) Wo gehen Kosten und Gefahren vom Verkäufer auf den Käufer über?

d) Mit welchem Dokument erbringt der Verkäufer den Liefernachweis?

e) Welche Versicherungsart schreibt die CIF-Klausel vor, und wie ist die Mindestdeckung? ☑

03 Im Rahmen eines Überseegeschäfts wurde die Lieferklausel „CIP ..." lt. INCOTERMS® 2010 vereinbart.

a) Erklären Sie den Begriff „CIP".

b) Erläutern Sie, wo Kosten und Gefahren vom Verkäufer auf den Käufer übergehen.

c) Nennen Sie zwei Möglichkeiten/Dokumente, mit denen der Verkäufer den Liefernachweis erbringen kann.

d) Nennen Sie außer dem Liefernachweis drei weitere Pflichten des Verkäufers. ☑

04 Ordnen Sie zu, indem Sie die Kennziffern von 3 der insgesamt 7 INCOTERMS® 2010 bei den Kostenübergängen eintragen.

[1] EXW [5] CPT [4] CFR
[2] DAP [6] FOB
[3] DDP [7] DAT

Kostenübergänge	
Lieferung an Bord im Verschiffungshafen	
Lieferung im Seeschiff im Bestimmungshafen	
Werk des Verkäufers ☑	

05 Für die MSF Medizin-Technik GmbH in Mannheim haben Sie eine Kiste medizinischer Geräte mit dem Seeschiff CIF Osaka (gemäß INCOTERMS® 2010) abgefertigt. Diese Kiste wurde während des Seetransports beschädigt. Die MSF Medizin-Technik GmbH möchte wissen, ob sie die Lieferung zurücknehmen und die Rückfracht bezahlen muss. Welche Auskunft ist richtig?

[1]	Ja, weil gemäß INCOTERMS® 2010 der Verkäufer die Kosten und Risiken des Transportes tragen muss.	☐
[2]	Nein, weil gemäß INCOTERMS® 2010 der Käufer sämtliche Kosten und Risiken tragen muss.	☐
[3]	Laut INCOTERMS® 2010 trägt der Verkäufer das Risiko, der Käufer die Kosten.	☐
[4]	Nein, weil der Käufer in Osaka gemäß INCOTERMS® 2010 das Risiko trägt. Die MSF Medizin-Technik GmbH ist lediglich verpflichtet, die Fracht und Versicherung für den Hintransport zu bezahlen.	☐
[5]	Die GmbH muss in diesem Falle die Kosten und Risikofrage einzelvertraglich mit ihrem Kunden in Osaka regeln. ☑	☐

06 Die Firma Bergmann GmbH, Darmstadt, liefert eine Luftfrachtsendung nach Mexico City bei dem Luftfrachtspediteur AirTrans in Frankfurt/Main Flughafen direkt an.

Die Lieferungsbedingungen lauten: „FCA Frankfurt/Main Airport" gemäß INCOTERMS® 2010. Was müssen Sie hinsichtlich des Kosten- und Gefahrenüberganges beachten?

[1] Der Verkäufer trägt alle Kosten und die Risiken der Beförderung von Darmstadt bis Mexico City.	☐
[2] Der Käufer trägt alle Kosten und die Risiken der Beförderung von Darmstadt bis Mexico City.	☐
[3] Ab der Übernahme durch den Luftfrachtführer in Frankfurt am Main trägt der Käufer die Kosten und Risiken der Beförderung.	☐
[4] Bis zur Annahme durch den Käufer in Mexico City trägt der Verkäufer die Kosten und Risiken der Beförderung.	☐
[5] Bis zur Annahme durch den Käufer in Mexico City trägt der Verkäufer nur die Beförderungskosten. ☑	☐

07 Ein Container wird über Hamburg CIF Boston verschifft (FOB-Wert 78 750,00 €).

Es entstehen folgende Transportkosten:

Lkw-Vorlauf nach Hamburg	578,00 EUR
Seefracht Hamburg-Boston	780,00 USD
Terminal-Handling-Charges (THC) in Hamburg	338,00 EUR
Terminal-Handling-Charges (THC) in Boston	149,00 USD
Spediteurprovision und B/L-Spesen	232,50 EUR

Transportversicherung 2,5 ‰ vom CIF-Wert zzgl. 10 % imaginärer Gewinn

a) Ermitteln Sie den €-Betrag, den der Spediteur dem Versender in Rechnung stellt.

b) Begründen Sie, an wen der Versicherer Schadenersatz leistet, wenn das Gut auf See beschädigt wird. ☑

6.5.2 Dokumentenakkreditiv und Dokumenteninkasso

08 Im Überseegeschäft wird häufig eine Abwicklung mit einem unwiderruflichen bestätigten Dokumentenakkreditiv vereinbart.

a) Erläutern Sie die Begriffe „unwiderruflich" und „bestätigt" im Zusammenhang mit Dokumentenakkreditiven.

b) Welche Vorteile haben Käufer und Verkäufer bei der Abwicklung über ein Dokumentenakkreditiv?

09 Bei einer Abwicklung eines Kaufvertrages mit einem Dokumentenakkreditiv muss der Verkäufer seiner Bank bestimmte Dokumente vorlegen.

a) Nennen Sie drei Dokumente, die regelmäßig vorzulegen sind.

b) Beschreiben Sie, was mit den jeweiligen Dokumenten nachgewiesen wird.

10 Eine Spedition in Kassel bucht für einen Auftraggeber bei der Reederei Hamburg-Süd Laderaum für einen Container von Hamburg nach Hongkong. Für diese Sendung wurde ein Dokumentenakkreditiv eröffnet.

Stellen Sie fest, welcher Sachverhalt bei der Abwicklung des Akkreditivverfahrens zutrifft.

[1] Die Gutschrift an den Käufer erfolgt nach Präsentation der Dokumente bei der Import-Bank.	☐
[2] Die Gutschrift an den Verkäufer erfolgt nach Verschiffung der Sendung im Verschiffungshafen.	☐
[3] Die Gutschrift an den Verkäufer erfolgt nach Auslieferung der Sendung an den Käufer in Hongkong.	☐
[4] Die Verschiffung erfolgt ohne Sicherheitsgarantien.	☐
[5] Die Gutschrift an den Verkäufer erfolgt nach der Präsentation der Dokumente bei der Export-Bank. ☑	☐

11 Die Karl Meermann AG in Berlin versendet über den Spediteur SeaTrans in Hamburg einen Container mit Textilmaschinen an seinen langjährigen Kunden, die KELKAR TRADING CORPORATION in Mumbai (Bombay)/Indien. Der Verkauf der Textilmaschinen erfolgt CIF Bombay gegen Dokumenteninkasso. USD = 1,3246

a) Beschreiben Sie die Unterschiede zwischen dem Dokumentenakkreditiv und dem Dokumenteninkasso.

b) Erläutern Sie die Nachteile, die der Verkäufer durch das Dokumenteninkasso im Vergleich zum Dokumentenakkreditiv in Kauf nehmen muss.

c) Welchen Vorteil hat der Käufer bei der Vereinbarung des Dokumenteninkasso gegenüber dem Dokumentenakkreditiv?

12 Welche Schritte muss ein Verkäufer in welcher Reihenfolge unternehmen, wenn er einen Verkauf per Dokumenteninkasso vereinbart hat?

13 Ihrem Speditionsunternehmen liegt die Kopie des nachstehenden Dokumentenakkreditivs vor: Die Verladung der Getriebeteile erfolgt über die Reederei Evergreen ab Rotterdam.

Bearbeiten Sie die Grafik „Ablauf des Dokumentenakkreditivs" auf der nächsten Seite unter Beachtung der Akkreditivbedingungen.

a) Tragen Sie die Namen der an diesem Akkreditivverfahren beteiligten Unternehmungen in die grau markierten Felder ein.

b) Erstellen Sie eine Tabelle, in der Sie die einzelnen Schritte bei der Abwicklung dieses Akkreditiv-Verfahren beschreiben, nummerieren Sie diese Schritte fortlaufend in zeitlicher Reihenfolge und tragen Sie die Ziffern in die vorgesehenen Kreise in der Grafik ein. ☑

14 Die Fa. KMR Maschinenbau in Solingen exportiert Werkzeugmaschinen in die Türkei. Der Export soll per Lkw-Sammelgut ab Düsseldorf erfolgen. Der Spediteur bietet dem Versender die Ausstellung eines FCR an.

a) Was bedeutet die Abkürzung „FCR" ?

b) Welche Bescheinigungen des Spediteurs enthält das FCR?

c) Das FCR soll zur Zahlungssicherung dienen. Beschreiben Sie, wie eine Zahlungssicherung mit diesem Dokument durchgeführt werden kann.

d) Erläutern Sie die Haftung des deutschen Spediteurs für diesen Transport.

15 Unterscheiden Sie die Spediteurdokumente „FCR" und „FCT".

zu 13

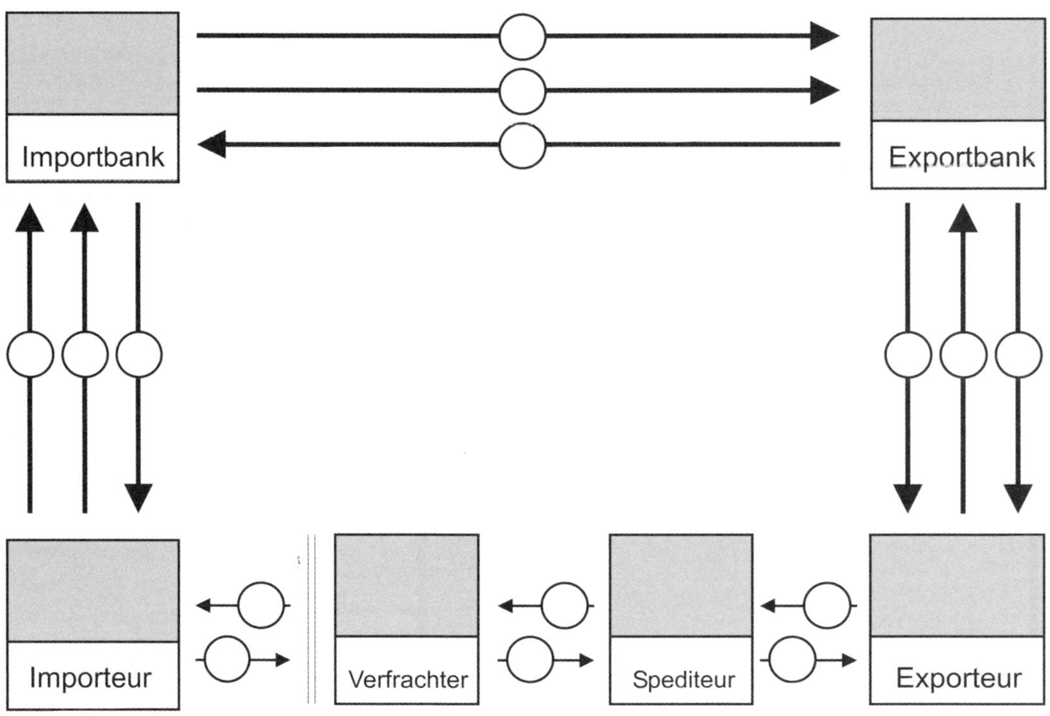

zu 13

OCB
OHIO COMMERCIAL BANK

OHIO COMMERCIAL BANK
600 SUPERIOR AVENUE
CLEVELAND, OH 44114

Unwiderrufliches Dokumentenakkreditiv	**Nr. 1289/G/177**

Wir eröffnen hiermit dieses unwiderrufliche Dokumentenakkreditiv

zugunsten von	GETRA Maschinenbau GmbH Mertener Straße 17, 50997 Köln-Süd
Bezogener	Sterling Truck Corporation, 4420 Sherwin Road, Willoughby, OH 44094
Warenbeschreibung	16 450 kg Getriebeteile
über einen Betrag von	117 000,00 €
gültig bis	15 Mai 20..
bestätigt durch	SEB AG, Gereonshof 21, 50670 Köln
Lieferbedingung	CIF Cleveland
einzureichende Dokumente	▮ Unterschriebene Handelsrechnung (dreifach) ▮ Zollfaktura (dreifach) ▮ Packliste (einfach) ▮ Versicherungszertifikat als Inhaberpapier über 110 % des CIF-Wertes, volle Deckung nach DTV Güter 2000, zusätzlich Streik-Klausel, zweifach, Prämienzahlung ist nachzuweisen ▮ voller Satz (3/3) reine An-Bord-Konnossemente mit vorausbezahlter Fracht zu Gunsten von Sterling Truck Corporation, 4420 Sherwin Road, Willoughby, OH 44094, Order-B/L vorgeschrieben
Verladedatum	B/L datiert bis spätestens 15.04.20..
Transportweg	Köln, deutscher/niederländischer/belgischer Hafen nach Cleveland (USA), Umladen nicht erlaubt, Teillieferungen nicht erlaubt
Vorlage der Dokumente bis	spätestens 21 Tage nach Ausstellung der Transportdokumente
bei (Zahlstelle)	SEB AG, Gereonshof 21, 50670 Köln

Wir verpflichten uns hiermit, dass Zahlung geleistet wird gegen Einreichung von Dokumenten in Übereinstimmung mit den Bedingungen dieses Akkreditivs.

OHIO COMMERCIAL BANK, Cleveland 20(0)-03-16 *P. Miller*

Diesem Akkreditiv liegen die Einheitlichen Richtlinien und Gebräuche für Dokumenten-Akkreditive (ERA 600) zugrunde.

zu 13

Akkreditiv (SWIFT-Übermittlung)

Receiving Bank		ESSEDE5F370 SEB AG GEREONSHOF 21 50670 KOELN
20 :	Documentary Credit Number	93788/054897
40A:	Form of Documentary Credit	IRREVOCABLE
31C:	Date of Issue	16. MAR 20..
31D:	Date and Place of Expiry	15. MAY 20..
40E:	Applicable Rules	UCP LATEST VERSION
51D:	Applicant Bank	OCBCUS3C318 OHIO COMMERCIAL BANK 600 SUPERIOR AVENUE OH 44114 CLEVELAND USA
50 :	Applicant	STERLING TRUCK CORPORATION, 4420 SHERWIN ROAD, OH 44094 WILLOUGHBY, USA
59 :	Beneficiary	GETRA MASCHINENBAU GMBH MERTENER STRASSE 17, D-50997 KOELN-SÜD
32B:	Currency Code, Amount	117.000,00 EUR
39A:	Percentage Cred. Amount Tol	+5 / -5
41A:	Available With..By	ESSEDE5F370 SEB AG GEREONSHOF 21 50670 KOELN BY DEF PAYMENT
42P:	Deferred Payment Details	21 DAYS AFTER DATE OF B/L
43P:	Partial Shipments	NOT ALLOWED
43T:	Transshipments	NOT ALLOWED
44A:	Loading on Board/Dispatch/ Taking in am/fm	KOELN, GERMAN/DUTCH/BELGIAN SEAPORT
44B:	For Transportation to	CLEVELAND
44C:	Latest Date of Shipment	15. APR 20..
45A:	Descriptions of Goods and/or Services GEARBOX PARTS, 16.450 KGS REF. NO. 07E1109 ORDER-NR. 3103447 CIF CLEVELAND, INCOTERMS® 2010	
46A:	Documents Required + SIGNED COMMERCIAL INVOICE IN TRIPLICATE + CUSTOMS INVOIVE IN TRIPLICATE + PACKING LIST IN TRIPLICATE + FULL SET OF CLEAN SHIPPED ON BOARD MARINE BILLS OF LADING ISSUED TO ORDER AND BLANK ENDORSED MARKED FREIGHT PREPAID, NOTIFY: APPLICANT + INSURANCE POLICY/CERTIFICATE IN DUPLICATE FOR 110 0/0 OF THE CIF-INVOICE VALUE IN NEGOTIABLE FORM AND BANK ENDORSED COVERING DTV GUETER 2000 ALL RISK STRIKE CLAUSES (CARGO) WITH CLAIMS PAYABLE IN USA. PREMIUM PAID. + CERTIFICATE OF USA ORIGIN IN DUPLICATE	
71B:	Charges	ALL CHARGES ON YOUR SIDE AND INTEREST, IF ANY, ARE FOR BENEFICIARIES ACCOUNT
48:	Period for Presentation	21 DAYS

16 Ein Porzellanhersteller im Bayrischen Wald möchte 4 Kisten Porzellanwaren mit 960 kg Gewicht per Seeschiff über den Hafen Bremen nach Sydney/Australien versenden. Sein Spediteur bietet den Versand im Sammelgutverkehr im Container an. Da für die Lieferung ein Dokumentenakkreditiv besteht, stellt der Spediteur ein FBL aus.

a) Nennen Sie den genauen Namen des FBL in deutscher und englischer Langschrift.
b) Erläutern Sie den Rechtscharakter des FBL.
c) Beschreiben Sie die Haftung des Spediteurs für Güterschäden
ca) bei bekanntem Schadensort.
cb) bei unbekanntem Schadensort.
d) Beantworten Sie die Frage c) unter der Annahme, dass die Güter per Luftfracht nach Australien versendet werden.

17 Die Spedition LogSped erhält von einem Kunden eine Sendung nach Boston/USA. Aus der beigefügten Rechnung ergibt sich der Wert des Gutes. Die Sendung soll „CIF Boston" gemäß INCOTERMS® 2010 verschifft werden. Der Kunde möchte wissen, ob eine Transportversicherung abgeschlossen werden muss. Wie beraten Sie ihn?

[1] Der Abschluss einer Transportversicherung ist nicht erforderlich, weil eventuelle Schäden von der Haftungsversicherung des Spediteurs reguliert werden. ☐

[2] Der Abschluss einer Transportversicherung ist verpflichtend laut INCOTERMS® 2010. ☐

[3] Der Abschluss einer Transportversicherung ist nicht erforderlich, weil bei multimodalen Verkehren der Kunde durch das Transportrechtsreformgesetz automatisch Versicherungsschutz genießt. ☐

[4] Der Abschluss einer Transportversicherung ist nicht erforderlich, weil diese Verpflichtung nach den INCOTERMS® 2010 der Importeur in New York übernehmen muss. ☐

[5] Der Abschluss einer Transportversicherung ist verpflichtend, weil die ADSp dies vorschreiben. ☐

18 Sie erhalten den Auftrag, eine Sendung im innerdeutschen Verkehr zu versenden. Ihr Kunde möchte eine Transportversicherung abschließen. Welche Aussagen zur Transportversicherung sind richtig?

[1] Eine Transportversicherung reguliert lediglich Schäden, die aus höherer Gewalt entstanden sind. ☐

[2] Eine Transportversicherung reguliert nur Güterfolgeschäden. ☐

[3] Der Abschluss einer Transportversicherung ist dann sinnvoll, wenn die Warenwerte die Haftungshöchstgrenzen nach HGB überschreiten. ☐

[4] Transportversicherer regulieren nur Vermögensschäden. ☐

[5] Nach den gesetzlichen Vorschriften des HGB muss der Lkw-Unternehmer eine Transportversicherung abschließen. ☐

7 Zollabwicklung

7.1 Grundlagen

Außenwirtschaftliche Vorgänge

Außenwirtschaftliche Vorgänge

	Intrahandel	Extrahandel
Lieferung in das Ausland	**Versendung** Verbringen von Gemeinschaftswaren aus einem EU-Mitgliedsstaat in einen anderen EU-Mitgliedsstaat.	**Ausfuhr (Export)** Verbringen von Gemeinschaftswaren aus dem Zollgebiet der Gemeinschaft und Verbringen von unverzollten Nichtgemeinschaftswaren in ein anderes EU-Land
Lieferung aus dem Ausland	**Eingang** Verbringung von Gemeinschaftswaren aus einem EU-Mitgliedsstaat in das Inland eines anderen EU-Mitgliedsstaates	**Einfuhr (Import)** Verbringung von Nichtgemeinschaftswaren in das Zollgebiet der EU sowie Verbringung von unverzollten Nichtgemeinschaftswaren aus einem EU-Mitgliedsstaat in einen anderen EU-Mitgliedsstaat

Übersicht über die verschiedenen Zollverfahren

Zollverfahren

Warenimport aus Drittstaaten	a) Überführung in den zollrechtlich freien Verkehr	Drittlandswaren werden mit Zöllen, Einfuhrumsatzsteuer und Verbrauchssteuern belegt. Sie können danach in der EU wie Gemeinschaftswaren verwendet werden.
Warenversand unter Zollkontrolle	b) Versandverfahren	Güter werden unter Zollkontrolle zwischen zwei Zollstellen versendet. ▮ Gemeinschaftliches Versandverfahren zwischen den EU-Staaten ▮ Gemeinsames Versandverfahren zwischen den EU- und EFTA-Staaten und der Türkei ▮ Weitere Verfahren (Carnet TIR, Carnet ATA)
Zollverfahren mit wirtschaftlicher Bedeutung	c) Zolllagerverfahren	Nichtgemeinschaftswaren werden ohne Erhebung von Abgaben in ein Zolllager überführt. Die Abgabenerhebung erfolgt erst bei der Auslagerung und der Abfertigung in den freien Verkehr. Dabei wird der Wert bei Einlagerung mit den Zollsätzen bei der Auslagerung belegt.
	d) aktive Veredelung	Nichtgemeinschaftswaren werden in die EU eingeführt, veredelt (bearbeitet, verarbeitet, ausgebessert) und wieder ausgeführt. Dabei müssen zur Veredelung eingeführte und wieder ausgeführte Mengen und Warenarten übereinstimmen.
	e) passive Veredelung	Gemeinschaftswaren werden zur Veredelung in ein Drittland ausgeführt. Bei der Wiedereinfuhr der veredelten Ware wird ein Differenzzoll (Zoll auf die veredelten Waren abzüglich Zoll auf die unveredelten Waren) auf den Wertzuwachs erhoben.
	f) Vorübergehende Verwendung	Waren werden in die EU eingeführt und vorübergehend verwendet. Werden die Waren unverändert (z. B. nah einer Messe) wieder ausgeführt, bleiben sie abgabenfrei. Werden die Waren längere Zeit in der EU verwendet, so werden monatlich 3 % der Zollschuld als Teilverzollung fällig.
	g) Umwandlungsverfahren	Werden eingeführte Drittlandswaren in der EU so umgewandelt, dass sie in eine andere Zolltarifposition mit niederen Zollsätzen fallen, werden sie nur nach der umgewandelten Zolltarifposition verzollt.

Verbringen in eine Freizone oder Freilager	Drittlandswaren werden in eine Freizone (z. B. Freihafen) verbracht. Eine weitere Behandlung ist erst bei der Einfuhr aus der Freizone in die EU erforderlich.
Wiederausfuhr	Unverzollte Drittlandsware wird ohne vorherige Verzollung in der EU wieder in ein Drittland verbracht.
Vernichtung und Zerstörung	Vernichtung ist die vollständige Beseitigung und Entwertung der Ware, welche im Anschluss körperlich nicht mehr erfassbar ist (z. B. Verbrennen von Papier). Bei der Zerstörung wird die Ware hinsichtlich ihrer Funktion bzw. der Eigenschaften unbrauchbar gemacht, z. B. Verschrotten von technischen Geräten. Bei zerstörten Waren können wirtschaftlich nutzbare Reste verbleiben, die zollrechtlich behandelt werden müssen (Schrottwert einer zerstörten Maschine muss verzollt werden).

7.2 Ausfuhrverfahren

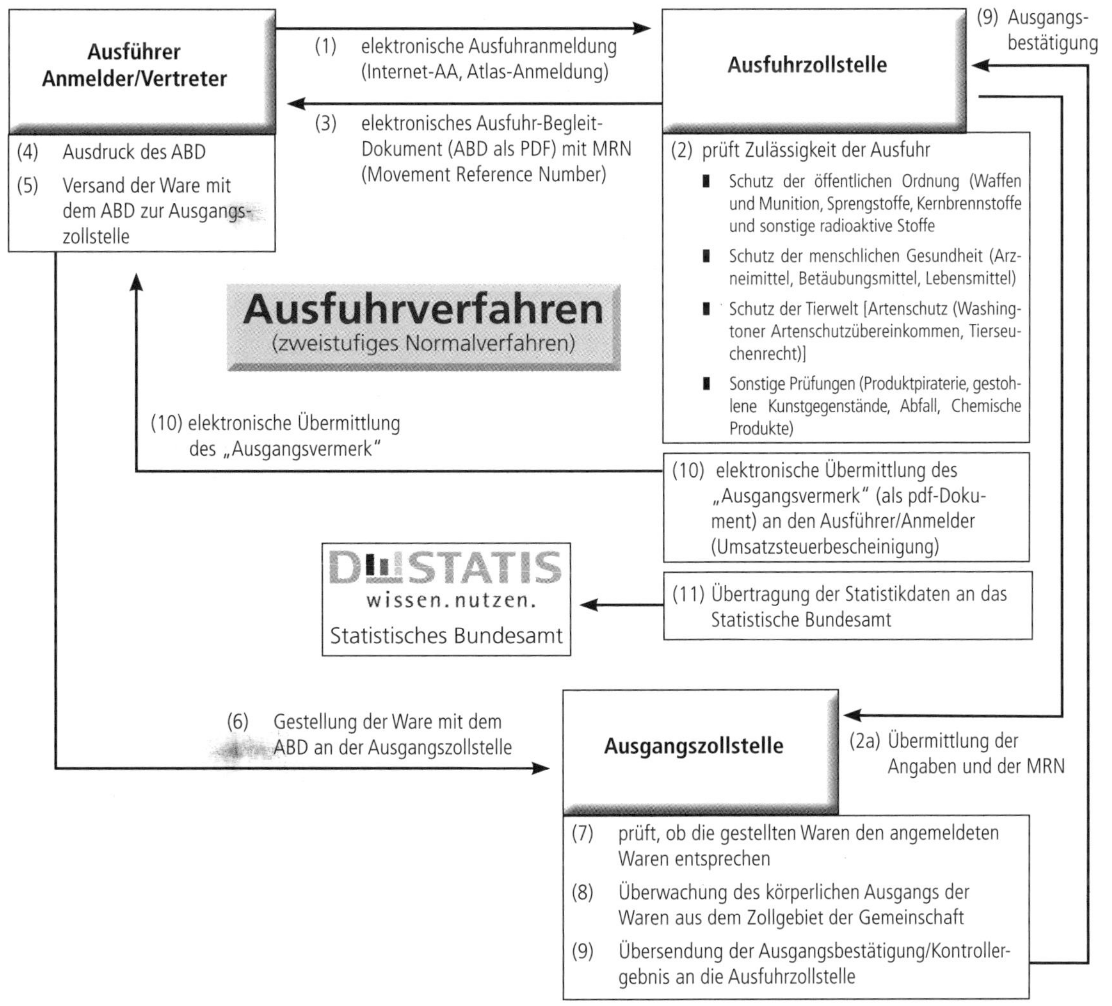

Änderung: Das elektronische Ausfuhrverfahren ist jetzt zwingend anzuwenden.

Begriffe			Merkblatt 2009
Ausführer	Die Person, für deren Rechnung die Ausfuhranmeldung abgegeben wird und die zum Zeitpunkt der Annahme dieser Anmeldung Eigentümer der Waren ist oder eine ähnliche Verfügungsberechtigung besitzt		S. 27
Anmelder	Die Person, die in eigenem Namen eine Zollanmeldung abgibt, oder die Person, in deren Namen eine Zollanmeldung abgegeben wird		S. 30 ZK Art. 4.18
Vertreter	Die Vertretung kann sein - direkt, wenn der Vertreter in Namen und für Rechnung eines anderen handelt (nur die Förmlichkeiten erledigt); - indirekt, wenn der Vertreter in eigenem Namen, aber für Rechnung eines anderen handelt.	Ausführer ist Anmelder Ausführer und Vertreter sind Anmelder	S. 31 ZK Art. 5.2

Ausfuhrzollstelle	Die Zollstelle, in deren Bezirk der Ausführer seinen Sitz hat oder in deren Bezirk die Ware verladen oder verpackt wird. Unter Verlade- bzw. Verpackungsort ist der Ort zu verstehen, an dem die Beförderung der Waren zur Ausfuhr beginnt.	
Ausgangszollstelle	Ausgangszollstelle bei Beförderung der Waren im Straßenverkehr ist die Grenzzollstelle an der Drittlandsgrenze. Für die Ausfuhr im Post-, Bahn-, Luft- oder Seeverkehr ist die Ausgangszollstelle die Zollstelle, die für den Ort zuständig ist, an dem die Waren zur Beförderung mit Bestimmung in ein Drittland vom Frachtführer übernommen werden.	
ABD	Ausfuhrbegleitdokument. Wird von der Ausgangszollstelle elektronisch übermittelt und wird der Ausgangszollstelle vorgelegt.	
Ausgangsvermerk	Wird von der Ausgangszollstelle elektronisch übermittelt und bestätigt die Ausfuhr für Umsatzsteuerzwecke.	
Einstufiges Ausfuhrverfahren	Die Überwachung und Erledigung des Ausfuhrverfahrens unmittelbar bei einer Ausgangszollstelle ist zulässig bei einem statistischen Wert bis einschließlich 3 000 € pro Ausfuhrsendung, wenn die Waren keinen Verboten und Beschränkungen unterliegen.	Das elektronische Verfahren ist in beiden Fällen aber zulässig.
Mündliche Zollanmeldung	Bei einem statistischen Wert bis zu 1 000 € kann auch eine mündliche Ausfuhranmeldung an der Ausgangszollstelle erfolgen.	

EUROPÄISCHE GEMEINSCHAFT

A — Ausfuhrbegleitdokument

1 Anmeldung: EX | A | XXXXX

MRN 06DE405500000394E4

2 Versender/Ausführer Nr.: WEGA Maschinenfabrik AG, Sensfelder Weg 42, 64283 Darmstadt

3 Vordrucke | 4 Ladelisten: XXXXXX

5 Positionen: 1 | 6 Packst. insgesamt: XXXXXXXXXX | 7 Bezugsnummer

8 Empfänger Nr.: Gerry Block Pty. Ltd., 110 Parramatta Rd, Granville NSW 2142, Australia

9 Verantwortlicher für den Zahlungsverkehr Nr.: XXXXXXXXXXXXXXXXXXXXXXXXXXXXXXXXXXXXXXXXXXXXX

10 Erstes Best.-land: XXX | 11 Handels-land: XXX | 13 G.L.P.: XXXX XXXX

14 Anmelder/Vertreter Nr.: [2] CTX Airfreight GmbH, Mörfelder Str. 43, 65451 Kelsterbach

15 Versendungs-/Ausfuhrland: XXXXXXXXXXXXXXXXXXXX | 15 Vers./Ausf.LCode: a | b XXX | 17 Bestimm.L Code: a AU | b XXX

16 Ursprungsland | 17 Bestimmungsland

18 Kennzeichen und Staatszugehörigkeit des Bef.-Mittels beim Abgang | 19 Ctr.: 0

20 Lieferbedingung: FCA | Frankfurt a. M.

21 Kennzeichen u. Staatszugehörigkeit d. grenzüberschreitenden aktiven Beförd.-Mittels: Flugzeug | DE

22 Währung und in Rechn. gestellter Gesamtbetrag: AUD | 22 452,00

23 Umrechnungskurs: XXXXXXXXXX

24 Art des Geschäfts: 1 | 1

25 Verkehrszweig an der Grenze: 4 | 26 inländischer Verkehrszweig: 3 | 27 Ladeort

28 Finanz- und Bankangaben: XXXXXXXXXXXXXXXXXXXXXXXXXXXXXXXXXXXXXXXXXXXXX

A — 29 Ausgangszollstelle: DE003302 | 30 Warenort: XXXXXXXXXXXXXX | XXXXXXXXXXXXXXXXXXXXXXXXXXXXXXXXXXXXXXXXXXXXX

31 Packstück und Warenbezeichnung — Zeichen und Nummern - Container-Nr. - Anzahl und Art: 4.434.774.98, 1 PC Automobilteile

32 Positions-Nr. | 33 Warennummer: 87908200

34 Urspr.land Code: a | b 05 | 35 Rohmasse (kg): 60

37 Verfahren: 10 00 | 0 | 38 Eigenmasse (kg): 55 | 39 Kontingent: XXX

40 Summarische Anmeldung/Vorpapier: XXXXXXXXXXXXXXXXXXXXXXXXXXXXXXXXXXXXX

41 Besondere Maßeinheit

44 Besondere Vermerke/vorgelegte Unterlagen/Bescheinigungen

Code B.V.: XXXXXX

DEM oder EUR: € | 46 Statistischer Wert: 13 322

D Prüfung durch die Zollstelle

Ergebnis:

Angebrachte Verschlüsse: Anzahl:

Zeichen:

Frist (letzter Tag) Unterschrift:

A Ausfuhrzollstelle: **HZA Darmstadt - Zollamt -** Hilpertstraße 20 a, 64295 Darmstadt

Art. 796b Abs. 2 ZK-DVO (neu)

7.3 Importverzollung

Ablauf einer Verzollung		
①		**Gestellung** Mitteilung an das Zollamt, dass die Waren in das Zollgebiet verbracht wurden und sich bei der Zollstelle befinden.
②	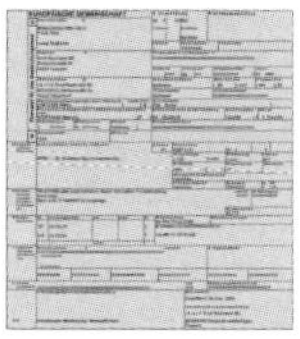	**Zollanmeldung** Bestimmung des Zollverfahrens unter Beifügung der notwendigen Unterlagen ▮ Einheitspapier/elektronische Zollanmeldung ▮ Zollwertanmeldung (D.V.1) ▮ Handelsrechnung ▮ Warenverkehrsbescheinigung bzw. Ursprungszeugnis/Ursprungserklärung
③		***Zollbeschau*** Prüfung der Menge und Beschaffenheit der angemeldeten Waren ▮ Darlegungspflicht des Zollbeteiligten ▮ Recht auf Probeentnahmen (Duldungspflicht des Zollbeteiligten) ▮ Über die Zollbeschau wird ein Zollbefund erlassen.
④	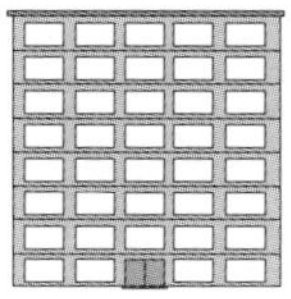	**Abgabenberechnung** a) Zollwert und Einfuhrumsatzsteuer-Wert b) Berechnung von – Zoll – EUSt. – Verbrauchsabgaben c) Zollbescheid
⑤		**Zahlung der Zollschuld** ▮ Barzahlung der Zollschuld ▮ Überweisung, Scheck oder Abbuchung (Zahlungseingang ist entscheidend) ▮ Auf Antrag *laufender Zahlungsaufschub* gegen Sicherheit (Bürgschaft). Aufschub für eigene („E") oder fremde („F") Abgabeschulden.
⑥	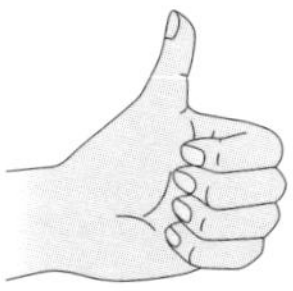	**Freigabe des Zollgutes** Nach Begleichung oder Aufschub der Zollschuld wird das Gut zum freien Verkehr zugelassen.

ATLAS **Automatisiertes Tarif- und Lokales Zollabwicklungssystem**

ATLAS
Zollanmeldungen zur Überführung von Waren

- in den zollrechtlich freien Verkehr,
- in die Aktive Veredelung,
- in das Umwandlungsverfahren,
- in ein Zolllagerverfahren,
- in ein Versandverfahren oder
- in das Ausfuhrverfahren

werden vom Anmelder elektronisch erfasst, der Zollstelle elektronisch übermittelt und dort entsprechend bearbeitet. Der Anmelder erhält die Entscheidung der Zollstelle und den Bescheid über Einfuhrabgaben bzw. die Festsetzung/Anerkennung von Bemessungsgrundlagen anschließend ebenfalls auf elektronischem Weg.

Der Anmelder muss über eine entsprechende Software verfügen.

INTERNETZOLLANMELDUNGEN

Der Anmelder hat die Möglichkeit der Erstellung einer

- Internet-Zollanmeldung-Einfuhr (IZA)
- Internet-Versandanmeldung (IVA)
- Internet-Ausfuhranmeldung (IAA)

mithilfe der im Internet zur Verfügung gestellten Eingabemaske (Internetzollanmeldung).

Die Übermittlung der Anmeldungsdaten erfolgt verschlüsselt über das Internet. Anschließend gibt der Anmelder die ausgedruckte und eigenhändig unterschriebene Zollanmeldung einschließlich aller erforderlichen Unterlagen bei der ATLAS Zollstelle ab.

Diese bearbeitet daraufhin die per Internet übermittelten Anmeldungsdaten in ATLAS und druckt abschließend einen Bescheid über Einfuhrabgaben aus.

Internetzollanmeldung

Vgl. www.zoll.de | Zoll und Steuern | Zölle | Zollanmeldung | Internetzollanmeldung

ATLAS-Zollanmeldung

Ablauf	▮ Die Anmelder erfassen die Zollanmeldungen im ATLAS-System elektronisch (dabei können Daten aus der internen DV des Anmelders übernommen werden), ▮ übermitteln die Zollanmeldungen elektronisch zur Zollstelle, die den Vorgang bearbeitet. ▮ Die Zollbehördern verzichten weitgehend auf die Vorlage von Unterlagen wie Rechnungen oder Präferenznachweise im Zeitpunkt der Abfertigung. ▮ Der Anmelder erhält die Entscheidung der Zollstelle und den Bescheid über Einfuhrabgaben ebenfalls auf elektronischem Weg.
Voraussetzungen	▮ Nutzung einer vom Zoll zertifizierten Software ▮ Möglichkeiten der elektronischen Übermittlung der Daten zu den Zollbehörden ▮ Eine Beteiligten-Identifikations-Nummer (BIN) für das Verfahren sowie eine Zollnummer für die Beteiligtenstammdaten

Internetzollanmeldung

Beispiel erstellt über die Webseite: www.einfuhr.internet-zollanmeldung.de (10.10.2010)

Ablauf

INTERNET-ZOLLANMELDUNG

- Die Anmelder erfassen die Zollanmeldungen im Internet.
- Sie übermitteln die Zollanmeldungen elektronisch zum ATLAS-System.
- Die Zollanmeldung wird vom Anmelder ausgedruckt und mit den Unterlagen (wie Rechnungen oder Präferenznachweise) dem Zollamt vorgelegt.
- Das Zollamt bearbeitet die elektronisch übermittelten Daten.
- Der Anmelder kann jederzeit eine Internet-Statusauskunft einsehen.

Auszug aus der IZA (Stammdaten und Positionsdaten)

ZOLL www.zoll.de 100% Hilfe Merkblatt zum Einheitspapier ATLAS Service Desk

Atl@s Internet Zollanmeldung - ATLAS / Einfuhr - Allgemeine Angaben

Anmeldung IM Anmeldeart A Bearbeitende Dienststelle 6551
Bezugsnummer

Währung und in Rechnung gestellter Gesamtbetrag USD 199149,75
Art des Geschäfts 11 Statistikstatus 04

Zahlungsart E
Aufschubart 10 Zahlungsaufschub E Oberfinanzdirektion KO Kontonummer 28995
Zollnummer Aufschubnehmer
Aufschubdaten hinzufügen

Ort Koblenz
Datum der Anmeldung 06.11.2009
Name des Anmelders/Vertreters Internationale Spedition Kayser & Co., Martin Großmann
Stellung in der Firma Zollbevollmächtigter
Telefonnummer (02 61) 9 27 35-0

Formulardaten sichern Positionsdaten

Atl@s Internet Zollanmeldung - ATLAS / Einfuhr - Positionsdaten Position 1

Warenbezeichnung Motorroller mit 149.56 ccm Hubraum, Zweizylindermotor mit 7.5 PS

Warennummer (Codenummer) 87112010000
Zusatzcode 1
Zusatzcode 2
Verfahren 0100
EU-Code/nationales Verfahren
Ursprungsland IN
Beantragte Begünstigung 200
Kontingent #1
Kontingent #2

Art der Packstücke CT
Anzahl der Packstücke 125
Zeichen und Nummern LML 4210/001-125
Tabaksteuerzeichen Nummer
Rohmasse (kg) 14375,0
Eigenmasse (kg) 13515,0

Artikelpreis 199149,75
Zollwert 136278,97
Kosten-EUSt 1075,00

Begünstigungsmenge 125 Maßeinheit NAR

BMF, www.zoll.de

ELEKTRONISCHER ZOLLTARIF

Elektronischer Zolltarif

Die deutsche Zollverwaltung bietet seit dem 1. Januar 2006 den Elektronischen Zolltarif (EZT) als „EZT-online" im Internet an (http://auskunft.ezt-online.de). Der EZT enthält die Daten des TARIC (Tarif Intégré des Communautés Européennes) der Europäischen Gemeinschaft, ergänzt durch nationale Daten (z.B. Einfuhrumsatz- und Verbrauchsteuer).

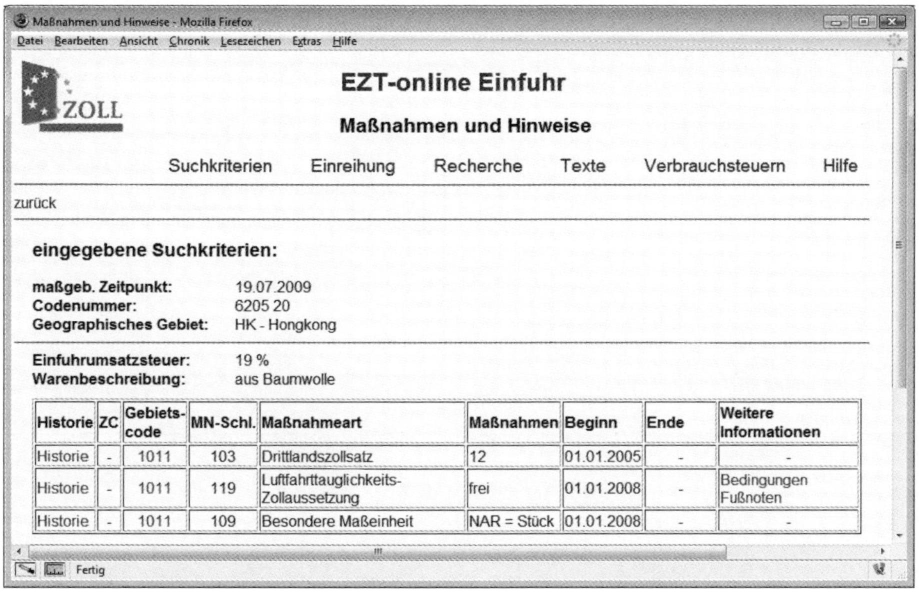

Maßnahmen und Hinweise - Mozilla Firefox

Datei Bearbeiten Ansicht Chronik Lesezeichen Extras Hilfe

ZOLL

EZT-online Einfuhr

Maßnahmen und Hinweise

Suchkriterien Einreihung Recherche Texte Verbrauchsteuern Hilfe

zurück

eingegebene Suchkriterien:

maßgeb. Zeitpunkt: 19.07.2009
Codenummer: 6205 20
Geographisches Gebiet: HK - Hongkong

Einfuhrumsatzsteuer: 19 %
Warenbeschreibung: aus Baumwolle

Historie	ZC	Gebiets-code	MN-Schl.	Maßnahmeart	Maßnahmen	Beginn	Ende	Weitere Informationen
Historie	-	1011	103	Drittlandszollsatz	12	01.01.2005	-	-
Historie	-	1011	119	Luftfahrttauglichkeits-Zollaussetzung	frei	01.01.2008	-	Bedingungen Fußnoten
Historie	-	1011	109	Besondere Maßeinheit	NAR = Stück	01.01.2008	-	-

Fertig

BMF, www.zoll.de

Beispiel ermittelt über die Webseite http://auskunft.ezt-online.de der deutschen Zollbehörden

Präferenzpapier siehe Seite 167

Ursprungszeugnis siehe Seite 168

EZT-online Einfuhr

maßgeb. Zeitpunkt:	19.07.2009
Codenummer:	6105 1000 00 0
Geografisches Gebiet:	IN - Indien
Einfuhrumsatzsteuer:	19 %
Warenbeschreibung:	KLEIDUNG UND BEKLEIDUNGSZUBEHÖR, AUS GEWIRKEN ODER GESTRICKEN, Hemden aus Gewirken oder Gestricken, für Männer oder Knaben, aus Baumwolle

Einfuhrmaßnahmen

Gebietscode	MN-Schl	Maßnahmeart	Maßnahmen	Beginn	Ende	
1011	103	Drittlandszollsatz	12	01.01.2005		
2020	142	Zollpräferenz	9,6	01.01.2009	31.12.2011	Präferenzpapier
1011	109	Besondere Maßeinheit Einfuhr	NAR=Stück	01.01.1996		

Einfuhrliste

Kurzbez.	Schl	Langbezeichnung	Fußnoten
U	001	Vorlage eines Ursprungszeugnisses erforderlich (vgl. hierzu auch Punkt 6 der Bestimmungen zur Einfuhrliste im Menüpunkt Texte). Die Vorlagepflicht kann durch einen Fußnotenhinweis erweitert oder eingeschränkt sein.	Fußnoten
GPF		Genehmigungspflicht vgl. Fußnoten bei der Einfuhr	Fußnoten*

***Fußnoten**

Fußnoten-Nr.	Text der Fußnote
082	Die Einfuhr ist genehmigungsbedürftig, wenn Ursprungsland die Demokratische Volksrepublik Korea ist. (082)
107	Die Einfuhr ist genehmigungsbedürftig, wenn Ursprungsland die Volksrepublik China ist. (107)
331	Die Einfuhr ist genehmigungsbedürftig, wenn Ursprungsland Weißrussland (Belarus) ist. (331)
333	Die Einfuhr ist genehmigungsbedürftig, wenn Ursprungsland Usbekistan ist. (333)

EINHEITSPAPIER IMPORT

EUROPÄISCHE GEMEINSCHAFT

6 Exemplar für das Bestimmungsland

1 Anmeldung: IM | A | XXXXX

A BESTIMMUNGSZOLLSTELLE

2 Versender/Ausführer Nr.
SRI LAKSHMI Fabrics & fashion
7 Thangavel Pillai Garden 2nd St.
Old Washermenpet
Chennai (Madras) 600021, INDIA

3 Vordrucke | **4** Ladelisten: XXXXXXX

5 Positionen: 1 | **6** Packst.insgesamt: XXXXXXXXXX | **7** Bezugsnummer: KWB 200477-05

8 Empfänger Nr.
Karl Willich GmbH
Textilimporte
Leuschnerdamm 72
10999 Berlin/Germany

9 Verantwortlicher für den Zahlungsverkehr Nr.
XXXXXXXXXXXXXXXXXXXXXXXXXXXXXXXXXXXXXXXX

10 Letztes Herkunftsland | **11** Handels-/Erz.land | **12** Angaben zum Wert: XXXXXXXXXXX | **13** G.L.P.: XXX XXXX

14 Anmelder/Vertreter Nr.
[2] Spedition Bachmeier & Co.
Führmannstraße 16
12099 Berlin-Tempelhof

15 Versendungs-/Ausfuhrland | **15** Vers./Ausf.LCode: a IN | b XXX | **17** Bestimm.l.Code: a XX | b 11

16 Ursprungsland | **17** Bestimmungsland: XXXXXXXXXXXXXXXXXXXXXXX

18 Kennzeichen und Staatszugehörigkeit des Bef.-Mittels bei der Ankunft: Lkw P-KN-99 | **19** Ctr.: 1

20 Lieferbedingung: FOB | Chennai (Madras)

21 Kennzeichen u. Staatszugehörigkeit d. grenzüberschreitenden aktiven Beförd.-Mittels: Schiff BUNGA RAYA DUA | MY

22 Währung und in Rechn. gestellter Gesamtbetrag: USD | 49 980,00

23 Umrechnungskurs: 1,2615

24 Art des Geschäfts: 1 | 1

25 Verkehrszweig an der Grenze: 1 | **26** inländischer Verkehrszweig: 3 | **27** Entadeort: Rotterdam

28 Finanz- und Bankangaben: XXXXXXXXXXXXXXXXXXXXXXXXXXXXXXXXXXXXXXX

6

29 Eingangszollstelle | **30** Warenort: --

31 Packstück und Warenbezeichnung — Zeichen und Nummern - Container-Nr. - Anzahl und Art
SLF31449/01-72 Container MAJU 337 493 5
72 Karton Herrenhemden aus Baumwolle

32 Positions-Nr.: --

33 Warennummer: 6105 10 00 | 00 | | 0

34 Urspr.land Code: a IN | b XX | **35** Rohmasse (kg): 6 240 | **36** Präferenz: 200

37 VERFAHREN: 4000 | 0 | **38** Eigenmasse (kg): 6 140 | **39** Kontingent

40 Summarische Anmeldung/Vorpapier: XXXXXXXXXXX

41 Besondere Maßeinheit: XXXXXXXXXXX | **42** Artikelpreis: XXXXXXXXX | **43** B.M Code: X

44 Besondere Vermerke/vorgelegte Unterlgen/Bescheinigungen
□ Hinsichtlich aller angemeldeten Waren zum vollen Vorsteuerabzug berechtigt.
Form A EI No. 42079943

Code B.V.: XXXXX | **45** Berichtigung: XXXXXXXXXXX

46 Statistischer Wert: 41 985

47 Abgabenberechnung

Art*	Bemessungsgrundlage	Satz	Betrag	ZA
101	41 477,53			E
200	42 552,53			E
		Summe		

48 Zahlungsaufschub: AA-B-81518 (Zoll) | **49** Bezeichnung des Lagers

B ANGABEN FÜR VERBUCHUNGSZWECKE: AA-B-81519 (EUSt)

51 Vorgesehene Grenzübergangsstellen

50 Hauptverpflichteter Nr. Unterschrift:
XXXXXXXXXXXXXXXXXXXXXXXXXXXXXXXXXXXXXXXXXXXX
vertreten durch
Ort und Datum:

C Abgangszollstelle

XXXXXXXXXX | XXXXXXXXXXX | XXXXXXXXXXXXX | XXXXXXXXXXXXX | XXXXXXXXXXX | XXXXXXXXXXXXXX

52 Sicherheit nicht gütlig für: XXXXXXXXXXXXXXXXXXXXXXXXXXXXXXXXXXXXXXXXXX | Code: XXXX

53 Bestimmungszollstelle (und Land): XXXXXXXXXXXXXXXXXXXXXXXXXX

D PRÜFUNG DURCH DIE BESTIMMUNGSZOLLSTELLE

54 Ort und Datum:
Berlin, 30. Juli 20(0)
Unterschrift und Name des Anmelders/Vertreters
Martin Großmann
Speditionskaufmann
i.A. der Fa. Bachmann & Co
Martin Großmann

0737 **Einheitspapier (Bestimmung - Eingang/Einfuhr)**

ZOLLWERTBERECHNUNG

Zollwert ist der Wert des Gutes CIF EU-Außengrenze

EUSt.-Wert ist der Zollwert + Zoll
+ alle Kosten bis zum ersten inländischen Bestimmungsort

Kosten				EXW	FOB	CIF	DAP
Warenwert	1	Zollwert	EUSt.-Wert	Rechnung	Rechnung	Rechnung	Rechnung
Vorlauf (FOB-Kosten)	2						
Umschlag Verschiffungshafen	3						
Seefracht	4						
Seeversicherung	5						
Zoll	6						
Umschlag Bestimmungshafen	7						Rechnung
Spedition Bestimmungshafen	8						
Versandabfertigung (T1)	9						
Nachlauf bis erster inländischer Bestimmungsort in Deutschland	10						
Verzollungskosten	11						
EUSt.	12						
Nachlauf zum Empfänger	13						Rechnung
Zollwert	=			Rechnung	Rechnung	Rechnung	Rechnung
				+ 2 bis 5	+ 4 bis 5		–13 –7 bis 10
EUSt.-Wert	=			Zollwert	Zollwert	Zollwert	Zollwert
				+ 6	+ 6	+ 6	+ 6
				+ 7 bis 10	+ 7 bis 10	+ 7 bis 10	+ 7 bis 10

Präferenznachweise (Warenverkehrsbescheinigungen)

EFTA-Staaten, Israel, Westjordanland, Gaza-Streifen, BCMS (Kroatien, Bosnien-Herzegowina, Serbien), Mazedonien, Albanien, Montenegro, Südafrika, Mexiko, Chile	Mittelmeerländer (Tunesien, Marokko, Jordanien, Ägypten, Algerien, Libanon, Syrien) AKP-Staaten (afrikanische, karibische und pazifische Staaten) ÜLG (Überseeische Länder und Gebiete)	Entwicklungsländer (APS)	Türkei
EUR 1		**Formblatt A**	**ATR**
oder **Ursprungserklärung** auf der Handelsrechnung bis zu einem Wert von 6 000 € bzw. 3 000 € (BCMS)		oder **Ursprungserklärung** auf der Handelsrechnung bis zu einem Wert von 6 000 €	oder **Ursprungserklärung** auf der Handelsrechnung bei zugelassenem Exporteur

Präferenznachweise werden von den Zollbehörden ausgestellt.

Überblick über die Präferenznachweise:
www.zoll.de | Zoll und Steuern | Warenursprung und Präferenzen | Präferenzen | Präferenznachweise

Ursprungserklärung, Ursprungszeugnis:
Vgl. www.zoll.de | Zoll und Steuern | Außenwirtschaft | Unternehmen | Warenverkehr | Wareneinfuhr | Ursprungserklärung/Ursprungszeugnis (UE/UZ)

URSPRUNGSZEUGNISSE UND URSPRUNGSERKLÄRUNGEN

Ursprungszeugnisse und Ursprungserklärungen werden von verschiedenen Ländern gefordert, um Einfuhrverbote oder Einfuhrkontingente (nicht Zollermäßigungen/Präferenzen) oder andere außenwirtschaftliche Maßnahmen (z.B. Preiskontrollen etc.) zu überprüfen. Für die Einfuhr in die EU sind erforderlich:

- „Ursprungszeugnisse (UZ)
  soweit die Waren in Spalte 5 der Einfuhrliste mit „U" gekennzeichnet sind, z. B. für Waren des Textilbereichs aus den Kapiteln 50 - 63 der Einfuhrliste. Ursprungszeugnisse werden häufig nur für die Einfuhr aus bestimmten Ländern verlangt.
- Ursprungserklärungen (UE)
  für Waren der Kapitel 50 - 63 der Einfuhrliste, die in Spalte 5 mit „UE" gekennzeichnet sind. Die UE ist vom Exporteur oder Lieferanten zu erstellen; sie soll auf der Rechnung oder auf einem anderen geschäftlichen Beleg vermerkt sein. Soweit ein Ursprungszeugnis vorgelegt wird, ist die UE entbehrlich."

Vgl.: IHK Aachen: www.aachen.ihk.de/de/aussenwirtschaft/download/ka_002.htm (10.10.2010)

Ausstellung von Ursprungszeugnissen

Ursprungszeugnisse werden von einer Behörde oder einer anderen vom Ausstellungsland dazu ermächtigten und zuverlässigen Stelle ausgestellt. In Deutschland werden UZ von der IHK ausgestellt.

7.4 Versandverfahren

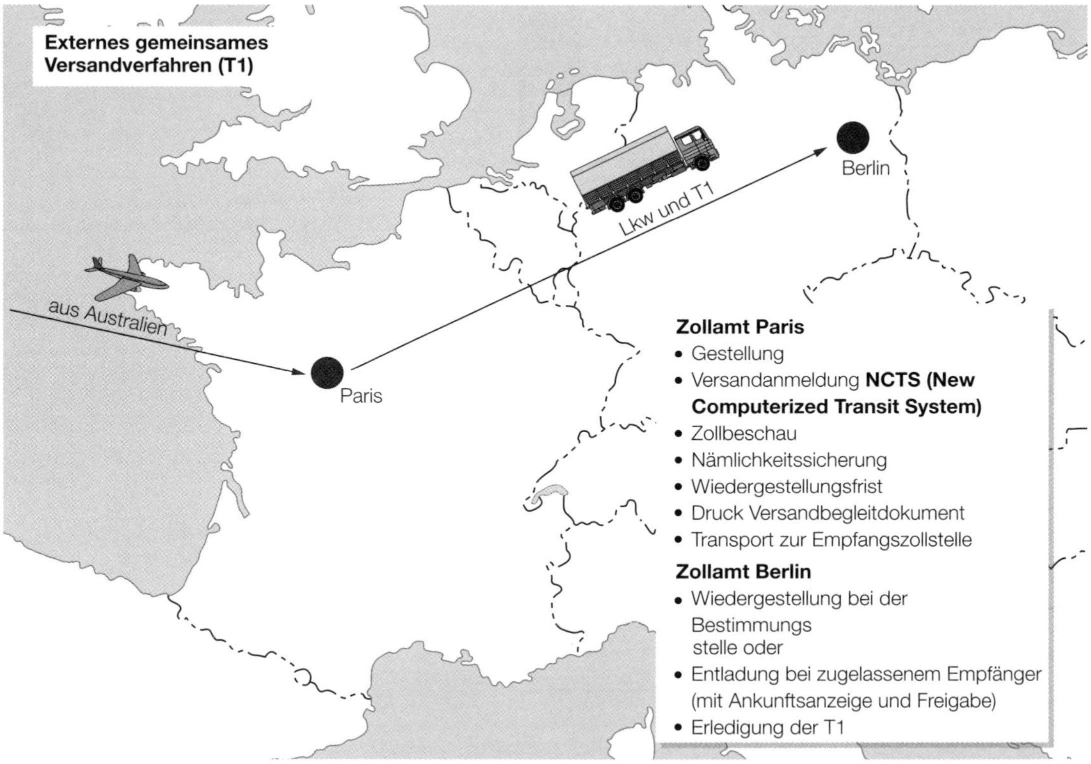

Zollrechtliche Versandverfahren
Vgl. www.zoll.de | Zoll und Steuern | Zölle | Zollrechtliche Versandverfahren

Versandverfahren			
	EU-Versandverfahren		**Weitere Verfahren**
	Gemeinschaftliches Versandverfahren	**Gemeinsames Versandverfahren**	**Sonstige Versandverfahren**
Externes (T1)	Unverzollte Nichtgemeinschaftsware wird zwischen zwei Zollstellen der EU befördert. Die Verzollung findet erst in einem nachgelagerten Zollverfahren statt.	Unverzollte Nichtgemeinschaftsware aus EFTA-Staaten und der Türkei wird zwischen einer Zollstelle der EFTA und der Türkei zu einer Zollstelle in der EU.	1. Carnet TIR Internationales Versandverfahren für Transporte zwischen Abgangs- und Bestimmungszollstelle in verschiedenen Staaten, bei denen weder ein gemeinsames noch ein gemeinschaftliches Versandverfahren zulässig ist. 2. Carnet ATA Versandverfahren für die vorübergehende Einfuhr von Waren
Internes (T2)	Transport von Gemeinschaftswaren, die in der Gemeinschaft beginnt und endet und dabei das Gebiet eines EFTA-Landes (Drittlandes) berührt.	Gemeinschaftsware wird von einer Zollstelle in der EU zu einer Zollstelle in EFTA-Staaten und der Türkei befördert	

Carnet-TIR Verfahren

TIR

Transport International de Marchandises par la Route

Voraussetzungen

- Verschlussanerkenntnis (certificat d'agrement) über die Zulassung der Fahrzeuge zur Beförderung unter Zollverschluss (ausgestellt von den Zollbehörden).
- Die Lkw müssen vorn und hinten gut sichtbar rechteckige blaue Tafeln mit der weißen Aufschrift „TIR" angebracht sein. Die Tafeln müssen abgenommen oder abgedeckt werden, wenn kein Zollgut transportiert wird.

Ausstellung

- Ein Carnet TIR wird von der Union Internationale des Transports Routiers (IRU) ausgestellt.
- Es wird vom nationalen Lkw-Unternehmer-Verband ausgegeben.
- Ausgabestellen: Bundesverband Güterkraftverkehr Logistik und Entsorgung (BGL) und der Arbeitsgemeinschaft zur Förderung und Entwicklung des internationalen Straßenverkehrs (AIST) e.V. in Berlin.
- Die Ausgabestellen stellen eine Sicherheit in Form einer selbstschuldnerischen Bürgschaft in Höhe von 60 024 € für jedes einzelne Carnet TIR.

Ablauf des Transportes

- Kauf eines Carnet TIR bei einer Ausgabestelle.
- Ausfüllen des Carnet TIR mit je zwei Trennabschnitten für jeden vom Transport berührten Staat (Abgangs-, Transit- und Bestimmungsland). Die EU wird wie ein Staat behandelt.
- Zollanmeldung mit dem Carnet TIR, Zollverschluss und Geltungsfrist.
- Bei den angefahrenen Durchgangszollstellen wird geprüft, ob die angelegten Zollverschlüsse unverletzt sind und sich die Fahrzeuge oder Behälter noch in zollsicherem Zustand befinden.
- Bei der Bestimmungszollstelle werden die Zollverschlüsse abgenommen und das TIR-Verfahren beendet.
- Das Carnet TIR wird dem Fahrzeugführer wieder ausgehändigt.
- Das Carnet TIR wird an die Ausgabestelle zurückgesendet und die Bürgschaft aufgehoben.

Muster eines Carnet-TIR-Heftes

IRU Union Internationale des Transports Routiers

CARNET TIR *

6 volets MX51000000

1. Valable pour prise en charge par le bureau de douane de départ jusqu'au ______ inclus
Valid for the acceptance of goods by the Customs office of departure up to and including

2. Délivré par ______
Issued by
______
(nom de l'association émettrice / *name of issuing association*)

3. Titulaire ______
Holder
______
(numéro d'identification, nom, adresse, pays / *identification number, name, address, country*)

4. Signature du délégué de l'association émettrice et cachet de cette association:
Signature of authorized official of the issuing association and stamp of that association:

5. Signature du secrétaire de l'organisation internationale:
Signature of the secretary of the international organization:

(A remplir avant l'utilisation par le titulaire du carnet / *To be completed before use by the holder of the carnet*)

6. Pays de départ
Country/Countries of departure (1) ______

7. Pays de destination
Country/Countries of destination (1) ______

8. No(s) d'immatriculation du (des) véhicule(s) routier(s) (1)
Registration No(s). of road vehicle(s) (1)

9. Certificat(s) d'agrément du (des) véhicule(s) routier(s) (No et date) (1)
Certificate(s) of approval of road vehicle(s) (No. and date) (1)

10. No(s) d'identification du (des) conteneur(s) (1)
Identification No(s). of container(s) (1)

M X 5 1 0 0 0 0 0 0

11. Observations diverses ______
Remarks

12. Signature du titulaire du carnet:
Signature of the carnet holder:

(1) Biffer la mention inutile.
Strike out whichever does not apply.

7.5 Sonstige Zollverfahren

7.5.1 Veredelung

Veredelungsverkehre: Vgl. www.zoll.de | Zoll und Steuern | Zölle | Zollverfahren mit wirtschaftlicher Bedeutung | Aktive Veredelung | Passive Veredelung

Veredelungsverkehre

Veredelungsvorgänge

a) **Bearbeitung**
z. B. Verchromen von Metallteilen, Färben von Geweben, Fräsen von Zahnrädern

b) **Verarbeitung**
z. B. Herstellung von Hemden aus gelieferten Stoffen, Verarbeitung von Zucker zu Bonbons

c) **Ausbesserung**
z. B. Wartung und Reparatur von Flugzeugen oder Pkws

Aktive Veredelung
Waren werden zur Veredelung aus Drittstaaten in die Europäische Union eingeführt und nach der Veredelung wieder exportiert.

Passive Veredelung
Waren werden aus der Europäischen Union in einen Drittstaat ausgeführt, dort veredelt und als veredelte Güter wieder in die EU importiert.

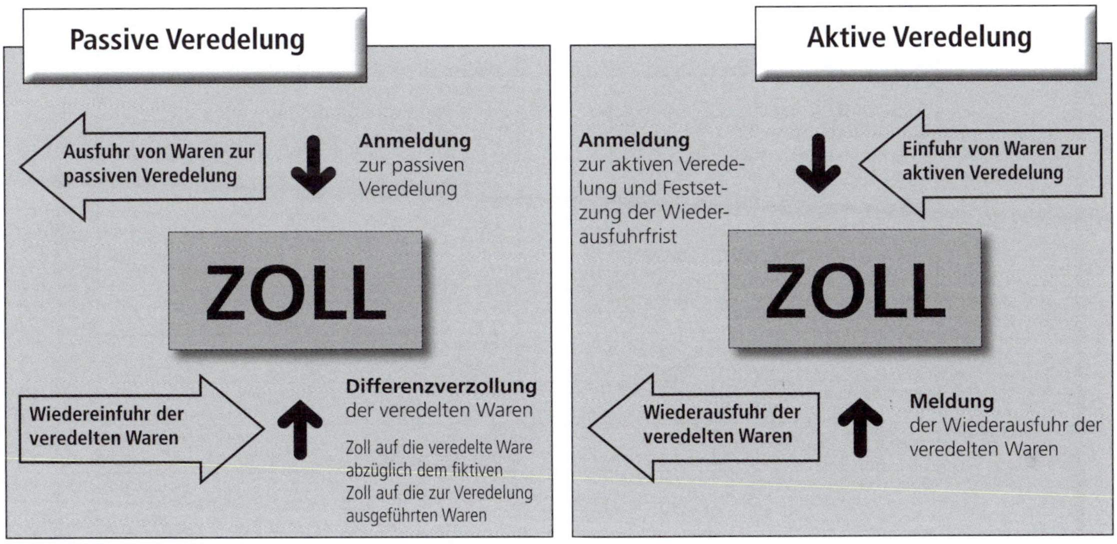

7.5.2 Zolllagerung

Öffentliche Zolllager			
Typ A		In Deutschland nicht zugelassen	
Typ B		In Deutschland nicht zugelassen	
Typ F	Verwaltung durch die Zollbehörde	Lagerung unter Zollkontrolle durch die Zollbehörden selbst	
Private Zolllager			
Typ C	Lagerung von Waren durch den Lagerhalter	Wert- und Zollfeststellung bei der Auslagerung des Gutes und der Überführung in den freien Verkehr.	Lagerhalter (z.B. Spediteur) muss nicht Eigentümer der Waren sein.
Typ D	Lagerung von Waren durch den Lagerhalter **(Früher: Offenes Zolllager OZL)**	Feststellung des Wertes und der Beschaffenheit des Gutes bei der Einlagerung, Zollbemessung bei der Auslagerung des Gutes und der Überführung in den freien Verkehr.	
Typ E	Lagerung von Waren durch den Lagerhalter	Die Lagerung kann verteilt erfolgen, sie muss nicht in einem abgegrenzten Lagerraum erfolgen.	

7.6 Aufgaben zum Zoll

7.6.1 Ausfuhr

01 Die Chemischen Werke Süd in Waldshut möchten Exportgeschäfte mit einem Käufer in Chile betreiben. Die Sendungen nach Chile werden CIF Santiago verkauft. Zu den Pflichten des Exporteurs nach den INCOTERMS® 2010 gehört daher die „Ausfuhrabfertigung" der Sendungen.

a) Welche Ausfuhrformalitäten müssen für die Sendungen in Deutschland erledigt werden?

b) Welche Prüfungen nimmt die Ausfuhrzollstelle bei wertvollen Sendungen vor?

c) Nennen Sie die Wertgrenzen für die Befreiung von der Ausfuhrabfertigung und für die Befreiung von der Vorabfertigung.

d) Wie kann die tatsächliche Ausfuhr nachgewiesen werden? Zu welchem Zweck ist ein solcher Nachweis zu führen?

02 Im Rahmen eines Speditionsauftrages ist das nachstehend abgebildete Dokument erstellt worden.

a) Nennen Sie

aa) den Aussteller des Dokuments.

ab) denjenigen, für den das Dokument bestimmt ist.

b) Erläutern Sie, wozu das Dokument dient.

c) Erläutern Sie die Verpflichtung, die der Aussteller des Dokuments eingeht.

d) Nennen Sie das Zielland, für das die Sendung bestimmt ist.

e) Erläutern Sie die angegebene „Frankatur". ☑

zu 02

Ausfuhrbescheinigung für Umsatzsteuerzwecke
- Original -

Empfangsspediteur	Absender
DISCORDIA Ltd. Cargo Transport prospekt Yuriya Gagarina, 20 Kharkiv, Ukraine, 61000	C. Kleindienst Maschinenbau Mönchbergstr. 12 34125 Kassel
Empfänger Agritech Agricultural machinery Traktorobudivnykiv Ave, 79 Kharkiv, Ukraine, 61000	**Notify** ./.
Speditions-Nr.:	**Pos.-Nr.:**

Verladedatum	mit	nach	über/via
Zeichen/Markierung	**Anzahl/Art**	**Inhalt**	**Bruttogewicht/Volumen**
CK 17-2298/1-8	8 Kisten	Maschinenteile	2 412,0 kg

Besondere Vorschriften	
Frankatur	**Warenwert**
CPT Kharkiv (Charków)	132 400 €

Wir bestätigen hiermit, dass die vorgenannte Sendung auftragsgemäß an den oben genannten Empfänger weitergeleitet wurde.
Wir versichern, dass wir alle obigen Angaben nach bestem Wissen und Gewissen aufgrund der in der Bundesrepublik Deutschland nachprüfbaren Geschäftsunterlagen gemacht haben.

Reichenbach & Co.
Internationale Spedition
Hedemündener Strasse 10
34346 Hannoversch Münden

C. Müller
Unterschrift

7.6.2 Import

SZR	1,1521
USD	1,3246
AUD	1,2681
CNY	8,1612
SGD	1,6218
TWD	38,6526
JPY	122,5475

03 Ein Spediteur in Frankfurt/Main soll für einen Kunden die Zollabfertigung für eine Sendung Textilien aus Singapur vornehmen, die per Luftfracht über den Airport Frankfurt/Main eingeführt wurden.

a) Welche Zolldokumente müssen Sie für diesen Import erstellen?

b) Nennen Sie die Dokumente, die der Kunde von seinem Lieferanten beibringen muss, damit eine Verzollung vorgenommen werden kann.

c) Beschreiben Sie, wie der Zollsatz für diese Ware ermittelt werden kann.

04 Beschreiben Sie, wie die Abgaben bei der Abfertigung zum freien Verkehr entrichtet werden können.

05 Das Zollamt möchte bei einem Import von Textilien aus Ghana eine Zollbeschau vornehmen. Erläutern Sie den Begriff „Zollbeschau":

a) Erläutern Sie die Zielsetzung des Zollamtes bei einer Zollbeschau.

b) Beschreiben Sie die Vorgehensweise bei der Beschau.

06 In Hamburg soll die auf der abgebildeten Handelsrechnung ausgewiesene Sendung zum zollrechtlich freien Verkehr abgefertigt und als ordnungsgemäß verzollte Gemeinschaftsware zum Empfänger transportiert werden.

Die Seefracht Tokyo-Hamburg beträgt 320 USD, die Transportversicherung Tokyo-Hamburg 150 USD. Die Transportkosten Hamburg-Krefeld betragen 250,00 € (netto).

Der Zollsatz beträgt 8,7 %, die Einfuhrumsatzsteuer 19 %.

Berechnen Sie in €

a) den Rechnungspreis.

b) den Zollwert.

c) den Zoll.

d) den EUSt.-Wert.

e) die gesamten Eingangsabgaben. ☑

Exporter HAKUHODO INCORPORATED 4-1, Shibaura 3-chome Tokyo 108-8088, Japan	Invoice No & Date 37.899998.3 2001-09-29 · Exporter's Ref. 37-Ch-998 Buyers Order No. & Date SK77-09 2001-09-14 Other Reference(s) AD: 887455
Consignee C. F. GOLDMANN KG Weyerhoffstraße 18, 47803 KREFELD/GERMANY	Buyer (if other than consignee) AS CONSIGNEE Country to Origin of Goods: NIPPON · Country of Final Destination: GERMANY
Pre-Carriage by: Truck · Place or Receipt by Pre-Carrier: Tokyo Vessel/Flight No.: Hongkong Express · Port of Loading: Tokyo Port of Discharge: HAMBURG · Final Destination: Krefeld	Terms of Delivery and Payment FOB TOKYO

Marks & Nos./ Container No.	No. & Kind of Pkgs	Description of Goods	Quantity PCS	Rate	Amount JPY
Total	1 CONTAINER	Total PCS	150		2 475 000
				PACKING	40 000
				FOB-DELIVERY	35 000
				TOTAL VALUE JPY	2 865 000
Amount Chargeable (in words)				TOTAL JPY	2 865 000

TOTAL JPY: TWOMILLIONEIGHTHUNDREDSIXTYFIVETHOUSEND

Declaration
We declare that this Invoice shows the actual price of the goods described and that all particulars are true and correct.

Signature & Date
HAKUHODO
INCORPORATED
2001-10-09
Hamamoto

07 Als Spediteur wickeln Sie den Import von Fotokopiergeräten aus Japan über Antwerpen für einen deutschen Kunden in Osnabrück ab. Der Kunde möchte wissen, ob für die Einfuhr der Fotokopiergeräte aus Japan die Einfuhrumsatzsteuer (EUSt.) berechnet wird. Welche Antwort geben Sie ihm?

[1] Ja, da die aus Japan importierten Fotokopiergeräte per Lkw von Amsterdam nach Osnabrück befördert werden, ist noch die niederländische Steuer in Höhe von 18 % auf den Zollwert zu bezahlen. ☐

[2] Nein, bei Einfuhr aus Drittländern nach Deutschland wird grundsätzlich keine EUSt. erhoben. ☐

[3] Nein, bei Beförderungen über Flughäfen der EU und Weiterleitung im Transit in ein anderes Land der Gemeinschaft werden keine weiteren Abgaben erhoben. ☐

[4] Ja, die Höhe der EUSt. richtet sich nach dem Wert der Sendung einschließlich aller Kosten und Abgaben bis zum ersten inländischen Bestimmungsort in Deutschland. ☐

[5] Ob eine EUSt. zu entrichten ist, entscheidet das Hauptzollamt, wenn die Waren zollamtlich gestellt worden sind und festgestellt wurde, ob Verstöße gegen das Außenwirtschaftsgesetz vorliegen. ☐ ☑

08 Ein Import von Maschinenteilen aus den USA über den Hafen Antwerpen für einen Käufer in Wuppertal soll zollrechtlich abgefertigt werden. Die Güter wurden FOB New York D/P gekauft. Der FOB-Wert beträgt 26 850,00 USD. Die Güter werden in Wuppertal verzollt. Der Rechnungspreis wird als Transaktionswert anerkannt.

Importkosten

Seefracht New York-Antwerpen	720,00 USD
Seeversicherung	2,7 ‰ von 110 % des CFR-Wertes
Umschlag Antwerpen	72,50 €
Speditionskosten Antwerpen	45,00 €
Fracht Antwerpen-Wuppertal	260,00 €
Speditionskosten Wuppertal (Zollabfertigung)	84,60 €
Zollsatz für Computerteile:	12,4 %
Einfuhrumsatzsteuer:	19 %

a) Berechnen Sie in €

aa) den Zollwert.

ab) den Zoll.

ac) den EUSt.-Wert.

ad) die EUSt.

b) Erläutern Sie den Zahlungsvermerk D/P.

c) Beschreiben Sie die zolltechnische Abwicklung des Transports von Antwerpen nach Wuppertal. ☑

09 Es werden 2 000 Computergehäuse aus Singapur über Rotterdam importiert. Der Preis beträgt lt. Handelsrechnung 42 450,00 SGD (Singapur Dollar) FOB Singapur.

Weitere Kosten:

Seefracht	USD	1 500,00
Seetransportversicherung	USD	215,30
Nachlauf bis Hannover (mit TI)	€	415,00
Zollabfertigung des dt. Spediteurs	€	85,00

Ermitteln Sie unter Berücksichtigung der vorstehenden Daten in € (die Handelsrechnung wird als Transaktionswert anerkannt)

a) den Zollwert.

b) den Zoll (Zollsatz 6,5 %).

c) den EUSt.-Wert.

d) die EUSt.

Hinweis zur Berechnung: Zur Ermittlung von Zwischenergebnissen mit sämtlichen Nachkommastellen rechnen, zur Berechnung von Endergebnissen auf zwei Stellen nach dem Komma runden.

10 Als Spediteur wickeln Sie den Import von Fotokopiergeräten aus Japan über Antwerpen für einen deutschen Kunden in Osnabrück ab. Die Lieferbedingung im Kaufvertrag lautet CIF Amsterdam gemäß INCOTERMS® 2010. Die Fotokopiergeräte sollen beim Hauptzollamt Osnabrück zum freien Verkehr abgefertigt werden. Wie viel € beträgt der Eingangszoll unter Berücksichtigung unten stehender Angaben?

- [1] 1 200,00 € ☐
- [2] 1 206,00 € ☐
- [3] 1 440,40 € ☐
- [4] 1 468,40 € ☐
- [5] 1 670,86 € ☐

Reiner Warenwert (nicht Rechnungspreis)	15 000,00 €
Zollpflichtiger Luftfrachtanteil	
Tokyo-Amsterdam	2 930,00 €
Transportversicherung für den Lufttransport	75,00 €
Lkw-Fracht Amsterdam-Osnabrück	350,00 €
Drittlandzollsatz	8 %

11 Eine Wagenladung Wein aus Chile kommt in Antwerpen an. Der Wein ist für einen Großhändler in Prag bestimmt. Die Spedition LogSped in Aachen erhält den Auftrag, den Transport zu organisieren.

a) Beschreiben Sie, welches Zollverfahren für die Durchführung des Transportes von Antwerpen nach Prag (per Lkw) erforderlich ist.

b) Beschreiben Sie die einzelnen Ablaufschritte dieses Verfahrens von der Eröffnung bis zur Erledigung.

12 Ein Lkw-Unternehmer soll im Hafen Hamburg eine Sendung übernehmen, die mit dem Seeschiff aus Boston/USA kommt. Die Sendung besteht aus 4 Kisten Maschinen und Maschinenteilen mit einem Bruttogewicht je Kiste von 5 500 kg. Die Sendung soll unter zollamtlicher Überwachung (Zollgut) ab Hamburg zum Empfänger in Regensburg transportiert und dort zum freien Verkehr abgefertigt werden.

a) Welches Zollversandverfahren kommt für den Transport von Hamburg nach Regensburg infrage?

b) Stellen Sie die Abwicklung dieses Verfahrens dar.

c) Welche Erleichterungen gibt es für dieses Verfahren und welche Vorteile ergeben sich daraus für den Empfangsspediteur und den Empfänger?

13 Eine Sendung aus New York wird über Rotterdam in das Zollgebiet der EU eingeführt. Die Abfertigung zum zollrechtlich freien Verkehr erfolgt in Frankfurt/Main. Worauf müssen Sie bei der zollamtlichen Abwicklung achten?

- [1] Die Ware muss für die Dauer des Versandes von Rotterdam nach Frankfurt/Main nach dem T1-Verfahren befördert werden. ☐
- [2] In New York wird das gemeinschaftliche Versandverfahren eröffnet und in Rotterdam beendet. ☐
- [3] Die Ware erhält schon in Rotterdam den Status der Gemeinschaftsware. ☐
- [4] In Rotterdam muss das Carnet-T.I.R-Verfahren eröffnet werden. ☐
- [5] Eine zollamtliche Abfertigung in Rotterdam ist nicht erforderlich, weil die Verzollung in Frankfurt/Main erfolgt. ☑ ☐

14 Der Lkw-Unternehmer C. Weitling GmbH in Bochum erhält den Auftrag, 16 t Stahlblech-Ringe von Bochum mit dem Lkw nach Kiew zu befördern. Die Versendung erfolgt im TIR-Verfahren.

a) Welche Voraussetzungen werden an das Fahrzeug gestellt, damit das TIR-Verfahren angewandt werden kann?

b) Welche Vorteile bietet das Verfahren für die Beteiligten?

c) Welche Institutionen hatten das nebenstehende Carnet-TIR ausgestellt bzw. ausgegeben?

d) Wer hat das Carnet-TIR grundsätzlich auszufüllen?

e) Was geschieht mit dem Carnet nach Abschluss des TIR-Verfahrens?

f) Durch welche Länder führt der Transport (kürzeste Entfernung unterstellt)?

15 Ein deutsches Industrieunternehmen lässt Waren im Ausland (außerhalb der EU) veredeln. Die veredelten Waren werden wieder in Deutschland eingeführt und an eigene Kunden weiterverkauft.

a) Nennen Sie die Art der Veredelung in diesem Beispiel.

b) Erläutern Sie den Begriff „Veredelung" und nennen Sie unterschiedliche Arten von Veredelungsvorgängen.

c) Nennen Sie zu jeder Art von Veredelungsvorgang mehrere Beispiele.

16 Ein Spezialunternehmen in Deutschland erhält von einem russischen Automobilhersteller den Auftrag, eine größere Anzahl von Stoßstangen zu verchromen.

a) Nennen Sie die Art der Veredelung in diesem Beispiel.

b) Beschreiben Sie die zolltechnische Abwicklung dieses Veredelungsverfahrens.

c) Nennen Sie die Vorteile dieses Veredelungsverfahrens gegenüber einem Import der Materialien und dem folgenden Export der veredelten Waren.

17 Ein Textilhersteller in Deutschland lässt bei einem Unternehmen in der Ukraine (Entwicklungsland/SPGI*) insgesamt 8 000 Hemden nähen. Die Stoffe für die Hemden werden von dem deutschen Unternehmen in die Ukraine gebracht.

a) Nennen Sie wirtschaftliche Gründe für diese Veredelung von Waren im Ausland.

b) Beschreiben Sie die zolltechnische Abwicklung der Vorgänge.

c) Berechnen Sie die Höhe der Zölle und der EUSt. bei der Wiedereinfuhr der Hemden.

d) Ermitteln Sie den Gewinn des Unternehmers durch die Veredelung, wenn das Nähen eines Hemdes in Deutschland (einschl. aller Zubehörmaterialien ohne die Stoffe) insgesamt mit 10,32 € kalkuliert werden muss.

*SPGI = Entwicklungsländer ohne die am wenigsten entwickelten Länder

WERTE

Wert des Baumwollstoffes (je m^2)	8,34 €
(Verbrauch je Hemd Ø 0,48 m^2)	
Entgelt des Unternehmers in der Ukraine je Hemd	4,00 USD
Transportkosten (für 8 000 Hemden)	2 200,00 €
(Anteil bis EU-Außengrenze)	1 290,00 €

zu 17

ZOLLTARIF

6105	Hemden aus Gewirken oder Gestricken, für Männer oder Knaben	
6105 1000 0000	- aus Baumwolle	
	Drittlandszollsatz	12,0 %
	Zollsatz für SPGI-Staaten	10,2 %
5208	Gewebe aus Baumwolle	
5208 31	- gefärbt	
5208 3100 000	-- in Leinwandbindung	
	Drittlandszollsatz	8,6 %
	Zollsatz für SPGI-Staaten	7,3 %

18 Ein Versandhandelsunternehmen bietet in seinem Katalog Fernsehgeräte mit japanischem Ursprung an. Es werden 5 000 Geräte über den Hafen Hamburg importiert und in einem Zolllager vom Typ D gelagert. Der Spediteur hat den Auftrag, die Geräte bei einer Bestellung direkt an den Kunden zu versenden.

a) Beschreiben Sie die Vorteile, die das Handelsunternehmen mit der Zolllagerung im Vergleich mit einer sofortigen Abfertigung zum freien Verkehr und einer anschließenden Einlagerung der verzollten Waren hat.

b) Beschreiben Sie den Ablauf der Zollverfahren bis zur Auslieferung an den Kunden.

19 Ein Großhändler in Frankfurt/Main importiert am 14.01.20(0) insgesamt 1 000 Fotoapparate (452,0 kg, DIMS: 2/134*97*112) per Luftfracht aus Taiwan und lagert sie bei einem Spediteur in Frankfurt/Main in einem Zolllager vom Typ D ein. Am 22. August 20(+1) werden 400 Apparate verkauft und ausgelagert. Berechnen Sie die Höhe der Einfuhrabgaben bei der Auslagerung und den statistischen Wert der Einfuhr.

Kaufpreis der Fotoapparate
(FCA Kaohsiung International Airport, Taiwan)
19.326.770,20 TWD

Versicherungsprämie 2,7 ‰ von 110 % des FCA-Wertes zuzüglich Luftfracht

Zolltarif

9006	Fotoapparate; Blitzlichtgeräte und -vorrichtungen für fotografische Zwecke sowie Fotoblitzlampen (ausgenommen Entladungslampen der Position 8539)
- 9006 51	andere Fotoapparate
- - 9006 51 00 0	Spiegelreflexkameras für Filme in Rollen mit einer Breite von 35 mm oder weniger

Ursprungsland Taiwan - TW (736)

14.01.20(0) Zollsatz (erga omnes): 5,7 %
22.08.20(+1) Zollsatz (erga omnes): 4,2 %
Prozentsatz der zum Zollwert gehörenden Luftfrachtkosten Taiwan-Frankfurt/Main: 79 % (deutscher Anteil 6 %)

TAIPAI TW NEW TAIWAN$	TWD	TPE KGS
FRANKFURT DE	M	2 415
	45	355
	100	260
	300	245
	500	226

➔ Komplexe Beispielaufgabe

Der Generalimporteur Friedrich Wieland KG. aus Koblenz hat in Kanpur (Indien) eine Partie Motorroller gemäß beiliegender Warenrechnung eingekauft. Die Sendung wird in Koblenz durch die Internationale Spedition Kayser & Co., Trierer Straße 16, 56060 Koblenz (Sachbearbeiter Herr Martin Großmann, Zollaufschubkonto AA-B-81518) verzollt. Die Spedition Kayser arbeitet in indirekter Vertretung.

Folgende Kosten sind entstanden:

KOSTENART	KOSTEN
Vorlauf nach Mundra Port	316,00 USD
Seetransport	
Nachlauf	810,00 €
Verpackungskosten	220,00 USD
THC Mundra	140,00 USD
THC Antwerpen	180,00 €
Ausfuhrabfertigung Kanpur	52,00 USD
Zollspediteur Antwerpen	85,00 €
Zollspediteur Koblenz	75,00 €
Seeversicherung Mundra-Antwerpen	
B/L Gebühr	40,00 USD
Seetransport	
Containerrate	1 410,00 USD
BAF (von Containerrate)	22,0 %
CAF (von Containerrate)	17,2 %
Seeversicherung	3,4 ‰
(110 % vom CFR-Wert)	
Nachlauf	
Anteil deutsche Strecke	38 %

a) Füllen Sie die grau unterlegten Felder des beiliegenden Zollpapiers (Anlage 4) aus.

b) Erläutern Sie die Funktion der Anlage 2 für diesen Import.

c) Berechnen Sie den Zollwert, den Zoll, den EUSt.-Wert, die EUSt. und den Statistischen Wert.

1. Goods consigned from (exporter's business name, address, country)

LML INDIA Ltd.
3C Panki Industrial Estate
Kanpur 208 022, Uttar Pradesh
India

Reference No **EI No. 42079943**

A

GENERALIZED SYSTEM OF PREFERENCES

CERTIFICATE OF ORIGIN

(Combined declaration and certificate)

FORM A

Issued in INDIA ....
(country)

See notes overleaf

2. Goods consigned to (consignee's name, address, country)

Friedrich Wieland KG
Generalimporteur
Cusanusstrasse 9 - 11
D-56068 Koblenz

3. Means of transport and route (as far as known)

BY SEA MUNDRA PORT (GUJARAT) (INDIA) TO ANTWERP (BELGIUM)

4. For offlcial use

5. Item number	6. Marks and number of packages	7. Number and kind of packages, description of goods	8. Origin criterion (see notes overleaf)	9. Gross weight or other quantity	10. Number and date of invoices
1	LML 4210/001-125	LML Supremo motor-scooters, with 149.56 cc, 2 stroke single cylinder engine, delivering maximum power of 7.5 bhp @ 5250 rpm.	"P"	15,125.0 kg	LML 12/4.210 20(0)-07-04

11. Certlfication

It is hereby certified, on the basis of control carried out, that the declaration by the exporter is correct.

CUSTOMS & CENTRAL EXCISE SETTLEMENT COMMISSION

117/7 Sarvoday Nagar
Kanpur - 208 005

Kanpur, 20(0)-07-01 *V.P. Singh*

....

Place and date, signature and stamp of certifying authority

12. Declaration by the exporter

The undersigned hereby declares that the above details and statements are correct; that all the goods were

produced in INDIA ....
(country)

and that they comply with the origin requirements specified for those goods in the generalized system of preferences for goods exported to

GERMANY ....
(importing country)

Kanpur, 20(0)-07-01 *Uma Rao!*

....

Place and date, signatur of certifying authority

(1) Zolltarif (TARIC)

Abs..	Kap.	Pos.	Codenummer	Warenbeschreibung	Drittlandszollsatz	APS
XVII				Beförderungsmittel		
	87			ZUGMASCHINEN, KRAFTWAGEN, KRAFTRÄDER, FAHRRÄDER UND ANDERE NICHT SCHIENENGEBUNDENE LANDFAHRZEUGE, TEILE DAVON UND ZUBEHÖR		
		8711		Krafträder (einschließlich Mopeds) und Fahrräder mit Hilfsmotor, auch mit Beiwagen; Beiwagen		
			8711 10	- mit Hubkolbenverbrennungsmotor mit einem Hubraum von 50 cm^3 oder weniger	8,0	SPGL 4,5 % Länderausschluss: CN Präferenznachweis: Form A
			8711 20	- mit Hubkolbenverbrennungsmotor mit einem Hubraum von mehr als 50 cm^3 bis 250 cm^3		
			- - 8711 20 10	- - Motorroller		
			- - 8711 20 91	- - andere, mit einem Hubraum von		
			- - - 8711 20 91	- - - mehr als 50 cm^3 bis 80 cm^3		
			- - - 8711 20 93	- - - mehr als 80 cm^3 bis 125 cm^3		
			- - - 8711 20 98	- - - mehr als 125 cm^3 bis 250 cm^3		
			8711 30	- mit Hubkolbenverbrennungsmotor mit einem Hubraum von mehr als 250 cm^3 bis 500 cm^3		
			8711 40	- mit Hubkolbenverbrennungsmotor mit einem Hubraum von mehr als 500 cm^3 bis 800 cm^3		

SPG Allgemeines Präferenzsystem (zahlreiche Erzeugnisse aus **Entwicklungsländern** können zu einem ermäßigten Zollsatz oder ohne Zollabgaben in die EU eingeführt werden)

SPGC aus dem Allgemeinen Präferenzsystem die **am wenigsten entwickelten Länder**

SPGL **Staaten im Allgemeinen Präferenzsystem**

AE/Vereinigte Arabische Emirate; AG/Antigua und Barbuda; AI/Anguilla; AN/Niederländische Antillen; AQ/Antarktis; AR/Argentinien; AS/Amerikanisch-Samoa; AW/Aruba; BB/Barbados; BH/Bahrain; BM/Bermuda; BN/Brunei; BR/Brasilien; BS/Bahamas; BV/Bouvetinsel; BW/Botsuana; BZ/Belize; CC/Kokosinseln (Keelinginseln); CG/Kongo (Republik); CI/Elfenbeinküste; CK/Cookinseln; CM/Kamerun; CN/China; CU/Kuba; CX/Weihnachtsinsel; DM/Dominica; DO/Dominikanische Republik; DZ/Algerien; EG/Ägypten; FJ/Fidschi; FK/Falklandinseln; FM/Föderierte Staaten von Mikronesien; GA/Gabun; GD/Grenada; GH/Ghana; GI/Gibraltar; GL/Grönland; GS/Südgeorgien und die Südlichen Sandwichinseln; GU/Guam; GY/Guyana; HM/Heard und McDonaldinseln; ID/Indonesien; IN/Indien; IO/Brit. Gebiet im Indischen Ozean; IQ/Irak; IR/Iran; JM/Jamaika; JO/Jordanien; KE/Kenia; KG/Kirgistan; KN/St. Kitts und Nevis; KW/Kuwait; KY/Kaimaninseln; KZ/Kasachstan; LB/Libanon; LC/St. Lucia; LY/Libyen; MA/Marokko; MH/Marshall-Inseln; MO/Macau; MP/Nördliche Marianen; MS/Montserrat; MU/Mauritius; MX/Mexiko; MY/Malaysia; NA/Namibia; NC/Neukaledonien u.zugeh. Gebiete; NF/Norfolkinsel; NG/Nigeria; NR/Nauru; NU/Niueinsel; OM/Oman; PA/Panama; PF/Französisch-Polynesien; PG/Papua-Neuguinea; PH/Philippinen; PK/Pakistan; PM/St Pierre und Miquelon; PN/Pitcairn; PW/Palau; QA/Katar; RU/Russische Föderation; SA/Saudi-Arabien; SC/Seychellen und zugeh. Gebiete; SH/St Helena und zugeh. Gebiete; SR/Surinam; SY/Syrien; SZ/Swasiland; TC/Turks- und Caicosinseln; TF/Französische Südgebiete; TH/Thailand; TJ/Tadschikistan; TK/Tokelau; TM/Turkmenistan; TN/Tunesien; TO/Tonga; TT/Trinidad und Tobago; UA/Ukraine; UM/Kleinere amerikanische Überseeinseln; UY/Uruguay; UZ/Usbekistan; VC/St Vincent und die Grenadinen; VE/Venezuela; VG/Brit. Jungfernins.; VI/Amerikanische Jungferninseln; VN/Vietnam; WF/Wallis und Futuna; YT/Mayotte; ZA/Südafrika; ZW/Simbabwe;

Exporter > LML < MOTORCYCLES & SCOOTERS **LML INDIA Ltd.** **MOTORCYCLES & SCOOTERS** **3C Panki Industrial Estate** **Kanpur 208 022, Uttar Pradesh, India**	Invoice No & Date LML 12/4.210 20(0)-07-04 Buyers Order No. & Date FWK 22785-05 20(0)-05-12 Other Reference(s) AD: 887455	Exporter's Ref. LL IN 4210
Consignee Friedrich Wieland KG Generalimporteur Cusanusstrasse 9 - 11 D-56068 Koblenz	Buyer (if other than consignee) As CONSIGNEE Country to Origin of Goods: INDIA	Country of Final Destination GERMANY

Pre-Carriage by	Place or Receipt by Pre-Carrier	Terms of Delivery and Payment FOB Mundra Port (Gujarat) D/P
Vessel/Flight No. MSC HIGHNESS	Port of Loading Mundra Port (Gujarat)	
Port of Discharge Antwerp (Belgium)	Final Destination Germany	

Marks & Nos./ Container No.	No. & Kind of Pkgs	Description of Goods	Quantity PCS	Rate	Amount FOB US-$
		LML Supremo motor-scooters, with 149.56 cc 2 stroke single cylinder engine delivering maximum power of 7.5 bhp @ 5250 rpm.			
LML 4210/001-025	25 carton	color blue	25	1 750,00	43 750,00
LML 4210/026-050	25 carton	color red	25	1 730,00	43 250,00
LML 4210/051-085	35 carton	color green	35	1 790,00	62 650,00
LML 4210/086-125	40 carton	color black	40	1 700,00	68 000,00
40'-Container MSCU 354 651 6					
TOTAL	125 pieces	TOTAL PCS	125		217 650,00
TOTAL GROSS WEIGHT	14 375,0 kg	sales discount 8,5 per cent			-18 500,25
TOTAL NET WEIGHT	13 515,0 kg	**TOTAL FOB VALUE USD**			199 149,75

Amount Chargeable (in words) TOTAL USD 199 149,75

TOTAL: USD one hundred ninety-nine thousand one hundred forty-nine 75/100

Declaration
We declare that this Invoice shows the actual price of the goods described and that all particulars are true and correct.

Signature & Date
LML INDIA Ltd.
20(0)-07-04 *Ankur Mahindra*
- Chief Executive -

EUROPÄISCHE GEMEINSCHAFT

6 — **Exemplar für das Bestimmungsland** — 6

Feld	Inhalt
1 Anmeldung	XXXXX
A BESTIMMUNGSZOLLSTELLE	
2 Versender/Ausführer, Nr.	LML INDIA Ltd. MOTORCYCLES & SCOOTERS 3C Panki Industrial Estate Kanpur 208 022, Uttar Pradesh, India
3 Vordrucke	
4 Ladelisten	XXXXXXX
5 Positionen	1
6 Packst.insgesamt	XXXXXXXXXX
7 Bezugsnummer	KWB 200477-05
8 Empfänger, Nr.	Friedrich Wieland KG Generalimportcur Cusanusstrasse 9 - 11 D-56068 Koblenz
9 Verantwortlicher für den Zahlungsverkehr Nr.	XXXXXXXXXXXXXXXXXXXXXXXXXXXXXXXXXXXXXXXXXXX
10 Letzes Her.-kunftsl.	
11 Handels-/Erz. land	
12 Angaben zum Wert	XXXXXXXXXXXX
13 G.L.P.	XXX XXXX
14 Anmelder/Vertreter, Nr.	
15 Versendungs-/Ausfuhrland	
15 Vers./Ausf.LCode	a / b XXX
17 Bestimm.l.Code	a XX / b
16 Ursprungsland	
17 Bestimmungsland	XXXXXXXXXXXXXXXXXXXXXXXXX
18 Kennzeichen und Staatszugehörigkeit des Bef.-Mittels bei der Ankunft	Lkw KO-KN-99
19 Ctr.	1
20 Lieferbedingung	
21 Kennzeichen u. Staatszugehörigkeit d. grenzüberschreitenden aktiven Beförd.-Mittels	IT
22 Währung und in Rechn. gestellter Gesamtbetrag	
23 Umrechnungskurs	1,4815
24 Art des Geschäfts	1 1
25 Verkehrszweig an der Grenze	
26 inländischer Verkehrszweig	
27 Entadeort	
28 Finanz- und Bankangaben	XXXXXXXXXXXXXXXXXXXXXXXXXXXXXXXXXXXXXXXXXXXXXX
29 Eingangszollstelle	
30 Warenort	--
31 Packstücke und Warenbezeichnung — Zeichen und Nummern - Container-Nr. - Anzahl und Art	
32 Positions-Nr.	--
33 Warennummer	
34 Urspr.land Code	a / b XX
35 Rohmasse (kg)	
36 Präferenz	
37 VERFAHREN	
38 Eigenmasse (kg)	
39 Kontingent	
40 Summarische Anmeldung/Vorpapier	XXXXXXXXXXX
41 Besondere Maßeinheit	XXXXXXXXXXX
42 Artikelpreis	XXXXXXXXXX
43 B.M Code	X
44 Besondere Vermerke/Vorgelegte Unterlagen/Bescheinigungen u. Genehmigungen	Hinsichtlich aller angemeldeten Waren zum vollen Vorsteuerabzug berechtigt.
Code B.V.	XXXXXX
45 Berichtigung	XXXXXXXXXXXX
46 Statistischer Wert	
48 Zahlungsaufschub	
49 Bezeichnung des Lagers	
B ANGABEN FÜR VERBUCHUNGSZWECKE	

47 Abgabenberechnung

Art*	Bemessungsgrundlage	Satz	Betrag	ZA
				E
				E
		Summe		

Feld	Inhalt
50 Hauptverpflichteter Nr. Unterschrift:	XXXXXXXXXXXXXXXXXXXXXXXXXXXXXXXXXXXXXXXXXXXXXXXXXXXXXXXXXX vertreten durch Ort und Datum:
51 Vorgesehene Grenzübergangsstellen	XXXXXXXXX / XXXXXXXXXXXXX / XXXXXXXXXXXXXXXX / XXXXXXXXXXXXXXXX / XXXXXXXXXXXXXX / XXXXXXXXXXXXXXX
C Abgangszollstelle	
52 Sicherheit nicht gültig für	XXXXXXXXXXXXXXXXXXXXXXXXXXXXXXXXXXXXXXXXXXXXXXXXXXXXXX
Code	XXXX
53 Bestimmungszollstelle (und Land)	XXXXXXXXXXXXXXXXXXXXXXXXXXXXXXXXXX
0737 — D PRÜFUNG DURCH DIE BESTIMMUNGSZOLLSTELLE	
54 Ort und Datum: Unterschrift und Name des Anmelders/Vertreters	30. Juli 20(0)

Einheitspapier (Bestimmung - Eingang/Einfuhr)

8 Logistik

8.1 Grundlagen

Definition

LOGISTIK

Logistik bezeichnet die integrierte Planung, Organisation, Steuerung, Abwicklung und Kontrolle des gesamten Material- und Warenflusses mit den damit verbundenen Informationsflüssen, beginnend beim Lieferanten, durch die (eigenen) betrieblichen Wertschöpfungsstufen (z. B. Produktions- und/oder Distributionsstufen), bis zur Auslieferung der Produkte beim Kunden, inklusive der Abfallentsorgung und des Recyclings.

Teilsysteme der Logistik

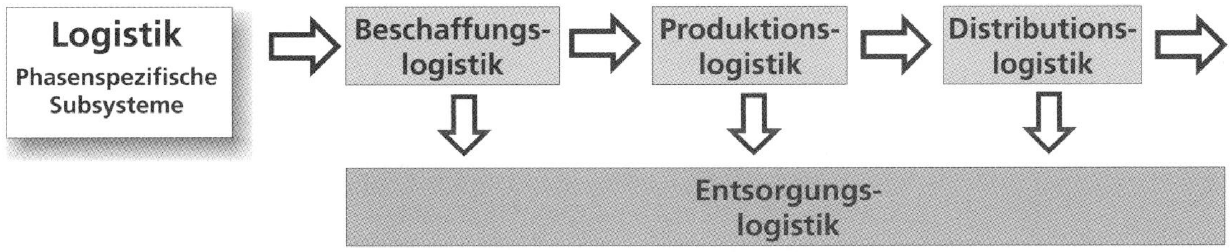

AUFGABEN DER LOGISTIK (DIE „SECHS R")

Es ist die Aufgabe der Logistik,

- die richtige Menge
- der richtigen Objekte (Güter, Personen, Energie, Informationen)
- am richtigen Ort
- zum richtigen Zeitpunkt
- in der richtigen Qualität
- zu den richtigen Kosten

bereitzustellen.

Logistikdienstleister, Aufgaben

Aufgaben Logistikdienstleister

Klassischer TUL-Prozess

Transport	Umschlag	Lagerung
Raumüberwindung der Güter durch Selbsteintritt oder fremde Frachtführer	Umladung der Güter zwischen verschiedenen Transportvorgängen bzw. Transportmitteln	Lagerung und Aufbewahrung von Gütern, die nicht durch den Transportvorgang bedingt ist

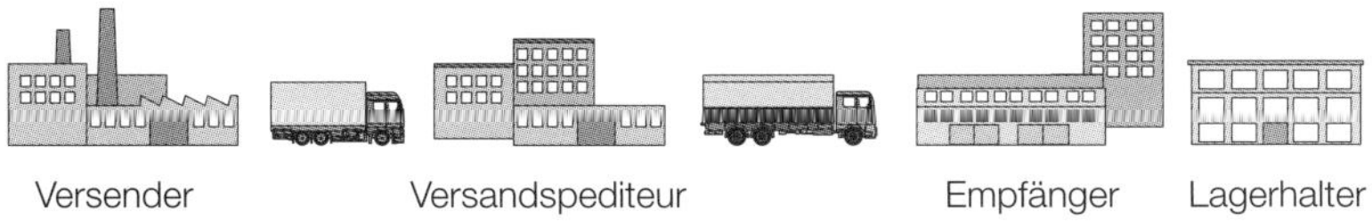

Mehrwertdienste

Dienstleistungen, die über die Kerndienstleistungen im TUL-Prozess hinausgehen und so einen Mehrwert schaffen

Beispiele:

- Preisauszeichnung, Etikettierung
- Kommissionierung, Verpackung
- Qualitätskontrolle
- Montagearbeiten
- Fakturierung

Arten von Logistikdienstleistern (1PL bis 4PL)

ARTEN VON LOGISTIKDIENSTLEISTERN

Klassifizierung	Bezeichnung	Leistungen
1PL	First-Party-Logistics Provider	Frachtführer
2PL	Second-Party-Logistics Provider	klassischer Spediteur
3PL	Third-Party-Logistics Provider	Dienstleister, die bestimmte Teilabschnitte in der logistischen Kette übernehmen (z. B. Lagerung, Versand, Umschlag) und weitere Abschnitte organisatorisch betreuen (Systemdienstleister)
4PL	Fourth-Party-Logistics Provider	Sie koordinieren die Aktivitäten aller Beteiligten im logistischen Ablauf und sorgen für ein gleichbleibendes Qualitäts- und Leistungsniveau. Sie stellen gewöhnlich auch die zentrale Softwareplattform zur Verfügung (Systemintegratoren).

Wesentliche Inhalte von Logistikverträgen

Eigene Grafik auf der Grundlage von GRAN TRANSPR 2004

Logistikvertrag

- **Vertragstyp**
  - Der Logistikvertrag ist ein typengemischter Vertrag. Er ist je nach Sachlage durch frachtrechtliche, speditions- oder lagerrechtliche sowie werk-, dienstvertragliche oder geschäftsbesorgungsrechtliche Vorschriften geprägt. (GASS TRANSPR 2000, 211)
- **Vertragsinhalte**
  - **Präambel**
  - **Vertragsparteien**
  - **Geltungsbereich**
  - **Güter**
  - **Umfang der Logistikleistungen**
    - Lagerhaltung
    - Kommissionierung
    - Transport
    - Verpackung
    - Paletten und Container
    - Kennzeichnung
    - Ver- und Entladen
    - Zollabwicklung
    - Fertigung/Montage
    - Inkasso/Nachnahme
    - Dokumentation
    - IT-Leistungen
    - Inkasso/Nachnahme
  - **Infrastruktur**
    - Gebäude/Anlagen
    - Personal
    - EDV
    - Inkasso/Nachnahme
  - **Vergütung**
  - **Haftung**
    - Teilleistungsrecht
    - Schnittstellenkontrollen
    - Haftung für nicht-speditionelle Leistungen
    - Freistellung Produkthaftung
    - Versicherung
  - **Sonstiges**
    - Vertraulichkeit
    - Exklusivität

GRAN, TRANSPR 2004, 1 ff.

Abschluss und Abwicklung von Logistikverträgen (Kontraktlogistik)

Phasen eines Logistikprojektes

Projektmanagement

Ausschreibung	Ist-Analyse und Grobkonzept	Detailkonzept und Vertrag	Umsetzung und After Sales
▪ Informationsbeschaffung ▪ Prüfung von Kapazitäten und Ressourcen ▪ Entscheidung über Machbarkeit des Projektes ▪ Erarbeitung von Lösungsansätzen und Kostenschätzung für Personal und Investitionen	▪ Analyse von Kosten, Personal und Logistikmengen ▪ Flächenbedarf, Technik ▪ Prozessanalyse ▪ Definition von Soll-Prozessen ▪ Projektlaufzeit ▪ Kalkulation ▪ Letter of Intent (LoI)	▪ Beschreibung Prozessstruktur ▪ IT-Konzept ▪ Personalübergang ▪ Controllingkonzept ▪ Schulungskonzeption ▪ Erstellung des Pflichtenheftes ▪ Vertragsverhandlung, Vertragsabschluss	▪ Anschaffung und Einrichtung Equipment ▪ Personalschulung ▪ Start des Projektes ▪ Einrichtung der Controllinginstrumente
Entscheidung und Angebotsabgabe	**Angebot und Angebotspräsentation**	**Beauftragung und Vertrag**	**Betrieb des Projektes**

Vorteile der Kontraktlogistik				
Vorteile aus Sicht der Kontraktgeber	Konzentration auf Kernkompetenzen	Nutzung von Lohnkostenunterschieden	Variabilisierung von Fixkosten	Kostentransparenz
Vorteile aus Sicht der Logistik-Dienstleister	Höhere Kundenbindung	Bessere Möglichkeiten zur Akquisition von Folgegeschäften	tendenziell höhere Renditen	

Supply-Chain-Management

SUPPLY-CHAIN-MANAGEMENT (SCM)

Das Supply-Chain-Managementkonzept ist als eine aufgabenorientierte Kooperation der Logistik zwischen Lieferanten, Hersteller und Handel zu verstehen mit dem Ziel, durch effiziente Gestaltung des Waren- und Informationsflusses die Kosten von Lieferung, Umschlag, Lagerung etc. zu reduzieren sowie die Geschwindigkeit und Flexibilität zu steigern. (nach: EHRMANN, 34)

Supply Chain (Wertschöpfungskette)

Supply Chain

(Lieferkette, Wertschöpfungskette, Logistisches Netzwerk)
Gesamtheit aller geschäftlichen Aktivitäten zur Befriedigung der Nachfrage nach Produkten oder Serviceleistungen, vom Bedarf an Rohstoffen und Daten bis zur Lieferung an den Endverbraucher.

Supply Chain (Wertschöpfungskette)

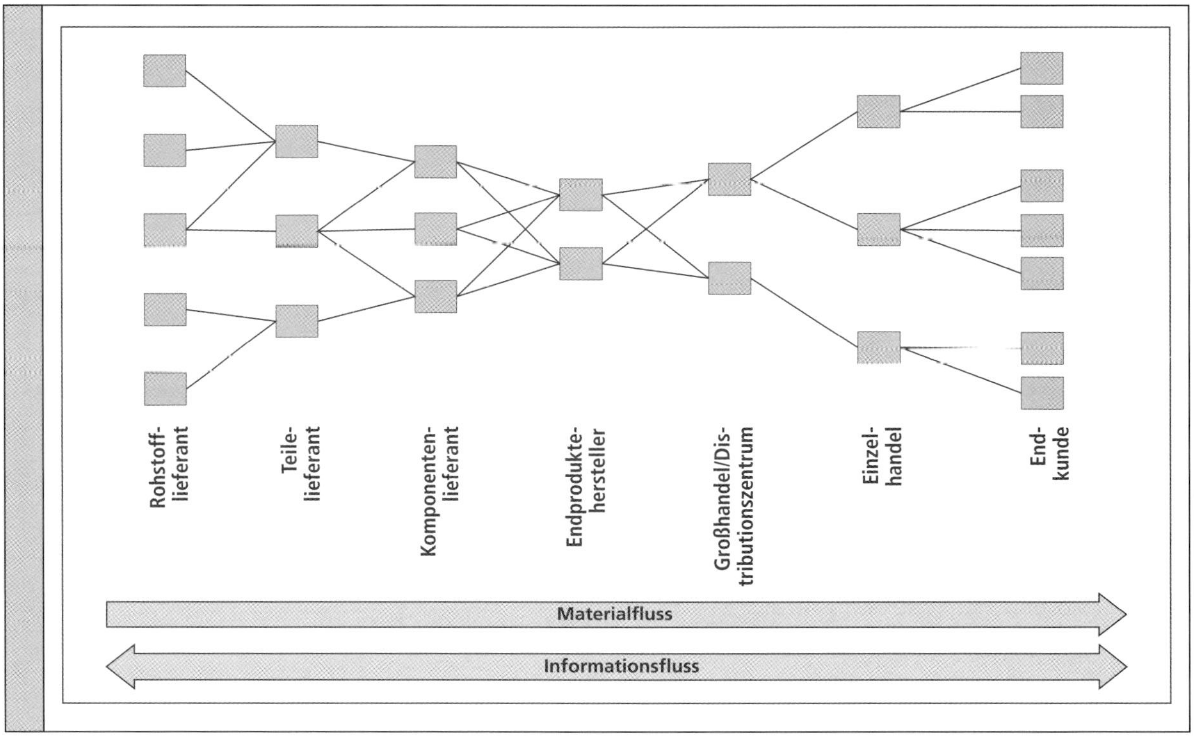

8.2 Lagerlogistik

8.2.1 Lagerarten, Lagereinrichtungen und Lagermittel

Lagerarten

- Verwendungszweck des Lagers
- Standort des Lagers
- Bauart des Lagers
- Einrichtungstechnik des Lagers

Lagerarten nach Verwendungszweck und nach Standort des Lagers

Verwendungszweck des Lagers

- **Dauerlager**
  Waren werden zur Bevorratung, produktionsbedingt oder für den Absatz über längere Zeit gelagert
- **Auslieferungslager**
  Waren werden in größeren Mengen eingelagert, um danach in einzelnen Lieferungen an die Kunden versendet zu werden.
- **Umschlagslager**
  Güter werden über ein Lager zwischen unterschiedlichen Verkehrsmitteln umgeschlagen (Seeschiff-Bahn, Nah- und Fernverkehrs-Lkw bei Sammelgut

Standort des Lagers

- **wasserseitiges Lager**
  Lagerung von Gütern in See- oder Binnenhäfen
- **landseitiges Lager**
  Lagerung von Gütern außerhalb von See- oder Binnenhäfen
- **Freizonen(-hafen)lager**
  Lagerung von Gütern innerhalb von Zollfreizonen oder Freihäfen

Zolllager
Lagerung von unverzollten Drittlandsgütern in Zolllagern

Unterschiedliche Bauarten der Lager

Lagerarten
Bauart des Lagers

Offene Lager (Freilager)

Witterungsunempfindliche Güter werden im Freien (Freilagerflächen) gelagert

Geschlossene Lager (Lagergebäude)

Flachlager (eingeschossige Lagergebäude bis 8 m Höhe)

Etagenlager (mehrere Stockwerke, Lastenaufzüge)

Hochregallager (eingeschossige Lagergebäude mit mehr als 12 m Höhe und einer Regalanlage)

Speziallager

Silolager (Lagerung von Schüttgütern in Silos)

Tanklager (Lagerung von Flüssigkeiten in Tanks)

Tiefkühllager (für Gefriergut)

Gefahrgutlager

Lagereinrichtung

Einrichtungstechnik des Lagers

Lager ohne Lagergestelle

Einzellagerung (Lagerung einzeln auf dem Boden)

Blocklagerung (Lagerung in großen Blocks auf dem Lagerboden)

Zeilenlagerung (Lagerung in Zeilenblöcken auf dem Lagerboden)

Lager mit Lagergestellen

Fachbodenregale (Regale mit Fachböden, in der Höhe verstellbar)

Palettenregale (Regale für genormte Paletten)

Hochregale (Regale für Paletten, mit Fachböden, mit großen Höhen, für automatisierte Regalförderzeuge)

Spezielle Palettenlager

Paletteneinfahr-/-durchfahrregal

Palettendurchlaufregal

Automatisierte Lager

Automatisierte Lager

Automatisierte Lager
(Ein- und Auslagerung erfolgt automatisch, über EDV-Anlagen gesteuert)

Automatische Kommissioniersysteme

(Auslagerung und Kommissionierung erfolgen halb- oder vollautomatisch, auch mit Kommissionierrobotern)

Hochregallager

FIFO/LIFO

Lagerentnahmeprinzipien

Verfahren zur Bestimmung der Reihenfolge der auszulagernden Artikel

FIFO-Verfahren
First in first out

Die ältesten (zuerst gelagerten) Bestände werden zuerst verbraucht (ausgelagert).

Dieses im Handel übliche Prinzip wird angewandt, um zum Beispiel Veralterung oder Verderb zu vermeiden.

LIFO-Verfahren
Last in first out

Die neuesten (zuletzt gelagerten) Bestände werden zuerst verbraucht (ausgelagert).

Dieses Prinzip wird nur bei besonderen Waren (Schüttgütern auf Halde) angewendet.

Lagersysteme		Vorteile	Nachteile	geeignet für
Bodenlagerung	Blocklagerung	▮ keine Einrichtungskosten ▮ hoher Flächen- und Raumnutzungsgrad	▮ kein FIFO ▮ kein direkter Zugriff auf Paletten ▮ kaum automatisierbar	▮ große Bestände stapelbarer Güter je Artikel ▮ Zwischenlager ▮ Festplatzsystem
	Zeilenlagerung	▮ keine Einrichtungskosten ▮ geringerer Raumnutzungsgrad	▮ FIFO nur eingeschränkt möglich ▮ eingeschränkter Direktzugriff auf Paletten möglich	
Regallager	Fachbodenlager	▮ mittlerer Investitionskosten für Regale ▮ guter Zugriff auf Lagergut	▮ FIFO durch Organisation ▮ geringer Flächen- und Raumnutzungsgrad	▮ Güter mit direktem Zugriff ▮ Freiplatzsystem (chaotische Lagerung)
	Hochregallager	▮ hohe Investitionskosten ▮ guter Zugriff auf Lagergut ▮ hohe Kapazität ▮ hohe Automatisierbarkeit	▮ FIFO durch Organisation ▮ geringer Flächen- und Raumnutzungsgrad	

Vgl. Verein Netzwerk Logistik, Steyr: Logistikwörterbuch www.logistikwoerterbuch.or.at

Fördermittel

Stetigförderer

Fördermittel für den innerbetrieblichen Transport, wo ein kontinuierlicher (stetiger) Materialfluss erzeugt wird, wie zum Beispiel das Förderband. Diese Fördertechnik tritt meist bei einer großen Anzahl von Gütern und bei festgelegter Wegstrecke auf.

Beispiele:
- Rollenbahnen
- Förderbänder
- Unterflurförderketten mit Handhubwagen
- Rutschen, Fallrohre

Unstetigförderer

Innerbetriebliche Fördermittel, welche kleinere bis mittlere Mengen auf sich verändernden Wegstrecken transportieren. Hier kann ein Wechsel von Last- und Leerfahrt auftreten. Ein Beispiel dafür ist der Gabelstapler.

Beispiele:
- Gabelhubwagen
- Gabelstapler
- Regalbediengeräte
- Krane

Flurförderzeuge

mit geringem Automatisierungsgrad

- **Gabelhubwagen**
- **Stapler**
  - **Frontstapler** – Die zu befördernde Last befindet sich vor den Vorderrädern, der Fahrer sitzt in Richtung des Fördergutes.
  - **Schubmaststapler** – Ausfahrbarer Hubmast, Längs- und Querbeförderung der Güter, für Ein- und Auslagerung in Hochregallager mit geringer Gangbreite
  - **Seitenstapler** – Für Langgut, mit seitlichem Hubmast
  - **Schmalgangstapler** – Schienengeführte Stapler für Hochregallager mit seitlichem Hubmast

mit hohem Automatisierungsgrad

- **Regalbediengeräte** – Bedienen rechnergesteuert die Lagerplätze in automatischen Hochregallagern. Sie haben eine hohe Arbeitsgeschwindigkeit und einen sehr geringen Platzbedarf.
- **Fahrerlose Transportsysteme** – Automatische Transportsysteme mit auf dem Hallenboden vorgegebenen optischen, magnetischen oder induktiv verlegten Leitlinien. Die Steuerung erfolgt durch Computer.

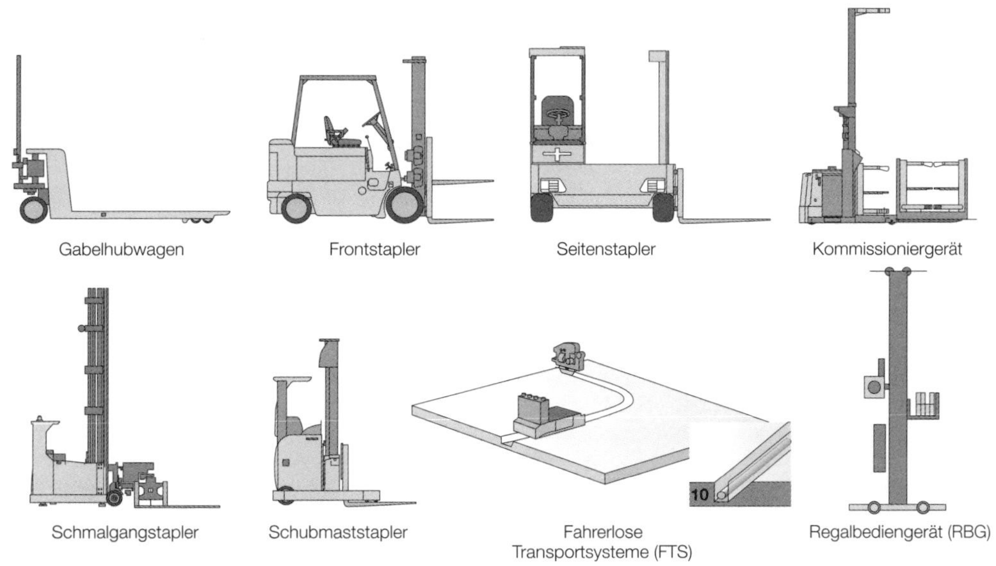

Arten von Fördermitteln

Fördermittel	
Flurfrei (Stückgüter werden hängend befördert wie zum Beispiel Krane, Kreiskettenförderer, Elektrohängebahn etc.)	**Flurgebunden** (Fördermittel stützen sich auf dem Boden ab wie z. B. Stapler, Schlepper, Rollenbahn)

Förderhilfsmittel

Förderhilfsmittel
(Lade-, Transport- oder Lagerhilfsmittel)
Hilfsmittel, die mehrere Artikel zu Gebinden bzw. Ladeeinheiten zusammenfassen.

- Paletten
  - Flachpaletten
  - Rungenpaletten
  - Behälterpaletten
- Behälter
  - Kästen
  - Sichtkästen
  - Kartons
  - sonstige Schutzverpackung
- forminstabile Behältnisse
  - Beutel
  - Säcke
- sonstige Ladehilfsmittel
  - z. B. Rollen, Drahtgebinde

SCHULTE, 149

Flach- und Gitterboxpaletten
www.epal-pallets.org

Palettenarten

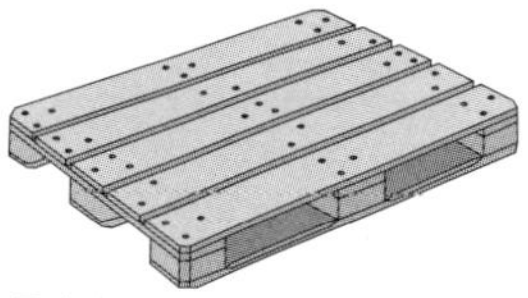

Flach-Palette:
Euro-Palette (1 200 · 800 mm)

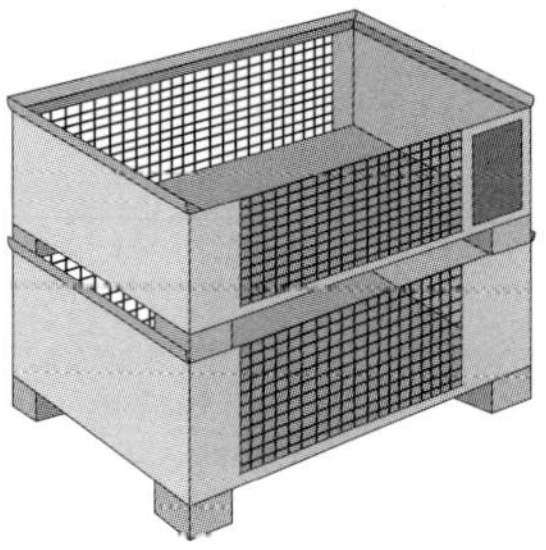

EuroGitterboxpalette (1 200 · 800 mm)

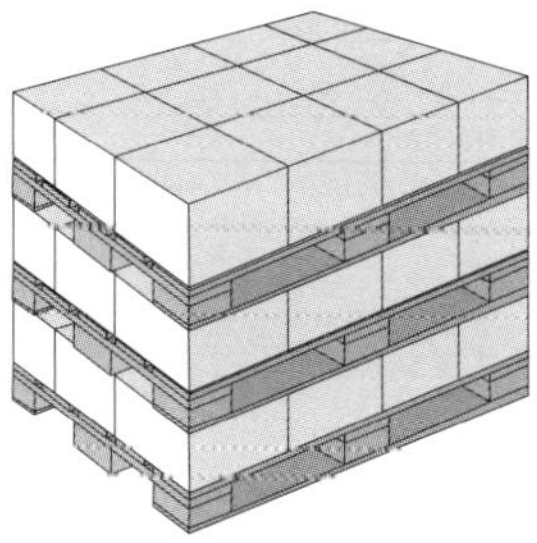

Sandwich-Palette

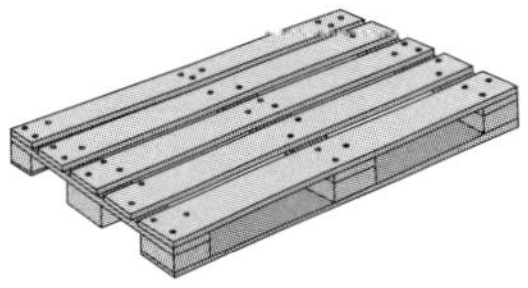

Flach-Palette: Industrie-Palette
(1 200 · 1 000 mm)

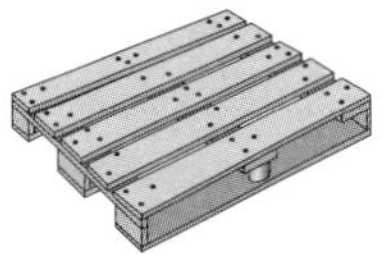

Flach-Palette: Düsseldorfer Palette
(800 · 600 mm)

8.2.2 Lagerrecht

Lagerrecht

Lagerrecht im Handelsgesetzbuch	Lagerrecht in den ADSp (Allgemeine Deutsche Spediteurbedingungen)
§§ 467, 473, 474, 475h **Lagervertrag** Grundpflichten, Entgelte und Aufwendungsersatz, Zulässigkeit abweichender Vereinbarungen	**Ziffer 15.7** **Lagervertrag** Kündigungsrecht
§§ 468-471 **Vertragsinhalte** Behandlung des Gutes, Begleitpapiere. Mitteilungs- und Auskunftspflichten, Sammellagerung, Empfangnahme der Güter, Erhaltung des Gutes	**Ziffer 15.1-15.4** **Vertragsinhalte** Lagerung in eigenen oder fremden Lagerräumen, Besichtigung, Betreten des Lagers, Handlungen am Gut
§§ 472, 475-475b **Haftung und Versicherung** Haftung, Versicherung, Verjährung, Pfandrecht	**Ziffern 15.5-15.6, 24, 29** **Haftung und Versicherung** Haftung des Auftraggebers, Aufrechnung von Inventurdifferenzen, Haftungsbegrenzungen, Haftungsversicherung, Lagerversicherung
§§ 475c-475g **Lagerscheine** Wirkung, Auslieferung gegen Rückgabe, Legitimationsfunktion, Traditionsfunktion	

Lagervertrag
Abschluss und Inhalte
(Kardinalpflichten)

Einlagerer ⟷ **Lagerhalter**

Einlagerer

Der Einlagerer ist Vertragspartner des Lagerhalters, übergibt das Gut und trägt die Lagerkosten.

Einlagerer sind z. B.

- Handelsunternehmen
- Industrieunternehmen
- Spediteure
- Staatliche Stellen
- Privatleute

Lagervertrag

Abschluss des Lagervertrages

Der Lagervertrag kommt formlos (mündlich, schriftlich) zustande.

Lagerhalter

Der Lagerhalter verpflichtet sich, das Gut zu lagern und aufzubewahren.

Lagerhalter sind z. B.

- Spediteure
- Lagerhausgesellschaften

Lagerscheine
Order-, Namens- und Inhaberlagerschein

Lagerdokumente

- Quittung über den Empfang der Sendung
- Dokumentation des Lagervertrages

Lagerquittung

Hat nur Quittungsfunktion (auch Lagerempfangsschein, Eingangsmeldung, Aufnahmebestätigung genannt)

Lagerscheine

Lagerscheine sind Wertpapiere
a) Herausgabeanspruch
b) Sperrfunktion

Inhaber-Lagerschein

- Inhaberpapier
- Übertragung durch Übergabe
- wird nicht verwendet

Namens-Lagerschein

- Auf den Namen ausgestellt
- Übertragung durch Zession
- Nur Herausgabeanspruch wird übertragen

Order-Lagerschein

- Orderklausel
- Übertragung durch Indossament
- Übertragung des Herausgabeanspruchs und des Eigentums

Haftung und Versicherung

Haftung und Versicherung im Lagervertrag

Haftung nach HGB

HGB-Haftung gilt nur bei Ausschluss der ADSp als Rechtsgrundlage

Haftungsprinzip

Haftung für vermutetes Verschulden während der Obhut über das Gut (§ 475 HGB)

Haftung nach ADSp

Lagergeschäfte sind Verkehrsverträge nach Ziff. 2 ADSp.

Haftungsprinzip

Haftungsprinzip nach § 475 HGB (Haftung für vermutetes Verschulden) (§ 22 ADSp)

Lagerversicherung

§ 21 ADSp

Haftungsprinzip

Die Versicherung tritt für alle nicht ausgeschlossenen Schäden ein, die im Lager auftreten können.

Haftung und Versicherung

Haftung nach HGB	Haftung nach ADSp	Lagerversicherung
HGB-Haftung gilt nur bei Ausschluss der ADSp als Rechtsgrundlage	Lagergeschäfte sind Verkehrsverträge nach Ziff. 2 ADSp.	Versicherung gegen Lagerschäden nach § 21 ADSp
Schadensarten ▪ Güterschäden ▪ Güterfolgeschäden und ▪ reine Vermögensschäden werden nach den BGB-Regeln für positive Vertragsverletzung ersetzt (Verschuldenshaftung mit Beweislast des Einlagerers)	**Schadensarten** ▪ Güterschäden ▪ andere als Güterschäden ▪ (Ausschluss der Güterfolgeschäden nach Ziff. 22.3 ADSp)	**Schadensarten** ▪ Güterschäden ▪ (Üblich ist der Abschluss einer Elementarrisikenversicherung.) ▪ Elementarrisiken sind Gefahren aus – Feuer, – Einbruchdiebstahl, – Sturm und – Leitungswasser.
Haftungshöchstgrenzen Die Haftung ist der Höhe nach unbeschränkt. (Ersatz des vollen Schadens)	**Haftungshöchstgrenzen** ▪ Güterschäden ▪ 5 € je kg brutto der Sendung bzw. des entwerteten Teils der Sendung ▪ maximal 5 000 € je Schadensfall ▪ maximal 25 000 € bei Inventurdifferenzen ▪ andere als Güterschäden maximal 5 000 € je Schadensfall ▪ je Schadensereignis maximal 2 Mio. €	**Haftungshöchstgrenzen** Die Haftung ist üblicherweise beschränkt auf ▪ den entstandenen Güterschaden, ▪ maximal den Wert des Gutes, ▪ maximal die vom Versicherten angegebene Versicherungssumme.

8.2.3 Lagerkostenkalkulation

Traditionelle und moderne Methoden der Lagerkostenkalkulation

Lagerkostenkalkulation

traditionelle Kalkulation	Prozesskostenkalkulation
Die Kosten für Personal, Lagergebäude, Lagereinrichtung und Lagergeräte werden auf die einzelnen Vorgänge im Lager verteilt. Dabei wird differenziert nach: ▪ Einlagerungskosten ▪ Lagerkosten ▪ Kommissionierungskosten ▪ Auslagerungskosten ▪ Die Gemeinkosten werden als Umlage in die einzelnen Lagerkosten eingerechnet.	Die im Lager anfallenden Tätigkeiten werden in einzelne Prozesse aufgeteilt. Diesen Prozessen wird jeweils zugeordnet, von welchen Parametern (Kostentreiber) sie abhängig sind. Die Lagerkosten werden für die einzelnen Prozesse ermittelt. Anschließend werden die prozessunabhängigen Kosten (Lagergebäude, Leitungskosten etc.) zu den Prozesskosten addiert bzw. auf die Prozesskosten aufgeteilt.

Prozesskostenkalkulation

DHL discoverlogistics: Artikel Prozesskosten www.dhl-discoverlogistics.com/cms/de/course/management/logistics_controlling/process_based.jsp?pdf=1 (10.10.2010)

ABLAUF EINER PROZESSKOSTENRECHNUNG

- „Identifizierung der tatsächlichen Einflussgrößen des Leistungs- und Kostenvolumens, der sogenannten Prozessgrößen, Bezugsgrößen oder Kostentreiber bzw. ‚Cost Driver'. Im Unterschied zur traditionellen Kostenrechnung, die im Wesentlichen Stückmengen und -preise in den Mittelpunkt rückt, bezieht die Prozesskostenrechnung neben der Beschäftigung vor allem die Variantenvielfalt, die Produkt- bzw. Produktionsprozesskomplexität und die Auftragsgröße als Kosteneinflussgrößen mit ein.
- Liegen die Prozessgrößen fest, können die Prozessmengen durch die Auszählung als Anzahl der Materialbestellungen, Anzahl der Materiallieferungen usw. festgestellt werden.
- Prozesskostensätze lassen sich ermitteln, indem die Kosten, die einem Prozess zugeordnet werden, durch die zugehörigen Prozessmengen dividiert werden.
- Identifizierte, sachlich zusammenhängende Teilprozesse werden kostenstellenübergreifend zu Hauptprozessen zusammengefasst."

Prozesskostenrechnung

Cost plus open book

Die Abrechnung mit den Kunden erfolgt auf der Grundlage der Kosten. Dem Kunden werden die tatsächlichen Kosten offengelegt (open book). Ein angemessener Gewinn für den Logistikdienstleister wird vereinbart.

Transaktionskostenabrechnung

Die Abrechnung mit den Kunden erfolgt auf der Grundlage der kalkulierten Preise, die alle Kosten und den Gewinn des Logistikdienstleisters erhalten. Der Kunde erhält keine Einsicht in die Kostenstruktur. Das Risiko von Fehlkalkulationen bleibt beim Logistikdienstleister.

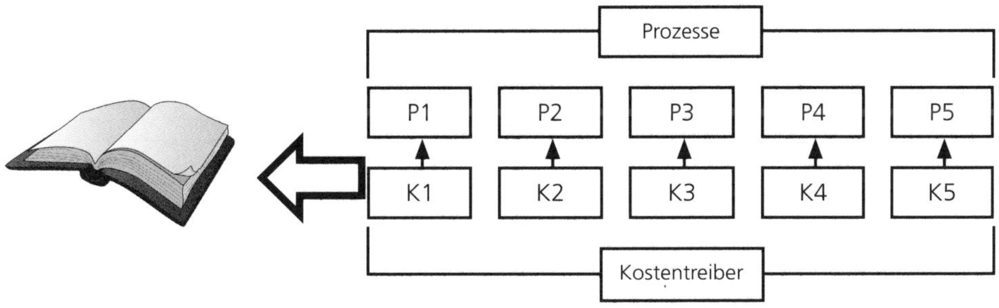

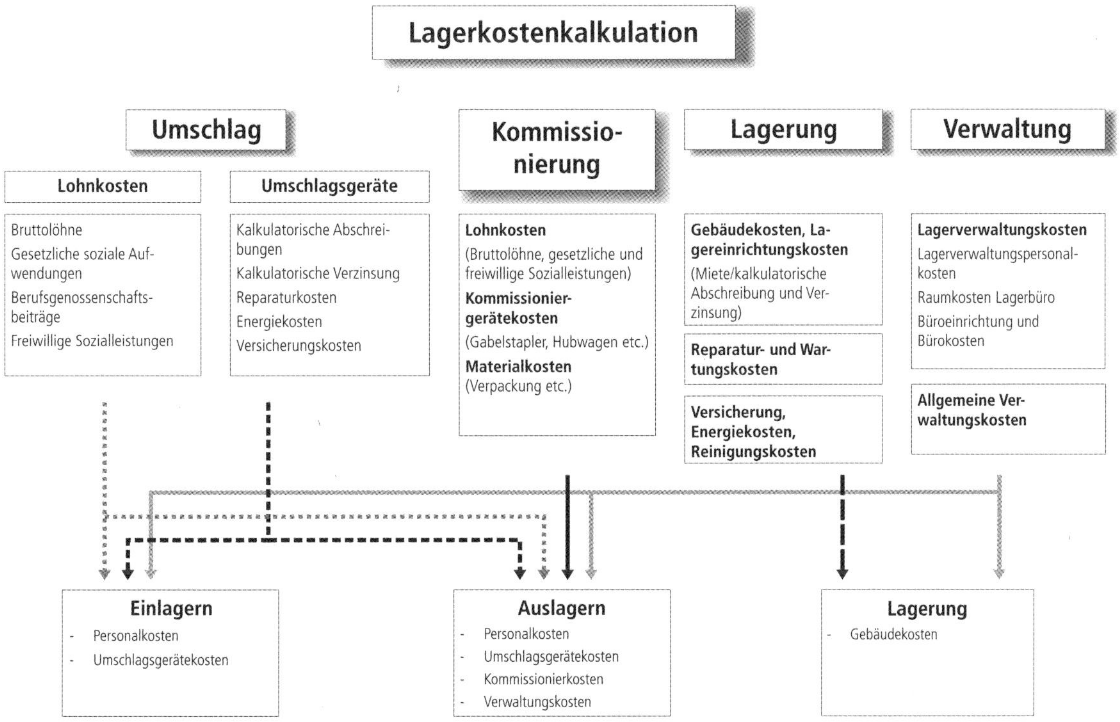

Kalkulationsschema (Gesamtkosten)			(Preis pro 100 kg)
	1	Umschlagkosten	
	1.1	Einlagerungskosten	Lohnkosten Umschlagsgerätekosten
	1.2	Auslagerungskosten	Lohnkosten Umschlagsgerätekosten Kommissionierkosten
+	2	Lagerungskosten	Gebäudekosten Lagereinrichtungskosten Unterhaltskosten (Energie, Wasser, Versicherung etc.)
+	3	Lagerverwaltungskosten	Gehälter Büromaterial etc.
+	4	Allgemeine Verwaltungskosten[1]	Umlage Geschäftsleitung, Steuern, Werbung, Verwaltung, Rechnungswesen etc.
=		Selbstkosten	
+	5	Gewinn	Gewinnzuschlag in %
=		Nettopreis	
+	6	Umsatzsteuer	
=		Bruttopreis	

[1] In verschiedenen Aufgaben werden die Allgemeinen Verwaltungskosten nicht gesondert ausgewiesen, sondern nur zu den Lagerungskosten addiert.

Kalkulationsschema (getrennt)			(Preis pro 100 kg)
	1	Einlagerungskosten	Lohnkosten Umschlagsgerätekosten Lagerverwaltungskosten[1] Allgemeine Verwaltungskosten[1] Gewinnzuschlag
	2	Auslagerungskosten	Lohnkosten Umschlagsgerätekosten Kommissionierkosten Lagerverwaltungskosten[1] Allgemeine Verwaltungskosten[1] Gewinnzuschlag
	3	Lagerungskosten	Gebäudekosten Lagereinrichtungskosten Unterhaltskosten (Energie, Wasser, Versicherung etc.) Lagerverwaltungskosten[1] Allgemeine Verwaltungskosten[1] Gewinnzuschlag
=		Nettopreis	
+		Umsatzsteuer	
=		Bruttopreis	

[1] In vereinfachten Lagerkalkulationen werden häufig Allgemeine Verwaltungskosten in die Lagerverwaltungskosten eingerechnet. Manchmal werden Lagerverwaltungskosten bei den Ein- und Auslagerkosten in die Personalkostensätze integriert.

8.3 Beschaffungslogistik

8.3.1 Grundlagen und Klassifizierung der Beschaffungsgüter

BESCHAFFUNGSLOGISTIK

Die Beschaffungslogistik umfasst die komplexe Planung, Steuerung und physische Behandlung des Material- und Kaufteilflusses von den Lieferanten bis zur Bereitstellung für die Produktion einschließlich des dazu erforderlichen Informationsflusses zur zielgerechten Versorgung der Produktion.

(nach: EHRMANN, 258)

ABC-ANALYSE

Durch eine ABC-Analyse werden die Materialien nach ihrer Bedeutung in A-Teile, B-Teile und C-Teile eingeteilt (klassifiziert).

A-Teile sind wichtige Materialien, die einen geringen mengenmäßigen Anteil, aber einen hohen Wertanteil besitzen. B-Teile sind weniger wichtige Materialien, die einen mittleren Mengen- und Wertanteil haben. C-Teile sind nebensächliche Materialien, die einen geringen Wertanteil, aber einen hohen Mengenanteil besitzen.

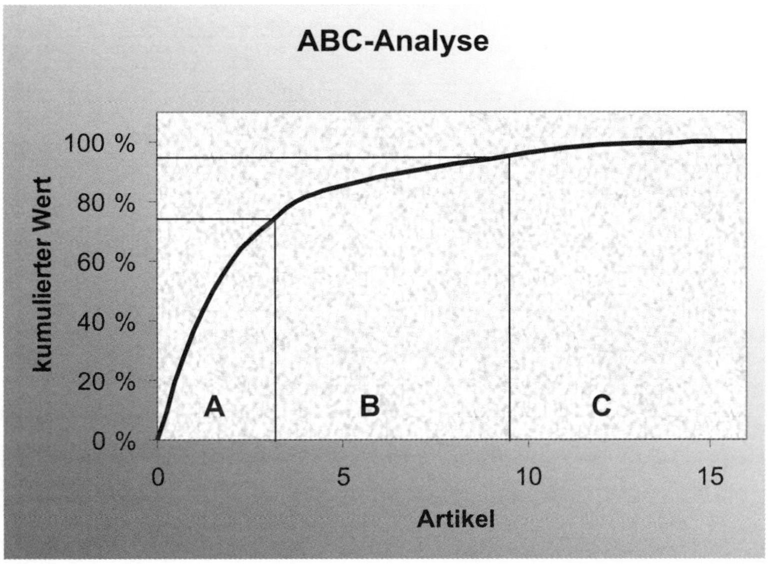

ORIGINALWERTE

ArtNr	Menge/St.	Preis/€	Gesamtwert	%Menge	%Wert
42735	1 480	6,10	9 028,00	2,64 %	9,19 %
42736	1 680	0,15	252,00	3,00 %	0,26 %
42737	10 120	0,20	2 024,00	18,06 %	2,06 %
42738	3 520	0,40	1 408,00	6,28 %	1,43 %
42739	3 830	9,50	36 385,00	6,84 %	37,03 %
42740	4 368	0,25	1 092,00	7,80 %	1,11 %
42741	4 180	0,45	1 881,00	7,46 %	1,91 %
42742	3 590	0,90	3 231,00	6,41 %	3,29 %
42743	4 820	0,70	3 374,00	8,60 %	3,43 %
42744	6 000	0,02	120,00	10,71 %	0,12 %
42745	1 900	1,01	1 919,00	3,39 %	1,95 %
42746	2 980	4,20	12 516,00	5,32 %	12,74 %
42747	1 050	0,30	315,00	1,87 %	0,32 %
42748	1 100	0,44	484,00	1,96 %	0,49 %
42749	710	31,60	22 436,00	1,27 %	22,84 %
42750	4 700	0,38	1 786,00	8,39 %	1,82 %
	56 028		98 251,00	100,00 %	100,00 %

Die Originalwerte geben die beschafften Mengen und Preise im gesamten Jahr wieder. Die Beschaffungsmengen sollen in A-, B- und C-Güter eingeteilt werden.

SORTIERTE WERTE							
ArtNr	Menge/St.	Preis/€	Gesamt-wert	%Menge	%Wert	kumulierte Wertanteile	Klassen
42739	3830	9,50	36385,00	6,84 %	37,03 %	37,03 %	A
42749	710	31,60	22436,00	1,27 %	22,84 %	59,87 %	A
42746	2980	4,20	12516,00	5,32 %	12,74 %	72,61 %	A
42735	1480	6,10	9028,00	2,64 %	9,19 %	81,80 %	B
42743	4820	0,70	3374,00	8,60 %	3,43 %	85,23 %	B
42742	3590	0,90	3231,00	6,41 %	3,29 %	88,52 %	B
42737	10120	0,20	2024,00	18,06 %	2,06 %	90,58 %	B
42745	1900	1,01	1919,00	3,39 %	1,95 %	92,53 %	B
42741	4180	0,45	1881,00	7,46 %	1,91 %	94,45 %	B
42750	4700	0,38	1786,00	8,39 %	1,82 %	96,26 %	C
42738	3520	0,40	1408,00	6,28 %	1,43 %	97,70 %	C
42740	4368	0,25	1092,00	7,80 %	1,11 %	98,81 %	C
42748	1100	0,44	484,00	1,96 %	0,49 %	99,30 %	C
42747	1050	0,30	315,00	1,87 %	0,32 %	99,62 %	C
42736	1680	0,15	252,00	3,00 %	0,26 %	99,88 %	C
42744	6000	0,02	120,00	10,71 %	0,12 %	100,00 %	C
	56028		98251,00	100,00 %	100,00 %		

Werte für die Klasseneinteilung nach kumuliertem Wertanteil

A	80 %	80 %
B	15 %	95 %
C	5 %	100 %

Aussagekraft der ABC-Analyse für die Warenbeschaffung

Auswertung der ABC-Analse für die Beschaffung

A-Güter
- Kleine Mengen beschaffen, geringer Lagerbestand
- Fertigungssynchrone Beschaffungsverfahren

B-Güter
- Güter eher als A- oder als C-Güter einschätzen
- Beschaffung nach den Grundsätzen für A- oder C-Güter

C-Güter
- Großzügigere Sicherheitsbestände
- Größere Mengen einkaufen
- Verbrauchsabhängige Beschaffungsverfahren

XYZ-Analyse

vgl. http://de.wikipedia.org/wiki/XYZ-Analyse (10.10.2010)

XYZ-Analyse

In der XYZ-Analye werden die Güter nach der Schwankung im Verbrauch und nach der Vorhersagegenauigkeit der Verbauchsschwankung klassifiziert.

Klasse	Verbrauch	Vorhersagegenauigkeit
X	konstant, Schwankungen sind eher selten	**hoch**
Y	stärkere Schwankungen, meist aus trendmäßigen oder saisonalen Gründen	**mittel**
Z	völlig unregelmäßig	**niedrig**

		Wertigkeit		
		A	**B**	**C**
Vorhersage-genauigkeit	**X**	o Hoher Verbrauchswert o Hohe Vorhersagegenauigkeit/Stetiger Verbrauch	o Mittlerer Verbrauchswert o Hohe Vorhersagegenauigkeit/Stetiger Verbrauch	o Niedriger Verbrauchswert o Hohe Vorhersagegenauigkeit/Stetiger Verbrauch
	Y	o Hoher Verbrauchswert o Mittlere Vorhersagegenauigkeit/Halbstetiger Verbrauch	o Mittlerer Verbrauchswert o Mittlere Vorhersagegenauigkeit/Halbstetiger Verbrauch	o Niedriger Verbrauchswert o Mittlere Vorhersagegenauigkeit/Halbstetiger Verbrauch
	Z	o Hoher Verbrauchswert o Niedrige Vorhersagegenauigkeit/Stochastischer Verbrauch	o Mittlerer Verbrauchswert o Niedrige Vorhersagegenauigkeit/Stochastischer Verbrauch	o Niedriger Verbrauchswert o Niedrige Vorhersagegenauigkeit/Stochastischer Verbrauch

(grau) Geeignet für eine fertigungssynchrone Materialbeschaffung (gemäß dem Produktionsprogramm) und JIT/JIS
(weiß) Geeignet für verbrauchssynchrone Beschaffung oder Vorratshaltung

(nach Ehrmann, S. 141)

Bechaffungsportfolio

Artikelklassen	Merkmale	Versorgungsgestaltung
Strategische Artikel	hoher Zielbezug hohes Beschaffungsrisiko	Langfristige Lieferantenbindung präzise Bedarfsermittlung
Engpassartikel	geringer Zielbezug hohes Beschaffungsrisiko	Lieferantenkontrolle Mengensicherung
Hebelprodukte	hoher Zielbezug geringes Beschaffungsrisiko	Einkaufsmacht ausnutzen Mengenoptimierung
Unkritische Artikel	geringer Zielbezug geringes Beschaffungsrisiko	Effiziente Versorgung Mengenoptimierung

8.3.2 Beschaffungsprinzipien

8.3.2.1 Überblick

Beschaffungsprinzipien

bedarfsgesteuerte Versorgung		**verbrauchsgesteuerte Versorgung**	
Einzelbeschaffung	**Fertigungssynchrone Beschaffung**	**Vorratsbeschaffung**	**Absatzsynchrone Beschaffung**
▪ Stücklisten und Bedarfszeitpunkte	▪ Stücklisten und Bedarfszeitpunkte ▪ Just-in-Time-Verfahren (JIT) ▪ Just-in-Sequence-Verfahren (JIS)	▪ Bestellpunkt-Verfahren ▪ Bestellrhythmus-Verfahren ▪ Bestellmenge über optimale Losgröße	▪ Bedarfsprognosen (Mittelwertverfahren, Glättung, Trend) ▪ KANBAN-Steuerung
Sinnvoll bei Einzel- oder Werkstattfertigung	**Sinnvoll bei A- oder B-Teilen auf Stücklisten- und Bedarfzeitpunkteplanung**	**Sicherheitsorientierte Beschaffung unter Ausnutzung der Kostenvorteile bei der Beschaffung großer Mengen.**	**Sinnvoll bei C- oder B-Teilen auf der Grundlage der geschätzten oder ermittelten Bedarfe**

8.3.2.2 Verbrauchsgesteuerte Versorgung

OPTIMALE BESTELLMENGE

Optimal ist die Bestellmenge, bei der die Gesamtkosten (Lagerkosten/Jahr und Bestellkosten/Jahr) minimal sind.

Die Lagerkosten steigen mit zunehmender Bestellmenge, da der durchschnittliche Lagerbestand steigt. Außerdem steigt auch der Lagerzins (Verzinsung des im Lagerbestand gebundenen Kapitals).

Die Bestellkosten (fixe Kosten je Bestellvorgang) im Jahr sinken mit zunehmender Bestellmenge, da die Zahl der Bestellungen abnimmt.

Die Gesamtkosten (in Abhängigkeit von der Bestellmenge) haben daher einen U-förmigen Verlauf, deren Minimum die optimale Bestellmenge darstellt.

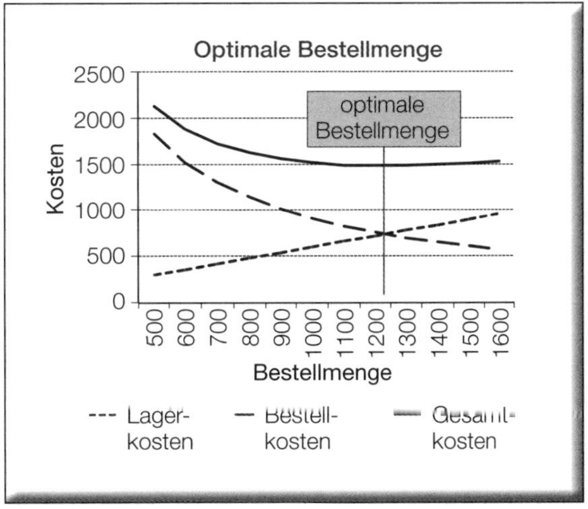

Optimale Bestellmenge

$$\text{Bestellmenge}_{\text{optimal}} = \sqrt{\frac{2 \cdot J \cdot BK}{LK}}$$

J = Jahresbedarfsmenge
BK = fixe Bestellkosten je Bestellung
LK = Lagerkosten je Mengeneinheit (inkl. Lagerzinsen)

Beispiel

J	= 32 000 Stück		
BK	= 364,00 €/Bestellung (einschließlich Einlagerkosten)		
LK	= Lagerungskosten/Jahr	=	8,00 €
	Wert/Stück	=	175,00 €
	Zinssatz	=	7,5 %
	= 8,00 € + 175,00 € · 7,5 %	=	21,125 €
$\text{Bestellmenge}_{\text{opt}}$	= $(2 \cdot 32\,000 \cdot 364/21{,}125)\sqrt{0{,}5}$	=	1 050,13 Stück
Bestellhäufigkeit	= 32 000/1 050	=	30,48

Bestellpunktverfahren

Die Bestellung erfolgt, wenn der Meldebestand einer Ware im Lager erreicht wird.

Der Bestellpunkt (Meldebestand) ist die Menge, die erforderlich ist, den Bedarf abzudecken, der zwischen der Bestellung und Lieferung voraussichtlich auftreten wird.

Berechnung des Bestellpunktes (Meldebestandes)

	Tagesbedarf · Lieferzeit
+	Sicherheitsbestand (eiserne Reserve)
=	Bestellpunkt

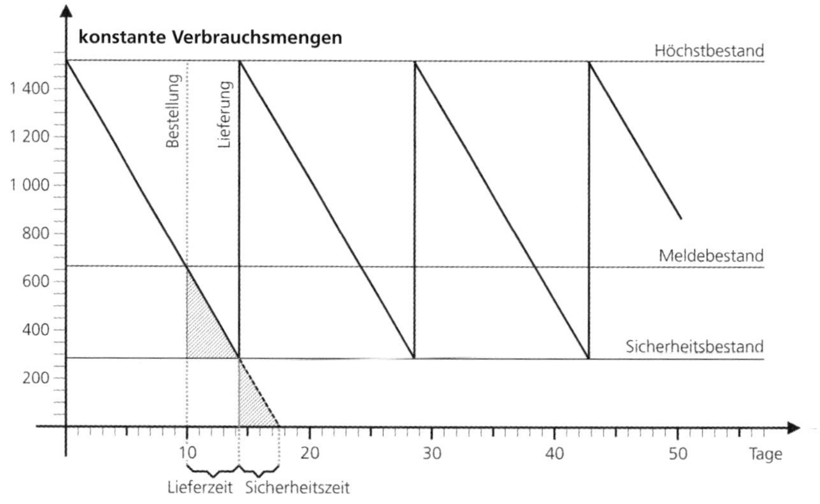

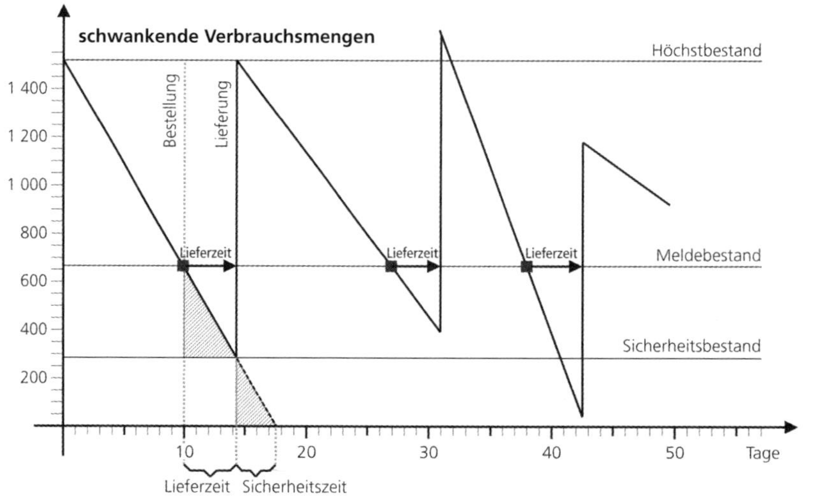

Bestellrhythmus-Verfahren

Das Bestellrhythmusverfahren ist eine terminbezogene Bestellauslösung, bei der innerhalb konstanter Zeitintervalle (also zyklisch) eine Bestellung vorgenommen wird, wobei die Bestellmenge entweder fix vorgegeben ist oder variiert. Nach Ablauf des festen Bestellintervalls wird in jedem Fall nachbestellt, sofern Lagerbewegung stattgefunden hat.

Bestellrhythmus-Losgrößen-Politik

Die Bestellung erfolgt innerhalb fixer Bestellperioden (t0) und für eine fixe Bestellmenge (q0) [(t,q)-Politik].

Bestellrhythmus-Lagerniveau-Politik

Die Bestellung erfolgt innerhalb fixer Bestellintervalle (t0), jedoch mit variablen Bestellmengen (q). Nach t0-Zeiteinheiten wird jeweils so viel bestellt, dass das Lager bis an seine Kapazitätsgrenze S aufgefüllt wird [(t,S)- Politik].

BESTELLRHYTHMUS-VERFAHREN

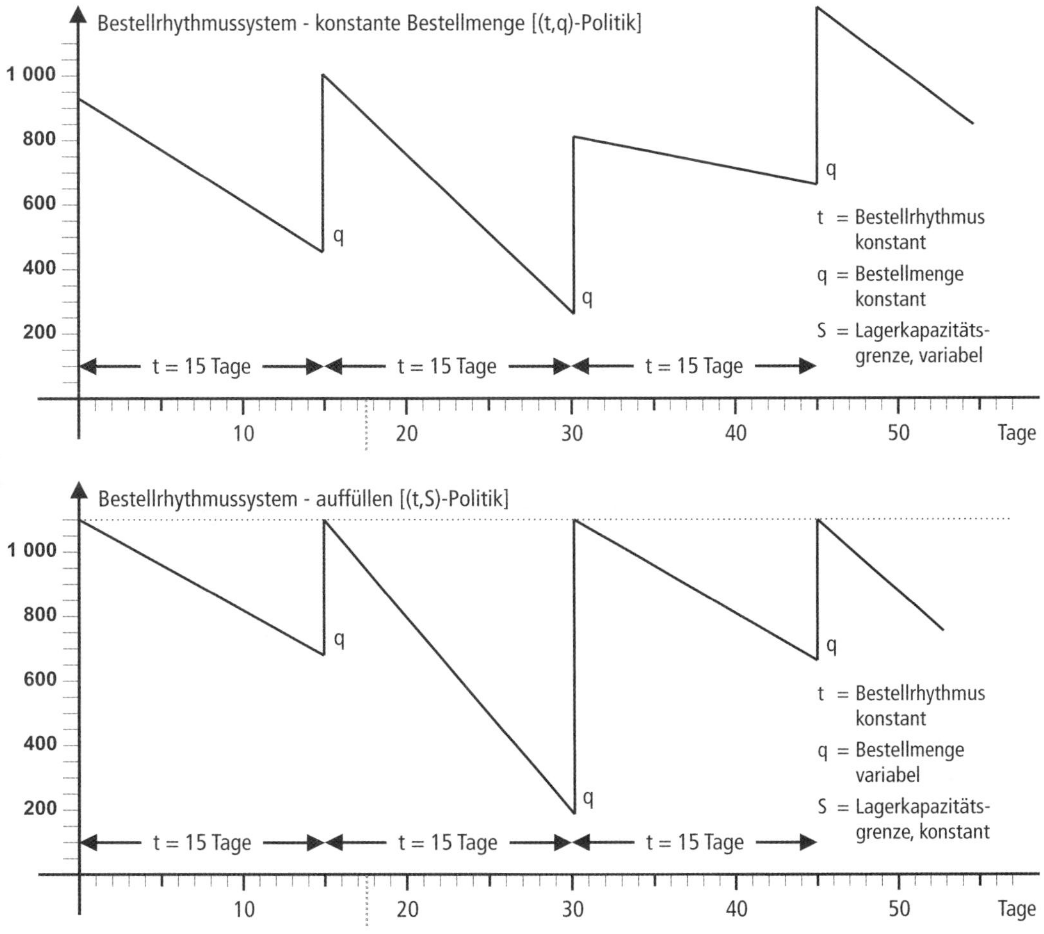

Verbrauchsschätzung

Mittelwert	gleitender Mittelwert	gleitender, gewogener Mittelwert	exponentielle Glättung
Prognosewert ergibt sich aus dem Mittelwert aller Verbrauchswerte.	Prognosewert ergibt sich aus dem Mittelwert einer bestimmten Anzahl der letzten Verbrauchswerte.	Für die Ermittlung des Prognosewertes mit dem gleitenden Mittelwert werden neuere Verbrauchsdaten höher gewichtet.	Das Verfahren glättet die Verbrauchswerte so, dass neuere Verbrauchswerte stärker berücksichtigt werden.

Berechnungen Verbrauchsschätzung

Mittelwert

$$\bar{x} = \frac{1}{n}\sum_{i=1}^{i} x_i$$

Summe aller Werte dividiert durch die Anzahl der Werte

gleitender Mittelwert

$$\bar{x}_{i+1} = \frac{1}{n}\sum_{k=i+1-n}^{i} x_k$$

Summe der n letzten Werte dividiert durch n

gleitender, gewogener Mittelwert

$$\bar{x}_{i+1} = \frac{x_i \cdot G_n + x_{i-1} \cdot G_{n-1} + \ldots + x_{i+1-n} \cdot G_1}{\sum_{k=1}^{n} G_k}$$

Summe der n letzten Werte, multipliziert mit einem Faktor G für jeden Wert von n, dividiert durch die Summe der Faktoren

exponentielle Glättung erster Ordnung

$$PW_t = \alpha \cdot r_t + (1-\alpha) \cdot PW_{t-1}$$

Der Prognosewert für die nächste Periode (PW_{t+1}) errechnet sich aus dem Produkt aus Glättungsfaktor a und dem tatsächlichen Verbrauch der aktuellen Periode (r_t). Dazu wird das Produkt aus 1-Glättungsfaktor (1-a) und dem Prognosewert, der in der Vorperiode für die aktuelle Periode errechnet wurde (PW_t), addiert.

Verbrauchsschätzung (Beispiel)

Periode	Verbrauchs-daten	Mittel-wert	gleitender Mittelwert	gleitender, gewogener Mittelwert		exponentielle Glättung
			n = 5	1	4 %	α = 0,3
1	1 500			2	6 %	1 500
2	1 500			3	10 %	1 500
3	800			4	30 %	1 290
4	800			5	50 %	1 143
5	1 000		1 120		970	1 100
6	800		980		888	1 010
7	1 600		1 000		1 220	1 187
8	1 600		1 160		1 452	1 311
9	1 600		1 320		1 528	1 398
10	1 600		1 440		1 568	1 458
11	1 600		1 600		1 600	1 501
12	1 800	1 350	1 640		1 700	1 591

KANBAN

KANBAN (japanisch „Karte") ist ein Verfahren zur Produktions- und Materialfluss-Steuerung nach dem Hol-Prinzip, welches auf einer Verkettung von Vorgängen in der Fertigung und Beschaffung basiert. In der Produktion werden kleinere Vorräte an Teilen (Behälter) vorgehalten. Wird eine Mindestmenge unterschritten (ist ein Behälter leer), wird ein Beschaffungsvorgang ausgelöst.

Beschaffungsimpuls

Behälter-Kanban

Die Beschaffung wird durch die leeren Behälter ausgelöst, die der Lieferant abholt.

Karten-Kanban

Die Beschaffung wird durch die Kanban-Karten ausgelöst, die den Verbrauch der Teile signalisieren.

Elektronischer Kanban

Die Lieferanten erhalten fortlaufend die Bestandsdaten der Teile über das Internet und liefern, sobald eine bestimmte Bestandsmenge unterschritten wird.

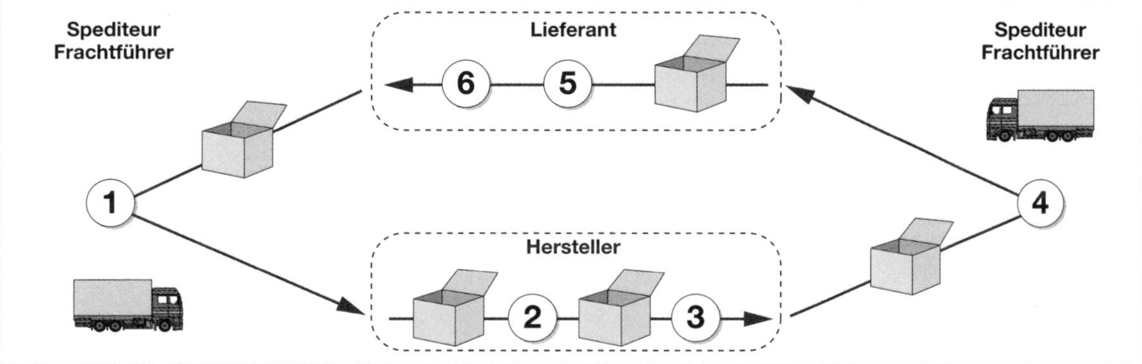

8.3.2.3 Bedarfsgesteuerte Versorgung

ANALYTISCHE DISPOSITION

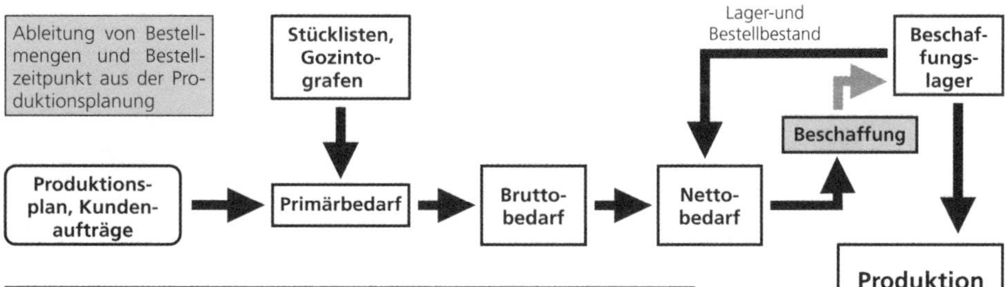

Gozintograf

Der Gozintograf ist ein Graf, der beschreibt, aus welchen Teilen sich verschiedene Produkte zusammensetzen. Der Produktionsprozess ist dabei mehrstufig. Der Input kann aus Rohstoffen, Halb- und Fertigteilen bestehen. Im Gozintografen ist aufgeführt, wie diese Teile gegebenenfalls mengenmäßig verflochten sind. Dabei bezeichnen die Knoten die Teile und die Kanten geben an, wie viele Einheiten eines Teiles in eine Einheit eines nachgelagerten Teiles einfließen. Wikipedia StW "Gozintograph"

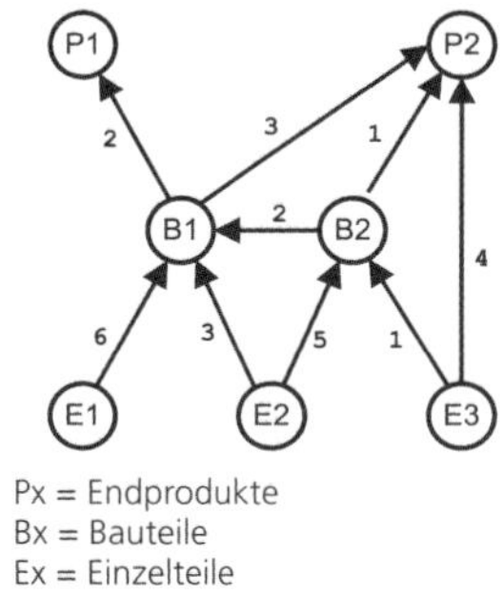

Px = Endprodukte
Bx = Bauteile
Ex = Einzelteile

just-in-time (JIT)/just-in-sequence (JIS)

Anlieferung der im Fertigungsprozess benötigten Teile zur richtigen Zeit (fertigungssynchrone Lieferung)

- Güter oder Bauteile werden von den Zuliefererfirmen erst bei Bedarf – zeitlich möglichst genau berechnet – direkt ans Montageband geliefert.
- Dazu wird mit einem gewissen Vorlauf die benötigte Menge vom Fließband zurückgemeldet und bestellt.
- Der Zulieferer muss sich vertraglich verpflichten, innerhalb dieser Vorlaufzeit zu liefern.

Am Produktionsort selbst wird also nur so viel Material gelagert, wie unbedingt nötig ist, um die Produktion gerade noch aufrechtzuerhalten. Dadurch entstehen beim Produzenten nur direkt am Band sehr kleine Lagermengen und es entfallen längere Lagerungszeiten. (Wikipedia StW: "just-in-time")

just-in-time

Anlieferung der richtigen Anzahl der benötigten gleichartigen Teile für die Produktion

just-in-sequence

Anlieferung der richtigen Anzahl der benötigten Teile für die Produktion. Die Teile sind in der Reihenfolge sortiert, wie sie in der Fertigung benötigt werden.

just-in-time (JIT)/just-in-sequence (JIS)

Ziele

- Vereinfachung und Rationalisierung des unternehmensinternen und -externen Informations- und Materialflusses
- nachfrage- und produktionssynchrone Materialbeschaffung
- bestandslose Produktion

Vorteile

- Minimierung der Durchlaufzeiten
- Abbau der Lagerbestände
- Kostenersparnisse bei Lagerhaltung und Personal
- Reduzierung des gebundenen Kapitals

Nachteile

- Abhängigkeit von Lieferanten
- Produktionsausfall bei Versagen der Lieferketten z. B. durch Verkehrsbehinderungen oder Problemen bei Zulieferern
- Erhöhung der Transportkosten durch eine höhere Anzahl von Lieferungen
- ökologische Belastungen durch erhöhtes Transportaufkommen

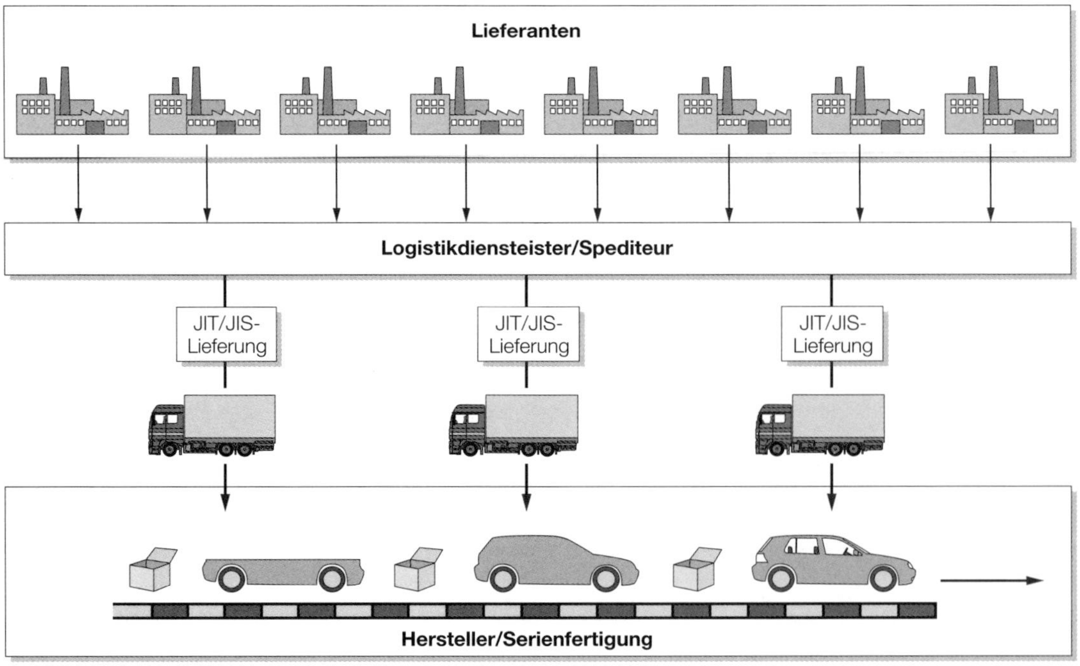

8.3.3 Organisationsmodelle Beschaffungslogistik

8.3.3.1 Gebietsspediteur-Konzept

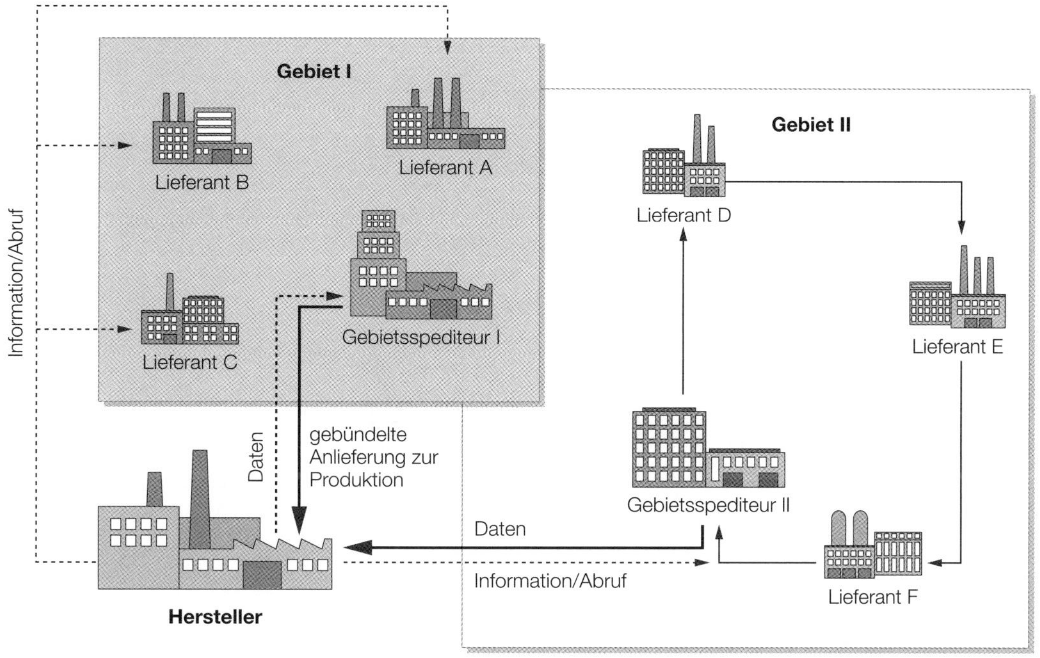

Vgl.: Vahrenkamp, Logistik, S. 223

Vorteile

für den Spediteur
- Erhöhung der Planungssicherheit
- Langfristige Zusammenarbeit
- Sichere Zahlungseingänge
- Hohe Kapazitätsauslastung
- Wegeoptimierung
- geringerer Akquisitionsaufwand

für den Lieferanten
- Nähe zum Spediteur
- einfachere Kostenkalkulation
- Rückführung von Leergut
- Verlagerung des Transportrisikos
- Geringerer Logistikaufwand
- Höhere Terminpünktlichkeit

für den Hersteller
- Geringe Anzahl von Spediteuren
- Geringere Verkehrsprobleme bei Anlieferung
- Rückführung von Leergut
- Verlagerung des Transportrisikos
- Einfache Terminsteuerung
- Geringe Transportkosten
- Geringerer Logistikaufwand

8.3.3.2 Sourcingkonzepte

Sourcingkonzepte			
Lieferant	Single	Dual	Multiple
Beschaffungsobjekt	Unit	Modular	System
Beschaffungsareal	Local	Domestic	Global

Single Sourcing Beschränkung der Lieferantenzahl für ein Bauteil (oder ein Modul) auf einen Lieferanten	**Unit Sourcing** Eine Vielzahl von Einzelteilen wird von unterschiedlichen Lieferanten beschafft.	**Local Sourcing** Güter werden am regionalen Beschaffungsmarkt eingekauft.
Dual Sourcing Beschränkung der Lieferantenzahl für ein Bauteil (oder ein Modul) auf zwei Lieferanten	**Modular Sourcing** Komplexe, hochintegrierte Module werden von einzelnen oder wenigen Lieferanten beschafft.	**Domestic Sourcing** Güter werden im nationalen bzw. EU-Beschaffungsmarkt eingekauft.
Multiple Sourcing Viele verschiedene Lieferanten für ein Bauteil (oder ein Modul)	**System Sourcing** Einzelne oder wenige Zulieferer liefern Teilsysteme für die Produktion, die jeweils aus mehreren Modulen bestehen.	**Global Sourcing** Güter werden am weltweiten Beschaffungsmarkt eingekauft.

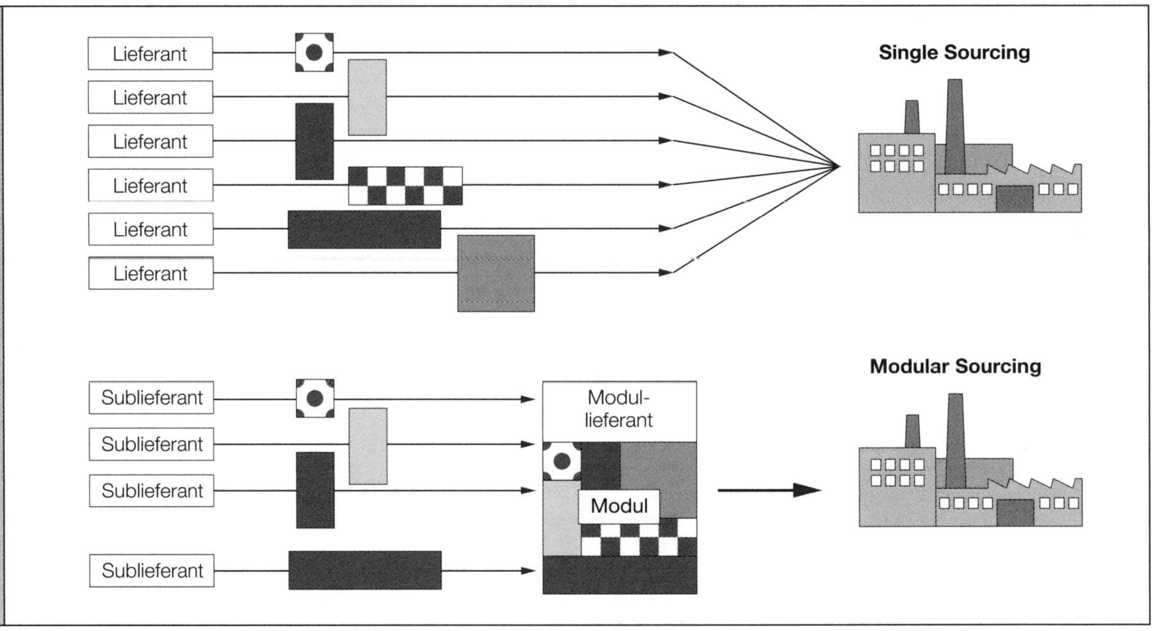

8.4 Distributionslogistik

8.4.1 Definition

„Planung und Durchführung von Maßnahmen zur optimalen Gestaltung des Leistungsprozesses der Übernahme der Produkte aus der Produktion und deren Weiterleitung und Übergabe an die Käufer." (Ehrmann, S. 28)

8.4.2 Distributionsstrukturen

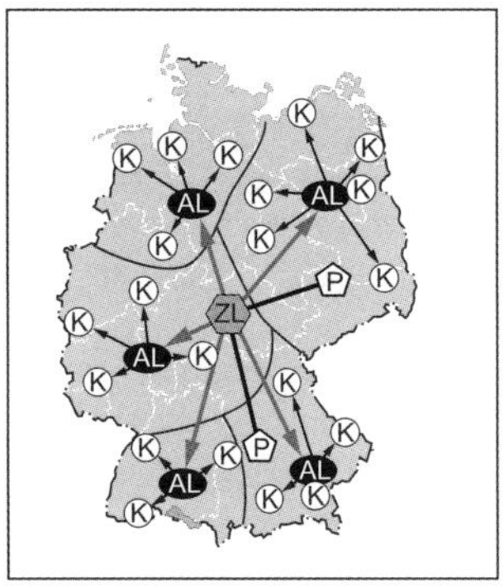

Distributionsstrukturen

Einflussfaktoren
- Produktionsdaten
- Kundendaten
- Lagerdaten
- Transportdaten
- Minimierung der Kosten von Lagerung und Transport

Zielsetzung
- Kostenminimale Logistikstruktur
- Minimierung der Kosten der Lieferbereitschaft (Lieferservicekosten bzw. Umsatzverluste aus mangelnder Lieferbereitschaft)

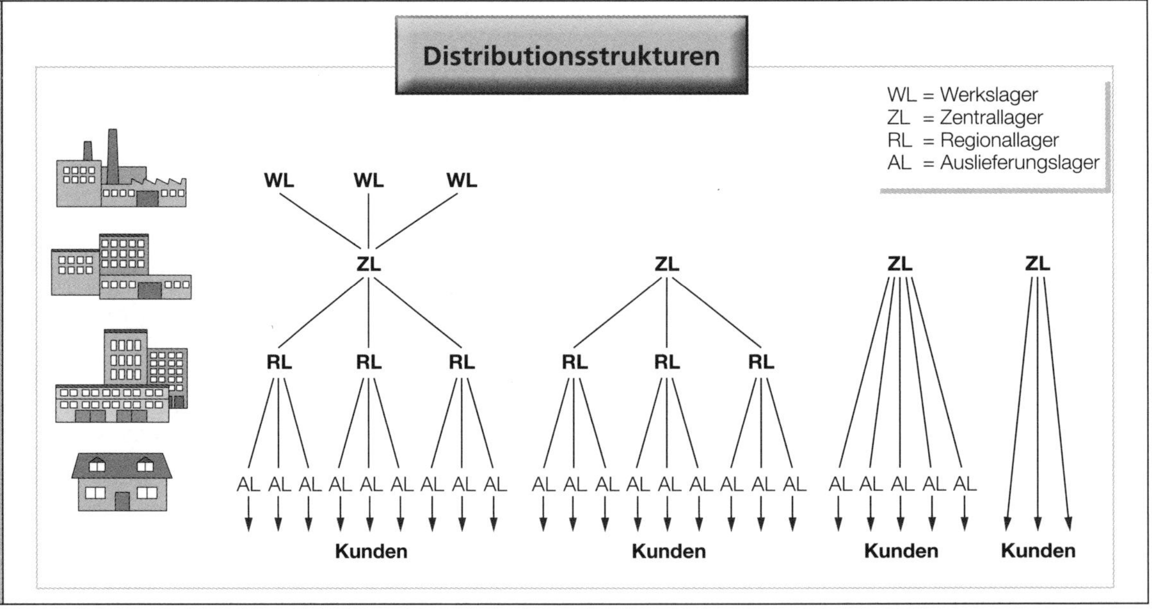

8.4.3 Auftragsabwicklung

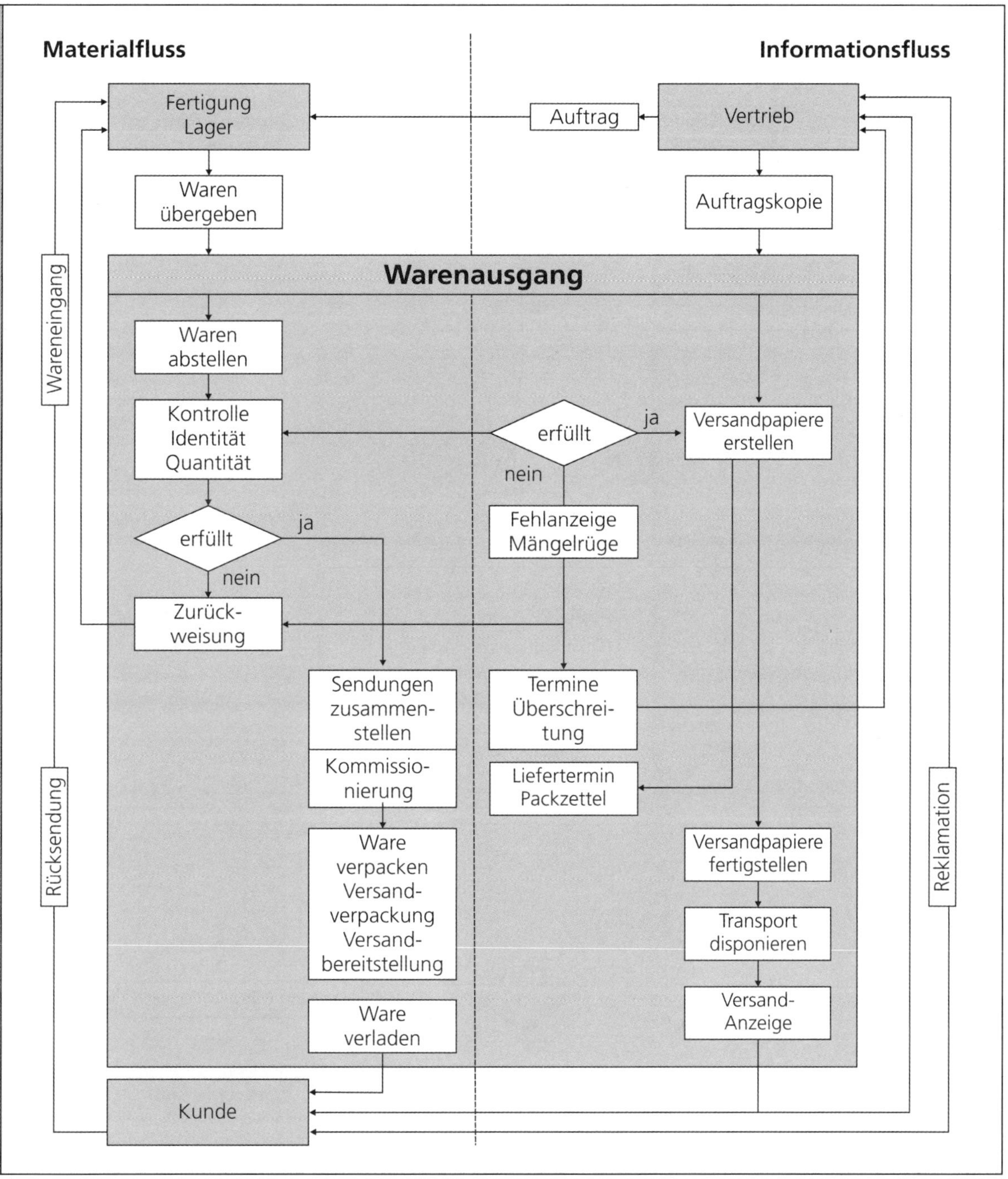

8.4.4 Kommissionierung

„Kommissionieren beinhaltet das Zusammenstellen bestimmter Teilmengen (Artikel) aus einer bereitgestellten Gesamtmenge (Sortiment) aufgrund von Bedarfsinformationen. Hierbei erfolgt die Umwandlung von einem lagerspezifischen in einen verbrauchsspezifischen Zustand." (Schulte, S. 246)

Kommissioniersysteme

unter Einsatz von Menschen		unter Einsatz von Maschinen
Person-zur Ware-System	**Ware-zur-Person-System**	**Kommissionierautomat Kommissionierroboter**
statisches System	**dynamische Systeme**	
Der Kommissionierer bewegt sich durch das Lager zur Ware hin und entnimmt (greift) die gesuchten Artikel.	Die Lagereinheiten werden automatisch zum Kommissionierer in eine Kommissionierzone verbracht. Dort werden die Artikel entnommen und die angebrochenen Lagereinheiten ins Lager zurückbefördert.	Ein Kommissionierautomat benötigt aufgrund der Automation keinen Kommissionierer beim Zusammenstellen des Sortiments. Hauptanwendung finden automatische Kommissioniersysteme in der Pharmaindustrie.
⊕ geringe Investitionen ⊕ gute Raumausnutzung ⊕ hohe Flexibilität ⊖ geringe Kommissionierleistung ⊖ großer Personalbedarf	⊕ stationäre Kommissionierplätze ⊕ gute Volumenausnutzung ⊕ kontinuierlicher Arbeitsrhythmus ⊖ mittlere Investitionen ⊖ geringe bis mittlere Kommissionierleistung	⊕ hohe Kommissionierleistung ⊕ sehr gute Raumausnutzung ⊖ aufwendige Fördertechnik ⊖ hohe Investitionen ⊖ geringe Flexibilität ⊖ hohe Anforderungen an die Ware

Kommissioniersysteme

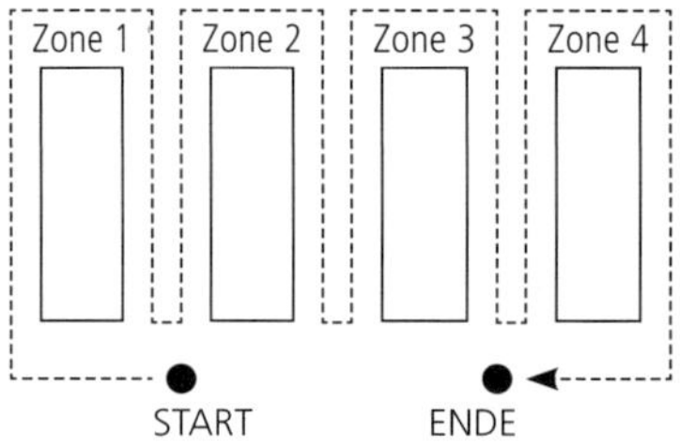

Kommissioniersystem
Person zur Ware

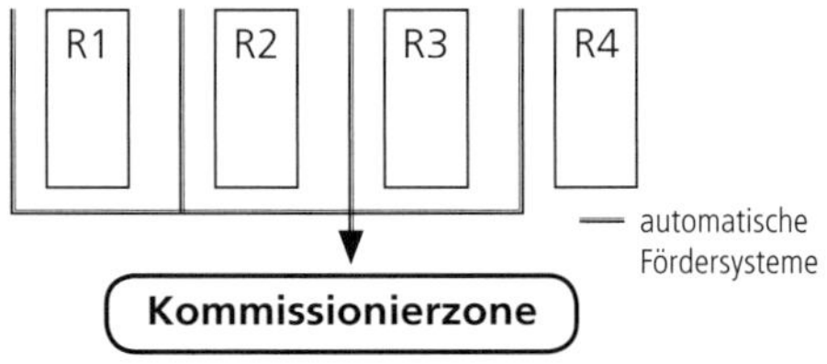

Kommissioniersystem
Ware zur Person

(Schulte, S. 253)

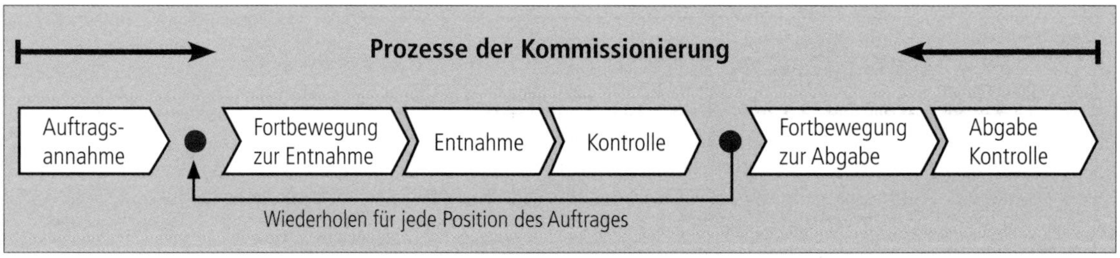

Kommissionieraufträge

belegorientiert	beleglos		
Pick-by-Paper	**Pick-by-Scan**	**Pick-by-Light**	**Pick-by-Voice**
Die Kommissionierung erfolgt über ausgedruckte (oder auf einem Terminal angezeigte) Picklisten.	Ansteuerung der Artikelplätze über Vorgaben auf dem mobilen Terminal und Scannen der Barcodes der entnommenen Artikel während der Kommissionierung.	Lichtsignale an den Artikelplätzen, die den Kommissionierablauf steuern und Mengeninformationen über die zu entnehmenden Artikel enthalten.	Die Kommissionierung wird über Sprache gesteuert: Mit dem Headset wird der komplette Kommissioniervorgang gesteuert und ein Dialog mit dem Lagerverwaltungssystem ermöglicht.

8.4.5 Sonderformen der Auftragsabwicklung

Quick Response-System

Bestellsysteme mit hoher Reaktionsfähigkeit
(Schulte, S. 486)

Definition	Ziele	Voraussetzungen
„Partnerschaftliches und nachfragesynchrones Belieferungssystem aller an einem Logistikkanal beteiligten Unternehmen, das auf einem permanenten Informationsaustausch basiert."	▪ Minimierung der Reaktionszeit auf die Kundennachfrage ▪ kontinuierliche Belieferung der Filialen gemäß den an den Verkaufspunkten erfassten Verkäufen einzelner Artikel ▪ geringe Lagerbestände bei hoher Verfügbarkeit der Artikel ▪ Steuerung der Einkaufspolitik des Handelsunternehmens und der Produktion der Lieferanten und Vorlieferanten	▪ die Einführung von Barcodes und Scannerkassen ▪ elektronischer Datenaustausch (EDI) ▪ die Veränderung interner Prozesse, u. a. Automatisierung ▪ ein gemeinsames Management der Supply Chain mit Kooperationen in den Bereichen Marketing, Forschung und Entwicklung

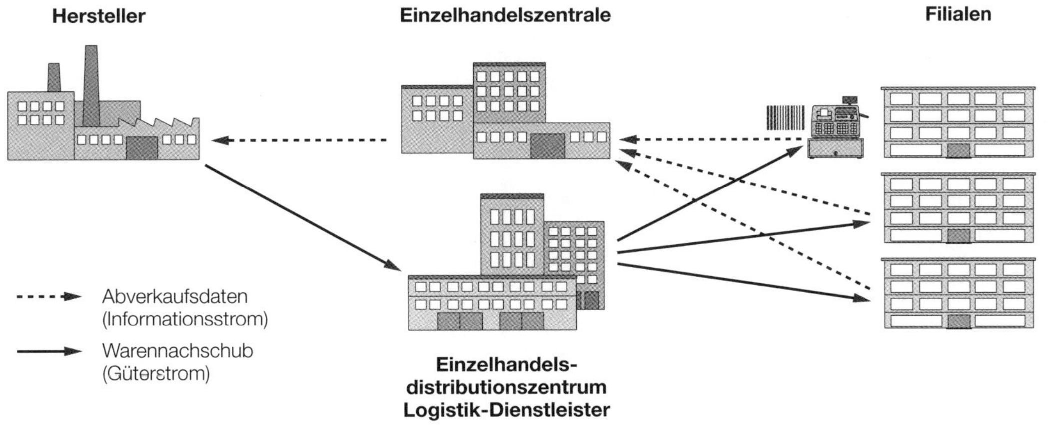

ECR
Efficient Consumer Response

„ECR ist ein strategisches Konzept der innerorganisatorischen Zusammenarbeit zwischen Herstellern, Groß- und Einzelhändlern im Distributionskanal. Durch integrierte Steuerung der gesamten Versorgungskette wird das Ziel verfolgt, die Reaktionsfähigkeit auf Veränderungen des Marktes, d. h. auf Kundenwünsche, zu erhöhen und gleichzeitig die Sortimente, die Warenbeschaffung und Bestandsführung, die Werbemaßnahmen sowie Produktneueinführungen unternehmensübergreifend zu optimieren, sodass die Kosten im gesamten Distributionssystem gesenkt werden." (Schulte, S. 492)

(ECR Basis-Strategien)

Efficient Store Assortments (Sortimentsoptimierung)	**Efficient Replenishment** (Effizienter Warennachschub)	**Efficient Promotion** (Effiziente Absatzförderung)	**Efficient Product Introductions** (Effiziente Produktneueinführung)
Optimierung der Warenbestands- und Flächenproduktivität an der Schnittstelle zum Endverbraucher (POS)	Automatischer und permanenter Warennachschub gemäß dem QR-Konzept	Harmonisierung der Verkaufsförderaktivitäten	Maximierung der Effizienz bei der Entwicklung neuer Produkte und deren Einführung in den Markt

Cross Docking (Transshipment)

Prozess der logistischen Kette, bei dem die Anlieferung der Ware an dem Cross-Docking-Point (CDP) und die Auslieferung an den Empfänger zeitlich und/oder mengenmäßig so koordiniert wird, dass Einlagerungsprozesse und die dazugehörigen Aktivitäten eines typischen Bestandslagers entfallen.

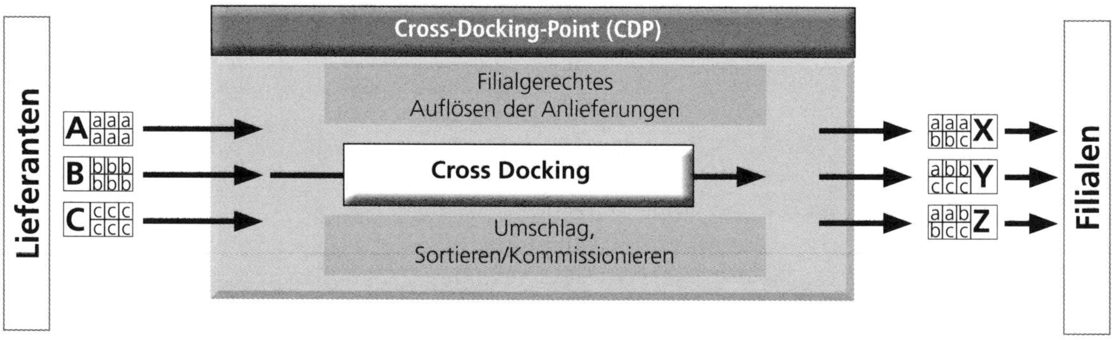

Cross-Docking-Systeme

Einstufiges System

Die Lieferanten verpacken und etikettieren (kommissionieren) die Waren direkt für den Empfänger. Am Cross-Docking-Point werden die Sendungen nur für die Empfänger zusammengestellt.

Zweistufiges System

Alle Lieferanten beliefern den Cross-Docking-Point mit einer Sammellieferung. Am CDP wird für jeden Empfänger aus den Lieferantensendungen die Lieferung für einen Kunden zusammengestellt (kommissioniert), die dann an den Kunden (oder den nächsten Cross-Docking-Point) ausgeliefert wird.

E-LOGISTIK

E-Logistik
umfasst alle Ansätze, internetbasierte Informations- und Kommunikationstechnologien zur Planung, Steuerung und Durchführung logistischer Prozesse einzusetzen.

Onlineshop (B2C)
Internetpräsenz eines Verkäufers, der Waren vorstellt und über ein Warenkorbsystem die direkte Bestellung ermöglicht. Häufig mit Zahlungsabwicklungssystemen verbunden.

Einkauf → Disposition, Beschaffung → Lagerung

Procurement

Lieferauftrag → Kommissionierung → Distribution → Übergabe → Retourenabwicklung

Fulfillment

e-Procurement (B2B)
Beschaffung von Gütern und Dienstleistungen über das Internet

e-Commerce und e-Logistik

Lieferantensysteme
Internet-Verkaufsplattform der Lieferanten mit Onlineshop, Zahlungs- und Transportabwicklung

Beschaffersysteme
Der Käufer stellt eine Internetplattform zur Verfügung, bei der die Lieferanten ihre Artikel anbieten.

Marktplatzsysteme
Möglichkeit, Angebote und Nachfragen in ein elektronisches System zu integrieren

Erscheinungsformen e-Logistik

		Nachfrager: Consumer	Nachfrager: Business
Anbieter	Consumer	C2C Consumer to Consumer	C2B Consumer to Business
Anbieter	Business	B2C Business to Consumer	B2B Business to Business

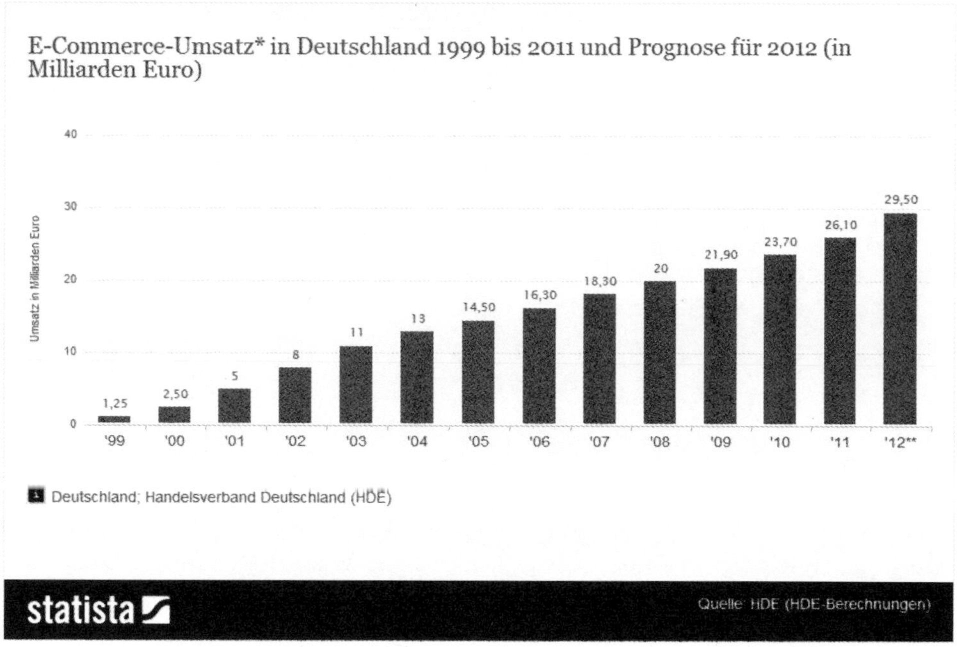

Logistik- und Lagerkennziffern

Strukturkennziffern

$$\text{Ø Lagerbestand, einfach} = \frac{\text{Anfangsbestand + Endbestand}}{2}$$

$$\text{Ø Lagerbestand, erweitert} = \frac{\text{Summe aller Lagerbestände}}{\text{Anzahl der Datensätze}}$$

$$\text{Umschlaghäufigkeit} = \frac{\text{Umschlagsmenge (Verbrauch)}}{\text{Ø Lagerbestand}}$$

$$\text{Ø Lagerdauer} = \frac{\text{360 Tage}}{\text{Umschlaghäufigkeit}}$$

$$\text{Lagerreichweite} = \frac{\text{Lagerbestand}}{\text{Ø Lagerabgang pro Tag}}$$

Kostenkennziffern

$$\text{Ø Lagerplatzkosten} = \frac{\text{Gesamtkosten Lagergebäude und Lagereinrichtungen}}{\text{Anzahl der Lagerplätze}}$$

$$\text{Lagerkostensatz} = \frac{\text{Lagerkosten}}{\text{Ø Lagerbestand}}$$

$$\text{Kosten pro Lagerbewegung} = \frac{\text{Lagerpersonal- und -nebenkosten}}{\text{Lagerzu- und -abgänge}}$$

$$\text{Lagerzinssatz} = \frac{p \cdot \text{Ø Lagerdauer}}{360}$$

(p = Marktzinssatz)

Lagerzinssatz ist der Zinssatz bezogen auf das im durchschnittlichen Lagerbestand gebundene Kapital während der durchschnittlichen Lagerdauer

$$\text{Lagerzinsen} = p_{Lager} \cdot \text{Ø Lagerbestand}_{Wert}$$

p_{Lager} = Lagerzinssatz (in Prozent)

Ø $\text{Lagerbestand}_{Wert}$ = Wert des Ø Lagerbestandes

Lagerzinsen sind die Zinsen auf das im Lager gebundene Kapital während der durchschnittlichen Lagerdauer

Nutzungskennziffern

$$\text{Flächennutzungsgrad} = \frac{\text{genutzte Lagerfläche} \cdot 100}{\text{gesamte Lagerfläche}} \%$$

$$\text{Raumnutzungsgrad} = \frac{\text{genutzter Lagerraum} \cdot 100}{\text{gesamter Lagerraum}} \%$$

Qualitätskennziffern

$$\text{Lieferbereitschaftsgrad} = \frac{\text{Anzahl der sofort ausgeführten Bestellungen} \cdot 100}{\text{Anzahl der gesamten Bestellungen}} \%$$

$$\text{Beanstandungsquote} = \frac{\text{Zahl der beanstandenden Lieferungen}}{\text{Zahl der Lieferungen insgesamt}} \%$$

8.5 Aufgaben zur Logistik

8.5.1 Grundlagen

01 In der Logistik für einen Hersteller von Elektromotoren fallen folgende Tätigkeiten an. Ordnen Sie die Tätigkeiten den Bereichen Beschaffungs- (B), Produktions- (P), Distributions- (D) und Entsorgungslogistik (E) zu.

1. Transport von der Vorproduktion zum Fließband	
2. Abholen der Vorderscheiben vom Zulieferanten	
3. Ausliefern der Pkw an den Zwischenhändler	
4. Lagerung von Ersatzteilen für die Händler durch den Spediteur	
5. Transport der Verpackung zum Papierverwerter	
6. Verschiffung der Pkw nach USA	
7. Lagerung von Getrieben für die Produktion durch den Logistikdienstleister	
8. Abholung von Pkw-Sitzen vom Hersteller zum Einbau in die Pkws	
9. Rückführung der Transportbehälter zum Lieferanten	

02 Das Textilunternehmen F. Meyer & Co in Wuppertal stellt Hemden aus Baumwolle und Synthetikstoffen her. Der Vertrieb der Produkte erfolgt an Groß- und Einzelhändler in Deutschland, Österreich, der Schweiz und den Niederlanden.

Um sich stärker auf sein Kerngeschäft zu konzentrieren, möchte das Unternehmen die gesamte Distributionslogistik an einen Logistikdienstleister outsourcen.

Die Internationale Spedition Intersped GmbH in Düsseldorf, die an einem europaweiten Sammelgutverbund beteiligt ist, interessiert sich für die Übernahme dieses Logistikprojektes.

a) Welche Dienstleistungen im Rahmen des TUL-Prozesses kann die Intersped GmbH dem Textilhersteller anbieten?

b) Nennen und erläutern Sie vier „value added services“, die ebenfalls angeboten werden können.

c) Beschreiben Sie, welche Voraussetzungen der Spediteur erfüllen muss, um die gesamte Distributionslogistik zu übernehmen.

03 Die Intersped GmbH nimmt Verhandlungen mit der F. Meyer & Co in Wuppertal zur Durchführung des geplanten Logistikprojektes auf.

a) Beschreiben Sie den Inhalt der einzelnen Phasen bei der Umsetzung dieses Projektes der Kontaktlogistik.

b) Erläutern Sie, welche Mitarbeiter in den einzelnen Phasen des Projektes beteiligt sind.

c) Beschreiben Sie am Beispiel dieses Projektes die Bedeutung folgender Inhalte des Logistikvertrages

- wichtige Logistikleistungen, die von Intersped übernommen werden können,
- mögliche Infrastrukturmaßnahmen und -investitionen,
- Vertraulichkeit und Exklusivität.

04 Beschreiben Sie den möglichen Umfang der Supply Chain für die von F. Meyer & Co in Wuppertal hergestellten Hemden.

05 Als Verkäufer der Seegmüller Speditionsgesellschaft in Freiburg liegt Ihnen die Anfrage der Elektronika AG aus Lörrach, einem Hersteller von Haushaltsgeräten, vor. Das Unternehmen hat einen Auftrag zur Übernahme Ihres Auslieferungslagers ausgeschrieben.

Nennen Sie

a) sieben wesentliche Informationen, die Sie benötigen, um dem Unternehmen ein detailliertes Angebot unterbreiten zu können.

b) drei weitere logistische Dienstleistungen (value added services), die Sie der Elektronika AG anbieten können.

06 Die Intersped GmbH erhält von F. Meyer & Co in Wuppertal den Auftrag, die gesamte Logistiksparte zu übernehmen. Zur Organisation dieser Aufgabe gründet Intersped die ISpedLogistik GmbH. Dieses Unternehmen beauftragt die Intersped GmbH mit der Organisation des gesamten TUL-Prozesses. Intersped setzt zur Erfüllung dieser Aufgabe externe Lagerhalter und Transportunternehmen ein. Die ISpedLogistik GmbH bleibt zuständig für die Planung des gesamten Logistikprozesses, die EDV-Anbindung (Informationslogistik) und für das Logistikcontrolling.

Ordnen Sie die beteiligten Unternehmen den Arten von Logistikdienstleistern (1PL, 2PL, 3PL und 4PL) zu und begründen Sie Ihre Zuordnung.

8.5.2 Lagerlogistik

8.5.2.1 Lagerarten, Lagereinrichtungen und Lagermittel

07 Gewerblich betriebene Lager lassen sich verschiedenen Lagerarten zuordnen. Bestimmen Sie für folgende Lager die Lagerart:

a) Ein Großhändler lagert bei einem Lagerhalter im Freihafen Bremerhaven 42,5 t Rohkaffee auf unbestimmte Zeit ein, die per Seeschiff aus Kolumbien eingeführt wurden. Der Händler hofft auf eine Steigerung der Kaffeepreise im Weltmarkt. Der Kaffee befindet sich in Säcken und ist palettiert. Die Paletten können nicht gestapelt werden.

b) Ein Spediteur verbringt Stückgüter, die er im Nahbereich von seinen Auftraggebern eingesammelt hat, in ein Lagerhaus, um sie am Ende der Woche zusammen zu einem Partnerspediteur in Großbritannien zu transportieren.

c) Ein Hersteller von Kosmetikartikeln lagert bei einem Spediteur in Berlin große Mengen seiner Produkte ein. Die Artikel werden auf Paletten in einem Palettenregal gelagert. Nach der Lagerung liefert der Spediteur die Kosmetikartikel im Großraum Berlin auf Anforderung des Herstellers in kleineren Mengen aus.

d) Ein Spediteur in Mannheim übernimmt große Mengen von Baustoffen aus Binnenschiffen und lagert die Güter auf einem Freigelände im Hafen.

e) Ein Spediteur in Frankfurt/Main übernimmt für einen Importeur unverzollte Waren aus Südostasien und lagert diese Waren in einem Palettenregallager. Die Waren werden erst beim Weiterverkauf ausgelagert und verzollt.

f) Ein Spediteur lagert eine große Menge haltbarer Lebensmittel zur Notversorgung der Bevölkerung für die Bundesregierung ein. Die Güter sind palettiert und stapelbar. Sie werden über eine längere Zeit eingelagert.

g) Durch ein Speditionsunternehmen werden Bücher für einen Verlag in einem automatischen Lagersystem (24 Paletten-Regalplätze übereinander) eingelagert und auf Anweisung des Einlagerers kommissioniert und an Großhändler ausgeliefert.

08 Grenzen Sie die Umschlagslagerung eines Spediteurs von der Dauerlagerung ab. Nennen Sie mindestens fünf Gründe für die Dauerlagerung.

09 Die Spedition Schmidt Logistics in Nürnberg erhält von der Fa. Hermann Waschmittel AG in Aachen eine Anfrage zur Einrichtung eines Auslieferungslagers. Die Spedition Schmidt Logistics soll fortlaufend eine größere Menge verschiedener Waschmittel angeliefert erhalten und in ein einzurichtendes Auslieferungslager übernehmen. Die Waschmittel sollen auf Abruf an verschiedene Einzelhändler im Umkreis von rund 100 km ausgeliefert werden.

Nennen Sie je fünf Informationen, die die Spedition Schmidt Logistics benötigt, um der Fa. Hermann ein detailliertes Angebot unterbreiten zu können. ☑

10 Die Lager- und Speditionsgesellschaft LogTrans in Hamburg unterhält ein Distributionslager für Güter verschiedener Markenartikelhersteller.

a) Erläutern Sie den Begriff „Distributionslager".

b) Nennen Sie
- Schadensarten,
- den Zeitraum, für den die Lager- und Speditionsgesellschaft LogTrans haftet.

c) Nennen Sie vier Rechte, die der Lagerhalter nach HGB/ADSp bei diesem Lagergeschäft hat. ☑

11 Ein Lagerhalter lagert nach dem Prinzip der „chaotischen Einlagerung". Was kennzeichnet diese Lagerordnung?

[1] Die Verwendung von Lagerfachkarten für jede Warenart und die Lagerung der Ware in Lagerfächern. ☐

[2] Die Lagerung der Ware auf freien Lagerplätzen und die Speicherung des Lagerortes auf einem Datenträger. ☐

[3] Die Einlagerung nach der Umschlaghäufigkeit der Ware. ☐

[4] Die Vergabe von Teilenummern für jede Ware und deren Lagerung an festen Lagerorten. ☐

[5] Die Einteilung des Lagers in verschiedene Lagerzonen nach Warengruppen. ☑ ☐

12 Sie sind Mitarbeiter/-in der LogSped GmbH in Hannover. Die LogSped GmbH hat für den Lebensmittelgroßhändler LEGRO KG in Celle die gesamte Lagerhaltung übernommen.

a) Für die Einlagerung der Lebensmittel wendet die LogSped GmbH sowohl die Boden- als auch die Regallagerung an. Erläutern Sie, wann die Bodenlagerung und wann die Regallagerung zweckmäßig ist.

b) Die Lagerplätze werden in der LogSped GmbH abhängig von der Artikelart nach dem Festplatz- oder dem Freiplatzsystem zugewiesen. Erläutern Sie diese beiden Systeme und nennen Sie jeweils zwei Vorteile. ☑

13 Im Logistikvertrag für die Lagerung von Lebensmitteln ist vorgeschrieben, dass „das Lagerentnahmeprinzip FIFO angewendet und durch intensive Kontrollen bei der Ein- und Auslagerung gesichert werden muss".

a) Erläutern Sie das FIFO-Prinzip.

b) Beschreiben Sie, wie dieses Prinzip im Auslieferungslager verwirklicht werden kann.

c) Nennen Sie Beispiele für andere Lagerentnahmeprinzipien und Lagergüter, bei denen diese Prinzipien sinnvoll sind.

14 Eine große Spedition übernimmt das Auslieferungslager für einen großen Buchverlag. Das Lager soll für diesen Auftrag neu errichtet werden. In der Spedition muss eine Entscheidung über die Lagertechnik und Lagereinrichtung getroffen werden.

a) Begründen Sie eine Entscheidung zwischen der Lagerung in einem Fachregallager oder einem Hochregallager.

b) Überlegen Sie, ob auch ein automatisiertes Lager infrage kommt.

c) Beschreiben Sie, welche Flurfördermittel und welche Förderhilfsmittel für die unterschiedlichen Lagereinrichtungen benötigt werden.

15 Beschreiben Sie die Unterschiede zwischen:
- Frontstapler
- Schubmaststapler
- Schmalgangstapler
- Regalbediengerät

8.5.2.2 Lagerrecht

16 Begründen Sie in den folgenden Fällen, welche Rechtsgrundlagen für die abgeschlossenen Lagerverträge gelten, wenn über die Rechtsgrundlagen keine besonderen Absprachen getroffen wurden:

a) Ein Spediteur unterhält für einen Großkunden ein Auslieferungslager.

b) Karl Müller hat im Lotto gewonnen und will eine zweijährige Weltreise machen und sich anschließend eine neue Wohnung nehmen. Er lagert seine Möbel für diese Zeit bei einem Spediteur ein.

c) Ein Importeur lagert große Mengen Rohstoffe bei der Bremer Lagerhausgesellschaft ein.

d) Ein Einzelhändler lagert Teile seines Sortimentes über den Winter bei einem Spediteur ein.

17 Die Fa. Müller Import/Export in München fragt bei der Spedition Reichmaier in München an, ob sie verzollte Importware bis zum Weiterverkauf einlagern kann.

a) Beschreiben Sie, wie der Lagervertrag zustande kommt.

b) Nennen Sie die handelsrechtlichen Bezeichnungen der Vertragspartner.

c) Nennen Sie die möglichen Lagerpapiere bei diesem Lagergeschäft.

18 Die Fa. METABO AG in Ludwigshafen hat eine größere Partie Edelstahlteile bei der Spedition Richling GmbH in Esslingen eingelagert. Die Teile sind rostgefährdet. Der Einlagerer möchte daher regelmäßige Kontrollgänge einmal im Monat vornehmen und bei ersten Anzeichen von Rost eine Entrostung vornehmen. Beschreiben Sie die Rechte und Pflichten des Lagerhalters in Bezug auf die Besichtigung und die Handlungen am Gut nach HGB und nach ADSp.

19 Ein Einlagerer hat trotz mehrerer Mahnungen die Lagerrechnungen für 4 Monate nicht bezahlt. Welche Möglichkeiten stehen dem Lagerhalter nach HGB und ADSp zur Verfügung, seine Forderungen zu sichern und einzutreiben?

20 Die Spedition Janisch & Plazke in Berlin hat für die Handelskette „Mehrwert Plus" Gemüsekonserven zur Einlagerung übernommen. Die vorgesehene Lagerdauer beträgt 8 Monate. Im zweiten Monat der Einlagerung stellt der Lagermeister bei einer Lagerkontrolle fest, dass wegen eines hohen Anteils verdorbener Obstkonserven andere eingelagerte Güter akut gefährdet sind. Welches Recht steht der Spedition laut HGB zu?

- [1] Sie kann nicht kündigen, da kein Lagerschein ausgestellt wurde. ☐
- [2] Sie kann nur mit einer Frist von einem Monat kündigen. ☐
- [3] Sie kann nicht vorzeitig kündigen, da das Gut zum Zeitpunkt der Einlagerung keine Mängel aufwies. ☐
- [4] Sie kann nicht vorzeitig kündigen, da der Lagerhalter sich vor der Einlagerung nicht genügend informiert hat. ☐
- [5] Sie kann ohne Einhaltung einer Kündigungsfrist kündigen. ☑ ☐

21 Die Lager- und Speditionsgesellschaft m.b.H. in Rinteln hat einen Lagervertrag über die Einlagerung von 110 t Pkw-Reifen übernommen. Da ein anderer Einlagerer seinen Lagervertrag unplanmäßig verlängert hat, bringt der Lagerhalter die Partie bei einem befreundeten Spediteur unter. Beschreiben Sie die Rechtslage bei Fremdlagerung nach dem HGB und nach der ADSp.

22 Die Spedition LogSped übernimmt von der Kaffeegroßhandlung Rothvoss eine Partie Rohkaffee aus der aktuellen Ernte zur Einlagerung. Rothvoss hat eine große Menge eingekauft, da er mit großen Preissteigerungen in den nächsten Monaten rechnet. Abnehmer sind mehrere kleine Röstereien, die bei Bedarf ganze Partien kaufen.

Der Kauf wird von Rothvoss vorfinanziert. Sollte der Weiterverkauf nicht umgehend erfolgen können, will Rothvoss bei seiner Hausbank einen Zwischenkredit aufnehmen.

a) Erläutern Sie zwei mögliche Gründe für die Einlagerung dieser großen Menge Rohkaffee durch den Kaffeegroßhändler.

b) Rothvoss fordert von LogSped die Ausstellung eines Namenslagerscheines.
   1. Erläutern Sie die Gründe, die Rothvoss dafür hat.
   2. Beschreiben Sie die allgemeinen Funktionen dieses Lagerscheins und die mögliche Verwendung des Namenslagerscheins bei der Abwicklung der gesamten Geschäfte von Rothvoss mit dieser Partie Rohkaffee.

23 Beim Abschluss von Lagergeschäften werden unterschiedliche Lagerscheine verwendet. Dabei können Namens-, Order- und Inhaberlagerscheine ausgestellt werden. Erläutern Sie,

a) welche Gründe jeweils für die Verwendung dieser Lagerscheine sprechen;

b) welche Gründe gegen die Verwendung dieser Lagerscheine sprechen.

Beschreiben Sie bei der Begründung jeweils typische Handelsgeschäfte, für die die einzelnen Lagerscheinarten besonders geeignet erscheinen.

24 Ein Großhändler lagert bei einer Lagerhausgesellschaft in Bremerhaven 42 Paletten Maschinenteile mit einem Gewicht von 31 500 kg ein. Durch einen Unfall mit dem Gabelstapler werden zwei Paletten zerstört. Der Wert der gesamten Sendung beträgt 533 400 €.

Der Einlagerer muss die zerstörten Waren durch einen Deckungskauf wiederbesorgen. Der Kaufpreis für den Deckungskauf liegt 15 % über dem ursprünglichen Warenwert.

a) Erläutern Sie die Haftungsvorschriften für diesen Fall nach dem HGB.

b) Ermitteln Sie die Höhe des Schadenersatzes.

25 Ein Spediteur lagert folgende Sendung ein:

- Ware 14 Paletten Elektromotoren
- Gewicht 14 000 kg
- Wert 42 000 €

Durch mangelhafte Bewachung werden 2 Paletten vom Lager gestohlen.

a) Beschreiben Sie den Haftungsgrundsatz und die Haftungshöchstgrenzen nach der ADSp.

b) Ermitteln Sie die Höchsthaftung nach ADSp.

8.5.2.3 Lagerkostenkalkulation

26 Die Spedition LogSped GmbH unterhält für die BauMa AG eine Lagerhalle für Fertigteile. In dieser Lagerhalle erfolgt die Auslieferung in Kleinpartien auf Anforderung von Einzelhändlern. Für die Einlagerung werden täglich 0,5 Gabelstaplerstunden, für die Auslagerung täglich 1,5 Gabelstaplerstunden benötigt. Die Lagerverwaltung für die BauMa AG wird mit 1,1 Stunden täglich kalkuliert.

Weitere Angaben

Arbeitstage je Monat	20 Tage
Kosten des Staplerfahrers je Arbeitsstunde	31,00 €
Kosten des Gabelstaplers je Arbeitsstunde lt. Vorkalkulation	7,20 €
Monatliches Einlagerungsgewicht	110 000 kg
Monatliches Auslagerungsgewicht	110 000 kg
Kalkulatorische Abschreibung Lagergebäude	14 500,00 € jährlich
Kalkulatorische Verzinsung	11 000,00 € jährlich
Energiekosten	350,00 € monatlich
Versicherungskosten Lagerhaus	1 900,00 € jährlich
Allgemeine Verwaltungskosten (zu den Lagerkosten)	980,00 € vierteljährlich
Durchschnittlicher Lagerbestand	70 000 kg
Stundensatz für eine Lagerverwaltungsstunde	38,20 €

Lagerversicherung je angefangene 1 000,00 € Versicherungssumme und je angefangener Monat 0,15 € zzgl. 19 % Versicherungsteuer

Berechnen Sie

a) die Umschlagkosten für 100 kg.

b) die Lagerungskosten für 100 kg/Monat.

c) die Lagerverwaltungskosten für 100 kg/Monat.

d) die Lagerkosten für 32 000 kg Fertigprodukte, die vom 1. bis 31. März 20(0) eingelagert wurden.

e) die Lagerversicherungsprämie für diese 32 000 kg (Warenwert 54 000,00 €). ☑

27 In einer Speditionsunternehmung werden von zwei Kunden Maschinenteile eingelagert.

Lagerpartie Kunde 1: 12 Europaletten mit jeweils 12 Kartons; Gewicht je Karton 23,5 kg, Wert je Karton 1 800,00 €; die Paletten werden zweifach gestapelt; Einlagerungszeitraum 12. März bis 25. Juli 20(0). Über die Einlagerung wird eine Lagerquittung ausgestellt.

Lagerpartie Kunde 2: 26 Industriepaletten (1,20 m - 1,00 m) mit jeweils 16 Kartons, Gewicht je Karton 5,4 kg; Wert je Karton 270,00 €; die Paletten werden dreifach gestapelt; Einlagerungszeitraum 3. April bis 28. Juni 20(0). Über die Einlagerung wird ein Orderlagerschein ausgestellt.

Beide Lagerverträge werden auf der Basis der ADSp abgeschlossen; auf die Eindeckung einer Lagerversicherung verzichtet der Einlagerer. Die Erzeugnisse sind auf Paletten gepackt und stehen nicht über. Es werden folgende Lagerkostensätze vereinbart:

Einlagerung:	1,70 € je Europalette
	1,85 € je Industriepalette
Lagerung:	1,20 € je angefangener m²
	je angefangener Kalendermonat
Auslagerung:	0,85 € je angefangene
	100 kg je Palette,
Kommissionierung:	1,75 € je Palette

a) Erläutern Sie
   aa) den Lagerempfangschein.
   ab) den Orderlagerschein hinsichtlich Wertpapiereigenschaft und Herausgabe des Gutes.

b) Berechnen Sie für die Lagerpartie Kunde A
   ba) das Gesamtgewicht in kg.
   bb) das gesamte Nettoentgelt in €.

c) Berechnen Sie für die Lagerpartie Kunde B
   ca) die zu berechnende Lagerfläche (auf volle m² aufrunden).
   cb) das gesamte Nettoentgelt in €. ☑

28 Die Spedition Bachmann GmbH in Lüneburg unterhält ein Lager mit 61 820 Palettenstellplätzen und einer Nutzfläche von 29 000 m². Die monatlichen Lagerungskosten betragen 151 600,00 €. Die Geschäftsleitung der Spedition benötigt zur Angebotserstellung für einen Großkunden wesentliche Kalkulationsdaten.

Ermitteln Sie (Ergebnisse auf zwei Stellen nach Komma runden) die Kosten je

a) m²/Monat für die Nutzfläche.

b) Palettenplatz/Monat bei einer Auslastung von 70 %.

c) 100 kg/Monat bei einer monatlichen Lagermenge von 14 310 t. ☑

29 Eine Lagerhalle Ihrer Spedition hat die Abmessungen 60 m · 40 m. Davon sind 75 % nutzbare Lagerfläche. Wie viel € beträgt das Lagerentgelt (ohne Umsatzsteuer) für die reine Lagerfläche je m² und Monat, das einem Kunden in Rechnung zu stellen ist, wenn Jahreslagerkosten in Höhe von 90 000,00 € ermittelt wurden und ein Gewinnaufschlag in Höhe von 11 % berücksichtigt werden muss? ☑

30 Ein Lager mit einer Nutzfläche von 7 500 m² und 13 500 Palettenplätzen verursacht monatliche Lagerkosten von 38 325,00 €. Die Nutzfläche des Lagers entspricht nicht der Brutto-Lagerfläche.

a) Nennen Sie vier Beispiele für Flächen, die von der Brutto-Lagerfläche abgezogen werden müssen, um die tatsächliche Nutzfläche zu ermitteln.

b) Ermitteln Sie die monatlichen Kosten
   ba) je m² Nutzfläche.
   bb) je Palettenplatz bei einer Auslastung von 85 % (auf zwei Stellen nach Komma runden).
   bc) je 100 kg bei einer monatlichen Lagermenge von 6 980 t (auf zwei Stellen nach Komma runden). ☑

31 Als Grundlage für eine Lagerkalkulation sollen die Kosten der effektiven Arbeitsstunden für Lagerarbeiter und kaufmännische Angestellte berechnet werden. Basisdaten

a)

Personalkosten	Lagerarbeiter	Angestellter
Arbeitswochen im Jahr	52	52
Arbeitstage pro Woche	5	5
Arbeitszeit pro Tag (Std.)	7,5	7,5
ø-Urlaub im Jahr	21	28
ø-Krankentage im Jahr	8	6
gesetzliche Feiertage im Jahr	11	11
unproduktive und Leerlaufzeit:	30 %	29 %
Bruttogehalt	1 754,50 €	2 430,00 €
Auszahlungen pro Jahr	12,5	13
Sozialabgaben (vom Bruttogehalt)	23,4 %	23,4 %

b) Mustertabelle

Leistungsstunden pro Jahr

	Arbeitswochen ·		Tage =		Tage ·		Std. =	Std.
./.	Urlaub		ø		Tage ·		Std. =	Std.
./.	Krankheit		ø		Tage ·		Std. =	Std.
./.	gesetzliche Feiertage				Tage ·		Std. =	Std.
					Tage ·		Std. =	Std.
./.	unprod. und Leerlaufzeit				Tage ·		Std. =	Std.
	effektive Leistungsstunden				Tage ·		Std. =	Std.

Personalkosten

	je Monat ·		Auszahlungen/Jahr	
			+ Sozialabgaben	
			Summe	
	je Stunde			

32 Bei der Spedition Niemeier in Bremen werden 27 400 Paletten in einem Lagerhaus eingelagert. Die Spedition möchte den Lagerkostensatz je Monat und je Palette ermitteln. Für die Berechnung werden folgende Daten zugrunde gelegt:

Kosten der Lagerung	monatlich	vierteljährlich	jährlich
Abschreibungen			34 200,00
Zinsen	2 350,00		
Reparaturen	780,00		
Versicherungen			9 000,00
Energiekosten		1 350,00	
Reinigung	210,00		

33 Die LogSped GmbH hat für den Lebensmittelgroßhändler LEGRO KG in Celle die gesamte Lagerhaltung übernommen. Die Anlieferung erfolgt in Partien von durchschnittlich 35 Paletten/Lkw. Die angelieferten Paletten sind artikelrein kommissioniert. Im Lager von LogSped werden die Paletten in einem Palettenregallager in chaotischer Lagerung eingelagert. Der durchschnittliche Lagerbestand beträgt 11 315 Paletten.

Die Bestellungen der Kunden von LEGRO werden kartonweise kommissioniert. Auf einer eingelagerten Palette befinden sich 48 Kartons Konserven. Der durchschnittliche Kommissionierauftrag umfasst 60 Kartons (1,25 Paletten) mit 10 verschiedenen Artikeln. Nach der Kommissionierung werden die Sandwichpaletten im bundesweiten Sammelgutsystem der LogSped GmbH ausgeliefert.

Die Kosten für die Leistungen der LogSped GmbH im Auslieferungslager werden als Prozesskosten (Transaktionskosten) kalkuliert. Dabei gehen Sie von folgenden Basisdaten aus:

a)	**Personalkosten**	Lagerarbeiter	Angestellter
	Arbeitswochen im Jahr	52	52
	Arbeitstage pro Woche	5	5
	Arbeitszeit pro Tag (Std.)	7,5	7,5
	ø-Urlaub im Jahr	22	25
	ø-Krankentage im Jahr	14	9
	gesetzliche Feiertage	11	11
	unproduktive und Leerlaufzeit:	22 %	20 %
	Bruttogehalt	1 850,00 €	2 350,00 €
	Auszahlungen pro Jahr	12,5	13
	Sozialabgaben (vom Bruttogehalt)	21,6 %	21,6 %
	Kommissioniergerät	je Std.	9,40 €
	Gabelstaplerkosten	je Std.	7,18 €

b)	**Kosten der Lagerung (€)**	monatlich	vierteljährlich	jährlich
	Abschreibungen			73 160,00
	Zinsen	8 555,00		
	Reparaturen	3 422,00		
	Versicherungen			9 000,00
	Energiekosten		4 779,00	
	Reinigung	1 239,00		
	Personalkosten	Stunden im Monat		
	kaufmännisch	40		
	gewerblich	40		

c)	**Gemeinkosten und Gewinnzuschlag**	
	Allgemeine Verwaltungskosten	12,5 %
	Gewinnzuschlag	6,5 %

d) Prozesskosten

Wareneingangsprozesse

1 Meldung Fahrer, Koordinierung und Zuweisung der Rampe, Prüfung der Bestellung und WE-Avis
2 Öffnen Tor/Papierhandling
3 Endladung Palette, abstellen auf definierter Wareneingangspufferfläche
 a) Personal
 b) Umschlaggerät
4 Wareneingangskontrolle (äußerer Zustand, MDH, Palettenqualität)
5 Vermerk auf Lieferschein, Quittierung
6 Tor schließen
7 Sendungserfassung, Zuordnung von Lagerplätzen, Palettenlabel drucken
8 Palettenlabel anbringen
9 Transport der Paletten zum Einlagern
 a) Personal
 b) Umschlaggerät
10 Rückmeldung an LEGRO

Kommisionierprozesse

1 Administration (Bestandscheck, Druck Pickliste, allgemeine Kommunikation etc.)
2 Auftragsbeginn (Aufnahme Pickliste, Koordination)
3 Ladehilfsmittel (Palette oder Karton) vorbereiten
4 Fahrzeit je Auftrag (ca. 400 m)
5 Orientierungszeit je Position (Artikelart)
6 Greifzeit je Pick
7 Kommissionierwagen (Summe)
8 Übergabe Versandstation WA

Warenausgangsprozesse

1 Buchung, Dokumentenerstellung
2 Endkontrolle, Wickeln, Labeln
3 Torhandling
4 Verladen
 a) Personal
 b) Stapler
5 Rückmeldung an Legro

Aufgaben

a) Ermitteln Sie die kalkulierten Kosten für das Auslieferungslager mithilfe einer Prozesskostenkalkulation.
 aa) Einlagerungskosten je Palette des Wareneingangs
 ab) Kommissionierkosten je Kommissionierauftrag und je Pick
 ac) Auslagerungskosten je Kommissionierauftrag
b) Ermitteln Sie die Lagerungskosten je Palette des durchschnittlichen Lagerbestands.
c) Erstellen Sie die Rechnung für den Monat Mai für die Fa. LEGRO. Gehen Sie dabei von folgenden Daten aus:
- Einlagerung: 40 Lkw mit je 35 Paletten
- 1 120 Kommissionsaufträge
- durchschnittlicher Lagerbestand: 11 315 Paletten

Wareneingangsprozesse

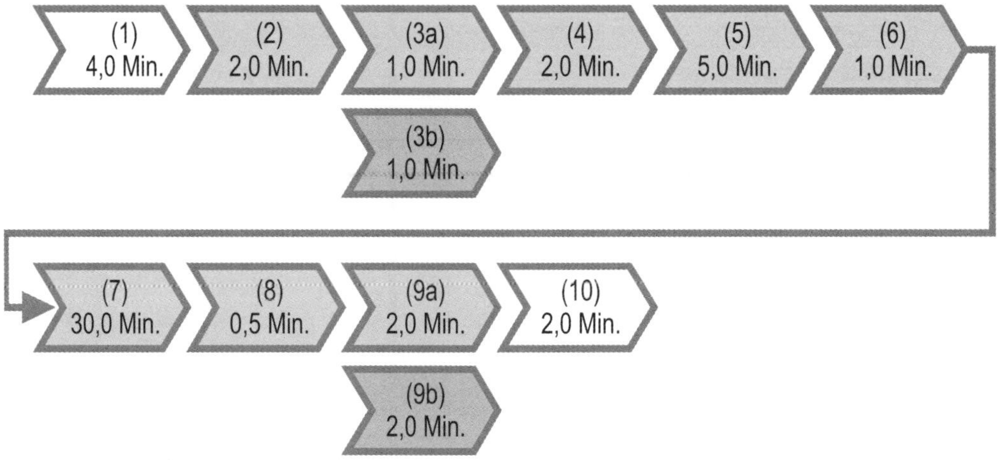

Kommissionierprozesse

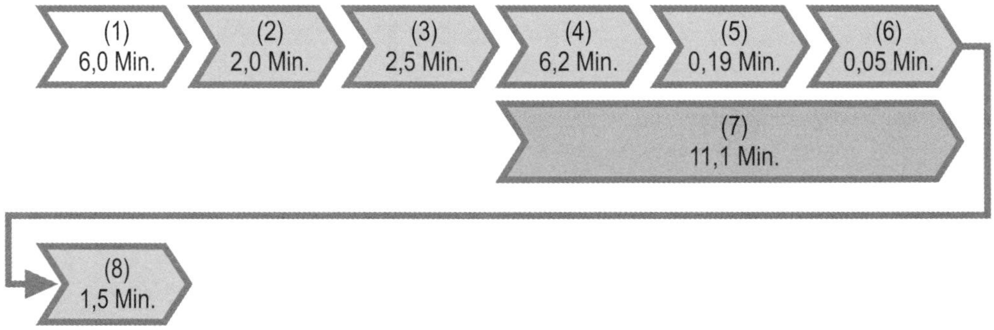

Warenausgangsprozesse

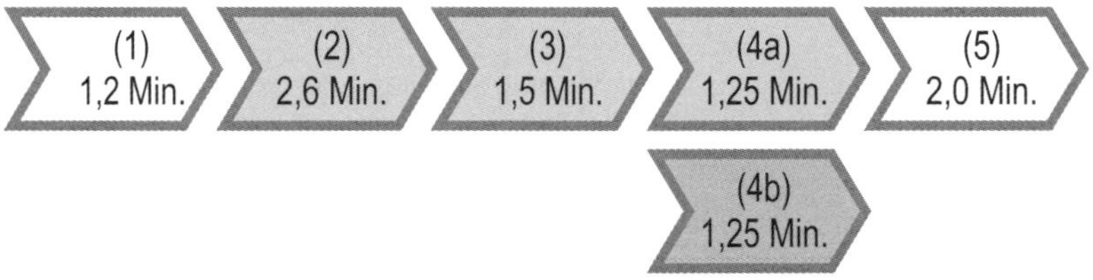

8.5.2.4 Beschaffungslogistik

34 Der Automobilzulieferer CarLight AG möchte die Beschaffungslogistik für sein Glühlampenwerk in Saalfeld/Thüringen der Spedition Herold GmbH in Apolda übertragen.

a) Erläutern Sie die Aufgaben der Beschaffungslogistik am Beispiel des Herstellers CarLight.

b) Beschreiben Sie, welche Hauptfunktionen die Spedition Herold von CarLight übernehmen kann.

c) Nennen und erläutern Sie, welche Zusatzfunktionen (value added services) die Spedition Herold anbieten könnte.

35 Für das Beschaffungslager der Fa. CarLight AG soll eine ABC-Analyse durchgeführt werden. Verwenden Sie für diese Analyse folgende Beschaffungsdaten:

TypNr.	Artikel	Bedarf/St.	Preis 100 St.
K12.176	Kolben,rot,T1/2	534726	18,10
K12.178	Kolben, grün, T1/2	2252328	6,95
K12.180	Kolben, gelb, T1/2	1256368	9,52
K12.182	Kolben, blau, T1/2	1441669	5,22
K12.184	Kolben, blau-weiß, T1/2	3175987	1,56
K12.186	Kolben, orange, T1/2	1806917	4,89
K12.188	Kolben, rot, T1/4	524511	78,50
K12.190	Kolben, grün, T1/4	379243	59,75
K12.192	Kolben, gelb, T1/4	1013501	69,45
K12.194	Kolben, blau, T1/4	453738	23,58
K12.196	Kolben, blau-weiß, T1/4	2224153	3,15
K12.198	Kolben, orange, T1/4	1569425	8,64
S41.110	Stromzuführung, X89	167097	110,80
S41.115	Stromzuführung, X32	2199246	2,98
S41.120	Stromzuführung, X19	1911896	3,22
W41.242	Wendel, Wolfram, 0,15	1487410	152,56
W41.246	Wendel, Wolfram, 0,20	352182	82,95
W41.250	Wendel, Wolfram, 0,25	1243985	123,60
W41.254	Wendel, Wolfram, 0,30	4175768	1,39
W41.267	Sockel, P14	4200586	1,24
W41.292	Sockel, P43	2904980	1,89
W41.317	Sockel, PX26	3612520	2,25
W41.342	Sockel, BA9S	2422569	1,95
		41.310.805	

a) Legen Sie fest, welche Artikel A-, B- oder C-Artikel sind. Verwenden Sie als Kriterien A <= 80 % und B <= 95 %.

b) Ermitteln Sie, wie viele Prozent der Artikel A-, B- oder C-Artikel sind.

c) Zeichnen Sie eine Lorenzkurve aus den kumulierten Prozentanteilen der Beschaffungswerte und zeichnen Sie die A-, B- oder C-Artikel ein.

36 Ermitteln Sie die optimale Bestellmenge mathematisch mit folgenden Daten: Jahresbedarf 2400 Stück, Bestellkosten 62,50 € und Lagerkosten 5,22 €/Stück.

37 Führen Sie die ABC-Analyse für folgende Artikel durch:

Artikelnummer	Jahresbedarf	Stückpreis in €
1	55000	19,50
2	22000	40,00
3	5500	77,00
4	115000	0,63
5	62500	3,50
6	4250	17,90
7	55000	5,50
8	115000	0,75
9	35000	0,30
10	150000	0,50

38 Für einen Artikel soll die optimale Bestellmenge ermittelt werden. Der Jahresbedarf des Artikels liegt bei 30000 Stück. Ein Bestellvorgang verursacht Kosten von 285,00 €. Die Lagerkosten je Stück des durchschnittlichen Lagerbestandes betragen 2,70 €.

a) Ermitteln Sie zeichnerisch die optimale Bestellmenge. Betrachten Sie den Bereich für die optimale Bestellmenge von 1000 bis 7000 Stück (Schrittweite 500).

b) Ermitteln Sie die optimale Bestellmenge mathematisch.

39 Die Fa. LEGRO KG in Celle lagert bei der Spedition Schröder Logistik GmbH eine größere Menge Konserven ein. Für diese Artikel soll eine Nachbestellung mit dem Bestellpunktverfahren erfolgen. Dazu müssen die Meldebestände festgelegt werden. Es soll ein Sicherheitszeitraum von 5 Tagen und eine Lieferzeit von 6 Tagen einkalkuliert werden. Die Bestellmenge soll so gewählt werden, dass der Höchstbestand zu 90 % aufgefüllt wird.

	Ø Auslagerung/Tag	Höchstbestand
Möhrchen extra fein 425ml	58,7	3980
Erbsen und Möhrchen 425ml	54,8	3690
Brechbohnen 720ml	49,3	3390
Erbsen sehr fein	47,8	2470
Champignons 314ml	29,0	1490
Schwarzwurzeln 425ml	25,6	1090
Schältomaten 425ml	18,9	710
Tomatenmark 71ml	10,4	400

a) Berechnen Sie den Meldebestand für alle Artikel.

b) Ermitteln Sie die Bestellmenge für alle Artikel.

c) Geben Sie Gründe dafür an, warum der Höchstbestand nicht zu 100 % wieder aufgefüllt wird.

40 Erläutern Sie die Unterschiede zwischen

a) Bestellpunkt- und Bestellrhythmus-Verfahren.

b) der (t,q)- und der (t,S)-Politik beim Bestellrhythmus-Verfahren.

41 Ein Lagerbestand von Computerbildschirmen beträgt zu Beginn der Lagerung 742 Stück. Der Sicherheitsbestand soll 4 Tage, die Lieferzeit 3 Tage (d. h. Lieferung am 3. Tag nach Erreichen des Meldebestandes) und die Bestellmenge 800 Geräte betragen.

a) Ermitteln Sie den Mindest- und den Meldebestand bei einer durchschnittlichen Auslagerung von 88 Geräten am Tag.

b) An welchen Tagen ist jeweils der Meldebestand erreicht (bzw. gerade unterschritten)?

Es werden folgende Lagerabgänge registriert:

Tag	Auslagerung	Tag	Auslagerung	Tag	Auslagerung	Tag	Auslagerung	Tag	Auslagerung
1	100	2	93	3	93	4	90	5	88
6	95	7	94	8	90	9	96	10	77
11	92	12	83	13	95	14	78	15	83
16	91	17	83	18	94	19	83	20	95
21	91	22	90	23	75	24	77	25	97
26	96	27	84	28	90	29	79	30	81

42 Der Bedarf an E1- und E2-Artikeln für die Produktion in der 21. Woche soll über eine analytische Disposition ermittelt werden. Dabei ist von der Produktionsstruktur in unten stehendem Gozintograf auszugehen.

Für die 21. Woche werden 8 200 Stück P1 und 2 700 Stück P2 produziert. Von den E1-Artikeln sind 30 000 Stück, von den E2-Artikeln 25 600 Stück auf Lager oder für die 21. Woche bestellt.

a) Wie hoch ist der Bedarf für E1, E2 und E3?

b) Welche Mengen müssen bestellt werden?

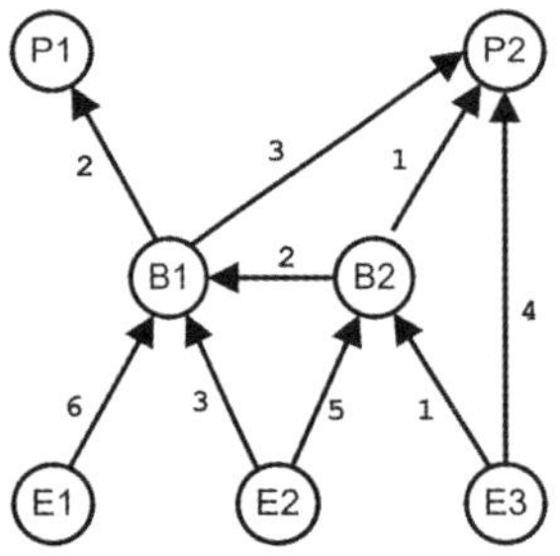

Px = Endprodukte
Bx = Bauteile
Ex = Einzelteile

43 Der Elektronikhersteller COMPUSOFT GmbH in Hilden benötigt für die Produktion von Elektronikteilen ein preiswertes Bauteil in größeren Mengen. Da das Bauteil zu den C-Teilen gehört, soll die Bestellung auf der Grundlage einer Verbrauchsschätzung erfolgen.

a) Berechnen Sie den Mittelwert, den gleitenden Mittelwert, den gleitenden, gewogenen Mittelwert und die Verbrauchsschätzung bei exponentieller Glättung.

b) Zeichnen Sie (mit Excel) eine Grafik für die errechneten Werte.

c) Kennzeichnen Sie die unterschiedliche Einkaufs- und Lagerpolitik, die sich aus den unterschiedlichen Verbrauchsschätzungsverfahren ergeben.

Aus den letzten Monaten liegen folgende Verbrauchsdaten vor:

Periode	Verbrauchsdaten	Mittelwert	gleitender Mittelwert	gleitender, gewogener Mittelwert		exponentielle Glättung
12	96 700		n=5	1	5 %	α=0,35
1	97 600			2	8 %	
2	97 500			3	12 %	
3	97 700			4	30 %	
4	100 100			5	45 %	
5	96 900					
6	93 300					
7	92 200					
8	95 800					
9	99 600					
10	103 200					
11	109 100					
12	110 400					

44 Ein Hersteller von Fertigfenstern benötigt produktionssynchron die Zulieferung von Beschlägen. Er vereinbart mit dem Hersteller der Beschläge eine Anlieferung der Beschläge an die Produktion nach dem Prinzip des Behälter-Kanban.

a) Beschreiben Sie das Kanban-Prinzip.

b) Erläutern Sie die Aufgaben, die der Zulieferer und die der Hersteller bei diesem System übernehmen müssen.

c) Bisher wurden die Teile regelmäßig von der Einkaufsabteilung des Herstellers geordert. Welche Vorteile ergeben sich durch Kanban gegenüber dem bisherigen System?

45 Zur Herstellung von Waschmaschinen werden einige Einbauteile benötigt, die für die Produktion besonders wichtig sind. Diese A-Teile (Trommel, elektronische Steuerung, Elektromotor) haben auch einen besonders hohen Wertanteil an der Produktion. Der Hersteller wünscht von seinem Logistikdienstleister und den Lieferanten dieser Teile die just-in-time-Anlieferung dieser Zulieferteile.

a) Erläutern Sie das just-in-time-Konzept dieses Unternehmens.

b) Beschreiben Sie die Vorteile dieses Konzeptes.

c) Erläutern Sie die Risiken des Konzeptes.

d) Warum wird das Konzept nur für diese Teile und nicht für alle Zubehörteile des Unternehmens verwendet?

46 Um das just-in-time-Konzept für die Zulieferung von Fertigteilen an das Produktionsband zu organisieren, müssen

a) vom Lieferanten,

b) vom Hersteller (Empfänger) und

c) vom Logistikdienstleister

organisatorische und technische Voraussetzungen geschaffen werden. Beschreiben Sie diese Anforderungen.

47 Ein Hersteller von Waschmaschinen benötigt ca. 1 250 Teile zur Produktion. Um viele Einzeltransporte zu einem Zentrallager zu vermeiden, sucht dieser Hersteller Gebietsspediteure für seine Beschaffungslogistik.

a) Beschreiben Sie die Aufgaben, die ein Spediteur übernehmen müsste, wenn er Gebietsspediteur werden will.

b) Erläutern Sie die Kriterien, die bei der Bestimmung der regionalen Tätigkeitsgebiete für diese Spediteure angelegt werden.

c) Beschreiben Sie die Vorteile, die das Gebietsspediteurkonzept den beteiligten Unternehmen bringt.

48 Für die Produktion eines neuen Automodells soll das versenkbare Metall-Wagendach von einem speziellen Hersteller zugeliefert werden. Es wird erwartet, dass das gesamte Dach, die notwendigen Motoren und die elektronische Steuerung als einbaufertiges Modul angeliefert werden.

a) Erläutern Sie das Konzept des „modular Sourcing".

b) Welche Vorteile hat der Pkw-Hersteller, wenn er diesen Modullieferanten beauftragt, statt sich die Teile selbst anliefern zu lassen und den Zusammenbau des Moduls selbst vorzunehmen?

c) Welche Probleme können sich aus dem „modular Sourcing" ergeben?

49 Nennen Sie Beispiele aus der Autoindustrie für
- Single-,
- Dual-,
- Multiple-,
- Modular-,
- System-,
- Local- und
- Global-Sourcing.

50 Erläutern Sie Vor- und Nachteile des Single-Sourcing.

8.5.3 Distributionslogistik

51 Ein Unternehmen der Elektroindustrie beliefert Einzelhandelskunden in ganz Deutschland. Die Auslieferung erfolgt bisher über zwei Auslieferungslager. Die Logistikabteilung überlegt, ob die Zahl der Lager erhöht werden soll, um die Kunden schneller beliefern zu können. In der Literatur hat der Abteilungsleiter die These gefunden, dass mit zunehmender Lageranzahl die Transportkosten sinken und die Lagerkosten des Unternehmens ansteigen.

a) Begründen Sie den Verlauf der Transportkosten- und Lagerkostenkurve in Abhängigkeit von der Lageranzahl.

b) Für die Lager- und Transportkosten in Abhängigkeit von der Anzahl der Lager gelten folgende Kostenfunktionen:

$$\text{Transportkosten} = \frac{120\,000}{Lager_{Anzahl} \cdot 0{,}8}$$

$$\text{Lagerkosten} = 10\,000 + (Lager_{Anzahl})^2 \cdot 800$$

Berechnen Sie die optimale Anzahl der Lager numerisch für bis zu 10 Lager.

c) Zeichnen Sie die Transportkosten-, Lagerkosten- und die Gesamtkostenfunktion im Bereich von 1 bis 10 Lager.

52 Im Rahmen einer Neuorganisation des Logistikbereichs eines Computerherstellers, der Kunden in Westeuropa beliefert, wird die Distributionsstruktur neu festgelegt. Es stehen folgende Alternativen zur Entscheidung an:
- Direktbelieferung der Einzelhändler vom Produktionsstandort aus.
- Belieferung der Einzelhändler aus mehreren Auslieferungslagern in den einzelnen Verkaufsregionen in den europäischen Staaten.

Erläutern Sie die Vor- und Nachteile der beiden Alternativen.

53 Beschreiben Sie die Aufgaben der Versandabteilung bei der Auftragsabwicklung. Unterscheiden Sie die Tätigkeiten im Zusammenhang mit dem physischen Materialfluss und den Bereich des Informationsflusses.

54 Bei der Reorganisation des Warenversandes im Rahmen der Ersatzteilversorgung von Haushaltsgeräten werden folgende Alternativen geprüft:

a) Beibehaltung des bisherigen statischen Kommissioniersystems (Person-zur-Ware-System),
b) Investition in ein halbautomatisches (dynamisches) Kommissioniersystem (Ware-zur-Person-System),
c) Investition in einen vollautomatischen Kommissionierroboter.

Ermitteln Sie Kriterien, nach denen diese Entscheidung getroffen werden kann, und beschreiben Sie, in welchen Fällen die drei Alternativen sinnvoll sind.

55 Beschreiben Sie den Ablauf einer Kommissionierung mit einem Person-zur-Ware-System. Erläutern Sie dabei

a) die einzelnen Prozesse innerhalb des Kommissioniervorgangs,
b) die technische Ausstattung des Kommissionierbereiches und
c) die verschiedenen Möglichkeiten der Steuerung der Kommissionierung (Kommissionierbelege, papierlose Kommissionierung.

56 Erläutern Sie die Vorteile der Kommissioniermethoden „Pick-by-Scan", „Pick-by-Light" und „Pick-by-Voice".

57 Ein Großunternehmen des Textilhandels hat bisher seine Waren zweimal jährlich bei den Herstellern geordert. Dabei lagen Verkaufsmengenschätzungen der Filialen für die nächste Saison den Bestellungen zugrunde. Häufig kam es zu Nachbestellungen, da die Mengen falsch geschätzt wurden. Ebenso mussten nicht verkäufliche Waren über verlustreiche Sonderaktionen verkauft werden.

Die Geschäftsleitung plant nun, mit den Herstellern ein neues Versorgungssystem, das „Quick-Response-System" einzuführen.

a) Beschreiben Sie die Funktionsweise dieses Systems.

b) Erläutern Sie die Vor- und Nachteile des Systems für die beteiligten Unternehmen und für den Endkunden.

c) Erläutern Sie, welche Voraussetzungen die beteiligten Unternehmen schaffen müssen, damit das System reibungslos funktioniert.

58 Das in Aufgabe 57 beschriebene QR-System ist ein Element in der ECR-Strategie des Warenhauskonzerns. Beschreiben Sie, welche Basissysteme das QR-System ergänzen können, um eine komplette ECR-Strategie im Unternehmen zu verfolgen.

59 Der Lebensmittelgroßhändler LEGRO in Celle beauftragt den Logistikdienstleister LogSped mit der Verteilung von Lebensmitteln an 42 Einzelhandelsfilialen im Raum Celle. Dabei soll ein Cross-Docking-Terminal aufgebaut werden, das die Lieferungen der Hersteller entgegennimmt, kommissioniert und sofort an die Filialunternehmen ausliefert.

a) Ordnen Sie das beschriebene Konzept einer Cross-Docking-Konzeption zu.
b) Beschreiben Sie die einzelnen Prozesse, die in dem Cross-Docking-Terminal abgewickelt werden.
c) Erläutern Sie, welche Voraussetzungen von den Filialen, dem Großhändler, den Herstellern und dem Logistikdienstleister geschaffen werden müssen, damit das System funktioniert.

60 Im Internet bieten verschiedene Versandhandelsunternehmen ihre Waren in „Onlineshops" an. Suchen Sie im Internet einen solchen Shop und

a) erläutern Sie, aus welchen Elementen ein solcher Shop besteht,

b) wie ein Kauf über einen Onlineshop abgewickelt wird und

c) welche unterschiedlichen Möglichkeiten für die Zahlungsabwicklung bestehen.

61 Erläutern Sie die logistischen Aufgaben, die bei der Abwicklung von Käufen über Onlineshops entstehen. Nehmen Sie zu der Aussage Stellung, dass die durchschnittlichen Transportkosten durch diese Art des Vertriebs steigen.

62 Suchen Sie im Internet Beispiele für B2C, B2B und C2C-Shops und beschreiben Sie deren wesentlichen Merkmale.

63 Sowohl im C2C- als auch im B2B-Bereich werden Waren nicht nur im eShop-Verfahren, sondern auch über Auktionen gehandelt.

a) Suchen Sie Internetseiten, die Auktionen ermöglichen, und beschreiben Sie den Ablauf solcher Auktionen.

b) Erläutern Sie Vorteile und Risiken dieser Auktionen.

c) Auf verschiedenen Webseiten werden im Rahmen des B2B-eCommerce auch „Einkaufsauktionen" ermöglicht. Suchen Sie solche Webseiten und beschreiben Sie das Prinzip der Einkaufsauktionen.

64 Im Rohstofflager eines Kaffeeproduzenten wurden folgende Lagerdaten ermittelt:

		Lagermenge in t	Auslagermenge	Lagerreichweite
AB	Januar	128 500,0	43 100	
EB	Januar	141 350,0	47 300	
EB	Februar	147 775,0	49 200	
EB	März	160 625,0	53 900	
EB	April	164 480,0	55 000	
EB	Mai	173 475,0	58 200	
EB	Juni	177 330,0	58 600	
EB	Juli	159 340,0	53 000	
EB	August	147 775,0	49 300	
EB	September	134 925,0	45 300	
EB	Oktober	125 930,0	42 400	
EB	November	109 225,0	36 900	
EB	Dezember	122 075,0	40 800	

Berechnen Sie

a) den einfachen und den erweiterten durchschnittlichen Lagerbestand,

b) die Umschlaghäufigkeit und die durchschnittliche Lagerdauer,

c) die Lagerreichweiten für jeden Bestand. Gehen Sie von der durchschnittlichen Auslagerungsmenge je Tag (Jahr = 360 Tage) aus.

65 Der Kaffeeproduzent (Aufgabe 64) kalkuliert den Wert je t des eingelagerten Kaffees mit 1 117,00 USD je t. Der Kurs des USD wird mit 1,2112 USD je € angegeben. Der Marktzinssatz beträgt 5,2 %.

a) Berechnen Sie den Lagerzinssatz.

b) Berechnen Sie die Lagerzinsen.

66 Die Spedition Schulze in Berlin unterhält ein Regallager mit 4 600 Lagerplätzen (Paletten) zur Einlagerung von Elektroteilen für den Gerätehersteller ELEKTROMAX in Berlin. Es finden im Jahr 112 000 Ein- und 73 200 Auslagerungsvorgänge (Paletten) statt. Für das Lager sind folgende Kosten entstanden:

- Gebäude und Einrichtung, Anschaffungspreis 842 500,00 €
Abschreibung linear, 25 Jahre
- Zinsen, vierteljährlich 14 743,75 €
- Reparaturen, monatlich 2 400,00 €
- Versicherungen, jährlich 8 750,00 €
- Energiekosten, vierteljährlich 2 160,00 €
- Reinigung, monatlich 240,00 €
- Allgemeine Verwaltungskosten, monatlich 8 250,00 €
- 4 Lagerarbeiter, je Arbeiter/Monat 3 210,00 €
- 1 Lagerangestellter je Monat 4 750,00 €

a) Berechnen Sie die Lagerplatzkosten je Palette.

b) Berechnen Sie die Lagerpersonalkosten.

c) Berechnen Sie die Kosten je Lagerbewegung.

67 Die Spedition Schulze lagert die Paletten (Europaletten) für ELEKTROMAX in Berlin in Regallagern 4-fach übereinander. Dabei benötigt eine Palette die Höhe von 1,20 m. In den Fachbodenregalen wird für jede Palette auf allen 4 Seiten je 4 cm zusätzlicher Platz gelassen. Die Lagerhalle hat die Maße 50 · 30 · 5,5 m.

a) Berechnen Sie den Flächennutzungs- und den

b) Raumnutzungsgrad.

c) Berechnen Sie die Kosten je Lagerbewegung.

9 Marketing

9.1 Marktuntersuchung

Marktuntersuchung

Marktuntersuchung

Markterkundung

Unsystematische, gelegentliche Sammlung von Informationen über Kunden und Mitbewerber

Internel Informationen wie
- Kundengespräche
- Absatzstatistiken

Marktforschung

Systematische Erforschung (Gewinnung, Aufbereitung und Analyse) von Kundenbedürfnissen und Verhalten der Mitbewerber

Internel Informationen wie
- Buchhaltung
- Absatzstatistik
- Besuchsberichte

Externel Informationen wie
- Fachzeitschriften
- Messebesuche
- amtliche Statistik

Marktanalyse

Punktuelle Untersuchung der relevanten Märkte (**zeitpunktbezogen**)

Marktbeobachtung

Fortlaufende Untersuchung der relevanten Märkte (**zeitraumbezogen**)

Marktforschung

Methoden der Marktforschung

Primärforschung

Erhebung eigener (neuer) Daten für den Untersuchungszweck, z. B.: Befragungen, Interview, Panel

Sekundärforschung

Auswertung vorhanderner Daten (externe und interne Datensammlungen)

9.2 Marketinginstrumente

Marketinginstrumente der Speditions- und Logistikbetriebe

Produktpolitik

- Gestaltung des Dienstleistungsprogramms der Spedition
- Produktdefinition und -gestaltung
- Produktelimination, -variation und -erweiterung

Kommunikationspolitik

Die Gesamtheit aller Maßnahmen, mit denen eine Spedition Kunden zu beeinflussen sucht:

- Öffentlichkeitsarbeit
- Sponsoring
- Werbung
- Verkaufsförderung
- Verkaufsgespräche

Preispolitik

- Kalkulation des Preises
- Preiskonditionen (Rabattgewährung, Preisdifferenzierung, Zahlungsbedingungen und Kundendienstleistungen)

Distributionspolitik

Betrifft die Vertriebsarten speditioneller Dienstleistungen

9.2.1 Produktpolitik

Produktpolitik/Leistungsgestaltung

„Allround"-Unternehmen Systemdienstleister	Teilmarktspezialisierung	Teilleistungsspezialisierung Komponentenanbieter	Kooperationen
Angebot von „Haus zu Haus" durch ein (größeres) Speditions- und Logistikunternehmen.	Angebot von „Haus zu Haus" auf einem abgegrenzten Teilmarkt (z. B. Stahltransporte, Kühltransporte, regional begrenzte Sammeltransporte). Auch Spezialisierung auf bestimmte Branchen	Spezialisierung auf bestimmte Teilleistungen (Transporte, Lagerung, Umschlag).	Gemeinsame Produktdefinition durch Kooperationen von Speditions- und Logistikdienstleister (z. B. Sammelgutkooperationen).

Produktprogramm		
Produkelemination	**Produktvariation**	**Produkterweiterung**
Unrentable Produkte werden zukünftig nicht mehr angeboten.	Angebotene Produkte werden verändert, Produkteigenschaften werden umdefiniert.	Zu bestehenden Produkten werden Zusatzleistungen definiert.
Beispiel: Eine Sammelgutspedition, die auch See- und Luftfrachttransporte angeboten hatte, bietet keine Seetransporte mehr an.	**Beispiel:** Bei innerdeutschen Sammelgutverkehren wird die Regellaufzeit von 48 auf 24 Stunden herabgesetzt.	**Beispiel:** Eine Sammelgutspedition bietet für die Versender zusätzlich einen Lager- und Verpackungsservice an.

9.2.2 Preispolitik

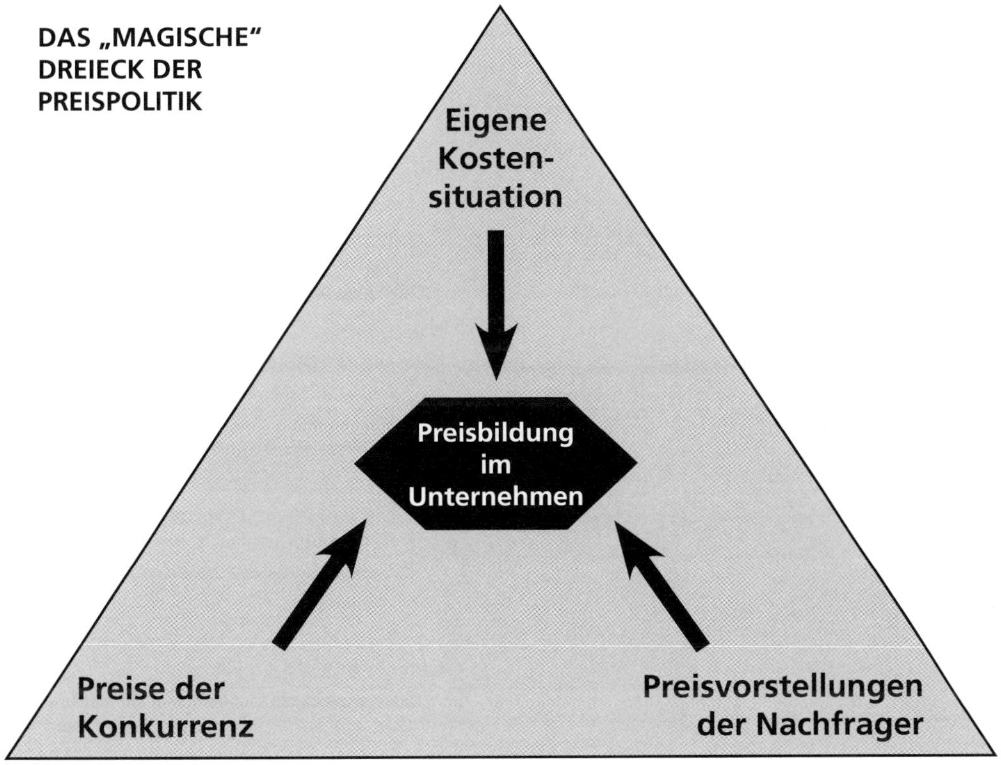

(nach: Czenskowsky, Torsten Marketing für Speditionen und logistische Dienstleister. DBV: Gernsbach 2004, S. 140)

9.2.3 Kommunikationspolitik

Werbeplan

- **Ziel** – **Beispiele:** Ein Unternehmen am Markt bekannt machen, eine neue Dienstleistung einführen, neue Kunden gewinnen
- **Zielgruppe** – Bestimmung der Personen/Unternehmen, an die sich die Werbemaßnahmen richten (**Beispiele:** Stammkunden, Kunden, denen ein komplettes Logistik-Paket angeboten werden soll, Einlagerer).
- **Werbegebiet** – Genaue Bestimmung des Gebietes, in dem die Werbung betrieben werden soll
- **Werbebotschaft** – Die Informationen und Aussagen, mit denen die Empfänger der Werbung konfrontiert werden sollen.
- **Werbeetat** – Der Werbeetat ist die für Werbemaßnahmen des Unternehmens zur Verfügung stehende Geldsumme.
- **Werbemedien** – Medien, die die Werbebotschaft an die Zielgruppe überbringen sollen
- **Timing** – Zeiträume, in denen die Werbekampagne geführt werden soll

Werbemittel			
personale Werbung	**Mediale Werbung**		
	Printwerbung	**Elektronische Werbung**	**Sonstige Werbung**
▮ Verkaufsgespräch ▮ Vertreterbesuch ▮ Werbevortrag ▮ Werbevorführung (Modenschau) ▮ Persönlicher Werbebrief	▮ Schemawerbebrief ▮ Werbezettel ▮ Werbeprospekt ▮ Zeitungs- und Zeitschrifteninserat ▮ Zeitungsbeilage ▮ Warenkatalog ▮ Kundenzeitschrift ▮ Werbeplakat ▮ Werbefoto ▮ Firmenlogo ▮ Markenzeichen	▮ Leuchtschrift ▮ Werbedia ▮ Werbefilm ▮ Werbekassette, -CD Radiospot ▮ Fernsehspot ▮ Onlinetext ▮ Videoclip ▮ Multimedia-Werbung ▮ Homepage im Internet (www)	▮ Warenpräsentation – Schaufenster, – Verkaufsraum, – Messestand ▮ Werbegeschenk (Zugabe) ▮ Warenprobe ▮ Sonderangebote ▮ Kundendienst ▮ Preisausschreiben ▮ Sponsoring

Anzeigen/Broschüren

Aufbau einer Werbeanzeige

- Headline (Aufmacher)
- Subline (Zwischenüberschriften)
- Copy (Fließtext mit Kernaussagen)
- Bulletpoints: grafische Mittel der Aufzählung
- Captions (Bildunterschriften)
- Slogan
- Logo (Unternehmensdesign)
- Kontaktmöglichkeit

Gestaltungsmittel für Anzeigen und Broschüren

optische Mittel

- Farbgestaltung der Anzeige
- fotografierte, gezeichnete, gemalte Bilder
- Schriften und Schriftgröße
- Hervorhebungen, Ausrichtung von Textblöcken
- Anordnung von Bildern und Texten

sprachliche Mittel

- KISS („Keep it simple and stupid" – nicht zu kompliziert beschreiben)
- Vorteile der Unternehmensleistung herausstellen (USP = Unique Selling Proposition)
- Slogans
- aufwertende Wörter, Wortneuschöpfungen, Wortspiele etc.
- Aufforderungen, Wiederholungen, Fragen

WERBEBRIEFE

Aufbau eines Werbebriefes

- Das **Kundenproblem** aus der Sicht des Kunden formulieren
- **Problemlösungen** aufzeigen, dabei immer Kundenvorteile herausstellen
- Zu einer **Handlung** auffordern, damit der Kontakt hergestellt wird
- Kleine **Geschenke** erhöhen die Rücklaufquote.

Gliederung nach dem AIDA-Konzept

A	= Aufmerksamkeit erregen	(attention)
I	= Interesse wecken	(interest)
D	= Wünsche ansprechen	(desire)
A	= zur Handlung auffordern	(action)

Regeln für Werbebriefe

1. Briefkopf neutral, interessantes Firmenlogo, kein Geschäftsformular
2. Die genaue Adresse und die richtige Anrede mit Namen und Vornamen
3. Datieren Sie Ihren Brief korrekt.
4. kurze und prägnante Überschrift (Johnson-Box)
5. Text:
   - Guter Einstieg
   - fehlerfrei
   - interessant
   - kurz, konzentriert
   - optische Schwerpunkte, max. drei Hervorhebungen („eye catcher")
   - Vorschlag zum weiteren Vorgehen
6. persönliche Unterschrift
7. „PS": Nutzen für den Kunden herausstellen, Aufforderung zu reagieren, Antwortkarte

VERKAUFSGESPRÄCH

Vorbereitung des Verkaufsgesprächs

- **Planung**
  Planung des Gesprächsverlaufes und der Gesprächsinhalte
- **Ziele**
  Kurzfristige und langfristige Ziele festlegen
- **Informationen sammeln**
  Informationsgewinnung über den Kunden und das Marktsegment

Durchführung des Verkaufsgesprächs

1. **Eröffnungsphase**
   Interesse des Kunden wecken, Sympathie erzeugen
2. **Informationsphase**
   Ansprüche und Probleme des Kunden herausfinden
3. **Argumentationsphase**
   a) Kundennutzenargumentation (FAB-Formel)
      - Feature (Leistungsmerkmale des Angebotes)
      - Advantage (Vorteile aus Sicht des Anbieters)
      - Benefits (Kundennutzen)

   b) Preisargumentation

   c) Einwandbehandlung
4. **Abschlussphase**
   Der Kunde muss dazu gebracht werden, das Angebot zu nutzen.

9.3 Aufgaben zum Marketing

01 Nennen Sie Beispiele für Produktpolitik, Preispolitik, Kommunikationspolitik und Distributionspolitik in einem Speditionsunternehmen.

02 Bestimmen Sie die Art der folgenden produktpolitischen Maßnahmen:

a) Ein Spediteur, der bisher im Bereich der Stückgutlagerung tätig war, errichtet zusätzlich ein Gefahrgutlager.

b) Der Sammelgutspediteur Transsped eröffnet ein Flughafenbüro und fertigt in Zukunft Luftfracht ab.

c) Die Nahverkehrsabteilung, die bisher das Ausrollen von Stückgut mit eigenen Fahrzeugen übernommen hat, wird geschlossen. Die Tätigkeiten werden an Subunternehmer vergeben.

03 Unterscheiden Sie die Begriffe „Ziel" und „Werbebotschaft" in einem Werbeplan.

04 Die Spedition Neumann in Darmstadt hat sich einem Verbund von 28 Speditionsunternehmen in Deutschland angeschlossen, die gemeinsam wechselseitige Sammelgutverkehre betreiben. Die Fa. Neumann hat bisher hauptsächlich Ladungsverkehre im Selbsteintritt abgewickelt. Nun sollen Sammelgutsendungen mit Zielstationen im ganzen Bundesgebiet abgewickelt werden.

Entwickeln Sie einen Werbeplan für dieses Projekt und geben Sie zu den einzelnen Gliederungspunkten konkrete Beispiele für den Inhalt des Werbeplans an.

05 Ein mittelständisches Speditionsunternehmen möchte Neukundenwerbung mit dem Ziel der Umsatzsteigerung betreiben. Welche Werbemittel sind hierfür besonders geeignet, welche Werbemittel sind weniger geeignet? Begründen Sie Ihre Aussagen.

06 Welche Art von Werbeträger (Zeitung/Zeitschrift) sind für Anzeigenwerbung

a) einer Sammelgutspedition

b) eines Möbelspediteurs

c) eines Paketdienstes

d) eines Massengutlagerhalters

besonders geeignet?

07 Die Transsped GmbH in Essen möchte zum Ausbau ihrer Speditionstätigkeit zusätzliche Kunden gewinnen. Der wirtschaftliche Tätigkeitsschwerpunkt der bisherigen Kunden liegt in der Kunststoffproduktion. Entwerfen Sie

a) eine Zeitungsanzeige und

b) einen Werbebrief, mit dem die zukünftigen Kunden angesprochen werden können.

08 Ein Großunternehmen hat auf einen Werbebrief der Sammelgutspedition Transsped geantwortet. Es wurde ein Gesprächstermin vereinbart. Entwerfen Sie die Planung eines Verkaufsgesprächs.

1 Ausbildung und Arbeitsschutz

1.1 Ausbildung

Berufsausbildung (duales System)

Betriebliche Ausbildung

Rechtsgrundlagen:
- Berufsbildungsgesetz
- Ausbildungsordnung
- Berufsausbildungsvertrag

Zusammenarbeit

Schulische Ausbildung

Rechtsgrundlagen:
- Lehrpläne
- Schulpflicht
- Schulgesetze der Länder

INTERNET
www.bmbf.de/pub/ausbildung_und_beruf.pdf;
http://de.osha.eu.int
www.arbeitsrecht.de

Duales System, Berufsbild

Ausbildungsberufsbild
Kaufmann/-frau für Spedition und Logistikdienstleistung

1. Der Ausbildungsbetrieb
   - 1.1 Stellung, Rechtsform und Struktur
   - 1.2 Berufsbildung
   - 1.3 Personalwirtschaft, arbeits-, sozial- und tarifrechtliche Vorschriften
   - 1.4 Sicherheit und Gesundheitsschutz bei der Arbeit
   - 1.5 Umweltschutz
2. Arbeitsorganisation, Information und Kommunikation
   - 2.1 Arbeitsorganisation
   - 2.2 Teamarbeit und Kommunikation
   - 2.3 Informations- und Kommunikationssysteme
3. Anwenden der englischen Sprache bei Fachaufgaben
4. Prozessorientierte Leistungserstellung in Spedition und Logistik
5. Speditionelle und logistische Leistungen
   - 5.1 Güterversendung und Transport
   - 5.2 Lagerlogistik
   - 5.3 Sammelgut- und Systemverkehre
   - 5.4 Internationale Spedition
   - 5.5 Logistische Dienstleistungen
6. Verträge, Haftung und Versicherungen
7. Marketing
8. Gefahrgut, Schutz und Sicherheit
9. Kaufmännische Steuerung und Kontrolle
   - 9.1 Zahlungsverkehr und Buchführung
   - 9.2 Kosten- und Leistungsrechnung, Controlling
   - 9.3 Qualitätsmanagement

Verordnung
über die Berufsausbildung zum Kaufmann für Spedition und Logistikdienstleistung/ zur Kauffrau für Spedition und Logistikdienstleistung

BiBB
Bundesinstitut für Berufsbildung

Verordnung
http://bundesrecht.juris.de/spedkfmausbv_2004/

Berufsausbildungsvertrag

Berufsausbildungsvertrag
Berufsbildungsgesetz (BBiG) 2005

Form	Inhalte des Vertrages	Probezeit und Kündigung	Beendigung des Berufsausbildungsverhältnisses
Schriftform zwingend vorgeschrieben Der Berufsausbildungsvertrag wird bei der zuständigen Kammer eingetragen. (§ 34 BBiG)	1. Art, sachliche und zeitliche Gliederung sowie Ziel der Berufsausbildung 2. Beginn und Dauer der Berufsausbildung 3. Ausbildungsmaßnahmen außerhalb der Ausbildungsstätte 4. Dauer der regelmäßigen täglichen Ausbildungszeit 5. Dauer der Probezeit 6. Zahlung und Höhe der Vergütung 7. Dauer des Urlaubs 8. Voraussetzungen, unter denen der Berufsausbildungsvertrag gekündigt werden kann 9. Hinweis auf Tarifverträge, Betriebs- oder Dienstvereinbarungen (§ 11 BBiG)	**Probezeit** 1. Eine Probezeit ist vorgeschrieben. 2. Sie muss mindestens einen Monat und darf höchstens vier Monate betragen. (§ 20 BBiG) **Kündigung** 1. Während der Probezeit können beide Seiten jederzeit ohne Grund den Vertrag kündigen. 2. Kündigung nach der Probezeit a) fristlos aus einem wichtigen Grund b) Kündigung durch den Auszubildenden mit einer vierwöchigen Kündigungsfrist, wenn er die Berufsausbildung aufgeben oder eine andere Berufsausbildung beginnen will 3. Die Kündigung muss schriftlich und unter Angabe der Kündigungsgründe erfolgen. (§ 22 BBiG)	1. Das Berufsausbildungsverhältnis endet mit dem Ablauf der Ausbildungszeit. 2. Mit Bestehen der Abschlussprüfung endet die Berufsausbildung schon vor Ablauf der vertraglichen Ausbildungszeit. 3. Bei Nichtbestehen der Abschlussprüfung verlängert sich das Berufsausbildungsverhältnis bis zur nächstmöglichen Wiederholungsprüfung, höchstens um ein Jahr. (§ 21 BBiG) 4. Der Ausbildende muss dem Auszubildenden ein Zeugnis ausstellen. Auf Wunsch sind auch Angaben über Verhalten und Leistung aufzunehmen.

Pflichten Ausbilder und Auszubildenden

Pflichten des Ausbildenden und des Auszubildenen

Pflichten Ausbildender

- Ausbildungspflicht (vermitteln notwendiger Fertigkeiten und Kenntnisse in einer planmäßig, zeitlich und sachlich gegliederten Ausbildung)
- kostenlos Ausbildungsmittel zur Verfügung zu stellen
- Fürsorgepflicht (keine körperlichen oder geistigen Überforderungen und keine sittliche Gefährdung)
- Ausbildungsvergütung
- Urlaub
- Freistellung für die Berufsschule und überbetriebliche Ausbildungsmaßnahmen
- Ausstellung eines qualifizierten Zeugnisses am Ende der Ausbildung

Pflichten Auszubildender

- Lernpflicht (sich bemühen, die Fertigkeiten und Kenntnisse zu erwerben, die erforderlich sind, um das Ausbildungsziel zu erreichen)
- Dienstleistungspflicht (die im Rahmen seiner Berufsausbildung aufgetragenen Verrichtungen auszuführen)
- Gehorsamspflicht (Weisungen zu folgen, die ihm im Rahmen der Berufsausbildung von anderen weisungsberechtigten Personen erteilt werden)
- Sorgfaltspflicht (sorgfältige Arbeit, pfleglicher Umgang mit Arbeitsmitteln, Beachtung der Betriebsordnung)
- Schweige- und Treuepflicht (Stillschweigen über Betriebs- und Geschäftsgeheimnisse)
- Berufsschulpflicht
- Führen der Berichtshefte

1.2 Arbeitsschutzvorschriften

Arbeitsschutzvorschriften		
Technischer Arbeitsschutz	**Sozialer Arbeitsschutz**	**Kontrolle der Einhaltung der Schutzvorschriften**
Der technische Arbeitsschutz verbunden mit der Benutzung von Arbeitsmitteln und dem Umgang mit Arbeitstoffen. Damit soll der Gesundheitsschutz der Beschäftigten bei der Arbeit gewährleistet und verbessert werden.	Arbeitszeitschutz und Schutz bestimmter Personengruppen mit besonderen Gefährdungen oder Risiken wie z.B. jugendliche Beschäftigte, werdende Mütter, Heimarbeiterinnen, Schwerbehinderte sowie das Fahrpersonal im Straßenverkehr	Der Bund erlässt Gesetze zum Arbeitsschutz. Die Überwachung der Einhaltung dieser bundesstaatlichen Vorschriften ist Aufgabe der Länder. Neben dem staatlichen Arbeitsschutz existiert auch der Arbeitsschutz der gesetzlichen Unfallversicherungsträger (UVT).
Arbeitsschutzvorschriften zu ▪ Arbeitsstätten einschließlich Betriebshygiene, ▪ Maschinen, Geräte und technische Anlagen, ▪ Gefahrstoffe, biologische Arbeitsstoffe	Vorschriften zur Arbeitszeit und zum Schutz bestimmter Personengruppen	Der Bund unterhält die Bundesanstalt für Arbeitsschutz und Arbeitsmedizin (BAuA). Jedes Land hat eine eigene Arbeitsschutzaufsicht (Gewerbeaufsichtsämter, Staatliche Ämter für Arbeitsschutz) eingerichtet. Zu deren Aufgaben gehört u. a.: ▪ die Überwachung der Einhaltung der gesetzlichen Vorschriften ▪ die Beratung ▪ Anordnung notwendiger Maßnahmen für die Sicherheit und Gesundheit Die Unfallversicherung (UVT) sind die Gewerblichen Berufsgenossenschaften (BG), die Landwirtschaftlichen Berufsgenossenschaften und die Unfallkassen der öffentlichen Hand.
Wichtige Gesetze und Vorschriften Arbeitssicherheitsgesetz (ASiG), Arbeitsschutzgesetz (ArbSchG), Arbeitsstättenverordnung (ArbStättV), Arbeitsschutzrichtlinien (ASR), Bildschirmarbeitsverordnung (BildscharbV), Gefahrstoffverordnung (GefStoffV)	Wichtige Gesetze und Vorschriften Arbeitszeitgesetz ArbZG, Fahrpersonalgesetz FPersG, Mutterschutzgesetz (MuSchG), Jugendarbeitsschutzgesetz (JArbSchG), Schwerbehindertengesetz (SchwBG)	

Jugendarbeitsschutzgesetz

Jugendarbeitsschutzgesetz	
Geltung	▪ Das Jugendarbeitsschutzgesetz (JArbSchG) gilt für jugendliche Arbeitnehmer, die noch nicht 18 Jahre alt sind. Es gilt nicht für volljährige Auszubildende.
Arbeitszeit	▪ Jugendliche haben eine 5-Tage-Woche. Sie arbeiten nicht am Wochenende und an Feiertagen (Ausnahmen in bestimmten Branchen). ▪ Die Arbeitszeit ist auf höchstens 8 Stunden täglich und 40 Stunden wöchentlich begrenzt. ▪ Arbeitszeit ist die Beschäftigungszeit ohne Ruhepausen. Kurzpausen unter 15 Minuten gelten als Arbeitszeit. ▪ Der Arbeitstag eines Jugendlichen beginnt frühestens um 6 Uhr morgens und endet spätestens um 20 Uhr abends. Ausnahmen gelten für Jugendliche über 16 Jahren, die im Gaststätten- oder Schaustellergewerbe, in mehrschichtigen Betrieben, in der Landwirtschaft oder in Bäckereien arbeiten.
Freistellung	▪ Der Arbeitgeber hat den Jugendlichen für die Teilnahme am Berufsschulunterricht bzw. an Prüfungen und außerbetrieblichen Ausbildungsmaßnahmen freizustellen. Darüber hinaus sind Jugendliche an dem Arbeitstag, der der schriftlichen Abschlussprüfung unmittelbar vorausgeht, freizustellen.
Berufsschulzeit	▪ Auf die Arbeitszeit werden Berufsschultage mit mehr als 5 Unterrichtsstunden mit 8 Stunden bzw. Berufsschulwochen mit mindestens 25 Stunden Unterricht mit 40 Stunden angerechnet. ▪ Der Arbeitgeber darf den Jugendlichen nicht beschäftigen – vor einem vor 9 Uhr beginnenden Unterricht (dies gilt auch für volljährige Auszubildende) an einem Berufsschultag mit mehr als 5 Unterrichtsstunden von je 45 Minuten, einmal in der Woche – in Berufsschulwochen mit einem Blockunterricht von mindestens 25 Stunden an mindestens 5 Tagen.

Ruhepausen	▪ Bei einer Arbeitszeit von mehr als 4,5 Stunden (bzw. 6 Stunden) müssen die Ruhepausen mindestens 30 Minuten (bzw. 60 Minuten) betragen.
Freizeit	▪ Nach Beendigung der täglichen Arbeitszeit dürfen Jugendliche nicht vor Ablauf einer ununterbrochenen Freizeit von mindestens 12 Stunden beschäftigt werden.
Urlaub	▪ Der Arbeitgeber hat Jugendlichen jährlich einen bezahlten Erholungsurlaub zu gewähren. Wenn der Jugendliche am 1. Januar des Jahres noch nicht 16 Jahre (bzw. 17 Jahre bzw. 18 Jahre) alt ist, erhält er mindestens 30 Werktage Urlaub (bzw. 27 Werktage bzw. 25 Werktage) oder den höheren tariflichen Urlaub. Der Urlaub soll in der Zeit der Berufsschulferien gegeben werden.
Gesundheitsschutz	▪ Jugendliche benötigen vor Arbeitsbeginn ein ärztliches Gesundheitszeugnis (Erstuntersuchung). Ein Jahr nach Arbeitsbeginn muss eine Nachuntersuchung stattfinden.

Mutterschutzgesetz (MuSchG)

Kündigungsschutz

- keine Kündigung während der Schwangerschaft und 4 Monate nach der Geburt
- Kündigungsschutz während der Elternzeit

Beschäftigungsverbot

- Beschäftigungsverbot für 6 Wochen vor und 8 Wochen nach der Geburt (Mutterschutzfrist
- Verbot schwerer körperlicher Arbeit
- Verbot der Mehrarbeit, Sonntags- und Nachtarbeit

Gefahrenschutz

- keine Arbeiten, die das Leben und die Gesundheit der Mutter und ihres Kindes gefährden

Mutterschaftshilfe

- Anspruch auf ärztliche Betreuung und Hebammenhilfe
- Anspruch auf Mutterschaftsgeld in Höhe des bisherigen Nettoeinkommens während der Schutzfrist
- Anspruch auf Elterngeld und Erziehungsgeld

Schwerbehindertenrecht

- Sozialgesetzbuch (SGB) - Neuntes Buch (IX) Teil 2 -

Die Vorschriften gelten für schwerbehinderte und diesen gleichgestellte behinderte Menschen. (§ 68 SGB IX)

Beschäftigungspflicht der Arbeitgeber

- Private und öffentliche Arbeitgeber ab 20 Beschäftigte haben auf wenigstens 5 % der Arbeitsplätze Schwerbehinderte zu beschäftigen (§ 71 SGB IX).
- Für jeden unbesetzten Pflichtplatz haben sie monatlich eine Ausgleichsabgabe zu entrichten (105 bis 260 €) (§ 77 SGB IX).

Kündigungsschutz

- Die Kündigung eines schwerbehinderten Menschen durch den Arbeitgeber bedarf der vorherigen Zustimmung des Integrationsamtes (§ 85 SGB IX).
- Für die Kündigung gilt eine verlängerte Kündigungsfrist von vier Wochen (§ 86 SGB IX).

Fürsorge/Förderung der Schwerbehinderten

- Anspruch auf behinderungsgerechte Einrichtung und Unterhaltung der Arbeitsstätten
- Benachteiligungsverbot bei Einstellung, Aufstieg/Beförderung, Fortbildung, Kündigung (§ 81 SGB IX)
- Freistellung von Mehrarbeit auf Wunsch des Behinderten (§ 124 SGB IX)
- Zusatzurlaub von fünf Arbeitstagen im Jahr (§ 125 SGB IX)

1.3 Aufgaben zu Ausbildung und Arbeitsschutz

1.3.1 Ausbildung

01 **Berufsbildungsbericht 2009**

„Innerhalb des deutschen Bildungssystems kommt der dualen Berufsausbildung traditionell ein hoher Stellenwert zu. Für zwei Drittel der Jugendlichen in Deutschland ist diese Form der beruflichen Qualifizierung der Einstieg in das Berufs- und Arbeitsleben. Dies beweist: Das duale Ausbildungssystem ist sowohl für die Jugendlichen als auch für Wirtschaft und Gesellschaft attraktiv und breit anerkannt."

In diesem Artikel wird betont, dass das „Duale System der Berufsausbildung" für die deutsche Wirtschaft zu den wichtigen Standortvorteilen zählt. Erläutern Sie den Begriff „Duales System" und nennen Sie die Vorteile dieses Systems der Berufsausbildung.

www.bmbf.de/pub/bbb_09.pdf, Seit 4

02 Die Berufsausbildung in „anerkannten Ausbildungsberufen" ist in verschiedenen Vorschriften geregelt. Nennen Sie die verschiedenen Rechtsgrundlagen für die Berufsausbildung und deren Regelungsbereiche.

03 Christoph Meyer hat endlich die zweijährige Höhere Handelsschule geschafft. Er bewirbt sich bei der Spedition Jakob Menteler GmbH um eine Ausbildungsstelle für den Beruf des Speditionskaufmannes. Der Personalleiter sagt ihm verbindlich eine Ausbildungsstelle zu.

a) Welche Schritte sind zu unternehmen, damit rechtsverbindlich ein Ausbildungsvertrag zustande kommt?

b) Welche wesentlichen Inhalte muss ein solcher Ausbildungsvertrag regeln?

c) Welche Rolle spielt die Industrie- und Handelskammer bei diesem Vertragsabschluss?

04 Die Jacob Menteler Speditions-GmbH schließt mit Christoph Meyer einen Berufsausbildungsvertrag zum Speditionskaufmann ab. Welche der unten stehenden Pflichten übernimmt Christoph Meyer mit dem Abschluss des Berufsausbildungsvertrages?

[1] Meldepflicht ☐

[2] Schweige- und Treuepflicht ☐

[3] Fürsorgepflicht ☐

[4] Zeugnispflicht ☐

[5] Dienstleistungspflicht ☑ ☐

05 Der Auszubildende Christoph Meyer überlegt, wie lange seine Ausbildung dauern wird.

a) Wann endet das Ausbildungsverhältnis im Regelfall?

b) Welche Möglichkeiten gibt es, das Ausbildungsverhältnis früher zu beenden?

c) In welchen Fällen wird das Ausbildungsverhältnis verlängert? Um welche Zeit kann das Ausbildungsverhältnis maximal verlängert werden?

06 Der Auszubildende Christoph Meyer will nach Ablauf der Probezeit seinen Ausbildungsvertrag kündigen. Ist das nach dem Berufsbildungsgesetz (BBiG) möglich?

[1] Nein, der Vertrag kann nach der Probezeit nur vom Ausbildenden gekündigt werden. ☐

[2] Ja, der Vertrag kann auch nach der Probezeit stets von beiden Seiten ohne Einhaltung einer Kündigungsfrist gekündigt werden. ☐

[3] Nein, der Vertrag kann nur während der vereinbarten Probezeit gekündigt werden. ☐

[4] Ja, der Vertrag kann nach der Probezeit aufgelöst werden, allerdings nur in beiderseitigem Einvernehmen. ☐

[5] Ja, der Vertrag kann vom Auszubildenden nach der Probezeit mit einer Frist von 4 Wochen gekündigt werden, wenn dieser sich z. B. für eine andere Berufstätigkeit ausbilden lassen will. ☑ ☐

07 Der Auszubildende Christoph Meyer ist berufsschulpflichtig. Da er aber die Höhere Handelsschule besucht hat, finden er und sein Chef die Berufsschule nicht mehr so wichtig. Welche Pflichten haben der Auszubildende und der Ausbilder in Bezug auf den Besuch der Berufsschule?

1.3.2 Arbeitsschutzvorschriften

08 Im Gebäude einer Sammelgutspedition sind folgende Sicherheitskennzeichnungen angebracht. ☑

Welche dieser Kennzeichnungen sind	Tragen Sie die Ziffer vor der jeweils zutreffenden Art des Zeichens in das Kästchen ein.	
[1] Rettungszeichen?	a) Zeichen A	
[2] Warnzeichen?	b) Zeichen B	
[3] Verbotszeichen?	c) Zeichen C	
[4] Gebotszeichen?	d) Zeichen D	
	e) Zeichen E	

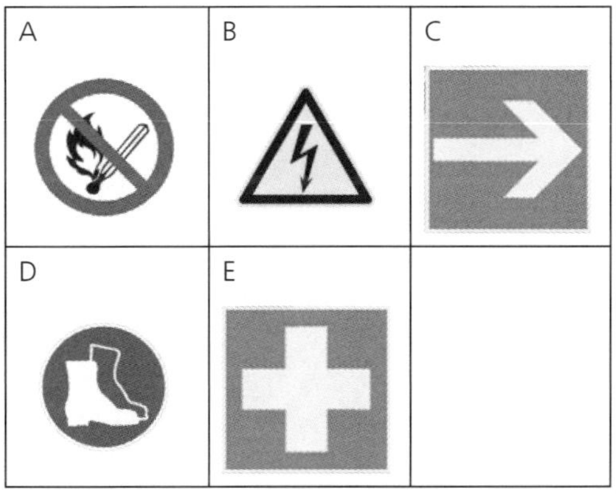

09 Welche drei Maßnahmen (von [1] bis [5]) sind im Büro durch die Unfallverhütungsvorschriften, die Arbeitsstättenverordnung bzw. das Arbeitsschutzgesetz vorgeschrieben?

[1] Anbringen eines Feuerlöschers in vertretbarer Entfernung im Gebäude ☐

[2] Maßnahmen zum Schutz von Nichtrauchern im Pausenraum ☐

[3] Benennung von Beschäftigten, welche die Aufgabe der Ersten Hilfe übernehmen ☐

[4] Maßnahmen zur Verminderung von Belästigungen der Nichtraucher am Arbeitsplatz ☐

[5] Beteiligung der Mitarbeiter bei der Entscheidung über die Einrichtung ihres Arbeitsplatzes ☑ ☐

10 Für welche Auszubildende gilt das Jugendarbeitsschutzgesetz? Für welche Personen, die nicht Auszubildende sind, gilt dieses Gesetz ebenfalls?

11 Welche Aussage entspricht den Bestimmungen des Jugendarbeitsschutzgesetzes?

1. Jugendliche müssen im Rahmen der Abschlussprüfung 2 Arbeitstage vor der Prüfung freigestellt werden.
2. Jugendliche dürfen grundsätzlich nicht mit Akkordarbeit beschäftigt werden oder andere tempoabhängige Arbeiten ausführen, mit denen ein höheres Entgelt erzielt werden kann.
3. Jugendliche dürfen nicht 8 Stunden ununterbrochen ohne Ruhepausen beschäftigt werden.
4. Das Jugendarbeitsschutzgesetz soll alle jungen Menschen unter 25 Jahren vor einer Gefährdung ihrer Gesundheit oder einer Störung ihrer Entwicklung bewahren.
5. Zwischen dem Feierabend und dem Arbeitsbeginn am nächsten Tag muss eine ununterbrochene Ruhezeit von mindestens 15 Stunden liegen.

12 Werdende Mütter (die Arbeitnehmerinnen sind) sind in Deutschland besonders gesetzlich geschützt. Erläutern Sie die wesentlichen Schutzvorschriften im Mutterschutzgesetz.

13 Das Schwerbehindertenrecht ist im Sozialgesetzbuch (SGB IX) zusammengefasst.

a) Welche Ziele verfolgt der Gesetzgeber mit diesen Vorschriften?

b) Erläutern Sie die Instrumente, die zum Schutz der Schwerbehinderten zur Verfügung stehen.

c) Nennen Sie die für den Schwerbehindertenschutz zuständige Behörde.

2 Das Unternehmen

2.1 Kaufmann und Firma

Handelsrecht (Überblick)

Bürgerliches Recht und Handelsrecht

BGB
Bürgerliches Gesetzbuch

- Buch 1: Allgemeiner Teil
- Buch 2: Recht der Schuldverhältnisse
- Buch 3: Sachenrecht

BGB
Bügerliches Gesetzbuch

HGB
Handelsgesetzbuch

Das Handelsrecht ist das „Sonderprivatrecht der Kaufleute". Es geht als „lex spezialis" dem allgemeinen Privatrecht (bürgerlichem Recht) vor.

- Erstes Buch: Handelsstand
- Zweites Buch: Handelsgesellschaften und stille Gesellschaft
- Drittes Buch: Handelsbücher
- Viertes Buch: Handelsgeschäfte
- Fünftes Buch: Seehandel

Handelsrechtliche Nebengesetze

Gesellschaftsrecht	Zahlungsverkehrsrecht	Wettbewerbsrecht
GmbHG, AktG, GenG, VAG	ScheckG, WechselG, DepotG	UWG, GWB

HGB
Handelsgesetzbuch

Arten von Kaufleuten

Istkaufmann Kaufmann kraft Gewerbebetrieb	**Kannkaufmann** Kaufmann kraft freiwilliger Eintragung (keine Kaufmannseigenschaft ohne Eintragung)		**Formkaufmann** Kaufmann kraft Rechtsform
• Kaufmann betreibt ein Handelsgewerbe • hat einen in kaufmännischer Weise eingerichteten Betrieb • Eintragung ist zwingend	• Kleingewerbetreibende • haben keinen in kaufmännischer Weise eingerichteten Betrieb • Eintragung ist freiwillig	• Land- und Forstwirtschaft • oder Nebenbetrieb eines land- und forstwirtschaftlichen Betriebes • Eintragung ist freiwillig	• Kapitalgesellschaften (GmbH, AG, KGaA) • Eintragung ist zwingend
§ 1 HGB	**§ 2 HGB**	**§ 3 HGB**	**§ 6 HGB**

Gewerbe

GEWERBEBEGRIFF

Eine **selbstständige nachhaltige Betätigung**, die mit der Absicht, **Gewinn** zu erzielen, unternommen wird und sich als Beteiligung am allgemeinen wirtschaftlichen Verkehr darstellt, ist Gewerbebetrieb, wenn die Betätigung **weder** als Ausübung von **Land- und Forstwirtschaft** noch als Ausübung eines **freien Berufs** noch als eine **andere selbstständige Arbeit** anzusehen ist. Ein Gewerbebetrieb liegt, wenn seine Voraussetzungen im Übrigen gegeben sind, auch dann vor, wenn die Gewinnerzielungsabsicht nur ein Nebenzweck ist.

(§ 15 Abs. 2 Einkommenssteuergesetz)

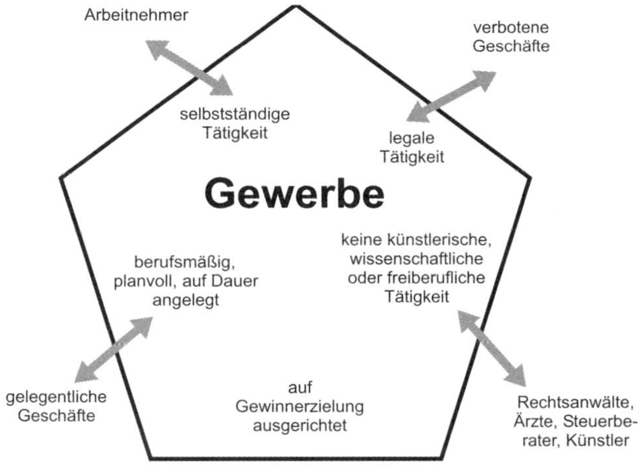

Firmenarten

Firmenarten

Personenfirma

Die Firma lehnt sich an den bürgerlichen Namen des Inhabers bzw. der Gesellschafter an.

Meyer & Meyer OHG
Gerd Berger e. K.
Haeger & Schmidt GmbH

Sachfirma

Die Firma leitet sich aus dem Unternehmensgegenstand ab.

Unifracht Spedition GmbH
Schiffsmeldedienst GmbH
Inter Freight System OHG

Fantasiefirma

Die Firma erhält eine Fantasiebezeichnung.

AVENTIS AG
Econ Spediton
Hansetrans KG

Zulässigkeit

Bei allen Rechtsformen ist es den Unternehmern erlaubt, Personen-, Sach- und Fantasieformen oder Mischformen zu wählen.

Mischformen

Birkart Locistics AG
Anglobaltic Schifffahrts- und Transport GmbH

Firmengrundsätze

Firmengrundsätze

Firmenwahrheit

Keine unrichtigen Angaben über Art und Umfang des Unternehmens.

Die Firma muss einen Rechtsformenzusatz enthalten (e. K., OHG, KG, GmbH, AG).

Firmenausschließlichkeit

Die Firma muss sich von anderen Firmen im gleichen Ort unterscheiden. Eventuell muss ein unterscheidender Firmenzusatz gewählt werden. Es darf kein Verstoß gegen geschützte Marken- oder Firmennamen vorliegen.

Firmenbeständigkeit

Die Firma darf beibehalten werden, wenn sich der Inhaber oder dessen Name ändert.

Firmeneinheit

Ein Kaufmann darf für ein Unternehmen nur eine Firma führen.

Er kann allerdings mehrere Unternehmen mit unterschiedlichen Firmen betreiben.

Firmenöffentlichkeit

Ein Kaufmann muss seine Firma in das Handelsregister eintragen. Auf allen Geschäftsbriefen muss die Firma, der Rechtsformzusatz, der Sitz, das Registergericht und HR-Nummer angegeben werden.

Firma, Begriff

FIRMA

§ 17 HGB

(1) Die Firma eines Kaufmanns ist der Name, unter dem er seine Geschäfte betreibt und die Unterschrift abgibt.

(2) Ein Kaufmann kann unter seiner Firma klagen und verklagt werden.

Handelsregister, Grundsätze, elektronisches Register

HANDELSREGISTER

Das Handelsregister in Deutschland ist ein öffentliches Verzeichnis, das Eintragungen über die angemeldeten Kaufleute im Bezirk des zuständigen Registergerichts führt und das die dort hinterlegten Dokumente zur Einsicht zur Verfügung stellt. Das Handelsregister kann von jedermann eingesehen werden. (Wikipedia)

ELEKTRONISCHES REGISTER

Das Handelsregister wird nach einer EU-Richtlinie seit 2007 vollständig elektronisch geführt. Sowohl die Übermittlung und Einreichung der Anmeldungen zur Eintragung als auch die Auskunft über den Inhalt der Eintragungen und der hinterlegten Dokumente erfolgt mittels elektronischer Informations- und Kommunikationssysteme.

Handelsregister

HANDELSREGISTER

Spalte	**Abteilung A**	**Abteilung B**
	Einzelkaufleute, OHG, KG, öffentliche Körperschaften	**Kapitalgesellschaften: GmbH, AG, KGaA, VVaG**
2	Firma Ort der Niederlassung,	Firma Ort der Niederlassung, Gegenstand des Unternehmens
3	Inhaber (e. K), persönlich haftende Gesellschafter (OHG, KG)	Gesellschafter (GmbH) Geschäftsführer (GmbH) Vorstand (AG)
4	Prokura	Prokura
5	Einlage der Kommanditisten Vertretungsmacht der Gesellschafter (OHG, KG)	Stammkapital (GmbH) Grundkapital (AG)

- Eintragungsfähig und -pflichtig sind nur die gesetzlich zulässigen und vorgesehenen Tatbestände.
- Eintragungen erfolgen auf Antrag, ggf. von Amts wegen.
- Die Anmeldung zur Eintragung ist in öffentlich (notariell) beglaubigter Form einzureichen (§ 12 HGB); sie kann ggf. durch Ordnungsgeld erzwungen werden.
- Die Eintragungen werden vom Amtsgericht durch Veröffentlichung im Bundesanzeiger und in mindestens einem weiteren Blatt im Amtsgerichtsbezirk bekannt gemacht (§§ 10, 11 HGB).
- Gelöschte Eintragungen sind unterstrichen.

Handelsregisterauszug

Handelsregisterauszug

Amtsgericht Mannheim HRB 530

Nr.	a) Firma b) Sitz c) Gegenstand des Unternehmens	Grund- oder Stammkapital €	Vorstand persönlich haftende Gesellschafter Geschäftsführer Abwickler	Prokura	Rechtsverhältnisse	a) Tag der Eintragung und Unterschrift b) Bemerkungen
1	2	3	4	5	6	7
1	a) Rheinsped GmbH b) 68159 Mannheim c) Spedition	500 000,00	Dipl.-Betriebswirt Gerd Becker Dipl.-Kauffrau Christa Grabe-Heinen	Rainer Laske*		a) 1. Januar 2001

* Name ist rot unterstrichen

2.2 Rechtsformen

Unternehmensformen

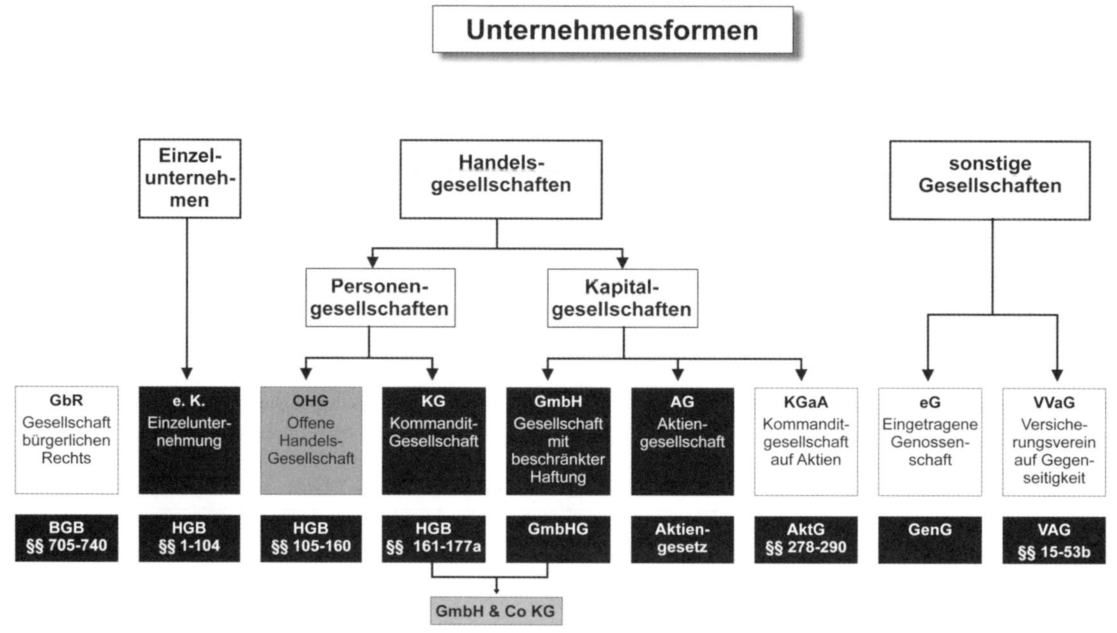

Einzelunternehmung, Eingetragener Kaufmann

EINZELUNTERNEHMUNG

Gründung:

- Wahl der Firma (e. K.)
- Kapitalaufbringung (kein Mindestkapital)
- Eintragung ins Handelsregister

Gewinn/Verlust:

- Einzelunternehmer erhält den Gewinn
- trägt den Verlust

Finanzierung:

- Eigenkapital
- Aufnahme eines stillen Gesellschafters
- Bankkredit als Personalkredit

Geschäftsführung:

- Einzelunternehmer führt die Geschäfte des Unternehmens allein

Haftung:

- unbeschränkte Haftung mit Privat- und Betriebsvermögen

Besteuerung:

- Einzelunternehmung, kein selbstständiges Steuersubjekt
- Einkommensteuerpflicht des Unternehmers

OHG, Offene Handelsgesellschaft

§§ 105-160 HGB

OFFENE HANDELSGESELLSCHAFT (OHG)

Gründung:

- Wahl der Firma (OHG)
- Gesellschaftsvertrag
- Kapitalaufbringung
- Eintragung ins Handelsregister

Gewinn/Verlust:

- Gewinn: jeweils 4 % des Kapitals, Rest nach Köpfen
- Verlust: nach Köpfen (oder nach Vertrag)
- oder andere vertragliche Regelung

Finanzierung:

- Erhöhung der Kapitaleinlagen
- Aufnahme neuer Gesellschafter
- Gute Kreditchancen

Geschäftsführung:

- Alle Gesellschafter sind berechtigt und verpflichtet.
- Die Geschäftsführung kann auf einzelne Gesellschafter übertragen werden.

Haftung:

- unbeschränkte Haftung der Gesellschafter mit ihrem Privat- und Gesellschaftsvermögen

Rechtsfähigkeit:

- Eine OHG kann unter ihrer Firma Rechte erwerben und Verbindlichkeiten eingehen; sie kann Eigentum und andere dingliche Rechte an Grundstücken erwerben und vor Gericht klagen und verklagt werden.

Besteuerung:

- OHG: kein selbstständiges Steuersubjekt
- Einkommensteuerpflicht jedes einzelnen Gesellschafters

KG, Kommanditgesellschaft

§§ 161-177a HGB

KOMMANDITGESELLSCHAFT (KG)

Gründung:
- Wahl der Firma (KG)
- Gesellschaftsvertrag zwischen Komplementären (Vollhafter) und Kommanditisten (Teilhafter)
- Kapitalaufbringung (kein Mindestkapital)
- Eintragung ins Handelsregister

Gewinn/Verlust:
- Gewinn: 4 % des jeweiligen Kapitals, Rest nach angemessenem Verhältnis (unter Berücksichtigung der Geschäftsführungspflicht und des Kapitalanteils)
- Verlust: nach Vertrag oder angemessenen Anteilen (i.d.R. nach Kapitalanteil)

Finanzierung:
- Aufnahme neuer Kommanditisten
- Erhöhung der Kapitaleinlagen
- sehr gute Kreditchancen

Geschäftsführung:
- Die Komplementäre führen die Geschäfte der Gesellschaft
- Kommanditisten sind von der Geschäftsführung ausgeschlossen

Haftung:
- Komplementäre haften unbeschränkt mit Privat- und Gesellschaftsvermögen
- Kommanditisten haften bis zur Höhe ihrer Kapitaleinlage

Rechtsfähigkeit:
- Die KG kann unter ihrer Firma Rechte erwerben und Verbindlichkeiten eingehen; sie kann Eigentum und andere dingliche Rechte an Grundstücken erwerben und vor Gericht klagen und verklagt werden.

Besteuerung:
- KG: kein selbstständiges Steuersubjekt
- Einkommensteuerpflicht jedes einzelnen Gesellschafters

GmbH

GmbHG

GESELLSCHAFT MIT BESCHRÄNKTER HAFTUNG (GMBH)

Gründung:
- Wahl der Firma (GmbH)
- Gesellschaftsvertrag (ein oder mehrer Gesellschafter)
- Stammeinlagen (min. 25 000 €)
- Sonderform: Unternehmergesellschaft (UG), haftungsbeschränkt ohne Mindeststammkapital (§ 5a GmbHG)
- Eintragung ins Handelsregister

Gewinn/Verlust:
- Gewinnverteilung nach Geschäftsanteilen
- Verluste werden aus Rücklagen gedeckt oder vom Kapitalanteil abgezogen

Finanzierung:
- Nachschusszahlungen der Gesellschafter
- Aufnahme neuer Gesellschafter
- begrenzte Kreditchancen

Geschäftsführung/Organe:
- Geschäftsführer
- Gesellschafterversammlung
- Aufsichtsrat bei mehr als 500 Mitarbeitern

Haftung:
- Die Haftung ist auf das Gesellschaftsvermögen beschränkt
- Nachschusspflicht der Gesellschafter

Besteuerung:
- Die GmbH ist eine juristische Person und damit in vollem Umfang rechtsfähig.

Besteuerung:
- GmbH: selbstständiges Steuersubjekt mit Körperschaftsteuerpflicht
- Einkommensteuerpflicht der Gesellschafter

Aktiengesellschaft

AktG

AKTIENGESELLSCHAFT (AG)

Gründung:
- Wahl der Firma (AG)
- Satzung (ein oder mehrere Aktionäre)
- Grundkapital (min. 50 000 €)
- Eintragung ins Handelsregister

Gewinn/Verlust:
- Erhöhung der Rücklagen. Dividende
- Deckung eines Verlustes durch Rücklagen; sind die aufgebraucht, kann das Kapital herabgesetzt werden

Finanzierung:
- Auflösung der Rücklagen
- Kapitalerhöhung (Ausgabe neuer Aktien)
- Ausgabe von Schuldverschreibungen
- gute Kreditchancen

Geschäftsführung/Organe:
- Vorstand (Geschäftsführung)
- Aufsichtsrat (Kontrolle)
- Hauptversammlung (Beschlussorgan)

Haftung:
- Die AG haftet nur mit dem Gesellschaftsvermögen

Besteuerung:
- Die AG ist eine juristische Person und damit in vollem Umfang rechtsfähig.

Besteuerung:
- AG: selbstständiges Steuersubjekt mit Körperschaftsteuerpflicht
- Einkommensteuerpflicht der Aktionäre

2.3 Organisation

Grafik nach Daten aus: Fachwissen, Heft 2/2007

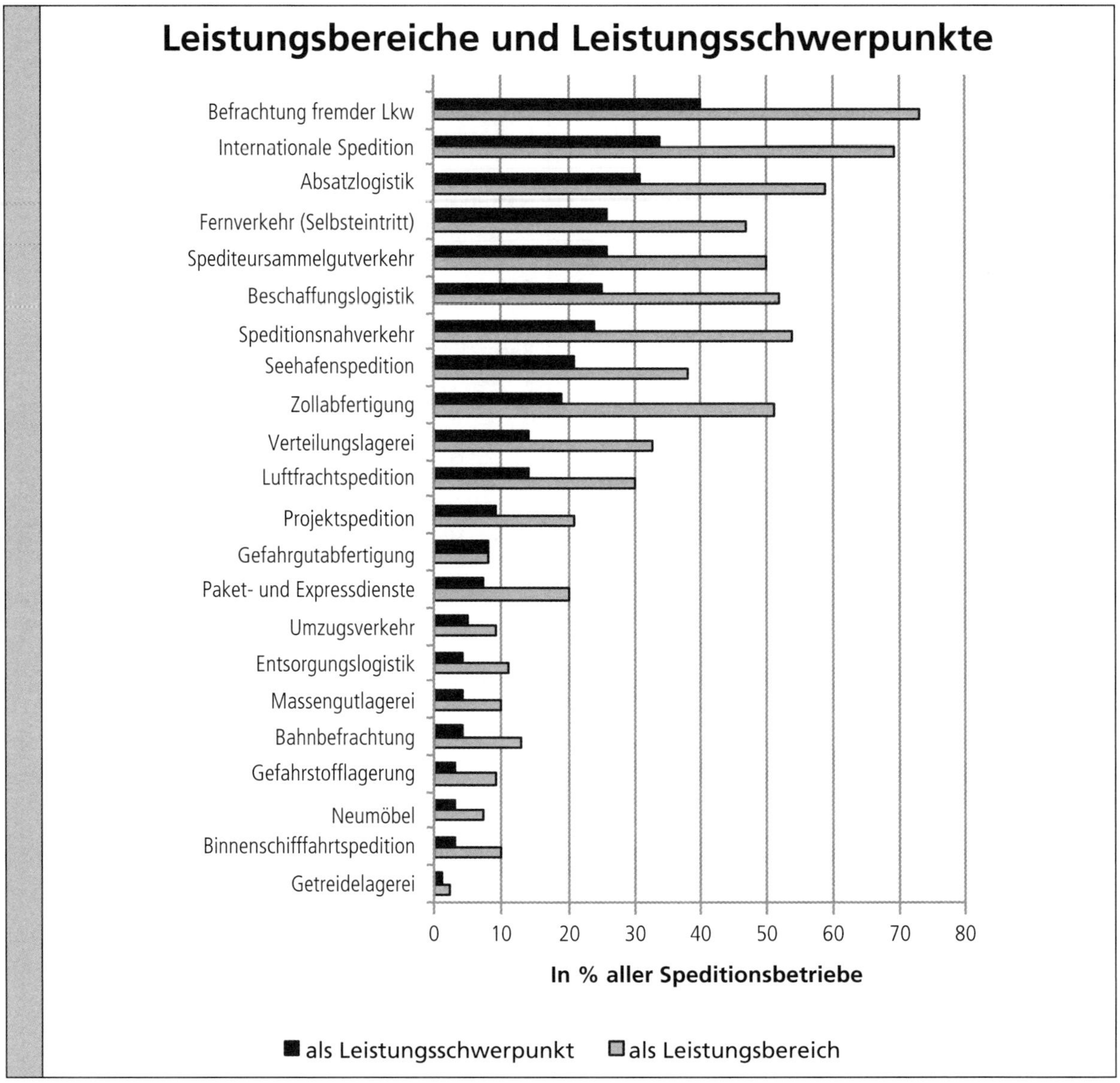

Stellenbildung

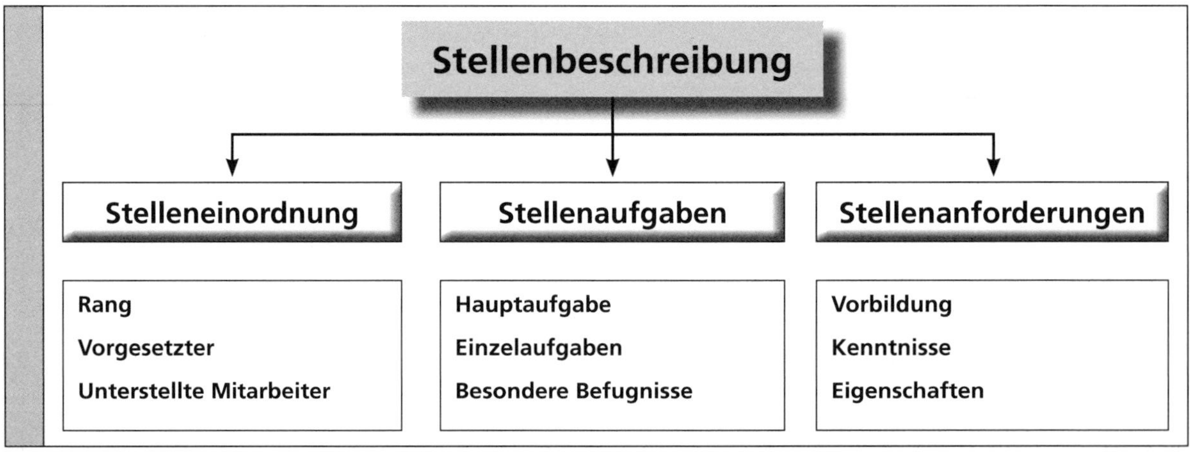

Grundsätze für die Abteilungsbildung

Gründe für die Bildung neuer Abteilungen	Prinzipien der Gruppen- und Abteilungsbildung
Zunahme der Arbeiten und Einrichtung neuer Stellen	**Überschaubarkeit** der Tätigkeiten soll erhöht werden.
schwierigere und komplexere Aufgaben in einem abgegrenzten Sachgebiet	**Spezialisierung** der Mitarbeiter durch Zuweisung abgegrenzter Aufgabengebiete

Leitungssystem, Liniensystem

Mehrliniensystem

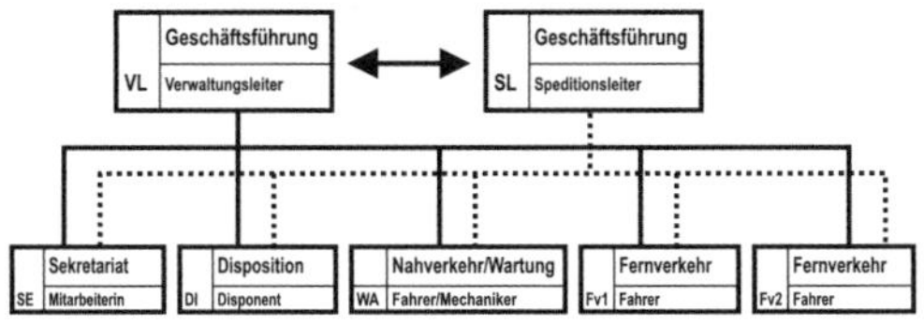

Merkmale	Vorteile	Nachteile
Bei einem Mehrliniensystem sind alle Mitarbeiter mehreren Führungskräften gleichzeitig unterstellt. Die Führungskräfte nehmen unterschiedliche Funktionen im Unternehmen war (z. B. kaufmännische Verwaltung, Spedition) und arbeiten eng zusammen.	▪ einfache, überschaubare Organisation ▪ kurze Dienstwege und flexible, unbürokratische Entscheidungen	▪ Probleme bei mangelnder Absprache der Führungspersönlichkeiten ▪ widersprüchliche Weisungen an die Mitarbeiter sind möglich ▪ Gefahr von Kompetenzkonflikten

Einliniensystem

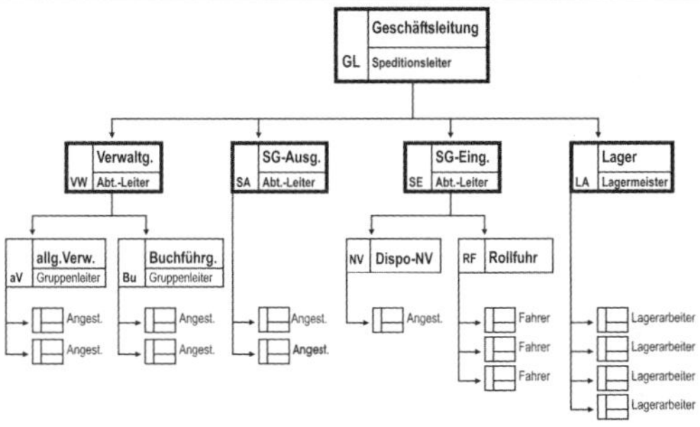

Merkmale	Vorteile	Nachteile
Das Unternehmen ist in Abteilungen und Gruppen gegliedert. Alle Abteilungen, Gruppen und Mitarbeiter können Aufträge und Anweisungen nur von ihren direkten Vorgesetzten erhalten (Prinzip der Einheit der Auftragserteilung). Sie sind auch nur den direkten Vorgesetzen gegenüber verantwortlich und berichtspflichtig.	▪ Einheit der Auftragserteilung ▪ genaue Kompetenzabgrenzung ▪ übersichtliche Organisation und klare Dienstwege	▪ langer und schwerfälliger Dienstweg ▪ quantitative und sachliche Überlastung der Vorgesetzten

Stab-Linien-System

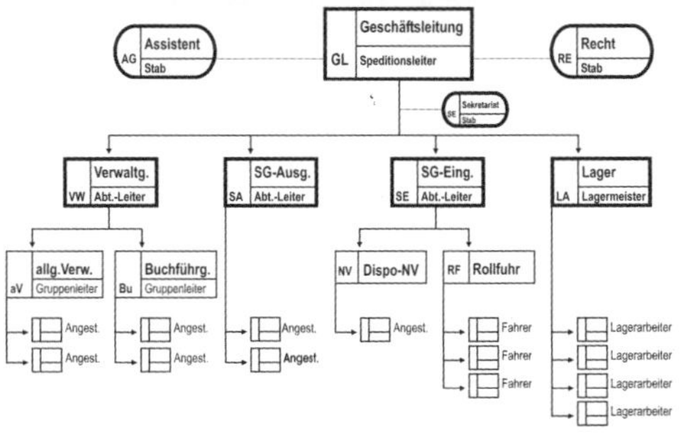

Merkmale	Vorteile	Nachteile
Das Einliniensystem wird um Stabsstellen bzw. -abteilungen ergänzt. Stabsstellen beraten und unterstützen die Linienstellen und entwickeln entscheidungsreife Vorschläge. Sie haben jedoch nicht das Recht, Weisungen zu erteilen.	▪ Alle Vorteile des Einliniensystems ▪ Verbesserung der Leistungstätigkeit durch fachliche Beratung ▪ Entlastung der Leitungsinstanzen	▪ Kosten der Stabsstellen ▪ Einfluss der Stabsstellen ohne eigene Verantwortung zu übernehmen ▪ Konflikte zwischen Stabs- und Linienstellen

Spartenorganisation

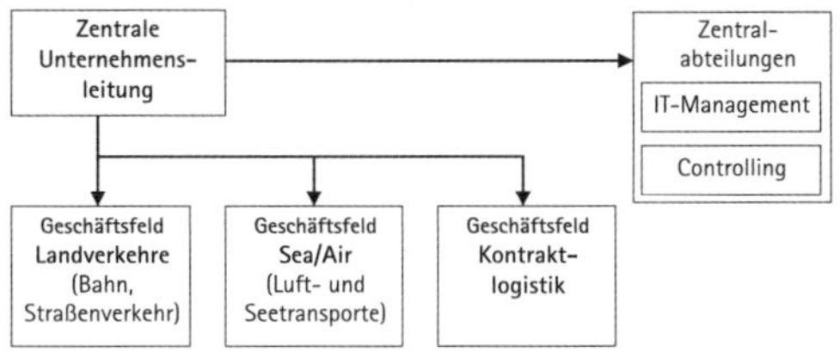

Merkmale	Vorteile	Nachteile
Ein Großunternehmen wird nach Sparten gegliedert, die wie selbstständige Unternehmen handeln. Die Sparten erhalten eigene Budgets, mit denen bestimmte Umsatzgrößen erreicht werden müssen (Budgetsystem), oder sie werden als Profitcenter geführt, die bestimmte Gewinnmargen erreichen sollen.	▪ schnelle Reaktion auf Veränderungen innerhalb des Geschäftsfeldes der Sparte ▪ eindeutige Bewertung des Erfolges der einzelnen Sparten	▪ Unübersichtlichkeit des Gesamtunternehmens ▪ Tendenzen zur Verselbstständigung der Sparten ▪ langer Anweisungsweg von der Konzernspitze zu den Mitarbeitern

Matrix-Organisation

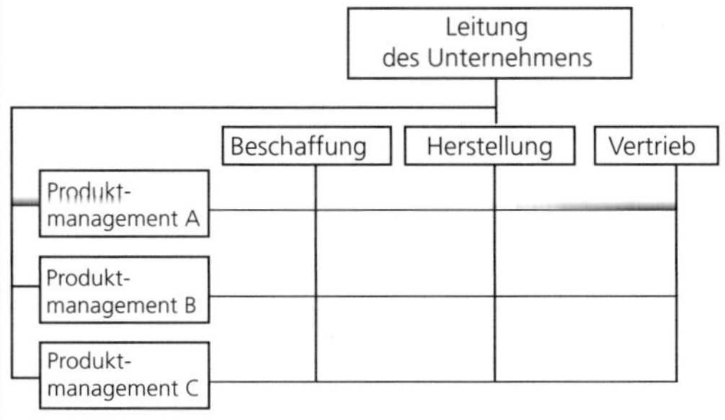

Merkmale	Vorteile	Nachteile
In der Matrixorganisation werden die Mitarbeiter in ein nach Funktionen gegliedertes Abteilungssystem eingeordnet. Gleichzeitig werden die Mitarbeiter auch markt orientierten Leitungsstellen zugeordnet. Jede ausführende Stelle hat daher zwei für sie zuständige Leitungsinstanzen.	▪ bessere Nutzung von Kreativität und Spezialkenntnissen der Mitarbeiter ▪ Verhinderung von Funktions- oder Spartenegoismus ▪ Verfolgung von Produkt- und Projektzielen bei Beachtung der Produktivitätsziele des Unternehmens	▪ schwieriger Entscheidungsprozess bei Konflikten ▪ übergeordnete Leitungsstellen sind stark mit Konfliktschlichtung beschäftigt

2.4 Aufgaben zu Unternehmen

Seite 229

2.4.1 Kaufmann und Firma

01 Beurteilen Sie folgende Fälle in Bezug auf die Kaufmannseigenschaft der Unternehmen bzw. des Unternehmers. Bestimmen Sie,

a) ob es sich dabei um Kaufleute im Sinne des HGB handelt.

b) welche Art von Kaufmann (Istkaufmann § 1 HGB, Kannkaufmann § 2 / § 3 HGB oder Formkaufmann § 6 HGB) in den Fällen beschrieben wird.

Fälle

1. Manfred Gruber ist Abteilungsleiter „Sammelgut" in einer großen Spedition. Er erbt 400 000 €. Mit dem Geld gründet er ein eigenes Speditionsunternehmen und stellt 3 Arbeitnehmer ein.
2. Frau Müller betreibt einen kleinen Kiosk und verkauft Zeitschriften, Süßigkeiten und Getränke.
3. Ein Landwirt, der hauptsächlich im Getreideanbau tätig ist, betreibt zusätzlich eine kleine Schnapsbrennerei. Er stellt Obstschnäpse her, die er aus Obst von eigenen Obstbäumen brennt. Der Schnaps wird an Stammkunden verkauft.
4. Mehrere Geschäftspartner betreiben eine international tätige Großhandlung für Maschinenteile in der Rechtsform der OHG.
5. Fritz Schuster betreibt als Ein-Mann-Betrieb eine kleine Reparaturwerkstatt für Kraftfahrzeuge. Er ist „eingetragener Kaufmann".
6. Der Anwalt Friedrichs gründet zusammen mit dem Steuerberater Mohrmann eine gemeinsame Rechtsanwalts- und Steuerberatergesellschaft in der Rechtsform der GmbH.
7. Mehrere freiberuflich tätige Autoren gründen eine Genossenschaft (eG), um ihre Bücher selbst zu verlegen.

02 Der Landwirt Dahlhaus gibt seinen Betrieb auf. Er verpachtet die Flächen und betreibt in seinen Gebäuden eine große Geflügelfarm mit ca. 4 000 Tieren. Er kauft das Futter von der landwirtschaftlichen Genossenschaft und verkauft Eier und Fleisch an ein überregionales Handelsunternehmen. Entscheiden Sie, ob Dahlmann Kaufmann ist, und begründen Sie Ihre Entscheidung.

03 Klären Sie für folgende Unternehmen, ob und gegebenenfalls welche Art von Kaufmannseigenschaft vorliegt: Maschinenbau-AG, Landwirtschaft mit Hofladen im Nebenbetrieb, Zeltverleih, Schuhmacher, der auch Schuhe verkauft.

Seite 232

04 Friedrich Seegmayer, Gerd Becker und Christa Grabe-Heinen sind Gesellschafter der Rheinsped GmbH, Internationale Spedition in Mannheim. Das Unternehmen ist durch die Übernahme und Änderung der Rechtsform aus der Heinen KG, Weinheim, entstanden. Welche der folgenden Firmierungen wären auch möglich gewesen? Geben Sie die 4 zutreffenden Firmierungen an.

Firmierungen

[1] Seegmayer Spedition

[2] Gerd Becker GmbH

[3] Heinen GmbH & Co.

[4] Rheintrans Speditiongesellschaft mbH

[5] Seegmayer & Becker GmbH

[6] Seegmayer GmbH

[7] Mannheimer Speditionsgesellschaft

[8] Grabe-Heinen, Becker und Seegmayer ☑

05 Wolfgang Niehörster ist Fahrer im Nahverkehr bei einer großen Sammelgutspedition. Das Unternehmen möchte zukünftig nur noch mit selbstständigen Subunternehmern arbeiten. Wolfgang Niehörster gründet daher ein Nahverkehrsunternehmen, in dem er selbst Unternehmer und Fahrer sein wird. Da sein Onkel in der gleichen Stadt schon eine Spedition betreibt, meldet er sein Unternehmen beim Handelsregister mit dem gleichen Namen als „Internationale Spedition Niehörster" an.

Das Registergericht lehnt die Eintragung ab.

a) Welche Gründe führen zur Ablehnung des Firmenwunsches?

b) Nennen Sie drei mögliche Alternativen für die Firmierung.

06 Beantworten Sie die folgenden Fragen zum Registerauszug (Seite 231) der Rheinsped GmbH.

a) Wo wurde die nebenstehende Eintragung vorgenommen?

[1] In Abteilung A des Handelsregisters

[2] In Abteilung B des Handelsregisters

[3] Im Genossenschaftsregister

b) Welche der folgenden Aussagen zur Eintragung in Spalte 5 des Handelsregisterauszugs ist richtig?

[1] Die Prokura Rainer Laske ist erloschen.

[2] Rainer Laske ist nicht mehr Mitarbeiter der Rheinsped GmbH.

[3] Rainer Laske darf mit dem Zusatz ppa. unterschreiben.

c) Ist die Höhe des Stammkapitals

[1] gleich dem gesetzlichen Mindestbetrag?

[2] höher als der gesetzliche Mindestbetrag?

[3] niedriger als der gesetzliche Mindestbetrag?

d) Während einer Diskussion über den Handelsregisterauszug werden die nachstehenden Aussagen gemacht. Welche dieser Aussagen trifft zu?

[1] Die Eintragung der Rheinsped GmbH in das Handelsregister ist freiwillig.

[2] Die Wirkung der Eintragung ist deklaratorisch und bezeugt lediglich, dass es sich bei der Rheinsped GmbH um einen Kaufmann im Sinne des HGB handelt.

[3] Jeder ist berechtigt, sich vom nebenstehenden Auszug über die Rheinsped GmbH eine Abschrift anfertigen zu lassen.

[4] Handelsregistereintragungen der Rheinsped GmbH werden ausschließlich in den örtlichen Tageszeitungen veröffentlicht. ☑

2.4.2 Rechtsformen

07 Zwei Freunde gründen die SpeedSped KG, Internationale Spedition. Drei Wochen nach Geschäftsbeginn erfolgt die Eintragung ins Handelsregister.

a) Zu welchem Zeitpunkt ist die KG entstanden?

b) Welche Rechtswirkung hat die Eintragung für die Entstehung der KG?

c) Wo hat das Gericht die Eintragung ins Handelsregister zu veröffentlichen?

08 Zum Kundenkreis der Elektrogeräte GmbH zählen natürliche Personen und juristische Personen des privaten und öffentlichen Rechts. Stellen Sie fest, wer eine juristische Person des privaten Rechts ist.

[1] Norddeutscher Rundfunk ☐
[2] Elektrogroßhandel GmbH ☐
[3] Anton Meyer e. K. ☐
[4] Gustav Schmidt KG ☐
[5] Finanzamt Hannover ☑ ☐

09 Welche der unten stehenden Aussagen treffen nach der gesetzlichen Regelung

[1] nur auf die OHG
[2] nur auf die GmbH
[3] auf keine dieser Unternehmensformen zu ?

Aussagen:

a) Die Gesellschaft erlischt mit der Erfüllung des gemeinsamen Ziels automatisch.	
b) Das gezeichnete Kapital nennt man Stammkapital.	
c) Die Rechtsvorschriften über die Gesellschaft finden sich im BGB.	
d) Die Eigentumsanteile werden an der Börse gehandelt.	
e) Alle Gesellschafter sind zur Geschäftsführung verpflichtet.	
f) Die Haftung aller Gesellschafter ist unbeschränkt.	
g) Die Haftung einiger Gesellschafter ist beschränkt, die übrigen Gesellschafter haften unbeschränkt. ☑	

10 Welche der folgenden Aussagen treffen nach den gesetzlichen Vorschriften

[1] nur auf die OHG,
[2] nur auf die GmbH,
[3] weder auf die OHG noch auf die GmbH zu?

Aussagen:

a) Alle Gesellschafter haften nur mit ihren Geschäftsanteilen.	
b) Die Gesellschaft ist eine juristische Person.	
c) Die Gesellschaft besteht nur aus Komplementären und Kommanditisten.	
d) Eine Stammeinlage muss mindestens 250,00 € betragen.	
e) Jeder Gesellschafter ist grundsätzlich zur Geschäftsführung und Vertretung berechtigt.	
f) Der Gewinn der Gesellschaft unterliegt der Körperschaftsteuer.	
g) Auf das Eigenkapital müssen mindestens 12 500,00 € eingezahlt werden. ☑	

11 Eine große Sammelgutspedition mit 600 Beschäftigten wird in der Rechtsform der GmbH geführt.

a) Welche Gründe sprechen für die Rechtsform der GmbH?
b) Nennen Sie die Organe dieser GmbH und beschreiben Sie deren Aufgaben.
c) Beschreiben Sie den Haftungsumfang der Gesellschafter.
d) Wie wird in der GmbH der Gewinn oder der Verlust verteilt?
e) Wer führt die Geschäfte der GmbH und vertritt die Gesellschaft nach außen?

12 Franz Meyer führt ein Speditionsunternehmen als „eingetragener Kaufmann". Um sein Unternehmen zu erweitern, möchte er einen langjährigen Mitarbeiter, Michael Degen, als Gesellschafter aufnehmen, der weiteres Eigenkapital zur Verfügung stellt und an der Leitung des Unternehmens beteiligt wird. Das Unternehmen soll mit „Meyer Spedition OHG" firmieren.

a) Welche Argumente sprechen für die Rechtsform der OHG?
b) Welche Pflichten und welche Rechte erhalten die beiden Eigentümer der Gesellschaft?
c) Die Gesellschafter benötigen für ihren Lebensunterhalt im Monat je 3 500 €. Auf welche Art werden diese Summen an die Gesellschafter ausgezahlt?
d) In einem Arbeitsgerichtsprozess stimmt Michael Degen einer hohen Abfindung für einen entlassenen Mitarbeiter zu. Ist diese Zusage verbindlich, auch wenn Franz Meyer nicht zugestimmt hat?

13 Ein Unternehmer (e. K.) möchte sein Unternehmen durch die Aufnahme weiterer Gesellschafter vergrößern. Dabei soll die Entscheidung zwischen der Rechtsform der OHG oder der GmbH getroffen werden. Eine wichtige Frage ist dabei die Verteilung des Gewinns/des Verlustes nach Gesetz.

Kapitalanteile:		Ergebnis	
Gesellschafter A	320 000 €	Gewinn	65 000 €
Gesellschafter B	100 000 €	Verlust	18 000 €
Gesellschafter C	65 000 €		

a) Wie würde der Gewinn verteilt?
[1] bei einer GmbH
[2] bei einer OHG

b) Wie würde der Verlust verteilt?
[1] bei einer GmbH
[2] bei einer OHG

14 Prüfen Sie, in welcher Zeile alle Merkmale einer GmbH richtig sind.

1. Vorstand - kein Mindeststammkapital - mindestens 7 Gründer - persönliche Haftung ☐
2. Geschäftsführer - kein Mindeststammkapital - mindestens 7 Gründer - persönliche Haftung ☐
3. Vorstand - Mindeststammkapital 50 000,00 € - mindestens 5 Gründer - persönliche Haftung ☐
4. Geschäftsführer - Mindeststammkapital 50 000,00 € - mindestens 5 Gründer - keine persönliche Haftung ☐
5. Geschäftsführer - Mindeststammkapital 25 000,00 € - ein oder mehrere Gründer - keine persönliche Haftung ☐
6. Vorstand - Mindeststammkapital 25 000,00 € - ein oder mehrere Gründer - keine persönliche Haftung ☐

15 Zwei Kaufleute mit einem Kapital von insgesamt 30 000,00 € wollen unter folgenden Bedingungen eine Unternehmung gründen:

- Einstellung eines Geschäftsführers - keine persönliche Haftung
- Möglichkeit der Kapitalerhöhung durch Aufnahme weiterer Gesellschafter

Welche Rechtsform ist zulässig?

[1] KG ☐
[2] AG ☐
[3] OHG ☐
[4] Genossenschaft ☐
[5] GmbH ☐

16 Im ersten Geschäftsjahr erwirtschaftet die Rheinsped GmbH einen Jahresüberschuss von 175 000,00 €, wovon 35 000,00 € den freiwilligen Rücklagen zugeführt werden. Ermitteln Sie den Gewinnanteil des Gesellschafters Gerd Becker unter Berücksichtigung des nebenstehenden Auszugs aus dem § 29 GmbHG. Die Kapitaleinlage von Friedrich Seegmayer beträgt 250 000 €, die von Gerd Becker 100 000 € und die von Christa Grabe-Heinen 150 000 €. ☑

§ 29 GmbHG [Verteilung des Reingewinns]

...

(2) Im Beschluss über die Verwendung des Ergebnisses können die Gesellschafter, wenn der Gesellschaftsvertrag nichts anderes bestimmt, Beträge in Gewinnrücklagen einstellen oder als Gewinn vortragen.

(3) Die Verteilung erfolgt nach Verhältnis der Geschäftsanteile. Im Gesellschaftsvertrag kann ein anderer Maßstab der Verteilung festgesetzt werden.

2.4.3 Organisation

17 In welchem Fall handelt es sich um ein Problem der Aufbauorganisation eines Speditionsbetriebes?

- [1] Mangelnde Kompetenzabgrenzungen führen wiederholt zu Missstimmungen zwischen einzelnen Abteilungen. ☐
- [2] Fehlbuchungen führen zu Störungen bei der Rechnungserstellung. ☐
- [3] Bei der Auftragsabwicklung kommt es wegen unklarer Anweisungen häufig zu Fehldispositionen. ☐
- [4] Missverständliche Arbeitsanweisungen führen zu Fehlern bei der Auftragsbearbeitung. ☐
- [5] Bei der Auftragsannahme kommt es immer wieder zu Leerzeiten. ☑ ☐

18 Die Spedition Berger überlegt, ob sie ihre Geschäfte ausweiten und ein Luftfrachtbüro am Flughafen eröffnen soll. Welche Organisationseinheit des Unternehmens ist für diese Entscheidung verantwortlich?

1. Die Abteilung „Spedition Sammelgut" ☐
2. Die Finanzabteilung ☐
3. Die Abteilung „Spedition International" ☐
4. Die Kalkulationsabteilung ☐
5. Die Geschäftsleitung ☑ ☐

19 Für den Disponenten der Fernverkehrsabteilung in der Spedition soll eine schriftliche Stellenbeschreibung erstellt werden. Welche der unten stehenden Aussagen können Inhalte dieser Stellenbeschreibung sein? ☑

Aussagen

- [1] Dem Disponenten sind die Auszubildenden in der Nahverkehrsabteilung unterstellt. ☐
- [2] Die Stelle wird mit der Gehaltsgruppe IV bewertet. ☐
- [3] Die Stelle ist mit Herrn Andreas Müller besetzt. ☐
- [4] Der Disponent nimmt Aufträge im Rahmen des Nahverkehrs entgegen und sorgt für deren ordnungsgemäße Abwicklung. ☐
- [5] Der Stelleninhaber erhält eine außertarifliche Zulage von 200,00 €. ☐
- [6] Der Disponent darf im Monat Dezember keinen tariflichen Urlaub nehmen. ☐

20 Im folgenden Organigramm sind die Positionen a) bis e) eingekreist. Welche Begriffe treffen für die Positionen zu?

Positionen

- a) Abteilungsleiter Sammelgutausgang
- b) Assistent der Geschäftsleitung
- c) Fahrer in Abteilung Nahverkehr
- d) Verantwortlicher Mitarbeiter Controlling
- e) Gemeinsamer Tätigkeitsbereich Lagermeister/Lagerarbeiter ☑

Begriffe

- [1] Ausführende Stelle ☐
- [2] Instanz ☐
- [3] Stabstelle ☐
- [4] Abteilung ☐

zu 20 21

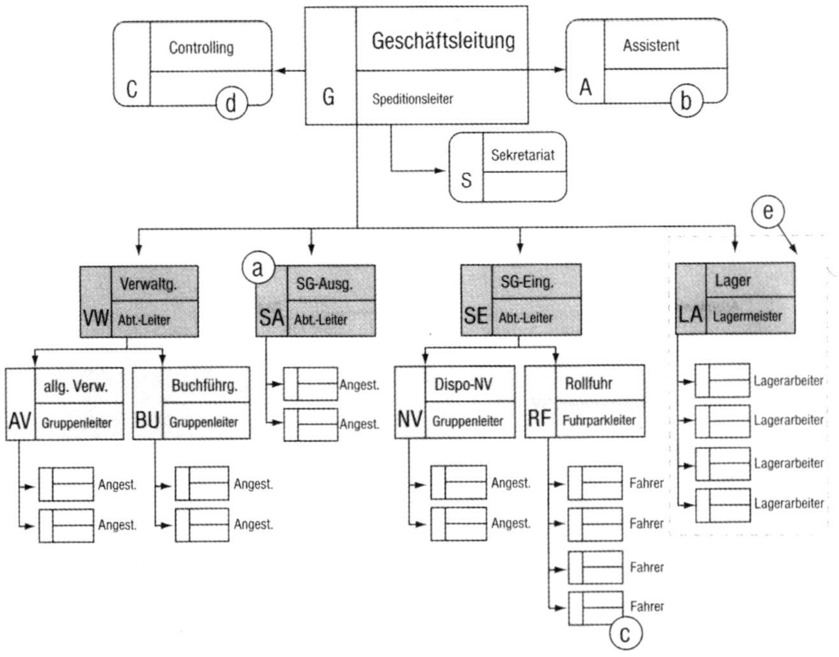

21 Betrachten Sie den Organisationsplan zum Stab-Linien-System und beantworten Sie folgende Fragen:

a) Wer darf der Abteilung „Buchhaltung" unmittelbar Weisungen (Anordnungen, Aufträge) erteilen?

b) Wie viele Leitungsebenen weist das vorliegende Organigramm auf?

c) Welche Stellung hat die Stelle „Assistent der Geschäftsleitung"?

d) An wen muss sich die Kassiererin Frau Krämer aus der Abteilung „Allgemeine Verwaltung" wenden, wenn sie für eine Zahlung eine Anweisung benötigt?

22 Eine kleine Lkw-Spedition ist in folgende Stellen bzw. Abteilungen eingeteilt: Sammelgutdisponent, Stückgutdisponent, Nahverkehrsdisponent, Buchhalter, Personalsachbearbeiter, Auslandssachbearbeiter, Sekretärin, Geschäftsführer, Verwaltungsleiter, Fahrer 1, Fahrer 2, Fahrer 3, Fahrer 4, Speditionsleiter, Fuhrparkleiter, Kfz-Mechaniker. Erstellen Sie einen Organisationsplan mit einer Stabsstelle und drei Abteilungen.

23 Erläutern Sie folgende Fragen zur Stellenbeschreibung:

a) Welche Inhalte hat eine Stellenbeschreibung?

b) Was hat die Stellenbeschreibung mit der Stellenausschreibung (z. B. durch eine Zeitungsanzeige) zu tun?

3 Arbeitsverhältnis

3.1 Personalwirtschaft

Hierarchien

BETRIEBLICHE HIERARCHIEN

Betriebs-hierarchie	Stellen-besetzung	Stellen-aufgaben	Anteil der Führungsaufgaben
Top-Management	Inhaber, Vorstand, Geschäftsführer	Grundsatzentscheidungen für das Unternehmen	hoch
Middle-Management	Abteilungsleiter	Umsetzung der Grundsatzentscheidungen in den Abteilungen	mittel
Lower-Management	Gruppenleiter (Meister, Vorarbeiter usw.)	Verantwortliche Durchführung, Steuerung und Kontrolle	niedrig
Ausführungs-ebene	Angestellte (Sachbearbeiter), Arbeiter	Ausführung von Tätigkeiten nach Anweisung	keine Führungsaufgaben

Autoritärer und kooperativer Führungsstil

Autoritärer und kooperativer Führungsstil

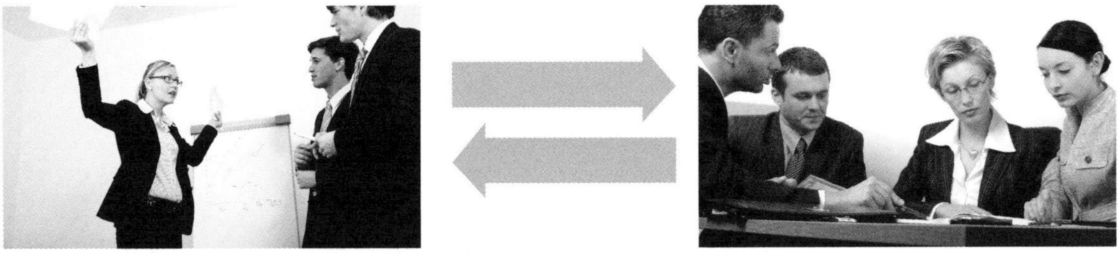

Entscheidungsspielraum des Vorgesetzten

Entscheidungsspielraum der Gruppe

autoritär	patriarchalisch	beratend	konsultativ	partizipativ	kooperativ
Die Führungskraft entscheidet ohne Konsultation der Mitarbeiter.	Die Führungskraft entscheidet, versucht aber die Mitarbeiter von ihren Entscheidungen zu überzeugen.	Die Führungskraft informiert ihre Mitarbeiter über eine beabsichtigte Entscheidung mit dem Ziel, deren Meinung bei ihrer Entscheidung zu berücksichtigen.	Die Mitarbeiter machen Vorschläge, die Führungskraft entscheidet sich für die von ihr favorisierte Alternative.	Die Gruppe entwickelt Vorschläge, aus denen der Vorgesetzte sich für die von ihm favorisierte Lösung entscheidet.	Die Mitarbeiter entscheiden, nachdem die Führungskraft die Probleme aufgezeigt und die Grenzen des Entscheidungsspielraums festgelegt hat.

Managementtechniken
MbD, MbE, MbO

Management-Techniken

Management by Delegation (Führung durch Aufgabendelegation)	Management by Exception (Führen nach dem Ausnahmeprinzip)	Management by Objectives (Führen durch Zielvereinbarung)
Klar abgegrenzte Aufgabenbereiche werden mit entsprechender Verantwortung und Kompetenz an nachgeordnete Mitarbeiter übertragen.	Die Betriebsführung beschränkt ihre Entscheidungen auf außergewöhnliche Fälle. Sie greift in den Aufgabenbereich einer Führungskraft nur ein, wenn Abweichungen von den angestrebten Zielen eintreten oder in besonderen Fällen wichtige Entscheidungen getroffen werden müssen. Alle Routineentscheidungen werden an Mitarbeiter delegiert.	Die Betriebsleitung und die Mitarbeiter auf den nachgeordneten Führungsebenen erarbeiten gemeinsam bestimmte Ziele, die die jeweilige Führungskraft in ihrem Arbeitsbereich realisieren soll. Der Aufgabenbereich und die Verantwortung jedes Mitarbeiters wird nach dem Ergebnis festgelegt, das von ihm erwartet wird.
Entlastung der Vorgesetzten und Verantwortungssteigerung bei den Mitarbeitern. Initiative und Einsatzfreude werden gestärkt.	Starke Motivation und Leistungswillen bei Mitarbeitern wird gefördert.	Hohe Identifikation und Kreativität der Mitarbeiter. Die partnerschaftliche Zusammenarbeit der Mitarbeiter wird gefördert.
Vorgesetzte sind oft nicht bereit, sich an die Abgrenzung der Verantwortungsdelegation zu halten, genaue Abgrenzungen führen zu Überorganisation und Inflexibilität der Organisation.	Die Definition der „Zielabweichung" ist schwierig. Das Verhältnis der Leitungskräfte und der Mitarbeiter ist von „negativen" Zielabweichungen bestimmt.	Es sind Ziel- und Interessenkonflikte möglich. Es werden häufig Kompromisse geschlossen.

Motivation

Mitarbeitermotivation

Materielle Motivationsanreize	Immaterielle Motivationsanreize
Lohn/Gehalt ▮ Entlohnung (angemessene/gute Bezahlung der Mitarbeiter) ▮ Prämien/Zulagen/Gratifikationen **Sozialleistungen** (Betriebsrente, Krankheitskostenzuschuss, Essenszuschuss, Betriebssport) **Sonderleistungen** ▮ Belegschaftsaktien, Fonds, Unternehmensbeteiligung ▮ Sonderkonditionen, Personalrabatte, Dienstwagen	Sinnvolle, befriedigende Tätigkeit, Imageaufwertung Anerkennung der Leistungen, Entscheidungsbeteiligung, Kompetenz, Verantwortung Sicherheit des Arbeitsplatzes Urlaub, Freizeit, Arbeitszeitregelungen,Spaß, Arbeitsklima Außerbetriebliche Aktivitäten Weiterbildungsmaßnahmen Gute Ausstattung des Arbeitsplatzes ▮ technisch ▮ gesundheitlich ▮ psychologisch/„Ambiente"

Personalbeurteilung

Ziele	Aufgaben	Anlässe
▮ Objektivierung der Personalarbeit ▮ Verbesserung der Führungsqualität ▮ Einheitlichkeit des Führungsverhaltens ▮ Potenzialnutzung ▮ Steigerung der Leistung	Beurteilungen ▮ zur Entgeltermittlung ▮ als Führungsinstrument ▮ als Basis für Personalentwicklung ▮ zum Personaleinsatz ▮ als Motivationsfaktor	▮ Auswahlgespräch, Probezeitbeurteilung ▮ Regelbeurteilung ▮ Beförderungsbeurteilung ▮ Potenzialeinschätzung ▮ Entwicklungsgespräch

Beurteilungsverfahren

Beurteilungsverfahren

Beurteilungskriterien	Kriteriengewichtung	Beurteilungsmaßstab
Typische **Hauptkriterien** ▪ Arbeitsverhalten ▪ Verhalten gegenüber den Kollegen und Vorgesetzten ▪ Führungsverhalten ▪ Geistige Anlagen ▪ Persönliches Auftreten	**Gewichtungsfaktoren:** Jedem Beurteilungskriterium wird ein Multiplikationsfaktor zugeordnet. So können bestimmte Beurteilungskriterien mit doppeltem oder dreifachem Gewicht versehen werden. **Prozentualverteilung:** Jedem Beurteilungskriterium wird ein Prozentanteil zugeordnet. Die Summe der Prozentanteile aller Beurteilungskriterien muss 100 % bzw. 1 ergeben.	**Skalenverfahren:** Einordnung des Beurteilten auf vorgegebenen Skalen **Rangordnungsverfahren:** Die beurteilten Mitarbeiter werden in eine Rangfolge gebracht **Methode der kritischen Vorfälle:** Es werden alle kritischen Vorgänge, die die Mitarbeiter beeinflusst haben (positive/negative), herangezogen. **Vorgabevergleich:** Die Beurteilung erfolgt nach dem Grad der Erreichung vorgegebener Ziele.

3.2 Arbeitsvertrag

Vgl. dazu
Däubler, Arbeitsrecht
Däubler, Ratgeber

Rechtsgrundlagen Arbeitsvertrag

Gesetze, Rechtsverordnungen	Kollektivvereinbarungen	Einzelarbeitsvertrag
▪ Bürgerliches Gesetzbuch (§§ 611-630 BGB) ▪ Kündigungsschutzgesetz (KSchG) ▪ Bundesurlaubsgesetz (BUrlG)	**Tarifverträge** ▪ Tarifvertragsgesetz **Betriebsvereinbarung** ▪ Betriebsverfassungsgesetz, § 77 IV BetrVG	▪ Vereinbarte Rechte und Pflichten, Arbeitsbedingungen, Entgelt, Eingruppierung Gleichbehandlung ▪ Betriebliche Übung

ARBEITSVERTRAG = SPEZIELLE FORM DES DIENSTVERTRAGES § 611 BGB:

(1) Durch den Dienstvertrag wird derjenige, welcher Dienste zusagt, zur Leistung der versprochenen Dienste, der andere Teil zur Gewährung der vereinbarten Vergütung verpflichtet.

(2) Gegenstand des Dienstvertrags können Dienste jeder Art sein.

Der Arbeitsvertrag ist nach deutschem Recht ein Vertrag zur Begründung eines privatrechtlichen Schuldverhältnisses über die entgeltliche und persönliche Erbringung einer Dienstleistung.

Unterschied zum freien Dienstverhältnis ist das durch den Arbeitsvertrag begründete Arbeitsverhältnis von der persönlichen Abhängigkeit des Arbeitnehmers vom Arbeitgeber gekennzeichnet. Der Arbeitnehmer kann im Wesentlichen nicht selbst seine Tätigkeit gestalten und seine Arbeitszeit bestimmen. Er ist vielmehr in die Arbeitsorganisation des Arbeitgebers eingegliedert und unterliegt typischerweise den Weisungen des Arbeitgebers über Inhalt, Durchführung, Zeit, Dauer und Ort der Tätigkeit.

Beteiligte und Merkmale des Arbeitsvertrages

Arbeitsvertrag

Beteiligte

Arbeitgeber

- Arbeitgeber ist jeder, der einen Arbeitnehmer beschäftigt.
- Arbeitgeber kann eine natürliche oder eine juristische Person
- des öffentlichen oder privaten Rechts sein.

Arbeitnehmer

Arbeitnehmer sind Personen, die im Dienst eines anderen beschäftigt sind.

Sie sind

- weisungsgebunden,
- in den Betrieb des Arbeit-gebers eingegliedert,
- tragen kein Unternehmensrisiko und
- beziehen Lohn/ein festes Gehalt.

Merkmale

Arbeitsvertrag

- Grundlage ist ein privatrechtlicher Vertrag (keine Zwangsarbeit oder Dienstverpflichtung)
- Dienstvertrag, kein Werkvertrag
- unselbstständige Arbeit (keine freie Verfügung über Tätigkeit und Arbeitszeit)
- Schriftform gemäß Nachweisgesetz spätestens nach einem Monat

Pflichten aus dem Arbeitsvertrag

Pflichten aus dem Arbeitsvertrag

Arbeitnehmer	Arbeitgeber
Arbeitspflicht (§ 611 BGB) ▪ im Arbeitsvertrag vereinbarte Art der Arbeit ▪ persönlich (§ 613 BGB) ▪ nach Weisung des Arbeitgebers (Direktionsrecht)	**Lohnzahlungspflicht** ▪ Lohnhöhe gemäß Arbeitsvertrag ▪ tariflicher Mindestlohn (bei tarifgebundenen Vertragspartnern) ▪ Lohnfortzahlung im Krankheitsfall (bis 6 Wochen) ▪ Feiertagsbezahlung ▪ Dienstbefreiung bei kurzfristiger unverschuldeter Dienstverhinderung (Sterbefall, Musterung, Krankheit des Kindes etc.)
Weitere Pflichten ▪ Verschwiegenheit (Betriebs- und Geschäftsgeheimnisse) ▪ Pflegliche Behandlung der Arbeitsgeräte ▪ Anzeige drohender Schäden ▪ kein Wettbewerb, §§ 60 f. HGB ▪ keine Annahme von Schmiergeldern ▪ Überstunden in Notfällen ▪ Treuepflicht, § 242 BGB	**Weitere Pflichten** ▪ Urlaubsgewährung (nach Arbeitsvertrag, Tarif oder Bundesurlaubsgesetz) ▪ Fürsorge (Sozialversicherung, Unfallverhütung) ▪ Ausstellung von Arbeitszeugnissen ▪ Gleichbehandlung, Diskriminierungsverbot (Geschlecht, Voll- und Teilzeitarbeit, Behinderung)

Auflösung des Arbeitsverhältnisses

Auflösung des Arbeitsverhältnisses

Kündigung	Befristung	Aufhebung	Tod
Kündigung ist eine einseitige Willenserklärung eines Vertragspartners mit dem Ziel der Beendigung des Vertragsverhältnisses.	Befristete Verträge enden durch Fristablauf oder durch Eintritt eines bestimmten, bei Vertragsabschluss vereinbarten Ereignisses.	Das Arbeitsverhältnis kann durch einen schriftlichen Aufhebungsvertrag (häufig mit Abfindungsvereinbarung) beendet werden.	Der Tod des Arbeitnehmers beendet den Arbeitsvertrag. Beim Tod des Arbeitgebers besteht das Arbeitsverhältnis fort.

Kündigung von Arbeitsverhältnissen

Kündigung

Form

§ 623 BGB:
Kündigungen mussen schriftlich erfolgen.

Arten

Außerordentliche Kündigung

Fristlose Kündigung aus „wichtigem Grund"

Gründe des Arbeitnehmers

Verweigerung der Gehaltszahlung, grobe Beleidigung, Tätlichkeiten etc.

Gründe des Arbeitgebers

Arbeitsverweigerung, grobe Beleidigung, Tätlichkeiten, Verletzung des Wettbewerbsverbotes etc.

Ordentliche Kündigung durch den Arbeitgeber

Kündigung unter Einhaltung der Kündigungsfristen gemäß § 622 BGB (bzw. anderer Schutzgesetze oder Tarifverträge).

Verhaltensbedingte Kündigung

- Verletzung von Pflichten aus dem Arbeitsvertrag (z.B. Arbeitsverweigerung, Verrat von Betriebsgeheimnissen, Alkoholmissbrauch)
- Kündigung setzt Abmahnung voraus

Personenbedingte Kündigung

Gründe in der Person des Arbeitnehmers (lang andauernde Krankheit, Führerscheinentzug, fehlende Arbeitserlaubnis, mangelndes Leistungsvermögen)

Betriebsbedingte Kündigung

Kündigung bei Wegfall des Arbeitsplatzes wegen

- Auftragsrückgang, Rohstoffmangel etc.
- Rationalisierung, Stilllegung, Verlagerung

Ordentliche Kündigung durch den Arbeitnehmer

- Arbeitnehmer müssen bei einer ordentlichen Kündigung keine Gründe angeben.
- Die Kündigungsfrist beträgt 28 Tage zum 15. oder zum Monatsende.

Fristen

§ 622 BGB
28 Tage zum 15. oder zum Monatsende. Verlängerte Fristen bei bestehendem Arbeitsverhältnis von

2 Jahre	=	1 Monat
5 Jahre	=	2 Monate
8 Jahre	=	3 Monate
10 Jahre	=	4 Monate
12 Jahre	=	5 Monate
15 Jahre	=	6 Monate
20 Jahre	=	7 Monate

zum Ende des Kalendermonats bei **Kündigung durch den Arbeitgeber**

Kündigungsschutz

Kündigungsschutz

Allgemeiner Kündigungsschutz

Kündigungsschutzgesetz (KSchG)

Geltung

- Gilt für volljährige Arbeitnehmer, die länger als sechs Monate in dem Betrieb beschäftigt sind.
- Gilt für Betriebe, in denen in der Regel mehr als zehn Arbeitnehmer[1] beschäftigt sind.

Zulässigkeit

Kündigungen sind nur zulässig, wenn sie sozial gerechtfertigt sind. Sozial gerechtfertigt sind

- verhaltensbedingte,
- personenbedingte und
- betriebsbedingte Kündigungen (§ 1 KSchG).

Betriebsbedingte Kündigungen sind nur zulässig, wenn der Arbeitgeber bei der Auswahl des Arbeitnehmers

- soziale Gesichtspunkte ausreichend berücksichtigt hat.
- Auf Verlangen des Arbeitnehmers hat der Arbeitgeber dem Arbeitnehmer die Gründe anzugeben, die zu der getroffenen sozialen Auswahl geführt haben.

Besonderer Kündigungsschutz

Bestimmte Personenkreise haben einen besonderen Kündigungsschutz nach speziellen Gesetzen:

- Betriebsratsmitglieder (BetrVG)
- schwangere Frauen (MuSchG)
- Schwerbehinderte (SGB IX)
- Auszubildende (BBiG)

Kündigungsschutzverfahren

- Einspruch beim Betriebsrat innerhalb einer Woche
- Kündigungsschutzklage innerhalb drei Wochen beim Arbeitsgericht
- Entscheidung des Arbeitsgerichtes:
  - Abweisung der Klage (Kündigung ist wirksam)
  - Feststellung, dass die Kündigung sozial ungerechtfertigt war:
    a) Kündigung ist unwirksam
    b) Ist eine Weiterbeschäftigung nicht zumutbar, wird das Arbeitsverhältnis gegen Zahlung einer Abfindung (bis 18 Monatsgehälter) aufgelöst.

1 Für Arbeitsverhältnisse, die schon vor dem 1. Januar 2004 begonnen haben, gilt der Kündigungsschutz schon ab fünf Beschäftigte.

3.3 Tarifvertrag und Mitbestimmung

Koalitionsfreiheit

Koalitionsfreiheit

Koalitionsfreiheit und Tarifautonomie

„Das Recht, zur Wahrung und Förderung der Arbeits- und Wirtschaftsbedingungen Vereinigungen zu bilden, ist für jedermann und für alle Berufe gewährleistet." (Artikel 9 Absatz 3 Grundgesetz)

Individuelle Koalitionsfreiheit

Arbeitnehmer und Arbeitgeber haben Koalitionsfreiheit

Arbeitnehmer:

Arbeiter, Angestellte und Beamte[1] (Zusammenschluss in Gewerkschaften)

Arbeitgeber:

Zusammenschlüsse in Arbeitgeberverbänden (Auch einzelne Arbeitgeber können Tarifvertragspartner sein.)

Kollektive Koalitionsfreiheit

Koalitionsfreiheit schützt auch den Zusammenschluss selbst, d.h. die Koalition und deren Betätigung.

- Bestandsschutz Betätigungsfreiheit (Recht, ohne staatliche Einmischung Tarifverträge auszuhandeln).
- Die kollektive Koalitionsfreiheit beinhaltet auch das Recht auf Streik und Aussperrung)

[1]Beamte sind zwar keine Arbeitnehmer, haben aber auch die Rechte aus Art. 9 GG.

Tarifvertrag

Tarifvertrag

Geltung

- Tarifverträge gelten **zwingend** für beiderseits Tarifgebundene (Gewerkschaftsmitglieder, Mitglieder des Arbeitgeberverbandes, Arbeitgeber bei Firmentarifverträgen)
- **Günstigkeitsprinzip** (Tarifverträge regeln Mindestbedingungen, Arbeitsverträge können bessere Regelungen enthalten)
- **Allgemeinverbindlichkeit** (Tarifverträge bestimmter Branchen werden vom Arbeitsministerium für allgemeinverbindlich erklärt und gelten dann auch für nicht Tarifgebundene)

Inhalt

- **Obligatorischer Teil** (Rechte und Pflichten der Tarifvertragsparteien selbst, z. B. Friedenspflicht, Einwirkungspflicht oder Schlichtungsvereinbarungen)
- **Normativer Teil** (Regelungen für die Arbeitsverhältnisse der Tarifgebundenen, z. B. Lohnhöhe, Urlaubsdauer, Zulagen, Kündigungsschutz)

Arten

- Lohn-, Gehalts- oder Entgelttarifverträge
- Rahmentarifvertrag (Lohn- und Gehaltsgruppen)
- Manteltarifvertrag (Arbeitszeit, Urlaub, Sonderurlaub, Überstunden, Kündigungsfristen)
- Sondertarifverträge (Rationalisierungsschutz)

Tarifvertrag
zwischen Gewerkschaft und Arbeitgeberverband oder einzelnem Arbeitgeber

Tarifauseinandersetzungen

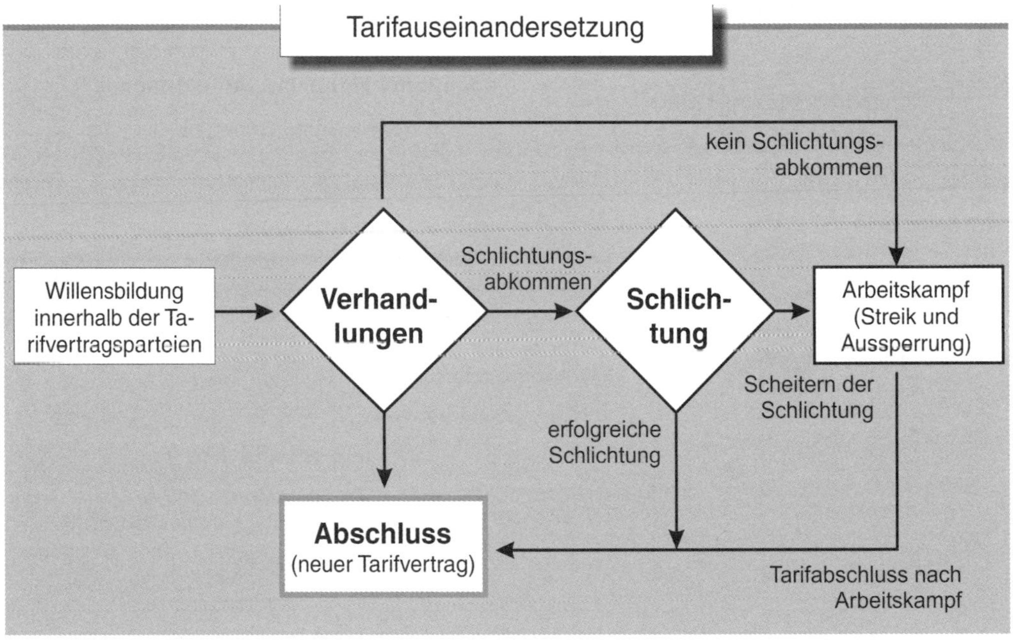

Mitbestimmung im Betrieb
Betriebsrat und Betriebsverfassungsgesetz

Aufgaben des Betriebsrates

Der Betriebsrat vertritt die Interessen aller Arbeitnehmer und Arbeitnehmerinnen im Betrieb. Der Betriebsrat ist „einseitiger" Vertreter der Interessen der Belegschaft gegenüber dem Arbeitgeber.

Wahl des Betriebsrates

- Betriebsräte können in Betrieben mit mehr als 5 Arbeitnehmern gewählt werden.
- Die Zahl der Betriebsratsmitglieder ist von der Beschäftigtenzahl abhängig.
- Wahlberechtigt sind Arbeitnehmer, die mindestens 18 Jahre alt sind.
- Wählbar sind Arbeitnehmer, die mindestens 18 Jahre alt sind und 6 Monate im Betrieb beschäftigt sind.
- Kein Wahlrecht haben leitende Angestellte.

Aufgaben des Betriebsrates

Rechte und Aufgaben des Betriebsrates

Soziale Angelegenheiten

Bei folgenden Punkten hat der Betriebsrat erzwingbares Mitbestimmungsrecht:

- Ordnung des Betriebes
- Arbeitszeit
- Kurz- und Mehrarbeit
- Urlaubsregelung
- Einführung von technischen Überwachungseinrichtungen
- Unfallverhütung
- Sozialeinrichtungen
- Belegung von Werkwohnungen
- Lohngestaltung
- Vorschlagswesen
- Gruppenarbeit

Personelle Angelegenheiten

Bei personellen Angelegenheiten reichen die Beteiligungsrechte des Betriebsrates vom Beratungsrecht bis zur Mitbestimmung.

- Der Betriebsrat muss vor jeder Einstellung, Ein- oder Umgruppierung und Versetzung sowie bei einer Kündigung angehört werden. Eine Kündigung ohne Anhörung des Betriebsrates ist nicht rechtswirksam und ihr kann widersprochen werden. Wird eine Kündigungsschutzklage erhoben, besteht die Möglichkeit, bis zum gerichtlichen Bescheid weiterbeschäftigt zu werden.
- Der Betriebsrat hat ein Mitbestimmungsrecht bei der Gestaltung von Personalfragebogen, Beurteilungsgrundsätzen und Maßnahmen der betrieblichen Fortbildung.

Aufgaben des Betriebsrates

Wirtschaftliche Angelegenheiten

Betriebsverfassungsgesetz (BetrVG) §§ 87 ff.

Der Arbeitgeber muss in bestimmten Angelegenheiten den Betriebsrat rechtzeitig und umfassend unterrichten und die Maßnahmen mit ihm beraten. Dies ist unter anderem der Fall bei

- beabsichtigten Stilllegungen,
- Massenentlassungen,
- Verlagerung des Betriebes,
- Änderungen der Betriebsorganisation.

Ein zwischen Unternehmer und Betriebsrat vereinbarter Interessenausgleich hilft, wirtschaftliche Nachteile der Beschäftigten auszugleichen bzw. zu mildern. Nur wenn ein Betriebsrat besteht, kann die Aufstellung eines Sozialplans über die Einigungsstelle erzwungen werden, um die Auswirkungen auf die Beschäftigten sozial verträglicher zu gestalten, zum Beispiel durch:

- Weiterbildungsmaßnahmen,
- Übernahme der Umzugskosten,
- Frühpensionierungen.

DIE BETEILIGUNGSRECHTE DES BETRIEBSRATES IM ÜBERBLICK

Art des Beteiligungsrechtes	BetrVG	Problembereich	Erforderliche Handlung	Folgen bei Verstoß durch Arbeitgeber
Informations- und Beratungsrechte	§ 80 Abs. 2	Allgemeines Informationsrecht des Betriebsrates zur Durchführung seiner Aufgaben	Rechtzeitige und umfassende Unterrichtung durch den Arbeitgeber; Auseinandersetzen mit den Vorschlägen des BR	Maßnahmen bleiben wirksam; Informationen können eingeklagt werden
	§ 90 Abs. 1	Bei allen geplanten Änderungen von Räumen, Anlagen, Arbeitsverfahren und -abläufen sowie Arbeitsplätzen		
Anhörungsrecht	§ 102	Kündigung von Arbeitnehmern	Arbeitgeber muss BR über sein Vorhaben unterrichten; Stellungnahme des BR ist abzuwarten	Maßnahme ist wirksam
Zustimmungsverweigerungsrecht	§ 99	Einstellung, Eingruppierung, Umgruppierung und Versetzung, Zustimmungsverweigerung nur wegen Gründen aus § 99 Abs. 2 möglich	Arbeitgeber muss die Zustimmung des BR zu der von ihm geplanten Maßnahme einholen	Maßnahme ist unwirksam
Erzwingbare Mitbestimmung	§ 87 Abs. 1 Nr. 1-12	z. B. Betriebsordnung, Arbeitszeitregelung, Urlaubsgrundsätze, Arbeitnehmerüberwachung, Unfallverhütung, Sozialeinrichtungen des Betriebes, Betriebswohnungen, betriebliche Lohngestaltung	Arbeitgeber benötigt Einigung mit dem BR über die von ihm geplanten Maßnahmen; BR kann eigene Vorschläge auch gegen den Willen des Arbeitgebers durchsetzen	Maßnahme ist unwirksam

3.4 Vollmachten

Vollmachten

Prokura

§ 49 HGB

Die Prokura ermächtigt zu **allen Arten von gerichtlichen und außergerichtlichen Geschäften** und Rechtshandlungen, die der Betrieb eines Handelsgewerbes mit sich bringt.

Erteilung (§ 48 HGB)

- durch den Inhaber (oder bei juristischen Personen dessen gesetzlicher Vertreter)
- Eintragung im Handelsregister
- Beschränkung nur im Innenverhältnis möglich.

Arten (§ 48 HGB)

- Einzelprokura
- Gesamtprokura (mehrere Prokuristen können nur gemeinsam handeln – § 48 Abs. 2 HGB)
- Filialprokura (Beschränkung auf eine Niederlassung – § 50 Abs. 3 HGB)

Handlungsvollmacht

§ 54 HGB

Die Handlungsvollmacht erstreckt sich auf **alle gewöhnlichen Geschäfte** und Rechtshandlungen, die der Betrieb eines derartigen Handelsgewerbes mit sich bringt oder auf die Vornahme **einer bestimmten Art von Geschäften** oder auf die Vornahme alle gewöhnlichen Geschäfte einer bestimmten Art von Geschäften eines einzelnen Geschäftes.

Erteilung (§ 167 BGB)

Die Handlungsvollmacht wird durch den Unternehmer, seine gesetzlichen Vertreter oder durch den Prokuristen erteilt.

Arten (§ 54 HGB)

- **Allgemeine Handlungsvollmacht/Generalhandlungsvollmacht** (für alle gewöhnlichen Geschäfte des Betriebes)
- **Arthandlungsvollmacht** (für eine bestimmte Art von Geschäften)
- **Einzelvollmacht, Spezialhandlungsvollmacht** (für ein einzelnes Geschäft)

Erlöschen der Prokura

Die Prokura erlischt bei:

- Geschäftsinsolvenz
- Widerruf
- Beendigung des Dienstleistungsverhältnisses des Prokuristen
- Einstellung des Gewerbebetriebes oder Insolvenzeröffnung
- Tod oder Geschäftsunfähigkeit des Prokuristen
- Veräußerung des Handelsgeschäftes

Die Prokura erlischt nicht beim Tod des Geschäftsinhabers (§ 52 Abs. 3 HGB).

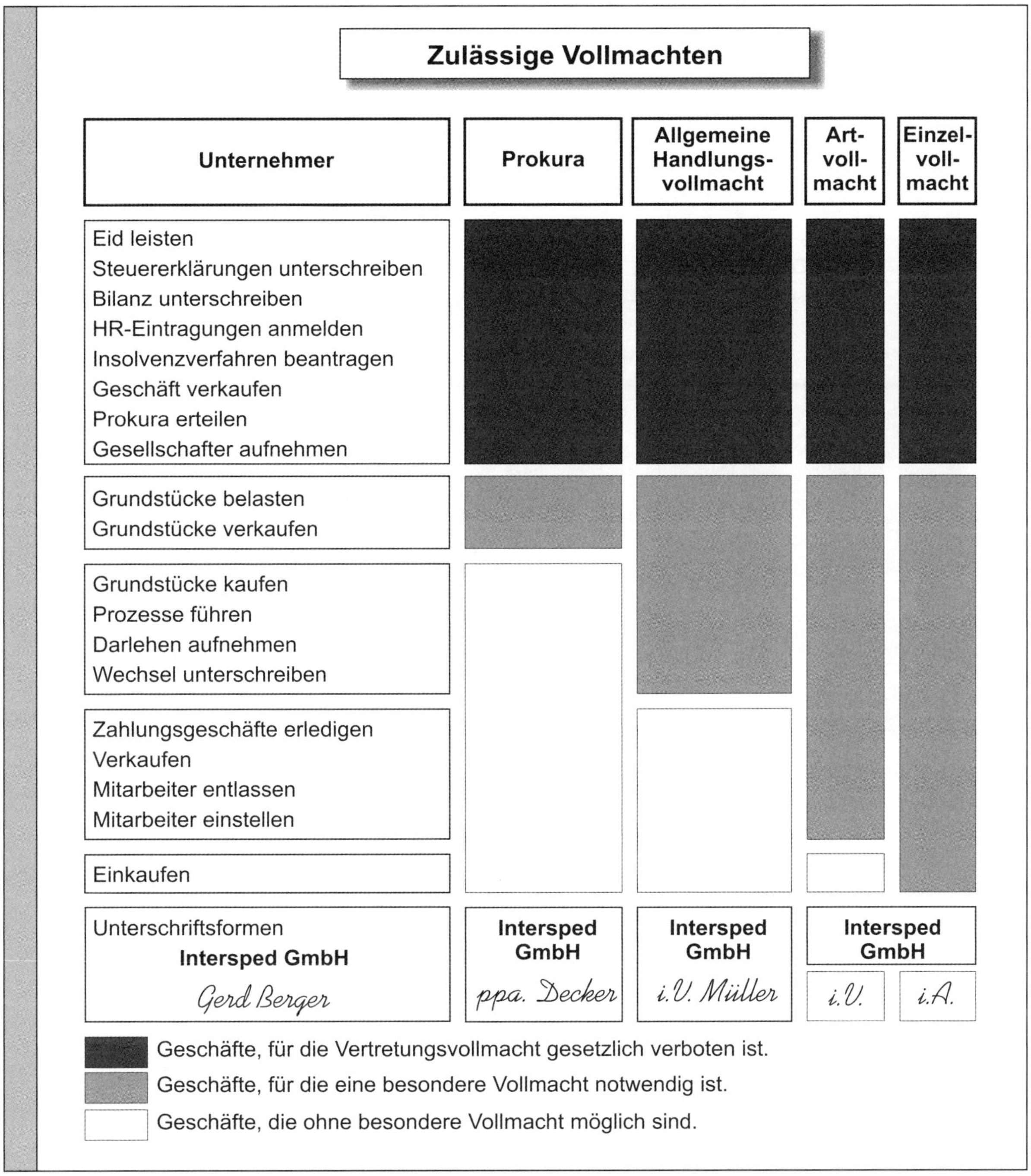
Zulässige Vollmachten
Unternehmer
Prokura
Allgemeine Handlungsvollmacht
Artvollmacht
Einzelvollmacht
Eid leisten
Steuererklärungen unterschreiben
Bilanz unterschreiben
HR-Eintragungen anmelden
Insolvenzverfahren beantragen
Geschäft verkaufen
Prokura erteilen
Gesellschafter aufnehmen
Grundstücke belasten
Grundstücke verkaufen
Grundstücke kaufen
Prozesse führen
Darlehen aufnehmen
Wechsel unterschreiben
Zahlungsgeschäfte erledigen
Verkaufen
Mitarbeiter entlassen
Mitarbeiter einstellen
Einkaufen
Unterschriftsformen
Intersped GmbH
Gerd Berger
Intersped GmbH
ppa. Decker
Intersped GmbH
i.V. Müller
Intersped GmbH
i.V.
i.A.
Geschäfte, für die Vertretungsvollmacht gesetzlich verboten ist.
Geschäfte, für die eine besondere Vollmacht notwendig ist.
Geschäfte, die ohne besondere Vollmacht möglich sind.

3.5 Entgelte

Entgeltformen

Bruttolohnberechnung (Entgeltformen)

Direktlohn

Zeitlohn

Beim Zeitlohn wird ein bestimmter Geldbetrag für eine Zeiteinheit bezahlt:

- Monatslohn bei kaufmännischen und technischen Angestellten (Gehalt)
- Stundenlohn bei Arbeitern (wird zunehmend durch einheitliche Entgelttarife ersetzt)

Akkordlohn

Das Entgelt wird in Abhängigkeit von der erbrachten Leistung bezahlt, damit ein Anreiz zu einer höheren Arbeitsintensität besteht.

Geldakkord

Beim Geldakkord wird für die produzierte Menge (Stückzahl) jeweils ein bestimmter Betrag als Entgelt bezahlt.

Berechnung:
Stückzahl
· Geldeinheit je Stück

Zeitakkord

Beim Zeitakkord wird ein bestimmter Zeitwert für ein produziertes Stück berechnet. Die Zeitwerte werden mit einem Akkordsatz bewertet.

Berechnung:
Stückzahl
· Zeiteinheit je Stück
· Geldeinheit je Zeiteinheit

Prämienlohnsysteme

Neben dem Entgelt (Fixum) werden häufig besondere Prämien bezahlt, die sich auf

- besondere Arbeitsleistungen (Qualität und Quantität) oder
- auf den Erfolg der Tätigkeit beziehen.

Zulagen Gratifikationen Einmalzahlungen

Zusätzlich zum direkten Entgelt werden oft Zulagen für

- besondere Leistungen (Überstunden)
- besondere Arbeitserschwernisse oder aus
- sozialen Gründen

gewährt.

Erfolgs- und Kapitalbeteiligung

Leitende Angestellte erhalten neben dem Entgelt häufig erfolgsabhängige Zahlungen am Jahresende (Tantiemen, Aktienoptionen, Erfolgsprämien), die sich auf die Ergebnisse ihres Bereiches oder des gesamten Unternehmens beziehen.

Lohnabrechnung

Lohnabrechnung

Lohnabrechnung	Abrechnung	Erläuterung
Bruttolohn	**Bruttolohn** - sozialversicherungsfreie Lohnbestandteile (Spesen) = **Sozialversicherungspflichtiger Bruttolohn**	Gesamtentgelt einschließlich aller Zuschläge und Sonderzahlungen Sozialversicherungsfrei sind z. B. 50 % der Nacht-, Sonn- und Feiertagszuschläge, Fahrerspesen etc. = **Grundlage für die Berechnung der Sozialversicherungsbeiträge**
	Bruttolohn - Steuerfreibeträge gemäß den elektronischen Lohnsteuerabzugsmerkmalen (ELStAM) der Arbeitnehmer = **steuerpflichtiger Bruttolohn**	z. B. für erhöhte Werbungskosten, für Einfamilienhausbesitz oder Schwerbehinderung = **Grundlage für die Berechnung der Steuern**

Lohnabrechnung	Abrechnung	Erläuterung
Steuern	**Sozialversicherungspflichtiger Bruttolohn** – **Steuern** ▮ Lohnsteuer ▮ Kirchensteuer ▮ Solidarzuschlag	Abhängig von Steuerklasse, Kinderzahl und Konfessionszugehörigkeit Kirchensteuer (8 oder 9 %, je nach Bundesland) von der Lohnsteuer Solidarzuschlag: 5,5 % von der Lohnsteuer
Sozialversicherung	– **Sozialversicherungsabgaben (Arbeitnehmeranteil)** ▮ Rentenversicherung ▮ Arbeitslosenversicherung ▮ Krankenversicherung ▮ Pflegeversicherung	Der Arbeitnehmer bezahlt 50 % des Beitrages zu den Sozialversicherungen[1], der Arbeitgeber ebenfalls. Es werden nur Beiträge bis zur Beitragsbemessungsgrenze bezahlt.
Nettolohn	= **Nettolohn/-gehalt** (Sozialversicherungspflichtiger Bruttolohn abzüglich Steuern und Sozialversicherungsbeiträge) – **Gesamtbetrag der vermögenswirksamen Leistungen** + **Steuer- und sozialversicherungsfreie Aufwandsentschädigungen (Spesen)** = **Auszahlungsbetrag**	Der Arbeitgeber führt für den Arbeitnehmer die Sparbeträge zu den vermögenswirksamen Leistungen ab. Die vermögenswirksame Leistung des Arbeitgebers ist Teil des Bruttolohns.

[1] Krankenkassenbeitrag liegt bei 15,5 % des Bruttoeinkommens. Die Arbeitnehmer zahlen mit 8,2 % einen etwas höheren Krankenkassenbeitrag als Arbeitgeber mit 7,3 %. Eventuell anfallende Zusatzbeiträge einer Krankenkasse zahlen die Arbeitnehmer allein.

Kinderlose Mitglieder der sozialen Pflegeversicherung müssen einen um 0,25 Prozentpunkte höheren Beitragssatz zahlen, wenn sie über 23 Jahre alt sind. Der Arbeitgeberanteil bleibt unverändert.

Steuerklassen

Lohnsteuerklassen	
Klasse I	Sie gilt für Arbeitnehmer, die ▮ ledig oder geschieden sind ▮ verheiratet sind, aber dauernd getrennt leben oder ▮ verwitwet sind.
Klasse II	Für Arbeitnehmer, die die Bedingungen für Steuerklasse I erfüllen, zu deren Haushalt aber mindestens ein Kind gehört. In die Steuertabelle ist der Entlastungsfreibetrag von 1 308 € eingerechnet.
Klasse III	Sie gilt für verheiratete Arbeitnehmer, wenn ▮ sie nicht dauernd getrennt leben ▮ der Ehegatte des Arbeitnehmers keinen Arbeitslohn bezieht oder ▮ er Arbeitslohn bezieht und in die Steuerklasse V eingestuft ist
Klasse IV	Verheiratete Arbeitnehmer werden in diese Klasse eingestuft, wenn beide Ehegatten ▮ Arbeitslohn beziehen und ▮ nicht dauernd getrennt leben.
Klasse V	Sie tritt für einen der Ehegatten anstelle der Steuerklasse IV, wenn der andere Ehegatte in die Steuerklasse III eingestuft wird. Die Steuerklasse „fünf" ist für solche Ehegatten gedacht, die nur vorübergehend eine berufliche Tätigkeit ausüben oder deren Einkommen so gering ist, dass die in der Steuerklasse „vier" enthaltenen Freibeträge nicht ausgeschöpft werden.
Klasse VI	Wenn Sie von mehreren Arbeitgebern gleichzeitig Arbeitslohn erhalten, wird diese Steuerklasse auf der zweiten oder jeder weiteren Lohnsteuerkarte eingetragen. Diese Steuerkarte sollte dem Arbeitgeber vorgelegt werden, von dem der niedrigere Arbeitslohn bezogen wird.

Abgabenrechner des Finanzministeriums
www.abgabenrechner.de

FAKTORVERFAHREN

Ab 1.1.2010 können Ehegatten, die in diese Steuerklasse gehören und bisher die Steuerklassenkombination III/V gewählt hatten, beim Finanzamt die Steuerkasse IV und die Ermittlung eines Faktors (Verhältnis der gemeinsamen Einkommensteuer und der Einkommensteuer bei Steuerklasse IV) für beide Ehepartner beantragen. Damit soll eine höhere Besteuerung des Ehepartners, der weniger verdient, vermieden werden.

	Ehemann	Ehefrau	Summe
Lohnsteuer nach Steuerkl. III/V	2034,00 €	3419,00 €	5453,00 €
Lohnsteuer nach Steuerkl. IV/IV (ohne Faktor)	4708,00 €	1269,00 €	5977,00 €
Lohnsteuer nach Steuerkl. IV/IV (inkl. Faktor)	4562,00 €	1229,00 €	5791,00 €

Das Beispiel geht von einem Jahreseinkommen von 32000 € (Ehemann) und 18000 € (Ehefrau) aus.

Einkommensteuertarif

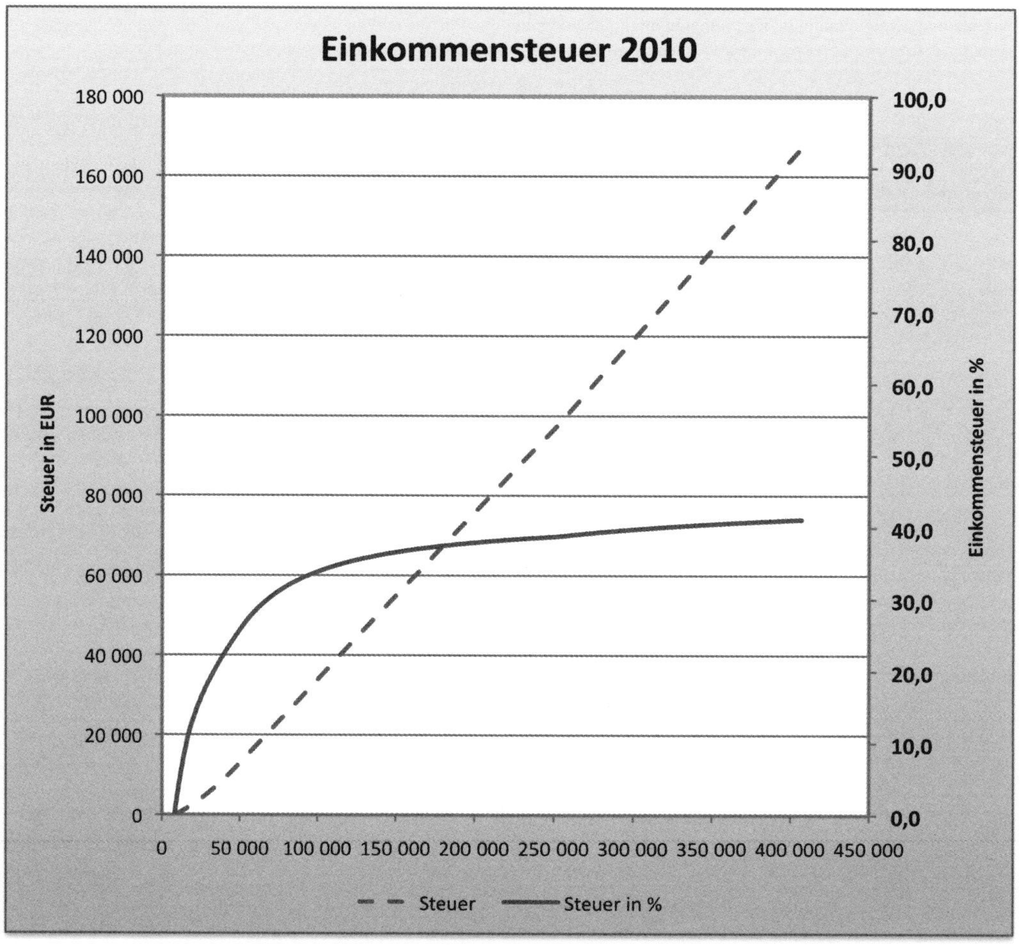

Einkommensteuertarif Tarifzonen

Tarifzonen im Einkommensteuertarif 2010				
	Bereich		**Steuersatz** (auf den Einkommensbereich)	**Durchschnittssteuersatz** (auf das gesamte Einkommen)
Nullzone	bis	8004 €	0 %	0,0 %
Progressionszone I	von	8005 €	14 %	0,0 %
	bis	13139 €	24 %	7,3 %
Progressionszone II	von	13140 €	24 %	7,3 %
	bis	52551 €	42 %	26,5 %
Proportionalzone I	ab	52552 €	42 %	26,5 %
	bis	250400 €	42 %	38,7 %
Proportionalzone II	ab	250401 €	45 %	38,7 %
bei höheren Einkommen	z. B.	500000 €	45 %	41,6 %
	z. B.	1000000 €	45 %	43,4 %

Ermittlung des zu versteuernden Einkommens

	Einkünfte aus Land- und Forstwirtschaft	Unternehmerische Einkünfte (Gewinneinkünfte) Einkünfte = Gewinn (Betriebseinnahmen ./. Betriebsausgaben)
+	Einkünfte aus Gewerbebetrieb	
+	Einkünfte aus selbstständiger Arbeit	
+	Einkünfte aus nicht selbstständiger Arbeit	Nichtunternehmerische Einkünfte (Überschusseinkünfte) Einkünfte = Überschuss (Einnahmen ./. Werbungskosten)
+	Einkünfte aus Kapitalvermögen	
+	Einkünfte aus Vermietung und Verpachtung	
+	Sonstige Einkünfte	
=	Summe der Einkünfte	
–	Altersentlastungsbetrag	Für Arbeitnehmer über 64 Jahre (40 % der Einkünfte, maximal 1 900 € im Jahr)
–	Entlastungsbetrag für Alleinerziehende	Entlastungsbetrag für Alleinerziehende, maximal 1 308 €
=	Gesamtbetrag der Einkünfte	
–	Verlustabzug nach § 10 d EStG	Verluste aus vergangenen Jahren
–	Sonderausgaben (Vorsorgeaufwendungen)	Gesetzliche Renten-, Kranken-, Pflege-, Unfall- und Haftpflichtversicherungen, Arbeitslosenversicherung private kapitalgedeckte Rentenversicherung, Erwerbs- und Berufsunfähigkeitsversicherungen, Risikolebensversicherung, bestimmten Lebensversicherungen mit einem Laufzeitbeginn vor dem 1. Januar 2005
–	Sonderausgaben (sonstige Sonderausgaben)	Unterhaltsleistungen, Ausbildungskosten, Kinderbetreuungskosten[1], Schulgeld für Kinder, Kirchensteuer, Spenden
–	außergewöhnliche Belastungen	z. B. Krankenhauskosten, Kuren, Beerdigungskosten, Scheidungskosten, Unwetterschäden, Kinderbetreuungskosten (Ein Teil der Aufwendungen sind als zumutbare Belastung nicht absetzbar)
=	Einkommen	
–	Kinderfreibetrag (-beträge)[1]	Wahlrecht zwischen den Kinderfreibeträgen (3 648 €) zuzüglich den Betreuungsfreibeträgen (2 160 €) je Kind und dem Kindergeld
=	zu versteuerndes Einkommen (§ 2 Abs. 5 EStG)	
	Einkommenssteuer	
–	Anteilige Aufwendungen für haushaltsnahe Beschäftigungsverhältnisse und Dienstleistungen sowie Handwerkerleistungen	

[1] Es können 2/3 der nachgewiesenen Kinderbetreuungskosten bis maximal 4 000 € als Werbungskosten oder Betriebsausgaben berücksichtigt werden, wenn beide Elternteile erwerbstätig sind. Ist die Alleinerziehende, einer oder beide Partner krank, behindert oder in Ausbildung, so fallen die Betreuungskosten unter Sonderausgaben.

Werbungskosten

Einkünfte aus nicht selbstständiger Arbeit

- Bewerbungskosten
- Aufwendungen für Wege zwischen Wohnung und Arbeitsstätte (für jeden vollen Kilometer der Entfernung zwischen Wohnung und Arbeitsstätte von 0,30 € anzusetzen, höchstens jedoch 4500 € im Kalenderjahr). Ein höherer Betrag ist zulässig, wenn ein eigener oder zur Nutzung überlassener Kraftwagen benutzt wird oder höhere Aufwendungen mit öffentlichen Verkehrsmitteln nachgewiesen werden.
- Aufwendungen für Fachliteratur, Fachzeitschriften und sonstige Arbeitsmittel
- Aufwendungen für Fortbildung im ausgeübten Beruf
- Beiträge zu Arbeitnehmerorganisationen (Gewerkschafts- oder Verbandsbeiträge)
- Aufwendungen für beruflich verursachte Reisen, soweit diese Aufwendungen nicht erstattet werden
- Aufwendungen für doppelte Haushaltsführung
- Aufwendungen für Berufskleidung
- Mindestens jedoch den Arbeitnehmerpauschbetrag von 920 €

Einkünfte aus Kapitalvermögen

- Schuldzinsen (für den Kauf von Wertpapieren)
- Depotgebühren
- Sparerfreibetrag 1370/2740 € (Alleinstehende/Verheiratete)
- Mindestens jedoch den Pauschbetrag von 51 €/102 € bei Verheirateten

Einkünfte aus Vermietung und Verpachtung

- Finanzierungskosten: Schuldzinsen, Renten, dauernde Lasten
- Aufwendungen für kleinere und größere Instandhaltungen
- Grundsteuer, Gebühren für Müllabfuhr, Wasser, Kanalbenutzung, Straßenreinigung, Schornsteinfeger, Hausbeleuchtung
- Kosten für Heizung und Warmwasser
- Hausversicherungen
- Ausgaben für Hausverwaltung
- Absetzung für Abnutzung

Sonderausgaben

Sonderausgaben, die keine Vorsorgeaufwendungen sind		Vorsorgeaufwendungen
unbegrenzt abzugsfähig:	**begrenzt abzugsfähig:**	**begrenzt abzugsfähig:**
▮ Renten und dauernde Lasten ▮ Kirchensteuer ▮ Steuerberatungskosten	▮ Unterhaltsleistungen ▮ Berufsausbildungskosten ▮ Spenden	▮ Arbeitnehmerbeiträge an die gesetzliche Sozialversicherung ▮ private Renten-, Kranken-, Pflege-, Unfall-, Lebens- und Haftpflichtversicherungen

3.6 Sozialversicherung

http://wirtschaftslexikon.gabler.de/Archiv/55017/sozialversicherung-v6.html

ZWEIGE UND TRÄGER DER SOZIALVERSICHERUNG

„Die Sozialversicherung ist ein vom Staat geschaffenes, auf Versicherungspflicht beruhendes Vorsorgesystem. Es hat die Aufgabe, den Eintritt bestimmter Risiken zu verhüten und bei Eintritt solcher Risiken unplanmäßige Ausgaben und Verluste an Arbeitseinkommen unter Beachtung sozialer Ziele ganz oder teilweise auszugleichen."

(http://wirtschaftslexikon.gabler.de/Archiv/55017/sozialversicherung-v6.html)

Rentenversicherung

Deutsche Rentenversicherung
- Bund (für Angestellte)
- Regional (für Arbeiter)
- Knappschaft/See/Bahn

Arbeitslosenversicherung

- Bundesagentur für Arbeit
- Landesarbeitsagenturen
- Arbeitsagenturen/Jobcenter

Krankenversicherung

- Allgemeine Ortskrankenkassen (AOK)
- Innungskrankenkassen
- Betriebskrankenkassen
- Ersatzkassen (DAK, KKH, BEK usw.)
- Landwirtschaftliche Krankenkassen

Unfallversicherung

- Berufsgenossenschaften einzelner Branchen
- Eigenunfallversicherung des Bundes, der Länder und der Gemeinden

Pflegeversicherung

- Pflegeversicherungen der gesetzlichen und der privaten Krankenkassen

KRANKEN- UND PFLEGEVERSICHERUNG

Krankenversicherung

Sozialgesetzbuch (SGB V) Gesetzliche Krankenversicherung

Versicherte

- Arbeiter und Angestellte bis zur Versicherungspflichtgrenze[1]
- Rentner
- Auszubildende
- Wehr- und Zivildienstleistende

[1] Die Versicherungspflichtgrenze beträgt 2013 52 200,00 €.

Beiträge

In Deutschland gilt ein kasseneinheitlicher Beitragssatz von 15,5 %, welcher sich aus 14,6 % Arbeitnehmer- und Arbeitgeberanteil zur gesetzlichen Krankenversicherung sowie 0,9 % Sonderbeitrag der Arbeitnehmer zusammensetzt. (AG: 7,3 %, AN: 8,2 %)

Einzelne Krankenkassen dürfen einen Zusatzbeitrag erheben, der jedoch vollständig zu lasten der versicherten Arbeitnehmer geht, wenn der einheitliche Beitrag nicht ausreicht.

Leistungen

- Leistung bei Krankheit
  - Krankenbehandlung (ambulante und stationäre Behandlung, Arznei- und Verbandmittel, Hilfsmittel, Zahnersatz)
  - häusliche Krankenpflege
  - Medizinische Rehabilitation
  - Krankengeld
- Leistungen zur Früherkennung und Vorbeugung

Beiträge werden nur bis zur Beitragsbemessungsgrenze erhoben [2013 = 69 600 € (West)/58 800 € (Ost)]

Pflegeversicherung

Sozialgesetzbuch (SGB XI) Soziale Pflegeversicherung

Versicherte

Alle gesetzlich und privat Krankenversicherte

Beiträge

zzt. 2,05 % (2013) Arbeitgeber und Arbeitnehmer bezahlen je die Hälfte. Über 23-jährige, kinderlose Versicherte zahlen einen Zuschlag von 0,25%, die der Arbeitgeber nicht hälftig mitträgt.

Leistungen

- Leistungen für Pflege
  - häusliche Pflege
  - stationäre und teilstationäre Pflege
- Leistungen für Pflegepersonen
  - Pflegegeld und Sozialversicherungsbeiträge für Pflegepersonen
  - Schulung von Pflegepersonen

RENTEN- UND ARBEITSLOSENVERSICHERUNG

Rentenversicherung

Sozialgesetzbuch (SGB VI) Gesetzliche Rentenversicherung

Versicherte

- Pflichtversicherte: Arbeiter, Angestellte und Auszubildende
- und Wehr- und Zivildienstleistende
- freiwillig Versicherte (z. B. aus der Pflichtversicherung ausgeschiedene Hausfrauen oder Selbstständige)

Beiträge

zzt. 18,9 % (2013). Arbeitgeber und Arbeitnehmer bezahlen je die Hälfte.

Leistungen

- Rentenzahlung
  - Altersrente
  - Erwerbsminderungsrente
  - Witwen- und Waisenrente
- Leistungen zur Rehabilitation
- Medizinische Leistungen (stationär/ambulant, Kuren, Anschlussheilbehandlung, Hilfsmittel)
- Hilfen zur Erhaltung oder Erlangung eines Arbeitsplatzes (Berufsvorbereitung, berufliche Anpassung und Weiterbildung
- (Umschulung, berufliche Ausbildung etc.)

Arbeitslosenversicherung

Sozialgesetzbuch (SGB III) Arbeitsförderung

Versicherte

- Arbeitnehmer (Arbeiter und Angestellte)
- Auszubildende

Beiträge

z. Zt. 3,00 % (2013). Arbeitgeber und Arbeitnehmer bezahlen je die Hälfte.

Leistungen

- Arbeits- und berufsfördernde Maßnahmen
  - Arbeitsvermittlung und Berufsberatung
  - Förderung von Berufsausbildung und beruflicher Fortbildung
  - Arbeitsbeschaffungsmaßnahmen, Infrastrukturförderung, Eineurojobs
  - Hilfen zur Selbstständigkeit
- Entgeltersatzleistungen
  - Arbeitslosengeld, Arbeitslosengeld II
  - Kurzarbeitergeld, Insolvenzgeld, Winterbauförderung

Unfallversicherung

Unfallversicherung

Sozialgesetzbuch (SGB VII) Gesetzliche Unfallversicherung

Versicherte

- alle Beschäftigte in Unternehmen
- Lernende im Unternehmen
- Schüler
- Pflegepersonen
- Unternehmer und mithelfende Familienangehörige (auf Antrag)

Beiträge

- Umlage der Kosten der Unfallversicherung nach Arbeitsentgelt und Gefahrenklasse
- Beiträge werden vom Arbeitgeber allein getragen.

Leistungen

- Verhütung von
  - Arbeitsunfällen
  - Berufskrankheiten
  - arbeitsbedingten Gesundheitsgefahren
- Leistungen bei Arbeitsunfällen und Berufskrankheiten
  - Wiederherstellen der Leistungsfähigkeit (Rehabilitation, Umschulung)
  - Geldleistungen an den Versicherten (Renten)
  - Geldleistungen an die Hinterbliebenen

Beitragsbemessungsgrenzen

Beitragsbemessungsgrenze	2010	Alte Bundesländer	Neue Bundesländer
Gesetzliche Rentenversicherung und Arbeitslosenversicherung	jährlich	47 250,00 €	47 250,00 €
	monatlich	3 937,50 €	3 937,50 €
Gesetzliche Krankenversicherung und Soziale Pflegeversicherung	jährlich	69 600,00 €	58 800,00 €
	monatlich	5 800,00 €	4 900,00 €
Knappschaft (Renten-, Kranken- und Pflegeversicherung für Bergleute)	jährlich	85 200,00 €	72 600,00 €
	monatlich	7 100,00 €	6 050,00 €

3.7 Individualversicherung

Individualversicherung

Private, freiwillige Versicherung von Risiken über Versicherungsverträge mit privaten Versicherungsunternehmen

Sachversicherung

- Feuerversicherung
- Einbruchdiebstahlversicherung
- Sturmversicherung
- Glasversicherung
- Speditions- und Transportversicherung

Personenversicherung

- private Krankenversicherung
- private Unfallversicherung
- Lebensversicherung

Vermögensversicherung

- Haftpflichtversicherung
- Rechtsschutzversicherung
- Kreditversicherung

Private Krankenversicherung

Versicherte Personen

- Einzelpolicen
- Familienpolicen (Mitversicherung von Ehepartnern und Kindern)

Versicherte Leistungen

Haupttarif

- Ambulante Behandlungen Versorgung mit Arznei-, Heil- und Hilfsmitteln
- Stationäre Behandlung in Krankenhäusern und Sanatorien
- Zahnärztliche Behandlung

Ergänzungstarif

- Krankenhaustagegeld
- Pflegetagegeld
- Kostenersatz bei Kuren
- usw.

Arten von Lebensversicherungen

Risiko-Lebensversicherung

Die Gesellschaft zahlt beim Tod der versicherten Person einen festgelegten Kapitalbeitrag an den Begünstigten aus. Die Höhe der Beiträge richtet sich nach Versicherungssumme, Laufzeit und Eintrittsalter.

Kapital-Lebensversicherung

Kombination aus Risikoversicherung und Sparplan. Der Sparanteil wird von den Gesellschaften ertragbringend angelegt. Am Ende der Laufzeit wird der Kapitalbetrag in einer Summe ausgezahlt.

fondsgebundene Lebensversicherung

Wie bei der Kapitallebensversicherung Kombination aus Versicherung auf Todesfall und Sparplan. Der Auszahlungsbetrag am Ende der Laufzeit ist von der Wertentwicklung der Fonds abhängig.

Private Rentenversicherung

Bei der Rentenversicherung (aufgeschobene Leibrente) werden die Beiträge während der Ansparphase in der Regel monatlich gezahlt. Mit Beginn der Rentenzeit erhält der Versicherte eine lebenslange Rente.

Risiko-Lebensversicherung | **Todes- und Erlebensfallversicherung** | **Erlebensfallversicherung**

Dynamische Versicherung

(Anpassung der Versicherungssummen und der Prämien an die Inflationsraten)

Risiko-Lebensversicherung

- Versicherung auf verbundene Leben
- Berufsunfähigkeits- und Unfallzusatzversicherung
- Heirats- und Aussteuerversicherung
- Gruppenversicherung (für Arbeitnehmer eines Unternehmens)

3.8 Aufgaben zum Arbeitsverhältnis

3.8.1 Personalwirtschaft

01 Durch welche Aussage ist ein kooperativer Führungsstil gekennzeichnet?

- [1] Der Vorgesetzte legt die Ziele der Arbeit allein fest. ☐
- [2] Die Verantwortungsbereitschaft der Mitarbeiter soll gefördert werden. ☐
- [3] Die Eigeninitiative der Mitarbeiter ist nicht erwünscht. ☐
- [4] Im Rahmen von Konferenzen werden Arbeitsanweisungen weitergegeben. ☐
- [5] Diskussionen über gemeinsames Vorgehen gelten als überflüssig. ☐

02 Welche Gemeinsamkeiten haben die Modelle Management by Objectives, Management by Exception, Management by Delegation und worin bestehen die Unterschiede?

03 Die Personalabteilung führt die folgenden neuen Regelungen für alle Mitarbeiter ein. Welche Maßnahmen motivieren die Mitarbeiter zu einer verstärkten Eigeninitiative?

- [1] Für Verbesserungsvorschläge wird ein eindeutiger Dienstweg vorgeschrieben. Nur der direkte Vorgesetzte entscheidet über die Annahme. ☐
- [2] Dienstanweisungen werden schriftlich festgehalten und an alle Mitarbeiter ausgegeben. ☐
- [3] Durch den Abbau von Hierarchien und durch Zielvereinbarung steigt die Entscheidungsfreiheit des einzelnen Mitarbeiters. ☐
- [4] Um die Belastung der Mitarbeiter zu verringern, werden Überstunden nur nach schriftlicher Genehmigung der nächst höheren Instanz zugelassen. ☐
- [5] Klare Arbeitsanweisungen und strenge Kontrollen. ☐ ☑

04 Die Rheinsped GmbH stellt für einen Angestellten ein Arbeitszeugnis aus. Welche beiden der unten stehenden Aussagen zu den Zeugnissen sind zutreffend?

- [1] Der Arbeitnehmer hat einen Anspruch auf ein qualifiziertes Arbeitszeugnis. ☐
- [2] Das qualifizierte Arbeitszeugnis beschreibt ausschließlich die allgemeinen bzw. beruflichen Fähigkeiten und Kenntnisse. ☐
- [3] Der Anspruch auf das Arbeitszeugnis entsteht erst zum Zeitpunkt des tatsächlichen Ausscheidens aus der Speditionsunternehmung. ☐
- [4] Der Arbeitgeber ist verpflichtet, ein Fehlverhalten des Arbeitnehmers im Zeugnis festzuhalten. ☐
- [5] Arbeitszeugnisse werden häufig unter Verwendung bestimmter Codes formuliert. ☑ ☐

05 Die Unternehmensleitung der Transsped GmbH führt regelmäßige Beurteilungsgespräche mit ihren Mitarbeitern durch. Welche Ziele werden damit verfolgt?

- [1] Beurteilungsgespräche haben das vorrangige Ziel, die Arbeitsplatzbeschreibungen zu aktualisieren. ☐
- [2] Beurteilungsgespräche haben in erster Linie das Ziel, die Unternehmensleistung zu verbessern. ☐
- [3] Beurteilungsgespräche haben das Ziel, den Mitarbeitern ihre Beurteilungen zu erläutern und sie durch neue Zielvereinbarungen zu motivieren. ☐
- [4] Beurteilungsgespräche werden nur mit ausscheidenden Mitarbeitern geführt, mit dem Ziel, ein gerechtes Zeugnis zu erstellen. ☐
- [5] Beurteilungsgespräche haben das Ziel, Verbesserungsvorschläge zu diskutieren und neue Produktideen zu bekommen. ☑ ☐

3.8.2 Arbeitsvertrag

06 Beim Abschluss eines Arbeitsvertrages soll der Bewerber wahrheitsgemäß über berufliche Qualifikationen und beschäftigungsrelevante Fragen Auskunft geben. Welche der folgenden Fragen sind unzulässig?

- [1] Familienstand ☐
- [2] Beruflicher Werdegang ☐
- [3] Schwerbehinderung ☐
- [4] Gewerkschaftszugehörigkeit ☐
- [5] Alter ☐
- [6] Krankenkassenzugehörigkeit ☑ ☐

07 Ihnen wird der folgende Arbeitsvertrag zur vorherigen Prüfung vorgelegt. Prüfen Sie, welcher Punkt des Arbeitsvertrages den gesetzlichen Bestimmungen widerspricht. ☑

Arbeitsvertrag

Zwischen ... im folgenden Arbeitgeber genannt

und ... im folgenden Arbeitnehmer genannt

wird folgender Arbeitsvertrag geschlossen:

1. Art und Dauer der Tätigkeit

Der Arbeitnehmer wird ab .... als .... unbefristet eingestellt.

2. Entgelt:

Als Vergütung wird ein Gehalt von .... € brutto pro Monat vereinbart.

3. Arbeitszeit:

Als regelmäßige wöchentliche Arbeitszeit ausschließlich der Pausen werden 40 Stunden vereinbart.

4. Probezeit

Die ersten sechs Monate des Arbeitsverhältnisses gelten als Probezeit. Während der Probezeit kann das Arbeitsverhältnis innerhalb von 14 Tagen ohne Angabe von Gründen gekündigt werden.

5. Beendigung des Arbeitsverhältnisses:

Das Arbeitsverhältnis kann nach Ablauf der Probezeit vom Arbeitnehmer mit einer Frist von vier Wochen zum Fünfzehnten oder zum Ende eines Kalendermonats gekündigt werden.

6. Urlaub:

Der Arbeitnehmer hat Anspruch auf 20 Werktage (pro Kalenderjahr) Erholungsurlaub unter Fortzahlung der Bezüge.

7. Verschwiegenheitspflicht:

Der Arbeitnehmer verpflichtet sich, während und auch nach eventueller Beendigung des Arbeitsverhältnisses über alle ihm während seiner Tätigkeit bekannt gewordenen Geschäfts- und Betriebsgeheimnisse Stillschweigen zu bewahren.

08 Markus Behrens arbeitet bei der Spedition „Ruhrkurier" in der Buchhaltung. Er erfährt, dass ein ortsansässiges Unternehmen Rechnungen über mehrere Tausend € noch nicht beglichen hat, da es sich in Zahlungsschwierigkeiten befindet. Er informiert seinen Freund, der bei dem Unternehmen arbeitet, über diese Tatsache.

a) Beurteilen Sie dieses Verhalten von Markus Behrens.

b) Mit welchen Folgen muss Markus Behrens rechnen, wenn diese Informationsweitergabe seinem Arbeitgeber bekannt wird?

09 Der Speditionskaufmann Klaus Pieper hat gute Kontakte zu verschiedenen Handels- und Industrieunternehmen. Am Nachmittag, nach seiner Arbeitszeit, vermittelt er gegen Entgelt Transportaufträge für diese Unternehmen, die keine Kunden seines Arbeitgebers sind, an verschiedene Frachtführer. Beurteilen Sie die Zulässigkeit dieser Nebentätigkeit.

10 Bei welchen der unten stehenden Kündigungen nach der Probezeit handelt es sich um eine

[1] ordentliche Kündigung durch den Arbeitgeber?
[2] ordentliche Kündigung durch den Arbeitnehmer?
[3] außerordentliche Kündigung durch den Arbeitgeber?
[4] außerordentliche Kündigung durch den Arbeitnehmer?

Kündigung	
a) weil der Arbeitgeber den zustehenden Urlaub aus dem laufenden Jahr verweigert.	
b) ohne einen Grund anzugeben.	
c) weil das Gehalt seit mehreren Monaten aussteht.	
d) weil die internationale Abteilung geschlossen werden muss.	
e) weil der Lagerarbeiter wiederholt betrunken am Arbeitsplatz erschienen ist.	
f) wegen Diebstahls von Wertgegenständen aus dem Betrieb. ☑	

11 Was beinhaltet der allgemeine Kündigungsschutz?

1. Den Schutz vor sozial ungerechtfertigten Kündigungen ☐
2. Den Kündigungsschutz für Schwerbehinderte ☐
3. Den Kündigungsschutz für werdende Mütter ☐
4. Den Kündigungsschutz für Auszubildende ☑ ☐

12 Ein Lagerarbeiter der Spedition Intersped GmbH ist seit dem 1. März 2012 im Lager beschäftigt. Seine Probezeit endete am 31. Mai 2012. Ein Industrieunternehmen bietet dem Lagerarbeiter am 9. September 2012 eine erheblich besser bezahlte Stelle an.

Zu welchem Termin kann der Mitarbeiter nach den gesetzlichen Bestimmungen frühestens kündigen? ☑

13 Bei allen Kündigungen von Arbeitnehmern hat das Unternehmen die Vorschriften des Kündigungsschutzgesetzes zu beachten. So sind nur „sozial gerechtfertigte Kündigungen" zulässig.

a) Welche Arten von „sozial gerechtfertigten Kündigungen" gibt es?

b) Nennen Sie drei Beispiele für Gründe einer „betriebsbedingten Kündigung".

c) Welche Kriterien für die „soziale Auswahl" schreibt das Kündigungsgesetz vor?

14 Die Spedition Schulze KG hat dem Lagerarbeiter Karl Maier wegen Gründen gekündigt, die in seiner Person liegen. Maier ist mit dieser Kündigung nicht einverstanden, da er sich ungerecht beurteilt sieht.

a) Welche Formvorschriften müssen bei der Kündigung eingehalten werden?

b) Wie kann sich Maier gegen diese Kündigung wehren?

c) Welches Gericht wäre bei einem Kündigungsschutzprozess zuständig?

3.8.3 Tarifvertrag und Mitbestimmung

15 In Tarifauseinandersetzungen versuchen die Arbeitnehmer, mit den Gewerkschaften höhere Löhne und Gehälter durchzusetzen. Häufig sind diese Auseinandersetzungen mit Streikmaßnahmen verbunden. Bringen Sie die folgenden Phasen einer Tarifauseinandersetzung in die richtige Reihenfolge, indem Sie ihnen die Ziffern 1 bis 7 zuordnen.

a) Abschluss eines neuen Tarifvertrages	
b) Urabstimmung über das Ergebnis der neuen Tarifverhandlungen mit positivem Ergebnis	
c) Scheitern der Schlichtung	
d) Kündigung des Tarifvertrages und Aufnahme von Verhandlungen	
e) Verhandlungen werden für gescheitert erklärt und das Schlichtungsverfahren eingeleitet	
f) Ausrufung des Streiks aufgrund des Ergebnisses der Urabstimmung und erneute Tarifverhandlung	
g) Urabstimmung der organisierten Arbeitnehmer über eine Arbeitskampfmaßnahme ☑	

16 Welche der unten stehenden arbeitsrechtlichen Regelungen sind

[1] im Lohn-/Gehaltstarifvertrag
[2] im Manteltarifvertrag
[3] weder im Manteltarif- noch im Lohntarifvertrag geregelt?

Sachverhalte	
a) Festlegung der Anzahl der Urlaubstage	
b) Beschäftigung von Auszubildenden nach dem Berufsschulunterricht	
c) Dauer der wöchentlichen Arbeitszeit	
d) Einteilung der Arbeitnehmer in verschiedenen Lohn- und Gehaltsgruppen	
e) Höhe des Gehaltes	
f) Gleitende Arbeitszeit ☑	

17 Die Unternehmensleitung möchte im Betrieb Regelungen durchsetzen, die von den tarifvertraglich festgelegten Arbeitsbedingungen abweichen. Entscheiden Sie, in welchem Fall das zulässig ist.

[1] Wenn sie zu gunsten der Arbeitnehmer erfolgen ☐
[2] Wenn ihnen die Berufsgenossenschaft zustimmt ☐
[3] Wenn ihnen die Landesregierung zustimmt ☐
[4] Wenn sie vom Arbeitgeber begründet werden ☐
[5] Wenn sie von der Bundesagentur für Arbeit genehmigt werden ☑ ☐

18 Zwischen der Gewerkschaft IG Bau-Agrar-Umwelt und dem Arbeitgeberverband für das Gebäudereinigungsgewerbe wird ein Tarifvertrag abgeschlossen und für allgemeinverbindlich erklärt.

a) Welche Möglichkeiten werden bei der Geltung von Tarifverträgen unterschieden?

b) Die gewerkschaftlich nicht organisierte, d. h. nicht tarifgebundene Arbeiterin Gerda Michalski erklärt sich bereit, zu einem Lohn unter dem Tariflohn zu arbeiten, um überhaupt eine Stelle zu finden.

Nachdem sie vier Wochen beschäftigt war, verlangt sie die höhere tarifliche Zahlung und Auszahlung der bisher entgangenen Differenz zwischen dem Tariflohn und dem im Arbeitsvertrag vereinbarten Lohn. Entscheiden Sie (mit Begründung), ob das Unternehmen dazu verpflichtet ist.

c) Während der Laufzeit des Tarifvertrages steigt die Inflationsrate so stark an, dass die Arbeiter und Angestellten Kaufkraftverluste hinnehmen müssen. Sie fordern daher die Gewerkschaft auf, notfalls durch Streik höhere Löhne durchzusetzen. Die Gewerkschaft beruft sich auf die Friedenspflicht. Was versteht man darunter?

19 In der Spedition Rheinsped GmbH besteht eine Betriebsvereinbarung, in der festgelegt ist, dass jeder Betriebsangehörige bei der Silberhochzeit eine einmalige Zuwendung von 100 € erhält.

a) Wer sind die Vertragspartner von Betriebsvereinbarungen?

b) Ein Angestellter, der kurz zuvor Silberhochzeit gefeiert hat, kündigt sein Arbeitsverhältnis. Das Unternehmen ist nun nicht bereit, die 100 € Zuwendung zu bezahlen. Er beruft sich dabei auf den Arbeitsvertrag, in dem nichts vereinbart sei. Weigert sich Rheinsped zu Recht? Begründen Sie Ihre Antwort.

c) Nennen Sie Arbeitsbedingungen, die nicht Gegenstand von Betriebsvereinbarungen sein können, da sie der Sperrwirkung des Tarifvertrages unterliegen.

d) Unterscheiden Sie hinsichtlich ihres Geltungsbereiches: Gesetz, Tarifvertrag, Betriebsvereinbarung und Arbeitsvertrag.

20 Ordnen Sie den nachfolgend genannten Sachverhalten zu, ob der Betriebsrat nach dem Betriebsverfassungsgesetz das Recht auf

[1] Mitbestimmung.
[2] Beratung.
[3] Information zusteht.

Ein Spediteur ...

a)	möchte Beginn und Ende der täglichen Arbeitszeit für seine Angestellten neu festlegen.	
b)	gibt einen Bericht über die augenblickliche Auftragslage.	
c)	beabsichtigt den Zusammenschluss mit einer anderen Spedition.	
d)	plant die Errichtung eines neuen Verwaltungsgebäudes.	
e)	plant die Einführung von Arbeitszeiterfassungsgeräten.	
f)	organisiert die Arbeitsabläufe im Lager neu.	

21 Betriebsräte haben nach dem Betriebsverfassungsgesetz in vielen Fragen ein gesetzliches Mitbestimmungs- bzw. Mitwirkungsrecht. Bei welchem der folgenden Vorgänge hat der Betriebsrat der Rheinsped GmbH kein solches Recht?

[1]	Beginn und Ende der täglichen Arbeitszeit in der Serviceabteilung sollen verändert werden.	☐
[2]	Ein Staplerfahrer aus Halle 1 wird für drei Tage mit der Vertretung eines Kollegen aus der benachbarten Halle 2 betraut.	☐
[3]	Die Geschäftsleitung möchte eine Produktpräsentation für Geschäftspartner veranstalten.	☐
[4]	Für die Spätabfertigung sollen zwei Teilzeitmitarbeiter eingestellt werden.	☐
[5]	Wegen Verlustes eines Großkunden sollen zwei Mitarbeiter entlassen werden. ☑	☐

3.8.4 Vollmachten

22 In der Spedition Miebert & Schulz OHG bestehen Vollmachten im gesetzlichen Rahmen. Ordnen Sie jedem der Fälle (a-h) die Personengruppe (1-3) zu, die zur Ausführung dieser Rechtshandlungen berechtigt ist.

Personengruppen

[1] nur die Gesellschafter

[2] nur die Gesellschafter und die Prokuristen

[3] die Gesellschafter, die Prokuristen und die Handlungsbevollmächtigten mit allgemeiner Handlungsvollmacht

Fälle

a)	Erteilung einer Erlaubnis zum Lastschrifteinzug	
b)	Aufnahme eines weiteren Gesellschafters	
c)	Vertretung der Neufeld & Wolbert OHG in einer Gerichtsverhandlung	
d)	Unterzeichnung der Bilanz der Neufeld & Wolbert OHG	
e)	Aufnahme eines Kredits zur Finanzierung einer geplanten Kühlhalle	
f)	Bestellung einer Grundschuld zur Sicherung eines Kredits	
g)	Überweisungsauftrag an die Bank zum Ausgleich einer Liefererrechnung, wobei der bestehende Kontokorrentkredit in Anspruch genommen wird	
h)	Verkauf eines kleinen Grundstücks an eine benachbarte Spedition ☑	

23 In der Speditionsunternehmung Dellheim GmbH unterschreiben die vertretungsberechtigten Personen wie unten angegeben. Welche dieser Personen darf einen Lagerarbeiter in der Regel nicht einstellen?

Personen/Unterschriften

[1] i. V. Müller

[2] ppa. Draber

[3] i. A. Mensing ☑

24 Frau Maria Müntzer und Herr Friedhelm Ahlen sind im Handelsregisterauszug als Gesamtprokuristen für die Spedition Jul. Ahlmann GmbH eingetragen. Welche Befugnisse bezüglich der Vertragsverhandlungen können aus dieser Eintragung abgeleitet werden?

1.	Frau Maria Müntzer und Herr Friedhelm Ahlen dürfen mit dieser Vollmacht das Unternehmen einzeln rechtsverbindlich vertreten.	☐
2.	Frau Maria Müntzer und Herr Friedhelm Ahlen können das Unternehmen in allen Vertragsverhandlungen einzeln und in unbeschränkter Höhe vertreten.	☐

3.	Frau Maria Müntzer und Herr Friedhelm Ahlen haben bei gewöhnlichen Rechtsgeschäften Einzelvertreterbefugnis, bei außergewöhnlichen Rechtsgeschäften, wie z. B. der Aufnahme eines Darlehens, muss das Einverständnis der Geschäftsleitung vorliegen.	☐
4.	Frau Maria Müntzer und Herr Friedhelm Ahlen sind bevollmächtigt, das Unternehmen gemeinsam in allen gewöhnlichen und außergewöhnlichen Geschäften und Rechtshandlungen im Rahmen des Geschäftsbetriebes zu vertreten.	☐
5.	Frau Maria Müntzer und Herr Friedhelm Ahlen sind bevollmächtigt, sämtliche Rechtsgeschäfte einschließlich Verkauf und Belastung von Grundstücken im Namen des Unternehmens eigenverantwortlich abzuschließen. ☑	☐

3.8.5 Entgelte

25 Die 30-jährige Angestellte Michaela Feiberg ist in der Versicherungsabteilung der Spedition Rheinsped GmbH tätig. Erstellen Sie unter Berücksichtigung der unten stehenden Angaben die Gehaltsabrechnung. Ermitteln Sie die an den Stellen a) bis i) fehlenden Werte (ggf. auf zwei Stellen nach dem Komma runden). Es werden keine Zusatzbeiträge bei der Krankenkasse verlangt. Sie ist ledig und ohne Kinder.

a) Sozialversicherungspflichtiges Gehalt
b) Steuerpflichtiges Gehalt
c) Einbehaltene Kirchensteuer (9 %)
d) Einbehaltener Solidaritätszuschlag (5,5 %)
e) Summe Arbeitnehmeranteil SV
f) Nettogehalt
g) Arbeitgeberanteil zur Sozialversicherung
h) An das Finanzamt abzuführender Gesamtbetrag
i) An die Sozialversicherungsträger abzuführender Gesamtbetrag

Angaben

Monatsgehalt lt. Tarifvertrag:	2 200,00 €
Übertarifliche Zulage:	300,00 €
Lohnsteuerjahresfreibetrag:	720,00 €
Religionszugehörigkeit:	römisch-kath.
Einbehaltene Lohnsteuer	329,58 €

☑

26 Ein Mitarbeiter der Spedition Krage GmbH hat ein Bruttogehalt von 2 150,00 €. Bei der Gehaltszahlung werden bestimmte Abzüge vom Gehalt vorgenommen, die der Arbeitgeber abführen muss. Welche der folgenden Beträge müssen

[1] vom Arbeitnehmer allein
[2] vom Arbeitgeber allein
[3] von Arbeitnehmer und Arbeitgeber gemeinsam getragen werden?

Beträge

a)	Beitrag zur gesetzlichen Arbeitslosenversicherung	☐
b)	Beitrag zur gesetzlichen Unfallversicherung	☐
c)	Beitrag zur gesetzlichen Pflegeversicherung	☐
d)	Solidaritätszuschlag	☐
e)	Kirchensteuer	☐
f)	Beitrag zur gesetzlichen Krankenversicherung	☐
g)	Beitrag zur gesetzlichen Rentenversicherung	☐
h)	Lohnsteuer ☑	☐

27 In Deutschland sollen die Steuerpflichtigen zur Einkommensteuer nach ihrer Leistungsfähigkeit herangezogen werden. Dabei wird die Leistungsfähigkeit an der Höhe des zu versteuernden Einkommens gemessen. Welche Erkenntnis lässt sich aus der Tabelle unten ableiten?

[1]	Die 5 % der Steuerzahler, die Spitzeneinkünfte von 80 784 € und mehr erzielten, haben mehr als die Hälfte des Aufkommens aus der Einkommensteuerlast getragen.	☐
[2]	Das oberste Viertel der Steuerzahler, die Einkünfte von 43 869 € und mehr gehabt haben, hat fast drei Viertel des Aufkommens aus der Einkommensteuerlast getragen.	☐
[3]	Die obere Hälfte der Steuerzahler (Steuerpflichtige mit Einkünften ab 26 945 €) hat fast zwei Drittel des Aufkommens aus der Einkommensteuerlast getragen.	☐
[4]	Die untere Hälfte der Steuerzahler (Steuerpflichtige mit Einkünften bis 26 945 €) hat überwiegend das Aufkommen aus der Einkommensteuer getragen.	☐
[5]	Das unterste Viertel der Steuerzahler (Steuerpflichtige mit Einkünften bis 11 709 €) hat 10 % des Aufkommens aus der Einkommensteuerlast getragen. ☑	☐

Einkommenssteuer 2007

Steuerpflichtige			Steuerleistung
5 %	Die 5 % Steuerzahler mit den höchsten Einkünften (ab 84 300 €)	leisten soviel vom gesamten Aufkommen der Einkommensteuer	40,3 %
25 %	Das oberste Viertel der Steuerzahler (Einkünfte ab 41 600 €)		75,6 %
50 %	Die obere Hälfte der Steuerzahler (Einkünfte ab 25 250 €)		93,8 %
50 %	Die untere Hälfte der Steuerzahler (Einkünfte bis 25 250 €)		6,2 %
25 %	Das unterste Viertel der Steuerzahler (Einkünfte bis 10 850 €)		0,5 %

28 Martin Kremer ist Angestellter in einer Spedition. Er hat lediglich Einkünfte aus nichtselbständiger Arbeit. Bei welchen der unten stehenden Beispiele handelt es sich steuerlich um

[1] Werbungskosten
[2] Sonderausgaben
[3] nicht abzugsfähige Ausgaben eines Arbeitnehmers?

Beispiele

a)	Kirchensteuer	☐
b)	Seminargebühren für die Ausbildung zum Verkehrsfachwirt	☐
c)	Spende von 100,00 € für das Rote Kreuz	☐
d)	Aufwendungen für die Fahrten mit eigenem Pkw zur Arbeitsstelle	☐
e)	Jahresprämie für die Hausratversicherung	☐
f)	Jahresprämie für die private Haftpflichtversicherung ☑	☐

29 Auf der Lohnsteuerkarte der Angestellten Petra Sommer wurde aufgrund ihres Antrages vom Finanzamt für erhöhte Werbungskosten ein monatlicher Freibetrag in Höhe von 300,00 € eingetragen. Welche finanzielle Auswirkung hat dies für Frau Sommer?

1. Bei der Berechnung der Sozialversicherungsbeiträge werden Frau Sommer 300,00 € abgezogen.
2. Frau Sommer zahlt jetzt nur noch Lohnsteuer, wenn diese den Betrag von 300,00 € monatlich übersteigt.
3. Die monatliche Lohnsteuer von Frau Sommer sinkt um 300,00 €.
4. Das monatliche Gehalt von Frau Sommer wird bei der Berechnung der Lohnsteuer um 25,00 € gemindert.
5. Das monatliche Gehalt von Frau Sommer wird bei der Berechnung der Lohnsteuer um 300,00 € gemindert. ☑

3.8.6 Sozialversicherung

30 Auf welche der folgenden Zweige der Sozialversicherung beziehen sich die unten stehenden Regelungen?

Zweige der Sozialversicherung

[1] Unfallversicherung
[2] Pflegeversicherung
[3] Arbeitslosenversicherung
[4] Krankenversicherung
[5] Rentenversicherung

Regelungen

a) Für unterhaltspflichtige Familienangehörige besteht grundsätzlich ein gesetzlicher Anspruch auf Vorsorgeuntersuchungen.	
b) Die Finanzierung erfolgt ausschließlich durch Beiträge der Arbeitgeber.	
c) Zur Finanzierung wurde in den meisten Bundesländern ein gesetzlicher Feiertag gestrichen.	
d) Die Mitarbeiter einer Unternehmung erhalten Kurzarbeitergeld.	
e) Nach Erreichen der Altersgrenze wird aufgrund der Bewilligung des Antrags Altersruhegeld gezahlt.	
f) Ein Jugendlicher erhält nach dem aufgrund einer unheilbaren Krankheit eingetretenen Tod seines Vaters Waisenrente. ☑	

31 Im Lager der Spedition Niemeyer & Co. in Gelsenkirchen passiert ein Arbeitsunfall. Dabei wird der Lagerarbeiter Späth verletzt. Er ist in Folge eines Arbeitsunfalls für eine Woche arbeitsunfähig. Bei welchen der untenstehenden Stellen muss der Arbeitsunfall gemeldet werden?

[1] Industrie- und Handelskammer ☐
[2] Berufsgenossenschaft ☐
[3] Arbeitsamt ☐
[4] Krankenkasse ☐
[5] Deutsche Rentenversicherung (Regional) ☑ ☐

32 Der Auszubildende Frank Meister ist bei der Fa. Rheinsped GmbH beschäftigt. Er fährt mit seinem Moped von seiner Wohnung direkt zu seiner Ausbildungsstätte. Unterwegs rutscht er auf der regennassen Fahrbahn aus und bricht sich ein Bein. Wer trägt letztlich die anfallenden Kosten der ärztlichen Behandlung?

[1] Die Krankenversicherung des Auszubildenden Frank Meister ☐
[2] Die Deutsche Rentenversicherung (Bund) ☐
[3] Die zuständige Berufsgenossenschaft der Rheinsped GmbH ☐
[4] Die Haftpflichtversicherung der Rheinsped GmbH ☐
[5] Die private Unfallversicherung des Auszubildenden Frank Meister ☑ ☐

33 Sowohl bei den Sozial- als auch bei der Individualversicherung gibt es Krankenversicherungen.

a) Bis zu welchem Monatsgehalt besteht in der Krankenversicherung für Angestellte (2013) Versicherungspflicht?
b) Wodurch unterscheiden sich die gesetzliche und die private Krankenversicherung hinsichtlich der Versicherung der Familienangehörigen des Versicherungsnehmers? Denken Sie daran, dass in der Individualversicherung immer das individuelle Risiko versichert wird.
c) Wer trägt die Beiträge zur gesetzlichen Krankenversicherung?
d) Nennen Sie die wichtigsten Aufgaben der gesetzlichen Krankenversicherung.
e) Ein Schüler fährt mit dem Fahrrad von der Schule nach Hause. Er rutscht in einer Kurve aus und stürzt. Dabei bricht er sich einen Arm. Das Fahrrad wird erheblich beschädigt. Wer ersetzt die Krankenkosten für den Armbruch?

34 Welche der unten stehenden Leistungen werden von

[1] der Bundesagentur für Arbeit/der Arbeitsagentur
[2] die Deutsche Rentenversicherung (Bund)
[3] der gesetzlichen Krankenkasse
[4] der Pflegekasse
[5] der Berufsgenossenschaft
[6] keinem der vorgenannten Träger erbracht?

Leistungen

a) Zahlung einer Rente an einen Versicherten auf Grund eines Wegeunfalls	
b) Berufsberatung	
c) Zahlung von Krankenhaustagegeld	
d) Übernahme der Reparaturkosten für einen auf dem Weg zur Arbeit entstandenen Fahrzeugschaden	
e) Leistungen zur Wiedereingliederung in das Erwerbsleben nach einem Freizeitunfall	
f) Zahlung von Kurzarbeitergeld	
g) Kostenübernahme für Krankengymnastik auf Grund eines angeborenen Rückenleidens	
h) Kostenübernahme für die ständige häusliche ambulante Betreuung eines 80-jährigen Rentners ☑	

35 Erläutern Sie den „Generationenvertrag" und beschreiben Sie die Probleme, die sich daraus heute und in der Zukunft ergeben.

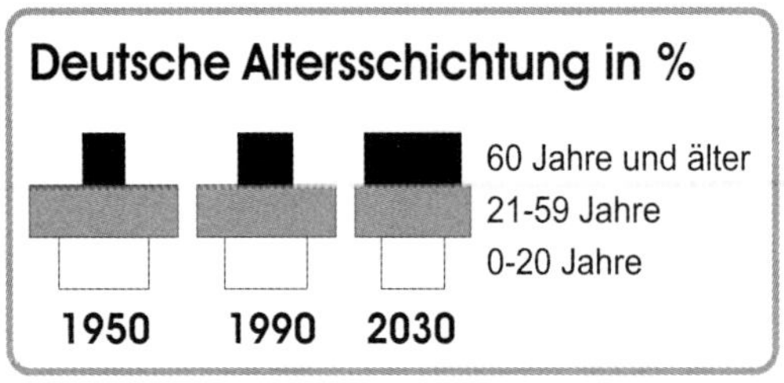

3.8.7 Individualversicherung

36 Mitarbeiter/-innen der Rheinsped GmbH haben verschiedene Lebensversicherungsverträge abgeschlossen. Auf welche der nebenstehenden Formen von Lebensversicherungen treffen die unten stehenden Merkmale zu?

Formen von Lebensversicherungen

[1] Todes- und Erlebensfallversicherung

[2] Dynamische Todes- und Erlebensfallversicherung

[3] Risikoversicherung

Merkmale

a) Es erfolgt eine laufende Anpassung der Versicherungsbeiträge im selben Verhältnis wie die des Höchstbeitrags in der gesetzlichen Rentenversicherung. ☐

b) Die Auszahlung der Versicherungssumme ist nicht in jedem Fall vorzunehmen. ☐

c) Es gibt keinen Sparanteil. ☐

d) Die Versicherungsleistung wird bei Tod des Versicherten fällig, spätestens zu einem fest vereinbarten Termin, wobei die Prämien gleichbleibend sind. ☑ ☐

4 Kaufvertrag

4.1 Rechtsgrundlagen/Personen/Willenserklärungen

Personen, Rechts- und Geschäftsfähigkeit

Rechts- und Geschäftsfähigkeit

Rechtsfähigkeit
Fähigkeit von Personen, Träger von Rechten und Pflichten zu sein

Natürliche Personen
Die Rechtsfähigkeit beginnt mit der Geburt und endet mit dem Tod.

Juristische Personen
Die Rechtsfähigkeit beginnt mit der Gründung und endet mit der Auflösung der Gesellschaft.

Geschäftsfähigkeit
Fähigkeit, rechtswirksame Willenserklärungen abzugeben und entgegenzunehmen

voll geschäftsfähige Personen
Volljährige, geistig gesunde Personen

Die Willenserklärung eines voll Geschäftsfähigen ist rechtswirksam.

Juristische Personen sind voll geschäftsfähig und handeln durch ihre Organe (Geschäftsführer, Vorstand).

beschränkt geschäftsfähige Personen
Personen vom vollendeten 7. bis zum vollendeten 18. Lebensjahr

Die Willenserklärung eines beschränkt Geschäftsfähigen bedarf der Zustimmung des gesetzlichen Vertreters.

(§ 107 BGB)

geschäftsunfähige Personen
Personen bis zum vollendeten 7. Lebensjahr und dauernd Geisteskranke

Die Willenserklärung eines Geschäftsunfähigen ist nichtig.
(§ 105 BGB)

Ausnahmen

a) wenn durch die Willenserklärung nur rechtliche Vorteile erlangt werden (§ 107 BGB)

b) wenn der Vertrag mit solchen Mitteln erfüllt werden kann, die dem beschränkt Geschäftsfähigen zur freien Verfügung stehen (Taschengeld) (§ 110 BGB)

c) wenn ein Minderjähriger die Genehmigung zum Betrieb eines Erwerbsgeschäftes besitzt (Handelsmündigkeit), für Verträge im Rahmen des Geschäftes (§ 112 BGB)

d) wenn der Minderjährige mit Zustimmung der Erziehungsberechtigten einen Arbeitsvertrag abgeschlossen hat, für Geschäfte im Rahmen des Arbeitsverhältnisses (§ 113 BGB).

Nichtigkeit von Verträgen

Nichtigkeit und Anfechtbarkeit von Rechtsgeschäften

Nichtigkeit von Rechtsgeschäften

Das Rechtsgeschäft ist von Anfang an ungültig (nichtig).

1. Willenserklärungen von Geschäftsunfähigen (§ 105 I BGB)
2. Willenserklärungen im Zustand der Bewusstlosigkeit oder vorübergehender Störung der Geistestätigkeit (§ 105 II BGB)
3. Willenserklärungen, die nur zum Schein abgegeben werden (§ 117 BGB)
4. Rechtsgeschäfte von beschränkt Geschäftsfähigen ohne Zustimmung der gesetzlichen Vertreter (§ 108 BGB)
5. Rechtsgeschäfte, die gegen ein gesetzliches Verbot verstoßen (§ 134 BGB)
6. Rechtsgeschäfte, die gegen die guten Sitten verstoßen (§ 138 BGB)
7. Rechtsgeschäfte, die gegen festgelegte Formvorschriften verstoßen (§ 125 BGB)

Anfechtbarkeit

Anfechtbarkeit von Rechtsgeschäften	Anfechtungsgründe
Ein gültig zustande gekommenes Rechtsgeschäft wird durch Anfechtung rückwirkend nichtig.	a) Irrtum (§§ 119-122 BGB) 1. Irrtum in der Erklärung 2. Irrtum in der Übermittlung 3. Irrtum über wesentliche Eigenschaften in der Person oder der Sache b) Arglistige Täuschung oder widerrechtliche Drohung (§§ 123-124 BGB)

4.2 Abschluss und Arten

Vertragsarten

Vertragsarten

Vertragstyp	Vertragsart	Vertragsinhalt	Vertragsbeteiligte
Arbeits- und Besorgungsverträge	**Dienstvertrag**	Leistung von Diensten gegen Entgelt ohne Erfolgsgarantie (auch Arbeitsvertrag)	Arbeitnehmer Arbeitgeber §§ 611-630 BGB
	Werkvertrag	Herstellung eines Werkes mit Erfolgsgarantie gegen Entgelt	Hersteller Besteller §§ 631-651 BGB
	Reisevertrag	Erbringung einer Gesamtheit von Reiseleistungen (Reise) gegen Entgelt	Reiseveranstalter Reisender §§ 651a-651m BGB
	Versicherungsvertrag	Übernahme eines bestimmten Risikos gegen Zahlung einer Prämie	Versicherer Versicherter §§ 1 ff. VVG
Überlassungsverträge	**Mietvertrag**	Überlassung einer Sache zum Gebrauch gegen Entgelt	Vermieter Mieter §§ 535-580a BGB
	Pachtvertrag	Überlassung einer Sache zum Gebrauch und zum Genuss der Früchte gegen Entgelt	Verpächter Pächter §§ 581-584b BGB
	Leasingvertrag	Überlassung eines Anlagegenstandes zum Gebrauch gegen Entgelt. Der Leasingnehmer trägt das Gebrauchsrisiko.	Leasinggeber Leasingnehmer vgl. Mietvertrag §§ 535-580a BGB
	Leihvertrag	Unentgeltliche Überlassung einer Sache zum Gebrauch	Verleiher Leiher §§ 598-606 BGB
	Darlehnsvertrag	Entgeltliche oder unentgeltliche Überlassung eines Geldbetrages	Darlehnsgeber Darlehnsnehmer §§ 488-515 BGB
Veräußerungsverträge	**Kaufvertrag**	Übereignung einer Sache gegen Zahlung des Kaufpreises	Verkäufer Käufer §§ 433-480 BGB
	Schenkungsvertrag	Unentgeltliche Zuwendung aus dem Vermögen des Schenkers	Schenker Beschenkter §§ 516-534 BGB

VERTRAG

Ein Vertrag kommt durch zwei übereinstimmende Willenserklärungen zustande, die in der Absicht abgegeben werden, einen bestimmten rechtlichen Erfolg zu erzielen. Die Willenserklärungen begründen beiderseitige Verpflichtungen der Vertragspartner.

ZUSTANDEKOMMEN VON VERTRÄGEN

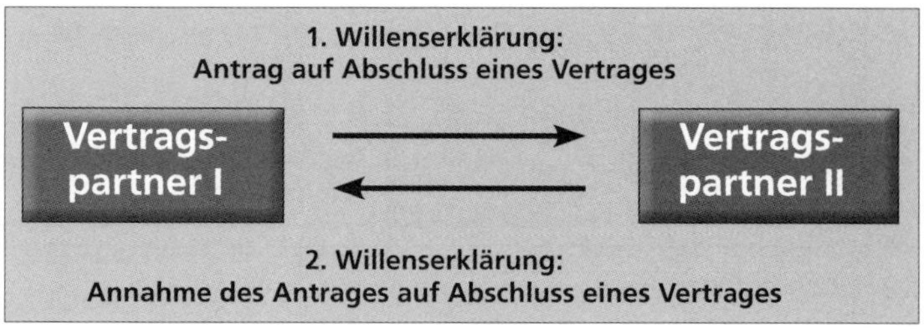

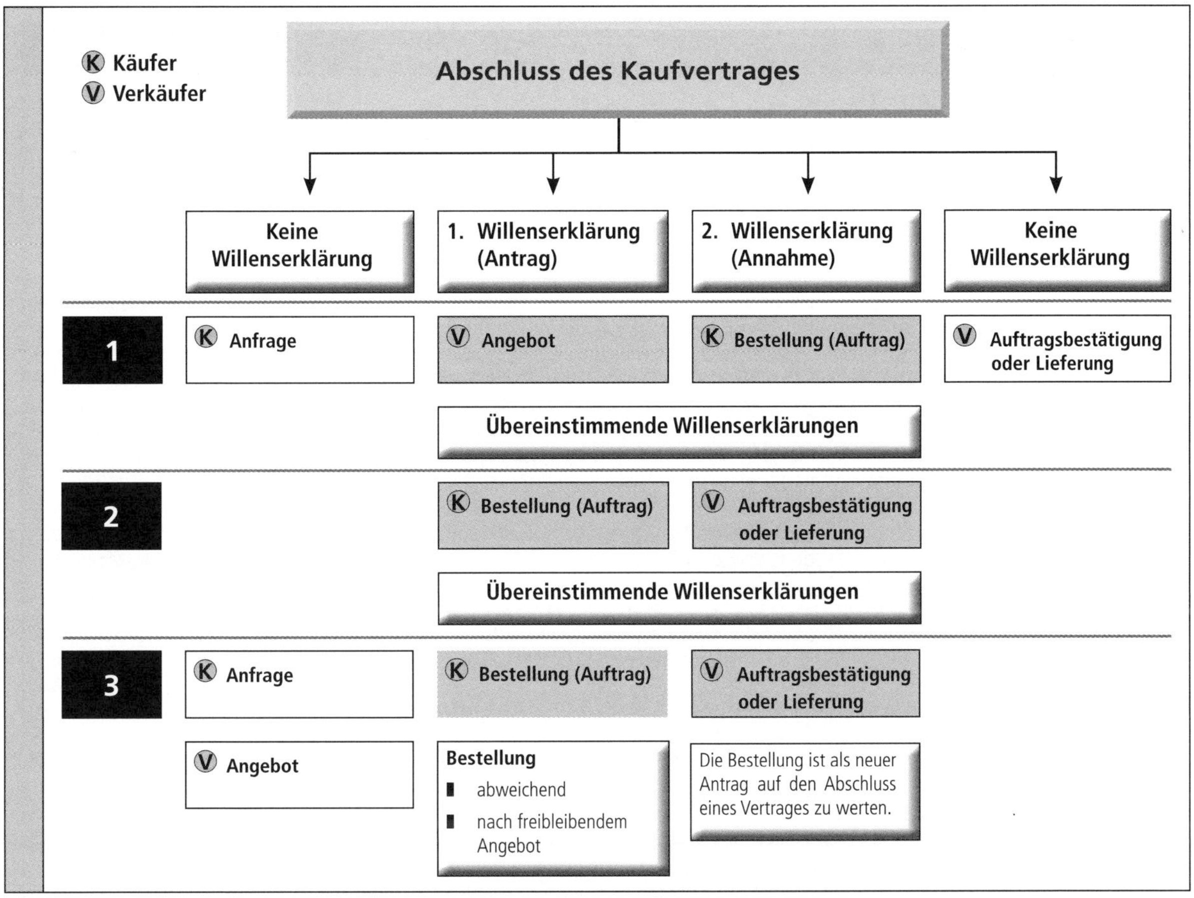

Besondere Kaufvertragsarten

a) Nach Art, Beschaffenheit und Güte der Ware		
1. Stückkauf	Kauf einer individuell bestimmten (nicht vertretbaren) Sache, die so nicht wieder beschafft werden kann	Gemälde, Grundstück, bestimmter Gebrauchtwagen
2. Gattungskauf	Die gekauften Gegenstände sind nur nach ihren Merkmalen bestimmt und können wiederbeschafft werden (vertretbare Sachen).	Heizöl, Neufahrzeug aus laufender Produktion
3. Spezifikationskauf (Bestimmungskauf)	Kaufgegenstand ist eine festgelegte Menge einer Gattungsware. Der Käufer hat das Recht, innerhalb einer Frist für die Waren Form, Maß, Farbe etc. zu bestimmen.	Verkauf einer bestimmten Anzahl von Hosen an einen Großhändler, der vor der Lieferung die Farben und Größen bestimmt.
4. Kauf nach Probe	Der Kaufgegenstand muss genau einer früheren Lieferung oder Probe entsprechen.	Kaffee, Tee, Tabak, Baumwolle, Wein etc.
5. Kauf auf Probe	Der Käufer hat das Recht, die Ware innerhalb einer bestimmten Frist zurückzugeben, wenn sie nicht seinen Erwartungen entspricht.	Musikinstrumente, Werkzeugmaschinen, EDV-Anlage
6. Kauf zur Probe	Kauf einer Ware mit dem Ziel, bei Gefallen eine größere Menge der gleichen Art zu bestellen.	
7. Kauf mit Umtauschrecht	Der Käufer hat das Recht, die Ware gegen eine andere Ware im gleichen Wert umzutauschen.	Kauf von Geschenken mit Umtauschrecht
8. Kauf in Bausch und Bogen (Ramschkauf, en bloc)	Verkauf einer Gesamtheit von Sachen unter einer Sammelbezeichnung zu einem Gesamtpreis.	Kauf eines Holzlagers (wie es „stand und lag"); Kauf eines kompletten Nachlasses, einer privaten Bibliothek

Besondere Kaufvertragsarten

b) Nach der Lieferzeit		
1. Sofortkauf (Normalfall)	Kauf zur sofortigen Lieferung oder Übergabe (gesetzliche Regelung bei fehlender Lieferzeitvereinbarung)	Kauf im Ladengeschäft
2. Terminkauf	Die Lieferung ist für einen Zeitraum (bzw. innerhalb einer Frist) vereinbart. Die Frist kann von bestimmten Ereignissen (z. B. Auftragseingang) abhängig gemacht werden.	Lieferung bis Ende August, Lieferung innerhalb zweier Monate, Lieferung 6 Monate nach Auftragseingang
3. Fixkauf	Die Lieferung hat an einem (oder bis zu einem) genau bestimmten Termin zu erfolgen. Das Geschäft steht und fällt mit der Einhaltung des Termins. Es wird eine eindeutige Fixklausel vereinbart.	Lieferung am 20. Oktober fix (exakt, genau, spätestens), Lieferung von Blumen für eine Hochzeitsfeier
4. Kauf auf Abruf	Der Käufer bestimmt den Lieferzeitpunkt, in dem er die Ware abruft.	Bestellte Fenster werden abgerufen, wenn der Rohbau fertig gestellt ist
5. Teillieferungskauf	Es wird vereinbart, dass eine Bestellung in mehreren Teillieferungen a) als Terminkauf oder b) als Kauf auf Abruf angeliefert wird.	Ein Automobilunternehmen ruft Einbauteile genau dann ab, wenn sie in der Produktion benötigt werden.
c) Nach der Zahlungszeit		
1. Vorauszahlungskauf	Bezahlung vor Lieferung	Industrieprojekte
2. Barkauf (Normalfall)	Zahlung bei Lieferung	Ladengeschäfte, Nachnahme
3. Zielkauf (Kreditkauf)	Zahlung am Ende einer festgelegten Zeit nach Lieferung	„Zahlungsziel 6 Wochen"
4. Ratenkauf	Kaufpreis ist in mehreren Raten zu zahlen	Zahlbar in 3 monatlichen Raten
d) Nach dem Erfüllungsort		
1. Handkauf	Käufer und Verkäufer befinden sich im gleichen Ort. Die Ware wird im Ladengeschäft des Verkäufers übergeben.	Kauf im Ladengeschäft
2. Platzkauf	Käufer und Verkäufer befinden sich im gleichen Ort. Der Verkäufer liefert die Ware an den Käufer (Wohn- oder Geschäftsstelle) aus.	Möbellieferung an einen Kunden im gleichen Ort
3. Versendungskauf	Käufer und Verkäufer befinden sich in verschiedenen Orten. Erfüllungsort ist der Ort des Verkäufers, der aber die Versendung an den Käufer vornimmt (oder veranlasst).	Großhändler liefert an einen Einzelhändler in einem anderen Ort
4. Fernkauf	Käufer und Verkäufer befinden sich in verschiedenen Orten. Im Kaufvertrag ist die Lieferung im Betrieb des Käufers vereinbart.	

BEZUGSKOSTENKALKULATION

Listeneinkaufspreis	1 000,00 €	
./. Rabatt	80,00 €	z. B. 8 % Mengenrabatt
= Zieleinkaufspreis	920,00 €	
./. Liefererskonto	27,60 €	z. B. 3 % Skonto
= Bareinkaufspreis	892,40 €	
+ Bezugskosten	62,50 €	z. B. Frachtkosten
= Bezugspreis	954,90 €	

Kaufvertrag: Angebot

Ein Angebot ist eine an eine bestimmte Person gerichtete Willenserklärung, Waren zu den angegebenen Bedingungen liefern zu wollen.

Form des Angebotes

Die Angebote unterliegen keinen Formvorschriften.

Sie können

- schriftlich (auch fernschriftlich, per E-Mail oder Fax)
- mündlich (auch telefonisch)
- durch schlüssiges Handeln

abgegeben werden.

Bindungswirkung des Angebotes Bindungsfrist

Gesetzlich (§ 147 BGB)

- Unter Anwesenden (und während eines Telefongespräches) müssen Angebote sofort angenommen werden.
- Unter Abwesenden gilt ein Angebot bis zu der Frist, zu der eine Antwort unter regelmäßigen Umständen erwartet werden kann (Eingang des Angebotes, Überlegungsfrist und Beförderungszeit für die Antwort).

Vertraglich (§ 148 BGB)

Im Angebot kann eine Frist bestimmt sein, bis zu der das Angebot angenommen werden muss.

Freizeichnungsklauseln (§ 145 BGB)

schränken die Bindung an das Angebot ein oder schließen sie völlig aus (z. B. „freibleibend", „solange Vorrat reicht" etc.).

Widerruf des Angebotes

Ein Angebot kann nur widerrufen werden, wenn der Widerruf vor, spätestens mit dem Angebot beim Empfänger eingeht.

Inhalt des Angebotes

Ein Angebot enthält vertragliche Regelungen zu

- Art, Beschaffenheit und Güte der Ware
- Menge
- Preis und Preisnachlässe
- Verpackungskosten
- Versandkosten
- Lieferzeit
- Zahlungsbedingungen
- Erfüllungsort und Gerichtsstand

4.3 Inhalte

Inhalte des Kaufvertrages

Inhalt	Erläuterung	Beispiel
Art, Beschaffenheit und Güte	**Art** handelsübliche Bezeichnung des Gutes	z. B. ServoFoxx Getriebesystem SF 11X
	Güte Qualität des Gutes (Gütezeichen, Güteklassen, Typen, Handelsklassen, Beschreibungen, Normen)	z. B. Handelsklasse A, RAL Gütezeichen, DIN EN 10132-1
Menge	**Mengenangaben** als metrische, nichtmetrische und handelsübliche Maße	z. B. ▮ Stück, kg, t, m^3, L, hl ▮ square yard (sq yd), cubic foot (cu ft), pound (lb), long ton (l tn), ▮ Ries, Dutzend, Oktav, Folio
Preis	**Preisstellung**	▮ Stückpreis/mengenabhängige Preise ▮ Listenpreise, Katalogpreise, Angebotspreise ▮ Brutto-/Nettopreise
	Preisminderungen	**Rabatte** Sofortige Abzüge vom festgelegten Listenpreis ▮ Funktionsrabatte (z. B. Wiederverkäuferrabatt) ▮ Mengenrabatte (gestaffelte Rabatte, Naturalrabatt) ▮ Zeitrabatte (Saisonrabatt, Messerabatt, Einführungsrabatt) ▮ Sonderrabatte (Jubiläums- und Treuerabatt)

Inhalte des Kaufvertrages

Inhalt	Erläuterung	Beispiel
	Preisminderungen	**Skonto** (Barzahlungsrabatt) Abzug vom Rechnungspreis bei Zahlung innerhalb einer Skontofrist und Nichtausnutzung des Zahlungszieles
		Bonus Nachträglicher Preisnachlass bei Erreichen eines bestimmten Jahresumsatzes
Verpackungskosten	**Verkaufsverpackung** dient dem Schutz und der Haltbarkeit der Ware auf dem Weg vom Hersteller bis zum Endverbraucher	**Versandverpackung** dient dazu, Waren auf dem Weg vom Hersteller bis zum Vertreiber vor Schäden zu bewahren, oder wird aus Gründen der Sicherheit des Transportes verwendet.
	Der Verkäufer trägt die Kosten der Verkaufsverpackung (§ 448 Abs. 1 BGB)	Der Käufer trägt die Kosten der Versandverpackung (§ 448 Abs. 1 BGB)
Versandkosten	**Platzkauf** Versendung innerhalb des Verkaufsortes **Fernkauf** Versand in einen anderen Ort, der vertraglich vom Verkäufer übernommen wird	**Versendungskauf** Versand an einen anderen Ort auf Wunsch des Käufers (Normalfall nach dem BGB)
	Der Verkäufer trägt die Versandkosten (§ 448 Abs. 1 BGB)	Der Käufer trägt die Versandkosten (§ 448 Abs. 1 BGB)

Frachtkosten

	Frachtvereinbarung	Erläuterung
1	ab Lager, ab Werk	Der Käufer holt die Ware ab (oder lässt sie abholen). Der Verkäufer stellt die Ware zur Verfügung.
2	unfrei, ab hier	Der Verkäufer übergibt die Ware an den Frachtführer, der Käufer trägt die Versandkosten.
3	frei Waggon, frei Schiff	Der Verkäufer versendet die Ware an das Schiff oder an den Bahnhof zur Verladung auf den Waggon.
4	frei, frachtfrei, frei Bestimmungsort	Der Verkäufer trägt die Versandkosten bis zum Bestimmungsort. Am Bestimmungsort entstehende Kosten (Rollgelder etc.) trägt der Käufer.
5	frei Haus, frei Lager, frei Werk	Der Verkäufer trägt sämtliche anfallende Versandkosten.
6	Frachtbasis, Frachtparität	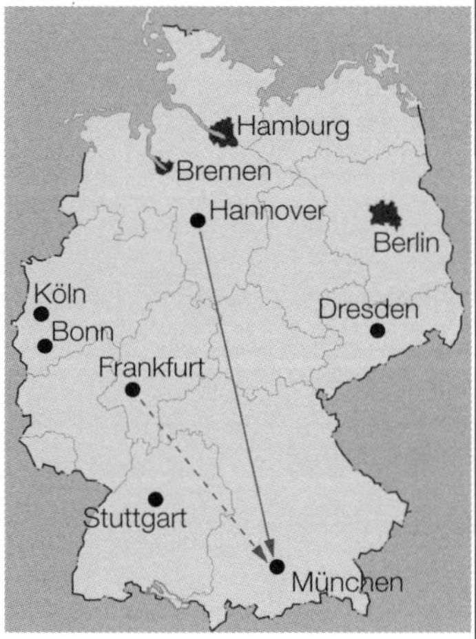 Es wird vereinbart, dass der Käufer die Kosten ab einem bestimmten (hypothetischen) Ort trägt, der nicht Geschäftssitz des Verkäufers ist (Frachtbasis), oder der Käufer trägt die Versandkosten bis zu seinem Geschäftssitz, auch wenn die Ware an einen anderen Ort versendet wird (Frachtparität). - - - -► Frachtkosten bei „Frachtbasis Frankfurt" ——► Tatsächlich entstehende Frachtkosten bei Lieferung aus Hannover

Zahlungsbedingungen
(gesetzlich) § 271 BGB

Die Zahlung (ohne Vereinbarung) hat Zug-um-Zug, also sofort nach der Lieferung zu erfolgen.

Zahlungsvereinbarungen
(vertraglich)

Vor der Lieferung

z. B.
- Anzahlung
- Zahlung im Voraus
- netto Kasse gegen Rechnung

Bei Lieferung

z. B.
- gegen bar
- netto Kasse
- gegen Nachnahme

Nach Lieferung

z. B.
- Zahlungsziel 2 Monate
- Ziel 2 Monate oder Kasse innerhalb 14 Tagen mit 2 % Skonto
- Zahlbar in 4 Monatsraten
- Ziel 3 Monate gegen Wechsel

Verbrauchsgüterkauf

Definition: Kauf einer beweglichen Sache durch einen Verbraucher von einem Unternehmer.

§ 13 BGB:

Verbraucher ist jede natürliche Person, die ein Rechtsgeschäft zu einem Zwecke abschließt, der weder ihrer gewerblichen noch ihrer selbstständigen beruflichen Tätigkeit zugerechnet werden kann.

Eingeschränkte Vertragsfreiheit

Der Verkäufer darf weder im Kaufvertrag noch in Allgemeinen Geschäftsbedingungen zum Nachteil des Käufers von den Regelungen des BGB über die Rechte bei Schlechtleistung (mangelhafte Lieferung) abweichen.

§ 475 BGB

Beweislastumkehr

Wird innerhalb von sechs Monaten seit Gefahrübergang ein Sachmangel festgestellt, so wird vermutet, dass die Sache bereits bei Gefahrübergang mangelhaft war. Der Verkäufer muss das Gegenteil beweisen.

§ 476 BGB

Sonderregeln für Garantien

- Garantieerklärungen müssen einfach und verständlich sein.
- Sie müssen den Hinweis enthalten, dass gesetzliche Rechte nicht eingeschränkt werden und
- den Garantieinhalt und Angaben zur Geltendmachung der Garantie enthalten.

§ 477 BGB

Erfüllungsort, Gerichtsstand und Gefahrenübergang

Erfüllungsort

Erfüllungsort ist der Ort, an dem die Leistungen aus dem Vertrag zu erbringen sind.

Der gesetzliche Erfüllungsort ist da, wo der Schuldner seinen Wohnsitz oder seine gewerbliche Niederlassung hat (§ 269 BGB).

- Warenschulden = Holschulden
- Geldschulden = Schickschulden
- Ausnahmen:
  - natürlicher/üblicher Erfüllungsort (Ladenkauf, Heizöllieferung, Gasthausrechnung)
  - vereinbarter Erfüllungsort (z. B. Fernkauf)

Gerichtsstand

Der Gerichtsstand ist der Ort, an dem eine Klage eingereicht werden muss.

Gesetzlicher Gerichtsstand

- Allgemeiner Gerichtsstand ist der Wohn- oder Geschäftssitz des Klägers (§§ 19, 17 ZPO).
- Besonderer Gerichtsstand bei Verträgen ist der Gerichtsstand des gesetzlichen oder vertraglichen Erfüllungsortes (§ 29 ZPO).
- Der Kläger hat die Wahl zwischen allgemeinem und besonderem Gerichtsstand.

Vertraglicher Gerichtsstand

Kaufleute können untereinander einen Gerichtsstand vereinbaren.

Gefahrenübergang

Bei einem Schaden durch Verschulden einer Vertragspartei muss der schuldige Teil den Schaden tragen.

Bei zufällig entstehenden Schäden trägt den Schaden derjenige, der die Gefahr trägt. Der Gefahrenübergang auf den Käufer findet

- mit der Übergabe der Ware an den Käufer oder
- mit Übergabe an den Spediteur oder Frachtführer (beim Versendungskauf)
- mit Übergabe an den Käufer bei Selbstanlieferung im Versendungskauf

statt.

AGB (Allgemeine Geschäftsbedingungen) Regelungen in §§ 305-310 BGB

§ 305 BGB: „Allgemeine Geschäftsbedingungen sind alle für eine Vielzahl von Verträgen vorformulierten Vertragsbedingungen, die eine Vertragspartei (Verwender) der anderen Vertragspartei bei Abschluss eines Vertrags stellt."

Vertragseinbeziehung

Grundsätze (§ 305 BGB):

1. Hinweis auf die AGB
2. Möglichkeit der Kenntnisnahme (aushändigen, aushängen)
3. Einverständnis der Gegenpartei mit den AGB

Einbeziehung bei Vertragsabschluss (durch die entscheidende Willenserklärung) nicht später

Ausnahmen (§ 310 BGB):

Geschäfte zwischen Unternehmen (Einbeziehung auch durch stillschweigend erklärte Willensübereinstimmung)

Inhalte

Beispiele:

- Zahlungsbedingungen
- Verpackungskosten
- Beförderungskosten
- Eigentumsvorbehalt
- Erfüllungsort
- Gerichtsstand
- Haftung
- Rechte bei Warenmängeln

AGB

Klauselverbote

Allgemeine Schutzbestimmungen

- Individualabreden gehen vor
- Überraschende und mehrdeutige Klauseln sind unwirksam
- Vertragspartner darf nicht unangemessen benachteiligt werden

Klauselverbote (§ 308/309)

Bestimmte Klauseln in AGB sind verboten, z. B.

- Preiserhöhungen früher als 4 Monate nach Vertragsabschluss
- Vertragsstrafen bei Verbrauchern
- Ausschluss oder Beschränkung von Gewährleistungsansprüchen

Klauselverbote in § 308/309 BGB gelten nicht zwischen Kaufleuten

Sachmängelarten (§434 BGB)

Beschaffenheitsmängel

- Fehlen einer vereinbarten Beschaffenheit (subjektiver Fehlerbegriff)
- Mängel in der vertraglich vorausgesetzten oder gewöhnlichen Soll-Beschaffenheit (Verwendungszweckvereinbarung)
- Nichterfüllung von Anforderungen, die der Käufer aus Werbung des Herstellers oder Etikettierung erwarten kann.

Falsch- oder Zuweniglieferung

- Lieferung einer anderen als der gekauften Sache
- Lieferung einer geringeren Menge als bestellt wurde

Montage- bzw. Montageanleitungsmangel

- Unsachgemäße Durchführung der vereinbarten Montage durch den Verkäufer
- Mangelhaftigkeit der Montageanleitung

§ 434 BGB Sachmangel

(1) Die Sache ist frei von Sachmängeln, wenn sie ... die **vereinbarte Beschaffenheit** hat. Soweit die Beschaffenheit nicht vereinbart ist, ist die Sache frei von Sachmängeln,

1. wenn sie sich für die nach dem Vertrag vorausgesetzte **Verwendung** eignet, sonst
2. wenn sie sich für die gewöhnliche Verwendung eignet und eine Beschaffenheit aufweist, die bei Sachen der gleichen Art **üblich** ist und die der Käufer nach der Art der Sache erwarten kann.

Zu der Beschaffenheit ...gehören auch Eigenschaften, die der Käufer nach den öffentlichen Äußerungen des Verkäufers, des Herstellers ... insbesondere in der **Werbung** oder bei der Kennzeichnung über bestimmte Eigenschaften der Sache erwarten kann ...

(2) Ein Sachmangel ist auch dann gegeben, wenn die vereinbarte **Montage** durch den Verkäufer oder dessen Erfüllungsgehilfen unsachgemäß durchgeführt worden ist. Ein Sachmangel liegt bei einer zur Montage bestimmten Sache ferner vor, wenn die **Montageanleitung** mangelhaft ist, es sei denn, die Sache ist fehlerfrei montiert worden.

(3) Einem Sachmangel steht es gleich, wenn der Verkäufer eine andere Sache oder eine zu geringe Menge liefert.

Rechte des Käufers bei mangelhafter Lieferung I

Vorrangige Rechte

Nacherfüllungsanspruch nach § 439 BGB

Wahlrecht des Käufers:

Nachbesserung | **Ersatzlieferung**

Bedingungen:

- keine Nachbesserung bei unverhältnismäßig hohen Kosten (§ 439 Abs. 3 BGB)
- Nacherfüllung ist fehlgeschlagen nach zwei erfolglosen Nachbesserungsversuchen (§ 440 BGB)
- Nacherfüllungsanspruch auch bei geringfügigen Mängeln (bei unverhältnismäßig hohen Kosten kann die verlangte Art der Nacherfüllung abgelehnt werden)
- Nacherfüllung ist verschuldensunabhängig

Schadenersatz neben der Lieferung
(bei Verschulden des Verkäufers)

Rechte des Käufers bei mangelhafter Lieferung II

Nachrangige Rechte
(Erst nach erfolgloser oder verweigerter Nacherfüllung)

Rücktritt vom Vertrag
§ 323/324 BGB

Minderung
§ 441 BGB

Schadenersatz statt Leistung
§ 280/281 BGB

Ersatz vergeblicher Aufwendungen*
§ 284 BGB

Voraussetzungen: (Rücktritt vom Vertrag, Minderung)
- Angemessene Nachfrist
- Ausnahmen:
  - Verweigerung oder Fehlschlag der Nacherfüllung,
  - Unzumutbarkeit der Nacherfüllung,
  - Rücktritt bei Fixgeschäft, Zweckkauf
- Kein **Rücktritt** bei geringfügigen Mängeln

Voraussetzungen: (Schadenersatz statt Leistung, Ersatz vergeblicher Aufwendungen)
- wie Rücktritt und Minderung und
- **Verschulden**
- nicht bei geringfügigen Mängeln

* Es können auch Aufwendungen im Hinblick auf den Kaufvertrag ersetzt werden, die über den Schadenersatz für Folgeschäden hinausgehen.

Bei Rücktritt/Minderung kann Schadenersatz statt Leistung **zusätzlich** erfolgen

Schadenersatz statt Leistung oder Aufwendungsersatz können nur **alternativ** gefordert werden.

Prüf- und Rügepflicht

Handelskauf

Prüfpflicht
Eingegangene Waren sind unverzüglich auf Güte, Art und Menge zu prüfen.

Rügepflicht
Offene Mängel sind unverzüglich nach der Prüfung zu rügen.
Versteckte Mängel unverzüglich nach Entdeckung, jedoch innerhalb der Gewährleistungsfrist.
(gesetzlich: 2 Jahre nach Ablieferung, bei arglistig verschwiegenen Mängeln 3 Jahre nach Kenntnis)

Aufbewahrungspflicht
Pflicht zur Aufbewahrung der Ware nach Rüge bis zur Entscheidung des Verkäufers

bürgerlicher und Verbrauchsgüterkauf

Besonderheiten
Käufer muss nicht unverzüglich prüfen und rügen. Prüfung und Rüge bei offenen und versteckten Mängeln innerhalb der Gewährleistungspflicht.

Zahlungsverzug (Nicht-Rechtzeitig-Zahlung)

Wenn ein Käufer die gekaufte Sache nicht oder nicht rechtzeitig bezahlt, liegt Nicht-Rechtzeitig-Zahlung (Zahlungsverzug) vor.

Fälligkeit

- Wenn die Fälligkeit einer Zahlung kalendermäßig bestimmt ist, liegt Verzug mit Ablauf der Frist vor.
- Ist die Fälligkeit nicht kalendermäßig bestimmt, so kommt der Schuldner 30 Tage nach Fälligkeit und Zugang einer Rechnung in Verzug. (Bei Verbrauchern muss auf diese Rechtsfolge in der Rechnung hingewiesen werden). Verzug tritt auch bei Mahnung nach Fälligkeit ein.

Rechte des Gläubigers

- Erfüllung des Vertrages (Zahlung),
- Erfüllung des Vertrages und Schadenersatz wegen Verzögerung (Verzugszinsen),
- Rücktritt vom Vertrag und/oder
- Schadenersatz wegen Nichterfüllung (weiterer Schaden – Rücknahmekosten, Mindererlös bei Weitervekauf etc. – und Verzugsschaden).

Verzugszinsen

Privatkauf	Einseitiger Handelsauf (Verbrauchsgüterkauf)	Handelskauf
Basiszinssatz der EZB* zuzüglich 5 %	Basiszinssatz der EZB zuzüglich 5 %	Basiszinssatz der EZB zuzüglich 8 %

* zzt. –0,13 % (01.01.2013)

§ 288 Verzugszinsen BGB

(1) Eine Geldschuld ist während des Verzugs zu verzinsen. Der Verzugszinssatz beträgt für das Jahr 5 Prozentpunkte über dem Basiszinssatz.

(2) Bei Rechtsgeschäften, an denen ein Verbraucher nicht beteiligt ist, beträgt der Zinssatz für Entgeltforderungen 8 Prozentpunkte über dem Basiszinssatz.

(3) Der Gläubiger kann aus einem anderen Rechtsgrund höhere Zinsen verlangen.

(4) Die Geltendmachung eines weiteren Schadens ist nicht ausgeschlossen.

Verjährung von Forderungen

§ 214 BGB: Nach Eintritt der Verjährung ist der Schuldner berechtigt, die Leistung zu verweigern.

Regelmäßige Verjährungsfrist (§ 195 BGB)

Die regelmäßige Verjährungsfrist beträgt 3 Jahre und gilt für alle Forderungen der Privatleute und der Gewerbetreibenden.

Beginn am Ende des Jahres, in dem die Forderung entstanden ist

Verlängerte Verjährungsfristen (§§ 196-197 BGB)

- 5 Jahre bei Baumängeln
- 10 Jahre: Rechte aus der Übertragung von Grundstücken
- 30 Jahre: Ansprüche aus rechtskräftigen Entscheidungen

Beginn mit der Entstehung des Anspruches

Verkürzte Verjährungsfristen (§ 438 BGB)

- 2 Jahre: Ansprüche aus Mängelrügen bei Kauf- und Werkverträgen
- 3 Jahre: Kaufverträge und arglistig verschwiegene Mängel ab Kenntnis

Beginn mit der Entstehung des Anspruches

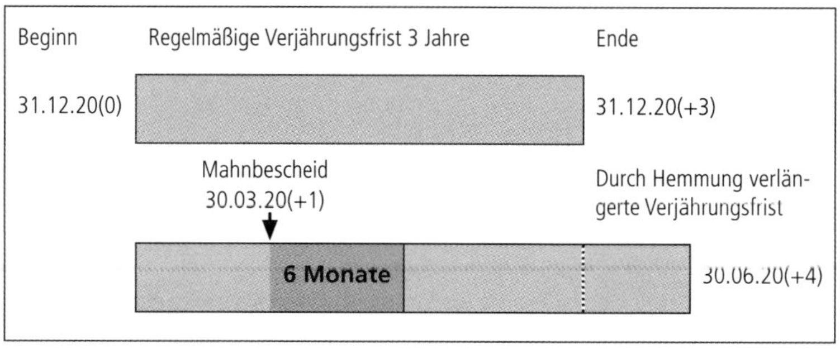

Hemmung der Verjährung

Die Zahlung für eine Warenlieferung ist am 23.11.20(+1) fällig. Der Rechnungsempfänger zahlt nicht und wird daraufhin 3-mal gemahnt. Der Gläubiger erwirkt am 30.03.20(+1) einen Mahnbescheid.

Die Verjährung ist wegen der Zustellung des Mahnbescheides gehemmt. Die Hemmung endet 6 Monate nach Beendigung des Verfahrens.

Die Verjährung endet also am 30.6.20(+4).

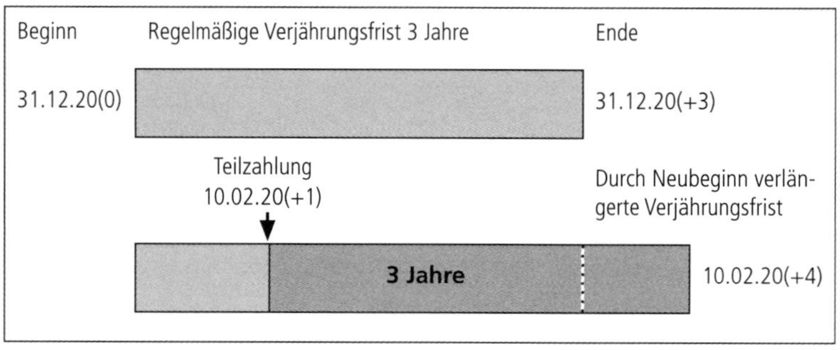

Neubeginn der Verjährung

Ein Verbraucher kauft am 23.10.20(0) bei einem Einzelhändler einen PC für 1 000,00 € gegen Rechnung. Das Zahlungsziel beträgt 30 Tage. Die Rechnung ist demnach am 22.11.20(0) fällig. Nach einigen Mahnungen zahlt der Kunde am 10.02.20(+1) einen Teilbetrag von 500,00 €.

Durch die Teilzahlung am 10.02.20(+1) beginnt die Verjährung von diesem Tag an neu zu laufen. Die neue Verjährungsfrist endet demnach am 10.02.20(+4).

VERJÄHRUNG

Hemmung der Verjährung (§§ 203-211 BGB)

Definition:

Die Verjährungsfrist wird um die Zeitspanne der Hemmung verlängert.

Gründe

a) Verhandlungen zwischen Schuldner und Gläubiger (Verjährung aber frühestens 3 Monate nach Hemmungsende)

b) Klage, Mahnbescheid, Anmeldung im Insolvenzverfahren (Ende der Hemmung 6 Monate nach einer Entscheidung oder dem Verfahrensende)

c) Solange der Schuldner ein Leistungsverweigerungsrecht hat

d) Wenn durch höhere Gewalt der Gläubiger sein Recht nicht verfolgen konnte

Neubeginn der Verjährung (§ 212 BGB)

Definition:

Die Verjährung beginnt erneut von Beginn an zu laufen.

Gründe

a) Schuldanerkenntnis (Abschlagzahlung, Zinszahlung, Stundung)

b) Antrag oder Durchführung einer gerichtlichen oder behördlichen Vollstreckungshandlung

4.4 Aufgaben zum Kaufvertrag

4.4.1 Rechtsgrundlagen/Personen/ Willenserklärungen

01 Welche der folgenden Personen oder Institutionen sind juristische Personen?

a)	Richter beim Amtsgericht	☐
b)	Sportclub Rendsburg e. V.	☐
c)	Vorstandsmitglied einer AG	☐
d)	Bundesrepublik Deutschland	☐
e)	Stadtsparkasse Kiel	☐

02 Prüfen Sie, welche der folgenden Institutionen eine juristische Person des privaten Rechts ist:

1.	Bundesland Thüringen	☐
2.	Spedition Rheinsped GmbH	☐
3.	Stadt Stuttgart	☐
4.	Industrie- und Handelskammer Dortmund	☐
5.	Allgemeine Ortskrankenkasse München ☑	☐

03 Die 17-jährige Michaela Grube macht eine Ausbildung zur Kauffrau im Groß- und Außenhandel.

a) Von der Ausbildungsvergütung stehen ihr monatlich 300 € als Taschengeld zur Verfügung. Eines Tages schließt sie mit einem Kaufhaus einen Kaufvertrag über eine Stereoanlage im Wert von 1 900 € ab. Wie ist die Rechtslage?

b) Ihr Großvater hat ihr für diesen Zweck 2 000 € geschenkt. Wie ist die Rechtslage?

c) Unter welchen Voraussetzungen könnte sie nach Beendigung des Ausbildungsverhältnisses den Betrieb wechseln?

d) Unter welchen Voraussetzungen könnte sie das Großhandelsgeschäft des kranken Vaters übernehmen?

04 Welche der unten aufgeführten Rechte/Rechtsverhältnisse erlangt eine Person mit Vollendung

[1] der Geburt?
[2] des 7. Lebensjahres?
[3] des 14. Lebensjahres?
[4] des 16. Lebensjahres?
[5] des 18. Lebensjahres?
[6] des 21. Lebensjahres?

Rechtsverhältnisse

a)	Beschränkte Geschäftsfähigkeit	
b)	Religionsmündigkeit	
c)	Aktives Wahlrecht (Bundestag)	
d)	Rechtsfähigkeit	
e)	Aktives Wahlrecht (Betriebsrat)	
f)	Passives Wahlrecht (Landtag) ☑	

05 Welche der unten stehenden Rechtsgeschäfte sind

[1] wegen Geschäftsunfähigkeit eines der Beteiligten unwirksam?
[2] trotz Geschäftsunfähigkeit eines der Beteiligten wirksam?
[3] wegen beschränkter Geschäftsfähigkeit eines der Beteiligten schwebend unwirksam?
[4] trotz beschränkter Geschäftsfähigkeit eines der Beteiligten wirksam?

Rechtsgeschäfte

a)	Der 17-jährige Martin kauft ohne Wissen seiner Eltern ein Mofa für 795,00 €.	
b)	Der Großvater schenkt seinem 11-jährigen Enkel eine Armbanduhr im Wert von 15,00 €. Die Eltern sind damit nicht einverstanden.	
c)	Der 6-jährige Michael kauft am Kiosk mit abgezähltem Geld eine Fernsehzeitschrift. Der Verkäufer weiß, dass Michael im Auftrag seiner Mutter handelt.	
d)	Der 6-jährige Markus kauft ein Spielzeugauto. Er zahlt mit dem Geld, das er von seinen Eltern als Taschengeld erhalten hat.	
e)	Die 17-jährige Martina kündigt ihr Arbeitsverhältnis, das sie mit Zustimmung ihrer Eltern abgeschlossen hat. ☑	

4.4.2 Abschluss, Arten

06 Der Lkw der Fa. Rheinsped GmbH wird in unsere Vertragswerkstatt gebracht, die neue Scheinwerfer beschaffen und einbauen soll. Welchen Vertrag schließen wir mit der Werkstatt ab?

[1]	Werkvertrag	☐
[2]	Mietvertrag	☐
[3]	Kaufvertrag	☐
[4]	Vertrag Lieferung herzustellender beweglicher Sachen	☐
[5]	Arbeitsvertrag ☑	☐

07 Welche Vertragsarten liegen vor?

a) Jemand „leiht" bei der Bark 10 000 €.

b) Jemand „leiht" ein Auto und zahlt 0,60 € je gefahrenem km.

c) Jemand „leiht" ein Buch von einem Freund.

d) Eine Hausfrau „leiht" bei der Nachbarin 20 € zum Einkaufen.

e) Die Spedition Gabi Merger e. K. lässt ihren Geschäftswagen reparieren.

f) Für die Zeit der Reparatur besorgt sich Frau Merger einen Wagen von der Autoverleih Michel & Schwarz GmbH.

g) Frau Merger hilft ihrem Disponenten Lange finanziell bei der Anschaffung eines Pkw. Kurz zahlt monatlich 180 € zurück.

h) Für den Umzug stellt Frau Merger ihrem Angestellten kostenlos den Lkw des Geschäfts zur Verfügung.

i) Frau Merger stellt zwei Angestellte ein.

08 Kurt Müller beabsichtigt, einen Gebrauchtwagen zu kaufen. Dazu muss er von einer Bank einen Kredit aufnehmen. Bei Besichtigung des Wagens stellt er fest, dass er noch einige Reparaturen ausführen lassen muss. Er kalkuliert ebenfalls die Kosten für Kfz-Steuer und Versicherung des Autos ein. Nennen Sie die Verträge, die Müller in diesem Zusammenhang abschließen muss.

09 In welchen der unten stehenden Fälle handelt es sich bei den jeweiligen Willenserklärungen

[1] um einen Antrag?
[2] um die Annahme eines Antrags?
[3] weder um einen Antrag noch um die Annahme eines Antrags?

Fall 1	
aa) Der Geschäftsführer der Rheinsped GmbH liest in einer Zeitschrift die Verkaufsanzeige der Intercomputer KG für einen PC; der Angebotspreis beträgt 1 450 €.	
ab) Der Geschäftsführer der Rheinsped GmbH bestellt daraufhin für die Rheinsped GmbH drei PC.	
Fall 2	
ba) Bei der Anlieferung der drei PC wird in der Rheinsped GmbH festgestellt, dass die Intercomputer KG eine nicht bestellte Office-Software mitgeliefert und berechnet hat.	
bb) Diese Software wird von der Rheinsped GmbH verwendet, der Rechnungspreis wird bezahlt.	
Fall 3	
ca) Die Intercomputer KG unterbreitet der Rheinsped GmbH telefonisch ein Sonderangebot über einen Drucker.	
cb) Der Geschäftsführer der Rheinsped GmbH bestellt eine Woche später den Drucker per Fax. ☑	

10 In den folgenden Fällen sind Sonderformen des Kaufvertrages aufgeführt. Ordnen Sie den Fällen die Bezeichnung für die jeweilige Kaufvertragsart zu.

a) Ein Zimmermann kauft die notwendigen Holzvorräte von einer Holzgroßhandlung ein Jahr im Voraus. Mit dem Großhändler wird vereinbart, dass der Käufer den Zeitpunkt für die Lieferung der einzelnen Teilmengen rechtzeitig mitteilen wird.
b) Ein Technikfachhandel erklärt sich gegenüber einem Kunden bereit, den gelieferten Videorekorder zurückzunehmen, falls die Aufnahmequalität trotz fachgerechter Installation nicht gut sein sollte.
c) Ein Tischlermeister schließt einen Kaufvertrag über 10 m^3 Holz ab und behält sich das Recht vor, innerhalb von 10 Tagen vor Lieferung die Arten, Mengen und Maße näher zu bestimmen.
d) Ein Konfektionsgeschäft bestellt wegen des warmen Sommerwetters zusätzliche Sommerkleidung, die aber bis 14 Tage vor Beginn der Sommerferien eingehen muss.
e) Ein Malermeister bestellt Tapeten nach zugesandten Mustern, die er sich als Beweismittel sorgfältig aufbewahrt.
f) Ein Bekleidungsfachgeschäft wird aufgelöst. Die Restbestände werden en bloc an eine Großhandlung verkauft.

11 Die Spedition Ahlers KG braucht für die Bearbeitung der Aufträge eine größere Anzahl von Durchschreibeformularen. Im Branchenverzeichnis findet sie mehrere Verlage, die die benötigten Formulare anbieten.

a) Die Fa. Ahlers sendet an die möglichen Lieferer eine Anfrage. Welche Punkte müssten diese Anfragen enthalten?
b) Nach welchen Gesichtspunkten werden die Lieferanten die Anfrage überprüfen?

12 Das Angebot des WEFO-Verlages geht am 15. September ein und ist von den eingegangenen Angeboten das günstigste. Am 30. September bestellt die Spedition Ahlers beim WEFO-Verlag eine größere Menge Formulare zur sofortigen Lieferung. WEFO antwortet, dass die gewünschten Formulare nicht mehr in der bestellten Menge vorhanden sind.

a) Nennen Sie die Inhalte von Angebot und die Bestellung.
b) Ist ein Kaufvertrag zustande gekommen? Begründung.
c) Wie ist die Rechtslage, wenn die Fa. Ahlers die Formulare am 17. September telefonisch bestellt? Begründung.
d) Ist ein Kaufvertrag zustande gekommen, wenn die Fa. Ahlers die Formulare aufgrund einer Anzeige in einer Fachzeitschrift sofort am nächsten Tag bestellt hätte? Begründung.
e) Wie lange wäre der WEFO-Verlag an das Angebot gebunden, wenn er es gelegentlich eines Kundenbesuchs bei Ahlers abgegeben hat?

13 Die Spedition Rheinsped GmbH erhält folgendes Angebot von der Druckerei Schuster über Speditionsauftragssätze 3-fach:

Preis	je 500 Stück	80,00 €
Rabatt	ab 5 000 Stück	4 %
	ab 20 000 Stück	6 %
Skonto	bei Zahlung innnerhalb von 8 Tagen	3 %
Frachtkosten	je Packeinheit zu 2 500 Stück	25,50 €

a) Ermitteln Sie für 10 000 Speditionsauftragssätze in €
aa) den Zieleinkaufspreis.
ab) den Bareinkaufspreis.
ac) den Bezugspreis.
b) Rheinsped hat ein günstigeres Angebot von einer anderen Druckerei vorliegen. Welche Gründe könnte es geben, trotzdem bei der Druckerei Schuster zu bestellen?

Welche beiden Antworten sind zutreffend?

[1] In der Vergangenheit hat die Spedition ausschließlich bei der Druckerei Schuster bestellt. ☐
[2] Einer unserer Mitarbeiter hat eine neue Arbeitsstelle in der Versandabteilung der Druckerei Schuster. ☐
[3] Die Kinder des Spediteurs und die des Inhabers der Druckerei Schuster gehen in die gleiche Schulklasse. ☐
[4] Die Liefertermine wurden von der Druckerei Schuster bisher immer eingehalten. ☑ ☐

14 DINTERLOG GmbH benötigt 10 000 Stück CMR-Frachtbriefe (3-fach). Ihr liegen die beiden folgenden Angebote vor. Für Fracht werden pauschal 160,00 € berechnet.

Angebot 1 Preis je 500 Stück 85,00 €, 5 % Rabatt, Zahlung innerhalb von 10 Tagen unter Abzug von 3 % Skonto oder 30 Tage netto Kasse, Lieferung frei Haus.

Angebot 2 Preis je 1 000 Stück 165,00 €, ab 5 000 Stück 10 % Rabatt, ab 20 000 Stück 15 % Rabatt, Zahlung innerhalb von 30 Tagen netto Kasse, Lieferung ab Werk.

Berechnen Sie

a) für Angebot 1
   - aa) den Zieleinkaufspreis.
   - ab) den Bareinkaufspreis.
   - ac) den Bezugspreis.

b) für Angebot 2
   - ba) den Zieleinkaufspreis.
   - bb) den Bareinkaufspreis.
   - bc) den Bezugspreis. ☑

15 Bringen Sie die unten stehenden Tätigkeiten bei der Beschaffung neuer Lagerregale durch Eintragen der Ziffern 1 bis 6 in die richtige Reihenfolge.

Tätigkeiten	
Anfragen bei verschiedenen Lieferern	
Mitteilen des Liefertermins an die Lagerabteilung	
Kontrollieren der Auftragsbestätigung	
Bestellen der Lagerregale	
Ermitteln möglicher Lieferer	
Vergleichen der Angebote ☑	

16 Angebote können durch vertragliche Vereinbarungen in ihrer Bindungswirkung eingeschränkt werden. Diese Einschränkungen werden als „Freizeichnungsklauseln" bezeichnet.

a) Nennen Sie vier Freizeichnungsklauseln.

b) Erläutern Sie, wie die Bindung an das Angebot jeweils durch diese Klauseln eingeschränkt wird.

4.4.3 Inhalte

17 Die Spedition Rheinsped GmbH hat bei einer Druckerei angefragt, ob sie regelmäßig die im Unternehmen benötigten Papiere und Formulare liefern kann. Im Angebot wird dem Spediteur 15 % Rabatt für Bestellungen über 15 000 Exemplaren angeboten. Sollte in einem Kalenderjahr für mehr als 20 000,00 € bestellt werden, wird ein Bonus von 2 % versprochen. Dem Spediteur wird außerdem ein Skonto von 2 % gewährt.

a) Unterscheiden Sie die Begriffe „Rabatt", „Bonus" und „Skonto".

b) Nennen Sie die Art des angebotenen Rabatts und nennen Sie weitere Rabattarten. Erläutern Sie, wofür diese Rabatte gewährt werden.

c) Wie kann beurteilt werden, ob die Nutzung eines Skontos für den Käufer wirtschaftlich ist?

18 Ein Spediteur bestellt telefonisch bei einem Computerhändler im gleichen Ort einen Nadeldrucker zur Erstellung der anfallenden Speditions- und Frachtdokumente. Lieferungs- und Zahlungsbedingungen wurden nicht vereinbart, es gelten die gesetzlichen Regelungen.

a) Da der Spediteur den Drucker nicht abholt, lässt der Händler den Drucker durch die Post anliefern. Wer muss die Paketgebühren bezahlen?

b) Damit der Drucker während des Versands nicht beschädigt wird, verwendet der Händler eine zusätzliche Verpackung, die er dem Spediteur in Rechnung stellt. Ist der Spediteur verpflichtet, die Verpackung gesondert zu bezahlen?

c) Wann ist der Kaufpreis fällig?

19 Bei Vertragsverhandlungen über den Kauf einer neuen Druckmaschine soll der Käufer wählen, welche Frachtkostenvereinbarungen Vertragsinhalt werden sollen. Es kann entweder „ab hier", „frei Bestimmungsort" oder „Frachtbasis Hannover" gekauft werden. Der Kunde hat seinen Sitz in einem Gewerbegebiet außerhalb Aachens. Die Maschine soll per Bahn mit Nachlauf durch einen Spediteur geliefert werden.

a) Erläutern Sie die einzelnen Frachtkostenregelungen.

b) Welche Auswirkungen haben diese Frachtkostenregeln auf den Kaufpreis des Gutes?

20 In Allgemeinen Geschäftsbedingungen werden folgende Zahlungsbedingungen angeboten: „Zahlung innerhalb 60 Tagen ab Rechnungsdatum ohne Abzug oder innerhalb von 10 Tagen unter Abzug von 2 % Skonto". Welchen Vorteil bietet das Skontoangebot dem Verkäufer?

[1]	Die Skontoausnutzung durch Ihre Kunden erhöht unabhängig vom jeweiligen Marktzins Ihren Ertrag.	☐
[2]	Bei einem angenommenen Marktzinssatz von 10 % p.a. übersteigen die Zinserträge für den früher erhaltenen Rechnungsbetrag Ihre Skontoaufwendungen.	☐
[3]	Die Skontoausnutzung durch Ihre Kunden verbessert Ihre Rentabilität.	☐
[4]	Bei einer Skontoausnutzung durch die Kunden erhält Ihr Unternehmen das Geld 60 Tage früher.	☐
[5]	Das Skontoangebot entspricht einem Jahreszinssatz von 14,4 %. Ab einem Marktzinssatz in dieser Höhe verbessert sich das Betriebsergebnis.	☐

21 Beim Kauf eines PC durch eine Spedition wurde Zahlung bis zum 31. Oktober 2012 vereinbart. Der Spediteur erhält am 15. September 2012 die Rechnung über 6 200,00 €. Am 15. November erhält die Spedition vom Computerhändler eine schriftliche Mahnung.

Basiszinssatz EZB ab 1.7.2011 = 0,37 %

a) Ab welchem Tag können Rechte wegen Nicht-Rechtzeitig-Zahlung (Zahlungsverzug) gegen die Spedition geltend gemacht werden?

b) Welcher Zinssatz könnte mindestens zur Berechnung von Verzugszinsen zugrunde gelegt werden? ☑

22 Der Angestellte Müller kauft vom Vertragshändler C. Hillmann einen Neuwagen. Zwei Monate nach der Übergabe fällt der Motor aus. Es kann nicht geklärt werden, ob dieser Defekt auf einem schon bei der Übergabe vorliegenden Materialfehler oder unsachgemäßen Gebrauch beruht. Überdies beruft sich der Händler darauf, der Käufer habe es unterlassen, den Defekt unverzüglich anzuzeigen, wie es in seinen AGB vorgeschrieben sei. Kann der Käufer dennoch Nachbesserung verlangen?

23 Die Spedition Berger & Co. in Solingen kauft beim Büroeinrichtungshaus Orgatec Düsseldorf zwei Bürodrehstühle.

a) Wo befinden sich der gesetzliche Erfüllungsort für die Lieferung und die Zahlung? Wo befindet sich der Gerichtsstand?

b) Unterscheiden Sie zwischen Holschulden, Bringschulden und Schickschulden.

c) Klären Sie für die folgenden Fälle, wo die Gefahr der zufälligen Beschädigung oder Vernichtung vom Verkäufer auf den Käufer übergeht.

- Die Drehsessel werden ordnungsmäßig einem Frachtführer übergeben. Durch einen Unfall des Lkw werden sie beschädigt.
- Der Spediteur holt die Drehsessel mit eigenem Fahrzeug beim Büroeinrichtungshaus ab.
- Beim Umschlag Drehsessel am Speditionslager rutscht dem Spediteur ein Drehsessel vom Lastwagen und wird beschädigt (Versendungskauf).
- Die Fa. Orgatec liefert die Drehsessel mit einem werkseigenen Fahrzeug.

24 Der Sanitär- und Heizungsfachbetrieb Munzinger legt einem Angebot an Karl Maier – ein privater Hausbesitzer – über die Lieferung von Sanitärinstallationsmaterial seine Allgemeinen Geschäftsbedingungen bei. Maier bestellt zu den Bedingungen des Angebots.

a) Prüfen Sie mithilfe des BGB, ob die AGB Vertragsbestandteil geworden sind.

b) In den AGB steht u. a.:

- Bei Nachbesserung im Rahmen von Gewährleistungsansprüchen übernimmt der Kunde die Wege- und Arbeitskosten.
- Reklamationen sind nur innerhalb von 30 Tagen möglich.

Begründen Sie anhand des Gesetzes, ob diese Klauseln wirksam sind.

25 Welche Ziele haben den Gesetzgeber bewogen, das Recht der Allgemeinen Geschäftsbedingungen gesetzlich zu regeln?

26 In welchen der unten stehenden Fälle handelt es sich um

[1] einen Beschaffenheitsmangel (Qualitätsmangel)
[2] einen Montage- oder Montageanleitungsmangel
[3] eine Falsch- oder Zuweniglieferung

des Gutes?

Fälle

a)	Eine neue Lkw-Plane ist nicht wasserdicht.	
b)	Statt der bestellten 20 000 Blatt werden von der Druckerei 200 000 Blatt Kopierpapier geliefert.	
c)	Von einer Speditionsunternehmung gekaufte neue Schreibtische weisen Kratzer auf.	
d)	Ein gekaufter Drucker lässt sich wegen einer unverständlichen Installationsanleitung nicht installieren.	
e)	Eine Speditionsunternehmung bestellt bei einer Druckerei Frachtbriefe für nationale Transporte. Ihr werden CMR-Frachtbriefe geliefert.	
f)	Ein Drucker lässt sich nicht im Netzwerk betreiben, obwohl in der Werbeanzeige die Aussage „ideal für kleine Unternehmensnetzwerke" enthalten war. ☑	

27 In welchen der unten stehenden Fälle ist nach den gesetzlichen Bestimmungen

[1] unverzüglich
[2] innerhalb von zwei Jahren
[3] unverzüglich nach Entdecken, spätestens innerhalb von zwei Jahren
[4] auch nach Ablauf von zwei Jahren

zu rügen?

a)	Eine Spedition kauft einen PC für die Rollfuhrabteilung. Bei der Installation durch die EDV-Abteilung wird festgestellt, dass eine Festplatte nicht funktioniert.	☐
b)	Eine Spedition kauft neue Büromöbel, die der Lieferer im Büro montiert. Bei einem Schreibtisch ist an der Schreibtischplatte das Furnier teilweise abgelöst.	☐
c)	Ein kaufmännischer Angestellter kauft seiner Tochter eine HiFi-Anlage. Die Abspielfunktion für CDs funktioniert nicht.	☐
d)	Eine Spedition kauft einen gebrauchten Lkw. Bei der ersten Wartung stellt sich heraus, dass es sich entgegen der Aussage des Verkäufers um einen Unfallwagen handelt.	☐
e)	Eine Spedition kauft eine größere Anzahl Aktenordner. Bei einem Teil der Ordner klemmt die Mechanik. ☑	☐

28 Die Spedition Rheinsped hat einen neuen Drucker gekauft. Bei der Inbetriebnahme wird festgestellt, dass die Anzeige im Display nicht funktioniert.

a) Wie verhält sich die Rheinsped GmbH unter Beachtung der gesetzlichen Bestimmungen richtig?

Die Spedition ...

[1]	kürzt den Rechnungsbetrag um 25 %.	☐
[2]	sendet den Drucker an den Lieferer zurück, ohne mit ihm Rücksprache zu nehmen.	☐
[3]	teilt dem Lieferer Art und Umfang des Mangels mit.	☐
[4]	lässt eine Reparatur in einer Fachwerkstatt durchführen und sendet die Rechnung an den Lieferer.	☐
[5]	verklagt den Lieferer auf mängelfreie Erfüllung des Kaufvertrages.	☐

b) Wann muss die Spedition laut Gesetz den Mangel rügen, um ihre Rechte zu wahren?

[1]	unverzüglich nach Entdeckung	☐
[2]	innerhalb von 10 Tagen	☐
[3]	innerhalb von zwei Jahren	☐
[4]	innerhalb eines Jahres	☐

c) Welche drei nebenstehenden Rechte kann die Spedition laut Gesetz geltend machen?

[1]	Rücktritt vom Vertrag	☐
[2]	Nachbesserung	☐
[3]	Ersatzlieferung des gleichen Druckers	☐
[4]	Ersatzlieferung eines teureren Druckers	☐
[5]	Preisminderung	☐
[6]	Schadenersatz ☑	☐

29 Ein Spediteur kauft einen neuen Nahverkehrs-Lkw und gibt sein bisheriges Fahrzeug in Zahlung. Bereits auf der ersten Nahverkehrstour bleibt das Fahrzeug mit einem Motorschaden liegen. Ursache des Schadens ist ein Fabrikationsfehler. Um die Kundenaufträge rasch erfüllen zu können, mietet der Spediteur sofort ein Ersatzfahrzeug.

a) Welche Rechte kann der Spediteur vorrangig beim Verkäufer geltend machen?

b) Der Spediteur hat kein Vertrauen mehr zu diesem Autohändler. Kann er wegen diesem Mangel vom Vertrag zurücktreten? Begründen Sie Ihre Ansicht.

30 Die Spedition Thielmann & Co. kauft am 15. März 2011 einen neuen Gabelstapler, der am 3. April 2011 geliefert wird. Am 6. April 2011 erhält er vom Lieferanten die Rechnung über 18 428,00 € brutto, in welcher kein Zahlungstermin aufgeführt ist.

1. Verzug
   a) Wann tritt Verzug ein?
   b) Wann würde Verzug eintreten, wenn in der Rechnung „zahlbar am 20. April 2011" stehen würde?
   c) Wann würde Verzug eintreten, wenn in der Rechnung „zahlbar sofort" stehen würde?
2. Die Spedition zahlt die Rechnung bis zum 15. Juli 2011 nicht.
   a) Welche Rechte kann der Lieferant geltend machen?
   b) In welcher Höhe werden evtl. Verzugszinsen fällig?

31 Die Spedition Bleicher GmbH in Mannheim sendet am 14. Februar 2011 eine Rechnung für die Aufträge des Monats Januar 2011 über 24 350,00 €. Die Rechnung enthält keinen Zahlungstermin. Am 20. Juli 2011 ist die Rechnung noch nicht bezahlt. Wie hoch sind die aufgelaufenen Verzugszinsen?

32 Eine Spedition erhält am 15. Juli 2011 eine Rechnung über 6 200,00 € für einen PC. Im Kaufvertrag wurde Folgendes vereinbart: Zahlung bis zum 31. Juli 2011.

a) Ab welchem Tag ist die Spedition in Zahlungsverzug?

b) Welcher Zinssatz könnte mindestens zur Berechnung von Verzugszinsen zugrunde gelegt werden?

c) Wie hoch sind die Verzugszinsen, wenn bis zum 15. September 2011 keine Zahlung erfolgt ist? ☑

33 Ein Auto wird am 7. März 2011 an einen Verbraucher geliefert. Die Rechnung trifft am 12. März 2011 beim Verbraucher ein. In ihr steht: „12 000,00 € – zahlbar sofort ohne Abzug". Weitere Hinweise erfolgen nicht.

a) Wann tritt der Verzug ein?

b) Wann würde Verzug eintreten, wenn der Käufer Gewerbetreibender wäre?

34 Die Spedition Panter GmbH stellt am 15. November 2012 fest, dass noch eine Forderung an einen Kunden über 1 750,00 € vom 21. Oktober 2009 offensteht. Eine Mahnung ist versehentlich nicht erfolgt.

a) Wann ist diese Forderung verjährt?

b) Wie könnte der Eintritt der Verjährung aufgehalten werden?

c) Wie verändert sich der Eintritt der Verjährung, wenn der Schuldner am 1. März 2012 um eine Stundung der Forderung gebeten hatte und diese für 6 Monate gewährt wurde?

d) Wann verjährt diese Forderung, wenn am 17. Oktober 2012 eine gerichtliche Verurteilung zur Zahlung der Forderung ausgesprochen wurde?

5 Finanzierung

5.1 Finanzierung, Kredite, Leasing

Finanzierung

Außenfinanzierung

Eigenfinanzierung

Bereitstellung von Eigenkapital, z.B.

- Eigenkapitaleinlage eines OHG-Gesellschafters
- Erhöhung der Stammeinlagen der GmbH
- Aufnahme neuer Gesellschafter z.B. Eigenkapitaleinlage eines OHG-Gesellschafters, Erhöhung der Stammeinlagen der GmbH, Aufnahme neuer Gesellschafter

Fremdfinanzierung

Kredit

Bereitstellung von Fremdkapital, z.B.

- Bankdarlehn
- Lieferantenkredite

Leasing

Langfristige Miete von Anlagegütern

Factoring

Verkauf von Forderungen

Innenfinanzierung

Selbstfinanzierung

Bildung von Eigenkapital aus Gewinnen

Kreditarten

Lieferantenkredit

- Einräumung eines Zahlungszieles durch den Lieferanten
- Skontogewährung bei Zahlung innerhalb einer Skontofrist

Banken

Kontokorrentkredit

- Girokonto mit der Möglichkeit der Überziehung bis zu einem Kreditlimit
- Unterschiedliche Soll- und Habenzinsen
- Überziehungsprovision bei Überschreitung des Kreditlimits

Darlehn

Fälligkeitsdarlehn

- Tilgung am Ende der Laufzeit
- Zinszahlung regelmäßig

Ratendarlehn

- Tilgung in gleichen Raten
- Zinszahlung regelmäßig (sinkende Zinsen)

Annuitätendarlehn

- Tilgung regelmäßig (steigend)
- Zinszahlung regelmäßig (sinkend)
- Summe von Zins und Tilgung gleichbleibend

Bankdarlehen

Ein Kredit (Darlehen) ist die Zurverfügungstellung von Geldmitteln, die vom Kreditnehmer zurückgezahlt und die während der Laufzeit verzinst werden.

Fälligkeitsdarlehen

- Die gesamte Darlehenssumme wird an einem vorher vereinbarten Fälligkeitstag zurückgezahlt.
- Während der Laufzeit des Darlehns ist nur der Zins zu entrichten.
- Der Zinsbetrag bleibt gleich, da sich der Darlehnsbetrag während der Laufzeit nicht ändert.

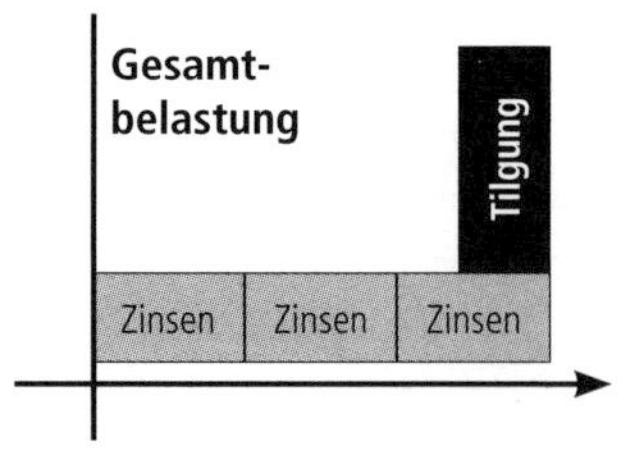

Ratendarlehen

- Das Darlehen wird in festgelegten gleichen Raten getilgt, sodass die Restschuld immer kleiner wird.
- Die Zinsen werden in regelmäßigen Abständen zusätzlich zur Ratentilgung gezahlt.
- Die zu entrichtenden Zinsen verringern sich entsprechend der sinkenden Restschuld.

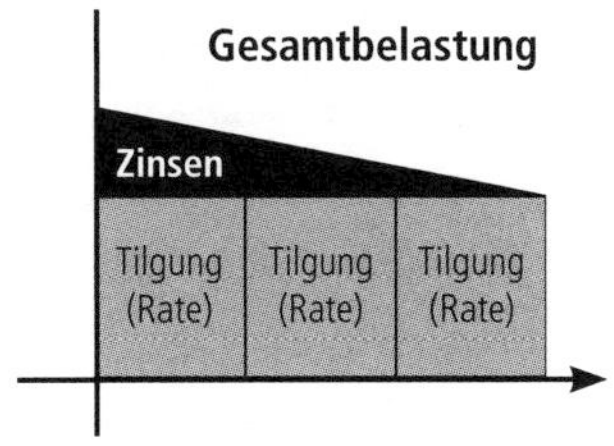

Annuitätendarlehen

- Es werden gleichbleibende Zahlungen (Annuitäten) vereinbart, die sowohl Zins als auch Tilgung enthalten.
- Durch die Tilgung verringert sich regelmäßig die Restschuld.
- Der Zinsanteil an der Annuität wird immer kleiner, der Tilgungsanteil steigt.

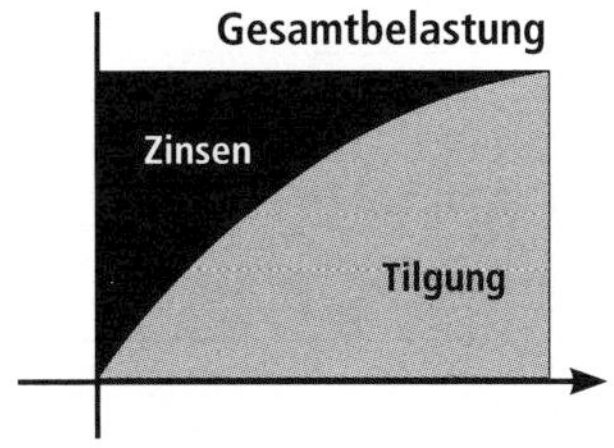

Leasing
Ein Leasingnehmer erwirbt langfristige Nutzungsrechte an beweglichen und unbeweglichen Wirtschaftsgütern durch Miet- oder Pachtverträge.

Leasingarten

Nach dem Leasinggeber

Direktes Leasing

Der Hersteller der Anlagen ist der Leasinggeber (DV- und Telefonanlagen)

Indirektes Leasing

Spezielle Leasingunternehmen kaufen die Leasinggegenstände und schließen den Leasingvertrag mit dem Leasingnehmer.

Nach der vertraglichen Bindung

Operate-Leasing

Jederzeit kündbare Mietverträge (evtl. Kündigungsfrist), bei denen im Mietpreis die Abschreibung des Gutes über die gesamte Nutzungsdauer einkalkuliert ist (z. B. Fahrzeugvermietung).

Die Leasinggegenstände werden nach Kündigung neu vermietet.

Finance-Leasing

- Grundmietzeit ohne Kündigungsrecht
- Verlängerungs-, Rückgabe- oder Kaufoption am Ende der Grundmietzeit
- Bilanzielle Zurechnung des Leasinggegenstandes beim Leasinggeber (wenn bestimmte Bedingungen erfüllt sind)

Vorteile

- Investitionen (Betriebsgründung, -erweiterung oder -rationalisierung) sind ohne Inanspruchnahme von Barmitteln möglich (Voraussetzung: Kreditwürdigkeit).
- Die Liquidität des Unternehmens bleibt erhalten.
- Der Austausch von Anlagen kann früher erfolgen und der Betrieb damit den technischen Änderungen schneller angepasst werden.
- Die bei der herkömmlichen Fremdfinanzierung zu beachtende Beleihungsgrenze entfällt.
- Rücklagenbildung für Ersatzbeschaffung entfällt
- Steuerlich evtl. günstiger, da die Leasingrate als Aufwand behandelt wird

Nachteile

- Hohe Miet- und Pachtkosten für die Anlagen, da der Leasinggeber
  - das eingesetzte Kapital in kurzer Zeit amortisieren muss,
  - ein Aufschlag für das entstehende Risiko einkalkuliert wird und
  - einen Gewinn erzielen will.
- Die Leasingraten führen zu einer fixen Liquiditätsbelastung, durch die das Unternehmen in Zahlungsschwierigkeiten kommen kann.

5.2 Kreditsicherheiten

Kreditarten nach Kreditsicherung

Einfacher Personalkredit	Verstärkter Personalkredit	Realkredit
Kreditgewährung ohne besondere Sicherheiten (Die Person des Kreditnehmers tritt allein für den Kredit ein).	Zusätzlich zur Haftung des Kreditnehmers haften dem Gläubiger gegenüber weitere Personen.	Der Kredit wird durch reale, d. h. dingliche Kreditsicherheiten (z. B. Grundstücke) abgesichert.
Dispositionskredit, Ratenkredit, Lieferantenkredit	Bürgschaftskredit, Sicherungsabtretung von Forderungen, Wechselkredit	Sicherungsübereignung, Verpfändung, Grundschuld

KREDITSICHERHEITEN

Art der Sicherheit	Definition	Beschreibung
Bürgschaft	Ein Bürge verpflichtet sich gegenüber dem Gläubiger eines Dritten, für die Erfüllung einer Verbindlichkeit des Dritten einzustehen (§§ 765-778 BGB). Erforderlich ist die Schriftform, nur Vollkaufleute können im Rahmen ihres Geschäftes auch mündlich bürgen (§ 350 HGB).	Die Bürgschaft ist in der Höhe auf die (Haupt-)Verbindlichkeit des Dritten begrenzt (akzessorische Kreditsicherheit) **Arten:** ▮ Ausfallbürgschaft (der Bürge kann fordern, dass der Gläubiger zuerst gegen den Hauptschuldner klagt) ▮ Selbstschuldnerische Bürgschaft (keine Einrede der Vorausklage zulässig). Hier kann sofort nach Ausfall einer Kreditrate der Bürge herangezogen werden.
Zession (Abtretung)	Eine Forderung wird von einem Gläubiger auf einen Dritten übertragen, der danach neuer Gläubiger wird (§§ 398-413 BGB).	**Arten:** **a) Nach Information des Schuldners** ▮ Offene Zession (der Schuldner wird über den Übergang der Forderung informiert) ▮ Stille Zession (der Schuldner wird nicht informiert, bei Forderungseingang wird der Betrag an den neuen Gläubiger weitergeleitet. **b) Nach Zahl der abgetretenen Forderungen** ▮ Einzelzession (Abtretung einer einzelnen Forderung) ▮ Rahmenzession (Abtretung einer Vielzahl von Forderungen) – Globalzession (Abtretung bestimmter, im Abtretungsvertrag genannter Forderungen) – Mantelzession (Abtretung eines bestimmten Umfangs von Forderungen, die nach dem Vertragsabschluss erst bestimmt werden).
Verpfändung	Zur Sicherung einer Forderung wird dem Gläubiger ein Pfand übergeben, dass er bei Nichtzahlung der Schuld verwerten kann.	Dem Gläubiger können z. B. Wertpapiere wie eine Versicherungspolice oder ein Lagerschein als Sicherheit übergeben werden. Der Gläubiger wird Besitzer, aber nicht Eigentümer des Pfandes. In Pfandleihhäusern werden auch Wertgegenstände (Schmuck, Münzen, Pkw, Kunstgegenstände, Pelzmäntel) dem Pfandleiher übergeben.

Sicherungs-übereignung	Zur Forderungssicherung wird dem Gläubiger das treuhänderische Eigentum an einer Sache übertragen. Der Kreditnehmer bleibt Besitzer der Sache, das Eigentum wird nach Begleichung der Schuld vom Gläubiger rückübertragen.	Häufig wird der mit Kredit angeschaffte Gegenstand (Pkw, Lkw, Maschinen) auf den Kreditgeber übertragen. Der Schuldner kann die Sache weiter nutzen. Zur Sicherung des Gläubigers muss i.d.R. eine Versicherung (z. B. Vollkaskoversicherung des Pkw) abgeschlossen werden.
Grundpfandrechte	Grundpfandrechte sichern eine Forderung durch ein besonders gesichertes Pfandrecht am Grundstück und den darauf befindlichen Gebäuden.	**Arten:** a) **Hypothek** – Die Hypothek ist akzessorisch (an das Bestehen der gesicherten Forderung gebunden). – Sie wird ins Grundbuch eingetragen. – Dingliche Haftung (mit dem Grundstück) und persönliche Haftung des Schuldners. b) **Grundschuld** – Die Grundschuld ist abstrakt (unabhängig vom bestehen der Schuld). – Sie wird ins Grundbuch eingetragen. – Es besteht ausschließlich eine dingliche Haftung (mit dem Grundstück).

5.3 Aufgaben zu Finanzierung

01 Die Spedition Rheinsped GmbH plant die Anschaffung eines neuen Lkw. Das Fahrzeug soll so finanziert werden, dass die anfallenden Finanzierungskosten sofort und vollständig in der Gewinn-und-Verlust-Rechnung angesetzt werden.

Welche Finanzierungsart ist aus diesem Grund zu wählen?

- [1] Ratenkredit ☐
- [2] Leasing-Finanzierung ☐
- [3] Lombardkredit ☐
- [4] Zessionskredit ☐
- [5] Akkreditiv-Finanzierung ☑ ☐

02 Der Sammelgutspediteur CX-Log plant die Errichtung einer neuen Niederlassung in Rendsburg (Schleswig-Holstein). Dazu muss das Unternehmen ein Grundstück kaufen, dass mit einem Bankkredit finanziert werden soll. Als Sicherheit für den Kredit bietet CX-Log das Grundstück selbst, darüber hinaus eine Forderungsabtretung. Welche zwei Kreditarten sind für diesen Zweck nötig?

- [1] Lombardkredit und Zession ☐
- [2] Hypothek und Leasing ☐
- [3] Bürgschaft und Grundschuld ☐
- [4] Hypothek und Zession ☐
- [5] Übereignungskredit und Hypothek ☑ ☐

03 Ein Unternehmen vergleicht verschiedene Finanzierungsmöglichkeiten. Ordnen Sie den Kreditarten 3 der insgesamt 5 betrieblichen Vorgänge zu.

Betriebliche Vorgänge

- [1] Ein Kunde beteiligt sich mit 10 % an dem Unternehmen.
- [2] Ein Kunde zahlt bei Vertragsabschluss 30 % der Vertragssumme.
- [3] Das Unternehmen erhält von dem Lieferanten ein Zahlungsziel von 30 Tagen.
- [4] Ein Bekannter des Inhabers bringt als Stiller Gesellschafter 20 000,00 € in das Unternehmen ein.
- [5] Für die Abwicklung des Zahlungsverkehrs wird dem Unternehmen von der Bank ein Kontokorrentkredit eingeräumt. Für die Anschaffung eines Lkw werden Rücklagen gebildet.

Kreditarten

Bankkredit	
Lieferantenkredit	
Kundenkredit ☑	

04 Der Lkw-Unternehmer Karl Nieter will einen neuen Lastzug anschaffen. Welche unten stehenden Aussagen treffen auf

- [1] einen Leasingvertrag
- [2] einen Ratenkredit über 48 Monate
- [3] keine der beiden Finanzierungsarten zu?

Aussagen

- a) Der Lkw-Unternehmer zahlt Überziehungszinsen. ☐
- b) Die monatlichen Zahlungen sind in vollem Umfang Aufwand für den Lkw-Unternehmer. ☐
- c) Der Vertragspartner des Lkw-Unternehmers muss am Ende der Vertragslaufzeit den Lastzug zurücknehmen, wenn der Lkw-Unternehmer dies wünscht. ☐
- d) Der Zinsanteil an den monatlichen Zahlungen wird im Zeitablauf kontinuierlich geringer. ☑ ☐

05 In einer Spedition soll ein neuer Gabelstapler angeschafft werden. Sie werden von Ihrem Vorgesetzten beauftragt zu prüfen, warum Leasing als Finanzierungsart empfehlenswert ist. Welche der genannten Empfehlungen ist richtig?

1. Durch die Einmalzahlung entsteht keinerlei Dauerbelastung. ☐
2. Durch Leasing werden die Abschreibungsfristen verlängert. ☐
3. Die Finanzierung ist fast ohne Einsatz von Barmitteln möglich. ☐
4. Leasing führt zu einer Erhöhung des Anlagevermögens. ☐
5. Bei Leasing wird das Betriebsgrundstück als Sicherheit eingebracht. ☐

6 Zahlungsverkehr

6.1 Zahlungsarten

Zahlungsarten

Barzahlung	Halbbare Zahlung	Bargeldlose Zahlung
Die Zahlung erfolgt in bar und auch der Zahlungsempfänger erhält Bargeld. a) direkte Barzahlung b) indirekte Barzahlung (Minutenservice der Post) c) Geldversand mit Wertbrief	Entweder a) Bareinzahlung des Zahlers und Gutschrift auf dem Konto des Zahlungsempfängers b) oder Abbuchung vom Konto des Zahlers und Barzahlung an den Zahlungsempfänger	Zahlung erfolgt vom Konto des Zahlers und wird auf dem Konto des Zahlungsempfängers gutgeschrieben

Zahlungsarten

		Empfänger hat	
		kein Konto	**ein Bankkonto**
Zahler hat	**kein Konto**	**Barzahlung** ▮ Zahlung „von Hand zu Hand" ▮ Wertbrief ▮ Minutenservice der Post (Zusammen mit Western Union) ▮ Geldtransfergesellschaften	**halbbare Zahlung** ▮ Zahlschein (Einzahlung in Bar auf das Bankkonto des Gläubigers)
	ein Bankkonto	**halbbare Zahlung** ▮ Barscheck ▮ Zahlungsanweisung	**bargeldlose Zahlung** ▮ Überweisung ▮ Lastschrift ▮ Verrechnungsscheck ▮ Zahlungsanweisung ▮ EC-, Geld- und Kreditkarte

Bargeldloser Zahlungsverkehr

Überweisung	Auftrag des Kontoinhabers, einen bestimmten Betrag zulasten seines Kontos auf das Konto eines Zahlungsempfängers zu übermitteln	**Einzelüberweisung** **Sammelüberweisung** **Dauerauftrag**	▮ Schriftlich (Vordruck) ▮ Fernmündlich („Telefon-Banking") ▮ Elektronisch (Selbstbedienungsterminal) ▮ Homebanking am PC

Bargeldloser Zahlungsverkehr			
Lastschrift	Einzug einer Zahlung durch den Gläubiger vom Konto des Schuldners durch die Einschaltung von Kreditinstituten	**Einzugsermächtigung**	Der Zahlungsverpflichtete ermächtigt den Gläubiger, die jeweilige Forderung einzuziehen. Widerruf innerhalb von 6 Wochen möglich
		Abbuchungsauftrag	Der Zahlungsverpflichtete ermächtigt seine Bank, Lastschriften eines bestimmten Zahlungsempfängers einzulösen. Kein Widerruf möglich.
Scheck	Schriftliche Anweisung des Kontoinhabers an sein Kreditinstitut, an den Inhaber des Schecks eine bestimmten Geldbetrag zu lasten seines Kontos auszuzahlen.	**Scheckarten (nach Einlösungsart)**	▪ Barscheck ▪ Verrechnungsscheck („nur zur Verrechnung")
		Scheckarten (nach Weitergabeform)	▪ Inhaberscheck (Überbringerklausel) ▪ Orderscheck (Orderklausel)

Elektronischer Zahlungsverkehr

DTA	Homebanking	ec-Karte: POS	ec-Karte: OLV	ec-Karte: ELV	ec-Karte: Geldcard	Kreditkarte: Karte mit Kreditlimit
Datenträgeraustausch ▪ Diskette, ▪ Magnetband- ▪ Datenfernübertragung (DfÜ)	▪ Internetbanking ▪ Telefonbanking	Point of Sale	Online-Lastschriftverfahren	Elektronisches Lastschriftverfahren	„Elektronische Geldbörse"	Karte zur Zahlung von Waren und Dienstleistungen, die weltweit einsetzbar ist. Der Händler trägt die Transaktionskosten, dem Karteninhaber wird der Betrag nach einiger Zeit belastet.
		Bezahlung mit EC-Karte und PIN-Nummer	Zahlung mit Karte und Unterschrift. Prüfung der Karte über eine Sperrliste	Zahlung mit Karte und Unterschrift. Keine Kartenprüfung, nur Auslesen der Kontendaten.	Karte wird vor der Zahlung „aufgeladen". Die Zahlung erfolgt ohne Prüfung.	
		Kein Widerspruch möglich	Widerspruch möglich	Widerspruch möglich		

6.2 Aufgaben zum Zahlungsverkehr

01 In der Buchhaltung der Spedition Meyer & Sohn sollen wir mehrere Zahlungsaufträge erledigen. Dabei soll die jeweils sicherste und kostengünstigste Alternative ausgewählt werden.

Zahlungsverfahren

1. Bargeld
2. Verrechnungsscheck
3. Einzelüberweisung
4. Sammelüberweisung
5. Lastschriftverfahren
6. Postanweisung
7. Dauerauftrag

Fallbeispiele

a) Wir haben eine Nachzahlung in Höhe von 75,00 € an einen ehemaligen Mitarbeiter zu leisten, der vor Kurzem nach Hamburg umgezogen ist und von dem wir nur die Adresse haben. Er hat ein Konto eröffnet, wir kennen aber weder seine Bankverbindung noch seine Kontonummer.	
b) Die monatlichen Gehaltszahlungen sollen mit einem Auftrag den Mitarbeitern auf ihren Konten gutgeschrieben werden.	
c) Unsere monatlichen Speditionsversicherungsprämien sollen von der Versicherung von unserem Konto abgebucht werden.	
d) Von unserem Konto bei der Genossenschaftsbank soll ein Betrag von 8 000,00 € zum Ausgleich eines Saldos auf eines unserer Konten bei der Postbank übertragen werden.	

02 Herr Müller hat in einem Geschäft den beigefügten Beleg unterschrieben.

a) Um welche der folgenden Zahlungsformen handelt es sich bei dem Beleg?

[1] Geldkarte ☐

[2] Electronic Cash (POS) ☐

[3] Elektron. Lastschriftverfahren (ELV/OLV) ☐

[4] Überweisung ☐

b) Welche der nebenstehenden Aussagen zu der im Beleg erkennbaren Zahlungsform treffen zu?

Bei dieser Zahlungsform ...

[1] muss Herr Müller zusätzlich einen Scheck ausfüllen. ☐

[2] wird die Einlösung durch das Geldinstitut nicht garantiert, da Herr Müller der Abbuchung widersprechen kann. ☐

[3] kann die Zahlungsanweisung direkt an das Geldinstitut der Gröninger GmbH weitergeleitet werden, da eine Datenverbindung besteht. ☐

[4] legitimiert sich Herr Müller durch seine Unterschrift; die Eingabe einer persönlichen Identifikationsnummer (PIN) ist nicht erforderlich. ☐

[5] erfolgt eine Prüfung bei dem Geldinstitut von Herrn Müller. Sobald die Buchung freigegeben wird, ist die Einlösung des Betrags garantiert. ☑ ☐

*** KOPIE FÜR KUNDEN ***

Bürofachgeschäft
Gröninger GmbH
Hochstraße 56-58
Duisburg

Tel. (02303) 50 15 23

Beleg: 0904 10:08 06.02.09
Terminal-ID: 53062845

BLZ	Konto-Nr.
350 500 00	308020395

Total € 814,00

Ich ermächtige hiermit die oben genannte Firma obigen Betrag von meinem Konto per Lastschrift einzuziehen. Bei Nichteinlösung ermächtige ich meine Bank, o. g. Firma auf Anforderung meinen Namen und meine Anschrift mitzuteilen.

Name:

Müller

03 In welchen der unten stehenden Fälle erfolgt die Zahlung durch

[1] Überweisung?

[2] Zahlschein?

[3] Lastschriftverfahren?

[4] Dauerauftrag?

[5] Barscheck?

Fälle

a) Eine Speditionsunternehmung beauftragt ihre Bank, zu lasten ihres Kontos einem Frachtführer den fälligen Rechnungsbetrag gutzuschreiben. ☐

b) Eine Speditionsunternehmung weist ihre Bank an, vom Geschäftskonto einen Betrag bar auszuzahlen. ☐

c) Ein Frachtführer zahlt Bargeldeinzüge auf das Bankkonto ein. ☐

d) Die monatlichen Telefonrechnungen werden vom Konto einer Speditionsunternehmung abgebucht. ☐

e) Ein Lkw-Unternehmer beauftragt seine Bank, die monatlichen Mieten von seinem Konto abzubuchen. ☑ ☐

04 Der Fa. Meyer Spedition in München wurde der beiliegende Scheck von einem Kunden zur Begleichung einer Rechnung per Post zugeschickt. Er soll zur Hausbank der Spedition Meyer gebracht werden, damit der Betrag dem Firmenkonto gutgeschrieben werden kann. Welchen Eintrag müssen Sie auf dem Scheck noch vornehmen, damit die Bank den Betrag auf Ihrem Firmenkonto gutschreiben kann?

1. Eintrag der Bankleitzahl und der Kontonummer auf der Rückseite des Schecks ☐

2. Einfügen eines Akzepts auf der Vorderseite des Schecks ☐

3. Firmenstempelabdruck auf der Vorderseite des Schecks ☐

4. Eintrag „oder Überbringer" auf der Vorderseite des Schecks ☐

5. Indossament auf der Rückseite des Schecks ☐

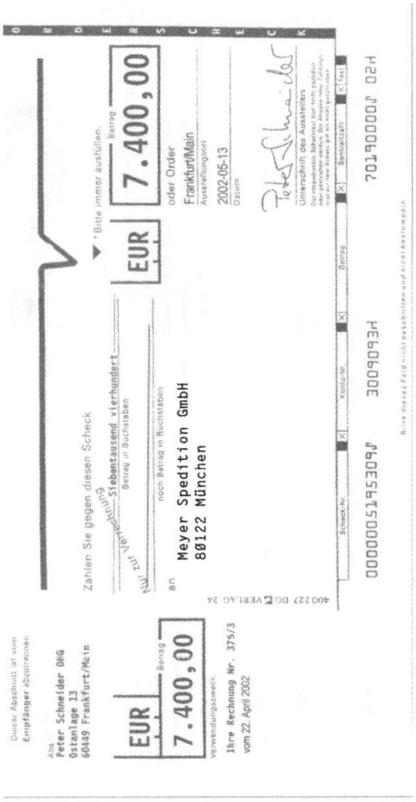

7 Gesamtwirtschaftliche Prozesse

7.1 Kooperation und Konzentration

Kooperation

KARTELL

Vertraglicher Zusammenschluss rechtlich und wirtschaftlich selbstständiger Unternehmen, um den Wettbewerb auf einem Markt ganz oder teilweise auszuschalten

KONSORTIUM; ARBEITSGEMEINSCHAFT

Zusammenschluss von rechtlich und wirtschaftlich selbstständig bleibenden Unternehmen zur gemeinsamen Durchführung eines größeren Geschäfts

INTERESSENGEMEINSCHAFT

Verbindung von Unternehmen, die rechtlich selbstständig bleiben, deren wirtschaftliche Selbstständigkeit aber vertraglich gemindert ist; häufig Vorstufe der Fusion

STRATEGISCHE ALLIANZEN

Langfristige Kooperation beliebig vieler selbstständiger Unternehmen auf der Grundlage von Vereinbarungen, bei denen sich die Partner dazu verpflichten, Ressourcen gemeinsam zu nutzen oder gemeinsam zu erbringen

JOINT VENTURE

Dauerhaftes oder objektbezogenes Gemeinschaftsunternehmen von zwei oder mehr rechtlich und wirtschaftlich selbstständigen aus verschiedenen Staaten zur gemeinsamen Durchführung eines Projekts

Konzentration

KONZERN

Zusammenschluss rechtlich selbstständiger Unternehmen unter einer einheitlichen Leitung, wobei die abhängigen Unternehmen rechtlich selbstständig bleiben, aber ihre wirtschaftliche Selbstständigkeit verlieren

Ein Konzern wird geleitet von der Muttergesellschaft. Sie hält die Mehrheit der Aktien der Tochtergesellschaften.

TRUST/FUSION

Mehrere Unternehmen werden miteinander verschmolzen (fusioniert) und geben dabei ihre rechtliche und wirtschaftliche Selbstständigkeit auf.

Häufig wird zur Leitung des Trusts eine Holdinggesellschaft gegründet, die die Führungsfunktion für die Gesellschaft übernimmt.

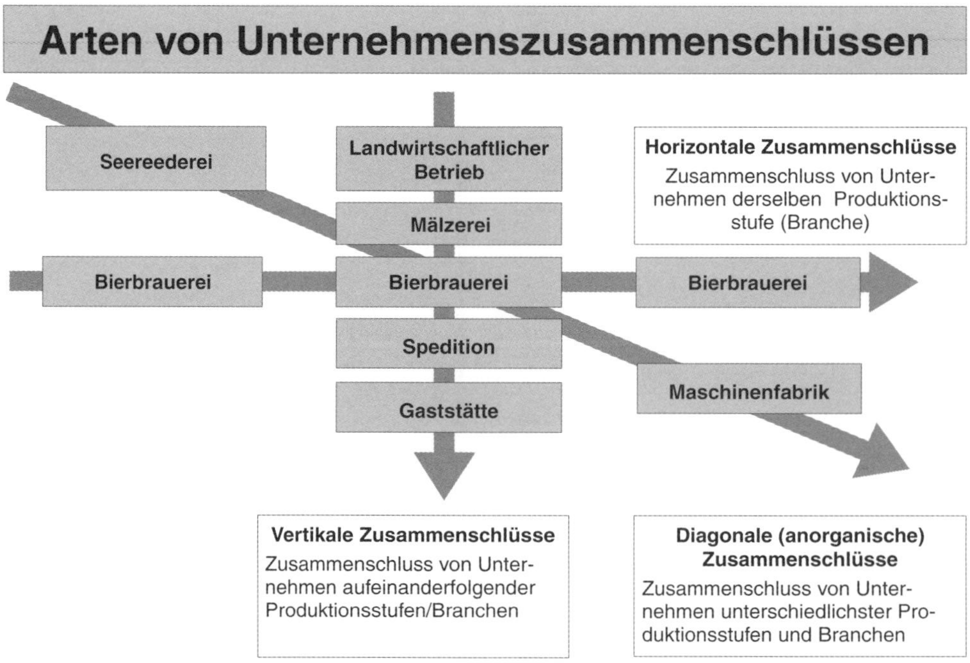

Wettbewerbspolitik		
Kartellverbot	**Missbrauchsaufsicht**	**Fusionskontrolle**
Kartelle sind nach dem Gesetz gegen Wettbewerbsbeschränkungen (§ 1) und nach dem Artikel 81 des EG-Vertrages verboten.	Unternehmen mit einer marktbeherrschenden Stellung dürfen diese Macht nicht missbräuchlich ausüben.	Der Zusammenschluss von Großunternehmen muss von den Kartellbehörden genehmigt werden. Er wird untersagt, wenn durch den Zusammenschluss eine marktbeherrschende Stellung entsteht oder verstärkt wird.
Verbotene Kartelle und Missbrauch einer marktbeherrschenden Stellung werden von den Kartellbehörden untersagt. Die beteiligten Unternehmen werden mit Bußgeldern belegt und die Gewinne abgeschöpft.		

KARTELLE UND KARTELLVERBOT

Kartell Definition

Ein Kartell ist die Kooperation wirtschaftlicher Aktivitäten von unabhängigen Unternehmen mit dem Zweck, den Wettbewerb zu verhindern oder zu beschränken.

§ 1 GWB Verbot wettbewerbsbeschränkender Vereinbarungen

Vereinbarungen zwischen Unternehmen, Beschlüsse von Unternehmensvereinigungen und aufeinander abgestimmte Verhaltensweisen, die eine Verhinderung, Einschränkung oder Verfälschung des Wettbewerbs bezwecken oder bewirken, sind verboten.

Absolutes Kartellverbot (Hardcorekartelle)	Das Kartellverbot gilt absolut für alle Vereinbarungen zwischen Wettbewerbern, die Preis-, Quoten-, Kunden- oder Gebietsabsprachen betreffen, sowie für Vereinbarungen mit Abnehmern, die eine Preisbindung der Zweiten Hand zum Gegenstand haben.
Ausnahmen vom Kartellverbot für Nicht-Hardcorekartelle	a) § 2 GWB: Zulässig sind Kartelle zur ▮ Verbesserung der Warenerzeugung und -verteilung sowie zur ▮ Förderung des technischen oder wirtschaftlichen Fortschritts, wenn die Verbraucher angemessen am Gewinn beteiligt werden und der Wettbewerb nicht vollständig ausgeschaltet wird. b) § 3 GWB: **Mittelstandskartelle** sind zulässig, wenn damit die Wettbewerbsfähigkeit der kleinen und mittelständischen Unternehmen gegenüber Großunternehmen der gleichen Branche verbessert wird. c) Kartelle, die durch eine **Gruppenfreistellungs-Verordnung** der EU erlaubt werden (Kfz-Verordnung, Technologietransfer-VO, Spezialisierungsvereinbarungen, Versicherungssektor, Flugverkehr, Seeschifffahrtsunternehmen). d) Bagatellkartelle Die Wettbewerbsbeschränkung durch die Unternehmenszusammenarbeit muss „spürbar“ sein, um vom Verbot erfasst zu werden.
Verfahren bei Kartellausnahmen	Legalausnahme Die Kartellverbote und die Zulässigkeit der Kartelle gelten ohne Verbots- oder Genehmigungsverfahren. Es gibt keine Zulassung durch die Kartellbehörden. Die Unternehmen müssen selbst einschätzen, ob die geplante Zusammenarbeit zu den zulässigen Ausnahmen vom Kartellverbot gehört.
Rechtsfolgen des Kartellverbots	a) Zivilrechtliche Folgen – Unterlassungsanspruch der Betroffenen – Schadenersatzanspruch der Geschädigten b) Öffentlich-rechtliche Sanktionen – Unterlassungsverfügung – Buß- und Zwangsgeld (bis 10 % des Gesamtumsatzes eines Jahres) – Vorteilsabschöpfung

7.2 Konjunktur

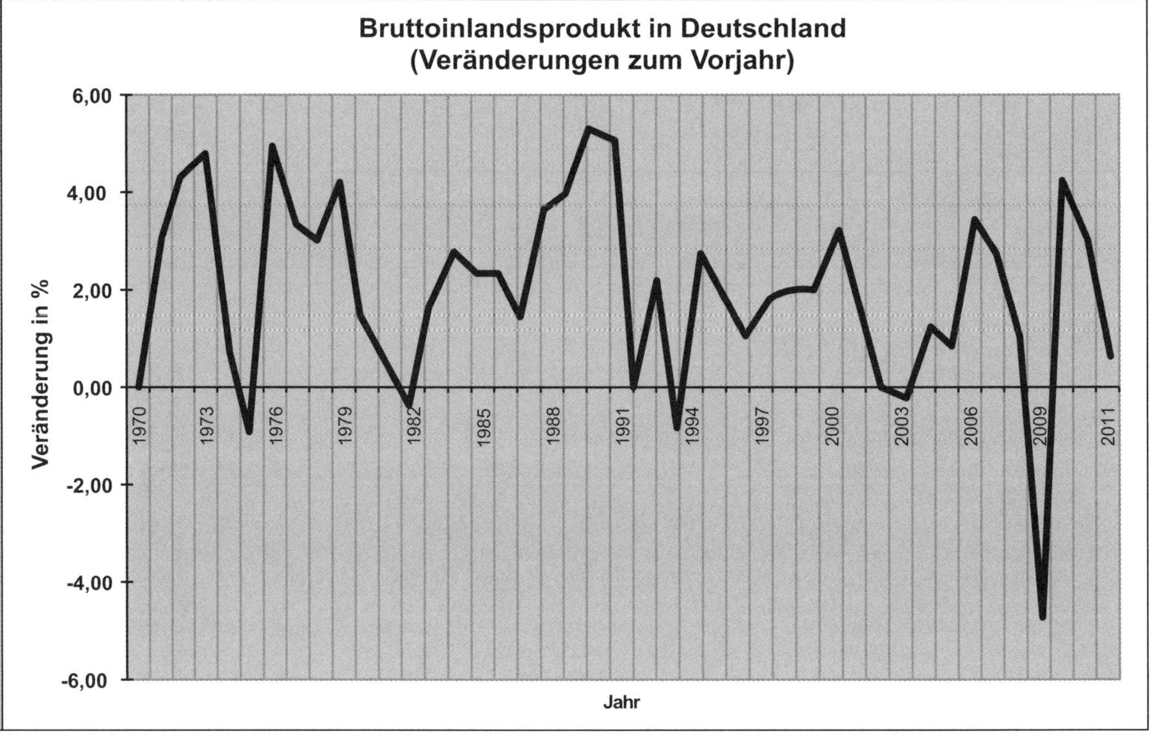

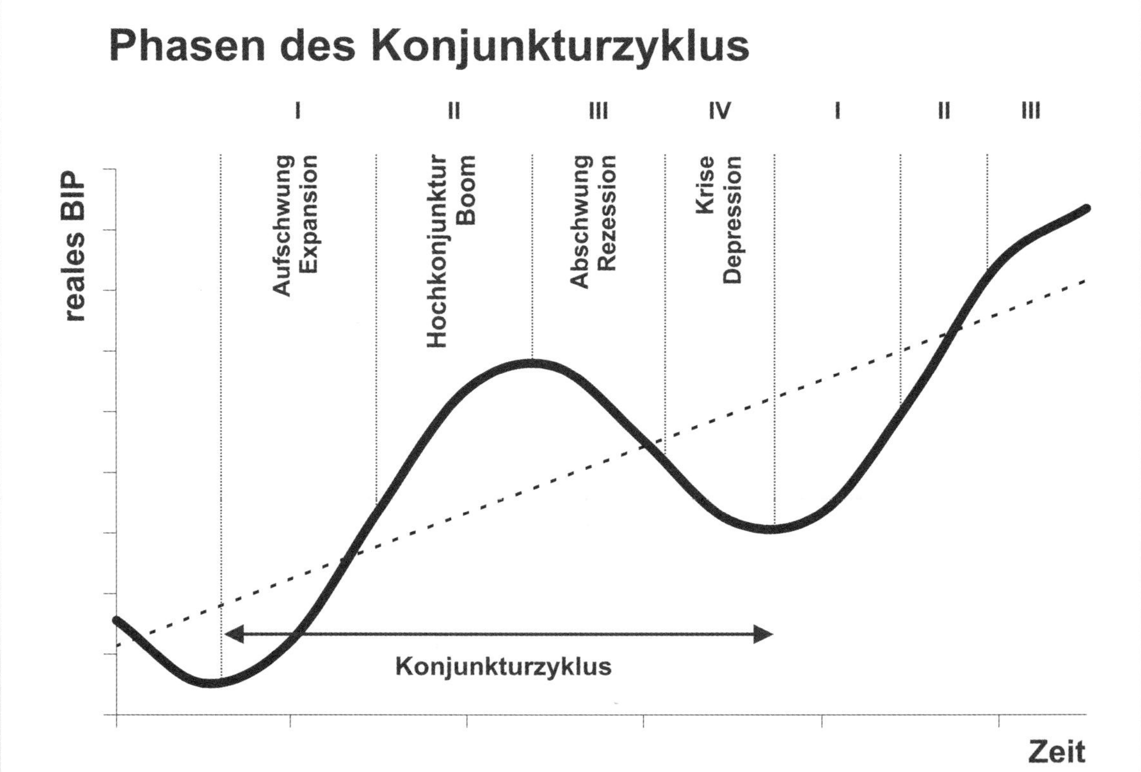

PHASE	Expansion/Aufschwung	Boom/Hochkonjunktur	Rezession/Abschwung	Depression/Krise
Produktion	zunehmende Kapazitätsauslastung	industrielle Engpässe	sinkende Kapazitätsauslastung	geringe Kapazitätsauslastung
Investitionen	zunehmende Investitionen	hohe Investitionen	rückläufige Investitionen	Kapazitätsabbau, Desinvestition
Beschäftigung	zunehmende Beschäftigung	Arbeitskräftemangel	steigende Arbeitslosigkeit	Massenentlassungen
Lohnniveau	steigende Löhne	hohe Löhne	sinkende Löhne	niedrige Löhne
Preise	stabile Preise	steigende Preise	zurückgehende Preise	sinkende Preise

Konjunkturindikatoren

Verbrauchsindikatoren

- Einzelhandelsumsätze
- Auftragseingänge in der Konsumgüterindustrie

Produktionsindikatoren

- Kapazitätsauslastung, Produktion und Beschäftigung
- Auftragseingang aus In- und Ausland, Lagerbestände

Frühindikatoren

Vorlaufende Merkmale und Reihen

- Auftragseingang
- Entwicklung der Aktienkurse
- Geldmengenentwicklung
- offene Stellen
- Zukunftserwartungen der Unternehmen

Gegenwartsindikatoren

Gleichlaufende Merkmale und Reihen

- reales BIP
- Industrieproduktion
- Kapazitätsauslastungsgrad

Spätindikatoren

Nachlaufende Merkmale und Reihen

- Preise
- Löhne

7.3 Wirtschaftspolitik

7.3.1 Ziele der Wirtschaftspolitik

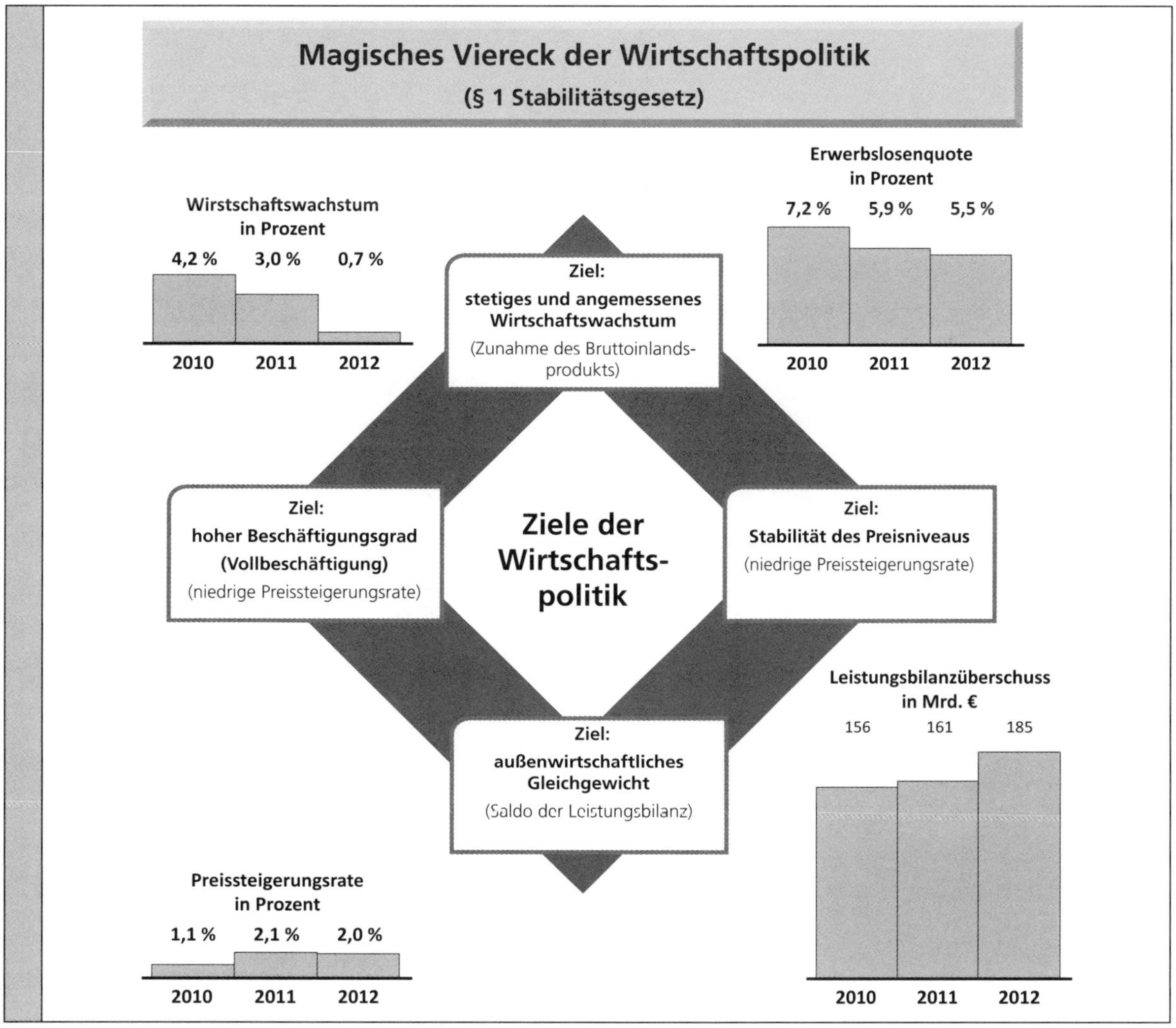

Zielkonflikte und Zielharmonien

Zielkonflikte	Zielharmonien
Ein Zielkonflikt liegt vor, wenn die Verfolgung eines Ziels die Erreichung anderer Ziele negativ beeinflusst. Preisniveaustabilität ⇔ Vollbeschäftigung Preisniveaustabilität ⇔ Wachstum	Eine Zielharmonie liegt vor, wenn die Verfolgung eines Ziels die Erreichung anderer Ziele positiv beeinflusst. Wachstum ⇔ Vollbeschäftigung Preisniveaustabilität ⇔ Außenwirtschaftliches Gleichgewicht

7.3.2 Arbeitslosigkeit und Arbeitsmarktpolitik

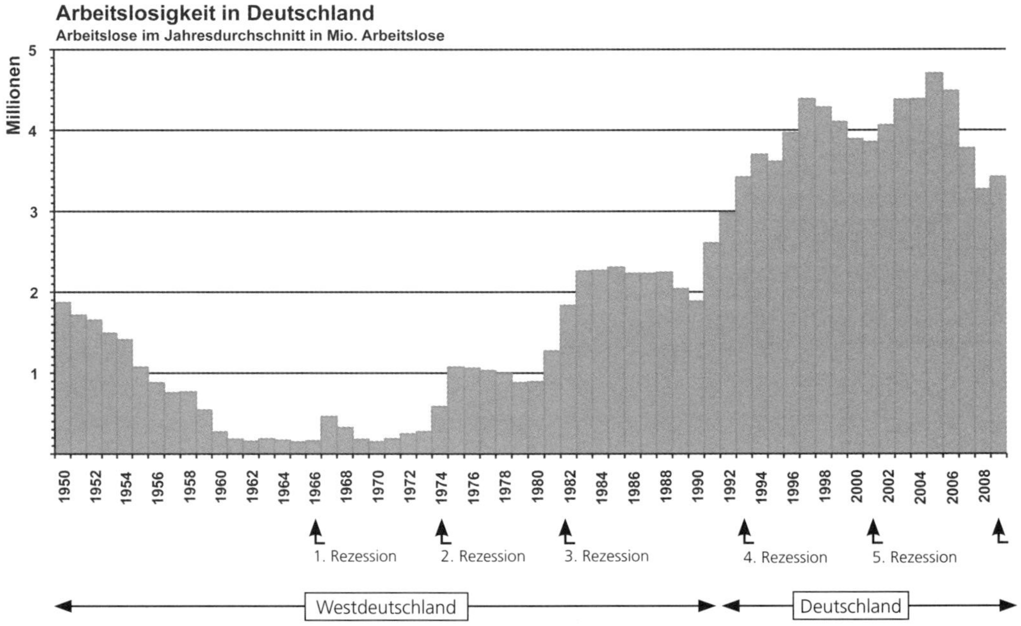

Arten der Arbeitslosigkeit
– Ursachen, Bekämpfung –

Arten	Ursachen	Bekämpfung
Friktionelle Arbeitslosigkeit – kurzfristig	Kurzfristige Sucharbeitslosigkeit, z. B. nach Entlassungen, bei Umschulung oder beruflicher Veränderung (Fluktuation)	Verbesserung der Stellenvermittlung und der Informationsmöglichkeiten über freie Stellen sowie Berufsberatung, Umzugsbeihilfen etc.
Saisonale Arbeitslosigkeit – kurzfristig	Folge jahreszeitlicher Produktions- und Nachfrageschwankungen, z. B. nachlassende Bautätigkeit im Winter, Modewechsel, Ferientermine	Winterbauförderung, Schlechtwettergeld etc.
Konjunkturelle Arbeitslosigkeit – mittelfristig	Folge eines konjunkturellen Abschwungs (Krise) oder einer wirtschaftlichen Depression	Konjunkturpolitische Maßnahmen des Staates (Steuer-, Ausgaben- und Geldpolitik)
Strukturelle Arbeitslosigkeit – langfristig	Beruflicher sektoraler und regionaler Strukturwandel in der Wirtschaft und auf dem Arbeitsmarkt	Förderung der Mobilität der Arbeitskräfte, Industrieansiedlung, Förderung von Bildung und Ausbildung, Ausbau der Infrastruktur

Arbeitsmarktpolitik

Passive Arbeitsmarktpolitik	Aktive Arbeitsmarktpolitik
Passive Arbeitsmarktpolitik bezieht sich auf Lohnersatzleistungen im Falle von Arbeitslosigkeit.	**Aktive Arbeitsmarktpolitik bezieht sich auf Maßnahmen, die Wachstumshindernisse, Qualifikations- und Mobilitätsengpässe beseitigen und neue Arbeitsplätze schaffen sollen.**
▮ Arbeitslosengeld ▮ Arbeitslosengeld II ▮ Kurzarbeitsgeld ▮ Insolvenzgeld ▮ Winterbauhilfe	▮ Arbeits- und Berufsberatung ▮ Arbeitsvermittlung ▮ Förderung der beruflichen Erstausbildung, beruflicher Weiterbildung, Umschulung und Rehabilitation, sonstige Trainingsmaßnahmen ▮ Arbeitsbeschaffungsmaßnahmen, Arbeitsgelegenheiten (Eineurojobs), Infrastrukturmaßnahmen, Eingliederungszuschüsse, Förderung der Selbstständigkeit ▮ Mobilitätshilfen
Bundesagentur für Arbeit	

7.3.3 Fiskalpolitik

Staatseinnahmen und -ausgaben

Einnahmen	Ausgaben
Steuern	Güter und Dienstleistungen
Zölle	Löhne und Gehälter
Kredite	Investitionen
Beiträge und Gebühren	Transferleistungen
Einnahmen aus Beteiligungen	Subventionen
	Zinsen und Tilgung

Antizyklische Fiskalpolitik

	Konjunkturförderung (in Krisenphasen)	Konjunkturförderung (in Hochkonjunkturphasen)
Einnahmenpolitik	▮ Senkung von Steuern, Gebühren und sonstigen Abgaben ▮ Verbesserung von Abschreibungsmöglichkeiten ▮ Kreditaufnahmen und Auflösung	▮ Steuer- und Abgabenerhöhung (auch zeitlich befristet) ▮ Reduzierung der Abschreibungsmöglichkeiten ▮ Schuldentilgung und Schaffung
Ausgabenpolitik	Erhöhung der Staatsausgaben ▮ Investitionsprogramme ▮ Steigerung der Ausgaben für die Staatsbeschäftigten ▮ Erhöhung von Transferzahlungen ▮ Ausbau staatlicher Dienstleistungen	Senkung der Staatsausgaben ▮ Verschiebung oder Streichung von Investitionen ▮ Senkung der Ausgaben für die Staatsbeschäftigten ▮ Senkung von Transferzahlungen

7.3.4 Geldpolitik

GELDPOLITIK

Als Geldpolitik bezeichnet man alle wirtschaftspolitischen Maßnahmen, die die Zentralbank ergreift, um ihre Ziele zu verwirklichen. Im Eurowährungsgebiet wird die Geldpolitik von der Europäischen Zentralbank mit Sitz in Frankfurt am Main wahrgenommen.

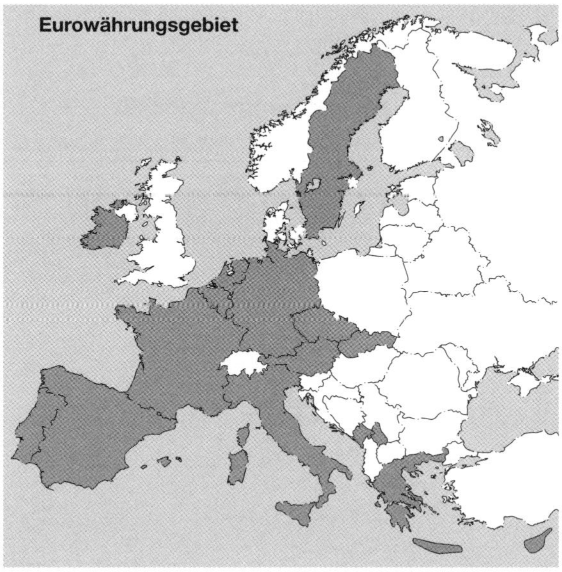

ZIELE DER EUROPÄISCHEN ZENTRALBANK

- Das vorrangige Ziel der Europäischen Zentralbank (EZB) ist es, die **Preisstabilität** zu gewährleisten.
- Soweit dies ohne Beeinträchtigung des Zieles der Preisstabilität möglich ist, unterstützt die EZB die allgemeine Wirtschaftspolitik in der Gemeinschaft, um zur Verwirklichung der in Art. 2 festgelegten Ziele der Gemeinschaft beizutragen." (Art. 105 Abs. 1 des EG-Vertrages)
- Die Ziele der Union (Art. 2 des Vertrages über die Europäische Union) sind ein hohes **Beschäftigungsniveau** und ein beständiges, nichtinflationäres **Wachstum**.

EZB-Aufgaben

Grundlegende Aufgaben

Die EZB hat
- die Geldpolitik des Eurowährungsgebiets festzulegen und auszuführen,
- Devisengeschäfte durchzuführen,
- die offiziellen Währungsreserven der Mitgliedsstaaten zu halten und zu verwalten (vgl. Portfoliomanagement),
- das reibungslose Funktionieren der Zahlungssysteme zu fördern.

Weitere Aufgaben

Die EZB hat außerdem folgende Aufgaben:
- Ausgabe von Banknoten innerhalb des Euroraums
- Erhebung der notwendigen statistischen Daten
- Aufsicht über die Kreditinstitute und Stabilität des Finanzsystems
- Zusammenarbeit mit den zuständigen Organen, Einrichtungen und Foren innerhalb der EU als auch international

Europäische Zentralbank		
EZB-Rat	**Direktorium**	**Erweiterter Rat**
Mitglieder des Direktoriums der EZB Präsidenten der Zentralbanken der dem Eurowährungsgebiet angehörenden Mitgliedsstaaten	Präsident und Vizepräsident sowie bis zu vier weitere Mitglieder	Präsident der EZB, Vizepräsident der EZB, Präsidenten der nationalen Zentralbanken aller EU-Mitglieder
Aufgaben		
Der EZB-Rat entscheidet über alle Fragen der Geldpolitik im Eurowährungsgebiet	Das Direktorium leitet die EZB, setzt Leitlinien und Entscheidungen des EZB-Rats um, erteilt den nationalen Zentralbanken entsprechende Weisungen	Der Erweiterte Rat koordiniert zwischen den Zentralbanken in und außerhalb der EWU, berät die EZB

BEGRIFFE DER GELDPOLITIK

Offenmarktgeschäfte: Die Zentralbank bietet den Geschäftsbanken bestimmte festverzinsliche Wertpapiere zum Kauf an oder kauft selbst Wertpapiere von den Geschäftsbanken. Kaufen die Geschäftsbanken die Wertpapiere, steht ihnen das angelegte Geld nicht mehr für die Kreditvergabe zur Verfügung, d. h., die Geldschöpfung sinkt. Verkaufen die Geschäftsbanken Wertpapiere (Wertpapierpensionsgeschäft), erhalten sie dafür Geld, das sie für Kredite verwenden können.

Hauptrefinanzierungsgeschäfte: Die Geschäftsbanken leihen von der Zentralbank Geld gegen die Hinterlegung von notenbankfähigen Sicherheiten (Wertpapieren). Das Geld wird einmal pro Woche für die Laufzeit von einer Woche im **Zinstenderverfahren** angeboten. Die Zentralbank benennt die zu emittierende Geldmenge und legt darüber hinaus einen Mindestbietungssatz fest, d. h. den minimalen Zins, zu dem sie Offenmarktgeschäfte tätigt. Die Geschäftsbanken benennen nun jeweils denjenigen Zins, zu dem sie bereit sind, das Geschäft abzuwickeln. Die Zuteilung der Wertpapiere erfolgt nach dem Ende der Gebote gemäß der Höhe des gebotenen Zinses.

Längerfristige Refinanzierungsgeschäfte: Funktioniert wie die Hauptrefinanzierungsgeschäfte, nur wird das Geld für drei Monate geliehen.

Feinsteuerungsoperationen: Offenmarktgeschäfte, mit denen die EZB unerwartete Zins- und Liquiditätsschwankungen ausgleichen und sich als Signalgeber durchsetzen kann.

Befristete Transaktionen: Automatische Gegengeschäfte im Bereich des europäischen Wertpapierhandels. Die EZB kauft von den Geschäftsbanken nur dann Wertpapiere, wenn die Geschäftsbanken dieses nach einer festgelegten Laufzeit automatisch wieder zurückkaufen.

Devisenswapgeschäft: Dabei übernimmt die EZB von den Banken für kurze Zeit Devisen gegen Zentralbankguthaben, die von den Banken nach Ablauf dieser Zeit wieder zurückgenommen werden müssen.

Strukturelle Operationen: Mit ihnen kann die EZB die Liquiditätsposition der Geschäftsbanken langfristig beeinflussen. Die EZB muss darauf achten, dass die Geschäftsbanken auf das Geld der EZB angewiesen sind. Haben die Geschäftsbanken zu viel Geld, kann die EZB Schuldverschreibungen am Kapitalmarkt ausgeben, Wertpapierpensionsgeschäfte oder Wertpapierverkäufe durchführen, sodass die Geldmenge, die den Banken zur Verfügung steht, sinkt.

Ständige Fazilitäten: Die EZB ermöglicht den Geschäftsbanken, dauerhaft und unbegrenzt kurz fristig (über Nacht) Kredite in Anspruch zu nehmen oder Guthaben anzulegen.

Spitzenrefinanzierungsfazilität: Geschäftsbanken können sich kurzfristig (über Nacht) Geld bei der Europäischen Zentralbank (EZB) durch Verpfändung notenbankfähiger Sicherheiten (Wertpapiere) beschaffen.

Einlagefazilität: Geschäftsbanken können kurzfristig (über Nacht) nicht benötigtes Geld bei der Europäischen Zentralbank (EZB) anlegen. Als Verzinsung erhalten sie den von der Zentralbank vorgegebenen Einlagesatz.

Mindestreservepolitik: Durch die Mindestreserveverpflichtung der EZB sind die Geschäftsbanken verpflichtet, einen bestimmten Prozentsatz (momentan 2,00 %) ihrer Kundeneinlagen bei der EZB zu hinterlegen. Um Wettbewerbsnachteile für Banken auszugleichen, erhalten diese Zinsen in der Höhe des Leitzinses.

Aktuelle EZB-Zinssätze (März 2009):

Satz der Einlagefazilität	0,25 %
Hauptrefinanzierungsgeschäfte	1,00 %
Spitzenrefinanzierungssatz	1,75 %

Entnommen aus: www.bundesbank.de/download/bildung/geld_sec2/geld2_gesamt.pdf, S. 204 ff.

Geldpolitische Geschäfte		Transaktionsart		Laufzeit	Rhythmus	Verfahren
		Liquiditätsbereitstellung	Liquiditätsabschöpfung			
Offenmarktgeschäfte	Hauptrefinanzierungsgeschäfte	▪ befristete Transaktionen	-	▪ Zwei Wochen	▪ Wöchentlich	▪ Standardtender
	Längerfristige Refinanzierungsgeschäfte	▪ befristete Transaktionen	-	▪ Drei Monate	▪ Monatlich	▪ Standardtender
	Feinsteuerungsoperationen	▪ Befristete Transaktionen ▪ Devisenswaps	▪ Befristete Transaktionen ▪ Devisenswaps ▪ Hereinnahme von Termineinlagen	▪ Nicht standardisiert	▪ Unregelmäßig	▪ Schnelltender ▪ bilaterale Geschäfte
		▪ Definitive Käufe	▪ Definitive Verkäufe	-	▪ Unregelmäßig	▪ bilaterale Geschäfte
	Strukturelle Operationen	▪ befristete Transaktionen	▪ Emission von Schuldverschreibungen	▪ Standardisiert/nicht standardisiert	▪ regelmäßig und unregelmäßig	▪ Standardtender
		▪ Definitive Käufe	▪ Definitive Verkäufe		▪ unregelmäßig	▪ bilaterale Geschäfte
Ständige Fazilitäten	Spitzenrefinanzierungsfazilität	▪ Befristete Transaktionen	-	▪ Über Nacht	▪ Inanspruchnahme auf Initiative der Geschäftspartner	
	Einlagefazilität		▪ Einlagenannahme	▪ Über Nacht	▪ Inanspruchnahme auf Initiative der Geschäftspartner	
	Mindestreservepolitik: Geschäftsbanken werden gezwungen, einen bestimmten Prozentsatz ihrer reservepflichtigen Verbindlichkeiten bei der Notenbank als Einlagen zu halten. Der Mindestreservesatz beträgt gegenwärtig rund 2%.					

Entnommen aus: www.bundesbank.de/download/bildung/geld_sec2/geld2_gesamt.pdf, S. 146

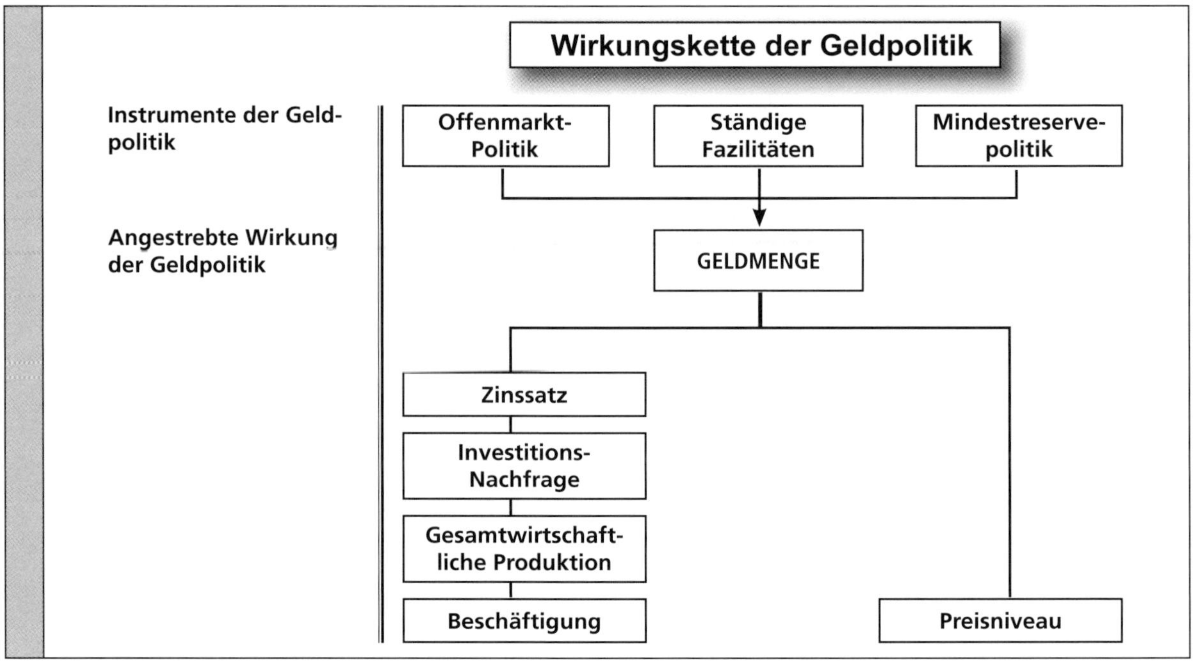

7.4 Aufgaben zu gesamtwirtschaftlichen Prozessen

7.4.1 Kooperation und Konzentration

01 Dem Spediteur Transsped GmbH bietet sich die Gelegenheit, wichtige Wettbewerber zu günstigen Konditionen zu übernehmen. Diese Unternehmungen sollen unter dem Dach der Transsped GmbH zusammengefasst werden, rechtlich jedoch selbstständig bleiben. Um welchen rechtlichen Zusammenschluss handelt es sich dabei?

1. Gebietskartell
2. Konditionenkartell
3. Preiskartell
4. Konzern
5. Fusion ☑

02 In den unten stehenden Aussagen werden verschiedene Unternehmungsverbindungen/-zusammenschlüsse angesprochen. Ordnen Sie den Aussagen jeweils eine Form von Unternehmungsverbindung bzw. Unternehmenszusammenschlüssen zu.

Unternehmungsverbindungen/-zusammenschlüsse

[1] Kooperation

[2] Kartell

[3] Konzern

Aussagen

a) In einer Arbeitsgemeinschaft bauen mehrere Tiefbauunternehmungen gemeinsam einen neuen Autobahnabschnitt.	
b) Mehrere Reedereien bilden eine Schifffahrtskonferenz mit einheitlichen Tarifen.	
c) Eine Spedition kauft mehrere kleinere Speditionsunternehmungen auf. Diese bleiben rechtlich selbstständig, werden jedoch von einer Zentrale geleitet.	
d) Ein Lkw-Hersteller erwirbt die Mehrheit am Kapital einiger Zulieferer und unterstellt sie einer einheitlichen Leitung.	
e) Mehrere mittelständische Speditionen vereinbaren im Sammelgutverkehr eine regelmäßige Zusammenarbeit als Versand- und Empfangsspediteur. ☑	

03 Die Westfälische Silospedition Kiepenbrook befasst sich hauptsächlich mit dem Transport von Zement in Silofahrzeugen. Um ihre Marktposition zu verbessern, unternimmt sie wirtschaftliche Aktivitäten im Bereich Kooperation und Unternehmenskonzentration.

Bei welchen der unten genannten wirtschaftlichen Aktivitäten der Westfälische Silospedition Kiepenbrook handelt es sich um eine

[1] horizontale

[2] vertikale

[3] diagonale (laterale)

Form der Unternehmenskooperation bzw. Unternehmenskonzentration?

Aktivitäten

Die Westfälische Silospedition Kiepenbrook ...

a) kauft ein Konkurrenzunternehmen, die Silospedition Mayer GmbH.	
b) arbeitet mit weiteren Speditionen im „Westfälischen Zementtransport Kontor" zusammen.	
c) beteiligt sich an den Zementwerken Enigerloh.	
d) beteiligt sich an einem Landmaschinenhändler, ohne für dieses Unternehmen Transporte zu organisieren.	
e) kauft den Baustoffhandel Jos. Schmitt, der seit Jahren Empfänger von Zementlieferungen ist.	
f) übernimmt die Mehrheit bei der Sammelgutspedition CX LOG in Dortmund. ☑	

04 *Das Bundeskartellamt hatte 2003 gegen mehrere Unternehmen sowie Firmenchefs hohe Geldbußen verhängt. Die Unternehmen hätten den Markt für Grauzement unter sich aufgeteilt und Preisabsprachen getroffen, hieß es. 2009 bestätigte das OLG diese Geldbußen. Die Firmen legten Rechtsbeschwerde beim BGH ein, die jetzt jedoch scheiterte. (Westfälische Rundschau vom 10.04.2013)*

a) Welche Formen von Wettbewerbsbeschränkungen werden den Zementherstellern vorgeworfen?

b) Welche unterschiedliche Wirkung auf den Wettbewerb haben die beiden Kartellarten?

c) Beurteilen Sie die rechtliche Zulässigkeit der Absprachen.

d) Welche Sanktionen drohen den Zementherstellern für ihr Verhalten?

05 Stellen Sie fest, gegen welche Absprache das Kartellamt einschreiten wird.

[1] Drei Brauereien verpflichten sich, nur noch Biersorten mit jeweils gleichem Alkoholgehalt herzustellen. ☐

[2] Drei Wohnungsbauunternehmen verpflichten sich, nur noch Fenster in genormten Größen zu verwenden. ☐

[3] Drei Unternehmen beschließen eine gemeinsame Forschung und Entwicklung für Videokameras. ☐

[4] Drei Kreditinstitute verpflichten sich zur Einführung einheitlicher Vordrucke für Kreditanträge. ☐

[5] Drei Straßenbauunternehmen verpflichten sich, dass jedes nur in der ihm vertraglich zugewiesenen Region Bauaufträge ausführen darf. ☑ ☐

06 Die Sammelgutspedition Miebach GmbH in Nürnberg verwendet zur Preisfindung den „Tarif für den Spediteur-Sammelgut-Verkehr". Dieser Tarif, der Beförderungsbedingungen, Haus-Haus-Entgelte und Nebengebühren enthält, trägt am Schluss den Vermerk: „Empfohlen von der Vereinigung der Sammelgutspediteure im BSL".

a) Um welche Art von Unternehmenszusammenarbeit handelt es sich bei diesem Tarif? ☐

b) Wie wird eine solche Zusammenarbeit vom Kartellamt grundsätzlich behandelt? ☐

c) Aus welchem Grund ist diese Empfehlung zulässig? ☐

d) Wer kann Mitglied in der „Vereinigung der Sammelgutspediteure im BSL" sein? ☐

7.4.2 Konjunktur

07 Anbei finden Sie eine Grafik mit dem idealtypischen Konjunkturverlauf. Welche der mit 1 bis 9 gekennzeichneten Kurven- und Linienabschnitte kennzeichnen den/die

a) Wachstumstrend?

b) Konjunkturzyklus?

c) Depression?

d) Boom?

e) Rezession?

f) Maßstab des realen Bruttoinlandsprodukts ? ☑

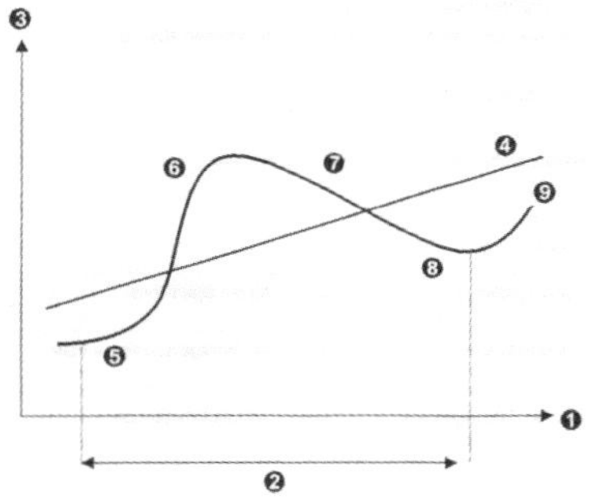

08 Betrachten Sie die Grafik „Konjunkturverlauf in Deutschland"

a) Kennzeichnen Sie anhand der Grafik die Jahre eines Aufschwungs, eines Abschwungs, eines Tiefstandes und einer Hochkonjunktur.

b) Begründen Sie, warum zur Messung des Wirtschaftswachstums das reale Bruttoinlandsprodukt besser geeignet ist als das nominale Bruttoinlandsprodukt.

c) In der Phase des Aufschwungs haben Nachfrage, Produktion und Beschäftigung die Tendenz, sich gegenseitig „aufzuschaukeln", und verstärken so die Aufwärtsentwicklung. Erläutern Sie diese Tendenz.

d) Beschreiben Sie, wie sich im Abschwung Nachfrage, Produktion und Beschäftigung gegenseitig beeinflussen und dadurch die Abwärtsentwicklung der Wirtschaft beschleunigen.

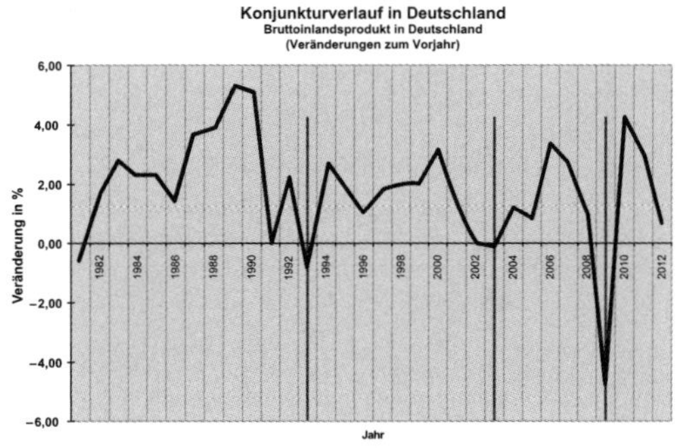

09 Die folgenden Merkmale beschreiben die Konjunkturphasen, in denen sich eine Volkswirtschaft befindet. Welcher Sachverhalt deutet auf eine Rezession hin?

Merkmale

1. Die Steuereinnahmen des Staates steigen. ☐
2. Das Bruttoinlandsprodukt sinkt. ☐
3. Die volkswirtschaftliche Nachfrage ist größer als das Angebot. ☐
4. Die Kapazitätsauslastung und Investitionstätigkeit der Unternehmen steigen. ☐
5. Der Staat senkt die Höchstsätze für die degressive Abschreibung. ☑ ☐

10 Entscheiden Sie, ob folgende Aussagen richtig oder falsch sind:

a) Der Konsum der privaten Haushalte ist im Konjunkturablauf geringeren Schwankungen ausgesetzt als die Investitionen der Unternehmen.

b) Die Unternehmen stellen parallel zum Konjunkturaufschwung Personal ein und setzen gleichlaufend zum Abschwung Arbeitskräfte frei.

c) Übersteigt in einer Volkswirtschaft für das laufende Jahr die Investitionssumme den Abschreibungsbetrag, wird ein Konjunkturaufschwung gedrosselt.

d) Eine höhere Sparquote bedeutet mehr Nachfrageausfall und führt eine Volkswirtschaft in die Rezession.

11 Ordnen Sie den Arten der Wirtschaftsschwankungen a) bis c) die folgenden Aussagen zu.

Wirtschaftsschwankungen

a) Saisonale Schwankungen

b) Wirtschaftswachstum

c) Konjunkturelle Schwankungen

Aussagen

1. Die Produktionskapazitäten der Skifabrikanten sind überlastet.	
2. In den Industrieländern zeigt die Entwicklung der Wirtschaft langfristig nach oben.	
3. Die ökonomischen Aktivitäten in der gesamten Wirtschaft nehmen ab.	
4. Im Frühjahr belebt sich das Autogeschäft. Löhne, Umsätze, Gewinne und Steuern beginnen wieder zu steigen.	
5. Über Jahrzehnte betrachtet, steigen in den Industrieländern Produktion und Einkommen stetig an.	

12 Als Frühindikatoren, die Hinweise auf den zukünftigen Konjunkturverlauf geben, eignen sich besonders

a) die Ex- und Importpreise,

b) die Zahl der Arbeitslosen,

c) die Auftragseingänge der Industrie,

d) die Entwicklung der Preisindizes.

13 Preissteigerungsraten werden auf der Grundlage eines Warenkorbs berechnet, in dem die typischen Ausgaben eines Haushaltes enthalten sind.

a) Ermitteln Sie anhand des unten stehenden Warenkorbs die Preissteigerungsrate in Prozent (jeweils auf eine Stelle nach dem Komma runden) für

aa) Wohnen, Energie, Wohnungsinstandhaltung.

ab) den gesamten Warenkorb.

b) Welche der unten stehenden Aussagen betreffen

[1] nur die Inflation?

[2] nur die Deflation?

[3] sowohl die Inflation als auch die Deflation?

[4] weder die Inflation noch die Deflation?

Aussagen

ba) Geldvermögen verliert an Wert. ☐

bb) Der Preisindex der Lebenshaltung bleibt konstant. ☐

bc) Die Kaufkraft des Geldes steigt. ☐

bd) Sachvermögen haben Vorteile. ☐

be) Das Preisniveau sinkt fortgesetzt. ☐

bf) Das Verhältnis von Geld- und Gütervolumen ändert sich. ☑ ☐

Konsumausgaben privater Haushalte je Haushalt und Monat in €

	2003	2005
Nahrungsmittel, Getränke, Tabakwaren	313	303
Bekleidung und Schuhe	123	112
Wohnen, Energie, Wohnungsinstandhaltung	722	697
Innenausstattung, Haushaltsgeräte und -gegenstände	161	127
Gesundheitspflege	78	84
Verkehr	348	305
Nachrichtenübermittlung	74	68
Freizeit, Unterhaltung, Kultur	274	261
Bildungswesen	20	20
Beherbergungs- und Gaststättendienstleistungen	134	100
Andere Waren und Dienstleistungen	96	100
Summe	**2 343**	**2 177**

7.4.3 Wirtschaftspolitik

14 Das Stabilitätsgesetz ist in Deutschland Grundlage einer Wirtschaftspolitik, die auf konjunkturelle Schwankungen möglichst dämpfend einwirken möchte.

a) Welche Ziele sind in diesem Gesetz für die Wirtschaftspolitik vorgegeben?

b) Mit welchen Maßgrößen wird der Grad der Zielerreichung bei den einzelnen Zielen gemessen?

15 Das Stabilitätsgesetz von 1967 nennt 4 verschiedene Ziele. In der wirtschaftspolitischen Diskussion wird bemängelt, dass nicht alle wichtigen wirtschaftspolitischen Zielsetzungen enthalten sind und dass zwischen den Zielen Widersprüche bestehen.

a) Nennen Sie zwei gesetzlich nicht fixierte wirtschaftspolitische Ziele.

b) Erläutern Sie drei mögliche Zielkonflikte.

16 Welches Ziel steht nicht im Gesetz zur Förderung der Stabilität und des Wachstums der Wirtschaft?

1. Stetiges und angemessenes Wirtschaftswachstum ☐

2. Hoher Beschäftigungsstand ☐

3. Stabilität des Preisniveaus ☐

4. Gerechte Einkommensverteilung ☐

5. Außenwirtschaftliches Gleichgewicht ☐

17 In den vergangenen Tarifverhandlungen forderten Gewerkschaften häufig eine Verkürzung der Arbeitszeit, damit mehr Menschen Arbeitsplätze angeboten werden können. Welches Ziel des Gesetzes zur Förderung der Stabilität und des Wachstums der Wirtschaft ist damit unmittelbar angesprochen?

1. Gesamtwirtschaftliches Gleichgewicht ☐
2. Preisniveaustabilität ☐
3. Hoher Beschäftigungsstand ☐
4. Außenwirtschaftliches Gleichgewicht ☐
5. Stetiges und angemessenes Wirtschaftswachstum ☐

18 In welchen der unten stehenden Fälle handelt es sich um

[1] friktionelle
[2] strukturelle
[3] konjunkturelle
[4] saisonale Arbeitslosigkeit?

Fälle

Arbeitslosigkeit durch ...

a) Rationalisierung ☐
b) Insolvenz einer Unternehmung ☐
c) winterliche Witterungsbedingungen im Baugewerbe ☐
d) allgemeinen Produktionsrückgang ☐
e) geänderte Bedürfnisse der Nachfrager
f) Produktionsverlagerung ins Ausland ☑ ☐

19 Ermitteln Sie anhand der nebenstehenden Arbeitslosenstatistik

a) die Veränderung der Zahl der Arbeitslosen von 2011 auf 2013 in Westdeutschland in Prozent (auf eine Stelle nach dem Komma runden).
b) die Zahl der Erwerbspersonen in Ostdeutschland 2012 in 1.000 Personen (auf volle Tsd. runden).
c) die Zahl der Erwerbspersonen in Gesamtdeutschland 2012 in 1.000 Personen (auf volle Tsd. runden).
d) die Arbeitslosenquote in Gesamtdeutschland 2012 in Prozent (auf eine Stelle nach dem Komma runden). ☑

Die Lage auf dem Arbeitsmarkt
(Arbeitslose in 1.000, Jahresdurchschnitte)

Jahr	Westdeutschland	Ostdeutschland	Gesamtdeutschland
2009	2.320	897	3.415
2010	2.232	950	3.238
2011	2.020	1.013	2.975
2012	2.000	1.103	2.897
	Arbeitslosenquote 2012 5,9 %[1]	Arbeitslosenquote 2012 10,7 %[1]	Arbeitslosenquote 2012

[1] In % aller zivilen Erwerbspersonen

20 Als Reaktion auf die Arbeitslosigkeit betreibt die Bundesanstalt für Arbeit passive und aktive Arbeitsmarktpolitik. „Die aktive Arbeitsmarktpolitik der Bundesregierung trägt in erheblichem Maße dazu bei, die Arbeitslosigkeit zu bekämpfen. Das Ziel ist, die Beschäftigungschancen Einzelner zu verbessern, die Entstehung von Arbeitslosigkeit, vor allem von Langzeitarbeitslosigkeit, zu vermeiden und die Rückkehr in den ersten Arbeitsmarkt zu ermöglichen." (www.bundesregierung.de).

a) Beschreiben Sie die unterschiedlichen Zielsetzungen der aktiven und der passiven Arbeitsmarktpolitik.
b) Begründen Sie, warum mehr als 2/3 der Aufwendungen für Arbeitsmarktpolitik für die passive Arbeitsmarktpolitik geleistet werden.
c) Nennen Sie je 3 Maßnahmen der passiven und der aktiven Arbeitsmarktpolitik.

21 Nach dem Stabilitätsgesetz betreibt die Bundesregierung eine „antizyklische Konjunkturpolitik". Welche der folgenden Maßnahmen gehören zur antizyklischen Einnahmepolitik des Staates?

1. Die Bundesregierung stoppt aus konjunkturpolitischen Überlegungen Ausgaben für öffentliche Investitionen. ☐
2. Die Bundesregierung streicht in einer Hochkonjunktur die Investitionsprämien für Unternehmen. ☐
3. Zur Überwindung einer Rezession senkt die Bundesregierung die Lohn- und Einkommensteuer um 10 %. ☐
4. In der Hochkonjunktur setzt der Staat Mittel zur zusätzlichen Tilgung seiner Schulden ein. ☐
5. Die Bundesregierung beschließt, durch Erhöhung der Agrarsubventionen landwirtschaftliche Klein- und Mittelbetriebe zu stärken. ☑ ☐

22 Welche der unten stehenden Maßnahmen der Bundesregierung sollen in ihrer Zielsetzung

[1] zu einer Konjunkturdämpfung
[2] zu einer Konjunkturbelebung
[3] weder zu einer Konjunkturdämpfung noch zu einer Konjunkturbelebung führen (sonstige Faktoren bleiben unberücksichtigt)?

Maßnahmen

a) Die Lohn- und Einkommensteuer wird gesenkt. ☐
b) Die Abschreibungsmöglichkeiten für Unternehmungen werden vermindert. ☐
c) Es werden zusätzliche Ausgaben für den Bau von Verkehrswegen beschlossen. ☐
d) Die Zahlungen an die Vereinten Nationen werden erhöht. ☐
e) Der Umsatzsteuersatz wird angehoben. ☐
f) Das Bundesforschungsministerium gewährt Investitionszulagen. ☑ ☐

23 Welche der unten stehenden Maßnahmen im Rahmen staatlicher Konjunkturpolitik können/sollen zu einer Konjunkturbelebung führen (sonstige Faktoren bleiben unberücksichtigt)?

[1]	Die Ökosteuer wird gesenkt.	☐
[2]	Abschreibungsmöglichkeiten für Unternehmungen werden vermindert.	☐
[3]	Es werden zusätzliche Ausgaben für den Bau von Verkehrswegen beschlossen.	☐
[4]	Die Zahlungen an die Vereinten Nationen werden erhöht.	☐
[5]	Der Umsatzsteuersatz wird angehoben.	
[6]	Es werden Investitionszulagen gewährt. ☑	☐

24 Welche der unten stehenden Maßnahmen können unmittelbar dazu führen, die

[1] Nachfrage nach Konsumgütern auszudehnen?

[2] Nachfrage nach Konsumgütern einzuschränken?

[3] Investitionsbereitschaft der Wirtschaft zu fördern?

[4] Investitionsbereitschaft der Wirtschaft einzuschränken?

Maßnahmen

a)	Erhöhung der Körperschaftsteuer	☐
b)	Kürzung der Arbeitslosenhilfe	☐
c)	Ausweitung der Abschreibungsmöglichkeiten	☐
d)	Erhöhung von Lohnsteuerfreibeträgen	☐
e)	Senkung der Gewerbesteuer ☑	☐

1 Betriebliches Informationssystem

1.1 Ziele des Unternehmens

Unternehmensziele

Unternehmensziele

Unternehmen setzen sich **Ziele**, die sie

- **langfristig** (z. B. in den nächsten fünf Jahren),
- **mittelfristig** (z. B. im nächsten Geschäftsjahr) oder
- **kurzfristig** (z. B. im nächsten Quartal) erreichen wollen.

Unternehmensziele sind unter anderem:

- Kundenzufriedenheit
- Umsatz, Gewinn
- Marktvergrößerung, Prestige, Macht
- Ökologie
- Mitarbeiterorientierung

Aufgabe des Controllings

Das Controlling hat die Aufgabe, die Ziele zu begleiten, d. h. laufend aufzuzeigen,

- in welchem Umfang die Unternehmensziele bisher erreicht worden sind,
- wo sich Gefährdungen in der Zielerreichung abzeichnen,
- mit welchem Ergebnis unter den gegenwärtigen Bedingungen zu rechnen ist (Erwartungsrechnung),
- welche Maßnahmen bei Zielabweichung ergriffen werden können, um die Unternehmensziele doch noch zu erreichen.

und die Zielabweichungen sichtbar zu machen.

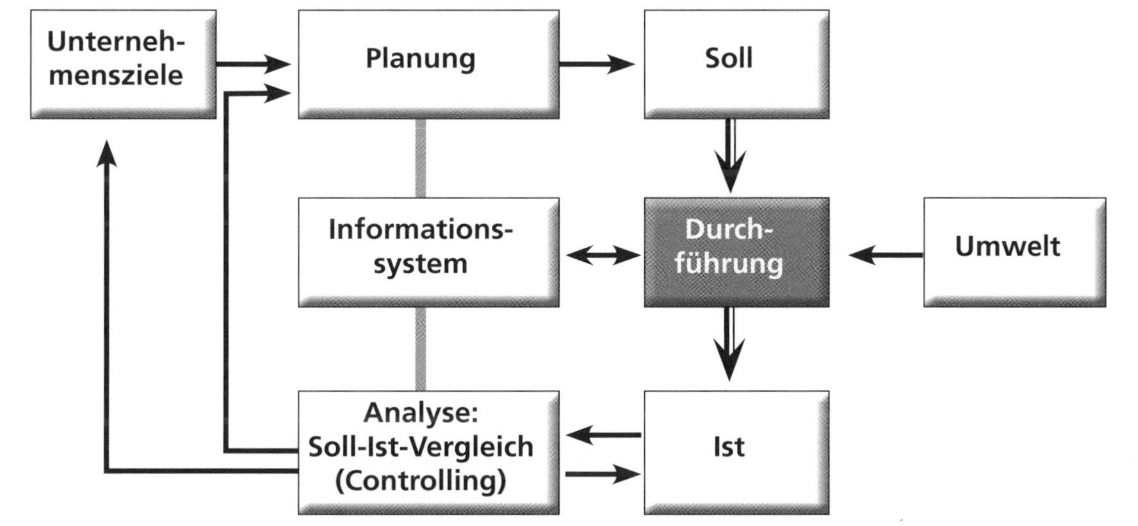

1.2 Bedeutung des Rechnungswesens

Das Rechnungswesen/Controlling ist Teil eines umfassenden Informationssystems.

- **Dokumentation**
  - Zur quantitativen Erfassung des Gesamtgeschehens in der Spedition werden im Rechnungswesen alle Geschäftsvorgänge in der Buchführung dokumentiert.
  - Diese Zahlen spiegeln die geschäftlichen Vorgänge wider.
  - Mit der lückenlosen und geordneten Aufzeichnung aller Geschäftsvorgänge erfüllt das Rechnungswesen gesetzliche Auflagen (vgl. HGB)
- **Information**

  zur internen Verarbeitung (u. a.)
  - Erfolgsermittlung durch Erfassung von Aufwendungen und Erträgen
  - Erfassung der Vermögenswerte (= Kapazität) und der Schulden (= Finanzierung)

- Darstellung der Geldströme zur Erhaltung des finanziellen Gleichgewichts (= Liquidität)
- Kalkulation der Preise für speditionelle Leistungen
- Steuerung des Unternehmens im Controlling (= Ziele des Unternehmens)

zur Unterrichtung externer Stellen

- Finanzamt
- Banken und weitere Kapitalgeber
- Arbeitnehmer
- Kommunen, Medien usw.

Planung

Die im Informationssystem gewonnenen Daten sind Grundlage für unternehmerische Entscheidungen (= Controlling).

Kontrolle

Das Controlling der Unternehmung überprüft den Grad der Umsetzung der Planung während und besonders nach der Realisierung. Dazu vergleicht es die Plandaten (Solldaten) mit den Ist-Daten (Soll-Ist-Vergleich).

GESCHÄFTSPROZESSE IM RECHNUNGSWESEN

Das Rechnungswesen ist der grundlegende Teil des betrieblichen Informationssystems. Es hat daher die Aufgabe, alle Vorgänge, die bei der Erstellung der betrieblichen Leistungen (→ Speditionsleistungen) anfallen, systematisch zu erfassen, aufzubereiten und auszuwerten (Leistungs- und Wertströme = Güter- sowie Geldströme). Zusätzlich überwacht das Rechnungswesen diese Prozesse und gewährleistet den notwendigen Informationsaustausch (Infomationsströme).

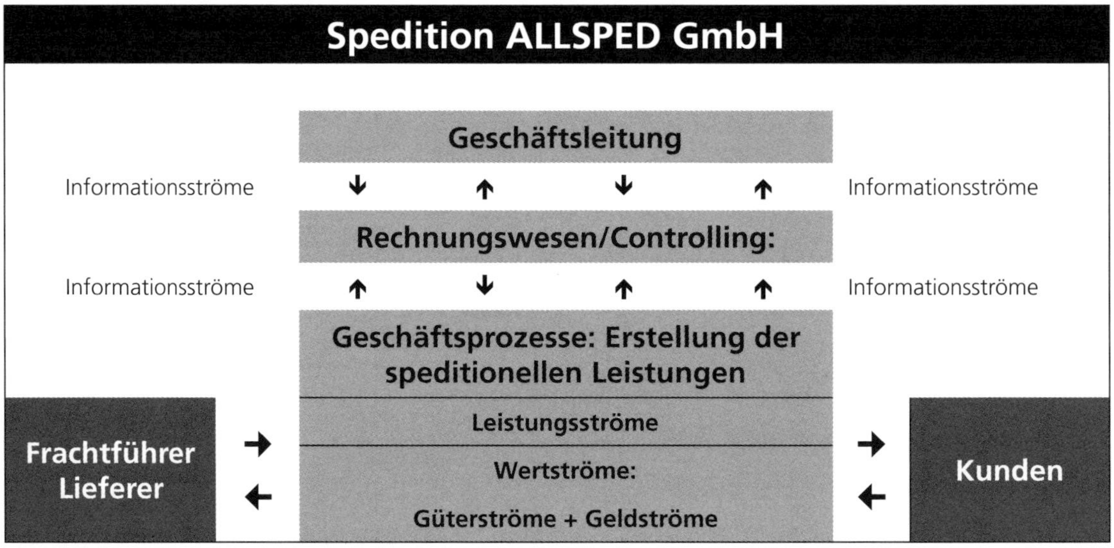

Bereiche des Rechnungswesens
Das Rechnungswesen kann aber nur solche Informations- und Zahlungsströme erfassen und weiter verarbeiten, die in Menge und Wert bestimmt sind. Es umfasst daher folgende Bereiche:

Bereiche des Rechnungswesens	
Finanzbuchführung (= Geschäftsbuchführung) ☐ **externes Rechnungswesen** Lernfeld 3: Geschäftsprozesse dokumentieren und Zahlungsvorgänge bearbeiten	Die Finanzbuchführung dokumentiert auf der Grundlage von Belegen alle Geschäftsvorgänge (→ Geschäftsprozesse) eines Unternehmens in zeitlicher Ordnung im Grundbuch (Journal) und sachlicher Ordnung im Hauptbuch. Dabei erfasst sie 1. in der Bestandsrechnung – das Vermögen und seine Veränderungen – die Schulden und deren Veränderungen 2. in der Erfolgsrechnung – die Aufwendungen und Erträge – den Erfolg des Unternehmens (Gewinn bzw. Verlust) Die Dokumentation bezieht sich auf einen Zeitraum (Rechnungsjahr, Quartal, Monat).

Kosten- und Leistungsrechnung **→ internes Rechnungswesen** Lernfeld 7: Geschäftsprozesse erfolgsorientiert steuern	Die Kosten- und Leistungsrechnung erfasst und überwacht die Kosten der Leistungserstellung (→ Geschäftsprozesse) nach ▮ Art → Personal, Energie, Versicherungen u. a. ▮ Zeit → Monat, Quartal ▮ Höhe → Wert in € und liefert so die Grundlage für die Preisberechnung der Leistungen (Kalkulation). Sie ermittelt außerdem im Betriebsergebnis die Ertragskraft des Leistungserstellungsprozesses und stellt Informationen zu einem erfolgreichen Controlling zur Verfügung.

1.3 Gesetzliche Grundlagen

Buchführungspflicht

Das Handelsgesetzbuch regelt die Verpflichtungen für alle Kaufleute. Das sind zum Beispiel folgende Verpflichtungen:

- Jeder Kaufmann ist verpflichtet Bücher zu führen und in diesen seine Handelsgeschäfte und die Lage seines Vermögens nach den Grundsätzen ordnungsgemäßer Buchführung ersichtlich zu machen (§ 238 Handelsgesetzbuch).
- Unternehmer unterliegen der Buchführungspflicht (§ 141 Abs. 1 Abgabenordnung), wenn
  - der Jahresumsatz mehr als 350 000,00 € beträgt
  - oder der Jahrsgewinn mehr als 30 000,00 € beträgt
- Beachtung der Grundsätze ordnungsgemäßer Buchführung (GoB) im § 239 HGB
- Durchführung der Inventur zu Beginn der Geschäftstätigkeit und am Ende eines Geschäftsjahres (§ 241 HBG)
- Erstellung eines Inventars (§ 240 HBG) und einer Bilanz mit persönlicher Unterschrift (§§ 242 ff.) ebenfalls zu Beginn der Geschäftstätigkeit und am Ende eines Geschäftsjahres
- Aufbewahrung sämtlicher Buchführungsunterlagen entsprechen der Aufbewahrungsfristen nach § 257 HGB

Grundsätze ordnungsgemäßer Buchführung	
Übersichtlichkeit	Die Buchführung muss klar und übersichtlich sein und einen Überblick über die Geschäftslage ermöglichen. Die Geschäftsfälle sind fortlaufend, vollständig, zeitnah und richtig aufzuzeichnen.
Vollständigkeit	Alle Geschäftsvorgänge müssen richtig und vollständig erfasst werden. Eine Verrechnung von Geschäftsvorgängen miteinander sind nicht zulässig.
Ordnung	Die Geschäftsvorgänge müssen nach einem festgelegten System, z. B. nach Buchungskreisen gebucht werden.
Zeitgerechtigkeit	Die Buchungen müssen zeitnah (bis zu einem Monat) zum Geschäftsvorgang erfolgen.
Nachprüfbarkeit	Buchungen müssen Belegen zugeordnet werden können. Jede Buchung erfordert einen Beleg als Nachweis. (In der Schulbuchführung muss aus Platzgründen oft auf Buchungsbelege verzichtet werden.)
Richtigkeit	Die Eintragungen dürfen nicht gelöscht oder durch Radieren und Überschreiben unleserlich gemacht werden.

Gesetzliche Aufbewahrungsfristen	
Aufbewahrungspflicht	Unterlagen der Buchführung müssen innerhalb vorgegebener Fristen aufbewahrt werden. Aufbewahrt werden entweder Originalbelege oder Bildträger (Mikrofilm) und Datenträger (Festplatte), wenn sie in angemessener Frist lesbar gemacht werden können.

Aufbewahrungsfristen (Beginn mit dem Ende des betreffenden Kalenderjahres, in dem die Aufzeichnung/der Beleg entstand)	Die 10-jährige Aufbewahrungsfrist gilt für Handelsbücher ▮ Grundbücher, Hauptbücher ▮ Inventare, Eröffnungsbilanzen, Jahresabschlüsse ▮ Arbeitsanweisungen und Organisationsunterlagen ▮ Buchungsbelege ▮ (Aus- und Eingangsrechnungen, Kontoauszüge usw.)
	Die sechsjährige Aufbewahrungsfrist gilt für alle Geschäftsbriefe ▮ Eingegangene Handelsbriefe ▮ Durchschriften abgesendeter Handelsbriefe

1.4 Inventur, Inventar und Bilanz

INVENTUR

Als Inventur bezeichnet man die Tätigkeit der körperlichen und buchmäßigen Aufnahme aller Vermögensteile und Schulden (Fremdkapital) eines Unternehmens zu einem bestimmten Zeitpunkt (Stichtag).

Inventurarten

- **körperliche Inventur**
- **Buchinventur**

Gegenstände wie z. B. Gebäude, Geschäftsausstattung, der Fuhrpark und die Vorräte werden durch Zählen, Messen, Wiegen und Schätzen erfasst, und zwar nach Art, Menge und Preis (körperliche Inventur). Forderungen gegenüber Kunden, der Kontostand auf dem Bankkonto oder die Verbindlichkeiten werden aus den Buchführungsunterlagen ermittelt (Buchinventur).

Inventurverfahren

- **Stichtagsinventur**
- **verlegte Inventur**
- **permanente Inventur**

INVENTURVERFAHREN

Steuerliche Vorschriften und das Handelsgesetzbuch lassen verschiedene Inventurverfahren zu, die auch zu unterschiedlichen Inventurzeitpunkten führen können.

1 Stichtagsinventur

Kleinere und mittlere Betriebe haben gewöhnlich als Bilanzstichtag den 31.12. eines Jahres, weil bei ihnen Geschäfts- und Kalenderjahr identisch sind. Der Bilanzstichtag ist der Zeitpunkt, an dem das Geschäftsjahr endet.

Die körperliche Bestandsaufnahme soll zeitnah zum Bilanzstichtag durchgeführt werden. Als zeitnah gilt eine Frist von 10 Tagen vor oder nach dem Bilanzstichtag. In jedem Fall sind die Inventurwerte auf den Bilanzstichtag fortzuschreiben oder zurückzurechnen, weil sie sich häufig täglich ändern.

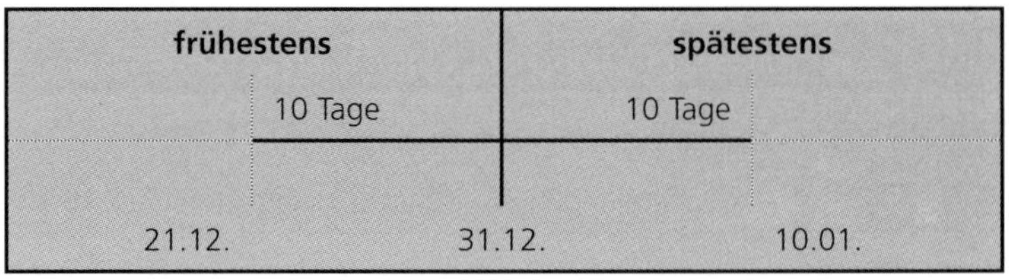

2 Verlegte Inventur

Die Bestandsaufnahme kann auch bis zu 3 Monate vor oder bis zu 2 Monate nach dem Bilanzstichtag erfolgen, wenn die Bestandsveränderungen zwischen Aufnahmetag, z.B. am 15.10., und Bilanzstichtag, z.B. am 31.12., fortgeschrieben bzw. zurückgerechnet werden.

frühestens	spätestens
3 Monate	2 Monate
Wertfortschreibung	Wertrückrechnung
01.10. – 31.12.	31.12. – 10.01.

3 Permanente Inventur

Können alle Warenbewegungen nach Tag, Art, Menge und Wert erfasst werden, darf die körperliche Bestandsaufnahme einzelner Warengruppen auf mehrere Zeitpunkte des Geschäftsjahres verteilt werden (Teilinventuren). Zum Bilanzstichtag werden die Buchwerte aus Lagerkarteien oder aus dem Warenwirtschaftssystem dem Inventar zugrunde gelegt.

INVENTAR

In einem Inventar werden in Form eines ausführlichen Bestandsverzeichnisses alle Vermögensteile und Schulden des Unternehmens zu einem bestimmten Zeitpunkt nach Art, Menge und Wert ausgewiesen.

§ 240 HGB

(1) Jeder Kaufmann hat zu Beginn seines Handelsgewerbes seine Grundstücke, seine Forderungen und Schulden, den Betrag seines baren Geldes sowie seine sonstigen Vermögensgegenstände genau zu verzeichnen und dabei den Wert der einzelnen Vermögensgegenstände und Schulden anzugeben.

(2) Er hat demnächst für den Schluss eines jeden Geschäftsjahres ein solches Inventar aufzustellen.

Inventar der Gerd Berger Spedition e. K.
zum 31.12.20(0)*

A	**Vermögen**		€	
	I	Anlagevermögen		
		1. Transportgeräte lt. Bestandsverzeichnis	27 019,00	
		2. Fahrzeuge lt. Bestandsverzeichnis	69 280,00	
		3. Geschäftsausstattung lt. Bestandsverzeichnis	67 904,00	
	II	Umlaufvermögen		
		1. Forderungen lt. Forderungsliste	237 384,00	
		2. Bankguthaben Commerzbank	87 987,00	
		3. Kasse	3 120,00	
		Summe des Vermögens		**492 694,00**
B	**Schulden**			
	I	Langfristige Schulden		
		Darlehen	114 000,00	
	II	Kurzfristige Schulden		
		Verbindlichkeiten	121 652,00	
		Umsatzsteuer (Mehrwertsteuer)	6 678,00	
		Summe der Schulden		**242 330,00**
C	**Ermittlung des Eigenkapitals**			
		Summe des Vermögens		492 694,00
		Summe der Schulden		242 330,00
		Eigenkapital		250 364,00

*20(-1) = vorausgegangenes Jahr, 20(0) = laufendes Jahr, 20(+1) = folgendes Jahr

Gliederung nach Liquidität

Verbleibt dauerhaft im Unternehmen = Kapazität

Ändert sich ständig im Zusammenhang mit der Betriebstätigkeit

Gliederung nach Fristigkeit

Laufzeit > 4 Jahre

Laufzeit < = 4 Jahre

Gliederungsprinzipien des Inventars

Die Gliederung des Inventars erfolgt nach bestimmten Prinzipien:

I. Vermögen
II. Schulden
III. Ermittlung des Eigenkapitals

VERMÖGEN

Das **Vermögen** teilt sich in zwei Gruppen:

- **Anlagevermögen**
- **Umlaufvermögen**

Vermögen → Anlagevermögen | Umlaufvermögen

Die Reihenfolge der Vermögenspositionen richtet sich nach der Länge des Zeitraums, in dem die Vermögensgegenstände üblicherweise im Unternehmen verbleiben (Fristigkeit). Darüber entscheidet im Anlagevermögen die unterschiedliche Nutzungsdauer.

Vermögensposition	Dauer der Nutzung (§ 266 Abs. 2 HGB)
Grundstücke	Unbegrenzt
Gebäude	25 – 40 Jahre
Maschinen	5 – 10 Jahre
Geschäftsausstattung:	
▮ Möbel	13 Jahre
▮ Computer	3 – 5 Jahre

DAS ANLAGEVERMÖGEN WIRD GEGLIEDERT IN:

Immaterielle Vermögensgegenstände	Sachanlagen	Finanzanlagen
Konzessionen Lizenzen	Grundstücke Gebäude Maschinelle Anlagen Fahrzeuge Geschäfts- und Büroausstattung	Beteiligungen Wertpapiere

Das Anlagevermögen bildet die (langfristige) Grundlage für die Betriebstätigkeit (= Kapazität).

DAS UMLAUFVERMÖGEN WIRD GEGLIEDERT IN:

Vorräte	Forderungen	Liquide Mittel
Kraftstoffe Schmiermittel Reifen	Forderungen aus Lieferungen und Leistungen	Bankguthaben Kassenbestand (Bargeld)

Das Umlaufvermögen wird durch die betrieblichen Tätigkeiten (Geschäftsprozesse) ständig verändert und umgewandelt. Je häufiger dieser Umwandlungsprozess abläuft, umso erfolgreicher arbeitet ein Unternehmen

SCHULDEN

Die **Schulden** teilen sich in:

- **Langfristige Schulden**
- **Kurzfristige Schulden**

Schulden → langfristige Schulden | kurzfristige Schulden

Schulden sind Zahlungsverpflichtungen gegenüber den Gläubigern. Sie unterscheiden sich hinsichtlich ihrer Fälligkeit (z. B. Verbindlichkeiten) oder ihrer Restlaufzeit (Darlehen).

Sie sind nach der Dauer der Rückzahlung (Fälligkeit) unterteilt in:

Art der Schulden	Fälligkeit	Restlaufzeit
Hypothekendarlehen	langfristig	bis zu 30 Jahren
Darlehen	mittelfristig	bis zu 10 Jahren
Verbindlichkeiten:	kurzfristig	
▮ gegenüber Lieferern		bis zu 45 Tagen
▮ gegenüber dem Finanzamt		bis zu 10 Tagen im Folgemonat

Den dritten Teil des Inventars stellt die **Ermittlung des Eigenkapitals** (auch Reinvermögen genannt) dar. Es errechnet sich aus dem Differenzbetrag zwischen Summe des Vermögens und Summe der Schulden.

Allerdings muss bei Einzelunternehmen wie der Spedition Berger und bei Personengesellschaften (Offene Handelsgesellschaft, Kommanditgesellschaft) berücksichtigt werden, dass die Vollhafter im Laufe des Geschäftsjahres entsprechend der Gesellschaftsverträge private Vermögensgegenstände (Geld, Sachen) in die Unternehmen einbringen (Privateinlagen) oder betriebliche Vermögensgegenstände in den privaten Bereich übernehmen können (Privatentnahmen). Diese privaten Vorgänge müssen aus der Eigenkapitalveränderung herausgerechnet werden, um den tatsächlichen Gewinn feststellen zu können.

Beispiel:		
	Eigenkapital der Spedition Gerd Berger am Ende des Geschäftsjahres 31.12.20(0)	433 000 €
./.	Eigenkapital am Ende des Geschäftsjahres 31.12.20(-1)	390 000 €
=	Eigenkapitalmehrung	43 000 €
+	Entnahmen auf den erwarteten Gewinn	113 000 €
./.	Einlagen des Eigentümers	50 000 €
=	Gewinn	106 000 €

BILANZ

Die Bilanz stellt die Kurzform des Inventars dar, in der gleichartige Vermögenswerte und Schuldenwerte in einer Bilanzposition zusammengefasst werden. Auf eine mengenmäßige und detaillierte Auflistung wie beim Inventar wird verzichtet.

§ 242 HGB

(1) Der Kaufmann hat zu Beginn seines Handelsgewerbes und für den Schluss eines jeden Geschäftsjahrs einen das Verhältnis seines Vermögens und seiner Schulden darstellenden Abschluss (Eröffnungsbilanz, Bilanz) aufzustellen.

Die Bilanz ist vorgeschriebener Bestandteil des Jahresabschlusses und dient der Offenlegung der Vermögens- und Ertragslage des Unternehmens. Sie liefert verschiedenen Interessenten (Stakeholder) wie Banken, Gläubigern, Mitarbeitern usw. vergleichbare Informationen über das Unternehmen.

Aktiva	Bilanz der ALLSPED GMBH zum 31.12.20(0)		Passiva
I. Anlagevermögen		**I. Eigenkapital**	1 305 700,00
1. Grundstücke	210 000,00	**II. Fremdkapital**	
2. Gebäude	490 000,00	1. langfristige Schulden	
3. Fuhrpark	950 000,00	1.1 Hypotheken	550 000,00
4. Geschäftsausstattung	555 000,00	1.2 Darlehen	410 000,00
II. Umlaufvermögen		2. kurzfristige Schulden	
1. Vorräte	30 000,00	2.1 Bankschulden	46 000,00
2. Forderungen	194 000,00	2.2 Verbindlichkeiten	75 300,00
3. Bank	85 000,00	2.3 Umsatzsteuerzahllast	32 000,00
4. Kasse	5 000,00		
	2 519 000,00		**2 519 000,00**
Ort, Datum, Unterschrift			

Bilanz

Vermögenspositionen	Kapitalpositionen
⇨ führen die im Unternehmen vorhandenen Werte auf.	⇨ geben wieder, wie bzw. von wem das Vermögen finanziert wurde.
Beispiele: ▮ Forderungen ▮ Bank ▮ Kasse	Beispiele: ▮ Darlehn ▮ Verbindlichkeiten ▮ Eigenkapital

⬇

Aktiva	=	Passiva
Vermögensarten		Vermögensquellen
Kapitalverwendung (Mitteleinsatz)		Kapitalherkunft (Kapitalquellen)
Investitionsseite		Finanzierungsseite
Die Aktivseite der Bilanz gibt Auskunft auf die Frage: **Wie ist das Kapital verwendet worden?**		Die Passivseite der Bilanz gibt Auskunft auf die Frage: **Wer hat das Kapital zur Verfügung gestellt?**

Bilanzgleichungen

Vermögen (Aktiva) = Kapital (Passiva)

Bilanzsumme	=	Summe der Aktiva
Bilanzsumme	=	Summe der Passiva
Summe der Aktiva	=	Summe der Passiva
Anlagevermögen + Umlaufvermögen	=	Eigenkapital + Fremdkapital
Eigenkapital + Fremdkapital	=	Gesamtkapital
Vermögen	=	Eigenkapital + Fremdkapital
Anlagevermögen + Umlaufvermögen	=	Gesamtvermögen
Vermögen ./. Fremdkapital	=	Eigenkapital

UNTERSCHIEDE ZWISCHEN INVENTAR UND BILANZ

Die Bilanz und das Inventar verfolgen verschiedene Zielsetzungen.

	Inventar	Bilanz	
Gliederung	**Anlagevermögen Umlaufvermögen Fremdkapital (Eigenkapital)**	**Anlagevermögen Umlaufvermögen**	**Fremdkapital Eigenkapital**
Umfang	Ausführliche Auflistung der einzelnen Vermögenswerte und der Schulden zu einem Stichtag	Zusammenfassende Gegenüberstellung des Vermögens und des Kapitals zu einem Stichtag	
Angaben	Angabe der Mengen und Einzelwerte	Angabe der Gesamtwerte	
Form	Flexible Darstellung untereinander („Staffelform")	Vorgeschriebene Darstellung nebeneinander („Kontenform")	
Herkunft der Daten	Inventur	Inventar, Buchführung	
Zielsetzung	Interner Soll-Ist-Abgleich der Buchführung	Offenlegung für Interessenten	

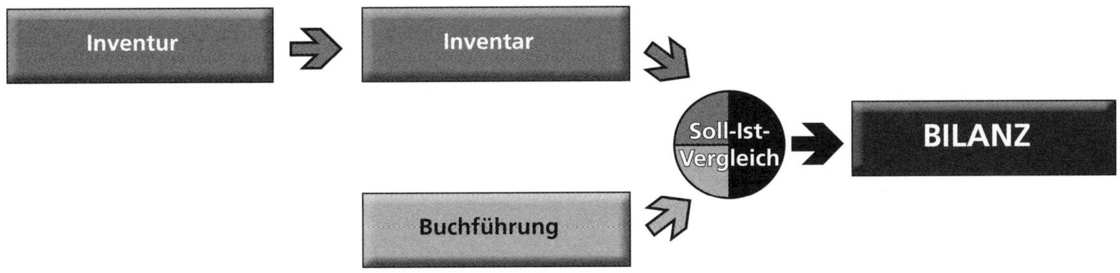

Wertveränderungen in der Bilanz

- ❶ Aktivtausch
- ❷ Passivtausch
- ❸ Aktiv-Passiv-Mehrung
- ❹ Aktiv-Passiv-Minderung

❶ Aktivtausch

Die wirtschaftliche Tätigkeit (Geschäftsfall) löst nur Wertveränderungen auf der Aktivseite der Bilanz aus. Die Bilanzsumme ändert sich nicht.

Beispiel:

Geschäftsfall	Veränderung in der Bilanz	
Barkauf eines Computers für 10 000 €	Geschäftsausstattung	+ 10 000 €
	Kasse	./. 10 000 €

Die Bilanzsumme verändert sich nicht.

❷ Passivtausch

Nur die Passivseite der Bilanz wird durch einen Geschäftsfall verändert. Die Bilanzsumme verändert sich nicht.

Beispiel:

Geschäftsfall	Veränderung in der Bilanz	
Der Spediteur nimmt ein Darlehen auf, um eine Rechnung in Höhe von 80 000 € zu begleichen.	Darlehen	+ 80 000 €
	Verbindlichkeiten	./. 80 000 €

Die Bilanzsumme verändert sich nicht.

❸ Aktiv-Passiv-Mehrung

Die Wertveränderungen in der Bilanz betreffen die Aktiv- und Passivseite. Durch den Geschäftsfall erhöht (vermehrt) sich die Bilanzsumme.

Beispiel:

Geschäftsfall	Veränderung in der Bilanz	
Der Spediteur nimmt ein Darlehen auf, um seine Liquidität zu erhöhen.	Darlehen	+ 100 000 €
	Bank	+ 100 000 €

Die Bilanzsumme vermehrt sich um 100 000 €.

❸ Aktiv-Passiv-Minderung

Aktiv- und Passivseite der Bilanz werden durch einen Geschäftsfall verändert. Ferner reduziert sich dadurch die Bilanzsumme.

Beispiel:

Geschäftsfall	Veränderung in der Bilanz	
Der Spediteur überweist vom Bankkonto für eine offene Eingangsrechnung 5 000 €.	Verbindlichkeiten	./. 5 000 €
	Bank	./. 5 000 €

Die Bilanzsumme vermindert sich um 5 000 €.

Wertbewegungen	Veränderungen der		
	Aktivseite	**Passivseite**	**Bilanzsumme**
Aktivtausch	Mehrung und Minderung	Keine	Keine
Passivtausch	Keine	Mehrung und Minderung	Keine
Aktiv-Passiv-Mehrung	Mehrung	Mehrung	Erhöhung
Aktiv-Passiv-Minderung	Minderung	Minderung	Verringerung

ERFOLGSERMITTLUNG

	Vermögen
–	Schulden
=	**Eigenkapital**

Aus der Veränderung des Eigenkapitalbestands kann man erkennen, mit welchem Erfolg ein Unternehmen gearbeitet hat:

Erfolg

Eigenkapitalmehrung
= (positiver Erfolg) Gewinn

Eigenkapitalminderung
= (negativer Erfolg) Verlust

Beispiel: Spedition Sanders e. K.

Erfolgsberechnung		€
	Eigenkapital am Ende des Geschäftsjahres	153 000,00
./.	Eigenkapital am Anfang des Geschäftsjahres	110 000,00
=	Eigenkapitalmehrung (= Gewinn)	+ 43 000,00

PRIVATENTNAHMEN UND PRIVATEINLAGEN

Allerdings muss bei Einzelunternehmen wie der Spedition Sanders und bei Personengesellschaften (Offene Handelsgesellschaft, Kommanditgesellschaft) berücksichtigt werden, dass die Vollhafter im Laufe des Geschäftsjahres entsprechend der Gesellschaftsverträge private Vermögensgegenstände (Geld, Sachen) in die Unternehmen einbringen (Privateinlagen) oder betriebliche Vermögensgegenstände in den privaten Bereich übernehmen können (Privatentnahmen). Diese privaten Vorgänge müssen aus der Eigenkapitalveränderung herausgerechnet werden, um den tatsächlichen Gewinn festzustellen zu können.

Private Entnahmen verringern das Eigenkapital:

Der Unternehmer entnimmt dem Geschäft Geld für die private Lebensführung. Diese Privatentnahmen sind kein Verlust, sondern (vorweg) entnommener Gewinn. Die privaten Entnahmen müssen daher bei der Ermittlung des Erfolges (Gewinn) der Eigenkapitalveränderung hinzugerechnet werden.

Private Einlagen vermehren das Eigenkapital:

Da private Einlagen in Form von Geld oder Gegenständen (Sachen) nicht mit der eigentlichen betrieblichen Tätigkeit in Verbindung stehen, stellen sie auch keinen Gewinn dar. Die privaten Einlagen werden daher von der Eigenkapitalveränderung abgezogen.

Beispiel:

Erfolgsberechnung		**€**
	Eigenkapital der Spedition Frank Homberg e. K. am Ende des Geschäftsjahres 31.12.20(0)	544 000 €
./.	Eigenkapital der Spedition Frank Homberg e. K am Anfang des Geschäftsjahres 31.12.20(-1)	470 000 €
=	Eigenkapitalmehrung (= Gewinn)	74 000 €
+	private Entnahmen	85 000 €
./.	private Einlagen	25 000 €
=	Gewinn	134 000 €

1.5 Aufgaben zum betrieblichen Informationssystem

01 Untersuchen Sie folgende Aussagen über die Bilanz im Hinblick darauf, ob sie richtig oder falsch sind.

- Die Bilanz wird jeweils zu Beginn des Geschäftsjahres aufgestellt.
- Die Bilanz ist eine Gegenüberstellung von Vermögen und Schulden.
- Der Geschäftswagen eines Unternehmens gehört zum Anlagevermögen.
- Derjenige, der die Bilanz erstellt hat, muss sie auch unterschreiben.
- Die Bilanz ist das verkürzte Inventar eines Unternehmens im T-Konten-Format.
- Anlagevermögen + Umlaufvermögen = Eigenkapital + Fremdkapital

02 Eine Spedition hat zum 31.12.20(0) folgende Bilanzpositionen:

Bilanzpositionen	€
Bank (Vermögen)	105 000,00
Darlehen	885 000,00
Eigenkapital	1 305 000,00
Forderungen	372 000,00
Fuhrpark	1 719 000,00
Betriebs- und Geschäftsausstattung	600 000,00
Kasse	3 000,00
Verbindlichkeiten	528 000,00
Vorräte	6 000,00
Umsatzsteuerzahllast	87 000,00

a) Wie hoch ist jeweils das Anlage-, Umlauf- und das Gesamtvermögen dieser Unternehmung?

b) Bestimmen Sie die Höhe des kurzfristigen bzw. des langfristigen Fremdkapitals.

03 Wie lauten die fehlenden Begriffe?

a) Anlagevermögen + ?? = Gesamtvermögen

b) Eigenkapital + Fremdkapital = ??

c) Gesamtkapital ./. Eigenkapital = ??

d) Gesamtkapital ./. Eigenkapital ./. langfristiges Fremdkapital = ??

e) Gesamtvermögen ./. Fremdkapital = ??

f) Anlagevermögen + Umlaufvermögen = Eigenkapital + kurzfristiges Fremdkapital + ??

g) Gesamtvermögen ./. Eigenkapital = ??

04 Ermitteln Sie aus den folgenden Vermögens- und Kapitalposten der Spedition ALLSPED

a) das Eigenkapital der Unternehmung.

b) den Anteil des Fremdkapitals am Gesamtkapital in Prozent.

c) den Anteil des Anlagevermögens am Gesamtvermögen in Prozent.

	€
Fuhrpark	980 000,00
Verbindlichkeiten	130 000,00
Umsatzsteuer	6 000,00
Bankguthaben	20 000,00
Betriebsausstattung	75 000,00
Hypothekenschulden	500 000,00
Gebäude	550 000,00
Forderungen	150 000,00
Treibstoffvorräte	15 000,00
Darlehenschulden	95 000,00
Eigenkapital	?

05 Bei welchen der untenstehenden Geschäftsfälle handelt es sich um

1. einen Aktivtausch
2. einen Passivtausch
3. eine Aktiv-Passiv-Minderung
4. eine Aktiv-Passiv-Mehrung?

Tragen Sie die Ziffer nach der jeweils zutreffenden Antwort in das Kästchen ein.

Geschäftsfälle	
Bankgutschriften für Überweisungen von Auftraggebern zum Ausgleich von Ausgangsrechnungen (bereits gebucht)	
Überweisung der Umsatzsteuer-Zahllast vom überzogenen Bankkonto	
Banklastschrift zur Tilgung eines Darlehens	
Zieleinkauf von Kraftstoffvorräten	
Ausgleich einer Liefererrechnung durch Überweisung per Bank	

06 Das Privatkonto der Gerd Berger Spedition e. K. weist am Jahresende folgende Werte in € auf:

Soll	Privat	Haben
96 000,00		112 000,00

Das Vermögen betrug am Ende des Geschäftsjahres 5 000 000,00 €, das Fremdkapital 1 660 000,00 € laut Gewinn-und-Verlust-Konto wurden in diesem Jahr 1 172 000,00 € Erträge erwirtschaftet, denen 712 000,00 € Aufwendungen gegenüberstanden.

Wie viele Tausend € (T€)

a) betrug das Eigenkapital zum Ende dieses Geschäftsjahres?

b) beträgt der Reingewinn der Unternehmung?

c) betrug das Eigenkapital zum Beginn des Geschäftsjahres?

d) hätte das neue Eigenkapital betragen, wenn es keine Privatentnahmen gegeben hätte?

07 Bei welchen der unten stehenden Geschäftsfälle der Spedition ALLSPED GmbH handelt es sich um eine(n)

1 Aktivtausch?
2 Passivtausch?
3 Aktiv-Passiv-Mehrung?
4 Aktiv-Passiv-Minderung?

Tragen Sie die Ziffer nach der jeweils zutreffenden Antwort in das Kästchen ein.

Geschäftsfälle	
Die ER 345 vom Frachtführer EUROTRANS wurde durch Banküberweisung beglichen (Lastschrift auf dem Bankkonto).	
Bareinzahlung aus der Geschäftskasse für das betriebliche Postbankkonto.	
Ein Kunde überweist den Gegenwert der AR 238 auf das Bankkonto (Gutschrift auf dem Bankkonto).	
Banklastschrift zur Darlehnstilgung	
Zieleinkauf von Reifen	
Die Verbindlichkeiten gegenüber einem Lieferer wurden in ein Darlehen umgewandelt.	
Die Hausbank gewährt ein Darlehen und stellt den Betrag auf dem laufenden Bankkonto zur Verfügung.	

08 Am 31. Dezember 20(0) weist das Inventar ALLSPED GmbH ein Vermögen von 570 000,00 € und Schulden von 240 000,00 € aus.

Stellen Sie fest, wie viel € der Gewinn bzw. der Verlust im Jahr 20(0) beträgt, wenn das Eigenkapital am 1. Januar des selben Jahres 300 000,00 € betrug.

09 Ermitteln Sie aus den unten stehenden Vermögens- und Kapitalposten der Spedition ALLSPED

(1) das Eigenkapital der Unternehmung,

(2) den Anteil des Fremdkapitals am Gesamtkapital in Prozent,

(3) den Anteil des Anlagevermögens am Gesamtvermögen in Prozent.

Bilanzwerte	€
Fuhrpark	1 200 000,00
Verbindlichkeiten	80 000,00
Umsatzsteuer	7 000,00
Bankguthaben	120 000,00
Geschäftsausstattung	75 000,00
Treibstoffvorräte	5 000,00
Darlehenschulden	195 000,00
Forderungen	150 000,00
Hypothekenschulden	500 000,00
Gebäude	750 000,00
Eigenkapital	?

10 Die Bilanz der Intersped GmbH weist die unten stehenden Werte auf. Berechnen Sie

(1) das Umlaufvermögen in €.

(2) die kurzfristigen Schulden in €.

(3) das Eigenkapital in €.

(4) die Liquidität 2. Grades in % (auf zwei Stellen nach dem Komma runden).

Bilanzwerte	€
Fuhrpark	550 000,00
Verbindlichkeiten a.L.L.	123 000,00
Umsatzsteuer	7 000,00
Bankguthaben	84 000,00
Geschäftsausstattung	184 000,00
Treibstoffvorräte	8 000,00
Darlehenschulden	870 000,00
Forderungen a.L.L.	124 000,00
Kasse	5 000,00
Gebäude	650 000,00
Eigenkapital	?

11 Stellen Sie fest, welche Inventurart in den nachfolgend beschriebenen Fällen jeweils gewählt wurde.

(a) Die TransLog GmbH führt ein Lager für eine Baumarktkette. Sie hat als Bilanzstichtag den 31.08. eines jeden Jahres gewählt. An diesem Tag führt sie auch jeweils die Inventur für das durch, weil in den umsatzschwächeren Sommermonaten die Materialbestände besonders niedrig sind.

(b) Die TransLog GmbH führt ein Lager für eine Baumarktkette. In dem Lager werden alle Warenbewegungen per Computer erfasst. Der Leiter des Rechnungswesens kann zu jeder Minute den exakten Stand der Warenvorräte nennen. Die Inventur wird nach Warengruppen getrennt über das Jahr verteilt, damit die Beeinträchtigung des Geschäftsablaufes möglichst gering bleibt. Bilanzstichtag ist jeweils der 31.12. des Jahres.

(c) Die TransLog GmbH führt ein Lager für eine Baumarktkette. Die Inventur erfolgt am 31.01., obwohl der Bilanzstichtag jeweils auf den 31.12. festgelegt ist. Man wählt dieses Verfahren, weil die Warenbestände im Januar (nach dem Weihnachtsgeschäft) besonders niedrig sind.

2 Organisation der Finanzbuchhaltung

2.1 Überblick: Bücher und Kontenrahmen

Grundbuch

- Buchung der Geschäftsvorgänge in zeitlicher Reihenfolge
- Bezeichnung in EDV-Fibu: Journal

Hauptbuch

- Buchung der Geschäftsvorgänge auf einzelnen Konten
- = sachliche Ordnung → Sachkonten

Nebenbücher

Weitere Aufgliederung der Konten des Hauptbuchs:

- Kontokorrentbuch (= Geschäftsfreundebuch)
- Debitoren: Kundenkonten → einzelne Forderungen
- Kreditoren: Frachtführer- u. Liefererkonten → einzelne Verbindlichkeiten
- Anlagekartei/Bestandsverzeichnis: Zugänge, Abgänge von AV, Abschreibungen
- Lohn- und Gehaltsbuch: Lohn- u. Gehaltskonten für Arbeitnehmer

Kontenrahmen

- Kontenordnungssystem für eine Branche (z. B. Spedition)
- Zweck: Übersicht, Zeitvergleiche, Betriebsvergleiche

Kontenplan

Aus dem Kontenrahmen entwickelt jedes Unternehmen seinen eigenen Kontenplan, der die besonderen Bedingungen des Unternehmens berücksichtigt.

2.2 Dokumentation von Geschäftsprozessen

Zu Beginn der Geschäftstätigkeit und zu Beginn eines jeden Geschäftsjahres wird für jede Bilanzposition ein Konto angelegt und der Bestand auf das Konto übertragen. Alle Konten, die aufgrund einer Eröffnungsbilanz eingerichtet wurden, bezeichnet man als Bestandskonten, weil sie Auskunft über den Bestand des Vermögens und des Kapitals (Schulden) und deren Veränderung durch Geschäftsvorgänge geben.

Zusammenhang zwischen Bilanz und Kontoführung

Erfassung der Ist-Werte des Vermögens und des Kapitals (Schulden)
in
Inventur → Inventar → Bilanz

↓ ↓ ↓ ↓ ↓

Übernahme der Bilanzwerte bzw. Inventurwerte

↓ ↓ ↓ ↓ ↓

in die Finanzbuchhaltung

Aktiva	Bilanz Passiva
Vermögen	Kapital
Aktivseite	Passivseite

↓ ↓ ↓ ↓ ↓

Finanzbuchhaltung

Finanzbuchhaltung

Aus jeder Bilanzposition wird ein **Aktivkonto (= Vermögenskonto)**	Aus jeder Bilanzposition wird ein **Passivkonto (= Kapitalkonto)**
Soll – Fahrzeuge – Haben Soll: **Anfangsbestand**	**Soll – Eigenkapital – Haben** Haben: **Anfangsbestand**
Der Anfangsbestand auf den Aktivkonten (= Vermögenskonten) steht immer auf der Soll-Seite (= linke Seite), weil das Konto aus der linken Seite der Bilanz stammt. Aktivkonten erfassen die Veränderungen des Vermögens.	Der Anfangsbestand auf den Passivkonten (= Kapitalkonten) steht immer auf der Haben-Seite (= rechte Seite), weil das Konto aus der rechten Seite der Bilanz stammt. Passivkonten erfassen die Veränderungen des Kapitals.

Die Erfassung und Dokumentation der Geschäftsprozesse im laufenden Geschäftsjahr auf der Grundlage von Belegen geschieht in den Büchern der Geschäftsbuchführung:

- Grundbuch
- Hauptbuch

Grundbuch: zeitliche Gliederung der Geschäftsfälle

Nach dem Vorkontieren werden die Geschäftsfälle im Grundbuch festgehalten. Das Grundbuch nimmt in zeitlicher Reihenfolge alle Geschäftsvorgänge mit ihren Buchungssätzen auf. Dies bedeutet, dass alle Geschäftsfälle tageweise aufgelistet sind.

Das Grundbuch hat folgende Form:

Jahr 20(0)		Grundbuch				
Datum	Beleg	Buchungstext	Konten		Betrag	
			Soll	Haben	Soll	Haben
05.07.	03	Banküberweisung für ER	1600 Verbindlichkeiten		1 000,00	
				102 Bank		1 000,00
06.07.	04	...	...			

Hauptbuch: Sachliche Gliederung der Geschäftsvorgänge

Jeder Kaufmann richtet je nach Bedarf verschiedene Vermögenskonten (z. B. Forderungen, Bank, Kasse) und Kapitalkonten (z. B. Eigenkapital, Darlehen, Verbindlichkeiten) ein. Alle Vermögens- und Kapitalkonten werden zum Hauptbuch zusammengefasst.

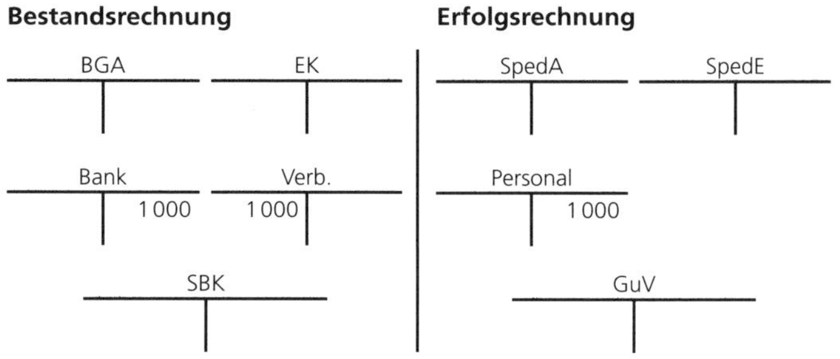

Eine zeitliche Auflistung der Buchungen im Grundbuch allein genügt nicht, vielmehr müssen die Geschäftsvorgänge auch in ihren sachlichen Auswirkungen dargestellt werden. Die Zuordnung der Buchungen nach sachlichen Gesichtspunkten gewährleistet, dass z. B. alle Zahlungen über ein Bankinstitut nach ihrer sachlichen Zugehörigkeit auf dem Konto Bank erfasst werden.

Nur durch die sachliche Zuordnung ist es möglich, Informationen über die Höhe des Bankguthabens, der ausstehenden Forderungen oder die Ausgaben für Frachtführer usw. zu erhalten.

Vgl. Geschäftsprozesse im Rechnungswesen, Seite 291

WERTBEWEGUNGEN AUF DEN KONTEN DES HAUPTBUCHES

Kundenaufträge (Speditionsverträge usw.) lösen in den Speditionen spezielle Arbeitsabläufe (Geschäftsprozesse) aus, die aus einer Vielzahl von wirtschaftlich bedeutsamen Geschäftsvorgängen bestehen. Jeder dieser Geschäftsvorgänge führt zur Veränderung der Werte in der Unternehmung. Diese Veränderungen betreffen sowohl die Wertströme (Güter- und Geldströme) als auch die Leistungsströme.

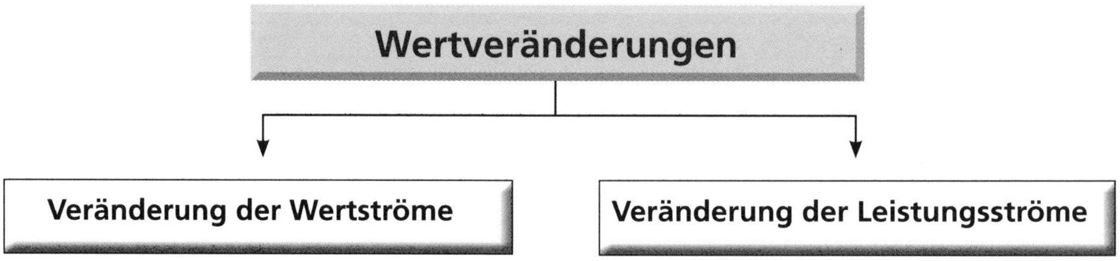

Die Finanzbuchhaltung erfasst die Veränderung der Wert- und Leistungsströme auf der Grundlage von Belegen in zeitlicher und sachlicher Ordnung im Grundbuch und auf den Konten des Hauptbuches.

In der Bestandsrechnung werden die Wertströme auf den Aktiv- und Passivkonten und in der Erfolgsrechnung werden die Leistungsströme auf den Aufwands- und Ertragskonten erfasst:

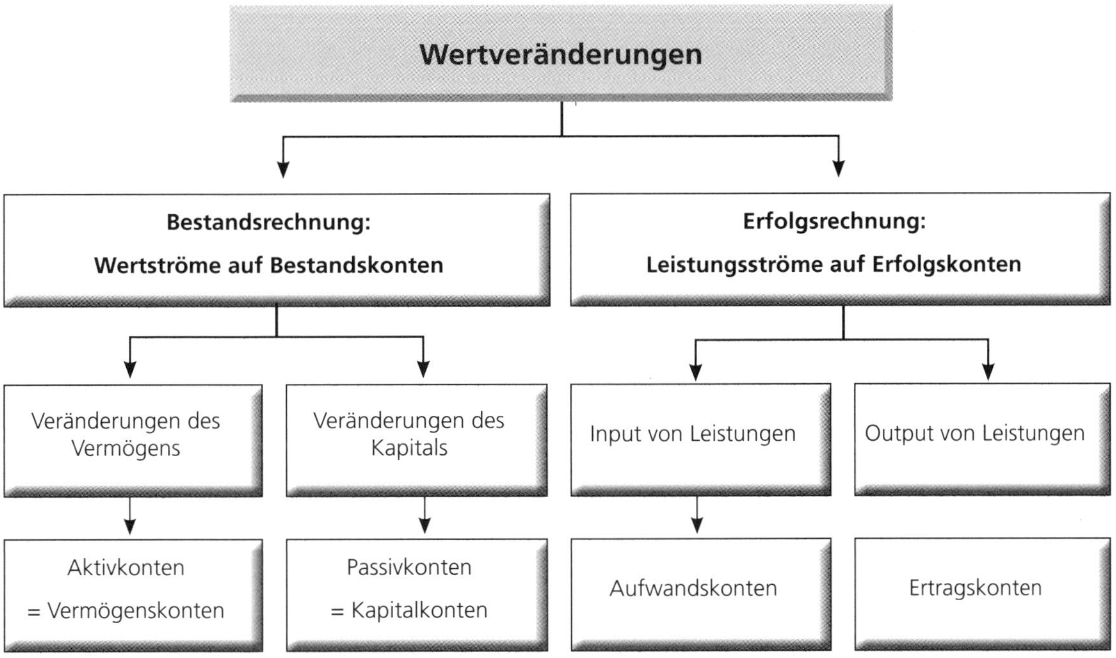

BESTANDSRECHNUNG

Wertbewegungen der Vermögensbestände erfassen:

Alle Werte, die ein Unternehmen besitzt (z. B. Bargeld, Bankguthaben, Geschäftsausstattung, Fuhrpark), bezeichnet man als Vermögen.

Die Vermögenswerte und deren Veränderungen werden auf Vermögenskonten festgehalten.

Wertbewegungen der Kapitalbestände erfassen:

Alle Vermögensteile in einem Unternehmen müssen finanziert werden. Die Mittel zur Finanzierung des Vermögens bezeichnet man als Kapital. Stammen die Mittel von Fremden (z. B. Bankkredite), handelt es sich um Fremdkapital. Dagegen nennt man die Mittel, die der Eigentümer des Unternehmens selbst in sein Unternehmen investiert, Eigenkapital.

Die Kapitalwerte und deren Veränderungen werden auf Kapitalkonten festgehalten.

Aktivkonten:

Soll **Vermögenskonto**	Haben
Eröffnungsbestand + Zugänge	./. Abgänge Schlussbestand

Passivkonten:

Soll **Kapitalkonto**	Haben
./. Abgänge Schlussbestand	Eröffnungsbestand + Zugänge

BELEGE SACHGERECHT VORKONTIEREN UND BUCHEN

Grundlage der Datenerfassung und -verarbeitung sind im Rechnungswesen u. a. Belege wie

- Speditionsaufträge,
- Eingangsrechnungen der Frachtführer und anderer Dienstleister (ER),
- Ausgangsrechnungen an Kunden (AR),
- Kontoauszüge von Banken, Kundenschreiben.

Diese Belege sind Informationsträger, die Auskunft über den Ablauf von Vorgängen innerhalb der Spedition und außerhalb der Spedition mit deren Geschäftspartnern geben.

Aus den Belegen werden die für das Rechnungswesen wichtigen Informationen entnommen und in der Buchung verarbeitet. Ohne diese Belege kann also keine Buchung erfolgen:

Keine Buchung ohne Beleg

Schritte zum richtigen Buchungssatz

Jeder Buchhalter muss wissen, bei welchem Konto im Soll und bei welchem im Haben zu buchen ist. Um dies richtig zu entscheiden, müssen auf der Grundlage des jeweiligen Belegs, der ja alle wesentlichen Informationen über den zu buchenden Geschäftsvorgang enthält, folgende Fragen beantwortet werden:

Beispiel 1

Geschäftsvorgang:	**Barabhebung von der Bank: 2 000,00 €**	Beleg: Kontoauszug	
Schritt:	Frage:	Antwort:	
1	Welche Konten werden durch den Geschäftsvorgang berührt?	Bank	Kasse
2	Um welche Kontenart (Vermögenskonten oder Kapitalkonten) handelt es sich?	Vermögenskonto	Vermögenskonto
3	Wie verändern sich die Bestände auf den angesprochenen Konten? (Bestandsmehrungen/Bestandsminderungen)	Bestands-Abgang	Bestands-Mehrung
4	Auf welcher Kontenseite wird gebucht?	Haben	Soll

Aktivkonten:

Soll	**Vermögenskonto Haben**
Eröffnungsbestand **Mehrungen (Zugänge)**	**Minderungen (Abgänge)** **Schlussbestand**

Passivkonten:

Soll	**Kapitalkonto Haben**
Minderungen (Abgänge) **Schlussbestand**	**Eröffnungsbestand** **Mehrungen (Zugänge)**

Buchungsregel: Erst Soll, dann Haben

Buchungssatz	**Bank: Soll mit 2 000,00 €**	**Kasse: Haben mit 2 000,00 €**

Kontierung			
Konten		**Betrag**	
Soll	**Haben**	**Soll**	**Haben**
Bank		2 000,00	
	Kasse		2 000,00

Beispiel 2

Geschäftsvorgang:	**Banküberweisung** **für Eingangsrechnung Nr. 753 über 1 428,00 €**	Beleg: Kontoauszug	
Schritt:	Frage:	Antwort:	
1	Welche Konten werden durch den Geschäftsvorgang berührt?	Bank	Verbindlichkeiten
2	Um welche Kontenart (Vermögenskonten oder Kapitalkonten) handelt es sich?	Vermögenskonto	Kapitalkonto
3	Wie verändern sich die Bestände auf den angesprochenen Konten? (Bestandsmehrungen/Bestandsminderungen)	Bestandsabgang	Bestandsabgang
4	Auf welcher Kontenseite wird gebucht?	Haben	Soll

Buchungsregel: Erst Soll, dann Haben

Buchungssatz	**Verbindlichkeiten: Soll 1.428,00 €**	**Bank: Haben 1.428,00 €**

Kontierung			
Konten		**Betrag**	
Soll	**Haben**	**Soll**	**Haben**
Verbindlichkeiten		1 428,00	
	Bank		1 428,00

GRUNDSÄTZE ORDNUNGSGEMÄẞER BUCHFÜHRUNG (GOB)

Grundbuch, Hauptbuch und die übrigen Bücher der Buchführung müssen den Grundsätzen ordnungsgemäßer Buchführung (GoB) entsprechen, d.h., sie müssen so geführt werden, dass ein buchführungskundiger Dritter (z.B. ein Betriebsprüfer des Finanzamtes oder der Sachbearbeiter einer Bank) sich nach kurzer Zeit einen Überblick über die wirtschaftliche Lage des Unternehmens machen kann.

Für die Führung des Grundbuches nach GoB gilt:

- Die Buchführung muss klar und übersichtlich sein.
- Die Geschäftsfälle sind fortlaufend, vollständig und richtig aufzuzeichnen.
- Bleistifteintragungen sind nicht zulässig.
- Keine Buchung darf ohne Beleg erfolgen.
- Buchungsbelege und Grundbücher/Buchungslisten sowie Hauptbücher müssen 10 Jahre aufbewahrt werden.
- Eingehende und Durchschriften ausgehender Handelsbriefe müssen 6 Jahre aufbewahrt werden.

2.3 Buchungskreislauf im Geschäftsjahr

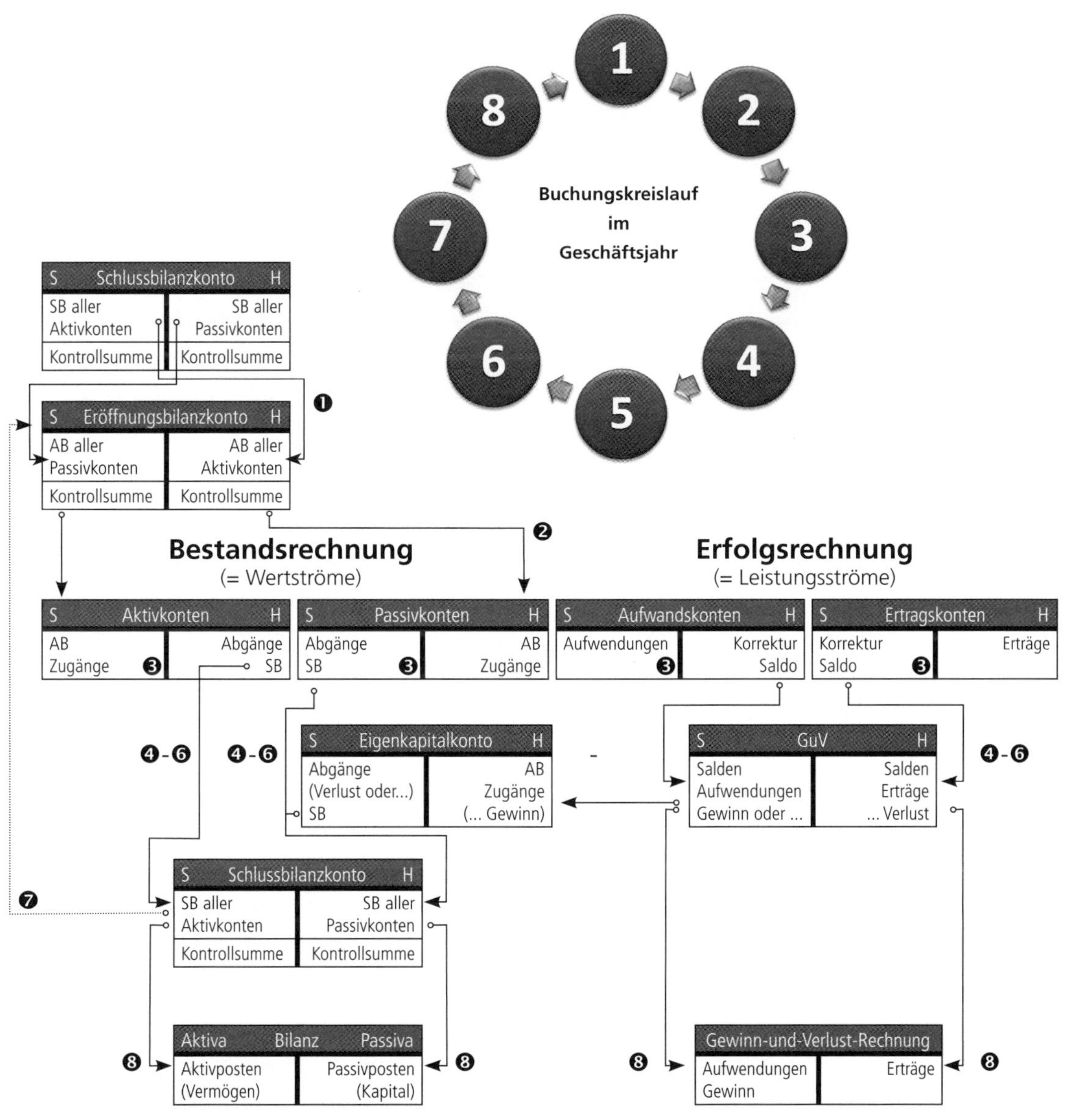

vorheriges Geschäftsjahr

laufendes Geschäftsjahr

Jahresabschluss

❶	**Eröffnungsbestandskonto (EBK)** → Übertrag der Kontenbestände aus dem Vorjahr (Inventar -> Bilanz)	❺	**Inventur/Inventar** → Abgleich der Kontenbestände mit den Ist-Werten es Inventars
❷	**Konteneröffnung** → Übertragung der Kontenbestände auf die Bestandskonten	❻	**Endgültiger Kontenabschluss** → Schlussbestände der Bestandskonten = Ist-Werte des Inventars
❸	**Laufende Buchungen** → Aufzeichnung der Geschäftsvorgänge (Leistungs- und Wertströme) auf den Konten	❼	**Schlussbestandskonto (SBK) ⊠ EBK d.n.J** Übertrag der endgültigen SB auf das SBK
❹	**Vorläufiger Kontenabschluss** → Probeabschluss z. B. durch Summenbilanz	❽	**Jahresabschluss** → Erstellen der Bilanz + GuV + Lagebericht nach HGB

2.4 Buchungen im Jahresverlauf

Die zeitliche Abfolge der Buchungen im Grundbuch (Journal) ergeben sich aus der folgenden Übersicht. Aus ihnen wird der Zusammenhang zwischen Eröffnungsbilanz, Führung der Bestandskonten und Schlussbilanz ersichtlich.

Buchungen im Jahresverlauf:		
Vorgänge	**Buchung**	
	Soll	Haben
1. Übernahme der Bilanzwerte der Vermögensseite in die Buchführung ⇨ Eröffnung der Vermögenskonten (Aktivkonten): 1.1 des Anlagevermögens - Fahrzeuge - Geschäftsausstattung 1.2 des Umlaufvermögens - Forderungen - Bankguthaben - Kasse	**Diverse Aktivkonten** z. B. Fahrzeuge Geschäftsausstattung Forderungen Bankguthaben	**an Eröffnungs-bestandskonto**
2. Übernahme der Bilanzwerte der Kapitalseite in die Buchführung ⇨ Eröffnung der Kapitalkonten (Passivkonten): 2.1 des Eigenkapitals 2.2 des Fremdkapitals - Darlehen - Verbindlichkeiten	**Eröffnungs-bestandskonto**	**an diverse Passivkonten** z. B. Darlehen Verbindlichkeiten
3. Laufende Buchungen (vgl. Geschäftsvorgänge)		
4. Abschluss der Konten zum Jahresschluss		
Aktivkonten	**Schlussbestands-konto**	**an diverse Aktivkonten**
Passivkonten	**diverse Passivkonten**	**an Schluss-bestandskonto**

2.5 Kontenrahmen und Kontenplan

KONTENRAHMEN: ZUSAMMENSTELLUNG ALLER KONTENARTEN EINES WIRTSCHAFTSZWEIGES

Vorteile eines einheitlichen Kontenrahmens:

- Einheitliche Untergliederung der Kontenarten, klare Übersicht
- Rasches Auffinden der Konten durch systematischen Aufbau
- Grundlage für Branchen-Software (FiBu)
- Erleichterung des internen und externen Vergleichs mit den Daten früherer Perioden und denen anderer Unternehmen

Aufbau des Kontenrahmens

Der Kontenrahmen für das Speditions- und Lagereigewerbe ist nach dem Zehnersystem (Deweysche Dezimalklassifikation) aufgebaut. Die Konten werden nach Sachgruppen geordnet in Kontenklassen eingeteilt.

Kontenrahmen des Speditions- und Lagereigewerbes

Kontenklasse	Konteninhalte
0	Anlage- und Kapitalkonten
1	Finanz- und Privatkonten
2	Abgrenzungskonten (nicht betriebliche Aufwendungen und Erträge)
3	Vorräte
4	Kostenartenkonten (Betriebliche Aufwendungen)
5	Frei für interne Leistungsverrechnung
6	Frei für interne Leistungsverrechnung
7	Auftragsgebundene, direkt zurechenbare Speditionsaufwendungen (Einzelkosten)
8	Erlöskonten (Speditionserlöse)
9	Abschlusskonten

KONTENPLAN

Während der Kontenrahmen eine einheitliche Grundordnung für alle Speditions-, Lager- und Logistikunternehmen bildet, werden auf der betrieblichen Ebene aus dem Kontenrahmen individuelle Kontenpläne entwickelt, die auf die besonderen betrieblichen Belange abgestellt werden (Betriebsgröße, Struktur, Rechtsform).

So lässt sich die Kontenuntergliederung fortführen, bis die Unterteilung in die Kontenunterarten den speziellen Bedürfnissen des einzelnen Betriebes entspricht. So könnte man z. B. die Konten der einzelnen Kreditinstitute solchen Kontenunterarten zuordnen:

Aus der Kontennummer 10201 erkennt man:						
Konten-rahmen	Kontenklasse:	1	Finanzkonten			
	Kontengruppe:		10	Flüssige Mittel		
Konten-plan	Kontenart:			102	Banken und Sparkassen	
	Kontenunterart:				10201 x-Bank 10202 y-Bank	10203 Sparkasse A 10304 Sparkasse B

2.6 Überwachung von Zahlungen: Forderungen und Verbindlichkeiten

KUNDENKONTO (= DEBITORENKONTEN)

Ausgangsrechnungen (AR) = Rechnungen an Kunden für Speditionsleistungen

Die Ansprüche (= Forderungen) des Spediteurs an einen Kunden werden mit der Rechnungserstellung auf besonderen Kundenkonten erfasst (= Fakturierung).

Mithilfe des Kundenkontos kann ein Unternehmen jederzeit folgende Fragen beantworten:

- Für wie viel € hat der Kunde in der Vergangenheit Speditionsleistungen eingekauft?
- Hat er seine Rechnungen pünktlich beglichen?
- In welcher Höhe bestehen noch Forderungen an den Kunden?

Die Kunden schulden dem Unternehmen die Zahlung für erbrachte Leistungen. Man bezeichnet die Kunden daher auch als Debitoren [debet (lat.) = er schuldet]; die Konten, auf denen die Forderungen an Kunden aufgezeichnet werden, nennt man folglich Debitorenkonten. Auf diese Weise lässt sich jederzeit feststellen, welche Kunden die Forderungen noch nicht ausgeglichen haben. Die ausstehenden Forderungen werden in sogenannten „Offene-Posten-Listen" ausgewiesen.

Kundenkonto Nr. 140010			
Name	Manner GmbH	Jahr:	20(0)
Straße	Wielandstraße 45	Kunden-Nr.	140010
Ort	47800 Krefeld	Sparkasse Krefeld IBAN: DE83320500000457845732 BIC: SPKKRDE33XXX	
Datum	**Text**	**Soll**	**Haben**
02.07.20(0)	Eröffnungsbestand	6 000,00	
18.07.20(0)	Ausgangsrechnung	3 525,00	
19.07.20(0)	Zahlungseingang		2 200,00
25.07.20(0)	Zahlungseingang		3 775,00
31.07.20(0)	Schlussbestand		3 525,00

Offene-Posten-Liste-Kunden		**Zeit: 10:32:46**			**Datum: 31.07.20(0)**	
Name	**Rechnungs-datum**	**Betrag**		**Fälligkeit**	**Mahnung**	
		Soll	**Haben**		**Datum**	**Stufe**
Wendering AG	10.07.20(0)	3 320,00		14.07.20(0)		
Seidlitz GmbH	16.07.20(0)	1 610,00		20.07.20(0)		
Manner GmbH	18.07.20(0)	3 525,00		22.07.20(0)		

KONTO 1400 FORDERUNGEN AUS DIENSTLEISTUNGEN

Während das Kundenkonto (Debitorenkonto) der „Überwachung" des einzelnen Kunden dient, hat das Forderungen-Konto die Aufgabe, jederzeit Auskunft über die Höhe der gesamten Kreditverkäufe und der noch ausstehenden Kundenzahlungen zu geben.

Die Buchung auf den Kundenkonten und dem Konto Forderungen erfolgt „parallel".

Buchung der Ausgangsrechnung

Kontierung				
	Konten		Betrag	
Geschäftsvorgang	Soll	Haben	Soll	Haben
Ausgangsrechnung (AR) an einen Kunden	1 400 Forderungen			
	(140010 Kunde x)		2 380,00	
		800 Speditionserlöse		2 000,00
		1 669 Umsatzsteuer		380,00

Soll	1400 Forderungen				Haben
Datum	Text	€	Datum	Text	€
01.07.20(0)	AR Wendering	2 380,00			

FRACHTFÜHRERKONTO/KREDITOREN

Eingangsrechnungen (ER) = Rechnungen von Frachtführern und anderen Dienstleistern/Lieferern

Die Notwendigkeit der ständigen Beobachtung der Außenstände (Schulden) gegenüber den Frachtführern und die termingerechte Bezahlung der Außenstände machen eine besondere Erfassung der Frachtführerrechnungen notwendig.

In der Kreditorenbuchführung werden die von den Frachtführern aufgrund der Erstellung von Transportleistung u. a. gewährten Kredite (Verbindlichkeiten) auf Frachtführerkonten festgehalten. In einer „Offene-Posten-Liste-Frachtführer" werden die Rechnungsposten ausgewiesen, die noch nicht bezahlt sind.

Frachtführerkonto Nr. 160010			
Name	Werner Fahrland	Jahr:	20(0)
Straße	Plockstraße 35	Kunden-Nr.	160003
Ort	40221 Düsseldorf	Sparkasse Düsseldorf IBAN: 57301502000000967449 BIC: WELADED1KSD	
Datum	**Text**	**Soll**	**Haben**
02.08.20(0)	Eröffnungsbestand		3 000,00
13.08.20(0)	Eingangsrechnung		1 200,00
15.08.20(0)	Zahlungsausgang	3 400,00	
30.08.20(0)	Schlussbestand		800,00

Offene-Posten-Liste-Frachtführer		Zeit: 10:32:46		Datum: 20.08.20(0)		
Name	Rechnungsdatum	Betrag		Fälligkeit	Mahnung	
		Soll	Haben		Datum	Stufe
EUROTRANS	05.08.20(0)		14 153,00	20.08.20(0)		
Möller-Trans	05.08.20(0)		10 556,00	20.08.20(0)		
Fahrland						

KONTO 1600 VERBINDLICHKEITEN AUS LIEFERUNGEN UND LEISTUNGEN

Während das Frachtführerkonto (Kreditorenkonto) der Beobachtung der Außenstände bei einzelnen Frachtführern und Dienstleistern dient, hat das Konto Verbindlichkeiten die Aufgabe, jederzeit Auskunft über die Höhe der gesamten Einkäufe an Fremdleistungen gegen Rechnung und die Höhe der Außenstände zu geben.

Die Buchung auf den Frachtführerkonten und dem Konto Verbindlichkeiten erfolgt „parallel".

Buchung der Eingangsrechnung

Kontierung				
	Konten		Betrag	
Geschäftsvorgang	Soll	Haben	Soll	Haben
Eingangsrechnung (ER) von einem Frachtführer	7 000 SpedA		1 200,00	
	1 457 VSt.		228,00	
		1 600 Verbindlichkeiten		1 428,00
		(16 001 Frachtführer X)		

Soll		1600 Verbindlichkeiten			Haben
Datum	Text	€	Datum	Text	€
			03.08.20(0)	ER Fahrland	1 200,00

2.7 Liquidität

Die Zahlungsbereitschaft eines Unternehmens bezeichnet man als Liquidität. Dazu müssen die „flüssigen Mittel" eines Unternehmens im Gleichgewicht mit den Verbindlichkeiten gegenüber den Frachtführern, den Versicherungen usw. stehen.

Flüssige Mittel (Bankguthaben, Bargeld, Forderungen)	**>**	**Kurzfristige Verbindlichkeiten (Verbindlichkeiten a.L.L., Umsatzsteuer)**

< Gleichgewicht>

Die Abstimmung zwischen den vorhandenen bzw. den im Planungszeitraum noch eingehenden flüssigen Mitteln und den im Planungszeitraum anfallenden Zahlungsverpflichtungen kann in einem Liquiditätsplan erfolgen. Die notwendigen Daten über die Höhe der Einnahmen bzw. der Ausgaben ist den Konten der Finanzbuchhaltung, den Listen der offenen Posten und den Debitoren- und Kreditorenkonten zu entnehmen.

Liquiditätsplan					
A. Einnahmen:			B. Ausgaben:		
01	Bank	85 000,00	01	Zahlungen an Frachtführer	78 000,00
02	Kasse	1 500,00	02	Weitere Zahlungsverpflichtungen z. B. gegenüber Dienstleistern	14 500,00
03	Forderungen (Umsatz)	134 000,00	03	Lohn- und Gehaltszahlungen	63 000,00
04		0,00	04		
Summe Einnahmen		220 500,00	Summe Ausgaben		155 500,00

	Summe Einnahmen	220 500,00
./.	Summe Ausgaben	155 500,00
=	Überdeckung/Unterdeckung	65 000,00

2.8 Aufgaben zur Organisation der Finanzbuchhaltung

01

Entscheiden Sie bei den unten aufgeführten Belegen:

- Verlangt der Staat die Aufbewahrung?
- Wie lang ist gegebenenfalls die Aufbewahrungsfrist für diesen Beleg?

Belege

1 Gewinn-und-Verlust-Rechnung
2 Urlaubskarte des Chefs an die Belegschaft
3 Einzahlungsquittung von der Bank
4 Steuerbescheid vom Finanzamt
5 Grundbuch des abgelaufenen Geschäftsjahres
6 Inventarlisten von 20(-2)
7 Kontoauszüge der Hausbank
8 Lastschriftquittungen eines Lieferanten
9 Postquittung über gekaufte Briefmarken für den Schriftverkehr mit Lieferern
10 Hauptbuch aus dem Geschäftsjahr 20(-4)
11 Darlehensvertrag mit der Hausbank
12 Quittungen der Hausbank über die Einreichung von Euroschecks, die von Kunden entgegengenommen wurden
13 Auskunftsschreiben eines Geschäftsfreundes über einen möglichen Lieferer

02

Bilden Sie unter Verwendung der unten stehenden Konten und unter Berücksichtigung der Umsatzsteuer die Buchungssätze zu den unten stehenden Geschäftsfällen der Spedition ALLSPED.

1000 Kasse
1020 Bank
1400 Forderungen
1457 Vorsteuer
1600 Verbindlichkeiten a.L.L.
1669 Mehrwertsteuer
3010 Reifen
3030 Ersatzteile
4210 Reifenverbrauch
4240 Kfz-Versicherung
4520 Haftungsversicherung
7000 Speditionskosten
8000 Speditionserlöse

Geschäftsfälle

1. Zielkauf von Reifen
2. Bareinzug von Hausfracht
3. Banklastschrift für Kfz-Versicherungsprämien der Betriebsfahrzeuge
4. Ausgabe von Reifen gegen Entnahmeschein
5. Prämienrechnung für Haftungsversicherung des Spediteurs
6. Gutschrift an Kunden für zu viel berechnete Fracht

03

Am Ende eines Geschäftsjahres weisen die Konten einer Speditionsunternehmung nachstehende Beträge aus.

Soll	9400 Gewinn u. Verlust	Haben
920 000,00		1 040 000,00

Soll	180 Privat	Haben
104 000,00		40 000,00

Soll	0500 Eigenkapital	Haben
		640 000,00

a) Ermitteln Sie den Saldo des Kontos Gewinn und Verlust.
b) Bilden Sie unter Verwendung der angegebenen Kontennummern den Buchungssatz für den Abschluss des Kontos
   ba) Gewinn und Verlust,
   bb) Privat.
c) Ermitteln Sie das neue Eigenkapital.

04

Die Konten Kraftstoffvorrat und Kraftstoffverbrauch weisen am 31. Dezember folgende Zahlen auf:

Soll	300 Kraftstoffvorrat	Haben
21 040,00		?????

Soll	420 Kraftstoffverbrauch	Haben
1 580,00		40 000,00

Der Inventurbestand der Kraftstoffe beträgt 12 000,00 €.

a) Bilden Sie unter Verwendung der Kontenklassen den Buchungssatz für den Inventurbestand.
b) Ermitteln Sie den Betrag, der auf das Gewinn-und-Verlust-Konto übertragen wird.

05

Zu welchen der folgenden Kontenklassen zählen die unten stehenden Konten einer Speditionsunternehmung?

Kontenklassen			
0	Anlage- und Kapitalkonten	4	Kostenartenkonten
1	Finanz- und Privatkonten	7	Auftragsgebundene Kosten
2	Abgrenzungskonten	8	Erlös-Konten
3	Vorräte	9	Abschlusskonten

Tragen Sie die Ziffern der jeweils zutreffenden Kontenklasse in die Kästchen hinter den Konten ein.

Vorsteuer	
Eigenkapital	
Kalkulatorische Abschreibung	
Verbindlichkeiten aus Lieferungen und Leistungen	
Speditionskosten	
Treibstoffe	
Gewinn und Verlust	
Bilanzielle Abschreibung	
Forderungen aus Lieferungen und Leistungen	
Zinsaufwand	
Eigenverbrauch von Waren	
Mehrwertsteuer	
Betriebsfremder Aufwand	

06 Bilden Sie für die folgenden Geschäftsvorgänge die Buchungssätze.

Nr.	Vorgang	Soll	Haben
1.	Eröffnung der Aktivkonten		
2.	Eröffnung der Passivkonten		
3.	ER vom Frachtführer (auf Ziel)		
4.	ER vom Lieferer für Büromaterial (auf Ziel)		
5.	Zahlungsausgang per Banküberweisung für ER		
6.	Kraftstoffkauf an fremder Tankstelle (Barkauf)		
7.	Kraftstoffkauf an fremder Tankstelle UTA-Verfahren		
8.	AR an Speditionskunden		
9.	ER Kauf eines Anlagegutes		
10.	Umbuchung der VSt.		
11.	Überweisung der Zahllast		
12.	Passivierung der Zahllast		
13.	Privatentnahme von Bargeld		
14.	Einlage des Eigentümers/Bereitstellung auf Bankkonto		
15.	Bank gewährt ein Darlehen/Bereitstellung a. Bankkonto		
16.	Tilgung des Darlehns (Teilzahlung/Rate)		
17.	Zinszahlung für das Bankdarlehen		
18.	ER Kauf von Reifenvorrat		
19.	Rücksendung schadhafter Reifen		
20.	Fracht von Frachtführer (ER) war falsch berechnet.		
21.	AR an Kunden war falsch berechnet.		
22.	ER Kauf von Reifen wird unter Abzug von Skonto durch Banküberweisung bezahlt		
23.	Eingang der Prämienrechnung des Versicherers für die Haftungsversicherung des Spediteurs		
24.	Anmeldung der Prämien zur versenderbezogenen Güterversicherung durch den Spediteur		
25.	Überweisung der Prämien zur Güterversicherung		
26.	Abschluss der Aufwandskonten		
27.	Abschluss der Ertragskonten		
28.	Umbuchung eines Gewinns		
29.	Banküberweisung an den Lieferer von Kraftstoffen unter Abzug von Skonto		

07 Buchen Sie die folgenden Geschäftsfälle im Grundbuch.

	Geschäftsvorgang	€
01	Dauerauftrag Miete für Büro und Lager	11 625,00
02	Lastschrift der Stadtwerke für Energie Netto: 1 500,00 19 % USt. 285,00 Lastschriftbetrag	1 785,00
03	Banküberweisung der Umsatzsteuerzahllast des Monats November über die Sparkasse	122 523,00
04	Rechnungseingang für eine Werbeanzeige (ER 1535)	
	Nettobetrag	1 400,00
	19 % USt.	266,00
	Rechnungsbetrag	1 666,00
05	ER 1536 für Büromaterial	
	Nettobetrag	300,00
	19 % USt.	57,00
	Rechnungsbetrag	357,00
06	ER 1537 für Einrichtungsgegenstände	
	Nettobetrag	3 100,00
	19 % USt.	589,00
	Rechnungsbetrag	3 689,00
07	Lastschrift der Kfz-Versicherung bei der Commerzbank	4 200,00
08	Lastschrift der Sparkasse	
	für Hypothekenzinsen	9 240,00
	für Tilgung	25 000,00
09	Lastschrift der Telekom bei der Sparkasse Nettobetrag 3 000,00 € 19 % USt. 570,00 € Lastschriftbetrag	3 570,00
10	ER 1538 für Kraftstoffe (UTA-Sammelrechnung für den Monat Dez.)	
	Nettobetrag	21 000,00
	19 % USt.	3 990,00
	Rechnungsbetrag	24 990,00
11	ER 301 von J. Niemöller, Internationale Transporte Nettobetrag + 19 % USt.	 188 200,00 35 758,00
	Rechnungsbetrag (brutto)	223 958,00

12	AR 612 an Kunden F. Gebbing	
	Nettobetrag	144 500,00
	+ 19 % Ust.	27 455,00
	Rechnungsbetrag (brutto)	171 955,00
13	Zahlungseingänge durch Banküberweisungen von Kunden lt. Kontoauszügen der Sparkasse Düsseldorf	
	von Sanders	131 284,00
	von Wentrup	36 688,00
14	Versenderbezogene Spediteur-Güterversicherung (Prämienrechnung Oskar Schunks)	4 654,00
15	Überweisung der Versicherungsprämien an Oskar Schunks	
16	ER für den Kauf eines Lkw	
	Nettopreis des LKW lt. Preisliste	
	Spezialaufbau	210 000,00
	Sonderlackierung mit Werbeaufschrift	15 000,00
		4 800,00
	Anhängerkupplung	2 600,00
	Überführungskosten	1 400,00
	Zulassungskosten	200,00
	Nettobetrag	234 000,00
	+ 19 % USt.	44 460,00
		278 846,00

08 Ordnen Sie folgende Konten den Kontenklassen zu:

Konto	Klasse	Konto	Klasse
Verbindlichkeiten		Darlehen	
Vorräte		Mietaufwand	
Steuern/Abgaben		Geschäftsausstattung	
Kasse		Umsatzsteuer	
SpedErlöse		Bankguthaben	
Forderungen		Gehälter	
SpedAufwand		Eigenkapital	
Fuhrpark			

Tragen Sie die Konten in die entsprechenden Abschlusskonten ein.

Bilanz	

GuV	

09
a) Zugänge auf dem Konto Eigenkapital werden im ... gebucht.

b) Auf dem Darlehenskonto wird eine Tilgung im ... gebucht.

c) Der Bestand auf dem Konto Verbindlichkeiten nimmt im ... zu.

d) Der Bestand an Geld nimmt auf dem Kassenkonto im ... ab.

e) Der Schlussbestand auf dem Konto Eigenkapital steht im ...

f) Der Schlussbestand auf dem Konto Forderungen steht im ...

10 Die Spedition ALLSPED GmbH möchte wissen, über welche flüssigen Mittel sie zum Stichtag 31.03.2010) verfügt.
Welche der folgenden Informationen aus der Buchführung werden dazu benötigt?
Kreuzen Sie die richtige Lösung an.

Kassenbestand, Bankguthaben, Privatkontobestand	☐
Bankguthaben, Kassenbestand, Scheckbestand, Fremdkapital	☐
Bankguthaben, Kassenbestand, Eigenkapital, Fremdkapital	☐
Bankguthaben, Kassenbestand, Scheckbestand	☐
Kassenbestand, Bankguthaben, Verbindlichkeiten	☐

11 Die Spedition ALLSPED GmbH strebt eine Verbesserung der Liquidität an. Welcher der folgenden Vorschläge ist geeignet, dieses Ziel zu erreichen?
Kreuzen Sie die richtige Lösung an.

Eingangsrechnungen möglichst sofort bezahlen.	☐
Verkauf von nicht betriebsnotwendigen Grundstücken bzw. Gebäuden	☐
Verlängerung des Zahlungsziels für einen Kontraktlogistikkunden	☐
Kauf statt Leasing eines neuen Lkw	☐
Vorzeitige Rückzahlung eines langfristigen Bankkredits	☐

12 In der Spedition ALLSPED GmbH werden monatlich im Kundencontrolling die Umsätze der Kunden untersucht und mit den Planzahlen verglichen. In der folgenden Tabelle finden Sie die Werte des Kunden Wanders AG. Werten Sie die Tabelle mit den unten stehenden Fragen aus und tragen Sie das Ergebnis in das jeweils nebenstehende Kästchen ein.

Auswertung der Kundenumsätze Monat: April 20(0)

Versender		Umsatz April		
KundenNr.	Name	Plan	Vorjahresmonat	Ist
140xxx	Wanders	33 000,00	32 700,00	22 400,00
usw.				

Umsatz kumuliert Januar bis April			Umsatz Plan
Plan	Vorjahr	Ist	Jahr 20(0)
230 000,00	224 400,00	154 840,00	760 000,00

Wie viel Prozent des geplanten Umsatzes konnte ALLSPED im Monat April 20(0) erzielen?	

	Berechnen Sie die prozentuale Abweichung der kumulierten Ist-Umsätze im Vergleich zum Vorjahr für die Monate Januar bis April 20(0).	
	Ermitteln Sie den Monatsumsatz, der mit dem Kunden Wanders AG durchschnittlich in den Monaten Mai bis Dezember 20(0) erreicht werden müsste, um den geplanten Jahresumsatz zu erreichen.	

13	Die Spedition ALLSPED GmbH möchte feststellen, ob sich für die Woche vom 01.03. bis 06.03. 20(0) die Einnahmen und Ausgaben im finanziellen Gleichgewicht befinden. Erstellen Sie den Liquiditätsplan unter Berücksichtigung der folgenden Angaben.	
	Einnahmen:	
	Forderungen gegenüber Kunden – offene Forderungen	40 756,00 €
	Bankguthaben	40 296,00
	Kasse	1 300,00 €
	Ausgaben:	
	Verbindlichkeiten gegenüber Frachtführern – offene Verbindlichkeiten	40 220,00 €

Liquiditätsplan für die Kalenderwoche 01.03. bis 06.03.20(0)	
A. Einnahmen:	
01 Bank	
02 Kasse	
03 Umsatz (Forderungen)	
04	
Summe Einnahmen	
B. Ausgaben:	
01 Zahlungen an Frachtführer	
02	
Summe Ausgaben	
Summe Einnahmen	
./. Summe Ausgaben	
Überdeckung/Unterdeckung = Freie Mittel für übrige Ausgaben	

3 Erfolg des betrieblichen Leistungserstellungsprozesses

3.1 Erfolgsermittlung

Das Hauptziel eines Unternehmens ist die Wertschöpfung und der daraus entstehende Gewinn. Die Ermittlung des Gewinns eines Rechnungsjahres ist durch einen Eigenkapitalvergleich möglich:

	Eigenkapital am Ende des Geschäftsjahres 20(0)	1 340 000 €
./.	Eigenkapital am Anfang des Geschäftsjahres 20(0)	1 200 000 €
=	Gewinn (als Steigerung des Eigenkapitals)	140 000 €

Die Ermittlung des Erfolges geschieht in einem Speditionsunternehmen allerdings umfangreicher, umfassender und detaillierter, um genaue Auskünfte über die Ursachen des Erfolges abgeben zu können.

In der Erfolgsrechnung wird deutlich, ob ein Unternehmen einen Gewinn erwirtschaften konnte.

Dazu erfasst die Erfolgsrechnung alle Vorgänge, die mit dem Prozess der Erstellung und Vermarktung von Produkten (Speditionsleistungen bzw. Logistikdienstleistungen) im Zusammenhang stehen (→ Wertströme) und errechnet, ob dieser Prozess Gewinn abgeworfen hat.

Leistungsstrom INPUT → **Spedition ALLSPED GmbH** → **Leistungsstrom OUTPUT**

Dienstleistungen (z. B. Frachtführer)
Kraftstoffe
Personal
Energie usw.

⇩ **Aufwand**

Produktionsprozess
Erstellung von Leistungen
in einem Speditionsunternehmen
→ **Wertschöpfung**

Dienstleistungen:
Speditionsleistungen
Logistikleistungen

⇩ **Ertrag**

	Output (Ertrag = Umsatzerlöse)
./.	**Input (Aufwand)**
=	**Gewinn/Verlust**

3.1.1 Einkauf von Speditionsleistungen (Kontenklasse 7: Speditionskosten)

Aufwendungen
= Einsatz und Verbrauch von Gütern und Dienstleistungen in €

Aufwendungen verringern das Eigenkapital

Soll	Eigenkapital Haben
Aufwendungen (= Minderungen)	

Auf dem Konto Eigenkapital wird aus Gründen der Übersicht im Laufe eines Geschäftsjahres nicht gebucht. Die Buchungen der Aufwendungen erfolgen auf besonderen Aufwandskonten, die Unterkonten des Kontos Eigenkapital darstellen.

Soll	Eigenkapital Haben
Aufwendungen (= Minderungen)	

Soll	Aufwandskonto Haben
Aufwendungen	

SPEDITIONSAUFWAND

Aufwendungen, wie z. B. Frachten, Haus-Haus-Entgelte, Umschlaggebühren, Zölle, stehen in direktem Zusammenhang mit einzelnen Speditionsaufträgen. Solche Aufwendungen bezeichnet man als Speditionsaufwand.

Beim Einkauf von Speditions- bzw. Transportleistungen sind aufgrund der Eingangsrechnung (ER) drei Werte (Beträge) zu buchen.

EINGANGSRECHNUNG (ER)

- Nettobetrag
- Umsatzsteuer
- Rechnungsbetrag (Bruttoumsatz)

Aufwandskonto	Aufwandsart
Speditionsaufwand	Aufwendungen für eingekaufte Speditions- und Frachtführerleistungen

UMSATZSTEUER ALS FORDERUNG (VORSTEUER)

Die Umsatzsteuer, die der Frachtführer (oder andere Lieferer von Leistungen und Gütern) für das Finanzamt berechnet und in seiner Rechnung an die Spedition getrennt ausweist, hat der Spediteur zusammen mit dem Nettoumsatz (Wert der Leistung) an den Frachtführer zu zahlen.

Umsatzsteuer auf Eingangsrechnungen = Vorsteuer (VSt.)

Wer umsatzsteuerpflichtige Leistungen in Anspruch genommen hat, aber kein Endverbraucher ist (z. B. Spediteure), kann die an den Vorlieferer gezahlte Umsatzsteuer (= Vorsteuer) vom Finanzamt zurückfordern, weil diese schon von dem Vorleistenden (hier dem Frachtführer) über den Rechnungsbetrag eingenommen und an das Finanzamt weitergeleitet wurde.

Vorsteuern sind Forderungen an das Finanzamt.

BUCHUNG DER EINGANGSRECHNUNG

	Kontierung			
	Konten		Betrag	
Geschäftsvorgang	Soll	Haben	Soll	Haben
Eingangsrechnung (ER) von einem Frachtführer	7 000 SpedA		1 200,00	
	1 457 VSt.		228,00	
		1 600 Verbindlichkeiten (16 001 Frachtführer X)		1 428,00
Banküberweisung an einen Frachtführer	1 600 Verbindlichkeiten (1 6001 Frachtführer X)		1 428,00	
		102 Bank		1 428,00

3.1.2 Verkauf von Speditionsleistungen (Kontenklasse 8: Erlöskonten)

Erträge = Erfolgswirksame Wertezuflüsse aus dem Verkauf von Speditionsleistungen in €

Erträge vermehren das Eigenkapital

Soll	Eigenkapital	Haben

Die Eigenkapitalmehrungen werden aus Gründen der Übersicht im Laufe des Geschäftsjahres nicht auf dem Eigenkapitalkonto direkt gebucht (vgl. die Aufwendungen). Die Buchungen der Erträge erfolgen auf besonderen Ertragskonten, die Unterkonten des Eigenkapitals darstellen.

Soll	Eigenkapital Haben
	Erträge (Mehrungen)

Soll	Ertragskonto Haben
	Erträge

SPEDITIONSERTRÄGE

Die Erträge, die ein Speditionsunternehmen aus der Erfüllung von Speditionsaufträgen, also der Organisation von Transporten im Ladungs- und Stückgutverkehr, der Lösung logistischer Probleme, der Bewirtschaftung von Lägern usw. erzielt, werden als Speditionserträge bezeichnet. Der Anspruch auf Bezahlung der Leistungen wird den Kunden durch Ausgangsrechnungen angezeigt oder direkt bei den Kunden in bar kassiert.

Ausgangsrechnung (AR)

- Nettobetrag
- Umsatzsteuer
- Rechnungsbetrag (Bruttoumsatz)

Ertragskonto	Ertragsarten
Speditionserträge	Speditionsleistungen Frachtführerleistungen im Selbsteintritt Lagerleistungen Einzug von Nachnahmen Bar kassierte Hausfrachten Bareinzug von verauslagten Beträgen

UMSATZSTEUER (MEHRWERTSTEUER) ALS VERBINDLICHKEIT

Die Steuer, die der Spediteur seinen Kunden mit der Ausgangsrechnung (AR) berechnet, nennt man Umsatzsteuer (USt.), weil sie sich auf die Umsätze mit dem Kunden bezieht.

Sie ist eine staatliche Steuer. Der Unternehmer muss sie deshalb an das Finanzamt abführen.

Umsatzsteuer auf Ausgangsrechnungen = Mehrwertsteuer

Mehrwertsteuern sind Verbindlichkeiten gegenüber dem Finanzamt

BUCHUNG DER AUSGANGSRECHNUNG

	Kontierung			
	Konten		Betrag	
Geschäftsvorgang	**Soll**	**Haben**	**Soll**	**Haben**
Ausgangsrechnung (AR) an einen Kunden	1400 Forderungen (140010 Kunde x)		2380,00	
		800 SpedErlöse		2000,00
		1669 USt.		380,00
Banküberweisung vom Kunden	102 Bank		2380,00	
		1400 Forderungen (140010 Kunde x)		2380,00

3.2 Erfassung des betrieblichen Aufwands

3.2.1 Buchung betrieblicher Aufwendungen (Kontenklasse 4: Betriebskosten)

SPEDITIONSAUFWAND – BETRIEBSAUFWAND

Der Speditionsaufwand ist beim Spediteur zwar der bedeutendste Aufwandsposten, aber bei Weitem nicht der einzige. Bedingt durch die betriebliche Tätigkeit entstehen viele weitere Aufwendungen (Gehälter, Miete, Telefon, Werbung, Büromaterial usw.). Diese Aufwendungen nennt man Betriebsaufwendungen. Sie lassen sich nicht einem Auftrag direkt zuordnen, sondern werden durch die allgemeine Geschäftstätigkeit verursacht.

Damit man erkennen kann, wie sich die betrieblichen Aufwendungen (Kontenklasse 4: Betriebskosten) entwickeln und ob sie sich noch senken lassen, muss das Unternehmen zunächst wissen, wie sich die Aufwendungen zusammensetzen. Daher werden für alle Aufwandsarten in der Kontenklasse 4 eigene Konten eingerichtet.

Die folgende Übersicht zeigt die wichtigsten Buchungen der betrieblichen Aufwendungen:

Aufwandsbuchungen					
Geschäftsvorgang	Belegart	Kontierung			
		Soll		Haben	
Einkauf von Treibstoff an fremder Tankstelle	Eingangsrechnung	4200	Treibstoffverbrauch		
		1457	Vorsteuer	1600	Verbindlichkeiten
Einkauf von Büromaterial	Eingangsrechnung	4400	Büromaterial		
		1457	Vorsteuer	1600	Verbindlichkeiten
ER für Werbeaktion	Eingangsrechnung	4410	Werbeaufwand		
		1457	Vorsteuer	1600	Verbindlichkeiten
Gewerbesteuerzahlung durch Banküberweisung	Kontoauszug	4500	Gewerbesteuern		
				1020	Bank
Lastschrift der Bank für Kfz-Versicherungen	Kontoauszug	4250	Kfz-Versicherungen		
				1020	Bank
Zahlung der Prämie für die Haftungsversicherung des Spediteurs	Kontoauszug	4530	Haftungsversicherung (Betrieb)		
				1020	Bank
Prämienanmeldung der versenderbezogenen Güterversicherung durch den Spediteur	Tabelle	7000	Speditionsaufwand		
				1600	Verbindlichkeiten
Überweisung der Prämien zur versenderbezogenen Güterversicherung	Kontoauszug	1600	Verbindlichkeiten		
				1020	Bank
ER für Reparaturen an Büromaschinen	Eingangsrechnung	4440	Reparaturen		
		1457	Vorsteuer	1600	Verbindlichkeiten
Abrechnung des Telefonanbieters für Telefongespräche durch Lastschrift	Kontoauszug	4460	Kommunikationsaufwand		
		1457	Vorsteuer	1020	Bank
Lastschrift für Miete	Kontoauszug	4300	Mieten u. Pachten		
				1020	Bank
Kauf von Briefmarken am Postschalter (bar)	Quittung	4460	Kommunikationsaufwand		
				1000	Kasse
Banküberweisung der IHK-Beiträge	Kontoauszug	4590	Beiträge		
				1020	Bank
Gehaltsabrechnung	Gehaltsliste	4100	Gehälter	1493	SV-Vorauszahlung
				1666	Verb. g. FA
				1020	Bank
Arbeitgeberanteil zur Sozialversicherung	Gehaltsliste	4150	Gesetzl. Soz.-Abg.		
				1493	SV-Vorauszahlung

3.2.2 Erfolgsermittlung auf dem Unternehmensergebniskonto (GuV-Konto)

Zum Ende einer Abrechnungsperiode muss entsprechend der Zielsetzung eines Speditionsunternehmens der Erfolg der Geschäftstätigkeit ermittelt werden.

Erfolgsermittlung	
Speditionserträge	**Erträge**
– Speditionsaufwand	
= Rohertrag	
– Betriebsaufwand	**– Aufwand**
= (Rein)Gewinn	**= (Rein)Gewinn**

Um den Erfolg des Unternehmens zu ermitteln, sind am Ende des Geschäftsjahres alle Aufwandskonten (Speditionsaufwand, Betriebsaufwendungen) und das Ertragskonto (Speditionserträge) über das Konto 90 Unternehmensergebnis (GuV) abzuschließen. Das Unternehmensergebniskonto (GuV) zeigt dann die Quellen des Unternehmenserfolges. Durch Saldieren des Unternehmensergebniskontos (GuV) wird der Differenzbetrag zwischen den Aufwendungen und Erträgen errechnet:

Erträge > Aufwendungen = (Rein)Gewinn

Soll	GuV Haben
Gehälter	Speditionserträge
Kraftstoffverbrauch	
Miete	
....	
(Rein)Gewinn	

Erträge < Aufwendungen = (Rein)Verlust

Soll	GuV Haben
Gehälter	Speditionserträge
Kraftstoffverbrauch	
Miete	
....	
	(Rein)Verlust

Der **Gewinn** führt zu einer Erhöhung des **Bestandes an Eigenkapital**. Buchhalterisch wird dieser Tatbestand dadurch erfasst, dass der Gewinn vom Konto 90 Unternehmensergebnis (GuV) auf das Konto 05 Eigenkapital gebucht wird. Bei einem Verlust dagegen muss der Bestand an Eigenkapital um den Verlustbetrag gemindert werden.

Über das Konto 05 Eigenkapital verbindet sich also die Bestandsrechnung mit der Ergebnisrechnung. Die Bestandskonten und die Erfolgskonten bilden in der Finanzbuchhaltung jeweils einen in sich geschlossenen eigenen Kontenkreis. Das Konto 05 Eigenkapital ist das Bindeglied zwischen diesen Kontenkreisen.

Der Zusammenhang der Erfolgsermittlung wird aus folgender Grafik ersichtlich:

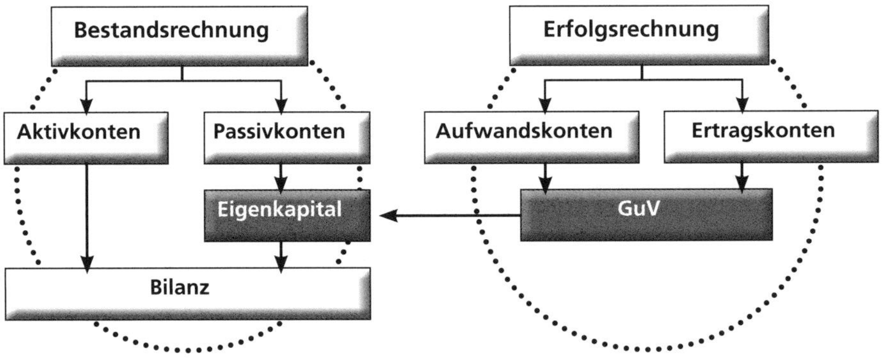

Die Erfolgsrechnung und die Bestandsrechnung sind über das Gewinn- und Verlustkonto und das Konto Eigenkapital mit einander verbunden.

Der Gewinn/Verlust wurde in der Erfolgsrechnung auf dem Konto GuV ermittelt (gebucht) und in der Bestandsrechnung im Konto Eigenkapital ausgewiesen (gebucht).

BUCHUNGEN ZUR ERFOLGSERMITTLUNG

Aufwandsbuchungen						
Geschäftsvorgang	Kontierung				Betrag	
	Soll		Haben		Soll	Haben
Abschluss der Aufwandskonten	7000	SpedAufwand				
	4...	diverse Aufwandskonten				
			9000	GuV		
Abschluss der Ertragskonten	9000	GuV				
			8000	SpedErlöse		
Umbuchung des Gewinns	9000	GuV				
Umbuchung des Verlusts	0500	Eigenkapital				
			9000	GuV		

3.2.3 Buchung der Umsatzsteuer

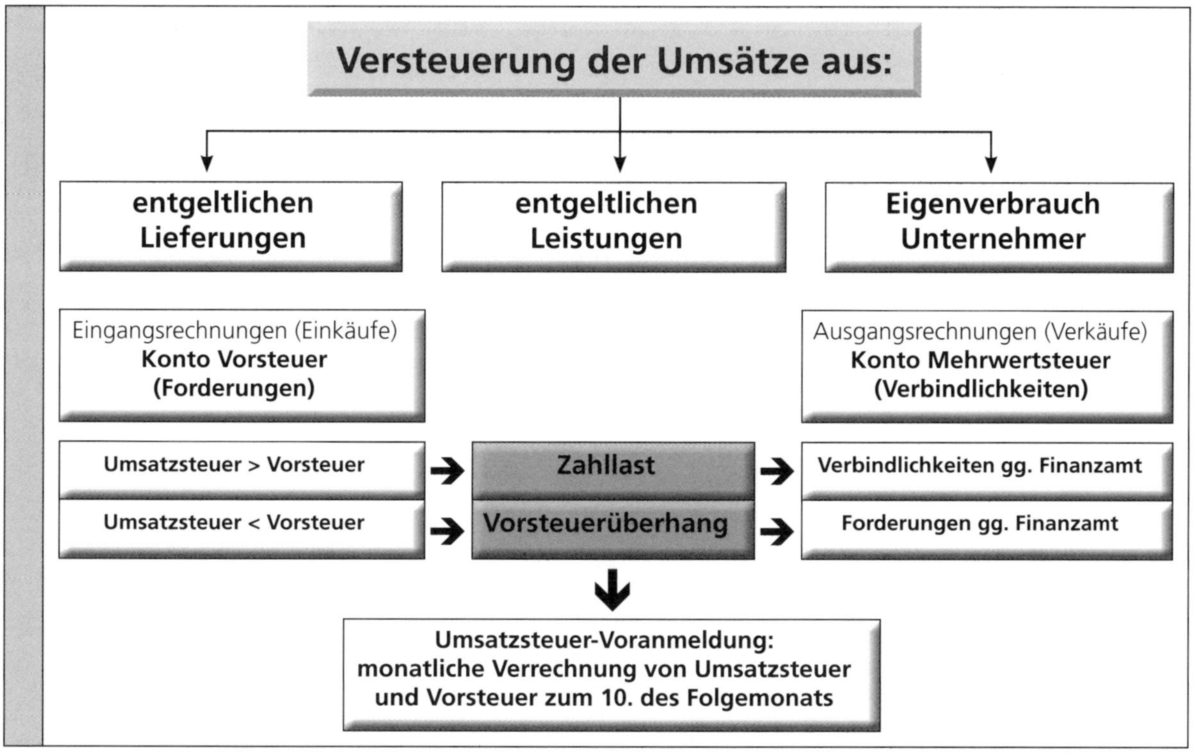

AUSGANGSRECHNUNG UND UMSATZSTEUER (= KONTO MEHRWERTSTEUER)

Über die Höhe der Umsatzsteuer, die der Spediteur seinen Kunden mit der Ausgangsrechnung (AR) berechnet, hat er dem Finanzamt Auskunft zu geben. Daher gibt jedes Unternehmen nach Ablauf eines Kalenderjahres eine Umsatzsteuererklärung beim Finanzamt ab.

EINGANGSRECHNUNG UND VORSTEUER (= KONTO VORSTEUER)

Die Umsatzsteuer, die der Frachtführer (oder andere Lieferer von Leistungen und Gütern) für das Finanzamt berechnet und in seiner Rechnung an die Spedition getrennt ausweist, hat der Spediteur zusammen mit dem Nettoumsatz (Wert der Leistung) an den Frachtführer zu zahlen.

ZAHLLAST

Das Finanzamt verlangt aber bereits vor Ablauf des Kalenderjahres monatliche Umsatzsteuervorauszahlungen. Der Steuerbetrag (die Zahllast) wird jeweils nach Ablauf des Monats in der Buchhaltung ermittelt.

UMSATZSTEUERVORANMELDUNG

Der Unternehmer hat bis zum 10. jedes Kalendermonats beim Finanzamt eine Umsatzsteuervoranmeldung abzugeben und jeweils mit ihr die fällige Umsatzsteuer zu entrichten. Für die Berechnung des zu zahlenden Steuerbetrages ist der Unternehmer selbst verantwortlich. Er darf von der eingenommenen Umsatzsteuer die gezahlte Umsatzsteuer (= Vorsteuer) abziehen, da er beim Einkauf von Transportleistungen usw. in Höhe dieser Vorsteuer bereits eine Vorleistung erbracht hat. Der Betrag der abzugsfähigen Vorsteuer ist dem Konto 1457 Vorsteuer zu entnehmen.

Eingenommene USt. (MwSt.)
./. gezahlte USt. (Vorsteuer)
= Zahllast (Versteuerung des Mehrwertes)

Auf diese Weise ist gewährleistet, dass nicht der gesamte Umsatz zu versteuern ist, sondern nur der im Unternehmen geschaffene Mehrwert (Mehrwertsteuer).

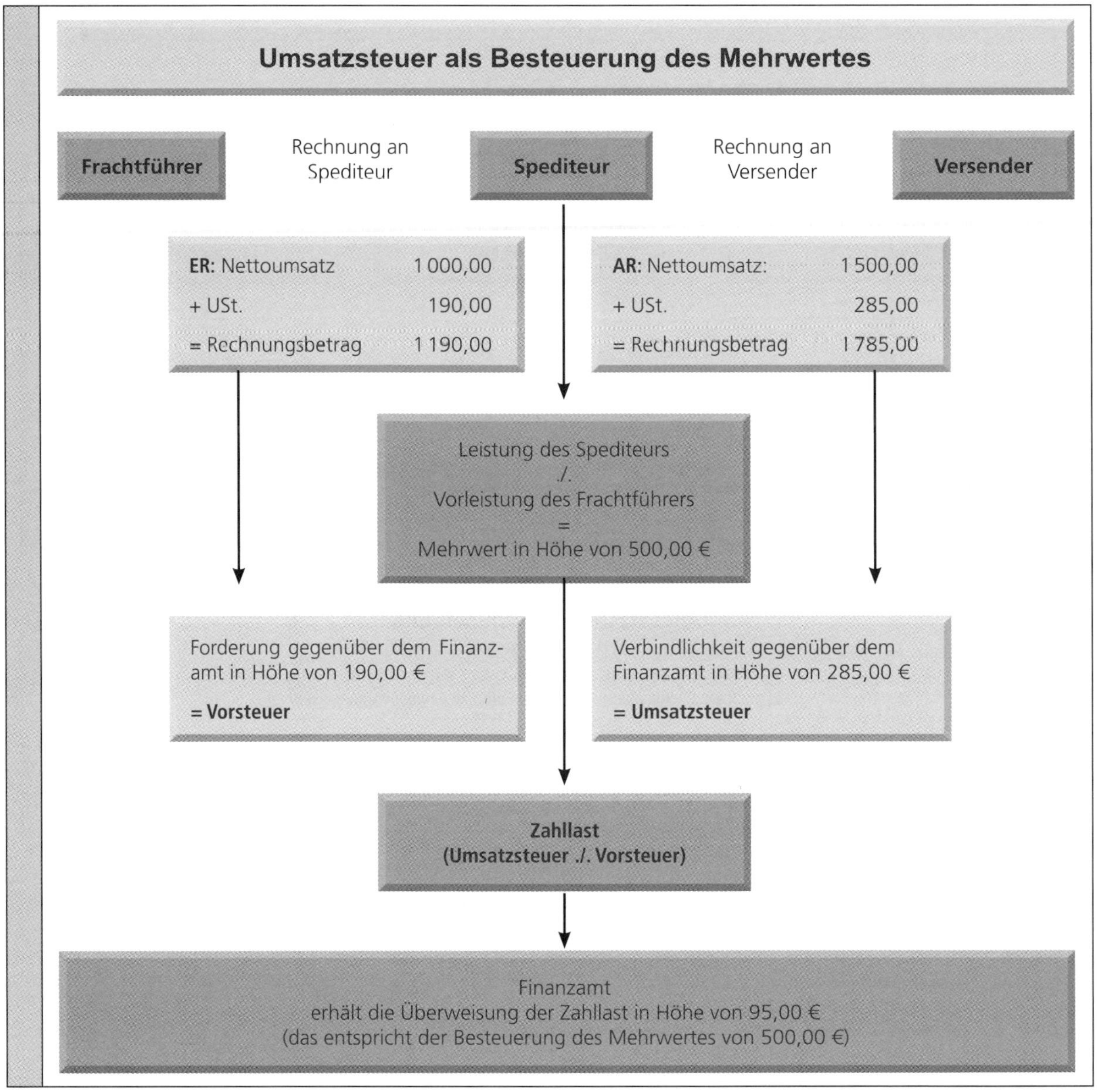

BUCHUNGEN ZUR UMSATZSTEUER

Geschäftsvorgang	Kontierung				Betrag	
	Soll		Haben		Soll	Haben
Umbuchung der Vorsteuer	1669	USt.			2 304,00	
			1457	VSt.		2 304,00
Überweisung der Umsatzsteuerzahllast	1669	USt.			1 056,00	
			1020	Bank		1 056,00

Soll — 1457 Vorsteuer — Haben

Text	€	Text	€
Vorsteuerbuchungen im Monat Januar aus diversen ER (∑)	2 304,00	Umbuchung VSt.	2 304,00

Soll — 1699 Umsatzsteuer — Haben

Text	€	Text	€
Umbuchung VSt.	2 304,00	Umsatzsteuerbuchungen im Monat Januar aus diversen AR (∑)	3 360,00
Überweisung Zahllast	1 056,00		

Soll — 1020 Bank — Haben

Text	€	Text	€
		Überweisung Zahllast	1 056,00

(∑) = Summe

Umsatzsteuerkorrekturen

1. Stornierung der Rechnung: Die Rechnung wird buchhalterisch gelöscht und eine neue Rechnung wird ausgestellt.
2. Gutschrift des Differenzbetrages: Die Rechnung wird um den Betrag gekürzt und der Restbetrag überwiesen.

- Die Herabsetzung der Rechnungsbetrages in einer Ausgangsrechnung mindert neben den Forderungen auch die Speditionserlöse. Das hat dann zur Folge, dass sich wegen des geminderten Nettoumsatzes auch die Umsatzsteuer ändern muss.

Jahr 20(0)		Grundbuch				
Datum	Beleg	Buchungstext	Konten		Betrag	
			Soll	Haben	Soll	Haben
	AR	Stornierung einer Ausgangsrechnung	8000 Speditionserlöse			
			1669 Umsatzsteuer			
				1400 Forderungen		
	AR	Gutschrift einer Ausgangsrechnung	8000 Speditionserlöse			
			1669 Umsatzsteuer			
				1400 Forderungen		

- Die Herabsetzung der Rechnungsbetrages in einer Eingangsrechnung mindert neben den Verbindlichkeiten z. B. auch die Speditionsaufwendungen. Das hat dann zur Folge, dass sich wegen des geminderten Nettoumsatzes auch die Umsatzsteuer ändern muss.

Jahr 20(0)		Grundbuch				
Datum	Beleg	Buchungstext	Konten		Betrag	
			Soll	Haben	Soll	Haben
	AR	Stornierung einer Eingangsrechnung	1600 Verbindlichkeiten			
				7000 Speditionsaufwand		
				1497 Vorsteuer		
	AR	Gutschrift einer Eingangsrechnung	1600 Verbindlichkeiten			
				7000 Speditionsaufwand		
				1497 Vorsteuer		

3.3 Aufgaben zu Erfolg des betrieblichen Leistungserstellungsprozesses

01 In welchen der folgenden Kontenklassen werden die unten stehenden Aufwendungen gebucht?

Kontenklassen

2 Neutrale Aufwendungen
4 Betriebskosten
7 Auftragsgebundene Speditionskosten

Tragen Sie die Ziffer hinter der jeweils zutreffenden Kontenklasse in das Kästchen ein.

Aufwendungen

Bilanzielle Abschreibung auf Fuhrpark	
Banklastschrift für Zinsen	
Zollvorlage bar	
Haftungsversicherungsprämie des Spediteurs	
Eingangsrechnung von Frachtführer	

02 In welchen Kontenklassen werden die nachstehend genannten Aufwendungen und Erträge erfasst? Tragen Sie die jeweils zutreffende Kontenklasse in das Kästchen ein.

Aufwendungen und Erträge

Eingangsrechnung eines Frachtführers	
Zinsgutschrift der Bank	
Ausgangsrechnungen an Kunden	
Treibstoffverbrauch laut Entnahmeschein	
Eingangsrechnung für Renovierung der Büroräume	
Eingangsrechnung für die Reparatur eines Geschäftswagens	
Kassendefizit (Ausbuchung)	

03 Bei welchen der unten stehenden Geschäftsfälle wird auf dem Konto Speditionsaufwand

1 auf der Sollseite,
2 auf der Habenseite,
3 nicht gebucht?

Tragen Sie die Ziffer bei der jeweils zutreffenden Antwort in das Kästchen ein.

Geschäftsfälle

Inkasso von Hausfracht	
Rückrechnung eines Empfangspediteurs (Bordero)	
Zollvorlage bar	
Eingangsrechnung eines Frachtführers	
Stornierung einer Frachtführerrechnung	
Banklastschrift für gemietete Lagerhalle	
Banklastschrift für zu viel gezahlte Umschlagsentgelte	

04 Beachten Sie bei der Bearbeitung der Aufgabe die folgenden Angaben.

Bei welchen der unten stehenden Geschäftsfälle einer Speditionsunternehmung wird

1 auf der Sollseite des Kontos Speditionsaufwand,
2 auf der Habenseite des Kontos Speditionsaufwand,
3 nicht auf dem Konto Speditionsaufwand

gebucht?

Tragen Sie die Ziffer bei der jeweils zutreffenden Antwort in das Kästchen ein.

Geschäftsfälle

Banküberweisung von Zollgebühren (noch nicht gebucht)	
Gutschrift für zu viel berechnete Fracht durch den beauftragten Frachtführer	
Ausgleich einer bereits gebuchten Rechnung eines Zwischenspediteurs durch Banküberweisung	
Tanken an einer fremden Tankstelle gegen Barzahlung	
Anmeldung der Prämie für die Güterversicherung des Auftraggebers	
Banküberweisung der Kfz-Haftpflicht-Versicherungsprämie für die Betriebsfahrzeuge	
Nachträgliche Belastungsanzeige an Auftraggeber wegen falsch berechneter Frachten	

05 Bei welchen der unten stehenden Geschäftsfälle handelt es sich

1 um eine Ausgabe, keinen Aufwand, keine Kosten?
2 um einen Aufwand, keine Ausgabe, keine Kosten?
3 um Aufwand und Kosten, keine Ausgabe?
4 um Aufwand, Kosten und eine Ausgabe?
5 weder um Aufwand noch um Kosten noch um eine Ausgabe?

Tragen Sie die Ziffer bei der jeweils zutreffenden Antwort in das Kästchen ein.

Geschäftsfälle

Zahlung von Fahrerlöhnen	
Einkauf von Treibstoffen für die Betriebstankstelle gegen Bankscheck	
Verkauf eines Lkw	
Inkasso von Hausfracht	
Überweisung von Darlehnszinsen	
Bilanzielle Abschreibung	
Kalkulatorische Abschreibung auf Fuhrpark	

06 Von einem Unternehmen der Kontrakt-Logistik liegen für das Jahr 20(0) die nachstehenden Strukturdaten vor.

	Kapitaleinsatz in Mio €	Kosten in Mio €	Erlöse in Mio €	Erfolg in Mio €
Hochregallager Getränke	9,0	2,64	a)	+ 1,20
Hochregallager Baumärkte	18,0	3,60	4,20	
Gefahrgutlager	1,5	1,05	0,90	
Summe				b)

Ermitteln Sie

a) den Erlös des Hochregallagers Getränke in Mio. €.
b) den Gesamterfolg in Mio. €.
c) die Rentabilität des eingesetzten Kapitals in Prozent (auf eine Stelle nach dem Komma runden).

07 Welche der folgenden Aussagen zur Umsatzsteuer treffen zu?

Tragen Sie die Ziffern der vier zutreffenden Aussagen in die Kästchen ein.

1	Die Umsatzsteuer-Zahllast muss spätestens am 10. des Folgemonats beim Finanzamt eingegangen sein.
2	Speditionsunternehmungen sind zum Vorsteuerabzug berechtigt.
3	Die in der Eingangsrechnung ausgewiesene Umsatzsteuer ist eine Verbindlichkeit gegenüber dem Finanzamt.
4	Das Konto Vorsteuer ist ein Passivkonto.
5	Der Endverbraucher trägt letztlich die Umsatzsteuer.
6	Ist die gebuchte Umsatzsteuer am Jahresende niedriger als die gebuchte Vorsteuer, wird der Saldo in der Bilanz passiviert.
7	Die Umsatzsteuer ist für eine Unternehmung kostenneutral.
8	Ist die Vorsteuer niedriger als die Umsatzsteuer, spricht man vom Vorsteuerüberhang.

08 Welche der unten stehenden Geschäftsfälle wirken sich

[1] auf dem Konto Vorsteuer
[2] auf dem Konto Mehrwertsteuer
[3] weder auf dem Konto Vorsteuer noch auf dem Konto Mehrwertsteuer aus?

Tragen Sie die Ziffer bei der jeweils zutreffenden Antwort in das Kästchen ein.

Geschäftsfälle

Ausgangsrechnung an Kunden	
Banklastschrift für Gewerbesteuer	
Gutschrift an Auftraggeber für irrtümlich zu viel berechnete Fracht (Ausgangsrechnung bereits gebucht)	
Banklastschrift für Darlehnszinsen	
Eingangsrechnung für Telefonkosten	
Banklastschrift für Frachtführerrechnung	

09 Welche der unten stehenden Geschäftsfälle einer Speditionsunternehmung wirken sich

[1] auf dem Konto Vorsteuer
[2] auf dem Konto Mehrwertsteuer
[3] weder auf dem Konto Vorsteuer noch auf dem Konto Mehrwertsteuer

aus?

Tragen Sie die Ziffer vor der jeweils zutreffenden Antwort in das Kästchen ein.

Geschäftsfälle	
Ein Fahrer der Speditionsunternehmung betankt den Lkw an einer Autobahntankstelle innerhalb Deutschlands.	
Mangelhafte Reifen werden zurückgeschickt (Eingangsrechnung war bereits gebucht).	
Banklastschrift für Kontoführung	
Gutschrift an einen Auftraggeber für irrtümlich zu viel berechnete Fracht (Ausgangsrechnung war bereits gebucht)	
Treibstoffvorräte werden auf Ziel gekauft.	
Die Frau des Betriebsinhabers betankt ihren Pkw an der Betriebstankstelle.	
Bankgutschrift für bereits gebuchte Kundenrechnungen ohne Abzug	

10 In welchen Kontenklassen gemäß Einheitskontenrahmen des BSL werden die nachstehenden Aufwendungen und Erträge einer Spedition erfasst?

Tragen Sie die jeweils zutreffende Kontenklasse in das Kästchen ein.

	Aufwendungen und Erträge	
01	Beiträge zur Güterschadenhaftpflichtversicherung	
02	Rechnung eines Subunternehmers	
03	Ausgangsrechnung für Massengutlagerung	
04	Kfz-Steuern	
05	Angestelltengehälter	
06	Ausgangsrechnung im Sammelgutverkehr	
07	Aushilfslöhne für Lagerarbeiter (auftragsgebunden)	
08	Bilanzielle Abschreibung auf den Fuhrpark	

11 Die Spedition ALLSPED GmbH hat die Geschäftsbereiche: Nationale Spedition, Internationale Spedition und Lagerlogistik. Für den Monat April werden folgende Zahlen ausgewiesen:

	Geschäftsbereiche		
	Nationale Spedition	Internation. Spedition	Lagerlogistik
	€	€	€
Speditionserlöse	800 000,00	320 000,00	240 000,00
Auftragsgebundene Speditionskosten	480 000,00	240 000,00	190 000,00
Es fallen nachstehende Betriebskosten an:			
Personalkosten	90 000,00	Ermitteln Sie den Reingewinn.	
Abschreibung	110 000,00		
Raumkosten	28 000,00		
Verwaltungskosten	24 000,00		
Betriebliche Abgaben	28 000,00		

12 Bei welchen der unten stehenden Geschäftsfälle wird auf dem Konto Speditionskosten

1 auf der Sollseite,
2 auf der Habenseite,
3 nicht

gebucht?

Tragen Sie die Ziffer vor der jeweils zutreffenden Antwort in die unten stehenden Kästchen ein:

	Geschäftsfälle	
01	Inkasso (Bareinzug) von Rollgeldern	
02	Ausgangsrechnung für Transportversicherungsprämien	
03	Zollvorlage bar	
04	Eingangsrechnung eines Frachtführers	
05	Zahlung von Fahrerlöhnen	
06	Stornierung einer Frachtführerrechnung	
07	Banklastschrift für gemietete Lagerhalle	
08	Banklastschrift für gezahlte Umschlagsentgelte	

13 Welche der nebenstehenden Geschäftsfälle einer Kölner Speditionsunternehmung wirken sich

[1] auf dem Konto Vorsteuer,
[2] auf dem Konto Mehrwertsteuer,
[3] weder auf dem Konto Vorsteuer noch auf dem Konto Mehrwertsteuer aus?

Tragen Sie die Ziffer vor der jeweils zutreffenden Antwort in das Kästchen ein.

	Geschäftsfälle	
a)	Banklastschrift für Körperschaftssteuer	
b)	Ausgangsrechnung an Kunden	
c)	Quittung über die Betankung eines Lkw an der Autobahnraststätte Siegburg	
d)	Gutschrift an einen Auftraggeber für irrtümlich zu viel berechnete Fracht (Ausgangsrechnung bereits gebucht)	
e)	Quittung über Privatentnahme bar	

14 Bei welchen der nebenstehenden Geschäftsfälle handelt es sich um

[1] Speditionskosten?
[2] Betriebskosten?
[3] neutrale Aufwendungen (sachliche Abgrenzung)?

Tragen Sie die Ziffer vor der jeweils zutreffenden Antwort in das Kästchen ein.

	Geschäftsfälle	
a)	Reparaturrechnung des Dachdeckers (Sturmschaden am Lagergebäude)	
b)	Zollbescheid für Importauftrag amerikanischer Produkte	
c)	Eingangsrechnung für Lagerleistungen	
d)	Banklastschrift für Kfz-Steuer	
e)	Banküberweisung für Lkw-Reparatur	

4 Beschaffung und Verkauf von Anlagen

4.1 Ein Fahrzeug einkaufen

ANSCHAFFUNGSWERT (HERSTELLKOSTEN)

Gegenstände des Anlagevermögens werden mit ihren Anschaffungswerten in das Bestandsverzeichnis (vgl. Inventur/Inventar) aufgenommen. Damit ist der Wert gemeint, den das Anlagegut zum Zeitpunkt des betriebsbereiten Zustands besitzt.

Anschaffungskosten

Kaufpreis (netto) = Listenpreis	
+ Anschaffungsnebenkosten	**Einmalige Ausgaben im Zusammenhang mit der Anschaffung** ▪ Sonderzubehör ▪ Verpackungskosten ▪ Montagekosten ▪ Notariatskosten ▪ Transportkosten ▪ Grunderwerbsteuer (nicht: Grundsteuer)
./. Anschaffungspreisminderungen	▪ Skonti ▪ Rabatte ▪ Boni ▪ Mängelrügen
= Anschaffungskosten	= Aktivierungsbetrag (→ Aktivkonto + Bestandsverzeichnis)

Für die Buchung des Kaufs ist zunächst die Eingangsrechnung und dann die Zahlung (ggf. unter Skontoabzug) zu buchen:

	Eingangsrechnung (ER):
	Nettowert
+	Umsatzsteuer (USt.)
=	Bruttorechnungsbetrag

BUCHUNGEN ZUM ANLAGENKAUF

	Kontierung			
	Konten		Betrag	
Geschäftsvorgang	Soll	Haben	Soll	Haben
Kauf eines Lkw auf Rechnung	022 Fuhrpark		60 000,00	
	1457 VSt.		11 400,00	
		1600 Verbindlichkeiten		71 400,00
Banküberweisung unter Abzug von Skonto	1600 Verbindlichkeiten		71 400,00	
		1020 Bank		69 258,00
		0220 Fuhrpark		1 800,00
		1457 VSt.		342,00

BESTANDSVERZEICHNIS

Gegenstände des beweglichen Anlagevermögens hat ein Unternehmen in einem Bestandsverzeichnis aufzuzeichnen.

Nr.	Bezeichnung des Gegenstandes	Anschaffungsdatum	Nutzungsdauer Jahre	Anschaffungswert €	AfA 20(-1) €	Bestand 31.12.20(-1) €	AfA 20(0) €	Bestand 31.12.20(0) €
04	Lkw	03.01.20(0)	9	60 431,00				

4.2 Abschreibungen

Die Anlagegegenstände eines Unternehmens verlieren im Laufe der Zeit an Wert, weil

- die Nutzung eines Gegenstandes natürlichen Verschleiß zur Folge hat.
- weil sie technisch veralten können, wenn leistungsfähigere Produkte entwickelt werden.
- Schadensfälle auftreten können.

Diese Wertminderung stellt für das Unternehmen Aufwand dar, der auf dem Konto 2470 Bilanzielle Abschreibungen gebucht werden muss. Abschreibungen werden wie alle Aufwendungen in den Verkaufspreis der Leistung einkalkuliert und fließen somit über die Speditionserlöse als flüssige Mittel in das Unternehmen zurück. Dort stehen sie für Ersatz- und Neuinvestitionen zur Verfügung.

Abschreibungen	
Zweck	▮ Erfassung der Wertminderungen ▮ Verteilung der Anschaffungskosten auf die Nutzungsdauer (AHK)
Planmäßige Abschreibung	Nur auf abnutzbare Wirtschaftsgüter des Anlagevermögens, daher keine Abschreibung auf Grundstücke.
Beginn der Abschreibung	▮ Mit dem Monat der Anschaffung bzw. Bezugsfertigkeit anteilig ▮ Vereinfachungsregel: ▮ Anschaffung 1.Halbjahr → volle Jahresabschreibung ▮ Anschaffung 2.Halbjahr → halbe Jahresabschreibung

LINEARE ABSCHREIBUNG

Von linearer Abschreibung spricht man, wenn der Anschaffungswert gleichmäßig über die Jahre der Nutzung verteilt wird. Der AfA-Betrag bleibt so über die gesamte Nutzungsdauer gleich. Das Anlagegut ist am Ende der Nutzungsdauer voll abgeschrieben.

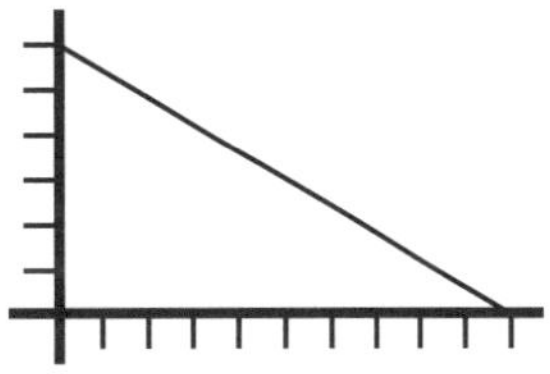

Berechnung der jährlichen Abschreibung

Auf der Grundlage der Nutzungsdauer für das Anlagegut wird der Betrag der jährlichen Abschreibung berechnet.

$$\text{Abschreibung} = \frac{\text{Anschaffungswert}}{\text{Nutzungsdauer}}$$

Beispiel: Ein Pkw wird am 03.01.20(0) zu einem Wert von 30 000,00 € angeschafft. Die Nutzungsdauer laut AfA-Tabelle beträgt 6 Jahre.

$$\text{Abschreibung} = \frac{\text{Anschaffungswert}}{\text{Nutzungsdauer}} = \frac{30\,000{,}00}{6} = 5\,000{,}00\ €$$

Der Pkw verliert durch die Nutzung an Wert (Wertminderung des Anlagevermögens: 5 000,00 €). Diese Wertminderung entspricht dem „Verbrauch" des Pkw und wird als Aufwand in Höhe von 5 000,00 € in der Erfolgsrechnung unter Abschreibungen erfasst.

Anschaffungszeitpunkt

Grundsätzlich beginnt die Abschreibung im Monat der Anschaffung. Die Abschreibung des Wirtschaftsgutes wird dadurch zeitlich verschoben.

Beispiel: Ein Pkw, der am 01.08.20(0) zu einem Wert von 29 800,00 € angeschafft wurde, wird im laufenden Jahr nur 5 Monate genutzt und unterliegt daher auch nur für diesen Zeitraum der Abnutzung. Daher muss die Berechnung des Abschreibungsbetrags wie folgt durchgeführt werden:

AfA-Betrag für 20(0):		
Anschaffungswert : Nutzungsdauer	=	AfA-Jahresbetrag
29 880,00 € : 6 Nutzungsjahre	=	4 980,00 € (Jahresbetrag)
AfA-Jahresbetrag : 12	=	monatlicher AfA-Betrag
4 980,00 € : 12 Nutzungsmonate	=	415,00 € (Monatsbetrag)
monatlicher AfA-Betrag · Nutzungsmonate	=	AfA-Betrag des 1. Jahres der Nutzung
415,00 € · 5 Monate	=	2 075,00 € im Jahr der Anschaffung 20(0)

AfA-Prozentsatz

Die von der Finanzverwaltung festgelegte Nutzungsdauer entscheidet auch über die Höhe des anzuwendenden AfA-Prozentsatzes. Da der Anschaffungswert mit 100 % gleichzusetzen ist, erhält man den AfA-Prozentsatz, indem man 100 durch die Nutzungsdauer teilt.

Beispiel:

6 Jahre Nutzungsdauer = 100 %
1 Jahr Nutzungsdauer = ? %

AfA-Tabelle Anlagegut	Nutzungsdauer in Jahren	Linearer AfA-Satz in %	
Pkw	6	16,67	= 16 2/3

Buchung der Abschreibung

Die Abschreibungsbeträge werden buchhalterisch als Aufwand im Grundbuch und im Hauptbuch erfasst und bei der Erfolgsermittlung berücksichtigt.

Die Soll-Buchung erfolgt auf dem Konto Abschreibungen. Die Gegenbuchung nimmt das jeweilige Anlagenkonto (BGA, Fuhrpark u. Ä.) auf.

Geschäftsvorgang	Soll	Haben	Soll	Haben
Lineare Abschreibung eines Lkw	2470 Abschreibung		6715,00	
		022 Fuhrpark		6715,00

DEGRESSIVE ABSCHREIBUNG

Verringert sich der AfA-Betrag von Jahr zu Jahr, handelt es sich um eine fallende oder degressive Abschreibung. Gegenstände des beweglichen Anlagevermögens (z. B. Pkw, Einrichtungsgegenstände) können mit dieser Methode abgeschrieben werden.

Wie bei der linearen AfA ist der Prozentsatz bei der degressiven AfA in jedem Jahr gleich. Die fallenden AfA-Beträge bei der degressiven Abschreibung erreicht man, indem der Prozentsatz jeweils auf den Restwert angewendet wird und der (lineare) AfA-Satz mit einem Faktor (z. B. Faktor 3) multipliziert wird.

Die degressive Abschreibungsmethode diente dem Staat häufig zur Steuerung der Konjunktur. Daher wechselten die Konditionen für die degressive AfA (siehe Tabelle unten).
Ab 2011 ist die degressive Abschreibung steuerrechtlich als Abschreibungsmethode nicht mehr zulässig.

Maximal zulässige degressive Abschreibung		
Jahr der Anschaffung		
bis 2000	3 · lineare AfA	aber max. 30%
2001 bis 2005	2 · lineare AfA	aber max. 20%
2006 und 2007	3 · lineare AfA	aber max. 30%
2008	Keine degressive Abschreibung zulässig (Unternehmensteuerreform)	
2009 und 2010	2,5 · lineare AfA	aber max. 25%
ab 2011	Keine degressive Abschreibung zulässig	

ABSCHREIBUNG NACH LEISTUNG

Bestimmte Wirtschaftsgüter werden häufig im Laufe ihrer Nutzungsdauer sehr unterschiedlich genutzt. Je nach Auftragslage kann z. B. der Verschleiß der Auslieferungsfahrzeuge einer Großhandlung erheblich schwanken. Es ist zulässig, die Abschreibung eines Anlagegegenstandes nach der Leistung dieses Wirtschaftsgutes zu bemessen, wenn es wirtschaftlich begründet ist und der Unternehmer den jährlichen Leistungsumfang nachweist.

Bei einem LKW kann die jährliche Leistung z. B. durch den Kilometerzähler nachgewiesen werden. Man spricht dann nicht mehr von der betriebsgewöhnlichen Nutzungsdauer eines Gegenstandes, sondern von der betriebsgewöhnlichen Gesamtleistung. Dieses Abschreibungsverfahren bietet mehrere Vorteile:

- es entspricht dem tatsächlichen Werteverzehr am besten,
- eine hohe Leistungsabgabe geht häufig mit hohen Erträgen einher, die durch entsprechend hohe Abschreibungen steuerlich gemindert werden,

die jährliche Abschreibungshöhe ist nicht begrenzt.

Beispiel:

Bei einem Lkw mit einem Anschaffungspreis in Höhe von 240 000,00 € wird eine betriebsgewöhnliche Gesamtleistung von 800 000 km angenommen. Folgende Jahresleistungen (lt. Kilometerzähler) werden mit dem Lkw erbracht:

Jahr	Kilometer	AfA/€
1	150 000	45 000,00
2	200 000	60 000,00
3	210 000	63 000,00
4	100 000	30 000,00
5	140 000	42 000,00
	800 000	240 000,00

Berechnung der AfA

- pro Leistungseinheit
  Anschaffungswert : Gesamtleistung = 0,30 € pro km
- pro Jahr
  1. Jahr: 150 000 km · 0,30 € = 45 000,00 €

Abschreibung geringwertiger Wirtschaftsgüter (GWG)

Normalerweise können die Anschaffungskosten von Wirtschaftsgütern des Anlagevermögens nur abhängig von ihrer Nutzungsdauer (steuermindernd) abgeschrieben werden. Eine Ausnahme gilt für **geringwertige Wirtschaftsgüter (sogenannte GWG)**. Als GWG werden abnutzbare bewegliche Güter des Anlagevermögens bezeichnet, die **selbstständig nutzbar** sind und deren Anschaffungs- oder Herstellungskostenden einen Betrag von 1 000 € netto nicht übersteigen.

WAHLMÖGLICHKEITEN FÜR DIE ABSCHREIBUNG VON GERINGWERTIGEN WIRTSCHAFTSGÜTERN (GWG)

Beispiel 1: GWG unter 150 €

Die Spedition ALLSPED kauft am 29.05 20(0) bei Bürobedarf Adler einen Tischrechner und erhält folgende Eingangsrechnung:

Rechnung Nr.	**3098**		
Position	Text	€	€
01	Tischrechner		
	netto		90,00
	+ 19 % USt.		15,20
	Rechnungsbetrag (brutto)		105,20

Buchung im Grundbuch

Grundbuch				
Jahr 20(0)	Konten		€	
Datum	Soll	Haben	Soll	Haben
29.05.	4400 Büromaterial		90,00	
	1457 Vorsteuer		15,20	
		1600 Verbindlichkeiten		105,20

Beispiel 2: GWG über 150 € bis 410 €

Die Spedition ALLSPED GmbH kauft am 04.01.20(0) im Büromöbelhandel einen Büroschreibtisch und erhält folgende Eingangsrechnung:

Rechnung Nr.	**3012**		
Position	Text	€	€
01	Büroschreibtisch		
	netto		300,00
	+ 19 % USt.		57,00
	Rechnungsbetrag (brutto)		357,00

Buchung im Grundbuch

Grundbuch				
Jahr 20(0)	Konten		€	
Datum	Soll	Haben	Soll	Haben
05.01.	Geringwertige Wirtschaftsgüter (GWG)		300,00	
	Vorsteuer		57,00	
		Verbindlichkeiten		357,00
31.12.	Abschreibungen auf GWG		357,00	
		Geringwertige Wirtschaftsgüter		357,00

Beispiel 3: GWG über 150 € bis 1 000,00 € Bildung von Sammelposten

Die Spedition ALLSPED kauft am 14.06.20(0) bei Bürobedarf Adler einen Kombi-Drucker und erhält folgende Eingangsrechnung:

Rechnung Nr.	**3114**		
Position	Text	€	€
01	Kombi-Drucker		
	netto		400,00
	+ 19 % USt.		76,00
	Rechnungsbetrag (brutto)		476,00

Der Sammelposten 20(0) wird am 31.12.20(0) linear mit 20 % (= 5 Jahre) abgeschrieben.

Buchung im Grundbuch

Grundbuch				
Jahr 20(0)	Konten		€	
Datum	Soll	Haben	Soll	Haben
ER 3114 von Adler				
14.06.	0251Sammelposten 20(0)		400,00	
	1457 Vorsteuer		76,00	
		1600 Verbindlichkeiten		476,00
Abschreibung 20(0)				
31.12.	2470 Bilanzielle Abschreibung		80,00	
		0251 Sammelposten 20(0)		80,00

VERBRAUCHS-/GEBRAUCHSGÜTER

Verbrauchsgüter können nur einmal (z. B. Briefumschläge) oder innerhalb eines überschaubaren Zeitraumes (z. B. Kugelschreiber) verwendet werden. Gebrauchsgüter unterliegen zwar dem Verschleiß, sind aber langfristig nutzbar (z. B. ein Schreibtisch).

Da es zu aufwendig wäre, Gebrauchsgüter mit niedrigem Preis (z. B. einen Heftapparat für 10,00 €) über die Nutzungsdauer abzuschreiben, werden Güter bis zum Wert von 150,00 € (netto) immer als Verbrauchsgüter angesehen und sofort als Aufwand gebucht (z. B. auf dem Konto 4400 Büromaterial).

4.3 Verkauf von Anlagegütern

BUCHUNG DES VERKAUF VON ANLAGEGÜTERN

Die Buchung des Verkaufs erfolgt in 5 Schritten:

01	Buchung des Anlagenverkaufs (Ausgangsrechnung)

02	Buchung der AfA für Restlaufzeit bis Verkaufsdatum
03	Ausbuchung des Buchwerts = Abgang von Anlagegütern (Aufwand aus dem Verkauf von AV)
04	Abschluss des Kontos Abgang von Anlagegütern
05	Abschluss des Kontos Erträge aus Anlageverkäufen

ERTRÄGE/AUFWENDUNGEN AUS ANLAGEVERKÄUFEN

Beim Verkauf eines Anlagegutes wird nur in seltenen Fällen exakt der (Rest-)Buchwert als Verkaufspreis erzielt. Gewöhnlich weichen Buchwert und (Netto-)Verkaufserlös voneinander ab.

Berechnung des Ertrags/Aufwands aus dem Verkauf

Das Bestandsverzeichnis weist den Wert des Anlagegutes zum 31.12. des Vorjahres 20(-1) aus. Wenn das Anlagegut nun im laufenden Jahre 20(0) verkauft wird, unterliegt es bis zum Verkaufsdatum der Nutzung und damit der Abnutzung. Der Buchwert zum Verkaufsdatum ist daher wie folgt zu berechnen:

Wert des Anlagegutes zum 31.12.20(-1)
./. AfA für Restlaufzeit bis Verkaufsdatum 20(0)
= Buchwert zum Zeitpunkt des Verkaufs
./. Verkaufserlös (netto)
= Ertrag/Aufwand

Beispiel 1: Verkauf eines Betriebs-Pkws über Buchwert :

Ausgangsrechnung

Verkaufspreis, netto	2 000,00 €
+ 19 % USt.	380,00 €
Rechnungsbetrag	2 380,00 €

Schritt 01: Buchung der Ausgangsrechnung: Verkauf eines Anlagegutes

Buchung im Grundbuch

Grundbuch				
Jahr 20(0)	Konten		€	
Datum	Soll	Haben	Soll	Haben
Schrift 01				
	1400 Forderungen		2 380,00	
		2880 Erträge aus Anlageverkäufen		2 000,00
		1669 Umsatzsteuer		380,00

Berechnung des Ertrags/Aufwands aus dem Verkauf

Wert des Anlagegutes zum 31.12.20(-1)	1 200,00 €
./. AfA für Restlaufzeit bis Verkaufsdatum	700,00 €
= Buchwert zum Zeitpunkt des Verkaufs	500,00 €
./. Verkaufserlös (netto)	2 000,00 €
= Ertrag	1 500,00 €

Buchung im Grundbuch

Grundbuch				
Jahr 20(0)	Konten		€	
Datum	Soll	Haben	Soll	Haben
Schritt 02: AfA-Berichtigung (Rest-AfA)				
	2470 Abschreibungen		700,00	
		0220 Fuhrpark		700,00
Schritt 03: Ausbuchung des Buchwerts = Abgang von Anlagegütern				
	240 Aufwendungen aus AV-Verkäufen		500,00	
		0220 Fuhrpark		500,00
Schritt 04 und 05: Kontenanschluss				
	900 Unternehmens-ergebnis (GuV)		500,00	
		2400 Aufwendungen aus AV-Verkäufen		500,00
	2880 Erträge aus AV-Verkäufen		2 000,00	
		900 Unternehmens-ergebnis (GuV)		2 000,00

Soll		90 Unternehmensergebnis (GuV)			Haben
Datum	**Text**	**€**	**Datum**	**Text**	**€**
	Aufwendungen aus AV-Verkauf	500,00		Erträge aus AV-Verkauf	2 000,00

Beispiel 2: Verkauf eines Betriebs-Pkws zum Schrottwert von netto 100 € (unter Buchwert)

Ausgangsrechnung 2:

Verkaufspreis, netto	100,00 €
+ 19 % USt.	19,00 €
Rechnungsbetrag	119,00 €

Schritt 01: Buchung der Ausgangsrechnung: Verkauf eines Anlagegutes

Buchung im Grundbuch

Grundbuch				
Jahr 20(0)	Konten		€	
Datum	Soll	Haben	Soll	Haben
Schritt 01: Ausgangsrechnung				
	1400 Forderungen		119,00	
		2880 Erträge aus Anlageverkauf		100,00
		1669 Umsatzsteuer		19,00

Berechnung des Ertrags/Aufwands aus dem Verkauf

Wert des Anlagegutes zum 31.12.20(-1)	1 200,00 €
./. AfA für Restlaufzeit bis Verkaufsdatum	700,00 €
= Buchwert zum Zeitpunkt des Verkaufs	500,00 €
./. Verkauf zum Schrottwert (netto)	100,00 €
= Aufwand	- 400,00 €

Buchung im Grundbuch

Grundbuch				
Jahr 20(0)	Konten		€	
Datum	Soll	Haben	Soll	Haben
Schritt 02: AfA-Berichtigung (Rest-AfA)				
	2470 Abschreibungen		700,00	
		0220 Fuhrpark		700,00
Schritt 03: Ausbuchung des Buchwerts = Abgang von Anlagegütern				
	2400 Aufwendungen aus AV-Verkäufen		500,00	
		0220 Fuhrpark		500,00
Schritt 04 und 05: Kontenanschluss				
	900 Unternehmensergebnis (GuV)		500,00	
		2400 Aufwendungen aus AV-Verkäufen		500,00
	2880 Erträge aus AV-Verkäufen		100,00	
		900 Unternehmensergebnis (GuV)		100,00

Soll	90 Unternehmensergebnis (GuV)				Haben
Datum	**Text**	**€**	**Datum**	**Text**	**€**
	Aufwendungen aus AV-Verkauf	500,00		Erträge aus AV-Verkauf	100,00

4.4 Aufgaben zur Beschaffung und Verkauf von Anlagegütern

01 Die Spedition ALLSPED GmbH verkauft einen Pkw gegen Rechnung:

Rechnung-Nr. 1212/DD		
Menge	**Bezeichnung**	**Gesamtpreis (€)**
1	Pkw Diesel blaumetallic	2 000,00
	19 % Umsatzsteuer	380,00
	Rechnungsbetrag	2 380,00

Das Bestandsverzeichnis weist den Wert des Anlagegutes zum 31.12. des Vorjahres 20(-1) mit 1 200,00 € aus. Die Abschreibung für das Jahr 20(0) bis zum Verkaufsdatum beträgt 700,00 €.

a) Ermitteln Sie mit dem folgenden Rechenschema, ob der Pkw mit einem Aufwand oder Ertrag verkauft wurde.

b) Buchen Sie den Vorgang im Grundbuch auf Seite 348 und errechnen Sie den Ertrag/Aufwand aus dem Verkauf.

Berechnung des Ertrags/Aufwands aus dem Verkauf

Wert des Anlagegutes zum 31.12.20(-1)	
./. AfA für Restlaufzeit bis Verkaufsdatum	
= Buchwert zum Zeitpunkt des Verkaufs	
./. Verkaufserlös (netto)	
= Aufwand/Ertrag	

02 Die Spedition ALLSPED GmbH hat sechs gleichartige Schreibtische für 6 138,72 € (Überweisungsbetrag) eingekauft.

a) Berechnen Sie den Listenpreis für einen Schreibtisch mit Hilfe des unten stehenden Rechnungsausschnitts und dem Rechenschema. Dem Fachgeschäft wurden 10 % Rabatt und bei Zahlung innerhalb von 10 Tagen 2 % Skonto gewährt.

b) Buchen Sie im Grundbuch auf Seite 348
- den Rechnungseingang in der Spedition ALLSPED GmbH.
- die Zahlung (10 Tage später, Banküberweisung).

c) Berechnen Sie den Bezugspreis

Muster

Rechnung			
Stück	Bezeichnung	Einzelpreis	Gesamtpreis
6	Schreibtisch		
	./. Rabatt		
	Nettobetrag		
	+ 19 % USt.		
	Rechnungsbetrag		
	./. Skonto		
	Überweisungsbetrag		

Rechenschema			
Listeneinkaufspreis		100 %	
– 10 % Rabatt		– 10 %	
= Nettobetrag		90 %	←100 %
+ 19 % Umsatzsteuer			+ 19 %
= Rechnungsbetrag		100 %	←119 %
– 2 % Skonto		– 2 %	
= Überweisungsbetrag		98 %	

Anschaffungswert			
Listeneinkaufspreis			
– Rabatt			
= Zieleinkaufspreis			
– Skonto			
= Anschaffungswert		: 6 =	

03 Die Spedition ALLSPED fährt im Selbsteintritt mit ihrem eigenen Lkw.

- Anschaffungswert: brutto 71 400,00 €
- Nutzungsdauer lt. AfA-Tabelle: 6 Jahre

a) Berechnen Sie den jährlichen Abschreibungsbetrag für die bilanzielle Abschreibung des Lkw im Jahr 20(0).

b) Bilden Sie den Buchungssatz für die jährliche Abschreibung im Jahr 20(0) des Lkw.

c) Bilden Sie den Buchungssatz für die jährliche Abschreibung im Jahr 20(0)
für BGA: 11 000,00 €
für Gebäude: 4 000,00 €

04 Bei welchen der folgenden Sachverhalte wählt eine Unternehmung die lineare Abschreibungsmethode?

1	Gegenwärtig und in den nächsten Jahren werden anhaltende Verluste erwartet.
2	Steuerliche Vergünstigungen sollen schnellstmöglich in Anspruch genommen werden.
3	Die Abschreibung soll die Erfolgsrechnung im Laufe der Jahre mit gleichen Beträgen beeinflussen.
4	Bei einem bestimmten Anlagegut ist die Gefahr der Überalterung besonders groß.
5	Die Abschreibungsbeträge sollen in den ersten Jahren möglichst hoch sein.

Tragen Sie die Ziffern der beiden zutreffenden Sachverhalte in die Kästchen ein.

05 Die Finanzbuchhaltung der Spedition Deelmann, Osnabrück, weist die unten stehenden Konten (Hauptbuch) auf (Auszug). Die Spedition besitzt keine eigenen Lkw. Im Bestandsverzeichnis werden Anlagegüter (Pkw, Umschlaggeräte, BGA) zum 31.12.20(0) mit einem Anschaffungswert von 126 301,00 € geführt. Davon werden Anlagegüter im Wert von 63 425,00 € über einen Zeitraum von 10 Jahren und der Rest in 5 Jahren linear abgeschrieben.

Ermitteln Sie die Auswirkungen der Abschreibungen auf den Erfolg des Unternehmens, indem Sie das Unternehmensergebnis der Spedition unter Berücksichtigung der Abschreibungen erstellen. Buchen Sie dazu den Vorgang im Hauptbuch.

Hauptbuch

Soll	02 Anlagen, Maschinen, BGA				Haben
Datum	Text/Gegenkonto	€	Datum	Text/Gegenkonto	€
02.01.20(0)	9700 EBK	124 051,00	31.12.20(0)		
05.03.20(0)	1600 Verbindlichkeiten	750,00	31.12.20(0)		
15.05.20(0)	1600 Verbindlichkeiten	1 500,00			

Soll	247 Abschreibungen				Haben
Datum	Text/Gegenkonto	€	Datum	Text/Gegenkonto	€
31.12.20(0)			31.12.20(0)		
31.12.20(0)					

Soll	9000 Unternehmensergebnis (GuV)				Haben
Datum	Text/Gegenkonto	€	Datum	Text/Gegenkonto	€
31.12.20(0)	Speditionsaufwand	740 000,00	31.12.20(0)	Speditionserlöse	1 200 000,00
31.12.20(0)	Personalaufwand	205 000,00			
31.12.20(0)	Abschreibungen				
31.12.20(0)	Werbung	6 000,00			
31.12.20(0)	Steuern	7 500,00			
31.12.20(0)	Zinsaufwendungen	6 000,00			
31.12.20(0)	Übrige Aufwendungen	121 000,00			
31.12.20(0)	Eigenkapital (Gewinn)				
		1 200 000,00			**1 200 000,00**

zu 01

BUCHUNG IM GRUNDBUCH

Jahr 20(0)	Grundbuch			
	Konten		€	
Datum	Soll	Haben	Soll	Haben
Schritt 01	Buchung des Anlagenverkaufs (Ausgangsrechnung)			
Schritt 02	AfA-Berichtigung (Rest-AfA)			
Schritt 03	Ausbuchung des Buchwerts = Abgang von Anlagegütern			
Schritt 04 + 05:	Kontenanschluss der Konten Erträge aus Anlageverkäufen und Aufwendungen aus Anlageverkäufen			

zu 02

Grundbuch				
Jahr 20(0)	Konten		€	
Datum	Soll	Haben	Soll	Haben
	Betragskontrolle			

06 Ein Lieferwagen wird in 5 Jahren linear direkt abgeschrieben. Am Anfang des 3. Jahres weist das Konto Fuhrpark folgenden Wert aus:

Soll	Fuhrpark	Haben
96 000,00		

a) Ermitteln Sie die Anschaffungskosten (netto) des Lieferwagens.

Der Lieferwagen wird zum Anfang des 4. Jahres gegen Bankscheck 4 000,00 € unter Buchwert zuzüglich 19 % USt. verkauft.

b) Ermitteln Sie die Bankgutschrift.

07 Ein Sattelzug hat Anschaffungskosten von 180 000 €. Er soll innerhalb von acht Jahren abgeschrieben werden.

a) Wie viel Prozent beträgt der lineare Abschreibungssatz?

b) Berechnen Sie den Leistungssatz, wenn die Gesamtleistung des Lkw auf 500 000 km geschätzt wird.

c) Wie hoch ist der Abschreibungsbetrag im Jahr 20(0), wenn der Lkw in diesem Jahr 96 000 km fährt?

08 Für den Fuhrpark des Frachtführers ALLTRANS liegen folgende Daten vor:

	€/%
Anschaffungswert (ohne Reifen)	110 000 000
Bilanzielle Abschreibung	27 500 000
Wiederbeschaffungswert	140 000 000
Kalkulatorische Abschreibung	16 2/3 %
Kalkulatorischer Restwert (ohne Reifen)	20 000 000

Ermitteln Sie

a) den Abschreibungsbetrag, der sich auf die Gewinn- und-Verlust-Rechnung auswirkt.

b) den der Kalkulation zugrunde liegenden Abschreibungsbetrag,

c) die für die bilanzielle Abschreibung unterstellte Nutzungsdauer in Jahren.

09 In der Spedition ALLSPED GmbH soll für die Kalkulation der Fahrzeugkosten die Abschreibung in der richtigen Höhe ermittelt werden.

Folgende Angaben liegen vor:

Die bilanziellen Abschreibungen für die Fahrzeuge betragen bei 8-jähriger Nutzungsdauer 1 200 000 € pro Jahr.

Die kalkulatorischen Abschreibungen belaufen sich auf 1 800 000 € pro Jahr.

Welche Auswirkung hat dies auf die Kosten- und Leistungsrechnung bzw. auf die Buchführung?

Kreuzen Sie die richtige Lösung an.

01	In der Geschäftsbuchführung entstehen Aufwendungen in Höhe von 1 600 000 €.	
02	Die bilanziellen Abschreibungen sind in der Kosten- und Leistungsrechnung grundsätzlich gleich anzusetzen.	
03	Die steuerlichen Abschreibungssätze sind lediglich Richtsätze für die Unternehmensbuchführung, weil davon beliebig abgewichen werden darf.	
04	Die kalkulatorischen Abschreibungen sinken automatisch, wenn der Staat die AfA-Sätze für die bilanziellen Abschreibungen senkt.	
05	Es werden in der Kalkulation 1 800 000 € berücksichtigt, da kalkulatorisch auch schneller als bilanziell abgeschrieben werden darf.	
06	Stornierung einer Frachtführerrechnung	
07	Banklastschrift für gemietete Lagerhalle	
08	Banklastschrift für gezahlte Umschlagsentgelte	

10 Ein Lkw wurde von der Spedition ALLSPED GmbH am 3. Januar 20(0) für 150 000 € netto angeschafft und mit dem steuerlich zulässigen Höchstbetrag degressiv abgeschrieben.

01	Wie viel % beträgt der steuerlich zulässige Höchstsatz bei degressiver Abschreibung? (aktuelles Jahr verwenden)	
02	Wie viel € beträgt der Buchwert zum 31.12.20(+2) ?	
03	Wie viel % der Anschaffungskosten beträgt der Buchwert des Lkw am 31.12.20(+2) ?	

11 Die Spedition ALLSPED GmbH verkauft einen Gabelstapler für 2 000,00 € (zuzüglich Umsatzsteuer). Der Buchwert beträgt 800,00 €.

		Soll	Haben
a)	Bilden Sie unter Verwendung der unten stehenden Konten für diesen Verkauf die Buchungssätze		
	01 zur Ausgangsrechnung		
	02 zur Bankgutschrift		
	03 zum Vermögensabgang		

[1] Forderungen a.L.L.
[4] Vorsteuer
[7] Transportgeräte
[2] Verbindlichkeiten a.L.L.
[5] Erträge aus Anlageverkäufen
[8] Bank
[3] Mehrwertsteuer/Umsatzsteuer
[6] Abgänge aus Anlageverkäufen

b) Ermitteln Sie den Ertrag aus dem Verkauf.

12 Die Spedition ALLTRANS GmbH begleicht eine Rechnung für einen bezogene Getränkeautomaten. Nach Abzug von 2 % Skonto werden 4 081,70 € überwiesen.

Ermitteln Sie

01	den Skontobetrag brutto.	
02	den Brutto-Rechnungsbetrag vor Skontoabzug.	
03	den Netto-Einkaufspreis (Bareinkaufspreis) für den Getränkeautomaten.	

13 Für die Fahrzeugkostenkalkulation der Spedition ALLSPED GmbH sollen die jährlichen leistungsabhängigen Kosten eines Lkw berechnet werden. Das Fahrzeug ist 200 Tage des Jahres im Einsatz und fährt in dieser Zeit 160 000 km. Die geschätzte Nutzungsdauer beträgt 5 Jahre. Die Kosten setzen sich wie folgt zusammen:

- Kaufpreis einschließlich der Reifen 90 000 € netto
- Kraftstoffverbrauch 24 Liter Diesel/100 km, Nettopreis 1,13 € je Liter
- Schmierstoffe werden mit 3 % von den Treibstoffkosten berechnet
- Die 6 Reifen haben einen Wert von je 200 €, Laufleistung 50 000 km
- Sonstige km-abhängige Kosten: 1 000 € pro Jahr

01	Berechnen Sie die Abschreibung für Abnutzung pro Jahr für das Fahrzeug, wenn dafür der halbe Kaufpreis ohne Bereifung angesetzt wird.	
02	Ermitteln Sie die Kosten für den Kraftstoffverbrauch pro Jahr.	

14 Für die Berechnung von Abschreibungen eines Lkw sind folgende Angaben zu berücksichtigen:

- Anschaffungswert: 130 000 €
- Wiederbeschaffungswert: 150 000 €

Der Lkw wird bilanziell mit 20 % linear [bis 20(+3)] abgeschrieben. Kalkulatorisch wird ein Abschreibungssatz von 15 % angesetzt.

01	Berechnen Sie die kalkulatorische Abschreibung für einen Lkw.	
02	Berechnen Sie den Buchwert zu Beginn des 3. Nutzungsjahres in €,	
03	Erläutern Sie, mit welcher Abschreibungsmethode kalkulatorisch abgeschrieben wird. Begründen Sie Ihre Ansicht.	

15 Für den Fuhrpark des Frachtführers ALLSPED GmbH liegen folgende Daten vor:

	€/%
Anschaffungswert (ohne Reifen)	22 000,000
Bilanzielle Abschreibung	5 500 000
Wiederbeschaffungswert	28 000 000
Kalkulatorische Abschreibung	16 2/3 %
Kalkulatorischer Restwert	4 000 000

Ermitteln Sie:

01	den Abschreibungsbetrag, der sich auf die Gewinn- und Verlust-Rechnung auswirkt	
02	den der Kalkulation zugrunde liegenden Abschreibungsbetrag	
03	die für die bilanzielle Abschreibung unterstellte Nutzungsdauer in Jahren	

16 Ein Lieferwagen wird in 5 Jahren linear direkt abgeschrieben. Am Anfang des 3. Jahres weist das Konto Fuhrpark folgenden Wert aus:

Soll	Fuhrpark Haben
48 000,00	

a) Ermitteln Sie die Anschaffungskosten (netto) des Lieferwagens.

b) Der Lieferwagen wird zum Anfang des 4. Jahres gegen Bankscheck 2 000 € unter Buchwert zuzüglich 19 % USt. verkauft. Ermitteln Sie die Bankgutschrift.

17 Die Spedition ALLSPED GmbH kauft einen neuen Lkw.

Anschaffungswert (netto)	90 000,00 €
Wiederbeschaffungswert (geschätzt), einschließlich Reifen in Höhe von 3 800,00 €	106 000,00 €
Verkaufserlös (geschätzt) am Ende der Nutzungsdauer	8 000,00 €
Nutzungsdauer (geschätzt)	6 Jahre
Durchschnittliches fahrzeuggebundenes Umlaufvermögen	7 000,00 €
Kalkulatorischer Zinssatz	5,5 %

Berechnen Sie:

01	den Betrag der kalkulatorischen Abschreibungen pro Jahr	
02	das durchschnittlich durch den Lkw gebundene Kapital (Anlagevermögen (Lkw) und Umlaufvermögen)	
03	die kalkulatorischen Zinsen pro Jahr	

5 Jahresabschluss

5.1 Funktion des Jahresabschlusses

Nach § 242 HGB müssen Unternehmen (Kaufleute) nach Ablauf eines Geschäftsjahres über die tatsächliche Vermögens-, Kapital- und Ertragslage im Jahresabschluss Auskunft geben.

Der Jahresabschluss hat **zwei Grundfunktionen:**

- **Informationsfunktion:**

  Der Jahresabschluss unterrichtet alle Interessierten (Stakeholder) über die wirtschaftliche Lage des Unternehmens. Zu den Interessenten gehört zunächst das Unternehmen selbst. Die Dokumentation der Vermögens-, Finanz- und Ertragslage zum Bilanzstichtag stellt die **Basis für Planungen und künftige Entscheidungen dar. Die Mitarbeiter, Lieferanten und Kunden** können auf seiner Grundlage einschätzen, wie sicher ihr **Arbeitsplatz** ist oder ob eine intensivere **Zusammenarbeit** von Vorteil wäre.

  Das Ergebnis des Jahresabschlusses wird von Anteilseignern und externen Gruppen wie Investoren, Banken und anderen Gläubigern als **Kriterium für Investitionen und Kreditvergabe** herangezogen.

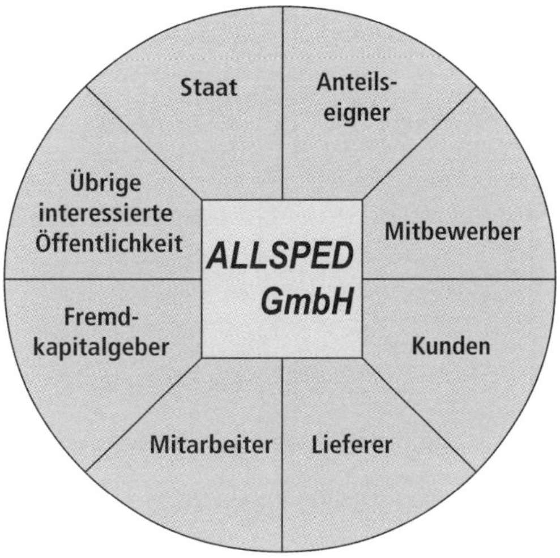

- **Bemessungsgrundlage:**

  Der Jahresabschluss ist zum einen Bemessungsgrundlage für die **Besteuerung des Unternehmens** und dient zum anderen der Ermittlung von erfolgsabhängigen Auszahlungen wie **Dividenden und Erfolgsbeteiligungen** (= Gewinnverteilung).

5.2 Inhalt und Gliederung des Jahresabschlusses

Jahresabschluss bei Einzelunternehmen und Personengesellschaften

Bilanz

- Pflicht zur Erstellung (§ 241 Abs. 1 HGB)
- Gliederung: Anlagevermögen, Umlaufvermögen, Eigenkapital, Schulden, Rechnungsabgrenzung
- Kontenform

GuV

- Pflicht zur Erstellung (§ 242 Abs. 2 HGB)
- Keine Formvorschrift

Jahresabschluss bei Kapitalgesellschaften

Bilanz

- Pflicht zur Erstellung (§ 264 Abs. 1 HGB)
- Gliederung:
  - Vermögen nach Flüssigkeit
  - Schulden nach Fälligkeit (§ 266 HGB)
- Kontenform

GuV

- Pflicht zur Erstellung (§ 264 Abs. 1 HGB)
- Gliederung: nach § 275 HGB
- Staffelform

Anhang

- Pflicht zur Erstellung (§ 264 Abs. 1 HGB)
- Erläuterung der Positionen der Bilanz und der GuV
- Angabe der Bilanzierungs- und Bewertungsmethoden

Der Lagebericht (§ 289 HGB) gehört **nicht zum Jahresabschluss**. Er stellt den Geschäftsverlauf und die Lage der Kapitalgesellschaft dar:

- Vorgänge von besonderer Bedeutung (insbesondere nach der Bilanzierung)
- Voraussichtliche Entwicklung
- Pläne für Forschung und Entwicklung

Jahresabschluss der Unternehmen nach HGB

Einzelunternehmen und Personengesellschaften (OHG, KG)		Kapitalgesellschaften (GmbH, AG) und eingetragene Genossenschaften			
Jahresabschluss		Jahresabschluss			Lagebericht
Bilanz	Gewinn-und-Verlust-Rechnung	Bilanz	Gewinn-und-Verlust-Rechnung	Anhang	
Vermogenssituation: Gegenüberstellung von Vermögen und Kapital	Ertragssituation: Gegenüberstellung von Aufwand und Ertrag	Vermögenssituation: Gegenüberstellung von Vermögen und Kapital mit Angabe von Laufzeiten von Forderungen und Verbindlichkeiten	Ertragssituation: Gegenüberstellung von Aufwand und Ertrag	Ergänzung der Angaben in Bilanz und GuV	Ergänzung des Jahresabschlusses um Angaben zur wirtschaftlichen und sozialen Lage des Unternehmens sowie ihrer voraussichtlichen Entwicklung

GRÖSSENKLASSEN DER KAPITALGESELLSCHAFTEN

Bilanz und Gewinn und Verlust-Rechnung unterliegen abhängig von der Größenklasse unterschiedlichen Gliederungsrichtlinien:

Größenklassen der Kapitalgesellschaften nach § 267 HGB

Kapitalgesellschaft	Bilanzsumme in Mio. EUR	Umsatz in Mio. EUR	Anzahl der Arbeitnehmer	Erläuterungen
kleine	bis 4.840	bis 9.680	bis 50	Mindestens 2 der 3 nebenstehenden Merkmale entscheiden über die Zuordnung zu einer Größenklasse.
mittelgroße	bis 19.250	bis 38,500	bis 250	
große	über 19.250	über 38,500	über 250	

Große und mittelgroße Kapitalgesellschaften haben genau bezeichnete Bilanzpositionen nach einem gesetzlich vorgegebenen Gliederungsschema auszuweisen. Kleine Kapitalgesellschaften brauchen nur eine verkürzte Bilanz aufzustellen.

5.3 Bewertung im Jahresabschluss

Ziel der Rechnungslegung

Information: Überblick über Vermögen, Schulden und Ertragslage

Handelsrechtliche und steuerrechtliche Gewinnermittlung

Bilanzadressaten → Informationsinteresse

- Eigentümer
- Gläubiger
- Finanzbehörden
- Kommunen
- Öffentlichkeit

Die **Wertansätze** in einer Bilanz sind das Ergebnis von **unternehmerischen Entscheidungen** und damit abhängig von den **Unternehmenszielen**.

Unternehmensziel/Adressat	Bewertungsmaßnahme	Ergebnis
Kreditwürdigkeit → Gläubiger	Nur die gesetzlich geforderten **Mindestabschreibungen** werden angesetzt	**hohes** Vermögen **hoher** Gewinn
Verdecken von Gewinnteilen (Gewinnersparnis) → Steuerbehörde, Gesellschafter	Alle gesetzlich zulässigen Abschreibungsmöglichkeiten werden ausgeschöpft.	**niedriges** Vermögen **niedriger** Gewinn

Außerdem sind die **Wertansätze** in der Bilanz oft auch das **Ergebnis von Schätzungen**. Diese Schätzungen unterliegen zwar Grundsätzen, die für alle Unternehmen gleich sind, lassen aber durchaus **Bewertungsspielräume** zu.

Zum **Schutze der Gläubiger** und Anteilseigner eines Unternehmens sowie im Interesse einer **einheitlichen Bewertung** in allen Unternehmen gibt es daher gesetzlich **vorgeschriebene Bewertungsgrundsätze.**

Auswirkungen der Bewertung

Gewinnerhöhung Tatsächliches Vermögen	Bilanziertes Vermögen (Überbewertung)	Tatsächliche Schulden	**Gewinnerhöhung** Bilanzierte Schulden (Unterbewertung)
Tatsächliches Vermögen	**Gewinnminderung** Bilanziertes Vermögen (Unterbewertung)	**Gewinnminderung** Tatsächliche Schulden	Bilanzierte Schulden (Überbewertung)

Bewertungsgrundsätze	
Grundsatz der Bilanzidentität und Bewertungsstetigkeit (formelle und materielle Bilanzkontinuität)	Der Grundsatz der Bilanzkontinuität verlangt die Beibehaltung der äußeren Form der Bilanz, die Wiederaufnahme der Werte des alten Jahres in die Eröffnungsbilanz und die Beibehaltung der Bewertungsgrundsätze der einzelnen Bilanzpositionen.
Grundsatz der Fortführung der Unternehmenstätigkeit (Going concern)	Bei der Bewertung ist von der Fortführung des Unternehmens auszugehen.
Grundsatz der Einzelbewertung am Bilanzstichtag	Jeder Vermögensgegenstand und jeder Schuldposten ist grundsätzlich einzeln zu erfassen und zu bewerten (Inventur/Inventar). Diese Bewertung erfolgt am Ende eines Geschäftsjahres (→ Bilanzstichtag: 31.12.).

GRUNDSATZ DER VORSICHT

Der Gesetzgeber verlangt vom Kaufmann, dass er in der Bilanz vorsichtig bewertet. Es soll verhindert werden, dass die Lage des Unternehmens zu positiv dargestellt wird. Der Grundsatz der **vorsichtigen Bewertung** von Vermögen und Schulden in der Bilanz hat **Auswirkungen** auf die Höhe der **Aufwendungen und Erträge** in der GuV-Rechnung und damit auf das **Unternehmensergebnis**.

Aus dem **Grundsatz der Vorsicht** werden folgende **spezielle Prinzipien** abgeleitet:

Bewertungsprinzip	Beschreibung	Beispiel	Auswirkung in der GuV
Realisationsprinzip	Nach diesem Vorsichtsprinzip dürfen sich z. B. Gewinne erst dann in der Bilanz vermögenswirksam niederschlagen, wenn sie auch tatsächlich erzielt worden sind, d. h. realisiert werden konnten.	Ein in der Bilanz ausgewiesenes Grundstück wird durch einen neuen Bebauungsplan in seinem Wert gesteigert. Die Wertsteigerung darf erst bei der Veräußerung des Grundstücks ausgewiesen werden.	**keine Erträge**
Imparitätsprinzip	Noch nicht realisierte Gewinne und noch nicht realisierte Verluste werden im Jahresabschluss ungleich behandelt (imparitätisch). Während die noch nicht realisierten Gewinne auch nicht ausgewiesen werden dürfen, müssen im Gegensatz dazu die noch nicht realisierten Verluste ausgewiesen werden.	Ein Kunde eröffnet das Insolvenzverfahren. Die sich abzeichnenden Forderungsverluste müssen am Bilanzstichtag bereits berücksichtigt werden.	**zusätzlicher Aufwand** durch Abschreibungen auf diese Forderungen

Niederstwertprinzip	Stehen für die Bewertung von Vermögensposten zwei Wertansätze zur Verfügung, wird grundsätzlich der niedrigere Wert verwendet.	Eine neue maschinelle Anlage entspricht in besonderem Maße den Förderrichtlinien des Umweltschutzes. Das Unternehmen nimmt die Möglichkeit von Sonderabschreibungen wahr.	**zusätzlicher Aufwand** durch Abschreibungen auf das Anlagevermögen
Höchstwertprinzip	Bei der Bewertung von Schulden greift das Vorsichtsprinzip in der Weise, dass bei einer Wahlmöglichkeit mit dem Höchstwert zu bilanzieren ist.	Eine Rückstellung für Instandhaltung eines Gebäudes wird durch das Unternehmen aus Vorsichtsgründen etwas höher angesetzt.	**zusätzliche Aufwendungen** für Instandhaltung
Anschaffungswertprinzip	Anschaffungskosten dürfen nie überschritten werden.	Vgl. Seite 318	

Bewertung des Vermögens

Niederstwertprinzip (NWP)

Strenges NWP

Ansatz:
niedriger Wert **muss** angesetzt werden (Pflicht)

- **Anlagevermögen:** bei voraussichtlich dauernder Wertminderung
- **Umlaufvermögen:** immer

Gemildertes NWP

Ansatz:
niedriger Wert **darf** angesetzt werden (Wahlrecht)

- **Anlagevermögen:** bei vorübergehender Wertminderung

Bewertung der Schulden

Höchstwertprinzip

Von zwei möglichen Wertansätzen **muss** der höhere Wert angesetzt werden.

Reihenfolge der Abschlussbuchungen	
Abschlussarbeiten	**Abzuschließende Konten**
1. Vorbereitende Abschlussbuchungen (Umbuchungen)	Vorsteuer, Abschreibungen
2. Abschluss der Aufwandskonten über das UEK (GuV)	Speditionsaufwendungen, Miete, Gehälter usw.
3. Abschluss der Ertragskonten über das UEK (GuV)	Speditionserträge
4. Abschluss des UEK (GuV) über das Eigenkapital	Unternehmensergebnis (GuV)
5. Abschluss der Vermögenskonten über das Schlussbilanzkonto (SBK)	Transportanlagen, Fahrzeuge, Geschäftsausstattung, Forderungen, Bank, Kasse
6. Abschluss der Kapitalkonten über das Schlussbilanzkonto (SBK)	Eigenkapital, Darlehen, Verbindlichkeiten, Mehrwertsteuer

Geschäftsvorgang	Soll	Haben	Soll	Haben
Vorbereitende Abschlussbuchungen				
Vorsteuer	1669 Umsatzsteuer			
		an 1457 Vorsteuer		
Abschreibungen	2470 Abschreibungen			
		an 0220 Fuhrpark, o. a.		
Abschlussbuchungen (Erfolgskonten)				
Aufwandskonten	9000 UEK (GuV)			
		an verschiedene Aufwandskonten		
Ertragskonten	verschiedene Ertragskonten			
		9000 UEK (GuV)		
Gewinn	9000 UEK (GuV)			
		0500 Eigenkapital		
Verlust	0500 Eigenkapital			
		9000 UEK (GuV)		
Abschlussbuchungen (Bestandskonten)				
Vermögenskonten	Verschiedene Vermögenskonten			
		9900 SBK		
Kapitalkonten	9900 SBK			
		Verschiedene Kapitalkonten		

5.4 Auswertung des Jahresabschlusses: Instrumente des Controllings

5.4.1 Instrumente des Controllings

Unternehmen bewegen sich in ständig **verändernden Märkten**. Auf diese Veränderungen müssen die Unternehmen durch **flexible Anpassung** und geeignete **Strategien** reagieren. Das Controllingsystem hat für diese Aufgabe im Rahmen von Planung, Kontrolle und Steuerung ein umfangreiches und effizientes Instrumentarium entwickelt.

Instrumentarium des Controllings

- zielorientiert
- zukunftsorientiert
- prozessorientiert
- marktorientiert und
- kundenorientiert

Operatives Controlling	Strategisches Controlling
Operatives Controlling umfasst die kurzfristige Planung, Kontrolle und Steuerung mit dem Ziel, Korrekturen bei Abweichungen vom Kurs des Unternehmens zu ermöglichen. **Operative Ziele** könnten konkret folgendermaßen aussehen: ▮ Erhöhung des Gewinns um 7 % ▮ Erhöhung der Umsatzrentabilität auf 2 % ▮ Festlegung des ROI (Return on Investment) auf 10 % ▮ Beschränkung der Liquidität 1. Grades auf 5 – 10 % ▮ Umsatz pro Mitarbeiter 250 000,00 € usw.	Das **strategische Controlling** plant und überwacht alle Maßnahmen, die auf die **langfristige Weiterentwicklung** des Unternehmens abzielen: Aufbau von Kapazitäten, Verwendung neuer Technologien, Qualifizierung von Mitarbeitern und Verbesserung der betrieblichen Prozesse. Zu den **strategischen Zielsetzungen** gehören: ▮ die Erschließung neuer Märkte ▮ Ausbau von Marktanteilen ▮ Entwicklung neuer Produkte/Dienstleistungen

Operatives Controlling	Strategisches Controlling
Durch den konsequenten Einsatz der folgenden Analysen und Werkzeuge kann das operative Controlling nachweisen, ob und inwieweit die beschriebenen Ziele erreicht wurden. ▮ Analyse der Bilanz: Finanzierung, Anlagendeckung, Liquidität, usw. ▮ Analyse der GuV: Rentabilitäten, Cashflow usw. ▮ ROI (Return on Investment) ▮ Break-Even-Analyse ▮ Deckungsbeitragsrechnung ▮ Kurzfristige Erfolgsrechnung	Die **Instrumente** zur Beobachtung der **langfristigen Ziele** der Unternehmung im strategischen Controlling sind: ▮ Stärken- und Schwächenanalyse ▮ Konkurrenzanalyse ▮ Erfahrungskurve ▮ Portfolio-Analyse ▮ Shareholder-Value ▮ Qualitätsmanagement

5.4.2 Kennziffern

AUFGABEN VON KENNZIFFERN

Kennziffern dienen dazu, den wirtschaftlichen Erfolg eines Unternehmens näher zu bestimmen. Sie erleichtern darüber hinaus ein zielgerichtetes Verhalten des Spediteurs und seiner Mitarbeiter für zukunftsbezogene Entscheidungen. Besonders aussagekräftig werden Kennziffern gewöhnlich erst durch Vergleiche.

Kennziffernvergleich		
Zeitvergleich	**Soll-Ist-Vergleich**	**Betriebsvergleich**
Zeitvergleiche sind innerbetriebliche Vergleiche. Dabei werden bestimmte Kennziffern aus unterschiedlichen Zeiträumen miteinander verglichen.	Auch hierbei handelt es sich um einen innerbetrieblichen Vergleich. Ein Spediteur setzt sich bestimmte Ziele für verschiedene Kennziffern. Diese Soll-(Plan-)Vorgaben werden regelmäßig auf ihren Erreichungsgrad (Ist-Zustand) hin überprüft	Externe Kennziffern (z. B. von Speditions- und Logistikverbänden oder aus Fachzeitschriften) werden genutzt, um sie mit den eigenen Zahlen des Betriebes zu vergleichen. Dies lässt Rückschlüsse auf die eigene Leistungsfähigkeit zu.

KENNZIFFERN DES FINANZWIRTSCHAFTLICHEN CONTROLLINGS

(1) Kennziffern zur Vermögenslage: Vermögensaufbau (Konstitution)

Bei der vertikalen Vermögensanalyse wird die Aktivseite der Bilanz untersucht, um genauere Aussagen zu treffen, wie das Vermögen im Unternehmen verteilt ist.

Aktiva = Vermögen	Bilanz Passiva = Kapital
Anlagevermögen Umlaufvermögen	
Bilanzsumme	Bilanzsumme

Anlagenintensität	$\frac{\text{Anlagevermögen} \cdot 100}{\text{Gesamtvermögen}}$	Die Anlageintensität beschreibt, welchen Anteil das Anlagevermögen am Gesamtvermögen hat.
Umlaufintensität	$\frac{\text{Umlaufvermögen} \cdot 100}{\text{Gesamtvermögen}}$	Die Umlaufintensität beschreibt, welchen Anteil das Umlaufvermögen am Gesamtvermögen hat.
Forderungsintensität	$\frac{\text{Forderungen} \cdot 100}{\text{Gesamtvermögen}}$	Eine steigende Forderungsintensität lässt darauf schließen, dass die Forderungen eher zeitlich verzögert von den Kunden ausgeglichen werden.

(2) Kennziffern zur Kapitalstruktur

Um die **Kapitalausstattung** beurteilen zu können, muss die **Finanzierung des Unternehmens** und die Bindungsdauer der einzelnen Finanzierungen untersucht werden. Darüber gibt die Passivseite der Bilanz Aufschluss. Die einzelnen Kapitalpositionen stehen dem Unternehmen kurz- oder langfristig zur Verfügung. Mit dem **Eigenkapital** kann das Unternehmen **langfristig** arbeiten. Beim Fremdkapital ist zwischen lang- und kurzfristig zu unterscheiden. Während die Darlehen langfristige Kredite darstellen, gehören Verbindlichkeiten zu den kurzfristigen Krediten.

Aktiva = Vermögen	Bilanz – Passiva = Kapital
	Eigenkapital Fremdkapital
Bilanzsumme	Bilanzsumme

Eigenkapitalquote (Grad der finanziellen Unabhängigkeit)	$\frac{\text{Eigenkapital} \cdot 100}{\text{Gesamtkapital (EK + FK)}}$	Die Eigenkapitalquote gibt Auskunft, wie hoch der Anteil des von den Eigentümern bzw. Gesellschaftern eingebrachten Kapitals am Gesamtkapital ist. Eine hohe Eigenkapitalquote lässt die Unabhängigkeit und die Sicherheit des Unternehmens erkennen.
Fremdkapitalquote (Verschuldungsgrad)	$\frac{\text{Fremdkapital} \cdot 100}{\text{Gesamtkapital (EK + FK)}}$	Der Verschuldungsgrad ist eine Kennzahl, um das Verhältnis von Eigenkapital zum Fremdkapital zu berechnen, und ergänzt die Eigenkapitalquote.
Umschlaghäufigkeit	$\frac{\text{Umsatzerlöse}}{\text{Durchschnittliches Kapital*)}}$ *) Durchschnitt aus AB und SB	Diese Kennzahl drückt aus, wie oft sich das gesamte Kapital im Jahr umschlägt, wie produktiv also das im Unternehmen befindliche Kapital eingesetzt wird.

Vorteile eines hohen Eigenkapitalanteiles:

- Hohe Haftungssumme, hohe Kreditwürdigkeit
- Unabhängigkeit von Gläubigern
- Geringe Zins- und Tilgungsbelastung
- Sicherheit in Krisenzeiten

(3) Kennziffern zur Liquidität

Um einen objektiven Maßstab für die Zahlungsfähigkeit des Unternehmens zu erhalten, werden Kennzahlen zur Liquidität gebildet. Die einzelnen Grade der Liquidität (vgl. Kennzahlen unten) erlauben eine Bewertung, wie schnell das Unternehmen seinen Zahlungsverpflichtungen nachkommt.

Aktiva = Vermögen	Bilanz – Passiva = Kapital
Vorräte (z. B. Kraftstoffe) Forderungen Bankguthaben + Bargeld = flüssige Mittel	Kurzfristige Verbindlichkeiten
Bilanzsumme	Bilanzsumme

Liquidität 1. Grades (Barliquidität)	$\frac{\text{flüssige Mittel} \cdot 100}{\text{kurzfristige Verbindlichkeiten}}$	Bei der Liquidität 1. Grades werden die flüssigen Mittel ins Verhältnis zu den kurzfristigen Verbindlichkeiten gesetzt. Damit wird ausgedrückt, wie viel Prozent (%) der kurzfristigen Verbindlichkeiten (z. B. Frachtführerrechnungen) sofort per Banküberweisung bezahlt werden können.
Liquidität 2. Grades (einzugsbedingte Liquidität)	$\frac{\text{flüssige Mittel} + \text{Forderungen} \cdot 100}{\text{kurzfristige Verbindlichkeiten}}$	Bei der Liquidität 2. Grades kommen zu den flüssigen Mitteln noch die Forderungen aus Lieferungen und Leistungen (kurzfristige Forderungen) hinzu. In dieser Kennzahl kommt zum Ausdruck, dass die flüssigen Mittel und die noch ausstehenden Geldmittel (Forderungen) ausreichen müssen, um kurzfristige Verbindlichkeiten ausgleichen zu können.
Liquidität 3. Grades (umsatzbedingte Liquidität)	$\frac{\text{flüssige Mittel} + \text{Forderungen} + \text{Vorräte} \cdot 100}{\text{kurzfristige Verbindlichkeiten}}$	Die Liquidität 3. Grades berücksichtigt neben den flüssigen Mitteln und den Forderungen auch noch die Vorräte, d. h. das gesamte Umlaufvermögen.
Working-Capital	Umlaufvermögen - kurzfristige Verbindlichkeiten = Working-Capital	Ein positiver Wert des Working-Capitals sagt aus, dass ein Teil des Umlaufvermögens mit langfristig zur Verfügung stehendem Kapital (Eigenkapital oder langfristiges Fremdkapital) finanziert wird. Das bedeutet, dass nicht das gesamte kurzfristig verfügbare Vermögen zur Deckung der kurzfristigen Verbindlichkeiten erforderlich ist. So ermöglicht die Kennziffer Working-Capital auch eine Beurteilung der Bonität des Unternehmens.

(4) Kennziffern zur Finanzstruktur

Bei den Kennzahlen zur Vermögens- und Kapitalstruktur wurden Zahlenwerte der Aktivseite der Bilanz einerseits und die Werte der Passivseite andererseits in Beziehung gesetzt. Hier spricht man von einer vertikalen Bilanzanalyse. Bei Frage nach der Finanzstruktur eines Unternehmens werden Werte der Aktivseite mit Werten der Passivseite der Bilanz in Beziehung gesetzt. Es handelt sich daher um eine horizontale (waagerechte) Betrachtungsweise der Bilanzstruktur, d. h., es werden Vermögensteile (Anlagevermögen) und Kapitalteile (Eigenkapital) miteinander verglichen.

Aktiva = Vermögen	Bilanz	Passiva = Kapital
Anlagevermögen		Eigenkapital
Umlaufvermögen		
		langfristige Verbindlichkeiten
		kurzfristige Verbindlichkeiten
Bilanzsumme		Bilanzsumme

Die **finanzielle Struktur** eines Unternehmens sollte so gestaltet sein, dass **langfristig genutzte Vermögensgegenstände** (Anlagegüter) auch durch **langfristig zur Verfügung stehendes Kapital** finanziert (gedeckt) wird. Die Fristigkeit der Finanzierungsmittel sollte also der Nutzungsdauer der damit finanzierten Investitionsobjekte entsprechen.

Anlagendeckungsgrad 1	$\frac{\text{Eigenkapital} \cdot 100}{\text{Anlagevermögen}}$	Beim Deckungsgrad 1 wird untersucht, ob das Anlagevermögen durch das Eigenkapital gedeckt ist.

Häufig ist aber eine volle Deckung durch langfristiges Kapital nicht möglich. Daraus leitet sich die **„Goldene Finanzierungsregel“** ab, die beinhaltet, dass das Anlagevermögen durch das **Eigenkapital + langfristiges Fremdkapital** zu finanzieren ist.

Anlagendeckungsgrad 2	$\frac{\text{Eigenkapital} + \text{langfristiges Fremdkapital} \cdot 100}{\text{Anlagevermögen}}$	Beim Deckungsgrad 2 wird untersucht, ob das Anlagevermögen durch das Eigenkapital und das langfristige Fremdkapital gedeckt ist.

KENNZIFFERN DES ERFOLGSWIRTSCHAFTLICHEN CONTROLLINGS

Der Gewinn eines Unternehmens sagt – isoliert betrachtet – noch nichts darüber aus, ob rentabel (wirtschaftlich) gearbeitet wurde. Die Frage nach der Rentabilität kann man erst beantworten, wenn man den Gewinn zu anderen Größen (z. B. zum Eigenkapital am Anfang des Geschäftsjahres) in Beziehung setzt.

Eigenkapitalrentabilität (Unternehmerrentabilität)	$\frac{\text{Gewinn} \cdot 100}{\text{Eigenkapital}}$	Bei der Eigenkapitalrentabilität wird ermittelt, mit wie viel Prozent sich das Eigenkapital im Geschäftsjahr verzinst hat.

Je nachdem, wie viel **Fremdkapital** sich Unternehmen zusätzlich zu ihrem Eigenkapital beschaffen müssen, werden sie auch in unterschiedlicher Höhe mit **Fremdkapitalzinsen** belastet. Diese Fremdkapitalzinsen mindern den GuV-Gewinn. Deswegen werden diesem Gewinn die Fremdkapitalzinsen wieder hinzugerechnet, um die unternehmerische Leistung **unabhängig** von der **Art der Finanzierung** beurteilen zu können. Man errechnet so die Gesamtkapitalrentabilität.

Gesamtkapitalrentabilität (Unternehmensrentabilität)	$\frac{\text{Gewinn + Fremdkapitalzinsen} \cdot 100}{\text{Gesamtkapital}}$	Zum Jahresgewinn werden die gezahlten Fremdkapitalzinsen hinzugerechnet. Der so ermittelte Gewinn des Gesamtkapitals ist zum Eigenkapital zuzüglich des Fremdkapitals (= Gesamtkapital) zu Beginn des Geschäftsjahres in Beziehung zu setzen.

Für die Entscheidung, ob eine Investition fremdfinanziert oder aus Eigenkapital finanziert werden soll, ist der Vergleich von Eigenkapital- und Gesamtkapitalrentabilität notwendig. Solange der Fremdkapitalzinssatz unter dem Gesamtkapitalzinssatz liegt, erhöht sich die Eigenkapitalrentabilität bei einer weiteren Fremdfinanzierung. In diesem Fall bewirkt das zusätzliche Fremdkapital eine Steigerung der Eigenkapitalrentabilität (Leverage-Effekt).

Umsatzrentabilität (Gewinnquote)	$\frac{\text{Gewinn} \cdot 100}{\text{Umsatz}}$	Die **Umsatzrentabilität** zeigt, wie viel Prozent der Umsatzerlöse dem Unternehmen als Gewinn zufließen. Dies ist der Anteil am Umsatz, der nicht durch Aufwand gebunden ist und für Gewinnausschüttungen bzw. zu Investitionszwecken zur freien Verfügung steht.

Cashflow

Der Cashflow ist die Kennzahl für die **innere Finanzkraft** eines Unternehmens und damit die Messziffer für die **Ertrags- und Selbstfinanzierungskraft**. Unter Cashflow versteht man den Finanzüberschuss. So stehen z. B. der Buchung von **Abschreibungen** und Rückstellungen **keine Auszahlungen** gegenüber. Deswegen steht diese Differenz dem Unternehmen zur Verfügung für:

- Finanzierung von Investitionen
- Schuldentilgung
- Gewinnausschüttung

Cashflow	Cashflow (vereinfacht)
Jahresüberschuss (Gewinn)	**Jahresüberschuss (Gewinn)**
+ Abschreibungen	+ Abschreibungen
+ Veränderungen der Rückstellungen (Einstellung von Aufwendungen)	
+ Außerordentliche Aufwendungen	
./. Außerordentliche Erträge	
= Cashflow	= Cashflow

Der Cashflow wird in der Praxis in ein Verhältnis zu den Umsatzerlösen (Speditionserlösen) gebracht und drückt mit 100 multipliziert die Cashflow-Rate aus:

Cashflow-Rate	$\frac{\text{Cashlow} \cdot 100}{\text{Umsatz erlöse}}$	Die Cashflow-Rate zeigt, wie viel Prozent vom Umsatz zur Selbstfinanzierung im Unternehmen verbleiben und damit für Investitionszwecke und zur Kredittilgung frei zur Verfügung stehen.

5.5 Aufgaben zum Jahresabschluss

01 Berechnen Sie folgende Kennzahlen der Kapital- und Vermögensstruktur in Prozent.

a)	Anlageintensität (auf eine Stelle nach dem Komma runden)	%
b)	Deckung des Anlagevermögens durch das Eigenkapital (Anlagendeckung I) (auf eine Stelle nach dem Komma runden)	%
c)	Eigenkapitalquote	%
d)	Fremdkapitalquote	%
e)	Liquidität 2. Grades (auf eine Stelle nach dem Komma runden)	%

Aktiva	Bilanz der Spedition ALLSPED GmbH		Passiva
Anlagevermögen		Eigenkapital	9 552 000
Sachanlagen	10 000 000	Fremdkapital	
Finanzanlagen	1 600 000	langfristig	4 800 000
Umlaufvermögen		kurzfristig	1 568 000
Vorräte	1 120 000		
Forderungen	2 240 000		
Flüssige Mittel	960 000		
	15 920 000		15 920 000

02 Berechnen Sie aufgrund der unten abgedruckten Zahlen in Prozent (jeweils auf eine Stelle nach dem Komma runden):

a)	die Anlagendeckung (Investierung) durch Eigenkapital plus langfristiges Fremdkapital	%
b)	die Liquidität 1. Grades	%
c)	die Fremdkapitalquote (Verschuldungsgrad)	%
d)	die Umsatzrentabilität	%
e)	die Eigenkapitalrentabilität	%

Aktiva	Bilanz der Spedition ALLSPED GmbH		Passiva
Anlagevermögen		Eigenkapital	1 280 000
Grundstücke und Gebäude	640 000	Fremdkapital	
Fuhrpark	1 020 000	langfristig	960 000
Geschäftsausstattung	80 000	kurzfristig	1 720 000
Umlaufvermögen			
Vorräte	20 000		
Forderungen	1 960 000		
Kasse, Bank	240 000		
	3 960 000		3 960 000

Soll	Gewinn und Verlust		Haben
Löhne und Gehälter	440 000	Speditionserlöse	17 200 000
Sozialkosten	96 000	Sonstige Erlöse	80 000
Stoff- u. Energieverbrauch	64 000	Zinserträge	96 000
Kfz-Kosten	272 000		
Sonstige Kosten	32 000		
Abschreibungen	940 000		
Speditionskosten	15 360 000		
Zinsaufwendungen	64 000		
Gewinn	108 000		
	17 376 000		17 376 000

03 Welche der unten stehenden Aussagen treffen
[1] nur auf die Gewinn-und-Verlust-Rechnung,
[2] nur auf die Kosten- und Leistungsrechnung,
[3] sowohl auf die Gewinn-und-Verlust-Rechnung als auch auf die Kosten- und Leistungsrechnung zu?

Tragen Sie die Ziffer vor der jeweils zutreffenden Antwort in das Kästchen ein.

Aussagen	
Es werden nur die Daten der Kontenklassen 4, 7 und 8 erfasst.	
Sie beinhaltet auch eine Kostenstellenrechnung.	
Die Angaben sind auf einen Zeitraum bezogen.	
Es sind nur betriebliche Aufwendungen und Erträge enthalten.	
Sie bildet die Grundlage der Besteuerung.	
Es sind auch neutrale Aufwendungen und Erträge enthalten.	

04 Die Ergebnisrechnung der Spedition ALLSPED GmbH weist die folgenden Daten auf.

Ergebnisrechnung der Spedition ALLSPED GmbH	KtoKlasse/Konto	Berichtsjahr		Vorjahr	
		T€	T€	T€	T€
Umsatzerlöse	8		10 440		9 794
- Speditionsaufwand	7		6 500		5 590
= Rohertrag			3 940		4 204
a. o. Erträge	25	8		6	
Betriebsfremde Erträge	26	10		10	
Zinserträge	270	6		6	
Diskonterträge	273	16		8	
Grundstückerträge	280	56		52	
+ Summe der neutralen Erträge			96		82
a. o. Aufwendungen	20	20		24	
Betriebsfremde Aufwendungen	210	6		8	
Zinsaufwendungen	220	8		8	
Diskontaufwendungen	222	2		4	
Grundstücksaufwendungen	242	32		34	
- Summe der neutralen Aufwendungen			**68**		**78**

Personalkosten	40/41	1970		1824	
Fuhrparkkosten	42	1040		1036	
Raumkosten	43	66		60	
Betriebliche Abgaben	45	56		60	
Unternehmenskosten	46	80		84	
Abschreibungen	483	620		1024	
- Summe der Betriebskosten			**3832**		**4088**

a) Berechnen Sie die Gewinnsteigerung in % des Vorjahres (auf eine Stelle nach dem Komma runden).

Das eingesetzte Eigenkapital beträgt am Ende des Berichtsjahres 4 Mio. €.

b) Berechnen Sie (Unternehmerlohn bleibt unberücksichtigt) das eingesetzte Eigenkapital in T€ zu Beginn des

ba) Berichtsjahres.

bb) Vorjahres.

c) Berechnen Sie die Umsatzrentabilität für das Berichtsjahr in Prozent (auf eine Stelle nach dem Komma runden).

d) Berechnen Sie den Anteil der auftragsgebundenen Kosten am Gesamtumsatz im Berichtsjahr in Prozent (auf eine Stelle nach dem Komma runden).

05 Welche der unten stehenden Aussagen treffen auf

[1] die Anlagequote/Anlageintensität,
[2] die Forderungsquote/Forderungsintensität,
[3] die Eigenkapitalquote,
[4] die Anlagendeckung durch langfristiges Kapital,
[5] die Barliquidität,
[6] den Cashflow,
[7] den Verschuldungsgrad

zu?

Tragen Sie die Ziffer bei der jeweils zutreffenden Antwort in das Kästchen ein.

Aussagen:

Gibt das Verhältnis von Fremdkapital und Eigenkapital an.	☐
Die Mindestdeckung sollte 100 % betragen.	☐
Gibt den Anteil der kurzfristigen Verbindlichkeiten an den Bank- und Kassenbeständen an.	☐
Ist ein Hinweis auf den Umfang der Außenstände.	☐
Der Jahresüberschuss wird um Abschreibungen und Rückstellungen korrigiert.	☐
Lässt Rückschlüsse auf den Grad der finanziellen Unabhängigkeit und Kreditwürdigkeit zu.	☐
Ist sie/er hoch, liegt eine langfristige Kapitalbindung vor, die hohe Fixkosten verursacht.	☐

06 Wie wirken sich die unten stehenden Sachverhalte auf den Gewinn eines Unternehmens aus?

1 Gewinn mindernd
2 Gewinn erhöhend
3 verändert die Gewinnsituation nicht

Tragen Sie die Ziffer vor der jeweils zutreffenden Antwort in das Kästchen ein.

Sachverhalte:

Ausgangsrechnung an Kunden	
Verbrauch von Kraftstoffen	
Ausgleich einer bereits gebuchten Liefererrechnung durch Banküberweisung	
Verkauf eines Anlagegutes über Buchwert	
Eingangsrechnung für Kraftstofflager	
Tilgung eines Bankdarlehens	
Bilanzielle Abschreibung auf Gebäude	
Verrechnung von kalkulatorischen Abschreibungen	

Hinweis: Fortsetzung der Aufgabe in der rechten Spalte oben

07 Im Jahresabschluss sind folgende Daten der Spedition ALLSPED GmbH ermittelt worden:

Jahresüberschuss	260 000
Abschreibungen	56 000,00
Zinsaufwendungen	160 000
Zinserträge	24 000
Speditionserlöse	5 600 000
Im Jahresdurchschnitt betrugen	
das Eigenkapital	3 200 000
das Fremdkapital	2 000 000

Berechnen Sie

a) die Gesamtkapitalrentabilität in Prozent (auf eine Stelle nach dem Komma runden).

b) den Cashflow in T€.

08 Berechnen Sie aufgrund der unten stehenden Zahlen der Spedition ALLSPED GmbH in Prozent (ggf. auf eine Stelle nach dem Komma runden)

a) den Anlagendeckungsgrad.

b) die Liquidität 2. Grades.

c) den Anteil des Fremdkapitals am Gesamtkapital.

d) die Umsatzrentabilität.

e) die Eigenkapitalrentabilität.

Aktiva	Bilanz der Spedition ALLSPED GmbH		Passiva
Anlagevermögen		Eigenkapital	1 280 000
Grundstücke und Gebäude	680 000	Fremdkapital	
Fuhrpark	1 020 000	langfristig	960 000
Geschäftsausstattung	80 000	kurzfristig	1 760 000
Umlaufvermögen			
Vorräte	20 000		
Forderungen	1 960 000		
Kasse, Bank	240 000		
	4 000 000		4 000 000

Soll	Gewinn und Verlust		Haben
Löhne und Gehälter	460 000	Speditionserlöse	17 384 000
Sozialkosten	96 000		
Stoff- u. Energieverbrauch	64 000		
Kfz-Kosten	252 000		
Sonstige Kosten	32 000		
Abschreibungen	940 000		
Speditionskosten	15 360 000		
Zinsaufwendungen	60 000		
Gewinn	120 000		
	17 384 000		17 384 000

09 Geben Sie an, welche Aufgabe das Controlling in einem Unternehmen hat.

01	Planung – Durchführung von Schulungen – Analysen	☐
02	Steuerung – Marktbeobachtung – Akquisition	☐
03	Planung – Überwachung – Vertrieb	☐
04	Steuerung – Qualitätsmanagement – Marktanalyse	☐
05	Planung – Kontrolle – Steuerung	☐

10 Eine Speditionsunternehmung betreibt Straßengüterverkehr und Lagerhaltung. Im 1. Quartal betrug der Umsatz im Straßengüterverkehr 494 560,00 €, das waren 12 % weniger als im 1. Quartal des Vorjahres.

01	Wie viel € betrug der Umsatz im 1. Quartal des Vorjahres?	

In der Lagerhaltung wurden im 1. Quartal des Vorjahres 597 640,00 € Umsätze erzielt.

In dieser Sparte konnte der Umsatz im 1. Quartal des lfd. Jahres um 12,5 % gesteigert werden.

02	Wie viel € beträgt, der Umsatz im 1. Quartal des laufenden Jahres?	

11 Die Spedition TransLog GmbH ermittelt den Cashflow. Welche der nachstehenden Aussagen sind in diesem Zusammenhang zutreffend? Kreuzen Sie die zutreffenden Aussagen in den Kästchen an.

01	Der Cashflow ist eine Kennziffer, die Auskunft über die Selbstfinanzierungskraft gibt.	☐
02	Der Cashflow gibt an, wie viel Prozent der Umsatzerlöse als Gewinn verbleiben.	☐
03	Bei hohem Cashflow muss zur Finanzierung wenig Fremdkapital aufgenommen werden.	☐
04	Der Cashflow errechnet sich als Differenz zwischen Gewinn und Ausgaben.	
05	Der Cashflow bindet Kapital und verursacht erhebliche Kosten.	☐
06	Der Cashflow ist der Jahresüberschuss, berichtigt um Abschreibungen und neu gebildete Rückstellungen.	☐

Die Speditionsunternehmung ermittelt folgende Werte:

- Umsatzerlöse: 6 400 000,00 €
- Jahresüberschuss: 125 000,00 €
- Abschreibungen: 192 000,00 €
- Rückstellungen: keine

Wie viel Prozent beträgt der Cashflow in Bezug auf die Umsatzerlöse?

12 Der Inhaber der Spedition Walther KG möchte den Erfolg des eigenen Unternehmens mit dem Konkurrenzunternehmen Spedition ALLSPED GmbH vergleichen, das als mittelgroßes Unternehmen zur Veröffentlichung der Bilanz und der Gewinn-und-Verlust-Rechnung verpflichtet ist. Dazu sollen zunächst die Kennziffern der Rentabilität ermittelt werden:

Zahlen aus den Jahresabschlüssen:	Walther KG	ALLSPED GmbH
Eigenkapital	650 000	1 950 000
Fremdkapital	750 000	2 250 000
Gesamtkapital	1 400 000	4 200 000
Jahresgewinn	80 000	180 000
Umsatz	2 600 000	7 800 000
Fremdkapitalzinsen	75 000	225 000

01 Berechnen Sie die Eigenkapitalrentabilität der

Walther KG	
ALLSPED GmbH	

02 Berechnen Sie die Gesamtkapitalrentabilität der Walther KG und vergleichen Sie diese mit der Gesamtkapitalrentabilität der Spedition ALLSPED GmbH.

Hat die Walther KG ihr Gesamtkapital rentabler eingesetzt, tragen Sie diesen Wert ein und setzen davor die Kennziffer 1, hat die ALLSPED GmbH rentabler' gearbeitet, tragen Sie diesen Wert ein und setzen davor die Kennziffer 2.

Gesamtkapitalrentabilität	

03 Grundsätzlich werden im Controlling zwei Bereiche unterschieden: das operative und das strategische Controlling. Welche Tätigkeit(en) gehört(en) zum strategischen Controlling?

		Kreuzen Sie an
1.	Durchführung von Rentabilitätsberechnungen	
2.	Durchführung einer kurzfristigen Erfolgsrechnung	
3.	Überarbeitung des Unternehmensleitbildes	
4.	Beschränkung der Liquidität 1. Grades auf 3 bis 6 %	
5.	Analyse der Bilanz (Finanzierung, Anlagedeckung, Rentabilität usw.)	

Kaufmännische Steuerung und Kontrolle Geschäftsprozesse erfolgsorientiert steuern

1 Kosten- und Leistungsrechnung

1.1 Grundbegriffe der Kosten- und Leistungsrechnung

Der Hauptzweck der **Kosten- und Leistungsrechnung** besteht darin, das **innerbetriebliche Geschehen** zu erfassen, zu dokumentieren und zu bewerten. Daher ist es die Hauptaufgabe der Kosten- und Leistungsrechnung, alle **Aufwendungen und Erträge** zu erfassen, die durch den **eigentlichen Betriebszweck einer Spedition**, d. h. der Produktion speditioneller Leistungen **verursacht** werden. Ausdruck der erfolgreichen Produktion speditioneller Leistungen ist der Betriebsgewinn.

AUSGABEN UND EINNAHMEN

Wertströme: Geldbewegungen

Einnahmen	Ausgaben
Einnahmen stellen **Geldmittelzuflüsse** dar. Das Unternehmen **erhält** entweder durch Barzahlung oder Banküberweisung **Geldbeträge** für: ▮ erstellte Speditionsleistungen ▮ Zinsen aus Wertpapieranlagen	**Ausgaben** stellen **Geldmittelabfluss** dar. Das Unternehmen **zahlt** entweder durch Barzahlung oder Banküberweisung **Geldbeträge** für: ▮ Lohnzahlungen an die Mitarbeiter ▮ Ausgleich einer Eingangsrechnung beim Kauf eines Lkw

Ausgaben und Einnahmen werden in der **Geschäftsbuchführung** erfasst und überwacht. Sie stellen Begriffe des Zahlungsverkehrs (Wertströme) dar.

AUFWENDUNGEN UND ERTRÄGE

Auch Aufwendungen und Erträge werden in der Geschäftsbuchführung erfasst. Immer dann, wenn ein Speditionsunternehmen Güter und Dienstleistungen bei der Erstellung von Speditionsleistungen verbraucht (Input) und die Leistungen am Markt verkauft (Output), entstehen Aufwendungen und Erträge. Und das geschieht unabhängig davon, ob der Aufwand oder Ertrag mit Ausgaben (= Geldmittelabfluss) oder Einnahmen (Geldmittelzufluss) verbunden ist.

Spedition Gerd Berger e. K.

INPUT	Produktionsprozess	OUTPUT
Aufwand	**Leistungsströme**	**Ertrag**

Beispiel	Ausgabe/Einnahme	Aufwand/Ertrag
Ein Lkw wird an einer Tankstelle betankt. Barzahlung durch den Fahrer.	**Ausgabe**, da Geldmittelabfluss durch Barzahlung	**Aufwand**
Überweisung an einen Frachtführer. Eingangsrechnung war schon gebucht.	**Ausgabe**, da Geldmittelabfluss durch Banküberweisung	**Kein** Aufwand
Einkauf von Reifen (Vorratskauf) auf Ziel	**Keine** Ausgabe, da kein Geldmittelabfluss	**Kein** Aufwand
Einkauf von Büromaterial auf Ziel	**Keine** Ausgabe, da kein Geldmittelabfluss	**Aufwand**
Verkauf eines PC zum Buchwert, Barzahlung	**Einnahme**, da Geldmittelzufluss durch Barzahlung	**Kein** Ertrag
Ausgangsrechnung an einen Kunden	**Keine** Einnahme, da kein Geldmittelzufluss	**Ertrag**
Inkasso beim Kunden für Speditionsleistung (Bordero)	**Einnahme**, da Geldmittelzufluss durch Barzahlung	**Ertrag**

AUFWENDUNGEN

Aufwendungen	Einsatz und Verbrauch von Gütern und Dienstleistungen in € (Input)

Neutrale Aufwendungen	Zweckaufwendungen
Neutrale Aufwendungen sind **unternehmensbezogene Aufwendungen**. Ein Spediteur geht **betriebsfremden Geschäften** nach, die mit dem eigentlichen Zweck seines Unternehmens – der Erstellung speditioneller Leistungen – nichts zu tun haben.	**Zweckaufwendungen** sind betrieblich verursachte Aufwendungen. Der **Zweck** eines Speditionsbetriebes ist es, **speditionelle Leistungen** zu **erstellen** und zu verkaufen, um dadurch bestimmte Unternehmensziele zu erreichen.
Erfolgswirksame Vorgänge, die **zwar betriebsbedingt** sind, ihren Ursprung aber in **zurückliegenden Geschäftsperioden** haben (**periodenfremd**), sind neutrale Aufwendungen. Erfolgswirksame Vorgänge, die **ungewöhnlicher Natur (außergewöhnlich)** sind.	Beispiele: ▮ Zahlung von Löhnen und Gehältern = Personalkosten ▮ Verbrauch von Treibstoffen = Fuhrparkkosten ▮ Abrechnungen mit Frachtführern = Speditionskosten
→ Geschäftsbuchführung	**→ Kosten- und Leistungsrechnung**

Neutrale Aufwendungen finden keinen Eingang in die Kosten- und Leistungsrechnung. Sie werden von den betriebsbedingten Aufwendungen abgegrenzt und daher in der Kalkulation nicht berücksichtigt: Sie werden „neutralisiert“. → vgl. Abgrenzungsrechnung

Neutrale Aufwendungen werden unterteilt in:	
Betriebsfremde Aufwendungen	Es besteht kein Zusammenhang zur betrieblichen Leistungserstellung **Beispiele:** Spende für Lebenshilfe e. V.; Vermietung von Wohnungen; Durchführung von Wertpapiergeschäften
Periodenfremde Aufwendungen	Es handelt sich zwar um betriebsbedingte Aufwendungen, die jedoch einer früheren Rechnungsperiode zuzurechnen sind und deshalb nicht in die KLR des laufenden Jahres einbezogen werden dürfen. **Beispiel**: Nachzahlung von Steuern für das vergangene Jahr
Sonstige Aufwendungen	Auch hier handelt es sich um betriebsbedingte Aufwendungen. Die Erfassung dieser Aufwendungen als betrieblicher Zweckaufwand (= Kosten) würde wegen der außergewöhnlichen bzw. schwankenden Höhe die Aussagefähigkeit des Betriebsergebnisses verfälschen. **Beispiele:** Unterversicherung bei Wasserschaden auf dem Lager; Verkauf eines Lkw unter Buchwert

KOSTEN

Kontenklasse 2: Abgrenzungskonten		
20	Außerordentliche Aufwendungen	**Keine Übernahme** in die **Kosten- und Leistungsrechnung**, da es sich um **neutrale Aufwendungen** handelt
21	Betriebs- und periodenfremde Aufwendungen	
22	Zinsen und ähnliche Aufwendungen	
23	Steuern vom Einkommen und Ertrag	
24	Sonstige Aufwendungen	

In der **Geschäftsbuchführung** eines Unternehmens werden die **Zweckaufwendungen = betriebliche Aufwendungen** eines Geschäftsjahres in der **Kontenklasse 4: Betriebskosten** und **Kontenklasse 7: auftragsgebundene Speditionskosten** gebucht. Für die Aufwendungen der Kontenklassen 4 und 7 gilt folgende Übersicht:

Kosten	Betriebliche Aufwendungen = Zweckaufwendungen
Kontenklasse 4: Betriebskosten	**Kontenklasse 7: auftragsgebundene Speditionskosten**
→ Kosten- und Leistungsrechnung	**→ Kosten- und Leistungsrechnung**

Kontenklasse 4: Betriebskosten		
40	Lohn- und Lohnnebenkosten	**Übernahme** in die **Kosten- und Leistungsrechnung**, da es sich um **betriebsbedingte Aufwendungen = Kosten** handelt
41	Gehalts- und Gehaltsnebenkosten	
42	Fuhrparkkosten	
43	Raumkosten	
44	Verwaltungskosten	
45	Steuer, Versicherungen	
46	Sonstige Aufwendungen	
Kontenklasse 7: Speditionskosten		
70	Internationale Speditionskosten	**Übernahme** in die **Kosten- und Leistungsrechnung**, da es sich um **betriebsbedingte Aufwendungen = Kosten** handelt
74	Kraftwagenspeditionskosten	
76	Lagereikosten	

ERTRÄGE

Erträge	Erfolgswirksame Wertezuflüsse in € (Output)

Neutrale Erträge	Betriebliche Erträge
Neutrale Erträge stammen aus **betriebsfremden Geschäften**, die mit dem eigentlichen Zweck eines Unternehmens – der Erstellung speditioneller Leistungen – nichts zu tun haben.	**Betriebliche Erträge** sind das **Ergebnis der betrieblichen Leistungserstellung** und Leistungsverwertung und stellen den Wert der erstellten Speditionsleistung dar (Output).
Dasselbe gilt auch für erfolgswirksame Vorgänge, die zwar **betriebsbedingt** sind, ihren Ursprung aber in zurückliegenden Geschäftsperioden haben (**periodenfremd**). Erfolgswirksame Vorgänge, die ungewöhnlicher Natur (**außerordentlich**) sind	Beispiele: ▪ Organisation und Durchführung von Sammelladungsverkehren ▪ Besorgung einer Luft-Exportsendung ▪ Übernahme von JIT-Belieferungen
→ **Geschäftsbuchführung**	→ **Kosten- und Leistungsrechnung**

Neutrale Erträge finden keinen Eingang in die Kosten- und Leistungsrechnung. Sie werden von den betriebsbedingten Erträgen abgegrenzt und daher in der Kalkulation nicht berücksichtigt: Sie werden „neutralisiert". → siehe Abgrenzungsrechnung

Neutrale Erträge werden unterteilt in:	
Betriebsfremde Erträge	Es besteht kein Zusammenhang zur betrieblichen Leistungserstellung. Beispiel Ertrag: Kursgewinn aus dem Verkauf von Aktien
Periodenfremde Erträge	Es handelt sich zwar um betriebsbedingte Erträge, die jedoch einer früheren Rechnungsperiode zuzurechnen sind und deshalb nicht in die KLR des laufenden Jahres einbezogen werden dürfen. Beispiel Ertrag: Beitragsrückerstattung von im vergangenen Jahr gezahlter Kfz-Versicherung
Sonstige Erträge	Auch hier handelt es sich um betriebsbedingte Erträge. Die Erfassung dieser Erträge als betrieblicher Ertrag (= Leistung) würde wegen der außergewöhnlichen bzw. schwankenden Höhe die Aussagefähigkeit des Betriebsergebnisses verfälschen. Beispiel Ertrag: Verkauf eines Lkw über Buchwert

Kontenklasse 2: Abgrenzungskonten		
25	Außerordentliche Erträge	**Keine Übernahme** in die **Kosten- und Leistungsrechnung**, da es sich um **neutrale Erträge** handelt
26	Betriebs- und periodenfremde Erträge	
27	Zinserträge	
28	Sonstige Erträge	

LEISTUNGEN

In der **Geschäftsbuchführung** eines Unternehmens werden die **betrieblichen Erträge** in der **Kontenklasse 8: Erlöskonten** gebucht.

Leistungen | Betriebliche Erträge

↓

Kontenklasse 8: Erlöskonten

→ Kosten- und Leistungsrechnung

Die Leistungen sind also identisch mit den **betrieblichen Erträgen** und gehen daher auch **unverändert** in **die Kosten- und Leistungsrechnung** ein. Dort werden sie u. a. **Gegenstand der Kalkulation.**

Kontenklasse 8: Speditionserlöse		
80	Internationale Speditionsleistungen	**Übernahme** in die **Kosten- und Leistungsrechnung**, da es sich um **betriebsbedingte Erträge = Leistungen** handelt
84	Kraftwagenspeditionsleistungen	
86	Lagereileistungen	

ERGEBNISERMITTLUNG

	Aufwendungen – Erträge
	Erträge
–	Aufwendungen
=	**Unternehmensergebnis**

	Neutrale Aufwendungen – neutrale Erträge
	Neutrale Erträge
–	Neutrale Aufwendungen
=	**Neutrales Ergebnis**

	Kosten – Leistungen
	Leistungen
–	Kosten
=	**Betriebsergebnis**

Spedition ALLSPED GmbH

INPUT		OUTPUT
Kosten	**Leistungserstellungsprozess = Wertschöpfungsprozess**	**Leistungen**

$$\textbf{Wirtschaftlichkeit} = \frac{\text{Leistung}}{\text{Kosten}}$$

1.2 Abgrenzungsrechnung

Informationssystem Rechnungswesen: Abgrenzung der Rechnungskreise

Rechnungskreis I	Rechnungskreis II
Erfolgskonten der Geschäftsbuchführung (FiBu)	**Kosten- und Leistungsrechnung (KLR) + Abgrenzungsrechnung**
Abschlusskonto: Unternehmensergebnis (GuV) →	**Abschlusskonten:** ▮ Betriebsergebnis ▮ Neutrales Ergebnis
Ermittlung Gesamtergebnis	**Ermittlung Betriebsergebnis**

← **Abgrenzung** →

Externes Rechnungswesen

- Fortlaufende, lückenlose Aufzeichnung aller Geschäftsvorgänge (Dokumentation)
- Überblick über Vermögen, Schulden und Erfolgslage
- Erfolgsermittlung (Gesamtergebnis)
- Grundlage für Steuerermittlung
- Grundlage für Entscheidungen
- Information: Eigentümer, Banken, Arbeitnehmer, Öffentlichkeit
- Unterliegt gesetzlichen Vorschriften
- **Erfolgsgrößen: Aufwand und Ertrag**

Internes Rechnungswesen

- Ermittlung des Betriebsergebnisses
- Kalkulation der Preise
- Kontrolle der Wirtschaftlichkeit
- Grundlage für Planungen und Entscheidungen
- Unterliegt keinen gesetzlichen Vorschriften
- **Erfolgsgrößen: Kosten und Leistungen**
- **Bestimmung von Preisuntergrenzen für die einzelnen Speditionsleistungen**

Die Abgrenzungsrechnung stellt **ein Bindeglied** zwischen der **Geschäftsbuchführung** und der **Kosten- und Leistungsrechnung** dar. Ihre Aufgabe ist es, die neutralen **Aufwendungen und Erträge** von den **betrieblichen Aufwendungen und Erträgen** zu **trennen** und für die **Erfassung der Kosten und Leistungen** in der Betriebsergebnisrechnung zu sorgen.

Abgrenzungs- und Ergebnistabelle

Geschäftsbuchführung	Abgrenzungsrechnung		Kosten- und Leistungsrechnung
Erfolgsrechnung	Unternehmensbezogene Abgrenzungen	Kostenrechnerische Korrekturen	Betriebsergebnisrechnung
Geschäftsbuchführung	Filter für Neutrale Aufwendungen und Erträge		Kosten- und Leistungsrechnung
Unternehmensergebnis	Neutrales Ergebnis		Betriebsergebnis

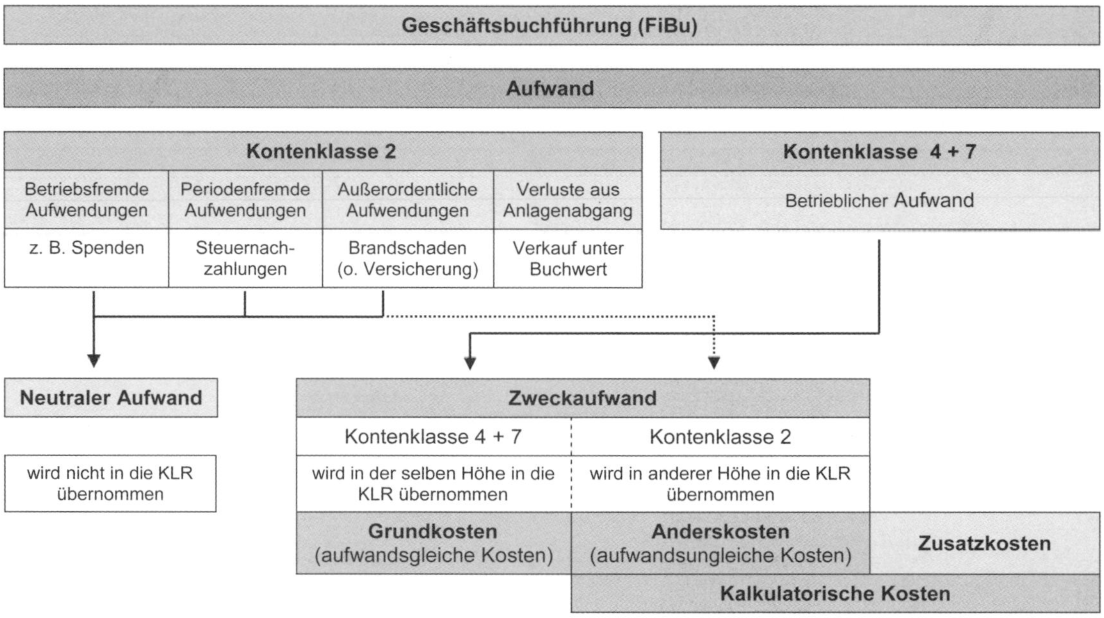

Kosten

Grundkosten	=	aufwandsgleiche Kosten z. B. Personalkosten, Steuern
Anderskosten	=	aufwandsungleiche Kosten z. B. kalkulatorische Abschreibungen
Zusatzkosten	=	aufwandslose Kosten z. B. kalkulatorischer Unternehmerlohn, Miete für eigene Geschäftsräume

1. SCHRITT: ABGRENZUNG DER NEUTRALEN AUFWENDUNGEN UND ERTRÄGE

In der Abgrenzungsrechnung werden zunächst die neutralen Aufwendungen und Erträge (Kontenklasse 2: Abgrenzungskonten) von den gesamten Aufwendungen und Erträgen der Geschäftsbuchführung getrennt, damit sie nicht in die Kosten- und Leistungsrechnung gelangen.

1. Schritt:	Welche Aufwendungen/ Erträge stellen **keine** Kosten/Leistungen dar? ⇨	**Neutrale Aufwendungen + neutrale Erträge**	**keine** Übernahme in die KLR

Beispiel:

Geschäftsbuchführung				unternehmensbezogene Abgrenzung		Kosten- u. Leistungsrechnung	
Konten		Aufwendungen	Erträge	neutrale Aufwendungen	neutrale Erträge	Kosten	Leistungen
1		2	3	4	5	6	7
20	Außerordentliche Aufwendungen	3 000,00		3 000,00			
21	Betriebs- und periodenfremde Aufwendungen	89 000,00		89 000,00			
25	Außerordentliche Erträge		2 700,00		2 700,00		
26	Betriebs- und periodenfremde Erträge		31 000,00		31 000,00		
				92 000,00	33 700,00		
					–58 300,00		
				92 000,00	92 000,00		

2. SCHRITT: ÜBERNAHME DER LEISTUNGEN UND DER AUFWANDSGLEICHEN KOSTEN

Unmittelbar werden die **Speditionserlöse (Kontenklasse 8: Erlöskonten)** als betrieblich bedingt in die Kosten- und Leistungsrechnung **übernommen.**

Auch die **Übernahme** der Aufwendungen der **Kontenklasse 4: Kostenartenkonten** und der **Kontenklasse 7: Speditionskosten** aus der Geschäftsbuchführung ist unproblematisch.

2. Schritt	Welche Aufwendungen/ Erträge stellen in gleicher **Höhe** Kosten/Leistungen dar? ⇨	**Aufwandsgleiche Kosten/Leistungen**	**daher** Übernahme in die KLR in gleicher Höhe

Beispiel: (ohne kostenrechnerische Korrekturen)

Geschäftsbuchführung				unternehmensbezogene Abgrenzung		Kosten- u. Leistungsrechnung	
Konten		Aufwendungen	Erträge	neutrale Aufwendungen	neutrale Erträge	Kosten	Leistungen
1		2	3	4	5	6	7
40	Lohn- und Lohnnebenkosten	255 000,00				255 000,00	
41	Gehalts- und Gehaltsnebenkosten	301 000,00				301 000,00	
42	Fuhrparkkosten	396 200,00				396 200,00	
43 – 45 weiterer Aufwand							
46	Sonstige Aufwendungen	98 500,00				98 500,00	
70	Speditionskosten	478 000,00				478 000,00	
80	Speditionserlöse		2 130 000,00				2 130 000,00
						1 607 700,00	2 130 000,00
						522 300,00	
						2 130 000,00	2 130 000,00

3. SCHRITT: KOSTENRECHNERISCHE KORREKTUREN

Die **kostenrechnerischen Korrekturen** werden notwendig, weil neben den Grundkosten, die als aufwandsgleich bezeichnet werden, auch solche Aufwendungen in der Geschäftsbuchführung erfasst wurden, die zwar betrieblich bedingt sind (= Kosten), aber aufgrund kalkulatorischer Überlegungen in anderer Höhe in die Kosten- und Leistungsrechnung eingehen. Man spricht in diesem Fall von **Anderskosten** oder **aufwandsungleichen Kosten**.

Darüber hinaus gibt es auch Kosten, denen keine Aufwendungen in der Geschäftsbuchführung gegenüber stehen. Dennoch müssen sie u. a. aus kalkulatorischen Gründen in der Kosten- und Leistungsrechnung berücksichtigt werden. Man nennt diese Kosten daher als **aufwandslose Kosten** oder **Zusatzkosten**.

Anderskosten und **Zusatzkosten** werden unter dem Begriff **kalkulatorische Kosten** zusammengefasst.

3. Schritt:	Welche Aufwendungen stellen in anderer **Höhe** Kosten dar? ⇨	**Anderskosten**	**Umbewertung** in den kostenrechnerischen Korrekturen und Übernahme in die KLR in anderer Höhe

4. Schritt:	Welche Kosten stellen **keinen** Aufwand dar? ⇨	**Zusatzkosten**	**Neuansatz** in den kostenrechnerischen Korrekturen und Übernahme in die KLR in voller Höhe

Kalkulatorische Kosten

- Kalkulatorische Abschreibungen
- Kalkulatorische Zinsen
- Kalkulatorischer Unternehmerlohn
- Kalkulatorische Wagnisse

Kalkulatorische Abschreibungen	→ Anderskosten

Der Charakter der Anderskosten wird durch die Gegenüberstellung deutlich:

Bilanzielle Abschreibungen (GuV)
- Erfassung des gesamten Vermögens
- Häufig degressive Abschreibung
- Nutzungsdauer entsprechend AfA-Tabelle
- Abschreibungsbasis: Anschaffungskosten

Kalkulatorische Abschreibungen (KLR)
- Erfassung nur des betriebsnotwendigen Vermögens
- Lineare Abschreibung
- Betriebsindividuelle Nutzungsdauer
- Abschreibungsbasis: Wiederbeschaffungswert

$$\text{Kalkulatorische Abschreibungen} = \frac{\text{Wiederbeschaffungskosten}}{\text{betriebliche Nutzungsdauer}} = \frac{124\,600\ €}{5\ \text{Jahre}} = 24\,920\ €$$

Berechnung der Wiederbeschaffungskosten eines Lkw		
	Wiederbeschaffungswert Lkw	128 400,00 €
–	Wiederbeschaffungskosten Reifen	1 200,00 €
–	Verkaufserlös Lkw (Restwert)	2 600,00 €
=	Wiederbeschaffungskosten	124 600,00 €
	(Berechnungsgrundlage für kalkulatorische Abschreibung)	

Geschäftsbuchführung				Kostenrechnerische Korrekturen		Kosten- u. Leistungsrechnung	
Konten		Aufwendungen	Erträge	Aufwendungen	Verrechnete Kosten	Kosten	Leistungen
1		2	3	4	5	6	7
247	Bilanzielle Abschreibungen	13 000,00		13 000,00			
	Kalkulatorische Kosten: Kalkulatorische Abschreibungen				24 920,00	24 920,00	

Zusatzkosten, wenn **nur** die Verzinsung des EK angesetzt wird

Kalkulatorische Zinsen	→ Anderskosten[1]

Kalkulatorische Zinsen werden vom betriebsnotwendigen Kapital errechnet. Als betriebsnotwendig wird das Kapital angesehen, das zur Finanzierung jener Vermögensteile (Anlage-/Umlaufvermögen) dient, die für die Erstellung der betrieblichen Leistungen erforderlich sind.

Als kalkulatorischer Zinssatz wird ein Zinssatz für langfristige Kapitalanlagen zugrunde gelegt. Die kalkulatorischen Zinsen gehen in anderer Höhe als die Zinsaufwendungen der Geschäftsbuchführung in die Kostenrechnung ein. Sie werden daher als Anderskosten bezeichnet.

1 Zusatzkosten, wenn nur die Verzinsung des Eigenkapitals angesetzt wird

Zinsaufwendungen (GuV)	**Kalkulatorische Zinsen (KLR)**
▮ Berechnung vom Fremdkapital ▮ Fremdkapital · Marktzinssatz	▮ Berechnung vom betriebsnotwendigen Kapital ▮ kalk. Zinsen = betriebsnotwendiges Kapital · kalkulatorischer Zinssatz

Kalkulatorische Zinsen	**= betriebsnotwendiges Kapital ·**	**kalkulatorischer Zinssatz**	
Kalkulatorische Zinsen	= 4 205 230,00 € ·	8 %	= 336 418,00 €

Geschäftsbuchführung				**Kostenrechnerische Korrekturen**		**Kosten- u. Leistungsrechnung**	
Konten		Aufwendungen	Erträge	Aufwendungen	Verrechnete Kosten	Kosten	Leistungen
1		2	3	4	5	6	7
221	Zinsaufwendungen	189 000,00		189 000,00			
	Kalkulatorische Kosten: Kalkulatorische Zinsen				336 418,00	336 418,00	

Kalkulatorischer Unternehmerlohn	→ Zusatzkosten

Der Inhaber einer Einzelunternehmung oder mitarbeitende Gesellschafter einer OHG bzw. KG erhalten kein Gehalt, da ihnen der erwirtschaftete Gewinn zusteht. Deswegen nur Ansatz bei Einzelunternehmen bzw. Personengesellschaften. Bei Kapitalgesellschaften wird der Unternehmerlohn bereits aufwands- und kostenmäßig erfasst.

Das hat zur Folge: Personen- und Kapitalgesellschaften sind kostenmäßig gleichgestellt.

Personengesellschaft

Gehaltszahlungen	**Kalkulatorischer Unternehmerlohn (KLR)**
▮ keine Zahlung ▮ Entgelt aus dem Gewinn	▮ Ansatz ▮ in Höhe eines Geschäftsführergehalts in vergleichbarer Position z. B. einer GmbH

Unternehmerlohn = Jahresgehalt = 12 · 5 000,00 € = 60 000,00 €

Geschäftsbuchführung				**Kostenrechnerische Korrekturen**		**Kosten- u. Leistungsrechnung**	
Kto. Nr.		Aufwendungen	Erträge	Aufwendungen	Verrechnete Kosten	Kosten	Leistungen
1		2	3	4	5	6	7
	Kalkulatorische Kosten: Kalkulatorischer Unternehmerlohn				60 000,00	60 000,00	

Kalkulatorische Miete	→ Zusatzkosten

In einem Betrieb mit gemieteten Räumen erscheinen die gezahlten Mietbeträge als Aufwendungen der Kontenklasse 4 in der Gewinn-und-Verlust-Rechnung und damit in der Kalkulation.

Hat ein Unternehmen eigene Geschäftsräume, entstehen keine Mietaufwendungen, obwohl der Betriebsinhaber seine Räume für die Leistungserstellung des Betriebes bereithält. Will er eine angemessene Entschädigung für die Nutzung der eigenen Räume erhalten, sind Mietkosten in vergleichbarer Höhe anzusetzen und kalkulatorisch zu berücksichtigen. Auch hier spricht man von aufwandslosen Kosten bzw. Zusatzkosten.

Kalkulatorische Wagnisse	→ Zusatzkosten/Anderskosten
Für Risiken, gegen die sich eine Unternehmung nicht versichern kann, sind im Rahmen der Kalkulation Wagniskosten zu berücksichtigen. So wird gewährleistet, dass die durch die Risiken auftretenden Aufwendungen gedeckt sind und über die Umsatzerlöse wieder in das Unternehmen zurückfließen.	

Kalkulatorische Wagnisse sind Zusatzkosten, wenn ihnen in der Geschäftsbuchführung kein gebuchter Aufwand gegenübersteht. Sind aber zum Beispiel Forderungsabschreibungen gebucht worden, werden die kalkulatorischen Wagnisse zu Anderskosten. Dies gilt auch, wenn die in Höhe/Zeit unregelmäßig anfallenden Ausfälle periodisiert werden

Aufwand gemäß Geschäftsbuchführung			
Neutraler Aufwand	**betrieblich bedingte Aufwendungen**		
aus der Kontenklasse 2:	aus der Kontenklasse 4 und 7	aus der Kontenklasse 2	
wird nicht in die KLR übernommen	werden in derselben Höhe in die KLR übernommen	werden in anderer Höhe in die KLR übernommen	Wird in errechneter Höhe in die KLR übernommen
	aufwands**gleiche** Kosten **= Grundkosten**	aufwands**ungleiche** Kosten **Anderskosten**	aufwandslose Kosten **Zusatzkosten**
		Kalkulatorische Kosten	
	Kosten im Sinne der KLR		

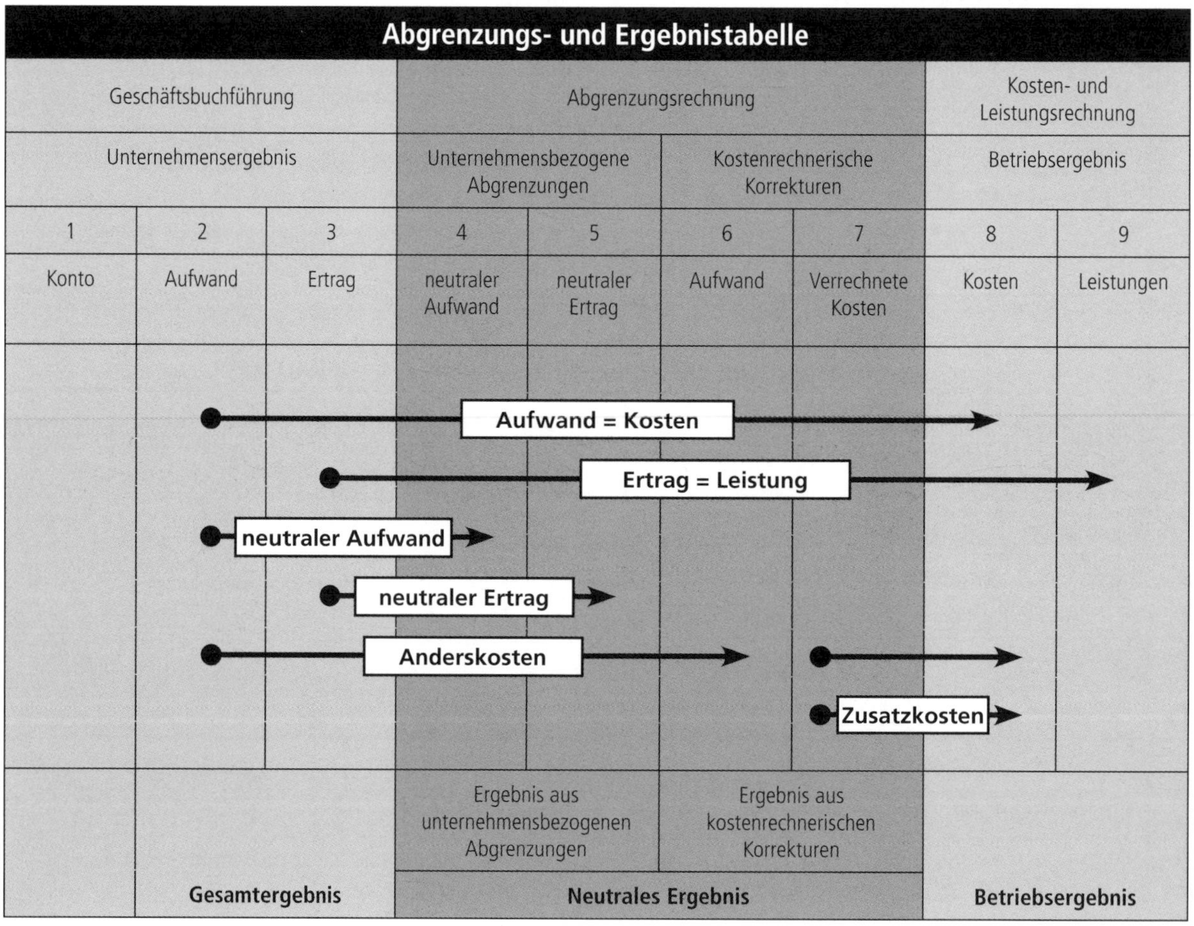

1.3 Aufgaben zur Kosten- und Leistungsrechnung

01 Im Rahmen des Quartalsabschlusses (1. Quartal) bzw. der Abgrenzungsrechnung sind folgende Aufgaben zu bearbeiten:

1. Berechnen Sie die bilanzielle Abschreibung.

   Die Spedition ALLSPED fährt im Selbsteintritt mit ihrem eigenen Lkw.

   Anschaffungswert: brutto 71 400,00 €
   Nutzungsdauer lt. AfA-Tabelle: 6 Jahre
   Die anteilige Abschreibung des übrigen Anlagevermögens beträgt im ersten Vierteljahr für
   BGA: 2 750,00 €
   Gebäude: 1 000,00 €

1.1 Berechnen Sie den jährlichen Abschreibungsbetrag für die bilanzielle Abschreibung.

1.2 Nehmen Sie die Eintragung der gesamten bilanziellen Abschreibungen für das 1. Quartal 20(0) auf der unten stehenden Abgrenzungsrechnung vor.

2. Führen Sie die Abgrenzungsrechnung durch: (Hinweis: Die Betriebskosten wurden schon in die KLR übertragen.)

   Für die Eintragung der kalkulatorischen Korrekturen müssen noch folgende Daten berücksichtigt werden:

   - Der Wiederbeschaffungswert des Lkw liegt um 15 % über dem Anschaffungswert.
   - Die kalk. Zinsen für das Jahr 20(0) betragen 128 000,00 €.
   - Die kalkulatorische Abschreibung der Anlagegüter außer Fuhrpark wird mit 4 500,00 € für das erste Vierteljahr angesetzt.
   - Für die kalkulatorische Abschreibung des Lkw (Fuhrpark) stehen folgende Daten zur Verfügung:

   Abschreibungsart: Leistungsabschreibung
   Gesamtlaufleistung des Lkw: 400 000 km
   Laufleistung im 1. Vierteljahr 20(0): 25 000 km
   Preis der Bereifung: 3 000,00 €
   Restwert: 6 000,00 €

Anlage zur Aufgabe 01

Abgrenzungsrechnung Spedition ALLSPED GmbH
Zeitraum: 1. Quartal 20(0)

Geschäftsbuchführung			Abgrenzungsbereich				Leistungsrechnung	
Unternehmensergebnis			Unternehmensbezogene Abgrenzung		Kostenrechnerische Korrekturen		Betriebsergebnis	
Konto	Aufwendungen	Erträge	Aufwendungen	Erträge	Aufwendungen lt. GB	Verrechnete Kosten	Kosten	Leistungen
2000 außerord. Aufwendungen	37 000,00							
2200 Zinsaufwendungen	24 175,00							
2470 bil. Abschreibungen								
2600 periodenfremde Erträge		1 283,00						
2700 Zinserträge		6 300,00						
4100 Gehälter	101 750,00						101 750,00	
4110 ges. soz. Abgaben	16 957,00						16 957,00	
4200 Treibstoffverbrauch	8 100,00						8 100,00	
4210 Schmierstoffverbrauch	635,00						635,00	
4220 Reifenverbrauch	2 561,00						2 561,00	
4230 Reparaturen	3 200,00						3 200,00	
4240 Kfz-Versicherungen	1 400,00						1 400,00	
4250 Kfz-Steuern	1 449,00						1 449,00	
4310 Mieten Büroräume	6 450,00						6 450,00	
4320 Mieten Lager	16 800,00						16 800,00	
4400 Büromaterial	670,00						670,00	
4430 Mieten/Leasing EDV	1 600,00						1 600,00	
4460 Kommunikationskosten	1 300,00						1 300,00	
4580 Versicherungen/Beiträge	4 050,00						4 050,00	
4640 Werbekosten	16 000,00						16 000,00	
4810 Kalk. Zinsen	0							
4830 Kalk. Abschreibungen	0							
7000 Speditionsaufwand	352 000,00						352 000,00	
8000 Speditionserträge		587 000,00						587 000,00
Summe								
Ergebnis								

02 Ein Nahverkehrsfahrzeug wird aus steuerlichen Gründen mit 30 % degressiv abgeschrieben. Kalkulatorisch wird das Fahrzeug 15 % linear abgeschrieben:

Anschaffungskosten	120 000,00 €
Wiederbeschaffungswert	140 000,00 €
Reifen	1 000,00 €
Buchwert	14 000,00 €

Berechnen Sie die kalkulatorische Abschreibung.

03 Prüfen Sie die folgenden Aussagen auf ihren Wahrheitsgehalt.

Kreuzen Sie an:	R	F
1. Kalkulatorische Zinsen werden vom betriebsnotwendigen Kapital berechnet.	☐	☐
2. Die Zinsaufwendungen des Kontos 2200 enthalten auch Zinsen für das Eigenkapital.	☐	☐
3. Der Zinssatz für die Berechnung der kalkulatorischen Zinsen orientiert sich am aktuellen Kapitalmarktzins.	☐	☐
4. Kalkulatorische Zinsen enthalten auch Zinsen für das Eigenkapital.	☐	☐

04 Welche der folgenden Begriffe aus der Kosten- und Leistungsrechnung treffen auf die unten stehenden Beschreibungen zu?

1 Neutrale Aufwendungen
2 Grundkosten
3 Zusatzkosten
4 Variable Einsatzkosten
5 Km-Sätze
6 Umschlagsätze
7 Langfristige Preisuntergrenze
8 Kurzfristige Preisuntergrenze

Tragen Sie die Ziffern der entsprechenden Begriffe in die unten stehenden Kästchen ein.

Beschreibungen	
01 Es sind Kosten, die leistungsabhängig von den gefahrenen km sind.	☐
02 Diese Werte werden in gleicher Höhe in die Kosten- und Leistungsrechnung übernommen.	☐
03 Die fixen Kosten sind nicht oder nur zum Teil gedeckt.	☐
04 Diese Werte werden nicht in die Kosten- und Leistungsrechnung übernommen.	☐
05 Diese Werte ermitteln sich aus Einlagerungskosten, Auslagerungskosten und Umschlagsgerätekosten.	☐
06 Diese Werte ergeben sich durch die Division der variablen Kosten durch die Jahreskilometerleistung.	☐
07 Die Nettoverkaufserlöse decken die fixen und die variablen Kosten.	☐
08 Es sind Kosten, denen kein Aufwand gegenübersteht.	☐

05 Aufwendungen und Erträge aus der Geschäftsbuchführung müssen für die Kosten- und Leistungsrechnung teilweise mit anderen Werten angesetzt werden.

Welche der unten stehenden Aufwendungen sind in diesem Zusammenhang

[1] keine Kosten?
[2] Grundkosten?
[3] Anderskosten?
[4] Zusatzkosten?

Tragen Sie die Ziffer bei der jeweils zutreffenden Antwort in das Kästchen ein.

Aufwendungen	
Personalkosten	
Tatsächlich gezahlte Bankzinsen	
Kalkulatorische Miete	
Auftragsgebundene Speditionskosten	
Kalkulatorischer Unternehmerlohn	
Kfz-Versicherungsprämie	
Kalkulatorische Abschreibungen	

06 Aufwendungen und Erträge aus der Geschäftsbuchführung müssen für die Kosten- und Leistungsrechnung teilweise mit anderen Werten angesetzt werden.

Welche der untenstehenden Kosten in einer Einzelunternehmung werden als

[1] Grundkosten (aufwandsgleiche Kosten),
[2] Anderskosten (aufwandsungleiche Kosten),
[3] Zusatzkosten (aufwandslose Kosten)

in die Kostenrechnung übernommen?

Tragen Sie die Ziffer bei der jeweils zutreffenden Antwort in das Kästchen ein.

Kosten	
Personalkosten	
Eigenkapitalverzinsung	
Speditionskosten	
Kalkulatorische Wagnisse	
Kalkulatorische Abschreibungen	
Kalkulatorischer Unternehmerlohn	

07 Bei der Kalkulation der Kosten für eine Einsatzstunde eines Gabelstaplers sind folgende Daten zu berücksichtigen:

Anschaffungskosten	96 768,00 €
Kalkulatorische Nutzungsdauer	6 Jahre
Kalkulatorische Zinsen	10 % auf die Hälfte des Kapitals
Jährliche Aufwendungen für:	
Wartung/Reparaturen	9 % der Anschaffungskosten
Energie	12 000,00 €
Sonstiges	960,00 €
Einsatzstunden	2 880

Ermitteln Sie in €

a) die jährliche kalkulatorische lineare Abschreibung.
b) die jährlichen kalkulatorischen Zinsen.
c) die jährlichen Gesamtkosten.
d) die Kosten je Einsatzstunde (auf zwei Stellen nach dem Komma runden).

08 Welche der nachstehenden Begriffe aus der Kostenrechnung treffen auf die unten stehenden Beschreibungen zu?

Begriffe

[1] Betriebsfremde Aufwendungen
[2] Kostenträgerstückrechnung
[3] Betriebsabrechnungsbogen
[4] Variable Kosten
[5] periodenfremde Erträge
[6] Fixe Kosten
[7] Deckungsbeitragsrechnung
[8] Vollkostenrechnung
[9] Gemeinkosten

Tragen Sie die Ziffern der jeweils zutreffenden Begriffe in das jeweils zutreffende Kästchen ein.

Beschreibungen

Es werden die Kosten für einen Verkaufsauftrag ermittelt.	
Die im vergangenen Jahr zu viel bezahlte Kfz-Versicherung wird zurückerstattet.	
Die anfallenden Kosten sind leistungsunabhängig bzw. zeitabhängig.	
Es handelt sich um Kostenarten, die häufig in einem bestimmten Verhältnis auf Hauptkostenstellen verteilt werden.	
Es besteht kein Zusammenhang mit der betrieblichen Leistungserstellung.	
In dieser Rechnung werden von den Erlösen zunächst die variablen Kosten abgezogen.	
Die Gemeinkosten werden damit anteilig und verursachungsgerecht auf die Kostenstellen verteilt.	

09 Die Finanzbuchhaltung der Spedition ALLSPED GmbH zeigt unten stehende Aufwendungen und Erträge für das abgelaufene Geschäftsjahr 20(0):

Spedition ALLSPED GmbH: Aufwendungen und Erträge 20(0)					
2000	außerord. Aufwendungen	24 000,00	4400	Verwaltungskosten	110 000,00
2100	periodenfremde Aufwendungen.	147 000,00	4500	Versicherungen, Gebühren, Beiträge	26 000,00
2200	Zinsaufwendungen	180 000,00	4600	sonstige Unternehmenskosten	24 000,00
2470	Abschreibungen	400 000,00	48000	Kalk. Unternehmerlohn	
2500	außerordentliche Erträge	40 000,00	48100	Kalkulatorische Mieten	
2600	periodenfremde Erträge	8 000,00	48200	Kalkulatorische Zinsen	
4010	Löhne + Nebenkosten	290 000,00	48300	Kalk. Abschreibungen	
4100	Gehälter + Nebenkosten	220 000,00	7000	Speditionskosten	596 000,00
4200	Fuhrparkkosten	280 000,00	8000	Speditionserlöse	2 638 000,00
4300	Raumkosten	20 000,00			

Folgende Angaben sind bei der Abgrenzungsrechnung zu berücksichtigen:

- Das betriebsnotwendige Kapital beträgt 3 200 000,00 €; der kalkulatorische Zinssatz beträgt 10 %.
- Der kalkulatorische Unternehmerlohn beträgt 440 000,00 €.
- Die Betriebsgebäude sind Bestandteil des Privatvermögens von Josef Sommerfeld und werden dem Unternehmen unentgeltlich zur Verfügung gestellt. Die betrieblich genutzten Räume haben eine Fläche von 890 m². Die ortsüblich vergleichbare Miete beträgt 11,10 €/m² im Monat.
- Der Anschaffungswert des Anlagevermögens (ohne Grundstücke) beträgt: 2 000 000,00 €.
- Bilanzieller AfA-Satz: 20 %
- Der Wiederbeschaffungswert des Anlagevermögens (ohne Grundstücke) beträgt: 2 600 000,00 €.
- Kalkulatorischer AfA-Satz: 12 %

Erstellen Sie unter Berücksichtigung der unten stehenden Angaben die Abgrenzungsrechnung (vgl. Anlage) und berechnen Sie die Ergebnisse in €:

		Lösung in € eintragen
01	Unternehmensergebnis	
02	Neutrales Ergebnis (Unternehmensbezogene Abgrenzung)	
03	Ergebnis der kostenrechnerischen Korrekturen	
04	Ergebnis der Abgrenzung	
05	Betriebsergebnis	

zu 09

Abgrenzungsrechnung Spedition ALLSPED GmbH
Zeitraum: 1. Quartal 20(0)

Geschäftsbuchführung			Abgrenzungsbereich				Leistungsrechnung	
Unternehmensergebnis			Unternehmensbezogene Abgrenzung		Kostenrechnerische Korrekturen		Betriebsergebnis	
Konto	Aufwendungen	Erträge	Aufwendungen	Erträge	Aufwendungen lt. GB	Verrrechnete Kosten	Kosten	Leistungen
2000	24 000,00	0						
2100	147 000,00	0						
2200	180 000,00	0						
2470	400 000,00	0						
2500	0	40 000,00						
2600	0	8 000,00						
4010	290 000,00	0						
4100	220 000,00	0						
4200	280 000,00	0						
4300	20 000,00	0						
4400	110 000,00	0						
4500	26 000,00	0						
4600	24 000,00	0						
48000	0	0						
48100	0	0						
48200	0	0						
48300	0	0						
7000	596 000,00	0						
8000	0	2 638 000,00						
Summe								
Ergebnis								
Summe								

10 Bestimmen Sie, welche der folgenden Aussagen richtig oder falsch sind:

Kreuzen Sie an:	**R**	**F**
Ziel der kalkulatorischen Abschreibung ist die Nutzung höchstmöglicher Steuervorteile.	☐	☐
Nur betriebsnotwendige Güter werden kalkulatorisch abgeschrieben.	☐	☐
Kalkulatorisch wird entsprechend der betrieblichen Nutzungsdauer abgeschrieben, unabhängig davon, wie lange das Anlagegut steuerlich abgeschrieben werden darf.	☐	☐
Um eine gleichmäßige Kostenbelastung für die Preiskalkulation zu sichern, wird kalkulatorisch in der Regel linear abgeschrieben.	☐	☐
Kalkulatorische Abschreibungen werden in der Kontenklasse 2 erfasst.	☐	☐

11 Ordnen Sie zu, indem Sie drei der betrieblichen Vorgänge 1- 7 in die Kästchen vor den Erklärungen eintragen.

	Erklärungen	**Betriebliche Vorgänge**
	Ausgabe, kein Aufwand und keine Kosten	1. Reparaturkosten 2. Privatentnahme von Bargeld 3. Auftragsgebundene Speditionskosten (Fortsetzung rechte Spalte)
	Kosten, aber kein Aufwand	
	Ausgabe und Aufwand, aber keine Kosten	

Fortsetzung Aufgabe 11

4. Kalkulatorischer Unternehmerlohn
5. Treibstoffkosten
6. Barspende an eine gemeinnützige Organisation
7. Kilometerabhängige Autobahngebühr

12 Welche der folgenden Aufwendungen aus der Geschäftsbuchführung können Sie nicht bzw. nicht in gleicher Höhe in die Kosten- und Leistungsrechnung übernehmen?

Kreuzen Sie vor den zutreffenden Aussagen an.

1. Bilanzielle Abschreibungen auf Gebäude 80 000,00 € ☐
2. Brutto-Löhne für Umschlagspersonal 22 800,00 € ☐
3. Zinsaufwendungen 15 700,00 € ☐
4. Lkw-Totalschaden durch Unfall 40 000,00 € ☐
5. Leasing-Rate für EDV-Anlage 5 200,00 € ☐
6. Auftragsgebundene Speditionskosten 135 100,00 € ☐
7. Industrie- und Handelskammer-Beitrag 1 300,00 € ☐

13 Die Finanzbuchhaltung hält in der Bilanz unter anderem die Vermögenssituation fest und dient auch der Information externer Adressaten, z. B. der Kreditgeber. Die Kosten- und Leistungsrechnung dient vorrangig innerbetrieblichen Zwecken. Nach welchen Vorgaben muss in der Kosten- und Leistungsrechnung verfahren werden?

Kreuzen Sie die zutreffenden Aussage an.

1. Nach dem Einkommensteuergesetz bzw. dem Körperschaftsteuergesetz ☐
2. Es gibt keine verbindlichen Vorgaben; der Betrieb hat die Freiheit entsprechend den betrieblichen Anforderungen vorzugehen. ☐
3. Nach der Abgabenordnung (AO) ☐
4. Nach dem HGB ☐
5. Nach den ADSp ☐

14 Die Geschäftsbuchführung der Spedition ALLSPED GmbH ermittelt die unten stehenden Werte für die Übernahme in die Kosten- und Leistungsrechnung:

Aufwandsart	Betrag in €
Betriebsfremde Aufwendungen	2 000,00 €
Zinsaufwendungen	46 000,00 €
Bilanzmäßige Abschreibungen	82 000,00 €
Löhne und Lohnnebenkosten	184 000,00 €
Gehälter und Gehaltsnebenkosten	208 000,00 €
Treibstoffkosten	52 000,00 €
Reparaturkosten	18 000,00 €
Leasinggebühren für DV-Anlage	34 000,00 €
Kommunikationskosten	8 000,00 €
Versicherungen, Gebühren und Beiträge	36 000,00 €
Kalkulatorische Abschreibungen	72 000,00 €
Kalkulatorische Zinsen	62 000,00 €
Speditionskosten nationale Spedition	218 000,00 €
Speditionskosten internationale Spedition	154 000,00 €

Berechnen Sie

01	die Summe der Aufwendungen, die aus der Buchführung in gleicher Höhe als Grundkosten in die Kosten- und Leistungsrechnung übernommen werden können.	
02	die Summe der Aufwendungen, die als neutral abgegrenzt werden müssen.	
03	die Summe der Kosten, die den Kostenträgern direkt zugerechnet werden können.	
04	die Summe der Kosten, die in einem Betriebsabrechnungsbogen (BAB) mithilfe von Verteilungsschlüsseln möglichst verursachungsgerecht den Kostenstellen zugerechnet werden.	

15 Welche der unten stehenden Aussagen treffen

1 nur auf die Gewinn-und-Verlust-Rechnung
2 nur auf die Kosten- und Leistungsrechnung
3 sowohl auf die Gewinn- und-Verlust-Rechnung als auch auf die Kosten- und Leistungsrechnung zu ?

Tragen Sie die Ziffer vor der jeweils zutreffenden Antwort in die unten stehenden Kästchen ein.

Aussagen

01 Die Angaben sind auf einen Zeitraum bezogen.	
02 Es sind auch neutrale Aufwendungen und Erträge enthalten.	
03 Es sind nur betriebliche Aufwendungen und Erträge enthalten.	
04 Sie bildet die Grundlage der Besteuerung.	
05 Es werden nur die Daten der Kontenklassen 4, 7 und 8 erfasst.	
06 Sie beinhaltet auch eine Kostenstellenrechnung.	

16 Die Spedition ALLSPED GmbH will den Betrag ermitteln, mit dem Sie die kalkulatorischen Wagnisse ansetzen möchte. Dazu liegt ihr die folgende Tabelle vor:

Jahr	Haftungsversicherung in €	Speditionserlöse (Nettoumsatz)
20(-5)	57 660,00	3 720 000,00
20(-4)	72 420,00	4 260 000,00
20(-3)	84 840,00	4 040 000,00
20(-2)	70 720,00	4 420 000,00
20(-1)	81 900,00	4 680 000,00
20(0)		(geschätzt) 4 900 000,00

01 den Wagniszuschlag in Prozent für das Jahr 20(0) aufgrund der in den vorangegangenen 5 Jahren eingetretenen Selbstbeteiligungsbeträge.	
02 in welcher Höhe im Jahr 20(0) kalkulatorische Wagnisse in der Kosten- und Leistungsrechnung angesetzt werden.	

2 Aufbau einer Vollkostenrechnung: KLR

Aus der Geschäftsbuchführung sind mithilfe der **Abgrenzungsrechnung** die durch den betrieblichen Leistungsprozess verursachten Kosten und Erlöse so aufbereitet worden, dass sie nun **in voller Höhe** (Vollkostenrechnung) der **Kosten- und Leistungsrechnung** (KLR) als Daten zur weiteren Bearbeitung **zur Verfügung** stehen.

Die KLR verarbeitet die Daten in folgenden Bereichen:

Bereiche der Kostenrechnung		
Kostenartenrechnung	**Kostenstellenrechnung**	**Kostenträgerrechnung**
Welche Kosten sind entstanden? (Was verursacht Kosten?)	**Wo** sind die Kosten verursacht worden? (An welcher Stelle wurden die Kosten verursacht?)	**Wofür** sind Kosten angefallen? (Durch wen wurden Kosten verursacht?)
Speditionskosten Personalkosten Abschreibungen	Nationale Spedition Internationale Spedition Luftfrachtspedition	Aufträge Produkte Dienstleistungen

2.1 Kostenartenrechnung

Innerhalb der Kostenrechnung dient die **Kostenartenrechnung** der vollständigen Erfassung der Arten von Kosten in einem Unternehmen während eines bestimmten Abrechnungszeitraums (z. B. Monat, Geschäftsjahr). Die Kostenartenrechnung bildet den **Ausgangspunkt für die gesamte Kostenrechnung.**

Sie hat die Aufgabe, die Kosten nach verschiedenen Gesichtspunkten zu gliedern.

Gliederung der Kostenarten nach

Entstehungsursache:

- Personalkosten
- Kraftfahrzeugkosten

kalkulatorischen Verrechenbarkeit:

- Einzelkosten
- Gemeinkosten

Verhalten bei schwankendem Beschäftigungsgrad:

- fixe Kosten
- variable Kosten

Kostenarten

Einzelkosten

(Kontenklasse 7: auftragsgebundene Kosten)

Die auftragsgebundenen direkt zurechenbaren Speditionskosten der Kontenklasse 7 werden Einzelkosten genannt, da sie einer einzelnen betrieblichen Leistung (Auftrag/Dienstleistung) direkt zugeordnet werden können.

z. B.

- Frachten
- Haus-Haus-Entgelte
- Umschlaggebühren
- Zölle

Gemeinkosten

(Kontenklasse 4: Betriebskosten einschl. kalkulatorische Kosten)

Als Gemeinkosten werden die Kosten der Kontenklasse 4 bezeichnet, deren Verursachung nicht eindeutig einem einzelnen bestimmten Auftrag zugeschrieben werden kann. Diese Kosten entstehen dem Betrieb gemeinsam in allen Abteilungen und werden deswegen Gemeinkosten genannt.

z. B.

- Personalkosten
- Fahrzeugkosten
- Energiekosten
- Miete

2.2 Kostenstellenrechnung

Die Kostenstellenrechnung verbindet die Kostenartenrechnung mit der Kostenträgerrechnung. Sie ist die **zweite Stufe** des Systems der Kosten- Und Leistungsrechnung. Während die **Kostenartenrechnung** alle angefallenen **Kosten nach Art und Wert** ohne einen Bezug zu den Verantwortungsträgern erfasst, fragt die **Kostenstellenrechnung** nach dem **Entstehungsort** und der **Zurechenbarkeit** der Kosten.

Kostenstellenrechnung	
an welchem Ort (= Stelle) sind die Kosten entstanden?	**Wem sind die Kosten zuzurechnen?**
→ **Funktionsbereiche** ▮ Sammelladungsspedition ▮ Luftfrachtspedition	→ **Verantwortungsbereiche** ▮ Abteilung ▮ Profitcenter ▮ Produkte

Kostenstellen müssen:
- eindeutig voneinander abgegrenzt sein,
- eine organisatorische Einheit bilden
- in der Lage sei, die Kosten zu beeinflussen.

damit:
- die **Kostenentwicklungen** in den einzelnen Kostenstellen kontrolliert,
- die **Wirtschaftlichkeit** des Leistungserstellungsprozesses überwacht und kontrolliert,
- die **Angebote** für Speditionsleistungen **kalkuliert,**
- die **Abteilungs- bzw. Stellenergebnisse** errechnet und analysiert werden können.

GEMEINKOSTEN IN DER KOSTENSTELLENRECHNUNG

Neben der **Aufgabe** der Kostenstellenrechnung als Instrument der Kostenkontrolle usw. hat sie vor allem die Aufgabe der **Vorbereitung auf die Kostenträgerrechnung** (= Auftragskalkulation/Preisermittlung).

Kostenzuordnung

Während die Einzelkosten (Speditionskosten) der Kontenklasse 7 den Kostenträgern direkt zugeordnet werden können, müssen die Gemeinkosten, weil ein direkter Zuordnungsnachweis auf einen Kostenträger fehlt, entsprechend dem Verursachungsprinzip zunächst den jeweiligen Kostenstellen (Verkehrsarten/Abteilungen/Profitcenter) zugewiesen werden.

Kostenarten

Einzelkosten	**Gemeinkosten**
→ **direkte** Zuordnung zum Kostenträger	→ **indirekte** Zuordnung zum Kostenträger

Die **Zuordnung der Gemeinkosten** zu den einzelnen **Kostenstellen** erfolgt nach dem **Verursachungsprinzip**. Daher muss geprüft werden, was als **Grundlage für die Zuordnung** genutzt werden kann:
- **kostenstellenbezogene Belege**
- **geeignete Zurechnungsbasen**
- **Verteilungsschlüssel**

Danach unterscheidet man:

Gemeinkosten

Kostenstellen-Einzelkosten	**Kostenstellen-Gemeinkosten:**
→ **direkte** Verteilung auf die Kostenstellen	→ **indirekte** Verteilung auf die Kostenstellen

Kostenstellen-Einzelkosten: Für einige Gemeinkostenarten ist die Verteilung auf die Kostenstellen nicht schwierig, da sie aufgrund von Belegen den einzelnen Kostenstellen **direkt** zugeordnet werden können, z. B.

Kostenarten	**Verteilungsgrundlage**
▪ Personalkosten:	Lohn- und Gehaltslisten
▪ Kommunikationskosten:	Einzelnachweise der Telekom
▪ Reparaturen:	Auftragsscheine
▪ Weiterbildung, Reisekosten:	Einzelbelege

Kostenstellen-Gemeinkosten: Andere Gemeinkostenarten müssen allerdings nach einem festgelegten Schlüssel auf die Kostenstellen verteilt werden. Kernproblem der Kostenstellenrechnung ist es, einen geeigneten **Verteilungsschlüssel** zu finden, der die **Kostenverursachung widerspiegelt**. Unterstellt wird **Proportionalität** zwischen der **Zurechnungsbasis** und den zu **verteilenden Kosten**: z. B. je größer die zu beheizende Fläche umso größer der Verbrauch an Heizenergie. Zu unterscheiden sind **Mengenschlüssel** und **Wertschlüssel**.

Kostenarten	**Verteilungsgrundlagen**	**Schlüsselart**
▪ Energiekosten:	Geschäftsfläche, nach installierter Wattzahl	Mengenschlüssel
▪ Reinigungskosten:	nach der Raumfläche in m^2	Mengenschlüssel
▪ Abschreibungen:	nach Wert des Anlagevermögens, Inventarliste	Wertschlüssel
▪ Miete:	nach der Raumfläche in m^2	Mengenschlüssel
▪ Fahrzeugkosten:	nach gefahrenen Kilometern	Mengenschlüssel
▪ Zinsen:	nach betriebsnotwendigen Kapital	Wertschlüssel
▪ Versicherungen:	nach Werten des Sachanlagevermögen lt. Inventar	Wertschlüssel
▪ Unfallversicherung:	nach Anzahl der Beschäftigten je Kostenstelle	Mengenschlüssel

KOSTENSTELLENRECHNUNG MITHILFE DES BETRIEBSABRECHNUNGSBOGENS

Die **Verteilung der Gemeinkosten** auf die Kostenstellen wird in tabellarischer Form im **Betriebsabrechnungsbogen (BAB)** durchgeführt. Er dient dazu, die Kosten der Gemeinkostenarten auf die Kostenstellen (Ort der Leistungserstellung und Kostenverursachung) zu verteilen. Neben der **Überwachung und Kontrolle der Kosten** in den Kostenstellen werden die **Zuschlagssätze für die Kostenträgerrechnung** (= Kalkulation) ermittelt.

Schema:

Es lassen sich nach der Art der Verrechnung der Kosten der **einstufige** und der **mehrstufige** BAB unterscheiden.

Der einstufige Betriebsabrechnungsbogen

Der **einstufige BAB** enthält nur die **Hauptkostenstellen**, z. B. Lager oder Internationale Spedition, auf die die Kosten anteilig und verursachungsgerecht verteilt werden. Aus der Abgrenzungsrechnung der Kostenartenrechnung werden die Gemeinkosten übernommen und mithilfe von Belegen oder Verteilungsschlüsseln durch den BAB auf die Kostenstellen verteilt.

Beispiel

Betriebsabrechnungsbogen						
Kostenarten		Verteilungsgrundlage	Verteilungsschlüssel		Abteilung I: Kraftwagenspedition	Abteilung II: Internationale Spedition
			Abt. I	Abt. II		
	€				€	€
Personalkosten	269 000,00	Gehaltslisten	direkt	direkt	229 148,00	39 852,00
Fuhrparkkosten	112 000,00	Verbrauch	direkt	direkt	67 200,00	44 800,00
Miete	47 250,00	Fläche in m²	230 m²	40 m²	40 250,00	7 000,00
Steuern	34 000,00	Umsatz			usw.	usw.
Summe						

Der **einstufige BAB** weist in den **Zeilen die Kosten** nach Kostenstellen und in den Spalten die Kosten nach **Kostenstellen** aus. Der BAB wird in den folgenden Schritten erstellt:

Schritt 1	Die Gemeinkosten werden aus der Kostenartenrechnung in den BAB übertragen.
Schritt 2	Die Summe der Gemeinkosten wird ermittelt.
Schritt 3	Die einzelnen Gemeinkostenarten werden auf die Kostenstellen verteilt, entsprechend der angegebenen bzw. noch festzulegender Verteilungsschlüssel oder anhand von Belegen.
Schritt 4	Die Gemeinkosten je Kostenstelle werden ermittelt; dabei muss die Summe der einzelnen Gemeinkostenstellen mit der in Schritt 2 ermittelten Summe der Gemeinkosten übereinstimmen. Dies ist eine Kontrollrechnung, um weitere Fehler zu vermeiden.

Der Betriebsabrechnungsbogen gibt der Unternehmensleitung nun Gelegenheit,

- die **Kostenentwicklungen** in den einzelnen Kostenstellen zu kontrollieren,
- die **Abteilungsergebnisse** zu analysieren und
- die **Wirtschaftlichkeit** der Kostenstellen = Abteilungen zu ermitteln und zu vergleichen.

MEHRSTUFIGER BETRIEBSABRECHNUNGSBOGEN

In größeren Betrieben existieren eigene Verwaltungsabteilungen, Reparaturwerkstätten, Werbeabteilungen u. Ä. Die Kosten dieser Kostenstellen werden durch die übrigen Kostenstellen verursacht; sie stehen gewissermaßen als Hilfsstellen im Dienst der übrigen Kostenstellen. Daher unterscheidet man in **Hilfskostenstellen** und **Hauptkostenstellen**. Die Kosten der **Hilfskostenstellen** müssen auf die **anderen Kostenstellen verteilt** werden. Dies erweitert den oben beschriebenen Sachverhalt, man spricht dann von einem **mehrstufigen BAB.**

Ein Betriebsabrechnungsbogen, der neben den Hauptkostenstelle auch (allgemeine und besondere) Hilfskostenstellen enthält, wird als mehrstufiger BAB bezeichnet.

In einem mehrstufigen BAB werden **alle Gemeinkosten** (wie im einstufigen BAB) aus der **Kostenartenrechnung** übernommen und auf alle Kostenstellen verteilt, sowohl auf die **Hauptkostenstellen** als auch auf die **Hilfskostenstellen** (Kostenumlage).

Kostenstellen

Hilfskostenstellen

- Geschäftsführung
- Allgemeine Verwaltung

Hauptkostenstellen

Sammel- und Ladungsverkehre

- Sammelgut
- Fernverkehr
- Nahverkehr
- Lager

Export/Import

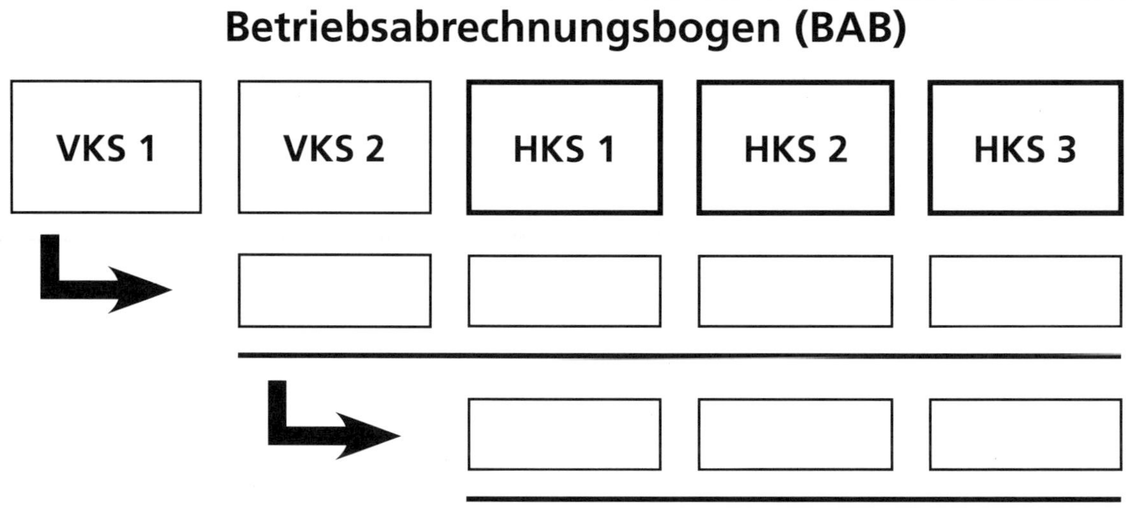

Bei der Aufteilung der Kosten aus den **Hilfskostenstellen** auf die übrigen Kostenstellen werden **allgemeine** und **besondere Hilfskostenstellen** unterschieden. Eine allgemeine Hilfskostenstelle ist z. B. die Kantine. Diese allgemeine Hilfskostenstelle wird von allen anderen Kostenstellen genutzt, so auch von der besonderen Hilfskostenstelle Kfz-Werkstatt, die ihre Dienste in dem nachfolgenden Beispiel ausschließlich den Hauptkostenstellen Nahverkehr und Fernverkehr zur Verfügung stellt.

Hilfskostenstellen

Allgemeine Hilfskostenstellen	Besondere Hilfskostenstellen
erbringen Leistungen für alle anderen Kostenstellen ▮ Geschäftsführung ▮ Verwaltung ▮ Kantine ▮ Werkskindergarten	Erbringen nur für bestimmte Hauptkostenstellen Leistungen ▮ Werkstatt ▮ Fuhrpark ▮ Umschlagslager

Diese **Kostenumlage** von den **Hilfskostenstellen auf die Hauptkostenstellen** erfolgt **schrittweise:**

Schritt 1:	Begonnen wird mit der **Umlage** der Kosten der **allgemeinen Hilfskostenstelle**. Eine **allgemeine Kostenstelle,** z. B. Verwaltung, erbringt Leistungen für **alle anderen Kostenstellen**. Die Verteilung erfolgt auf der Grundlage eines **verursachungsgerechten Schlüssels.**
Schritt 2:	In einem zweiten Schritt werden dann die Kosten der **besonderen Hilfskostenstellen** auf die **Hauptkostenstellen** umgelegt. Das **Ergebnis der Kostenumlage** ist die **Summe aller Gemeinkosten** in den jeweiligen **Hauptkostenstellen.**

2.3 Kostenträgerrechnung

Die Kostenträgerrechnung ermittelt, in welcher Höhe **Kosten für einzelne Kostenträger** angefallen sind. **Kostenträger** sind **einzelne Leistungseinheiten** einer Spedition, z. B. ein Speditionsauftrag.

Kostenträgerrechnung

- **Kostenträgerzeitrechnung**
- **Kostenträgerstückrechnung**

KOSTENTRÄGERZEITRECHNUNG

Die Kostenträgerzeitrechnung hat vor allem die Aufgabe, die **Wirtschaftlichkeit der Abteilungen** bzw. Profitcenter bezogen auf einzelne Aufträge **innerhalb eines Zeitraumes** zu überprüfen. Die Auswertung der auftragsbezogenen Einzelergebnisse eröffnet die Möglichkeit, erfolgreiche Bereiche durch gezieltes Marketing (Marketingmix) zu fördern. In weniger erfolgreichen oder auch verlustreichen Bereichen müssen dagegen die Kosten durch Umstrukturierung gesenkt oder das Auftragsangebot verändert werden.

Auszug aus dem BAB der Spedition ALLSPED GmbH: Kostenträgerzeitrechnung			
	Lager	Nationaler Straßengüterverkehr	Internationaler Straßengüterverkehr
Abteilungserlöse (Speditionserlöse/Umsatz)	309 000,00	1 590 000,00	1 396 750,00
– Einzelkosten (Speditionskosten)	59 250,00	399 750,00	455 000,00
= Rohergebnis	249 750,00	1 190 250,00	941 750,00
– Gemeinkosten je Hauptkostenstelle (Abteilung)	228 750,00	1 176 000,00	882 000,00
= Abteilungsergebnis	21 000,00	14 250,00	59 750

KOSTENTRÄGERSTÜCKRECHNUNG

In der Kostenträgerstückrechnung ermittelt man die **Selbstkosten** für die **einzelnen Produkte** bzw. **Aufträge** einer Spedition. Grundlage für die Berechnung ist auch hier der mehrstufige BAB.

Der **BAB** weist die **Gesamtkosten** und **Gesamterlöse der jeweiligen Abteilungen** bzw. Profitcenter aus. Damit kann aber nicht gesagt werden, **in welcher Höhe** der **einzelne Auftrag Kosten verursacht** hat. Daher muss zunächst die **Kalkulation der Selbstkosten** und der **Erlöse** auf der Basis des BAB als **Gesamtkalkulation** durchgeführt werden. Auf der Grundlager der Gesamtkalkulation werden nun **Zuschlagssätz**e errechnet, mit denen die gesamten Kosten **auf die einzelnen Aufträge verteilt** werden **(Stückkalkulation)**.

Die Berechnung der Zuschlagsätze erfolgt mithilfe der Dreisatzrechnung.

Ermittlung der Zuschlagssätze für die Abteilung Internationaler Straßengüterverkehr						
Gesamtkalkulation						
	Einzelkosten der Abt.	455 000,00	=	100 %		
+	Gemeinkosten	882 000,00	=	x %	Zuschlagssatz für Gemeinkosten	193,85 %
=	Selbstkosten	1 337 000,00	=	100 %		
+	Gewinn	59 750,00	=	x %	Zuschlagssatz für Gewinn	5,03 %
=	**Erlöse (Umsatz)**	**1 396 750,00**				

Mithilfe der in der Gesamtkalkulation ermittelten Zuschlagssätze können nun in der Kostenträgerstückrechnung (Kalkulation) der Preis für einen Speditionsauftrag in einer speziellen Abteilung (hier: Internationaler Straßengüterverkehr) auf der Grundlage der Zuschlagssätze für die in dieser Abteilung angefallenen Gemeinkosten berechnet werden.

Kalkulation (Kostenträgerstückrechnung) für die Abteilung Internationaler Straßengüterverkehr auf der Grundlage des BAB						
Gesamtkalkulation		**€**	**Stückkalkulation**			**€**
	Einzelkosten der Abt.	455 000,00		Einzelkosten des Auftrags		500,00
+	Gemeinkosten der Abt.	882 000,00	+	Zuschlag für Gemeinkosten	193,85 %	969,25
=	Selbstkosten der Abt.	1 337 000,00	=	Selbstkostenpreis		1 469,25
+	Gewinn der Abt.	59 750,00	+	Zuschlag für Gewinn	5,03 %	73,90
=	**Erlöse (Umsatz) der Abt.**	**1 396 750,00**	=	**Nettopreis der Leistung**		**1 543,15**

Anwendungen der Kostenträgerrechnung werden im Kapitel

- **Kalkulation der Fahrzeugkosten:** Darstellung unter „Speditionelle und logistische Geschäftsprozesse" im Kapitel 3.4 Fahrzeugkostenkalkulation ab Seite 61
- **Kalkulation von Logistik-Lagerleistungen:** Darstellung unter „Speditionelle und logistische Geschäftsprozesse" im Kapitel 8.2.3 Lagerkostenkalkulation ab Seite 188

2.4 Aufgaben zur Vollkostenrechnung

01

1. Führen Sie die ausstehenden Berechnungen durch:

Betriebsabrechnungsbogen (verkürzt)					
Kostenarten	Kostenstellen				
	Vorkostenstellen		Hauptkostenstellen		
	Kantine	Werkstatt	Nationale Spedition	Internationale Spedition	Lager
Summe	168 000,00	211 000,00	1 339 000,00	1 047 000,00	284 000,00
Umlage 1					
Summe					
Umlage 2					
Gemeinkosten					
Einzelkosten			533 000,00	412 000,00	79 000,00
Abt.-Kosten					
Abt.-Erlöse			2 274 000,00	1 780 000,00	412 000,00
Abt.-Ergebnis					

2. Berechnen Sie außerdem den Gemeinkostenzuschlag und den Gewinnzuschlag für die Abteilung Internationale Spedition.

Umlage Kantine:	1 : 4 : 2 : 1
Umlage Werkstatt:	5 : 3 : 0

02

Es sollen die Gemeinkosten in Höhe von 30 000,00 € auf drei Fahrzeuge verteilt werden. Die drei Fahrzeuge erzielen folgende Umsätze:

Fahrzeug	Umsätze in €
A	240 000,00
B	440 000,00
C	320 000,00

Die Gemeinkosten sollen im Verhältnis der Umsätze verteilt werden.

In welcher Höhe fallen Gemeinkosten für das Fahrzeug B an?

03

Ordnen Sie zu, indem Sie drei der Kennziffern 1- 7 der Kostenarten in die Kästchen vor den Verteilerbasen/Verteilerschlüsseln eintragen.

	Verteilerbasen/-schlüssel
	Nach der Fläche je Abteilung
	Nach erfasstem Verbrauch
	Nach Wertverlust

Kostenarten:
1. Löhne/Gehälter
2. Mieten
3. Gewerbesteuer
4. Treibstoffkosten
5. Abschreibungen
6. Betriebshaftpflichtversicherung
7. Lohnnebenkosten

04

Ermitteln Sie aus dem unten abgedruckten BAB der Spedition ALLSPED GmbH und den nachstehenden Angaben für den Monat März

a) die Gesamtkosten der Hauptkostenstelle Lager.

b) die Kosten je Auftrag in der Abteilung nationale Spedition in €, wenn hier 6 250 Aufträge im Abrechnungszeitraum abgewickelt wurden.

zu 04

Betriebsabrechnungsbogen der Spedition ALLSPED GmbH zum 31.12.20(0)							
			Kostenstellen				
Kostenarten	Betrag	Verteilungs-schlüssel	Hilfskostenstellen		Hauptkostenstellen		
			Allgemeine Verwaltung	Werkstatt	Nationale Spedition	Internationale Spedition	Lager
Summe Gemeinkosten	2 883 000		644 000	206 400	648 000	874 800	509 800
Umlage Allg. Verwaltung		6 : 4 : 2 : 4					
Summe							
Umlage Werkstatt		5 : 5 : 2					
Kosten je Hauptkostenstelle							
Einzelkosten der Abteilung					245 000	1 240 000	480 000
Gesamtkosten							

05 Nach der Aufstellung des Betriebsabrechnungsbogens können die Ergebnisse ausgewertet werden, indem bestimmte betriebswirtschaftliche Kennziffern berechnet werden.

Welche Kennziffer kann mithilfe des Betriebsabrechnungsbogens berechnet werden? Kreuzen Sie die richtige Lösung an.

01 Die Gesamtkapitalrentabilität ☐

02 Die Liquidität 2. und 3. Grades ☐

03 Die Umsatzrentabilität ☐

04 Der Break-even-Point ☐

05 Die Cashflow-Umsatzverdienstrate ☐

06 Ermitteln Sie für das Jahr 20(0) aufgrund der Daten des unten stehenden (verkürzten) BAB der Spedition Daniels e. K. die Ergebnisse der Abteilungen (Hauptkostenstellen).

Tragen Sie die Lösungen in die Kästchen ein:

01 das Ergebnis der Abteilung Luftfrachtspedition. ☐

02 die Umsatzrentabilität der Abteilung Luftfrachtspedition (auf eine Stelle nach dem Komma runden). ☐

zu 06

BAB der Spedition Daniels e. K. für das Jahr 20(0)

Gemeinkosten	Betrag	Verteilungsschlüssel	Allgem. Verwaltung	Werkstatt	Luftfracht-Spedition	Kraftwagen-Spedition	Möbel-Spedition
	(€)		(€)	(€)	(€)	(€)	(€)
Gemeinkosten je K'St			137 350	58 500	131 300	213 450	137 750
Umlage Allg. Verwaltung		1 : 1 : 2 :1					
Umlage Werkstatt		2 : 5 : 3					
Gemeinkosten je Hauptkostenstelle							
Einzelkosten					20 100	142 000	76 000
Abteilungskosten							
Abteilungserlöse					305 000	576 000	240 000
Abteilungsergebnis							

07 Ermitteln Sie aus dem unten stehenden Betriebsabrechnungsbogen der Spedition ALLSPED GmbH

a) den Anteil der Personalkosten an den Gemeinkosten im 1. Quartal in Prozent (auf eine Stelle nach dem Komma runden).

b) die Umsatzrentabilität der Abteilung Internationale Spedition (auf eine Stelle nach dem Komma runden).

c) den Wiederbeschaffungswert des Anlagevermögens in Tausend € (T€), wenn bei der kalkulatorischen Abschreibung ein Abschreibungssatz von 16 % vom Wiederbeschaffungswert des Anlagevermögens unterstellt wurde.

d) die Selbstkosten für einen Auftrag der Abteilung Lagerei in €, wenn hier die Einzelkosten eines Auftrags 120,00 € betragen (auf zwei Stellen nach dem Komma runden).

zu 07

Gemeinkosten der ALLSPED GmbH

Auszug aus dem BAB **1. Quartal 20(0)**

Konto	Gemeinkosten	Betrag in €	Verteilungsschlüssel					Allgemeine Verwaltung	Werkstatt	Nationale Spedition	Internationale Spedition	Lagerei
40	Löhne	315 000	2	4	6	7	2	30 000	60 000	90 000	105 000	30 000
41	Gehälter	150 000	3	1	5	5	1	30 000	10 000	50 000	50 000	10 000
42	Fuhrparkkosten	720 000	0	0	2	5	3	0	0	144 000	360 000	216 000
43	Raumkosten	270 000	2	1	2	2	2	60 000	30 000	60 000	60 000	60 000
44	Verwaltungskosten	320 000	1	0	0	0	0	320 000	0	0	0	0
45	Steuern/Versicherungen	100 000	0	1	3	5	1	0	10 000	30 000	50 000	10 000
46	Unternehmenskosten	48 000	3	2	1	3	3	12 000	8 000	4 000	12 000	12 000
480	Kalk. Unternehmerlohn	60 000	1	1	3	3	2	6 000	6 000	18 000	18 000	12 000
481	Kalk. Miete	240 000	3	2	5	10	4	30 000	20 000	50 000	100 000	40 000
482	Kalk. Zinsen	405 000	5	2	10	40	4	81 000	32 400	162 000	64 800	64 800
483	Kalk. Abschreibungen	200 000	6	2	3	5	4	60 000	20 000	30 000	50 000	40 000
485	Kalk. Wagnisse	55 000	3	2	2	1	3	15 000	10 000	10 000	5 000	15 000
	Gemeinkosten je KST	2 883 000						644 000	206 400	648 000	874 800	509 800
	Umlage Allg. Verw.			6	4	2	4		241 500	161 00	80 500	161 00
									447 900	809 000	955 300	670 800
	Umlage Werkstatt				5	5	2			186 625	186 625	74 650
	Gemeinkosten je Hauptkostenstelle									995 625	1 141 925	745 450
+	Einzelkosten									245 000	1 240 000	480 000
=	Abteilungskosten									1 240 625	2 381 925	1 225 450
	Abteilungserlöse									1 350 000	3 000 000	1 200 000
	Abteilungsergebnis									109 375	618 075	–25 450

08 Bearbeiten Sie den Betriebsabrechnungsbogen (BAB) der Spedition ALLSPED GmbH für den Monat März 20(0) mit den am Ende der Aufgabe stehenden Angaben.

Tragen Sie die Lösungen in die Kästchen ein:

01 die kalkulatorischen Zinsen in €.	
02 die kalkulatorischen Abschreibungen des Anlagevermögens in €.	
03 das Ergebnis der Abteilung Luftfrachtspedition in €.	
04 das Ergebnis der Abteilung Luftfrachtspedition in Prozent des Abteilungserlöses (auf zwei Stellen nach dem Komma runden).	

Angaben:

Betriebsnotwendiges Kapital	7 000 000,00 €
Durchschnittlicher Zinssatz	9 % p. a.
Anschaffungskosten des Anlagevermögens	8 400 000,00 €
Wiederbeschaffungskosten des Anlagevermögens	9 600 000,00 €
Abschreibungssatz	20 %

zu 08

Anlage zu Aufgabe 08

Gemeinkosten der ALLSPED GmbH

Auszug aus dem BAB für den Monat März 20(0)

Konto	Gemeinkosten	Betrag in €	Verteilungsschlüssel					Allgemeine Verwaltung	Werkstatt	Luftfracht Spedition	Kraftwagen Spedition	Möbel Spedition
40	Löhne	64 800	2	4	6	10	5	4 800	9 600	14 400	24 000	12 000
41	Gehälter	20 400	4	2	5	4	2	4 800	2 400	6 000	4 800	2 400
42	Fuhrparkkosten	144 000	0	0	2	6	4	0	0	24 000	72 000	48 000
43	Raumkosten	19 200	3	1	4	2	2	4 800	1 600	6 400	3 200	3 200
44	Verwaltungskosten	40 000	1	0	0	0	0	40 000	0	0	0	0
45	Steuern/Versicherungen	18 000	0	1	2	5	1	0	2 000	4 000	10 000	2 000
46	Unternehmenskosten	18 700	4	2	3	1	1	6 800	3 400	5 100	1 700	1 700
480	Kalk. Unternehmerlohn	12 000	2	2	2	2	2	2 400	2 400	2 400	2 400	2 400
481	Kalk. Miete	30 000	3	2	5	10	4	3 750	2 500	6 250	12 500	5 000
482	**Kalk. Zinsen**	**01)**	**4**	**2**	**6**	**2**	**1**					
483	**Kalk. Abschreibungen**	**02)**	**6**	**2**	**3**	**5**	**4**					
485	Kalk. Wagnisse	5 500	3	2	2	1	3	1 500	1 000	1 000	500	1 500
	Gemeinkosten je KST											
	Umlage Allg. Verw.			1	1	2	1					
	Umlage Werkstatt				2	5	3					
	Gemeinkosten je Hauptkostenstelle											
+	Einzelkosten									20 100	142 000	76 000
=	Abteilungskosten											
	Abteilungserlöse									305 000	576 000	240 000
	Abteilungsergebnis									**03**		

09 Ermitteln Sie aus dem auf Seite 395 abgedruckten Betriebsabrechnungsbogen der Spedition ALLSPED (Ergebnisse jeweils auf eine Stelle nach dem Komma runden)

a) die Umsatzrentabilität der Abteilung Lagerei in Prozent.

b) den Prozentsatz der Personalkosten an den Gesamtkosten der Abteilung Nationale Spedition.

c) den prozentualen Anteil des Abteilungsergebnisses Internationale Spedition am Gesamtergebnis der Spedition ALLSPED GmbH.

10 Ermitteln Sie aus dem auf Seite 395 stehenden BAB des Monats September 20(0)

a) die Kosten je Auftrag in der Abteilung Fernverkehr in €, wenn hier 3 600 Aufträge im Abrechnungszeitraum abgewickelt wurden (auf zwei Stellen nach dem Komma runden).

b) die Gesamt-Umsatzrentabilität (auf zwei Stellen nach dem Komma runden).

c) das betriebsnotwendige Kapital in Mio. € bei einem Jahreszinssatz von 8 %.

11 Für die Kostenträgerrechnung sollen Sie die Grundkosten berücksichtigen. Welche Kosten zählen zu den Grundkosten?

Kreuzen Sie die richtige Lösung an.

- 01 Bilanzielle Abschreibungen ☐
- 02 Kraftstoffverbrauch für die Fahrzeuge ☐
- 03 Kalkulatorische Zinsen ☐
- 04 Kalkulatorische Abschreibungen ☐

12 Der Disponent/-in des Fuhrparks der Spedition ALLSPED GmbH will die Fahrzeugkosten einem Leistungskilometer zuordnen. Mit welchem Teilbereich der Kostenrechnung ist das möglich? Kreuzen Sie die richtige Lösung an.

- Mit der Kostenstellenrechnung ☐
- Mit der Kostenträgerrechnung ☐
- Mit der Betriebsergebnisrechnung ☐
- Mit der Gewinn-und-Verlust-Rechnung ☐
- Mit der Deckungsbeitragsrechnung ☐

zu 09

Anlage zu Aufgabe 09

Gemeinkosten der ALLSPED GmbH

Auszug aus dem BAB 1. Quartal 20(0)

Konto	Gemeinkosten	Betrag in €	Verteilungsschlüssel					Allgemeine Verwaltung	Werkstatt	Nationale Spedition	Internationale Spedition	Lagerei
40	Löhne	675 000	2	4	5	7	2	67 500	135 000	168 750	236 250	67 500
41	Gehälter	225 000	3	1	3	5	1	51 923	17 308	51 923	86 538	17 308
42	Fuhrparkkosten	1 460 000	0	0	2	6	3	0	0	265 455	796 364	398 182
43	Raumkosten	520 000	1	1	2	2	2	65 000	65 000	130 000	130 000	130 000
44	Verwaltungskosten	550 000	1	0	0	0	0	550 000	0	0	0	0
45	Steuern/Versicherungen	160 000	0	1	3	4	1	0	17 778	53 333	71 111	17 778
46	Unternehmenskosten	54 000	4	2	1	2	3	18 000	9 000	4 500	9 000	13 500
480	Kalk. Unternehmerlohn	40 000	1	2	3	3	2	3 636	7 273	10 909	10 909	7 273
481	Kalk. Miete	120 000	3	2	4	10	4	15 652	10 435	20 870	52 174	20 870
482	Kalk. Zinsen	600 000	5	2	8	4	4	130 435	52 174	208 696	104 348	104 348
483	Kalk. Abschreibungen	420 000	4	2	3	5	4	93 333	46 667	70 000	116 667	93 333
485	Kalk. Wagnisse	66 000	2	2	2	1	3	13 200	13 200	13 200	6 600	19 800
	Gemeinkosten je KST	4 890 000						1 008 680	373 834	997 635	1 619 961	889 891
	Umlage Allg. Verw.			5	3	1	3		420 283	252 170	84 057	252 170
									794 117	1 249 805	1 704 018	1 142 061
	Umlage Werkstatt				4	4	2			317 647	317 647	158 823
	Gemeinkosten je Hauptkostenstelle									1 567 452	2 021 665	1 300 884
+	Einzelkosten									245 000	1 240 000	480 000
=	Abteilungskosten									1 812 452	3 261 665	1 780 884
	Abteilungserlöse									2 100 000	3 500 000	1 900 000
	Abteilungsergebnis									287 548	238 335	119 116

zu 10

Anlage zu Aufgabe 10

Auszug aus dem BAB der Spedition ALLSPED GmbH des Monats September 20(0)

Konto	Gemeinkosten	Betrag in €	Verteilungsschlüssel					Allgemeine Verwaltung	Kantine	Nahverkehr	Fernverkehr	Internationale Spedition
40	Löhne	283 500	3	1	4	8	5	40 500	13 500	54 000	108 00	67 500
41	Gehälter	200 400	4	0	2	4	2	66 800	0	33 400	66 800	33 400
42	Fuhrparkkosten	750 000	0	0	2	6	4	0	0	125 000	375 000	250 000
44	Verwaltungskosten	140 000	1	0	0	0	0	140 000	0	0	0	0
45	Steuern/Versicherungen	72 000	0	1	2	5	1	0	8 000	16 000	40 000	8 000
46	Unternehmenskosten	39 200	2	2	3	5	2	5 600	5 600	8 400	14 000	5 600
480	Kalk. Unternehmerlohn	80 000	2	2	2	2	2	16 000	16 000	16 000	16 000	16 000
481	Kalk. Miete	96 000	3	2	5	10	4	12 000	8 000	20 000	40 000	16 000
482	Kalk. Zinsen	216 000	4	2	6	2	4	48 000	24 000	72 000	24 000	48 000
483	Kalk. Abschreibungen	160 000	6	2	3	5	4	48 000	16 000	24 000	40 000	32 000
485	Kalk. Wagnisse	50 000	1	2	1	3	3	5 000	10 000	5 000	15 000	15 000
	Gemeinkosten je KST	2 087 100						381 900	101 100	373 800	738 800	491 500
	Umlage Allg. Verw.			1	1	2	1		76 380	76 380	152 760	76 380
									177 480	450 180	891 560	567 880
	Umlage Kantine				2	5	3			35 496	88 740	53 244
	Gemeinkosten je Hauptkostenstelle									485 676	980 300	621 124
+	Einzelkosten									65 125	234 211	187 000
=	Abteilungskosten									550 801	1 214 511	808 124
	Abteilungserlöse									521 000	1 576 000	940 000
	Abteilungsergebnis									–29 801	361 489	131 876

13 Der Abteilungsleiter für Lkw-Verkehre erstellt aus den unten stehenden Daten einen abteilungsbezogenen BAB, um das Abteilungsergebnis für den Lkw-Verkehr zu errechnen:

Kostenarten	Betrag in EUR	Verteilung	Lkw-Verkehr	Paket-Verkehr
Löhne	160 000,00	1:1		
Fuhrparkkosten	120 000,00	1:3		
Betriebskosten	90 000,00	2:1		
Kalkulatorische Kosten	80 000,00	1:3		

Die Abteilungs-Einzelkosten betragen für die Lkw-Verkehre 170 000,00 € und für den Paket-Verkehr 76 000,00 €. Die Abteilungserlöse für Lkw-Verkehre belaufen sich auf 400 000,00 € und für den Paket-Verkehr auf 420 000,00 €.

Wie viel € Gewinn hat die Abteilung Lkw-Verkehr erwirtschaftet?

3 Aufbau einer Teilkostenrechnung: Deckungsbeitragsrechnung

3.1 Deckungsbeitragsrechnung

Teilkostenrechnung setzt voraus, dass alle Kosten eines Betriebes in **beschäftigungsunabhängige = fixe Kosten** und **beschäftigungsunabhängige Kosten = variable Kosten** unterteilt werden. Damit wird die Abhängigkeit der Kosten von der Beschäftigung erkennbar.

Kosten	
Fixe Kosten **zeitabhängig/nicht beschäftigungsabhängig**	**Variable Kosten** **beschäftigungsunabhängig**
Kosten, die unabhängig von der Leistung (Umsatz, geleistete Stunden eines Fahrzeugs u. Ä.) **eines Betriebes anfallen, sind fix.** Sie werden auch Kosten der Betriebsbereitschaft genannt, weil sie durch die Bereitstellung einer bestimmten Betriebsgröße verursacht werden. **Beispiele für fixe Kosten:** ▮ Gehälter für das kaufmännische Personal ▮ Miete ▮ Versicherungsbeiträge ▮ Zinsen	**Kosten, die nur anfallen, wenn eine Leistung erbracht wird, bezeichnet man als variable Kosten.** Sie verändern sich folglich mit dem Umsatz. **Beispiele für variable Kosten:** ▮ Auftragsgebundene Kosten ▮ Fahrerlöhne ▮ Kraftstoffverbrauch ▮ Kommunikationskosten (Telefon, Porto) ▮ Büromaterial

Die meisten Kostenarten enthalten sowohl fixe als auch variable Bestandteile. Die Aufspaltung ist teilweise nur durch Schätzung möglich.

Beispiel: Fahrzeugkosten	
fixe Kosten:	Kfz-Steuern, Kfz-Versicherung, TÜV-Hauptuntersuchung Diese Kosten fallen für die Betriebsbereitschaft des Fahrzeugs an. Auch wenn es nicht fährt, sind diese Kosten zu tragen.
variable Kosten:	Benzin, Wartungskosten für intervallbezogene Inspektionen und verschleißbedingte Reparaturen
überwiegend variabel sind	z. B. Energiekosten, Fahrzeugkosten und Gewerbesteuer
überwiegend fix sind	z. B. Abschreibungen auf Anlagen, Büromaterial, Werbung und Zinsen

Die Aufteilung in fixe und variable Kosten dient zur Ermittlung des Deckungsbeitrags:

Deckungsbeitrag = Differenz zwischen Umsatzerlösen und variablen Kosten

Aus den Deckungsbeiträgen der einzelnen Abteilungen müssen die fixen Kosten und der Gewinn bestritten werden. Zieht man von der Summe aller Deckungsbeiträge die fixen Kosten ab, erhält man das Betriebsergebnis. Der Deckungsbeitrag ist demnach der Betrag, den die Abteilung für die Deckung der fixen Kosten des Gesamtbetriebes leistet.

Deckungsbeitrag	>	**fixe Kosten**	=	**Gewinn**
Deckungsbeitrag	<	**fixe Kosten**	=	**Verlust**

Schema für die Berechnung von Deckungsbeiträgen:

Umsatzerlöse (netto) ./. Speditionskosten (variable Einzelkosten)	oder verkürzt: Umsatzerlöse ./. variable Kosten a) Einzelkosten b) Gemeinkosten	oder: Umsatzerlöse ./. variable Kosten
Rohergebnis ./. variable Gemeinkosten		
Deckungsbeitrag ./. fixe Kosten	Deckungsbeitrag ./. fixe Kosten	Deckungsbeitrag ./. fixe Kosten
Betriebsergebnis	**Betriebsergebnis**	**Betriebsergebnis**

ÜBERSICHT: ZUSAMMENHANG ZWISCHEN VOLLKOSTENRECHNUNG UND TEILKOSTENRECHNUNG

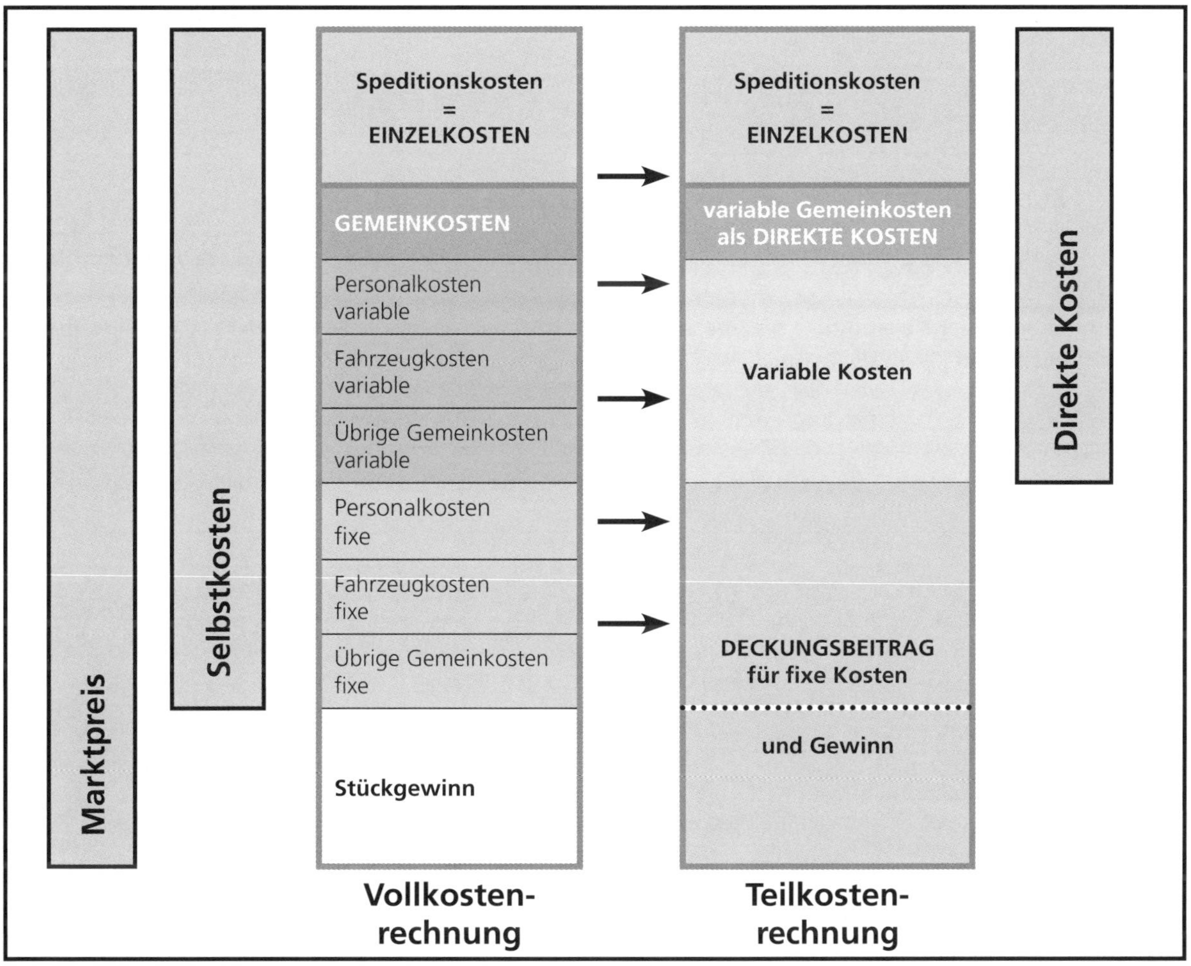

3.2 Preisuntergrenze

Die Preisuntergrenze entspricht dem Verkaufspreis (netto), der von den Auftraggebern (Kunden) verlangt werden muss, wenn das Speditionsunternehmen im Wettbewerb bestehen will. Man unterscheidet in diesem Zusammenhang zwischen langfristiger und kurzfristiger Preisuntergrenze.

Langfristig müssen die Umsatzerlöse höher liegen als die gesamten Kosten, damit ein Gewinn erwirtschaftet wird, der das Überleben eines Betriebes sichert.

Langfristige Preisuntergrenze: Verkaufspreis (netto) deckt variable und fixe Kosten

Bei der Vollkostenrechnung fragt man, ob die Umsatzerlöse die gesamten Kosten übersteigen, in der **Deckungsbeitragsrechnung** (Teilkostenrechnung) muss die **Summe aller Deckungsbeiträge über den fixen Kosten** liegen.

Vollkostenrechnung		Teilkostenrechnung	
Umsatzerlöse	100 000,00 €	Umsatzerlöse	100 000,00 €
./. Kosten	90 000,00 €	./. variable Kosten	60 000,00 €
		Deckungsbeitrag	40 000,00 €
		./. fixe Kosten	30 000,00 €
Gewinn	**10 000,00 €**	**Gewinn**	**10 000,00 €**

Kurzfristig kann man davon ausgehen, dass bei einer gegebenen Betriebsgröße fixe Kosten in bestimmter Höhe anfallen. Jeder Auftrag, der einen positiven Deckungsbeitrag aufweist, trägt zur Deckung der fixen Kosten bei.

Kurzfristige Preisuntergrenze: Verkaufspreis (netto) deckt die variablen Kosten

Die **absolute Preisuntergrenze** liegt in Höhe der variablen Kosten, weil an der Stelle kein Deckungsbeitrag erwirtschaftet wird.

Absolute Preisuntergrenze = variablen Kosten

3.3 Zusatzauftrag

Über die Annahme eines zusätzlichen Auftrags entscheidet ein Unternehmen auf der Grundlage der Deckungsbeitragsrechnung:

Die **Annahme oder Ablehnung** eines Zusatzauftrages ist davon abhängig, ob der Zusatzauftrag einen **positiven Deckungsbeitrag** erbringt.

Auftragsannahme, wenn Deckungsbeitrag größer 0 ist

Jeder Deckungsbeitrag > 0 trägt zur Deckung der sowieso anfallenden fixen Kosten und damit zur Verbesserung des Betriebsergebnisses bei.

Ergebnisrechnung ohne Zusatzauftrag		Ergebnisrechnung mit Zusatzauftrag (Erlös 10 000 €)	
Umsatzerlöse	250 000,00 €	Umsatzerlöse	260 000,00 €
./. variable Kosten	160 000,00 €	./. variable Kosten	168 000,00 €
Deckungsbeitrag	90 000,00 €	Deckungsbeitrag	92 000,00 €
./. fixe Kosten	110 000,00 €	./. fixe Kosten	110 000,00 €
Verlust	**20 000,00 €**	**Verlust**	**18 000,00 €**

Der zusätzlich Auftrag trägt mit 2 000,00 € zur Deckung der fixen Kosten bei. Der Verlust verringert sich in gleicher Höhe.

3.4 Sortimentspolitik

Umsatzerlöse
./. variable Kosten
Summe der Deckungsbeiträge
./. fixe Kosten
Gewinn

Nach der Deckungsbeitragsrechnung wird ein **Gewinn** ausgewiesen, wenn die **Summe aller Deckungsbeiträge (kumulierte Werte) einer Periode die entstandenen Fixkosten übersteigt.**

Ein Unternehmen wird daher in seiner **Sortimentspolitik** jene Sortimentsteile besonders fördern, die den **höchsten Deckungsbeitrag** erbringen.

a) ABSOLUTE DECKUNGSBEITRÄGE

Ein Unternehmen kann die **absoluten** Deckungsbeiträge zur Grundlage seiner Sortimentspolitik machen, indem es die Leistungsgruppe/Abteilung fördert, die den höchsten Deckungsbeitrag in € erbringt.

Die **Rangfolge der Zusatzaufträge** ergibt sich aus dem Ranking der Deckungsbeiträge der Abteilungen:

Monat Mai 20(0)	Nationale Spedition	Internationale Spedition	Lager/Logistik
Deckungsbeitrag pro Abteilung	1654560,00	–12280,00	464475,00
Deckungsbeitrag pro Auftrag	360,00	– 5,00	275,00
Rangfolge der Aufträge	❶	❸	❷

b) RELATIVE DECKUNGSBEITRÄGE

Setzt man die **Deckungsbeiträge** mithilfe der Prozentrechnung **zu den Umsätzen in Beziehung**, erhält man eine Information darüber, welche **Leistungsgruppe** pro 100 € Umsatz den **besten Deckungsbeitrag** erwirtschaftet. Diese **relativen** Deckungsbeiträge spiegeln die Ertragskraft einer Leistungsgruppe besonders gut wider.

	Abteilung I	Abteilung II	Abteilung III
Umsatzerlöse	400000,00	600000,00	200000,00
Deckungsbeitrag	163000,00	170000,00	110000,00
Deckungsbeitrag in % der Umsatzerlöse	40,75 %	28,33 %	55 %

3.5 Mehrstufige Deckungsbeitragsrechnung

ERSTE STUFE:

In der mehrstufigen Deckungsbeitragsrechnung werden zunächst wie in der einstufigen Deckungsbeitragsrechnung die **variablen Kosten** (variable Einzelkosten = Speditionskosten und die variablen Gemeinkosten) von den **Umsatzerlösen abgezogen**, um **den Deckungsbeitrag 1** zu erhalten.

	Speditionserlöse
./.	Speditionskosten
=	Abteilungsrohertrag
./.	Variable Gemeinkosten
=	**Deckungsbeitrag 1**

Zweite Stufe:

Der **Fixkostenblock** wird aufgeteilt in

- in **abteilungsfixe Kosten** und
- in **unternehmensfixe** Kosten

Abteilungsfixe Kosten sind solche Kosten, die **von der Abteilung verursacht werden** und ihr damit **direkt zugeordnet** werden können. Sie lassen sich durch Entscheidungen der Führungskräfte während des Geschäftsjahres beeinflussen.

Auch die **unternehmensfixen Kosten** werden durch die einzelnen Abteilungen verursacht, können aber **nicht einer Abteilung direkt zugeordnet** werden, weil der direkte Nachweis der Verursachung durch die jeweilige Abteilung nicht möglich ist. Die unternehmensfixen Kosten werden daher **von allen Abteilungen gemeinsam getragen.**

=	Deckungsbeitrag 1
./.	**Abteilungsfixe Kosten**
=	Deckungsbeitrag 2
./.	**Unternehmensfixe Kosten**
=	**Betriebsergebnis**

Die **unternehmensfixen Kosten** entstehen in den **Verantwortungsbereichen**

- Unternehmensleitung,
- Finanz- und Rechnungswesen,
- Controlling,
- Allgemeine Verwaltung.

Die unternehmensfixen Kosten werden weitgehend von der Unternehmensleitung gestaltet.

Die mehrstufige Deckungsbeitragsrechnung ermöglicht also die Erfassung der Kosten und des Ergebnisses für die Abteilungen:

Zweistufige Deckungsbeitragsrechnung Umsatzerlöse/Kostenarten		Abteilung Lkw-Sammelgut	Abteilung Lager/Logistik	Abteilung Sea/Air	Insgesamt
	Speditionserlöse				
./.	Speditionskosten				
=	Abteilungsrohertrag				
./.	Variable Gemeinkosten				
=	**Deckungsbeitrag 1**				**positiver DB1**
./.	Abteilungsfixe Kosten				
=	**Deckungsbeitrag 2**				**positiver DB2**
./.	Unternehmensfixe Kosten				
=	**Betriebsergebnis**				

Besonders wird deutlich, **in welchem Umfang die einzelne Abteilung einen Beitrag zur Deckung** der von der Abteilung **verursachten direkten Kosten erwirtschaftet** hat und in welchem Maße sie auch zur **Deckung der unternehmensbezogenen Fixkosten beiträgt**. Nur dann, wenn die Summe der Deckungsbeiträge 2 aus den Abteilungen positiv ist, werden die unternehmensfixen Kosten abgedeckt und ein positives Betriebsergebnis (Betriebsgewinn) erzielt.

Die **Schließung einer Abteilung**, deren **Deckungsbeitrag 2 negativ** ist, hat zur **Folge**, dass zwar einerseits **die abteilungsfixen Kosten, aber auch die Erlöse der Abteilung entfallen**, andererseits aber **die unternehmensfixen Kosten auf die übrigen Abteilungen verteilt** werden müssen. Die Entscheidung über eine Schließung ergibt sich aus der **Auswirkung** der Schließung **auf das Gesamtergebnis der Unternehmung.**

3.6 Gewinnschwelle

Die **Deckungsbeitragsrechnung** beruht auf dem **Prinzip der Kostentrennung** der **Gesamtkosten in fixe und variable Kosten.** Sie ist ein wirksames Instrument für betriebswirtschaftliche Entscheidungen:

- Feststellung von Preisuntergrenzen
- Sortimentsentscheidungen
- Entscheidungen über Zusatzaufträge

Unternehmensziel:

Die Summe der Deckungsbeiträge aus den Aufträgen deckt die angefallenen Gesamtkosten und erwirtschaftet zusätzlich den geplanten Gewinn.

Daher stellt sich die Frage:

Ab welcher Auftragsmenge/Umsatzmenge gelangt das Unternehmen aus der Verlustzone in die Gewinnzone?

Gewinnschwelle (Break-even-Point): **Umsatzerlöse = Gesamtkosten**

oder anders ausgedrückt:
Summe der Deckungsbeiträge = Summe der fixen Kosten

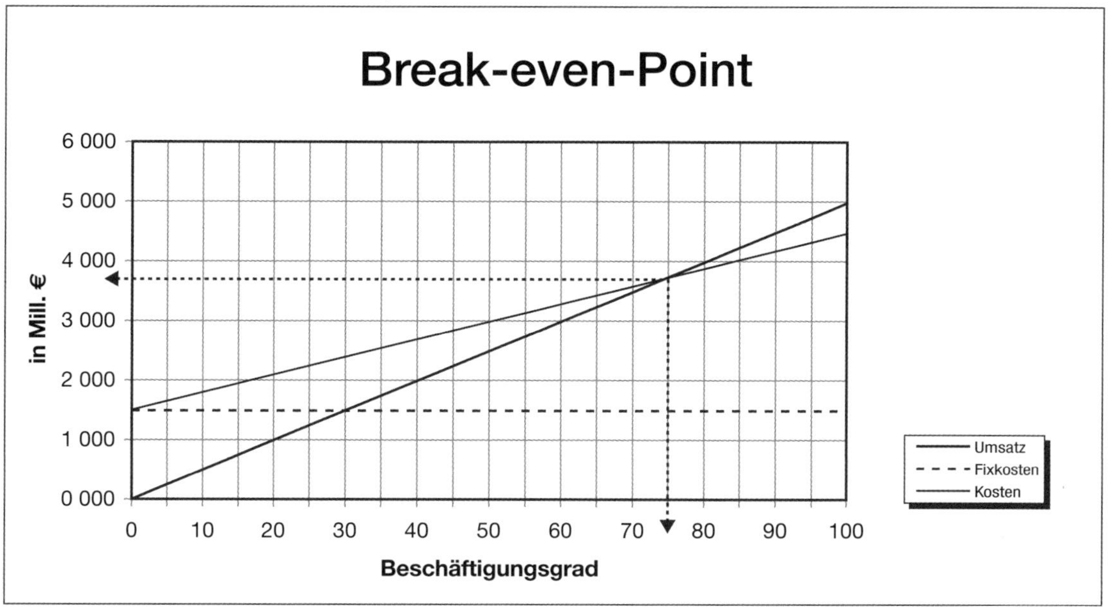

Erläuterungen zur Grafik:

Fixkosten

Die **Aufrechterhaltung der Betriebsbereitschaft** der Spedition ALLSPED verursacht Kosten: Personalkosten, Mietkosten, Verwaltungskosten usw. Diese Kosten bleiben **in ihrer Höhe unverändert**, unabhängig davon, ob nun Aufträge der Kunden eingehen oder nicht. Die Kosten sind fix. Die Gerade der fixen Kosten verläuft daher parallel zur Achse der Auftragsmenge bzw. des Beschäftigungsgrades (x-Achse).

Variable Kosten

Mit zunehmender Menge an Aufträgen der Kunden steigen auch Kosten wie z. B. Speditionskosten (auftragsgebundene Kosten), Fahrzeugkosten, Kommunikationskosten usw. Die Gerade der variablen Kosten beginnt daher im Null-Punkt des Koordinatenkreuzes (= kein Auftrag) und steigt dann mit jedem erledigten Auftrag.

Gesamtkosten

Addiert man fixe Kosten und variable Kosten ergeben sich die Gesamtkosten. Die Gesamtkostengerade beginnt daher im Schnittpunkt der Fixkostengerade mit der senkrechten Betragsachse (kein Auftrag, aber dennoch fixe Kosten) und steigt dann mit zunehmender Auftragsmenge, wegen der damit entstehenden variablen Kosten.

Erlöse

Mit den erledigten Kundenaufträgen erhält die Spedition ALLSPED nun das vereinbarte Entgelt (Erlöse) für die Leistungen. Mit jedem Auftrag steigt die Erlösgerade vom Null-Punkt an und schneidet die Gesamtkostengerade in dem Punkt, in dem die Höhe der Gesamtkosten gleich der Höhe der Gesamterlöseist. Dieser Schnittpunkt der Geraden wird als Break-even-Point bezeichnet. Er stellt die Schwelle von der Verlustzone zur Gewinnzone dar (= Gewinnschwelle).

Break-even-Point: Erlöse = Gesamtkosten

Verlustzone

Im Bereich vor dem Schnittpunkt von Gesamtkostengeraden und Erlösgeraden (Break-even-Point) sind die Kosten höher als die Erlöse. Dieser Bereich wird als Verlustzone bezeichnet.

Gewinnzone

Im Bereich hinter dem Schnittpunkt von Gesamtkostengeraden und Erlösgeraden (Break-even-Point) sind die Erlöse höher als die Kosten. Dieser Bereich wird als Gewinnzone bezeichnet.

Kapazitätsgrenze

Die Spedition ALLSPED GmbH hat aufgrund ihrer Ausstattung mit Büroarbeitsplätzen, Umschlagsflächen und -geräten, Anzahl der Lkw und Wechselbrücken, aber auch aufgrund des beschäftigten Personal usw. eine **fest umgrenzte Kapazität**. Diese Kapazität ist die Grundlage und der Rahmen für die Produktion speditioneller Leistungen und gleichzeitig auch **die Grenze der Kapazitätsauslastung (Kapazitätsgrenze)**.

An der Kapazitätsgrenze ist der Abstand zwischen Erlösgerade und Gesamtkostengerade am größten. Das heißt: an der **Kapazitätsgrenze** erreicht die Spedition ALLSPED mit der ihr zur Verfügung stehenden Kapazität den **maximalen Betriebsgewinn** (Gewinnmaximum).

Der Gewinn ist deshalb maximal, weil der Fixkostenblock auf immer mehr Aufträge (hier: maximale Anzahl) verteilt wird und damit die Fixkosten pro Auftrag sinken (= Fixkostendegression).

Wenn die Spedition ALLSPED diese Kapazität durch Annahme zusätzlicher Aufträge überschreitet, entstehen zusätzliche Kosten z. B. durch Überstunden. Das hätte zur Folge, dass der Gewinn wieder sinkt. Speditionen können aber die **vorgegebene Kapazitätsgrenze** durch den **Einsatz fremder Dienstleister** (variable Kosten durch Frachtführer usw.) oder durch die Optimierung der Leistungsprozesse (z. B. Fahrzeugeinsatz) **ausdehnen**.

3.7 Aufgaben zur Teilkostenrechnung

01 Die Spedition Grimmer ermittelt in der Kosten- und Leistungsrechnung folgende Beträge:

	Nahverkehr	Intern. Spedition
Anzahl der Aufträge	2 000	150
Nettopreis je Auftrag	31,00 €	700,00 €
Durchschnittliche variable Kosten je Auftrag	26,00 €	550,00 €
Fixe Kosten je Abteilung	24 000,00 €	27 900,00 €

Ermitteln Sie in €

a) die kurzfristige Preisuntergrenze für den Nahverkehr je Auftrag.

b) die langfristige Preisuntergrenze für die Abteilung Internationale Spedition je Auftrag.

c) das Betriebsergebnis (Periodenergebnis).

02 Für einen Lkw sind folgende Werte für einen Abrechnungszeitraum ermittelt worden:

- Durchschnittliche Erlöse je Tour 400,00 €
- Durchschnittliche variable Kosten je Tour 300,00 €
- Fixe Kosten 9 000,00 €

Bei wie viel Touren erreicht das Fahrzeug den Break-even-Point?

03 Für eine Lkw-Ladung von 5 t und einer Entfernung von 100 km wurde ein Frachtsatz von 1,70 €/100 kg vereinbart. Damit sind die variablen Kosten, die sich aus 75 Cent je km errechnen, und 40 % der fixen Kosten gedeckt.

Ermitteln Sie

a) die Netto-Frachteinnahme,

b) die variablen Kosten,

c) die fixen Kosten.

04 Von 10 200,00 € Gesamtkosten einer speditionellen Leistung sind 25 % variable Kosten. Der Deckungsbeitrag beträgt 6 120,00 €.

a) die variablen Kosten in €.

b) die gesamten fixen Kosten in €.

c) den Deckungsbeitrag in Prozent (von den Gesamtkosten).

d) die Höhe der Umsatzerlöse.

e) das Ergebnis.

05 Eine Speditionsunternehmung erzielte im abgelaufenen Geschäftsjahr in der Fernverkehrsrelation Wuppertal-Augsburg einen Nettoerlös von 1 200 € je Fahrt.

Die variablen Einsatzkosten je Fahrt betrugen 900 €. Im Abrechnungszeitraum fielen insgesamt 27 000 € Fixkosten an.

Ermitteln Sie die Anzahl der Fahrten am Break-even-Point (BEP).

06 Ein Lkw der Spedition ALLSPED GmbH wurde im letzten Jahr für 185 Transporte eingesetzt. Der Nettopreis (ohne Umsatzsteuer) je Auftrag betrug durchschnittlich 660 €. Die variablen Kosten betrugen insgesamt 31 820 €, die fixen Kosten insgesamt 79 056 €.

Berechnen Sie

a) die variablen Kosten je Auftrag.

b) den Deckungsbeitrag je Auftrag.

c) die Anzahl der Aufträge, die benötigt werden, um die fixen Kosten voll abdecken zu können.

d) den Jahresgewinn bei 185 Aufträgen

da) in €.

db) in Prozent des Umsatzes (auf eine Stelle nach dem Komma runden).

07 Eine Spedition ermittelt folgende Durchschnittswerte für den nationalen Güterkraftverkehr im Monat April:

- Anzahl der Aufträge 300
- Nettopreis je Auftrag 1 800,00 €
- Variable Kosten je Auftrag 600,00 €
- Fixe Kosten der Abteilung 198 000,00 €

Ermitteln Sie

a) das Abteilungsergebnis für den Monat April.

b) die maximal mögliche Preisreduzierung je Auftrag, wenn die Selbstkosten als Preisuntergrenze gewahrt werden sollen

ba) in €,

bb) in Prozent (auf eine Stelle nach dem Komma runden).

08 Die Spedition ALLSPED hat für den Monat Juni folgende Werte ermittelt.

	Abteilungen		
	Nahverkehr	Fernverkehr	Internationaler Verkehr
Durchschnittlicher Nettoverkaufserlös (€ je Auftrag)	87,50	1 218,00	1 881,00
Durchschnittliche variable Kosten (€ je Auftrag)	104,40	381,00	720,00
Anzahl der Aufträge	1 890	474	630

Die fixen Kosten betrugen im Juni 480 000,00 €.

a) Ermitteln Sie für den Monat Juni

aa) den gesamten Deckungsbeitrag.

ab) das Ergebnis (Gewinn oder Verlust).

Bei Schließung der Abteilung Nahverkehr würden die fixen Kosten um 60 000,00 € sinken.

b) Ermitteln Sie das Ergebnis für den Monat Juni ohne die Abteilung Nahverkehr.

09 Ein Sattelzug verursacht fixe Kosten von 1 170 € je Einsatztag. Die km-abhängigen Kosten betragen 1,17 €. Der erzielte Marktpreis für einen Transport über 560 km bei einer Einsatzzeit von 1 Tag beträgt 1 387 €.

Ermitteln Sie

a) die Fahrzeug-Selbstkosten für diesen Transport in €.
b) den Deckungsbeitrag in €.
c) den Erfolg in Prozent, bezogen auf die Selbstkosten (auf zwei Stellen nach dem Komma runden).

10 Ein Gliederzug der Spedition ALLSPED wurde im letzten Jahr für 210 Transporte eingesetzt. Der Nettopreis je Auftrag betrug durchschnittlich € 1 210. Die variablen Kosten betrugen insgesamt € 55 650, die fixen Kosten 141 750 €.

Berechnen Sie

a) die variablen Kosten je Auftrag in €.
b) den Deckungsbeitrag je Auftrag in €.
c) die erforderliche Anzahl von Aufträgen, um die Fixkosten abdecken zu können.
d) den Jahresgewinn in €.
e) den Gewinn in Prozent der Selbstkosten (auf eine Stelle nach dem Komma runden).

11 Die Speditionsunternehmung ALLSPED GmbH ermittelt unten stehende Durchschnittswerte.

	Abteilungen		
	Nahverkehr	Fernverkehr	Intern. Spedition
Anzahl der Aufträge	1 200	180	90
	Werte in €		
Nettopreis je Auftrag	75,00	1 350,00	1 800,00
Variable Kosten je Auftrag	46,50	900,00	1 575,00
Fixe Kosten je Abteilung	24 000,00	36 000,00	9 000,00

Berechnen Sie

a) die langfristige Preisuntergrenze je Auftrag (Selbstkosten) für die Abteilung Nahverkehr.
b) den gesamten Deckungsbeitrag aller Abteilungen.
c) das Betriebsergebnis.

12 Die jährlichen fixen Kosten für ein Fahrzeug betragen 154 125 €, die variablen Kosten 1,02 € pro km. Das Fahrzeug wird an 240 Tagen im Jahr eingesetzt.

Sie erhalten einen Auftrag für einen Tag mit 228 km. Der Kunde ist bereit, 600 € zu zahlen. Das Fahrzeug kann bei Ablehnung des Auftrags an diesem Tag nicht eingesetzt werden.

Ermitteln Sie

a) den Verlust bei Ablehnung des Auftrages.
b) den Deckungsbeitrag bei Annahme des Auftrags.
c) den Verlust bei Annahme des Auftrags.

13 Eine Spedition erzielt bei einer Frachttonne (t) durchschnittlich 600 € Netto-Speditionserlöse. Je Abrechnungsperiode werden durchschnittlich 900 t umgeschlagen: Die variablen Kosten betragen im Abrechnungszeitraum 90 000 €, die fixen Kosten 180 000 €.

Ermitteln Sie

a) die variablen Kosten je t in €.
b) die Gesamtkosten bei 900 t in €.
c) den Break-even-Point in t.
d) das Betriebsergebnis bei 900 t in €.

14 In der Kalkulation haben Sie fixe und variable Kosten zu trennen. Welche der Kosten werden Sie den fixen Kosten zuordnen?

Kreuzen Sie die jeweils richtige Lösung an.

Schmierstoffkosten für die Lkw	☐
Kilometerabhängige Straßenbenutzungsgebühren	☐
Dieselkraftstoffkosten für die Lkw	☐
Verbrauchskosten für Gas, Wasser und Strom	☐
Grundgebühren für Gas, Wasser und Strom	☐

15 Die Abbildung zeigt die grafischen Elemente A, B und C.

Ordnen Sie zu, indem Sie die Kennziffern von 3 der insgesamt 6 grafischen Elemente in die Kästchen neben den Buchstaben eintragen.

Grafische Elemente	Buchstaben	
1. Erlöskurve 2. Gesamtkostenkurve	A	
3. Fixe Kostenkurve	B	
4. Ergebniskurve 5. Break-even-Point	C	
6. Kapazitätsgrenze		

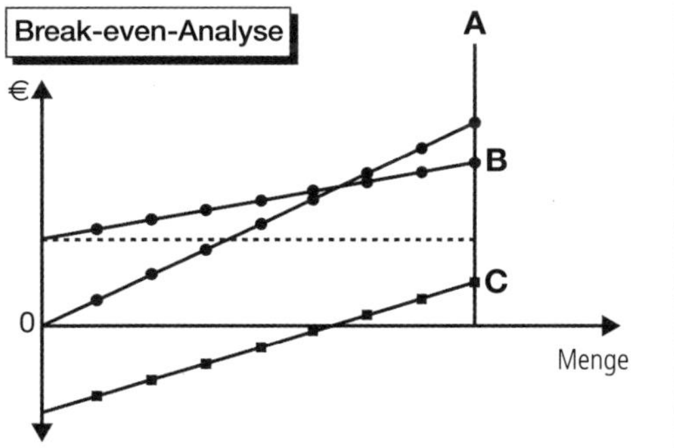

16 Ihnen liegt die abgebildete Grafik vor. Ab welchem Punkt arbeitet die Spedition kostendeckend?

1. Ab Punkt a)	☐
2. Ab Punkt b)	☐
3. Ab Punkt c)	☐
4. Ab Punkt d)	☐
5. Ab Punkt e)	☐

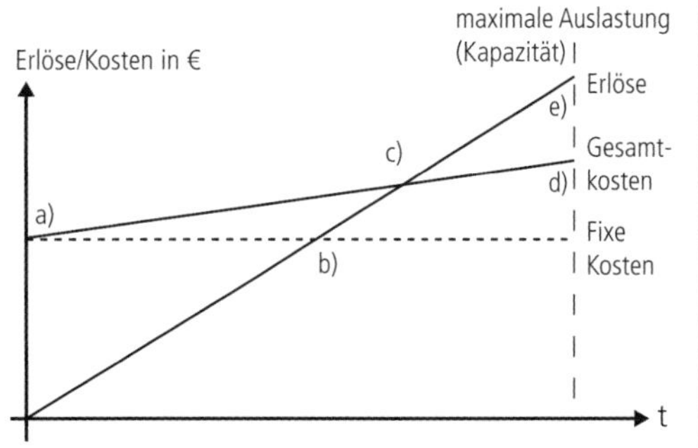

17 Stellen Sie fest, welche der folgenden Kosten sich in Abhängigkeit vom Beschäftigungsgrad verändern.

Garagenmiete	☐
Kfz-Steuer	☐
Treibstoffkosten	☐
Abschreibung auf Lagergebäude	☐
Gehalt für Werkstattmeister	☐

18 Im Rahmen der Break-Even-Analyse ermittelt die Controllingabteilung der Spedition ALLSPED GmbH für das Umschlagslager den Break-Even-Point (Gewinnschwellenmenge) für das 1. Quartal 20(0). Folgende Daten liegen für den das 1. Quartal vor:

Variable Kosten pro Tonne	110,00 €
Fixe Kosten	104 500,00 €
Umschlag:	700 t
Umschlagskapazität	800 t
Nettospeditionserlös pro Tonne	300,00 €

	Hier Lösung eintragen
Berechnen Sie den Break-even-Point (Gewinnschwellenmenge)	
Wie hoch ist der Beschäftigungsgrad am Break-even-Point?	

19 Das Profitcenter Fernverkehr der Spedition ALLSPED GmbH erwirtschaftete im Monat Mai 20(0) folgende Deckungsbeiträge:

1. Woche:	43 950,00 €
2. Woche:	41 100,00 €
3. Woche:	42 450,00 €

Die Controllingabteilung ermittelte für das Profitcenter Fernverkehr Vorgabekosten (fixe Kosten) für den Monat Mai in Höhe von 163 050,00 €.

	Hier Lösung eintragen
Bestimmen Sie den Break-even-Point des Profitcenter Fernverkehr im Monat Mai.	
Berechnen Sie den Umsatz, der noch bis zum Monatsende Mai erzielt werden muss, um den Break-even-Point zu erreichen.	
Klären Sie, ob der Break-even-Point erreicht wird, wenn von einem Auftragseingang von 67 Aufträgen und einem Durchschnittswert von 780,00 € pro Auftrag ausgegangen wird. Tragen Sie in dem nebenstehenden Kästchen eine 01 für einen Gewinn bzw. 02 für einen Verlust ein.	
Berechnen Sie den Gewinn bzw. Verlust des Profitcenter Fernverkehr im Monat Mai.	

20 Eine Speditionsunternehmung wickelte im abgelaufenen Abrechnungszeitraum 120 Aufträge im Güterfernverkehr ab. Der durchschnittliche Nettoverkaufserlös betrug 300 € je Auftrag. Die kilometerabhängigen Kosten lagen bei durchschnittlich 80 € je Auftrag. Die im Abrechnungszeitraum angefallenen Fixkosten beliefen sich auf insgesamt 22 000 €.

	Hier Lösung eintragen
01 den Deckungsbeitrag in € bei 120 Aufträgen.	
02 die Anzahl der Aufträge, bei der der Break-even-Point erreicht wird.	
03 den Verlust je Auftrag in €, wenn zukünftig ein Rückgang auf 80 Aufträge zu befürchten ist.	

21 Eine Spedition ermittelt folgende Durchschnittswerte für den nationalen Güterkraftverkehr im Monat November:

- Anzahl der Aufträge 300
- Nettopreis je Auftrag 1 800,00 €
- Variable Kosten je Auftrag 600,00 €
- Fixe Kosten der Abteilung 198 000,00 €

	Hier Lösung eintragen
01 das Abteilungsergebnis für den Monat November	
02 die maximal mögliche Preisreduzierung je Auftrag, wenn die Selbstkosten als Preisuntergrenze gewahrt werden sollen	
in €	
in Prozent (auf eine Stelle nach dem Komma runden)	

22 Bringen Sie die folgenden Berechnungen bzw. Ergebnisse bei der mehrstufigen Deckungsbeitragsrechnung in die richtige Reihenfolge, indem Sie die Ziffern 1 bis 9 in die Kästchen neben den Berechnungen bzw. Ergebnissen eintragen.

Rohergebnis	
Betriebsergebnis	
Deckungsbeitrag 1	
Deckungsbeitrag 2	
abzüglich variable Gemeinkosten	
abzüglich variable Einzelkosten (Speditionskosten)	
abzüglich unternehmensfixe Kosten	
abzüglich abteilungsfixe Kosten	
Speditionserlöse	

23 Die Controllingabteilung der Spedition ALLSPED GmbH hat den Auftrag der Geschäftsleitung im Rahmen der Teilkostenrechnung die Abteilungen Lkw und Luftfracht einer Zweigniederlassung zu durchleuchten.

Folgendes Zahlenmaterial der letzten Abrechnungsperiode steht zur Verfügung:

	Abteilung Lkw in € (I)	Abteilung Luftfracht in € (II)
Speditionserlöse	600 000,00	200 000,00
Einzelkosten	150 000,00	80 000,00
Gemeinkosten		
▮ variabel	100 000,00	30 000,00
▮ fix	170 000,00	100 000,00

	Hier Lösung eintragen
01 den Rohertrag der Abteilung Lkw	
02 den Deckungsbeitrag der Abt. I	
03 den Deckungsbeitrag der Abt. II	
04 das Betriebsergebnis der Spedition ALLSPED GmbH, wenn die unternehmensfixen Kosten 60 000 € betragen	
05 Welche Auswirkungen hätte eine Schließung der Abteilung Luftfracht (II) kurzfristig auf das Betriebsergebnis? (rechnerischer Nachweis)	

24 Die Spedition Huber & Trinkner GmbH ermittelt in der Kosten- und Leistungsrechnung nachstehende Beträge:

	insgesamt	Nationale Verkehre (NV)	Intern. Verkehre (IV)
Variable Gemeinkosten	90 000,00	65 000,00	25 000,00
Unternehmensfixe Kosten	180 000,00		
Speditionskosten	320 000,00	1 00 000,00	220 000,00
Abteilungsfixe Gemeinkosten	785 000,00	590 000,00	1 95 000,00
Speditionserlöse	1 500 000,00	950 000,00	550 000,00
Anzahl der Mitarbeiter	15	12	3

Ermitteln Sie	Hier Lösung eintragen
01 für jede Abteilung den Rohgewinn, den Deckungsbeitrag 1 und den Deckungsbeitrag 2. Tragen Sie den Betrag des Deckungsbeitrages 2 der Abteilung „Nationale Verkehre" in das nebenstehende Kästchen ein.	
02 das Betriebsergebnis der Spedition Huber & Trinkner GmbH.	
03 das Betriebsergebnis je Abteilung, wenn die unternehmensfixen Kosten nach der Anzahl der Mitarbeiter verteilt werden.	NV IV

25 Die Spedition ALLSPED GmbH ermittelt in der Kosten- und Leistungsrechnung nachstehende Beträge:

	(1) Sammelgut	(2) Fernverkehr	(3) Lager	(4) Seefracht	Gesamt
Umsatzerlöse (netto)	1 886 491,00	1 705 895,00	484 588,00	395 865,00	4 472 839,00
./. Speditionskosten	1 328 708,00	1 123 434,00	302 310,00	259 547,00	3 013 999,00
Rohergebnis (Deckungsbeitrag 1)	557 783,00	582 461,00	182 278,00	136 318,00	1 458 840,00
./. Variable Gemeinkosten	107 274,00	126 210,00	43 232,00	20 546,00	297 262,00
Deckungsbeitrag (DB 2)	450 509,00	456 251,00	139 046,00	115 772,00	1 161 578,00

Die Kapazitätsgrenze der ALLSPED ist noch nicht erreicht, sodass in allen Produktbereichen weitere Aufträge durchgeführt werden könnten. Ermitteln Sie, welche Produktbereiche besonders gefördert werden sollten. Legen Sie dazu eine Rangfolge fest.	Ziffernfolge absolut:	
	Ziffernfolge relativ:	

26 Die Spedition Nagel & Partner GmbH, Ulm, hat in ihren Leistungsbereichen nachstehende Durchschnittswerte für den Monat Mai erhoben:

	Nahbereich	Fernbereich	Intern. Bereich
Nettoverkaufserlös je Auftrag (€)	44,50	712,00	1 022,00
variable Kosten je Auftrag (€)	49,50	364,00	524,00
Anzahl der monatlichen Aufträge im Mai	1 184	404	308

Die fixen Kosten der Spedition Nagel & Partner GmbH betrugen im Mai 330 000 €.

	Hier Lösung eintragen
01 Ermitteln Sie den Deckungsbeitrag der einzelnen Speditionsleistungen.	
02 Ermitteln Sie den Deckungsbeitrag der einzelnen Abteilungen für den Monat Mai.	
03 Ermitteln Sie das Ergebnis (Periodengewinn/Periodenverlust) für den Monat Mai.	
04 Die Geschäftsleitung möchte von Ihnen wissen, wie sich bei Schließung der Abteilung „Nahbereich" das Monatsergebnis verändern würde. Die Fixkosten würden dadurch um 11 000 € sinken.	

27 Die Spedition ALLSPED GmbH hat drei Geschäftsbereiche. Für den Monat März werden folgende Zahlen ausgewiesen:

	Geschäftsbereiche		
	Sammelgut	Export	Lkw
Speditionserlöse	400 000	160 000	120 000
Auftragsgebundene Speditionskosten	240 000	120 000	95 000

Es fallen nachstehende Betriebskosten an:

Personalkosten	45 000
Abschreibung	55 000
Raumkosten	14 000
Verwaltungskosten	12 000
Betriebliche Abgaben	14 000

Ermitteln Sie

a) den Reingewinn

b) den Deckungsbeitrag I

c) Bestimmen Sie die langfristige Preisuntergrenze.

28 Für den Kunden Sando AG ermittelt die Spedition ALLSPED GmbH für den Monat April folgende Durchschnittswerte:

- Anzahl der Aufträge 1 600
- Nettopreis je Auftrag 890,00 €
- Variable Kosten je Auftrag 500,00 €
- Fixe Kosten 590 000,00 €

Wie verhalten Sie sich aus kostenrechnerischen Gesichtspunkten richtig?

Kreuzen Sie die richtige Lösung an.

1. Sie bieten die Leistung ausschließlich kurzfristig an, da nur die variablen Kosten gedeckt sind. ☐
2. Sie bieten die Leistung langfristig an, da nur die variablen Kosten gedeckt sind. ☐
3. Sie bieten die Leistung gar nicht an, da die variablen Kosten nicht gedeckt sind. ☐
4. Sie bieten die Leistung langfristig an, da sowohl die variablen als auch die fixen Kosten gedeckt sind. ☐
5. Sie bieten die Leistung langfristig an, da nur die fixen Kosten gedeckt sind. ☐

→ Kaufmännisches Rechnen

1 Runden von Nachkommastellen

Dezimalzahlen können durch das Runden einer Stelle nach dem Komma auf eine praktisch brauchbare Anzahl von Stellen gebracht werden. Im kaufmännischen Rechnen wird in der Regel nur noch die zweite Stelle hinter dem Komma benötigt.

Beispiel

Folgende Zahlen sollen auf 2 Stellen hinter dem Komma gerundet werden:

16,434	16,4351	16,4349	78,597	78,5978	16,435	16,4356	78,593	78,5972	78,5936

Lösungsweg

Die 3. Stelle hinter dem Komma entscheidet darüber, ob die 2. Stelle nach dem Komma auf die nächstgrößere Zahl aufzurunden ist oder unverändert bleibt.

- Ist die 3. Stelle eine 5 oder größer, wird aufgerundet.
- Ist die 3. Stelle eine 4 oder kleiner, wird abgerundet.

16,434	→	16,43	(Abrundung)	78,593	→	78,59	(Abrundung)
16,435	→	16,44	(Aufrundung)	78,597	→	78,60	(Aufrundung)
16,4351	→	16,44	(Aufrundung)	78,5972	→	78,60	(Aufrundung)
16,4356	→	16,44	(Aufrundung)	78,5978	→	78,60	(Aufrundung)
16,4349	→	16,43	(Abrundung)	78,5936	→	78,59	(Abrundung)

ARBEITSSCHRITTE

Runden von Nachkommastellen

1. Die dritte Ziffer hinter dem Komma entscheidet über die Rundung.
2. Die zweite Ziffer hinter dem Komma wird aufgerundet, wenn die nachfolgende Ziffer eine 5 oder größer als 5 ist.
3. Die zweite Ziffer hinter dem Komma bleibt unverändert, wenn die nachfolgende Ziffer eine 4 oder kleiner als 4 ist.
4. Die nach der zweiten Ziffer hinter dem Komma folgenden Ziffern fallen weg.

Runden mit einem Tabellenkalkulationsprogramm

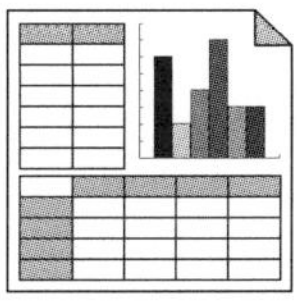

a) Um Zahlen mit einem Tabellenkalkulationsprogramm zu **runden**, muss die Runden-Formel angewendet werden.

Formel	Beispiel	Ergebnis
`= RUNDEN(Zahl;Stellen)`	`=RUNDEN(16,434;2)`	`16,43`

b) Von der Rundung zu unterscheiden ist die Anzeige (das Format) einer Zahl. Wird eine Zahl z. B. zweistellig angezeigt, sieht sie gerundet aus. Das Tabellenkalkulationsprogramm rechnet aber mit der genauen, ungerundeten Zahl weiter.

	Zahl	Zahlen auf 2 Stellen formatiert	Zahlen auf 2 Stellen gerundet
Zahl 1	53,564	53,56	53,56
Zahl 2	12,374	12,37	12,37
Summe	65,938	65,94	65,93

In einem Tabellenkalkulationsprogramm lässt sich die Anzeige der gewünschten Zahl von Nachkommastellen einfach einstellen. Über FORMAT | ZELLEN erhält man ein Menü, in dem man die Nachkommastellen eingibt (im Beispiel unten 2). Das Programm zeigt dann die Zahl so an, als ob sie gerundet wäre.

Noch schneller lassen sich Nachkommastellen und auch der Tausender-Punkt über Icons festlegen:

Erstes Icon: Setzt den 1000er Punkt	Zweites Icon: Erhöht die Zahl der Nachkommastellen um eine Stelle.	Drittes Icon Vermindert die Zahl der Nachkommastellen um eine Stelle.

2 Durchschnittsrechnen

2.1 Der einfache Durchschnitt

Mithilfe der Durchschnittsrechnung wird aus mehreren Einzelwerten ein mittlerer Wert (= Durchschnittswert) errechnet.

Beispiel

In einer Berufsschule stellen die Schüler fest, dass ihre Ausbildungsbetriebe unterschiedliche Beträge als Ausbildungsvergütung auszahlen: 460,00 €, 480,00 €, 590,00 €, 620,00 € und 650,00 €. Die Schüler möchten wissen, wie viel ihre Betriebe im Durchschnitt vergüten.

Lösungsweg

Zunächst werden die einzelnen Werte zu einer Summe addiert:	460,00 € + 480,00 € + 590,00 € + 620,00 € + 650,00 € = **2800,00 €**
Um den Durchschnittswert aller Ausbildungsvergütungen zu berechnen, muss nun die ermittelte Summe durch die Anzahl der einzelnen Vergütungen geteilt werden.	$\frac{\mathbf{2800,00\ €}}{\mathbf{5}}$ = 560 €
Kürzer dargestellt	(460,00 € + 480,00 € + 590,00 € + 620,00 € + 650,00 €) / 5 = $\frac{\mathbf{2800,00\ €}}{\mathbf{5}}$ = 560
Kaufleute bevorzugen häufig die Staffelform als Lösungsweg:	€ Größe 1 460,00 + Größe 2 480,00 + Größe 3 590,00 + Größe 4 620,00 + Größe 5 650,00 2800,00 : 5 Posten = 2800,00/5 = 560,00 €

n = beliebige ganze Zahl

Allgemein lautet die Formel zur Berechnung des einfachen Durchschnitts:

$$\frac{\text{Größe 1 + Größe 2 + Größe 3 ... + Größe n}}{\text{Anzahl der Posten}} = \textbf{einfacher Durchschnitt}$$

ARBEITSSCHRITTE

Durchschnittsrechnen

1. Die einzelnen Posten addieren.
2. Die Summe aus der Addition durch die Anzahl der einzelnen Posten teilen.

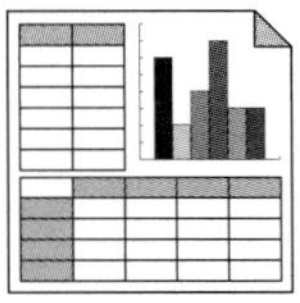

Durchschnittsrechnen mit einem Tabellenkalkulationsprogramm

Excel bietet für die Berechnung des Durchschnitts eine festgelegte Formel (Funktion) an. Um sie zu nutzen, ist folgende Vorgehensweise notwendig:

1. Cursor in das gewünschte Feld klicken.
2. Gleichheitszeichen eingeben (weil jede Funktion mit einem Gleichheitszeichen beginnt).
3. Über das Menü EINFÜGEN | FUNKTION | STATISTIK erhält man die Funktion MITTELWERT. Funktion auswählen.
4. Den Bereich angeben, für den der Mittelwert gebildet werden soll. Der Durchschnitt soll sich auf die Zahlen der Felder B5 bis B9 beziehen.

   Eingabe (B5:B9)

   Allgemein

   Funktionsname (SpalteZeile:SpalteZeile)

   Der Bereich (von ... bis) wird durch einen Doppelpunkt zum Ausdruck gebracht.

   MITTELWERT(B5:B9)

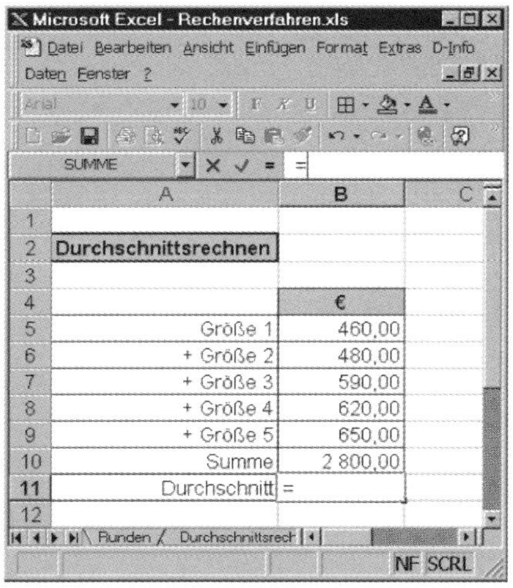

Zur besseren Übersichtlichkeit wurde auch die Summe aus den 5 Größen gebildet.

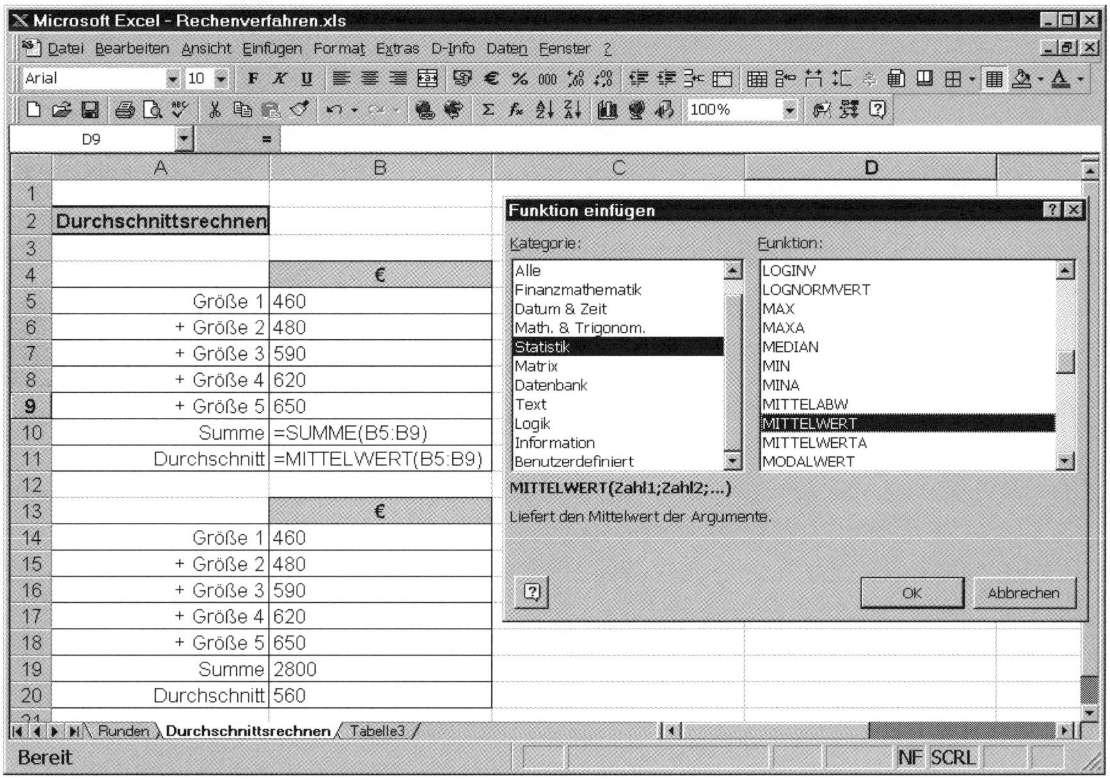

Wenn die Formeln sichtbar gemacht werden sollen (Menü EXTRAS | OPTIONEN | FORMELN (anklicken), geht die Formatierung der Zahlen verloren (sie stellen sich linksbündig dar).

2.2 Der gewogene Durchschnitt

Der Durchschnitt kann auch dann errechnet werden, wenn die Größen (Einzelwerte) in unterschiedlichen Anteilen (Mengen, Gewichten) an einer Gesamtgröße (Gesamtmenge, Gesamtwert) beteiligt sind. Da in diesem Fall die verschiedenen Größen ihrem Anteil entsprechend berücksichtigt, d. h. gewogen oder gewichtet werden müssen, wird das Ergebnis gewogener Durchschnitt genannt.

Beispiel

Die Schülerinnen und Schüler der oben erwähnten Berufsschule stellen fest, dass 9 Schüler von ihren Ausbildungsbetrieben 460,00 € Ausbildungsvergütung, 8 Schüler 480,00 €, 5 Schüler 490,00 €, 6 Schüler 520,00 € und 2 Schüler 550,00 € erhalten. Sie möchten die durchschnittliche Ausbildungsvergütung ermitteln.

Lösungsweg

Zunächst werden die unterschiedlichen €-Beträge mit der jeweiligen Zahl der Schüler, die eine Ausbildungsvergütung in dieser Höhe erhalten, multipliziert. Die sich daraus ergebenden Einzelergebnisse werden addiert:	(9 · 460,00 €) + (8 · 480,00 €) + (5 · 490,00 €) + (6 · 520,00 €) + (2 · 550,00 €) = 4 140,00 € + 3 840,00 € + 2 450,00 € + 3 120,00 € + 1 100,00 € = 14 650,00 €
Um den gewogenen Durchschnitt zu erhalten, ist nun die Gesamtsumme durch die Zahl der Schüler zu teilen:	$\frac{\textbf{14 650,00 €}}{\textbf{30}}$ **= 488,33 €**
Kürzer dargestellt	$\frac{(9 \cdot 460{,}00\ €) + (8 \cdot 480{,}00\ €) + (5 \cdot 490{,}00\ €) + (6 \cdot 520{,}00\ €) + (2 \cdot 550{,}00\ €)}{30} = 488{,}33$
Kaufleute bevorzugen häufig die Staffelform als Lösungsweg:	siehe Staffel unten

		·			=	
Menge 1:	9 Schüler	·	Größe 1:	460,00 €	=	4 140,00 €
+ Menge 2:	8 Schüler	·	Größe 2:	480,00 €	=	3 840,00 €
+ Menge 3:	5 Schüler	·	Größe 3:	490,00 €	=	2 450,00 €
+ Menge 4:	6 Schüler	·	Größe 4:	520,00 €	=	3 120,00 €
+ Menge 5:	2 Schüler	·	Größe 5:	550,00 €	=	1 100,00 €
	30 Schüler					14 650,00 € : 30
						= 488,33 €
	(Summe der Mengen)					(gewogener Durchschnitt)

n = beliebige ganze Zahl

Allgemein lautet die Formel zur Berechnung des einfachen Durchschnitts:

$$\frac{\textbf{Menge 1} \cdot \textbf{Größe 1} + \textbf{Menge 1} \cdot \textbf{Größe 2} + \textbf{Menge 1} \cdot \textbf{Größe 3} \ldots + \textbf{Menge 1} \cdot \textbf{Größe n}}{\textbf{Summe der Mengen}} = \textbf{gewogener Durchschnitt}$$

ARBEITSSCHRITTE

Gewogener Durchschnitt

1. Die unterschiedlichen Mengen (z. B. Schüler) mit den verschiedenen Größen (z. B. €-Beträge) multiplizieren.
2. Die in 1. ermittelten Zwischenergebnisse addieren.
3. Die in 2. errechnete Gesamtsumme wird durch die Summe der Mengen (z. B. 30 Schüler einer Klasse) geteilt.

Berechnung des gewogenen Durchschnitts mit einem Tabellenkalkulationsprogramm

In Excel ist zunächst die Summe der Schülerzahl und die Summe der Gesamtvergütung zu ermitteln. Anschließend ist die Gesamtvergütung durch die Anzahl der Schüler zu teilen.

	A	B	C
1			
2	Gewogener Durchschnitt		
3			
4	Schüler	Einzelvergütung	Gesamtvergütung
5	9	460	=A5*B5
6	8	480	=A6*B6
7	5	490	=A7*B7
8	6	520	=A8*B8
9	2	550	=A9*B9
10	=SUMME(A5:A9)		=SUMME(C5:C9)
11			
12	Gewogener Durchschnitt:	**=C10/A10**	
13			
14	Schüler	Einzelvergütung	Gesamtvergütung
15	9	460	4140
16	8	480	3840
17	5	490	2450
18	6	520	3120
19	2	550	1100
20	30		14650
21			
22	Gewogener Durchschnitt:	**488,33**	€
23			

Runden / Durchschnittsrechnen / gew. Du

2.3 Aufgaben zur **Durchschnittsrechnung**

01 In den nachfolgend aufgeführten 6 Fachklassen einer Berufsschule ist die Anzahl der zu unterrichtenden Schüler unterschiedlich hoch: 24; 26; 29; 27; 19; 31. Errechnen Sie, wie viele Schüler in den Klassen im Durchschnitt unterrichtet werden.

02 Die in Aufgabe 1 erwähnten Fachklassen erhalten eine unterschiedliche Anzahl von Stunden Unterricht in der Woche:

Klasse 1:	11 Std.	Klasse 3:	10 Std.	Klasse 5:	8 Std.
Klasse 2:	8 Std.	Klasse 4:	13 Std.	Klasse 6:	10 Std.

Wie viel Stunden Unterricht werden in den 6 Klassen im Durchschnitt gegeben?

03 Berechnen Sie die Anzahl von Unterrichtsstunden, die die Schüler der Klassen 1 bis 6 im Durchschnitt wöchentlich haben:

Klasse 1 (24 Schüler)	11 Std.	Klasse 4 (27 Schüler)	11 Std.
Klasse 2 (26 Schüler)	9 Std.	Klasse 5 (19 Schüler)	9 Std.
Klasse 3 (29 Schüler)	10 Std.	Klasse 6 (32 Schüler)	10 Std.

04 Im neuen Schuljahr sind 416 Auszubildende aus dem Einzelhandel, dem Großhandel, der Industrie und aus Speditionen in 16 Klassen eingeschult worden.

Berechnen Sie die durchschnittliche Klassenstärke.

05 Eine Fragebogenaktion in 100 ausgesuchten Familien, die sich auf die Ausgaben für Ernährung und Wohnen bezog, ergab folgende Zahlen:

24 Familien	1 650,00 €	16 Familien	2 480,00 €
20 Familien	1 950,00 €	23 Familien	1 750,00 €
17 Familien	2 200,00 €		

Errechnen Sie die durchschnittlichen Ausgaben aller 100 Familien.

06 Die Betriebstankstelle stellt folgende Daten zur Verfügung:

		Tanklager I	Tanklager II	Einstands-preis
Bestand	1. Januar	40 000 l	12 000 l	1,01 €
Einkäufe	28. Februar	-	18 000 l	1,25 €
	30. Mai	20 000 l	10 000 l	1,36 €
	15. September	-	12 000 l	1,28 €

Der Bestand zum 31.12. beträgt 60 000 l, der Tagespreis 1,36 € je Liter. Berechnen Sie zum Bilanzstichtag 31.12.

a) den gewogenen durchschnittlichen Einstandspreis je Liter (auf zwei Stellen nach dem Komma runden).

b) den Gesamtbetrag, mit dem der Bestand zum 31.12. bilanziert wird.

c) den Wert je Liter zum Bilanzstichtag nach der Fifo-Methode (auf zwei Stellen nach dem Komma runden).

3 Verteilungsrechnung

Geldbeträge, Warenmengen usw. werden auf verschiedene Verteilungsträger (z. B. Mitarbeiter, Niederlassungen, Filialen usw.) auf der Grundlage von **Verteilungsschlüsseln** verteilt.

Diese Verteilungsschlüssel sind entweder

- fest vorgegeben, z. B. 1 : 3 : 5 oder
- müssen aus einer Verteilungsgrundlage errechnet werden.

Beispiel

Der Gesamtumsatz von drei Kundenberatern betrug in der 15. Woche 36 000,00 €.

Umsatz Kundenberater A:	*7 200,00 €*
Umsatz Kundenberater B:	*10 800,00 €*
Umsatz Kundenberater C:	*18 000,00 €*
Summe	*36 000,00 €*

Auf den Umsatz von 36 000,00 € wird eine Umsatzprämie in Höhe von 540,00 € gezahlt. Wie soll die Vergütung auf die drei Kundenberater verteilt werden? Gesucht wird also der Verteilungsschlüssel.

Lösungsweg

Die Grundlage für die Verteilung der Vergütung sind die von den Kundenberatern jeweils erzielten Umsätze. Aus den Umsätzen der einzelnen Kundenberater lässt sich der Verteilungsschlüssel durch Kürzen errechnen:

Umsatz Kundenberater A:	7 200,00 €	:	100 = 72 Anteile	: 36	= 2 Anteile
Umsatz Kundenberater B:	10 800,00 €	:	100 = 108 Anteile	: 36	= 3 Anteile
Umsatz Kundenberater C:	18 000,00 €	:	100 = 180 Anteile	: 36	= 5 Anteile

Rechenschema

Kundenberater	Umsatz in €	Verteilungsschlüssel	Anteil in €*)	Vergütung in €
A	7 200,00	2	54,00	(2 · 54,00 =) **108,00**
B	10 800,00	3	54,00	(3 · 54,00 =) **162,00**
C	18 000,00	5	54,00	(5 · 54,00 =) **270,00**
		10		**540,00**

*) 10 Teile entsprechen 540,00 €. 1 Teil entspricht $\frac{540\text{ €}}{10}$ = 54,00 €.

Manchmal sind als Verteilungsschlüssel auch Bruchzahlen vorgegeben. Dann müssen diese Bruchzahlen in ganze Zahlen umgewandelt werden.

Beispiel:

1/2	=	3/6	3 Anteile
1/3	=	2/6	2 Anteile
1/6	=	1/6	1 Anteil
Summe		6/6	6 Anteile

} Die Zähler (als ganze Zahlen) gelten als Verteilungsschlüssel.

ARBEITSSCHRITTE

Verteilungsrechnen

1. Verteilungsgrundlage ermitteln.
2. Rechenschema erstellen.
3. Gegebene Werte in das Schema eintragen.
4. Vorgegebenen Verteilungsschlüssel benutzen oder errechnen.
5. Summe der Teile bestimmen.
6. Wert für 1 Teil ermitteln = Verteilungssumme/Summe der Teile = 1 Anteil
7. Anteile nach Verteilungsschlüssel errechnen.

Verteilungsrechnen mit einem Tabellenkalkulationsprogramm

Der Gegenwert für einen Anteil wird ermittelt, indem man die Prämie (540,00 €) durch 10 Anteile teilt. In Excel ist der Bezug auf diese beiden Werte (in den Feldern B10 und C8) absolut zu setzen, weil diese Felder auch dann anzusprechen sind, wenn die Formel von D5 nach unten in die Felder D6 und D7 kopiert wird. Bei relativer Adressierung würde das Programm automatisch die Bezugsfelder auf B11/C9 usw. verschieben. Die absolute Adressierung wird über das vorangestellte Dollar-Zeichen erreicht ($B bzw. $10, $ C bzw. $8 **=$B$10/$C$8**).

Stichworte: Relative und absolute Adressierung

	A	B	C	D	E
1					
2	Verteilungsrechnen				
3					
4	**Kundenberater**	**Umsatz in €**	**Verteilungsschlüssel**	**Anteil in €*)**	**Vergütung in €**
5	A	7 200	2	=$B$10/$C$8	=C5*D5
6	B	10 800	3	=$B$10/$C$8	=C6*D6
7	C	18 000	5	=$B$10/$C$8	=C7*D7
8			10		=SUMME(E5:E7)
9					
10	Prämie:	540	€		
11					
12	**Kundenberater**	**Umsatz in €**	**Verteilungsschlüssel**	**Anteil in €*)**	**Vergütung in €**
13	A	7 200	2	54	108
14	B	10 800	3	54	162
15	C	18 000	5	54	270
16			10		540
17					
18	Prämie:	540	€		

Durchschnittsrechnen / gew.Durchschnitt

Aufgaben zur: **Aufgaben zur Verteilungsrechnung**

01 Eine Spedition will für ihre Filialen im Monat Mai Werbeausgaben in Höhe von 21 600,00 € aufwenden. Diesen Betrag will sie auf die Filialen nach der Höhe ihrer Umsätze verteilen. Nehmen Sie die Verteilung der Werbeausgaben vor.

Filialumsätze		
Filiale A:	Filiale B:	Filiale C:
96 000,00 €	84 000,00 €	120 000,00 €

02 Die jährlichen Heizkosten einer Spedition betragen 8 640,00 €. Verteilen Sie die Heizkosten nach dem Rauminhalt der einzelnen Abteilungen.

Abteilung A:	210 m³
Abteilung B:	560 m³
Abteilung C:	2 030 m³

03 Die im Laufe des Geschäftsjahres entstehenden Raumkosten in Höhe von 38 325,00 € will eine Lkw-Spedition auf die einzelnen Abteilungen im Verhältnis der benötigten Grundfläche verteilen.

Von der Gesamtfläche entfallen auf Büro A: 45 m², Umschlagslager B: 1 050 m², Dauerlager C: 1 650 m².

a) Ermitteln Sie das Verhältnis (in kleinsten ganzen Zahlen), nach dem die Raumkosten zu verteilen sind.

b) Wie viel € jährliche Raumkosten entfallen auf das Umschlagslager?

04 An den Baukosten für ein Güterverteilzentrum beteiligen sich die Stadt mit 1/8, ein Industriebetrieb mit 1/2 und ein Zusammenschluss von fünf Speditionen mit dem Rest in Höhe von 2 510 000,00 €.

Berechnen Sie die Höhe der Baukostenanteile der Beteiligten.

a) Stadt

b) Industrie

c) Spedition

4 Saldieren

Die Berechnung des Unterschiedes zwischen Einnahmen und Ausgaben (oder zwischen Zu- und Abgängen) nennt man **Saldieren**. Der errechnete Unterschied ist der **Saldo.** Das Saldieren könnte man auch als Ergänzungsmethode bezeichnen, weil der Saldo dem kleineren Betrag ergänzend hinzugefügt wird.

Beispiel

Einnahmen/Ausgaben-Übersicht					
Einnahmen			Ausgaben		
Datum	Vorgang	€	Datum	Vorgang	€
03.11.20(0)	Eröffnungsbestand ①	8 000,00	03.11.20(0)	Reparaturrechnung	600,00
04.11.20(0)	Verkäufe	49 000,00	04.11.20(0)	Lohnzahlung	2 000,00
			05.11.20(0)	Miete	12 600,00
			05.11.20(0)	Schlussbestand (Saldo)	③ **41 800,00**
		57 000,00		②	57 000,00

Lösungsweg

Die Rechnung vollzieht sich in drei Schritten:

1. Man stellt zunächst durch Überschlagen fest, ob die Einnahmen oder Ausgaben überwiegen (im Beispiel überwiegen die Einnahmen) und addiert dann die wertmäßig größere Seite (57 000,00 € Einnahmen).
2. Die Summe ist dann auch auf der anderen Seite (Ausgabenseite) als Additionsergebnis einzutragen.
3. Die Zahlen der wertmäßig kleineren Seite werden nun addiert. Dann wird die Differenz zur (in 2.) übertragenen Summe ermittelt. Die Differenz ist der gesuchte Saldo (= Schlussbestand von 41 800,00 €).

ARBEITSSCHRITTE

Saldieren

1. Wertmäßig größere Seite addieren.
2. Ergebnis auf die andere Seite übertragen.
3. Differenz durch Ergänzen ermitteln.

Saldieren mit einem Tabellenkalkulationsprogramm

Man wendet die Summenformel an, um die Summe der größeren Seite zu berechnen (Feld C11). Dieser Wert wird auf die andere Seite übertragen (von C11 nach F11). Vom Wert in Feld F11 wird die Summe der Beträge F7 bis F9 abgezogen.

	A	B	C	D	E	F
1						
2	**Saldieren**					
3						
4	**Einnahmen-/Ausgaben-Übersicht**					
5	**Einnahmen**			**Ausgaben**		
6	**Datum**	**Vorgang**	**€**	**Datum**	**Vorgang**	**€**
7	03.11.20(0)	EB	8 000	03.11.20(0)	Reparaturrechnung	600
8	04.11.20(0)	Verkäufe	4 9000	04.11.20(0)	Lohnzahlung	2 000
9				05.11.20(0)	Miete	12 600
10				05.11.20(0)	SB **(Saldo)**	**=F11-SUMME(F7:F9)**
11			=SUMME(C7:C10)			=C11
12						
13	**Einnahmen-/Ausgaben-Übersicht**					
14	**Einnahmen**			**Ausgaben**		
15	**Datum**	**Vorgang**	**€**	**Datum**	**Vorgang**	**€**
16	03.11.20(0)	EB	8 000	03.11.20(0)	Reparaturrechnung	600
17	04.11.20(0)	Verkäufe	49 000	04.11.20(0)	Lohnzahlung	2 000
18				05.11.20(0)	Miete	12 600
19				05.11.20(0)	SB **(Saldo)**	**41 800**
20			57 000			57 000

Verteilungsrechnen / Saldieren / Tabelle2 / Tabelle1

5 Dreisatzrechnen

5.1 Dreisatzrechnung mit geradem Verhältnis

Mithilfe der Dreisatzrechnung lassen sich rechnerische Probleme lösen, bei denen aus einer gegebenen Situation auf eine neue Situation geschlossen wird. Dabei sind die Werteverhältnisse der jeweiligen Größen gerade, d. h., bei Änderung einer Größe verändert sich die andere im gleichen Verhältnis.

Beispiel

Ein Arbeitnehmer erhält für durchschnittlich 167 Arbeitsstunden im Monat 1 700,00 €. Durch eine Betriebsvereinbarung wird die Stundenzahl auf 175 Stunden erhöht. Das Gehalt soll im gleichen Maße steigen; Überstundenzuschläge werden nicht bezahlt. Mit welchem Gehalt kann der Arbeitnehmer rechnen?

Lösungsweg

1. Liegt ein gerades oder ungerades Verhältnis der Zahlen vor?

Wenn der Arbeitnehmer 167 Stunden arbeitet, erhält er 1 700,00 € Monatsgehalt. Arbeitet er mehr Stunden, erhält er auch mehr Gehalt.

167 Stunden	-	1 700,00 €
175 Stunden	-	mehr €
mehr Stunden	-	**mehr** Gehalt
+		+

2. Berechnung

Die ursprüngliche Situation wird im Bedingungssatz dargestellt. Der Bedingungssatz enthält die beiden bekannten Größen:

Bedingungssatz: Für 167 Arbeitsstunden erhält er 1 700,00 €.

Die veränderte Situation wird dann im Fragesatz erfasst. Der Satz bezieht sich auf die gesuchte (unbekannte) Größe:

Fragesatz: Wie viel € erhält er für 175 Arbeitsstunden?

kürzer ausgedrückt:

167 Stunden ≙ 1 700,00 €
175 Stunden ≙ X €

Für das Fragezeichen kann auch die Unbekannte X verwendet werden.

Im Bruchsatz wird von der bekannten Vielheit (hier 167 Stunden) zunächst auf 1 Einheit (hier 1 Stunde) geschlossen und dann auf die gesuchte Größe (hier 175 Stunden) umgerechnet.

Bruchsatz:

167 Stunden = 1 700,00
175 Stunden = X €

$$\frac{1\,700 \cdot 175}{167} = 1\,781{,}44$$

Erläuterung:

1 700,00 — 167 Stunden entsprechen 1 700,00 €.

$\frac{1\,700{,}00}{167}$ ↘ — Teilt man 1 700,00 € durch 167 Stunden, erhält man die Vergütung für 1 Stunde. (1 700,00 : 167 = 10,18 €)

$\frac{1\,700 \cdot 175}{167}$ ↗ — Da man aber wissen möchte, wie hoch die Vergütung für 175 Stunden ist, multipliziert man das Zwischenergebnis mit 175 und erhält 1 781,44 €.

Die Pfeile im Bruch sollen deutlich machen, wie in der Dreisatzrechnung zu überlegen ist.

Die Aufgabe wird also in 3 Rechenschritten gelöst:

(1) Für 167 Stunden erhält er 1 700,00 €.

(2) Für 1 Stunde erhält er weniger, nämlich $\frac{1\,700{,}00\ €}{167\ \text{Stunden}}$ € pro Stunde.

(3) Für 175 Stunden erhält er mehr als für 1 Stunde, nämlich $\frac{1\,700{,}00 \cdot 175}{167} = 1\,781{,}44$ €.

Für 175 Stunden erhielte der Arbeitnehmer 1 781,44 € (Antwort auf die Ausgangsfrage).

Fazit:

- Je mehr Stunden ein Arbeitnehmer leistet, desto mehr Geld erhält er bzw.
- je weniger Stunden geleistet werden, desto weniger Geld wird gezahlt.

Daraus lässt sich folgende Gesetzmäßigkeit bei einem Dreisatz mit **geradem Verhältnis** ableiten:

Je **mehr**...,	desto **mehr**... bzw.
+	+
je **weniger**...,	desto **weniger**...
–	–

ARBEITSSCHRITTE

Dreisatzrechnen mit geradem Verhältnis

1. Was ist gegeben (= Bedingungssatz)?
2. Wie verändert sich die Situation (= Frage)?
3. Berechnung in den Schritten der Dreisatzrechnung
   - Bedingung formulieren
   - Bezug nehmen auf die Einheit
   - Bezug nehmen auf die gesuchte Größe

/ = dividieren: D5/C5 = D5 geteilt durch C5

Dreisatzrechnen (gerades Verhältnis) mit einem Tabellenkalkulationsprogramm

In Excel werden die 3 Rechenschritte der Dreisatzrechnung als Grundlage genommen.

	A	B	C	D	E
3					
4	**Rechenschritte**		**Stunden**	**Vergütung in €**	
5	1. Bekannte Vielheit		167	1700	
6	2. Einheit		1	=D5/C5	
7	3. unbekannte Vielheit		175	=D5/C5*C7	oder D6*C7
8					
9	**Rechenschritte**		**Stunden**	**Vergütung in €**	
10	1. Bekannte Vielheit		167	1700	
11	2. Einheit		1	10,18	
12	3. unbekannte Vielheit		175	1781,44	
13					

Dreisatz_gerade / Dreisatz_ungerade / Dr

5.2 Dreisatz mit ungeradem Verhältnis

Bei der Dreisatzrechnung mit ungeradem Verhältnis vollziehen sich die Wertveränderungen der jeweiligen Größen im entgegengesetzten Sinn, d. h., die Vergrößerung eines Wertes führt zu einer Verringerung des anderen Wertes.

Beispiel

Die Inventurarbeiten im Warenlager eines Unternehmens der Kontaktlogistik werden von 6 Mitarbeitern in 12 Stunden erledigt. Wie lange dauern die Inventurarbeiten, wenn noch 2 weitere Mitarbeiter für diese Arbeiten abgestellt werden?

Lösungsweg

1. Liegt ein gerades oder ungerades Verhältnis der Zahlen vor?

Wenn die Inventurarbeiten von 6 Mitarbeitern in 12 Stunden erledigt werden können, brauchen **mehr** Mitarbeiter **weniger** Arbeitszeit.

6 Mitarbeiter	-	12 Stunden
8 Mitarbeiter	-	weniger Stunden
mehr Mitarbeiter	-	**weniger** Stunden
+		–

2. Berechnung

Die ursprüngliche Situation (Bedingungssatz) lautet:

Bedingungssatz: 6 Mitarbeiter sind 12 Stunden lang beschäftigt.

Die veränderte Situation wird dann im Fragesatz erfasst:

Fragesatz: Wie viele Stunden brauchen 8 Mitarbeiter für die gleiche Arbeit?

Zusammengefasst:
6 Mitarbeiter ≙ 12 Stunden
8 Mitarbeiter ≙ X Stunden

Die Lösung erfolgt in 3 Gedankenschritten:

(1) 6 Mitarbeiter brauchen 12 Stunden.
(2) 1 Mitarbeiter braucht länger, nämlich $12 \cdot 6$ Stunden.
(3) 8 Mitarbeiter brauchen weniger Zeit, nämlich $\frac{12 \cdot 6}{8}$ Stunden

Kürzere Darstellung

Bedingungssatz: 6 Mitarbeiter - 12 Stunden
Fragesatz: 8 Mitarbeiter - x Stunden
Bruchsatz: $X = \frac{12 \cdot 6}{8}$ = **9 Stunden**

Fazit:

- Je mehr Personen mit einer Aufgabe beauftragt sind, desto weniger Bearbeitungszeit brauchen sie bzw.
- je weniger Personen zur Verfügung stehen, desto mehr Bearbeitungszeit brauchen sie.

Daraus lässt sich folgende Gesetzmäßigkeit bei einem Dreisatz mit ungeradem Verhältnis ableiten:

Je **mehr**...,	desto **weniger**... bzw.
+	-
je **weniger**...,	desto **mehr**...
–	+

ARBEITSSCHRITTE

Dreisatzrechnen mit ungeradem Verhältnis

1. Was ist gegeben (= Bedingungssatz)?
2. Wie verändert sich die Situation (= Frage)?
3. Berechnung in den Schritten der Dreisatzrechnung
   - Bedingung formulieren
   - Bezug nehmen auf die Einheit
   - Bezug nehmen auf die gesuchte Größe

Dreisatzrechnen (ungerades Verhältnis) mit einem Tabellenkalkulationsprogramm

	A	B	C	D	
1					
2	**Dreisatzrechnen**		**ungerades Verhältnis**		
3					
4	**Rechenschritte**		**Mitarbeiter**	**Stunden**	
5	1. Bekannte Vielheit		6	12	
6	2. Einheit		1	=D5*C5	
7	3. unbekannte Vielheit		8	=D5*C5/C7	oder D6/C7
8					
9	**Rechenschritte**		**Mitarbeiter**	**Stunden**	
10	1. Bekannte Vielheit		6	12	
11	2. Einheit		1	72	
12	3. unbekannte Vielheit		8	9	
13					

Saldieren / Dreisatz_gerade / Dreisatz_ungε

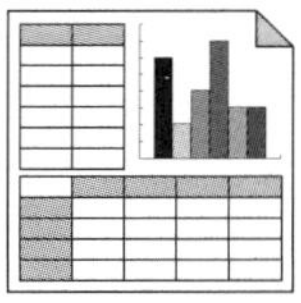

/ = dividieren: D5/C5 = D5 geteilt durch C5

5.3 Der zusammengesetzte Dreisatz

Mithilfe des zusammengesetzten Dreisatzes lassen sich rechnerische Probleme lösen, bei denen sich mehrere Größen gleichzeitig ändern. Wie der Name sagt, handelt es sich um mehrere Dreisätze, die in einem Rechengang gelöst werden. Dabei kann es sich um Dreisätze mit geradem oder ungeradem Verhältnis handeln. Der Rechenweg aus der Dreisatzrechnung wird nur unwesentlich verändert.

Beispiel

Beispiel

In einer Spedition wurde der Reinigungsdienst bisher von 5 Arbeitskräften in der Zeit von 18:30 bis 21:30 Uhr geleistet. Die zu reinigende Fläche betrug 600 m². Nach einem Umbau beträgt die Reinigungsfläche 800 m². Außerdem steht nur noch die Zeit von 19:00 bis 21:30 Uhr als Arbeitszeit zur Verfügung. Der Personalchef möchte wissen, wie viele Arbeitskräfte er unter diesen Bedingungen benötigt.

Lösungsweg

Die ursprüngliche Situation (Bedingungssatz) lautet:	**Bedingungssatz:**	Bei 600 m² Fläche und 3 Stunden Arbeitszeit sind für die Reinigung 5 Arbeitskräfte erforderlich.
Die veränderte Situation wird dann im Fragesatz erfasst:	**Fragesatz**:	Wie viele Arbeitskräfte sind notwendig, wenn 800 m² zu reinigen sind und lediglich 2,5 Stunden Arbeitszeit zur Verfügung stehen?
	Zusammengefasst:	600 m² ≙ 3 Stunden ≙ 5 Arbeitskräfte 800 m² ≙ 2,5 Stunden ≙ ? Arbeitskräfte

Für die Lösung wird der zusammengesetzte Dreisatz in einzelne Dreisätze aufgeteilt:

1. Dreisatz (gerades Verhältnis)

(1) Für 600 m² benötigt man 5 Arbeitskräfte.

(2) Für 1 m² benötigte man weniger,

nämlich $\frac{5}{600}$ Arbeitskräfte.

(3) Für 800 m² benötigt man mehr als für 1 m²,

nämlich $\frac{5 \cdot 800}{600}$ 5 · 800;600 Arbeitskräfte.

2. Dreisatz (ungerades Verhältnis)

(1) Bei 3 Std. Arbeitszeit benötigt man $\frac{5 \cdot 800}{600}$ Arbeitskräfte

(2) Bei 1 Std. Arbeitszeit benötigte man mehr,

nämlich $\frac{5 \cdot 800 \cdot 3}{600}$ Arbeitskräfte

(weil die gleiche Arbeit in kürzerer Zeit zu erledigen ist).

(3) Bei 2,5 Std. benötigt man weniger Arbeitskräfte, als wenn nur 1 Stunde gearbeitet würde,

nämlich $\frac{5 \cdot 800 \cdot 3}{600 \cdot 25}$ = **8 Arbeitskräfte.**

Erläuterung

1. Dreisatz

2. Dreisatz

600 m² 800 m²	– –	3 Stunden 2,5 Stunden	– –	5 Arbeitskräfte ? Arbeitskräfte

Bruchsatz: $\frac{5 \cdot 800 \cdot 3}{600 \cdot 25}$ **= 8 Arbeitskräfte**

ARBEITSSCHRITTE

Dreisatzrechnen (zusammengesetzter Dreisatz)

1. Bedingungs- und Fragesatz formulieren.
2. Für jede Größe einen einfachen Dreisatz in folgenden Schritten aufstellen:
   - Was ist gegeben?
   - Bezug auf eine Einheit
   - Bezug auf die gesuchte Größe

Dreisatzrechnen (zusammengesetzter Dreisatz) mit einem Tabellenkalkulationsprogramm

Der zusammengesetzte Dreisatz wird in einzelne Dreisätze (hier zwei) aufgeteilt:

	A	B	C	D	E	F
1						
2	**Dreisatzrechnen**		**zusammengesetzter Dreisatz**			
3						
4	**Rechenschritte**					
5	**1. Dreisatz**		**Fläche**	**Stunden**	**Arbeitskräfte**	
6	1. Bekannte Vielheit		600		5	
7	2. Einheit		1		=E6/C6	
8	3. unbekannte Vielheit		800		=E6/C6*C8	oder E7*C8
9	**2. Dreisatz**					
10	1. Bekannte Vielheit			3	=E8	
11	2. Einheit			1	=E10*D10	
12	3. unbekannte Vielheit			2,5	=E10*D10/D12	oder E11/D12
13						
14	**Rechenschritte**					
15	**1. Dreisatz**		**Fläche**	**Stunden**	**Arbeitskräfte**	
16	1. Bekannte Vielheit		600		5	
17	2. Einheit		1		0,01	
18	3. unbekannte Vielheit		800		6,67	
19	**2. Dreisatz**					
20	1. Bekannte Vielheit			3	6,67	
21	2. Einheit			1	20	
22	3. unbekannte Vielheit			2,5	8	

Dreisatz_ungerade | **Dreisatz_zusammengesetzt**

5.4 Aufgaben zur Dreisatzrechnung

01 Bestimmen Sie die Gesamturlaubswerktage:

- Manfred, 19 Jahre, 4 Monate Betriebszugehörigkeit, 30 Tage Jahresurlaub
- Karl, 24 Jahre, 8 Monate Betriebszugehörigkeit, 34 Tage Jahresurlaub

02 Ein Abteilungsleiter erhält bei einem monatlichen Umsatz von 25 300,00 € eine Prämie von 227,70 €. Wie hoch wäre die Prämie bei einem Umsatz von 18 000,00 €?

03 Ein Ausbildungsbetrieb hat monatliche Gehaltsaufwendungen für 7 Beschäftigte in Höhe von 13 475,00 €. Es werden zwei neue Kollegen zu den geltenden Bedingungen eingestellt. Berechnen Sie die neuen Gehaltsaufwendungen für das Unternehmen.

04 In einer Spedition wurden für die Werkstatt 12 Reifen für einen Gliederzug ausgegeben. Der Wert der Reifen betrug 1 350,00 €. Eine Woche später wird ein Motorwagen mit weiteren 5 Reifen zum gleichen Preis je Reifen bestückt. Berechnen Sie den Wert der 5 Reifen.

05 Die Transsped GmbH zahlte im vorherigen Jahr ihren 15 Mitarbeitern insgesamt 10 800,00 € Prämie. In diesem Jahr wurden zusätzlich zwei Kollegen eingestellt.

Wie viel € Prämie muss die Transsped GmbH insgesamt zahlen, wenn jeder Mitarbeiter den gleichen durchschnittlichen Prämienbetrag wie im vorherigen Jahr erhalten soll?

06 Die Umsatzprämie für einen Außendienstmitarbeiter betrug im April 819,00 € bei einem Monatsumsatz von 78 000,00 €. Errechnen Sie die Umsatzprämie für den Monat Mai unter Berücksichtigung einer Umsatzsteigerung von 6 000,00 €.

07 Der Ausbildungsbetrieb von Bianca schließt um 18:30 Uhr. Oftmals verlässt der letzte Kunde den Verkaufsraum wesentlich später, sodass die Aufräumarbeiten entsprechend später beginnen können. Im Durchschnitt sind Bianca und 4 weitere Kollegen 24 Minuten mit den Aufräumarbeiten beschäftigt, sodass sie dann in den verdienten Feierabend gehen können. Am 13. September fehlt ein Kollege wegen Krankheit. Wie lange wird heute die Aufräumarbeit dauern?

08 Ihr Ausbildungsbetrieb erhält um 16:00 Uhr den Auftrag, 30 Artikel zu kommissionieren und zu verpacken. Die Arbeit muss bis 18:00 Uhr zur Beladung eines Kurierfahrzeuges fertig sein. Der Chef beauftragt damit 3 Mitarbeiter, die dies in 120 Minuten auch schaffen. Wann ist die Sendung verpackungsfertig, wenn 2 weitere Mitarbeiter damit beauftragt werden?

09 Mit 5 Mitarbeitern dauerte die Durchführung einer Werbeaktion im vergangenen Geschäftsjahr 6 Tage. Mit wie vielen Tagen wird man in diesem Jahr für das gleiche Vorhaben rechnen müssen, wenn nur 3 Mitarbeiter zur Verfügung stehen?

10 Von den 2 511 t einer Schiffsladung wurden in 15 Stunden 1 620 t gelöscht. Für die Restladung wurde die Umschlagsleistung auf das 1 ½-Fache gesteigert. In wie vielen Stunden war die Restladung gelöscht?

11 Ein Binnen-Gütermotorschiff wird mit 1 800 t Düngemittel beladen. Ein Kran mit einer Stundenleistung von 120 t ist 5 Stunden im Einsatz. Dann setzt heftiger Regen ein, sodass 6 Stunden pausiert wird. Danach kommt zusammen mit dem ersten Kran ein zweiter zum Einsatz.

Wie viele t muss die Stundenleistung des zweiten Krans betragen, damit das Schiff in der ursprünglich vorgesehenen Zeit beladen werden kann?

12 Für Inventurarbeiten benötigten im Vorjahr 7 Angestellte 6 Tage. In diesem Jahr sollen die Inventurarbeiten in 4 Tagen beendet sein. Entscheiden Sie, wie viele Angestellte nun für diese Arbeiten abzustellen sind.

13 In den vergangenen 6 Tagen wurden von einem Artikel durchschnittlich 700 Stück kommissioniert. Wie viele Tage reicht der gleiche Vorrat bei einem durchschnittlichen Tagesbedarf von 525 Stück?

14 Der Bestand an Fotokopierpapier reicht bei einem Tagesbedarf von 72 Blatt noch 90 Tage. Wie lange wird der Vorrat reichen, wenn der Tagesbedarf um die Hälfte steigt?

15 In einer Spedition werden an einem Tag von 2 Mitarbeitern in 5 Stunden 4 500 Artikel für einen Baumarkt kommissioniert. Am zweiten Tag soll nur noch 1 Mitarbeiter eingesetzt werden, der 8 Stunden lang kommissionieren soll. Wie viele Artikel kann der Mitarbeiter kommissionieren?

16 Für die Beschickung eines neuen Hochregallagers einer Spedition sollen 6 Mitarbeiter bei einer Arbeitszeit von täglich 8 Stunden 12 Tage eingesetzt werden.

Auf wie viele Tage kann man die vorgesehene Beschickungszeit verkürzen, wenn man die tägliche Arbeitszeit um 1 Stunde verlängert und zusätzlich 2 Mitarbeiter einsetzt?

17 Zur Durchführung einer Inventur brauchen 6 Angestellte 4 Tage mit einer Arbeitszeit von jeweils 8 Stunden täglich. Auf wie viele Stunden muss die tägliche Arbeitszeit heraufgesetzt werden, um infolge der Erkrankung von 2 Angestellten die Bestandsaufnahme in 5 Tagen auszuführen?

6 Währungsrechnen

6.1 Die Kursangabe bei Fremdwährungen

Als **Währung** bezeichnet man das gesetzliche Zahlungsmittel eines Staates, z. B. den Dollar ($) in den USA, oder eines Zusammenschlusses von Staaten, z. B. den EURO (EUR oder €) in den Ländern der Europäischen Wirtschafts- und Währungsunion. Beim Geldumtausch wird ausländische Währung durch die Banken wie eine Ware an- bzw. verkauft.

Der **Kurs** gibt das Wertverhältnis zwischen zwei Währungen wieder. Kurse für Fremdwährungen werden in Form der so genannten Mengennotierungen dargestellt. Nach diesem Verfahren gibt der Kurs Auskunft darüber, wie viele Fremdwährungseinheiten (welche Fremdwährungs-„**Menge**") man für 1 € erhält oder bezahlen muss. Tauscht ein Unternehmen bei seiner Bank z. B. € gegen USD für eine Auslandsreise um, gibt ihm die Bank nach der unten stehenden Kurstabelle 1,38255 USD für 1 €. (Ankaufkurs = Geldkurs: siehe unten)

Hat ein Unternehmen z. B. von einem Kunden US-Dollar erhalten, die er bei seiner Bank gegen EURO eintauschen möchte, so erhält er dafür von seiner Bank für jeweils 1,3850 USD einen €. (Verkaufkurs = Briefkurs: siehe unten)

Kurstabelle siehe unten

Für Umrechnungen mit Ländern außerhalb der EU gelten die jeweils aktuellen Kursangaben der Kurstabellen.

Beispiel

Kurs	**Schweizer Franken CHF**	=	**1,33949**
bedeutet:	**1 €**	=	**1,33949 CHF**

Zur Eurozone gehören zurzeit die EU-Staaten Belgien, Deutschland, Estland, Finnland, Frankreich, Griechenland, Irland, Italien, Luxemburg, Niederlande, Österreich, Portugal und Spanien, Slowenien, Malta, Zypern und die Slowakei. Außerdem Monaco, der Vatikan und San Marino. Aber auch Montenegro oder das Kosovo.

Banken handeln mit Geld. Die in der Eurozone gehandelte Währung ist der €. Die Banken kaufen den € zu einem geringeren Kurs an und verkaufen den € zu einem höheren Kurs. Die Differenz verbleibt der Bank zur Deckung der Kosten und als Gewinn.

Gehandelte Währung ist der €		
Die Bank nimmt = kauft € (zum Ankaufkurs)	**Bank**	**Die Bank gibt = verkauft €** (zum Verkaufskurs)
und	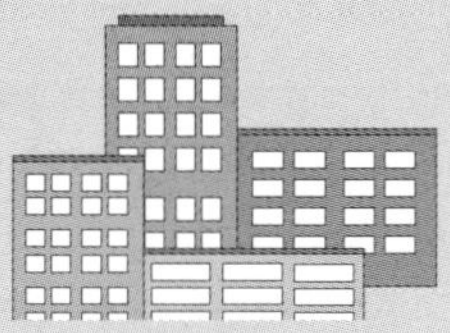	und
gibt Fremdwährung (Zahlungsmittelausgang in fremder Währung)		**nimmt Fremdwährung** (Zahlungsmitteleingang in fremder Währung)
Ankaufkurs		**Verkaufkurs**

Weil der Wert einer Währung (der Kurs) schwankt, wird er täglich in Kurstabellen veröffentlicht. Die aktuellen Kurse werden bei Banken öffentlich ausgehängt und sie können telefonisch bei ihnen erfragt werden.

Kurstabelle				
Land	**Währung**		**Kurse für 1 €**	
	Name	**Abkürzung**	**Ankauf (Geld)**	**Verkauf (Brief)**
USA	US-Dollar	USD	1,38255	1,3850
Japan	Yen	JPY	113,63636	114,2681
Großbritannien	Pfund	GBP	0,88134	0,8873
Schweiz	Franken	CHF	1,33949	1,3512
Kanada	Dollar	CAD	1,40032	1,4062
Schweden	Krone	SEK	9,26094	9,3219
Dänemark	Krone	DKK	7,45683	7,4894
Slowakei	Krone	SSK	30,12684	30,3629
Polen	Sloty	PLZ	3,96531	3,9873
Tschechien	Krone	CZK	24,53714	24,60806

6.2 EURO in Fremdwährung umrechnen

Handelsunternehmen oder Industrieunternehmen, die international und grenzüberschreitend auch außerhalb der Eurozone der EU tätig sind, benötigen zur Abwicklung ihrer Geschäfte ausländische Währung:

Beispiel: Umtausch am Bankschalter

Der Geschäftsführer der Spedition ALLSPED GmbH plant einen Besuch bei einem Kunden in der Schweiz. Als Ergänzung zu seinen Kreditkarten möchte er aber auch über Bargeld verfügen. Daher tauscht er bei der Hausbank des Unternehmens 500,00 € in Schweizer Franken (CHF) um. Die Frage lautet: Über welchen Betrag an CHF kann er verfügen?

Vorüberlegung:

ALLSPED GmbH

gibt 500,00 €

erhält ? CHF

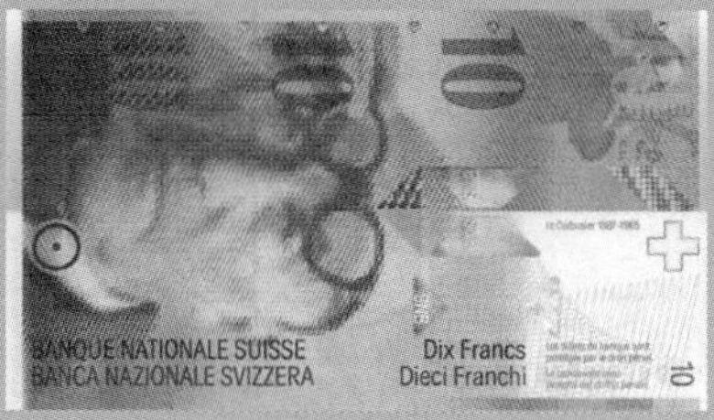

Ankaufkurs:

1,33949

Bank

Die Bank nimmt = kauft 500,00 €

und **gibt Schweizer Franken (CHF)**

Lösungsweg

Bei der Umrechnung von € in ausländische Währung muss der Ankaufkurs für den CHF aus der Kurstabelle abgelesen werden. Die Notierung lautet: CHF = 1,47410 (➔ Ankaufkurs).

Währungsrechnen ist die Anwendung der Dreisatzrechnung mit geradem Verhältnis. Daher wird die Kursangabe CHF = 1,47410 zur Kursgleichung.

Kursgleichung:	**1,00 €**	=	**1,33949 CHF**	**➔ Bedingungssatz**
Bedingungssatz = Kursgleichung:	**1,00 €**	=	**1,33949 CHF**	
Fragesatz:	**500,00 €**	=	**x CHF**	
Bruchsatz:	**x**	=	$\frac{1{,}33949 \cdot 500}{1}$	**= 669,75 CHF**

Wenn die Höhe einer Auslandswährung gesucht wird, gilt grundsätzlich die Formel:

Auslandswährung = Kurs ausländischer Währung · Betrag in €

ARBEITSSCHRITTE

Umrechnung von € in ausländische Währung

1. Kurs für ausländische Währung aus Kurstabelle entnehmen: Ankaufkurs
2. Kursgleichung (Bedingungssatz) formulieren
3. Frage entwickeln
4. Höhe der ausländischen Währung mit der Dreisatzrechnung berechnen.
5. Umrechnung von € in ausländische Währung = Kurs ausländischer Währung x Betrag in €

Währungsrechnen mit einem Tabellenkalkulationsprogramm

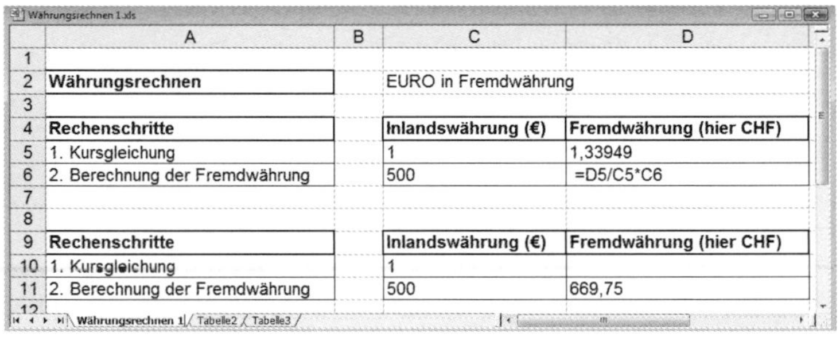

	A	B	C	D
1				
2	Währungsrechnen		EURO in Fremdwährung	
3				
4	Rechenschritte		Inlandswährung (€)	Fremdwährung (hier CHF)
5	1. Kursgleichung		1	1,33949
6	2. Berechnung der Fremdwährung		500	=D5/C5*C6
7				
8				
9	Rechenschritte		Inlandswährung (€)	Fremdwährung (hier CHF)
10	1. Kursgleichung		1	
11	2. Berechnung der Fremdwährung		500	669,75

6.3 Fremdwährung in EURO umrechnen

Beispiel: Umtausch am Bankschalter

Nach Rückkehr von der Reise in die Schweiz hat der Geschäftsführer der Spedition ALLSPED GmbH noch 200,00 CHF in seiner Brieftasche. Er legt die Fremdwährung am Schalter der Geschäftsbank vor. Über welchen Auszahlungsbetrag in € kann er verfügen?

Vorüberlegung:

ALLSPED GmbH

gibt 200,00 CHF

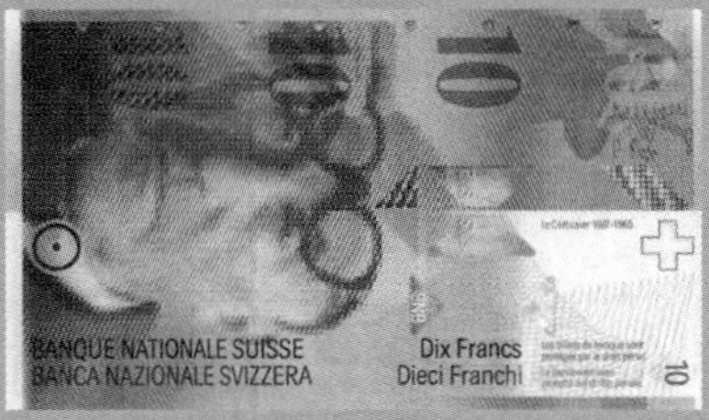

erhält ? €

Verkaufskurs:

1,3512

Bank

Die Bank nimmt 200,00 Schweizer Franken CHF

und **gibt = verkauft €**

Lösungsweg

Bei der Umrechnung von ausländischer Währung in € muss der Verkaufskurs für den CHF aus der Kurstabelle abgelesen werden. Die Notierung lautet: CHF = 1,3512.

Währungsrechnen ist die Anwendung der Dreisatzrechnung mit geradem Verhältnis. Daher wird die Kursangabe CHF = 1,3512 zur Kursgleichung.

Kursgleichung:	**1,00 €**	=	**1,3512 CHF**	➔ **Bedingungssatz**
Bedingungssatz = Kursgleichung: Der 1. Satz der Dreisatzrechnung (Bedingungssatz) entspricht der umgekehrten Kursgleichung.	**1,3512 CHF**	=	**1,00 €**	
Fragesatz:	**200,00 CHF**	=	**x €**	
Bruchsatz:	**x**	=	$\frac{1 \cdot 200{,}00}{1{,}3512}$	**= 148,02 €**

Wenn die Höhe einer Inlandwährung gesucht wird, gilt grundsätzlich die Formel:

$$\textbf{Inlandswährung} = \frac{\textbf{Auslandswährung}}{\textbf{Kurs}}$$

ARBEITSSCHRITTE

Umrechnung von ausländischer Währung in €

1. Kurs für ausländische Währung aus Kurstabelle entnehmen: Verkaufkurs
2. Kursgleichung (Bedingungssatz) formulieren
3. Frage entwickeln
4. Höhe der ausländischen Währung mit der Dreisatzrechnung berechnen.
5. Umrechnung von ausländischer Währung in €

$$= \frac{\text{Betrag in ausländischer Währung}}{\text{Kurs ausländischer Währung}}$$

Währungsrechnen mit einem Tabellenkalkulationsprogramm

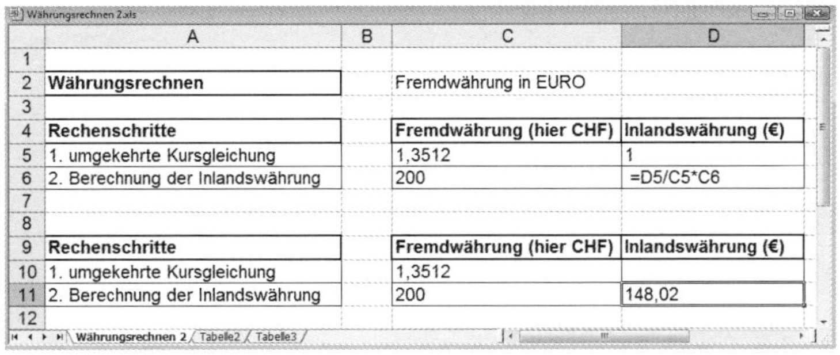

	A	B	C	D
1				
2	**Währungsrechnen**		Fremdwährung in EURO	
3				
4	**Rechenschritte**		**Fremdwährung (hier CHF)**	**Inlandswährung (€)**
5	1. umgekehrte Kursgleichung		1,3512	1
6	2. Berechnung der Inlandswährung		200	=D5/C5*C6
7				
8				
9	**Rechenschritte**		**Fremdwährung (hier CHF)**	**Inlandswährung (€)**
10	1. umgekehrte Kursgleichung		1,3512	
11	2. Berechnung der Inlandswährung		200	148,02
12				

6.4 Aufgaben zum **Währungsrechnen**

01 Ein Spediteur möchte für eine USA-Reise 2 000,00 US-$ als Bargeld mitnehmen. Bei der Hausbank erhält er folgenden Kurs: 1,38255/1,3850. Berechnen Sie den Betrag in €, mit dem die Bank den Spediteur belastet.

02 Der Spediteur kann seine Reise leider aus betrieblichen Gründen nicht antreten. Da auch kein neuer Reisetermin in Aussicht steht, wechselt er die 2 000,00 US-$ wieder in € um. Berechnen Sie, mit welchem €-Betrag die Bank den Spediteur belastet und welchen Verlust er durch die Umtauschaktion erleidet.

Kurstabelle				
Land	**Währung**		**Kurse für 1 €**	
	Name	**Abkürzung**	**Ankauf (Geld)**	**Verkauf (Brief)**
USA	US-Dollar	USD	1,38255	1,38500
Japan	Yen	JPY	113,63636	114,26810
Großbritannien	Pfund	GBP	0,88134	0,88730
Schweiz	Franken	CHF	1,33949	1,35120
Kanada	Dollar	CAD	1,40032	1,40620
Dänemark	Krone	DKK	7,45683	7,48940
Tschechien	Krone	CZK	24,53714	24,60806

03 Der amerikanische Mitarbeiter einer befreundeten Spedition der Spedition ALLSPED aus den USA möchte in der City einkaufen. Er hat einen Pullover im Wert von 98,00 € entdeckt. Er möchte mit US-$ bezahlen und bittet den Mitarbeiter der Spedition ALLSPED ihm den Betrag zu wechseln. Wie viel US-$ entsprechen 98,00 €?

Überlegen Sie:

a) Welchen Kurs wird die Bank ALLSPED berechnen, wenn Sie die eingenommenen US-$ in € umtauschen wollen?

b) Wie viel US-$ entsprechen demnach 1 €?

04 Berechnen Sie, wie viel € Sie für 350,00 Englische Pfund (£) bei der Bank erhalten.

05 Ein Spediteur möchte bei seiner Bank für eine Geschäftsreise nach Dänemark 1 000,00 € in Dänische Kronen umtauschen. Wie viele DKK wird er erhalten?

06 Ein japanischer Reifen-Hersteller bietet der ALLSPED GmbH folgende Reifen in japanischen Yen an. Berechnen Sie die entsprechenden Preise in €.

Auszug aus dem Angebot:

quantity	**article**	Price/p
1	XRT Reifen 315/80 R 22.5	43 719,00
1	Reifen 315/80 R 22.5 157/149 L	6 455,78

07 Die Spedition ALLSPED hat die Absicht, mit einem kanadischen Transportunternehmen Geschäftsbeziehungen aufzunehmen. Zur Aushandlung der Vertragsbedingungen, beschließt der Geschäftsführer von ALLSPED, selbst nach Kanada zu fahren.

Zu diesem Zweck möchte er vor seiner Abfahrt die 900,00 Schweizer Franken, die er von seinem Skiurlaub übrig gehalten hat, bei seiner Bank in Kanadische Dollar umtauschen.

Berechnen Sie, wie viele kanadische Dollar er erhält

08 Ein Lkw-Fahrer soll einem Kollegen aus Tschechien einen westfälischen Schinken mitbringen. Der Schinken ist mit 129,99 € ausgezeichnet. Der tschechische Kollege möchte den Preis in Tschechischen Kronen wissen.

7 Prozentrechnen

7.1 Rechnen mit der Vergleichszahl 100

Für einen Industrie- oder Handelskonzern, der im Jahr 15 Milliarden € umsetzt (ausgeschrieben 15 000 000 000,00 €) sind 500,00 € ein lächerlich kleiner Betrag. Ein Auszubildender, der im Jahr 6 000,00 € erhält, würde sich über 500,00 € zusätzlich bestimmt sehr freuen.

Eine Zahl allein sagt häufig nicht viel aus. Erst wenn man eine Vergleichszahl hinzuzieht, entsteht ein Sinn. In der Prozentrechnung werden Zahlen auf die **Vergleichszahl 100** bezogen.

Anwendungsbeispiele:

- Die Spedition ALLSPED GmbH möchte wissen, welchen Anteil am Gesamtumsatz des Geschäftes bestimmte Großkunden haben.
- Alle Mitarbeiter der Spedition ALLSPED GmbH sollen 3 % mehr Gehalt bekommen. Frau Yildirim, die Bereichsleiterin, erhielt bisher 2 926,00 €, Frau Esser aus der Abteilung III: Expert bekam 2 276,00 €. Wie hoch sind ihre neuen Gehälter?
- Auch Sandra hat eine höhere Ausbildungsvergütung erhalten. Statt bisher 570,00 € sind es nun 593,00 €. Ob das auch 3 % zusätzlich sind?

Rechenbeispiel

Der Jahresumsatz eines Frachtführers beträgt 900 000,00 €. Daran hat der Kunde Maurer GmbH einen Anteil von 22 500,00 €. Wie hoch ist der Anteil des Umsatzes dieses Kunden am Jahresumsatz des Unternehmens in Prozent?

Das Unternehmen will feststellen, welchen Umsatzanteil ein Kunde am Gesamtumsatz hat. Der Umsatz eines Kunden wird auf den Gesamtumsatz bezogen. Der Gesamtumsatz ist daher mit 100 % gleichzusetzen. Der Umsatz des Kunden ist als Teil der Vergleichszahl 100 auszudrücken.

Lösungsweg

In der Prozentrechnung wird die Dreisatzrechnung angewandt.

Behauptungssatz: Der Jahresumsatz des Unternehmens beträgt 100 %.

Fragesatz: Wie hoch ist der Umsatzanteil des Kunden Maurer GmbH?

Jahresumsatz des Unternehmens = 100 %
Umsatzanteil eines Kunden = x %

900 000,00 €	=	100 %	$\frac{100 \cdot 22\,500{,}00}{900\,000{,}00} = \mathbf{2,5\ \%}$
22 500,00 €	=	X %	

$\frac{100}{900\,000{,}00}$

900 000,00 € entsprechen 100 %.

Teilt man 100 % durch 900 000,00 €, erhält man den Anteil, den 1 € an 100 % hat.

$(\frac{100}{900\,000{,}00} = 0{,}00011111)$

Bruchsatz: $\frac{100 \cdot 22\,500{,}00}{900\,000{,}00}$

Da man aber wissen möchte, welchen Anteil 22 500,00 € an 100 % haben, multipliziert man das Zwischenergebnis mit 22 500,00 und erhält 2,5 von 100 (2,5 %).

Kontrolle:

100 %	=	900 000,00 €	$\frac{900\,000{,}00 \cdot 2{,}5}{100} = 22\,500{,}00$
2,5 %	=	X €	

BEGRIFFE

In der Prozentrechnung werden drei Begriffe verwandt: Prozentsatz, Grundwert und Prozentwert. In der Beispielaufgabe werden sie wie folgt verwendet:

2,5 %	900 000,00 €	22 500,00 €
Prozentsatz	**Grundwert**	**Prozentwert**
Zahl als Teil von Hundert	Wert, der mit 100 % gleichgesetzt wird.	Teil des Grundwertes, der mithilfe des Prozentsatzes errechnet wird.

Formeln

Prozentsatz, Grundwert und Prozentwert lassen sich mithilfe der Dreisatzrechnung ermitteln. Man kann aber auch Formeln verwenden.

$$\textbf{Prozentsatz} = \frac{100 \cdot \text{Prozentwert}}{\text{Grundwert}}$$

Beispiel (siehe oben):
Wie viel Prozent beträgt der Umsatz eines Kunden (22 500,00 €) am Gesamtumsatz (900 000,00 €)?

$$\frac{100 \cdot 22\,500{,}00}{900\,000{,}00} = 2{,}5\ \%$$

$$\textbf{Grundwert} = \frac{100 \cdot \text{Prozentwert}}{\text{Prozentsatz}}$$

Beispiel
Der Umsatz eines Kunden (22 500,00 €) beträgt 2,5 % am Gesamtumsatz. Wie hoch ist der Gesamtumsatz?

$$\frac{100 \cdot 22\,500{,}00}{2{,}5} = 900\,000{,}00$$

$$\textbf{Prozentwert} = \frac{\text{Grundwert} \cdot \text{Prozentsatz}}{100}$$

Beispiel
Ein Kunde hat am Gesamtumsatz eines Geschäftes (900 000,00 €) einen Anteil von 2,5 %. Wie hoch ist der Umsatz des Kunden?

$$\frac{900\,000{,}00 \cdot 2{,}5}{100} = 22\,500{,}00$$

Prozentrechnen mit einem Tabellenkalkulationsprogramm

	A	B	C
1			
2	**Prozentrechnen**		
3	**Prozentsatz**		
4	**Umsatz gesamt**	**Umsatz Maurer**	**%-Anteil Maurer**
5	900 000	22 500	**=B5/A5*100**
6			
7	**Prozentwert**		
8	**Umsatz gesamt**	**Umsatz Maurer**	**%-Anteil Maurer**
9	900000	**=A9/100*C9**	2,5
10			
11	**Grundwert**		
12	**Umsatz gesamt**	**Umsatz Maurer**	**%-Anteil Maurer**
13	**=B13/C13*100**	22500	2,5
14			
15			
16	**Prozentsatz**		
17	**Umsatz gesamt**	**Umsatz Maurer**	**%-Anteil Maurer**
18	900000	22500	**2,5**
19			
20	**Prozentwert**		
21	**Umsatz gesamt**	**Umsatz Maurer**	**%-Anteil Maurer**
22	900000	**22500**	2,5
23			
24	**Grundwert**		
25	**Umsatz gesamt**	**Umsatz Maurer**	**%-Anteil Maurer**
26	**900000**	22500	2,5
27			

Dreisatz_zusammengesetzt | Prozentrechnen

Rechenbeispiel 1

Die Inhaberin des Spedition Wanders e. K. möchte die Umsätze der Jahre 20(-1) und 20(0) miteinander vergleichen. Die Veränderungen in € hat sie bereits ermittelt (+ 25 000,00 €).

Sie möchte den Umsatzzuwachs nun in % ausdrücken.

Microsoft Excel - SB-Markt Gerdes_Auswertungen.xls

	A	B	C	D
1			Jahr	
2		20(-2)	20(-1)	20(0)
3	Umsatz in €	750 000,00	770 000,00	795 000,00
4	Veränderung (+/-)		+ 20 000,00	+ 25 000,00
5	in %		2,67%	
6				

Umsätze | Tabelle2

Lösungsweg

Wird die zeitliche Entwicklung von zwei Werten verglichen, wird gewöhnlich der **alte** (vorhergehende, ehemalige, erste) **Wert** mit 100 % gleichgesetzt.

Das Ergebnis lässt sich mithilfe der Dreisatzrechnung ermitteln:

Behauptungssatz:	Der Umsatz des Jahres 20(-1) beträgt 100 %.
Fragesatz:	Wie viel Prozent beträgt die Steigerung des Umsatzes von 25 000,00 €?

Umsatz 20(-1) = 100 %
Umsatzsteigerung = X %

770 000,00 € = 100 %
25 000,00 € = X %

$$\frac{100 \cdot 25\,000{,}00}{770\,000{,}00} = \mathbf{3{,}25\ \%} \text{ (gerundet)}$$

$$\frac{100}{770\,000{,}00}$$

770 000 € entsprechen 100 %. 25 000 € sind wie viel %?

100 geteilt durch 770 000,00 € gibt an, welchen Prozentanteil 1 € ausmacht.

Bruchsatz:

$$\frac{100 \cdot 25\,000{,}00}{770\,000{,}00}$$

Gesucht ist aber der Prozentanteil von 25 000,00 €, also ist mit 25 000,00 zu multiplizieren.

Rechenbeispiel 2

In der Abteilung II: Luftfracht der Spedition ALLSPED GmbH hatte der Abteilungsleiter, Herr Henningsen eine zusätzliche Teilzeitkraft (0,2 Stellen) beantragt und erhalten. Nach einem Jahr vergleicht Frau Nickel in der Personalabteilung, wie sich die Umsätze pro Mitarbeiter im Jahr in der Abteilung verändert haben.

bei 3 Mitarbeitern:	*78 000,00 € Umsatz pro Mitarbeiter*
bei 3,2 Mitarbeitern:	*74 500,00 € Umsatz pro Mitarbeiter*

Lösungsweg

Wird die zeitliche Entwicklung von zwei Werten verglichen, wird gewöhnlich der **alte** (vorhergehende, ehemalige, erste) **Wert** mit 100 % gleichgesetzt.

Das Ergebnis lässt sich mithilfe der Dreisatzrechnung ermitteln:

Behauptungssatz:	Der Umsatz pro Mitarbeiter im Vorjahr beträgt 100 %.
Fragesatz:	Wie viel Prozent beträgt der Umsatz pro Mitarbeiter in diesem Jahr?

Umsatz Vorjahr = 100 %
Umsatz dieses Jahr = x %

Bruchsatz:

78 000,00 € = 100 %
74 500,00 € = x %

$$\frac{100 \cdot 74\,500{,}00}{78\,000{,}00} = \mathbf{95{,}51\ \%}$$

78 000,00 € entsprechen 100 %. 74 500,00 € sind wie viel %? 100 geteilt durch 78 000,00 € gibt an, welchen Prozentanteil 1 € ausmacht. Gesucht ist aber der Prozentanteil von 74 500,00 €, also ist mit 74 500,00 zu multiplizieren.

Ergebnis: Der Umsatz pro Mitarbeiter ist um 4,49 % zurückgegangen.

Grundsatz: Der frühere, ältere, erste Wert ist in der Regel mit 100 % gleichzusetzen.

ARBEITSSCHRITTE

Prozentrechnung mithilfe des Dreisatzes

1. Den bekannten €-Wert mit dem bekannten Prozentsatz gleichsetzen = Bedingungssatz (Häufig ist das der Grundwert, der 100 % entspricht.)
2. Fragesatz entwickeln
3. Die gesuchte Größe berechnen, indem auf die Einheit geschlossen wird

Prozentrechnen im Zeitablauf mit einem Tabellenkalkulationsprogramm

	A	B	C
1			
2	**Prozentrechnen**		100 %?
3			
4	**Jahr**	**Umsätze**	**Prozentsätze**
5	20(–1)	770000	100
6	20(0)	25000	=C5/B5*B6
7			
8	**oder**		
9	**Jahr**	**Umsätze**	**Prozentsätze**
10	20(–1)	770000	100
11	20(0)	795000	=C10/B10*B11
12			
13			
14	**Jahr**	**Umsätze**	**Prozentsätze**
15	20(–1)	770000	100
16	20(0)	25000	3,25
17			
18	**oder**		
19	**Jahr**	**Umsätze**	**Prozentsätze**
20	20(–1)	770000	100
21	20(0)	795000	103,25
22			

7.2 Der vermehrte Grundwert

Bei der Prozentrechnung kann nicht immer vom reinen Grundwert (100 %) ausgegangen werden, da häufig ein Wert zugrunde gelegt werden muss, der um einen bestimmten Prozentwert (-satz) über dem reinen Wert (Grundwert) von 100 % liegt. Man nennt die Rechnung vom vermehrten Grundwert daher auch Auf-Hundert-Rechnung.

Beispiel:

Die Auszubildende Sandra der Spedition ALLSPED GmbH kauft Büromaterial bei der Firma Adler, Bürobedarf für 357,00 €. Sie wünscht eine Quittung, auf der Nettobetrag, Umsatzsteueranteil und Gesamtbetrag getrennt angegeben sind.

Lösungsweg

Da die Ware der Firma Bürobedarf Adler brutto ausgezeichnet werden muss, hat der Verkäufer auf Wunsch von Sandra aus diesem Betrag die Umsatzsteuer herauszurechnen. Vor der Auszeichnung der Ware wird der Bruttobetrag der Ware – vom Nettobetrag ausgehend – ermittelt. Dabei entspricht der Nettobetrag dem Vergleichswert 100 (Prozent). Der Bruttobetrag entspricht demnach 119 %.

Vor der Preisauszeichnung der Ware					
Nettobetrag der Ware	=	100 %	=	**Grundwert**	300,00
+ 19 % Umsatzsteuer	=	19 %	=	**Prozentwert**	57,00
Bruttobetrag der Ware	=	119 %	=	**vermehrter Grundwert**	357,00
Nach dem Verkauf der Ware, wenn eine Quittung gewünscht wird, aber nur der Bruttobetrag bekannt ist, muss „rückwärts" gerechnet werden.					

Mithilfe des Dreisatzes kann entweder die Umsatzsteuer (a) oder der Nettobetrag (b) ermittelt werden:

zu a) Bruttobetrag / **Umsatzsteuer**

119 %	=	357,00 €
19 %	=	x %

$$x = \frac{357,00 \cdot 19}{119} = \textbf{57,00 € Umsatzsteuer}$$

zu b) Bruttobetrag
Nettobetrag

119 %	=	357,00 €
100 %	=	x %

$$X = \frac{357{,}00 \cdot 10}{119} = \textbf{300,00 € Nettobetrag}$$

ARBEITSSCHRITTE

Prozentrechnung mit vermehrtem Grundwert

1. Erstellung einer Übersicht:
   Grundwert
   \+ Prozentwert
   = vermehrter Grundwert
2. Die Prozentsätze für den Grundwert (immer 100 %), für den Prozentwert und für den vermehrten Grundwert in die Übersicht eintragen.
3. Den bekannten Betrag eintragen (z. B. den Bruttobetrag).
4. Den gesuchten Betrag (die gesuchten Beträge) mithilfe der Dreisatzrechnung ermitteln.

7.3 Der verminderte Grundwert

Bei der Prozentrechnung vom verminderten Grundwert geht die Rechnung von einem Betrag aus, der weniger als 100 % ist. Der verminderte Grundwert liegt um einen bestimmten Prozentwert (-satz) unter dem Grundwert von 100 %. Man nennt die Rechnung vom verminderten Grundwert deshalb auch Im-Hundert-Rechnung.

Beispiel

Die Spedition ALLSPED GmbH kauft bei der Firma Elektro Grossmann e. K. zum Saisonschluss einen Kühlschrank für die Mitarbeiterküche. Eine Kühl-Gefrierkombination ist mit 360,00 € ausgezeichnet. Den ursprünglichen Preis hatte man um 20 % herabgesetzt. Wie viel € betrug die Preisherabsetzung und wie hoch war der alte (= ursprüngliche) Preis?

Lösungsweg

Da die Ware der Firma Adler, Bürobedarf brutto ausgezeichnet werden muss, hat der Verkäufer auf Wunsch von Sandra aus diesem Betrag die Umsatzsteuer herauszurechnen. Vor der Auszeichnung der Ware wird der Bruttobetrag der Ware – vom Nettobetrag ausgehend – ermittelt. Dabei entspricht der Nettobetrag dem Vergleichswert 100 (Prozent). Der Bruttobetrag entspricht demnach 119 %.

Vor dem Preisnachlass					
ursprünglicher Preis	=	100 %	=	**Grundwert**	450,00
– Preisnachlass	=	20 %	=	**Prozentwert**	90,00
ausgezeichneter Preis	=	80 %	=	**verminderter Grundwert**	360,00
Wenn der ursprüngliche Preis nicht mehr bekannt ist und im Nachhinein ermittelt werden soll, ist „rückwärts" zu rechnen.					

Mithilfe des Dreisatzes kann entweder der Preisnachlass (a) oder der ursprüngliche Preis (b) ermittelt werden.

zu a) ausgezeichneter Preis
Preisherabsetzung

80 %	=	360,00 €
20 %	=	x €

$$x = \frac{360{,}00 \cdot 20}{80} = \textbf{90,00 € Preisnachlass}$$

zu b) ausgezeichneter Preis
ursprünglicher Preis

80 %	=	360,00 €
100 %	=	x €

$$x = \frac{357{,}00 \cdot 100}{80} = \textbf{450,00 € ursprünglicher Verkaufspreis}$$

ARBEITSSCHRITTE

Prozentrechnung mit vermindertem Grundwert

1. Erstellung einer Übersicht:

Grundwert
– Prozentwert
= verminderter Grundwert

2. Den Grundwert (100 %) feststellen und die Prozentsätze für den Prozentwert und den verminderten Grundwert eintragen.
3. Die gegebene Größe des Grundwertes eintragen (z. B. den ursprünglichen Preis).
4. Den gesuchten Betrag (die gesuchten Beträge) mithilfe der Dreisatzrechnung ermitteln.

7.4 Aufgaben zum **Prozentrechnen**

01 Ermitteln Sie auf der Grundlage der Zahlen der Übersicht

- die Umsatzanteile der einzelnen Abteilungen in Prozent.
- die Umsatzveränderungen in € und in Prozent.

Muster

Abteilungen		Umsatz 20(-1) €	Anteil %	Umsatz 20(0) €	Anteil %	Umsatzveränderungen	
						€	%
I	Nahverkehr	426 400,00		445 000,00			
II	Fernverkehr	606 800,00		747 600,00			
III	Sea/Air	246 000,00		231 400,00			
IV	Lager	360 800,00		356 000,00			

02 Der Verwaltungshaushalt einer Kommune entwickelte sich laut unten stehender Übersicht:

Jahr	20(-3)	20(-2)	20(-1)	20(0)
Mio. €	**9,7**	**10,9**	**11,5**	**11,9**
Veränderung in €				
Veränderung in %				

Berechnen Sie die jährlichen Steigerungsraten in Prozent jeweils verglichen mit dem Vorjahr.

03 Die Spedition ALLSPED GmbH übernimmt für ein Unternehmen der Unterhaltungselektronik die Einfuhr von Videorekordern. Im Jahr 20(0) wurden von dem Videorekorder VHS 3298 Show-View 500 000 Stück im Gesamtwert von 80 Mio. € CIF Antwerpen importiert. 20(+1) wurden von diesem Videorekorder zwar 20 % mehr eingeführt, infolge starken Preisverfalls fiel der Gesamtwert jedoch um 16 %.

a) Wie viel € betrug der Zollwert für einen Videorekorder 20(0)?

b) Wie viel Videorekorder wurden 20(+1) eingeführt?

c) Für wie viel Mio. € wurden 20(+1) Videorekorder importiert?

d) Wie viele € betrug der Zollwert für einen Videorekorder 20(+1)?

e) Um wie viel Prozent ist der Zollwert für einen Videorekorder 20(+1) im Vergleich zu 20(0) gefallen?

04 Bei einem Frachtsatz von 20,25 € je Sendungstonne sind für einen bestimmten Transport 75 % der gesamten Kosten gedeckt. Um wie viel € müsste der Frachtsatz angehoben werden, um eine 100%ige Kostendeckung zu erzielen?

05 Von 12 000 m² einer Lagerhalle entfallen 3 600 m² auf Kommissionier- und Bereitstellungsflächen.

a) Wie viele Palettenplätze können auf der Restfläche eingerichtet werden, wenn je m² 0,9 Palettenplätze gerechnet werden.

b) Wie viel Lagergut sind eingelagert, wenn die Regalplätze der Einfachstapelung zu 80 % belegt sind und eine Palette im Durchschnitt mit 500 kg belastet ist?

06 Die Jahres-Versicherungsprämie für ein Speditionslager beträgt 4,125 ‰. Vierteljährlich werden 589,05 € Prämie einschl. 19 % Versicherungssteuer fällig.

Wie viel € beträgt der Versicherungswert des Lagers?

07 In einem Regallager entfallen 40 % der gesamten Grundfläche auf Gang-, Kommissionierungs- und Verwaltungsflächen. Die Lagerregale sind in der Höhe in 5 Fächer eingeteilt. Die voll belegten Regale beanspruchen zzt. 900 m² Hallenfläche, das entspricht 75 % der gesamten Regalgrundfläche.

a) Wie viel m² Grundfläche

aa) nehmen alle Regale in Anspruch?

ab) weist das gesamte Lager auf?

b) Wie viele Stellplätze gibt es im Lager, wenn jeder Stellplatz 2,00 · 1,50 m misst?

08 Die Prämie für die Versicherung einer Lagerhalle beträgt je Quartal 3 570,00 € einschließlich 19 % Versicherungssteuer. Die Nettoprämie (ohne Versicherungssteuer) entspricht 1,25 ‰ der Versicherungssumme.

Wie viel Mio. € beträgt die Versicherungssumme für die Lagerhalle?

09 Ein Frachtführer erhält den Auftrag, 1 575 t Eisenträger zu transportieren. Er rechnet mit einer Transportdauer von fünf Tagen und einem Tageskostensatz von 1 732,00 €. Der Fixkostenanteil des Tageskostensatzes beträgt 70 %.

a) Welchen Frachtsatz in € je t muss er verlangen, wenn er 10 % Gewinn erzielen möchte?

b) Der Transport dauert unvorhergesehen 6 Tage.

ba) Wie viel € Verlust entstehen dem Frachtführer?

bb) Wie viel Prozent der Selbstkosten beträgt der Verlust (auf eine Stelle nach dem Komma runden)?

bc) Wie viel € Deckungsbeitrag wurden erzielt?

8 Zinsrechnung

Die Zinsrechnung ist die Anwendung der Prozentrechnung unter Berücksichtigung der *Zeit*. Berechnet wird der Preis (Zins) für die Inanspruchnahme von Kapital, das dem Unternehmen z. B. von einer Bank für einen festgelegten Zeitraum bereitgestellt wird.

INVESTITIONSKREDIT/BETRIEBSMITTELKREDIT

Der Investitionskredit dient zur Finanzierung von Gegenständen des Anlagevermögens, z. B. Erweiterung der Geschäftsräume, Erweiterung des Fuhrparks.

Durch den Betriebsmittelkredit wird das Umlaufvermögen finanziert, z. B. der Kauf von Kraftstoffvorräten (Bezahlung von Liefererrechnungen).

ZINSEN

Zinsen sind eine Vergütung, die ein Geldgeber (Gläubiger) seinem Schuldner für geliehenes Geld berechnet. Der vereinbarte Zinssatz wird in Prozent ausgedrückt und bezieht sich i.d.R. auf ein Jahr (pro anno, p.a. = für ein Jahr

8.1 Berechnung der Zinsen

In der Zinsberechnung werden entsprechend des Zeitraums der Kapitalüberlassung unterschieden nach:

- Jahreszinsen
- Monatszinsen und
- Tageszinsen

ALLGEMEINE ZINSRECHNUNGSFORMEL

Die Formel zur Ermittlung des Prozentwertes wurde in Kapitel 6: Prozentrechnen dargestellt. Die Erweiterung dieser Formel um die Zeit ergibt die **Zinsberechnungsformel.**

Prozentrechnung	Zinsrechnung
$PW = \frac{GW \cdot p}{100}$	$Z = \frac{K \cdot p \cdot t}{100 \cdot 360}$

BEGRIFFE IN DER PROZENTRECHNUNG UND ZINSRECHNUNG

Prozentrechnung		Zinsrechnung	
Begriffe	Abkürzung	Begriffe	Abkürzung
Grundwert	GW	**Kapital**	K
Prozentsatz	P	**Zinssatz**	P
Prozentwert	PW	**Zinsen**	Z
		Zeit	t

BERECHNEN VON JAHRESZINSEN

Bei der Berechnung von Jahreszinsen wird der Zinszeitraum in Jahren angegeben. Der Zinssatz ist in der Regel ein Jahreszinssatz (z. B. 8 % p. a.).

Beispiel:

Berechnen Sie die Zinsen eines Kapitals in Höhe von 5 000,00 € zu 8 % für 3 Jahre.

Lösungsweg

Die Lösung kann mithilfe der Dreisatzrechnung gefunden werden:

100,00 € Kapital	in 1 Jahr	→	8,00 € Zinsen
5 000,00 € Kapital	in 3 Jahren	→	· € Zinsen

$$\text{Jahreszinsen} = \frac{8{,}00\ € \cdot 5\,000{,}00\ € \cdot 3\ \text{Jahre}}{100 \cdot 1\ \text{Jahr}} = 1\,200{,}00\ €$$

Jahreszinsformel

$$\text{Jahreszinsen} = \frac{\text{Kapital} \cdot \text{Zinssatz} \cdot \text{Jahre}}{100}$$

BERECHNEN VON MONATSZINSEN

Bei der Berechnung von Monatszinsen wird der Zinszeitraum in Monaten angegeben und ein Jahr mit 12Monaten gleichgesetzt.

Beispiel:

Berechnen Sie die Zinsen eines Kapitals in Höhe von 1 500,00 € zu 8 % für 6 Monate.

Lösungsweg

Die Lösung kann mithilfe der Dreisatzrechnung gefunden werden:	100,00 € Kapital	in 12 Monaten	→	8,00 € Zinsen
	1 500,00 € Kapital	in 6 Monaten	→	· € Zinsen

$$\text{Monatszinsen} = \frac{8{,}00\ € \cdot 1\,500{,}00\ € \cdot 6}{100 \cdot 12} = 60{,}00\ €$$

Monatszinsformel

$$\text{Monatszinsen} = \frac{\text{Kapital} \cdot \text{Zinssatz} \cdot \text{Laufzeit in Monaten}}{100 \cdot 12}$$

BERECHNEN VON TAGESZINSEN

Wird der Zinszeitraum in Tagen angegeben, so sind die Zinsen mithilfe der Tageszinsformel (siehe unten) zu bestimmen. Ein Jahr wird nach der deutschen Zinsberechnungsmethode mit 360 Tagen gleichgesetzt.

Beispiel:

Berechnen Sie die Zinsen von 1 500,00 € zu 8 % für 48 Tage.

Lösungsweg

Die Lösung kann mithilfe der Dreisatzrechnung gefunden werden:	100,00 € Kapital	in 360 Tagen	→	8,00 € Zinsen
	1 500,00 € Kapital	In 48 Tagen	→	· € Zinsen

$$\text{Tageszinsen} = \frac{8{,}00\ € \cdot 1\,500{,}00\ € \cdot 48}{100 \cdot 360} = 60{,}00\ €$$

Tageszinsformel

$$\text{Monatszinsen} = \frac{\text{Kapital} \cdot \text{Zinssatz} \cdot \text{Laufzeit in Tagen}}{100 \cdot 360}$$

8.2 Berechnung der Zeit

Bei der Berechnung der Zeit werden die Zinstage nach unterschiedlichen Methoden berechnet.

- **Deutsche Zinsmethode:** In Deutschland berechnen die Banken und Sparkassen die Darlehen und Spareinlagen mithilfe der kaufmännischen Zinsrechnung. Der Monat wird in dieser Methode mit 30 Tagen pro Monat bzw. mit 360 Tagen im Jahr gerechnet.
- **Eurozinsmethode (französische Methode):** Am Geldmarkt ist die Eurozinsmethode vor allem bei der Berechnung von Tagesgeldern von Bedeutung. Bei dieser Methode werden die Tage kalendergenau ermittelt (z. B. im Februar mit 28 bzw. 29 Tagen, sonst 30 bzw. 31 Tage). Das Jahr aber wird mit 360 Tagen angesetzt.
- **BGB-Methode (englische Methode):** Im Fall der Verzinsung von Bundesanleihen, Bundesschatzbriefen oder Bundesobligationen wird die englische Methode verwendet, bei der sowohl das Jahr kalendergenau mit 365 bzw. 366 Tagen als auch die Monate kalendergenau berücksichtigt werden (z. B. im Februar mit 28 bzw. 29 Tagen, sonst 30 bzw. 31 Tage).

AUSWIRKUNGEN DER VERSCHIEDENEN ZINSMETHODEN

Methoden der Zinsberechnung	Kaufmännische Zinsrechnung (deutsche Methode)	Eurozinsmethode (Französische Zinsmethode	BGB-Methode (englische Zinsmethode)
Beispiel 1	Kredit: 50 000,00 €; Laufzeit vom 15.10.-31.01.; Zinssatz 8 % p.a.		
Zinstage	15 + 30 + 30 + 30 = 105	16 + 30 + 31 + 31 = 108	16 + 30 + 31 + 31 = 108
Zinsen	$\frac{50000 \cdot 8 \cdot 105}{100 \cdot 360} = 1\,166{,}67$	$\frac{50000 \cdot 8 \cdot 108}{100 \cdot 360} = 1\,200{,}00$	$\frac{50000 \cdot 8 \cdot 108}{100 \cdot 365} = 1\,183{,}56$
Beispiel 2	Kredit: 50 000,00 €; Laufzeit vom 16.01.-02.03.; Zinssatz 8 % p.a.		
Zinstage	14 + 30 + 2 = 46	15 + 28 +2 = 45	15 + 28 + 2 = 45
Zinsen	$\frac{50000 \cdot 8 \cdot 46}{100 \cdot 360} = 511{,}11$	$\frac{50000 \cdot 8 \cdot 45}{100 \cdot 360} = 500{,}00$	$\frac{50000 \cdot 8 \cdot 45}{100 \cdot 365} = 493{,}15$

BERECHNUNG DER ZEIT MIT DER KAUFMÄNNISCHEN ZINSRECHNUNG (DEUTSCHE ZINSMETHODE):

In Deutschland werden in der kaufmännischen Zinsrechnung das Jahr mit 360 Tagen und der Monat mit 30 Tagen vereinfachend gleichgesetzt.

Bei der Berechnung des Zinszeitraumes wird der erste Tag der Laufzeit nicht mitgezählt, wohl aber der letzte Tag.

Der erste Tag zählt **nicht**, der letzte Tag zählt **mit**!

Beispiel:

Zinszeitraum vom 24.08.20(0) bis 30.08.20(0)

Lösungsweg:

Man zählt die Tage durch, also 25., 26., 27., 28., 29. und 30.08. = 6 Tage

SONDERFÄLLE BEI DER ERMITTLUNG DER ZEIT

Der 31. eines Monats wird nicht gerechnet. Der Februar hat 30 Zinstage; läuft der Zinszeitraum Ende Februar aus, so werden dann nur 28 oder 29 Tage berechnet.

Beispiele:

Zinszeiträume	Lösungsweg
a) vom 24.03. bis 31.03.	vom 24.03. bis 31.03. = 6 Zinstage (der 31.03. fällt weg)
b) vom 18.01. bis 28.02.	vom 18.01. bis 28.02. = 40 Zinstage (12 Tage im Januar + 28 Tage im Februar)
c) vom 18.01. bis 01.03.	vom 18.01. bis 01.03. = 43 Zinstage (12 Tage Januar + 30 Tage Februar + 1 Tag im März)

8.3 Berechnung von Kapital, Zeit und Zinssatz

Durch Umstellung der allgemeinen Zinsberechnungsformel kann nach allen Größen in der Zinsformel gefragt werden:

Gesuchte Größe	Kapital	Tage	Zinssatz
Formel	$K = \frac{Z \cdot 100 \cdot 360}{P \cdot t}$	$t = \frac{Z \cdot 100 \cdot 360}{P \cdot K}$	$p = \frac{Z \cdot 100 \cdot 360}{K \cdot t}$

BERECHNUNG DES KAPITALS

Die Biketown Rosner GmbH will in das Onlinegeschäft einsteigen und plant den Aufbau eines Onlineshops. Die Planungsrechnung geht von einem jährlichen Gewinn in Höhe von 150 000,00 € aus. Gegenstand des Vertrages ist auch die Errichtung eines Hochregallagers durch die Rosner GmbH. Von welcher Investitionssumme kann die Rosner GmbH ausgehen, wenn sie mindestens eine Kapitalrendite von 3 % erzielen will?

Gesuchte Größe	Formel	Ergebnis
Kapital	$K = \frac{Z \cdot 100 \cdot 360}{P \cdot t}$	Der Bau des Hochregallagers darf eine **Investitionssumme von 5 Mill. €** nicht überschreiten.
	$K = \frac{150\,000{,}00 \cdot 100 \cdot 360}{3{,}0 \cdot 360}$ = **5 000 000,00**	

BERECHNUNG DER ZEIT

Die Biketown Rosner GmbH ist mit einer Rechnung über 10 710,00 € in Verzug. Sie überweist am 16.05.20(0) 10 863,40 €. Die Vertragsbedingungen sehen bei Zahlungsverzug einen Zinssatz von 9 % vor. Zu welchem Termin war die Rechnung fällig?

Höhe der Verzugszinsen: 10 863,40 € - 10 710,00 € = **153,60 €**

Gesuchte Größe	Formel	Ergebnis
Tage	$t = \frac{Z \cdot 100 \cdot 360}{P \cdot K}$	Zeitraum des Verzugs: 16.05.20(0) – 58 Tage = 18.03.20(0). Die Rechnung über 10 710,00 € war am **18.03.20(0) fällig.**
	$t = \frac{153{,}60 \cdot 100 \cdot 360}{10\,710{,}00 \cdot 9}$ = **57,36 Tage = 58 Tage**	

BERECHNUNG DES ZINSSATZES

Die Biketown Rosner GmbH kauft bei einem Vertragshändler einen Werkstattwagen für die Betreuung eines Rennstalls (Zugmaschine mit Sattelauflieger) zum Anschaffungspreis von 110 000,00 €. Das Finanzierungsangebot des Händlers sieht eine Leasingrate von monatlich 714,00 € vor. Die Biketown Rosner GmbH möchte gerne wissen, welchem Zinssatz der Betrag entspricht. Jahreszinsen: 710,00 € · 12 Monate = 8 520,00 €

Gesuchte Größe	Formel	Ergebnis
Tage	$p = \frac{Z \cdot 100 \cdot 360}{K \cdot t}$	Der **Zinssatz** für den Leasingkredit beträgt **7,74 %.**
	$p = \frac{8\,520{,}00 \cdot 100 \cdot 360}{110\,000{,}00 \cdot 360}$ = **7,74 %**	

8.4 Summarische Zinsrechnung mithilfe der kaufmännischen Zinsformel

Bei der summarischen Zinsrechnung werden mehrere Kapitalien zum gleichen Zinssatz abgerechnet. Aus Gründen der Vereinfachung werden nicht für jedes Kapital die Zinsen gesondert errechnet, sondern nur die jeweilige Zinszahl. Die Zinsen ermittelt man, indem die Summe der Zinszahlen durch den Zinsteiler dividiert wird.

ZINSZAHL UND ZINSTEILER

Stellt man die bisher verwendete allgemeine Tageszinsformel etwas um, ergibt sich folgendes Bild:

$$\text{Zinsen} = \frac{\text{Kapital} \cdot \text{Tage}}{100} \cdot \frac{\text{Zinssatz}}{360}$$

oder

$$\text{Zinsen} = \frac{\text{Kapital} \cdot \text{Tage}}{100} : \frac{360}{\text{Zinssatz}}$$

↓ ↓

Zinsen = Zinszahl (#) : Zinsteiler (T)

Beispiel:

Die Begleichung der Eingangsrechnungen Nr. 39 und 117 hat sich bei der Spedition ALLSPED GmbH verzögert; Nr. 39 um 45 Tage (vom 15.03. bis zum 30.04.), Nr. 117 um 56 Tage (vom 04.03. bis zum 30.04.). Der Lieferer verlangt Verzugszinsen in Höhe von 8 %. Ermitteln Sie die Höhe der Verzugszinsen.

Lösungsweg

Der Lösungsweg geschieht in 3 Schritten:

1. Schritt: Ermittlung der Zinszahlen

Der 1. Schritt der Lösung besteht darin, die Zinszahlen der jeweiligen Kapitalien zu ermitteln.

Betrag	Verzinsung		Tage	Zinszahlen (#) = $\frac{K \cdot t}{100}$	
	von	bis			
15 000,00	15.03.20(0)	30.04.20(0)	45	6 750	
2 250,00	04.03.20(0)	30.04.20(0)	56	1 260	
				8 010	# : 45
				=	178,00 € Zinsen

2. Schritt: Ermittlung des Zinsteilers

Der 2. Schritt der Lösung besteht darin, den Zinsteiler zu errechnen.

Der Zinssatz im Beispiel beträgt 8 %; in die Zinsteilerformel eingesetzt, ergibt dies den Zinsteiler = 45.

$$\text{Zinsteiler T} = \frac{360}{8} = \mathbf{45}$$

3. Schritt: Ermittlung der Zinsen

Beim dritten Schritt der Lösung ist die Summe der Zinszahlen durch den Zinsteiler zu dividieren:

$$\text{Zinsen} = \frac{8010\ \#}{45\ (\text{Zinsteiler})} = \mathbf{178{,}00\ €}$$

Rundungsregel

Bei der Berechnung der Zinszahlen werden die Pfennigbeträge beim Kapital weggelassen. Die Zinszahlen werden stets zu ganzen Zahlen gerundet, d. h., sie haben keine Kommastellen.

Beispiel:

Berechnen Sie die Zinszahlen eines Kapitals in Höhe von 5 584,17 € bei einer Zeitspanne von 98 Tagen.

Lösungsweg

$$\frac{5\,584{,}00 \cdot 98}{100} = 5\,472{,}32 = 5\,472\ \#$$

8.5 Effektivverzinsung

8.5.1 Effektivverzinsung bei Inanspruchnahme von Krediten

Bei der Aufnahme eines Kredits treten neben den **Zinsen** noch **weitere Kosten** auf: Bearbeitungsgebühren, Spesen und Disagio. Bei der Berechnung der Effektivverzinsung eines Kredits werden diese Kosten zu den **Gesamtkosten** des Kredits zusammengefasst und auf den **ausgezahlten Kredit** bezogen.

Beispiel

Die Spedition ALLSPED GmbH nimmt bei ihrer Hausbank einen Kredit in Höhe von 100 000,00 € auf. Folgende Konditionen wurden vereinbart:

- *Zinssatz: 8 %*
- *Laufzeit: 8 Monate (240 Tage)*
- *Disagio: 3 %*
- *Bearbeitungsgebühren: 2 ‰ vom Kreditbetrag*
- *Spesen: 45,00 €*

Berechnung

1. Auszahlung:

	Darlehensbetrag	100 000,00
–	Disagio 3 %	3 000,00
–	Bearbeitungsgebühr (2 ‰ von 100 000,00 €)	200,00
–	Spesen	45,00
=	Auszahlungsbetrag	**96 755,00**

2. Kreditkosten:

	Zinsen (8 % von 100 000,00 € für 240 Tage)	5 333,33
+	Disagio 3 %	3 000,00
+	Bearbeitungsgebühr (2 ‰ von 100 000,00 €)	200,00
+	Spesen	45,00
=	Gesamtkosten des Kredits	8 578,33

3. Effektiver Zinssatz:

Kapital:	Auszahlungsbetrag	96 755,00 €
Zeit:	Kreditlaufzeit	240 Tage
Zins:	Gesamtkosten des Kredits	8 578,33

Zinssatz	$p = \frac{Z \cdot 100 \cdot 360}{K \cdot t}$	
	$p = \frac{8\,578{,}33 \cdot 100 \cdot 360}{96\,755{,}00 \cdot 240}$	= **13,29 %**

Ergebnis Der **Effektivzinssatz** für den Kredit von 100 000,00 € beträgt **13,29 %.**

8.5.2 Effektivverzinsung bei Zahlung unter Skontoabzug

Der Skontoabzug bei der Bezahlung von Eingangsrechnungen (ER) der Lieferanten wird häufig nicht vorgenommen, weil der Abzugsbetrag als zu geringfügig erachtet wird. Bei genauerer Betrachtung allerdings ist der Skontoabzug in der Regel zu empfehlen. Die Entscheidung für eine Zahlung unter Skontoabzug ist abhängig von der Effektivverzinsung.

Beispiel 1:

Eine Zahlungsbedingung laut Kaufvertrag lautet: 3 % Skonto bei Zahlung innerhalb von 10 Tagen oder 30 Tage rein netto Kasse. Ermitteln Sie den Effektivzinssatz (Jahreszinssatz).

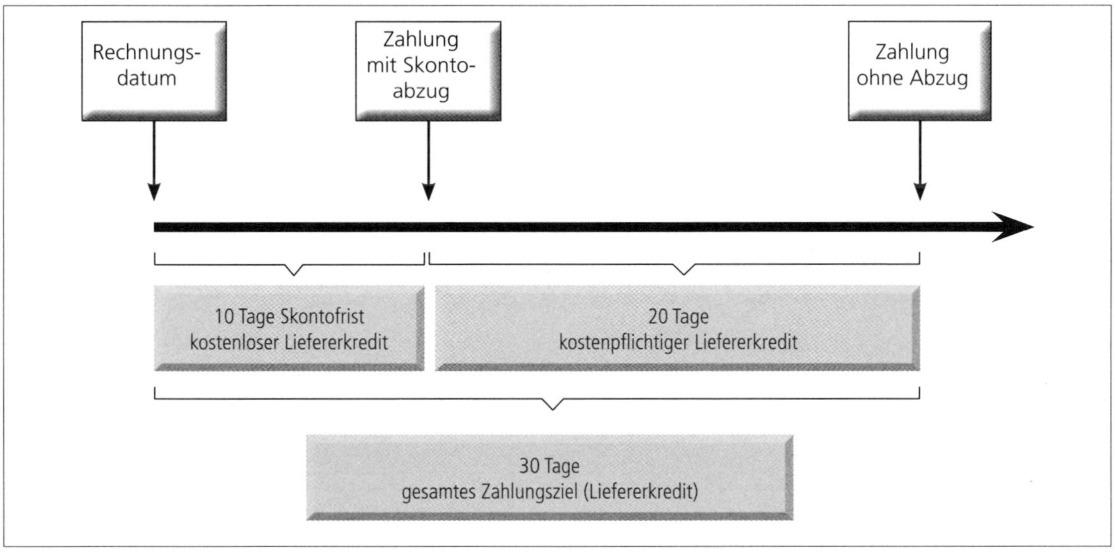

Effektivverzinsung bei Gewährung von Skonto	Bei der Effektivverzinsung wird der angegebene Skontosatz für vorzeitige Zahlung auf den Zeitraum eines Jahres bezogen.
Liefererkreditzeitraum	Der Liefererkreditzeitraum wird berechnet, indem der Skontozeitraum vom Zielzeitraum subtrahiert wird.

Lösungsweg

Lösung erfolgt mithilfe der Dreisatzrechnung.

Bei 20 Tagen vorzeitiger Zahlung gewährt der Lieferer 3 % Skonto.

In 360 Tagen entspricht dies x %.

$$\text{Effektivzinssatz} = \frac{3\,\% \cdot 360}{20} = 54\,\%$$

Das bedeutet, der Skonto-Prozentsatz von 3 % entspricht unter der o. g. Bedingung einem Zinssatz (immer bezogen auf ein Jahr) von 54 %.

Formel zur Ermittlung des Effektivzinssatzes (Jahreszinssatzes)

$$\text{Effektivzinssatz} = \frac{\text{Skontosatz laut Zahlungsbedingungen} \cdot 360\ \text{Tage}}{20}$$

Die oben gezeigte Berechnungsmethode ist eine kaufmännische Überschlagsrechnung, es geht auch genauer:

Beispiel 2

Der Spedition ALLSPED GmbH liegt eine Liefererrechnung für mehrere Hubwagen in Höhe von 8 000,00 € + 19 % USt. vor. Bei 20 Tagen vorzeitiger Zahlung gewährt der Lieferer 3 % Skonto. Wegen eines Liquiditätsengpasses kann die Spedition ALLSPED GmbH den Skontoabzug nur vornehmen, wenn sie das Girokonto überzieht (= Überziehungskredit: Zinssatz 8 %).

	Liefererrechnung:	€
	Rechnungsbetrag (netto)	8 000,00
+	USt. 19 %	1 520,00
=	Rechnungsbetrag (brutto)	9 520,00
–	Skonto 3 %	285,60
=	Überweisungsbetrag	9 234,40

Berechnung des Effektivzinssatzes

Kapital:	Überweisungsbetrag	9 234,40 €
Zeit:	Liefererkreditzeitraum	20 Tage
Zins:	Skontobetrag	285,60

Effektivzinssatz =

$$p = \frac{Z \cdot 100 \cdot 360}{K \cdot t}$$

$$p = \frac{285{,}60 \cdot 100 \cdot 360}{9\,234{,}40 \cdot 20} = 55{,}67\,\%$$

Berechnung der Kreditzinsen

$$\text{Kreditzinsen} \quad \frac{9\,234{,}40 \cdot 8 \cdot 20}{100 \cdot 360} = 41{,}04\ €$$

Skontobetrag (Ertrag)	285,60 €
Kreditkosten	41,04 €
Ersparnis	244,58 €

Beispiel 3

Die Spedition ALLSPED GmbH hat jährliche Ausgaben für unterschiedliche Lieferungen (Kraftstoffe, Reparaturmaterial usw.) in Höhe von 1 000 000,00 €, bei denen in den Zahlungsbedingungen 3 % Skontoabzug innerhalb von 10 Tagen vereinbart wurden.

Folgende Unternehmensdaten liegen vor:

Zahlungsbedingungen:	30 Tage netto Kasse
	3 % Skonto innerhalb 10 Tagen
Zinssatz bei Überziehung:	10 %

Berechnung des Finanzierungsvorteils durch Skontoabzug

Höhe des Lieferantenkredits		
Ausgaben: 1 000 000,00 €	Zahlungsziel: Tage	Lieferantenkredit
Zahlung an Lieferer ohne Skontoabzug:	30	83 330,00
Zahlung an Lieferer mit Skontoabzug	10	27 780,00
Erforderliche Liquidität bei Zahlung mit Skontoabzug	20	55 550,00

Zinsberechnung	
Erforderliche Liquidität bei Zahlung mit Skontoabzug	55 550,00
darauf 10 % Zinsen bei Inanspruchnahme für Überziehung	5 555,00

Ertrag aus Skontozahlung	
Skontoerträge von 3 % aus Liefererverbindlichkeiten in Höhe von 1 000 000,00 €	30 000,00
10 % Zinsen bei Inanspruchnahme für Überziehung	– 5 555,00
Ertrag	24 445,00

Finanzierungsvorteil	
Erforderliche Liquidität bei Zahlung mit Skontoabzug	55 550,00
Ertrag aus Skontoabzug	24 445,00
Vorteil aus Skontozahlung in %	44,0
Effektivzins aus Skontozahlung (20 Tage 3 %)	54,8

8.6 Aufgaben zum **Zinsrechnen**

01 Bestimmen Sie jeweils die Laufzeit:

vom 12.11.20(0) bis 18.12.20(0)
vom 30.05.20(0) bis 23.10.20(0)
vom 13.08.20(0) bis 22.11.20(0)
vom 27.02.20(0) bis 01.03.20(0)
vom 29.09.20(0) bis 31.12.20(0)
vom 14.12.20(0) bis 28.02.20(1)

02 Ermitteln Sie jeweils die Zinstage:

vom 31.12.20(0) bis 30.01.20(+1)
vom 01.02.20(0) bis 28.02.20(0)
vom 01.01.20(0) bis 31.01.20(0)
vom 01.02.20(0) bis 01.03.20(0)
vom 01.01.20(0) bis 30.01.20(0)
vom 28.02.20(0) bis 01.03.20(0)
vom 01.10.20(0) bis 29.01.20(+1)
vom 30.03.20(0) bis 01.04.20(0)

03
a) Verzinsen Sie ein Darlehen von 10 500,00 € zu einem Zinssatz von 7,5 % und einer Laufzeit von 7 Monaten.
b) Buchen Sie die Zinszahlung vom Bankkonto.

04 Berechnen Sie die Zinsen für ein Kapital in Höhe von 5 500,00 € zu einem Zinssatz von 6,5 % und einer Zinszeit von 85 Tagen.

05
a) Ein Kredit in Höhe von 30 000,00 € wird zu 8 % für die Zeit vom 11.03.20(0) bis 23.05.20(0) gewährt. Welchen Betrag muss der Schuldner am 23.05.20(0) zurückzahlen?
b) Buchen Sie die Rückzahlung vom Bankkonto.

06 Die Hausbank gewährt einen Kredit zu 8 % für die Zeit vom 25.02.20(0) bis 31.10.20(0), dafür wurden 183,44 € Zinsen gezahlt. Bestimmen Sie die Kredithöhe.

07 Zu welchem Zinssatz wurde ein Kapital von 34 500,00 € verzinst, das nach 135 Tagen mit 35 146,88 € zurückgezahlt wird?

08 Am 31.12.20(0) schreibt die Hausbank für ein Kapital von 4 500,00 €, das mit 5 % verzinst wurde, 125,00 € gut. Wann wurde das Kapital eingezahlt?

09 Eine Spedition zahlt ein Darlehen, das am 21.10.20(0) ausgeliehen wurde, zum 31.03.20(+1) zurück. Die Spedition zahlt 195,85 € Zinsen, bei einem Zinssatz von 8,5 %.
a) Bestimmen Sie die Darlehenshöhe.
b) Wie hoch ist der Rückzahlungsbetrag am 31.03.20(+1)?

10 Die Umschlagsanlage, Wert 3,75 Mio. €, wird zu 70 % über ein Baudarlehen, Laufzeit 8 Jahre, finanziert. Die Bank berechnet 5,75 % p. a. Zinsen.

Ermitteln Sie die Zinsen, die nach dem ersten Vierteljahr fällig werden.

11 Die Lagerrechnung des Spediteurs vom 12. März 20(0) über 11 425,70 € ist dem Einlagerer (kein Verbraucher) am 14. März 20(0) zugegangen. Die Rechnung wird bis zum 3. Juni 20(0) nicht beglichen. Der Basiszinssatz der Deutschen Bundesbank beträgt zurzeit 1,95 % p. a. (Zinsmonat 30 Tage). Es gelten die ADSp.

a) Für wie viele Tage werden Verzugszinsen berechnet?

b) Wie viel Prozent Zinsen werden berechnet?

c) Wie viel € Verzugszinsen werden berechnet (auf zwei Stellen nach dem Komma runden)?

12 Die Spedition ALLSPED GmbH nimmt am 17.02.20(0) einen Kredit in Höhe von 80 000,00 € zu einem Zinssatz von 8 % auf. Am 30.03.20(0) wird das Darlehen zu 25 % getilgt. Sowohl am 30.06. wie auch am 30.09. werden jeweils 25 % der ursprünglichen Darlehenssumme zurückgezahlt. Die Resttilgung einschließlich der Zinsen erfolgt am 31.12.20(0).

a) Buchen Sie die jeweiligen Darlehenstilgungen vom Bankkonto am 30.03., 30.06. und 30.09.20(0).

b) Bestimmen Sie mithilfe der summarischen Zinsrechnung die Höhe der Zinsen am 31.12.20(0) (bei der Berechnung der Zinsen ist die jeweilige Tilgung zu berücksichtigen).

c) Führen Sie die Restzahlung (Darlehensrate und Zinsen) am 31.12.20(0) vom Bankkonto durch und buchen Sie im Grundbuch.

13 Ein Kunde überweist auf das Bankkonto der Spedition ALLSPED GmbH am 18.08.20(0) vier noch offene Rechnungen.

Rechnungen (€)	fällig
5 250,00	05.01.20(0)
3 700,00	02.03.20(0)
1 238,00	31.03.20(0)
7 500,00	07.05.20(0)

Die Spedition berechnete dem Kunden 12 % Verzugszinsen.

a) Bestimmen Sie die Höhe der Zinszahlen.

b) Wie lautet der Zinsteiler?

c) Wie hoch sind die Zinsen?

d) Über welche Summe lautet der Gutschriftbetrag?

14 Wie viel Prozent beträgt der Effektivzinssatz bei folgenden Zahlungsbedingungen?

a) in 35 Tagen netto Kasse oder in 7 Tagen mit 2,5 % Skonto

b) 3 % Skonto in 18 Tagen oder 60 Tage netto Kasse

15 Entscheiden Sie, ob die Aufnahme eines Darlehens sinnvoll ist.

Rechnungsbetrag	Zahlungsbedingung lt. Rechnung	Zinssatz der Bank
a) 7 584,00 €	1,5 % in 10 Tagen, 25 Tage netto Kasse	10,5 %
b) 13 426,00 €	3 % in 12 Tagen, 85 Tage netto Kasse	16,0 %

Lösungen
Speditionelle und logistische Geschäftsprozesse

1 Aufgaben zum Speditionsrecht

1.1 Grundlagen

1
a) Aufgabe des Spediteurs nach §§ 453-454 HGB ist die Organisation der Güterversendung. Dafür beauftragt der Spediteur Frachtführer, die die Beförderung ausführen. Führt der Spediteur zusätzlich auch die Beförderung selbst durch, wird dieser Vorgang als „Selbsteintritt" bezeichnet.

b) Fixkostenspedition liegt vor, wenn der Spediteur mit dem Versender einen pauschalen Preis vereinbart, der sowohl das Entgelt für die Speditionsleistung als auch für die Beförderung umfasst.

c) Sammelgutspedition ist die Zusammenfassung mehrerer Sendungen zu einer Sammelsendung, die mit einem einheitlichen Frachtvertrag versendet wird. Nach dem HGB genügt die Zusammenfassung von zwei Sendungen, um die Bedingungen für Sammelladung zu erfüllen. In der Praxis werden Sammelladungen aus vielen Kleinsendungen gebildet, die von Versandspediteuren über Empfangsspediteure zu den Empfängern versendet werden.

2
Das HGB ordnet dem Spediteur in alle drei Fällen „die Rechte und Pflichten eines Frachtführers oder Verfrachters" zu. Das gilt im Selbsteintritt für die Beförderungsstrecke, im Sammelgutverkehr für den Hauptlauf und bei der Fixkostenspedition für die Strecke, die von der Fixkostenabrede erfasst wird (i. d. R. von Haus zu Haus). Die Übernahme der Frachtführereigenschaften schließt jedoch eine Geltung der ADSp nicht aus.

3

<table>
<tr><th>nur im HGB</th><th colspan="2">nur in der ADSp</th></tr>
<tr><td>Selbsteintritt, Fixkosten, Sammelgut
Fälligkeit Vergütung
Abweichende Regelungen</td><td rowspan="3">Interessenwahrungs- und Sorgfaltspflicht
Angebote
Speditionsauftrag, Inhalt
Zollabwicklung
Schnittstellenkontrollen
Quittung
Weisungen
Fristen
Hindernisse
Ablieferung</td><td rowspan="3">Frankaturen, Nachnahmen
Rechnungen, Zahlung, Aufrechnung
Aufwendungen und Freistellungsanspruch
Auskunfts- und Herausgabepflicht
Erfüllungsort, Gerichtsstand
Versicherung</td></tr>
<tr><th>HGB und ADSp</th></tr>
<tr><td>Verpackungs- und Kennzeichnungspflicht
Informationspflicht
Haftung
Pfandrecht, Verjährung</td></tr>
</table>

4
[3]

5
Inhalt des Speditionsvertrages sind die individuellen Regelungen im Vertrag. Für Gegenstände, die nicht individuell geregelt sind, gelten die ADSp. Nur solche Regelungen, die in der ADSp nicht enthalten sind oder für die die gesetzlichen Regelungen im HGB zwingend sind, verdrängt das HGB die ADSp.

6
a) Die Haftungsregelungen dürfen in Verträgen mit Verbrauchern nicht zum Nachteil des Verbrauchers abgeändert werden.

b) Mit individuell ausgehandelten Vertragsregelungen kann (in beliebiger Höhe) von den HGB-Haftungsregeln abgewichen werden.

c) In Allgemeinen Geschäftsbedingungen wie der ADSp dürfen nur die Haftungshöchstgrenzen und auch nur im Rahmen eines Korridors zwischen 2 und 40 SZR je kg abgeändert werden. Haftungsprinzip und Haftungsausschlüsse sind nach dem HGB zwingend.

d) Alle Regelungen des HGB, die nicht die Haftung betreffen, können individuell oder in der ADSp abweichend geregelt werden.

7
a) Speditionsgeschäfte

„Besorgen" der Güterversendung (Organisation) durch Beauftragung von Frachtführern in eigenem Namen auf fremde Rechnung

Frachtgeschäfte

Durchführung des Gütertransportes (im Selbsteintritt)

Lagergeschäfte

Lagerung und Aufbewahrung von Gütern im Auftrag des Einlagerers (verfügte Lagerung)

b) Versicherungsgeschäfte (Gütertransportversicherung), Verzollung, logistische Dienstleistung im Zusammenhang mit der Organisation der Güterversendung

8
Definition in Ziffer 2.4 ADSp: „Verbraucher ist eine natürliche Person, die den Vertrag zu einem Zweck abschließt, der weder ihrer gewerblichen noch ihrer selbstständigen beruflichen Tätigkeit zugerechnet werden kann."

9
Ziffer 2.3 ADSp: „Die ADSp gelten nicht für Geschäfte, die ausschließlich zum Gegenstand haben Verpackungsarbeiten, die Beförderung von Umzugsgut oder dessen Lagerung, Kran- oder Montagearbeiten sowie Schwer- oder Großraumtransporte mit Ausnahme der Umschlagstätigkeit des Spediteurs, die Beförderung und Lagerung von abzuschleppenden oder zu bergenden Gütern."

10

	Speditionsgeschäft	Rechtsgrundlagen	Obhut
1.	Speditionsgeschäft Fixkostenspedition	ADSp/HGB (Frachtrecht von Haus zu Haus)	keine Obhut
2.	Speditionsgeschäft	ADSp/HGB (Speditionsrecht)	Obhut
3.	Speditionsgeschäft Selbsteintritt	ADSp/HGB (Frachtrecht für Transportstrecke)	Obhut
4.	Speditionsgeschäft Sammelgut	ADSp/HGB (Frachtrecht für Hauptlauf)	Obhut
5.	Speditionsgeschäft Fixkostenspedition	ADSp/HGB (Frachtrecht von Haus zu Haus)	keine Obhut

11
(1) Geltung (Versender Kaufmann, Sammelgut)
(2) Geltung (Versender Freiberufler, Speditionsgeschäft)
(3) keine Geltung, Ausnahme ausschließlich Kranarbeiten
(4) Geltung (Frachtgeschäfte des Spediteurs)
(5) keine Geltung, Versender ist Verbraucher

1.2 Abschluss von Speditionsverträgen

12
a) Beteiligt sind der Versender (als Auftraggeber) und der Spediteur (als Auftragnehmer) (§ 453 HGB).
b) Auftraggeber
- Zahlung Speditionsentgelt (§ 453)
- Verpacken, kennzeichnen, Mitteilungen und Auskünfte, Begleitpapiere, Gefahrguthinweise (§ 455)
- Haftung für Pflichtverletzung (§ 455)

c) Spediteur
Hauptpflichten: Besorgen der Güterversendung (Organisation), Bestimmung Beförderungsmittel/Beförderungswege, Auswahl Unternehmer, Abschluss von Fracht-, Lager- und Speditionsverträgen, Erteilung von Informationen und Weisungen an die Unternehmer (§§ 453-454), Haftung (§ 461), Sicherung von Schadensersatzansprüchen des Versenders (§ 454).
Nebenpflichten: weitere vereinbarte Leistungen wie Versicherung, Verpackung, Kennzeichnung, Verzollung etc.

13
- mündlich (mündlich, telefonisch)
- schriftlich (Brief, Telefax, E-Mail)
- häufig telefonische Beauftragung mit Bestätigung per Fax. Rahmenverträge, regelmäßige Abholung ohne vorherige Einzelbeauftragung etc.

14 [3]

15

1.		ABK Versender	Transsped Spediteur	
2.	Klöckner Abholstelle	Müller Versender	Kayser Spediteur	Kogel Empfänger
3.	Rheinchem Abholstelle	Friedberg Versender Empfänger	Berlsped Spediteur	

16 [2]

17
a)
1. Beweis für Abschluss und Inhalt des Speditionsvertrages
2. Übergabe der Sendungsdaten
3. Dokumentation der Vertragsinhalte
4. Rechnung des Spediteurs an Empfänger (Unfrei-Sendungen)
5. Empfangsquittung (Übernahmequittung) des Spediteurs
6. Ablieferquittung des Empfängers an den Spediteur

b) Adressen, Zeichen, Nummern, Anzahl, Art und Inhalt der Packstücke, Eigenschaften des Gutes Gefahrgut, lebende Tiere, verderbliche Güter, diebstahlsgefährdete Güter), den Warenwert, sonstige, für die ordnungsgemäße Ausführung des Auftrags erheblichen Umstände

18
a) Gefahrgut, lebende Tiere, verderbliche Güter, diebstahlsgefährdete Güter
b) Der Spediteur soll informiert werden. Danach kann er entweder die Sendung ablehnen oder entsprechende Vorkehrungen für den Versand dieser Güter treffen.

19
a) z. B. Edelmetalle, Schmuck, Uhren, Edelsteine
b) Güter mit einem tatsächlichen Wert von 50 €/kg und mehr
c) z. B. Spirituosen, Tabakwaren, Unterhaltungselektronik, Telekommunikationsgeräte, EDV-Geräte und -Zubehör

1.3 Inhalt von Speditionsverträgen

20
a) Kennzeichen: Adressen, Zeichen, Nummern, Symbole für Handhabung und Eigenschaften. Kennzeichnung der Zusammengehörigkeit der Packstücke. Kennzeichnung deutlich und haltbar, alte Kennzeichen entfernen oder unkenntlich machen.
b) Kennzeichnung notwendig, wenn Sendungen zusammen geladen werden müssen. So sollen die Sendungen wieder den einzelnen Empfängern zugeordnet werden können. Kennzeichnung Grundlage für Kontrolle an Schnittstellen.

21
Adressen, Zeichen, Nummern, Anzahl, Art und Inhalt der Packstücke, Eigenschaften des Gutes Gefahrgut, lebende Tiere, verderbliche Güter, diebstahlsgefährdete Güter, den Warenwert, sonstige ordnungsgemäße Ausführung des Auftrags erheblichen Umstände

22
- Schutz des Gutes selbst
- beigeladener Güter
- Fahrzeug des Frachtführers und
- Personen, die mit dem Gut umgehen

23
a) Datenbezeichner, Versandeinheit-Code, Internationale Lokationsnummer (ILS) des Versenders, frei vergebbare Sendungsnummer des Versenders, Prüfziffer
b) Label enthält Zeichen und Nummer
c) Barcodelabel sind durch Scanner elektronisch lesbar. Damit wird die Schnittstellenkontrolle vereinfacht. Die Identifikation der Sendung (des Packstücks) an der Schnittstelle wird festgestellt, die Anzahl registriert und in den Zentralcomputer eingelesen. So sind Sendungsverfolgungssysteme möglich.

24
6.2.1 Bei Kontrollen sollen Packstücke, die zu einer Sendung gehören, identifiziert werden.
6.2.2 Bei Diebstählen aus den Packstücken, die vom Dieb wieder verschlossen werden, soll das Öffnen sichtbar sein. Wurden die Packstücke auf dem Beförderungsweg nicht geöffnet, ist die Fehlmenge dem Versender zuzuordnen.
6.2.3 Das Handling von Kleinst-Packstücken ist arbeitsaufwendig. Das Verlustrisiko ist sehr hoch.
6.2.4 Textilien werden vor Diebstahl geschützt, wenn die Hüllen unten geschlossen sind. Auch hier ist eine Zuordnung zum Versender möglich, wenn die Hülle nicht beschädigt ist.

25 a) Mit der Prüfziffer wird die Übereinstimmung von Prüfziffer und Sendungsnummer (NVE) festgestellt. Damit werden Eingabefehler verhindert.

b) Ermitteln Sie die Prüfziffer für folgende NVE's:

- 003 4078512 000 208 345 – X
- Ziffern multiplizieren mit Gewichtung (abwechselnd 3 und 1; von rechts beginnend), Summe der Hilfszahlen, ergänzen zur vollen 10

Zahl	**0034078512000208345**																	
	1	2	3	4	5	6	7	8	9	10	11	12	13	14	15	16	17	
Ziffer	3	4	0	7	8	5	1	2	0	0	0	2	0	8	3	4	5	
Gewichtung	3	1	3	1	3	1	3	1	3	1	3	1	3	1	3	1	3	
Hilfszahl	9	4	0	7	24	5	3	2	0	0	0	2	0	8	9	4	15	92
Prüfziffer																		8

- 003 4048324 090 117 710 - 4
- 003 4022978 012 598 118 - 6

26 Die Sendung besteht aus 6 Packstücken. Wenn der Versender die Packstücke selbst für den Transport palettiert, bildet er die Packstücke. Das ergibt sich aus dem Text der ADSp Ziffer 6.3.

27 a) Bei Unfreisendungen ist das Entgelt beim Empfänger zu erheben. Weigert sich der Empfänger, liegt ein Ablieferungshindernis vor. Der Versender muss dann aber nach Ziffer 10.1 ADSp das Spediteurentgelt bezahlen.

b) Pflichten: Entgelte oder Nachnamen kassieren; Ablieferquittung besorgen; nur an berechtigte Empfänger ausliefern

28 a)

Hersteller	Selbsteintritt	VSped	Frachtführer	ESped	Selbsteintritt	Einzelhändler
Diemel		Harry W. Heinrich	Karl Nieter	Militzer		Küchen Karbach
	①	②	③	④	⑤	

① Wechsel der Rechtsperson

② Ende einer Beförderungsstrecke

③ Wechsel der Rechtsperson

④ Wechsel der Rechtsperson **und** Ende der Beförderungsstrecke

⑤ Wechsel der Rechtsperson **und** Ende der Beförderungsstrecke

b) Nennen Sie die nach ADSp an den Schnittstellen vorzunehmenden Kontrollen.

Kontrolle auf

- Vollzähligkeit der Packstücke
- Identität (Zeichen und Nummern)
- Äußerlich erkennbare Schäden
- Unversehrtheit von Plomben und Verschlüssen

Unregelmäßigkeiten sind zu dokumentieren.

29 (1) = 14 · 2 + 12 · 2 + 14 = 66,00 cm

(2) = 40 · 2 + 68 · 2 + 68 = 284,00 cm

30 [4] Nach ADSp 2003 gelten jetzt die allgemeinen Regeln über Verzug nach dem BGB. Die Fälligkeit der Rechnung tritt sofort ein. Verzug durch Mahnung oder Zeitablauf (Fälligkeit und 30 Tage nach Zugang der Rechnung gemäß § 286 BGB) ein.

31 a) Die Rechnung ist fällig und der Schuldner befindet sich (durch Zeitablauf) in Verzug. Der Spediteur kann Verzugszinsen vom Schuldner verlangen. Die Höhe bestimmt sich nach dem BGB. Er beträgt (da der Versender kein Verbraucher ist) acht Prozentpunkte über dem Basiszinssatz. Der Basiszinssatz beträgt seit dem 1. Juli 2011 0,37 %, gesamt also 8,37 %.

b) In der Praxis wird man zunächst ein kaufmännisches Mahnverfahren einleiten. Es besteht aus Zahlungserinnerungen und Mahnungen der verschiedenen Mahnstufen. Erst danach wird man zum gerichtlichen Mahnverfahren (und evtl. einer Klage) greifen.

32 Nach ADSp Ziffer 11 gewährleistet der Spediteur im Normalfall keine Lieferfristen. Bei einer Fristvereinbarung muss die Angabe eines Liefertermins (im Sinne einer Laufzeitenauskunft) von einer Lieferfristgarantie unterschieden werden.

Garantiert der Spediteur eine Frist, haftet er verschuldensunabhängig und ohne Geltung der ADSp-Höchstgrenzen für die Fristeinhaltung. Häufig wird bei einer Lieferfristgarantie auch eine Höchsthaftung für Lieferfristüberschreitungen in zusätzlichen Allgemeinen Geschäftsbedingungen vereinbart.

Ist die Vereinbarung einer Lieferfrist keine Lieferfristgarantie, gelten die ADSp-Höchstgrenzen für reine Vermögensschäden nach Ziffer 23.3 (das Dreifache des Betrages, der bei Verlust des Gutes zu zahlen wäre, höchstens 100 000 € je Schadenfall).

33 Nach Ziffer 8.1 ADSp bestätigt der Spediteur in der Empfangsbescheinigung nur die Anzahl, Art und äußere Unversehrtheit der Packstücke, nicht jedoch deren Inhalt, Wert oder Gewicht.

34 In Ziffer 13 ADSp wird die Ablieferung an „jede im Geschäft oder Haushalt des Empfängers anwesende Person" zugelassen, es sei denn „es bestehen begründete Zweifel an deren Empfangsberechtigung". Die Putzfrau ist zwar im Geschäft anwesend, der Fahrer muss jedoch Zweifel an der Empfangsberechtigung haben.

35 Der Spediteur hat das Gewicht und die Anzahl der Handschuhe in der Gitterboxpalette nicht bestätigt. Daher muss der Geschädigte nachweisen, dass die Fehlmenge während der Versendung entstanden ist. Die Palette müsste so verpackt sein, dass ein Zugriff auf den Inhalt nachträglich erkennbar ist.

36 a) Weisungen des Versenders nach Ziffer 9 ADSp sind zulässig und durch den Spediteur auszuführen.

b) Die Durchführung kann nur abgelehnt werden, wenn sie unmöglich oder unzumutbar ist. Das ist insbesondere der Fall, wenn die Sendung bereits ausgeliefert wurde oder der Empfänger bei der Auslieferung Weisungen (Empfängeranweisungen wie Auslieferung an Dritte, Auslieferung an einer anderen Empfangsstelle etc.) erteilt hat.

Unzumutbarkeit liegt insbesondere vor, „wenn die Befolgung den laufenden Geschäftsbetrieb des Spediteurs stören würde.“[1]

c) Entstehende zusätzliche Kosten durch die Weisung des Versenders hat der Versender zu tragen. Diese Aufwendungen müssen aber entstanden sein, obwohl der Spediteur die Versenderweisung unverzüglich ausgeführt hat. War die Weisung so rechtzeitig, dass eine Versendung nach Hamburg hätte unterbleiben können, liegt ein Spediteurfehler vor.

1 Vgl. dazu Fremuth/Thume, Kommentar zum Transportrecht (2000), Seite 969

1.4 Haftung des Spediteurs

37

a)	b)	c)	d)
ADSp-Haftung	ADSp/HGB	ADSp	HGB
Ersatz des entstandenen Güterschadens, max. 5 € je kg, max. Wert des Gutes	Ersatz des entstandenen Güterschadens, max. 8,33 SZR je kg, max. Wert des Gutes nach § 429 HGB, zusätzlich Haftung für Kosten während der Beförderung	Ersatz des entstandenen Verspätungsschadens, max. das Dreifache des Betrages, der bei Verlust des Gutes zu zahlen wäre,	Haftung für eingesetzten Frachtführer wegen Sammelgut (evtl. auch wegen Fixkostenspedition) Haftungshöhe nach HGB (Fall b)
Je Schadensfall max. 1 Mio. € oder 2 SZR für jedes Kilogramm, je nachdem, welcher Betrag höher ist.		max. 100 000 € je Schadenfall	
Je Schadenereignis max. 2 Mio. € oder 2 SZR für jedes Kilogramm der verlorenen und beschädigten Güter, je nachdem, welcher Betrag höher ist.			

38

Ersatz des entstandenen Güterschadens,	16 750,00 €
max. 5 € je kg,	4 600,00 €
max. Wert des Gutes	16 750,00 €
max. 1 Mio. € oder 2 SZR für jedes Kilogramm, je nachdem, welcher Betrag höher ist je Schadenfall	1 000 000,00 €
max. 1 Mio. € oder 2 SZR für jedes Kilogramm, je nachdem, welcher Betrag höher ist je Schadenereignis	2 000 000,00 €
Minimum	4 600,00 €

Der Güterfolgeschaden wird nicht ersetzt.

39

Ersatz des entstandenen Güterschadens,	1 705,00 €
max. 5 € je kg,	2 150,00 €
max. Wert des Gutes	1 705,00 €
max. 1 Mio. € oder 2 SZR für jedes Kilogramm, je nachdem, welcher Betrag höher ist je Schadenfall	1 000 000,00 €
max. 1 Mio. € oder 2 SZR für jedes Kilogramm, je nachdem, welcher Betrag höher ist je Schadenereignis	2 000 000,00 €
Minimum	1 705,00 €

1.5 Speditionsversicherung

40

Haftungsversicherung

aa) Abdeckung von Haftungsansprüchen aus Verkehrsverträgen gegen den Spediteur nach Gesetz (z. B. HGB) oder Vertrag (ADSp), wenn die Tätigkeit des Spediteurs, die Gegenstand des Verkehrsvertrages ist, in einer Betriebsbeschreibung dokumentiert ist.

ab) Versicherungsvertrag zwischen Spediteur (Versicherungsnehmer) und der Versicherungsgesellschaft. Der Spediteur ist der Versicherte und der Begünstigte der Versicherung.

ac) Spediteur = Prämienzahler

Spediteur-Güterversicherung

aa) Versicherung von Gütern, die Gegenstand eines Verkehrsvertrages mit dem Spediteur sind

ab) Versicherungsvertrag zwischen Spediteur (Versicherungsnehmer) und Versicherungsgesellschaft (General Police), einzelne Sendungen müssen innerhalb der General Police durch den Spediteur angemeldet werden.

Der Versender ist der Versicherte und der Begünstigte. Der Anspruch auf Schadenersatz durch die Versicherung kann auch auf den Empfänger übertragen werden.

ac) Versender = Prämienzahler

b) Die Versicherungsgesellschaften differenzieren nach bestimmten Warengruppen, um spezielle Risiken einiger Waren berücksichtigen zu können.

A: ohne Rückfrage versicherbar
B: bis zu einer Wertgrenze versicherbar
C: nur nach Rückfrage versicherbar
D: nicht versicherbar

41

Die Vorsorgeversicherung versichert solche Verkehrsverträge über die Haftungsversicherung des Spediteurs, die nicht unter die Betriebsbeschreibung passen. Der Spediteur muss innerhalb eines Monats das neue Geschäftsfeld der Versicherung melden. Er muss ebenfalls eine Ergänzung der Betriebsbeschreibung einreichen.

Innerhalb eines weiteren Monats muss mit der Versicherungsgesellschaft eine Ergänzung/Erweiterung des Versicherungsvertrages verhandelt und abgeschlossen werden.

Die Vorsorgeversicherung ist auf einen Höchstbetrag begrenzt.

2 Aufgaben zum Sammelgut

2.1 Verträge und Beteiligte

01

Die Einzelversendung von Kleinsendungen außerhalb des Sammelladungsverkehrs ist kaum noch möglich. Ein Frachtführer im nationalen Verkehr wird nur in Ausnahmefällen Kleinsendungen als Einzeltransport befördern. Solche Beförderungen (Sonderfahrten) sind erheblich teurer als Sammelsendungen.

Sammelladungsspediteure bieten innerdeutsch 24-48-Stunden-Dienste an, sodass die Beförderung als Sammelgut auch von den Beförderungszeiten her für die Kunden vorteilhaft ist.

Im internationalen Verkehr (See- und Lufttransporte) sind Einzeltransporte zwar möglich, aber erheblich teurer als Sammelladung. Sie sind für besonders eilige Sendungen sinnvoll.

02

Vertrag	Beteiligte	Vertragsrechtliche Bezeichnung	Rechtsgrundlagen
Speditionsvertrag	Versender	Versender	HGB/ ADSp
	Versandspediteur	Spediteur	
Frachtvertrag (NV)	Spediteur	Absender	HGB/ VBGL
	NV-Unternehmer	Frachtführer	
Frachtvertrag (FV)	Spediteur	Absender	HGB/ VBGL
	FV-Unternehmer	Frachtführer	
Speditionsvertrag	Versandspediteur	Versender	HGB/ ADSp
	Empfangsspediteur	Spediteur	
Frachtvertrag (NV)	Empfangsspediteur	Absender	HGB/ VBGL
	NV-Unternehmer	Frachtführer	

03 [4] (HGB-Definition des Sammelgutes)

04

a) Beilader kommen vor, wenn ein Versandspediteur zwar Sendungen gesammelt hat, für eine Relation jedoch die Menge nicht für einen eigenen Sammeltransport (Wagenladung) ausreicht. Die Sammelladung wird als „Beiladung" einem anderen Sammelladungsspediteur mitgegeben, der die Sendung an den ursprünglichen Empfangsspediteur („Briefspediteur") ausliefert.

b) Speditionsverträge mit den Versendern, einen Speditionsvertrag mit dem beiladenden Spediteur und einen Speditionsvertrag mit dem Briefspediteur

c) „Briefspediteur" ist der ursprüngliche Empfangsspediteur des Beiladers, an den die Beiladung adressiert wird.

05 [2] - [1] - [5] - [3] - [4]

06

a) Beim „hub-and-spoke-system" werden alle vom Versandspediteur eingesammelten und für sämtliche Relationen in Deutschland bestimmten Sendungen unsortiert an den Hub gesendet. Im Hub wird umgeschlagen. Die Sendungen werden auf die Lkw verteilt, die die Sendungen angeliefert haben. Der Lkw des Versandspediteurs erhält alle Sendungen aus ganz Deutschland, die für seine Relation bestimmt sind.

b) Teilnahme an flächendeckendem Sammelgutsystem trotz geringer Mengen für die einzelnen Relationen; Sammelgutverkehre mit sehr vielen kleineren, regionalen Speditionsunternehmen; Kostenersparnis durch höhere Auslastung der Fahrzeuge

c) Durchschnittliche Transportstrecke erhöht sich erheblich; zusätzlicher Umschlag ist gefahrenträchtig, Zeitverlust durch zusätzlichen Umschlag im Hub führt zu früheren Ladeschlusszeiten beim Versandspediteur.

2.2 Papiere und Abrechnung

07

a) Datenbezeichner, Versandeinheit-Code, Internationale Lokationsnummer (ILS) des Versenders, frei vergebbare Sendungsnummer des Versenders, Prüfziffer

b) Scanning ist das Lesen von Barcodelabels durch automatische Lesegeräte. Die Daten werden automatisch in das Computersystem der Spedition übernommen.

c) Tracking: Die Möglichkeit, während des Transportes jederzeit feststellen zu können, an welcher Schnittstelle des Gut zuletzt gescannt wurde (den „Sendungsstatus" feststellen).

Tracing: Rückverfolgung des Weges des Gutes während eines Transportes. Es wird festgestellt, wann welche Statusänderungen vorgenommen worden sind.

d) Zugriff ist erforderlich für die Servicemitarbeiter der beteiligten Speditionsunternehmen. Auch den Kunden kann Zugriff auf die Sendungsinformationen gegeben werden. Der Zugriff ermöglicht die Feststellung, wo sich das Gut momentan befindet. Es dient auch der Schadensfeststellung, wenn Beschädigungen an den einzelnen Einscannstellen mit erfasst werden. Der Zugriff kann direkt über das Speditionsprogramm (intern) erfolgen. Es ist möglich, den Kunden direkt auf das System zugreifen zu lassen. Viele Unternehmen realisieren auch einen Zugriff über das Internet.

08

a)

HHE	366,20 €	325,80 €
PAL	5,20 €	5,20 €
NN	55,00 €	15,30 €
AVIS	5,10 €	5,10 €
ABLNW	– €	6,10 €
SUMME	431,50 €	357,50 €
MARGE	–40,28 €	– €
ZWISCHENSUMME	391,22 €	357,50 €
UST	74,33 €	67,93 €
BRUTTO	465,55 €	425,43 €

b)

Pos.	Frankatur	**„steuerpflichtig"**	**„nicht steuerpflichtig"**
1	frei		
2	frei		
3	frei		
4	frei		
5	unfrei	391,22 €	2 750,00 €
6	frei		
7	frei		
8	unfrei	357,50 €	550,00 €
		748,72 €	3 300,00 €
	+ Umsatzsteuer	142,26 €	
	Zwischensumme	890,98 €	
	Nicht steuerpfl.	3 300,00 €	
	Summe gesamt	4 190,98 €	

c)

Verteilkosten	Sonstiges	ABLNW	AVI	LAG	NN	GGT
24,50	0,00					
31,50	6,10	6,10				
22,20	31,60	6,10	5,10	20,40		
14,20	6,10	6,10				
29,80	60,10		5,10		55,00	
12,70	0,00					
35,00	31,70	6,10	5,10			20,50
43,00	26,50	6,10	5,10		15,30	
212,90	162,10					
141,60						
175,95	Entladen und Verteilen					
530,45	Zwischensumme					
100,79	Umsatzsteuer					
631,24	Summe gesamt					

09

	1	2	3
HHE	526,30	255,00	242,10
PAL	10,40		5,20
NN			
AVIS			5,10
FIX			
AUFMESSEN			
LAGER			20,40
RECHNUNG			
VERFÜG			
ABLNW		6,10	6,10
GEFAHR			
SUMME	536,70	261,10	278,90
MARGE	–105,26		
ZWISCHENSUMME	431,44	261,10	278,90
USt.	81,97	49,61	52,99
BRUTTO	513,41	310,71	331,89

	4	6	7
HHE	135,30	60,10	456,40
PAL	10,20		7,80
NN			
AVIS			5,10
FIX			
AUFMESSEN		2,60	
LAGER			
RECHNUNG			
VERFÜG			
ABLNW	6,10		6,10
GEFAHR			20,50
SUMME	151,60	62,70	495,90
MARGE			
ZWISCHENSUMME	151,60	62,70	495,90
USt.	28,80	11,91	94,22
BRUTTO	180,40	74,61	590,12

10

	a)	b)	c)	d)
VOLUMEN (m³)	0,0000	0,1958	0,0000	0,4240
PALMINDGEW	800	0	500	0
VOLUMENGEW	0	40	0	86
WIRKLGEW	710,0	94,0	420,0	45,0
FRACHTPFLGEW	800	94	500	86
MAL MESSEND		2,0834		5,6889
SPERRIG	JA	NEIN	JA	JA

HHE	312,70	60,90	216,00	57,00
PAL	5,20		20,40	
NN		15,30		
AVIS	5,10	5,10	5,10	5,10
FIX				
AUFMESSEN				2,60
LAGER				
RECHNUNG				
VERFÜG				
ABLNW	6,10	6,10	6,10	6,10
GEFAHR			15,30	
SUMME	329,10	87,40	262,90	70,80
MARGE	–26,58			
ZW-SUMME	302,52	87,40	262,90	70,80
USt.	57,48	16,61	49,95	13,45
BRUTTO	360,00	104,01	312,85	84,25

3 Aufgaben zum Güterkraftverkehr

3.1 Grundlagen

01
- gewerblicher Güterkraftverkehr
- Werkverkehr
- Werkverkehr
- Werkverkehr
- Freistellungsverkehre (vgl. §§ 1-2 GüKG)

02

aa) Nach § 3 Abs. 7 GüKG bestimmt die Landesregierung oder die von ihr ermächtigte Stelle die Erlaubnisbehörde. Für NRW, Baden-Württemberg und Bayern sind das die unteren Verkehrsbehörden (Verkehrsämter der Kreise und kreisfreien Städte), in Hessen die oberen Verkehrsbehörden (Regierungspräsidien), in Hamburg die Behörde für Bau und Verkehr, Amt für Verkehr usw.

ab) Voraussetzungen
- persönliche Zuverlässigkeit
- finanzielle Leistungsfähigkeit
- fachliche Eignung
- Bestellung eines Verkehrsleiters
- Niederlassung im Inland

ac) Unterlagen nach der Berufszugangsverordnung für den Güterkraftverkehr (GBZugV) werden verlangt:
- Auszug aus dem Handels- oder Genossenschaftsregister
- Nachweis der Vertretungsberechtigung,
- Führungszeugnis und die
- Auskunft aus dem Gewerbezentralregister
- Unterlagen zum Nachweis der finanziellen Leistungsfähigkeit des Betriebes
- Nachweis der fachlichen Eignung

b) Erlaubnis berechtigt zur Durchführung von gewerblichem Güterkraftverkehr im Gebiet der Bundesrepublik Deutschland

c) Die Erlaubnis gilt zunächst für 10 Jahre. Sie gilt bei einer Wiedererteilung ohne zeitliche Befristung. Das Vorliegen der Voraussetzungen wird alle 10 Jahre überprüft (§ 11 GBZugV).

03

Nach der Berufszugangsverordnung von 2011 ist ein Nachweis nur noch durch das Ablegen einer Fachkundeprüfung bei der IHK möglich.

04

a) Im Führungszeugnis wird unter Aufführung der vollständigen Personalien hauptsächlich verzeichnet, ob die betreffende Person vorbestraft oder nicht vorbestraft ist. Es wird vom Bundesamt für Justiz (Bundeszentralregister) in Bonn ausgestellt und über die örtlichen Meldebehörden beantragt.

b) Das Führungszeugnis dient dem Nachweis, dass gegen den Antragsteller keine „rechtskräftige Verurteilung wegen schwerer Verstöße gegen strafrechtliche Vorschriften" vorliegt. Dieses Kriterium dient dem Nachweis der persönlichen Zuverlässigkeit.

05

		EU-Lizenz
a)	Berechtigung	▮ Grenzüberschreitender Verkehr zwischen den EU-Staaten (einschl. Norwegen, Island, Liechtenstein und Schweiz) ▮ Kabotageverkehr in diesen Ländern ▮ Innerdeutsche Transporte durch Inländer
b)	Ausstellung	Ausstellung durch die zuständige Erlaubnisbehörde, die auch die Güterkraftverkehrserlaubnis ausstellt
c)	Geltungsdauer	Geltung 10 Jahre
	Wiedererteilung	Wiedererteilung alle 10 Jahre; Voraussetzungen müssen vorliegen

		CEMT-Genehmigung
a)	Berechtigung	▮ Grenzüberschreitender Verkehr zwischen den CEMT-Staaten ▮ Transporte, die auch mit der EU-Lizenz durchgeführt werden können, zählen nicht zur Auslastung der CEMT-Genehmigung
b)	Ausstellung	Erteilung durch die BAG
c)	Geltungsdauer	Geltung ein Jahr (Kurzzeitgenehmigungen sind möglich)
	Wiedererteilung	Die Genehmigung muss ausgelastet sein. Die Genehmigungen sind kontingentiert.

06

Strecke	Länder	Genehmigung	Alternative
Oslo – Madrid	Norwegen	EU-Lizenz	
	Schweden	EU-Lizenz	
	Dänemark	EU-Lizenz	
	Deutschland	EU-Lizenz	
	Frankreich	EU-Lizenz	
	Spanien	EU-Lizenz	
Lyon – Berlin	Frankreich	EU-Lizenz	
	Deutschland	EU-Lizenz	
Prag – Amsterdam	Tschechien	EU-Lizenz	
	Deutschland	EU-Lizenz	
	Niederlande	EU-Lizenz	
Paris – Marseille	Frankreich	EU-Lizenz	
Budapest – Minsk	Ungarn	CEMT	
	Slowakei	CEMT	
	Polen	CEMT	
	Weißrussland	CEMT	
Dortmund – Moskau	Deutschland	EU-Lizenz	CEMT
	Polen	EU-Lizenz	CEMT
	Weißrussland	Bilaterale Genehmigung	CEMT
	Russland	Bilaterale Genehmigung	CEMT

07

4,5 Stunden [4]

08

Fahrzeit beträgt 9,5 Stunden (655/69). Der Fahrer darf an 2 Tagen in der Woche 10 Stunden Lenkzeit haben. Innerhalb der Lenkzeit müssen 1,5 Stunden Ruhezeit liegen, sodass der Gesamttransport 11 Stunden dauert. Daher muss der Fahrer um 6:00 Uhr losfahren.

09

	VON	BIS	ZEIT*	LZ	RZ	TRZ	SO
Putgarden	07:00	11:30	04:30	04:30			
	11:30	12:15	00:45		00:45		
	12:15	16:45	04:30	04:30			
	16:45	01:45	09:00			09:00	
	01:45	03:35	01:50	01:50			
Fähre	03:35	03:50	01:15	00:30	00:15		00:30
Stockholm	03:50	06:30	02:40	02:40			
	06:30	07:00	00:30		00:30		
	07:00	11:30	04:30	04:30			
	11:30	20:30	09:00			09:00	
	20:30	01:00	04:30	04:30			
	01:00	01:45	00:45		00:45		
	01:45	02:20	00:35	00:35			

*auf ganze 5 Min. gerundet

10

Fahrt nach St.-Petersburg

	VON	BIS	ZEIT*	LZ	RZ	TRZ
Mo	12:00	16:30	04:30	04:30		
Mo	16:30	17:15	00:45		00:45	
Mo	17:15	21:45	04:30	04:30		
Mo	21:45	08:45	11:00			11:00
Di	08:45	13:15	04:30	04:30		
Di	13:15	14:00	00:45		00:45	
Di	14:00	18:30	04:30	04:30		
Di	18:30	05:30	11:00			11:00
Mi	05:30	10:00	04:30	04:30		
Mi	10:00	10:45	00:45		00:45	
Mi	10:45	15:15	04:30	04:30		
Mi	15:15	02:15	11:00			11:00
Do	02:15	06:45	04:30	04:30		
Do	06:45	07:30	00:45		00:45	
Do	07:30	12:00	04:30	04:30		
Do	12:00	23:00	11:00			11:00
Do	23:00	03:30	04:30	04:30		
Fr	03:30	04:15	00:45		00:45	
Fr	04:15	05:55	01:40	04:30		

*auf ganze 5 Min. gerundet

11

a) Aufgaben

Kontrollaufgaben Bußgeldbehörde	Lenk- und Ruhezeiten maximale Lkw-Abmessungen und Gewichte Containersicherheit Kraftfahrzeugsteuer Umsatzsteuer Gefahrgutvorschriften Lebensmittelrecht Abfallbeförderung Abgas- und Lärmemissionen Kriegswaffenkontrollgesetz
Verwaltungsaufgaben	Autobahnbenutzungsgebühr, Konzessionsabgaben Autobahn-Raststätten
Marktbeobachtung und Statistik	Entwicklung des Marktgeschehens im Güterverkehr auf Straße, Schiene und Binnenschifffahrt; Güterkraftverkehrsstatistik
Vergabebehörde	Mitwirkung bei Erlaubnis und EU-Lizenz, Ausgabe von CEMT-Genehmigungen
Register	Führt Register über Güterkraftverkehrsunternehmen, Werkverkehrsunternehmen, Bußgelder etc.

b) Befugnisse

ba) Straßenkontrollen

an Straßen, Autohöfen und Tankstellen mit Anhalterecht, Auskunftsrecht und der Möglichkeit, die Weiterfahrt zu verbieten

bb) Betriebskontrollen mit dem Recht, Geschäftsräume zu betreten, Einsicht in Papiere zu nehmen, Auskünfte sowie Hilfsmittel und Hilfsdienste zu verlangen

12

a) Betriebskontrollen können bei Eigentümern und Besitzern von Kraftfahrzeugen zur Güterbeförderung und allen an der Beförderung oder an den Handelsgeschäften über die beförderten Güter Beteiligten durchgeführt werden.

b) Ziel ist die Kontrolle, ob die Rechtsvorschriften (Erlaubnispflicht, Lenk- und Ruhezeiten, Vorschriften über den Werkverkehr und Steuern- und Abgabenpflicht der Unternehmer) eingehalten werden.

c) Die BAG hat das Recht, Geschäftsräume zu betreten, Einsicht in Papiere zu nehmen, Auskünfte sowie Hilfsmittel und Hilfsdienste zu verlangen.

3.2 Verkehrsgeografie Straße

13

a) A7: Flensburg, Kiel, Hamburg, Hannover, Hildesheim, Salzgitter, Göttingen, Kassel, Würzburg, Ulm

b) A3: Oberhausen, Duisburg, Mülheim, Düsseldorf, Leverkusen, Köln, Wiesbaden, Frankfurt, Offenbach, Würzburg, Erlangen, Fürth, Nürnberg, Regensburg

c) A4: Köln, Erfurt, Jena, Gera, Chemnitz, Dresden

d) A5: Frankfurt/Main, Darmstadt, Mannheim, Heidelberg, Karlsruhe, Freiburg

14

a) A3: Düsseldorf, Leverkusen, Köln, Wiesbaden, Frankfurt, Offenbach, Würzburg, Erlangen, Fürth, Nürnberg, Regensburg

b) A7, A3, A81: Hamburg, Hannover, Hildesheim, Salzgitter, Göttingen, Kassel, Würzburg, Heilbronn, Stuttgart

c) A9, A3: Berlin, Halle, Leipzig, Jena, Gera, Nürnberg, Würzburg

d) A4, A5: Dresden, Chemnitz, Gera, Jena, Erfurt, Frankfurt/Main, Darmstadt, Mannheim, Heidelberg, Karlsruhe

e) A6, A5, A7, A24, A19: Saarbrücken, Kaiserslautern, Ludwigshafen, Mannheim, Darmstadt, Frankfurt/Main, Kassel, Göttingen, Salzgitter, Hildesheim, Hannover, Hamburg, Schwerin, Rostock

15

a) aa) „Bundesautobahnen sind Bundesfernstraßen, die nur für den Schnellverkehr mit Kraftfahrzeugen bestimmt und so angelegt sind, dass sie frei von höhengleichen Kreuzungen und für Zu- und Abfahrt mit besonderen Anschlussstellen ausgestattet sind. Sie sollen getrennte Fahrbahnen für den Richtungsverkehr haben." § 1 Abs. 3 Bundesfernstraßengesetz (FStrG)

ab) (1) Gerade Nummern – Ost-West-Richtung, von Norden nach Süden ansteigend

(2) Ungerade Nummern – Nord-Süd-Richtung, von Westen nach Osten ansteigend

(3) Einstellige Nummern – Grundnetz, dient dem Internationalen Fernverkehr, ist häufig mit Europastraßen deckungsgleich, zweistellige Nummern – Durchgangs- und Verbindungsverkehr mit überregionaler Bedeutung, dreistellige Nummern – Autobahnen des regionalen Verkehrs, sind Verbindungs- und Zubringerstrecken

b) (1) E 45 = A 7, A 3, A 9, A 8, A 93; Hamburg, Kassel, Nürnberg, München

(2) E 30 = A 30, A 2, A 10, A 12; Osnabrück, Hannover, Magdeburg, Berlin

16

a) 03 = Düsseldorf, 05 = Hannover, 09 = Bremerhaven, 10 = Chemnitz, 12 = Köln, 14 = Münster, 15 = Ludwigshafen, 18 = Stuttgart, 20 = Kassel, 21 = Würzburg

b) A 4, A 45, A 5, A 4

c) Karlsruhe, Pforzheim, Stuttgart, Ulm, Augsburg, München

17

a) Frankreich (Paris), Slowenien (Ljubljana), Portugal (Lissabon), Irland (Dublin), Griechenland (Athen), Norwegen (Oslo), Ukraine (Kiew), Estland (Tallinn), Serbien (Belgrad), Makedonien (Skopje)

b) Frankreich: Paris, Lyon, Marseille; Spanien: Madrid, Barcelona, Valencia; Italien: Rom, Mailand, Neapel; Russland: Moskau, St.-Petersburg, Nischni-Nowgorod

18

a) E 15: Inverness (GB) – Edinburgh (GB) – Leeds (GB) – London (GB) – Folkestone (GB) – [Eurotunnel] – Calais (F) – Paris (F) – Lyon (F) – Perpignan (F) – Barcelona (E) – Valencia (E) – Málaga (E) – Gibraltar (GB)

b) E 50: Brest (F) – Rennes (F) – Paris (F) – Reims (F) – Saarbrücken (D) – Heilbronn (D) – Nürnberg (D) – Plzen (CZ) – Praha (CZ) – Brno (CZ) – Kosice (SK) – Kirovograd (UA) – Rostov am Don (RUS)

c) E 45: Göteborg (SK) – [Fähre] – Frederikshavn (DK) – Århus (DK) – Flensburg (D) – Hamburg (D) – Hannover (D) – Nürnberg (D) – München (D) – Innsbruck (A) – Verona (I) – Bologna (I) – Roma (I) – Napoli (I) – Messina (I) – Siracusa (I) – Gela (I)

d) E 70: La Coruña (E) – Santander (E) – Bilbao (E) – Bordeaux (F) – Clermont-Ferrand (F) – Lyon (F) – Torino (I) – Verona (I) – Venezia (I) – Ljubljana (SLO) – Zagreb (HR) – Beograd (SRB) – Timisoara (RO) – Bucuresti (RO) – Varna (BG)

e) E 65: Malmö (S) – Szczecin (PL) – Legnica (PL) – Praha (CZ) – Brno (CZ) – Bratislawa (SK) – Zagreb (HR) – Rijeka (HR) – Split (HR) – Dubrovnik (HR) – Priština (RKS) – Skopje (MK) – Patra (GR) – Kalamata (GR)

f) E 90: Lisboa (P) – Madrid (E) – Zaragossa (E) – Barcelona (E) – Palermo (I) – Brindisi (I) – Igoumenitsa (GR) – Thessaloniki (GR) – Canakkale (TR) – Bursa (TR) – Ankara (TR) – Mardin (TR) – Habur (TR)

19 [5] Görlitz

20

a) Stockholm-Istanbul	E 20	Schweden	Trelleborg-Rostock
	E 55	Deutschland	
	E 55	Tschechien	
	E 55	Österreich	
	E 60	Ungarn	
	E 75	Ungarn	
	E 75	Serbien	
	E 80	Bulgarien	
	E 80	Türkei	
b) Berlin-Edinburgh	E 30	Deutschland	
	E 30	Niederlande	
	E 25	Niederlande	Hoek v. Holland-Harwich
	E 15	Großbritannien	
c) Amsterdam-London	E 25	Niederlande	Hoek v. Holland-Harwich
	E 15	Großbritannien	
d) Paris-Tanger	E 05	Frankreich	
	E 05	Spanien	Algeciras-Tanger
		Marokko	
e) Turin-Dublin	E 70	Italien	
	E 15	Frankreich	
	E 05	Frankreich	Le Havre-Cork
		Irland	
f) Hamburg-Tunis	E 45	Deutschland	
	E 45	Österreich	
	E 45	Italien	Neapel-Tunis
		Tunesien	

21 [7]-[1]-[6]-[4]-[2]-[5]-[3]-[8]

zu 17

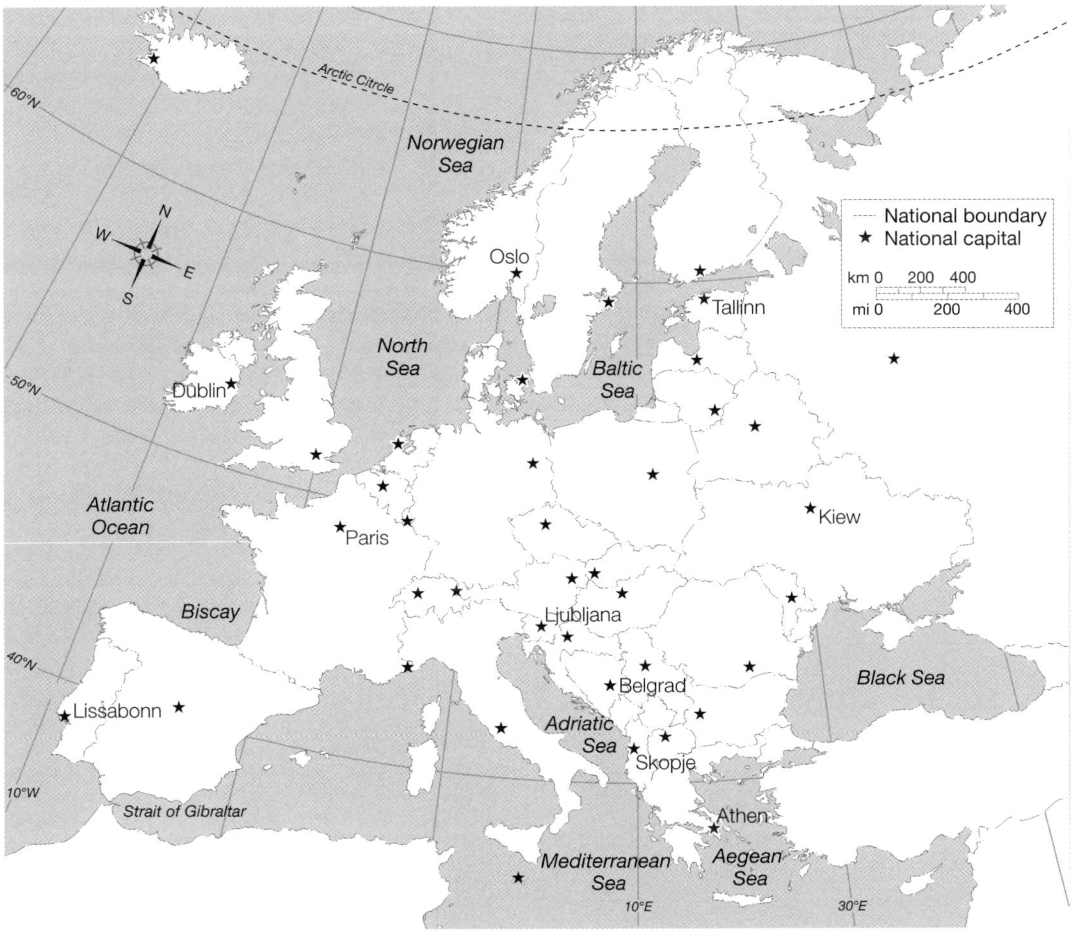

22

a) [1] St.-Bernhard-Route [2] Reschen-Pass
[3] Brenner-Route [4] Pyrn-Route

b) [1]-[4]-[3]-[2]

23

a) Deutschland> Österreich> Italien

b) Ingolstadt > München > Kufstein > Innsbruck > Bologna > Florenz

c) 1 080 km / 60 km/h = 18 Std. Fahrzeit

Zeitplan (Lösungsbeispiel)

Montag 06:00 Uhr		
Stunden	(Lenkzeit/Pause/Tagesruhezeit)	Ende
04:30 Std.	Lenkzeit	10:30
00:45 Std.	Pause	11:15
04:30 Std.	Lenkzeit	15:45
09:00 Std.	Tagesruhezeit	00:45
Dienstag 00:45 Uhr		
Stunden	(Lenkzeit/Pause/Tagesruhezeit)	Ende
04:30 Std.	Lenkzeit	05:15
00:45 Std.	Pause	06:00
04:30 Std.	Lenkzeit	10:30
Ankunft in Rom, Dienstag 10:30 Uhr		
Alternativ bei Lenkzeit von 10 Std. am Montag: Ankunft 11:15 Uhr		

24

Belgien	Brüssel	Antwerpen
Bulgarien	Sofia	Varna
Deutschland	Berlin	Hamburg
Dänemark	Kopenhagen	Esbjerk
Estland	Tallinn	Paldiski
Finnland	Helsinki	Turku
Frankreich	Paris	Marseille
Griechenland	Athen	Thessaloniki
Großbritannien	London	Felixstowe
Irland	Dublin	Cork
Italien	Rom	Genua
Lettland	Riga	Liepaja
Litauen	Vilnius	Klaipeda
Malta	Valetta	(Valetta)
Niederlande	Amsterdam	Rotterdam
Polen	Warschau	Gdansk
Portugal	Lissabon	Porto
Rumänien	Bukarest	Constanta
Schweden	Stockholm	Malmö
Slowenien	Ljubljana	Koper
Spanien	Madrid	Barcelona
Zypern	Nicosia	Limassol

25

Kreuzen Sie an, zu welcher Staatengruppe das folgende Land gehört:

	EU	EFTA	Balkan	Skandinavien	Baltikum	sonstige
Frankreich	☑	☐	☐	☐	☐	☐
Österreich	☑	☐	☐	☐	☐	☐
Rumänien	☑	☐	☑	☐	☐	☐
Kroatien	☐	☐	☑	☐	☐	☐
Estland	☑	☐	☐	☐	☑	☐
Tschechien	☑	☐	☐	☐	☐	☐
Weißrussland	☐	☐	☐	☐	☐	☑
Türkei	☐	☐	☐	☐	☐	☑
Irland	☑	☐	☐	☐	☐	☐
Slowenien	☑	☐	☐	☐	☐	☐
Schweiz	☐	☑	☐	☐	☐	☐
Ungarn	☑	☐	☐	☐	☐	☐
Finnland	☑	☐	☐	☑	☐	☐
Schweden	☑	☐	☐	☑	☐	☐

3.3 HGB/CMR-Frachtvertrag und kombinierter Verkehr

AUFGABEN ZUM HGB-FRACHTVERTRAG

26

a) Absender (Hersteller) und Frachtführer (Transportunternehmer)

b) Frachtvertrag (§ 407 HGB)

c)
- Formfreiheit (mündlich, schriftlich, durch übereinstimmendes Handeln)
- Häufig ist der telefonische Abschluss des Vertrages mit anschließender Bestätigung durch Telefax oder E-Mail.
- Der Vertrag ist ohne schriftliche Bestätigung (durch mündliche Übereinkunft) gültig. Aus Beweisgründen ist jedoch ein schriftlicher Abschluss (oder eine Bestätigung) sinnvoll.

27

Das Vertragsverhältnis beginnt mit der Abgabe der beiden übereinstimmenden Willenserklärungen. Die Übernahme des Gutes findet im Rahmen der Vertragserfüllung statt.

Der Frachtvertrag endet im Normalfall mit der Ablieferung des Gutes. Er kann auch durch Kündigung (§§ 415-417 HGB), durch nachträgliche Weisung (§ 418 HGB) und durch Beförderungshindernisse (§ 419 HGB) enden.

28

Die Grundpflichten des Frachtführers sind das Befördern und Abliefern des Gutes. Das Gut soll in „vollständigem und unbeschädigtem Zustand binnen vereinbarter oder angemessener Frist an den Zielort" verbracht werden.

Die Grundpflicht des Absenders besteht in der Zahlung des vereinbarten Entgeltes. Ohne eine Vereinbarung wird das übliche oder ein angemessenes Entgelt geschuldet. Das Entgelt wird als „Fracht" bezeichnet.

29

a) Informationspflicht
Der Absender muss alle für den Transport notwendigen Informationen erteilen. Üblicherweise werden sie im Frachtbrief (§ 408 HGB) übergeben. Informationen über Gefahrgut müssen in Textform gegeben werden (§ 410 HGB). Dem Frachtführer sind alle notwendigen Begleitpapiere (amtliche Behandlung, insbesondere Zollabfertigung) zu übergeben (§ 413 HGB).

b) Verpackungspflicht (§ 411 HGB)
Wenn das Gut eine Verpackung erfordert, muss es der Absender verpacken. Dabei soll das Gut
- vor Verlust und Beschädigung und
- das Fahrzeug,
- die beteiligten Personen und
- das beigeladene Gut vor Schäden geschützt werden.

c) Kennzeichnungspflicht (§ 411 HGB)
Das Gut ist zu kennzeichnen, wenn dies erforderlich ist, wie z. B. bei Sammelgut oder bei Beiladungen.

d) Papiererstellungs- und Auskunftspflicht (§§ 408, 413 HGB) Der Absender muss auf Verlangen des Frachtführers einen Frachtbrief ausstellen. Er hat außerdem alle erforderlichen Auskünfte zu erteilen und notwendige Begleitpapiere (Gefahrgut- und Zollpapiere) zu übergeben.

30 a) [2] (vgl. § 414 HGB)

b) – Unrichtigkeit oder Unvollständigkeit in den Frachtbriefangaben
– fehlende Gefahrgutinformation
– Fehlen, Unvollständigkeit oder Unrichtigkeit der in § 413 Abs. 1 HGB genannten Urkunden oder Auskünfte.

c) Der Absender muss nur bis zu einem Betrag von 8,33 Sonderziehungsrechten für jedes Kilogramm des Rohgewichts der Sendung Ersatz leisten.

31 a) Grundsätzlich hat der Absender die Pflicht, das Gut zu verladen.

b) Der Absender muss das Gut beförderungssicher verladen. Die Verladung hat so zu erfolgen, dass das Gut durch normale Beförderungsdurchführung nicht beschädigt werden kann. Es ist sicher zu stapeln, zu sichern und zu stauen.

Der Frachtführer hat für die betriebssichere Verladung zu sorgen. Er ist verantwortlich für die Verkehrssicherheit des Fahrzeugs. Er muss insbesondere auf gleichmäßige Beladung achten, keine Überladung zulassen und die Maße des Fahrzeugs nicht überschreiten.

c) Der Absender hat für die Entladung des Gutes zu sorgen.

d) Der Fahrer ist nicht zur Entladung verpflichtet. Weigert sich der Empfänger zu entladen, so liegt ein Ablieferungshindernis vor und der Absender muss benachrichtigt werden. Der Absender muss dann die entsprechenden Weisungen über das Gut erteilen.

32 a) Nach § 408 HGB hat der Absender auf Verlangen des Frachtführers einen Frachtbrief auszustellen.

b) Der Frachtbrief wird in drei Originalausfertigungen ausgestellt.

33 a) Verträge und Beteiligte

Vertrag	Vertragspartner 1	Vertragspartner 2
Speditions-vertrag	Versender Korbach, Bochum	Spediteur Bergmann, Dortmd.
Frachtver-trag	Absender Bergmann, Dortmd.	Frachtführer Karl Schmidt

b) Speditionsvertrag: formfreier Abschluss, Übergabe eines schriftlichen Speditionsauftrages ist üblich. Grundpflichten sind die „Besorgung" (Organisation) der Güterversendung und die Bezahlung des Speditionsentgeltes durch den Versender

Frachtvertrag: formfreier Abschluss, Frachtbriefausstellung auf Verlangen des Frachtführers. Grundpflichten sind die Beförderung und Ablieferung des Gutes sowie die Bezahlung der Fracht durch den Absender

c) Ausfüllen nach den Vorschriften von § 408 HGB unter Berücksichtigung der Falldaten

34 [c]

35 a) „Unfrei": Der Empfänger soll die Frachtkosten bei Ablieferung des Gutes bezahlen. „Frei Haus": Der Absender übernimmt die Frachtkosten.

b) Die Frachtzahlung ist die Grundpflicht des Absenders.

c) Nach § 420 HGB ist die Fracht bei Ablieferung des Gutes fällig.

36 a) Voraussetzung ist die Ausstellung eines Frachtbriefes, der von beiden Seiten unterzeichnet sein muss. Im Frachtbrief muss ein Sperrvermerk enthalten sein („Nachträgliche Weisung nur gegen Vorlage des Absenderexemplars des Frachtbriefes").

b) ba) Der Absender kann nur nachträglich über das Gut verfügen, wenn er sein Frachtbriefexemplar vorlegen kann.

bb) Die Sperrfunktion ermöglicht Geschäfte, die der Zahlungssicherung dienen. Übergibt der Absender das Frachtbriefexemplar dem Empfänger (oder einer beauftragten Bank) gegen Zahlung des Kaufpreises, wird er von der Verfügung über das Gut ausgeschlossen (abgesperrt).

37 a) Nach § 409 HGB ist der Frachtführer verpflichtet, das Gut und die Verpackung auf äußere Beschädigungen zu überprüfen. Er muss auch die Anzahl und die Zeichen und Nummern der Sendung mit dem Frachtbrief vergleichen.

b) Die Unterschrift des Fahrers begründet die Vermutung, dass das Gut ordnungsgemäß, unbeschädigt und vollzählig übergeben wurde. Der Fahrer muss einen konkreten Vorbehalt auf dem Frachtbrief anbringen, wenn der Frachtbrief nicht als Beweis gelten soll.

38 a) Nach § 418 HGB kann der Absender anweisen, dass das Gut nicht weiterbefördert wird, er es an einem anderen Bestimmungsort, an einer anderen Ablieferungsstelle oder an einen anderen Empfänger abliefert.

b) Ohne Sperrfunktion kann der Absender ohne besondere Voraussetzungen über das Gut verfügen. Ist eine Sperrfunktion im Frachtbrief eingetragen, muss der Frachtbrief dem Frachtführer zur nachträglichen Weisung vorgelegt werden.

c) Der Frachtführer kann die Durchführung ablehnen (§ 418 Abs. 1 HGB), wenn die Ausführung unmöglich ist, Nachteile für den Betrieb seines Unternehmens oder Schäden für die Absender oder Empfänger anderer Sendungen mit sich zu bringen droht.

39 a) Nachnahmen müssen in bar oder in Form eines gleichwertigen Zahlungsmittels (§ 422 HGB) kassiert werden.

b) Es liegt ein Ablieferungshindernis vor. Das Gut darf nicht ausgeliefert werden. Der Absender ist zu informieren.

c) Scheckzahlung ist unzulässig. Der Unternehmer haftet für den entstandenen Schaden bis zur Höhe des Nachnahmebetrages (§ 422 HGB).

WEITERE AUFGABEN ZUM FRACHTVERTRAG NACH HGB

40 a) Nach § 423 HGB kann eine Lieferfrist vereinbart werden. Ist keine Frist vereinbart, so ist „in der Frist abzuliefern, die einem sorgfältigen Frachtführer unter Berücksichtigung der Umstände vernünftigerweise zuzubilligen ist."

b) Ersetzt wird der Verspätungsschaden, maximal die dreifache Fracht.

41 Der Empfänger verweigert die Annahme der Sendung. Es handelt sich um ein Ablieferungshindernis nach § 419 HGB. Der Frachtführer hat die Pflicht, den Absender zu informieren und Weisungen einzuholen. Bei Annahmeverweigerung wäre der Absender auch bei Bestehen einer Sperrfunktion weisungsberechtigt.

Der Absender kann nun alle Weisungen erteilen, die auch nach § 418 HGB (nachträgliche Weisungen) vorgesehen sind. Hat der Empfänger bei der Annahme des Gutes die Weisung erteilt, das Gut bei einem Dritten abzuliefern und verweigert dieser die Annahme, so ist der ursprüngliche Empfänger der Weisungsberechtigte.

Erhält der Frachtführer keine Weisungen oder treffen die Weisungen verspätet ein, so hat er Maßnahmen zu ergreifen, die im Interesse des Verfügungsberechtigten sinnvoll erscheinen. Im § 419 III HGB wird das Entladen des Gutes und die Einlagerung als Beispiel genannt.

Handelt es sich um verderbliches Gut und ist Gefahr im Verzuge, so kann ein Notverkauf nach § 373 HGB vorgenommen werden. Unverwertbares Gut kann vernichtet werden.

42

a) Es handelt sich um ein Ablieferungshindernis, bei dem Weisungen vom Absender eingeholt werden müssen.

b) Nach § 421 Abs. 4 HGB bleibt der Absender zur Zahlung der Fracht verpflichtet. Der Frachtführer muss ernsthaft die Einkassierung der Fracht bei Unfrei-Sendungen versuchen. Liefert er ohne Frachtinkasso aus, muss der Absender die Fracht bezahlen. Das gilt auch, wenn der Frachtführer einen Scheck angenommen hat und der Scheck nicht eingelöst werden kann.

AUFGABEN ZUR HGB-HAFTUNG

43

a) Das Gefährdungsprinzip verpflichtet den Frachtführer, für Güterschäden während der Obhutszeit (von der Annahme bis zur Ablieferung) und für eine Überschreitung der Lieferfrist unabhängig vom Verschulden zu haften. Allerdings sind viele Schadensursachen von der Haftung ausgeschlossen (§§ 425-427 HGB).

Der Lagerhalter haftet nach dem Verschuldensprinzip. Das bedeutet, dass er nur dann zur Haftung verpflichtet ist, wenn er an dem Schaden Schuld trägt. Außerdem muss der Lagerhalter beweisen, dass er keine Schuld am Schaden hat (umgekehrte Beweislast).

b) Der Obhutszeitraum beginnt mit der Übernahme des Gutes. Die Übernahme erfolgt nach dem Ende der Beladung durch den Absender oder schon vor der Beladung, wenn der Frachtführer die Beladung als Nebenpflicht übernommen hat.

Die Obhut endet, wenn der Empfänger das Gut erhalten hat. Die Ablieferung setzt voraus, dass der Frachtführer dem Empfänger das Gut zur Übernahme anbietet und der Empfänger das Gut annimmt.

44

Güterschaden: Beschädigung, Teilverlust oder Verlust des Gutes

Verspätungsschaden: Ein Verspätungsschaden liegt vor, wenn das Gut (ohne Vorliegen eines Güterschadens) erst nach Ablauf der Lieferfrist dem Empfänger ausgeliefert wird und aus dieser Verspätung ein Schaden entsteht. Ein Verspätungsschaden kann aus einem Produktionsausfall entstehen. Es kann auch (insbesondere bei Handelsgütern) ein entgangener Gewinn geltend gemacht werden.

Nimmt der Empfänger einen Deckungskauf zu einem höheren Kaufpreis vor, kann die Preisdifferenz als Verspätungsschaden geltend gemacht werden.

Güterfolgeschaden: Entstehen die gleichen Schäden wie bei der Verspätung, weil das Gut einen Güterschaden erlitten hat, so liegt ein Güterfolgeschaden vor.

45

Das HGB geht davon aus, dass bei Güterschäden nur der Wert des Gutes ersetzt werden soll. Die Schäden sollen daher nach objektiven Maßstäben ersetzt werden können. Der Güterwert ist immer konkret feststellbar.

Der Güterfolgeschaden geht immer über den Wertersatz (für den gesamten Güterwert oder bei Beschädigung die Wertminderung) hinaus. Der Güterfolgeschaden steht in keinem objektiven Verhältnis zum Güterschaden. Güterfolgeschäden sind für den Frachtführer völlig unkalkulierbar.

46

a) Das Haftungsprinzip ist die Gefährdungshaftung im Obhutszeitraum

b) „Unabwendbare Ereignisse" sind Ereignisse, deren Eintritt der Frachtführer auch bei größter Sorgfalt nicht vermeiden konnte und deren Folgen er nicht abwenden kann.

c) 1. Verwendung von offenen, nicht mit Planen gedeckten Fahrzeugen oder Verladung auf Deck
   2. Verpackungsfehler;
   3. Verlade- oder Entladefehler durch den Absender oder den Empfänger
   4. Beschaffenheitsfehler
   5. Kennzeichnungsfehler
   6. Beförderung lebender Tiere (§ 426 HGB)

d) Bei „Sonstigen Vermögensschäden" haftet der Frachtführer nur bei einer Verletzung der Vertragspflichten. Das bedeutet, dass der Frachtführer dem Verschuldensprinzip unterliegt.

Die Haftung ist auf das Dreifache des Betrages, der bei Verlust des Gutes zu zahlen wäre, begrenzt (§ 433 HGB).

47

▪ Schaden (Güterschaden)	12 400,00 €
▪ Wert nach § 429 HGB	12 280,00 €
▪ 8,33 SZR · 461 kg · 1,1521	4 424,21 €
▪ Minimum	4 424,21 €
▪ Frachtkosten	120,00 €
▪ Schadenersatz	4 544,21 €

(Kein Ersatz des Güterfolgeschadens)

48

Es handelt sich um einen Schaden durch einen fehlerhaften Umgang mit beigegebenen Begleitpapieren. Der Frachtführer muss für den Schaden haften, wenn nicht ein unabwendbares Ereignis vorliegt. Die Haftung ist jedoch (nach § 413 Abs. 2 HGB) auf den Betrag begrenzt, der bei Verlust des Gutes zu zahlen wäre.

49

a) Es liegt ein Beförderungshindernis vor. Voraussetzung ist allerdings, dass dieses Hindernis nicht durch eine andere Route umgangen werden kann. Hier besteht evtl. die Möglichkeit, den Transport durch den Eurotunnel zu führen. Bei einem Beförderungshinderniss entfällt der Anspruch auf Ersatz des Verspätungsschadens.

b) Haftung nach der CMR

▪ Schaden (Güterschaden)	120 000,00 €
▪ Wert nach § 429 HG	117 900,00 €
▪ 8,33 SZR · 22 300 kg · 1,1521	214 012,94 €
▪ Minimum	117 900,00 €
▪ Frachtkosten	2 100,00 €
▪ Schadenersatz	120 000,00 €

c) Dortmund – Essen – Moers – Antwerpen – Brügge – Calais – Dover – London – Birmingham

50

a) Der Frachtführer haftet verschuldensunabhängig für den Schaden, der dem Absender entsteht.

b) Die Haftung ist auf den Betrag der Nachnahme begrenzt.

51 Es handelt sich um einen versteckten Mangel. Dieser Mangel muss nach § 438 HGB innerhalb von sieben Tagen schriftlich reklamiert werden. Der Empfänger muss jedoch beweisen, dass der Schaden während des Transportes entstanden ist. Dieser Beweis ist für den Empfänger nur sehr schwer zu führen.

52 a) Ansprüche verjähren in einem Jahr. Die Verjährungsfrist beginnt mit Ablauf des Tages, an dem das Gut abgeliefert wurde. Die Frist endet am 14. März 20(+1).

„Die einjährige Verjährungsfrist ist Jahresfrist ; sie endet mit dem Ablauf desjenigen Tages des Monats, welcher durch seine Benennung dem Tage entspricht, an dem abgeliefert werden sollte."[1]

b) Verjährte Forderungen können nicht mehr eingeklagt werden.

„§ 214 BGB [Wirkung der Verjährung]

(1) Nach Eintritt der Verjährung ist der Schuldner berechtigt, die Leistung zu verweigern.

(2) Das zur Befriedigung eines verjährten Anspruchs Geleistete kann nicht zurückgefordert werden, auch wenn in Unkenntnis der Verjährung geleistet worden ist."

c) § 439 Abs. 1 HGB: „Bei Vorsatz oder bei einem dem Vorsatz nach § 435 gleichstehenden Verschulden beträgt die Verjährungsfrist drei Jahre." Vorsatz liegt vor, wenn der Schadenseintritt beabsichtigt ist oder billigend in Kauf genommen wird (bedingter Vorsatz).

§ 435 HGB: „... leichtfertig und in dem Bewusstsein, dass ein Schaden mit Wahrscheinlichkeit eintreten werde". Dieser neue Begriff der „bewussten groben Fahrlässigkeit" erweitert den bisherigen Begriff der groben Fahrlässigkeit um das Merkmal der Bewusstheit, dass ein Schaden eintreten wird.

d) Ist das Gut nicht abgeliefert worden, beginnt die Verjährung mit dem Ablauf des Tages, an dem das Gut hätte abgeliefert werden müssen (§ 439 HGB). Bei vereinbarter Lieferfrist ist das der letzte Tag der Lieferfrist, bei einer angemessenen Lieferfrist muss zuerst deren Länge festgestellt werden (§ 423 HGB).

e) Die Verlustvermutungsfrist dient nur der Abgrenzung der Schadensarten. Nach Ablauf der Verlustvermutungsfrist kann der Empfänger von einem Verlust ausgehen und den Ersatz für den Güterschaden fordern. Die Verjährung beginnt dennoch mit dem Tag, an dem abgeliefert werden sollte (Ende der Lieferfrist).

1 Fremuth/Thume, TranspR, § 439 HGB, Anm. 18

AUFGABEN ZUM CMR-FRACHTVERTRAG

54 a) Die CMR gilt bei kombiniertem Verkehr (Straße–See) auch für die Seestrecke. Voraussetzung ist, dass nicht umgeladen wird und der Schaden nicht durch ein „Ereignis verursacht worden ist, das nur während und wegen der Beförderung durch das andere Beförderungsmittel eingetreten sein kann" (CMR Art. 2). Der Diebstahl ist keine seetypische Gefahr, der Unternehmer muss haften.

b) Die Haftung bestimmt sich nach der CMR, wenn es sich nicht um seeschifffahrtstypische Schäden handelt. Nur in diesem Fall würde eine Haftung nach dem HGB Seerecht (Haager Regeln) infrage kommen. Bei Diebstahl bleibt es bei der CMR-Haftung.

55 Es handelt sich um Wagenladungsverkehr nach der CMR. Der Geltungsausschluss nach Art. 1 „für Beförderungen, die nach den Bestimmungen internationaler Postübereinkommen durchgeführt werden", kommt hier nicht zum Tragen. Nach dem deutschen Postgesetz setzen Postdienstleistungen das „Einsammeln, Weiterleiten oder Ausliefern von Postsendungen an den Empfänger" (§ 4 PostG) voraus. Postsendungen sind adressierte Briefe, Päckchen und Pakete bis 20 kg.

56 a) 1. Das Verbot umzuladen.

2. Die Angabe des Wertes des Gutes und des Betrages des besonderen Interesses an der Lieferung.

3. Weisungen des Absenders an den Frachtführer über die Versicherung des Gutes (alle anderen Inhalte des Frachtbriefes können genannt werden).

b) Die Angabe, dass die Beförderung trotz einer gegenteiligen Abmachung den Bestimmungen dieses Übereinkommens unterliegt (CMR-Klausel); die Klausel soll nochmals die zwingende Geltung der CMR unterstreichen. Abweichende Regelungen sind nichtig. Die Klausel soll „die Anwendung der Bestimmungen der CMR auch vor Gerichten außerhalb der Vertragsstaaten sichern, indem sie diesen den Charakter von vertraglichen Vereinbarungen der Parteien gibt."[1]

1 Fremuth/Thume, TranspR, Art. 6 CMR, Anm. 22

57 a) Die CMR nennt in Art. 12 folgende Beispiele: „(1) dass der Frachtführer das Gut nicht weiterbefördert, (2) den für die Ablieferung vorgesehenen Ort ändert oder (3) das Gut einem anderen als dem im Frachtbrief angegebenen Empfänger abliefert."

b) „Die Ausführung der Weisungen (1) muss zu dem Zeitpunkt, in dem sie die Person erreichen, die sie ausführen soll, möglich sein und (2) darf weder den gewöhnlichen Betrieb des Unternehmens des Frachtführers hemmen (3) noch die Absender oder Empfänger anderer Sendungen schädigen." (Art. 12 Abs. 5 CMR)

c) Der CMR-Frachtbrief enthält automatisch eine Sperrfunktion. Der Absender kann nur verfügen, wenn er sein Frachtbriefexemplar vorlegen kann. Das Recht auf nachträgliche Verfügung erlischt mit der Ablieferung des Gutes.

d) Der Empfänger kann verfügen, sobald ihm vom Frachtführer während der Ablieferung der Frachtbrief übergeben wurde. Er kann nach Art. 12 Abs. 3 CMR bereits vorher nachträgliche Verfügungen erteilen, „wenn der Absender einen entsprechenden Vermerk in den Frachtbrief eingetragen hat" und er über das Absenderexemplar des Frachtbriefs verfügt.

58 a) Haftung nach der CMR

▪ Schaden (Güterschaden)	54 611,11 €
▪ Wert	54 611,11 €
▪ 8,33 SZR · 3680 kg · 1,1521	35 316,93 €
▪ Minimum	35 316,93 €
▪ Frachtkosten (keine Angabe)	
▪ Schadenersatz	35 316,93 €

b) Die Deckungslücke beträgt 19 294,18 €. Sie kann auf verschiedenen Wegen abgesichert werden. Der Absender kann einen Lieferwert im Frachtbrief deklarieren, der dem Güterwert entspricht. Die Haftungshöchstgrenze von 8,33 SZR/kg wird dann durch den Lieferwert ersetzt. Er kann aber auch eine Transportversicherung abschließen oder den Frachtführer mit dem Abschluss einer Transportversicherung beauftragen.

c)
- Es handelt sich um einen Güter- und Güterfolgeschaden (Deckungskauf).
- 152 000,00 € (Deckungskauf), 54 611,11 € (Wert), 97 388,89 € (GFS)
- Nach der CMR werden Güterfolgeschäden nicht ersetzt.
- Güterfolgeschäden können ersetzt werden, wenn der Absender ein entsprechendes Lieferinteresse (hier über die Deckungslücke von 97 388,80 €) in den Frachtbrief einträgt.

59

a) Haftung nach der CMR

Schaden (Güterschaden)	6 146,88 €
Wert	6 146,88 €
8,33 SZR · 500 kg · 1,1521	4 798,50 €
Minimum	4 798,50 €
Frachtkosten (keine Angabe)	
Schadenersatz	4 798,50 €

b) 6146,88 – 4 798,50 € + 886,00 = 2 234,38 €

c) Für die Deckungslücke beim Güterschaden kann ein Lieferwert, für den Güterfolgeschaden ein Lieferinteresse im Frachtbrief angegeben werden.

60

a) Die Spedition LogSped (Spedition im Selbsteintritt) ist verantwortlich, da der Schaden während des Obhutzeitraumes entstanden ist und Gefährdungshaftung gilt.

b) Haftung nach CMR (Straßentransport, grenzüberschreitend, kein Geltungsausschluss, Versand- und Bestimmungsort sind CMR-Staaten). ADSp verweist bei Transportschäden auf die jeweilige zwingende Rechtsordnung.

c) Haftung nach der CMR

Schaden (Güterschaden)	4 120,00 €
Wert	4 120,00 €
8,33 SZR · 140 kg · 1,1521	1 343,58 €
Minimum	1 343,58 €
Frachtkosten (keine Angabe)	
Schadenersatz	1 343,58 €

d) Lieferwertangabe im Frachtbrief.

e) Die Spedition LogSped muss eine Haftungsversicherung nach ADSp 2003 Ziffer 29 abgeschlossen haben. Der Deckungsumfang muss den Deckungsumfang der jeweiligen gesetzlichen Regelhaftung (CMR-Haftung) umfassen.

KOMPLEXE BEISPIELAUFGABE

61
1.

Rostov 2640 km									
55 km/h			VON	BIS	ZEIT	LZ	RZ	TRZ	
248	247,5	4,5	07:00	11:30	04:30	04:30			Mo
			11:30	12:15	00:45		00:45		
495	247,5	4,5	12:15	16:45	04:30	04:30			
			16:45	03:45	11:00			11:00	
743	247,5	4,5	03:45	08:15	04:30	04:30			Di
			08:15	09:00	00:45		00:45		
990	247,5	4,5	09:00	13:30	04:30	04:30			
			13:30	00:30	11:00			11:00	
1 238	247,5	4,5	00:30	05:00	04:30	04:30			Mi
			05:00	05:45	00:45		00:45		
1 485	247,5	4,5	05:45	10:15	04:30	04:30			
			10:15	21:15	11:00			11:00	
1 733	247,5	4,5	21:15	01:45	04:30	04:30			
			01:45	02:30	00:45		00:45		Do
1 980	247,5	4,5	02:30	07:00	04:30	04:30			
			07:00	18:00	11:00			11:00	
2 228	247,5	4,5	18:00	22:30	04:30	04:30			
			22:30	23:15	00:45		00:45		
2 475	247,5	4,5	23:15	03:45	04:30	04:30			
			03:45	14:45	11:00			11:00	Fr
2 640	165	3	14:45	17:45	03:00	03:00			
d) Ankunft Freitag, 17:45 Uhr						48:00	3:45	55:00	
						a), b)		c)	

61
2.

Deutschland - Polen - Ukraine - Russland

61
3.

E40

Köln (D) – Siegen (D) – Giessen (D) – Erfurt (D) – Dresden (D) – Wroclaw (PL) – Opole (PL) – Krakow (PL) – Lvov (UA) – Kijev (UA) – Charkov (UA) – Rostov na Donu (RUS)

61
4.

a) Die Autobahnmaut wird bezahlt, für
- die Benutzung von Autobahnen oder bestimmten Bundesstraßen
- durch Lkw mit einem zulässigen Gesamtgewicht ab 12 Tonnen.

b) Kategorie B, 4 Achsen, 0,183 €, 360 km = 65,88 €

61
5.

Land	Zulassung	Ausgabestelle
Deutschland	EU-Lizenz	Straßenverkehrsamt
Polen	EU-Lizenz	
Ukraine	bilaterale Genehmigung	BAG-Außenstelle Berlin
Russland	bilaterale Genehmigung	

61
7.

Prüfpflichten (Art. 8 CMR)
- Anzahl
- Zeichen und Nummern
- Äußere Beschaffenheit des Gutes

61
8.

a) Rechtsgrundlage CMR (Haftung Art. 23 ff.)

b) Haftungsgrundsatz: Gefährdungshaftung, verschuldensunabhängige Haftung des Frachtführers)

c) Haftung nach der CMR

–	Schaden (Güterschaden)	52 091,20 €
–	Wert (ohne Fracht)	51 541,20 €
–	8,33 SZR · 4 300 · 1,1521	41 267,07 €
	Minimum	41 267,07 €
+	Frachtkosten	550,00 €
=	Schadenersatz	41 817,07 €

d) Da es sich um eine Deckungslücke für einen Güterschaden handelt, besteht die Möglichkeit, einen Lieferwert nach Art. 24 zu vereinbaren. Dann würde der Güterschaden bis zum Lieferwert ersetzt.

Nach Art. 26 kann ein Lieferinteresse vereinbart werden. Dann werden auch die anderen Schadensarten (Güterfolgeschaden und reine Vermögensschaden) ersetzt.

Nach Koller, Transportrecht würde nach Art. 26 auch der Güterschaden ersetzt.

AUFGABEN ZUM KOMBINIERTEN VERKEHR

62

a) Unbegleiteter kombinierter Verkehr; Verladetechnik: Kombitechnik C [die Wechselbehälter werden mit Kran oder mobilen Umschlagsgeräten (Reach Stacker, Forklift Truck) auf Tragwagen verladen]

b) Technische Voraussetzungen
- Beschläge zur Befestigung und Sicherung der Ladeeinheiten auf dem Waggon
- Greifkanten zum Anheben und Umschlagen der Ladeeinheiten
- Codenummernschilder an den Seitenwänden
- Profilnummer der Ladeeinheit entspricht dem kleinsten Profil der benutzten Bahnstrecke

c) Schadenersatz bei Schäden bei der Bahn

–	Schaden (Güterschaden)	250 000,00 €
–	Wert	250 000,00 €
–	17 SZR · 12 000 kg · 1,1521	235 028,40 €
–	Minimum (Schadenersatz)	235 028,40 €

d) Schadenersatz bei Schäden beim Umschlag

–	Schaden (Güterschaden)	250 000,00 €
–	Wert	250 000,00 €
–	8,33 SZR · 12 000 kg · 1,1521	115 163,92 €
–	max 300 000 €/Ladeeinheit	300 000,00 €
–	max 2 Mio € /Schadensereignis	2 000 000,00 €
–	Minimum (Schadenersatz)	115 163,92 €

e) Vorteile Kombiverkehr
- keine Staus
- besserer Einsatz der Fahrer (Lenk- und Ruhezeiten)
- bessere Ausnutzung der Lkw
- Mautersparnis
- Umweltfreundlichkeit

61

6.

1 Absender (Name, Anschrift, Land) Schulze Mining Systems Pottgießer Straße 17-21 34117 Kassel	**INTERNATIONALER FRACHTBRIEF** Diese Beförderung unterliegt trotz einer gegenteiligen Abmachung den Bestimmungen des Übereinkommens über den Beförderungsvertrag im internationalen Straßengüterverkehr (CMR).
2 Empfänger (Name, Anschrift, Land) Russkij Ugol Zapad-naya mine Rostov-on-Don Bolshaya Sadovaya st. 47 344007 Russia	16 Frachtführer (Name, Anschrift, Land) Werner Fahrland Transportunternehmen, Plockstraße 46 40221 Düsseldorf Telefon 0211 238645 Fax 0211 592371
3 Auslieferungsort des Gutes Ort Bolshaya Sadovaya st. 47, Rostov-on-Don Land 344007 Russia	17 Nachfolgende Frachtführer (Name, Anschrift, Land)
4 Ort und Tag der Übernahme des Gutes Ort Pottgießer Straße 17-21, 34117 Kassel Land Deutschland Datum 25. August 2008	18 Vorbehalte und Bemerkungen der Frachtführer
5 Beigefügte Dokumente	

6 Kennzeichen und Nummern	7 Anzahl der Packstücke	8 Art der Verpackung	9 Bezeichnung des Gutes	10 Statistiknummer	11 Bruttogewicht in kg	12 Umfang in m
	25	Euro-Flachpaletten	Bergbaumaschinen		21 500	

13 Anweisungen des Absenders (Zoll- und sonstige amtliche Behandlung)

14 **Gefahrgut-Klassifikation**			Nettomasse kg/l	
UN-Nr.	Offizielle Benennung		Nummer Gefahrzettelmuster	Verpackungsgruppe

15 Frachtzahlungsanweisungen Frei Haus	19 Besondere Vereinbarungen

20 Ausgefertigt in Kassel am 25.08. 20 (0)		23 Gut empfangen am 20
21 Unterschrift und Stempel des Absenders	22 Unterschrift und Stempel des Frachtführers	Unterschrift und Stempel des Empfängers

24	Amtl. Kennzeichen	Nutzlast in kg
KFZ	D-FL 359	
Anhänger	D-FL 744	

63 a) Preisvergleich

Lkw-Verkehr		
Tagessatz	1 230,00 €	
km-Satz	512,20 €	1 742,20 €
Gemeinkosten	348,44 €	2 090,64 €
Gewinn	209,06 €	2 299,70 €
Maut	73,20 €	2 372,90 €

Kombiverkehr		
Lkw-Vorlauf	Versender – Terminal	140,00 €
Kranung	Terminal Duisburg	80,00 €
Kombiverkehr	Duisburg - Gliwice	1 040,00 €
Kranung	Terminal Gliwice	70,00 €
Nachlauf in Polen	bis 70 km Entfernung	258,00 €
		1 588,00 €

b) Laufzeiten

Lkw: 3 Tage

Kombiverkehr: Mo-Mi = 22:00 Uhr, Ankunft am 3. Tag um 9:30 Uhr. Abfahrten am Do und Fr kommen am Mo um 10:00 Uhr an.

Die Laufzeiten sind vergleichbar.

c) Rechtsgrundlagen

- Schwier - Intersped HGB/ADSp
- Intersped - Kombiverkehr UIRR-AGB
- Kombiverkehr - Poltrain CIM
- Kombiverkehr - DB Railion CIM

d) Haftung Güterschäden, international

- 8,33 SZR/kg
- max. 300 000 SZR je Ladeeinheit
- max. 2 Mio. SZR je Schadensereignis

e) Vorteile reiner Lkw-Verkehr

- Haus-Haus-Verkehr
- Zeitersparnis durch fehlende Umschlagsvorgänge
- keine Gefahr durch Umschlag

Vorteile Kombiverkehr

- Umweltschutz
- kostengünstig
- keine Maut
- besserer Einsatz der Lkw (Strecke nur WB)

3.4 Fahrzeugkostenkalkulation

64 a) Das betriebsnotwendige Kapital wird zur Ermittlung der kalkulatorischen Verzinsung (Zeile 35) benötigt.

b) Durch den Wertverlust des Fahrzeugs sinkt der Wert im Laufe der Nutzungsdauer vom Anschaffungspreis auf einen Wert von 0 €. Das durchschnittlich über die Nutzungsdauer gebundene Vermögen wird als

$$\frac{\text{Anschaffungskosten} + \text{Restwert}}{2} = \frac{\text{Kaufpreis des Fahrzeuges} + 0}{2}$$

berechnet.

c) Die Abschreibungen sind die entstehenden Kosten für die Wertminderung des Fahrzeugs. Sie sind variable Kosten, soweit die Wertminderung ihre Ursache in der Abnutzung des Fahrzeugs durch die gefahrenen km hat. Die Entwertung (fixe Kosten) entsteht durch Alterung des Fahrzeugs, die km-unabhängig im Zeitablauf eintritt.

d) Der Fahrer eines Lkw steht wegen Urlaub, Krankheit etc. nicht immer zur Verfügung. Es wird ein Ersatzfahrer für einen Teil der jährlichen Betriebszeit benötigt. Häufig müssen Lkw auch mit zwei Fahrern besetzt werden, um bei langen Strecken die Lenk- und Ruhezeiten einhalten zu können. Ein Personalfaktor von 1,2 bedeutet, dass für einen Lkw 1,2 Fahrer kalkuliert werden.

65 a) Fixe Kosten sind entfernungsunabhängige Kosten (z. B. Kfz-Steuern); variable Kosten (z. B. Dieselkosten) hängen direkt von den gefahrenen Kilometern ab.

b) z. B. Gehälter für das kaufmännische Personal, Miete, Kommunikationskosten, Kosten für die Geschäftsleitung, Versicherungskosten für den Gesamtbetrieb

c) Siehe Aufgabe 64 d).

d) Die Abschreibung wird vom gesamten Fahrzeugkaufpreis ohne Reifen abzüglich des Restwerts berechnet.

66 a) (36 456,00 + 6 500,00) / 240 = 178,98 €

b) 8 237,00 € / 45 000 km · 100 = 18,30 ct/km

c) 178,98 / 8 · 6 + 18,30 ct · 187 / 100 = 168,46 €

67 a) Variable Kosten:

Kraftstoffkosten	18 700,00 €
Schmierstoffkosten	600,00 €
Reifenkosten	1 800,00 €
Reparaturen	3 200,00 €
Abschreibung	7 500,00 €
Summe	31 800,00 €

$$\text{km-Satz} = \frac{31\,800{,}00 \cdot 100}{130\,000} = 24{,}46 \text{ ct/km}$$

b) Fixe Kosten:

Fahrerlohn	48 400,00 €
Abschreibung	7 500,00 €
Kfz-Steuer	1 480,00 €
Kfz-Versicherungen	11 000,00 €
Übrige feste Fahrzeugkosten	4 100,00 €
Allgemeine Verwaltungskosten	12 600,00 €
Summe	85 080,00 €

$$\text{Tagessatz} = \frac{85\,080{,}00}{240} = 354{,}50\ €$$

c) $$\text{100-kg-Satz} = \frac{31\,800{,}00 + 85\,080{,}00 \cdot 100}{25\,000 \cdot 72\ \% \cdot 95} = 6{,}84\ €$$

d) $$\frac{19\,200}{100} \cdot 6{,}84 \cdot 1{,}12 = 1\,470{,}87\,€ + 19\,\%\ \text{USt.} = 279{,}47 = 1\,750{,}34\,€$$

68 a) $$\frac{\text{Anschaffungspreis des Fahrzeugs ohne Reifen (evtl. minus Restwert)}}{\text{Nutzungsdauer}}$$

Es kann auch eine kalkulatorische Abschreibung vom Wiederbeschaffungswert berechnet werden.

b) Die Reifenkosten werden auf das Jahr bezogen.

$$\text{Berechnung} = \frac{\text{Reifenkosten} \cdot \text{Jahreslaufleistung}}{\text{Reifenlaufleistung}}$$

c) Berechnung

$$\frac{\text{Anschaffungspreis Fahrzeug}}{2} + \text{Umlaufvermögen}$$

d) Berechnung = betriebsnotwendiges Vermögen · 7 %

e) $\frac{\text{variable Kosten} \cdot 100}{\text{Jahreslaufleistung}}$ = Kilometersatz (ct/km)

f) 12 t = 24,28 / 100 · 378 + 211 =
302,78 € / 12 000 · 100 = 2,52 €

15 t = 24,28 / 100 · 378 + 211 =
302,78 € / 15 000 · 100 = 2,02 €

18 t = 24,28 / 100 · 378 + 211 =
302,78 € / 18 000 · 100 = 1,68 €

69

a) 45 500 / 8 / 2 = 2 843,75 €

b) 55 000 / 100 · 19 · 1,15 = 12 017,50 €

c) 1 800 / 90 000 · 55 000 = 1 100,00 €

d) 22 553,25 €

20	Abschreibung (Abnutzung)	2 843,75 €	5,17 Ct/km
21	Kraftstoffkosten €	12 017,50 €	21,85 Ct/km
22	Schmierstoffe/Öle	212,00 €	0,39 Ct/km
23	Reifenkosten	1 100,00 €	2,00 Ct/km
24	Reparaturen/Wartung	6 380,00 €	11,60 Ct/km
25	Sonstige Betriebskosten	0,00 €	0,00 Ct/km
26	km-abhängige Kosten	22 553,25 €	41,01 Ct/km

e) Kilometersatz = 41,01 ct/km

70

a) Kraftstoffkosten = 35 000 / 100 · 18 · 1,15
= 7 245,00 €

b) Schmierstoffkosten = 7 245,00 € · 3 %
= 217,35 €

c) Reifenkosten = 800,00 € · 35 000 / 80 000
= 350,00 €

d) kalkulatorische Zinsen = 20 000,00 € · 12,5 %
= 2 500,00 €

e) Fahrzeugeinsatzkosten

Variable Fahrzeugkosten	15 202,35 €
Fahrpersonalkosten	36 039,12 €
Feste Fahrzeugkosten	8 706,90 €
	59 948,37 €

71

Angebotspreise

KMS	32,74 Ct/km
TS	346,70 €
Gewinn	10 %

	km	Tage	t	Gewinn	Angebot
a)	415	1	12	48,26 €	530,83 €
b)	872	2	21	97,89 €	1 076,78 €
c)	612	1,5	20,5	72,04 €	792,46 €
d)	1750	3	18,5	161,31 €	1 774,36 €

72

a) 4,42 €
b) 5,13 €
c) 3,87 €
d) 9,59 €

$$\text{100-kg-Satz} = \frac{\text{Angebotspreis} \cdot 100}{\text{Gewicht in kg}}$$

73

TS 346,70 KMS 32,74 Nutzlast 19,6

	1	2	3	4	5
100	1,94	3,70			
200	2,10	3,87			
300	2,27	4,04			
400	2,44	4,21	5,97		
500		4,37	6,14		
600		4,54	6,31		
700		4,71	6,48		
800		4,87	6,64		
900		5,04	6,81		
1000		5,21	6,98		
1100		5,38	7,14	8,91	
1200		5,54	7,31	9,08	
1300		5,71	7,48	9,25	
1400		5,88	7,65	9,41	
1500		6,04	7,81	9,58	
1600		6,21	7,98	9,75	
1700		6,38	8,15	9,92	
1800		6,54	8,31	10,08	
1900		6,71	8,48	10,25	
2000		6,88	8,65	10,42	
2100			8,81	10,58	12,35
2200			8,98	10,75	12,52
2300			9,15	10,92	12,69
2400			9,32	11,08	12,85
2500			9,48	11,25	13,02
2600			9,65	11,42	13,19
2700			9,82	11,59	13,35
2800			9,98	11,75	13,52
2900			10,15	11,92	13,69
3000			10,32	12,09	13,86
3100			10,48	12,25	14,02
3200			10,65	12,42	14,19
3300			10,82	12,59	14,36
3400			10,99	12,75	14,52
3500			11,15	12,92	14,69

Excel-Formel: =RUNDEN(($C$1·B$4+$C$2/100·$A5);2)/($E$1·1000)·100

3.5 Gefahrguttransporte

74

a) Gefahrgutbeförderungsgesetz, Gefahrgutverordnung Straße, Eisenbahn und Binnenschifffahrt, ADR

b) Bei Stückgutsendungen werden die Fahrzeuge vorne und hinten mit einer unbeschrifteten orangefarbenen Warntafel gekennzeichnet. Für Klasse 1 und 7 werden Großzettel rechts, links und hinten angebracht. Bei Tankfahrzeugen wird das Fahrzeug mit einer orangefarbenen Warntafel (mit Gefahrkennzeichen und UN-Nummer) sowie Gefahrzetteln (Großzettel, Placards) auf beiden Seiten und hinten gekennzeichnet.

c) Beförderungspapier, Unfallmerkblatt, Zulassungsbescheinigung, Fahrwegbestimmung, ADR-Bescheinigung

75

a) GüKG, HGB, Gefahrgutbeförderungsgesetz, Gefahrgutverordnung Straße, Eisenbahn und Binnenschifffahrt, ADR, Gefahrgutbeauftragtenverordnung, Straßenverkehrsordnung etc.

b) Beförderungspapier (Frachtbrief), Unfallmerkblatt, Zulassungsbescheinigung, Fahrwegbestimmung

c) Orangefarbene Warntafel (ohne Beschriftung)

d) Nach ADR 8.14: zwei Feuerlöschgeräte (6 kg und 6 kg bei über 7,5 zGG)

Nach ADR 8.15: Unterlegkeil, zwei selbststehende Warnzeichen, Warnweste/Warnkleidung, Handlampe, Atemschutz

Nach Unfallmerkblatt mitzuführende Gegenstände

76

Airbags für PKW	1	Bleichmittel (Organisches Peroxid)	5.2
Benzin	3	Signalmunition	1
Baumwollabfälle, ölhaltig	4.2	Stickstoff, gasförmig, gekühlt	2
Butan	2	Strychnin	6.1
Essigsäure	8	Teile von Atomkraftwerken	7
Feueranzünder	4.1	Wasserstoffperoxid	5.1
Feuerwerkskörper	1	Asbest	9
Calciumcarbid	4.3	Zündhölzer	4.1
Klinischer Abfall, ansteckend	6.2	Zyankali	6.1

77

a) UN-Nummer, offizielle Benennung des Stoffes oder Gegenstandes, Gefahrgutklasse, Verpackungsgruppe, Anzahl und Beschreibung der Versandstücke, Gesamtmenge der gefährlichen Güter, Name und Anschrift des Absenders, Name und Anschrift des Empfängers

b) Gefahrgutbeförderungsgesetz, Gefahrgutverordnung Straße, Eisenbahn und Binnenschifffahrt, ADR, Gefahrgutbeauftragtenverordnung

c) Transportunternehmer: Prüfpflichten (Güter zugelassen, Unterlagen vorhanden, Fahrzeuge keine Mängel, Ausrüstung vorhanden, Fahrzeuge gekennzeichnet, Fahrzeuge nicht überladen usw.)

Fahrzeugführer: Mitführen einer gültigen ADR-Bescheinigung, Mitführen und Aufbewahren von Unfallmerkblatt und Beförderungspapier, keine Fahrgäste mitnehmen, Warntafeln und Gefahrzettel am Fahrzeug anbringen/entfernen etc.

Fahrzeug: Kennzeichnung (orangefarbigen Warntafeln, Großzettel), Ausrüstung (Feuerlöscher, Unterlegkeile, Warnzeichen), Einhaltung besonderer Bauartvorschriften bei Tankfahrzeugen

78

a) [1] orangefarbige Warntafel, [2] Gefahrzettel, Großzettel, Placard

b) Obere Ziffern: Art und Schwere der Gefahr

Untere Ziffern: UN-Nummer

c) [1] bei Einkammerfahrzeugen vorn und hinten am Fahrzeug (beschriftet)

bei Mehrkammerfahrzeugen an jedem Tank (links und rechts beschriftet) und vorn und hinten am Fahrzeug Warntafel ohne Ziffern

Container werden an beiden Enden und seitlich mit Warntafeln versehen.

[2] Beide Seiten und hinten am Fahrzeug (bei Mehrkammerfahrzeugen auch seitlich an den jeweiligen Tanks). Bei Containern (Tank, Klasse 1 und 7) Großzettel auf allen 4 Seiten.

d) Kennzeichnung erfolgt auf der Grundlage der ADR

e) Beförderungspapier, Unfallmerkblatt, ADR-Bescheinigung

79

[5] Frachtbrief

80

a) Das Gut gehört zu den freigestellten Mengen (EQ) je Packstück. Daher gilt die ADR nicht in vollem Umfang.

b) Kennzeichnung mit EQ-Label und Vermerk «GEFÄHRLICHE GÜTER IN FREIGESTELLTEN MENGEN» und die Anzahl der Versandstücke im Beförderungspapier

81

a) Das Unternehmen muss einen Gefahrgutbeauftragten bestellen, wenn es nicht nur freigestellte Güter (Kleinmengen/begrenzte Mengen) befördert. Die Regel, dass eine Freistellung erfolgt, wenn nicht sie nicht an der Beförderung von mehr als 50 Tonnen netto gefährlicher Güter für den Eigenbedarf beteiligt sind gilt für Speditionen und Frachtführer nicht.

b) Der Gefahrgutbeauftragte benötigt einen gültigen Schulungsnachweis (nach Grundlehrgang und Prüfung), der fünf Jahre gilt und durch Nachschulung wiedererteilt wird.

c) Überwachung der Einhaltung von Gefahrgutvorschriften, Mängelanzeige und Beratung des Unternehmers, Gefahrgutberichte, Überprüfung des Umgangs mit Gefahrgut im Unternehmen, Schulung der Arbeitnehmer, Untersuchungen, Maßnahmen und Berichte über Unfälle, Anweisungen für das Personal, Überprüfung der mitzuführenden Papiere und Ausrüstungen

82

a) Kennzeichnung „UN 2922", Bezettelung mit Gefahrzettel „8+6.1"

b) Neutrale orangefarbige Warntafel vorn und hinten am Fahrzeug

c) Frachtbrief

Gefahrgut-Klassifikation			Nettomasse kg/l	2960,0 kg		
UN	2922	Benennung	ÄTZENDER FLÜSSIGER STOFF, GIFTIG, N.A.G.			
Nummer Gefahrzettelmuster			8+ 6.1	Verpackungsgruppe	III	Tunnelcode E

d) Gefahrgutanhang

Spediteur	Absender	Empfänger
SaarSped Mühlstraße 22 66500 Hornbach	SK Kältetechnik GmbH, Am Waldrand 5, 18209 Bad Doberan	SaarTec Chemiefabrik Langentalstraße 7 66482 Zweibrücken

UN-Nr.	2922
Bezeichnung	ÄTZENDER FLÜSSIGER STOFF, GIFTIG, N.A.G.
Gefahrzettel-Nr.	8
Verpackungsgruppe	III
Anzahl der Versandstücke	60
Beschreibung	Korrosionsschutzmittel
Gesamtmenge	2 960,0 kg
Beförderungskategorie	3
Faktorenwert	2960
Die Beförderung erfolgt	☒ ohne Überschreitung
	☐ mit Überschreitung
der nach Unterabschnitt 1.1.3.6 ADR festgesetzten Freigrenzen	

e) Gefahrgutpapiere
Beförderungspapier, Unfallmerkblatt

Fahrerpapiere
ADR-Bescheinigung, Führerschein, Fahrerkarte (oder Diagrammscheiben)

Fahrzeugpapiere
Zulassungsbescheinigung I, Erlaubnis/Lizenz

f) 1. 2-kg-Feuerlöscher und zusätzlich Feuerlöscher mit zusammen 12 kg Pulver (davon ein Feuerlöscher mit 6 kg Pulver)

2. Ein Unterlegkeil je Fahrzeug, zwei selbststehende Warnzeichen und Augenspülflüssigkeit

3. Für jedes Mitglied der Fahrzeugbesatzung eine Warnweste, eine Handlampe, ein Paar Schutzhandschuhe, einen Augenschutz (z. B. Schutzbrille)
4. Eine Schaufel, eine Kanalabdeckung, ein Auffangbehälter aus Kunststoff

g) Stückgutfahrzeuge
Neutrale Warntafel vorn und hinten am Fahrzeug und Großzettel bei Klasse 7 und Klasse 1 an beiden Längsseiten und hinten

Tankfahrzeuge (Einkammer)
Stoffbezogene Warntafel vorn und hinten am Fahrzeug (bzw. Neutrale Warntafel vorn und hinten und Stoffbezogene Warntafeln an den Seiten)

Tankfahrzeuge (Mehrkammer)
Neutrale Warntafel vorn und hinten am Fahrzeug und stoffbezogene Warntafeln an beiden Seiten jeder Kammer

Tankfahrzeuge (alle)
Großzettel hinten und an beiden Seiten jeder Kammer

83

a) Sendung 1: 7a = 120 ml, 110 ml/27,5 kg = begrenzte Menge
Sendung 2a): 7a = 1 l 10 l/ 200 l = keine begrenzte Menge
Sendung 2b): 7a = 5 l 10 l/130 l = keine begrenzte Menge
Sendung 2a): Beförderungskategorie 2, Multiplikator 3, 720 Punkte, Sendung 2b: Beförderungskategorie 3, Multiplikator 1, 130 Punkte, zusammen 850 Punkte, begrenzte Menge je Beförderungseinheit.

b) Sendung 1: Gut mit UN-1078 in weißer Raute mit schwarzem Ecken keine Kennzeichnung des Fahrzeugs

Sendung 2: Gut mit UN-Nummer und Gefahrzettel 8, Fahrzeug mit neutralen orangfarbenen Warntafeln vorn und hinten

c) Keine Unfallmerkblätter aber Beförderungspapier mit den Gefahrgutangaben erforderlich

d) ADR-Bescheinigung ist nicht erforderlich

4 Aufgaben zum Luftfrachtverkehr

4.1 ICAO und IATA

01

Organisation	ICAO International Civil Aviation Organization
Mitglieder	Staaten, die sich am internationalen Luftverkehr beteiligen und Mitglied der UNO sind
Aufgaben	▮ Die ICAO strebt eine Ordnung der internationalen Zivilluftfahrt auf weltweiter Basis nach einheitlich gültigen Regeln an. ▮ Regelungen für die technischen Probleme der zivilen Luftfahrt ▮ Förderung der Entwicklung von Flugzeugen, Flugstrecken, Flughäfen und Luftverkehrseinrichtungen ▮ Regelung von Überflug- und Landerechten für Fluggesellschaften

Organisation	IATA International Air Transport Association
Mitglieder	Gewerblich tätige Fluggesellschaften, deren Heimatstaat Mitglied der ICAO und der UNO ist a) ordentliche Mitglieder: internationale Fluggesellschaften b) außerordentliche Mitglieder: nur national tätige Fluggesellschaften
Aufgaben	1. Informations- und Erfahrungsaustausch 2. einheitliche Beförderungspreise und Transportbedingungen 3. Abstimmung der Flugpläne der einzelnen Fluggesellschaften 4. Einheitliche Beförderungsbedingungen 5. Zulassung von IATA-Frachtagenten und IATA-Reisebüros 6. Vereinheitlichung von Dokumenten und Verfahren

02

a)	Polen	1., 2. und 3. Freiheit
b)	Deutschland	1. und 2. Freiheit
	Frankreich	1., 2., 3., und 5. Freiheit
	Spanien	1., 2. und 3. Freiheit
c)	USA	1. und 2. Freiheit
	Mexiko	1., 2. und 3. Freiheit
d)	Ägypten	1., 2. und 4. Freiheit
e)	Deutschland	1. und 2. Freiheit, Kabotagerecht
f)	Großbritannien	1. und 2. Freiheit
	Kanada	1. und 2. Freiheit
	USA	1., 2. und 3. Freiheit

03

Die 3.-5. Freiheit der Luft werden nur solchen Staaten eingeräumt, mit denen gewerblicher Luftverkehr betrieben werden soll. Sie werden auch immer nur gegenseitig gewährt.

04

a) Kabotage ist die Durchführung innerstaatlicher Transporte durch ausländische Transportunternehmer. Im Luftfrachtverkehr: die Aufnahme von Fracht an einem Flughafen im Ausland und die Beförderung zu einem anderen Flughafen desselben Landes.

b) Die innerstaatlichen Transporte sind normalerweise einheimischen Unternehmen vorbehalten. Sie sollen vor Konkurrenz geschützt werden.

c) Innerhalb der EU besteht ein gemeinsamer Markt mit einer Gewerbe- und Niederlassungsfreiheit für alle in der EU beheimateten Unternehmen.

05

aa) IATA: International Air Transport Association (Internationale Lufttransport-Gesellschaft)

ab) Fluggesellschaften, deren Heimatstaat Mitglied der ICAO und der UNO ist

ac) siehe Aufgabe 01

b) Sendung „ready for carriage" übergeben: Ausstellen AWB (Luftfrachtbrief), Kontrolle der Begleitpapiere, der Verpackung, der Einhaltung der Gefahrgutvorschriften (DGR), Bekleben der Packstücke mit Etiketten des Carriers (labeln)

06

a) Aus den Staaten des geografischen Europa, sowie aus Algerien, Marokko, Tunesien und der Türkei

b) Es werden Beschlüsse über Flugpläne (Slots) und die IATA-Tarife (TACT) für Transporte innerhalb des Konferenzgebietes gefasst.

c) Es müssen Beschlüsse über Flugpläne (Slots) und die IATA-Tarife (TACT) für Transporte zwischen den beiden Konferenzgebieten gefasst werden.

07

a) Preisvorteile, Provisionen (Kommission), Gebühreneinnahmen für Nebenaufgaben, kann bei jeder IATA-Luftverkehrsgesellschaft Sendungen aufgeben, Zuteilung von Luftfrachtbriefnummern zur einfachen Abwicklung von Luftfrachtgeschäften.

b)
1. finanzielle Leistungsfähigkeit
2. Büro für Vermittlung, Verkauf und Abfertigung
3. Räumlichkeiten, um das Gut „ready for carriage" zu stellen
4. sachkundiges Personal (Grundlehrgang und DGR)
5. Der Firmenname darf nicht dem Namen eines Carriers ähnlich sein.
6. Probezeit bis zur Ernennung zum IATA-Agent ohne Auszahlung der Provision

c) Antrag bei der IATA in Genf, Gebühr, Fragebogen, Nachweise, Tätigkeit ohne Provisionen in der Probezeit, Zulassung

d) Aufgaben des IATA-Agenten
1. Ausstellen des Luftfrachtbriefes
2. Versandfertigmachung der Luftfracht-Sendung („ready for carriage")
   - AWB (Luftfrachtbrief) ordnungsgemäß
   - Begleitpapiere vollständig
   - luftfrachtgerechte Verpackung
   - Einhaltung der Gefahrgutvorschriften (DGR)
   - Bekleben der Packstücke mit Etiketten des Carriers (labeln), die Anzahl, Bestimmungsflughafen und Frachtbriefnummern enthalten
3. Frachteninkasso und Auskehrung an den Carrier bis zum 30. des Folgemonats
4. Berechnung der offiziellen IATA-Frachtraten (Tarifierung) im AWB

e) Der IATA-Agent erhält von den Fluggesellschaften Provisionen (Kommission). Seine Spediteurtätigkeit wird auch vom Versender vergütet. Der IATA-Agent erhält von den Fluggesellschaften Preisnachlässe, die er nur zum Teil an die Versender weitergibt. Einnahmen hat der IATA-Agent auch aus Gewinnen aus dem Luftfracht-Sammelgutgeschäft, wo insbesondere ein Ausgleich von Sperrigkeiten stattfindet. Der Kunde bezahlt Volumengewicht, die gesamte Sammelsendung wird nach wirklichem Gewicht abgerechnet.

4.2 Verkehrsgeografie Luftfracht

08

a) TC1 umfasst den gesamten nord- und südamerikanischen Kontinent und die benachbarten Inseln, ferner Grönland, Bermudas, West-Indien, die Inseln in der Karibischen See sowie die Hawaii-Inseln.

TC2 umfasst ganz Europa (einschl. des europäischen Teils Russlands) und die benachbarten Inseln, ferner Island, die Azoren, ganz Afrika mit seinen benachbarten Inseln, Ascension, den Mittleren Osten und den Teil Asiens westlich und einschließlich des Iran.

TC3 umfasst ganz Asien und die benachbarten Inseln mit Ausnahme des zu TC2 gehörenden Teils, ferner alle Ostindischen Inseln, Australien, Neuseeland und benachbarte Inseln sowie die Inseln im Pazifischen Ozean mit Ausnahme der zu TC1 gehörenden Inseln.

b) Staaten des geografischen Europa sowie Algerien, Marokko, Tunesien und die Türkei

c)

Naher Osten:	Syrien, Libanon, Israel, Palästina, Jordanien
Südwestasien:	Irak, Iran
Arabien:	Kuwait, Saudi-Arabien, Jemen, Oman, Vereinigte Arabische Emirate, Katar, Bahrain
Afrika:	Ägypten, Sudan
Europa:	Zypern

09

a) Algerien, Marokko, Tunesien

b) Ägypten, Sudan

10

Konferenzgebiete / Städte	TC1	TC2			TC3
		IATA Europe	IATA Middle East	IATA Africa	
Paris	☐	☒	☐	☐	☐
Mombasa	☐	☐	☐	☒	☐
Jakarta	☐	☐	☐	☐	☒
Kairo	☐	☐	☒	☐	☐
Sydney	☐	☐	☐	☐	☒
New York	☒	☐	☐	☐	☐
Johannesburg	☐	☐	☐	☒	☐
Recife	☒	☐	☐	☐	☐
Ankara	☐	☒	☐	☐	☐
Dubai	☐	☐	☒	☐	☐

11

aa)	Kairo	6	TC2	Middle East
ab)	Seattle	15	TC1	Nordamerika
ac)	Dakar	7	TC2	Africa
ad)	Athen	3	TC2	Europe
ae)	Singapur	11	TC3	Südostasien
b)	4	Moskau	TC2	Europe
	18	Mexico City	TC1	Noramerika
	20	Buenos Aires	TC1	Südamerika
	9	Mombai (Bombay)	TC3	Südasiatischer Subkontinent
	13	Perth	TC3	Südwest-Pazifik

12

Flughafen	Staat	TC	Area
AUCKLAND	Australien	3	Südwestpazifik
ATLANTA	USA	1	Nordamerika
ISTANBUL	Türkei	2	Europa
QUITO	Ecuador	1	Südamerika
DUBAI	VAE	2	Mittlerer Osten
WARSZAWA	Polen	2	Europa
JOHANNESBURG	Südafrika	2	Afrika
CHICAGO	USA	1	Nordamerika
MANILA	Philippinen	3	Südostasien
DUBLIN	Irland	2	Europa
MANAGUA	Nicaragua	1	Mittelamerika

BRÜSSEL	Belgien	2	Europa
OSAKA	Japan	3	Japan/Korea
ACCRA	Ghana	2	Afrika
KUWAIT	Kuwait	2	Mittlerer Osten
JAKARTA	Indonesien	3	Südostasien
PEKING	China	3	Südostasien
ROM	Italien	2	Europa
ANCHORAGE	USA	1	Nordamerika
DJIDDA	Saudi-Arabien	2	Mittlerer Osten

13

a) MEZ = Mitteleuropäische Zeit

b) Tokyo = Japan

Dallas = USA Texas

ca) Mi 9:00 – 8:00 + 10:00 = Mi 11:00 Uhr

cb) Di 21:00 + 7:00 + 9:00 = Mi 13:00 Uhr

14

Von	Zeit		Nach	Zeit		Dauer	Abflug	Ankunft
	UTC			UTC			Ortszeit	Ortszeit
Berlin	01:00	+	New York	05:00	–	06:30	16:40	17:10
London	00:00	+	Moskau	03:00	+	02:30	08:15	13:45
Kairo	02:00	+	Sidney	10:00	+	08:50	06:20	23:10
Los Angel.	08:00	–	Athen	02:00	+	11:00	*14:35	11:35
Peking	07:00	+	St.-Petersb.	03:00	+	07:40	14:25	17:05

* Vortag

15

Folgende Sendungen sollen per Luftfracht befördert werden. Bestimmen Sie, welche Lademittel für die einzelnen Sendungen geeignet sind.

1. PZA Car Transport unit
2. AKH Container
3. XYX Hanging Garment
5. LD3 Refrigerating Container
6. AAN Container
7. HJM Triple Horse Container

16

10 ft. Container (LD-9, AAP)

17

„Cargo Aircraft only“: reine Frachtflugzeuge ohne Passagierbeförderung (z. B. Airbus A300-600F, A310-200F, A380F, Boeing 747-400 F, 747-200 F, 737-300 F, MD-11F)

4.3 Luftfrachtvertrag

18

a) Bachmeier wird als IATA-Agent (Agent des Luftfrachtführers) tätig. Er schließt im Namen des Carriers den Frachtvertrag. Er ist ebenfalls als Agent (Spediteur) der Fa. Wildmann tätig und schließt in deren Namen den Frachtvertrag.

b) Wildmann ist Absender (Shipper)

c) Consignee

19

a)	MÜ	e)	WAK
b)	WAK	f)	MÜ
c)	IATA BefBed	g)	WAK
d)	WAK/HP	h)	WAK

20

- Vertragsdokumentation
- Empfangsbescheinigung
- Anerkennung der Vertragsbedingungen
- Anweisungen des Absenders
- Versicherungszertifikat (bei Angabe des Versicherungswertes)
- Sperrpapier (3. Original)
- Wertdeklaration für die Haftungserhöhung
- Zollpapier (Zollanmeldung)
- Frachtrechnung

21

a) WT/VAL/Other
Frankaturen (prepaid/collect) für die Frachtkosten (WT), den Wertdeklarationszuschlag (VAL) oder die Nebengebühren (Other)

b) Declared Value for Carriage
Wertdeklaration zur Erhöhung des Schadenersatzes bei bestehender Deckungslücke

c) Amount of Insurance
Versicherungswert (Lufttransportversicherung)

d) Handling Information
Anweisungen und Hinweise zur Behandlung des Gutes (Gefahrguthinweis, Zeichen, Nummern und Art der Packstücke, Notify Address, Begleitpapiere, Sicherheitsstatus etc.)

e) Chargeable Weight
Frachtpflichtiges Gewicht (Maximum aus wirklichem und Volumengewicht der Sendung)

f) Other Charges
Nebengebühren

g) Insurance premium
Versicherungsprämie

h) Total other Charges due Carrier
Summe der Nebengebühren, die dem Carrier zustehen

22

a)

Wilson	AirTrans	Speditionsvertrag
Wilson	Lufthansa	Frachtvertrag
AirTrans	Lufhansa (IATA)	Agenturvertrag

b) AirTrans ist IATA-Agent. Sie vertritt daher die Carrier beim Vertragsabschluss des Frachtvertrages und handelt (wie ein Handelsvertreter) in deren Namen. Sie übernimmt auch bestimmte Frachtführertätigkeiten für die Lufthansa und erhält eine Vergütung von der Fluggesellschaft.

c) Siehe Aufgabe 20

d) Das Gut ist nicht sperrig (Volumengewicht = $10 \cdot 30 \cdot 40 \cdot 50 / 6\,000 =$ 100,00 kg)

Frachtberechnung = 500 · Q500 (2,47) = 1 235 €. Eine Alternativrechnung mit einer niedrigeren Q-Rate (z. B. Q300) wäre notwendig.

e)

AWB-Fee:	Ausstellung AWB
Handling-Fee:	Versandfertigmachung des Gutes
Insurance Premium:	Versicherungsprämie

23

a)

House-AWB	für den Auftraggeber (Absender, Shipper)
Master-AWB	für den Carrier
Cargo-Manifest	für den Empfangsspediteur (und als Ladeliste für den Carrier)

b)

House-AWB	Frachtbrief für Vertrag zwischen Absender und IATA-Agent
Master-AWB	Frachtbrief für den Vertrag zwischen Spediteur und Carrier
Cargo-Manifest	Ladeliste für den Carrier Bordero für den Empfangsspediteur

c) Es werden Frachtverträge mit den Auftraggebern der Einzelsendungen geschlossen. Rossmann wird „vertraglicher Frachtführer“ im multimodalen Sammelgutverkehr (Rechtsgrundlage MÜ).

24

a) Es besteht eine Deckungslücke (MÜ-Haftung 19 SZR · 1,1521 · 490 kg = 10 726,05 € Wert 23 500,00 €, Deckungslücke 12 773,95 €). Die Wertdeklaration kostet 95,80 € (0,75 %). Die Versicherung würde (bei 0,22 %) insgesamt 51,70 € kosten (Tarif der Lufthansa-Luftfrachtversicherung). Der Spediteur hat die Deckungslücke mit der preisgünstigsten Variante ausgefüllt.

b) Die Gebühr für die Wertdeklaration berechnet sich nur von der Differenz zwischen MÜ-Haftung und dem Güterwert, die Versicherung berechnet sich auf den gesamten Güterwert. Es hängt also vom Verhältnis von Gewicht und Wert ab, welche Variante billiger ist.

25 AirTrans überschreibt als Agent des Carriers im Rahmen des IATA-Agenturvertrages und gibt damit eine rechtsverbindliche Erklärung zum Abschluss des Frachtvertrages für die Lufthansa ab. Er unterschreibt außerdem für Wilson als Agent des Shippers.

26

a) Die nachträgliche Verfügung ist nach den Lufthansa-ABB (Art. 7) zulässig.

b) Die Lufthansa muss die nachträgliche Verfügung ausführen, wenn der Carrier oder andere Absender nicht geschädigt werden und die Sendung noch nicht ausgeliefert wurde.

c) Der Absender muss die 3. Ausfertigung des AWB vorlegen.

27

1. Weisungen des Absenders auf dem Luftfrachtbrief befolgen	Der Luftfrachtführer muss in diesem Fall die Weisungen des Shippers ausführen.
2. Sendung zurückschicken, um im Absendeflughafen die Absenderanweisung abzuwarten	Sinnvoll bei kleineren Sendungen, die keine hohen Frachtkosten verursachen oder bei einem Zielflughafen, bei dem eine Einlagerung nicht möglich ist.
3. nach mindestens 30-tägiger Lagerung privat oder öffentlich verkaufen	In Fällen, in denen eine Rücksendung des Gutes nicht sinnvoll ist.
4. bei leichtverderblichen Gütern, Tieren u. Ä. ist auch Vernichtung, Einlagerung in Kühlhäusern oder sofortiger Verkauf möglich	Die Voraussetzungen (leicht verderblich etc.) müssen gegeben sein.

28

a) Beförderung, Ein- und Ausfuhr dürfen nicht verboten sein

Vorschriften über Beförderungsverbote (Gefahrgut, Kriegswaffen etc.), Ein- und Ausfuhrverbote des Abgangs- und Ziellandes

b) Güter müssen in geeigneter Weise verpackt sein

Verpackung muss für den Lufttransport geeignet sein, das gilt insbesondere für die besonderen Belastungen aus den Luftfrachtbeförderungen (Höhen- und Klimawechsel, Start- und Landevorgänge). Besondere Verpackungsvorschriften für Gefahrgut sind zu beachten.

c) Güter müssen mit den erforderlichen Begleitpapieren versehen sein

Notwendig sind Luftfrachtpapiere (AWB, Cargo Manifest), Gefahrgutpapiere (Shippers Declaration), Zollpapiere

d) Güter dürfen nicht das Flugzeug, Personen oder Sachen gefährden oder belästigen (z. B. Waffen, Tiere, sonstige gefährliche Gegenstände).

29

a) zulässig

b) unzulässig, da kein vorgesehener Grund vorliegt

c) zulässig

d) zulässig

4.4 Luftfrachtberechnung

30

1.	819,84 €	Alternativ Q100/Q300; sperrig
2.	112,95 €	Alternativ N/Q45; nicht sperrig
3.	531,30 €	Alternativ Q100/Q300; nicht sperrig, 3 verschiedene Kart.
4.	1 488,73 €	Alternativ Q100/Q300; sperrig; Versicherung
5.	253,00 €	Alternativ Q45/Q100; sperrig; 2 verschiedene Kart.
6.	10 289,12 €	ULD-Rate, Pivot + Overpivot
7.	114,84 €	Alternativ C9709/45/100; nicht sperrig
8.	1 138,59 €	Q300, sperrig, Wertdeklaration
9.	798,04 €	Alternativ Q100/Q300; sperrig, 5 gleiche Kart.; Versicherung
10.	1 060,00 €	Alternativ C4202/100/250; sperrig; 8 gleiche Kart.
11.	728,53 €	Warenklassenrate 50 % auf N; 2 gleiche Kart.; Umrechnung in €
12.	1 671,90 €	Alternativ Q45/Q100; nicht sperrig; Umrechnen in €; Versicherung
13.	4 021,54 €	Alternativ C4200/100/Q300; sperrig, Umrechnen in €
14.	6 033,36 €	Alternativ Q300/Q500; sperrig; Umrechnen in €; Versicherung

31

a)	1 323,96 €	Alternativ Q300/Q500; nicht sperrig; gleiche Kisten
b)	209,70 €	Class-Rates, Zeitungen 33 % von N
c)	76,69 €	Minimum

32

Luftfracht	25 042,50 €	
Exportabfertigung	35,00 €	
Abholrolle	3 339,00 €	28 416,50 €

33

a) 508,53 €

b) 1024 Specific-Commodity-Rate für Fisch, Fischfutter etc.

8 Container-Typ

/C Overpivotrate: wird für jedes kg über dem Pivotgewicht des Containers bezahlt

/B Preis für das Pivotgewicht (Basisgewicht) des Containers

M Minimum, Mindestfracht, die nicht unterschritten werden darf

34 [3] 301 500 JPY

35

a) General Cargo Rates / Allgemeine Frachtraten, bestehen aus Normalrate (N) und Mengenrabattraten (Q). Bei Mengenrabattraten muss ein Mindestgewicht abgerechnet werden.

b) Specific Commodity Rates / Spezialwarenraten (C-Raten): für bestimmte Güterarten auf einzelnen Strecken

c) ULD-Raten / Container- und Palettenraten (güterartunabhängig), Basispreis (/B) für ein Pivotgewicht und zusätzlich eine Overpivotrate (/C) je kg, um die das Basisgewicht überschritten wird

d) Class Rates / Warenklassenraten: Raten mit Zuschlägen oder Abschlägen auf die Normalrate für bestimmte Güter (Zeitungen, Edelmetalle, Leichen, radioaktives Material etc.)

e) Minimum: Frachtbetrag, der mindestens berechnet wird, wenn die Frachtberechnung ein niedrigeres Ergebnis hat

4.5 Haftung nach Montrealer Übereinkommen

36

a) [4000-(22·19·1,1521)] · 0,75 % = 26,39 €

b)

Schaden	3 700,00 €
Wert	3 700,00 €
Wertdeklaration	4 000,00 €
Schadenersatz	3 700,00 €

c)

Beschaffenheitsschäden	Glasbruch, Rost
Verpackungsmängel	Unzureichende Verpackung des Gutes
Kriegshandlungen	Zerstörung des Flugzeuges
hoheitliches Handeln	Beschlagnahme wegen Einfuhrverbot
Mitverschulden des Geschädigten	Kennzeichnungsfehler, Verpackungsfehler, Weisungsfehler

37

Wert	124 700,00 USD	94 141,63 €
Schaden	42 400,00 USD	32 009,66 €
SZR	(19 · 768,5 · 1,1521)	16 822,39 €
Schadenersatz		16 822,39 €

38

a) Der Luftfrachtführer haftet verschuldensunabhängig. Der Shipper muss die Übergabe der unbeschädigten und vollzähligen Sendung beweisen.

b) Siehe Aufgabe 36 c), ABB Fracht Artikel 12 (2-3)

39

[5]

4.6 Gefahrgut/Kombinierter Verkehr

40

a) IATA-Dangerous Goods Regulations, DGR

b) Die richtige Versandbezeichnung des Gutes und/oder die UN-Nummer

c) Die Gefahrgutliste enthält die Gefahrgutvorschriften für die einzelnen Güter. Sie ist alphabetisch geordnet. Wenn die UN-Nummer, nicht aber die richtige Versandbezeichnung bekannt ist, kann die richtige Versandbezeichnung (in deutsch und englisch) aus der numerischen Querverweisliste entnommen werden.

41

Luftfrachtgefahrgut ist zu kennzeichnen und zu markieren.

a) UN-Nummer, Gefahrgutklasse, richtige Versandbezeichnung, Gefahren- und Abfertigungskennzeichen

b) Der Shipper (Absender) ist für die Markierung verantwortlich.

c) Der IATA-Agent muss überprüfen, ob die Verpackung, Kennzeichnung und Deklaration von Gefahrgut den Vorschriften entspricht. Er hat gegebenenfalls Ergänzungen und Ausbesserungen vorzunehmen oder das Gefahrgut zurückzuweisen.

42

Dem Gefahrgut ist eine „Shipper's Declaration for Dangerous Goods" (Versendererklärung für Gefahrgut) beizufügen. Im AWB ist die Shipper's Declaration zu vermerken.

43

Der Shipper (Absender) muss die Shipper's Declaration ausstellen (zumindest unterschreiben, wenn sie vom Spediteur ausgestellt wird).

44

Die Shipper's Declaration ist eine Gefahrguterklärung, die sich an den Luftfrachtführer wendet. Bei korrekter Identifikation des Gefahrgutes kann davon ausgegangen werden, dass der Luftfrachtführer als sachkundiger Beteiligter über die notwendigen Maßnahmen bei Unfällen/Vorfällen mit dem Gefahrgut informiert ist. Daher entfallen viele Inhalte, die sich an den Lkw-Fahrer, die Polizei oder die Feuerwehr richten würden.

45

- Abholung des Gutes
- Überprüfung des Gutes auf Vollzähligkeit und Beschädigungen
- Quittung
- Überprüfung der Einhaltung der Verpackungs- und Kennzeichnungsvorschriften
- Überprüfung sonstiger Gefahrgutvorschriften
- Überprüfung der Shippers Declaration
- Belabelung
- Erstellen des AWB
- Übergabe an den Luftfrachtführer
- Abrechnung
- usw.

46

a) IATA-Dangerous Goods Regulations, DGR

b)

1	Explosive Stoffe	Feuerwerkskörper
2	Gase	Spraydosen
3	Entzündbare flüssige Stoffe	Benzin
4.1	Entzündbare feste Stoffe	Zündhölzer
4.2	Selbstentzündliche Stoffe	weißer Phosphor
4.3	Stoffe, die in Berührung mit Wasser entzündbare Gase entwickeln	Calciumcarbid
5.1	Entzündend (oxidierend) wirkende Stoffe	Kaliumnitrat
5.2	Organische Peroxyde	Kunststoffkleber
6.1	Giftige Stoffe	Pestizide
6.2	Ansteckungsgefährliche Stoffe	Krankenhausabfälle
7	Radioaktive Stoffe	Teile von Röntgengeräten
8	Ätzende Stoffe	Ätznatron
9	Verschiedene gefährliche Stoffe	Asbest

c) AWB, Shipper's Declaration for Dangerous Goods

d) AWB, IATA-Agent/Shipper (Absender)

Shipper's Declaration Shipper (Absender)

47

a) Geschwindigkeit („nearly twice as fast as ocean freight")

b) Kosten (ungefähr „half the price of airfreight")

48

Es geht um die Nutzung von freien Kapazitäten auf bestimmten Flugstrecken. Zu bestimmten Flughäfen gibt es zwar Transporte, aber wenig Rückladungen. Wenn Güter mit dem Seeschiff bis zu diesen Flughäfen transportiert werden können, kann das Gut auf der restlichen Strecke schnell und preisgünstig mit dem Flugzeug transportiert werden.

Beispielstrecken:

- Fernost (China, Japan) per See via Vancouver/San Francisco per Flugzeug nach der US-Ostküste oder Europa
- Fernost, Südostasien, Indien via Seeschiff nach Dubai und per Flugzeug nach Europa

49

a) Auf innereuropäischen oder innerdeutschen Flugstrecken hat das Flugzeug keine Geschwindigkeitsvorteile mehr. Häufig werden Zulieferverkehre zu den großen Verkehrsflughäfen (Frankfurt/Main etc.) per Lkw-Transport durchgeführt.

b) Es gilt nicht das MÜ, sondern die Vorschriften über den multimodalen Verkehr. Die Haftung ist daher auf 8,33 SZR/kg (statt 19 SZR/kg) begrenzt.

KOMPLEXE BEISPIELAUFGABE

SZR = 1,1521
CNY = 8,1612

50

020/DUS/8231 4566 020-8231 4566

Shipper's Name and Address	Shipper's account Number	Not negotiable
Schulze Mining Systems Am Stadthafen 40 45356 Essen		**Air Waybill** Issued by **Lufthansa Cargo** Lufthansa Cargo AG Luftfrachtzentrum Flughafen Düsseldorf, 40474 Düsseldorf Member of International Air Transport Association

Consignee's Name and Address	Consignee's account Number	
Shanghai Shibang Machinery Co., Ltd. 416th, Jianye Road Pudong New District Shanghai, China		IT IS AGREED THAT THE GOODS DESCRIBED HEREIN ARE ACCEPTED IN APPARENT GOOD ORDER AND CONDITION (EXCEPT AS NOTED) FOR CARRIAGE SUBJECT TO THE CONDITIONS OF CONTRACT ON THE REVERSE HEREOF. ALL GOODS MAY BE CARRIED BY ANY OTHER MEANS INCLUDING ROAD OR ANY OTHER CARRIER UNLESS SPECIFIC CONTRARA INSTRUCTIONS ARE GIVEN HEREON BY THE SHIPPER AND SHIPPER AGREES THAT THE SHIPMENT MAY BE CARRIED VIA INTERMEDIATE STOPPING PLACES WHICH THE CARRIER DEEMS APPROPRIATE: THE SHIPPER'S ATTENTION IS DRAWN OF THE NOTICE CONCERNING CARRIER'S LIMITATION OF LIABILITY. SHIPPER MAY INCREASE SUCH LIMITATION OF LIABILITY BY DECLARING A HIGHER VALUE FOR CARRIAGE AND PAYING A SUPPLEMENT CHARGE IF REQUIRED

Issuing Carrier's Agent Name and City	Accounting Information
INTERSPED GMBH Internationale Spedition Merkurstraße 14 40223 Düsseldorf	
Agent's IATA Code: 23-4 7445/3012 — Account No.:	
Airport of Departure (Address of first Carrier) and requested Routing Issuing Carrier's Agent Name and City DUS Düsseldorf	

to	By first Carrier/ Routing and Destination	to	by	to	by	Currency	CHGS Code	WT/VAL PPD	WT/VAL Coll	Other PPD	Other COLL	Declared Value for Carriage	Declared Value for Customs
FRA	Lufthansa	PVG	LH			€		X		X		NVD	NCV

Airport of Destination	Flight/Date / For Carrier	Use only/ Flight/Date	Amount of Insurance	
Shanghai Pudong	LH 809/23	LH 728/23	NIL	**Insurance** – If Carrier offers insurance and such insurance is requested in accordance with conditions on reverse hereof, indicate amount to be unsured in figures in box marked amount for insurance

Handling Information
Commercial Invoice attached 3-f
3 (three) cases

No. of Pieces RCP	Gross Weight	kg lb	Rate Class	Commodity Item No.	Chargeable Weight	Rate / Charge	Total	Nature and Quantity of Goods (incl. Dimensions or Volume)
3	690	K	Q		800,0	3,02	2 416,00	spare parts for mining machines DIMS: 115x100x120 cm 130x120x100 cm 110x100x120 cm 4,260 cbm
3	690						2 416,00	"V 710,0 k"

Prepaid		Collect	Other Charges
Weight Charge: 2 416,00			AWA 10,00 CHA 30,00 MYC 448,50 SCC 103,50
Valuation Charge			
Tax			Insurance Premium
Total other Charges Due Agent: 40,00			Shipper certifies that the particulars on the face hereof are correct and that insofar as any part of the consignment contains dangerous goods, such part is properly described by name and is in proper condition for carriage by air according to the applicable Dangerous Goods Regulations. INTERSPED GMBH, Internationale Spedition, Merkurstraße 14, 40223 Düsseldorf *Elfers* Signature of Shipper or his Agent
Total other Charges Due Carrier: 552,00			
Total prepaid: 3 008,00	Total collect		INTERSPED GMBH, Internationale Spedition, Merkurstraße 14, 40223 Düsseldorf 22.10.20(0) *Elfers* Executed on (Date) at (Place) Signature of Issuing Carrier or its Agent
Currency Conversion Rates	cc charges in Dest. Currency		
For Carriers Use only at Destination	Charges at Destination		Total collect Charges

50

1.

Maße			tatsächliches Gewicht (kg)	Volumen cm³
L (cm)	B (cm)	H (cm)		
115	100	120	290,0	1 380.000
130	120	100	188,0	1 560.000
110	100	120	212,0	1 320.000
Summe:			690,0	4 260.000
Volumengewicht (kg)				710,0
Frachtpflichtiges Gewicht:				710,0

2.1

Q	500	3,56 €	2 527,60 €
Q	800	3,02 €	**2 416,00 €**
/8	1000	2 654,72 €	2 654,72 €
Fracht			**2 416,00 €**

2.2

a) Schutz vor Beschädigungen

b) Schutz vor Diebstahl

3.1 Siehe den abgedruckten AWB

3.2 Funktionen des AWB:

- Vertragsdokumentation
- Empfangsbescheinigung
- Anerkennung der Vertragsbedingungen
- Anweisungen des Absenders
- Versicherungszertifikat (bei Angabe des Versicherungswertes)
- Sperrpapier (3. Original)
- Wertdeklaration für die Haftungserhöhung
- Zollpapier (Zollanmeldung)
- Frachtrechnung

4

4.1 Bekleben der Packstücke mit Etiketten des Carriers (belabeln), die Anzahl, Bestimmungsflughafen und Frachtbriefnummern enthalten

4.2

DGR-Gefahrzettel	CARGO AIRCRAFT ONLY (CAO)	Nicht in Passagierflugzeuge verladen
	CRYOGENIC LIQUID	Tiefgekühlte Flüssigkeit
	MAGNETIZED MATERIAL	Magnetisierendes Material

5. Bei der Auslieferung der Sendung am Empfangsflughafen wird die Beschädigung der Kiste „SME1278/08" festgestellt. Der Inhalt ist nicht mehr brauchbar. Die Airline hatte bei der Übernahme in Düsseldorf reine Quittung erteilt. Die Verwendbarkeit der anderen beiden Sendungsteile ist nicht beeinträchtigt.

5.1 WAK (Warschauer Abkommen)
WAK mit HP (Haager Protokoll)
MÜ (Montrealer Übereinkommen)

5.2 Schadenersatz

Wert	692 783,00 CNY		84 887,39 €
SZR	188,0 kg	3 572,00 SZR	4 115,30 €
Schadenersatz			4 115,30 €

6.

6.1 China

6.2 Departure TC2 Europa
Arrival TC3 Südostasien

6.3 Ermitteln Sie die reine Flugzeit.

DUS	FRA	STD DUS	23.10.20(0) 11:50	
		STA FRA	23.10.20(0) 12:45	0:55
FRA	PVD	STD FRA	23.10.20(0) 17:25	
Zeitverschiebung (+7 h)			24.10.20(0) 00:25	
		STA PVD	24.10.20(0) 09:55	9:30
				10:25

6.4

ISTANBUL	COLOMBO
ABU DHABI	KALKUTTA
DUBAI	BANGKOK
KARACHI	SINGAPUR
BOMBAY	HANOI
NEU DELHI	HONGKONG

5 Aufgaben zur Seefracht

5.1 Verkehrsgeografie Seefracht

01

East Bound Service	Staat	Meer, Meerenge, Kanal	Fahrtgebiet
SOUTHAMPTON	GB	Ärmelkanal	26
HAMBURG	DE	Nordsee	33
ROTTERDAM	NL	Ärmelkanal	27
ZEEBRUGGE	BE	Ärmelkanal	27
LE HAVRE	FR	Ärmelkanal	27
		Straße von Gibraltar	
MARSAXLOKK	MT	Mittelmeer	24
		Suezkanal	
		Rotes Meeer	
		Bab el Mandab	
		Golf von Aden	

zu 01

East Bound Service	Staat	Meer, Meerenge, Kanal	Fahrtgebiet
		...	
		Arabisches Meer	
		Golf von Bengalen	
		Malakkastraße	
YANTIAN[1]	CN	Südchinesisches Meer	19
		Ostchinesisches Meer	
DALIAN	CN	Gelbes Meer	19
XINGANG[2]	CN	Gelbes Meer	19
SHANGHAI	CN	Gelbes Meer	19
XIAMEN	CN	Ostchinesisches Meer	19
HONGKONG	CN	Südchinesisches Meer	19
YANTIAN	CN	Taiwan-Straße	19
SINGAPORE	SG	Malakkastraße	19
PORT KLANG[3]	MY	Malakkastraße	19
		Suez-Kanal-Route	
SOUTHAMPTON	GB	Ärmelkanal	26

[1]SHENZEN, [2]TIANJIN [3]KELANG (KUALA LUMPUR)

zu 01

West Bound Service	Staat	Meer, Meerenge, Kanal	Fahrtgebiet
PUSAN	KR	Korea-Straße	19
SHANGHAI	CN	Ostchinesisches Meer	19
NINGBO	CN	Ostchinesisches Meer	19
QINGDAO	CN	Gelbes Meer	19
		Pazifik	
COLON	PA	Panamakanal	07
NEW YORK	US	Atlantik (NAOK)	02
NORFOLK	US	Atlantik (NAOK)	02
CHARLESTON	US	Atlantik (NAOK)	03
COLON	PA	Panamakanal	07
LOS ANGELES	US	Nordpazifik (NAWK)	06
OAKLAND	US	Nordpazifik (NAWK)	06
TOKYO	JP	Pazifik	19
PUSAN	KR	Korea-Straße	19

02

AL ABDALI	Staat	Meer, Meerenge, Kanal	Fahrtgebiet
ROTTERDAM	NL	Ärmelkanal	27
THAMESPORT	GB	Ärmelkanal	26
HAMBURG	DE	Nordsee	33
ANTWERP	BE	Ärmelkanal	27
		Straße von Gibraltar	
NAPOLI	IT	Tyrrhenisches Meer	24
JEDDAH	SA	Rotes Meer	14
DUBAI	AE	Persischer Golf	15
		Straße von Hormuz	
ABU DHABI	AE	Persischer Golf	15
BAHRAIN	BH	Persischer Golf	15
KUWAIT	KW	Persischer Golf	15
BOMBAY/MUMBAI	IN	Arabisches Meer	17
SINGAPORE	SG	Malakkastraße	19
HONGKONG	CN	Südchinesisches Meer	19
PUSAN	KR	Gelbes Meer	19
TAIPEH	TW	Ostchinesisches Meer	19
YOKOHAMA	JP	Pazifischer Ozean	19
KOBE	JP	Pazifischer Ozean	19
TOKYO	JP	Pazifischer Ozean	19

03

SOVCOMFLOT SENATOR	Staat	Meer, Meerenge, Kanal	Fahrtgebiet
BREMERHAVEN	DE	Nordsee	33
ROTTERDAM	NL	Ärmelkanal	27
LE HAVRE	FR	Ärmelkanal	27
NEW YORK	US	Atlantischer Ozean	02
SAVANNAH	US	Atlantischer Ozean	03
BALBOA	PA	Panamakanal	08
		Pazifischer Ozean	
LONG BEACH	US	Pazifischer Ozean	06
OAKLAND	US	Pazifischer Ozean	06
VANCOUVER	CA	Pazifischer Ozean	06
PUSAN	KR	Gelbes Meer	19
HONGKONG	CN	Südchinesisches Meer	19

04

ROSA DELMAS	Staat	Meer, Meerenge, Kanal	Fahrtgebiet
GENOA	IT	Mittelmeer	24
MARSEILLE	FR	Mittelmeer	24
BARCELONA	ES	Mittelmeer	25
		Straße von Gibraltar	
DAKAR	SN	Atlantischer Ozean	13
DOUALA	CM	Atlantischer Ozean	13
LUANDA	AO	Atlantischer Ozean	13
CAPE TOWN	ZA	Atlantischer Ozean	12
		Kap der guten Hoffnung	
DURBAN	ZA	Indischer Ozean	12

05

MSC INDONESIA	Staat	Meer, Meerenge, Kanal	Fahrtgebiet
SYDNEY	AU	Tasmansee Pazifischer Ozean	20
MELBOURNE	AU	Bass-Straße Pazifischer Ozean	20
ADELAIDE	AU	Indischer Ozean	20
FREMANTLE	AU	Indischer Ozean	20
DURBAN	ZA	Indischer Ozean	12
ANTWERP	BE	Ärmelkanal	27
FELIXSTOWE	GB	Nordsee	26

06

a) (12) Boston, (26) Dubai, (38) Hongkong, (6) Long Beach, (30) Singapur, (32) Tokyo

ba) NAOK: Nordamerika, Ostküste

bb) NAWK: Nordamerika, Westküste

c) Linienschifffahrts-Service, bei dem eine Reederei (oder ein Konsortium) einen Dienst anbietet, mit dem ein Seeschiff regelmäßig Transporte um die ganze Welt durchführt.

Round-The-World-Westbound meint die Fahrt von Europa über die USA nach Ostasien, eastbound meint die Richtung von Europa über den Persischen Golf, Südasien nach Ostasien.

07

CAP BLANCO	Staat	Meer, Meerenge, Kanal	Fahrtgebiet
ROTTERDAM	NL	Ärmelkanal	27
FELIXSTOWE	GB	Nordsee	26
HAMBURG	DE	Nordsee	33
ANTWERP	BE	Ärmelkanal	27
LE HAVRE	FR	Ärmelkanal	27
BILBAO	ES	Golf von Biscaya	25
SANTO DOMINGO	DO	Karibisches Meer	07
CARTAGENA	CO	Karibisches Meer	07
		Panamakanal	
BUENAVENTURA	CO	Pazifischer Ozean	10
GUAYAQUIL	EC	Pazifischer Ozean	10
CALLAO (Lima)	PE	Pazifischer Ozean	10
ARICA	CL	Pazifischer Ozean	10
VALPARAISO	CL	Pazifischer Ozean	10

08

[1] Rotterdam, [3] Aden, [2] Alexandria, [5] Bombay, [7] Hongkong, [6] Singapur, [4] Karachi

09

[1] Bilbao, [6] Danzig, [4] Göteborg, [2] Le Havre, [9] Marseille, [8] Neapel, [3] Rotterdam, [5] Stettin, [7] Triest, [10] Valencia

5.2 Schiffe und Container

10

a) In Containerschiffen werden die Container in den Laderäumen und an Deck in mehreren Lagen vertikal in Schächten (Zellenbauweise) übereinander gestapelt. Ein Teil der Container wird an Deck gestapelt. Die Be- und Entladung erfolgt in Containerterminals mit großen Ladebrücken, die über die gesamte Breite des Schiffes ragen.

Sehr große Schiffe [bis 320 m Länge, 35-45 m Breite (Post-Panmax-Schiffe), 32,50 m (Panmax-Schiffe), Tiefgang bis 14 m], größtes Containerschiff der Welt (2013) ist die „Mærsk Mc-Kinney Møller", 399 m Länge, 59 m Breite, Tiefgang 15,5 m, 18.270 TEU Kapazität (Super-Post-Panamax-Schiffe)

b) Containerschiffe wurden in den letzten Jahrzehnten immer größer gebaut. Nach der Zahl der zu transportierenden Container wurden sie in „Generationen" eingeteilt. Die Schiffe der 1. Generation fassen bis zu 1 000 TEU, die 2. Generation bis zu 2 000 TEU usw. bis zur 6. Generation mit 6 000 TEU. Beispiel hierfür ist die „Carsten Maersk" mit 6 600 TEU (Baujahr 2000). Weitere Generationen sind die Post-Panmax-Schiffe (bis 8 700 TEU) und Super-Post-Panmax-Schiffe (bis 18 500 TEU).

c) TEU Twenty-Foot-Equivalent-Unit (20 Fuß nach ISO Norm), maximale Stellplatzkapazität für 20-Fuß-Container (Standardcontainer)

11

a) konventionelles Stückgutschiff

b) eigenes Ladegeschirr, unterschiedliche Laderäume auf verschiedenen Decks, Ladeluken

c) Schiffe fahren unter der Flagge eines Staates, in dessen Schiffsregister das Schiff gemeldet ist. Das Schiff unterliegt damit den Vorschriften des Flaggenstaats. Die Vorschriften über Schiffsuntersuchungen, Besatzungsregeln usw. unterscheiden sich stark. Viele Schiffe werden bei Kleinstaaten in das Register gemeldet (Panama, Liberia etc.), um den strengen Vorschriften der großen Staaten zu entgehen.

d)

La Coruña	Spanien
Algier	Algerien
Alexandria	Ägypten

12

a) FCL – Full Container Load: Transport beladener Container vom Versender bis zum Empfänger (FCL/FCL)

LCL – Less Container Load: Container wird im Hafen be- oder entladen

FCL/LCL: Container wird beim Absender beladen und so im Vor- und Hauptlauf befördert. Im Zielhafen wird der Container entladen. Der Nachlauf erfolgt nicht containerisiert.

b) Merchant's Haulage: Der Vor- und/oder der Nachlauf wird durch den Absender organisiert.

c) Angaben: Absender, Empfänger, Containertyp, Gewicht, Inhalt, Frankatur, Konnossementsart etc.

13

2. Die Container-Linie befördert Behälter nur von Hafen zu Hafen. Vor- und Nachlauf erfolgt im Container; der Container wird nicht im Hafen be- und entladen.

5.3 Frachtvertrag, Konnossemente, Seefrachtbrief

14

Verladung in 20'-Kühlcontainer; 3 Fässer nebeneinander (1,80 m), 9 Reihen (5,40 m), 2 Lagen übereinander (1,80 m) = 54 Fässer je Container Ladegewicht 12 690,00 kg

15

a)

Verkäufer	Befrachter Shipper
Seehafenspediteur	Ablader
Reeder	Verfrachter Carrier
	Schiffsagent
Empfänger	Consignee

b)

Befrachter	Schließt Frachtvertrag (in eigenem Namen)
Ablader	Lädt Güter an das Schiff ab, Haftung für die Richtigkeit von Menge und Maßen, erhält die Konnossemente, muss Decksverladung zustimmen, hat Kündigungsrecht und Recht auf nachträgliche Verfügungen
Verfrachter	Transportiert das Gut, Beförderung mit einem see- und ladungstüchtigen Schiff, Pflicht zur Erhaltung der See- und Ladungstüchtigkeit während der Reise, Ladungsfürsorge von der Annahme bis zur Auslieferung
Schiffsagent	Abschluss von Seefrachtverträgen im Namen des Verfrachters

16

a)	Festbuchung	Buchung ohne Rücktrittsrecht bei garantiertem Laderaum und fester Seefracht
	Konditionelle Buchung	Buchung mit Rücktrittsrecht. Während der Zeit bis zum Abladetermin ist der Frachtraum und die Seefrachthöhe garantiert. Der Verfrachter kann die Umwandlung der konditionellen Buchung verlangen, wenn er den Frachtraum an einen anderen Befrachter verkaufen könnte. Wird getätigt, wenn der Abladetermin noch ungewiss ist.
b)	Ablader	Seehafenspediteur, der im Auftrag des Befrachters dessen Interessen gegenüber dem Reeder wahrnimmt. (Rechte siehe A15 b)
c)	Rechtsgrundlagen	Grundlage sind international die Haager- und die Visby-Regeln. Beide Vertragsgrundlagen sind in das 5. Buch des HGB (Seerecht) eingearbeitet.

17

[3] Ja, weil sich der Verfrachter in den Konnossement-Bedingungen das Recht vorbehält, die Container auch an Deck verladen zu dürfen, ohne den Ablader um seine Einwilligung fragen zu müssen.

18

a) Es sollte ein Frachtvertrag mit konditioneller Buchung geschlossen werden, um sich Schiffsraum und Seefracht zu sichern.

b) Da der Zielhafen nicht feststeht, sollte eine Optionsladung vereinbart werden.

19

B/L: Warenwertpapier

B/L: Originale erforderlich

ECB: Begleitpapier

ECB: Kopien, Faxe und andere genügen

20

a) ARA-Häfen sind Amsterdam, Rotterdam und Antwerpen.

b) Sea-Waybill ist ein Seefrachtbrief. Er kann verwendet werden, wenn ein Seekonnossement als Wertpapier nicht benötigt wird.

21

a) Zusammenarbeit von Reedereien um Schiffstonnage zu bündeln, Fahrgebiete miteinander zu verknüpfen und weltumspannende Liniendienste anzubieten.

b) Konsortium ist ein Zusammenschluss von Reedern, um gemeinsam Dienste zu betreiben und wie ein einheitliches Unternehmen aufzutreten. In Konsortien werden auch ein gemeinsames Equipment verwaltet und eigene Betriebe (Terminals, Frachtbüros etc.) betrieben.

c) Vorteile für den Verlader ist die Zunahme der Abfahrtfrequenz in einem bestimmten Service. Die Reedereien erhöhen die Kapazität.

22

a)	Voller Satz drei/drei:	Das Konnossement wird in drei Originalen ausgestellt. Der volle Satz besteht aus allen drei Dokumenten.
	Reines Konnossement:	Konnossement ohne Vorbehalte des Reeders bezüglich der Menge und der äußeren Beschaffenheit der übernommenen Güter
	Orderkonnossement:	Konnossement an Order; berechtigt ist der Ablader oder derjenige, an den das Konnossement per Indossament übertragen wurde.
b)	Funktionen:	Frachtvertragsfunktionen, Beweisfunktionen, Traditionsfunktionen

23

aa) Trans-World-Shipping

ab) Interport, Bremen

b) FCL/FCL: von Haus zu Haus, Stuhr nach York (USA)

c) TORONTO EXPRESS

d) S.T.C. / said to contain: Unbekannt-Klausel: Durch die Aufnahme dieser Klausel ins B/L spricht sich der Verfrachter von jeglicher Verantwortung für den Inhalt eines Containers oder Packstückes frei.

e) Die Seefracht ist im Voraus (in Bremen) bezahlt. Der Empfänger hat evtl. die Umschlag- und Nachlaufkosten in York/USA zu bezahlen (Abhängig vom Incoterm).

f) drei

g) Baltimore

h) 23.10.20(0)

i) SeaLog Inc., International Forwarder, Baltimore

5.4 Haftung

24

a) Verschuldenshaftung mit Entlastungspflicht des Reeders

b)

2 SZR · 8 000,0 kg · 1,1521 €	18 433,60 €
1 Kiste · 666,67 SZR · 1,1521 €	768,07 €
Maximum	18 433,60 €
Wert	112 000,00 €
Minimum	18 433,60 €

c) Bei CIF steht die Versicherungsleistung dem Empfänger zu.

d) Haftungsausschluss für Decksverladung mit Zustimmung des Verfrachters

25

[4] oder [1], je nachdem welcher Betrag höher ist. Der Wert ist jedoch auch eine Höchstgrenze.

26

a) Dispacheur ist ein amtlich bestellter und vereidigter Sachverständiger zur Aufstellung und Verteilung (Dispache) der Schäden aus großer Haverei.

b) § 588 Errettung aus gemeinsamer Gefahr

- Werden das Schiff, der Treibstoff, die Ladung oder mehrere dieser Sachen
- zur Errettung
- aus einer gemeinsamen Gefahr
- auf Anordnung des Kapitäns vorsätzlich beschädigt oder aufgeopfert
- oder werden zu diesem Zweck auf Anordnung des Kapitäns Aufwendungen gemacht (Große Haverei),
- so werden die hierdurch entstandenen Schäden und Aufwendungen von den Beteiligten gemeinschaftlich getragen.

ca) Beitragskapital = 10,0 Mio. € + 7,2 Mio. € + 0,8 Mio. € = 18 Mio. €

cb) Schäden und Kosten
= 450 Tsd. € + 55 Tsd. € + 155 Tsd. € + 300 Tsd. €
= 960 Tsd. €

Quote 0,96 Mio. € / 18 Mio. € = 5,33 %

27

a) Nach dem Art. 27 des Einführungsgesetz zum Bürgerlichen Gesetzbuch (EGBGB) ist eine ausdrücklich getroffene Rechtswahl zulässig. Ohne Rechtswahl unterliegt der Vertrag dem Recht, mit dem der Vertrag die engsten Verbindungen aufweist. Nach Art. 28 Abs. 4 EGBG ist das der Staat, in dem der Beförderer seinen Sitz hat, sofern sich in diesem Staat auch der Verladeort befindet.

b) Keine Versicherungspflicht

c) Der Verfrachter hat seine Pflicht zur Ladungsfürsorge schuldhaft verletzt und muss für den Schaden aufkommen.

d) Die Seeversicherung würde den Schaden von 40 156,00 € zuzüglich 4 015,60 € imaginären Gewinn ersetzen. Der entgangene Gewinn muss nicht nachgewiesen werden.

e) Der Reeder haftet für

Schaden	40 156,00 €
2 SZR · 17 225 · 1,1521	39 689,85 €
666,67 SZR · 412 · 1,1521	316 445,05 €
Maximum	316 445,05 €
Schadenersatz	40 156,00 €

f) Die Containerklausel lautet: Wird ein Container, eine Palette oder ein sonstiges Lademittel verwendet, das zur Zusammenfassung von Frachtstücken verwendet wird, so gilt jedes Stück und jede Einheit, welche in einem Beförderungsdokument als in einem solchen Lademittel enthalten angegeben sind, als Stück oder Einheit ...Soweit das Beförderungsdokument solche Angaben nicht enthält, gilt das Lademittel als Stück oder Einheit. (§ 504 HGB). Da die Stückzahl angegeben ist, gelten die Schweinehälften als Stücke, für die mit bis zu 666,67 SZR gehaftet wird.

28

FRT	RATE	135,00 USD	M/G
4,608 FRT			
3,500 FRT		USD	€
8,108 FRT	Grundfracht	1 094,58	
	Gesamtfracht		826,35

29

5,660 MAL MESSEND

FRT	RATE	284,00 €	USD M/G
240	BAF	13,10 %	Grundfracht
	CAF	−6,20 %	Grundfracht
	Marine Tax	5,00 %	Zwisum

	USD	AUD	€
Grundfracht	68 160,00		59 161,53
BAF			7 750,16
CAF			-3 668,01
ZWISUM			63 243,68
Marine Tax			3 162,18
Gesamtfracht			66 405,86
THC Sydney		85,00	67,03
Vorlauf			4 200,00
Abfertigung			120,00
Gesamtsumme			70 792,89

30

FRT	RATE	163,00	M/G
45,942	HEAVY LIFT	18,00	t

	USD	€
Grundfracht	7 488,55	
Heavy lift	594,00	
Gesamtsumme	8 082,55	6 101,88

31

aa) Hamburg-Le Havre-Range: eine Reihe von Seehäfen zwischen Hamburg und Le Havre, die ein Schiff nacheinander anfährt.

ab) BAF: Bunker Adjustment Factor, Zuschlag zur Seefracht, der vom Preis des Bunkeröls abhängig ist.

ac) FRT: Frachttonnen. Für jedes Packstück werden die m³ und die Gewichtstonnen verglichen. Der höhere Wert sind die Frachttonnen.

b) DAT Recife / Brasilien: Der Verkäufer übernimmt alle Kosten bis einschließlich der THC in Recife. Nach der Entladung geht auch die Gefahr auf den Käufer über.

c) Berechnen Sie die Seefracht.

Anzahl	Maße (m)			m²	t	FRT
2	2,40	3,10	2,80	41,664	24,000	41,664
1	1,20	1,50	3,20	5,760	8,500	8,500
1	2,20	1,20	0,85	2,244	9,850	9,850
						60,014

RATE	120,00 USD	M/G
a. v.	4,00 %	Wert
WERT	215 300,00 USD	
BAF	10,50 USD	M/G
CAF	5,00 %	erweiterte Grundfr.
HEAVY LIFT	21,50 USD	M/G ab 20 t
SOFORTRABATT	-9,50 %	Grundfracht

	USD	€
M/G	7 201,68	
VA	8 612,00	
Grundfracht	8 612,00	
Heavy lift	516,00	
BAF	630,15	
ZWISUM	9 758,15	
CAF	487,91	
Gesamtfracht	10 246,05	7 735,21

32

Anz.	Maße (m)			m²	t	FRT
1	1,60	1,40	1,00	2,240	2,100	2,240
2	1,60	1,20	1,00	3,840	2,760	3,840
2	9,20	1,50	0,70	19,320	10,860	19,320
						25,400

RATE	72,50 USD	M/G
HEAVY LIFT	6,50 USD	t ab 5 t
LL (LA)	7,20 USD	M/G>8 angef m
	USD	€
Grundfracht	1 811,05	
Heavy lift	70,59	
long lenght	136,08	
Gesamtfracht	2 017,72	1 523,27

33

a)

CAF Currency Adjustment Factor: **Währungsausgleichsfaktor**, der als Zuschlag zur /Abschlag von der Seefracht die Schwankungen der unterschiedlichen Landeswährungen ausgleicht

BAF Bunker Adjustment Factor: **Bunkerausgleichsfaktor**; Zu- oder Abschlag auf die Frachtrate, zum Ausgleich von schwankenden Bunkerpreisen (Treibstoffpreise)

H/L Heavy Lift; einzelnes schweres Ladungsteil (**Schwergut**), für das neben der Fracht ein Schwergewichtszuschlag berechnet wird

C/S Congestion Surcharge **(Verrstopfungszuschlag)**; Frachtzuschläge, die die Reeder berechnen, wenn ein Seehafen aufgrund von Überlastung verstopft ist und deshalb längere Wartezeiten für Seeschiffe entstehen

b)

Anz.	Maße (m)			m²	t	FRT
1	3,75	2,80	2,80	29,400	31,225	31,225
1	5,10	2,80	0,35	4,998	5,100	5,100
1	7,12	2,80	1,50	29,904	12,750	29,904
						66,229

RATE	95,00 USD	M/G
BAF	15,00 %	Grundfracht
CAF	2,50 %	GF+HL
HEAVY LIFT 1	27,00 USD	t > 5 t
HEAVY LIFT 2	34,00 USD	t > 10 t
HEAVY LIFT 3	48,00 USD	t > 20 t

	USD	€
Grundfracht	6 291,76	
BAF	943,76	
Heavy lift 1	137,70	SDG 2
Heavy lift 2	433,50	SDG 3
Heavy lift 3	1 498,80	SDG 1
ZWISUM	9 305,52	
CAF	2 326,39	
Gesamtfracht	11 631,91	8 781,45

34

a)

Anz.	Maße (m)			m³	t	FRT
2	2,70	1,90	1,40	14,364	5,000	14,364
2	1,90	0,90	0,50	1,710	1,000	1,710
						16,074

RATE	62,00 USD	M/G
VERSICHERUNG	0,45 %	110 % CIF
WERT	73 500,00 €	
	USD	€
EXW		73 500,00
Grundfracht	996,59	752,37
Vorlauf		492,00
FOB-Kosten		145,00
CFR-Wert		74 889,37
Versicherung		372,55
CIF-Wert		75.262,05

b) FOB = free on board = Gefahren- und Kostenübergang bei Überschreiten der Reling des Schiffes im Versandhafen

35

a) Verordnung über die Beförderung gefährlicher Güter mit Seeschiffen (Gefahrgutverordnung See – GGVSee) und International Maritime Dangerous Goods (IMDG) Code (durch die GGVSee auch in Deutschland gültig)

b)

1	Explosive Stoffe	Leuchtraketen, Knallkörper
2	Gase	Stickstoff, Propan
3	Entzündbare flüssige Stoffe	Benzin
4.1	Entzündbare feste Stoffe	Zündhölzer
4.2	Selbstentzündliche Stoffe	weißer Phosphor
4.3	Stoffe, die in Berührung mit Wasser entzündbare Gase entwickeln	Calciumcarbid, Natrium
5.1	Entzündend (oxidierend) wirkende Stoffe	Natriumchlorat, Benzolperoxid
5.2	Organische Peroxyde	Kunststoffhärter, Bleichmittel
6.1	Giftige Stoffe	Pestizide, Arsen, Cyankali
6.2	Ansteckungsgefährliche Stoffe	Krankenhausabfälle
7	Radioaktive Stoffe	Teile von Röntgengeräten
8	Ätzende Stoffe	Ätznatron, Salzsäure
9	Verschiedene gefährliche Stoffe	Asbest

c) – Beförderungspapier mit Gefahrgutangaben (richtiger technischer Name, Klasse, UN-Nummer, Verpackungsgruppe und Menge des Gefahrgutes)
- Verantwortliche Erklärung des Absenders über das Gefahrgut (IMO-Erklärung oder FIATA SDT)
- Container-Packzertifikat (ist Teil der IMO-Erklärung)

d) Die IMO-Erklärung und das Container-Packzertifikat werden vom Befrachter (Shipper) ausgefüllt. Das Beförderungspapier (Konnossement) wird vom Verfrachter nach den Angaben des Shippers erstellt.

36

1. Aufgabe

1.1 LCL (Less Container Load). Der Vorlauf zum Seehafen wird nicht im Container vorgenommen, im Seehafen wird die Sendung in einen Conrtainer geladen.

FCL (Full Continer Load). Der Nachlauf erfolgt im Container. Der beladene Container wird beim Endempfänger angeliefert.

1.2 (1) Buchung
(2) Abholauftrag
(3) Transport zum Seehafen
(4) Übergabe am Terminal gegen Konnossement
(5) Weiterleitung des Konnossements an den Versender (Shipper)
(6) Rechnungserstellung

2. Aufgabe

Es liegt „Merchant's Haulage" vor.

Bei der Merchant's Haulage organisiert der Versender im den Transport vom bzw. zum Seehafen (Vor-und Nachlauf) in Eigenregie oder durch einen von ihm beauftragten Spediteur. Bei der Carrier's Haulage wird der Vor- und Nachlauf vom Reeder (Carrier) organisiert.

3. Aufgabe

Nordsee	Golf von Aden
Ärmelkanal	Arabisches Meer
Atlantik	Golf von Bengalen
Straße von Gibraltar	Malakkastraße
Mittelmeer	Südchinesisches Meer
Suezkanal	Ostchinesisches Meer
Rotes Meeer	Gelbes Meer
Bab el Mandab	

4. Aufgabe

4.1 CIF
Kostenübergang im Bestimmungshafen (der Verkäufer bezahlt den Vorlauf, den Umschlag in das Seeschiff, die Seefracht und die Seeversicherung).

zu 34

BERECHNUNG DER VERSICHERUNGSPRÄMIE

$$\text{CFR-Wert} = 74\,889{,}37$$
$$\text{Vprämie} = (74\,889{,}37 + \text{Vprämie}) \cdot 110\,\% \cdot 4{,}5\,‰$$
$$\text{Vprämie} = 74\,889{,}37 \cdot 110\,\% \cdot 4{,}5‰ + \text{Vprämie} \cdot 110\,\% \cdot 4{,}5‰$$
$$\text{Vprämie-(Vprämie} \cdot 110\,\% \cdot 4{,}5\,‰) = 74\,889{,}37 \cdot 110\,\% \cdot 4{,}5‰$$
$$1\text{-}(110\,\% \cdot 4{,}5\,‰)\ \text{Vprämie} = 74\,889{,}37 \cdot 110\,\% \cdot 4{,}5‰$$
$$\text{Vprämie} = \frac{74.889{,}37 \cdot 110\,\% \cdot 4{,}5\,‰}{1\text{-}(110\,\% \cdot 4{,}5\,‰)}$$
$$\text{Vprämie} = 372{,}55$$

Gefahrenübergang: Beim Ende der Verladung in das Schiff im Verschiffungshafen geht die Gefahr auf den Käufer über.

4.2 FOB
Kostenübergang und Gefahrenübergang: beim Ende der Verladung in das Schiff im Verschiffungshafen

5. Aufgabe

5.1 2008-08-16

5.2 HYUNDAY JAKARTA

5.3 2008-09-25

6. Aufgabe

6.1 Versicherungswert = Rechnungspreis · 110 %
79 169,20 € = 655 071,68 CNY · 110 % / 9,24070
Versicherungsprämie = 79 169,20 € · 0,25 %
Versicherungsprämie = 197,92 €

6.2

	USD	€
Grundfracht	1 240,00	
BAF	620,00	
CAF	316,20	
Seefracht	2 176,20	1 642,91

Versicherung		197,92
Vorlauf		260,00
THC Rotterdam		120,00
ISPS		15,00
SUMME		2 235,83
Gewinn		223,58
Rechnungspreis		2 459,41

6.3 TEU **Twenty-foot Equivalent Unit**. Maß für die Berechnung von Containerkapazitäten. Entspricht einem 20-Fuß-ISO-Container.

CAF **Currency Adjustment Factor**. Zuschlag auf die Seefracht, um finanzielle Verluste durch Wechselkursschwankungen auszugleichen.

BAF **Bunker Adjustment Factor**. Zuschlag, um hohe Treibstoffkosten (Bunker) auszugleichen.

ISPS **International Ship and Port Facility Security Code** (ISPS-Code Zuschlag, um die Aufwendungen für Schiffs- und Hafensicherheit nach dem ISPS-Code auszugleichen.

7. Aufgabe

7.1 Es liegt „Havarie grosse" (Große Havarei) vor.

§ 588 Errettung aus gemeinsamer Gefahr

(1) Werden das Schiff, der Treibstoff, die Ladung oder mehrere dieser Sachen zur Errettung aus einer gemeinsamen Gefahr auf Anordnung des Kapitäns vorsätzlich beschädigt oder aufgeopfert oder werden zu diesem Zweck auf Anordnung des Kapitäns Aufwendungen gemacht (Große Haverei), so werden die hierdurch entstandenen Schäden und Aufwendungen von den Beteiligten gemeinschaftlich getragen.

(2) Beteiligter ist derjenige, der im Zeitpunkt des Havereifalls Eigentümer des Schiffes oder Eigentümer des Treibstoffs ist oder der die Gefahr trägt, dass ein zur Ladung gehörendes Frachtstück oder eine Frachtforderung untergeht. Schiff, Fracht und Ladung gemeinschaftlich getragen."

7.2 Die Dispache ist das Dokument, in dem bei der Großen Haverei die Schäden und Kosten festgestellt und im Verhältnis der Beitragswerte auf die Beteiligten, d.h. Schiff, Fracht und Ladung, verteilt werden. Sie wird vom „Dispacheur"(spezialisierte Schadensachverständige) aufgestellt.

8. Aufgabe

8.1

KOSTEN	
Wert der verlorenen Container	6 650 000,00 €
Schlepperkosten	82 500,00 €
Aufenthaltskosten im Nothafen	125 000,00 €
Reparaturkosten des Schiffes	435 000,00 €
	7 292 500,00 €
BEITRAGSKAPITAL	
Wert der Ware	122 000 000,00 €
Schiffswert (Zeitwert)	62 500 000,00 €
Wert des Treibstoffes	6 255 000,00 €
	190 755 000,00 €
BEITRAGSQUOTE	
Kosten / Beitragskapital · 100	3,82

8.2
655 071,68 USD · 3,82 % = 25 023,74 USD

6 Aufgaben INCOTERMS® 2010, Akkreditive, Dokumenteninkasso und Transportversicherung

6.1 INCOTERMS® 2010

01

a) Die INCOTERMS® 2010 – International Commercial Terms – werden herausgegeben von der Internationalen Handelskammer (ICC) in Paris.

b) Die INCOTERMS® 2010 enthalten einheitliche Regelungen wichtiger Rechte und Pflichten von Käufer (Importeur) und Verkäufer (Exporteur) in internationalen Kaufverträgen.

c) Gefahren- und Kostenübergang

da) FCA Duisburg: Gefahren- und Kostenübergang bei Übergabe an den Frachtführer in Duisburg

db) CIF New York: Gefahrenübergang wie FOB (Lieferung an Bord Seeschiff Versandhafen), Kostenübergang Seeschiff Empfangshafen New York

02

a) Kaufvertrag

b) „cost, insurance, freight"

c) CIF New York: Gefahrenübergang wie FOB (Lieferung an Bord Seeschiff Versandhafen), Kostenübergang Seeschiff Empfangshafen New York

d) Transportdokument (z.B. ein begebbares Konnossement oder ein nichtbegebbarer Seefrachtbrief)

e) Mindestdeckung der Institute Cargo Clauses (Institute of London Underwriters) oder einem ähnlichen Bedingungswerk über den Kaufpreis zuzüglich 10 % (d.h. 110 %)

03

a) CARRIAGE AND INSURANCE PAID TO (... named place of destination) FRACHTFREI VERSICHERT (... benannter Bestimmungsort)

b) Kostenübergang bei Übergabe an den ersten Frachtführer

Gefahrenübergang am benannten Bestimmungsort

c) Nachweis mit einem üblichen Transportdokument oder Dokumente (z. B. ein Dokument des Binnenschifftransports, einen Luftfrachtbrief, einen Eisenbahnfrachtbrief, einen Straßenfrachtbrief oder ein multimodales Transportdokument)

d) – Versicherungspflicht
– Frachtzahlungspflicht
– Organisation des Transports
– Benachrichtigung des Käufers
– usw.

04

Lieferung an Bord im Verschiffungshafen	[6]	FOB
Lieferung im Seeschiff im Bestimmungshafen	[4]	CFR
Werk des Verkäufers	[1]	EXW

05

[4] Nein, weil der Käufer in Osaka gemäß INCOTERMS® 2010 das Risiko trägt. Die MSF Medizin-Technik MSF ist lediglich verpflichtet, die Fracht und Versicherung für den Hintransport zu bezahlen. (Der Rücktransport gehört evtl. zum Schaden, den die Versicherung übernimmt.)

06

[3] Ab der Übernahme durch den Luftfrachtführer in Frankfurt/Main trägt der Käufer die Kosten und Risiken der Beförderung.

07

a)	USD	€	€
Lkw-Vorlauf nach Hamburg		578,00	
Seefracht Hamburg-Boston	780,00	588,86	
Terminal Handling Charges (THC) Hamburg		338,00	
Spediteurprovision und B/L Spesen		232,50	1 737,36
Transportversicherung			218,78
			1 956,14

Prämie = CFR·110 %·PRÄMIENSATZ/[1-(110 %·PRÄMIENSATZ)]

$$\text{Versicherung} = \frac{79\,338{,}86 \cdot 110\,\% \cdot 2{,}5\,‰}{1-(110\,\% \cdot 2{,}5\,‰)} = \frac{218{,}88}{0{,}99725} = 218{,}78$$

b) Da der Käufer nach CIF die Gefahr des Seetransportes trägt, ist er der Versicherte in der Seetransportversicherung.

6.2 Dokumentenakkreditiv und Dokumenteninkasso

01

a) „unwiderruflich": Der Käufer kann das Akkreditiv innerhalb der angegebenen Laufzeit nicht mehr widerrufen.

„bestätigt": Die Import- und die Exportbank garantieren die Zahlung des Kaufpreises nach Vorlage der Dokumente. Die bestätigende Bank haftet dann genauso wie die Akkreditivbank für die Zahlung des Kaufpreises.

b) Der Verkäufer erhält eine Zahlungsgarantie bereits vor dem Versand der Güter. Er hat kein Risiko in Bezug auf die Zahlung des Kaufpreises und kann daher die Lieferung (einschließlich des Transportes) risikolos vornehmen. Der Käufer hat die Sicherheit, dass der Kaufpreis nach Vorlage der „reinen" Transportdokumente ausgezahlt wird. Der Käufer hat dann die Ware bereits unwiderruflich versendet, da eine nachträgliche Verfügung nicht mehr möglich ist, weil das Konnossement bereits der Bank übergeben wurde.

02

a) Die Warenrechnung, das Konnossement und das Versicherungszertifikat

b) Die Warenrechnung weist den Kaufpreis nach. Das Konnossement die ordnungsgemäße, unwiderrufliche Versendung des Gutes und das Versicherungszertifikat die ordnungsgemäße Versicherung des Gutes.

03

[5] Die Gutschrift an den Verkäufer erfolgt nach der Präsentation der Dokumente bei der Export-Bank.

04

a) Das Dokumentenakkreditiv wird vom Käufer eröffnet. Es besteht bereits vor Versendung der Güter eine Zahlungsgarantie durch die Exportbank. Beim Dokumenteninkasso werden die Papiere nach der Versendung dem Käufer angedient. Er bezahlt dann das Gut und erhält die Dokumente, die zum Empfang der Güter berechtigen.

b) Der Verkäufer muss die Ware versenden, ohne eine Bankgarantie für die Zahlung des Kaufpreises zu haben. Löst der Käufer die Dokumente nicht ein, müssen die Güter wieder zurückgesendet werden. Das Risiko der Seetransportkosten bleibt beim Verkäufer.

c) Der Käufer muss kein Akkreditiv eröffnen und spart die Kosten dafür ein. Er muss den Kaufpreis erst entrichten, wenn das Gut bereits unterwegs ist. Durch die spätere Zahlung erreicht er einen Zinsgewinn.

05

Warenversand gegen Dokumente, Inkassoauftrag an die Bank des Verkäufers und Übergabe der Dokumente an die Bank (Andienung der Dokumente über die Bank des Importeurs, Zahlung des Kaufpreises gegen Übergabe der Dokumente)

06

1. Im Kaufvertrag vereinbaren Exporteur und Importeur Zahlung gegen Dokumentenakkreditiv.
2. Der Importeur beauftragt seine Bank, ein Akkreditiv zu eröffnen.
3. Die Importbank benachrichtigt die Bank des Exporteurs (Zahlstelle) über die Akkreditiveröffnung.
4. Die Exportbank wiederum informiert den Exporteur darüber, dass ein Akkreditiv zu seinen Gunsten besteht.
5. Der Exporteur versendet die Güter (durch seinen Spediteur) und lässt sich die im Akkreditiv geforderten Papiere (z. B. ein B/L) ausstellen.
6. Der Exporteur präsentiert die Dokumente bei seiner Bank und erhält bereits jetzt den vereinbarten Geldbetrag.
7. Die Exportbank übermittelt die Dokumente an die Importbank. Diese zahlt, nachdem sie die Dokumente (sorgfältig) geprüft hat.
8. Der Importeur erhält von der Importbank die Dokumente, damit er sie im Bestimmungshafen präsentieren und sich die Güter aushändigen lassen kann.
9. Empfang des Gutes gegen Dokumente.

6.3 Spediteurdokumente

01

a) FCR = Forwarders Certificate of Receipt (Spediteur-Übernahmebescheinigung)

b) – Übernahme einer genau bezeichneten Sendung in äußerlich guter Beschaffenheit und
– unwiderruflicher Versand an den genannten Empfänger. Nachträgliche Verfügung nur gegen Vorlage des FCR (Sperrfunktion).

c) Der Käufer kann (evtl. über die Vermittlung einer Bank) Zahlung gegen Übergabe des FCR leisten. Der Verkäufer kann danach die Auslieferung des Gutes nicht mehr stoppen.

d) Haftung des Spediteurs nach der ADSp. Das FCR ist „Speditionsauftrag" und nicht Frachtpapier. Der Spediteur ist nicht vertraglicher Frachtführer.

15 Das FCT ist ein Wertpapier. Der Spediteur verspricht den Transport und die Auslieferung nur gegen Rückgabe des FCT. Die Haftung des Spediteurs richtet sich aber ebenfalls nach den ADSp.

16
a) FBL = FIATA combined Transport Bill of Lading (Spediteur-Durchkonnossement für den kombinierten Verkehr)
b) Das FBL ist ein Spediteurkonnossement. Es ist damit Wertpapier. Der Spediteur erhält die Rechtsstellung eines Frachtführers bzw. eines MTO (Multimodal Transport-Operator). Rechtsgrundlage sind die auf der Rückseite des FBL abgedruckten FBL-Bedingungen (Standard Conditions).
ca) Der Haftungsumfang des Spediteurs richtet sich nach dem auf dieser Teilstrecke anzuwendenden nationalen oder internationalen Recht.
cb) Bei unbekanntem Schadensort richtet sich die Haftung des Spediteurs nach Seerecht (2 SZR/kg bzw. 666,67 SZR je Stück), wenn eine See- oder Binnenschiffsstrecke im Transport enthalten ist oder nach der CMR (8,33 SZR/kg), wenn das nicht der Fall ist.
d) Haftung bei bekanntem Schadensort nach MÜ (17 SZR/kg) oder 8,33 SZR/kg bei unbekanntem Schadensort.

6.4 Transportversicherung

17 [2] Der Abschluss einer Transportversicherung ist verpflichtend laut INCOTERMS® 2010.

18 [3] Der Abschluss einer Transportversicherung ist dann sinnvoll, wenn die Warenwerte die Haftungshöchstgrenzen nach HGB überschreiten.

7 Aufgaben zum Zoll

7.1 Ausfuhr

01
a) Die Ausfuhrabfertigung wird über die „elektronische Ausfuhranmeldung" des Exporteurs abgewickelt. Für bestimmte Waren muss auch eine Ausfuhrgenehmigung vorgelegt werden.
b) Die Zollstelle prüft die abgegebene Ausfuhranmeldung zunächst auf Vollständigkeit. Weiter prüft sie anhand der Ware, der Ausfuhranmeldung sowie der weiteren Unterlagen die Zulässigkeit der Ausfuhr. Die Zollstelle ist berechtigt, die Ausfuhrsendung zu beschauen und evtl. Proben – zur genaueren Warenuntersuchung durch die zolltechnischen Prüfungs- und Lehranstalten – zu entnehmen
c)
- mündliche Anmeldung der Waren bei der Ausfuhr bei Warenwerten bis 1 000,00 €.
- Unterliegt die Ware keinen Verboten und Beschränkungen und beträgt der Wert der Ausfuhrsendung max. 3 000 €, kann der Exporteur die Ausfuhranmeldung bei der Grenzzollstelle abgeben.
- Liegt der Wert jedoch über 3 000 € oder ist beispielsweise die Vorlage einer Ausfuhrgenehmigung erforderlich, so muss die Anmeldung bei der Zollstelle abgegeben werden, die örtlich dafür zuständig ist.

d) Die Ausfuhrzollstelle gibt auf elektronischem Weg das Ausfuhrbegleitdokument (ABD) zurück, mit dem das Gut zur Ausgangszollstelle befördert wird. Die Ausgangszollstelle gibt die Ausgangsbestätigung über die Ausfuhrzollstelle an den Ausführer (als „Ausgangsvermerk") zurück. Sie dient zum Nachweis der Ausfuhr. Der Nachweis ist wegen der Umsatzsteuerbefreiung von Exporten notwendig.

02
aa) Spedition Reichenbach, Hannoversch-Münden
ab) Exporteur/Absender (Kleindienst, Kassel)
b) Die Ausfuhrbescheinigung für Umsatzsteuerzwecke dient dem Nachweis der tatsächlichen Ausfuhr für die Umsatzsteuer. Exporte sind steuerfrei, daher muss dem Finanzamt der Export nachgewiesen werden.
c) Nach § 10 der UStDV muss die Ausfuhrbescheinigung des Spediteurs die „Versicherung des Ausstellers, dass die Angaben in dem Beleg aufgrund von Geschäftsunterlagen gemacht wurden, die im Gemeinschaftsgebiet nachprüfbar sind" enthalten.
d) Ukraine
e) CPT Kharkiv (Charków)
Carriage Paid To ... (named place of destination)
Frachtfrei ... (benannter Bestimmungsort)

Kostenübergang bei Übergabe des Gutes an den Empfänger im benannten Bestimmungsort. Die Gefahr geht bereits bei Übergabe an den Frachtführer des Hauptlaufs auf den Käufer über. Der Verkäufer ist nicht verpflichtet, das Gut zu versichern.

7.2 Import

03
a) Für die Verzollung (Abfertigung zum freien Verkehr) muss ein Zollantrag (IM) auf dem Einheitspapier (oder elektronisch – Atlas/Internet) gestellt werden. Beigefügt wird eine Zollwertanmeldung (D.V.1).
b) Der Importeur muss den Warenwert mit einer Handelsrechnung nachweisen. Es sind ebenfalls Transportkosten und weitere Nebenkosten des Warenkaufs beizubringen. Unterliegt das Gut einer Zollpräferenz (verminderter Zollsatz), ist ein Präferenzpapier vorzulegen. Der Zolltarif kann auch ein Ursprungszeugnis verlangen.
c) Um den Zollsatz zu ermitteln, muss zunächst die Codenummer des Gutes in der Nomenklatur ermittelt werden.
- Abschnitte (z. B. Spinnstoffe – Abschnitt XI)
- Kapitel (z. B. Bekleidung aus Geweben – Kap. 62)
- Positionen (z. B. Mäntel für Damen – Pos. 6202)
- Unterpositionen (z. B. Mäntel für Damen aus Wolle Pos. 6202 11)

Danach wird das Herkunftsland der Waren bestimmt. Im Zolltarif kann danach der Zollsatz festgestellt werden. Der Zoll ergibt sich aus der Multiplikation des Zollsatzes auf den Zollwert. Der Zollsatz für bestimmte Herkunftsländer ist ermäßigt (Zollpräferenz).

04
a) In bar
b) Zollaufschub: Hierbei müssen die Einfuhrabgaben nicht sofort bei der Zollabfertigung entrichtet werden. Die Zahlung erfolgt erst zu einem späteren Zeitpunkt, wobei alle Einfuhren, die in diesem Zeitraum getätigt wurden, zusammengefasst werden.

Die im Laufe eines Kalendermonats buchmäßig erfassten und aufgeschobenen Abgabenbeträge sind spätestens am 16. Tag des darauffolgenden Kalendermonats durch den Aufschubnehmer an die Bundeskasse Trier zu entrichten. Der Aufschubnehmer hat eine Sicherheit (z. B. in Form einer Bankbürgschaft) in der Höhe der aufgeschobenen Einfuhrabgaben zu hinterlegen.

05
a) Die Zollbeschau dient der körperlichen Ermittlung von Menge und/oder Beschaffenheit der in der Zollanmeldung angegebenen Waren. Dabei besteht die Möglichkeit, Muster und Proben zu entnehmen.

b) Der Anmelder hat die Darlegungspflicht (er muss die erforderlichen Tätigkeiten selbst vornehmen), die Duldungspflicht (er muss die Entnahme von Mustern und Proben durch die Zollbehörden zulassen) und die Auskunfts- und Nachweispflicht (er muss alle erforderlichen Angaben und Unterlagen den Zollbehörden zur Verfügung stellen).

06

	JPY	USD	€	
Rechnungspreis	2 865 000,00		23 378,69	a)
+ Seefracht		320,00	241,58	
+ Versicherung		150,00	113,24	
= Zollwert			23 733,51	b)
Zoll	9 %		2 064,82	c)
den EUSt-Wert*			25 798,33	d)
die EUSt	19 %		4 901,68	
die gesamten Eingangsabgaben			6 966,50	e)

* Der Nachlauf wurde nicht zu EUSt-Wert gerechnet, weil Hamburg schon der „erste inländische Bestimmungsort" des Gutes ist. Eine Hinzurechnung wäre zulässig (Kosten bis zu einem weiteren Bestimmungsort), der Nachlauf müsste dann aber umsatzsteuerfrei abgewickelt werden.

07

[4] Ja, die Höhe der EUSt. richtet sich nach dem Wert der Sendung einschließlich aller Kosten und Abgaben bis zum ersten inländischen Bestimmungsort in Deutschland.

08

a)

		USD	€	
FOB-Wert		26 850,00	20 270,27	
Seefracht		720,00	543,56	
Seeversicherung	2,7 ‰		56,20	
Zollwert			20 870,03	aa)
Zoll	12 %		2 504,40	ab)
Speditionskosten Antwerpen			45,00	
Fracht Antwerpen-Wuppertal			260,00	
EUSt-Wert			23 679,43	ac)
Einfuhrumsatzsteuer:	19 %		4 499,09	ad)

b) d/p ist die Abkürzung für „documents against payment" (Dokumente gegen Zahlung) und bezeichnet die Zahlungsabwicklung per Dokumenteninkasso. Dabei dient der Exporteur die Versand- und Versicherungsdokumente über die eigene Bank (Einreicherbank) und die Inkassobank im Land des Käufers dem Käufer an. Der Käufer nimmt die Dokumente unter Zahlung des Kaufpreises an und kann so das Gut erhalten.

c) Die Abwicklung erfolgt über das Zollversandverfahren (T1). Dabei wird das Zolldokument (T1) ausgestellt und von der Versandzollstelle in Antwerpen abgefertigt. Nach Ende des Transportes wird das Gut beim Zollamt Wuppertal wiedergestellt und das Versandverfahren geschlossen.

Das Zollamt Wuppertal sendet den Rückschein zum Zollamt Antwerpen, das damit den Vorgang schließt. In Wuppertal kann jetzt die Verzollung vorgenommen werden.

09

a)	SGD	USD	€	
Rechnungspreis	42 450,00		26 174,62	
Seefracht		1 500,00	1 132,42	
Versicherung		215,3	162,54	
Zollwert			27 469,58	a)
Zoll	6,5 %		1 785,52	b)
Nachlauf			415,00	
EUSt-Wert			29 670,10	c)
EUSt	19 %		5 637,32	d)

10

[3] 1 440,40 €

7.3 Versandverfahren

11

a) Es muss ein Zollversandverfahren durchgeführt werden. Da Tschechien zur EU gehört, ist ein gemeinschaftliches externes Versandverfahren (T1) notwendig.

b)
1. Gestellung der Waren und Eröffnung des Versandverfahrens (elektronisch über NCTS) an der Abgangsstelle. Hinterlegung einer Zollsicherheit.
2. Eventuell Zollbeschau auf Wunsch der Zollstelle
3. Nämlichkeitssicherung
4. Festsetzung der Wiedergestellungsfrist
5. Transport mit dem Versandbegleitdokument
6. Wiedergestellung der Ware bei der Bestimmungsstelle
7. Beendung des Versandverfahrens
8. Elektronische Rückmeldung der Bestimmungsstelle an die Abgangsstelle

12

a) Es muss ein Zollversandverfahren durchgeführt werden. Da der Transport innerhalb der EU erfolgt, ist ein gemeinschaftliches externes Versandverfahren (T1) notwendig.

b) siehe Aufgabe 11 b)

c) Der Empfänger kann „zugelassener Empfänger" im Versandverfahren werden. Er kann die Ware ohne vorherige Gestellung an der Zollstelle in Empfang nehmen und das T1 später der Bestimmungsstelle überreichen. Der Empfangsspediteur kann die Ware direkt an einen „zugelassenen Empfänger" ausliefern.

13

[1] Die Ware muss für die Dauer des Versandes von Rotterdam nach Frankfurt/Main nach dem T1-Verfahren befördert werden.

14

a) Das Fahrzeug darf einen Zugriff auf die Ladung nicht mehr zulassen, sobald der Zollverschluss angebracht worden ist. Das wird mit einer Zollverschlussanerkenntnis nachgewiesen. Das Fahrzeug muss außerdem mit dem TIR-Zeichen (TIR in weiß auf blauem Grund) gekennzeichnet werden.

b) Keine Grenzverzollung, durchgehender Transport bis zum Bestimmungsort, keine Zollkontrollen des Gutes an den Grenzen, einfache Regelung von Zollbürgschaften

c) Bundesverband Güterkraftverkehr, Logistik und Entsorgung (BGL) e. V., Frankfurt/Main und Arbeitsgemeinschaft zur Förderung und Entwicklung des internationalen Straßenverkehrs (AIST) e. V., Berlin

d) Der Lkw-Unternehmer besorgt das Carnet-TIR und füllt das Heft aus.

e) Nach Beendigung des Transports ist das Carnet TIR umgehend der Ausgabestelle zurückzugeben.

f) Bochum-Kiew = Deutschland, Polen, Ukraine

7.4 Veredelung

15

a) Passive Veredelung

b)	c)
Bearbeitung	Verchromen von Metallteilen, Färben von Geweben, Fräsen von Zahnrädern
Verarbeitung	Herstellung von Hemden aus gelieferten Stoffen, Verarbeitung von Zucker zu Bonbons
Ausbesserung	Wartung und Reparatur von Flugzeugen oder Pkw

16

a) Bearbeitung

b) Bei der Einfuhr müssen die Waren zur aktiven Veredelung abgefertigt werden. Nach der Bewilligung des Veredelungsverfahrens durch das Zollamt können die Waren zur aktiven Veredelung eingeführt werden. Bei der Wiederausfuhr wird das Veredelungsverfahren erledigt.

c) Ohne vorherige Abfertigung zur aktiven Veredelung müsste der gesamte Wert der Waren verzollt werden. Bei dem nachfolgenden Export würde der Zoll nicht erstattet.

17

a) Die Veredelung im Ausland ist immer dann sinnvoll, wenn die Bearbeitung der Waren billiger ist als die Bearbeitung in Deutschland. Die Preisdifferenz muss allerdings größer sein als die Transportkosten und der Zoll auf die Veredelungsgüter.

b) Siehe Aufgabe 16 b).

c)

	USD	€	€	
Kosten in Deutschland		10,32	82 560,00	
Stoffkosten je Hemd		4,00	32 000,00	
Gesamtkosten ohne Veredelung			114 560,00	
Kosten in der Ukraine	4		24 158,24	a)
Stoffkosten je Hemd		4,00	32 000,00	b)
Transportkosten bis EU			1 290,00	
Zollwert Hemden			57 448,24	c)
Zoll Hemden	10,2 %		5 859,72	d)
Zoll Stoffe	7,3 %		–2 336,00	
Zoll bei Veredelung			3 523,72	
Transportkosten in der EU			910,00	
Gesamtkosten bei Veredelung			61 881,96	
Gewinn			52 678,04	

7.5 Zolllager

18

a) Das Versandhandelsunternehmen lagert die Waren ein, ohne den Importzoll zu entrichten. Der Zoll wird erst fällig, wenn die Ware an den Kunden geliefert wird und daher in den freien Verkehr überführt wird. Daraus ergibt sich eine erhebliche Zinseinsparung. Wenn die Waren während der Lagerung an Wert verlieren, ergibt sich auch noch eine Einsparung am Zollbetrag.

b) Die Waren werden zur Zollgutlagerung angemeldet und danach zollfrei (unter Zollkontrolle) eingelagert. Vor der Auslieferung an den Kunden werden die Waren verzollt. Grundlage der Verzollung ist der zu Beginn der Lagerung festgestellte Zollwert und der zum Zeitpunkt der Verzollung geltende Zollsatz.

19

	TWD	TWD	€
Kaufpreis		19 326 770,20	
Luftfracht		113 000,00	
Gewicht	452		
Volumengewicht	485,5		
Frachtsatz Q500 (TWD)	226		
Frachtanteil außerhalb der EU		89 270,00	
Versicherung		57 400,51	
Zollwert (1 000)		19 586 440,71	506 730,23
Zollwert (400)			202 692,09
Zoll	4,20 %		8 513,07
Frachtanteil EU (400)		9 492,00	245,57
EUSt-Wert			211 450,73
EUSt	19,00 %		40 175,64
Abgaben			48 688,71
Zollwert			506 730,23
Fracht EU – Fracht D			16 950,00
Statistischer Wert			523 680,23

7.6 Komplexe Beispielaufgabe

a) siehe Formular auf Folgeseite

b) Das beiliegende Papier ist das Präferenzpapier „Form A". Es wird benötigt, um die Zollpräferenz für SPGL-Staaten, zu denen Indien gehört, zu erhalten. Danach wird nur noch ein Zoll von 4,5 % statt von 8 % für Motorroller fällig.

c)

Seefracht		USD	€
Containerrate		1 410,00	
BAF	22,00 %	310,20	
CAF	17,20 %	242,52	
		1 962,72	1 481,75
Versicherung			
FOB-Wert		199 149,75	
Seefracht		1 962,72	
B/L-Gebühr		40,00	
CFR-Wert		201 152,47	
Seeversicherung ‰	3,4	683,92	
CIF-Wert (Zollwert)		201 836,39	152 375,35

	USD	€
Zollwert		152 375,35
Zoll	4,50 %	6 856,89
THC Antwerpen		180,00
Zollspediteur Antwerpen		85,00
Nachlauf		810,00
EUSt-Wert		160 307,24
EUSt	19 %	30 458,38

Statistischer Wert		
Zollwert		152 375,35
THC Antwerpen		180,00
Zollspediteur Antwerpen		85,00
Nachlauf (bis deutsche Grenze)		502,20
		153 142,55

8 Aufgaben zur Logistik

8.1 Grundlagen

01

Beschaffungslogistik	Produktionslogistik	Distributionslogistik	Entsorgungslogistik
2, 7, 8	1	3, 4, 6	5, 9

02

a) Übernahme der Fertigprodukte in ein Zentrallager, Lagerung in Auslieferungslagern, Transporte zu den Auslieferungslagern, Versendung im Sammelgut an die Empfänger/Händler

b) Qualitätskontrolle, Verpackung, Etikettierung, Preisauszeichnung, Herstellung, Transport und Aufstellung von Displays, Webshop, Fakturierung etc.

c) Ressourcen (Fahrzeuge, Lager, Personal), regionale Verbreitung (oder Zusammenarbeit mit weiteren Logistikdienstleistern), EDV-Anbindung an der Hersteller.

03 LOGISTIKPROJEKT

a)

Phasen	Ausschreibung	Ist-Analyse Grobkonzept	Detailkonzept Vertrag	Umsetzung After Sales
Inhalt	Informationsbeschaffung, Machbarkeitsprüfung	Prozessanalyse, Abschätzung des Ressourcenbedarfs, Kostenschätzung	Prozessbeschreibung, IT-Konzept, Personalübergang, Feinkalkulation, Vertragsausarbeitung	Anschaffung/Einrichtung Equipment, Schulung, Controlling

Lösung Komplexe Beispielaufgabe a) von Seite 467:

a)

EUROPÄISCHE GEMEINSCHAFT – 6 – Exemplar für das Bestimmungsland – 6

- **1 Anmeldung:** IM | A | XXXXX
- **A BESTIMMUNGSZOLLSTELLE**
- **2 Versender/Ausführer** Nr.: LML INDIA Ltd. MOTORCYCLES & SCOOTERS 3C Panki Industrial Estate Kanpur 208 022, Uttar Pradesh, India
- **3 Vordrucke**
- **4 Ladelisten:** XXXXXXX
- **5 Positionen:** 1
- **6 Packst.insgesamt:** XXXXXXXXXX
- **7 Bezugsnummer:** KWB 200477-05
- **8 Empfänger** Nr.: Friedrich Wieland KG Generalimporteur Cusanusstrasse 9 - 11 D-56068 Koblenz
- **9 Verantwortlicher für den Zahlungsverkehr** Nr.: XXXXXXXXXXXXXXXXXXXXXXXXXXXXXXXXXXXXXXXXXXXX
- **10 Letzes Her-kunftsl.**
- **11 Handels-/Erz. land**
- **12 Angaben zum Wert:** XXXXXXXXXXXX
- **13 G.L.P.:** XXX XXXX
- **14 Anmelder/Vertreter** Nr.: [3] Internationale Spedition Kayser & Co. Trierer Straße 16 56060 Koblenz
- **15 Versendungs-/Ausfuhrland**
- **15 Vers./Ausf.LCode:** a IN | b XXX
- **17 Bestimm.l.Code:** a XX | b 07
- **16 Ursprungsland**
- **17 Bestimmungsland:** XXXXXXXXXXXXXXXXXXXXXXXXXX
- **18 Kennzeichen und Staatszugehörigkeit des Bef.-Mittels bei der Ankunft:** Lkw KO-KN-99
- **19 Ctr.:** 1
- **20 Lieferbedingung:** FOB | Mundra Port (Gujarat)
- **21 Kennzeichen u. Staatszugehörigkeit d. grenzüberschreitenden aktiven Beförd.-Mittels:** MSC HIGHNESS | IT
- **22 Währung und in Rechn. gestellter Gesamtbetrag:** USD | 199 149,75
- **23 Umrechnungskurs:** 1,4815
- **24 Art des Geschäfts:** 1 | 1
- **25 Verkehrszweig an der Grenze:** 1
- **26 inländischer Verkehrszweig:** 3
- **27 Entladeort**
- **28 Finanz- und Bankangaben:** XXXXXXXXXXXXXXXXXXXXXXXXXXXXXXXXXXXXXXXXXXXXXX
- **29 Eingangszollstelle:** BE002150
- **30 Warenort:** --
- **31 Packstücke und Warenbezeichnung** – Zeichen und Nummern - Container-Nr. - Anzahl und Art: LML 4210/001-125 in Container MSCU 354 651 6 125 CT Motorroller mit 149.56 ccm Hubraum, Zweizylindermotor mit 7.5 PS
- **32 Positions- Nr.:** --
- **33 Warennummer:** 87112010 | 00 | | 0
- **34 Urspr.land Code:** a IN | b XX
- **35 Rohmasse (kg):** 14 375,0
- **36 Präferenz:** 200
- **37 VERFAHREN:** 4000
- **38 Eigenmasse (kg):** 13 515,0
- **39 Kontingent**
- **40 Summarische Anmeldung/Vorpapier:** XXXXXXXXXXX
- **41 Besondere Maßeinheit:** XXXXXXXXXXX
- **42 Artikelpreis:** XXXXXXXXX
- **43 B.M Code:** X
- **44 Besondere Vermerke/Vorgelegte Unterlagen/Bescheinigungen u. Genehmigungen:** Hinsichtlich aller angemeldeten Waren zum vollen Vorsteuerabzug berechtigt. Form A Nr. 42079943
- **Code B.V.:** XXXXXX
- **45 Berichtigung:** XXXXXXXXXXXX
- **46 Statistischer Wert:** 143 178
- **47 Abgabenberechnung:**

Art*	Bemessungsgrundlage	Satz	Betrag	ZA
A00	136 278,97			E
B00	137 353,97			E
	Summe			

- **48 Zahlungsaufschub:** AA-B-81518
- **49 Bezeichnung des Lagers**
- **B ANGABEN FÜR VERBUCHUNGSZWECKE**
- **51 Vorgesehene Grenzübergangsstellen** – **50 Hauptverpflichteter** Nr. Unterschrift: XXXXXXXXXXXXXXXXXXXXXXXXXXXXXXXXXXXXXXXXXXXXXXXXXXXXX vertreten durch Ort und Datum: XXXXXXXXX | XXXXXXXXXXXX | XXXXXXXXXXXXXXX | XXXXXXXXXXXXXXX
- **C Abgangszollstelle:** XXXXXXXXXXXXX | XXXXXXXXXXXXX
- **52 Sicherheit nicht gültig für:** XXXXXXXXXXXXXXXXXXXXXXXXXXXXXXXXXXXXXXXXXXXXXXX Code XXXX
- **53 Bestimmungszollstelle (und Land):** XXXXXXXXXXXXXXXXXXXXXXXXXXXXX
- 0737 **D PRÜFUNG DURCH DIE BESTIMMUNGSZOLLSTELLE**
- **54 Ort und Datum:** Koblenz 30. Juli 20(0)
- Unterschrift und Name des Anmelders/Vertreters: Internationale Spedition Kayser & Co. 56060 Koblenz Martin Großmann Sachbearbeiter *Martin Großmann*

Einheitspapier (Bestimmung - Eingang/Einfuhr)

b)

Mitarbeiter	Ausschreibung	Ist-Analyse Grobkonzept	Detailkonzept Vertrag	Umsetzung After Sales
Mitarbeiter	Top-Management, Kontraktlogistik-Spezialisten im Unternehmen	Projektteam	Projektteam Rechtsbeistand	Projektteam

c)
1. Intersped kann für Meyer dessen zentrales Auslieferungslager übernehmen und die Textilprodukte im Sammelgut in Deutschland, Österreich und der Schweiz an die Händler verteilen. Weitere Nebenleistungen (wie Versicherung und Zollabfertigung) können übernommen werden.
2. Investitionen in Lagertechnik, Personal (aber evtl. Übernahme vorhandener Arbeitskräfte). Anpassung der EDV-Anbindung.
3. Vertraulichkeit der Informationen muss von beiden Seiten zugesichert werden. Sowohl der Auftraggeber als auch der Spediteur haben ein Interesse daran, dass Konkurrenten keine Informationen über interne Abläufe und Kalkulationen erhalten.

1 Da Logistikunternehmen häufig mit vertraulichen Unternehmensabläufen in Kontakt kommen, empfiehlt sich eine Vertraulichkeitsklausel zum Nutzen der Auftraggeber. Aber auch die Logistikunternehmer können Interesse daran haben, dass Auftraggeber organisatorische Maßnahmen nicht offenbaren. Die Vertragsparteien werden dann sämtliche Informationen, die sie bei der Vertragserfüllung erlangen, binnen eines vereinbarten Zeitraums, auch nachvertraglich, vertraulich zu behandeln haben. (Dr. Andreas Gran „Vertragsgestaltung im Logistikbereich", TranspR 1-2004, Seite 12)

04 Die Supply-Chain kann die Wertschöpfung von der Urproduktion (Baumwolle) über die Vorprodukte (Stoffe, Garne, Applikationen) bis zur eigentlichen Produktion in Wuppertal und die Verteilung der Waren an die Groß- und Einzelhändler und die Endkunden umfassen.

05 a)
1. Art der Produkte, Größe, Gewicht, Eigenschaften
2. Menge, Lagerbestand, Umschlagsmenge
3. Lagerart, Verpackung, Palettierung, benötigte Lagereinrichtung
4. Sendungsgröße (Ein- und Auslagerung)
5. Zeitstrukturen
6. Kontrollen, Inventuren
7. Kommissionierungsumfang
8. Versandart Weiterversendung usw.

b) Erweiterung auf Versandabwicklung, value added services siehe Aufgabe 2b.

06

ISpedLogistik GmbH	4-PL
Intersped GmbH	3 PL/2 PL
externe Lagerhalter und Transportunternehmen	1 PL

8.2 Lagerlogistik

8.2.1 Lagerarten, Lagereinrichtungen und Lagermittel

07

	Verwendungszweck	Standort
a)	Dauerlager	wasserseitig
b)	Umschlagslager	landseitig
c)	Auslieferungslager	landseitig
d)	Dauerlager	landseitig
e)	Dauerlager	landseitig / Zolllager
f)	Dauerlager	landseitig
g)	Auslieferungslager	landseitig

	Bauart	Einrichtung
a)	Flachlager	Einzellagerung
b)	Flachlager	Einzellagerung
c)	Flachlager	Palettenregale
d)	Freilager	
e)	Flachlager	Palettenregale
f)	Flachlager	Palettenregale
g)	Hochregallager	Hochregale

08 Die Umschlagslagerung dient der Aufbewahrung von Gütern zwischen zwei Transportvorgängen. Sie ist durch die Produktionsweise der Spedition bedingt. Die Dauerlagerung geschieht im Auftrag des Kunden. Sie ist „verfügte Lagerung". Der Lagerhalter verlangt Lagergeld für die Lagerung.

Gründe für die verfügte Lagerung:

Einkaufs- und transportbedingte Lagerung	Ausnutzen von Einkaufs- und Transportvergünstigungen durch den Kauf größerer Mengen	Großeinkauf und Lagerung von Rohstoffen
Beschaffungsbedingte Lagerung	Anlegen von Reserven (Roh-, Hilfs- und Betriebsstoffe, Teile) für eine reibungslose Produktion	Beschaffung von Ersatzteilen, die den Bedarf einer bestimmten Zeitspanne abdecken
Produktionsbedingte Lagerung	Herstellung oder Reifung bestimmter Produkte unterliegt saisonalen Schwankungen	Landwirtschaftliche Produkte (Getreide, Wein, Holz, Tabak)
Absatzbedingte Lagerung	Absatz bestimmter Produkte unterliegt Schwankungen	Schokolade-Osterhasen, Badebekleidung, industrielle Fertigprodukte

09 Lagergröße
Lagermenge
Anzahl der Anlieferungen im Monat
Anzahl der Auslieferungen im Monat
Streuung der Empfänger
Durchschnittliche Sendungsgrößen etc.

10 a) Distributionslager (Verteilungslager) werden vom Hersteller in Kundennähe angelegt, um Waren schnell und dauerhaft den Kunden zuzustellen. Spediteure übernehmen häufig die Distributionsläger für ihre Kunden. Neben der Einlagerung werden die Kommissionierung, Etikettierung und weitere Nebenleistungen übernommen. Der Spediteur organisiert auch die Auslieferung der Güter.

b) Der Spediteur haftet bei verfügter Lagerung für Güterschäden und sonstige Vermögensschäden (Ziff. 24 ADSp). Die Haftung für Güterfolgeschäden ist ausgeschlossen. Der Spediteur haftet für Schäden, die in der Zeit von der Übernahme zur Lagerung bis zur Auslieferung entsteht.

c) Recht auf Entgelt, Kündigungsrecht, Recht auf Fremdlagerung, Pfand- und Zurückbehaltungsrecht, Recht auf Neuübergabe nach Arbeiten am Gut etc.

11 [2] Die Lagerung der Ware auf freien Lagerplätzen und die Speicherung des Lagerortes auf einem Datenträger.

12 a) Bodenlagerung: Große Bestände gleichartiger stapelbarer Güter bei Verwendung eines Festplatzsystems. Auch für Zwischenlagerungen geeignet

Regallagerung: Nicht stapelbare Güter bei großer Raumnutzung, Freiplatzsystem möglich

b) Festplatzsystem: Güter, die in großen Mengen gelagert werden, können auf festen Plätzen gelagert werden. Die Auffindung der Güter ist einfach, da sie immer auf denselben Plätzen stehen. Die Einlagerung ist wenig aufwendig. Die Plätze müssen freigehalten werden, auch wenn zeitweise wenige Artikel gelagert sind.

Freiplatzsystem: Die Artikel werden auf die Plätze gelagert, die gerade frei sind. Eine Datenverarbeitungsanlage speichert die jeweiligen Lagerplätze. Insgesamt wird deutlich weniger Lagerplatz benötigt.

13 a) FIFO: Die ältesten (zuerst gelagerten) Bestände werden zuerst verbraucht (ausgelagert). Damit wird verhindert, dass ältere Waren im Lager verbleiben. Bei verderblichen Gütern besonders wichtig.

b) Eine Möglichkeit besteht darin, mit einer computergesteuerten Lagerverwaltung im Freiplatzsystem die Reihenfolge der Auslagerung nach dem FIFO-Prinzip zu hinterlegen. Das ist z. B. mit Rollenbahnen, Durchlaufregalen oder Verschieberegalen möglich. Ohne ein solches System müssen die zuerst eingelagerten Güter immer vorn stehen.

c) LIFO: Last in, first out. Die zuletzt eingelagerten Güter werden zuerst ausgelagert. Nur bei Massengütern (Kohle, Baustoffe) üblich.

14 a) Bücher lassen sich in Fachregalen oder Hochregallagern einlagern. Sie sind normalerweise vom Verlag/der Druckerei palettiert. Für ein Hochregallager entscheidet sich die Spedition bei einer sehr großen Menge an Büchern. Bei kleineren Mengen und einer großen Zahl unterschiedlicher Bücher in kleinen Stückzahlen sind auch Fachbodenregale geeignet. Neben der Lagerung palettierter Bücher müssen die Bücher für die Kommissionierung in Kleinbehältern umgelagert werden.

b) Die vorrätig gehaltenen Bücher müssen in Kleinstmengen kommissioniert werden. Buchhandlungen bestellen von den einzelnen Titeln nur eine geringe Anzahl. Daher ist nur eine Teilautomatisierung möglich. Das Auslagern der Behälter und Paletten in die Kommissionierzone lässt sich weitgehend automatisieren, wenn eine entsprechende Lagergröße vorliegt.

c) Förderzeuge:

Ein- und Auslagerung von Paletten in Hochregallagern werden mit automatischen Regalbediengeräten vorgenommen. In mehrlagigen Fachbodenregalen werden Stapler (Schubmaststapler) verwendet.

Förderhilfsmittel:

Paletten, Buchbehälter (Kästen)

15 **Gabelstapler**

Flurfördergerät für den innerbetrieblichen Transport von Paletten. Der Gabelstapler hat eine Hubeinheit, welche aus einem Hubmast und einem Gabelträger besteht. Der Gabelträger trägt zwei Gabeln, die vertikal bewegt werden können.

- Frontstapler

  Frontstapler haben den Schubmast und die Gabeln vor dem Fahrstand in Fahrtrichtung.

- Schubmaststapler

  Schubmaststapler können die Hubeinheit (den Hubmast) auch in horizontaler Richtung bewegen und benötigen so weniger Platz in den Lagergängen.

- Schmalgangstapler

  Für sehr schmale Lagergänge. Gabeln können quer zur Fahrtrichtung angeordnet sein.

Regalbediengerät

Fest eingebaute und automatisch gesteuerte Geräte zur Ein- und Auslagerung bei Hochregallagern

8.2.2 Lagerrecht

16 a) HGB/ADSp
b) HGB
c) HGB
d) HGB/ADSp

17 a) Lagerverträge können formfrei abgeschlossen werden.

b) Lagerhalter und Einlagerer

c) Lagerquittung, Namens- oder Orderlagerschein, FWR

18 Nach § 471 HGB ist der Lagerhalter verpflichtet, dem Einlagerer diese Tätigkeiten zu erlauben. Der Lagerhalter hat jedoch das Recht, diese Tätigkeiten selbst vorzunehmen. Nach Ziff. 15.4 kann der Spediteur verlangen, dass Anzahl, Gewicht und Beschaffenheit des Gutes gemeinsam mit dem Auftraggeber festgestellt werden. Das Betreten des Lagers ist nach ADSp nur in Begleitung des Spediteurs zulässig.

19 Der Spediteur kann zur Sicherung der Forderungen ein Zurückbehaltungsrecht geltend machen. Er kann das Gut auch pfänden und nach den Regeln der Ziff. 20 ADSp verkaufen.

20 [5] Sie kann ohne Einhaltung einer Kündigungsfrist kündigen (§ 473 Abs. 2 HGB).

21 Nach § 472 HGB ist der Lagerhalter berechtigt, das Gut bei einem Dritten einzulagern, wenn der Einlagerer es erlaubt. Nach Ziff. 15.1 ADSp ist Fremdlagerung ohne Erlaubnis möglich, der Lagerhalter muss aber den Namen und den Lagerort dem Auftraggeber unverzüglich schriftlich bekannt geben.

22 a) Vorratslagerung, Spekulation auf Preissteigerung im Kaffeemarkt.

b1) Der Namenslagerschein kann an die Bank zessioniert werden. Damit dient die eingelagerte Kaffeemenge als Kreditsicherheit, da ohne den Namenslagerschein das Gut nicht ausgelagert werden kann.

b2) Quittungsfunktion, Dokumentationsfunktion, Herausgabeanspruch, Sperrfunktion. Der Lagerschein wird als Quittung über die Einlagerung verwendet. Danach kann der Lagerschein als Kreditsicherung bei der Zwischenfinanzierung verwendet werden. Beim Weiterverkauf zessioniert die Bank den Lagerschein und erhält die Kreditsumme zurück. Mit dem Lagerschein kann der Einlagerer die Ware auslagern oder beim Verkauf den Lagerschein an den Käufer übertragen, der damit die Verfügungsgewalt über das Gut erhält.

23

a) Alle Lagerscheine führen dazu, dass das Gut nur vom Lagerhalter gegen die Rückgabe des Lagerscheins herausgegeben werden kann. Orderlagerscheine verbriefen dem rechtmäßigen Inhaber den Herausgabeanspruch und das Eigentum an der Ware. Der Einlagerer haftet für die Menge des Gutes, die auf dem Orderlagerschein verzeichnet ist. Bei Namenslagerscheinen wird nur der Herausgabeanspruch, nicht aber das Eigentum verbrieft. Es kann nur auf Dritte übertragen werden, was zum Zeitpunkt der Abtretung noch vom Lagerhalter gefordert werden kann. Inhaberlagerscheine lassen sich formlos übertragen.

b) Orderlagerscheine können nur sehr kompliziert (per Indossament) übertragen werden. Das gilt auch für Namenslagerscheine. Inhaberlagerscheine werden durch einfache Übergabe übertragen und sind daher sehr unsicher, da die Übertragungswege nicht nachvollzogen werden können.

Orderlagerscheine werden verwendet, wenn das Gut während der Lagerung verkauft werden soll. Namenslagerscheine verwendet man, wenn eine Kreditsicherung mit dem Lagergut beabsichtigt ist. Inhaberlagerscheine werden überhaupt nicht verwendet.

24

a) Nach dem HGB muss der Lagerhalter für den gesamten Schaden aufkommen. Er haftet bei Verschulden ohne Haftungsbegrenzung für den Güterschaden und für den Güterfolgeschaden. Der Mehrpreis beim Deckungskauf ist ein Folgeschaden.

b) Der Schadenersatz nach HGB beträgt 613 410 €.

25

a) Der Haftungsgrundsatz ergibt sich aus dem HGB. Der Spediteur haftet bei Verschulden. Die Haftungshöchstgrenzen nach ADSp bei Güterschäden sind auf den Schaden, maximal 5 € je kg brutto, maximal 5 000 € je Schadensfall und maximal 2 Mio. € je Schadensereignis, begrenzt.

b) Die zwei Paletten wiegen 2 000 kg. Der Schaden beträgt 3 000 €. Die Begrenzung auf 5 € je kg führt zu einer Höchstgrenze von 10 000 €, wobei nach ADSp aber nur maximal 5 000 € ersetzt werden. Es werden 3 000 € ersetzt.

8.2.3 Lagerkostenkalkulation

26

a) $\frac{20 \cdot (31\,00 + 7{,}20) \cdot (0{,}5 + 1{,}5) \cdot 100}{110\,000} = 1{,}39\ €$

b) $\frac{(14\,500 + 11\,000 + (350 \cdot 12) + 1\,900 + (980 \cdot 4)) \cdot 100}{70\,000 \cdot 12}$

$= 4{,}23\ €$

c) $\frac{11 \cdot 20 \cdot 38\,20 \cdot 100}{70\,000} = 1{,}20\ €$

d) $\frac{(1{,}39 + 1{,}20 + 4{,}23) \cdot 32\,000}{100} = 2\,182{,}40\ €$

e) $\frac{54\,000 \cdot 0{,}15}{1\,000} = 8{,}10 + 19\,\%\,(1{,}54) = 9{,}64\ €$

27

aa) Der Lagerempfangsschein ist eine einfache Lagerquittung. Neben der Quittungsfunktion dient er als Beweis für Abschluss und Inhalt des Lagervertrages.

ab) Der Orderlagerschein ist ein Wertpapier Die Herausgabe des Gutes erfolgt nur gegen Rückgabe des Original-Orderlagerscheins an den rechtmäßigen Besitzer des Orderlagerscheins. Rechtmäßiger Besitzer ist der Einlagerer (wenn der Orderlagerschein nicht auf Dritte übertragen wurde) oder der letzte Indossatar (Empfänger des Orderlagerscheins bei der Übergabe an Dritte durch ein Indossament) in einer geschlossenen Indossamentenkette.

ba) Gewicht: 12 · 12 · 23,5 = 3 384,00 kg

bb) Einlagerung: 12 · 1,70 = 20,40 €

Lagerung: 12/2 · (1,2·0,8) = 5,76 m^2 = 6 m^2
6 m^2 · 5 Monate · 1,20 € = 36,00 €
Auslagerung: 12 · 23,5 = 282 kg
300 kg / 100 · 0,85 € · 12 = 30,60 €
Kommissionierung: 12 · 1,75 € = 21,00 €
Summe = 108,00 €

ca) Lagerfläche: 3-fach stapeln, 26/3 = 8,67 = 9 Stellplätze
9 · (1,00 m · 1,20 m) = 10,80 m^2 = 11 m^2

cb) Einlagerung: 26 · 1,85 48,10 €
Lagerung: 10,8 m^2 = 11 m^2 · 5 Monate · 1,20 € = 66,00 €
Auslagerung: 16 · 5,4 = 86,4 kg =
100 kg / 100 · 0,85 € · 26 = 22,10 €
Kommissionierung: 26 · 1,75 € = 45,50 €
Summe = 181,70 €

28

a) $\frac{151\,600}{29\,000} = 5{,}23\ €$

b) $\frac{151\,600 \cdot 0{,}70}{61\,820} = 3{,}50\ €$

c) $\frac{151\,600 \cdot 100}{14\,310\,000} = 1{,}06\ €$

29

Lagerfläche: 60 · 40 = 2.400 m^2;
davon nutzbar = 2400 · 0,75 = 1 800 m^2

Kosten je m^2/Monat = 90 000 / 1800 / 12
= 4,17 € + 11 % (0,46 €) = 4,63 €

30

a) Lagerbüro, Wege, Kommissionierzone, Sozialräume, Abstellräume für Lagergeräte etc.

32

Lagerkosten	monatlich	vierteljährlich	jährlich
Abschreibungen			34 200,00
Zinsen	2 350,00		28 200,00
Reparaturen	780,00		9 360,00
Versicherungen			9 000,00
Energiekosten		1 350,00	5 400,00
Reinigung	210,00		2 520,00
			88 680,00
		27 400	3,24

31

Leistungsstunden für einen Lagerarbeiter pro Jahr									
52	Arbeitswochen	· 5	Tage =	260	Tage ·	7,5	Std. =	1 950	Std.
./.	Urlaub	ø		21	Tage ·	7,5	Std. =	158	Std.
./.	Krankheit	ø		8	Tage ·	7,5	Std. =	60	Std.
./.	gesetzliche Feiertage			11	Tage ·	7,5	Std. =	83	Std.
				220	Tage ·	**7,5**	Std. =	**1650**	Std.
./.	unprod und Leerlaufzeit (30 %)			220	Tage ·	2,25	Std. =	495	Std.
	effektive Leistungsstunden			**220**	Tage	5,25	Std. =	**1155**	Std.

Personalkosten für einen Lagerarbeiter

1 754,50 € je Monat	·	12,5	Auszahlungen / Jahr	21 931,25 €
		+ Sozialabgaben	23,4 %	5 131,91 €
		Summe		**27 063,16 €**
je Stunde				**23,43 €**

Leistungsstunden für einen kaufmännischen Angestellten pro Jahr

52	Arbeitswochen	· 5	Tage =	260	Tage ·	7,5	Std. =	1 950	Std.
./.	Urlaub	ø		28	Tage ·	7,5	Std. =	210	Std.
./.	Krankheit	ø		6	Tage ·	7,5	Std. =	45	Std.
./.	gesetzliche Feiertage			11	Tage ·	7,5	Std. =	83	Std.
				215	Tage ·	**7,5**	Std. =	**1613**	Std.
./.	unprod und Leerlaufzeit (29 %)			215	Tage ·	2,175	Std. =	468	Std.
	effektive Leistungsstunden			**215**	Tage	5,325	Std. =	**1145**	Std.

Personalkosten für einen kaufmännischen Angestellten

2 430,00 € je Monat	·	13	Auszahlungen / Jahr	31 590,00 €
		+ Sozialabgaben	21,6 %	6 823,44 €
		Summe		**38 413,44 €**
je Stunde				**33,55 €**

33 Personalkosten

Leistungsstunden für einen Lagerarbeiter pro Jahr

52	Arbeitswochen	· 5	Tage =	260	Tage ·	7,5	Std. =	1 950	Std.
./.	Urlaub	ø		22	Tage ·	7,5	Std. =	165	Std.
./.	Krankheit	ø		14	Tage ·	7,5	Std. =	105	Std.
./.	gesetzliche Feiertage			11	Tage ·	7,5	Std. =	83	Std.
				213	Tage ·	**7,5**	Std. =	**1598**	Std.
./.	unprod und Leerlaufzeit (22 %)			213	Tage ·	1,65	Std. =	351	Std.
	effektive Leistungsstunden			**213**	Tage	5,85	Std. =	**1246**	Std.

Personalkosten für einen Lagerarbeiter

1 850,00 € je Monat	·	12,5	Auszahlungen / Jahr	23 125,00 €
		+ Sozialabgaben	21,6 %	4 995,00 €
		Summe		**28 120,00 €**
je Stunde				**22,57 €**

Leistungsstunden für einen kaufmännischen Angestellten pro Jahr

52	Arbeitswochen	· 5	Tage =	260	Tage ·	7,5	Std. =	1 950	Std.
./.	Urlaub	ø		25	Tage ·	7,5	Std. =	188	Std.
./.	Krankheit	ø		9	Tage ·	7,5	Std. =	68	Std.
./.	gesetzliche Feiertage			11	Tage ·	7,5	Std. =	83	Std.
				215	Tage ·	**7,5**	Std. =	**1613**	Std.
./.	unprod und Leerlaufzeit (20 %)			215	Tage ·	2,175	Std. =	323	Std.
	effektive Leistungsstunden			**215**	Tage	5,325	Std. =	**1290**	Std.

Personalkosten für einen kaufmännischen Angestellten

2 350,00 € je Monat	·	13	Auszahlungen / Jahr	30 550,00 €
		+ Sozialabgaben	21,6 %	6 598,80 €
		Summe		**37 148,80 €**
je Stunde				**28,80 €**

33 aa) Einlagerungskosten je Palette des Wareneingangs

Wareneingangsprozesse Tätigkeit/Transaktion		Minuten	Faktor		Min/WE	€/WE	€/Palette
1	Meldung Fahrer, Koordinierung und Zuweisung der Rampe, Prüfung der Bestellung und WE-Avis	4	1	K	4	1,92	
3	Öffnen Tor/Papierhandling	2	1	G	2	0,75	
4	Entladung Palette, abstellen auf definierter Wareneingangspufferfläche (Personal)	1	35	G	35	13,17	
5	Stapler (Umschlaggerät)	1	35	S	35	4,19	
6	Prüfung der Anlieferungsmenge und Wareneingangskontrolle (äußerer Zustand, MDH, Palettenqualität)	2	35	G	70	26,33	
7	Vermerk auf Lieferschein, Quittierung	5	1	G	5	1,88	
8	Tor schließen	1	1	G	1	0,38	
9	Sendungserfassung, Zuordnung von Lagerplätzen, Palettenlabel drucken	30	1	K	30	14,40	
10	Palettenlabel anbringen	0,5	35	G	17,5	6,58	
11	Transport der Paletten zum Einlagern	2	35	G	70	26,33	
12	Stapler	2	35	S	70	8,38	
13	Rückmeldung LEGRO	2	1	K	2	0,96	
	SUMME					105,27	3,01
	Allgemeine Verwaltungskosten						0,38
	Zwischensumme						3,39
	Gewinn						0,22
	EINLAGERUNGSKOSTEN						3,61

ab) Kommissionierkosten je Kommissionierauftrag und je Pick

Kommissionierungsprozesse Tätigkeit/Transaktion		Minuten	Faktor		Minuten je KomA	€ je KomA	€ je Pick
1	Administration (Bestandscheck, Druck Pickliste, allgemeine Kommunikation etc.)	6	1	K	6	2,88	
2	Auftragsbeginn (Aufnahme Pickliste, Koordination)	2	1	G	2	0,75	
3	Ladehilfsmittel (Palette oder Karton) vorbereiten	2,5	1	G	2,5	0,94	
4	Fahrzeit je Auftrag (ca. 400 m)	6,2	1	G	6,2	2,33	
5	Orientierungszeit je Position	0,19	10	G	1,9	0,71	
6	Greifzeit je Pick	0,05	60	G	3	1,13	
7	Kommissionierwagen (Summe)	11,1	1	KO	11,1	1,74	
8	Übergabe Versandstation WA	1,5	1	G	1,5	0,56	
	SUMME					11,04	0,18
	Allgemeine Verwaltungskosten					1,38	0,03
	Zwischensumme					12,42	0,21
	Gewinn					0,81	0,02
	Nettopreis pro Kommissionsauftrag					13,23	0,23

ac) Auslagerungskosten je Kommissionierauftrag

Warenausgangsprozesse Tätigkeit/Transaktion		Minuten		Faktor		Minuten WAAuftrag	€ WAAuftrag
1	Buchung, Dokumentenerstellung	1,2		1	K	1,2	0,58
2	Endkontrolle, Wickeln, Labeln	2,6		1	G	2,6	0,98
3	Torhandling	1,5		1	G	1,5	0,56
4	Verladen	1,25		1	G	1,25	0,47
5	Stapler	1,25		1	S	1,25	0,15
6	Rückmeldung an LEGRO	2		1	K	2	0,96
	SUMME						3,70
	AVK						0,46
	Zwischensumme						4,16
	Gewinn						0,27
	Summe						4,43

33 b) Ermitteln Sie die Lagerungskosten je Palette des durchschnittlichen Lagerbestands.

Lagerkosten	Monat	Vierteljahr	Jahr	Palette
Abschreibungen			73 160,00	
Zinsen	8 555,00		102 660,00	
Reparaturen	3 422,00		41 064,00	
Versicherungen			9 000,00	
Energiekosten		4 779,00	19 116,00	
Reinigung	1 239,00		14 868,00	
			259 868,00	
AVK	12,5 %		32 483,50	
Zwischensumme			292 351,50	
Gewinn	6,5 %		19 002,85	
Summe			311 354,35	
Lagerbestand/Paletten	11 315		27,52	2,29

c) Erstellen Sie die Rechnung für den Monat Mai für die Fa. LEGRO.

Rechnung	Einzelkosten	Bezugsgröße		Betrag
Einlagerung	3,61	1 400	Paletten	5 054,00
Kommissionierung	13,23	1 120	Aufträge	14 817,60
Auslagerung	4,43	1 120	Aufträge	4 961,60
Lagerkosten	2,29	11 315	Paletten	25 911,35
			Summe	50 744,55
			+ 19 % USt.	9 641,46
				60 386,01

8.2.4 Beschaffungslogistik

34 a) Herold steuert den gesamten Prozess der Güterbeschaffung für die Lampenproduktion von den Lieferanten über eventuelle Vormaterialienlager bis zur Produktionsstätte der Fa. CarLight. Zugleich werden wichtige Funktionen im Informationsfluss übernommen, damit die Lieferungen auf die Produktion abgestimmt werden.

b) Klassischer TUL-Prozess: Organisation von Transport, Umschlag und Lagerung der Zulieferteile.

c) Mögliche value added services: Sortierung, Vorkommissionierung, Qualitätskontrolle, Vormontage, Behältermanagement etc.

35

Anteil der Artikel nach ABC-Analyse (Basis = Wert)					
A	78,3 %	B	16,2 %	C	5,5 %

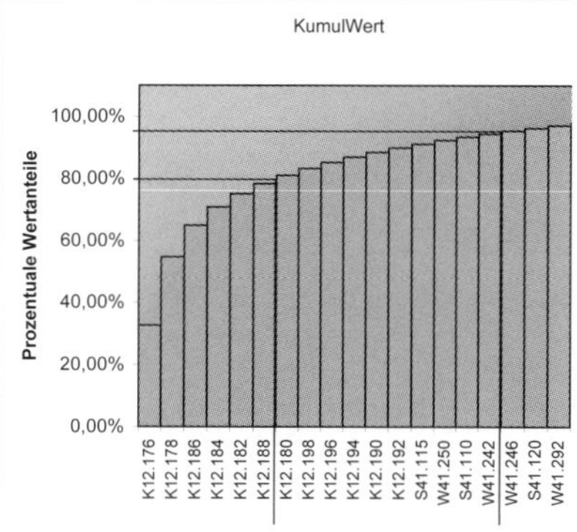

35

TypNr.	Artikel	Bedarf	Preis/100 St.	Gesamtwert	%Wert	kumuliert	ABC	
W41.242	Wendel, Wolfram, 0,15 mm	1 487 410	152,56	2 269 192,70	32,7 %	32,7 %	A	80 %
W41.250	Wendel, Wolfram, 0,25 mm	1 243 985	123,60	1 537 565,46	22,1 %	54,8 %	A	95 %
K12.192	Kolben, gelb, T1/4	1 013 501	69,45	703 876,44	10,1 %	64,9 %	A	100 %
K12.188	Kolben, rot, T1/4	524 511	78,50	411 741,14	5,9 %	70,8 %	A	
W41.246	Wendel, Wolfram, 0,20 mm	352 182	82,95	292 134,97	4,2 %	75,0 %	A	
K12.190	Kolben, grün, T1/4	379 243	59,75	226 597,69	3,3 %	78,3 %	A	
S41.110	Stromzuführung, X89	167 097	110,80	185 143,48	2,7 %	81,0 %	B	
K12.178	Kolben, grün, T1/2	2 252 328	6,95	156 536,80	2,3 %	83,3 %	B	
K12.198	Kolben, orange, T1/4	1 569 425	8,64	135 598,32	2,0 %	85,3 %	B	
K12.180	Kolben, gelb, T1/2	1 256 368	9,52	119 606,23	1,7 %	87,0 %	B	
K12.194	Kolben, blau, T1/4	453 738	23,58	106 991,42	1,5 %	88,5 %	B	
K12.176	Kolben, rot, T1/2	534 726	18,10	96 785,41	1,4 %	89,9 %	B	
K12.186	Kolben, orange, T1/2	1 806 917	4,89	88 358,24	1,3 %	91,2 %	B	
W41.317	Sockel, PX26	3 612 520	2,25	81 281,70	1,2 %	92,4 %	B	
K12.182	Kolben, blau, T1/2	1 441 669	5,22	75 255,12	1,1 %	93,5 %	B	
K12.196	Kolben, blau-weiß, T1/4	2 224 153	3,15	70 060,82	1,0 %	94,5 %	B	

TypNr.	Artikel	Bedarf	Preis/100 St.	Gesamtwert	%Wert	kumuliert	ABC	
S41.115	Stromzuführung, X32	2 199 246	2,98	65 537,53	0,9 %	95,4 %	C	
S41.120	Stromzuführung, X19	1 911 896	3,22	61 563,05	0,9 %	96,3 %	C	
W41.254	Wendel, Wolfram, 0,30 mm	4 175 768	1,39	58 043,18	0,8 %	97,1 %	C	
W41.292	Sockel, P43	2 904 980	1,89	54 904,12	0,8 %	97,9 %	C	
K12.184	Kolben, blau-weiß, T1/2	3 175 987	1,56	49 545,40	0,7 %	98,6 %	C	
W41.267	Sockel, P14	4 200 586	1,24	52 087,27	0,7 %	99,3 %	C	
W41.342	Sockel, BA9S	2 422 569	1,95	47 240,10	0,7 %	100,0 %	C	
		41 310 805		6 945 646,59	100,0 %			

36

$$\sqrt{\frac{2 \cdot J \cdot BK}{LK}} = \sqrt{\frac{2 \cdot 2\,400 \cdot 62{,}50}{5{,}22}} \approx 239{,}7$$

37

80 %	A
95 %	B
100 %	C

Nr.	Jahresbedarf	Stückpreis	Wert (€)	%Wert	Kumul. %Wert	ABC
1	55 000	19,50	1 072 500	33,33 %	33,33 %	A
2	22 000	40,00	880 000	27,35 %	60,68 %	A
3	5 500	77,00	423 500	13,16 %	73,85 %	A
7	55 000	5,50	302 500	9,40 %	83,25 %	B
5	62 500	3,50	218 750	6,80 %	90,05 %	B
8	115 000	0,75	86 250	2,68 %	92,73 %	B
6	4 250	17,90	76 075	2,36 %	95,09 %	C
10	150 000	0,50	75 000	2,33 %	97,42 %	C
4	115 000	0,63	72 450	2,25 %	99,67 %	C
9	35 000	0,30	10 500	0,33 %	100,00 %	C
			3 217 525	100,00 %		

38

a)

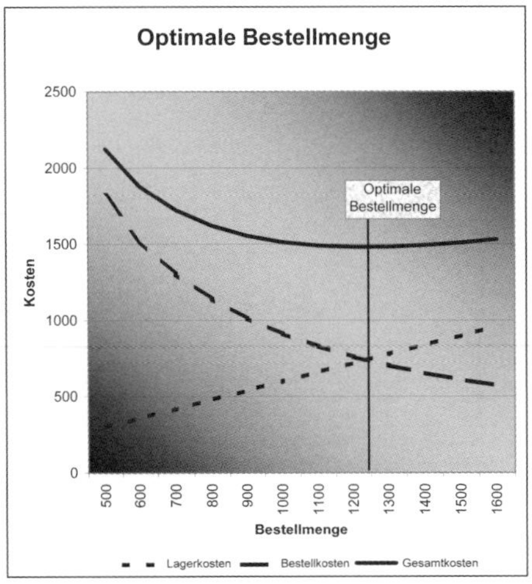

b) $$\sqrt{\frac{2 \cdot J \cdot BK}{LK}} = \sqrt{\frac{2 \cdot 30\,000 \cdot 285{,}00}{2{,}70}} \approx 2\,517$$

39

	Ø Auslagerung/Tag	Höchstbestand	Mindestbestand	a) Meldebestand	b) Bestell-Menge
Möhrchen	58,7	3 980	294	647	3 288
Erbsen und M.	54,8	3 690	274	603	3 047
Brechbohnen	49,3	3 390	247	543	2 804
Erbsen	47,8	2 470	239	526	1 984
Champignons	29	1 490	145	319	1 196
Schwarzwurzeln	25,6	1 090	128	282	853
Schältomaten	18,9	710	95	209	544
Tomatenmark	10,4	400	52	115	308

c) Die Bestellmenge ist auf der Annahme einer bestimmten Lieferzeit kalkuliert. Wird deutlich schneller geliefert, hat der Lagerbestand die Mindestmenge noch nicht erreicht und es wird mehr Platz benötigt.

40

a) Bestellpunktverfahren: es wird eine Bestellung vorgenommen, wenn der Meldebestand erreicht wird. Es wird immer die gleiche Menge bestellt.

Bestellrhythmusverfahren: Es wird immer zum gleichen Zeitpunkt (gleicher Abstand der Bestellzeitpunkte) bestellt. Die Bestellmenge hängt von der Bestellpolitik ab [(t,q)- oder (t,S)-Politik].

b) t,q: Der Bestellzeitpunkt ist konstant (Bestellrhythmus), die Bestellmenge ist ebenfalls konstant, daher schwankt der maximale Lagerbestand nach dem Bestelleingang.

t,S: Der Bestellzeitpunk ist konstant (Bestellrhythmus), die Bestellmenge ist variabel (es wird immer aufgefüllt, was gerade fehlt), daher ist der maximale Lagerbestand nach dem Bestelleingang immer gleich groß (er entspricht dann der Kapazität des Lagers).

41 a) Mindestbestand = 4 · 88 = 352 Geräte

Meldebestand = 7 · 88 = 616 Geräte

b)

T	(-)	(+)	Bestand		T	(-)	(+)	Bestand	
			742						
1	100		642		16	91		904	
2	93		549	MB	17	83		821	
3	93		456		18	94		727	
4	90		366		19	83		644	
5	88	800	1 078		20	95		549	MB
6	95		983		21	91		458	
7	94		889		22	90		368	
8	90		799		23	75	800	1 093	
9	96		703		24	77		1 016	
10	77		626		25	97		919	
11	92		534	MB	26	96		823	
12	83		451		27	84		739	
13	95		356		28	90		649	
14	78	800	1 078		29	79		570	MB
15	83		995		30	81		489	

42

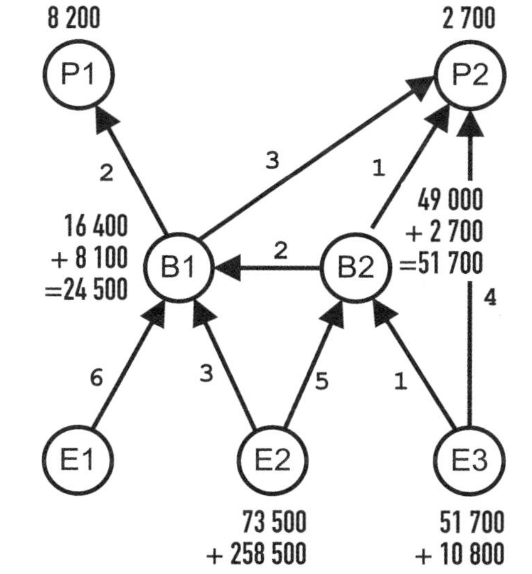

	nach	
von	P1	P2
B1	2	3
B2		1
E3		4

	nach	
von	B1	B2
E1	6	
E2	3	5
E3		1
B2	2	

	SUMME	P1	P2	B1	B2
P1	8 200				
P2	2 700				
B1	24 500	16 400	8 100		
B2	51 700		2 700	49 000	
E1	147 000			147 000	
E2	332 000			73 500	258 500
E3	62 500	10 800			51 700

b) Bestellmenge für

E1 = 147 000 – 30 000 = 117 000 Stück

E2 = 332 000 – 25 600 = 306 400 Stück

43 a)

Periode	Verbrauchsdaten	Mittelwert	gleitender Mittelwert	gleitender, gewogener Mittelwert	exponentielle Glättung
1	96 700	99 238			
2	97 600	99 238			97 015
3	97 500	99 238			97 565
4	97 700	99 238			97 570
5	100 100	99 238	97 920		98 540
6	96 900	99 238	97 960	98 698	98 980
7	93 300	99 238	97 100	98 039	95 640
8	92 200	99 238	96 040	95 758	92 915
9	95 800	99 238	95 660	94 001	93 460
10	99 600	99 238	95 560	94 723	97 130
11	103 200	99 238	96 820	96 933	100 860
12	109 100	99 238	99 980	99 857	105 265
13	110 400	99 238	103 620	104 281	109 555

b)

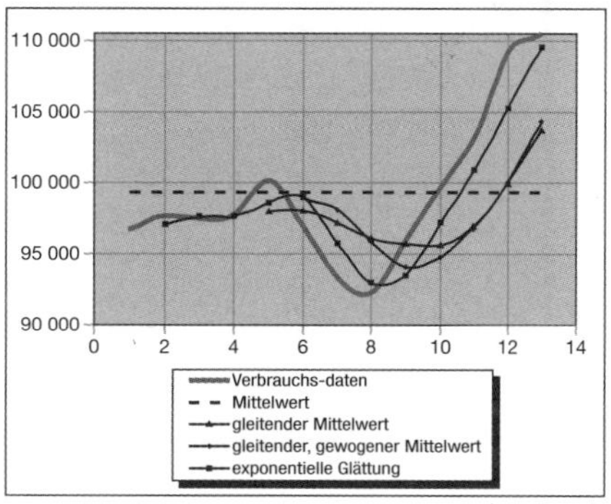

c) Außer dem arithmetischen Mittel folgen alle Berechnungsmethoden in ihrer Struktur den Originalwerten und sind eine gute Schätzung. Am genauesten ist die exponentielle Glättung. Für die verbleibenden Ungenauigkeiten und Abweichungen sind entsprechende Mindestbestände zu planen.

44 a) Kanban ist eine Methode der Produktionsablaufsteuerung nach dem Hol- beziehungsweise Zuruf- oder Pullprinzip und orientiert sich ausschließlich am Bedarf einer verbrauchenden Stelle im Fertigungsablauf (Wikipedia, Kanban). Es automatisiert den Zulauf von Gütern zur Produktion, indem die zur Verfügung gestellten leeren Behälter vom externen oder internen Lieferanten als Bestellung interpretiert werden und darauf folgend eine Lieferung erfolgt.

b)
- Längerfristig geplanter, regelmäßiger Bedarf von Teilen bzw. Produkten, Fließproduktion, nicht Werkstattfertigung
- planmäßiger Arbeitsrhythmus im Betrieb (geglättete Produktion)
- hohe Qualität der gelieferten Produkte
- regelmäßige Transportzyklen
- hohe Motivation und Qualifikation der Mitarbeiter

c)
- Bestellung von großen Mengen auf Abruf. Daher Arbeitserleichterung in der Einkauf- und Dispositionsabteilung (geringer Steuerungsaufwand)
- Erleichterungen beim Wareneingang
- geringe Lagermengen und Kapitalbindung durch Reduzierung des Lagerbestandes

45

a) Die Anlieferung der Teile soll direkt zur Produktion erfolgen. Dabei muss die Lieferung genau zu dem Zeitpunkt erfolgen, an dem die Teile in der Produktion benötigt werden. Die gesamte Lieferantenkette und der Logistikdienstleister werden auf den Produktionsrhythmus abgestimmt. Die Lagerhaltung im Herstellbetrieb entfällt.

b) Der Vorteil liegt in der Kostenersparnis für Lager- und Umschlagsvorgänge einschließlich des damit verbundenen administrativen Aufwandes.

c) Die Risiken liegen in

- der Liefersicherheit: Ein Versagen der Lieferkette führt zu Produktionsstillstand.
- der hohen Abhängigkeit von einzelnen Lieferanten und dem Logistikdienstleister, die langfristig gebunden werden müssen.
- der Reduzierung der Transportgröße, Zunahme des Güterverkehrs, Kostensteigerungen, da erhöhter Transportaufwand und die Aufwendungen für die hohe Liefersicherheit vergütet werden müssen.

d) B- und C-Teile werden seltener benötigt. Daher ist eine regelmäßige Just-in-Time-Anlieferung wegen der zu kleinen Liefermengen nicht sinnvoll. Der relativ geringe Wert der Güter führt auch zu einer geringeren Kapitalbelastung durch die Lagerung.

46

a) Lieferanten müssen in der Lage sein, die bestellten Güter zu den gewünschten Zeitpunkten herzustellen und zu liefern. Das setzt eine flexible Produktion bzw. ausreichende Lagerbestände voraus. Eine räumliche Nähe des Lieferanten zum Hersteller ist von Vorteil.

Lieferanten müssen direkt über die eigene EDV an den Produktionsplanungsprozess des Herstellers angebunden sein.

b) Hersteller brauchen eine präzise Produktionsplanung für ihre Fließfertigung, damit die Lieferzeitpunkte und -mengen den Lieferanten und Logistikdienstleistern mitgeteilt werden. Das setzt eine ausgezeichnete DV-Ausstattung voraus. Eine Anlieferung an die Produktion muss beim Hersteller problemlos möglich sein.

c) Logistikdienstleister müssen in der Lage sein, eine Anlieferung in genau definierten Zeitfenstern des Herstellers zu organisieren. Dabei sind Transportmittel und Umschlagskapazitäten in ausreichender Menge und Qualität vorzuhalten, um die Liefersicherheit zu gewährleisten. Es ist ebenfalls eine EDV-Anbindung an die Systeme von Lieferanten und Herstellern sicherzustellen.

47

a) Gebietsspediteure sammeln in einem abgegrenzten Gebiet die Teile für einen Hersteller ein. Die Teile werden umgeschlagen, evtl. gelagert und gebündelt dem Hersteller angeliefert.

b) Die Gebiete müssen so geschnitten werden, dass die Menge der zu beschaffenden Teile groß genug ist, um den Spediteur damit auszulasten. Zugleich sollen diese Teile in kurzer Zeit besorgt werden, damit keine Lagerbestände und Kapitalkosten aufgebaut werden. Gebietsspediteure arbeiten in der Regel innerhalb einer Zone, die mit dem Nahverkehr bedient werden kann.

c) Vorteile

Hersteller	**Lieferanten**	**Spediteur**
Anlieferung der Teile in gebündelter Form, evtl. verbunden mit einer Just-in-Time-Anlieferung Eine Vielzahl von Kleinteilen kann geordert werden, ohne den Transportaufwand besonders zu steigern.	Vereinfachung beim Versand, da „ab Werk" verkauft wird und die Teile abgeholt werden. Verkauf auch kleinerer Mengen ohne hohen Transportaufwand möglich.	Langfristige Bindung des Herstellers als Kunde für das eigene Unternehmen. Auslastung der eigenen Kapazitäten (Fahrzeuge und Speditionsanlage) auch in Verbindung mit anderen Tätigkeitsfeldern (Sammelgut, Lagerei).

48

a) „Beschaffungsstrategie bei der ein Hersteller bereits vormontierte Module (z. B. Cockpit, Türen, Sitze in der Automobilindustrie) von einem System- oder Modullieferanten, der für die Beschaffung der notwendigen Modulkomponenten verantwortlich ist, bezieht."

b) Als Vorteile werden genannt:

- Verkürzung der Durchlaufzeiten
- Verringerung der Zahl der Fertigungsstufen
- Vereinfachung der Produktionsplanung und -steuerung
- Kostenvorteile
- Bestandsreduzierung
- Konzentration auf Kernkompetenzen und die damit möglicherweise verbundenen Vorteile

c)
- höher Aufwand (technisch und organisatorisch) beim Einkauf der Module
- Verlust von Kompetenzen des eigenen Unternehmens
- erhöhte Abhängigkeit vom Modul- bzw. Systemlieferanten
- Verlust des Wettbewerbsdrucks, das „modular Sourcing" zugleich immer Single-Sourcing mit einschließt

49

Single-Sourcing	Beschaffung bestimmter Teile (z. B. Scheinwerfer) bei nur einem Lieferanten
Dual-Sourcing	Bestimmte Teile werden bei zwei unterschiedlichen Lieferanten gekauft. So könnten z. B. die Autoschlüssel bei zwei Herstellern gekauft werden, wenn diese identische Qualitäten liefern können.
Multiple-Sourcing	Normteile (Schrauben etc.) können von vielen verschiedenen Lieferanten gekauft werden, da identische Produkte geliefert werden.
Modular-Sourcing	Ganze Module eines Fahrzeugs (z. B. die Frontpartie mit Stoßfänger und Scheinwerfern) werden von einem Lieferanten bezogen, der seinerseits die Teile von verschiedenen Sublieferanten bezieht.
System-Sourcing	Ein Systemlieferant liefert z. B. das komplette versenkbare, elektronisch gesteuerte Dach für ein Cabrio. Das gelieferte System kann selbst aus mehreren Modulen bestehen, die der Systemlieferant eingekauft und zusammengebaut hat.
Local-Sourcing	Einkauf von Teilen (z. B. Motorteile) im lokalen Bereich, da hier spezialisierte Lieferanten ansässig sind

Global-Sourcing	Weltweiter Einkauf von Teilen, um Kostenvorteile im Ausland zu nutzen, die die erhöhten Transportkosten ausgleichen

50 Vorteile: Beim Single-Sourcing kann sich der Lieferant in hohem Maße spezialisieren. Er kann direkt auf die Wünsche und Bedürfnisse des Herstellers eingehen. Häufig sind auch Entwicklungspartnerschaften möglich. Der Hersteller kann das oft hochspezialisierte Know-how des Lieferanten nutzen.

Probleme: Die Abhängigkeit des Herstellers von diesem Lieferanten nimmt zu. Das hat negative Auswirkungen auf die Preisgestaltung. Innovationen, die von anderen Lieferanten kommen, werden häufig nur verspätet in die Produktion einfließen.

8.3 Distributionslogistik

51 a) Mit einer steigenden Anzahl von Lagern sinken die Transportkosten. Das liegt daran, dass die Strecken für die Auslieferung kürzer werden. Die Läger liegen dann näher bei den Kunden.

Die Läger selbst werden kleiner, je mehr Läger für die gleiche Menge unterhalten werden. Viele Kosten entstehen mehrfach. Die Lagerkosten entwickeln sich degressiv zur eingelagerten Menge, da die Fixkosten des Lagers auf eine größere Lagermenge verteilt wird.

b)

Anzahl	Transport-kosten	Lager-kosten	Gesamt-kosten
1	150 000,00	10 800,00	160 800,00
2	75 000,00	13 200,00	88 200,00
3	50 000,00	17 200,00	67 200,00
4	37 500,00	22 800,00	60 300,00
5	30 000,00	30 000,00	60 000,00
6	25 000,00	38 800,00	63 800,00
7	21 428,57	49 200,00	70 628,57
8	18 750,00	61 200,00	79 950,00
9	16 666,67	74 800,00	91 466,67
10	15 000,00	90 000,00	105 000,00

c)

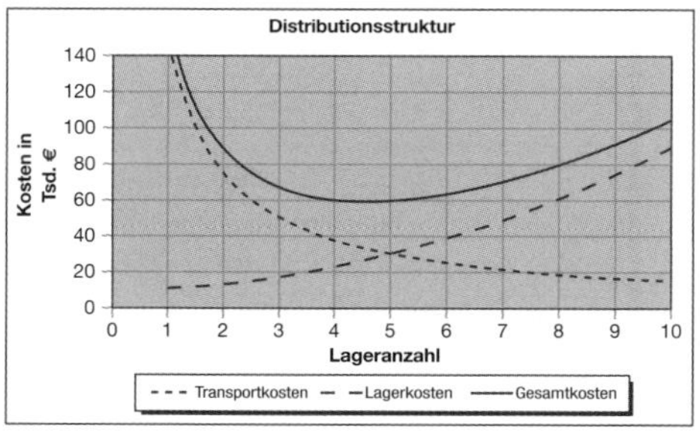

52

	Vorteile	Nachteile
Direktbelieferung	▪ direkte Lagerbewirtschaftung ▪ gute Abstimmung Lagerhaltung und Produktion ▪ geringere Lagerkosten durch Großlager	▪ höhere Transportkosten ▪ längere Lieferzeiten
Auslieferungslager	▪ schnellere Lieferung ▪ geringere Transportkosten ▪ regionalspezifisches Lagersortiment	▪ höhere Lagerkosten ▪ Abhängigkeit von ausländischen Logistikdienstleistern ▪ höhere Lagerbestände

53 Beschreibung der Tätigkeit der Versandabteilung nach der Grafik „Auftragsabwicklung" auf Seite 201.

54

Vorteile	
Person-zur-Ware-System	▪ geringe Investitionen ▪ gute Raumausnutzung ▪ hohe Flexibilität
Ware-zur-Person-System	▪ stationäre Kommissionierplätze ▪ gute Volumenausnutzung ▪ kontinuierlicher Arbeitsrhythmus
Vollautomatischer Kommissionierroboter	▪ hohe Kommissionierleistung ▪ sehr gute Raumausnutzung

Probleme	
Person-zur-Ware-System	▪ geringe Kommissionierleistung ▪ großer Personalbedarf
Ware-zur-Person-System	▪ mittlere Investitionen ▪ geringe bis mittlere Kommissionierleistung
Vollautomatischer Kommissionierroboter	▪ aufwendige Fördertechnik ▪ hohe Investitionen ▪ geringe Flexibilität ▪ hohe Anforderungen an die Ware

Anwendungsfälle	
Person-zur-Ware-System	Für die Beibehaltung spricht, dass keine Investitionen getätigt werden müssen. Allerdings sind Kosten je Auslagerung sehr hoch, sodass zumindest Verbesserungen wie Pick-by-Light, Pick-by-Scan oder Pick-by-Voice überlegt werden sollten.
Ware-zur-Person-System	Für das System spricht die Verbesserung der Kommissionierleistung bei geringer Investition. Das kann zu Kostensenkungen führen, insbesondere bei steigender benötigter Leistung.
Vollautomatischer Kommissionierroboter	Solche Systeme kommen wegen der hohen Investition nur infrage, wenn ein sehr hohes Kommissioniervolumen vorliegt. Die Güter müssen aber für die Automatisierung geeignet sein. Bei sehr unterschiedlichen Produkten (wie im Ersatzteillager üblich), sind diese Systeme nicht geeignet.

55

a) Administration (Bestandscheck, Druck Pick-Liste), Auftragsbeginn (Aufnahme Pickliste, Koordination), Ladehilfsmittel (Palette oder Karton vorbereiten), Fahren zum Artikellagerplatz, Suchen im Artikelbestand, Pick des Artikels (Wiederholen bis die Pick-Liste abgearbeitet), Übergabe Versandstation

b) Regale mit Gängen, Kommissioniergeräte (spezielle Gabelstapler), Steuerung der Kommissionierung über Listen oder mobile Computer an den Kommissioniergeräten, Regalausstattung für Pick-by-Light-Systeme (Lichtschienen) etc.

c) Steuerung über Picklisten (je Auftrag eine Liste, die nach dem Fahrweg optimiert sein sollte), Pick-by-Scan (dient der Kontrolle), Pick-by-Light (der Kommissionierer steuert jeweils das Lagerfach an, bei dem ein Licht blinkt und entnimmt die angezeigte Menge) oder Pick-by-Voice (der Kommissionierer wird durch Sprache vom Computer gesteuert)

56

Pick-by-Scan	Pick-by-Light	Pick-by-Voice
Kontrolle der Kommissionierung, falsche Picks werden ausgeschlossen	▪ kein Hantieren mit Listen ▪ leichte Orientierung des Kommissionierers ▪ mögliche Mengenänderungen nach Beginn des Kommissioniervorgangs	▪ kein Hantieren mit Kommissionierlisten oder Barcodegeräten ▪ keine Lese- und Orientierungstätigkeit

57

a) Die einzelnen Verkaufsstellen melden den Abverkauf der verschiedenen Artikel zeitnah an die Handelszentrale. Dort werden die Daten gebündelt und an die Hersteller weitergeleitet. Die Hersteller sorgen für umgehende Nachlieferung der Artikel.

b) Beurteilung

Lieferant	Händler	Endkunde
Absatzsicherheit, enge Geschäftsbeziehung	Lieferzeitverkürzung, Versorgungssicherheit	kontinuierliche Warenversorgung, frische Waren
Investitionsaufwand, Abstimmungsaufwand, Offenlegung von Daten		

c) Der Hersteller muss die Kennzeichnung der Produkte so ändern, dass eine artikelgenaue Erfassung der Verkäufe möglich ist (Barcode/RFID-Systeme). Die Kassen- und EDV-Anlagen müssen dafür geeignet sein.

Der Hersteller muss seine Produktion, seine Logistik und seine eigene Einkaufspolitik auf die Änderungen einstellen. Das erfordert Änderungen bei der Produktion (flexible Produktion in kleinen Losgrößen), Distributionssysteme, die auf kleinere Mengen je Lieferung ausgelegt sind, und eine verbesserte IT-Kompetenz, um die Anbindung an die Händler zu ermöglichen.

58

Das ECR-System umfasst folgende Basisstrategien:

Efficient Replenishment	(Kosten- und Zeitoptimierung)	Diese Strategie beinhaltet das QR-System.
Efficient Store Assortments	(Bestandsoptimierung)	Gemeinsame Planung der Sortimente in den Verkaufsstellen
Efficient Promotion	(Optimierung der Handels- und Konsumentenpromotion)	Gemeinsame Werbe- und Promotionsstrategie
Efficient Product Introductions	(Optimierung der Produktentwicklung)	Gemeinsame Entwicklung der Produkte und Produktserien

59

a) Es handelt sich um ein zweistufiges Cross-Docking-System, da die Waren artikelrein angeliefert werden und im CD-Point für die einzelnen Filialen kommissioniert werden müssen.

b)
- Warenannahme und -kontrolle
- Zwischenlagerung
- Kommissionierung auf die Filialen
- Auslieferung an die Filialen

c) Die Disposition des Handelsunternehmens muss die Anlieferung an den CDP so organisieren, dass die aktuell benötigten Artikel zeitgenau angeliefert werden können. Der Lieferant muss die Artikel in den gewünschten Mengen täglich anliefern oder vom Logistikdienstleister abholen lassen (evtl. in Rundtouren). Der Logistikdienstleister muss in der Lage sein, die angelieferten Artikel sofort zu kommissionieren und am nächsten Tag an die Filialen auszuliefern. Die EDV-Anbindung aller Partner muss einen einheitlichen Standard haben.

60

a) Die Elemente eines Onlineshops können auf der Basis eines beliebigen Onlineshops dargestellt werden. Dabei sind folgende Elemente vorhanden:

- Ein Produktkatalog
  - Sortiert in Produktkategorien
  - Darstellung des Produkts mit Daten und Abbildungen
  - Möglichkeit, Artikel in einen „Warenkorb" zu verschieben
  - Suchfunktion
- Warenkorb
  - Liste der ausgewählten Artikel mit Information über die Mengen und die Rechnungspreise der Artikel
  - Möglichkeiten der Warenkorbbearbeitung (Löschen, Mengenänderungen etc.)
  - Verfügbarkeitsauskunft
- Bestellsystem
  - Datenerfassung des Bestellers
  - Vertragsabschlussmöglichkeit
  - Hinweise auf AGB und Versandbedingungen
- Bezahlsystem
  - Erfassung der gewünschten Zahlungsart
  - Erfassung der Zahlungsart
  - Abbuchungs- und Kontobelastungssysteme

b) Ein Kauf findet entlang der Elemente des Onlineshops statt (aussuchen, Warenkorb, bestellen und bezahlen). Danach erfolgt die Lieferung der Ware mit einem Paketdienst.

c)
- Vorkasse/Nachnahme/Rechnung
- Banklastschrift
- Kreditkarte
- Elektronische Bezahlsysteme (CyberCash, Paypal, Firstgate)

61

Nach der Bestellung beginnt für den Verkäufer der Prozess der Auftragsabwicklung (fulfillment). Die Artikel müssen dem Lager entnommen (oder schnell nachgeordert) werden. Danach werden die Waren verpackt und versendet. Da es sich bei den Onlineshops häufig um kleinvolumige Güter (Bücher, CDs, elektronische Geräte, Kleidung etc.) handelt, werden externe Dienstleister (Paket- und Expressdienste) für den Versand der Waren eingesetzt. Sie übernehmen auch die Retouren.

Da Groß- und Zwischenhändler entfallen, werden über eCommerce sehr viel mehr Einzel- und Kleinsendungen verschickt. Die Transporte gehen auch immer bis zum Haus des Kunden. Im stationären Handel hat der Kunde die Ware beim Händler abgeholt. Daher nimmt zwar nicht die Transportmenge zu, aber die Sendungsgrößen sinken im Durchschnitt. Das verursacht eine erhebliche Zunahme des Verkehrs (besonders auf der Straße).

62

Typ	Beispiele	Merkmale
B2C	www.otto.de www.amazon.de www.dell.de www.alternate.de www.officio.de	Die Angebote der Unternehmen wenden sich an Endverbraucher. Einige Anbieter haben auch B2B-Shops integriert.
B2B	www.wellashop.de (Friseure) www.chemicalportal.basf.com (mit Demoversion) www.alternate-b2b.de (Computer)	Verkauf nur an Firmenkunden. Üblich ist die Registrierung der Kunden. Für Kleinkunden oft sehr einfach.
C2C	www.ebay.de www.azubo.de www.autoscout24.de	Privatleute kaufen und verkaufen über diese Marktplätze. Häufig vermischt mit Händlerangeboten.

63

a) Beispiele für Auktionen: C2C: www.ebay.de, B2B: http://business.ebay.de

Ablauf von Auktionen:

- Verkäufer stellen einen Artikel auf die Auktionsseite des Auktionshauses ein. Sie beschreiben den Artikel und legen einen Mindestpreis und einen Bietungszeitraum fest.
- Potenzielle Käufer geben Angebote ab.
- Beim Ablauf der Bietungsfrist erhält der Anbieter mit dem höchsten Gebot den Zuschlag.
- Nun wird der Vertrag abgewickelt: Der Käufer muss den Kaufpreis bezahlen und der Verkäufer den Artikel übergeben (bei Abholung) oder versenden.

b) Probleme:

- für den Käufer
  - Lieferrisiko (wird die gekaufte Ware auch geliefert?)
  - Qualitätsrisiko (entspricht die gekaufte Ware der angebotenen Qualität?)
  - Transportrisiko (der Käufer trägt normalerweise das Transportrisiko/Versendungskauf)
  - Gewährleistungsproblematik (private Anbieter können die Gewährleistung einschränken, bei gewerblichen Anbietern ist oft die Rechtsdurchsetzung schwierig)
- Verkäufer
  - Zahlungsrisiko (wird der Kaufpreis nach Lieferung bezahlt?)
  - Gewährleistungsrisiko bei „Powersellern" (wer sehr viele Geschäfte in Internetauktionen betreibt, kann als Gewerbetreibender angesehen werden)
  - Lieferverpflichtung auch bei niedrigem Höchstgebot (Vertrag über Verkauf gegen Höchstgebot)

c) Einkaufsauktionen sind häufig „geschlossene Veranstaltungen". Dabei legt der Käufer die gewünschte Leistung fest, der Anbieter mit dem niedrigsten Gebot erhält den Zuschlag und die Bestellung. Offline entspricht das Vorgehen den Ausschreibungen.

64

	A	B	C	D	E
1			Lagermenge	Auslagermenge	Lagerreichweite
2	AB	Jan	128 500,0	43 100	73,08
3	EB	Jan	141 350,0	47 300	80,39
4	EB	Feb	147 775,0	49 200	84,04
5	EB	Mrz	160 625,0	53 900	91,35
6	EB	Apr	164 480,0	55 000	93,54
7	EB	Mai	173 475,0	58 200	98,66
8	EB	Jun	177 330,0	58 600	100,85
9	EB	Jul	159 340,0	53 000	90,62
10	EB	Aug	147 775,0	49 300	84,04
11	EB	Sept	134 925,0	45 300	76,73
12	EB	Okt	125 930,0	42 400	71,62
13	EB	Nov	109 225,0	36 900	62,12
14	EB	Dez	122 075,0	40 800	69,43
15	Summe		1 892 805,0	633 000	
16	Ø Auslagerung/Tag			1758,33	
17	Ø LB erweitert			145 600,4	
18	Ø LB einfach			125 287,5	
19	Umschlaghäufigkeit			4,35	
20	Ø Lagerdauer			82,76	

a) Einfacher Ø Lagerbestand „=(C2+C14)/2"

erweiterter Ø Lagerbestand „=SUMME(C2:C14)/ANZAHL(C2:C14)"

b) Umschlaghäufigkeit „=RUNDEN(D15/D16;2)"

Ø Lagerdauer „=RUNDEN(360/C19;2)"

c) Lagerreichweite (EB2) „=RUNDEN(C2/$D$16;2)"

65

Wert	1 117,00 €	
Kurs	1,2112	
Zins	5,20	
Ø Lagerwert	134 276 444,53 €	=C16/1,2112·1117)
Lagerzinssatz	1,2	=RUNDEN(5,2·C19/360;2)
Lagerzinsen	1 611 317,33 €	Ø Lagerwert·Lagerzinssatz

67

a)

Paletten	4 600
Palettenstellplatz	1 150
m^2 je Palette	1,1264
m^2 gesamt	1 295,36
Lagerfläche	2 000
Flächennutzungsgrad	64,8 %

b)

Volumen Paletten gesamt (m^3)	6 217,73
Volumen Lagerhalle (m^3)	11 000
Raumnutzungsgrad	56,5 %

66

a)

Gebäude und Einrichtung, Anschaffungspreis	842 500,00 €	33 700,00 €	2 808,33 €
Zinsen, vierteljährlich	14 743,75 €	58 975,00 €	4 914,58 €
Reparaturen, monatlich	2 400,00 €	28 800,00 €	2 400,00 €
Versicherungen, jährlich	8 750,00 €	8 750,00 €	729,17 €
Energiekosten, vierteljährlich	2 160,00 €	8 640,00 €	720,00 €
Reinigung, monatlich	240,00 €	2 880,00 €	240,00 €
Allgemeine Verwaltungskosten, monatlich	8 250,00 €	99 000,00 €	8 250,00 €
(Abschreibung linear, 25 Jahre)		Gesamtkosten	20 062,08 €
		Regalplätze	4600
		Lagerkostensatz	4,36 €

b)

4 Lagerarbeiter, je Arbeiter/Monat		3 210,00 €	154 080,00 €
1 Lagerangestellter je Monat		4 750,00 €	57 000,00 €
			211 080,00 €

c)

Lagerzu- und abgänge Paletten/Jahr		185 200	
Kosten Lagerbewegung			1,14 €

9 Aufgaben zum Marketing

01

Produktpolitik	Neueinführung, Veränderung oder Streichung von speditionellen Tätigkeiten im Angebot einer Spedition (z. B. Frühzustellung, Frankreichverkehre, Luftfrachtspedition etc.)
Preispolitik	Generelle Preislisten, Angebote, Rabattstaffeln, Preisanhebung oder -senkung
Kommunikationspolitik	Werbung und Öffentlichkeitsarbeit (Werbebriefe, Fernseh- und Radiowerbung, Anzeigen, Verkaufsgespräche, Messestand, Sponsoring, Werbegeschenke etc.)
Distributionspolitik	Verkaufsabteilung, Frachtenvermittlung, Verkaufsbüros in See- oder Flughäfen, Handelsvertreter

02

a) Produktgestaltung (-variation)

b) Produkterweiterung

c) Produktelimination

03

Unter Ziel versteht man die generelle Zielsetzung der gesamten Werbekampagne. Ziel kann z. B. die Erhöhung des Marktanteils innerhalb eines bestimmten Einzugsgebietes sein. Die Werbebotschaften sind die Aussagen, mit denen die Kunden von den Vorteilen einer Geschäftsbeziehung überzeugt werden sollen (z. B. Schnelligkeit, besondere Leistungen wie Frühzustellung, Flächendeckung, besondere Zuverlässigkeit etc.).

04

Hinweise auf Werbeplan:

Ziel	Gewinnung von Neukunden für das Angebot „Spediteursammelgutverkehr national". Gewinnung von Stückgutaufträgen der bisherigen Ladungsgutauftraggeber
Zielgruppe	Große und mittelständische Industrie- und Handelsunternehmen
Werbegebiet	Einzugsgebiet der Spedition (eigenes Relationsgebiet im Sammelgutverbund)
Werbebotschaft	Vorteile: 24-Stunden-Dienst, bundesweit, leistungsfähige Partner, Sendungsverfolgung etc.
Werbeetat	Abhängig von den Möglichkeiten des Unternehmens; höhere Startausgaben, später ein bestimmter Prozentanteil vom Umsatz
Werbemedien	Anzeigen in Fachzeitungen, Werbebriefe, Homepage im Internet, Verkaufsgespräche
Timing	Starke Kampagne vor Beginn und beim Start des neuen Tätigkeitsgebietes; mehrere Nachfolgekampagnen in den starken Saisonzeiten; kontinuierliche Verkaufsaktivitäten mit eigener Verkaufsabteilung

05

Besonders geeignet:	
Personale Werbung (Verkaufsgespräche, Werbebriefe), Anzeigen in Fachzeitschriften, Homepage im Internet, Werbegeschenke, Messestand, Kundenzeitschrift	Die Werbung muss sich an der Zielgruppe orientieren. Speditionen wenden sich mit ihren Angeboten an Unternehmen, nicht an Endverbraucher. Sie müssen auch eine genaue Streuung an diese Zielgruppe erreichen. Am stärksten geeignet sind daher Werbemittel, die sich direkt an die Versandabteilungen potenzieller Kunden wenden.
Weniger geeignet	
Massenwerbung (Anzeigen in Zeitungen und Zeitschriften für das Massenpublikum, Fernseh- und Radiowerbung, Plakatwerbung)	Zielgruppenorientierung wäre verfehlt.
Warenpräsentation	Speditionen haben keine materiell fassbaren Produkte.

06

Sammelgutspedition	Fachzeitungen (z. B. DVZ); Zeitschriften der Verladerverbände, der IHK
Möbelspediteur	Regionale Presse
Paketdienst	Regionale und überregionale Presse, Fachzeitungen
Massengutlagerhalter	Fachpresse von Herstellern und Händlern von Massengütern

07

Werbebriefe müssen den Kriterien für Werbebriefe entsprechen:

Regeln für Werbebriefe

1. Briefkopf neutral, interessantes Firmenlogo, kein Geschäftsformular
2. Die genaue Adresse und die richtige Anrede mit Namen und Vornamen
3. Datieren Sie Ihren Brief korrekt.
4. kurze und prägnante Überschrift (Johnson-Box)
5. Text:
   - Guter Einstieg
   - fehlerfrei
   - interessant
   - kurz, konzentriert
   - optische Schwerpunkte, max. drei Hervorhebungen („eye catcher")
   - Vorschlag zum weiteren Vorgehen
6. persönliche Unterschrift
7. „PS": Herausstellen des Nutzens für den Kunden, Aufforderung zu reagieren, Antwortkarte

08

Das zu planende Verkaufsgespräch muss der Gliederung („Verkaufsgespräch" in 9.2.3 Kommunikationspolitik) entsprechen.

zu 07

Beispiele Werbeanzeigen

Lösungen
Wirtschafts- und Sozialprozesse

1 Aufgaben zu Ausbildung und Arbeitsschutz

1.1 Ausbildung

01 Im „Dualen System der Berufsausbildung" findet die Berufsausbildung an den beiden Lernorten „Betrieb" und „Berufsschule" gleichzeitig statt. Dabei übernimmt der Betrieb die praktische Ausbildung im Beruf. Die Berufsschule übernimmt die Vermittlung der theoretischen Grundlagen des Berufes und vermittelt weitere Inhalte aus dem Bereich der Allgemeinbildung. Die Berufsschule hat auch einen allgemeinen Erziehungs- und Bildungsauftrag.

Der Vorteil des Systems liegt bei einer gründlichen praxisorientierten Berufsbildung im Betrieb. Der Staat übernimmt die Kosten der theoretischen Ausbildung in der Schule. Die Ziele der Ausbildung sind verbindlich für beide Lernorte in Ausbildungsordnungen und in Lehrplänen festgelegt, sodass ein einheitliches, bundesweit verbindliches Ziel der Ausbildung im Beruf für alle Auszubildenden erreicht wird.

02 Grundlage für die betriebliche Ausbildung ist das Berufsbildungsgesetz, die Ausbildungsordnung des jeweiligen Berufs und der Ausbildungsvertrag, den der Auszubildende mit dem Ausbildungsbetrieb geschlossen hat.

Die schulische Ausbildung findet auf der Grundlage der Schulgesetze der Länder, der Lehrpläne und der Schulpflicht statt.

03
a) Der Ausbildende und der Auszubildende schließen einen schriftlichen Berufsausbildungsvertrag.
b)
1. Art, sachliche und zeitliche Gliederung sowie Ziel der Berufsausbildung
2. Beginn und Dauer der Berufsausbildung
3. Ausbildungsmaßnahmen außerhalb der Ausbildungsstätte
4. Dauer der regelmäßigen täglichen Ausbildungszeit
5. Dauer der Probezeit
6. Zahlung und Höhe der Vergütung
7. Dauer des Urlaubs
8. Voraussetzungen, unter denen der Berufsausbildungsvertrag gekündigt werden kann
9. Hinweis auf Tarifverträge, Betriebs- oder Dienstvereinbarungen

c) Die Industrie- und Handelskammer führt das Verzeichnis der Ausbildungsverhältnisse, zu dem der Ausbildende den Berufsausbildungsvertrag unverzüglich anmelden muss.

04 [2] Schweige- und Treuepflicht

05
a) Das Ausbildungsverhältnis endet mit Ablauf der Ausbildungszeit.
b) Mit Bestehen der Abschlussprüfung endet das Ausbildungsverhältnis schon früher.
c) Bei Nichtbestehen der Abschlussprüfung wird das Ausbildungsverhältnis auf Verlangen des Auszubildenden bis zur nächstmöglichen Wiederholungsprüfung, höchstens um ein Jahr, verlängert.

06 [5] Ja, der Vertrag kann vom Auszubildenden nach der Probezeit mit einer Frist von 4 Wochen gekündigt werden, wenn dieser sich z. B. für einen anderen Beruf ausbilden lassen will.

07 Der Ausbildende hat den Auszubildenden für die Teilnahme am Berufsschulunterricht und an Prüfungen freizustellen, wenn der Auszubildende berufsschulpflichtig ist. Die Berufsschulpflicht bestimmt sich nach den Schulgesetzen der Bundesländer.

1.2 Arbeitsschutz

08
a) Zeichen A [3] Verbotszeichen
b) Zeichen B [2] Warnzeichen
c) Zeichen C [1] Rettungszeichen
d) Zeichen D [4] Gebotszeichen
e) Zeichen E [1] Rettungszeichen

09
[1] Anbringen eines Feuerlöschers in vertretbarer Entfernung im Gebäude

[2] Maßnahmen zum Schutz von Nichtrauchern im Pausenraum

[3] Benennung von Beschäftigten, welche die Aufgabe der Ersten Hilfe übernehmen

10 Das Jugendarbeitsschutzgesetz gilt für Auszubildende und andere Beschäftigte des Unternehmens, die noch nicht 18 Jahre alt sind.

11 3. Jugendliche dürfen nicht 8 Stunden ununterbrochen ohne Ruhepausen beschäftigt werden.

12 Kündigungsschutz, Beschäftigungsverbot, Gefahrenschutz und Mutterschaftshilfe

13
a) Das wichtigste Ziel des Gesetzgebers ist die Durchsetzung einer Beschäftigung von Schwerbehinderten in den Betrieben. Schwerbehinderte sollen zudem vor Kündigungen geschützt werden. Die Situation der Schwerbehinderten im Betrieb soll durch geeignete Maßnahmen verbessert werden.
b)
1. Beschäftigungspflicht mit finanziellen Sanktionen
2. Zustimmungspflicht des Integrationsamtes bei einer Kündigung und verlängerte Kündigungsfristen
3. Benachteiligungsverbot, Zusatzurlaub, Freistellung von Mehrarbeit

c) Zuständig ist das Integrationsamt (früher: Versorgungsamt)

2 Aufgaben zu Unternehmen

2.1 Kaufmann und Firma

01

1.	Kaufmann	Istkaufmann
2.	kein Kaufmann	Kannkaufmann
3.	Kaufmann bei Eintragung	Kannkaufmann
4.	Kaufmann	Istkaufmann
5.	Kaufmann	Kannkaufmann
6.	Kaufmann	Formkaufmann
7.	Kaufmann	Formkaufmann

02 Es handelt sich nicht mehr um einen landwirtschaftlichen Betrieb, da kein eigenes Futter verwendet wird. Es ist auch kein Nebenbetrieb, da kein landwirtschaftlicher Hauptbetrieb mehr betrieben wird. Dahlhaus ist also Kannkaufmann. Durch Eintragung wird er zum kaufmännischen Unternehmer.

03

Maschinenbau-AG	Formkaufmann
Landwirtschaft mit Hofladen im Nebenbetrieb	Kannkaufmann
Zeltverleih	Istkaufmann
Schuhmacher, der auch Schuhe verkauft	Istkaufmann

04 [2], [4], [5] und [6]

05
a) Firmenwahrheit: Es handelt sich nicht um eine „Internationale Spedition",
Firmenausschließlichkeit: Es darf nicht der gleiche Name einer bereits bestehenden Spedition verwendet werden.
b) Wolfgang Niehörster, Nahverkehrsunternehmer; W. Niehörster Spedition; Niehörster Güterkraftverkehr

06
a) [2]
b) [1]
c) [2]
d) [3]

2.2 Rechtsformen der Unternehmen

07
a) Mit Gründung und Geschäftsbeginn entsteht die KG, auch wenn sie noch nicht eingetragen ist.
b) Die Eintragung hat deklaratorischen Charakter. Es wird nur das Bestehen der Gesellschaft angezeigt. Die Haftungsbeschränkung der Kommanditisten ist jedoch von der Eintragung abhängig.
c) Veröffentlichung erfolgt ausschließlich im Internet (Gemeinsames Registerportal der Länder der Bundesrepublik Deutschland).

08 [2] Elektrogroßhandel GmbH

09

a)	[3]	d)	[3]
b)	[2]	e)	[1]
c)	[3]	f)	[3]

10

a)	[2]	d)	[2]	g)	[3]
b)	[2]	e)	[1]		
c)	[3]	f)	[2]		

11
a) Haftungsbeschränkung; keine Pflicht zur Unternehmensleitung durch die Eigentümer; einfachere Eigenkapitalbeschaffung usw.
b) **Geschäftsführer:** Leitet die Geschäfte der GmbH, wird von der Gesellschafterversammlung bestimmt.
Gesellschafterversammlung: Beschließt über den Jahresabschluss, die Gewinnverteilung, die Bestellung und Abberufung der Geschäftsführer, Erteilung von Prokura und Handlungsvollmacht.
Aufsichtsrat: In GmbHs mit mehr als 500 Arbeitnehmern. Er besteht aus Gesellschafter- und Arbeitnehmervertretern.
c) Die Gesellschafter haften für die Verbindlichkeiten der GmbH mit dem Gesellschaftsvermögen der GmbH (Stammeinlagen und Rücklagen).
d) Die Verteilung des Gewinns erfolgt nach Gesellschaftsanteilen. Verluste werden aus den Rücklagen gedeckt oder den Stammeinlagen belastet. Der Gesellschaftsvertrag kann auch eine Nachschusspflicht vorsehen.
e) Die Geschäfte werden von dem/den Geschäftsführern geführt, die die Gesellschaft vertreten.

12
a) Die beiden Eigentümer wollen das Unternehmen gemeinsam leiten. Das ist in der OHG so vorgesehen. Durch die Haftung mit dem Privatvermögen ist die Gesellschaft auch kreditwürdiger als eine kleine Kapitalgesellschaft.
b) Recht und Pflicht zur Geschäftsführung und zur Vertretung der Gesellschaft nach außen, Haftungspflicht mit Geschäfts- und Privatvermögen, Recht auf Gewinnanteil.
c) Die Mittel für den Lebensunterhalt werden als Privatentnahme erfasst und mit den Gewinnanteilen verrechnet.
d) Beide Eigentümer sind zur Vertretung des Unternehmens gegenüber Dritten berechtigt.

13

	Gewinn		
Kapitalanteil	4 %	Köpfe	GmbH
320 000,00 €	12 800,00 €	15 200,00 €	42 886,60 €
100 000,00 €	4 000,00 €	15 200,00 €	13 402,06 €
65 000,00 €	2 600,00 €	15 200,00 €	8 711,34 €
Gesamt	19 400,00 €	45 600,00 €	
Summe		65 000,00 €	65 000,00 €
		a2)	a1)

	Verlust	
Kapitalanteil	OHG	GmbH
320 000,00 €	6 000,00 €	11 876,29 €
100 000,00 €	6 000,00 €	3 711,34 €
65 000,00 €	6 000,00 €	2 412,37 €
Gesamt	18 000,00 €	18 000,00 €
	b2)	b1)

14 5. Geschäftsführer – Mindeststammkapital 25 000 € – ein oder mehrere Gründer – keine persönliche Haftung

15 [5] GmbH

16 Becker erhält 28 000 €.

2.3 Organisation

17 [1] Mangelnde Kompetenzabgrenzungen führen wiederholt zu Missstimmungen zwischen einzelnen Abteilungen.

18 5. Die Geschäftsleitung

19 [1] Dem Disponenten sind die Auszubildenden in der Nahverkehrsabteilung unterstellt.
[2] Die Stelle wird mit der Gehaltsgruppe IV bewertet.
[4] Der Disponent nimmt Aufträge im Rahmen des Nahverkehrs entgegen und sorgt für deren ordnungsgemäße Abwicklung.

20 a) [2]
b) [3]
c) [1]
d) [3]
e) [4]

21 a) Abteilungsleiter Verwaltung
b) Drei Leitungsebenen
c) Stabstelle
d) Gruppenleiter allgemeine Verwaltung

22

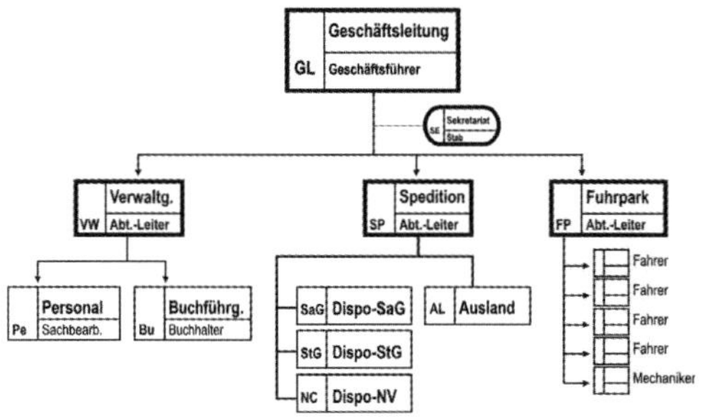

23 a) Die Stellenbeschreibung enthält
1. eine Stelleneinordnung (Rang, Vorgesetzte, unterstellte Mitarbeiter)
2. die Stellenaufgaben (Hauptaufgaben, Einzelaufgaben, Befugnisse)
3. die Stellenanforderungen (Vorbildung, Kenntnisse, Eigenschaften)

b) Die Stellenbeschreibung ist die Grundlage für die Stellenausschreibung. Hier wird die Stelle und die Anforderungen an die Stelleninhaber beschrieben.

3 Aufgaben zum Arbeitsverhältnis

3.1 Personalwirtschaft

01 [2] Die Verantwortungsbereitschaft der Mitarbeiter soll gefördert werden.

02 Alle Methoden sollen die Motivation der Mitarbeiter stärken und die Vorgesetzten von Routinetätigkeiten entlasten.

Bei Management by Delegation werden Aufgaben von den Vorgesetzten auf die Mitarbeiter delegiert. Die Mitarbeiter erhalten so einen Teil der Verantwortung und entlasten den Vorgesetzten von Routineaufgaben.

Das Management by Exception geht davon aus, dass ein Entscheidungs- und Verantwortungsbereich eines Mitarbeiters definiert wird. Innerhalb dieses Entscheidungsbereiches handelt der Mitarbeiter selbstständig. Der Vorgesetzte entscheidet immer dann, wenn eine Entscheidung den Verantwortungsbereich des Mitarbeiters überschreitet.

Im Management by Objectives werden mit den Mitarbeitern Zielvereinbarungen zu ihrer Tätigkeit getroffen. Der Vorgesetzte kontrolliert die Erreichung des Zieles selbst, nicht die Tätigkeit des Mitarbeiters.

03 [3] Durch den Abbau von Hierarchien und durch Zielvereinbarungen steigt die Entscheidungsfreiheit des einzelnen Mitarbeiters.

04 [1] Der Arbeitnehmer hat einen Anspruch auf ein qualifiziertes Arbeitszeugnis.
[3] Der Anspruch auf das Arbeitszeugnis entsteht erst zum Zeitpunkt des tatsächlichen Ausscheidens aus der Speditionsunternehmung.

05 [3] Beurteilungsgespräche haben das Ziel, den Mitarbeitern ihre Beurteilungen zu erläutern und sie durch neue Zielvereinbarungen zu motivieren.

3.2 Arbeitsvertrag

06 [4] Gewerkschaftszugehörigkeit

07 Der Urlaubsanspruch muss nach dem § 3 des Bundesurlaubsgesetzes mindestens 24 Werktage betragen.

08 a) Behrens hat gegen seine Pflicht zur Wahrung der Betriebs- und Geschäftsgeheimnisse aus dem Arbeitsvertrag verstoßen.
b) Arbeitsrechtliche Folgen können eine Abmahnung, in bestimmten Fällen auch eine fristlose Kündigung des Arbeitsverhältnisses sein. Auch ein Schadenersatz ist möglich.

09 Eine Nebentätigkeit des Arbeitnehmers ist grundsätzlich zulässig. Sie bedarf auch nicht der Genehmigung des Arbeitgebers, wenn keine arbeitsvertraglichen Absprachen bestehen und das allgemeine Arbeitszeitrecht eingehalten wird.

Dem kaufmännischen Angestellten sind jedoch nach § 60 HGB Tätigkeiten im „Handelszweig des Prinzipals" verboten.

10

a)	[2]	d)	[1]
b)	[2]	e)	[3]
c)	[4]	f)	[3]

11 [1] Schutz vor sozial ungerechtfertigten Kündigungen

12 Die Kündigungsfrist beträgt 28 Tage zum Monatsende oder zum 15. des Monats. Er kann zum 15. Oktober kündigen. Die Kündigung muss spätestens am 17. September erfolgen.

13 a) Nach § 1 KSchG sind Kündigungen aus Gründen, die in der Person (personenbedingte Kündigung) oder im Verhalten des Arbeitnehmers (verhaltensbedingte Kündigung) liegen, oder durch dringende betriebliche Erfordernisse (betriebsbedingte Kündigung) erfolgen, zulässig.

b) Auftrags- oder Rohstoffmangel, Rationalisierung, Betriebsstilllegung, Betriebsverlagerung etc.

c) Im KSchG werden keine Kriterien angegeben. Die Rechtsprechung hat Grundsätze entwickelt, die allgemein anerkannt sind. Berücksichtigt werden die Dauer der Betriebszugehörigkeit, das Lebensalter, die Unterhaltsverpflichtungen, der Verdienst des Ehegatten, der Gesundheitszustand des Arbeitnehmers sowie seine Arbeitsmarktchancen.

14 Die Spedition Schulze KG hat dem Lagerarbeiter Karl Maier wegen Gründen gekündigt, die in seiner Person liegen. Maier ist mit dieser Kündigung nicht einverstanden, da er sich ungerecht beurteilt sieht.

a) Kündigungen müssen nach § 623 BGB schriftlich erfolgen.

b) Er kann Einspruch beim Betriebsrat einlegen und eine Kündigungsschutzklage erheben.

c) Zuständig ist das Arbeitsgericht.

3.3 Tarifvertrag und Mitbestimmung

15 1 = d); 2 = e); 3 = c); 4 = g); 5 = f); 6 = b); 7 = a)

16

a) [2] d) [3]
b) [3] e) [1]
c) [2] f) [2]

17 [1] Wenn sie zugunsten der Arbeitnehmer erfolgt.

18

a) Tarifverträge gelten grundsätzlich zwischen Arbeitgebern, die Mitglied im Arbeitgeberverband sind oder die einen Haustarifvertrag abgeschlossen haben, und den Mitgliedern der Gewerkschaft. Tarifverträge können für allgemein verbindlich erklärt werden und gelten dann auch für nicht tarifgebundene Arbeitnehmer und Arbeitgeber.

b) Die Arbeitnehmerin hat Anspruch auf den Tariflohn, da der Tarifvertrag allgemein verbindlich ist.

c) Während der Geltung eines Tarifvertrages darf die Gewerkschaft keine Arbeitskampfmaßnahmen führen, um die Inhalte des Tarifvertrages zu ändern.

19

a) Vertragspartner sind das Unternehmen und der Betriebsrat.

b) Das Unternehmen ist an die Betriebsvereinbarung gebunden. Die Betriebsvereinbarung wird Teil des Arbeitsvertrages.

c) Alle Regelungen des Tarifvertrages sind durch Betriebsvereinbarungen nicht änderbar. Dazu gehören die Lohn- und Gehaltshöhe, die Arbeitszeit, Urlaubsregelungen usw.

d) Gesetzliche Regelungen sind Schutzregelungen, die für alle Arbeitnehmer gelten. Tarifverträge enthalten Regelungen, die tarifgebundene Arbeitnehmer und Arbeitgeber einhalten müssen. In Betriebsvereinbarungen können Inhalte des Arbeitsvertrages für ein Unternehmen festgelegt werden, die nicht in Tarifverträgen geregelt sind. Der Arbeitsvertrag regelt die Inhalte des einzelnen Arbeitsverhältnisses. Hier darf nicht zuungunsten des Arbeitnehmers von Tarifverträgen oder Betriebsvereinbarungen abgewichen werden.

20

a) [1] d) [3]
b) [3] e) [1]
c) [3] f) [2]

21 [3] Die Geschäftsleitung möchte eine Produktpräsentation für Geschäftspartner veranstalten.

3.4 Vollmachten

22

a) [3] d) [1] g) [3]
b) [1] e) [2] h) [1]
c) [3] f) [1]

23 [3] i. A. Mensing

24 4. Frau Maria Müntzer und Herr Friedhelm Ahlen sind bevollmächtigt, das Unternehmen gemeinsam in allen gewöhnlichen und außergewöhnlichen Geschäften und Rechtshandlungen im Rahmen des Geschäftsbetriebes zu vertreten.

3.5 Entgelte

25

			AN-Ant.	
SV-Brutto		2 500,00 €		a
StPfl. Brutto	2 440,00 €			b
Lohnsteuer	316,33 €			
Soli	17,40 €			d
Kirchensteuer	28,47 €	362,20 €		c,h
KV	205,00 €		8,20%	
PFLV	31,88 €		1,28%	
RV	236,25 €		9,45%	
ALV	37,50 €	510,63 €	1,50%	e
Netto		1 627,18 €		f
AG-Anteil SV			AG-Ant.	
KV	182,50 €		7,30%	
PFLV	25,63 €		1,025%	
RV	236,25 €		9,45%	
ALV	37,50 €	481,88 €	1,50%	g
Sozialversich.		992,50 €		i

26

a) [3] d) [1] g) [3]
b) [2] e) [1] h) [1]
c) [3] f) [3]

27 [2] Das oberste Viertel der Steuerzahler, die Einkünfte von 41 600 € und mehr gehabt haben, hat fast drei Viertel des Aufkommens aus der Einkommensteuerlast getragen.

28

a) [2] d) [1]
b) [2] e) [3]
c) [2] f) [2]

29 5. Das monatliche Gehalt von Frau Sommer wird bei der Berechnung der Lohnsteuer um 300 € gemindert.

3.6 Sozialversicherung

30	a)	[4]	d)	[3]	
	b)	[1]	e)	[5]	
	c)	[2]	f)	[5]	

31 [2] Berufsgenossenschaft

32 [3] Die zuständige Berufsgenossenschaft der Rheinsped GmbH

33
a) Versicherungspflichtgrenze 69 600,00 €/Jahr
b) Die gesetzliche Krankenversicherung versichert die Familienangehörigen (Ehegatten, Kinder), die nicht selbst Mitglied der gesetzlichen Krankenversicherung sind. Kinder sind bis zum 18. Lebensjahr versichert.
Befinden sich Kinder in einer Schul- oder Berufsausbildung, können sie bis zum 25. Lebensjahr mitversichert werden. Die private Krankenversicherung versichert nur den Versicherten. Familienangehörige müssen beitragspflichtig mitversichert werden.
c) Arbeitgeber und Arbeitnehmer bezahlen die Versicherung je zur Hälfte. Allerdings ist der Beitrag der Arbeitnehmer um 0,9 % gegenüber dem Arbeitgeberbeitrag erhöht.
d) Die Versicherung bezahlt Krankenbehandlung, Krankenpflege, die medizinische Rehabilitation, Krankengeld, Leistungen zur Früherkennung und Vorbeugung sowie ein Sterbegeld.
e) Schüler erhalten Leistungen aus der gesetzlichen Unfallversicherung. Sie werden vom öffentlichen Schulträger beim Gemeindeunfallverband versichert.

34	a) [5]	d) [6]	g) [3]
	b) [1]	e) [2]	h) [4]
	c) [6]	f) [1]	

35 Der Generationenvertrag beinhaltet, dass immer die arbeitende Bevölkerung die Renten für die nicht mehr arbeitende Generation finanziert. Durch bessere medizinische Versorgung und zunehmendes Lebensalter bei gleichzeitigem Rückgang der Geburtenrate verändert sich das Verhältnis zwischen Arbeitenden und Rentnern zugunsten der älteren Generation. Daher werden die Aufwendungen des einzelnen Arbeitnehmers für die Sozialversicherung immer höher.

3.7 Individualversicherung

36
a) [2]
b) [1]
c) [3]
d) [1]

4 Aufgaben zum Kaufvertrag

4.1 Rechtsgrundlagen/Personen/Willenserklärungen

01 b, d und e

02 2. Spedition Rheinsped GmbH

03
a) Der Vertrag bedarf der Zustimmung des gesetzlichen Vertreters.
b) Der Vertrag kann geschlossen werden, da Frau Grube das Geld vom Großvater zu diesem Zweck erhalten hat.
c) Sie kann den Betrieb wechseln, da sie die Zustimmung des gesetzlichen Vertreters zur Ausbildung erhalten hat. Alle mit dieser Ausbildung zusammenhängenden Geschäfte sind damit genehmigt.
d) Der Vater muss die Genehmigung zum Betrieb des Handelsgeschäftes erteilen und das Vormundschaftsgericht muss zustimmen.

04	a) [2]	d) [1]
	b) [3]	e) [5]
	c) [5]	f) [5]

05	a) [3]	d) [1]
	b) [4]	e) [4]
	c) [2]	

4.2 Abschluss und Arten

06 [4] Vertrag über die Lieferung herzustellender beweglicher Sachen

07	a) Darlehnsvertrag	f) Mietvertrag
	b) Mietvertrag	g) Darlehnsvertrag
	c) Leihvertrag	h) Leihvertrag
	d) Darlehnsvertrag	i) Arbeitsvertrag
	e) Werkvertrag	

08 Kaufvertrag, Darlehnsvertrag, Werkvertrag, Versicherungsvertrag

09	aa) [3]	ba) [1]
	ab) [1]	bb) [2]

10
a) Teillieferungskauf – Kauf auf Abruf
b) Kauf auf Probe
c) Spezifikationskauf
d) Fixkauf
e) Kauf nach Probe
f) Kauf in Bausch und Bogen

11
a) Güterart, Menge, Liefertermin, Preis, Lieferungsbedingungen etc.
b) Lieferfähigkeit, Bonität des Kunden

12
a) Güterart, Menge, Liefertermin, Preis, Lieferungsbedingungen etc.
b) Die Bestellung muss bei einem schriftlichen Angebot unverzüglich erfolgen. Da erst 15 Tage nach Angebotseingang bestellt wurde, ist kein Vertrag zustande gekommen.
c) Mit einer Bestellung gleich nach Eingang des Angebotes kommt der Vertrag gültig zustande.
d) Die Anzeige in der Fachzeitschrift ist kein Angebot. Die Bestellung muss daher vom Lieferanten mit einer Auftragsbestätigung oder durch sofortige Lieferung angenommen werden.
e) Mündliche Angebote müssen sofort, noch während des Gesprächs, angenommen werden.

13

aa) 1 536,00 €
ab) 1 489,92 €
ac) 1 591,92 €
b) [1] und [4]

14

aa)	1 615,00 €	ba)	1 404,00 €
ab)	1 566,55 €	bb)	1 404,00 €
ac)	1 566,55 €	bc)	1 564,00 €

15

2. Anfragen bei verschiedenen Lieferern
6. Mitteilen des Liefertermins an die Lagerabteilung
5. Kontrollieren der Auftragsbestätigung
4. Bestellen der Lagerregale
1. Ermitteln möglicher Lieferer
3. Vergleichen der Angebote

16

Liefermöglichkeit vorbehalten	Menge unverbindlich, Preis verbindlich
Solange Vorrat reicht	Menge unverbindlich, Preis verbindlich
Preis freibleibend	Menge verbindlich, Preis unverbindlich
Freibleibend, unverbindlich	Alles unverbindlich

4.3 Inhalte

17

a) Rabatte: Abzüge vom festgelegten Listenpreis

Skonto (Barzahlungsrabatt): Abzug vom Rechnungspreis bei Zahlung innerhalb einer Skontofrist und Nichtausnutzung des Zahlungszieles

Bonus: Preisnachlass bei Erreichen eines bestimmten Jahresumsatzes

b) Mengenrabatt; weitere Rabatte: Funktionsrabatte (z. B. Wiederverkäuferrabatt), Mengenrabatte (gestaffelte Rabatte, Naturalrabatt), Zeitrabatte (Saisonrabatt, Messerabatt, Einführungsrabatt), Sonderrabatte (Jubiläums- und Treuerabatt)

c) Bei Skontoabzug entsteht ein Ertrag (Skontobetrag). Dieser Betrag wird verglichen mit den Aufwendungen, die für eine Kreditfinanzierung für die Zeit zwischen Skontofrist und Zahlungsziel entstehen. Wenn für eine Rechnung über 10 000 € mit einer Skontofrist von 10 Tagen und einem Zahlungsziel von 30 Tagen 2 % Skonto abgezogen werden dürfen, ist der Skontobetrag 200 €. Bei einem Überziehungszinssatz von 12 % kostet die Finanzierung über 40 Tage:

$$= \frac{10\,000 \cdot 12 \cdot 40}{100 \cdot 360} = 133{,}33\ €$$

Der Gewinn durch Skontoabzug beträgt 66,67 €.

18

a) Da es sich um einen Platzkauf handelt, muss der Verkäufer die Kosten der Versendung innerhalb des Erfüllungsortes tragen.

b) Der Käufer trägt die Kosten der Versandverpackung, der Käufer nur die der Verkaufsverpackung. Die Verpackungskosten sind also vom Spediteur zu tragen.

c) Der Kaufpreis ist bei Lieferung fällig.

19

a) „ab hier": Der Verkäufer übergibt die Ware an den Frachtführer, der Käufer trägt die Versandkosten.

„frei Bestimmungsort": Der Verkäufer trägt die Versandkosten bis zum Bestimmungsort. Am Bestimmungsort entstehende Kosten (Rollgelder etc.) trägt der Käufer

„Frachtbasis Hannover": Es wird vereinbart, dass der Käufer die Kosten ab einem bestimmten (hypothetischen) Ort trägt, der nicht Geschäftssitz des Verkäufers ist (Frachtbasis).

b) Wird die Maschine „frei Bestimmungsort" statt „ab hier" gekauft, muss der Verkäufer die Frachtkosten einkalkulieren. Er wird die Maschine teurer verkaufen. Wie sich eine „Frachtbasis Hannover" im Vergleich zu „frei Bestimmungsort" auswirkt, hängt davon ab, wo der Verkäufer seinen Geschäftssitz hat.

20

[5] Das Skontoangebot entspricht einem Jahreszinssatz von 14,4 %. Ab einem Marktzinssatz in dieser Höhe verbessert sich das Betriebsergebnis.

21

a) Verzug ab 1. November, da der Zahlungstermin kalendermäßig festgelegt ist.

b) Handelskauf: 8 % über dem Basiszinssatz der EZB (am 01.07.2011 0,37 %); es können also 8,37 % verlangt werden.

22

Der Käufer hat einen Anspruch auf Nachbesserung. Es handelt sich um einen Verbrauchsgüterkauf. Tritt der Sachmangel innerhalb von 6 Monaten nach dem Kauf auf, wird nach § 476 BGB vermutet, dass die Sache bereits bei Gefahrenübergang mangelhaft war. Ein Ausschluss von Rechten des Verbrauchers aus mangelhafter Lieferung ist nach § 475 BGB unwirksam.

23

a) Lieferung: Erfüllungsort bei Orgatec Düsseldorf

Zahlung: Erfüllungsort bei der Spedition Berger & Co. in Solingen

Gerichtsstand: entweder der allgemeine Gerichtsstand (Gericht, in dem der Beklagte seinen Wohn- oder Geschäftssitz hat) oder der besondere Gerichtsstand (bei Verträgen unter Kaufleuten das Gericht des Erfüllungsortes) ist in Wahl des Klägers

b) Holschuld ist eine Leistung, die sich der Gläubiger beim Schuldner holen muss (z. B. Warenschulden, § 269 BGB)

Schickschuld ist eine Schuld, bei der der Schuldner zur Absendung des Gutes an den Gläubiger verpflichtet ist (z. B. Geldschulden, § 270 BGB).

Bringschuld ist eine Schuld, bei der der Erfüllungsort der Wohnsitz des Schuldners ist. Eine Bringschuld ist nur bei besonderer Vereinbarung gegeben (z. B. beim Versendungskauf).

c) Gefahrenübergang: bei Übergabe

1. an den Frachtführer
2. an den Käufer
3. an den Frachtführer/Spediteur zur Versendung
4. an den Käufer

24 Der Sanitär- und Heizungsfachbetrieb Munzinger legt einem Angebot an Karl Maier – ein privater Hausbesitzer – über die Lieferung von Sanitärinstallationsmaterial seine allgemeinen Geschäftsbedingungen (AGB) bei. Maier bestellt zu den Bedingungen des Angebots.

a) AGB sind Bestandteil des Vertrages, da im Angebot darauf hingewiesen wurde, sie dem Angebot beiliegen und sich der Käufer einverstanden erklärt hat.

b) Beide Klauseln beschränken die Gewährleistungsansprüche des Käufers und sind nach § 309 BGB unzulässig.

25 Die Regelung dient dem Schutz der Kunden des Verwenders von AGB. Damit soll vor Missbrauch der AGB und vor einseitiger Vertragsgestaltung geschützt werden. Stark ausgestaltet ist dieser Schutzgedanke zum Schutz der Verbraucher.

26

a)	[1]	d)	[2]
b)	[3]	e)	[3]
c)	[1]	f)	[1]

27

a)	[3]	c)	[2]	e)	[2]
b)	[1]	d)	[4]		

28

a) [3] teilt dem Lieferer Art und Umfang des Mangels mit

b) [1] unverzüglich nach Entdeckung

c) [2] Nachbesserung

[3] Ersatzlieferung des gleichen Druckers

[6] Schadenersatz

29

a) Der Spediteur hat einen Nacherfüllungsanspruch (Nachbesserung oder Ersatzlieferung). Schadenersatz für den Mangelfolgeschaden ist nur bei Verschulden des Verkäufers möglich.

b) Ein Rücktritt wäre nur bei „Unzumutbarkeit der Nacherfüllung" möglich. Dafür muss ein stärkerer Grund vorliegen (arglistige Täuschung etc.).

30

1. Verzug

   a) Die Zahlung kann bis zum 30. Tag nach Rechnungszugang erfolgen. Der erste Tag des Verzugszeitraumes ist der 7. April 2011.

   b) Zahlung kann bis zum 20. April 2011 erfolgen. Der erste Tag des Verzugszeitraumes ist der 21. April 2011.

   c) „Zahlbar sofort" ist zwar (Rechnungseingang) berechenbar, aber es besteht keine angemessene Frist. Daher tritt Verzug entweder 30 Tage nach Rechnungseingang ein oder durch Mahnung.

2. Rechte des Verkäufers

   a) Zahlung, Verzugszinsen (Rücktritt, Schadenersatz)

   b) Handelskauf: 8 % über dem Basiszinssatz der EZB (am 01.07.2011 0,37 %); es können also 8,37 % verlangt werden.

1 „Der Schuldner ... kommt spätestens in Verzug, wenn er nicht innerhalb von 30 Tagen nach Fälligkeit und Zugang einer Rechnung ... leistet." (§ 287 Abs. 3). Beginn der Frist nach § 187 Abs. 1 BGB „(1) Ist für den Anfang einer Frist ein Ereignis oder ein in den Lauf eines Tages fallender Zeitpunkt maßgebend, so wird bei der Berechnung der Frist der Tag nicht mitgerechnet, in welchen das Ereignis oder der Zeitpunkt fällt." „Da es eine Frist von 30 Tagen ist, muss ausgezählt werden." (Palandt 2005, § 286 Anm. 30). Es sind Kalendertage, nicht Zinstage gemeint.

2 „Die Frist muss eine angemessene Länge haben und darf nicht auf Null schrumpfen, wie bei einer Klausel wie ‚Zahlung sofort nach Lieferung'" (Kroppholler, BGB, § 286 Anm. 4)

31 Erster Tag des Verzugszeitraumes: 17.03.2011 (Februar 2011 kein Schaltjahr), 123 Zinstage, 8,37 %

Zinsberechnung:

$$\frac{24\,350{,}00\text{ €} \cdot 123 \cdot 8{,}37}{100 \cdot 360} = 696{,}35\text{ €}$$

32

a) Am 1. August 2011 beginnt der Verzugszeitraum.

b) Handelskauf: 8 % über dem Basiszinssatz der EZB (am 01.01.2011 0,37 %); es können also 8,37 % verlangt werden.

c) Verzugszinsen:

$$\frac{6\,200{,}00\text{ €} \cdot 44 \cdot 8{,}37}{100 \cdot 360} = 63{,}43\text{ €}$$

33

a) Verzug tritt erst durch Mahnung ein, da Verbraucher über den automatischen Verzugseintritt 30 Tage nach Rechnungseingang gesondert auf der Rechnung informiert werden müssen.

b) Bei Gewerbetreibenden gilt der automatische Verzugseintritt.

34

a) Die Forderung des Spediteurs verjährt am 31.12.2012. Speditionsvertrag ist Dienstvertrag, daher regelmäßige Verjährungsfrist mit Beginn am Jahresende des Jahres, in dem die Forderung entstanden ist.

b)
1. Hemmung der Verjährung (Verhandlung, Mahnbescheid, Klageerhebung etc.)
2. Neubeginn der Verjährung (Schuldanerkenntnis, Vollstreckung)

c) Neubeginn: 1. Oktober 2012, am 1. Oktober 2015 ist verjährt.

d) 6 Monate nach dem Urteil beginnt eine 30-jährige Verjährungsfrist.

5 Aufgaben zu Finanzierung

01 [2] Leasing-Finanzierung

02 [4] Hypothek und Zession

03

Bankkredit	[5]
Lieferantenkredit	[3]
Kundenkredit	[2]

04

a)	[3]	c)	[1]
b)	[1]	d)	[2]

05 3. Die Finanzierung ist fast ohne Einsatz von Barmitteln möglich.

6 Aufgaben zum Zahlungsverkehr

01

a)	[2]	c)	[5]
b)	[4]	d)	[3]

02

a) [3] Elektron. Lastschriftverfahren (ELV/OLV)

b) [2] Die Einlösung durch das Geldinstitut wird nicht garantiert, da Herr Müller der Abbuchung widersprechen kann.

03 a) [1] d) [3]
b) [5] e) [4]
c) [2]

7 Aufgaben zu gesamtwirtschaftlichen Prozessen

7.1 Kooperation und Konzentration

01 4. Konzern

02 a) [1] b) [2] c) [3] d) [3] e) [1]

03 a) [1] b) [1] c) [2] d) [3] e) [2]
f) [1]

04 a) Kartellbildung

b) Preiskartell: Ausschaltung des Preiswettbewerbs der Unternehmen

Quotenkartell: Ausschaltung des Wettbewerbs durch Fixierung der Marktanteile der Unternehmen

c) Beide Kartellformen gehören zu den „Hardcorekartelle". Sie sind rechtlich nicht zulässig.

d) Die Bildung verbotener Kartelle führt zu Bußgeldern, nach § 81 des GWB „einer Geldbuße bis zu einer Million Euro geahndet werden. Gegen ein Unternehmen oder eine Unternehmensvereinigung kann über Satz 1 hinaus eine höhere Geldbuße verhängt werden; die Geldbuße darf 10 vom Hundert des im der Behördenentscheidung vorausgegangenen Geschäftsjahr erzielten Gesamtumsatzes des Unternehmens oder der Unternehmensvereinigung nicht übersteigen. Bei der Ermittlung des Gesamtumsatzes ist der weltweite Umsatz aller natürlichen und juristischen Personen zugrunde zu legen, die als wirtschaftliche Einheit operieren."

05 [5] Drei Straßenbauunternehmen verpflichten sich, dass jedes nur in der ihm vertraglich zugewiesenen Region Bauaufträge ausführen darf.

06 a) Mittelstandsempfehlung

b) Mittelstandsempfehlungen stellen einen Ausnahmetatbestand nach § 3 des GWB dar. Die Unternehmen müssen selbst beurteilen, ob die Mittelstandsempfehlung zulässig ist (Legalausnahme).

Empfehlungen von mittelständischen Unternehmen sollen deren Marktposition gegenüber Großunternehmen der gleichen Branche stärken und so die Wettbewerbsverhältnisse auf diesem spezifischen Markt verbessern.

d) Mitglieder sind mittelständische Sammelgutspeditionen, die auch Mitglied im BSL sind. Wegen Bedenken des Kartellamtes hat die Vereinigung Sammelgutspediteure (VERSA) die Herausgabe des Tarifs 2012 eingestellt.

7.2 Konjunktur

07 a) [4] b) [2] c) [8] d) [6] e) [7]
f) [3]

08 a) Aufschwung (1981-1990), Hochkonjunktur (1991-1992), Abschwung (1993), Tiefstand (1993)

Aufschwung (1994-1999), Hochkonjunktur (2000), Abschwung (2000-2002), Tiefstand (2003)

Aufschwung (2003-2006), Hochkonjunktur (2006), Abschwung (2007-2009) ...

b) Das reale BIP enthält keine Preisentwicklung. Es wird nur die mengenmäßige Veränderung der Produktion von Gütern und Dienstleistungen gemessen.

c) Steigt die Nachfrage nach Gütern, werden mehr Güter produziert. Die Produktion nimmt also zu. Dafür werden mehr Arbeitnehmer benötigt. Zugleich werden die Investitionen in die Produktionskapazitäten erhöht, was wiederum zu mehr Nachfrage nach Investitionsgütern, zu mehr Produktion und zu einer höheren Beschäftigung führt.

d) Im Abschwung sinkt die Nachfrage nach Konsumgütern. Die Produktion wird eingeschränkt. Die Beschäftigung sinkt, die Nachfrage sinkt daher noch weiter. Zugleich werden Investitionen zurückgefahren, was negative Auswirkung auf die Investitionsgüternachfrage, die Produktion und die Beschäftigung hat.

09 2. Das Bruttoinlandsprodukt sinkt.

10 a) richtig
b) richtig
c) falsch
d) falsch

11 a) 1, 4
b) 2, 5
c) 3

12 c) die Auftragseingänge der Industrie

13 aa) –3,46 % ab) 7,08 %
ba) [1] bb) [4] bc) [2] bd) [1]
be) [2] bf) [3]

7.3 Wirtschaftspolitik

14

Ziele	Maßgrößen
Wirtschaftswachstum	Veränderung des Bruttoinlandsproduktes
Vollbeschäftigung	Arbeitslosenquote
Preisniveaustabilität	Preissteigerungsquote
Außenwirtschaftliches Gleichgewicht	Leistungsbilanzsaldo

15 a) Einkommens- und Vermögensverteilung, Umweltschutz

b) Vollbeschäftigung ⇔ Preisstabilität, Vollbeschäftigung ⇔ Außenwirtschaftliches Gleichgewicht, Preisstabilität ⇔ Wirtschaftswachstum

16 1. Gerechte Einkommensverteilung

17 3. Hoher Beschäftigungsstand

18 a) [2] b) [1] c) [4] d) [3]
e) [2] f) [2]

19 a) –0,99 % c) 44.207
b) 10.308 d) 6,6 %

20
a) Passive Arbeitsmarktpolitik ist auf die materielle Absicherung der Arbeitslosen gerichtet. Aktive Arbeitsmarktpolitik zielt auf eine Verbesserung der Bedingungen, die zu mehr Beschäftigung führen und die Voraussetzung für eine Beschäftigung der einzelnen Arbeitslosen verbessern.

b) Bei einer hohen Arbeitslosigkeit entstehen sehr hohe Aufwendungen für Arbeitslosengeld und Arbeitslosenhilfe. Die Arbeitslosenversicherung hat vorrangig die Aufgabe, als Versicherung die materielle Absicherung der Arbeitslosen abzusichern.

c)

Passiv	Aktiv
▮ Arbeitslosengeld	▮ Arbeitsvermittlung
▮ Arbeitslosenhilfe	▮ Berufsberatung
▮ Winterbauhilfe	▮ Förderung von Ausbildung, Weiterbildung
▮ Insolvenzgeld	▮ Umschulung und Rehabilitation
▮ Kurzarbeitergeld	▮ Arbeitsbeschaffungsmaßnahmen

21 4. In der Hochkonjunktur setzt der Staat Mittel zur zusätzlichen Tilgung seiner Schulden ein.

22 a) [2] b) [1] c) [2] d) [3]
e) [1] f) [2]

23 [1], [3], [6]

24 a) [4] b) [2] c) [3] d) [1] e) [3]

→ Lösungen
Kaufmännische Steuerung und Kontrolle
Aufgaben zu Geschäftsprozesse dokumentieren und Zahlungsvorgänge bearbeiten

1 Betriebliches Informationssystem

01

Die Bilanz wird jeweils zu Beginn des Geschäftsjahres aufgestellt.	F
Die Bilanz ist eine Gegenüberstellung von Vermögen und Schulden.	R
Der Geschäftswagen eines Unternehmens gehört zum Anlagevermögen	R
Derjenige, der die Bilanz erstellt hat, muss sie auch unterschreiben.	F
Die Bilanz ist das verkürzte Inventar eines Unternehmens im T-Konten-Format.	R
Anlagevermögen + Umlaufvermögen = Eigenkapital + Fremdkapital	R

02

a)	
Anlagevermögen	2 319 000,00
Umlaufvermögen	486 000,00
Gesamtvermögen	2 805 000,00

b)	
Kurzfristiges Fremdkapital	615 000,00
Langfristiges Fremdkapital	885 000,00
Fremdkapital	1 500 000,00

03

a) Anlagevermögen + Umlaufvermögen = Gesamtvermögen

b) Eigenkapital + Fremdkapital = Gesamtkapital

c) Gesamtkapital ./. Eigenkapital = Fremdkapital

d) Gesamtkapital ./. Eigenkapital ./. langfristiges Fremdkapital = kurzfristiges Fremdkapital

e) Gesamtvermögen ./. Fremdkapital = Eigenkapital

f) Anlagevermögen + Umlaufvermögen = Eigenkapital + Kurzfristiges Fremdkapital + langfristiges Fremdkapital

g) Gesamtvermögen ./. Eigenkapital = Fremdkapital

04

Aktiva					Passiva
Gebäude	550 000,00		EK		1 059 000,00
Fuhrpark	980 000,00		Hypothekenschulden	500 000,00	
BGA	75 000,00	1 605 000,00	Darlehen	95 000,00	595 000,00
Vorräte	15 000,00		Verbindlichkeiten	130 000,00	
Forderungen	150 000,00		Umsatzsteuer	6 000,00	136 000,00
Bankguthaben	20 000,00	185 000,00			
		1 790 000,00			1 790 000,00

a) EK = 1 790 000,00 – 731 000,00 € = 1 059 000,00 €

b) $\frac{\text{Passivseite ohne EK} \cdot 100}{\text{Aktivseite}} = \frac{731\,000{,}00 \cdot 100}{1\,790\,000{,}00} = 40{,}84\ \%$

c) $\frac{\text{Anlagevermögen} \cdot 100}{\text{Gesamtvermögen}} = \frac{1\,605\,000{,}00 \cdot 100}{1\,790\,000{,}00} = 89{,}66\ \%$

05

Geschäftsfälle	
Bankgutschriften für Überweisungen von Auftraggebern zum Ausgleich von Ausgangsrechnungen (bereits gebucht)	1
Überweisung der Umsatzsteuer-Zahllast vom überzogenen Bankkonto	2
Banklastschrift für Tilgung eines Darlehens	3
Zieleinkauf von Kraftstoffvorräten	4
Ausgleich einer Liefererrechnung durch Überweisung per Bank	3

06

a) Vermögen – Fremdkapital = 5 000 000,00 – 1 660 000,00 = 3 340 000,00 €

b) Erträge – Aufwendungen = 1 172 000,00 – 712 000,00 = 460 000,00

c) 3 340 000,00 – 460 000,00 – 16 000,00 (16 000 = 112 000 – 96 000) = 2 864 000,00 €

EK am Ende des J.	3 340 000,00
./. Gewinn	460 000,00
Zwischenbetrag	2 880 000,00
./. Privateinlagen	112 000,00
Zwischenbetrag	2 768 000,00
+ Privatentnahmen	96 000,00
= EK am Anfang des J.	2 864 000,00

d) 2 864 000,00 € + 460 000,00 € + 112 000,00 € = 3 436 000,00 € oder: Lösung aus a) + 96 000,00 €

07

Geschäftsfälle	
Die ER: 345 vom Frachtführer EUROTRANS wurde durch Banküberweisung beglichen (Lastschrift auf dem Bankkonto)	4
Bareinzahlung aus der Geschäftskasse für das betriebliche Postbankkonto	1
Ein Kunde überweist den Gegenwert der AR 238 auf das Bankkonto (Gutschrift auf dem Bankkonto)	1
Banklastschrift für Darlehnstilgung	4
Zieleinkauf von Reifen	3
Die Verbindlichkeiten gegenüber einem Lieferer wurden in ein Darlehen umgewandelt.	2
Die Hausbank gewährt ein Darlehen und stellt den Betrag auf dem laufenden Bankkonto zur Verfügung.	3

08

	Vermögen	570 000,00
-	Schulden	–240 000,00
	Eigenkapital am Ende des Jahres	330 000,00
-	Eigenkapital am Anfang des Jahres	–300 000,00
=	Gewinn	30 000,00

09

01	das Eigenkapital der Unternehmung	1 518 000,00 €
02	den Anteil des Fremdkapitals am Gesamtkapital in Prozent	34,0 %
03	den Anteil des Anlagevermögens am Gesamtvermögen in Prozent	88,04 %

01

Anlagevermögen:	
Gebäude	750 000,00
Fuhrpark	1 200 000,00
Geschäftsausstattung	75 000,00
Summe AV	2 025 000,00
Treibstoffvorräte	5 000,00
Forderungen	150 000,00
Bankguthaben	120 000,00
Gesamtvermögen	2 300 000,00

Eigenkapital	**1 518 000,00**
Fremdkapital:	
Verbindlichkeiten	80 000,00
Umsatzsteuer	7 000,00
Darlehenschulden	195 000,00
Hypothekenschulden	500 000,00
Summe FK	**782 000,00**
Gesamtkapital	2 300 000,00

02

Gesamtkapital: 2 300 000,00 = 100 %

Fremdkapital: 782 000,00 = x %

$$x = \frac{100 \cdot 782\,000{,}00}{2\,300\,000{,}00} = 34{,}0\ \%$$

03

Gesamtvermögen: 2 300 000,00 = 100 %

Anlagevermögen: 2 025 000,00 = x %

$$x = \frac{100 \cdot 2\,025\,000{,}00}{2\,300\,000{,}00} = 88{,}04\ \%$$

10

01

Gesamtvermögen: 1 605 000,00 = 100 %

Umlaufvermögen: 221 000,00 = x %

x = 100 x 221 000,00/1 605 000,00 = 13,87 %

02: Verbindlichkeiten + Umsatzsteuer: 130 000,00 €

03: Gesamtvermögen (1 605 000,00) – Schulden (1 000 000,00): 605 000,00 €

04

$$\text{Liquidität 2. Grades} = \frac{\text{flüssige Mittel + Forderungen} \cdot 100}{\text{kurzfristige Verbindlichkeiten}}$$

$$x = \frac{213\,000{,}00\ (84.000 + 5.000 + 124.000) \cdot 100}{130\,000{,}00}$$

= 163,84 %

11

a.	Stichtagsinventur
b.	Permanente Inventur
c.	Verlegte Inventur

2 Organisation der Finanzbuchhaltung

01

1	2	3	4	5	6	7	8	9
10	--	10	10	10	8(10)	10	10	10
10	**11**	**12**	**13**					
6 (10)	10	10	--					

02

	Soll		Geschäftsfälle	Haben
1.	3010	1457	1600	
2.	1000		8000	1669
3.	4240		1020	
4.	4210		3010	
5.	4520		1400	
6.	8000	1669	1400	

03

a) 1 040 000,00 € – 920 000,00 € = 120 000,00 €

b) ba) 9400 an 0500

bb) 0500 an 180

c) 640 000 € + 120 000 € – 64 000 € (104 000 – 40 000) = 696 000 €

04

a) Kraftstoffverbrauch an Kraftstoffvorrat

b) 21 040,00 € – 12 000,00 € = 9 040,00 € + 1 580,00 € = 10 620,00 €

05

Vorsteuer	1
Eigenkapital	0
Kalkulatorische Abschreibung	4
Verbindlichkeiten aus Lieferungen und Leistungen	1
Speditionskosten	7
Treibstoffe	3
Gewinn und Verlust	9
Bilanzielle Abschreibung	2
Forderungen aus Lieferungen und Leistungen	1
Zinsaufwand	2
Eigenverbrauch von Waren	8
Mehrwertsteuer	1
Betriebsfremder Aufwand	2

06

Nr.	Vorgang	Soll	Haben
1.	Eröffnung der Aktivkonten	Aktivkonten	EBK
2.	Eröffnung der Passivkonten	EBK	Passivkonten
3.	ER vom Frachtführer (auf Ziel)	SpA + VSt.	Verbindl.
4.	ER vom Lieferer für Büromaterial (auf Ziel)	Büromaterial + VSt.	Verbindl.
5.	Zahlungsausgang per Banküberw. für ER	Verbindl.	Bank
6.	Kraftstoffkauf an fremder Tankstelle (Barkauf)	Kraftstoffverbr. + VSt.	Kasse
7.	Kraftstoffkauf an fremder Tankstelle/UTA-Verfahren	Kraftstoffverbr. + VSt.	Verbindl.
8.	AR an Speditions-Kunden	Forderungen	SpE + USt.
9.	ER Kauf eines Anlagegutes	BGA + VSt.	Verbindl.
10.	Umbuchung der VSt.	USt.	VSt.
11.	Überweisung der Zahllast	USt.	Bank
12.	Passivierung der Zahllast	USt.	SBK
13.	Privatentnahme von Bargeld	Privat	Kasse
14.	Einlage des Eigentümers/Bereitstellung auf Bankk.	Bank	Privat
15.	Bank gewährt ein Darlehen/Bereitstellung a. Bankk.	Bank	Darlehen
16.	Tilgung des Darlehens (Teilzahlung/Rate)	Darlehen	Bank
17.	Zinszahlung für das Bankdarlehen	Zinsaufwand	Bank
18.	ER Kauf von Reifenvorrat	Reifenvorrat + VSt.	Verbindlichk.
19.	Rücksendung schadhafter Reifen	Verbindlichk.	Reifenvorrat + VSt.
20.	Fracht von Frachtführer (ER) war falsch berechnet	Verbindlichk.	Sped.-Aufwand + VSt.
21.	AR an Kunden war falsch berechnet	Sped.-Erlöse + USt.	Forderungen
22.	ER Kauf von Reifen wird unter Abzug von Skonto durch Banküberweisung bezahlt	Verbindlichk.	Bank Reifenvorrat VSt.
23.	Prämienrechnung des Haftungsversicherers des Spediteurs	Haftungsversicherung	Verbindlichk.
24.	Anmeldung der Prämien zur versenderbezogenen Güterversicherung durch den Spediteur	Sped.-Aufwand	Verbindlichk.
25.	Überweisung der Prämien zur Güterversicherung	Verbindlichk.	Bank
26.	Abschluss der Aufwandskonten	GuV	Aufwandsk.
27.	Abschluss der Ertragskonten	Ertragsk.	GuV
28.	Umbuchung eines Gewinns (Betriebsergebnis)	GuV	EK
29.	Banküberweisung an den Lieferer von Kraftstoffen unter Abzug von Skonto	Verbindlichk.	Bank Kraftstoffvor. + VSt.

07

Grundbuch				
Buchungstext			Betrag	
	Soll	Haben	Soll	Haben
01	Mietaufwand	Bank	11 625,00	11 625,00
02	Energieaufwand VSt.	Bank	1 500,00 285,00	1 785,00
03	USt.	Bank	122 523,00	122 523,00
04	Werbeaufwand VSt.	Verbindlichk.	1 400,00 266,00	1 666,00
05	Büromaterialaufw. VSt.	Verbindlichk.	300,00 57,00	357,00
06	BGA VSt.	Verbindlichk.	3 100,00 589,00	3 689,00
07	KfZ-Versicherung	Bank	4 200,00	4 200,00
08	Zinsaufwand Darlehen	Bank	9 240,00 25 000,00	34 240,00
09	Kommunikationsa. VSt.	Bank	3 000,00 570,00	3 570,00

10	Kraftstoffverbrauch VSt.	 Verbindlichk.	21 000,00 3 990,00	 24 990,00
11	SpA VSt.	 Verbindlichk.	188 200,00 35 758,00	 223 958,00
12	Forderungen	SpE USt.	144 500,00	171 955,00 27 455,00
13	Bank	Forderungen	167 972,00	167 972,00
14	Güterversicherung	Verbindlichkeiten	8 434,00	8 434,00
15	Verbindlichk.	Bank	8 434,00	8 434,00
16	Fuhrpark VSt.	 Verbindlichk.	234 000,00 44 460,00	 278 846,00

08

Konto	Klasse	Konto	Klasse
Verbindlichkeiten	1	Darlehen	1
Vorräte	3	Mietaufwand	4
Steuern u. Abgaben	4	BGA	0
Kasse	1	Umsatzsteuer	1
SpedErlöse	8	Bankguthaben	1
Forderungen	1	Gehälter	4
SpedAufwand	7	Eigenkapital	1
Fuhrpark	0		

Bilanz	
Geschäftsausstattung	Eigenkapital
Fuhrpark	Darlehen
Vorräte	Verbindlichkeiten
Forderungen	Umsatzsteuer
Bankguthaben	
Kasse	

GuV	
SpedAufwand	SpedErlöse
Gehälter	
Mietaufwand	
Steuern u. Abgaben	

09

a) Zugänge auf dem Konto Eigenkapital werden im **Haben** gebucht.

b) Auf dem Darlehenskonto wird eine Tilgung im **Soll** gebucht.

c) Der Bestand auf dem Konto Verbindlichkeiten nimmt im **Haben** zu.

d) Der Bestand an Geld nimmt auf dem Kassenkonto im **Haben** ab.

e) Der Schlussbestand auf dem Konto Eigenkapital steht im **Soll.**

f) Der Schlussbestand auf dem Konto Forderungen steht im **Haben.**

10

04	Bankguthaben, Kassenbestand, Scheckbestand	X

11

02	Verkauf von nicht betriebsnotwendigen Grundstücken bzw. Gebäuden	X

12

01	Wie viel Prozent des geplanten Umsatzes konnte ALLSPED im Monat April 20(0) erzielen?	67,88 %
02	Berechnen Sie die prozentuale Abweichung der kumulierten Ist-Umsätze im Vergleich zum Vorjahr für die Monate Januar bis April 20(0).	31,00 %
03	Ermitteln Sie den Monatsumsatz, der mit dem Kunden Wanders AG durchschnittlich in den Monaten Mai bis Dezember 20(0) erreicht werden müsste, um den geplanten Jahresumsatz zu erreichen.	75 645,00 €

13

Liquiditätsplan für die Kalenderwoche 01.03. bis 06.03.20(0)		
A. Einnahmen:		
01	Bank	40 296,00
02	Kasse	1 300,00
03	Umsatz (Forderungen)	40 756,00
04		0
Summe Einnahmen		82 352,00

B. Ausgaben:		
01	Zahlungen an Frachtführer	40 220,00
	Summe Ausgaben	40 220,00

	Summe Einnahmen	82 352,00
./.	Summe Ausgaben	−40 220,00
	Überdeckung/Unterdeckung = Freie Mittel für übrige Ausgaben	42 132,00

3 Erfolg des betrieblichen Leistungserstellungsprozesses

01

Aufwendungen	
Bilanzielle Abschreibung auf Fuhrpark	2
Banklastschrift für Zinsen	2
Zollvorlage bar	7
Prämie für Haftungsversicherung des Spediteurs	4
Eingangsrechnung von Frachtführer	7

02

Aufwendungen und Erträge	
Eingangsrechnung eines Frachtführers	7
Zinsgutschrift der Bank	2
Ausgangsrechnungen an Kunden	8
Treibstoffverbrauch laut Entnahmeschein	4
Eingangsrechnung für Renovierung der Büroräume	4
Eingangsrechnung für die Reparatur eines Geschäftswagens	4
Kassendefizit (Ausbuchung)	2

03

Geschäftsfälle	
Inkasso von Hausfracht	1
Rückrechnung eines Empfangspediteurs (Bordero)	1
Zollvorlage bar	1
Eingangsrechnung eines Frachtführers	1
Zahlung von Fahrerlöhnen	3
Stornierung einer Frachtführerrechnung	2
Banklastschrift für gemietete Lagerhalle	3
Banklastschrift für gezahlte Umschlagsentgelte	2

04

Geschäftsfälle	
Banküberweisung von Zollgebühren (noch nicht gebucht)	1
Gutschrift für zu viel berechnete Fracht durch den beauftragten Frachtführer	2
Ausgleich einer bereits gebuchten Rechnung eines Zwischenspediteurs durch Banküberweisung	3
Tanken an einer fremden Tankstelle gegen Barzahlung	3
Anmeldung der Prämie für die Güterversicherung des Auftraggebers	1
Banküberweisung der Kfz-Haftpflicht-Versicherungsprämie für die Betriebsfahrzeuge	3
Nachträgliche Belastungsanzeige an Auftraggeber (Versender) wegen falsch berechneter Frachten	3

05

Geschäftsfälle	
Zahlung von Fahrerlöhnen	4
Einkauf von Treibstoffen für die Betriebstankstelle gegen Bankscheck	1
Verkauf eines Lkw (Buchwert)	5
Inkasso von Hausfracht	5
Überweisung von Darlehenszinsen	4
Bilanzielle Abschreibung	2
Kalkulatorische Abschreibung auf Fuhrpark	3

06

a) Erfolg + Kosten = Erlöse ⇨ 1,20 Mio. € + 2,64 Mio. € = 3,84 Mio. €

b) Alle Erfolge = 1,20 + 0,60 ./. 0,15 = 1,65 Mio. €

c) $\frac{\text{Gewinn} \cdot 100}{\text{Gesamtkapital}} = \frac{1{,}65\text{Mio.} \cdot 100}{28{,}5\text{Mio.}} = 5{,}8\ \%\ (5{,}79\ \%)$

	Kapitaleinsatz in Mio. €	Kosten in Mio. €	Erlöse in Mio. €	Erfolg in Mio. €
Hochregallager Getränke	9,0	2,64	a) 3,84	+ 01,20
Hochregallager Baumärkte	18,6	3,60	4,20	+ 0,6
Gefahrgut	1,5	1,05	0,90	–0,15
Summe	**28,5**	**7,29**	**8,94**	**b) 1,65**

07

1	2	5	7

08

Geschäftsfälle	
Ausgangsrechnung an Kunden	2
Banklastschrift für Gewerbesteuer	3
Gutschrift an Auftraggeber für irrtümlich zu viel berechnete Fracht (Ausgangsrechnung bereits gebucht)	2
Banklastschrift für Darlehenszinsen	3
Eingangsrechnung für Telefonkosten	1
Banklastschrift für Frachtführerrechnung	1

09

Geschäftsfälle	
Ein Fahrer der Speditionsunternehmung betankt den Lkw an einer Autobahntankstelle innerhalb Deutschlands.	1
Mangelhafte Reifen werden zurückgeschickt (Eingangsrechnung war bereits gebucht).	1
Banklastschrift für Kontoführung	3
Gutschrift an einen Auftraggeber für irrtümlich zu viel berechnete Fracht (Ausgangsrechnung war bereits gebucht)	2
Treibstoffvorräte werden auf Ziel gekauft.	1
Die Frau des Betriebsinhabers betankt ihren Pkw an der Betriebstankstelle	2
Bankgutschrift für bereits gebuchte Kundenrechnungen ohne Abzug	3

10

01	Beiträge zur Güterschadenhaftpflichtversicherung	4
02	Rechnung eines Subunternehmers	7
03	Ausgangsrechnung für Massengutlagerung	8
04	Kfz-Steuern	4
05	Angestelltengehälter	4
06	Ausgangsrechnung im Sammelgutverkehr	8
07	Aushilfslöhne für Lagerarbeiter (auftragsgebunden)	7
08	Bilanzielle Abschreibung auf den Fuhrpark	2

11

Speditionserlöse	800 000	320 000	240 000	1 360 000
Auftragsgebundene Speditionskosten	480 000	240 000	190 000	910 000
Rohergebnis				450 000
- Betriebskosten				
Personalkosten	90 000			
Abschreibung	110 000			
Raumkosten	28 000			
Verwaltungskosten	24 000			
Betriebl. Abgaben	28 000			280 000
= Ergebnis				**170 000**

12

01	Inkasso (Bareinzug) von Hausfracht	1
02	Ausgangsrechnung für Transportversicherungsprämien	3
03	Zollvorlage bar	1
04	Eingangsrechnung eines Frachtführers	1
05	Zahlung von Fahrerlöhnen	3
06	Stornierung einer Frachtführerrechnung	2
07	Banklastschrift für gemietete Lagerhalle	3
08	Bankgutschrift für gezahlte Umschlagsentgelte	3

13

a)	Banklastschrift für Körperschaftssteuer	3
b)	Ausgangsrechnung an Kunden	2
c)	Quittung über die Betankung eines Lkw an der Autobahnraststätte Siegburg	1
d)	Gutschrift an einen Auftraggeber für irrtümlich zu viel berechnete Fracht (Ausgangsrechnung bereits gebucht)	2
e)	Quittung über Privatentnahme bar	3

14

a)	Reparaturrechnung des Dachdeckers (Sturmschaden am Lagergebäude)	3
b)	Zollbescheid für Importauftrag amerikanischer Produkte	1
c)	Eingangsrechnung für Lagerleistungen	1
d)	Banklastschrift für Kfz-Steuer	2
e)	Banküberweisung für Lkw-Reparatur	2

4 Beschaffung und Verkauf von Anlagegütern

01

Wert des Anlagegutes zum 31.12.20(-1)	1 200,00
./. AfA für Restlaufzeit bis Verkaufsdatum	–700,00
= Buchwert zum Zeitpunkt des Verkaufs	500,00
./. Verkaufserlös (netto)	2 000,00
= Aufwand/Ertrag	1 500,00

02

Listeneinkaufspreis	5 848,74
– 10 % Rabatt	584,87
= Nettobetrag	5 263,87
+ 19 % Umsatzsteuer	1 000,13
= Rechnungsbetrag	6 264,00
– 2 % Skonto	125,28
= Überweisungsbetrag	6 138,72

Listeneinkaufspreis	5 848,74
– Rabatt	584,87
= Zieleinkaufspreis	5 263,87
– Skonto	105,28
= Anschaffungswert	5 158,59
	: 6 = 859,77

Grundbuch				
	Konten		€	
	Soll	Haben	Soll	Haben
ER	BGA		5 263,87	
	VSt.		1 000,13	
		Verbindl.	0	6 264,00
ZA	Verbindl.		6 264,00	0
		Bank		6 138,72
		BGA		105,28
		VSt.		20,00
		Betragskontrolle	12 528,00	12 528,00

03

a) Brutto 71 400,00 - USt. 11 400,00 =

Netto 60 000,00 € : 6 = 10 000,00 €

b) + c)

Grundbuch				
	Konten		Betrag	
	Soll	Haben	Soll	Haben
01	Bilanzielle Abschreibungen	Fuhrpark	10 000,00	10 000,00
02	Bilanzielle Abschreibungen	BGA	11 000,00	11 000,00
03	Bilanzielle Abschreibungen	Gebäude	4 000,00	4 000,00

04

Tragen Sie die Ziffern vor den beiden zutreffenden Sachverhalten in die Kästchen ein.	3
	1

zu 01

Anlage zu Aufgabe 01:

Buchung im Grundbuch

Jahr 20(0)	Grundbuch			
	Konten		€	
Datum	Soll	Haben	Soll	Haben
Schritt 01	Buchung des Anlagenverkaufs (Ausgangsrechnung)			
	1400 Forderungen		2 380,00	
		2880 Erträge aus Anlageverkäufen		2 000,00
		1669 Umsatzsteuer		380,00
Schritt 02	AfA-Berichtigung (Rest-AfA)			
	2470 Abschreibungen		700,00	
		0220 Fuhrpark		700,00
Schritt 03	Ausbuchung des Buchwerts = Abgang von Anlagegütern			
	240 Aufwendungen aus AV-Verkäufen		500,00	
		0220 Fuhrpark		500,00
Schritt 04+05:	Kontenanschluss der Konten Erträge aus Anlageverkäufen und Aufwendungen aus Anlageverkäufen			
	900 Unternehmensergebnis (GuV)		500,00	
		2400 Aufwendungen aus AV-Verkäufen		500,00
	2880 Erträge aus AV-Verkäufen		2 000,00	
		900 Unternehmensergebnis (GuV)		2 000,00

05

Hauptbuch

Soll		02 Anlagen, Maschinen, BGA			Haben
Datum	**Text/Gegenkonto**	**€**	**Datum**	**Text/Gegenkonto**	**€**
02.01.	EBK	124 051,00	31.12.	Abschreibungen	6 343,00
05.03.	1 600 Verbindlichkeiten	750,00	31.12.	Abschreibungen	12 575,00
15.05.	1 600 Verbindlichkeiten	1 500,00			107 383,00
		126 301,00			126 301,00

Soll		4830 Abschreibungen			Haben
Datum	**Text/Gegenkonto**	**€**	**Datum**	**Text/Gegenkonto**	**€**
31.12.	Anlagen/Maschinen	6343,00	31.12.	GuV	18 917,00
31.12.	Anlagen/Maschinen	12 575,00			
		18 918,00			18 917,00

Soll		9000 Unternehmensergebnis (GuV)			Haben
Datum	**Text/Gegenkonto**	**€**	**Datum**	**Text/Gegenkonto**	**€**
31.12.	Speditionsaufwand	740 000,00	31.12.	Speditionserlöse	1 200 000,00
31.12.	Personalaufwand	205 000,00			
31.12.	Abschreibungen	18 918,00			
31.12.	Werbung	6 000,00			
31.12.	Steuern	7 500,00			
31.12.	Zinsaufwendungen	6 000,00			
31.12.	Übrige Aufwendungen	121 000,00			
31.12.	Eigenkapital (Gewinn)	95 582,00			
		1 200 000,00			1 200 000,00

Berechnung der AfA:
AV (1): 63 425,00 € : 10 Jahre = 6 342,50 € → 6 343,00*
AV (2): 62 876,00 : 5 Jahre = 12 575,20 → 12 575,00*
* AfA-Beträge auf volle € gerundet

06

a) $\frac{96\,000 \cdot 5}{3} = 160\,000{,}00$ €

b) 96 000 – 32 000 = 64 000
(64 000 – 4 000) · 19 % = 71 400,00 €

07

a) $\frac{180\,000}{8 \text{ Jahre}} = 22\,500{,}00$ €

180 000,00 € = 100 %
22 500,00 € = x %

$x = \frac{22\,500{,}00 \text{ x } 100}{180\,000{,}00} = 12{,}5$ %

b) Leistungssatz:
500 000 km = 90 000,00 €
1 km = x €
Leistungssatz = 90 000,00 € : 500 000 km = 0,18 €/km

c) Abschreibungsbetrag im Jahr 20(0):
96 000 km · 0,18 € = 17 280,00 €

08

a) Bilanzielle Abschreibung = 27 500,00 €

b) $\frac{(\text{Wiederbeschaffungswert} - \text{Restwert}) \cdot p}{100}$

$= \frac{(140\,000 - 20\,000) \cdot 16\ 2/3}{100} = 20\,000{,}00$ €

c) $\frac{\text{Anschaffungswert}}{\text{Abschreibungswert}} = \frac{110\,000{,}00}{27\,500{,}00} = 4$ Jahre

09

05	Es werden in der Kalkulation 1 800 000,00 € berücksichtigt, da kalkulatorisch auch schneller als bilanziell abgeschrieben werden darf.	x

10

01	Wie viel % beträgt der steuerlich zulässige Höchstsatz bei degressiver Abschreibung? (aktuelles Jahr verwenden)	2010: 25%
02	Wie viel € beträgt der Buchwert zum 31.12.20(+2) ?	63 281,00 (63 281,25)
03	Wie viel % der Anschaffungskosten beträgt der Buchwert des Lkw am 31.12.20(+2) ?	42,19 %

11

a)		Soll	Haben
01	zur Ausgangsrechnung	1	5/3
02	zur Bankgutschrift	8	1
03	zum Vermögensabgang	6	7

b) Berechnung des Ertrags/Aufwands aus dem Verkauf

Wert des Anlagegutes zum 31.12.20(-1)	
./. AfA für Restlaufzeit bis Verkaufsdatum	
= Buchwert zum Zeitpunkt des Verkaufs	800,00
./. Verkaufserlös (netto)	2 000,00
= Aufwand/Ertrag	1 200,00

12

01	den Skontobetrag brutto	83,30
02	den Brutto-Rechnungsbetrag vor Skontoabzug	4 165,00
03	den Netto-Einkaufspreis (Bareinkaufspreis) für den Getränkeautomaten	3 500,00

Berechnung:

Nettobetrag			100 %	3 500,00
USt. 19 %			19 %	655,00
Rechnungsbetrag brutto	100,0 %	4 165,00	119 %	4 165,00
–Skonto	2,0 %	83,30		
Überweisungsbetrag	98,0 %	4 081,70		

1. 98 % = 4 081,00
   2% = x
   x = 4 081,00 · 2: 98 = 83,30
2. 111% = 4 165,00
   100 % = x
   x = 4 165,00 · 100 : 119 = 3 500,00

13 01:

Kaufpreis einschl. Reifen		90 000,00
- Reifen	6 · 200,00	1 200,00
Kaufpreis ohne Reifen		88 800,00
Halber Kaufpreis ohne Reifen		44 400,00
Abschreibung ND = 5 Jahre		8 880,00

02:

Kraftstoffverbrauch 24 Liter Diesel/100 km	1 600 · 24	38 400 Liter
Nettopreis 1,13 € je Liter	· 1,13 €	
Jahresleistung : 160 000 km		43 392,00 €

14 01:

Kalkulatorische Abschreibung: 15 % vom Wiederbeschaffungswert à 15 % von 150 000,00 € = 22 500,00 €

02:

AW	130 000,00
- AfA 20 %	26 000,00
= BW 20(0) = Ende 1. Jahr	104 00,00
- AfA 20 %	26 000,00
= BW 20(-1) = Ende 2. Jahr	78 000,00
- AfA 20 %	26 000,00
= BW 20(-2) = Ende 3. Jahr	52 000,00

03:

Kalkulatorisch wird linear abgeschrieben, weil so gleichbleibende Beträge in die Kalkulation eingehen und die Kalkulation keinen Schwankungen unterworfen ist.

15 **01:**

= bilanzielle Abschreibung = 5 500,00 €

02:

Wiederbeschaffungskosten Lkw:	28 000,00 €
./. Wiederbeschaffungskosten Reifen	0,00 €
./. Wiederverkaufserlös	4 000,00 €
Berechnungsgrundlage für kalkulatorische Abschreibung	24 000,00 €
Kalkulatorische Abschreibung 16 2/3 % (= 50/3)	4 000,00 €

03:

Anschaffungswert (ohne Reifen) : AfA-Betrag der bilanziellen Abschreibung → 22 000,00 € : 5 500,00 € = 4 Jahre

16

AW	80 000,00
- AfA 20 %	16 000,00
= BW 20(0) = Ende 1. Jahr	64 000,00
- AfA 20 %	16 000,00
= BW 20(-1) = Ende 2. Jahr	48 000,00
- AfA 20 %	16 000,00
= BW 20(-2) = Ende 3. Jahr	32 000,00
- AfA 20 %	16 000,00
= BW 20(-3) = Ende 4. Jahr	16 000,00
- AfA 20 %	16 000,00
= BW 20(-4) = Ende 5. Jahr	0,00

Restlaufzeit = 3 Jahre → 48 000,00 € : 3 = 16 000,00 €

Buchwert am Ende des 3. Hahres = Anfang des 4. Jahres	32 000,00
- Aufwand	2 000,00
VK-Wert netto	30 000,00
+ 19 % USt.	5 700,00
Überweisungsbetrag = Bankgutschrift	35 700,00

17

01	den Betrag der kalkulatorischen Abschreibungen pro Jahr	15 700,00 €
02	das durchschnittlich durch den Lkw gebundene Kapital (Anlagevermögen (Lkw) und Umlaufvermögen)	52 000,00 €
03	die kalkulatorischen Zinsen pro Jahr	2 860,00 €

01:

Wiederbeschaffungskosten Lkw einschl. Reifen:	106 000,00 €
./. Wiederbeschaffungskosten Reifen	3 800,00 €
./. Wiederverkaufserlös	8 000,00 €
Berechnungsgrundlage für kalkulatorische Abschreibung	94 200,00 €
Kalkulatorische Abschreibung : 6 Jahre	15 700,00 €

02:

Anschaffungswert (netto)	90 000,00 €
Durchschnittlich gebundenes Anlagevermögen (50 % der Anschaffungskosten von 90 000,00 €)	45 000,00 €
+ durchschnittlich gebundenes Umlaufvermögen	7 000,00 €
= durchschnittlich gebundenes Kapital	52 000,00 €
x kalkulatorischer Zinssatz 5,5 %	2 860,00

5 Jahresabschluss

01

a)	Anlageintensität	73,0 %
b)	Deckung des Anlagevermögens durch das Eigenkapital	82,0 %
c)	Eigenkapitalquote	60,0 %
d)	Fremdkapitalquote	40,0 %
e)	Liquidität 2. Grades (auf eine Stelle nach dem Komma runden)	204,1 %

02

a) $$\frac{\text{Eigenkapital} + \text{langfristiges FK} \cdot 100}{\text{Anlagevermögen}}$$
$$= \frac{1\,280\,000{,}00 + 960\,000{,}00 \cdot 100}{1\,740\,000{,}00}$$
$$= 128{,}73\ \%$$
$$= 128{,}7\ \%$$

b) $$\frac{\text{Flüssige Mittel} \cdot 100}{\text{kurzfristige Verbindlichkeiten}}$$
$$= \frac{240\,000{,}00 \cdot 100}{1\,720\,000{,}00}$$
$$= 13{,}95\ \% = 14\ \%$$

c) $$\frac{\text{Fremdkapital} \cdot 100}{\text{Gesamtkapital}}$$
$$= \frac{2\,680\,000{,}00 \cdot 100}{3\,960\,000{,}00} = 67{,}68\ \%$$

d) $$\frac{\text{Gewinn} \cdot 100}{\text{Umsatz (SpE)}} = \frac{108\,000{,}00 \cdot 100}{17\,200\,000{,}00}$$
$$= 0{,}63\ \% = 0{,}6\ \%$$

e) $$\frac{\text{Gewinn} \cdot 100}{\text{Eigenkapital zum Beginn des Jahres}}$$
$$= \frac{108\,000{,}00 \cdot 100}{1\,172\,000{,}00} = 9{,}2\ \%$$

03

Aussagen

Es werden nur die Daten der Kontenklassen 4, 7 und 8 erfasst.	2
Sie beinhaltet auch eine Kostenstellenrechnung.	2
Die Angaben sind auf einen Zeitraum bezogen.	3
Es sind nur betriebliche Aufwendungen und Erträge enthalten.	2
Sie bildet die Grundlage der Besteuerung.	1
Es sind auch neutrale Aufwendungen und Erträge enthalten.	1

04

a) 120 T€ = 100 %
136 T€ = x
$$x = \frac{136 \cdot 100}{120}$$
x = 13,3 % ➔ Gewinnsteigerung 13,3 %

ba) 4 000 000 € – 136 000 € = 3 864 000 €

bb) 3 864 000 € – 120 000 € = 3 744 000 €

c)
$$\frac{\text{Gewinn} \cdot 100}{\text{Rohertrag (Umsatz)}} = \frac{136\,000{,}00 \cdot 100}{3\,940\,000{,}00} = 3{,}45\ \% \rightarrow 3{,}5\ \%$$

d) 10 440 000,00 € = 100 %
6 500 000,00 € = x
$$x = \frac{6\,500\,000{,}00 \cdot 100}{10\,400\,000{,}00}$$

x = 62,26 % ➔ 62,3 %

05

Aussagen:	
Gibt das Verhältnis von Fremdkapital und Eigenkapital an.	7
Die Mindestdeckung sollte 100 % betragen.	4
Gibt den Anteil der kurzfristigen Verbindlichkeiten an den Bank- und Kassenbeständen an.	5
Ist ein Hinweis auf den Umfang der Außenstände.	2
Der Jahresüberschuss wird um Abschreibungen und Rückstellungen korrigiert.	6
Lässt Rückschlüsse auf den Grad der finanziellen Unabhängigkeit und Kreditwürdigkeit zu.	3
Ist sie/er hoch, liegt eine langfristige Kapitalbindung vor, die hohe Fixkosten verursacht.	1

06

Sachverhalte:	
Ausgangsrechnung an Kunden	2
Verbrauch von Kraftstoffen	1
Ausgleich einer bereits gebuchten Liefererrechnung durch Banküberweisung	3
Verkauf eines Anlagegutes über Buchwert	2
Eingangsrechnung für Kraftstofflager	3
Tilgung eines Bankdarlehens	3
Bilanzielle Abschreibung auf Gebäude	1
Verrechnung von kalkulatorischen Abschreibungen	3

07

a) $$\frac{\text{Gewinn} + \text{Zinsen für FK} \cdot 100}{\text{GK}}$$
$$= \frac{260\,000{,}00 + 160\,000{,}00 \cdot 100}{5\,200\,000{,}00} = 8{,}1\ \%$$

b) Überschuss + Afa
= 260 000,00 € + 56 000,00 €
= 316 000,00 € → 316 T!

08

a) $$\frac{\text{Eigenkapital} \cdot 100}{\text{Anlagevermögen}}$$
$$= \frac{1\,280\,000 \cdot 100}{1\,780\,000}$$
$$= 71{,}9\ \%$$

b) $$\frac{\text{Flüssige Mittel} + \text{Forderungen} \cdot 100}{\text{kurzfristige Verbindlichkeiten}}$$
$$= \frac{240\,000 + 1\,960\,000 \cdot 100}{1\,760\,000}$$
$$= 125{,}0\ \%$$

c) $$\frac{\text{Fremdkapital} \cdot 100}{\text{Gesamtkapital}}$$
$$= \frac{2\,720\,000 \cdot 100}{4\,000\,000}$$
$$= 68{,}0\ \%$$

d) $$\frac{\text{Gewinn} \cdot 100}{\text{Umsatz}}$$
$$= \frac{120\,000 \cdot 100}{17\,384\,000} = 0{,}7\ \%$$

e) $$\frac{\text{Gewinn} \cdot 100}{\text{Eigenkapital}}$$
$$= \frac{120\,000 \cdot 100}{1\,280\,000} = 9{,}4\ \%$$

09

05	Planung – Kontrolle – Steuerung	X

10

01	Wie viel € betrug der Umsatz im 1. Quartal des Vorjahres?	562 000,00 €
03	Wie viel € beträgt, der Umsatz im 1. Quartal des laufenden Jahres?	672 345,00 €

11

01	Der Cashflow ist eine Kennziffer, die Auskunft über die Selbstfinanzierungskraft gibt.	X
02	Der Cashflow gibt an, wie viel Prozent der Umsatzerlöse als Gewinn verbleiben.	
03	Bei hohem Cashflow muss zur Finanzierung wenig Fremdkapital aufgenommen werden.	X
04	Der Cashflow errechnet sich als Differenz zwischen Gewinn und Ausgaben.	
05	Der Cashflow bindet Kapital und verursacht erhebliche Kosten.	
06	Der Cashflow ist der Jahresüberschuss, berichtigt um Abschreibungen und neu gebildete Rückstellungen	X

	Jahresüberschuss:	125 000,00
+	Abschreibungen:	192 000,00
+	Rückstellungen	0,00
=	Cashflow	317 000,00

12

01	Eigenkapitalrentabilität der	
	Walther KG	12,31 %
	ALLSPED GmbH	9,23 %
02	Gesamtkapitalrentabilität	1 11,07 %
03	3. Überarbeitung des Unternehmensleitbildes	X

01:
Eigenkapitalrentabilität
Walther: = 80 000 · 100/ 650 000 = 12,3077 %
ALLSPED: = 180 000 · 100/ 1 950 000 – 9,23 %

02:
Gesamtkapitalrentabilität
Walther = (80 000+75 000) · 100/1 400 000 = 11,07 %
ALLSPED= (180 000+225 000) · 100/4 200 000 = 9,64 %

Lösungen
Aufgaben zu Geschäftsprozesse erfolgsorientiert steuern

1 Kosten- und Leistungsrechnung

01

1.1 Brutto: 71 400,00 €
– USt.: 11 400,00 €
= 60 000,00 €

60 000,00 netto : 6 = 10 000,00 € : 4 Quartale = 2 500,00 €

1.2 10 000 : 4 = 2 500,00 + 2 750,00 + 1 000,00 = 6 250,00 €

2.1 Berechnung der kalkulatorischen AfA

Wiederbeschaffungswert	69 000,00
- Reifen	3 000,00
- Restwert	6 000,00
= Berechnungsgrundlage	60 000,00
Kalkulatorische Abschreib. Lkw	3 750,00
Kalkulatorische Abschreibung restliche Anlagegüter	4 500,00
	8 250 00

Berechnung der AfA: 400 000 km → 60 000 €
nach Leistung 25 000 km → x € → 3 750,00 €

2.2 Kalk. Zinsen $\frac{128\,000{,}00}{4}$ = 32 000,00 €

Betriebsergebnis: 11 828,00 €

02

Wiederbeschaffungswert 140 000,00
- Reifen 1 000,00
- Restwert 14 000,00
125 000,00 → 15 % = 18 750,00 €

03

Kreuzen Sie an:		richtig	falsch
1.	Kalkulatorische Zinsen werden vom betriebsnotwendigen Kapital berechnet.	x	
2.	Die Zinsaufwendungen des Kontos 2 200 enthalten auch Zinsen für das Eigenkapital.		x
3.	Der Zinssatz für die Berechnung der kalkulatorischen Zinsen orientiert sich am aktuellen Kapitalmarktzins.		x
4.	Kalkulatorische Zinsen enthalten auch Zinsen für das Eigenkapital.	x	

04

01	Es sind Kosten, die leistungsabhängig von den gefahrenen km sind.	4
02	Diese Werte werden in gleicher Höhe in die Kosten- und Leistungsrechnung übernommen.	2
03	Die fixen Kosten sind nicht oder nur zum Teil gedeckt.	8
04	Diese Werte werden nicht in die Kosten- und Leistungsrechnung übernommen.	1
05	Diese Werte ermitteln sich aus Einlagerungskosten, Auslagerungskosten und Umschlagsgerätekosten.	6
06	Diese Werte ergeben sich durch die Division der variablen Kosten durch die Jahreskilometerleistung.	5
07	Die Nettoverkaufserlöse decken die fixen und die variablen Kosten.	7
08	Es sind Kosten, denen kein Aufwand gegenübersteht.	3

05

Aufwendungen	
Personalkosten	2
Tatsächlich gezahlte Bankzinsen	1
Kalkulatorische Miete	4 (3)
Auftragsgebundene Speditionskosten	2
Kalkulatorischer Unternehmerlohn	4
Kfz-Versicherungsprämie	2
Kalkulatorische Abschreibungen	3

06

Kosten		
a)	Personalkosten	1
b)	Eigenkapitalverzinsung (kalk. Zinsen)	2
c)	Speditionskosten	1
d)	Kalkulatorische Wagnisse	2/3
e)	Kalkulatorische Abschreibungen	2
f)	Kalkulatorischer Unternehmerlohn	3

07

a) $\frac{\text{Anschaffungskosten}}{\text{ND}} = \frac{96\,768}{6} = 16\,128{,}00$

b) $\frac{96\,768 \cdot 10\%}{2} = 4\,838{,}40$ €

c) Jährliche Gesamtkosten

kalk. Zinsen	=	4 838,40 €
Abschreibung	=	16 128,00 €
Wart./Rep.	=	8 709,12 €
Energie	=	12 000,00 €
Sonstiges	=	960,00 €
Gesamt	=	42 635,52 €

d) $\frac{\text{Gesamtkosten}}{\text{Einsatzstunden}} = \frac{42\,635{,}52}{2\,880} = 14{,}80$ €

08

Beschreibungen	
Es werden die Kosten für einen Verkaufsauftrag ermittelt.	2/8
Die im vergangenen Jahr zu viel bezahlte Kfz-Versicherung wird zurückerstattet.	5
Die anfallenden Kosten sind leistungsunabhängig bzw. zeitabhängig.	6
Es handelt sich um Kostenarten, die häufig in einem bestimmten Verhältnis auf Hauptkostenstellen verteilt werden.	9
Es besteht kein Zusammenhang mit der betrieblichen Leistungserstellung.	1
In dieser Rechnung werden von den Erlösen zunächst die variablen Kosten abgezogen.	7
Die Gemeinkosten werden damit anteilig und verursachungsgerecht auf die Kostenstellen verteilt.	3

09

Ergebnisse:

01	Unternehmensergebnis	369 000,00	369 000,00
02	Neutrales Ergebnis	−123 000,00	
03	Ergebnis kostenrechnerische Korrekturen	+610 548,00	
04	Ergebnis der Abgrenzung	= 487 548,00	−487 548,00
05	Betriebsergebnis	−118 548,00	−118 548,00

Berechnungen:

Kalkulatorische Zinsen:	Betriebsnotwendiges Kapital x kalk. Zinssatz	= 3 200 000,00 · 10 % = 320 000,00 €
Kalkulatorischer Unternehmerlohn:		= 440 000,00 €
Kalkulatorische Miete:	Fläche · vergleichbare Miete	= 890 m² · 11 10 € = 9 879,00 · 12 = 118 548,00 €
Kalkulatorische Abschreibung:	Wiederbeschaffungswert · kalk. AfA-Satz	= 2 600 000,00 · 12 % = 312 000,00 €

09

Abgrenzungsrechnung Spedition ALLSPED GmbH

Geschäftsbuchführung	Unternehmensergebnis		Ergebnis der Abgrenzung				Betriebsergebnis	
	GuV-Rechnung		Unternehmensb. Abgrenzung		Kostenrechn. Korrekturen		KL-Rechnung	
Konto	Aufwand	Ertrag	Aufwand	Ertrag	Aufwand lt. GB	Verrechnete Kosten	Kosten	Leistungen
20 außerord. Aufwendungen	24 000,00		24 000,00					
21 periodenfremde Aufw.	147 000,00		147 000,00					
22 Zinsaufwendungen	180 000,00				180 000,00			
247 Abschreibungen	400 000,00				400 000,00			
25 außerordentliche Erträge		40 000,00		40 000,00				
26 periodenfremde Erträge		8 000,00		8 000,00				
401 Löhne + Nebenkosten	290 000,00						290 000,00	
410 Gehälter + Nebenkosten	220 000,00						220 000,00	
4 200 Fahrzeugkosten	280 000,00						280 000,00	
4 300 Raumkosten	20 000,00						20 000,00	
4 400 Verwaltungskosten	110 000,00						110 000,00	
4 500 Vers., Gebühren, Beiträge	26 000,00						26 000,00	
4 600 Sonst. Unternehmensk.	24 000,00						24 000,00	
48 000 Kalk. Unternehmerlohn						440 000,00	440 000,00	
48 100 Kalkulatorische Mieten						118 548,00	118 548,00	
48 200 Kalkulatorische Zinsen						320 000,00	320 000,00	
48 300 Kalk. Abschreibungen						312 000,00	312 000,00	
700 Speditionskosten	596 000,00						596 000,00	
800 Speditionserlöse		2 638 000,00						2 638 000,00
Summe	2 317 000,00	2 686 000,00	171 000,00	48 000,00	580 000,00	1 190 548,00	2 756 548,00	2 638 000,00
Ergebnis	369 000,00			−123 000,00	610 548,00			−118 548,00
	2 686 000,00	2 686 000,00	171 000,00	171 000,00	1 190 548,00	1 190 548,00	2 756 548,00	2 756 548,00

10

Kreuzen Sie an:		Richtig	falsch
01	Ziel der kalkulatorischen Abschreibung ist die Nutzung höchstmöglicher Steuervorteile		x
02	Nur betriebsnotwendige Güter werden kalkulatorisch abgeschrieben.	x	
03	Kalkulatorisch wird entsprechend der betrieblichen Nutzungsdauer abgeschrieben, unabhängig davon, wie lange das Anlagegut steuerlich abgeschrieben werden darf.	x	
04	Um eine gleichmäßige Kostenbelastung für die Preiskalkulation zu sichern, wird kalkulatorisch in der Regel linear abgeschrieben.	x	
05	Kalkulatorische Abschreibungen werden in der Kontenklasse 2 erfasst.		x

11

2	Ausgabe, kein Aufwand und keine Kosten
4	Kosten, aber kein Aufwand
6	Ausgabe und Aufwand, aber keine Kosten

12

x	1. Bilanzielle Abschreibungen auf Gebäude 80 000,00 €
	2. Brutto-Löhne für Umschlagspersonal 22 800,00 €
x	3. Zinsaufwendungen 15 700,00 €
x	4. Lkw-Totalschaden durch Unfall 40 000,00 €
	5. Leasing-Rate für EDV-Anlage 5 200,00 €
	6. Auftragsgebundene Speditionskosten 135 100,00 €
	7. Industrie- und Handelskammer-Beitrag 1 300,00 €

13

	1. Nach dem Einkommensteuergesetz bzw. dem Körperschaftsteuergesetz
x	2. Es gibt keine verbindlichen Vorgaben; der Betrieb hat die Freiheit entsprechend den betrieblichen Anforderungen vorzugehen.
	3. Nach der Abgabenordnung (AO)
	4. Nach dem HGB
	5. Nach den ADSp

14

Aufwandsart	Betrag in €	Grundkosten	Neutrale A	direkt	Gemeinkosten
Betriebsfremde Aufwendungen	2 000,00 €		2 000,00 €		
Zinsaufwendungen	46 000,00 €		46 000,00 €		
Bilanzmäßige Abschreibungen	82 000,00 €		82 000,00 €		
Löhne und Lohnnebenkosten	184 000,00 €	184 000,00 €			184 000,00 €
Gehälter und Gehaltsnebenkosten	208 000,00 €	208 000,00 €			208 000,00 €
Treibstoffkosten	52 000,00 €	52 000,00 €			52 000,00 €
Reparaturkosten	18 000,00 €	18 000,00 €			18 000,00 €
Leasinggebühren für DV-Anlage	34 000,00 €	34 000,00 €			34 000,00 €
Kommunikationskosten	8 000,00 €	8 000,00 €			8 000,00 €
Versicherungen, Gebühren und Beiträge	36 000,00 €	36 000,00 €			36 000,00 €
Kalkulatorische Abschreibungen	72 000,00 €				72 000,00 €
Kalkulatorische Zinsen	62 000,00 €				62 000,00 €
Speditionskosten nationale Spedition	218 000,00 €	218 000,00 €		218 000,00 €	
Speditionskosten internationale Spedition	154 000,00 €	154 000,00 €		154 000,00 €	
		01: 912 000,00	**02: 130 000,00**	**03: 372 000,00**	**04: 674 000,00**

15

01	Die Angaben sind auf einen Zeitraum bezogen.	3
02	Es sind auch neutrale Aufwendungen und Erträge enthalten.	1
03	Es sind nur betriebliche Aufwendungen und Erträge enthalten.	2
04	Sie bildet die Grundlage der Besteuerung.	1
05	Es werden nur die Daten der Kontenklassen 4, 7 und 8 erfasst.	2
06	Sie beinhaltet auch eine Kostenstellenrechnung.	2

16

01	den Wagniszuschlag in Prozent für das Jahr 20(0) aufgrund der in den vorangegangenen 5 Jahren eingetretenen Selbstbeteiligungsbeträge	1,74 %
02	in welcher Höhe im Jahr 20(0) kalkulatorische Wagnisse in der Kosten- und Leistungsrechnung angesetzt werden	

57 660,00	3 720 000,00
72 420,00	4 260 000,00
84 840,00	4 040 000,00
70 720,00	4 420 000,00
81 900,00	4 680 000,00
367 540,00	21 120 000,00
4 900 000,00 · 1,74 %= 85 260,00	

2 Vollkostenrechnung

01

Betriebsabrechnungsbogen (verkürzt)					
Kostenarten	Kostenstellen				
	Vorkostenstellen		Hauptkostenstellen		
	Kantine	Werkstatt	Nationale Spedition	Internationale Spedition	Lager
Summe	168 000,00	211 000,00	1 339 000,00	1 047 000,00	284 000,00
Umlage 1		21 000,00	84 000,00	42 000,00	21 000,00
Summe		232 000,00	1 423 000,00	1 089 000,00	305 000,00
Umlage 2			145 000,00	87 000,00	0
Gemeinkosten			1 568 000,00	1 176 000,00	305 000,00
Einzelkosten			533 000,00	412 000,00	79 000,00
Abt.-Kosten			2 101 000,00	1 588 000,00	384 000,00
Abt.-Erlöse			2 274 000,00	1 780 000,00	412 000,00
Abt.-Ergebnis			173 000,00	192 000,00	28 000,00

Speditionskosten (Einzelkosten)	412 000,00	=100 %		
+ Gemeinkosten (Betriebskosten)	1 176 000,00	= x %		x = 285,4
= Gesamtkosten (Selbstkosten)	1 588 000,00		= 100 %	
+ Gewinn	192 000,00		= x %	x = 12,09 %
= SpE (Umsatzerlöse)	1 780 000,00			

02

A	240 000,00	6	1 200,00	7 200,00
B	440 000,00	11	1 200,00	13 200,00
C	320 000,00	8	1 200,00	9 600,00
		25		30 000,00

03

	Verteilerbasen/Verteilerschlüssel
2	Nach der Fläche je Abteilung
4	Nach erfasstem Verbrauch
5	Nach Wertverlust

04

Betriebsabrechnungsbogen der Spedition ALLSPED GmbH zum 31.12.20(0)							
			Kostenstellen				
	Betrag	Verteilungsschlüssel	Hilfskostenstellen		Hauptkostenstellen		
			Allgemeine Verwaltung	Werkstatt	Nationale Spedition	Internat. Spedition	Lager
Summe Gemeinkosten			644.000	206 400	648 000	874 800	509 800
Umlage Allg. Verwaltung		6 : 4 : 2 : 4	--	241 500	161 000	80 500	168 000
Summe				447 900	809 000	955 300	670 800
Umlage Werkstatt		5 : 5 : 2		--	186 625	186 625	74 650
Kosten je Hauptkostenstelle					995 625	1 141 926	745 450
Einzelkosten der Abteilung					245 000	1 240 000	480 000
Gesamtkosten					1 240 625	2 381 926	1 225 450

a) 745 450,00 € + 480 000,00 = 1 225 450,00

b) $\frac{1\,240\,625{,}00}{6\,250} = 198{,}50$ €

05

03	Die Umsatzrentabilität	x

06

Tragen Sie die Lösungen in die Kästchen ein:		
01	das Ergebnis der Abteilung Luftfrachtspedition	108 936,00 €
02	die Umsatzrentabilität der Abteilung Luftfrachtspedition (auf eine Stelle nach dem Komma runden)	(Gewinn · 100) : Umsatz = (108 936,00 · 100) : 305 000,00 € = 35,7 %

(Berechnung nächste Seite)

06

BAB Daniels

					HKST	HKST	HKST
Gemeinkosten	Betrag	Schlüssel	Verwaltung	Werkstatt	Luft	Kraftwagen	Möbel
Gemeinkosten/KST	678 350,00		137 350,00	58 500,00	131 300,00	213 450,00	137 750,00
Umlage Verwaltung		1 : 1 : 2 : 1		27 470,00	27 470,00	54 940,00	27 470,00
Zwischensumme				85 970,00	158 770,00	268 390,00	165 220,00
Umlage Werkstatt		2 : 5 : 3			17 194,00	42 985,00	25 791,00
Gemeinkosten/HKST					175 964,00	311 375,00	191 011,00
+ Einzelkosten					20 100,00	142 000,00	76 000,00
= Abt. Kosten					196 064,00	453 375,00	267 011,00
Abteilungserlöse	(= Umsatz)				305 000,00	576 000,00	240 000,00
Abteilungsergebnis	(= Gewinn)			**01**	**108 936,00**	122 625,00	–27 011,00

07

a) Löhne: 315 000,00 €
+ Gehälter: 150 000,00 €
Gesamtlohn: 465 000,00 €

$$\frac{\text{Gesamtlohn} \cdot 100}{\text{Gesamtgemeinkosten}}$$

$$\frac{465\,000 \cdot 100}{2\,883\,000} = 16{,}13\ \%$$

b)

$$\frac{\text{Abteilungsergebnis} \cdot 100}{\text{Abteilungserlöse}}$$

$$\frac{618\,075 \cdot 100}{3\,000\,000} = 20{,}05\ \%$$

c) 200 000,00 € = 16 % (vom Wiederbeschaffungswert). Berechnung:

16 %	=	200 000,00 €
100 %	=	x €
x	=	1 250 000,00 €
pro Quartal	=	1 250 000,00 €
* 4	=	5 000 000,00 €

d)

$$\frac{\text{Einzelkosten Lager} \cdot 100}{\text{Kosten pro Auftrag}} = \frac{480\,000}{120} = 4\,000 \text{ Aufträge}$$

$$\frac{\text{Abteilungskosten}}{\text{Aufträge}} = \frac{1\,225\,450}{4\,000} = 306{,}36\ €$$

08

01	die kalkulatorischen Zinsen in €	52 500,00 €
02	die kalkulatorischen Abschreibungen des Anlagevermögens in €	160 000,00 €
03	das Ergebnis der Abteilung Luftfrachtspedition in €	129 366,00
04	das Ergebnis der Abteilung Luftfrachtspedition in Prozent des Abteilungserlöses (auf zwei Stellen nach dem Komma runden)	42,42 %

zu 01	Kalkulatorische Zinsen	Betriebsnotwendiges Kapital x durchschnittlicher Zinssatz	7 000 000,00 € · 9 % = 630 000,00 € : 12 = 52 500,00 €
zu 02	Kalkulatorische Abschreibungen	Wiederbeschaffungswert · kalkulatorischer AfA-Satz	9 600 000,00 € · 20 % = 1 920 000,00 € : 12 = 160 000,00 €
zu 03	Ergebnis Luft	abgelesen	129 366,00
zu 04	Anteil an Erlösen	Abt. Erlös = 100 % Abt. Ergebnis = x	129 366,00 · 100 / 305 000,00 = 42,42 %

zu 08

Gemeinkosten der ALLSPED GmbH
Auszug aus dem BAB für den Monat März 20(0)

BAB Daniels

					HKST	HKST	HKST
Gemeinkosten	Betrag	Schlüssel	Verwaltung	Werkstatt	Luft	Kraftwagen	Möbel
Löhne	64 800,00	2 : 4 : 6 : 10 : 5	4 800,00	9 600,00	14 400,00	24 000,00	12 000,00
Gehälter	20 400,00	4 : 2 : 5 : 4 : 2	4 800,00	2 400,00	6 000,00	4 800,00	2 400,00
Fuhrparkkosten	144 000,00	0 : 0 : 2 : 6 : 4	0,00	0,00	24 000,00	72 000,00	48 000,00
Raumkosten	19 200,00	3 : 1 : 4 : 2 : 2	4 800,00	1 600,00	6 400,00	3 200,00	3 200,00
Verwaltungskosten	40 000,00	1 : 0 : 0 : 0 : 0	40 000,00	0,00	0,00	0,00	0,00
Steuern/Versicherungen	18 000,00	10 : 1 : 2 : 5 : 1	0,00	2 000,00	4 000,00	10 000,00	2 000,00
Unternehmenskosten	18 700,00	4 : 2 : 3 : 1 : 1	6 800,00	3 400,00	5 100,00	1 700,00	1 700,00
Kalk. Unternehmerlohn	12 000,00	2 : 2 : 2 : 2 : 2	2 400,00	2 400,00	2 400,00	2 400,00	2 400,00
Kalk. Miete	30 000,00	3 : 2 : 5 : 10 : 4	3 750,00	2 500,00	6 250,00	12 500,00	5 000,00
Kalk. Zinsen	**01 52 500,00**	4 : 2 : 6 : 2 : 1	14 000,00	7 000,00	21 000,00	7 000,00	3 500,00
Kalk. Abschreibungen	**02 160 000,00**	6 : 2 : 3 : 5 : 4	48 000,00	16 000,00	24 000,00	40 000,00	32 000,00
Kalk. Wagnisse	5 500,00	3 : 2 : 2 : 1 : 3	1 500,00	1 000,00	1 000,00	500,00	1 500,00
Gemeinkosten/KST	678 350,00		130 000,00	47 900,00	114 550,00	178 100,00	113 700,00
Umlage Verwaltung		1 : 1 : 2 : 1		26 170,00	26 170,00	52 340,00	26 170,00
Zwischensumme				74 070,00	140 720,00	230 440,00	139 870,00
Umlage Werkstatt		2 : 05 : 03			14 814,00	37 035,00	22 221,00
Gemeinkosten/HKST					155 534,00	267 475,00	162 091,00
+ Einzelkosten					20 100,00	142 000,00	76 000,00
= Abt. Kosten					175 634,00	409 475,00	238 091,00
Abteilungserlöse					305 000,00	576 000,00	240 000,00
Abteilungsergebnis					**03** 129 366,00	166 525,00	1 909,00

09

a) $\frac{\text{Gewinn} \cdot 100}{\text{Umsatz}} = \frac{119\,116 \cdot 100}{1\,900\,000} = 6{,}3\ \%$

b) Personalkosten = Löhne + Gehälter

= 168 750,00 € + 51 923,00 € = 220 673,00 €

1 812 452,00 € = 100 %

220 673,00 € = x

$x = \frac{220\,673 \cdot 100}{1\,812\,452} = 12{,}2\ \%$

c) Gesamtergebnis =

287 548,00 € + 238 335,00 € + 119 116,00 € = 644 999,00 €

644 999,00 € = 100 %

238 335,00 € = x

$x = \frac{238\,335 \cdot 100}{644\,999}$

x = 36,95 % → 37 %

10

a) $\frac{1\,214\,511{,}00\ €}{3\,600\ \text{Aufträge}} = 337{,}36\ €$

b) $\frac{29\,801 + 361\,489 + 131\,876 \cdot 100}{521\,000 + 1\,576\,000 + 940\,000}$

$= \frac{463\,564 \cdot 100}{3\,037\,000} = 15{,}26\ \%$

c) betriebsnotwendiges Kapital

$= \frac{\text{kalkulatorische Zinsen} \cdot 100}{\text{kalkulatorischen p}}$

$= \frac{216\,000 \cdot 100 \cdot 12}{8}$

= 32 400 000,00 € 32,4 Mio. €

11

Kraftstoffverbrauch	X

12

Mit der Kostenträgerrechnung	X

13

Wie viel € Gewinn hat die Abteilung Lkw-Verkehr erwirtschaftet? 40 000,00 €

Kostenarten	Betrag in €	Verteilung	Lkw-Verkehr	Paket-Verkehr
Löhne	160 000,00	1 : 1	80 000,00	80 000,00
Fuhrparkkosten	120 000,00	1 : 3	30 000,00	90 000,00
Betriebskosten	90 000,00	2 : 1	60 000,00	30 000,00
Kalkulatorische Kosten	80 000,00	1 : 3	20 000,00	60 000,00
Summe Gemeinkosten			190 000,00	260 000,00
+ Einzelkosten			170 000,00	76 000,00
Gesamtkosten			360 000,00	336 000,00
Erlöse			400 000,00	420 000,00
Ergebnis			40 000,00	84 000,00

3 Aufgaben zur Teilkostenrechnung

01

a) variable Kosten = Kurzfristige Preisuntergrenze = 26,00 €

b) variable Kosten + fixe Kosten = 550,00 € + 186,00 € = 736,00 €

c) DB – fixe Kosten:

	NV	INT	Summe
Umsatzerlöse	62 000,00	105 000,00	167 000,00
- Variable Kosten	52 000,00	82 500,00	–134 500,00
= DB	10 000,00	22 500,00	32 500,00
- Fixe Kosten	24 000,00	27 900,00	51 900,00
Ergebnis	–14 000,00	–5 400,00	–19 400,00

02

	Erlöse je Tour:	400,00 €
-	variable Kosten je Tour:	300,00 €
=	Deckungsbeitrag :	100,00 €

$\frac{\text{fixe Kosten}}{\text{Deckungsbeitrag}}$ = notwendige Touren (Break-even)

$\frac{9\,000}{100}$ = 90 Touren

03

a) Netto-Frachteinnahme

100 kg = 1,70 €

5 000 kg = x €

$x = \frac{170 \cdot 5\,000}{100} = 85{,}00\ €$

b) Variable Kosten

0,75 € · 100 km = 75,00 €

c) Deckungsbeitrag

a) – b) = 85,00 – 75,00 = 10,00 €

40 % = 10,00 €

100 % = x €

$x = \frac{10{,}00 \cdot 100}{40} = 25{,}00\ €$

04

a) 100 % = 10 200,00 €

25 % = x €

$x = \frac{25 \cdot 10\,200}{100} = 2\,550{,}00\ €$

b) 10 200,00 € – 2 550,00 € = 7 650,00 €

c) 10 200,00 € = 100 %

6 120,00 € = x %

$x = \frac{100 \cdot 6120}{10\,200} = 60\ \%$

d) die Höhe der Umsatzerlöse = 8 670,00 €

e) das Ergebnis = –1 530,00 €

Gesamtdarstellung aus o. g. Werten

Umsatzerlöse	8 670,00
./. Variable Kosten	–2 550,00
= Deckungsbeitrag	6 120,00
./. Fixe Kosten	–7 650,00
= Ergebnis	–1 530,00

Gesamtkosten	10 200,00
./. Variable Kosten	–2 550,00
= Fixe Kosten	7 650,00

05

Umsatzerlöse: 1 200,00

– variable Kosten: 900,00

= DB pro Auftrag: 300,00

$\frac{\text{Fixe Kosten}}{\text{DB/Auftrag}} \rightarrow \frac{27\,000}{300{,}00}$ = 90 Fahrten

06

a) Variable Kosten/Auftrag: 31 820 : 185 = 172,00 €

b) DB/Auftrag: 660,00 € – 172,00 € = 488,00 €

c) $\text{Gewinnschwelle} = \frac{\text{Fixe Kosten}}{\text{DB/Auftrag}} = \frac{79\,056}{488} = 162$ – Auftrge

d)

Umsatzerlöse	122 100,00
– Variable Kosten	–31 820,00
= DB	90 280,00
– Fixe Kosten	–79 056,00
Ergebnis	11 224,00

122 100,00 €	= 100 %	
11 224,00 €	= x %	
x =	$\frac{100 \cdot 11\,224}{122\,100}$	= 9,19 % → 9,2 %

07

	a)
Umsatzerlöse	540 000,00
– Variable Kosten	–180 000,00
= DB	360 000,00
– Fixe Kosten	–198 000,00
Ergebnis	162 000,00

ba)	$\frac{162\,000,00}{300\text{ Aufträge}}$		= 540,00 €
bb)	1 800,00 €	100 %	
	540,00 €	x %	
	x =	$\frac{100 \cdot 540,00}{1\,800,00}$	= 30 %

08

Deckungsbeitrag

	NV	FV	IntV		
Umsatzerlöse	165 375,00	577 332,00	1 185 030,00	1 927 737,00	
– Variable Kosten	197 316,00	180 594,00	453 600,00	831 510,00	
= DB	–31 941,00	396 738,00	731 430,00	1 096 227,00	aa)
– Fixe Kosten				480 000,00	
Ergebnis				616 227,00	ab)

		FV	IntV		
Umsatzerlöse		577 332,00	1 185 030,00	1 762 362,00	
– Variable Kosten		180 594,00	453 600,00	634 194,00	
= DB		396 738,00	731 430,00	1 128 168,00	
– Fixe Kosten				420 000,00	
Ergebnis				708 168,00	b)

09

a) Selbstkosten: 1 170,00 € + (1,17 € · 560 km)
= 1 170,00 + 655,20 = 1 825,20 €

b) Deckungsbeitrag:
1 387,00 € – 655,20 € (1,17 € · 560 km)
= 731,80 €

Umsatzerlöse	1 387,00
– Variable Kosten	655,20
= DB	731,80
– Fixe Kosten	1 170,00
Ergebnis	–438,20

c) 1 825,20 € 100 %
1 387,00 € x %

$x = \frac{1\,387,00 \cdot 100\,\%}{1\,825,20} = 75,99\,\%$

Ergebnis liegt unter 100 %, d.h., der Marktpreis deckt die Selbstkosten = Gesamtkosten (variable + fixe Kosten) nur zu 75,99 % (Verlust 24,01 %)

oder:

1 825,20 € 100 %
– 438,20 € x %

$x = \frac{-438,20 \cdot 100\,\%}{1\,825,20}$ – 24,01 %

10

a) Variable Kosten/Auftrag =

$\frac{\text{variable Kosten}}{\text{Transporte}} = \frac{55\,650,00}{210} = 265,00\text{ €}$

b) Deckungsbeitrag/Auftrag = Nettopreis – variable Kosten = 1 210,00 € – 265,00 € = 945,00 € (Fortsetzung nächste Seite)

c) Break-even (Auftragsmenge) =

$\frac{\text{fixe Kosten}}{\text{DB}} = \frac{141\,750,00}{945,00} = 150\text{ Aufträge}$

d) Jahresgewinn = DB – fixe Kosten =
198 450,00 € – 141 750,00 € = 56 700,00 €

e) Gewinn/Selbstkosten
= Fixe + v. Kosten je Auftrag
= 197 400,00 €

197 400,00 100 %
56 700,00 x %

x =	$\frac{56\,700 \cdot 100}{197\,400}$	= 28,7 %

oder in Bezug auf die Umsatzerlöse:
(Selbstkosten) = 100%
197 450,00 €
(UmE) 254 100,00 = x %
€
= x =128,69 % → 28,69 % → 28,7 % über 100 %

11

a) Langfristige Preisuntergrenze = variable Kosten + fixe Kosten
= 55 800,00,00 + 24 000,00,00 = 79 800,00 €

$\frac{79\,800,00}{1\,200 \text{ Aufträge}}$ = 66,50 € pro Auftrag

a) + b)	NV	FV	IntV		
Umsatzerlöse	90 000	243 000	162 000	495 000	
– Variable Kosten	55 800	162 000	141 750	359 550	
= DB	34 200	81 000	20 250	135 450	b)
– Fixe Kosten	24 000	36 000	9 000	69 000	
Ergebnis	10 200	45 000	11 250	66 450	c)

12

a) Fixe Kosten/Tag (Auftrag) = $\frac{154\,125,00}{240}$ Fahrten =

durchschnittliche fixe Kosten pro Tag (Auftrag) = 642,19 € (= Ausfall)

b) Deckungsbeitrag:

UmE ./. variable Kosten = 600,00 € – 232,56 € = 367,44 €

Annahme des Auftrags wird empfohlen, da positiver Deckungsbeitrag, aber: Erg. = DB ./. fixe Kosten = 367,44 ./. 642,19 = –274,75 €. Der Auftrag erzeugt aus Sicht der Vollkostenrechnung einen Verlust in Höhe von 274,75 €; siehe c)

c) Ergebnis bei Auftragsannahme:
600,00 € – 232,56 € – 642,19 € = –274,75 €

13

a) variable Kosten/t: 90 000,00 € : 900 t = 100,00 €

b) Gesamtkosten: Fixe Kosten + variable Kosten =
90 000,00 € + 180 000,00 € = 270 000,00 €

c) Break-even-Point:

$\frac{\text{Fixe Kosten}}{\text{DB}} = \frac{180\,000,00\text{ €}}{600,00\text{ €} - 100,00\text{ €}} = 360,00\text{ t}$

d) Betriebsergebnis: Umsatzerlöse – variable Kosten – fixe Kosten =

Umsatzerlöse	540 000,00 €
– Variable Kosten	–90 000,00 €
= DB	450 000,00 €
– Fixe Kosten	–180 000,00 €
Ergebnis	= 270 000,00 €

14

05	Grundgebühren für Gas, Wasser und Strom	x

15

A	6	B	2	C	4

16

X	3. Ab Punkt c)

17

03	Treibstoffkosten	X

18

Berechnen Sie den Break-even-Point (Gewinnschwellenmenge).	550
Wie hoch ist der Beschäftigungsgrad am Break-even-Point?	68,75 % → $\frac{550 \cdot 100}{800}$

Gewinnschwellenmenge → x = Fixe Kosten/ db → db = Erlös (Preis) für eine t – variable Stückkosten pro t → 104 500,00 € / (300 – 110) 190,00 € = 550 t

Beschäftigungsgrad → tatsächliche Beschäftigung / maximale Beschäftigung → 550 t : 800 t ·100 = 68,75 %

Der Beschäftigungsgrad ist das Verhältnis von maximaler und tatsächlicher Kapazitätsausnützung eines Betriebes (erzeugte Menge).

19

a)	BEP → Fixe Kosten = Summe DB → 163 050,00	163 050,00 €
b)	163 050,00 € ./. 127 500,00 €	35 550,00 €
c)	67 Aufträge · 780,00 € = 52 260,00 → 35 550,00 €	01
d)	52 260,00 ./. 35 550,00 =	16 710,00 €

20

Berechnen Sie		
01	den Deckungsbeitrag in € bei 120 Aufträgen.	26 400,00 €
02	die Anzahl der Aufträge, bei der der Break-even-Point erreicht wird.	100
03	den Verlust je Auftrag in €, wenn zukünftig ein Rückgang auf 80 Aufträge zu befürchten ist.	55,00 €

21

Ermitteln Sie			
01	das Abteilungsergebnis für den Monat November.		162 000,00 €
02	die maximal mögliche Preisreduzierung je Auftrag, wenn die Selbstkosten als Preisuntergrenze gewahrt werden sollen.		
	a)	in €	540,00 €
	b)	in Prozent (auf eine Stelle nach dem Komma runden)	30 %

Umsatzerlöse	(300 · 1 800,00)	540 000,00	1 800,00
– Variable Kosten		180 000,00	600,00
= Deckungsbeitrag		360 000,00	1 200,00
– fixe Kosten		198 000,00	660,00
= Ergebnis		162 000,00	540,00
Selbstkosten:	600,00 € + 660,00 €		
max. Preisreduzierung:	1 800,00 € – 1 260,00 € = 540,00 € 1 800,00 --> 100 %; 540,00 --> x % x = 30 %		

22

3	Rohergebnis
9	Betriebsergebnis
5	Deckungsbeitrag 1
7	Deckungsbeitrag 2
4	abzüglich variable Gemeinkosten
2	abzüglich variable Einzelkosten (Speditionskosten)
8	abzüglich unternehmensfixe Kosten
6	abzüglich abteilungsfixe Kosten
1	Speditionserlöse

23

Berechnen Sie		
01	den Rohertrag der Abteilung Lkw.	350 000,00
02	den Deckungsbeitrag der Abt. I.	180 000,00
03	den Deckungsbeitrag der Abt. II.	−10 000,00
04	das Betriebsergebnis der Spedition ALLSPED GmbH.	110 000,00
05	Welche Auswirkungen hätte eine Schließung der Abteilung Luftfracht kurzfristig auf das Betriebsergebnis? (rechnerischer Nachweis)	120 000,00 € Gewinn

	Abteilung Lkw (I)	Abteilung Luftfracht (II)	Gesamt
Speditionserlöse	600 000,00	200 000,00	800 000,00
Einzelkosten	150 000,00	80 000,00	230 000,00
Rohertrag	450 000,00	120 000,00	570 000,00
variable Gemeinkosten	100 000,00	30 000,00	130 000,00
Deckungsbeitrag 1	350 000,00	90 000,00	440 000,00
abteilungsfixe Kosten	170 000,00	100 000,00	270 000,00
Deckungsbeitrag 2	180 000,00	−10 000,00	170 000,00
unternehmensfixe Kosten			60 000,00
Betriebsergebnis			110 000,00

	Abteilung Lkw	Abteilung Luftfracht	Gesamt
Speditionserlöse	600 000,00		600 000,00
Einzelkosten	150 000,00		150 000,00
Rohertrag	450 000,00		450 000,00
variable Gemeinkosten	100 000,00		100 000,00
Deckungsbeitrag 1	350 000,00		350 000,00
abteilungsfixe Kosten	170 000,00		170 000,00
Deckungsbeitrag 2	180 000,00		180 000,00
unternehmensfixe Kosten			60 000,00
Betriebsergebnis			120 000,00

24

Ermitteln Sie		
01	für jede Abteilung den Rohgewinn, den Deckungsbeitrag 1 und den Deckungsbeitrag 2. Tragen Sie den Betrag des Deckungsbeitrages 2 der Abteilung „Nationale Verkehre" in das nebenstehende Kästchen ein.	195 000,00
02	das Betriebsergebnis der Spedition Huber & Trinkner GmbH.	125 000,00
03	das Betriebsergebnis je Abteilung, wenn die unternehmensfixen Kosten nach der Anzahl der Mitarbeiter verteilt werden.	51 000,00 74 000,00

	Nationale Verkehre	Intern. Verkehre	Gesamt
Speditionserlöse	950 000,00	550 000,00	1 500 000,00
Speditionskosten	100 000,00	220 000,00	320 000,00
Rohertrag	850 000,00	330 000,00	1 180 000,00
variable Gemeinkosten	65 000,00	25 000,00	90 000,00
Deckungsbeitrag 1	785 000,00	305 000,00	1 090 000,00
abteilungsfixe Kosten	590 000,00	195 000,00	785 000,00
Dechungsbeitrag 2	195 000,00	110 000,00	305 000,00
untern.-fixe Kosten	144 000,00	36 000,00	180 000,00
Betriebsergebnis	51 000,00	74 000,00	125 000,00

25

Ziffernfolge absolut:	2/1/3/4	Ziffernfolge relativ:	4/3/2/1

	(1)	(2)	(3)	(4)
	Sammelgut	Fernverkehr	Lager	Seefracht
UE (netto)	1 886 491	1 705 895	484 588	395 865
DB 2	450 509	456 251	139 046	115 772
	23,88 %	26,75 %	28,69 %	29,25 %
	4	3	2	1

26

01	Ermitteln Sie den Deckungsbeitrag der einzelnen Speditionsleistungen.	288 056,00 €
02	Ermitteln Sie den Deckungsbeitrag der einzelnen Abteilungen für den Monat Mai.	(1) 5 920,00 € / (2) 140 592,00 € / (3) 153 384,00 €
03	Ermitteln Sie das Ergebnis (Periodengewinn/Periodenverlust) für den Monat Mai.	−41 944,00 €
04	Die Geschäftsleitung möchte von Ihnen wissen, wie sich bei Schließung der Abteilung „Nahbereich" das Monatsergebnis verändern würde. Die Fixkosten würden dadurch um 11 000,00 € sinken.	−25 024,00 €

	Nah-bereich	Fern-bereich	Intern. Bereich	Gesamt
Umsatzerlöse (netto)	52 688	287 648	314 776	655 112
variable Kosten	58 608	147 056	161 392	367 056
DB	−5 920	140 592	153 384	288 056
fixe Kosten				330 000
				−41 944

	Nah-bereich	Fern-bereich	Intern. Bereich	Gesamt
Umsatzerlöse (netto)	0	287 648	314 776	602 424
variable Kosten	0	147 056	161 392	308 448
DB	0	140 592	153 384	293 976
fixe Kosten				319 000
				−25 024

27

	Sammelgut	Export	Lkw	
Speditionserlöse	400 000	160 000	120 000	680 000
Speditionskosten	240 000	120 000	95 000	455 000
DB (Rohergebnis) a)	160 000	40 000	25 000	225 000
fixe Kosten				140 000
Ergebnis				a) 85 000
fixe Kosten			Variable Kosten	455 000
Personalkosten	45 000		Fixe Kosten	140 000
Abschreibung	55 000		Gesamtkosten	595 000
Raumkosten	14 000			c) = Selbstkosten
Verwaltungskosten	12 000			= langfristige Preisuntergrenze
Betriebl. Abgaben	14 000			
	140 000			

28

4. Sie bieten die Leistung langfristig an, da sowohl die variablen als auch die fixen Kosten gedeckt sind.

variable Kosten	800 000,00
DB	624 000,00
fixe Kosten	590 000,00
Ergebnis	34 000,00

a)	Reingewinn	85 000,00
b)	DB gesamt	225 000,00
c)	Preisuntergrenze	595 000,00

Lösungen Kaufmännisches Rechnen

1 Durchschnittsrechnen

01 24 + 26 + 29 + 27 + 19 + 31 = 156 Schüler : 6 = 26
= 26 Schüler (einfacher Durchschnitt)

02 11 + 8 + 10 + 13 + 8 + 10 = 60 Stunden : 6 =
10 Stunden wöchentlich (einfacher Durchschnitt)

03

24 (Schüler) · 11	264 Std.
26 · 9	234 Std.
29 · 10	290 Std.
27 · 11	297 Std.
19 · 9	171 Std.
32 · 10	320 Std.
157	1 576 Std. insgesamt

$\frac{\text{Stunden insgesamt}}{157 \text{ Schüler}}$ = 10,04
= 10 Std. wöchentlich

(gewogener Durchschnitt)

04 416 : 16 = 26 Schüler (einfacher Durchschnitt)

05

Familien	€	€
24	1 650	39 600,00
20	1 950	39 000,00
16	2 480	39 680,00
23	1 750	40 250,00
17	2 200	37 400,00
100		195 930,00

195 930,00 : 100 = 1 959,30 €
(gewogener Durchschnitt)

06

a)

Tank I	Tank II	Summe	Preis	Wert
40 000	12 000	52 000	1,01	52 520,00
--	18 000	18 000	1,25	22 500,00
20 000	10 000	30 000	1,36	40 800,00
--	12 000	12 000	1,28	15 360,00
		112 000		131 180,00
				131 180,00 : 112 000 = 1,17 €

b) 1,17 € · 60 000 l = 70 200,00 €
(Tagespreis 1,36 €,
daher nach Niederstwertprinzip: 1,17 €)

c)

Tank I	Tank II	Summe	Preis	Wert
--	18 000	18 000	1,25	22 500,00
20 000	10 000	30 000	1,36	40 800,00
--	12 000	12 000	1,28	15 360,00
		60 000		78 660,00
				78 600,00 € : 60 000 l = 1,31 €

(Tagespreis 1,36 €,
daher nach Niederstwertprinzip: 1,31 €)

2 Verteilungsrechnung

01

Filiale	Umsatz in €	Verteilungsschlüssel	Anteil 21 600,00 : 25	Werbeaufwendungen der Filiale
A	96 000,00	8	· 864,00	6 912,00
B	84 000,00	7	· 864,00	6 048,00
C	120 000,00	10	· 864,00	8 640,00
		25		21 600,00

02

Filiale	Rauminhalt	Verteilungsschlüssel (: 70)	Anteil 8 640 : 40	Heizkosten/€
A	210	8	· 216,00	648,00
B	550	7	· 216,00	1 728,00
C	2 030	10	· 216,00	6 264,00
	2 800	25		8 640,00

03

Filiale	Rauminhalt	Verteilungsschlüssel (: 15)	Anteil 383 250 : 21	Raumkosten/€
A	45 m^3	3	· 18 250,00	54 750,00
B	105 m^3	7	· 18 250,00	127 750,00
C	165 m^3	11	· 18 250,00	200 750,00
	315 m^3	21		383 250,00

04

			Verteilungsschlüssel	Anteil 2 510 000 : 3	Baukosten/€
A	1/8	1/8	1	· 836 666,67	836 666,67
B	1/2	4/8	4	· 836 666,67	3 346 666,67
C	Rest	3/8	3	· 836 666,67	2 510 000,00
		8/8	8		

3 Teile = 2 510 000,00
1 Teil = 2 510 000,00 : 3 = 836 666,67

3 Dreisatzrechnen

01

Manfred:	30 : 12 · 4 =	10 Tage
Karlheinz:	34 : 12 · 8 = 22,66 Tage =	23 Tage
Gesamturlaubswerktage		33 Tage

02 227,70 : 25 300,00 · 18 000,00 = 162,00

03 13 475,00 : 7 · 9 = 17 325,00 €

04 1 350,00 : 12 · 5 = 562,50 €

05 10 800,00 : 15 · 17 = 12 240,00

06 819,00 : 78 000,00 · 84 000,00 = 882,00 €

07 24 · 5 : 4 = 30 Minuten

08 120 : 5 · 3 = 72 Minuten

09 6 : 3 · 5 = 10 Tage

10

2 511 t – 1 620 t	=	891
1 620 t	= 15 Std.	
891 t	= x Std.	

$x = \frac{15\ \text{Std.} \cdot 891\ \text{t}}{1620\ \text{t}}$ 8,25 Std.

Die Arbeitszeit von 8,25 entspricht der normalen Arbeitsleistung. Durch die Steigerung der Arbeitsleistung um das 1½-fache verkürzt sich die Arbeitszeit auf ; $\frac{8{,}25\ \text{Std.}}{15} = 5{,}5$ Std.

11

Bisher geleistete Arbeit: 120 t · 5 Std. = 600 t

noch zu leistende Arbeit: 1 800 t – 600 t = 1 200 t

Berechnung der Gesamtzeit für die Beladung ohne Pause:

600 t = 5 Std.

1 800 t = x

$\frac{1800 \cdot 5}{600} = 15$ Std.

Berechnung der Restarbeitszeit unter Einbezug der Pause:

15 Std. – 5 Std. = 10 Std. – 6 Std. (= Pause)
= 4 Std. sind noch zu arbeiten

1. Kran = 4 Std. · 120 t = 480 t

2. Kran = 1 200 t (noch zu leistende Arbeit)
– 480 t (Leistung des 1. Krans in der Restarbeitszeit)
= 720 t in 4 Std. für den 2. Kran

$\frac{720\ \text{t}}{4\ \text{Stunden}} = 180$ t/Std.

12 136 : 4 · 7 = 10 1/2 = 11 Angestellte

13 700 : 525 · 6 = 8 Tage

14 90 : 108 · 72 = 60 Tage

15

2 Mitarbeiter	– 5 Stunden –	4 500 Artikel
1 Mitarbeiter	– 8 Stunden –	x Artikel
x =	$\frac{4500 \cdot 8}{2 \cdot 5}$	= 3 600 Artikel

16

6 Angestellte	– 8 Stunden täglich	– 12 Tage
8 Angestellte	– 9 Stunden täglich	– x Tage
x =	$\frac{12 \cdot 6 \cdot 8}{8 \cdot 9}$	= 8 Tage

17

6 Angestellte	– 4 Tage	– 8 Stunden täglich
– 4 Angestellte	– 5 Tage	– x Stunden täglich
x =	$\frac{8 \cdot 6 \cdot 4}{4 \cdot 5}$	= 9,6 Std.

4 Währungsrechnen

01 €-Ankauf, Bank gibt Fremdwährung = Geldkurs

1,3850 USD	–	1 €
2 000,00 USD	–	x €

$x = \frac{1 \cdot 2000{,}00}{1{,}38255}$ 1 446,60 €

02 €-Verkauf; Bank nimmt Fremdwährung = Briefkurs

1,3850 USD	-	1 €
2 000,00 USD	-	x €

$x = \frac{1 \cdot 2000{,}00}{1{,}3850}$ 1 444,04 €

Der Verlust beträgt 2,56 €.

03 Wenn ALLSPED die eingenommen US-Dollar zur Bank bringt, verkauft die Bank der Spedition € und nimmt dafür USD, d. h., sie berechnet den höheren Verkaufskurs (Briefkurs).

1,00 €	–	1,3850 USD
98,00 €	–	x

$x = \frac{1{,}3850 \cdot 98{,}00}{1}$ 135,73 USD

04 Die Bank verkauft € und nimmt Englische Pfund. Sie berechnet daher den Verkaufskurs.

0,8873 GBP	–	1 €
350,00 GBP	–	x €

$x = \frac{1 \cdot 350{,}00}{0{,}8873}$ 394,46 €

05 Die Bank kauft € und gibt Dänische Kronen. Sie berechnet daher den Ankaufkurs.

1,00 €	–	7,45683 DKK
1 000,00 €	–	x DKK

$x = \frac{7{,}45683 \cdot 1000{,}00}{1}$ 7 456,83 DKK

06

Die Betrachtung des Stückpreises genügt für den Vergleich mit anderen Herstellern. Bei einem Kauf würde der Spediteur € zur Verfügung stellen, damit dem Lieferanten Yen überwiesen werden können. Die Bank kauft demnach € und gibt Yen. Sie berechnet den Ankaufkurs.

113,63636 JPY – 1,00 €
43 719,00 JPY – x

$x = \frac{1 \cdot 43\,719,00}{113,63636}$ 384,73 €

113,63636 JPY – 1,00 €
6 455,78 JPY – x €

$x = \frac{1 \cdot 6\,455,78}{113,63636}$ 56,81 €

07

Schweizer Franken: Die Bank verkauft € und nimmt Fremdwährung. Sie berechnet den Verkaufskurs.

1,3512 CHF – 1 €
900,00 CHF – x €

$x = \frac{1 \cdot 900,00}{1,3512}$ 666,07 €

Kanadische Dollar: Die Bank kauft € und gibt Fremdwährung. Sie berechnet den Ankaufkurs.

1,00 € – 1,40032 CAD
666,07 € – x CAD

$x = \frac{1,40032 \cdot 666,07}{1}$ 932,71 €

08

Würde der tschechische Kunde die Ware in Tschechischen Kronen bezahlen, verkaufte die Bank € und nähme Kronen.

1,00 € – 24,60806 CZK
129,99 € – x CZK

$x = \frac{24,60806 \cdot 129,99}{1}$ = 3 198,80 CZK

5 Prozentrechnen

01

Warengruppe		Umsatz 20(–1) €	Anteil %	Umsatz 20(0) €	Anteil %	Umsatzveränderungen €	Umsatzveränderungen %
I	Nahv.	426 400	26	445 000	25	18 600	4,36
II	Fernv.	606 800	37	747 600	42	140 800	23,20
III	Sea/Air	246 000	15	231 400	13	–14 600	–5,93
IV	Lager	360 800	22	356 000	20	– 4 800	–1,33
		1 640 000	100	1 780 020	100	140 000	8,54

z. B. 1.		z. B. 2.		
1 640 000	= 100 %	426 400	= 100 %	= 4,36 % Steigerung
426 400	= x %	445 000	= x %	
x	= 26 %	x	=104,36	

02

Jahr	20(–3)	20(–2)	20(–1)	20(0)
Mio. €	9,7	10,9	11,5	11,9
Veränderung in €		1,2	0,6	0,4
Veränderung in %		12,37 %	5,50 %	3,48 %

z. B. 9,7 Mio € ➔ 100 %
10,9 Mio € ➔ x %
x = 112,37 % ➔ 12,37%Steigerung

03

a) $\frac{80 \text{ Mio. €}}{500\,000}$ = 160,00 €

b) 500 000 · 20 % = 600 000

c) 80 Mio. € = 100 %
x = 16 %
$\frac{80 \text{ Mio.} \cdot 16}{100}$ = 12,8 Mio. €
80 Mio. € - 12,8 Mio. € = 67,2 Mio. €

d) $\frac{67,2 \text{ Mio. €}}{600\,000}$ = 112,00 €

e) 160,00 € = 100 %
112,00 € = x
$\frac{112 \cdot 100}{160}$ = 70 %
100 % – 70 % = 30 %

04

75 % = 22,50 €
100 % = x €
x = $\frac{2250 \cdot 100}{75}$ 27,00 €
27,00 € – 22,50 = 4,50 €

05

a) 12 000 Palettenstellplätze – 3 600 Palettenstellplätze = 8 400 Palettenstellplätze
1 m² = 0,9 Palettenstellplätze
8 400 m² = x Palettenstellplätze
x = 8 400 · 0,9
x = 7 560 Palettenstellplätze

b) 7 560 Palettenstellplätze · 500 kg = 3 780 000 kg
100 % = 3 780 000 kg
80 % = x kg
x = 3 780 000 · 80 : 100
x = 3 024 000 kg
= 3 024 t

06

119 % = 589,05 €
100 % = x %
x = 589,05 · 100 : 119
x = 495,00 €
495,00 · 4 · 1 000 : 4,125 = 480 000,00 €

07

aa)
75 % = 900 m²
100 % = x m²
x = 900 · 100 : 75
x = 1 200 m²

ab)

60 % = 1 200 m²

100 % = x m²

x = 1 200 · 100 : 60

x = 2 000 m²

b)

3 m = 1 Stellplatz

1 200 m = x Stellplätze

x = 1 200 : 3

x = 400 Stellplätze

400 Stellplätze · 5 Etagen = 2 000 Stellplätze

08

Versicherungsprämie netto:

119 % = 3 570,00 €

100 % = x €

x = 3 570 · 100 : 119

x = 3 000,00 €

Versicherungssumme:

0,125 % = 3 000,00 €

100 % = x €

x = 3 450 · 100 : 0,125

x = 2 400 000,00 €

2 400 000 € · 4 (Quartale) = 9 600 000 € = 9,6 Mio. €

09

a) Gesamtkosten: Tageskostensatz · 5 Tage = 1 732,00 · 5 = 8 660,00

Gesamtkosten : Gewicht = 8 660,00 € : 1 575 t = 5,50 €

Frachtsatz einschl. Gewinn (10%) = 5,50 € + 10 % (0,55) = 6,05 €/t

ba) Erlöse: 1 575 t · 605 € = 9 528,75 €

Kosten für 5 Tage: 1 732,00 · 5 = 8 660,00 €

Kosten für 6 Tage: 1 732,00 · 6 = 10 392,00 €

bb) Erlöse: 9 528,75 €

Kosten für 6 Tage: 10 392,00 €

Verlust: 863,25 €

10 392,00 € = 100 %

863,25 = x %

x = 100 · 863,25 : 10 392

x = 8,31 %

bc) Erlöse: 9 528,75 €

Variable Kosten 3 117,60 € (10 392,00 · 0,3 → Variable Kosten)

Deckungsbeitrag 6 441,15 €

6 Zinsrechnung

01

Laufzeit:

vom 12.11.20(0) bis 18.12.20(0)	=	36 Tage
vom 13.08.20(0) bis 22.11.20(0)	=	99 Tage
vom 29.09.20(0) bis 31.12.20(0)	=	91 Tage
vom 30.05.20(0) bis 23.10.20(0)	=	143 Tage
vom 27.02.20(0) bis 01.03.20(0)	=	4 Tage
vom 14.12.20(0) bis 28.02.20(+1)	=	74 Tage

02

	Zinstage
31.12.20(0) – 30.01.20(+1)	30
01.02.20(0) – 28.02.20(0)	27
01.01.20(0) – 31.01.20(0)	29
01.02.20(0) – 01.03.20(0)	30
01.01.20(0) – 30.01.20(0)	29
28.02.20(0) – 01.03.20(0)	3
01.10.20(0) – 29.01.20(+ 1)	118
30.03.20(0) – 01.04.20(0)	1

03

$$\text{Zinsen} = \frac{10\,500 \cdot 7{,}5 \cdot 7}{100 \cdot 12} = 459{,}38\ €$$

Zinsaufwendungen (459,38) an Bank (459,38)

04

$$\text{Zinsen} = \frac{5\,500 \cdot 6{,}5 \cdot 85}{100 \cdot 360} = 84{,}41\ €$$

05

a) $$\text{Zinsen} = \frac{30\,000 \cdot 8 \cdot 72}{100 \cdot 360} = 480{,}00\ €$$

480,00 € + 30 000,00 € = 30 480,00 €

b) Zinsaufwendungen (480,00)

Darlehen (30 000,00) an Bank (30 480,00)

06

$$\text{Kapital} = \frac{183{,}44 \cdot 100 \cdot 360}{8 \cdot 245} = 3\,369{,}31\ €$$

07

35 146,88 ./. 34 500,00 = 646,88 € Zinsen

$$\text{Zinssatz} = \frac{646{,}88 \cdot 100 \cdot 360}{34\,500{,}00 \cdot 135} = 5\%$$

08

$$\text{Zeit} = \frac{125{,}00 \cdot 100 \cdot 360}{5 \cdot 4\,500} = 200\ \text{Tage}$$

Das Kapital wurde am 10.06.20(0) eingezahlt.

09

a) $$\text{Kapital} = \frac{195{,}85 \cdot 100 \cdot 360}{8{,}5 \cdot 159} = 5\,216{,}87\ €$$

b) 5 216,87 € + 195,85 € = 5 412,72 €

10

3 750 000,00 € · 0,70 = 2 625 000,00 €

$$\text{Zinsen} = \frac{2\,625\,000 \cdot 90 \cdot 5{,}75}{100 \cdot 360} = 37\,734{,}38\ €$$

11

a) Verzugseintritt: 30 Tage nach Rechnungszugang (taggenaue Berechnung).

Resttage im März: 31–14 = 17; der Verzug tritt am 13. April ein.

Berechnung der Überziehungszeit:

April	17 Tage
Mai	30 Tage
Juni	3 Tage
Summe =	50 Tage

b) 1,95 % + 8 % (lt. BGB) = 9,95 %

c) Zinsen = $\frac{11\,425{,}70 \cdot 9{,}95 \cdot 50}{100 \cdot 360}$ = 15,88 €

12

Grundbuch

Datum	Buchung Soll	Buchung Haben	Betrag Soll	Betrag Haben
a)				
30.03.	Darlehen		20 000,00	
		an Bank		20 000,00
30.06.	Darlehen		20 000,00	
		an Bank		20 000,00
30.09.	Darlehen		20 000,00	
		an Bank		20 000,00
c)				
31.12.	Darlehen		20 000,00	
	Zinsaufwand		3 164,44	
		an Bank		23 164,44

b)

Betrag	vom	bis	Tage	#
80 000,00	17.02.	30.03.	43	34 400
60 000,00	30.03.	30.06.	90	54 000
40 000,00	30.06.	30.09.	90	36 000
20 000,00	30.09.	31.12.	90	18 000
20 000,00				142 400
3 164,44				
23 164,44				
Zinsen (142 400 # : 45) = 3 164,44 €				

13

Überweisungstag: 18.08.19(0), Zinssatz: 12 %

Betrag	fällig	Tage	#
5 250,00	05.01.	223	11 708
3 700,00	02.03.	166	6 142
1 238,00	31.03.	138	1 708
7 500,00	07.05.	101	7 575
17 688,00			27 133
904,43			
18 592,43			
Zinsen = 27 133 # : 30 = 904,43			

18 592,43 Gutschriftbetrag am 18.08.19(0)

14

a) 2,5 · 360 : 28 = 32,14 %

b) 3 · 360 : 42 = 25,71 %

15

a) 7 584,00 €, 1,5 % Skonto = 113,76 € Skontoertrag

7 584,00 ./. 113,76 = 7 470,24

Zinsen = $\frac{7\,470{,}24 \cdot 10{,}5 \cdot 15}{100 \cdot 360}$ = 32,68 €

Die Darlehensaufnahme lohnt sich, man hätte 81,08 € Finanzierungserfolg.

Skontoertrag:	113,76 €
Zinsen:	32,68 €
Finanzierungserfolg:	81,08 €

b) 13 426,00 €, 3 % Skonto = 402,78 € Skontoertrag

13 426,00 ./. 402,78 = 13 023,22 €

Zinsen = $\frac{13\,023{,}22 \cdot 16 \cdot 73}{100 \cdot 360}$ = 422,53 €

Eine Darlehensaufnahme lohnt sich nicht, man hätte 19,75 € Mehrbelastung.

Skontoertrag:	402,78 €
Zinsen:	422,53 €
Finanzierungserfolg:	–19,75 €

Literaturverzeichnis

SCHULBÜCHER

Voth, Leistungsprozesse	Voth, Martin/Hesse, Gernot: Leistungsprozesse: Spedition und Logistik: Informationshandbuch. 6. Auflage. Troisdorf: Bildungsverlag EINS, 2010.
Schimpf/Terfurth, Wirtschafts- und Sozialprozesse	Schimpf, Karl Heinz/Terfurth, Martina: Wirtschafts- und Sozialprozesse: Spedition und Logistik: Informationshandbuch. 2. Auflage. Troisdorf: Bildungsverlag EINS, 2008.
Oppenberg/Schimpf, Kaufmännische Steuerung und Kontrolle	Oppenberg, Heinbernd/Schimpf, Karl-Heinz: Kaufmännische Steuerung und Kontrolle mit DatenverarbeitungSpedition und Logistik – Informationshandbuch. 1. Auflage. Troisdorf: Bildungsverlag EINS, 2006.
Voth/Oppenberg/Schimpf/Terfurth, Lernsituationen	Voth, Martin/Oppenberg, Heinbernd/Schimpf, Karl-Heinz/Terfurth, Martina: Lernsituationen: Spedition und Logistik: Leistungsprozesse: Wirtschafts- und Sozialprozesse: Kaufmännische Steuerung und Kontrolle: Datenverarbeitung. 4. Auflage 2013 Troisdorf: Bildungsverlag EINS, 2009.
Brandenburg, Leistungserstellung	Brandenburg, Hans/Gutermuth, Jens/Oelfke, Dorit/Waschkau, Siegfried: Güterverkehr – Spedition – Logistik: Leistungserstellung in Spedition und Logistik. 39. Auflage. Troisdorf: Bildungsverlag EINS, 2010.
Gutermuth, Wirtschafts - und Sozialprozesse	Gruschka, Nicole/Gutermuth, Jens/Konerding, Birgit/Perseke Jörg: Güterverkehr – Spedition – Logistik: Wirtschafts – und Sozialprozesse. 3. Auflage. Troisdorf: Bildungsverlag EINS, 2009.
Bruhn, Kaufmännische Steuerung und Kontrolle	Bruhn, Harald/Perseke, Jörg/Vatterodt, Patrick: Güterverkehr – Spedition – Logistik: Kaufmännische Steuerung und Kontrolle. 3. Auflage. Troisdorf: Bildungsverlag EINS, 2010

MONOGRAFIEN/AUFSÄTZE

Baumbach/Hopt, HGB	Baumbach, Adolf/Hopt, Klaus J.: Handelsgesetzbuch mit GmbH & Co., Handelsklauseln, Bank- und Börsenrecht, Transportrecht (ohne Seerecht): Becksche Kurzkommentare. 30. Auflage. München: Beck, 2000.
Bredow/Seiffert, INCOTERMS® 2000	Bredow, Jens/Seiffert, Bodo: INCOTERMS® 2000: Kommentar und deutsch/ englischer Text der ICC-Incoterms. Bonn: C.F. Müller, 2000.
Bernstorff, INCOTERMS® 2010	Graf von Bernstorff, INCOTERMS® 2010 der internationalen Handelskammer (ICC). Kommentierung für die Praxis inklusive offizielles Regelwerk. Köln: Bundesanzeiger-Verlag, 2010
BSL, Kostenrechnung	Bundesverband Spedition und Logistik (Hrsg.): Kosten- und Leistungsrechnung in der Spedition. Bonn o. J.
Berufsbildungsbericht 2009	Bundesministerium für Bildung und Forschung (BMBF) Referat Grundsatzfragen der beruflichen Bildung (Herausgeber): Berufsbildungsbericht 2009. Bonn: 2009
Däubler, Arbeitsrecht	Däubler, Wolfgang: Das Arbeitsrecht: Leitfaden für Arbeitnehmer. Band 1/2. Hamburg: rororo 1998.
Däubler, Ratgeber	Däubler, Wolfgang: Arbeitsrecht: Ratgeber für Beruf, Praxis und Studium. 4. Auflage. Frankfurt am Main: Bund-Verlag, 2002.
Enge, Transportversicherung	Enge, Hans Joachim: Transportversicherung: Recht und Praxis in Deutschland und England. 2. Auflage. Wiesbaden: Gabler, 1987.
Ehrmann	Ehrmann, Harald: Logistik. 5. Auflage. Ludwigshafen: Kiehl-Verlag, 2005.
Fachwissen	Berufsbildungswerk der Spediton in Hessen e. V. (Herausgeber): Fachwissen für Speditions- und Logistikkaufleute. 32. Auflage. Frankfurt a. M.: 2008
Fremuth/Thume, TranspR	Fremuth, Fritz/Thume, Karl-Heinz: Kommentar zum Transportrecht. Heidelberg: Verlag Recht und Wirtschaft, 2000.
Gabler Lexikon Logistik	Peter Klaus/Winfried Krieger (Hrsg.). Gabler Lexikon Logistik. Management logistischer Netzwerke und Flüsse. 3. Auflage. Wiesbaden: Gabler 2004.

Gass TranspR 2000	Gass, Wolfram. „Die Bedeutung der Logistik für Speditionsunternehmen im Rahmen moderner Hersteller-Zulieferbeziehungen" in Transportrecht 5/2000, S. 203–213.
Gran TranspR 2004	„Vertragsgestaltung im Logistikbereich" in Transportrecht 1/2004, S. 1–14
Gerling, Transportversicherung	Gerling Allgemeine Versicherungs-AG (Hrsg.): Lieferungsbedingungen und Transportversicherung. Köln: 2001.
Koller, Transportrecht	Koller, Ingo: Transportrecht: Kommentar zu Spedition und Gütertransport. 6. Auflage. München: C. H. Beck, 2007.
Kroppholler, BGB	Kropholler, Jan: Studienkommentar BGB. 5. Auflage. München: C. H. Beck, 2002.
Krautwurst, ADR 2007	Krautwurst, Monika. ADR – 2007 mit Gefahrgutvorschriftensammlung. 3. Auflage. Düsseldorf: Verkehrs-Verlag Jakob Fischer, 2007.
Palandt 2005	Palandt: Bürgerliches Gesetzbuch: Becksche Kurzkommentare. 64. Auflage. München: C. H. Beck, 2005.
Prüßmann, Seehandelsrecht	Prüßmann, Heinz/Rabe, Dieter: Seehandelsrecht. Becksche Kurzkommentare. 3. Auflage. München: C. H. Beck 1992.
Ridder, Gefahrgut-Fahrer	Ridder, Klaus. Der Gefahrgut-Fahrer. 20. Auflage. Landsberg: ecomed Sicherheit, 2007.
Schulte, Christof	Schulte, Christof : Logistik : Wege zur Optimierung der Supply Chain. 4. Auflage. München: Vahlen Verlag, 2005.
Thonfeld, Fachkommentar	Thonfeld, Horst-Dietrich: Fachkommentar Transportrecht mit Beispielen, Übersichten und Querverweisen für den Praktiker. München: hussverlag. Loseblatt Stand 2009.
Wagner, Zollhandbuch	Wagner, Gerd R.: Zollhandbuch 2010 für Ausbildung und Praxis. Düsseldorf: Verkehrs-Verlag Jakob Fischer, 2010.
Vahrenkamp, Logisitk	Vahrenkamp, Richard: Logistik: Management und Strategien. 5. Auflage. München: Oldenbourg Wissenschafts-Verlag, 2005.
Witte/Wolffgang, Zollrecht	Witte, Peter/Wolffgang, Hans-Michael: Lehrbuch des Europäischen Zollrechts. 3. Auflage. Herne/Berlin: nwb 1998.
Woitschützke, Geographie	Woitschützke, Claus-Peter: Verkehrsgeographie. 3. Auflage. Troisdorf: Bildungsverlag EINS, 2006.
Wolf/Thiel, ADSp 2003	Wolf, Peter. H./Thiel, Eberhard: ADSp 2003 (Erläuterung). Düsseldorf: Verkehrs-Verlag Jakob Fischer, 2003.

INTERNET-LINKS

Gesetzestexte	Bundesministerium der Justiz (Herausgeber); Juris GmbH: Gesetze im Internet. URL: http://bundesrecht.juris.de/aktuell.html (abgerufen am 11.10.2010)
Transportrecht	Deutsche Gesellschaft für Transportrecht e. V. Hamburg (Herausgeber): Transportrecht. URL: www.transportrecht.org (abgerufen am 11.10.2010)
Transportversicherung	Gesamtverbande der Deutschen Versicherungswirtschaft e. V. (GDV) (Herausgeber): Transport-Informations-Service (TIS). URL: http://www.tis-gdv.de/tis/inhalt.html (abgerufen am 11.10.2010)
DHL Logbook	DHL Logistik (in Zusammenarbeit mit der Technischen Universität Darmstadt): DHL Logbook. URL: https://www.dhl-discoverlogistics.com/cms/de/index.jsp (abgerufen am 11.10.2010)
Zoll	Bundesministerium der Finanzen. Zollverwaltung (Herausgeber): Informationen der Zollverwaltung. URL: www.zoll.de (abgerufen am 11.10.2010)
Berufsausbildung	Bundesministerium für Bildung und Forschung (Herausgeber): Ausbildung und Beruf: Rechte und Pflichten während der Berufsausbildung. URL: www.bmbf.de/pub/ausbildung_und_beruf.pdf (abgerufen am 11.10.2010)
BMAS (Bundesministerium für Arbeit und Soziales)	Bundesministerium für Arbeit und Soziales (Herausgeber): Broschüren als PDF-Dateien zu Themen des Arbeitsrechts. URL: www.bmas.de | Publikationen | Suche nach „Arbeitsrecht" (abgerufen am 11.10.2010)
Bundesbank Geld	Deutsche Bundesbank (Herausgeber): Geld und Geldpolitik – Schülerbuch für die Sekundarstufe II. Frankfurt/Main: 2009. URL: www.bundesbank.de/download/bildung/geld_sec2/geld2_gesamt.pdf (abgerufen am 11.10.2010)

NACHSCHLAGEWERKE

Wikipedia — Wikimedia Foundation Inc. (Herausgeber): Wikipedia, Die freie Enzyklopädie. URL: http://de.wikipedia.org (abgerufen am 11.10.2010)

Gabler — Gabler Verlag | Springer Fachmedien Wiesbaden GmbH: Gabler Wirtschaftslexikon – Die ganze Welt der Wirtschaft: Onlineausgabe. URL: http://wirtschaftslexikon.gabler.de (abgerufen am 11.10.2010)

Statistisches Jahrbuch 2010 — Statistisches Bundesamt. Statistisches Jahrbuch 2010. Für die Bundesrepublik Deutschland mit »Internationalen Übersichten« (Wiesbaden: 2010)

GEOGRAFIE

Autobahnen — Scholl, Patrick: Autobahnatlas (Streckenbeschreibung und Karten). URL: www.autobahnatlas-online.de (abgerufen am 11.10.2010)

Europastraßen — Liste der Europastraßen und der Großstädte entlang der Straßen. URL: http://de.wikipedia.org/wiki/Liste_der_Europastraßen (abgerufen am 11.10.2010)

Staaten Europäische Union — Kleiner Atlas der Europäischen Union URL: http://europa.eu/abc/maps

Karten — University of Texas Libraries. The University of Texas at Austin. Perry-Castañeda Library Map Collection. URL: www.lib.utexas.edu/maps/index.html (abgerufen am 11.10.2010)

Bildquellenverzeichnis

Bildungsverlag EINS GmbH, Köln: S. 22.1, 23.1, 62.1, 191, 194, 195, 197.2, 234, 252, 283, 292, 294, 299, 339, 393, 395, 473, 474, 475, 477

Bildungsverlag EINS GmbH, Köln/Angelika Brauner, Hohenpeißenberg: S. 10, 12, 39, 41, 42.1, 43, 45, 46.1, 46.2, 47, 55, 59 alle, 70, 71.1, 71.2, 78, 91, 93, 96, 98.1, 98.2, 99 alle, 109.1, 112, 121, 122, 123, 126, 127.1, 127.2, 129 alle, 130, 131, 139, 140.1, 140.2, 147.2, 150, 152.1, 152.2, 163.2 bis 163.6, 168, 179, 183, 185, 186 alle, 193, 197.1, 198, 199, 200 alle, 203, 270, 296.2, 412, 439, 444, 469

Bundesministerium der Finanzen (Hrsg.), www.einfuhr.internetzollanmeldung.de: S. 164.1, 164.2. 165.1

Continental Aftermarket GmbH, Frankfurt/Main: S. 36.1, 36.2

Fotolia Deutschland GmbH, Berlin: S. 163.1 (ufotopixl10), 189.1 (Actomic), 227.1 und 227.2 (T. Michel), 227. und 227.5 (jktu_21), 227.4 (ZAKLEFTY), 240.1 (Kzenon), 240.2 (endostock)

GO! Express & Logistics, Bonn: S. 481.4

Hapag-Lloyd AG, Hamburg: S. 134

Karl-Heinz Schimpf: S. 11, alle Symbole zur Tabellenkalkulation ab S. 399 (12x)

Kombiverkehr Deutsche Gesellschaft für kombinierten Güterverkehr mbH & Co. KG, Frankfurt/Main: S. 58

Lufthansa Cargo AG, Frankfurt/Main: S. 101, 120

Microsoft: ab Seite 401

PTV AG, map&guide professional 2010; www.mapandguide.de: S. 42.2

thiel Logistik GmbH @Co. KG, Nürnberg: S. 481.3

UN Economic Commission for Europe, Genf: S. 64 ff.

Umschlag: Fotolia Deutschland GmbH, Berlin; uhotti

Stichwortverzeichnis